顧頡剛等 主編

禹貢半月刊

10

第七卷一至五期

中華書局

出版者：北平西四牌樓小紅羅廠八號 禹貢學會。
編輯者：顧頡剛，馮家昇。
出版日期：每月一日，十六日。
發行所：北平成府蔣家胡同三號 禹貢學會發行部。
印刷者：北平成府引得校印所。

禹貢

半月刊

價目：每期零售法幣貳角。豫定半年十二期，法幣壹圓伍角，郵費貳角伍分；全年二十四期，法幣叁圓，郵費伍角。歐美各國全年美金叁圓，郵費在內。
本期定價法幣壹圓
歐美各國美金壹圓

The Chinese Historical Geography

Semi-monthly Magazine

Vol. VII, No. 1-3, Total No. 75, April. 1st. 1937.

Address: 8 Hsiao Hung Lo Ch'ang, Si Ssu P'ai Lou, Peiping, China

第七卷第一二三合期
（總數第七十五期）
中華民國二十六年四月一日出版

三周年紀念號

內政部登記證警字第叁肆陸壹號　中華郵政特准掛號認爲第一項新聞紙類

本會紀事（一）

本會收到顧頡剛先生，史念海先生，楊向奎先生捐助本會基金國幣二百元正，又承薛澄清先生經募施亞泉先生捐助基金國幣三十元正，謹此致謝。

本會紀事（二）

本會承潘補孫先生捐國幣壹百元正，除依照會章推爲贊助會員外，特提出欵項一部份，爲潘先生購買書籍，存儲本會，永作紀念。

本刊啓事

本卷所用封面，係取自國立北平研究院史學研究會考古組於民國二十三年三月在陝西民政廳發掘所得之唐大明興慶兩宮圖殘石及在省城南門內發見之唐太極宮圖殘石。此圖經研究結果，知爲宋元豐三年（西元一〇八〇）呂大防所刻，實爲現存之最早宮苑圖。茲先將太極宮圖鑄版，自七卷七期起改用興慶宮圖。此啓。

贈書誌謝

本社最近收到各方贈書，敬誌於次，并鳴謝忱：

段繩武先生贈　河北移民報告書一本　民國二十六年一月出版
顧頡剛先生贈　尚書通檢　顧頡剛編　一冊　民國二十五年十二月出版
故宮博物院贈　文獻叢編第三十六輯　民國二十五年十二月出版
杜明甫先生贈　大禹治水圖照片　民國二十六年二月攝
　　正陽縣志一部四冊　嘉慶年木刻本
　　東阿縣志一部十二冊　道光年木刻本
全國經濟委員會公路處贈　中華民國公路路線圖一幅　民國二十五年石印
北平工務局贈　實測圓明園長春園萬春園遺址形勢圖一幅　民國廿五年出版
西北導報社贈　我國邊政問題　黃慕松講　一冊
　　綏遠抗戰與中華民族之前途　倪岡人著　一冊
　　西北情況演講週演講集　馬國霖編　一冊
張西山先生贈　明史佛郎機呂宋和蘭意大里亞四傳注釋　張維華著　一冊
張鴻翔先生贈　長城關堡錄　張鴻翔著　地學雜誌抽印本　一冊　民國廿五年再版
譚惕吾先生贈　中日歷代戰史前集　稽義靑編　二冊
吳玉年先生贈　東西卡倫詳細里數經緯綫表　晒藍本　四冊　民國廿五年出版
廣東禁賭委員贈　禁賭概覽　一冊

禹貢七卷四期「回教專號」目錄豫告

本刊總經售處：北平景山東街十七號景山書社　南京太平街新生命書局

本刊代售處

全國郵政局（均代定）
北平北京大學研究院王崇武先生
北平燕京大學史學系侯仁之先生
北平輔仁大學史學系馮先鈞先生
北平清華大學史學系吳春晗先生
北平隆福寺街文奎堂書鋪
北平隆福寺街文殿閣書鋪
北平琉璃廠來薰閣書鋪
北平琉璃廠新生命書局
北平琉璃廠人文書店
北平東安市場佩文齋書鋪
北平東安市場新智書局
北平東安市場岐山書社
北平西單商場知行書局
北平成府競進分社
天津法界國民飯店勞智識書店
天津法租界二十六號路世界圖書局
天津南開中學前會友書局
濟南濟南雜誌社
濟南西門大街東方書社
大連靑年書局
太原樓兒底疊民書報社
開封新書業街龍文書莊
開封河南大學汪大鐵先生
南京中央大學門前鍾山書局
南京太平路正中書局
上海四馬路開明書店
上海五馬路亞東圖書館
上海四馬路上海雜誌公司
上海福州路生活書店
安慶安徽大學李貫英先生
廈門思明路生活書店
漢口湖北街華中圖書公司
南昌中山路南昌書局
武昌橫街頭新生命書局
武昌察院坡亞新地學社
長沙府正街金城圖書文具公司
重慶售珠市北新書局
重慶天主堂街重慶書店
重慶商業場西二街今日出版合作社
萬縣環城一馬路世界書局
成都少城祠堂街開明書店
成都華西大學鄭德坤先生
廣州中山大學董紹良先生
廣州中山大學楊成志先生
廣州文德路廣東省立編印局
廣州永漢路上海雜誌公司廣州支店
西安大公報西安分館
綏遠楊家巷十二號綏遠新聞社
日本東京都中京區叢文堂書店

目錄

插圖

紀念文

論　文

籌備處舊址

大門

內景之一

內景之二

內景之三

本會職員全體合影

理事長辦公室

圖書室

研究室之二

研究室之一

編輯室之一

編輯室之二

繪圖組

索引組

發行組

紀念辭

我們這刊物支拄到今天，居然出這三周年的紀念號，眞是可欣可喜的事！

人家問：你們這紀念號是不是表示三周年中有若干滿意的成績來誇耀于社會？我們敬謹答道：這決不敢！一個剛成立三年的學會，它能有什麽成績，正像一個剛生三歲的小孩，他能有什麽本領。可是嬰兒期是最易遭疾疫的侵襲而夭亡的，只要他受着保姆的小心撫養，獲得適當的營衞，避掉這易遭的危險，這三歲生辰也就夠紀念的了。我們不幸，生在這滿目瘡痍的國家，受災受難是我們的本分，然而還能勉強掙扎出一點力量用在研究工作上；我們的研究工作，設備，時間和經費都苦不充足，照理應當處處灰心失志，無法進展，然而還能得着許多先進的人們的同情，使得我們的工作可以延續下去：試問這如不足紀念再有什麽足以紀念的？所以在這紀念號之前，第一是致謝於撫養我們的保姆，她們能把我們從命定的夭亡裏挽救回來，我們有了生命，我們便能工作。

以前的學術界不懂得分工，他們同讀着幾部書，向一致的目標求最高的成就，弄得這人的能與不能也就是那人的能與不能。一條路上擠着無數人，卻空了許多條路沒有人走。固然靠時間的堆積，後起的總會比在前的好些，但因人自爲戰，白耗費許多精力，所以學術的進步形着遲緩。近十餘年來，受了外國學術的刺戟，加以大學中築好了分科研究的基礎，學術界便有蒸蒸日上之勢。可是但能分工而不能合作，仍不能有長足的進展。我們這個團體雖到今只有短短的歷史，然而各方面的人才已漸漸合攏來了：起先只是數十個大學師生在圖書館裏鑽研舊籍，現在呢，好許多專家帶了他們的實際調查到我們這裏來了。我們無間新舊，兼容幷包，使得偏舊的人也薰陶於新方法的訓練，而偏新的人也有舊材料可整理，他們有相互的觀摩和補益而沒有相互的隔膜和衝突。我們常有劇烈的爭辨，但這爭辨並不是有所挾持以凌人，而是把自己搜集來的材料和蘊蓄着的意見貢獻出來，共同討論一個問題，尋求適當的解決。我們承認，這是最有力的推進學術的方法。最使我們高興的，在這一年之內出了若干種專號，使得材料和問題得着極好的排列和闡發。所以在這紀念號之前，第二是致謝于這班「同聲相應，同氣相求」的人們，大家肯來擁護這集團工作的確立，他們不但爲本刊開闢了許多新園地，並給予我國學術史上一種新的生命。

在這樣嚴重的時勢之下誰不感受到窒息的痛苦，只要是有血氣的人誰的心裏不曾沸騰着熱血，於是大家嚷着救國。可是，救國固仗着熱烈的感情，但尤其仗着冷靜的理智；救國不是一個空談的問題，乃是許多有效的實際規畫與行動的總和。所以，我們不願用了策論式或標語式的幾句門面話來博取一刹那間洩憤的快意，而要低着頭沉重着脚步走路，希望在眞實的學識裏尋出一條民族復興的大道來。固然這件工作太大，決不是我們一羣人所擔負得了的，可是我們的工作如果能永遠做下去，深信必能完成這大工作的一部分。我們要鼓動遠遊的興趣，改變昔日怕出門的習慣，使得荒塞的邊疆日益受本國人的認識和開發，杜絕了野心國的覬覦。我們要把我們的祖先努力開發的土地算一個總賬，合法地承受這份我們國民所應當享有的遺產，永不忘記在鄰邦暴力壓迫或欺騙分化下所被奪的是自己的家業。我們要把我們的祖先冒着千辛萬苦而結合成的中華民族的經過探索出來，使得國內各個種族領會得大家可合而不可離的歷史背景和時代使命，彼此休戚相關，交互尊重，共同提携，團結爲一個最堅強的民族。所以在這紀念號之前，第三是希望我們同志認淸這個大目標，用理智指導熱情，來參加這救國的大業。

我們沒有辜負這三年的時間，我們也沒有藏躱這微薄的能力，我們更沒有放棄這公忠的心胸，我們在坎坷之中作尺寸的進展，雖說不到有什麼成績，也算可以自慰。那些責備我們過分的人，到將來，必會明白我們今日處境的無奈。在這許多責備的話裏，我們只願意辨正一件。有人說：作研究文字何等不易，而你們刋物的篇幅這樣多，出版又是這樣勤，哪裏免得了粗製濫造。我們對于這話，敢回答道：在這救死不遑的時代，除了享受優越生活的極少數人之外，哪裏有正式研究學問的可能！我們的工作只是在提倡研究和準備研究。我們能彀聚集一班青年，喚起他們對於學問的熱心，使他們常常做練習，那麼一時雖嫌粗疏或幼稚，到底必可作出些站得住的成績。我們要使不注意的人注意，不高興的人高興，不動作的人動作，只有用了這樣由淺入深的方法纔可引誘初學化爲博學，也只有用了這個方式纔可逼着整個團體有不懈不息的進步。我們明白，要造一座高高的瞭望臺，就得一簣又一簣地畚土堆高；要上一處遠的地方，就得一步又一步地向前邁進。只有平凡的進步纔是眞實的進步。誰見有一個觔斗翻到靑天裏去的？誰見有張口一噓氣就現出樓臺來的？

所以，我們的工作現在還談不上好壞，只有認準了路道走是我們應該負起的職責。願同志們從此越發努力！願先進的人們更盡量給我們以指導和幫助！

本會三年來工作略述

小引

倏忽三年，爲時彌暫，緊維本會，事屬草創，諸多簡陋，本無成績可言。所幸者，雖處邊患迫切之下，經濟困苦之中，而同志日多，刊物漸富，又荷時賢多方奬掖，或予精神上之援引，或賜物質上之資助，所承愛護，以蒲圻張石公先生國淦爲尤深，斯最足以紀念者也。爰就以往工作，不嫌鄙倍，覼縷陳之，維當世君子予以明教，俾作今後改進之南針。同人不才，當竭駑鈍以赴之。

（一）成立之經過

強鄰肆虐，侵略不已，同人謀以沿革地理之研究，裨補民族復興之工作，俾盡書生報國之志。乃於民國二十三年二月中，由顧頡剛譚其驤兩先生發起組織禹貢學會，即以北平成府蔣家胡同三號顧寓爲籌備處。

取名「禹貢」，意義深長，募集基金啟中已言之：

命名曰「禹貢」者，禹貢一篇於吾國地理書中居最早，其文羅列九州，于山川，土壤，物產，交通，民族諸端莫不繫焉；今之所謂自然地理，經濟地理者，皆於是乎見之。以彼時閉塞之社會而有此廣大之認識，其文辭又有此嚴整之組織，實爲吾民族史上不滅之光榮。今日一言「禹域」，疇不思及華夏之不可侮與國土之不可裂者！以此自名，言簡而意遠。論沿革地理之書，自漢書地理志以來，莫不奉是篇以爲不祧之祖，探源導流，同人之工作固當發軔于此爾。

又懸其進行之標的凡八事，曰：

一、編輯中國民族志；　二、編輯中國地理沿革史；

三、編輯中國地理沿革圖；　四、研討中國邊疆問題；

五、編輯中國地名辭典；　六、考訂校補歷代正史地理志；

七、輯錄地方性之文化史料作專題之研究；　八、與其他科學者合作，徵求地理問題之解答。

時値顧先生在國立北京大學及私立燕京大學授中國古代地理沿革史，譚先生在私立輔仁大學授中國地理沿革史，因即以三校學生爲基本會員，爲基本之撰述者。

籌備年餘，捐得張石公先生之房地爲會所，先後呈請中國國民黨中央執行委員會民衆訓練部，國民政府教育部，北平市政府社會局准予立案。即于二十五年五月二十四日假燕京大學臨湖軒開成立大會，通過章程，選舉職員，以顧頡剛先生等爲理事，于省吾先生等爲監事，並互推顧先生爲理事長，于先生爲監事長。

(二)編輯之成績

自籌備組織禹貢學會後之匝月，開始發行半月刊，即以「禹貢」命名，時爲二十三年三月一日也。由顧譚二先生同編，於每月一日十六日出版。明夏，譚先生受廣東學海書院之聘，南去粵中，改由顧先生與馮家昇先生同編，以迄于今。初以文字較專門，集稿稍難，第三卷以後，漸見活躍，投稿日衆，逐期增量，遂由每期兩萬餘字而益至十四萬字。發表文字，可分若干類：

一、春秋以上地理及民族　二、戰國至漢時期地理及民族　三、三國至唐時期地理及民族

四、宋元時期地理及民族　五、明清時期地理　六、邊疆史地

七、內地各種族　八、中外交通　九、方志之學

十、地圖編製法　十一、地方小記，游記，書評，目錄　十二、傳記，通論，雜類

是足以見同人分工之趨勢矣。刊中文字，初均偏于考據，僉苦其枯燥，于是兼採地方小志，旅行游記等稿，藉爲調劑。顧先生編輯後記曾云：『所以我們固然稱讚科學家，而亦不肯菲薄藝術家』，蓋實情也。吾人爲研究當世地理之準備，注重于邊疆及水利，以期適合現代之需要，闢國內地理界消息。又以會員分居南北，互讀文字而末由接席，

遂又闢通訊欄，俾作精神之團結。自三卷一期起，封面加印彩色底本，或用舊刻地圖，或采孤本秘笈，景留真面，以公同好。各篇文字，原均聯接，嗣改各篇另行起葉，爲讀者隨意分類合裝之便。是亦皆編輯上改進之小點也。三年以來，匪特未嘗間斷，亦未嘗稍誤時期，迄今已七十二期矣。

同人嘗約爲某一問題之研究，集合而成專號，冀收切磋之效。先後所出，有：

一、利瑪竇地圖專號　二、西北研究專號　三、東北研究專號　四、回教與回族專號

五、後套水利調查專號　六、南洋研究專號　七、康藏專號

上列各專號文字雖不敢自言有何貢獻，而未嘗無一得之愚，足供同好參考者也。

研究各種學問均有涉及地理之時，欲明瞭其地域之關係，必繪成地圖始可察見。惟繪圖技術非人人所能，製成一圖，時間太費。既作一圖，不能輒更，而一圖用經數過，即錯綜不斷。顧先生與鄭德坤先生有感于此，遂謀用者之便利，工事之精良，價値之低廉，編纂印行地圖底本以供學人研究作草之需。先前自費編繪，自本會正式成立，即經歸併，而繪印之費一部分仍由顧鄭兩先生籌墊。其目的有三：

一、用經緯綫分幅，使各幅可分可合，須大須小，得隨用者之意。

二、每幅皆分印淺紅，淺綠，及黑版套色三種，使用者可以按自欲加繪之色而採購。凡購紅綠單色圖者，如更購黑版套色圖以作對照，便可一目了然。

三、對于民國十七年以來新置之縣治，及十八年以來改名之縣治，均參照內政公報盡量採錄，即不以爲底本，視爲最新地圖亦可。

現在編成者：甲種比例二百萬分一，出版者二十六幅，繪就者二十一幅。乙種比例五百萬分一，出版者六幅。丙種比例千萬分一，出版者二幅。

邊疆問題日趨嚴重，國人因道里山川之窵遠，遂以梗塞而隔閡。苟欲洞悉邊情，一賴實地調查，一在考究輿

籍。調查一事，本會已定爲工作之一端；考究典籍，則苦邊陲文獻無徵，爰輯印邊疆叢書，蒐求先賢關于邊疆遺著以廣其傳，既可闡揚前修之艱苦，亦藉以激發國人對邊事之認識，現由吳豐培顧廷龍兩先生編校，已印成者四種：

一、西域遺聞　清陳克繩撰　二、哈密志　清鍾方撰　三、科布多政務總册　清富俊撰　四、西藏日記　清允禮撰

皆未刊之稿也。

游記之作，含容最富，凡歷史，地理，物產，人物，風俗，學術無不備焉，可爲地方文獻之考鏡，可爲游覽名勝之指導，社會人士對此咸有興趣者多，因輯印游記叢書。已印成者五種：

一、黃山游記　李書華著　二、兩粵紀游　謝剛主著　三、房山游記　李書華著

四、天台雁蕩山游記　李書華著　五、新疆之交通　譚惕吾著

編纂地名索引爲編纂地名辭典之初步，先由十三經，二十二子，前四史入手，已于二十六年一月開始進行矣。

(三)調查與研究

研究地理一切問題，均須作實地調查始可下準確之結論，而研究邊疆問題尤不可不作長途旅行。二十五年七月，本會始作西北之考察，由李榮芳，張維華，侯仁之，蒙思明，張瑋瑛諸先生，組織河套水利調查團，到綏遠包頭河北新村，和碩公中新村，民生渠，五原，臨河等處，經一月之調查，對於後套之自然環境，古代河套與中國之關係，及農墾，兵屯，新村之移民，王同春之事蹟，均獲相當之認識，已出專號報告于世人。此次旅程之中，承各界惠贈圖籍甚多，又承五原屯墾督辦辦事處農作科長李子義先生慨捐新出土之古磚一事，皆可紀念。

十一月中，盛傳蔚縣有古刻之發現，張維華，馮家昇，陳增敏，侯仁之諸先生往觀，先赴察哈爾謁教育廳，乃悉石刻散處，訪視不便。遂改道懷安考察漢五鹿充墩中所出漆繡等物。陳增敏先生又獨至宣化大同一帶考察盆地。

自二十五年七月始，同人各爲專題之研究，張維華先生爲長城考及南懷仁地圖攷證，韓儒林先生爲外蒙嘔昆河諸碑文譯注及東亞突厥史，趙泉澄先生爲近三百年地理沿革表及明清對於朝鮮之政策，李秀潔先生爲膠萊運河之過

去現在與將來，陳增敏先生爲陝北盆地，史念海先生爲西漢侯國考，兩漢水利考及東漢之西羌，童書業先生爲春秋地理志，馮家昇先生爲東北史地等論文，或已脫稿，或已付印，或已垂成，是皆此一年中之工作也。

(四)事務之擴充

本會初以顧頡剛先生寓所爲籌備處，繪圖部分亦設于是。後蒙張石公先生對於本會之工作極表贊許，爰于二十四年九月將原在北平西四大紅羅廠培德學校舊址（今由小紅羅廠八號出入），商得前該校董事會同意，慨然捐贈。惟聲明『此項捐贈房地，係專作禹貢學會研究學術之用。如該學會不需用此項房地時，應仍交還原主，不得抵押變售』云云。嗣張先生以舊有房屋不適于辦公之用，特在會內建造新屋三間，于十月十六日移贈。遂使同人研究有室，集合有所。張先生提倡學術之熱心與獎勵青年之美意，凡吾同人當永矢勿諼。

會所既定，繪圖部分即行遷入。其編輯，印刷，發行等事，爲便利起見，仍留成府。餘屋即爲會員宿舍，略置什物。後値國立中央研究院歷史語言研究所南遷，所餘靜心齋木器，承所長傅孟眞先生借與應用。二十五年八月間，添建南房六間（翻修三間，新建三間）爲宿舍之用；北房六間，翻修三間爲辦公室之用，新築三間爲圖書室之用。九月中工竣。十月二十五日召開第一次年會，藉寓落成之慶。

發行事初極簡易，因刊物僅禹貢半月刊一種，每期印五百份，除分發會員以及少數定戶外，餘交景山書社總代售。三年以來，會員日增，定戶亦日多，代售處各地有之，均由直接往來。其交換贈閱，亦日有進展。現每期須印千五百份。半月刊外，有邊疆叢書，游記叢書，以及地圖，社會感其需要，購者紛紛。又以本會爲歷史地理學之總匯，凡各家所出關於歷史地理之圖書多屬寄售，如西北科學考查團所編纂，王華隆先生所著述等等，皆使學者有購採之便也。

經費第一年僅有印刷費一項，賴會費及顧頡剛譚其驤二先生所捐助，可無虧欠。其後印刷既增，費用亦大，乃承于思泊先生等任印費月捐以維持之。又蒙贊助諸君時有特捐，足以彌縫其缺。二十五年一月，有募集基金之決議，撰有捐啟，尚未積極進行，故所獲無多。七月間始承管理中英庚款董事會議決，二十五年度內允予補助國幣萬五千元，指定專充編製沿革地圖及邊疆圖籍之用。本會受此津貼，故此一年中較能發展。

圖書購置，初無的欵。嗣定于捐欵項下提出十分之一爲購書之用，其書即題明爲捐欵者紀念。各方以圖書捐贈者亦頗不少。自得中英庚欵之補助，始可略事採訪，所得稍多。採購標準，除亟需之普通書外，均搜求偏于輿地之學者，書籍地圖，兼采並蓄。積年之後，可成鉅觀。比承各方所贈，亦多地理圖籍，如張石公，陳鐵卿，朱桂莘諸先生所贈地圖，爲數既多，又皆難得而可貴。復承胡綏之先生檢贈清光緒末年以迄近年之舊報若干種，亦殊可珍也。

二十五年六七月間，財政部檔案保管處散出大宗檔案，既歸文學齋書肆，時傳某方將捆載而去，本會不忍其流落失所，即請趙泉澄先生往視。趙先生以本會經費有限，擇其尤者三千斤購之。其中有關邊省財政者甚多。當即亟事整理，以便研究。事方逾半，而保管處派員來稱，是項檔案爲員司不慎，夾雜在內，並非廢件，商請收回。疊經交涉，始由保管處備價贖回，點交清楚，掣有收據。功虧一簣，不勝遺憾。

尾言

本會各項工作，皆此兩年中漸漸擴張者。在先惟編輯發行禹貢半月刊一種工作，該刊以發表全體會員研究之心得，調查之報告，及史地界之消息，即以發揚學會之精神，實亦中國研究沿革地理者之總集合。發刊既久，國內外注意者亦多，而日本學者尤加關垂，批評與消息時有所見。如青山定男於其所撰中國歷史地理研究的變遷一文，故稱近年研究歷史地理之風復熾，係受王靜安先生之影響，而王先生則由「日本史學培養成熟者」，于是發爲「共同担當這種工作」之傲論。又森鹿三著禹貢派之人們一文，雖未着批評之詞，但從史學年報所載禹貢總目以分述禹貢撰文之人，即強爲立派。又成田節男撰禹貢的東北研究專號一文，強調我倣效彼歷史學研究之滿洲史研究而出，是否事實，明眼人自能知之。諸如此類，足徵鄰邦人士對于本會有相當之重視，亦見本會所負之責任實有如何之重大。惟盼同人更加努力，隨時以成績自顯，庶不負國內外學者之期望。本會幸甚！學術幸甚！

本會三年來大事表

年	月	事
民國二十三年	二月	四日，顧頡剛譚其驤兩先生發起組織禹貢學會，集合北京大學，燕京大學，輔仁大學歷史學系學生及平津研究史地學者專研中國地理沿革史及民族演進史，以北平成府蔣家胡同三號顧寓爲籌備處。會員分甲乙兩種，定會費甲種每月一元，乙種每月五角。
	三月	一日，發行禹貢半月刊創刊號，譯名爲 The Evolution of the Chinese Geography ，由顧頡剛譚其驤兩先生同編，遵章呈請內政部及中國國民黨北平特別市黨務整理委員會登記。發行事務由顧自明女士經理。
	四月	二十八日，半月刊奉內政部頒發登記證警字第三四六一號。
	七月	十七日，半月刊由中華郵政特准掛號認爲新聞紙類。 七日，顧頡剛先生偕吳文藻先生謝冰心女士等赴平綏路沿線各地及百靈廟等處考察。
	八月	十六日，半月刊向偏考據文字，不無沈悶之感，自一卷十二期起兼采地方小志及紀游之作。 十八日，顧頡剛先生丁母憂，遄返杭垣，顧自明女士侍行，半月刊編輯事務由二卷一期起歸譚其驤先生負責，發行事務交馮昌先生負責。
	十二月	十六日，顧頡剛先生返平，半月刊仍由顧先生編輯。
民國二十四年	一月	三十日，顧頡剛先生返杭，又交譚其驤先生編輯。
	三月	一日，訂正禹貢半月刊譯名爲 The Chinese Historical Geography。半月刊自三卷一期起，封面始用彩圖爲底本，每六期換一圖，每一卷換一色。
	五月	四日，顧頡剛先生來平，自三卷六期起繼續主持編輯。
	七月	譚其驤先生赴廣東，半月刊自五卷一期起，由顧頡剛先生與馮家昇先生同編。
	八月	半月刊增加篇幅，提高售價，以抵開支。定自第四卷第一期起，各篇文字另行起葉，以便讀者隨意分類

1

月	裝釘。 半月刊廣告加價。 半月刊第一第二卷售罄，重付排印。
九月	一日，半月刊第四卷第一期編印特大號。 半月刊自本卷起，輯中國地理界消息，包含人文及自然兩方面，盡量收錄，按期刊載。 二日，張石公先生將原有北平西四大紅羅廠培德學校舊址（由小紅羅廠八號出入）捐贈本會。
十月	十二日，創辦人顧頡剛先生具呈教育部請求津貼。 十四日，張石公先生以所捐舊有房屋不適于辦公之用，特在小紅羅廠八號內建造新屋三間，復以移贈。 十六日，半月刊第四卷第四期始編通訊一束，使各會員藉得精神之團結。 二十四日，奉教育部總務司覆函，蒙批給予一次津貼三百元。
十一月	是月中繪圖部先行遷入新會所，編輯發行仍留成府。 編印游記叢書第一種出版。 二十五日，張石公先生捐贈地圖三十三種，內多黑龍江調查局舊圖。
十二月	一日，華北局勢危急，半月刊準備隨時遷地出版。 十六日，決定凡有捐款提出一部分購買地理圖籍，貯存本會，以爲紀念。
民國二十五年	
一月	一日，籌備募集基金事宜，撰印募集基金啟。 爲研究邊疆問題，聲請管理中英庚款董事會准予補助。 十六日，以半月刊印費拮据，由會員于思泊先生發起月捐，贊助者王庸，吳世昌，吳其昌，胡汝麟，張維華，許道齡，連士升，楊向奎，趙璇，趙泉澄，劉節，錢穆，羅根澤，譚其驤，顧頡剛等十六人。
二月	一日，以南京新亞細亞學會研究中國邊疆問題及東方民族問題與本會宗旨契合，由顧頡剛先生到京與之接洽研究合作事宜。 游記叢書第二種出版。

2

三月	會費改爲甲種每年六元，乙種每年三元，並規定乙種以學生爲限。 游記叢書第三種出版。
四月	十一日，半月刊五卷三四期由洪煨蓮先生編輯利瑪竇世界地圖專號，爲發刊專號之始。 二十日，呈請北平市社會局准予籌備。 二十六日，陳鐵卿先生贈河北分縣圖百二十五幅。 二十七日，奉北平市社會局批准予籌備，着即定期召開成立大會，選舉職員。
五月	二十四日，假燕京大學臨湖軒開成立大會，由李書華先生主席，請費孝通先生演講，題爲調查廣西花籃猺之經過。選出理事顧頡剛，錢穆，馮家昇，譚其驤，唐蘭，王庸，徐炳昶。候補理事劉節，黃其弼，張星烺。監事于省吾，容庚，洪業，張國淦，李書華。候補監事顧廷龍，朱士嘉。 二十七日，具呈北平市政府社會局請予立案。
六月	四日，奉北平市社會局指令准予備案，並檢發圖記式樣。 六日，呈請中國國民黨中央執行委員會，發給許可證。 十八日，呈報啟用圖記日期。 二十四日，奉北平市政府令准予備案。 三十日，奉教育部令准予備案。
七月	一日，聘張維華先生爲研究員，兼管會務。聘定研究員，編輯員及事務員。 半月刊五卷八九期由馮家昇先生編輯西北研究專號。 二日，北平財政部檔案保管處散出檔案，歸文學齋書肆發售，本會請趙泉澄先生選購三千斤。 二十三日，奉中國國民黨中央執行委員會民衆訓練部，給予人民團體組織許可証書親字第十五號。 六日，會員李榮芳，張維華，侯仁之，張瑋瑛，蒙思明諸先生組織河套水利調查團。 十五日，奉管理中英庚欵董事會議決，二十五年度內補助國幣一萬五千元，指定專充編製沿革地圖及邊疆圖籍。

3

年	月	事項
	月	停止印費月捐。
	八月	一日，半月刊五卷十一期由白壽彝先生編輯回教與回族專號。 河套水利調查團返平，一路承各界贈圖籍甚多，並承五原屯墾督辦辦事處農作科科長李子義先生捐贈新近出土之古罎一件。 紅羅廠新會址建南房六間（翻修三間，新築三間）爲職員宿舍之用，北房六間，翻修三間，爲辦公室之用，新築三間爲圖書室之用。並由張石公先生捐黃琉璃底瓦七百五十片，黃琉璃筒瓦五十二片，黃琉璃筒瓦頭六片。
	月	二十二日，舉行第一屆第一次理事會，並互選顧頡剛先生爲理事長，于思泊先生爲監事長。
	九月	游記叢書第四種出版。
	十月	八日，胡綏之先生捐大宗各種舊報，約自清光緒二十九年以迄民國二十四年。 十六日，半月刊六卷三四期由馮家昇編輯東北研究專號。 二十五日，在小紅羅廠本會會所開第一次年會，由徐炳昶先生主席，修改章程，並請洪思齊先生講演，題爲近代地理學之發展。 朱桂莘先生捐中外地圖三十一幅。 吳豐培顧廷龍兩先生編印邊疆叢書甲集之一出版。 游記叢書第五種出版。
	十一月	一日，半月刊六卷五期由張維華先生編輯後套水利調查專號。 馮家昇，張維華，侯仁之，陳增敏諸先生赴蔚縣調查古石刻，在察哈爾教育廳訪悉散在各處，即改道赴懷來觀漢五鹿充壙中所出漆繡器。陳增敏先生又獨赴宣化大同考察盆地。
	十二月	財政部檔案保管處將檔案備價贖回。
民國二十六年	一月	一日，半月刊六卷八期由張維華先生編輯南洋研究專號。
	二月	十六日，半月刊六卷十二期由吳豐培先生編輯康藏專號。

4

本會此後三年中工作計畫

1

竊維士居今日，欲求經世致用救亡圖存之學，其道固有多端，而於吾國地理之研究實居重要之一。蓋研究吾國地理之目的，端在明瞭古今疆域之演變，戶口之增損，民族之融和，山川之險易，以及郡縣建置，道路修築，邊城關堡之創設，運河溝洫之濬鑿，土地物產之利用，其所關於民生經濟及國家之大計者為至重且鉅也。生既為斯土之民，長於斯，食於斯，則必於斯土之各種情勢均能洞悉，方能盡其愛護之天責。世未有於其田園院舍經界不明而能盡其保守之責者，亦未有於其國家之版圖茫無所知而能發動其正確之愛國觀念者。晚近各國政治家之以國家主義相號召者，往往以史地教育為激發其青年愛國觀念之主要工具，其所用心蓋亦周且密矣。吾國疆土遼闊，種族複雜，歷史久遠，欲求盡知古今地理上演變之情勢實非易易，況教育落後，民智未開，大多數之民衆尤未足以語此，無怪已往國民對於領土喪失之不甚重視，對於異族之侵蝕不知所以抵防也。晚清之際，列強肆虐，侵凌邊疆，吾國大吏往往以昧於邊地之情勢，唾手而喪失領土，如片馬問島之交涉，均屬此例。民國以來，外人之侵略愈急，邊隘之地，如東北四省，內外蒙古，新疆，青海，西藏等處，彼等均有詳細之調查。舉凡民族風俗，物產經濟，疆域形勢，城鎮村市，道路交通，氣候土壤，莫不製為詳圖，集為專著，以為其侵略入手之方術。至於吾國國人，對於邊疆之情勢，非特不知為詳確之考查與研究，即欲有所知亦多藉助於外人之著述，是猶家主對於自家之田園院舍嘗無所知，每有所事必詢之外人，如是而不至國亡家破者蓋亦鮮矣。本會同人感念國事日非，懼民族衰亡之無日，深知抱『為學問而學問』之態度實未可以應目前之急，亦非學人以學術救國所應出之一途，爰糾集同志從事於吾國地理之研究，竊願藉此以激起海內外同胞愛國之熱誠，使於吾國疆域之演變有所認識，而堅持其愛護國土之意向。三年以來，苦心倡導，幸承海內賢明體會此旨，先後踴躍參加，迄今本會會員已達四百餘人。在已往一年之內，曾以情勢所迫，趨重邊疆問題之研究，如西北回族，西南康藏，東北史地，北邊國防，河套水利，南洋華僑問題，均經調査研究。當此國家多難之日，吾輩書生報國有心，而力有未逮，竊願竭駑鈍之資，爲救亡圖存之學。茲謹將本會將來三年內工作之計畫開列於後，所望達人君子賜以教正焉。

甲　旅行調査

(一)探檢之路線

語云『百聞不如一見』，誠以尋討事理，書本之誦求實不若實際之調査，是以本會對於旅行調査最爲重視。吾國北部與西部之邊地久已爲東西洋人士所注意，近數十年來團體或個人之前往考査者凡數數見；而以考査所得彙爲專書者，亦復不可勝計。夫以吾國邊地之情形，異邦人士刻苦研討不遺餘力，而本國之民反多漠不關心，且無論其危險性之爲何如，即以國民之本分言之，亦深非所宜，是以本會對於邊地之旅行調査尤爲重視。然吾國今日之邊疆已非昔比，東北四省既已淪陷，即外蒙新疆亦成禁地，雖欲不避艱苦前往考査亦不可得。本會有鑒於此，擬於三年之內先從事於近邊之調査，調査路線擬分三道，謹列於下：

(1)由大同出發，西至托克托縣，經伊克昭盟之準格爾旗，達拉特旗，轉南入東勝縣，扆郡王旗，札薩克旗，烏審旗，而達楡林；復沿長城西至寧夏定遠營，歸途則由靈武經金積，環，慶，而至西安。此行目的，在考古方面，欲探考北族南侵之兩大道（一爲綏遠大同一帶，一爲寧夏環慶一帶），及西夏王國之東部。在民族方面則研究伊克昭及阿拉善蒙古。在宗教方面，除喇嘛教外，尤注意於號稱「中國回教默德那」之金積。

(2)由皐蘭沿湟水西至西寧，復循青海北岸西達都蘭；歸途則由西寧南經塔爾寺至貴德，東循黃河至循化，再入大夏河流域之夏河及臨夏二縣而返皐蘭。此行目的，在考古方面，可考査都蘭一帶吐谷渾及吐蕃所遺留之古蹟。在民族方面，除藏族之外，可研究青海蒙古，及循化突厥族之撒拉爾人。在宗教方面，西寧臨夏既爲西北回教之兩大本營，塔爾寺拉卜楞寺又爲喇嘛教之兩大中心，亦可附帶考査。

(3)由皐蘭出發，遵甘新大道，繞民勤居延二縣，西達敦煌。此行目的，將循長城西進，力避通行大道，探求古蹟，試行發掘。夫發現第二敦煌石室，獲得大量之史料，固不敢望，但古蹟圖與古物譜之製作將必有差強人意之成績。此外復調查河西諸地水利，以爲他日從事遷移中原過剩人口者之參考。

以上所舉三路，略可包括中國西北境之大部，邊地各方面之情形可得其大概，擬每年調查一路，三年內可望調查完畢。

(二)本會調查注意之事項

(1)西北民族感情之考查　西北諸族俗尚各異，平日雖因生活需要，亦或相接觸時，但各存戒心，多不樂互相往來。且其知識程度過低，往往爲細故末節，發生衝突，寖至聚衆仇殺，釀成巨亂，良可慨也。國家之民族的基礎如斯，前途爲有昌盛之望！近日有識之士多有主張西北政治區域應依民族分佈重新畫分者，以爲諸族言語俗尚既異，理當於軍事外交之外聽其自治，不加干涉；如強以人爲的疆界而範圍諸族於一域，鬥爭紛亂將必不可免。此種主張固自有其價值，但人民爲生活驅迫，决不以其民族關係限制其活動區域，故西北各地，或諸族雜居，或數族並立，錯綜複雜，莫可究詰，欲以一線而分畫之，乃理想空談，未見其可實施也。吾人以爲欲弭民族間紛爭，應先調查各族間紛爭之原因，苟得其癥結所在，因病施藥，隔閡自除，將見爲生存之互相福利計，未有不彼此親睦者也。故本會旅行首先注重於此，以期於國家有所供獻。

(2)西北教育之考查　蒙藏二族，喇嘛居半，論者謂其民族致命根源即在於此。然則果如何而能剷除其迷信，變其人爲生產分子乎？嘗讀某君青海旅行記，謂於拉卜楞藏民小學測量兒童智力，問其將來是否作喇嘛，數十兒童年紀均不過十餘齡，所有答案竟無一人願爲之者，足見喇嘛地位雖高，小學學生便不樂爲，教育之力庸可輕乎！雖然，邊人無知，視學校爲魔窟，正如藥雖療疾，其如病人閉口不服何！西北漢回，雖准許子弟讀書，但只許誦習阿拉伯文經典，漢文書籍則在嚴禁之列，回漢之語言文字雖同而思想系統全異，隔閡日深，亂是用作，可歎殊甚。然則果如何而能破除邊人之狃見以謀教育之普及乎？此尚有待於多數專家之努力與研究。本會竊不自量，將實地調查，製定方案，冀有以供政府實施之參攷。

（3）西北經濟狀況之考查　邊人知識落伍，故步自封，有地不能盡其利，有貨不能暢其流，遂至生活日窘，不可終日，更加惡吏剝削，天災頻仍，大好河山將有人逃地荒之患，此實邊陲經濟之大危機，亟待專家努力改良其現況者也。就農業言，一切農作物之滋生胥受土壤氣候雨量等客觀環境之限制，豐於內地者未必豐于邊陲，熟於邊陲者亦未必適宜於內地；應如何換易其種子，改良其技術，以變更舊日陳陳相因之成法？就牧畜業言，晚近吾國生活程度日高，皮革呢絨之需要漸廣，於是昔日視爲落伍之牧畜業之地位乃日見重要；吾人欲抵制舶來品以挽利權，應如何將畜牧，獸醫，製革，績毛之學，向邊人灌輸？就交通言，農產畜羣皆天然物，也天然物不有運輸機關以流通之，其價値與糞土等，近年商人每苦重稅，裹足不前，遂致邊地貨物斷絕銷路，金融日枯，生活日窘；吾人應如何設法改良，除去重稅，開通銷路，而不使趨於崩潰之一途？此不過聊舉數例以言之耳，其應考查研究者甚多。本會擬編製若干表册，詳細調查，以與海內學者共謀改良邊地經濟現狀之道，蓋邊陲安，內地斯能高枕矣。

（4）邊族宗教之研究　宗教在西北之地位較他處特重，喇嘛教之於蒙藏二族無論矣，即伊斯蘭教，清代以來亦幾成西北唯一大問題。就學術言，各教之內容派別演進如何，就政治言，此數百萬人民脫離宗教階段而升入科學階段之方法將如何，在在須有專家作有系統的研究，未可永遠聽其過初民生活也。

（5）邊陲統治階級世系之研究　我國明清以來向用土司王公統治邊疆民族，但求其不爲我害足矣，固未以內地編戶齊民視之也。故王公土司之在其領土以內直不啻南面君主，世世相傳，千載不絕，徒以文化落後，世人未以王朝侯門視之耳。至於瀧西回徒，阿訇固爲其首領，但近世軍政大權，尤在各地世家豪族之手（如甘肅臨河馬氏）。如於此等豪族安撫得法，則互相輯睦，可免紛爭之虞；否則禍亂一起，居民固受其禍害，國家亦受其迫脅。治邊疆民族史者，對此王公世系，世家譜牒，與其勢力之盛衰起伏，當皆覺其不可忽也。

（6）古蹟圖及古物譜之編製　我國舊志率有古蹟一門，但所志道里方向多不精確，實物命名亦常譌誤，取爲參攷之資，甚危險也。且古物古蹟之見於著錄者爲數甚微，尤以邊陲爲甚；不有實地調查，考古之學殆無從下手。本會旅行西北，擬沿途作五萬分之一道路圖，山川邑聚固所注意，而廢城殘壘破廟遺址等更當一一繪入，其地圖所不能表示之實物則一一復影之於譜。蓋圖者所以定古蹟之位置，譜者所以攝古物之形象，學者展圖若親蒞其地，展譜即實見其物，勿勞萬里長征，其物皆已羅列於几上。古蹟圖，斯坦因(Stein)已開其端，古物譜，拉得洛夫(Radloff)亦有極佳之成績，惟均限于局部，探求未廣。本會以調查邊陲全部爲己任，自當力求完備也。

(7)邊族文字之搜求　吾國古代西北民族咸自有其文字，印歐語系之龜茲于闐等死文字無論矣，即阿爾泰語系現存之文字紀錄，突厥文尚可上溯至唐初，蒙古文則直可溯至其創造之始。惟此種材料，乃可遇而不可求，吾人於此未敢懷有奢望；所預擬搜求者，則現代之文籍也。內蒙書籍雖少，外蒙及新疆則日見增多，書册固佳，即符咒卜醫片紙隻字亦所珍貴。又甘新大道自古爲中亞商人東來之通衢，近世以回教關係，波斯阿拉伯文書籍流入隴西者甚夥，回教學人頗能讀之；吾儕當購買影寫，捆載東歸，以爲研究西北回教史者窮本探源之資料。

(8)邊族歌謠故事之採集　邊陲教育向不發達，故文籍紀錄甚爲稀少，其保存先人功勳發抒個人情感之方概賴口傳與歌詠。本會採風邊陲，自當記其口傳往事，收其歌唱辭曲，以爲研究邊族思想感情之資源。昔俄人 N. Th. Katanov 旅行新疆，所集民間歌謠故事達兩千餘葉，治突厥民族學者莫不寶之。吾人應急起直追，未可久勞外人代庖也。

(9)邊陲碑銘雕刻之摹拓　前賢考古但重文字，故志乘游記所著錄之石刻悉以有文字者爲限。晚近風氣寖變，明器造像遂見重於世，然擴其研究範圍於邊陲民族者尚不多見。本會於異族文字之碑銘未敢懷有奢望，而摩崖雕飾等石刻自當努力搜求，得其拓片而公布之，將於邊陲民族史之研究不無啟發也。

(三)設立分會

本會爲工作便利計，擬先在皋蘭設一分會，爲研究西北之總樞紐；遇必要時，並在寧夏西寧敦煌等處設立工作站。皐蘭因交通工具日益便利，將爲西北各民族接觸之中心，邊陲民族史爲本會主要工作之一，勢當以此地爲搜集材料之根據地。本會此後將派人常年在西北工作，旅行出發前之準備，旅行期內物品之補充，旅行後採集材料之初步整理，將均由皐蘭分會任之。

以上爲本會將來三年內之旅行調查計畫。然本會爲促使國人對於邊疆之注意及謀實際開發上之便利計，另有兩種計畫視爲急切當行，惜非目下能力所及；茲試附誌於此，願求邦人之注意焉。此兩種計畫：一曰「邊疆民族博物院」之設立。此博物院之內容，與歐洲各國之民族博物院稍有不同。民族博物院所搜集者，偏重世界半開化或未開化民族之工作成績；此則僅陳列吾邊陲同胞之日用什物，以供內地熱心研究民族史者之參攷，即一般人士亦得於斗室之內洞悉邊地生活之情形也。二曰「邊疆文化研究所」之設立。此種研究所之目的在造就研究邊疆之專門人才，與歐洲各大學「伊斯蘭研究所」「印度研究所」頗相似。其設計創立，當由各學術機關共同籌商。蓋國內學人諳達邊族語言者甚少，所有調查紀錄率皆耳食皮毛之事，求其能深通某族文化者絕無僅有，以此而欲求與邊地民族有深切之結合，恐不可能，故此種研究所之設立實爲急需。

以上二種計畫，自其重要之性質言當以早日實現爲宜；惟本會能力薄弱，不敢獨專其成，但願輔助政府及國內其他學術機關，早見其成功也。

乙　編輯與研究

(一)編輯定期刊物

本會自開辦之初，即以同人研究所得，刊行禹貢半月刊，以爲本會之定期刊物。內容爲關於地理沿革及邊疆民族之短篇論文筆記及調查報告。此外更以同人共同研究之問題分題撰述，集爲專號，預計每年出版八種至十種，凡廣泛研究之重要長篇論文入之。如此三年之內可共出三十種專號，即可研究三十個方面不同之問題。半月刊外，尙擬增輯季刊一種，以提高研究之水準。

(二)編譯邊疆探檢記叢書

數十年來，歐洲東方學家因有新材料發現，在東亞中亞史地學上遂有極偉大之成績。此種新材料之獲得，實若干探檢家萬里長征之功績。是以吾人苟欲從事於邊疆調查及研究，此種探檢家之報告紀錄乃不可須臾離手之參考書也。顧此種報告，國人作片段介紹者雖時有所見，而為整個的翻譯者則尚不多；一人不能盡通各國文字，故欲知西人已探檢之區域及其已獲得之成績，每苦無從下手。本會為欲滿足究心邊疆問題者希望計，擬作系統之翻譯，輯為邊疆探檢記叢書，如斯坦因（A. Stein），斯文海丁（Sven Hedin），可茨洛夫（P. K. Kozlov）等人著述，擇其要者譯出，以應學人需要。且此類書籍大都為日記體，一般人讀之可知邊情，旅行家讀之可作指南，雅俗共賞，不特可供專家之用也。

各探檢家所得物品，率經專家研究，成有專書，其結論固可補正吾國史文，即其研究之方法與技術亦可供吾人借鏡（若Conrady, Grünwedel 等之著作），本會亦當擇要譯述，附入叢書。

(三)編纂地名索引

欲研討中國地理學上之問題，欲窮知中國地理事實之演變，工具書之編纂實為第一步之工作。蓋吾國載籍至繁，其所列地名往往前後錯雜，惑亂研究者之心目，檢索之術恆苦離周；有時枉費如許無謂之光陰，以致有碍於工作之進行。清儒李兆洛取正史中地理志之地名，依韻為序，輯為歷代地理志韻編今釋，學者稱便；然以所涉範圍狹小，漏略尚多，未能盡檢尋之能事。近來學術之研究愈求精密，所需之工具亦益趨賅備，民國十九年，北平研究院輯有中國地名大辭典，二十年，商務印書館亦有重訂本之中國古今地名大辭典出世，同時日人青山定男亦纂有讀史方輿紀要索引，其工作均較前人為加密，頗屬可用；然終以採集未廣，以之備參考雖可敷用，而以之供研究則猶感不足。蓋此種工作貴在詳備，既未可據守一書，亦未可局於偏隅，必須廣徵羣籍，畢事蒐錄，方可免漏略之譏而合檢尋之用。然茲事體大，未便草率從事，而其初步之工作則非自各書之索引作起不可。本會既以研究中國地理之使命自任，於此基本之工作自不容其忽視，故擬先作三種索引，以為此重大工作之創始。

(1)古書地名索引　擬取秦漢以前之舊籍，無論為經為史為子為雜記，均逐部作為索引，如書地名索引，詩地名索引，左傳國語國策等地名索引，論語地名索引，孟子地名索引，管子墨子荀子等地名索引。

(2)正史地名索引　正史為一般人常讀之書，亦為研究中國歷史地理者所必用之書，當上起史記，下迄明史，別增新元史與清史稿之類，各部為作地名索引。

(3)歷代地理專書之索引　吾國舊籍中有許多專論地理之著作，如山海經，水經注，華陽國志，元和郡縣志，太平寰宇記，元豐九域志，輿地廣記，輿地勝覽，大明一統志，大清一統志之類。本會當取其所涉之範圍較廣，不僅限於一縣一邑一山一水，其為用亦較大者，逐部為作索引。

以上所舉三種工作，為編纂中國地名索引之初步；至於其他更詳盡之索引，以及歷代學人對於地理上考證及詮譯之索引，容俟日後再行討論，非目前之力所能及也。惟此三種基礎工作亦至繁重，恐非三年之內所能完成，本會期先完成古書地名索引，再進而成正史地名索引，視人力物力之所及以定工作進行之步驟。至於發凡起例，編制方法，當另詳言之。

(四)繪製沿革地理圖

古人研究地理，往往圖書並行，不以偏舉，其意至善。蓋有圖無書則失之疏略，有書無圖則失之隱晦，失之疏略則不能詳其所言事實之原委，失之隱晦則不易明其所言事實之真象，必也二者互舉並用，始能收詳備顯著之實效。本會有鑒於此，曾於已往數年之內製有地圖底本甲，乙，丙三種，以便學人於室內研究或野外調查時起草之用。甲乙兩種底本，均用經緯線分幅，各幅能分能合，可隨使用者之便。丙種底本較為粗疏，而其範圍亦不僅以中國為限，南及南洋羣島，東及日本琉球，北及西比利亞，西及中亞細亞，均各製為專幅，以便作較大範圍之研究時起草之用。現此三種地圖，不久即可全部印出，當予研究地理者不少之便利。然本會目的既在研究中國沿革地理，

8

故於地圖之繪製自當以作出較詳備較正確之中國沿革地圖，方與宿志相合。前儒楊守敬先生曾以一生之力製有歷代輿地沿革圖，其工作之偉大深為一般人所欽佩；晚近坊間所出之歷史地圖，不僅不能逃出楊氏之範圍，亦且不能盡詳其說，以致錯誤百出，良可慨惜。然楊氏之圖，以今日之眼光視之，其弊在不合科學方法，且漏略錯誤之處亦時所不免。竊謂吾輩本分，貴在能繼續前人之事業而有所改進，有所訂正，以求學術之進步，若徒事謳歌頌讚，是乃偷閒苟安，自甘暴棄。本會敢本此意，擬以楊氏之沿革圖為底本，除重以科學方法繪製外，並就會中同人研究之所長，分別時代而考訂之，凡楊氏所遺漏或錯誤者均為增補改正。又吾國疆域往往於一代之中發生數次之重要變化，或州郡改置，或領屬增縮，亦當分期繪製，以便明瞭一代演變之情勢。

（五）專題研究

本會同人除以隨時研究之作品刊登於禹貢半月刊或集合為專號外，擬於將來三年之內，趨重於下列數種之專題研究：

（1）歷代正史地理志之校訂與注釋　歷代正史地理志為研究吾國疆域增縮及其制度演變之主要記載，顧各史不盡有地志，即有之，亦復處處有疑問，非加整理，不能卒讀。清代樸學諸君子率多致力於此，故名家輩出，若全祖望，錢坫，王紹蘭，吳卓信諸人之校注漢志，畢沅之補正晉志，楊守敬之考證隋志，其功皆不可沒。諸家校注雖勤，似尚未能盡解決各志之問題，非待繼續努力，無由紹述昔賢之遺志，完成前哲之功績。本會同人有鑒於此，故於創立本會之時即懸此以為鵠的，三年以來，研究討論不遺餘力。然茲事重大，斷非短時間之內所能完成，故本會同人今後之計畫，此種工作仍居其一端。吾人試究前清樸學諸家所未盡之工作，則自隋志以下諸史之志皆有待於校訂。即以元志為例，元史之蕪雜久為世人所詬病，而地志之誤謬尤為不可掩之事實，錯亂疏漏，觸目皆是，非加校訂，何能卒讀。且蒙古帝國疆域之遼闊為歷代所未有，亞洲全部幾盡包有，且跨據歐洲之東北隅，誠欲攷訂其疆域增省及其政治之劃分，又非廣蒐異國史料不足以備其說，此又元史地志增補之一端也。再如南北朝時代，州郡分合極複雜之能事，加以僑置頻繁，眩人心目，不事考覈，罔不致誤。清儒之致力於此期之地理者雖多有所補輯，如徐文范之東晉南北朝輿地表，洪飴孫之補梁疆域志，用力至勤，然葛藤仍多，尙有待於後人之努力。且諸史不盡有地志，故乾嘉以來從事於補輯之工作者頗不乏人，若洪亮吉父子之補三國，補梁，補東晉十六國疆域志，即其著者；而北齊北周及五代十國至今猶未有完備之地志。同人不敏，竊願祖述前人之法，廣爲搜補，務使各代典制悉有考稽，則幸甚矣。

(2)中國內部小民族之研究　中國民族自血統言之，至爲厖雜。蓋自有史之初，所稱漢族者即與苗夷雜處；秦漢而後，四夷諸族或以降服而寄處中原，或以武力而入主內部，始或客主之限尙嚴，不相混雜，稍久則畛域漸除，互通婚姻，血統遂亂。晚近治民族史者，或偏於邊地民族之源流，或偏於漢族發展之次第，而於異族萃居中原所發生各方面之影響未能爲詳盡之研究，實爲一大闕憾。本會擬集合若干人之力，分題研究，如古代苗夷戎翟等族之分佈，如兩漢三國間匈奴羌胡之內移，如兩晉南北朝時之五胡雜處，如隋唐期間之突厥回紇，如宋時之遼金西夏，如元時之色目蒙古，如明時之蒙古遺裔，如清時之蒙回滿藏諸族，一一研究其在當時分佈之情況，及其在政治上與社會間勢力之興衰起伏，與夫彼此文化之交流影響，藉以明瞭中國整個民族發展之眞象。

(3)歷代北部邊防之研究　吾國以北部與游牧民族爲鄰，故邊患常在北方，歷代君主對於北部邊防無不苦心經營，百方杜禦，如邊城烽燧斥堠關鎮堡壘之設置，如屯田遣戍，開中聚糧，立官設衛，如置茶馬市，開關市易，或計在防守，或謀在羈縻，其遺制多有可資借鏡者。本會亦擬集合人力從事於此，上起古代之秦晉燕趙，下至明清，凡與邊防制度有關者，悉爲分代研究。

(4)邊陲民族史之研究　吾國學者向來鄙視異族，以爲蠻貊之邦不足深考，苟非太史公書有匈奴朝鮮等傳，則後世諸史殿尾之外國傳能否存在固成問題。近經西人考究，昔日可信可疑之文始漸明白，吾國通史亦將因之增加若干章節。惟此種成績究爲西人所給與，吾人當如何努力，以早雪此種學術上之恥辱。本會素以研究邊族史爲主要目的之一，今定其工作爲三途：

(a)**中文邊族史料之搜集**　此種工作，近儒惟於蒙古史有差強人意之成績，突厥西藏及西南諸族尚無人着手。本會將於正史之外，爬梳歷代遊記隨筆文集碑刻，纂集各族史料，以供學者之參考。

(b)**西人專題之研究翻譯**　吾人於研究某問題之先，首當明白該問題之現況，免致更鑽研前人已作之業，枉費氣力。吾國學者於研究邊陲民族史之成績向不及西人，本會將盡力翻譯西方關於此方面之重要著作，以爲初學者入門之嚮導。

(c)**外國文籍中邊族史料之搜集及翻譯**　吾國邊陲民族自有其史籍者甚少，其過去片段史事殆全在中文中保留。然而有若干民族，一旦武力強大，亦嘗征服其鄰近文化較高之民族，或與其他文化較高之民族接觸，若突厥蒙古之於波斯及東歐是。此等被征服或相接觸之民族文籍中有不少紀載可補正吾國舊史，惜吾國學者至今仍在販賣歐人轉手譯述，尚未見有直接運用西亞材料以研究吾國邊族史者，此所以洪鈞元史譯文證補出版後四十年來，治元史者於西方材料迄未能脫貝勒津多桑諸人之範圍也。本會於此種材料將努力譯述以供學者參考，其需全部移譯者則將如 Houdas 之譯札蘭丁傳，其需部分摘譯者則將如 Tiesenhousen 之譯阿拉伯文金帳汗史料，學者庶有譯文可讀，原文可查，不致永拾西人牙慧也。

以上所列研究事項，係繼續往年邊疆研究未竟之工作，及參合本會固有之計畫，舉其關係重大而又爲能力所及者，確定爲研究之範圍。此項工作至爲艱苦，如無專心致志者努力爲之，恐不易收宏大之效果。本會力小任重，將伯之助是所望於邦人矣。

民族與種族

齊思和 1

當清季朝政日紊，外侮日急的時候，一般革命志士的口號是『驅除韃虜，恢復中華』（同盟會革命方略軍政府宣言），『奮起逐北，搗其巢穴，以爲中華種族請命』（討滿洲檄）之類的種族思想。民國成立了二十多年，帝國主義者繼續着進逼，國家的形勢愈見危急，最近幾年來，圖窮匕見，國難到了最後關頭。這樣危急的局勢遂激起了全民族團結奮鬬的決心，於是『喚起民族意識』，『提倡民族思想』，『發揚民族精神』，『爭取民族解放』之類的口號又成了現今一般愛國志士的呼聲。在短短的二十餘年之中，大家的思想已經由狹隘的種族主義進到了民族主義，大家的目標已經由種族之間的傾軋移到了全民族的奮鬬。這不能不說是我們的大進步，大覺悟。但是一個名詞用的泛了，牠的涵義便不免含混，往往大家只顧得呼喊而忽略了牠的意義。究竟什麼是民族？什麼是種族？二者之間有什麼區別？這些問題極有重新考察的必要。民族問題的研究是禹貢學會的重要工作之一，今正當本會慶祝三週年紀念，遂不揣譾陋，將此問題略加以討論，聊當個人敬獻給本會的壽辭。

一

什麼是民族？民族主義的發生在西洋本是近百年來的事情，而於我們則是一個新的觀念。在中國提倡民族思想最早而影響最大的自然是孫中山先生，現在一般國人對於民族主義的認識大抵也是由他的三民主義中得來。當醞釀革命的時候，中山先生所號召的本也是極偏狹的種族主義。在軍政府宣言中（一八九二年）他所揭櫫革命四大目標是：『驅除韃虜，恢復中華，建立民國，平均地權』。關於前兩項，他說：

> 今之滿洲，本塞外東胡。昔在明朝，屢爲邊患。後乘中國多事，長驅入關，滅我中國，據我政府，迫我漢人爲其奴隸，有不從者，殺戮億萬。我漢人爲亡國之民者二百六十年於斯。滿洲政府窮凶極惡，今已貫盈！義師所指，覆彼政府，還我主權！

又說：

> 中國者，中國人之中國。中國人之政治，中國人任之。驅除韃虜之後，光復我民族的國家。敢有爲石敬瑭吳三桂者，天下共擊之。

這和章太炎先生一般人所說的：

種族革命之志爲復仇，然今人多以復仇爲上古野蠻之事，故余以義定復仇之是非云。……今以一種族代佗種而有國，兩種族間豈有法律處其際者？既無法律，則非復仇不已。（章太炎，『復仇是非論』，章氏叢書別錄卷一）

今以滿洲五百萬人臨制漢人四萬萬人而有餘者，獨以腐敗之成法，愚弄之錮塞耳！……烏乎！生二十世紀難，知種界難，新學說發見難，直人心奮時難。前世聖哲或不遇時，今我國民幸睹精色。哀哀漢種，繫此剎那！誰無父母？誰無心肝？何其天閼之不遺餘力，幸同種之爲奴隸以必信其言之中也？（章太炎，『駁康有爲論革命書』，章氏叢書文錄卷二）

並沒有什麼分別。但到了革命勝利，民國告成之後，一般抱種族革命的志士們都以爲清室既已被推翻，革命的目的已經實現，許多革命黨徒也以爲革命已經成功了。獨孫中山先生和他的同志們並不以這結果爲滿足，而繼續着前進。他一方面從事於政治運動，一方面從事於學理的研究，直到臨終的時候，他還以爲『革命尚未成功』，勗勉他的同志們繼續『努力』，以完成他的未竟的遺志。

關於種族問題，這時滿清政府已被推翻，他遂放棄了排滿政策，而鼓吹五族的團結（看他民國元年一月的『臨時大總統就職宣言』，胡漢民編總理全集第二集頁四至七；『五族聯合之效力』，同上頁八三至八四），換言之，他關於這個問題的政策，已經由窄狹的種族主義擴大到民族主義了。以後他的規模愈擴愈大，理論愈推愈精，到了民國十年，在他的三民主義之具體辦法講演中，關於民族主義有這樣的發揮：

何以說民族主義還沒有完全達到目的呢？自從滿洲人到了中國之後，我們漢人被他們征服了二百多年。現在滿虜雖然推翻，漢族是光復了，但是我們民族還沒有完全自由。此中原因是由於本黨祇做了消極的工夫，沒有做到積極的工夫。自歐戰告終，世界局面一變，潮流所趨，各種族的民族都重到民族自決，我們中國尤其是世界民族中底最大問題。此刻東亞底國家，嚴格的講起來，不過是一個暹邏和一個日本可稱是完全底獨立國。中國的幅員廣大，人民衆多，比較他們那兩國何止數十倍？但是幅員雖大，人民雖衆，祇可稱是一個半獨立國罷了。這是甚麼原故呢？就是漢族光復了之後，把所有世襲底官僚，頑固底舊黨和復辟底宗社黨，都湊合一起，叫做『五族共和』。豈知根本的錯誤就在這個地方。講到五族底人數，藏人不過四五百萬，蒙古人不到百萬，滿人祇數百萬，回教雖衆，大多數都是漢人。講到五族底地位，滿洲是處於日本的勢力範圍之內，蒙古向來是俄國的範圍，西藏幾幾乎成了英國底囊中物，由此可見他們都沒有自衞底能力。我們漢族應該要幫助他們才是。漢族向來號稱是四萬萬，或者還不祇此數，用這樣多的民族，還不能夠眞正獨立，組織一個完全漢族底國家，這實在是我們漢族莫大底羞恥。這就在本黨底民族主義還沒有澈底的大成功。由此可知本黨還要在民族主義上做工

夫，必要滿，蒙，回，藏都同化於我們漢族，成一個大民族主義國家。（總理全集第二集，頁二〇三至二〇四）

這是中山先生關於民族主義的一個重要的主張。可惜他所主張的『把漢，滿，蒙，回，藏五族同化，成一個中華民族，組成一個民族的國家』的理想，很少有人注意，更少有人提及。

中山先生對於民族問題最有系統的推闡，和最後的結論自然是三民主義中的民族主義。民族主義是三民主義的第一部，共包括着六個講演。在這裏他認爲民族的構成是由於血統，語言，宗教，和風俗習慣五種『自然力』。就中國來說，民族可以說便是『國族』，因爲『就中國的民族說，總數是四萬萬，當中參雜的不過是幾百萬蒙古人，百多萬滿洲人，幾百萬西藏人，百十幾萬回教之突厥人，外來的總不過一千萬人，所以就大多數說，四萬萬人中國人可以說完全是漢人。同一血統，同一言語文學，同一宗教，同一風俗習慣，完全是一個民族』（民族主義第一講）。現在中國民族『同時受着天然力，政治力，和經濟力的三種壓迫』，『生存的地位非常危險』（第二講）。所以我們如果還要繼續存在，必須『要恢復民族精神』，『恢復民族地位』。『如果大家提心弔膽去恢復民族的地位，在十年之內就可以把外國的政治經濟和人口增加的禍害都一齊銷滅』。到了這時候，民族主義還未完全實現，因爲我們還要扶助其他弱小民族，消滅帝國主義，那才盡了『治國平天下』的能事（第六講）。

這是中山先生民族主義的要旨，也是他關於民族問題最後的結論。我們記得：當他在廣州講演三民主義的時候，歐西人士正因大戰方畢，瘡痍滿目，而厭倦戰爭，鼓吹和平。我國的一般知識領袖們忘了二十一條的遠憂，巴黎失敗的近恥，也趨附時髦，盛倡非戰主義，鼓吹非戰思想。而中山先生獨本着他的一向的主張，以爲世界大同主義應該從民族主義作起，『國治而後天下平』，所以在他的三民主義中，第一便是民族主義。眼光的遠大，眞値我們佩服。

二

中山先生眼光的遠大自然値得我們的崇敬，同時他的缺點我們也無庸替他掩飾。他在他的三民主義自序中曾這樣懇摯地詔示讀者：『惟此次演講，既無暇晷以預備，又無書籍爲參考。只於登壇之後，隨意發言，較之前稿，遺忘實多。雖於付梓之先，復加刪補；然於本題之精義與叙論之條理及印證之事實都覺遠不如前。尙望同志讀者本此基礎，觸類引伸，匡補闕遺，更正條理，使成爲一完善之書』(總理全集，第四集，頁二五至二七)。這重大的企待，自然不是庸愚淺陋如我等者所敢擔負，但局部的拾遺補闕，『不賢識小』的我們似乎也不當自暴自棄。

自現在看來，中山先生的民族主義最重要的缺欠是他對於民族的觀念的陳舊和對於民族與種族之區別的忽略。他對於民族(nation)的說法很明顯地是採取西洋老派政治學人類學者的意見(參看 Calvo, *Droit International Théorique et Practique*, vol. i, p. 169)，這些學者們說法，因爲科學的進步，到現今本早已陳腐不堪；譬如舊日學者往往以血統相同爲構成民族的條件。美國已故的著名政治家柏哲士給民族下的定義是：『居住在同一地域的同種的人群』(Burgess, *Political Science and Constitutional Law*, vol. i, p. 1)。這個定義頗有名於時，但現在便很受批評。從人類學上看來，所謂種族本來是一種迷信，經不得科學分析(詳下第三節)。即使純粹種族曾經存在，到了現在，各種族間經過幾萬年互相混合的結果，世界上早已沒有純粹的血統了。如英人，法人，義人是現今大家所認爲血統比較最純粹的民族，但現今之所謂英人大部是塞爾特(Celts)，羅馬，盎格羅(Angles)，薩克森(Saxons)，究特(Jutes)，丹麥人(Danes)，腦曼人(Normans)以及其他小種族相混合的子孫；所謂法人是從前克洛馬儂人(Cro-Magnons)，高爾人(Gauls)，羅馬人，法蘭克人，高德人(Goths)，匈奴(Huns)，維金(Vikings)，及其他小的種族相合的苗裔；而現今之義大利人又是古代羅馬人，高爾人，高德人，萬達人(Vandals)，龍巴人(Lombards)，腦斯人(Norsemen)以及其種族的後代。世界上何嘗有純粹的血統？至若美國，差不多全世界的種族在那裏都有代表，但是美國人自以爲是一個民族，中山先生也承認他是個新民族(三民主義之具體辦法，民族主義第一講)。血統的同一，如何是民族構成的基本條件呢？

至於『語言』也非構成一個民族的重要條件。柏哲士解釋他所謂種族的同一是指着『具有共同語言文字，歷史背境，風俗習慣，是非觀念而言』，有人便出來駁他：人種學的研究尚未發見語言和種族有何密切的關係（見 Hankins, "Race as a Factor in Political Theory". Merriam and others, *Political Theories, Recent Times*, p. 532.）。本來種族基於遺傳，而語言則由於環境，一是生物的現象，一是環境和歷史的結果，二者之間，並沒有聯帶的關係。一個人生下來，他的皮色，眼色，頭骨，頭髮就具有他那種族的特點，這是先天的；而他們所學着說的言語則是由於他們文化的環境，這是後天的。生在美國的華僑們往往只能說英文而不能操中語，在種族上他依然是中國人種。況且瑞士人有的說法文，有的說德文，有的還說義大利語，他們不因此而失爲是一個民族；比國人南部說法文，北部說佛來密語，但這並沒有減少他們的民族意識。因之，語言也並非形成一個民族的必需的條件。

至於宗教，於一個民族的構成更非必需了。在十五六世紀，當西洋宗教的情緒澎漲到極點的時候，共同的信仰的確曾促成幾個民族的團結（如蘇格蘭）與獨立（如荷蘭）。但到現在，人類越來越理智化了，宗教的信仰已經不致影響到民族的團結，國家的基礎了。因此，信仰自由的權利已爲各國所承認，因而世界上幾乎已沒有宗教同一的民族了。至於我國，自初我們對於宗教便很淡薄，宗教的影響更小了。佛法的東來，回教的輸入，最近耶穌教的宣傳，我們都接收着，都有一部份人士信仰，但我們的民族意識並不因此而增高，也未因之而減低。因爲宗教的宣傳在很理智化的中國人中，是很難發生重大的影響的。

至於中山先生所舉的其餘的構成民族的兩個『自然力』，『生活』和『風俗習慣』，於民族的形成亦非必需。先就生活而論：人類生活的方式是常因機械的發明，自然的環境，外來的影響而變的，而一個民族的結合是比較固定的，二者之間不必有聯繫的關係。即以中國人而論，自上古茹毛飲血的生活到現在的機器時代，其間不知經過了多少變遷，但我們始終還是一個民族。或說：『中山先生所注重的不在生活的演變而在生活的相同，各時的生活儘管不一，但在一個時代生活相同便容易構成一個民族』。但這也不盡然。在原始部落時代，一個民族的人數有限，生活的相同或者可以作到。到了現在，

5

無數的小民族團結成了大民族，人數越來越多，所佔據的土地越來越廣，各地的自然環境不同，生活那能劃一？以中國而論，南方與北方，海濱與內地，都市與農村，他們的生活方式的相差是如何的遼遠？再以美國而論，東北是工業區，南方是農業區，中部是牧畜區，太平洋沿岸是礦業區，各地生活的相差，『謀生方法的不同』，也不下於我們。這不過就着地域而言，再就社會經濟層而論，除了蘇俄以外，在現今資本主義制度之下，各國中貧富的懸殊，階級的對立，更是極明顯的事實。他們間的生活方式的不同，謀生方法的歧異，相去何啻天淵？但這並不影響到他們民族的情緒（參看 Holcombe, *Foundations of the Modern Commonwealth*, pp. 167–212）。至於『風俗習慣』和生活方式相同，也是隨着地域和時代而變的，不必深論了。

舊日學者所舉的血統，生活，宗教，語言，風俗習慣等力量，於民族的構成既非必需，然則什麼是構成民族最重的條件呢？關於這個問題，現代學者最注重情感這個因素，他們認為維繫一個民族最重要的力量是彼此間袍澤的情緒。換句話說，民族的構成是精神的，非物質的：是主觀的，非客觀的。個人社會地位，宗教信仰，經濟利益，皮膚顏色儘管不同，彼此間的衝突儘管不免，但對於民族俱抱着同樣的愛護，一旦外侮來侵，大家便放下私爭，準備公鬪，一致禦侮，這便是民族意識的表現。我們看見外人和國人發生爭執，便自然地和中國人表同情，這種情緒便是民族觀念的表現。一位現代著名的政治學者說的好：『民族是具有共同民族意識的情緒的人羣』。『民族意識是一個團結的情緒——一國人彼此間袍澤的情感，相互的同情心。這種情緒將宗教信仰，經濟利益，社會地位不同的人們團結起來，其堅密遠勝於其他的情緒』。（以上引 Arthur N. Holcombe, *The Foundation of Modern Commonwealth*, pp. 133–134）可以代表一般現代學者對於這個問題的態度（參看 Laski, *Grammar of Politics*, pp. 218–220; Hayes, *Essays on Nationalism*; Muir, *Nationalism and Internationalism*）。

這種情緒的形成，內部的原因是由於共同歷史的背景，共同憂患的經驗，和共同光榮恥辱的追憶，外部的原因是由於外侮的壓迫激起了內部團結的情緒。印度詩人太戈爾氏在他的著名的『西方的民族主義』一文裏

6

說：『西方的雷聲隆隆的大砲在日本的門前說道；「我要一個民族」……一個民族於是乎出現了』(R. Tagore, "Nationalism in the West," *The Atlantic Monthly*, March, 1917)。我國近來民族思想的高漲，也何嘗不是由於帝國主義者的壓迫呢？

三

明白了什麼是民族，我們再看什麼是種族。民族主義的發生和發展都是很近的事情（關於西洋民族主義發達的歷史看 Gooch. *Natinnalism*; Hayes, *The Historical Evolution of Modern Nationalism*，兩書俱有中文譯本），而種族則是人類有史以來即有的老觀念，並且人類文化愈幼稚，種族的觀念也愈強烈。在西洋，希臘人對於異種人的卑視，羅馬人對於異族人的壓制，近世西人對於『有色人種』的鄙視榨取；而他們之間，所謂『條頓』，『拉丁』，『斯拉夫』，各種族間的菲薄傾軋，這是大家都知道的事情。在中國，古代『諸夏』和『夷狄』的爭鬭，中世漢族和北方諸族的對抗，近世元淸兩代的入主中華，朱元璋，孫中山的光復舊物，從一方面看來，可以說是種族之間的鬭爭。種族的意識所以比民族意識早發生者，因爲種族是物質的，民族是精神的；種族是具體的，民族是抽象的。走到街頭，看到面黑身長纒頭的外人，我們便知他是印度人；遇到頭長面灰身短足大的黄色人，有經驗的人可以辨出他是日本人。不但對外人如是，即於本國人，有經驗的人可指出蒙古人同漢人，漢人同回人的區別：如蒙人顴高額平，回人鼻高等特點是。這些物質的特點是由遺傳得來的。　7

漢人蒙人和內地的回人雖在骨格上有些顯著的區別，但同別的人種（如印度人）比較起來，他們中間的同點究較異點爲多，所以就大的區分而論，他們又可歸爲一類。第一個將世界上的人種加以系統分區的是著名生物學家林尼斯（Linnaeus, 1707-1778. 瑞典人）。他依皮膚的顏色，將人類分爲白種，紅種，黑種，黄種四大種。這個分類法雖有名一時，而且直到現在沒有科學常識的人，還依舊相信而且因而抱着所謂顏色之偏見（Colour prejudice，如白種人卑視所謂有色人種）。但略有科學常識的人便知道人的皮色除了足以影響到個人的婚姻問題外，並不能作爲種族的標幟。人類皮色不能夠測量，並且不是世界整整齊齊地僅有這幾種顏色，界乎四種之間的非常之多。即以白人而論，一部分義大利人，西班牙人比普通中國人還要黑，這些人應該歸到那一類呢？所以據人類學者看來，人類的皮色只可分成黑白兩大類，其餘都是界乎二者之間。在原始時代，皮色本有保護作用。在寒帶，白色可以有蓄熱的作用，在熱帶，黑色可以保護陽光的照射，其餘黃，紅，棕等介乎二者之間的顏色，適於寒熱兩帶之間的氣候。人類膚色大概是這樣得來(見Marett. *Anthropology*, pp. 83-84.)。皮膚既因適應外間的環境而變，於是『白面書生』和『面目黎黑』的農夫雖是同種人也發生了大的區別。並且人類文化愈進步，保護的方法愈周密，皮膚愈失了牠的保護作用。將來人類的皮色或統統消滅亦未可知。所以用膚色作為區分種族的標準是不合乎科學的。

皮色既不能作為區分種族的標準，於是人類學家更進行別的方法。頭蓋骨，頭蓋前骨，鼻骨，眼，下頦，顎，牙，髮，手紋，以至臭味，都曾被用作區分人種的標準，但俱不能令人滿意。現今人類學家所用來量人的方法是各部都量(如髮的顏色，髮的形態，眼珠的顏色，皮膚的顏色，身高，頰高，頭寬)，以求發現一種人的特點。但至今科學家對於人種的分類並沒有得到定論，現在大家所通用的僅是依据地域略加以區分的暫時的辦法而已。

因之，所有關於種族的區分都是武斷的，沒有科學上的價值的。至於前些年一部份西人所唱的各族優劣論(如以條頓或諾底克族為世界上最優的民族之類的說法)更沒有相信的必要。同時，我們還要知道，一切所謂種族的特質隨着環境變遷，並非固定不變。美國著名人類學家鮑士教授在他的著名的研究報告中，証明移到美國的歐洲人的後裔的體格與像貌和他們在歐洲的同輩們有顯著的差異(Franz Boas, *Changes in Bodily Form of Decendants of Immigrants*. New York, 1912.)，而戰後的俄國人的食物的缺乏對於他們的體格相貌都有相當的影響。(Alexis Ivanovsky, "Physical Modifications of the Population of Russia under Famine", *American Journal of Physical Anthropology* Vol. 6, no. 4. pp. 331-353. 1923)。就此可以推見環境對於人的形態的影響是如何之大，同時也可以知道各種的特質並非是永久的了。

惟其如是，種族的區分，除是供政客的宣傳外，在科學家看幾乎同民族一樣，也僅是一種想像而已。不過二者之間自有重要的區別：第一，種族是物質現象，指着人的骨格形態而言；民族是心理現象，指着一個人群團結的情緒而言。第二，種族是生物現象，牠的形成是由於遺傳和環境；民族是政治現象，牠的構成是由於內部的聯繫和外邊壓迫。第三，種族的區別是先天的，不是人力所能改易的；民族是後天的，可以改變的。第四，種族是自然現象，客觀事實；民族是精神的，主觀的。二者之間的區別本來極爲明顯。

可惜這些區別，孫中山先生不曾注意到，在他的民族主義裏民族與種族時常混在一起講。如他要恢復民族精神，恢復民族地位，這自然是指着民族而言；繼而他又以滿，蒙，回，藏等族是中國的弱小民族，似又只指着種族而說。這也是極自然的事，孫先生的民族主義本由種族主義擴充而來，因而於二者間的區分，他便始終沒有注重。在淸季一般革命家的文章裏，種族和民族二個名辭本是交換着用的，所以孫先生最初的種族主義是打着民族的旗幟。譬如他在光緒三十一年（一九〇六）的一段演講中關於民族主義曾這樣解說：

那民族主義卻不必要什麼研究纔會曉得的，……這是從種性發出來，人人都是一樣的。滿洲入關到如今已有二百六十多年，我們漢人就是小孩子，見着滿人，也是認得，總不會把他當作漢人。這就是民族主義的根本。但是有最要緊一層，不可不知，民族主義並非遇着不同種族的人便要排斥他，是不許那不同族的人來奪取我民族的政權。（『三民主義與中國民族之前途』，總理全集第二集，頁七十二）

在這裏他很明顯地以爲種族就是民族，民族就是種族，二者的區別直到他最後所講的三民主義中並不曾注意。因之，他依着種族的區分，將中國人分成漢，滿，蒙，回，藏五個民族，而又以後四者爲我們中間的弱小民族。以至在他的建國大綱裏要他們『能自決』（建國大綱第四條），國民黨第一次宣言中『認中國以內各民族之自決權』。依這理論推下來，便如周佛海先生所說：

蒙古和西藏要求獨立，我們是承認的；俄思幫助蒙，英人幫西藏獨立，我們也是承認的。（三民主義之理論的體系，頁七三）

如照這樣實行起來，中國的分裂恐怕是指日可待了。

如果這是實行民族自決的原則，又當別論，無如這是誤以種族爲民族。前邊已說過，種族的區分本極渺茫，即以中國而論，五族之說雖然由來很久，但事實上並無科學的根據，打開歷史一看，所謂漢族，自上古到現在，各時代都有新血統加入，那有純粹的漢族？其餘諸族也是許多血統雜糅的結果，也不比漢族更純粹。況且到了現在，滿漢的界線早已泯滅淨盡，漢人和內地回民的區別也僅在宗教一點。至於蒙人，藏人，以及纏回，他們和漢人的區別雖較爲顯著，但是大家政治上的合作既久，文化上的同化的完成也僅是時間上的問題。

內部共同的背景既維繫住我們的團結，外部的壓力更促成我們的合作。希望大家從此撇下虛無渺茫的種族問題，來從事中山先生所設示的『組織成一個民族主義底國家』的偉業！

中山先生逝世第十二週年紀念日，於北平。

10

新疆之哈薩克民族

袁復禮

一 吾人對於哈薩克人之認識

吾國典籍所載，新疆專事遊牧之民族，除蒙古人外，尚有哈薩克人及布魯特人。大致哈薩克居天山以北，布魯特居天山以南，此現時之情形也。其歷史固已悠久，可考者，若唐時有突厥曷薩部，黠戛斯及大小布律，均見唐書。待清中葉征準噶爾時即用哈薩克人自稱之族名名之。然西人遊記中先祇用『啟爾吉斯』以包括所有信回教之遊牧人，以後又誤稱哈薩克爲『啟爾吉斯』，稱南部眞正之『啟爾吉斯』爲『喀喇啟爾吉斯』，直至一九二八年以後始行更正。

至於『布魯特』一名辭，始終未見於西人遊記中，反觀吾國典籍在唐書有黠戛斯，又有大小布律，元史有基爾吉思。現時自庫車以西如拜城，阿克蘇，烏什之遊牧民族，普通新疆漢人稱之爲黑黑子，西人在葱嶺及西部崑崙山中遊歷所遇者皆稱之爲『啟爾吉斯』。而余聞彼族中人自稱之名，音極短促，應急讀爲『喀爾噶斯』。然因何公文中不用黑黑子，而又有『布魯特』一名辭，尚難解釋。在哈薩克族分支表中有庫魯台博拉特一支，嘗疑此支或散佈至天山以南，爲初與漢人接觸者，漢人遂以一支名稱其全族歟？或喀爾噶斯中另有布魯特一支，抑或除哈薩克及喀爾噶斯（喀爾基斯）外，尚有一自成統系之布魯特，即唐時之布律歟？則尚須待查者也。

余所見之哈薩克人極多，而只見啟爾吉斯五人。面貌不甚相同，服裝則大同小異。據彼二族云：言語亦各自成統系，哈族與回語相近，而發音微硬。啟爾吉斯之言語則與其他回語不同，且能蒙古語。此固自余個人之片面觀察言之，其實際尚未見他人詳細考查也。再就余個人觀點言之，哈族似略近內地之漢人，而啟爾吉斯似與蒙古有若干之連屬，至於漢哈之分歧約當在數千年前牧畜事業與農業分歧時即已分道揚鑣矣。

哈薩克人久居於中亞草原，向西散佈頗遠。當準噶爾全盛時期，哈人尚未徙入新疆境內。前清征準噶爾時，於乾隆二十一年二十二年始與之接觸。

民國十七年春余初至新疆時，在迪化遇哈薩克營長巴彥穆拉。彼口述云：哈薩克分大中小三部落，大部落稱爲烏拉屈茲，中部落稱爲鄂爾忒屈茲，小部落稱爲奇什屈茲。大部落即爲克烈（讀音如啓疊），又稱玉孫，均在中國。在塔城左近者約二千戶，在阿爾泰者約一萬一千戶至一萬二千戶。以吉木乃之阿林（或作愛林）郡王爵位最高，布命托海縣長沙里福汁（最近爲阿爾泰行政長）爲其介弟，在布爾津河所屬之山中有阿穆爾台阿吉（公文中作公漢爾泰）鎮國公，哈地爾庇牙（公文作漢達皮亞）鎮國公，及阿布爾瑪沁營長，三人。此外尚有薩庇特（現改爲沙大多大）貝子，駐於阿爾泰左近。中部落即奈曼分九支，又分二部：爲阿勒干及奈曼，均在斜米，宰桑，及七河各處。在伊犂稱哈宰依，亦奈曼部落之人。在塔城之哈宰依千戶長，阿布魯法依司汗爲乾隆二十年投降清兵阿布賚汗之後裔。小部落又分阿勒欽及賈斯二部，在俄屬費爾干納省之博克哈拉左近。

如七椿園西域見聞錄言：『哈薩克，古大宛，無城郭，遊牧各處，多平崗漫嶺』。祁韻士西陲要略則駁前人以哈薩克爲古大宛之說，以爲『漢書言「大宛有城郭」，今則隨畜徙牧，俗異大宛』；又以『哈薩克居伊犂之西北，伊犂爲古烏孫，西北與康居接，則哈薩克乃古康居國』。葉圭綬外譯存考謂『罽罕〔或作浩罕，即今日之費爾罕納省〕爲康居，昔日冬治越匿地，至夏治蕃內，馬行七日，爲今塔什罕地，亦與今日罽罕道里合』。是三人之說各有不同。又丁謙云『考漢書陳湯之討郅支，傳中明言，城在都賴水上，其他凡言城者十餘處，則康居似不能無城也』。總上四人皆未慮及中亞民族在歷史期中有重大之轉移。鄙意前之康居或即今日之坎巨提，前之大宛即今之都瓦爾，其民族血統是否因戰爭，征服者與被征服者互有混合，則不能考矣。地域因民族之遷移，亦可更換新民族之名以名其地。今日哈薩克人用之屈茲，或玉斯，與古音之姑師，車師，龜茲，烏孫，月氏，相比，音皆相近似，皆爲部落之意，而非一民族之專名也。

故漢時西域民族內有何異同，已成不可考之史蹟。現就哈薩克一族言之，自元與後，始更見其源流。魏源聖武記謂哈薩克舊分三部：左部爲鄂爾圖玉斯，又稱東部；右部又分爲二：一爲烏拉玉茲，又稱中部，一爲齊齊玉斯，又稱西部，亦曰塔什漢。似又援清中葉之情形以反訂元時之吉爾啟斯，不知元時哈薩克之組織尚未必如此，故不可據也。

近二百餘年間，各書述及哈薩克者亦甚繁。惟分該族爲克烈及奈曼二種，係根據俄國喀贊城韃靼人編著回文之哈薩克民族史。據讀過此書者言，該書中以爲哈薩克即成吉斯汗同時之克烈乃蠻二族。若此傳說可信，則其族於元初與蒙古人雜居於杭愛山，及阿爾泰山以及塔爾巴哈台左近，待元太祖西征始輾轉西遷。至俄帝國全盛時代，其西抵高加索（英文 Caucasus）山中，以及窩勒噶河，及當河兩流域，均仍有哥薩克部。在俄文中哥薩克與哈薩克二字固無差別，不知是否哈族西遷至此三區，後即與東漸之俄人血統混合，採取俄語文字，自成統系，抑殖邊俄人只採用此名，雖稍與哈族有所接觸，而尚少哈族血統，是待就正於研究中華民族學及俄史者也。

然哥薩克人歷來享受特殊待遇，騎獵，畜牧，軍屯，皆有特別組織，爲俄國經營西比利亞之前驅，故世界只知俄國之哥薩克騎兵，不知哥薩克一字之來源。甚至其未爲俄人混合，而遊牧於俄屬中亞草原者被稱爲啟爾基思。自蘇俄革命後，哥薩克制度取消，又改省爲『自治區』（實仍爲中央集權制度）。前之斜米帕拉廷斯克省改立爲哈薩克斯坦蘇維埃共和國。將前之七河省，即斜米列且亞省，改爲啟爾吉斯斯坦蘇維埃共和國。俄境內之哈薩克人始用其原舊名稱，與啟爾吉斯人之分別始經認清。

在新疆之哈薩克人，有以爲其祖爲成吉斯汗之弟者，似屬一種傳說，未能證實。然大多數人皆以克烈族助成吉斯汗西征，及清初藉以翦滅準噶爾之叛亂。在吾人不能確定早年中亞各族歷史以前，各族血統之關係固不必深究，然其傾向中國已有相當之歷史，是國內關懷西北者應注意者也。

二　哈薩克人之族支制度

哈薩克人皆能口述其家譜，於旅行中過他人帳幕留宿時，經主人詢問，則背述無遺，以證其『確有根底』。蓋遊牧民族中以蒙古人奉公守法爲最嚴厲，至哈薩克族久以剽竊自成風氣，雖截奪明搶非有素仇不行使外，普通於他人不經心中，放置牲畜物品即可乘機竊取，似有一種不成文之法律，以爲未加勞力所得爲智慧上之酬物。如他人漫不經心，看顧自有之物品即應被竊，待被查明後則情愿認罰。古時慣例，竊一羊則賠九羊，竊一馬賠九馬（現已減至一馬償二、三馬矣），其意並非受法律上之罰責，而以他人能破獲贓證，其智慧當較其本人高明，故甘心自認低能；然從未以原贓退還者，其意似謂個人之體面仍須保存耳。除此一項外，哈薩克勤儉耐苦，肯負責任，性情豪爽，且思想機警，遇事每能詳審研究，毫不武斷從事，足可補其習俗上之缺欠。

余在天山及天山北之廣漠中，與哈薩克人接觸頗多，且曾僱用哈薩克人。於十九年夏季所得其口述之譜系：據云克烈人分十二『柯勒依』，意即十二支族，皆以各該支始祖之名名之。試列如左：

一、張大該（見新元史）
二、賈德克
三、且列烏赤
（二、三）爲巴干納之二子
四、喀拉司
五、墨洛廓
六、恭薩達克
（四、五、六）爲賈霸司之三子
七、薩拉霸司（與薩爾頭貴同父，其父名白留）
八、以帖列（見新元史）
九、賈司達班（八，九之父爲貴婁）
十、庫魯台博拉特（其父名賈卡拉）
十一、蔑爾喀特（見元史爲蔑爾乞）
十二、齊霸爾愛依噶爾

此外又有齊茅庸亦名瓦克，及阿勒曼貝特庫魯台薩拉（其父名布曡得楚拉）二支，與他支統系不明。十二支族中以張大該支爲最大，駐新疆賽烏爾山北至吉木乃一帶之阿林王，及阿爾泰左近之薩弗爾貝子皆屬之。此支又分十六亞支，如左：

一、察喀爾拜　二、瑪密巴維爾郭羅
三、阿勒同代　四、嘎茲貝克
五、也賽噶斯　六、塔司比古
七、埃勒噶勒達　八、埃斯達鄂洛拉特
九、也斯勒喀特　十、薩勒
十一、昆都　十二、解勞
十三、博托喀拉　十四、泰勒克
十五、匱貝克　十六、賽克勒

前十二人爲同一母，後四人爲同一母。此母字是否支族之意歟？則不能詳考。

此外尚有一支為喀利慕夫，其統系亦不詳。

前此十八年八月又遇一張大該人自述其族譜如左： 5

- (一)張大該
  - 楚音察勒
  - 蘇音都克
  - (二)郭羅斯
    - 薩門貝特
    - (三)博兒闊斯
      - 埃斯達鄂洛特
      - (四)埃勒該勒得
        - (五)貝薩勒——(六)吐門諾司
          - (七)木薩貝爾根
            - (八)喀拉施拜
              - 汗賈兒
                - 埃依及勒
                - 恭拜
                - 喀地兒拜
                - 喀三拜
                - 賽依依特
                - 歐斯曠都拉（又名歐斯曠勒，歐斯意爲索，曠勒意爲雪）
              - 默哈默德江——埃密爾
              - 蘇普弗依
                - 阿勿雷依
                - 默哈默特
                - 薩細特
                - 拉瑪善
              - (九)歐斯班
                - 喀巴司
                - 喀里克
                - 那必克
                - 曼布都拉施
                - 伊雜特
                - (十)巴雜爾拜
            - 薩屋瓦拜
            - 賽木賽爾
            - 阿勒瑪司
            - 賽里拜
            - 阿依拉克
          - 阿勒達貝爾根
          - 蘇那木
          - 楚庫木
          - 巴爾喀拜
        - 海依爾
        - 瑪由克
        - 包施坦
        - 埃斯肯那
        - 帕帕依該木
        - 瑪丁
        - 阿滿郭羅
        - 賈滿郭羅
        - 蘇由爾郭羅
        - 吐爾忒郭羅
    - 埃勒齊拜譚革爾略克
    - 埃錫爾革依普
    - 薩木拉特

（歐思班，即自述之老人年約六十）

蔑爾喀特族原居烏什扣扣布拉克（此地址現不可考）據余之用人與格曼之弟努闊卜述其族譜如左：

- （一）蔑爾喀特——（二）托赫咸和卡——（三）闊郭勒薩爾（又名巴提爾）
  - 阿勒曼貝特——曼培司——察喀爾——賈斯拜
    - 那爾台
    - 土瑪特
    - 曼圖
    - 奧略斯台依木
  - （四）索爾
    - 翟聊
    - 阿拉拜
    - （五）努爾拜
      - 珠爾侖貝特
        - 倉盞
        - 拜易爾
      - （六）巴特納生托勒克
        - 喀底爾拜
        - 奧格曼
        - （七）努闊卜——（八）尼素卜
  - 郭托拜
  - 塔司
  - 巴克司拜

且列烏赤族又分十二亞支，即（一）索郭羅拜，（二）海由拜，（三）喀朗，（四）梅依塔克，（五）賈庫博，（六）拜陀闊勒，（七）哈茲江克，（八）輝赫拜，（九）阿密，（十）鐵留拜，（十一）拜陀闊勒【與第六支重複，係根據口述，不能再詳】，（十二）拜吉木。

此外零星記錄者尚有多件，只就口述者所能記憶錄之，惟無統系不足以供參考；如（一）陀赫咸和卡生二子：一爲江吉各特，一爲拜吉各特。（二）吐魯木和卡生二子爲拉匹施及賈噶爾。（三）賈得克巴特兒，瓦克巴特兒，喀喇噶斯三人皆爲兄弟，其一有子名齊巴噶爾（或讀如齊比兒）。（四）一族名吐爾革烏特。不能再詳矣。

如按新元史，客烈亦，乃蠻二族外，又有蔑兒乞人，似與現今之蔑爾喀特族名相同。現今新疆之哈薩克大多數不承認蔑爾喀特族爲克烈本族之人，似與元史所載吻合。然有以爲蔑爾喀特係來自波斯，爲一波斯商人之後，則與元史又不盡同。不知蔑爾乞人及蔑爾喀特族歷來皆爲行商販賣歟？抑爲今之蔑爾喀特只採用舊蔑兒乞之名，與血統無關歟？尚待商查者也。

上項材料不爲完全，然得來頗不容易。普通只有本族人知之，外人即有問到，亦不能證明有無錯誤。余僱用之哈薩克人中，有四人只能自說屬於何族，而不能述其族譜。其爲余述族譜者，亦因一時之情緒煥發，表示其歷史悠久，始誠意相告也。

吾人由其族譜可知其支族繁衍之盛況，再進更可推算其支族劃分之起源。上述二表中所得爲八代及十代，如以二十五年爲平均一代，則爲二百年至二百五十年，故二百年前至二百五十年前之間，其族譜始有記錄。正當西歷一六八一年至一七三一年，即清康熙二十年至雍正九年之間。亦即準噶爾在蘊發期，噶爾丹起始東侵入外蒙至大小策零敦多卜敗走，淸兵曾二次至阿爾太之時也。

哈薩克之聚居，多以族支爲單位。每一山谷之人，盡爲同族，他支不能羼入。其婚姻亦爲族與族之結合，而同族不相婚嫁。故其分族制度，雖只有二百餘年之歷史，在社會組織上，及全民族同化上，已具重要性。

三　哈薩克人之生活狀況

7

哈薩克人入居新疆時，在乾隆二十二年（西歷一千七百五十七年），先在塔城伊犂二處，皆經編籍。塔城有千戶長，伊犂有百戶長，以後按人戶增戶，又添置千百戶若干，皆隸各區行政長官。居住於阿爾泰區者，在行政名義上，係爲借居。其後生殖日繁，現已遍佈阿爾泰前山全區。甚至東北抵科布多，東南至甘肅燉煌之南山。其頭目前有郡王，貝子，鎭國公，台吉等銜，民國成立後均仍其舊。惟其平民之一部自民國後漸向南移，居於天山山中，分屬於各縣。各縣署按其族支，設鄉約治之。因彼等夏季牧於高山，冬季或在深谷，或在曠野，故與山外麓地之農民極少接觸；惟時至城市購換布匹穀糧，與商人多有往還而已。

彼族雖專事放畜，於駱駝牛馬之大量孳生，並不多加注意。除頭目人外，每家此類牲畜之數目，甚爲有限。惟羊種特佳，皮細毛長，肉尤豐滿，尾部富有油質，只就尾部之油重或二三十斤，與蒙古人之羊種不同。每家所畜數目亦多，常逾千頭。除自有羊羣外，並兼代回漢纏俄各族牧畜，亦有爲他族僱用牧羊者，其僱用則以一家爲單位。塔城阿爾泰各地尙有爲錫伯人及漢回僱用務農者，亦以家爲單位。

工藝只限家庭應用，不每日工作；需要時臨時定製，亦不與外族交易。男人銅工極優秀，以紅銅爲底，再以白銅或銀鑲嵌各種圖樣，於其刀柄，刀鞘，帶扣，帶飾中常見之。束身之帶亦有四周盡飾者，亦有以六七個長方銅片只鑲前面者。此外亦有木匠皮匠鞋匠，然皆以牧畜爲本業，工藝爲副業。婦女則縫紉外，刺繡及毛織品均佳。其刺綉及毛帶之花樣及手工精緻異常，久爲歐人遊歷者所欣賞。其包房所用之毡毯則男女合作，婦女用長棍彈擊羊毛，男人以粗棍裹壓之。

哈薩克人之遊牧生活，係一種每年輪環的移動，夏季五六月間高山杉松帶青草發生後，即徙入高山中；八九月雪降前，即降至低谷中之陽山處居之，或遠至盆地中心之沙丘帶，擇沙丘帶中水草豐美之區過冬；冬季常携鎗，帶鷹鶴，獵取狐貂等等之野牲。最近人口加多，野牲日少，獵中甚少收獲矣。

徙居固定數月中，男人則乘馬牧馬牛駱駝，並司偵察外人及過客，幼童步行牧放羊羣。其投石趨羊之技術，極準確。婦女多在家工作，除縫紉紡織預備食物外，每日清晨及薄暮擠羊奶及點數羊隻。移動時，婦女先拆帳幕，男人梱包裹，及置牛駝之身上。其梱繩皆係毛製，彈力極大。遇雨水，即緊縮，爲麻繩所不及。途中全家男女幼童皆乘牛馬，騎乘不敷時，亦有二三男人步行趨牲畜。停駐時，男人解包裹，看牲畜，婦人支帳幕，搬拾物。至於選擇居住地點，男女皆參加意見。其幕帳形式普通漢人稱之爲哈薩包，與蒙古包房之形狀微有不同，且極易分辨：蒙古包房之頂爲直線形，頂尖爲銳角，與四周木架接觸處爲一鈍角，其頂部木桿皆直；而哈薩克包房之項部爲曲弧線式，其頂圈及其支桿皆向上彎穹，其區別可由左二圖表示之。

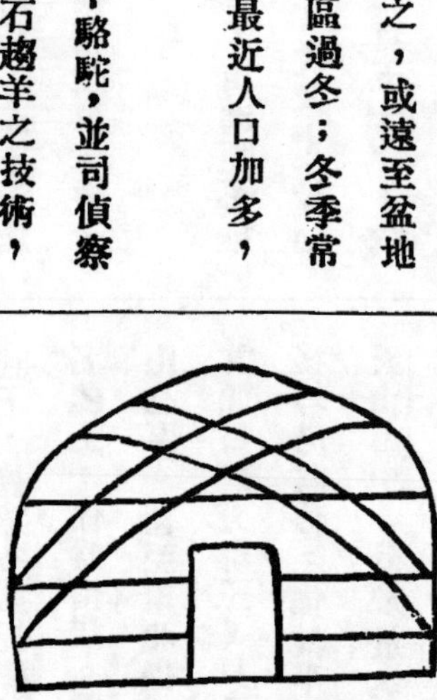

上圖爲哈薩克式之包房

下圖爲蒙古式之包房

彼族男人之衣服多用黑色，衣裏間有紅綠各色，及各色印花布。外衣面亦有紅綠各色，但屬少見。裏衣多

8

白紅紫三色，他色亦少見。外衣形式多爲半襟領口，與中國古裝相同，裏衣多對襟。其褲常年爲棉褲，夏間亦有羊鹿皮製之褲極柔軟。皆無褲腰，褲帶自褲中穿過，與西洋中古衣服之褲類似。惟褲腿開放，長至脚面。褲腿之邊緣，多用洋線鑲繡各色花樣，於紅黃綠白中擇二三色用之。婦女衣服除受纏回影響，穿印花布之衣裳外，概多爲黑白二色，頗類舊劇中之青衫。惟頭巾長垂，形狀特異，用以避蚊蠅甚爲有用，且不似城市居住之纏回，未有用面紗者。其鞋之樣式男女相同，皆分二對，鞋裏爲軟皮平底，外套之鞋爲硬皮高底。底之高度與西洋女人之高底鞋，無大差異，惟皆寬粗異常。皮色多爲黑紫二色，且常有綠色鑲飾，入包房時即脫去，鞋裏或加以各色洋線或金銀線鑲花。在包房內外皆着之。其衣服之中，尤以帽盔之形式爲奇特，頗似舊劇中之『侯帽』。頂部平圓，中部爲曲綫無尖之錐形，由四塊瓦形縫固。其前面及左右二面皆有刺繡之團形花卉，用各色絲線織成。下部除前面較窄外，其餘三面爲扁方形，四面下垂皆不縫固，故行動時皆顫動。帽面多爲綾緞，以紅綠藍三色爲多。裏多爲布質，中添棉花，亦有裏爲皮毛者，但甚少見耳。

除宗教節中，有以奪羊爲娛樂外，秋季亦有賽馬之舉。其第一錦標所費過貲，除有爵位或富戶或有駐邊大吏督視時，概不重視。賽馬之舉，係屬普遍娛樂性質，其中以男女並賽尤爲滑稽。其賽途爲往返二程，不論何人，於出發後，可任意言語。於回程時，女方則執鞭追逐。如對方馬緩，則飽受鞭打。觀者粲然歡呼。有第一錦標時，則賽程常逾二百里，其獎金多逾千元。

哈薩克之牧人，常在山谷中放出悲歌。曲調多重複，只詞字變換而已。至於舞道尤爲簡單，不如中亞其他各族之優美，且含有神話之意義，似與沙門教有連屬。

四　哈薩克之環境

哈薩克對其他各族，待遇各有不同。如見漢回及纏回僅普通致候，心中實懷猜疑。對於本地長官，貌極恭謹，惟不能表示其欲望。前此中央派去大員，彼族以爲自有其歷史之經過，亦少來接洽。如遇韃靼人及奈曼人則同作禮拜，敬謹從事。近來由邊境逃來此種人物極多。哈薩克人仍屬智識簡單，不常知外事者，除受欺騙外，尤易受鼓惑。

七八年前，哈薩克之人口數目，據沙里福汗君言，約爲三十萬；此後每年徙入漸增，約達四十萬矣。以此衆多之人數，其智力並不弱於其他各族，其居駐之地皆爲鑛產森林之區，只爲生活狀況所限，以致教育不易設施，其文化遂停頓於牧畜之階段中。其受舊式教育者祇能識回文，能記錄，通信札而已。然多聚於各頭目中，普通不常遇之。惟每族中亦各有一穆拉，記其族譜，對於外事則見聞太少。十餘年前迪化曾有一蒙哈學校，只富戶子弟方肯入學；惜此學校久已停辦，除一二年中情形不詳細外，前此蓋無所謂國民教育也。

近數年來，民族自決之思潮已達抵中亞。纏回變亂時，哈薩克亦被煽動，惟不與纏回合作。近二年來新疆政局穩定，爲安定哈族起見，阿爾泰行政區現由哈薩克人之沙里福汗爲行政長。彼曾受教育於蒙哈學校，通漢語漢字，亦通俄語。十七年春曾任布倫托海縣長。到任四個月即被撤差，回至賽烏爾原籍。十八九年中又與北土爾扈特蒙古互爭牧地，以致齟齬，被調至迪化寄居。二十年纏回叛亂發動後，省政府派伊爲省軍羊肉經理督辦。年來飽經世故，兼之人極精敏，或能對本族建設上多加努力。

總之中亞各民族，無論回漢蒙哈俄韃，其進步皆爲廣漠之地區所限。誠以交通工具太爲遲滯，文化無以傳播，教育既不發達，報紙尤屬絕無僅有。故假設有善意的片面之宣傳，亦只是道聽而途說；口述上之錯誤，已屢見不鮮。且受宣傳者之生活狀況，又各不同，故其反應率少理智，多用感情。於開發事業，更少技術，致多自抱悲觀。惟蒙哈二族素在野外生活，關於實際設施方法上之困難，認識較爲確切，尤爲其他各族所不及，故對無理智之盲從，大多數人尙少參加。設使將來中亞再有變動時，哈族蒙族仍能屬於穩健分子也。

附誌：此文係自旅行筆記中擇錄，交禹貢半月刊代佈。文中可補充之點尙多，希望研究西北史地之同志賜函指正，至所盼也。

粵東初民攷

譚其驤 1

古代粵東境內之居民屬於何種類，自來說者不一，有以爲越族者，有以爲蜑族者，有以爲猺族者；細案之則皆臆度之談，未嘗深究之於載籍也。越滅後句踐子孫之散處江南海上者，僅限於今浙閩二省，其苗裔至秦末漢初有閩越王無諸，越東海王搖，而粵東無聞焉。趙佗建號南越，此特是國名耳，與種類初不相涉。且楚爲荆蠻，而成王即位，天子賜之胙曰，「鎭爾南方夷越之地」，洞庭蒼梧間於漢爲長沙武陵蠻，而吳起取之，史稱「南平百越」，足見古代「越」「蠻」一義，同爲中國人對南方民族之通稱。是則秦漢時人即或有以「越」指稱粵東種類者，亦不得便以粵東初民爲「越族」也。蜑族最初見於巴中，常璩華陽國志述之，六朝以來，始輾轉移入粵東。猺族於漢晉時稱盤瓠種，後漢書及南朝諸史南蠻傳言之綦詳，唐宋之際，始度嶺而南。二者並屬遷來客族，亦非粵東土著。由余考之，有史以來最先定居於粵東境內者，實爲今日僻處於海南島之黎族，漢唐時稱爲「里」或「俚」者是也。此事史乘所記，本甚明顯，特自來讀史者未有能理而董之者耳。今請備陳其證，並略述俚族盛衰遷移之跡，爲世之治西南民族史者進一新解焉。

「里」爲粵東民族名之最早著錄於史乘者。范書南蠻傳，「建武十六年，交阯女子徵側徵貳反，九眞日南（今安南）合浦（今廣東高雷欽廉一帶）蠻里皆應之」（其九眞之里已見於仝傳建武十二年）。「蠻里」猶言「蠻荆」，以里爲蠻之一種也。魏晉以降作「俚」，張華博物志「交州夷名俚子」，不曰有俚子而曰名俚子，可知俚爲嶺南之主族。隋書地理志敍揚州風俗曰：「自嶺以南，其俚人則質直尙信，諸蠻則勇敢自立」，別俚於諸蠻，亦以有主客衆寡之分，非得相提並論故也。志又曰：「有（銅）鼓者號爲都老，羣情推服，本之舊事尉陀於漢自稱『蠻夷大長老夫臣』，故俚人猶呼其所尊爲倒老也，言訛故又稱都老云」。此語最妙，明示秦漢時南越國人即俚人，而俚之所以不見於史漢者，以其時中國人與俚相處猶暫，未嘗熟知其種類名，故率以泛指南人之「蠻」「越」

稱之也。

中國人之移殖粵東，唐宋以來始盛。自唐以前，俚爲粵東之主人。惟漢魏時其族之文化程度蓋甚低，極無政治上之組織能力，故中國無事則服屬爲順民，有事則趙佗士燮輩竟得以異族人立國稱霸其地，爲之君長。晉宋以來，與中國人接觸既久，文明日進，其渠帥始有崛起據有一方，受中朝冠帶者，宋大明中合浦大帥陳檀歸順，拜龍驤將軍，旋以爲高興太守是也。梁侯景反後，嶺表大亂，於是俚峝酋豪，所在蠭起。其中最著者，曰高涼馮氏。馮氏本北燕之後，國滅後浮海歸宋，留居新會（此說確否待考），世爲牧守；及梁大同中有羅州刺史融者，爲其子高涼太守寶娶越大姓洗氏女爲妻，遂爲諸蠻首領。洗氏爲俚族第一偉人，佐其夫及子若孫三代，歷事梁陳隋三朝，先後討平李遷仕，歐陽紇，王仲宣諸亂，梁陳易代之際，皆能保境安民，一方爲之晏然；其盛時據有西江及海南一帶，即番禺亦時爲其號令所及。陳氏之亡，隋總管韋洸安撫嶺外，至嶺下逡巡不敢進，晉王廣遺洗氏以陳主諭降書，乃遣其孫魂帥衆迎洸，入至廣州，嶺南得定。積功至册爲譙國夫人，開府置長史以下官屬。仁壽初卒，謚誠敬夫人。子僕，陳太建中以平歐陽紇功封信都侯，加平越中郎將，轉石龍太守，詔使持節。孫魂，隋初以迎降功表爲儀同三司；暄拜爲羅州刺史；盎高州刺史（隋書譙國夫人傳）。洗氏卒後，盎復以擊潮成等五州獠有功拜漢陽太守。隋亡還嶺表，嘯聚首領，有衆數萬，地二十餘州，西自蒼梧，東至番禺，南有朱厓。武德五年以地來降，授上柱國高州總管，封越國公。貞觀初或告盎叛，盎舉兵拒境，太宗遣韋叔諧喩之，乃遣子智戴入侍。貞觀五年親入朝，宴賜甚厚。俄而羅竇諸峝獠叛，詔盎率部落二萬爲諸軍先鋒擊破之。盎奴婢至萬餘人，所居地方二千里，貞觀二十年卒（唐書本傳）。子智戴，武德中拜春州刺史，智彧東合州刺史，智玳恩州刺史（或作潘州），智璣智戣，先後拜高州刺史。融又有族孫士翽，隋岡州刺史，入唐官至右武衛將軍。盎又有族子子猷，高宗玄宗朝嶺南五管每有征討，輒恃以爲援。馮氏而外，俚中渠帥之著稱史乘者，梁時西江有陳文徹兄弟，出寇高要；唐初循潮有楊世略，武德五年與馮盎同時降，授循州總管。此外隋末唐初粵東溪峒酋長，岡州有馮岑翁，梁化有鄧馬頭，羅州

2

有龐靖馮季康，新州有洗寶徹，洗智臣，何如瑛，廣州有高法證，雖無從確知其爲何種類，疑皆係俚族也。蓋自梁至唐，嶺南名爲中朝領土，實際在俚帥統治之下者，垂百餘年云。此爲俚族之極盛時代。與俚同時雄據粵東者，又有從粵西遷來之獠族，然其勢力殊不及俚族之雄厚，且中朝每假俚人之力以平獠亂；如馮盎之討平潮成五州獠，羅竇諸洞獠是也。唐世嶺南獠禍最劇，而俚亂鮮聞，則以俚已逐漸同化於漢人矣。宋代始訛俚爲黎，黎始專以海南島爲聚處；惟欽州，至南宋時尙有之

（周去非嶺外代答），此後遂不復見存於大陸。然至今粵東 3
村落仍多以黎爲名，如英德之黎洞墟，黎洞坑，台山之黎洞墟，龍川之黎頭嘴等，猶足徵其地皆昔日黎族聚居之處也。海南之黎有生熟之分，廣東通志曰：「熟黎其先本南恩藤高梧化人」，是則生黎蓋海南之土著，熟黎乃大陸俚人遷入者，故漢化爲甚。俚在大陸時以西江爲根據地，至今瓊州語有一種與梧州廉州相似者，號西江黎語云。

釋𠂤

孫海波

說文𠂤部云：「𠂤，小𨸏也，象形」。甲金文屢見此字，其用爲小𨸏解者甚少。上虞羅振玉曰：

說文解字官从宀，从𠂤，𠂤猶衆也，此與師同，其言至明晰。古師字作𠂤，而許君于部首之𠂤，乃云小𨸏，得之于此而失之于彼，何也？

原羅氏之意，以𠂤之本義當訓衆，而譏𠂤部訓小𨸏爲失。然吾嘗徧考甲金文之『𠂤』字，其用有四：

甲，用爲人名者：

乙卯卜，𠂤□：㓜事。藏一八三，四

辛巳卜，𠂤貞：甫往口豕鹿，不其口。藏一九三，一

按右二辭董作賓氏解爲貞人。

貞乎𠂤取陕于口。藏二四九，二

貞曰：𠂤母在丝延。前一，九，七

丙辰卜，𢆶貞：𠂤之豼。前一，二四，三

乎𠂤般取。前一，四八，四

貞令𠂤般。前一，四九，一

以上之『𠂤』與『𠂤般』，『𠂤母』皆殷時之人，其名失載于記傳而猶存于卜辭者也。

乙，假爲歸者：

貞勿乎𠂤好往𡧊。藏四五，一

此辭『𠂤』『好』連文，以他辭帚好之文例之，知『𠂤』即『歸』之假借字，甲骨文『歸』字从『𠂤』作『歸』，故可假『𠂤』爲『歸』，然此例卜辭用者甚少。

丙，假爲師者：

貞令𠤳侯𠂤。藏百，四

甲辰卜，□貞：今夕𠂤不𡉦。前二，十三，三

『𡉦』在此者『振』，義與『動』同。

戊辰卜，貞：今夕𠂤亡呋寧。前四，三一，五

癸丑卜，□貞：𠂤往衛亡𡆥。前四，三一，六

令歸𠂤若。前六，五一，七

丁巳卜，口貞：𠂤獲羌。十二月。後上，三十，十四

乙巳卜，貞：𠂤不其獲羌。十月。後下，三七，一

（以上甲骨文）

王令吳白曰，以乃𠂤左比毛父。王令呂白曰，以乃𠂤右比毛父。班毁

自懋父以殷八自征東夷。小臣謎𣪕

更乃且考作冢嗣土于成周八自。舀壺

隹巢來𢾊，王命東宮追以六自之年。陵貯𣪕

王□命迺六自，殷八自，曰□成。噩侯□方□鼎

壽子右自□客□匿每克我□𣪕。成鼎

王命善夫克舍令于成周遹正八自之年。克鼎

（以上金文）

此『自』乃假爲師旅字，羅振玉等據以爲『自當訓衆』者是也。

丁，用爲地名者：

卜辭多以『自』冠于地名之上，如：

癸巳卜，在□貞：王徙□往來亡巛于自北。前二，八，七

甲寅卜，旅貞：今夕亡𡆥，在二月，在自癹卜。前六，三四，四

戊辰卜王，在一月，在自羔。後下，十五，一

□辰□，旅貞：翌丁巳□矣至，在自癹。後下，二五，五

王在自癹卜。後下，二五，十一

壬辰卜，在自奚。河六六六（河爲河南博物館所藏甲骨文字之編號，由海波編入河南通志文物志中，尚未刊行。）

在自雩卜。河六七七

在自喜卜。河六八一

在自喜卜五月。河六八二

壬午卜，王在自癹卜。河六八九

壬寅卜，行貞：今夕亡𡆥：在二月，在自癹卜。河六九〇

癸卯卜，行貞：今夕亡𡆥，在自癹卜。

甲辰卜，行貞：今夕亡𡆥。在二月，在自癹卜。

□巳卜，行□：今夕□𡆥，在□癹卜。

□王口，在自癹卜。河六九一

壬子卜王，在自癹卜。河六九二

□勿□□自癹卜。河六九三

□在自癹。河六九四

□卜□在□癹卜。

□自寮。

癸□卜王，在自□卜。河七〇〇

□卯卜□，在自廷卜。河七〇一

2

口酉卜，王口夕，在自殷卜。河七一〇

貞今夕壬辰卜，在自𡧊𡨦。河七一五

王在自洗𨽵。河七一六

貞亡尤，在自丙卜。河七一八

貞毎往在正月，在自㳄。河七三五

惟前編二，八，七及後編下，二五，五二條則移𠂤字于地名之下，如：

章自寮弜改口官，王其乎官于京自，又𡿧。下若。

口來自吳自。

金文用『自』以名地者，皆與此二條文同：

王後𠬝，克商，在成自。小臣單觶

雩𠬝復歸，在牧自。小臣謎𣪘

公在𩁹自。旅鼎

師雝父戍在古自。遹甗

𢿍從師雝父戍于古自。𢿍卣

𢼊從師雝父戍于𨸏自之年。𢼊觶

女其以成周師氏戍于𨸏自。彔白𢦏卣

王親令克遹涇東至于京自。克鐘

譁覃京自。晉姜鼎

口命郜公，口宅京自。晉公盦

案地名之『自』，舊皆釋『師』，惟郭沫若小臣單觶考釋云：

『自』字習見，多于師旅有關，舊釋爲『師』。然有『師』『自』同見于一辭者，（𢼊觶，遹甗，𢿍卣等器）『古追』『歸』字以此得聲，『師』『陕』字從此會意，自即說文『𠂤小𨸏也』，又『𠂤猶𣘶也』之『𠂤』。『𠂤』之後起字爲『堆』，古或假『追』爲之，音變爲『𨺅』，又叚『魁』爲之，再轉而爲『敦』，故又叚『屯』爲之（莊子至樂篇，生于陵屯，釋文引司馬注，『屯阜也』），本銘『𠂤』字，當即屯聚之『屯』，師戍所在處也。屯聚之『屯』，葢自之引伸，其用『屯』字者，亦出假借。『𠂤』與『敦』同，古當有二讀：陰聲爲堆（都回反），陽聲爲屯（陟倫反），字廢乃有『堆』與『屯』字代替之也。（兩周金文辭大系攷釋上編册二，葉三）

郭氏之說，似能持之有故，言之成理，以余按之，倘猶未得其環中也。甲金文言『某𠂤』之文甚夥，其中以『京𠂤』名者凡四，如前編二，八，之七『王其乎官于京𠂤』，『京𠂤』即『京師』，葢指王都而言。揆其上下文義，事甚明白。克鐘之『王親令克遹涇東至于京𠂤』，京𠂤亦當作王都之『京師』解。遹猶述也，循也，言王令克循涇東至京𠂤，故下文言錫克之事（郭釋京𠂤爲漢書地理志太原之京陵，非是）。晉姜鼎之『譁覃京師』，義雖不明，然孫詒讓考釋云：「以肒求之，當是奉職王室之意，……言因有事于京師，而勞我民，故王嘉遣之，錫以旅貴千兩」，今按孫說甚是，此『京𠂤』當亦指王都而言。晉邦盦文雖殘泐，揆其上下文義，首述皇祖鄘公，左右武王，而百蠻四方，莫不事王，于是王乃命鄘公，口宅京𠂤，其義猶言輔翼京師也，則『京𠂤』亦自當以王都爲解。知此四『京𠂤』之當釋『京師』，則他文之言『某𠂤』者，『𠂤』字亦當作『師』字解，不必如郭氏之釋『屯』矣。

『𠂤』本『小𠂤』，何以有師旅之意，蓋上古之世，都邑必賓附丘陵以築。章太炎嘗撰古者天子居山說，以爲太上之君王，相宅度邑，必于山麓。此說雖近新奇，然證以古代地名之名『丘』名『州』名『陵』者甚多，知所說殆不盡虛。都邑所在，又即軍旅所在。友人童書業爲余言，西歐中古之世，城邑多築于高原，名之曰堡，封君及軍衞居焉，所以固封城而禦外侮也。上古中原有洪水之患，民非高士不可以居，以是都城所在，必宅于高原，是或亦一因也。『𠂤』本小𠂤，與丘陵同，古代帝王宅丘陵以配天，居師衞以鎮衆，王者之居，軍旅所守，故軍旅亦可曰『𠂤』，于是『𠂤』字遂含有師旅之義。凡從𠂤得聲受意之字，遂亦引申『其衆』意。竹書紀年，帝發元年，『諸夷賓于王門，再保墉，會于池上』，『再保墉』者，即築城堡之意也。

京師之『京』亦高原之義，天子之居，六師守之，故稱『京師』。不獨京師爲然，凡城邑之有守戍者，亦皆可以『𠂤』名；如卜辭之矣𠂤，遹甗之古𠂤是矣。至卜辭之稱『𠂤某』者，其實亦與『某𠂤』同例，此殷人文法如是，別無他解。至郭氏據遹甗，敔觶，彔𢦏卣等器，『師』『𠂤』二字同在一銘中，遂謂『𠂤』當與『師』有別。不知𠂤字用于地名之下，爲地名之專字，師字用爲官名人名，爲官名人名之專字。『𠂤』之所以別于『師』者，此地名用字別于官名人名用字之例，非『𠂤』之不可以釋『師』也（按有以某𠂤即某次爲解者，說亦未洽。甲金文次作『𠂤朿』，從𠂤，從屮，會意。文字通假之例，凡一聲孳乳之字，可以叚借，會意字則不能借其偏旁爲之）。

『𠂤』之由丘陵守戍而嬗變以爲地名之專字，其証既明，然後書『雒師』之文亦可迎刃而解。尙書雒誥云：

予惟乙卯朝至于雒師。

自來注疏家多不得其解，如鄭玄云：

我以乙卯日至于雒邑之衆。（詩王城譜疏引）

僞孔傳云：

本其春來至洛衆，說始卜定都之意。

孔穎達疏云：

周公追述立東都之事，我惟以七年三月乙卯之日，朝至于洛邑衆作之處，經營此都。

以上諸說，皆解『雒』爲邑，訓『師』爲衆，以『雒師』爲二名，實屬望文生訓，未嘗深考；斥爲不通，亦未爲過。惟蔡沈傳則釋『師』爲地名：

洛師，猶言京師也。

今以甲金文之『吳𠂤』，『古自亼』，『自喜』，『自𤼷』諸地名証之，雒師之即雒邑，確無可疑。蔡傳以『京師』爲解，較之漢唐諸儒之說明達多矣！

*D163(6)-26:2

天問『阻窮西征』新解

唐蘭 1

禹貢五卷五期有童書業先生天問阻窮西征解一文，謂『阻窮西征，巖何越焉？……安得夫良藥，不能固臧？』三語非言鯀與王子僑事，實言羿事也。又謂窮為窮石，阻為徂之通假字，『阻窮西征』者謂羿西征往窮石，見西王母。『巖何越焉』謂羿越崑崙之巖也。『安得夫良藥不能固臧』言羿得良藥而不能固藏，為姮娥所竊也。童先生因此遂謂『后羿自鉏遷於窮石，因夏民以代夏政』，為東漢人所造而竄之入左傳者。

按童先生此文頗有新見，謂『安得夫良藥，不能固臧』為羿事，誠屬不刊之論，惟於『阻窮西征，巖何越焉』二語之解則未是。讀阻為徂，徂窮西征，徂征之義相近，古殆無此文法也。且天問原文曰。

阻窮西征，巖何越焉？化為黃熊，巫何活焉？咸播秬黍，莆雚是營，何由并投，而鯀疾脩盈？白蜺嬰茀，胡為此堂？安得夫良藥，不能固臧？

今節取首尾四句而為說，亦未合也。

余謂天問之文，當有錯簡，『阻窮西征』以下二十四句當在『何續初繼業而厥謀不同』下。今錄改定本如下：

不任汩鴻，師何以尚之？僉曰何憂，何不課而行之？

鴟龜曳銜，鯀何聽焉？順欲成功，帝何刑焉？

永遏在羽山，夫何三年不施？伯禹腹鯀，夫何以變化？

纂就前緒，遂成考功，何續初繼業，而厥謀不同？

（阻窮西征，巖何越焉？化為黃熊，巫何活焉？

咸播秬黍，莆雚是營，何由并投，而鯀疾脩盈？

白蜺嬰茀，胡為此堂？安得夫良藥，不能固臧？

天式從橫，陽離爰死，大鳥何鳴，夫焉喪厥體？

萍號起雨，何以興之？撰體協脅，鹿何膺之？

鰲戴山抃，何以安之？釋舟陵行，何以遷之？）

（以上六章二十四句原在『何羿之射革而交吞揆之』下，今移此。）

洪泉極深，何以寘之？地方九則，何以墳之？

應龍何畫？河海何歷？

鯀何所營？禹何所成？康回馮怒，墬何故以東南傾？

九州安錯？川谷何洿？東流不溢，孰知其故？

……………………

鯪魚何所？鬿堆焉處？羿焉彈日？烏焉解羽？

禹之力獻功，降省下土四方，焉得彼嵞山女，而通之于台桑？

閔妃匹合，厥身是繼，胡維嗜不同味，而快鼂飽？

啟代益作后，卒然離蠥，何啟惟憂，而能拘是達？

皆歸䠶鞫，而無害厥躬，何后益作革，而禹播降？

啟棘賓商，九辯九歌，何勤子屠母，而死分竟地？

帝降夷羿，革孽夏民，胡䠶夫河伯而妻彼雒嬪？

馮珧利決，封狶是䠶，何獻蒸肉之膏而后帝不若？

浞娶純狐，眩妻爰謀，何羿之䠶革而交吞揆之？

惟澆在戶，何求于嫂？何少康逐犬，而顛隕厥首？

女岐縫裳而館同爰止，何顛易厥首，而親以逢殆？

湯（此字疑誤）謀易旅，何以厚之？覆舟斟尋，何道取之？

此一段述鯀至少康之事。『阻窮西征，巖何越焉？化為黃熊，巫何活焉？』，當在『纂就前緒』章後者，化黃熊自是鯀事，下章云『鯀疾脩盈』，又明出鯀名，則此二章皆鯀事也。『安得夫良藥不能固臧？』誠如童先生所說為羿得不死之藥於西王母而為姮娥所竊之事。『陽離爰死』，陽離者日也，蓋即羿彈日之事。然則此二章皆羿事也。『蓱號起雨』兩章，與『洪泉極深』以下各章，事類句法，完全相似，本當相銜接也。又『浞娶純狐』章下抽去『阻窮西征』六章，亦正與『惟澆在戶』一章相銜接。然即此六章一經改次，通篇史事，秩然不紊矣。

『阻窮西征，巖何越焉』二語，依今改定本觀之，亦是鯀事無疑。窮者窮山也。海外西經云：『軒轅之國，在此窮山之際。……窮山在其北』，亦即窮石。離騷所謂『夕歸次於窮石』，淮南子云：『弱水出自窮石』，說文：『溺水自張掖刪丹，西至酒泉合黎，餘波入于流沙，桑欽所說』。史記夏本紀正義引括地志：『蘭門山一名合黎，一名窮石山，在甘州刪丹縣西南七里』，然則窮山之地，當在今甘肅山丹縣之地也。按上文云『永遏在羽山，夫何三年不施？伯禹腹鯀，夫何以變化？』海內經云『帝令祝融殺鯀于羽郊，鯀復生禹』。復亦當爲腹字。郭璞注引開筮云：『鯀死三歲不腐，剖之以吳刀，化爲黃龍也』。初學記二十二引歸藏云『大副之吳刀，是用出禹』。是古代神話謂鯀死羽山，三年不腐，剖以吳刀，於腹中生禹也（吳越春秋謂『鯀娶女嬉剖脅而產高密』，帝王世紀謂『鯀妻脩己，背拆而生禹』。皆剖腹神話之稍異者。）下文云：『化爲黃熊，巫何活焉』，左傳正同。晉語作黃能，能即熊字，後人以爲三足鱉者誤也。歸藏啟筮爲黃龍，龍爲能音之轉，是神話又謂鯀化爲黃熊爲巫所活也。羽山在東方，而巫則在西方。海外西經，『巫咸國在女丑北……在登葆山，羣巫所從上下也』。又云：『女子國在巫咸北，軒轅之國在此窮山之際，在女子國北』。海內西經：『開明東有巫彭，巫抵，巫陽，巫履，巫凡，巫相，夾窫窳之尸，皆操不死之藥以距之』。大荒西經：『有靈山，巫咸，巫即，巫盼，巫彭，巫姑，巫眞，巫抵，巫謝，巫羅，十巫從此升降，百藥爰在』。是窮山與諸巫相去不遠。然則『阻窮西征，巖何越焉？化爲黃熊，巫何活焉？』似是一事。古代神話殆謂鯀屍剖而生禹，其屍體遂化爲黃熊而西征，被阻於窮山，卒越巖而南，求活於諸巫也。古代神話今多闕亡，故天問之文多不可解；然若此類，則尙可以意逆之也。

童先生以『阻窮西征』爲羿西征往窮石，見西王母，則『化爲黃熊』云云爲不可解。此說蓋不可信，然則由此所推測者亦不足據矣。

附答書

立庵先生：

拜讀大作『天問「阻窮西征」新解』，至精，極佩！業等懷疑少康中興之事，憑藉並不僅此；前與頡剛師合作之夏史三論（載燕京大學史學年報第二卷三期）中辨少康中興事，舉証不下數十，可覆案也。

先生『阻窮西征』之解，深有理致，足成一說。惟業尚有疑者，即拙撰『天問「阻窮西征」解』之說似亦未爲全非；謹敷前義，尙乞再教：

業前謂『阻窮西征，巖何越焉』爲羿西征往窮石越過崑崙之巖見西王母。先生謂『「徂」「征」之義相近，古殆無此文法』。謹案，詩小雅小明：

我征徂西，至于艽野，

大雅桑柔：

靡所止疑，云徂何往？

此皆『征』『徂』與『徂』『往』連文，與天問『徂（阻）窮西征』之例正同；盖古人文法僻陋，似不可以今日之文法求之也。（清儒嘗犯此類過於求通之病。）

盖天問之諸本言羿事，以羿見西王母乞不死之藥事與鯀復活之事連類，故并舉之。若曰，羿嘗西征越崑崙之巖而至窮石見西王母，乞不死之藥矣；不死之藥能使人復活，如鯀化爲黃熊，巫即以不死之藥活之。故下又言羿得良藥不能固藏，爲姮娥所竊，蓋深嘆羿之時機不如鯀也。

先生重分天問章次，條理清晰，頗有七八分之可能性。惟『鼈戴山抃』四語疑指澆事。毛奇齡云：

『釋舟陵行』，解舟而陸是行也。『遷』，移也，即行也：書曰，『罔水行舟』，論語曰，『奡盪舟』，皆是也。（天問補注。）案：皋陶謨『無若丹朱奡』之奡與夏時之奡爲一人之分化，說詳夏史三論。）

案毛說甚是！近聞一多先生謂鼈即奡（說見離騷解詁，清華學報十一卷一期。今手頭無此書，從略不引），其說亦極辨；則此四語似仍當在『惟澆在戶』章之上矣。

先生讀海內經『鯀復生禹』之『復』爲『腹』字，極是！惟斥後人以『能』爲三足鼈爲非，則又疑未安：考揚雄蜀王本紀云：『望帝積百餘歲，荆有一人名鼈靈，其尸亡去，荆人求之不得。鼈靈尸隨江水上至郫，遂活；與望帝相見。望帝以鼈靈爲相，時玉山出水，若堯之洪水，望帝不能治，使鼈靈決玉山，民得安處。……』此鼈靈自即鯀之分化，則解『能』爲三足鼈似亦未爲誤也（且熊爲獸屬，焉能入淵？）。

解『阻窮西征』爲羿事初不始於業：羅泌路史後紀十三夷羿傳『自鉏遷于窮石』，羅苹注云：

鉏今滑之南衞，窮石即有窮之地。……杜預而來，皆以爲西郡删丹，妄矣……豈得遠出西塞因夏民乎？天問云，『阻窮西征，巖何越焉？』蓋亦因誤。予有以知天問非屈原作。注以爲鯀阻羽山，尤妄！

毛奇齡天問補注亦云：

此羿事也。『阻』當作『鉏』，地名。『窮』卽有窮國也。巖，險也；越，過也。羿自鉏遷窮急于西征，其巖險何所過於他國也。此特指遷窮一事。……下二句鯀事，問中一節兩事者多有，亦是一例。

此皆以左傳文証天問，其說是也！惟羅氏信左傳而疑天問，彼不知左傳之文實由天問來：天問爲原始之神話，而左傳爲晚出之人話也。又二氏皆以『阻』爲地名，卽『鉏』，此說亦非，『鉏窮西征』，尙成何文法乎？

夫左傳『后羿自鉏遷于窮石』一段文爲東漢人所竄入，其証甚多，除夏史三論所舉外，卽如竹書紀年：

（帝少康）十八年，遷于原。

二十一年，陟。

之文亦甚奇特。考夏都本近伊雒。如逸周書度邑篇云：

自雒汭延于伊汭，居易無固，其有夏之居。我南望過于三塗，我北望過于嶽鄙，顧瞻過于有河，宛瞻延于伊雒，無遠天室。

此河南之夏都。至大河以北，惟山西之唐虛亦曾爲夏都，見於左傳（帝相居帝丘，胤甲居西河等事均從商史譌變，不足信）。先秦其他書中未有言及夏曾都原邑（在今河南濟源縣）者。抑竹書紀年之記載另有所影射乎？考光武帝葬於原陵。後漢書明帝紀：

葬光武皇帝於原陵。

光武與少康同爲中興之主，而同歸宿於一名『原』之地，天下之事寧有巧合如此？不特此也，山海經海外東經注引竹書紀年云：

伯杼子征於東海。

而後漢書明帝紀亦云：

顯宗孝明皇帝，……建武十五年，封東海公。

永平六年，……冬，十月，行幸魯，祠東海恭王陵。

少康子帝杼所征之『東海』與光武子明帝所封之『東海』，其間關係又當如何邪？

夫古今兩本竹書紀年之文多出後人僞撰，前人及近人已有評論，則少康居原與杼征東海之事，得非出於光武及明帝故事之反映乎？以竹書爲例，左傳文之爲僞竄，又端可知矣。

天問『阻窮西征』之解苟如業說，則爲左傳文僞竄之證；卽如先生所說爲鯀事，左傳彼文至誤以鯀事爲羿事，豈非更足爲其晚出之證乎？故業與先生所討論者仍在少康中興事之信實與否一點，至若『阻窮西征』解說之不同，猶其小焉者耳。

草此，恭請教安！

後學童書業拜上。三月十二日。

6

武王伐紂行程考

于省吾 1

余於史學素無研討，而顧君頡剛以禹貢半月刊三周年紀念號印行在即，必屬余譔一文；辭之不獲，僅就武王伐紂之行程，雜引舊說，輯錄成篇。其中師渡孟津，亦云自汜，歧爲二說，咸地見於盤庚，百泉即甲骨文之桊泉，此則自余發之。惟咫聞眇見，未敢自信，幸博聞君子有以教之。

一　行程時日

按周本紀云，「九年武王上祭于畢，東觀兵至于盟津，是時諸侯不期而會盟津者八百諸侯，諸侯皆曰，『紂可伐矣』。武王曰：『女未知天時，未可也』，乃還師。歸居二年，聞紂昏亂暴虐滋甚，殺王子比干，囚箕子，太師疵，少師彊抱其樂器而犇周，於是武王徧告諸侯曰：『殷有重罪，不可以不畢伐』。乃遵文王，遂率戎車三百乘，虎賁三千人，甲士四萬五千人，以東伐紂。十一年十二月戊午，師畢渡盟津。二月甲子昧爽，武王朝至于商郊牧野」。齊太公世家云，「十一年正月甲子，誓於牧野」。魯周公世家云，「武王九年東伐至盟津，周公輔行；十一年伐紂，至牧野」。按周本紀齊世家，十一年，徐廣謂一作十三年；周本紀之二月甲子，徐廣謂一作正，此建丑之月，殷之正月，周之二月也。然則周紀所稱十一年十二月戊午，則殷之十二月，周之正月也。漢書律歷志序云，「乃遂伐紂克殷，以箕子歸，十三年也」。又云，「癸巳武王始發，丙午還師，戊午，度于孟津。孟津去周九百里，師行三十里，故三十一日而度，明日己未冬至」。按錢大昕謂還師詩大明疏引作逮師；李銳謂癸巳周正月三日，丙午正月十六日，戊午正月二十八日，己未冬至，月之二十九日。又律歷志云，「周書武成篇，『惟一月壬辰旁死霸，若翌日癸巳，武王迺朝步自周，于征伐紂』，序曰，『一月戊午，師度于孟津』，至庚申二月朔日也。四日癸亥，至牧野，夜陳，甲子昧爽而合矣。故外傳曰，『王以二月癸亥夜陳』，武成篇曰，『粵若來三月，既死霸，粵五日甲子，咸劉商王紂』」。按王引之謂三月當作二月是也。惟四日癸亥至牧野，非是，據荀子則癸亥暮宿於百泉，不得至牧野夜陳也。逸周書世俘解云，「惟一月丙辰，旁生魄，若翼日丁巳，王乃步自于周，征伐商王紂。越若來二月，既死霸，越五日甲子，朝至接于商，則咸劉商王紂」，此與武成篇所稱相差數日，存以待考。惟逸周書稱十三祀，與史記書序大傳並作十一年者不合。漢書作十三年者，蓋據逸周書以爲文王受命九年而崩，較史記後七年崩，增加二年，故致誤也。皮錫瑞云，「漢志所以與史記不合者，用劉歆三統術，劉歆又本於逸周書文王受命之九年。劉向以爲周書蓋孔子所論百篇之餘，見漢書藝文志注。故歆用父說，以爲文王受命九年而崩，武王再期觀兵爲十一年，又二年伐紂爲十三年。僞孔從之，較史記皆差二年，與書序大傳皆不合。後人多沿其誤，以疑書序，詆史記，實爲大謬」。按皮說是也。

二　行程地理

武王伐紂所經之地，各書鮮所記載，惟荀子儒效篇紀之略詳，其文云，「武王之誅紂也，行之日以兵忌，東面而迎太歲，至汜而汎，至懷而壞，至共頭而山隧。霍叔懼曰，『出三日而五災至，無乃不可乎？』周公曰，『刳比干而囚箕子，飛廉惡來知政，夫又惡有不可焉！』遂選馬而進，朝食於戚，暮宿於百泉，厭旦於牧之野」。今僅據此文所稱地望，略加考釋，分述於下：

甲　至汜而汎　按楊注云，「汜，水名，謂至汜而適遇水汎漲，呂氏春秋曰，『武王伐紂，天雨日夜不休』，汜音祀」。盧文弨曰，「正文至汜，當作至汜，『左傳鄙在鄭地汜』，釋文音凡，字從巳不從巳，其地在成皋之間。又漢高即位於汜水之陽，在定陶，漢書注音敷劍反，非周師所經也。汜汎懷壞以音成義，楊氏不知汜當作汜，而即音爲祀，誤矣」。王念孫曰，「汪氏中曰，『汜當作汜，音汎，字從巳，不從巳』，其說是也。然荀子所謂至汜者，究不知爲今何縣地。盧用汪說而引左傳鄙在鄭地汜爲證（僖二十四年），案杜注云，『鄭南汜也，在襄城縣南』，則非周師所至，不得引爲至汜之證矣」。按汜有南汜東汜西汜之別，盧氏所據者爲南汜。左僖三十年傳，「秦軍汜南」，杜注，「此東汜也。在滎陽中牟縣南」。左成四年傳，「取汜祭」，杜注，「汜祭鄭地，成皋縣東有汜水」；正義，「杜注滎陽中牟縣有東汜，襄城縣有南汜，知此汜祭非彼二汜，而以成皋縣東有汜水者，以傳爲晉伐鄭，取汜祭，旣爲晉人所取，當是鄭之西北界，卽今之汜水也」。按東汜水在今中牟縣南，久湮，南汜水在今襄城縣南，均去大河甚遠；惟西汜水北流入河，西距雒汭甚近。由西汜水北渡河抵懷，亦相符合，然則周師所至必西汜水也。史記及漢書謂周師由孟津渡河，依荀子則周師須由汜水之虎牢渡河，河北卽懷地。史漢均謂戊午師渡孟津，戊午爲周正月二十八日，至二月四日癸亥，共六日。自懷至百泉約一百六十里，平均日行約二十七里。若由孟津渡河，中間無汜水，且孟津去百泉約三百里，必須日行五十里。荀子謂出三日至共頭，若由孟津渡河計之，必須日行百里，與六日之程亦不符。楊注引或曰，至汜之後三日也，然至汜水後，三日至共頭，仍須日行六十里。蓋古籍殘缺，無由徵信，附識於此，以待將來之考定焉。

乙　至懷而壞　按楊注，「懷，地名，書曰『覃懷厎績』，至懷又河水汎溢也」。中鼎「王命大史兄襄土，王曰，『中，茲襄人入史使，錫于珷王作臣』」，襄，懷，古今字；惟襄土是否至懷之懷，不可知矣。漢書地理志，河內郡有懷縣。韓詩外傳，「武王伐紂，到邢邱，更名邢邱曰懷」。王先謙云，「案據荀子則懷非武王改名，外傳似誤；左傳『狄圍懷及邢邱』，則懷非邢邱也。邢邱近懷地，徐廣注，以爲邢邱在平皋，是；一統志，故城在今武陟縣西南」。按說文「邢，周公子所封地，近河內懷」；左傳杜注謂邢國在廣平襄國縣，指後徙者言之。段注，「今河內懷慶府武陟縣縣西南十一里有故懷城」，按今武陟縣西南瀕大河，河之南卽汜水入河處。

丙　至共頭而山隧　按楊注，「共，河內縣名，共頭蓋共縣之山名，隧謂山石崩摧也，隧讀爲墜」。盧文弨曰，「案共頭卽共首，見莊子」。王念孫云：「此八字亦汪氏中校語也。共首見讓王篇，共頭又見呂氏春秋誠廉篇」。按讓王篇，「而共伯得乎共首」，誠廉篇，「武王卽位，又使保召公就微子開於共頭之下」。漢書地理志，「共故國，北山淇水所出」。淮南子墬形訓，「淇水出大號」，高注，「大號山在河內淇縣北，或曰，在隆慮西」。說文，「淇水出河內共北山，或曰，出隆慮西山」。一統志，「北山在輝縣東北十里」。又按輝縣志載「共山在方山東南，一名共山首，一名共頭，俗呼爲共山頭」，然則共頭卽共山頭之簡稱矣。

3

丁　朝食於戚　按戚地於殷籍舊無考，余曾於尚書發現之。盤庚，「率籲衆慼」，僞傳訓籲爲和，戚爲憂，段玉裁以戚爲貴戚，並非；按應作「率龠(禴)眔戚」，言用禴祭至於戚邑。段玉裁謂戚衛包改爲慼，是也，詳尚書新證。甲骨文及金文尚未發現戚字，惟詛楚文敘戚之戚作[illegible]，甲骨文恆言「田于高」，高戚古音近，字通，戚古音讀如造。周禮春官眡瞭注，杜子春讀鼜爲憂戚之戚；張平子東京賦，以覺戚爲韵。盤庚「后胥慼」，漢石經慼作高。春秋文元年，「公孫敖會晉侯于戚」，魏三體石經古文戚作⿺辶壽；古文四聲韻引古孝經戚作[illegible]，當即⿺辶壽字之譌形。凡此均戚高通用之例證。春秋文元年杜注，「戚，衛邑，在頓丘衛縣西」。按衛縣即漢志東郡之畔觀，與此文朝食於戚不相涉；以周師由共至戚考之，必在今輝縣界方合。

戊　暮宿於百泉　按左定十四年傳，「又敗鄭師及范氏之師于百泉」。魏書地形志，「林慮郡共縣有柏門山，柏門水南流名大淸水」。輝縣志載「百門泉一名珍珠泉，一名搠刀泉，出蘇門山下，即衛河之源也。中有三大泉，或傳爲海眼，以竿試之，不知所底，匯爲巨波，廣數頃」。又「蘇門山在縣西北七里許，一名蘇嶺，一名百門山，山下即百泉」。按宋邵雍隱此，故傳其學者，稱爲百泉學派。百泉之地，於西周以前，舊均無考。殷虛書契前編卷二，十五葉，六，「□才(在)𠦪(賁)泉餗(次)」，殷虛書契後編卷上，十六葉，十三，「癸亥卜，貞，王旬亡猷，才六月，才𠦪泉餗」，「癸丑□□王旬□□，才六月，□𠦪泉□」，𠦪泉於甲骨文凡三見。𠦪賁古今字，賁彼義切，百博白切，並幫母字，金文拜字作⿰扌𠦪，从手𠦪聲，拜百音亦相近；說文以爲从手⿰扌𠦪，不知其爲形聲字矣。𠦪泉即百泉，在朝歌之西，相去甚近。近世學者不知𠦪泉之即百泉，而以爲[illegible]泉，誤矣。

己　厭旦於牧之野　按楊注，「厭，掩也，夜掩於旦，謂未明已前也」。俞樾謂厭旦當作旦壓，引成十六年左傳「楚晨壓晉軍而陳」爲證，其說近是。按詩大明，「牧野洋洋」，又云「肆伐大商會朝清明」。疏引書序注云「牧野，紂南郊地名，禮記及詩作坶野」。說文，「坶，朝歌南七十里地」。魯世家，「伐紂至牧野」，正義，「衛州即牧野之地，東北去朝歌七十三里」。括地志，「紂都朝歌在衛州東北七十三里，今衛州城，即今牧野之地，周武王伐紂築也」。水經注清水云，「自朝歌以南，南暨清水，土地平衍，據臯跨澤，悉坶野矣」。按書酒誥，「明大命于妹邦」，段玉裁謂妹牧雙聲，是也。沈子它毁，「迺妹克衣」，盂鼎，「女妹辰有大服」，妹即妹邦。詩桑中，「爰采唐矣，沬之鄉矣」，沬即妹邦之妹。

5

內政公報

第十卷第一期

◉民國二十六年一月出版◉

要目

蒙藏邊區人員任用事項

一 訓令直轄各機關 奉行政院轉奉國府明令公布蒙藏邊區人員任用條例飭即知照等因令仰知照

行政區域更名暨區劃事項

一 咨各省市政府等 爲奉令核准雲南省富州縣改名爲富寧縣一案請查照並飭屬知照

二 咨湖北省政府 爲宣恩縣屬之狗耳石劃歸咸豐縣管轄一案呈奉令准備案請查照

三 咨河南省政府 爲淮陽商水兩縣交接房寨村一案已呈奉行政院令准備案請查照

各省文獻保存事項

一 咨各省市政府等 奉行政院令准中央執行委員會秘書處函爲中央決議關於各省文獻之保存交行政院通飭各省市政府妥籌辦理錄案查照一案仰知照等因咨請查照部頒市縣文獻委員會組織大綱轉飭所屬市縣政府遵照辦理

地方自治推進事項

一 咨各省市政府等 咨詢地方自治推進委員會工作進行情形請查照辦理見復

地方賑濟事項

一 代電河南省賑務會常委員志箴 據河南省賑務會常委員志箴電以豫省各縣災情慘重請續撥賑款救濟一案已咨商賑務委員會主持辦理電復知照

土地登記事項

一 代電甯夏省地政局馬局長 據代電送改訂土地登記總簿及地籍册式請核示等情電復遵照

二 咨湖北省政府 准咨詢免征鐵路用地及公有土地登記書狀及覆丈各費請核准一案茲將審核意見復請查照

解釋營產登記應否免費事項

一 咨河南省政府 准咨詢營產登記應否免費請核復茲以此案曾將本部意見咨復軍部節錄咨文復請查照

內地外國敎會租用土地房屋事項

一 咨四川省政府 准咨爲高縣天主堂價買毛彰五房屋基址契據應否稅印請核明見復茲復請依內地外國敎會租用土地房屋暫行章程第一四兩條之規定辦理

解釋使用土地能否還葬無主墳墓疑義事項

一 咨浙江省政府 准咨以據民政廳呈據鄞縣縣長請示土地所有人因使用土地能否還葬無主墳墓請核示一案咨請查核見復等由復以私人土地上無主墳墓私人並無代爲遷葬之權能請查照飭遵

古物保護事項

一 訓令中央古物保管委員會 前據呈請轉行保存滄縣古鐵獅佛一案經咨准河北省政府咨復到部仰知照

定價 零售每册四角預定半年六册二元全年十二册大洋四元
發行者 首都瞻園路內政部公報處

四川月報

第十卷　第一期目錄

編輯與發行者　重慶中國銀行　定價　每冊三角全年十二冊定價三元　民國二十六年一月份

赤狄白狄東侵考

蒙文通 1

狄即鬼方自涇首徙晉北

北狄之族亦以處於雍州，因秦晉之交偪而東徙，與西戎同。西戎出秦之東而入伊洛，北狄走晉之北而下太行，分道以禍中夏。

孟子曰，「太王居邠，狄人侵之」，又曰，「太王事獯鬻」，獯鬻即狄也。毛詩故訓傳以獫狁即北狄，晉灼以葷粥即玁狁，三名一耳。太王居邠，而狄侵之，知狄居亦鄰於邠。後漢書注引紀年，「周王季伐西落鬼戎，俘二十翟王」。鬼戎即鬼方，亦即王會之鬼親。文王世子所稱「西方有九國焉」者也。俘二十翟王，知翟即鬼方。高宗伐之，三年僅克。春秋赤狄諸國皆隗姓，是亦狄爲鬼方之證。世本注言「鬼方於漢則先零戎」，知其本居湟鄯之域，故曰「西落鬼戎」也。毛詩序言「文王時西有昆夷之患，北有玁允之難」。鄭箋曰「昆夷，西戎也」。鄭注書傳言「南仲一行，並平二寇」。則文王時北狄西戎近在一地。故詩曰「赫赫南仲，薄伐西戎」，謂昆夷也；又曰「赫赫南仲，玁允於襄」，謂北狄也。其爲一行並平二寇可知。蓋於時北狄居涇水之陽，而西戎居涇水之西，太王遷而避之，王季俘之，文王攘之，遂爲西伯。呂氏春秋，「昭王征荆，抎于漢中。辛餘靡振王，乃侯之於西翟」；穆天子傳曰「畢人來告戎，曰陵翟來侵」，翟在西而侵至畢，此亦翟之在涇也。

至宣王伐獫允，亦曰「整居焦穫，侵鎬及方，至於涇陽」，此言狄之來也。曰，「薄伐獫允，至於太原」，又曰「來歸自鎬」，此言周師之所至也。太原於唐爲原州，於今爲固原，則宣王時狄尙在涇首無關於晉北也。韓奕之詩曰「王錫韓侯，其追其貊，奄受北國」，鄭箋曰「韓侯賢，賜之蠻服追貊之戎狄，令撫柔王畿北面之國。其後追也貊也，爲玁允所逼，稍稍東遷」。韓侯之國，在春秋曰「韓原」，爲秦晉戰處。韓之北爲追爲貊，則宣王時之北狄猶未及韓之北境，而促居涇陽一隅。追貊東遷，玁允侵及於涇洛之間，知又宣王以後事也。

晉世家言「晉强，西有河西，與秦接境，北邊狄，東至河內」，此狄入居晉北之說也。重耳居蒲，於後爲蒲州永濟縣；夷吾居屈，於後爲吉州。晉世家言「蒲邊秦，屈邊狄」。然晉城蒲屈，曰，「狄之廣莫，於晉爲都」。則蒲屈均邊狄，此晉西亦狄之證也。故重耳出亡及柏谷，在靈寶。重耳之在狄也，從狄君以田渭濱。狄以重耳故，擊晉於采桑，采桑津於後爲吉州。證其地望，狄南已至渭也。呂相絕秦則曰「白狄與君同州」。齊語則曰「西征攘白狄之地，至於西河」。韓之戰，狄侵晉，取狐廚及受鐸，涉汾及昆都，狐廚受鐸在汾西，昆都在汾東，斯亦狄自西而東，遂涉於汾。顧棟高堅持晉西無狄，並左氏白狄與秦同州一語而非之，則固也。史記匈奴列傳言「晉文公攘戎狄，居於河西圁洛之間，號曰赤狄白狄」。此言赤狄白狄之皆在河西。索隱曰「三倉『圁』作『圜』」。地理志言圜水出上郡白土縣西，東流入河。韋昭曰『圜』當爲『圁』」。圁，即今陝西神木縣屈野河。此特狄之根據地，實則洛東以及乎蒲屈，皆狄所滋蔓。濱河東西，並狄土也。周東遷以來，狄已侵偪追貊，而窟穴於此也。

狄南滅邢衛與齊桓禦狄

莊三十二年　狄伐邢。

閔元年　齊救邢。

閔二年　狄伐衛，戰於熒澤，遂滅衛。宋桓公逆諸河，立戴公以廬於曹。齊侯使公子無虧帥車三百乘，甲士三千人以戍曹。

鄭使高克帥師次於河上，師潰而歸。

晉侯使太子申生伐東山皋落氏。

僖元年　齊師宋師曹伯次於聶北，救邢。邢遷於夷儀，諸侯城之。

二年　諸侯城楚邱而封衛。

方狄處晉西，中國未嘗有狄禍；及晉益西侵，而狄遂東竄，禍以極於邢衛也。士蔿爲二公子築蒲與屈，曰「無狄而城，讎必保焉」，知晉西之固無狄事也。曰「狄之廣莫，於晉爲都，晉之啟土，不亦宜乎？」知蒲屈之城，正以侵略狄土。入春秋以來，不見狄事，自莊之三十二年而狄禍發，如飄風，如驟雨，而邢衛被其殃。自此狄患中國，終春秋下至七國，正以狄於此時遷於西而突於東，自晉北走晉東，遂據太行以建國，禍且

2

及於齊魯也。

重耳之及於難，晉人伐諸蒲，重耳奔狄，從狄君以田渭濱，此奔狄時之從狄於晉西也。處狄十二年，過衛及齊，而曹宋，而鄭楚，而秦，此去狄時之從狄於晉東也。重耳在狄之年，狄人伐廧咎如，得其二女叔隗季隗，以季隗妻重耳。狄爲重耳故，伐晉於采桑，采桑在山西之鄉寧縣，則廧咎如在晉西。晉既滅潞氏，復伐廧咎如，討赤狄之餘焉，而廧咎如已在晉東。審重耳廧咎如之先西而後東，則狄之絡繹東徙，正莊閔時也。

宣之八年，晉師白狄伐秦。成之九年，秦人白狄伐晉，成十二年，而晉敗狄於交剛，此時赤狄已渡河入濟，而白狄尚在晉西。昭十二年，晉滅肥，十三年，晉侵鮮虞，十五年，晉滅鼓，則此時白狄之肥鼓鮮虞已在晉東。白狄之自西東徙，信在襄昭時也。於後晉西已無狄。蓋赤狄白狄均起雍州，赤狄東徙，河西之地唯白狄居之。赤狄既滅，而太行之地白狄又來居之。先後之迹，若是之瞭然也。

狄禍突發於東，而邢衛滅，於此狄事始見於春秋，一見而勢若燎原。詩序言「旄丘，責衛伯也；狄人迫逐黎侯，黎侯寓於衛，衛不能修方伯連帥之職」。則滅邢衛之先，已逐黎侯；及晉滅潞氏，然後再立黎子。詩序又言「清人，刺文公也，文公使高克將兵禦狄於境，陳其師旅，翺翔河上，衆散而歸」。則狄既滅邢衛，鄭欲禦之而師潰。其足以悚懼中國也如此，見狄之強而禍之烈也。

當邢衛之滅，於時齊桓霸業方隆。莊之三十年，桓公伐山戎，及孤竹。僖之四年，桓公伐楚，次於召陵，威勢已振。而狄禍發於其間，桓公曾不能以一矢北向，收復二國之失土，則遷邢衛於河南以避之，豈齊之力有未逮歟？齊語言「桓公築葵茲晏負夏領釜邱，以禦戎狄之地，所以禁暴於諸侯也。築五鹿中牟蓋與牡邱，以衛諸夏之地，所以示權於中國也」。鄭玄注禮以負夏爲衛地。張守節謂「相州蕩陰西五十八里有牟山，邑在側」。此北中牟（別有南中牟），於今爲湯陰。京相璠言「今衛縣西北三十里有五鹿」，於今爲河北之清豐縣。牡邱於今爲聊城。葵於今爲河內縣。京相璠言「河內山陽有郟城」。則狄禍方亟，桓公僅沿河外漯川築塞以拒之，俾狂寇不得渡河，遷邢衛於大河之南，則桓公固無如狄

3

何也。

驪姬以「皐落狄之朝夕苛我邊鄙，使無日以牧田野」。公說，使太子申生伐東山，而晉狄之戰興。東山皐落氏，於今爲山西樂平縣東皐落山，劉昭引上黨記「東山在壺關城東南，申生所伐者，今名平皐」。皆當晉之東。舊說多以爲垣曲縣，則在晉南，不合稱「東山」也。太子之伐東山，先丹木曰，「盡敵而反，敵可盡乎？」狐突曰「雖欲勉之，狄可盡乎？」則稷桑之戰，晉實有盡其族類之心。蒸驪姬曰，「若不勝，雖濟其罪可也」，是欲以不克罪申生。申生曰，「我戰死猶有令名」，羊舌大夫曰，「違命不孝，棄事不忠，子其死之」，是申生亦有致命之概。里克曰，「臣聞皐落氏將戰，君其舍之」，則皐落亦欲乘殘滅邢衞之威，以全力赴此一役，則稷桑一戰，其烈可知。晉之攘狄，功過於齊，而左氏述東山事，不具始末。晉語亦僅記戰於稷桑，致此一大戰事不可得而詳也。

狄西侵周鄭與晉文創狄

僖七年　晉里克敗狄於采桑。

八年　狄伐晉，報采桑之役也。

十年　狄滅溫，蘇子奔衞。

十二年　諸侯城衞楚邱之郛，懼狄難也。

十三年　狄侵衞。

十四年　狄侵鄭。

十六年　狄侵晉，取狐厨，受鐸，涉汾，及昆都，因晉敗也。

十八年　宋師敗齊師於甗，立孝公而還；狄救齊。

邢人狄人伐衞，圍菟圃；衞師於訾婁，狄師還。

二十年　齊人狄人盟於邢，爲邢謀衞難也。於是衞方病邢。

二十一年　狄侵衞。

二十四年　王將以狄師伐鄭，使頹叔桃子出狄師；狄伐鄭取櫟。

頹叔桃子奉太叔以狄師攻王，伐周，王出適鄭，處於氾；太叔以隗氏居於溫。

二十五年　衞滅邢。

晉侯納王，取太叔於温，殺之。

狄焰方張，齊阻之於東，不得渡河；晉持之於西，又不得逞，乃滅温。蓋其鋒循太行以折而西南，遂偪周畿。「蘇子叛王即狄，又不能於狄，狄人伐之，王不救，故滅。蘇子奔衛」。劉子單子曰（成十一年傳），「昔周克商，諸侯撫封，蘇忿生以温爲司寇，與檀伯達封於河。蘇氏即狄，又不能於狄，而奔衛。襄王勞文公而賜之温」，知温者，蘇子邑也。隱十一年傳「言王取鄔劉蔿邘之田於鄭，而與鄭人蘇忿生之田，温，原，絺，樊，隰郕，欑茅，向，盟，州，陘，隤，懷」。此十二邑，皆蘇子之田，而温其都也。王以與鄭，鄭使高克陳師河上。蓋蘇子即狄，而鄭已不能有其田。狄滅温，蘇子奔衛，而蘇忿生之田已屬於狄。太叔以狄師攻王，以隤氏居於温，知太叔之固依於狄。及晉納王，取太叔於温殺之，知晉師之固伐於狄。晉語言「賜公南陽，陽樊温原州陘絺鉏欑茅之田」，則晉已克狄，天子即以蘇子田之沒於狄者八邑賜之，晉於是啟南陽。左氏徒紀陽樊温原欑茅四邑，載事不詳，俾後儒不知晉啟南陽，實取自周土之喪於狄者。而謂文公實懷狄之私惠（謂文公處狄，宋人清人皆有此論），不能攻狄，而徒取天子之田，以爲文公罪。然則太叔何由殺之，蘇忿生之田何由復之乎？

文公以二軍下，次於陽樊，右師圍温，左師逆王。取昭叔於温，殺之於隰郕。陽樊之師，固又一大戰，而與狄以巨創。左氏又說焉不詳，則亦邱明述事疏略之失也。晉語，「文公賂草中之戎，麗土之狄，以啟東道」，則後此所謂「東陽之甲」者也。穆天子傳記草中之戎，蓋地近漯川上游，實爲衛土。漢書地理志言「懿公爲狄所滅，桓公更封衛於河南曹，楚邱，而河內殷墟更屬於晉」。又言「文公覇諸侯，尊周室，始有河內之地」。則狄滅衛，而衛地屬於狄，晉克狄，而衛地屬於晉。馬季長說，「朝歌以北至中山爲東陽，朝歌以西至軹爲南陽」。蓋衛地之沒於狄者，晉資焉以啟東陽，周地之沒於狄者，晉資焉以啟南陽：狄固大有造於晉也！

方狄之西侵及周，奄有河內，齊霸已衰，宋襄不競，宋伐齊喪而狄救齊，衛方病邢而狄爲謀衛，威勢既振，大義亦伸。狄之渡河，自救齊侵衛始，然猶未肆於東。晉既克温，然後周鄭之狄禍以絕，而狄專虐於東夏也。則陽樊一役，豈遜於城濮哉？

狄渡河東侵

僖三十年　狄侵齊。

三十一年　狄圍衞，衞遷於帝邱。

三十二年　狄有亂，衞人侵狄。

三十三年　狄侵齊。

狄伐晉，晉侯敗狄於箕，獲白狄子。

文四年　狄侵齊。

六年　晉狐射姑出奔狄。

七年　狄侵魯西鄙，魯侯使告於晉。

九年　狄侵齊。

十年　狄侵宋。

十一年　狄侵齊，遂伐魯；叔孫得臣追之，敗狄於鹹。

十三年　狄侵衞。

宣三年　赤狄侵齊。

四年　赤狄侵齊。

晉勢既振，狄失東陽南陽，而周鄭之禍絕。文公蒐於被廬，作三軍以敗楚於城濮，又作三行以禦狄。狄間晉之有鄭虞而侵齊。於是晉蒐於淸原，作五軍以禦狄，而狄圍衞。見狄雖創於晉，晉狄之禍遂結而不解。至狄圍衞，則其鋒乃折而東。於時衞居楚邱，在河南，狄圍衞，衞遷於帝邱，則避而之北。於是狄渡河長驅，至於商魯間，而橫決於東夏也。

魯宋齊衞日被寇侵，僖文宣時，正狄禍方張之會。文之十年冬，狄侵宋。是冬楚鄭陳蔡爲厥貉之會。宋人逆楚子以田於孟諸。斯時秦晉之兵結而不解，而狄楚之勢交於宋。公羊傳曰，「南夷與北夷交，中國不絕若綫」。楚虎視於南，狄鴟張於北。斯時也，成周，東夏，不幾絕爲二耶？

狄伐晉，圍懷及邢邱，晉侯欲伐之，中行桓子曰，「使疾其民，以盈其貫，將可殪也」。狄熖之張，於是而烈極矣！狄伐晉，及箕，箕爲山西之太谷縣。晉侯敗狄於箕，獲白狄子，先軫死焉。欒武子曰，「韓之役，惠公不復舍；邲之役，三軍不振旅；箕之役，先軫不復命；晉國之政，固有大恥三」。郤至亦云然。則箕之喪師，與韓邲同，皆晉人引爲奇恥深痛者。而春秋以爲晉人敗狄於箕，殆因諱辭也。先軫免胄，更左氏之夸誣。

凡左氏於晉多飾辭，其述介之推遂隱而死，晉以綿上爲之田，曰「以志吾過，且旌善人」。而莊子述子推事，以爲文公入而背之，左氏所云，未足據也。

狄立國強而拓地廣，蓋自今甘肅陝西之北，以及山西之北，而南下沿河北山西之間，以及河南，抵於山東。若封豕，若修蛇，長驅深入，東西侵寇，爲禍已極。自宣王北伐，以至於魏趙滅中山而後已。由是觀之，仲尼「被髮左袵」之懼，不誠然哉？狄之爲禍，固遠過於吳楚也。

狄渡河東徙與長狄

隱二年　魯侯會戎於潛，戎請盟；公辭。既，戎又請盟；秋，魯侯及戎盟於唐，復修舊好。

七年　初，戎朝於周，發幣於公卿，凡伯弗賓。冬，王使凡伯聘於魯，還，戎伐之於楚邱，以歸。

桓二年　魯侯及戎盟於唐，修舊好也。

莊十八年　魯侯追戎於濟西。

二十年　齊人伐戎。

二十四年　戎侵曹，曹羈出奔陳，赤歸於曹。

二十六年　春，魯伐戎。夏，公至自伐戎。

左氏文十一年，狄侵齊，遂伐魯，叔孫得臣追之，敗狄於鹹，獲長狄僑如。魯敗狄而長狄僑如獲，於是知長狄之服屬於赤狄也。故晉滅潞氏亦獲長狄焚如。左氏傳曰，「初，宋武公之世，鄋瞞伐宋（在春秋前），司徒皇父帥師禦之，以敗狄於長丘，獲長狄緣斯。晉之滅潞也（在宣十五年），獲僑如之弟焚如。齊襄公之二年（在桓十六年），鄋瞞伐齊，齊王子成父獲其弟榮如。衛人獲其季弟簡如。鄋瞞由是遂亡」。夫長狄之爲禍東夏亦亘矣！而事舉不見書於春秋，斯亦大異。及考長狄所侵之國，曰魯，曰宋，曰齊，曰衛，於斯亦足知長狄居土之所在也。而春秋初年之戎，其所交接之國，亦曰魯，曰齊，曰曹，則戎之居土與長狄同也。莊之二十六年，魯伐戎，三十二年，狄伐邢，自是之後，戎遂不見於春秋，然後知長狄之即戎也。

仲尼曰，「汪芒之君，守封嵎之山，爲漆姓，在虞夏商爲汪芒氏，於周爲長狄」。章昭曰，「周世其國北遷，爲長狄也」。蓋防風之裔，其遷於北，自號曰「鄋瞞」；而諸夏謂之「戎」。及赤狄失南陽東陽，渡河而東，已兼戎而一之；以服屬於狄，故別之曰「長狄」。自鄋瞞併於赤狄，而狄遂侵齊，侵魯，侵宋，侵衛，於是狄之所侵者，即昔日戎與長狄之所侵；狄服鄋瞞而資焉以侵暴東夏，殆鄋瞞實爲之倀。然後知長狄之事不書於春秋，其前固號之曰戎，故見戎而不見長狄。自鄋瞞臣服於赤狄，故於後惟見狄而不見戎與長狄。及晉之滅潞，荀林父敗赤狄於曲梁，在河北永年縣東北。潞氏與鄋瞞首尾中斷，不能相顧，狄亡而長狄與之同亡。晉地於是及今之山東，自朝歌邯鄲百泉，迄於乾時冠氏，以抵於范，並入於晉，皆狄之土也。其東端亦即長狄之土也。晉滅潞而邑士會於范，以據鄋瞞之土，長狄遂不復存也。

戎既爲長狄，其在春秋之初，尚修職貢於王，亦與諸夏之會盟也。魯人追之，齊人伐之，則其侵患於齊魯也。戎侵曹，羈奔而赤歸，是戎之出羈以納赤，儼如秦人之置晉君。曹於春秋之初，固非弱小，況此正齊桓霸業方隆之際，戎乃跳梁若是，則戎之勢亦可見也。戎在魯西，乃魯之伐戎，春興師而夏振旅，歷時蓋久，則戎之未易克也。以方張之狄，而益之以頑強之戎，豈非如虎而戴之角哉？

自狄併鄋瞞，據東夏，以患齊魯宋衛者垂六十年而後滅，禍亦烈矣！杜預云，「陳留濟陽縣東南有戎城」，爲後曹州府曹縣楚邱城，此戎之居，即長狄之居也。於後戎州已氏之戎實殺衛侯，猶其餘燼。齊策言，「田單攻狄，三月而不克」。徐廣注「今樂安臨濟城」，地理志「千乘郡有狄縣」，續漢郡國志「樂安國臨濟縣本狄，安帝更名」。於後爲青州府高苑縣臨濟城。此潞氏既滅，狄之餘燼，亦去商魯徙於齊北濱海之居以自存，而田單又攻之。蘇代曰，「北夷方七百里，加之以魯衛，此所謂強萬乘之國也」。自狄走濱海之區，猶方七百里，宜田單攻之三月而不克，乃厲氣循城，立於矢石之所，援枹而鼓之，狄人乃下。是狄走齊北尚未可輕也。

穀梁傳曰，「長狄弟兄三人，佚宕中國，瓦石不能害，叔孫得臣射其目，身橫九畝，斷其首而載之，眉見於軾」。左氏言，「齊獲長狄僑如，富父終甥摏其喉，以戈殺之」。而國語言「禹戮防風氏，其骨節專車」。此長狄之爲異種巨人也。呂氏春秋言「趙攻中山，中山之人曰吾丘鴆，衣鐵甲，操鐵杖以戰，而所擊無不碎，所衝無不陷，以車投車，以人投人，幾至將所而後死」。此亦巨人，而長狄之餘種也。長狄滅而其裔或合於後之鮮虞，亦見長狄之與赤狄先已併爲一也。

狄至河內與北戎

春秋之初，北戎亦諸夏一禍梗也。自狄禍發於邢衞，而北戎遂不復見，然後知北戎之於狄，與鄭瞞之於狄，其事一也。

後漢書西羌列傳引竹書紀年，言「晉人敗北戎於汾隰」，「邢侯大破北戎」，其事皆在春秋前。入春秋，隱之九年，北戎侵鄭。桓之六年，北戎伐齊。知北戎之居在晉邢鄭齊之近地。晉語謂「路草中之戎，以啟東道」。審其方位，當即北戎，是草中之戎即北戎也。穆天子傳亦記草中之戎，則其居晉之東歷時已久。籍談曰，「晉居深山，戎狄之與鄰，而遠於王室」。惠王曰，「唐叔受之，以處參虛，匡有戎狄」。宰孔曰，「晉侯景霍以爲城，汾河涑澮以爲淵，戎狄之民實環之，汪是土也」。蓋晉之西北爲狄，其東南爲戎久矣。杜預以北戎即山戎，其說蓋誤。江永曰，「山戎無終爲一，在直隸永平府。北戎當在河北」。北戎之所在，雖難確指，而江說近之也。

自狄下太行，實已并北戎而一之。其滅邢衞，侵周鄭，殆北戎又爲之倀。在昔未嘗見狄禍，狄處晉西，未東走也；故惟見北戎之禍。於後惟見狄而不見北戎，則狄來而北戎爲之屬也。

隱九年傳，「北戎侵鄭，鄭伯禦之。患戎師，曰，『彼徒我車，懼其侵軼我也』。公子突曰，『使勇而無剛者，嘗寇而速去之，君爲三覆以待之』。從之，戎人之前遇覆者奔；祝聃逐之，衷戎師，前後擊之，盡殪。戎師大奔。十一月，鄭人大敗戎師」。則北戎之挫於西也。桓六年傳「北戎伐齊，齊侯乞師於鄭，鄭太子忽帥師救齊。六月，大敗戎師，獲其二帥：大良少良，甲首三百，以獻於齊。於是諸侯之大夫戍齊」。則北戎又挫於東；皆鄭之力也。桓十一年傳曰，「初，北戎病齊，諸侯救之，魯以周班後鄭」，知北戎亦勁寇也。以齊之強當戎寇，亦乞師於諸侯而後克，既克而諸侯之大夫又戍之，則北戎之不可侮。以猖狂之狄，又得勁戎以爲助，豈非如虎而附之翼哉？

自狄見於春秋，而北戎遂不復見。惟僖之十年狄滅溫，齊侯許男伐北戎，蓋狄鋒西向以病周，桓公乘隙攻其後，殆爲牽制之圖，而周鄭之禍終不可解。及晉滅赤狄，而北戎蓋與之俱亡。後漢書西羌傳言，「趙亦滅代戎，即北戎也」。入戰國代居趙北，是潞氏亡後，北戎亡走雲朔，代其自號，而北戎則中國名之。北戎爲代，山戎爲無終，故知杜預以北戎即山戎者，誤也。

呂氏春秋言，「襄子上於夏屋，以望代俗，其樂甚美。於是襄子曰，『先君必以此教之也』。及歸，慮所以取代，乃先善之。代君好色，請以其弟姊妻之，代君許諾。弟姊已往，所以善代者乃萬故。馬郡宜馬，代君以善馬奉襄子，襄子謁於代君，而請觴之馬郡，盡先令舞者置兵其羽中數百人。先具大金斗，代君至酒酣，反斗而擊之，一成腦塗地；舞者操兵以鬭，盡殺其從者」。燕策張儀云，「趙王欲幷代，約與代王遇於句注之塞，與代王飲，因反斗而擊之」。趙世家六國年表事並在襄子元年，殺代王及從官，遂興兵平代地。始晉破北戎，及襄子平代，代戎有國，視潞氏中山，歷世爲最久也。

晉滅赤狄

宣六年　赤狄伐晉，圍懷及邢丘。

七年　赤狄侵晉，取向陰之禾；白狄及晉平。

八年　晉師白狄伐秦。

十一年　晉侯會狄於欑函。

十三年　赤狄伐晉，及淸，先縠召之也。

十五年　晉敗赤狄於曲梁，滅潞氏，以潞子嬰兒歸。酆舒奔衛，衛人歸諸晉；晉人殺之。晉侯治兵於稷以略狄土，立黎侯而還。

十六年　晉滅赤狄甲氏及留吁，鐸辰，獻狄俘于周。

成三年　晉郤克衛孫良夫伐廧咎如，討赤狄之餘焉。廧咎如潰，上失民也。

狄自陝西之西北出晉北，而東南下據山西河北太行一帶，入河南，據山東腹心之地，綿亘數千里。宣之四年，赤狄侵齊，白狄侵秦，東西並舉，蔚然一大國也。鄢陵之役，郤至（主戰）曰，「韓之戰，惠公不振旅；箕之役，先軫不反命；邲之師，荀伯不復從；皆晉之恥也。今我避楚，又益恥也」。而范文子（主不戰）曰，「吾先君之亟戰也有故，秦狄齊楚皆強，不盡力子孫將弱。今三強服矣，敵楚而已」。蓋晉之西則秦，敗晉於韓；南則楚，敗晉於邲；北則狄，敗晉於箕；而東則齊。皆大國，晉之勁敵也。狄比秦齊爲三強，明狄爲大國，勢非弱小。宋鄭之儔，莫可與較。往昔儒者不甚重視，故此絕大史迹，忽而不詳耳。

總其前後觀之，晉城蒲屈，曰，「狄之廣莫，於晉爲都」，則遊牧之族，逐水草而居，未嘗有邊圉之固。采桑之役，里克曰，「懼之而已，無速衆狄」，則種落離散，不相統率，狄之合併爲一巨國，蓋在斯時也。

僖之三十二年，狄有亂，三十三年而白狄之名遂見於春秋，是亂者即赤狄白狄之分裂內訌，則狄已將由合而復分。僖之三十一年，狄圍衛，衛遷於帝邱。而三十二年即內訌，當以旣創於晉，渡河圍衛東走之後，壤地廣而勢將散也。欑函之會，郤成子求成於衆狄，衆狄疾赤狄之役，遂服於晉，則種落離貳，狄遂由合而散也。宣之十一年，會狄於欑函。宣之十五年而晉師滅赤狄潞氏；種落分崩，而敗亡立至。欑函之會，諸大夫欲召狄。郤成子曰，「吾聞之，非德莫如勤，非勤何以求人」。曰求成於衆狄，晉侯躬往狄地以成會，此猶見狄之勢，而晉之自卑，故曰「使疾其民，以盈其貫，將可殪也」。會後四年而潞氏滅。

宣六年，赤狄伐晉，圍懷，及邢丘。七年，赤狄侵晉，取向陰之禾。懷邢丘向陰，此晉之南陽也。狄復欲由滅溫之道以西侵，自非復晉之所能忍也。潞子嬰兒之夫人，晉景公之姊也，酆舒爲政而殺之，又傷潞子之目。伯宗曰，「必伐之，狄有五罪：不祀一也，耆酒二也，棄仲章而奪黎氏地三也，虐我伯姬四也，傷其君目五也。怙其儁才，而不以茂德。夫恃才與衆，亡之道也，商紂由之，故滅。天反時爲災，地反物爲妖，民反德爲亂，盡在狄矣」。晉侯從之，滅潞。是赤狄之亡，恃才與衆以疾其民，衆狄疾赤狄之役，狄散而潞氏亡，此赤狄之暴也。

蓋衆狄合而爲一大國，而潞氏主其盟。狄侵魯西鄙（文七年），趙宣子使問酆舒且讓之。晉滅赤狄潞氏，而酆舒奔衛。酆舒爲潞子之相，則凡春秋前之言狄者，皆赤狄潞氏也。

欑函之會，爲一大關鍵：前此皆狄侵諸夏，後此皆諸夏侵狄，狄散而潞氏孤立，不可倖存。盛衰之故，可以概見。潞滅而東夏無狄虞，披狂之寇，忽焉以殄。

晉敗赤狄於曲梁，滅潞氏，曲梁爲河北之永年縣。潞氏居山西之潞城，以封豕修蛇之勢，侵暴東夏，與曹州之鄭瞞相首尾。晉師於曲梁，則狄之首尾不相救，一戰而潞氏鄭瞞皆亡。於是太行而東無狄禍。晉又以宣十六年滅赤狄甲氏及留吁鐸辰，成三年晉伐嗇咎如，討赤狄之餘焉。甲氏在河北之雞澤，留吁在山西之屯留，數年之間，而赤狄盡矣。以弭兵之會，而白狄朝於晉楚，聘於齊，服於秦，狄之衰未有過於此時者。

晉滅潞則立黎侯，於是而黎侯之國復也。晉討嗇咎如則合衛師，於是而衛之失土復也。春秋僖文之世惟言狄，即赤狄潞氏也。宣之世赤狄白狄並見，則東西已分裂也。成襄以後惟言狄，則白狄，以赤狄已亡，無俟分殊也。穀梁傳曰，「其曰『潞子嬰兒』，賢也」。公羊傳曰，「潞子之爲善也，躬足以亡爾。離於夷狄，而未能合於中國，晉師伐之，中國不救，狄人不有，是以亡也」，明潞氏之以衆叛親離而亡也。

狄與貉族

宣之十五年，晉滅潞氏。成之三年，晉衛伐嗇咎如，討赤狄之餘焉；而太行之狄盡矣。下迄昭之十二年，晉假道於鮮虞入昔陽，而後白狄又來太行。狄中絕於東者幾五十年，東夏無狄禍。

狄中絕而無終與於其間。襄之四年，無終子嘉父使孟樂如晉，因魏莊子納虎豹之皮以請和諸戎。無終爲山戎，自齊桓救燕後，至是始再見，以鴟張之赤狄旣亡，而無終復接於諸夏也。

昭之元年，晉荀吳敗無終及羣狄於太原。則狄之旣滅，羣狄且聽命於山戎。曰無終及羣狄，則無終主而羣狄從之辭也。正義曰，「北平有無終縣，太原即晉陽縣，計無終在太原東北二千餘里，不知何故遠就太原，來與晉戰」。蓋無終在永平府玉田縣治西，此山戎病燕時之所在也。無終入戰國爲無窮，趙世家所云「武靈王遂至代北至無窮」是也。趙策亦有無窮之門。則無終已去燕東，而西走代北，此來戰太原時無終之所在也。

狄之旣滅，北戎去晉東，走晉北，而有代。山戎走代北而有無終。事則相同，無足疑者。

趙策，「趙王因起兵南伐山戎」，高注，「戎近秦，伐之以偪秦」。是山戎去燕東入代北，再走趙南，居秦韓之邊。蓋濱河之地，狄之故居，而山戎又來其間。中國之貊，入春秋不復見，入戰國山戎居趙秦之邊，而中國復見貊。先秦諸子數數稱之，則山戎即貊也。荀子彊國篇言，「秦南有沙羨，北與胡貊爲鄰」。胡，三胡也：謂東胡，林胡，樓煩。而貊即此山戎。匈奴列傳亦云，「趙襄子踰白注而破并代，以臨胡貊」。此無終林胡樓煩之猶居代北事也。

通貊事之首尾而觀之：韓奕之詩曰，「王錫韓侯，其追其貊；奄受北國，因以其伯」。鄭氏箋曰，「韓侯賢，賜之蠻服追貊之戎狄，令撫柔王畿北面之國。其後追也貊也，爲玁狁所逼，稍稍東遷」。韓侯之國，於春秋爲韓原，即秦晉戰處，居王畿之北方。宣王時追貊山戎在韓北也，爲玁狁所逼，稍稍東遷。玁狁即狄，是貊狄同時東走；貊導前而狄踵其後。莊之三十年，齊人伐山戎，以其病燕故也。莊之三十二年，而狄伐邢，正山戎前而狄從後，貊東而玁狁亦東也。明山戎即貊，此貊之自西而東。

狄滅而後貊復西還。僖二十八年傳，「晉獻公娶二女於戎，大戎狐姬生重耳，小戎子生夷吾」。四書釋地言「交城縣爲狄地，舅犯實生於其地」，是大戎小戎並在太原之交城。此大小戎當即山戎，東來初在晉北，而後乃入燕。故後有山戎而不見大小戎。以地以時推之，其爲一明矣。

狄合北戎鄭瞞而爲一，山戎自亦合於狄，而相隨南下。狄入宋魯之間，山戎亦從之。新序雜事言，「孔子北之山戎氏，有婦人哭於路者甚哀。孔子立輿而問之，對曰，『往年虎食我夫，今虎食我子』。孔子曰，『何爲不去？』曰，『其政平，其吏不苛』。孔子曰，『弟子記之，夫政之不平而吏苛，乃甚於虎狼矣』」。檀弓同記此事，謂孔子過泰山側。山戎之在泰山，惟從狄入宋魯乃得至。山戎至泰山之側，而魯頌曰，「至于海邦，淮夷蠻貊」。魯之有貊，正以山戎故也。是則狄之強而山戎爲之屬，狄之衰而無終主其盟，此先後之故也。

韓非子說林言，「管仲隰朋從桓公伐孤竹，春往冬返」。孤竹共山戎爲禍，故桓公並伐之。餘杭章枚叔氏論伯夷叔齊孤竹之子爲異族，非中國之人。墨胎非中國之姓。唐人氏族之學，以墨姓爲自墨胎，則墨翟固孤竹之後。其言仁義與儒家同，正以東夷之俗仁，故徐偃以仁義而亡。孤竹之後，入居宋魯之間，故墨翟爲魯人，亦爲宋人，介居宋魯之間，自昔長狄山戎之所在也。而孤竹之裔，隨山戎以入魯，則墨學爲本之異族之化可知也。韓非子言，「哀公儒而削，代君墨而亡」。代之有墨，猶魯之有儒。草中之戎與孤竹，同爲西周以來異族之居於河北者，其文化宜無殊。故在戰國，代爲墨學之根據地，猶魯爲儒學之根據地。蓋自昔異族之處於中國東北者，恆文化高而武力弱；其來自西北者，恆文化低而武力強；此代戎孤竹之與赤狄大殊者耶？

貉東而山戎東，山戎南至魯而魯有貉，山戎西至秦趙之邊而秦趙復有貉，是山戎之爲貉，而大戎小戎之即山戎無疑也。顧亭林以涿郡方城之韓，即遷居海中之韓。涿郡之韓，世謂寒號，此亦寒浞之爲韓浞。此族古亦隨有窮之後而竊夏者，其遷居海中，殆正以貉狄東來之會。路史以三胡爲妘姓之韓，即入居海中之韓。無終還代北，及趙之南，於是林胡樓煩亦來居秦趙之北；而東胡又踵林胡之後。是貉東來而胡入海，貉西走而三胡亦隨與俱西也。

戰國策史記並言趙武靈王胡服事，而水經河水注引紀年，「魏襄王十七年，邯鄲又命將軍大夫適子戍吏皆貉服」（今本誤作貂服）。審貉服之即胡服，知胡人之即貉人。以貉之族有林胡東胡，而胡之名遂代貉而起。曰「胡貉」者，殆以別於他之貉耳。

自赤狄白狄皆亡而三胡興。匈奴列傳言，「晉北有林胡樓煩之戎，燕北有東胡山戎」。此胡地之約略可知者。趙世家言，「武靈王自請於公子成，曰，『吾國自常山以至代上黨，東有燕東胡之境，而西有樓煩秦韓之邊』」。又「武靈王召樓緩謀曰，『西有林胡樓煩秦韓之邊』」。則東胡在燕北，而西接趙境。林胡樓煩在趙北，且及趙西。武靈王二十年西略胡地至榆中，林胡王獻馬。惠文王二年主父西遇樓煩王於西河而致其兵。則林胡樓煩之果及於趙西也。惠文王二十六年取東胡歐代地，東胡地苟不接於趙，惠文將焉取之？

匈奴列傳言，「趙武靈王北破林胡樓煩，自代並陰山至高闕爲塞，而置雲中雁門代郡。其後燕將秦開襲破東胡，卻地千餘里，燕亦築長城自造陽至襄平，置上谷

14

漁陽右北平遼西遼東郡」。趙滅之代，於後爲蔚縣。燕長城西起造陽，於後爲懷來。則蔚縣懷來之間，即趙與東胡接壤處；而上谷漁陽右北平遼東西並舊東胡地。趙之取歐代地，諒在代北。自代郡以西，雁門雲中九原皆林胡樓煩地也。

李牧傳，「牧破殺匈奴十餘萬騎，滅襜襤，破東胡，降林胡」。至是而林胡亡。史記索隱云，「樓煩縣屬雁門，應劭云，故樓煩胡」。史記正義言，「林胡，朔州春秋時北地也。嵐州，樓煩胡地也」。於後爲朔縣嵐縣。此林胡樓煩地之可指者。說者謂樓煩縣爲樓煩之都。匈奴傳言，「冒頓大破滅東胡王，南幷樓煩白羊河南王」。至是東胡破而爲烏丸，爲鮮卑，而樓煩遂併於匈奴。至匈奴入居河南地，至朝那膚施，蓋樓煩白羊，亦入居河南。故衛青出雲中以西至隴西，擊胡之樓煩白羊於河南，漢遂取河南地，築朔方。自是以後，匈奴漸衰而樓煩不復見，匈奴後得有胡名。樓煩之亡，乃在衛青出塞後。此胡貉事之始終也。

林胡既系於妘姓之韓，是昔亦鄰於方城涿郡。趙武靈王曰，「我先王敗林人於荏，而功未遂」，正義云，「即林胡也」。林人當即在昔之林氏。周書史記解「昔者林氏召離戎之君而朝之，至而不禮，離戎逃而去之」。竹書紀年沈約注，「離戎，驪山之戎也」。林人既系之韓，而晉伐驪戎，必與毗鄰，諒在晉北，故得接於林氏，而林氏召之。合三國言之，而其地各可求也。則驪戎之居，應在交城之東，而大戎小戎與之鄰。史記齊世家管子輕重甲並云，「離枝孤竹」，即令支，即離戎也。是韓之入海，而驪戎亦東爲令支，猶大戎小戎東走爲山戎。管子小匡言，「桓公破屠河，伐山戎，剸令支，斬孤竹」。春秋惟言伐山戎，而國語管子諸書，並言三國，則方無終病燕，而三國悉爲之屬，諒均爲貉族，故桓公幷破之也。

白狄東徙太行

宣七年　赤狄侵晉；白狄及晉平。

八年　晉師白狄伐秦。

十一年　晉侯會狄於欑函。

十五年　晉滅赤狄潞氏。

成九年　秦人白狄伐晉。

秦又召狄與楚，道之伐晉。

十二年　晉人敗狄於交剛。

襄十八年　白狄朝於魯。

廿八年　白狄朝於晉。

昭元年　晉敗無終及羣狄於太原。

十二年　晉僞會齊師者，假道於鮮虞，遂入昔陽，滅肥，以肥子綿皋歸。

晉伐鮮虞，因肥之役也。

十三年　晉自著雍以上軍侵鮮虞，及中人，驅衝競，大獲而歸。

十五年　晉荀吳伐鮮虞，圍鼓。三月，以鼓子戴鞮歸。

廿一年　鼓叛晉（晉將伐鮮虞）。

廿二年　晉之取鼓而反鼓子焉，又叛於鮮虞。荀吳略東陽使師僞糴者，負甲以息於昔陽之門外，遂襲鼓滅之。以鼓子戴鞮歸。使涉陀守之，與鼓子田於河陰，使夙沙釐相之。

定三年　鮮虞人敗晉師於中平，獲晉觀虎。

四年　晉士鞅衛孔圉帥師伐鮮虞。

五年　晉士鞅圍鮮，報觀虎之役。

十四年　晉范中行之亂，率狄師以襲晉，戰於絳中。

哀元年　齊魯衛鮮虞人伐晉，救范氏。

三年　齊衛圍戚，求援於中山。

四年　荀寅奔鮮虞，齊伐晉，會鮮虞，納荀寅於柏人。

六年　晉趙鞅帥師伐鮮虞，治范氏之故也。

悼十年　晉荀瑤伐中山，取窮魚之邱。

十四年　趙無恤伐狄，勝左人中人。

自狄有亂，而翌年白狄見於春秋。則狄之亂，爲赤狄白狄之分裂也。晉敗狄於箕，而郤缺獲白狄子，見狄當初分，而白狄尙屬於赤狄，相從戰伐。以至文十三年，狄侵衛，知白狄尙未叛赤狄以去，故惟書曰狄。宣三年赤狄侵齊，則分別言之，知已分二國。白狄之離赤狄而獨立，在此時也。

宣之七年，赤狄侵晉，而白狄及晉平，其對外關係，顯相背馳，是自爲部落，各有其土地政事，自是而狄師不出也。

宣之八年，晉及白狄伐秦，成之九年，秦人白狄伐晉，則於時白狄必處於秦晉之間，於勢乃可。成十二年，晉人敗狄於交剛，交剛在晉西，爲陝西之膚施，斯亦白狄在晉西之驗。成十三年呂相之絕秦也，曰，「白狄與君同州」，此尤爲是時白狄猶在雍州之明證。昭十二年，晉假道於鮮虞，入昔陽，遂滅肥。昔陽於今爲河北之藁城，白狄肥鼓鮮虞之屬，於時已在晉東。則赤狄既亡，白狄後又沿赤狄之故道以東來，處赤狄太行之舊壤。白狄之徙晉東，知固在魯昭公時也。

昭之元年，群狄尙從無終以戰晉於太原，則狄已漸來晉北，而無終尙主群狄之盟也。自廧咎如之滅，由成迄昭，殆五十年，而無終與於其間，至是而白狄方始東來。東夏無狄禍，若斯其久也。

鮮虞來，又代無終以與，而群狄爲之屬，以上繼潞子之覇業。晉滅肥，復伐鮮虞，因肥之役也。晉滅鼓，以其叛於鮮虞也。是白狄以鮮虞爲強，而肥鼓皆屬之，忽焉又爲晉人東圉一勁敵。鮮虞在河北之正定，鼓在晉州，肥在藁城，而唐縣又爲鮮虞之中人。陳伯弢氏以爲「鮮虞立國，凡今新樂，行唐，靈壽，平山，井陘，獲鹿，正定，無極，曲陽，及定易唐完諸縣，並在其提封之內」。則巍然巨國，豈滕薛所能侔？再合肥鼓計之，則白狄斥地之廣可見，千乘不足言也。

其敗晉師於中平，獲晉觀虎，則鮮虞已能勝晉。晉士鞅衛孔圉帥師伐鮮虞，則合二國以圖之。范中行之亂，狄師襲晉，戰於絳中。齊衛圍戚，而求援於中山。皆見鮮虞之遂爲強國也。吳楚柏舉之事，其先蔡侯如晉，請伐楚。荀寅謂范獻子曰「棄盟取怨，無損於楚，而失中山，不如辭蔡侯」，於是唐蔡以吳師入郢。晉人寧釋楚而事中山，知中山之足爲晉患。此由春秋之末，以入於戰國之初，晉人之日以削中山爲志者也。

哀六年，趙鞅帥師伐鮮虞。呂氏春秋言，「趙簡子有兩白騾，而甚愛之。陽城胥渠處廣門之官，有疾，醫教之得白騾之肝，病則止，不得則死。簡子曰，『殺畜以活人，不亦仁乎？』於是殺白騾取肝以與陽城胥渠。處無幾何，趙興兵而攻翟，廣門之官，左七百人，右七百人，皆先登而獲甲首」。此之攻翟，蓋正伐鮮虞事也。是亦足以益左氏之傳。水經巨馬水注引紀年，「荀瑤伐中山，取窮魚之邱」。今本紀年在貞定王之十二年，繹史引紀年在晉出公之十八年，則趙襄子之元年也。韓非書，「智伯將伐仇由，而道難不通，乃鑄大鐘遺仇由之君。仇由之君除道將內之，赤章蔓枝曰，『不可，卒必隨之，不可內也』。不聽，遂內之。赤章蔓枝因斷轂而驅至齊，七月而仇由亡」。呂氏春秋亦記此事，云，「中山之國有夙繇者，智伯欲攻之，而無道也。爲鑄大鐘，方車二軌以遺之。夙繇之君將斬岸堙谿以迎鐘。赤章蔓枝諫曰」云云。則仇由者，中山之屬國，亦肥鼓之倫也。國語，「趙襄子使新穉穆子伐翟，勝左人中人」，此亦中山，中人正中山地也。或以爲事在晉出公之二十二年。春秋以後，晉猶屢伐中山，此事之略可考見，足補史記之闕者。

魏滅中山與中山復國

魏世家，「文侯十七年，伐中山，使子擊守之」。於年表爲趙烈侯之元年。世本言，「中山武公居顧，桓公徙靈壽，爲趙武靈王所滅」。於趙世家言，「獻侯十年，中山武公初立」，爲魏文侯之十一年。是武公立七年而中山滅。魏滅之中山，爲居顧者也。甘茂曰，「魏文侯令樂羊將攻中山，三年而拔之」。說苑亦稱「文侯曰，『吾以武下樂羊，三年而中山爲獻於我』」。以天下莫強之魏，攻中山三年而後拔，則中山之勢可見。

國策言，「魏文侯欲殘中山，常莊談謂趙襄子曰（繹史引作趙桓子，爲是），魏幷中山，必無趙矣。公何不請公子傾（文侯）以爲正妻，因封之中山，是中山復立也」。於時趙居晉陽，南有邯鄲，魏居安邑，而北有中山，則趙地可絕。此魏強而趙弱之時，故常莊談之言爲然，而趙之思復中山也。呂氏春秋云，「晉太史屠黍見晉之亂，以其圖法歸周。周威公問曰，『天下之國孰先亡？』曰，『晉先亡』。……居三年，晉果亡。威公又問曰，『孰次之？』曰，『中山次之。天生民而令有別，有別，人之義也。中山之俗，以晝爲夜，以夜繼日，男女切倚，固無休息，康樂歌淫好悲，其主弗知惡，此亡國之風也』。居三年，中山果亡」。此言晉亡三年而中山亡，於事不合。然中山亡時，其俗固可見也。說苑，「趙簡子問於翟封荼，曰，『吾聞翟雨穀三日，信乎？』曰，『信』。『又聞雨血三日，信乎？』曰，『信』。『又聞馬生牛，牛生馬，信乎？』曰，『信』。簡子曰，大哉妖，亦足以亡國矣』。對曰，『此非翟之妖也。其國數散，其君幼弱，其諸卿貨，其大夫比黨以求祿爵，其百官肆斷而無告，其政令不竟而數化，其士巧貪而有怨，此其妖也』」。此中山之政爲必亡，已先見於簡主之世也。

世本言，「桓公徙靈壽，爲趙滅」。則中山亡於魏，旋又復國居靈壽，此爲先後有二中山。樂毅列傳言，「樂羊爲魏文侯將，伐取中山。文侯封樂羊以靈壽，其後子孫因家焉。中山復國，至趙武靈王時，復滅中山，而樂氏後有樂毅」。此桓公徙靈壽，正中山復國事也。中山復國，史所不詳，惟魏世家，武侯九年一見翟敗我於澮，此之謂翟，當即中山。敗魏於澮之年，爲趙敬侯之九年。趙世家，「敬侯十年，趙與中山戰於房子。十一年，趙伐中山，又戰於中人」。自翟敗魏而次年中山即復見於史，則敗魏即中山復國事也。魏自有中山君，故於此但謂之翟，而不謂之中山。中山之滅，於此已三十年，而後復國，所謂桓公徙靈壽者也。敗魏於澮之年，六國表記韓趙魏同伐齊，至靈丘，三晉方睦，則與趙戰房子戰中人者，自復國之中山，不得爲魏之中山，故言不與趙魏相戰。中山之滅當武公，至斯而桓公復之。水經滱水注言，「中山爲武公之國，其後桓公不恤國政，二年果滅」。然與世本趙滅桓公之國不合，未可據也。

中山稱王與趙滅中山

趙敬侯九年　翟敗魏於澮。

十年　與中山戰於房子。

十一年　伐中山，又戰於中人。

成侯六年　中山築長城。

肅侯八年　中山君相魏。

武靈王八年　五國相王，中山藍諸君宋偃王爲王。

十七年　王出門爲野臺，以望齊中山之境。

十九年　王北略中山之地，至於房子，遂之代北，至無窮。

二十年　王略中山地，至寧葭。

二十一年　攻中山，趙袑爲右軍，許鈞爲左軍，公子章爲中軍，王幷將之。牛翦將車騎，趙希幷將胡代，與之陘，合軍曲陽，攻丹邱，華陽，鴟之塞。王軍取鄗，石邑，封龍，東垣；中山獻四邑和，王許之，罷兵。

二十三年　攻中山。

二十五年　復攻中山，攘地北至燕代，西至雲中九原（依年表，世家在二十六年）。

二十七年　趙破中山，其君亡，竟死齊。

惠文王元年　三國攻秦，趙攻中山，取扶柳。

三年　滅中山，遷其王於膚施。

齊韓魏趙宋中山五國共攻秦，至鹽氏而還。

四年　趙與齊燕共滅中山。

魏救中山，塞集胥口。

戰國策，「中山君饗都士大夫，司馬子期在焉。羊羹不遍，司馬子期怒，而走於楚。說楚王伐中山，中山君亡，曰，『吾以一杯羊羹亡國』」。楚伐中山事莫可考，當爲國策之誤，附記於此。

自翟敗魏於澮，後九年而中山築長城。敗魏戰趙以來，國基當已大固。魏世家，「惠王之二十八年，中山君相魏」。索隱言，「魏文侯滅中山，後尋復國，至是始令相魏」。此未必然。說苑言「魏文侯封太子擊於中山，三年，舍人趙倉唐奉使於文侯。文侯乃出少子摯封中山，而復太子擊」。此魏之宗親自有中山君，故入爲相。斯時中山桓公已復國，而魏之中山君摯，遂還相魏。魏滅居顧之中山，而鼓後入齊（鼓卽顧）。是魏之中山地失之齊也。

韓非子說林上「魏文侯借道於趙而攻中山，趙肅侯將不許。趙刻曰，『君過矣！魏攻中山而弗能取，則魏必罷，罷則魏輕趙重。魏拔中山，必不能越趙而有中山。是用兵者魏也，而得地者趙也』」。趙肅侯之元年，爲魏惠王之二十二年，則非文侯也。肅侯之世，中山已復國，而魏尚欲攻之。於此爲魏衰而趙興之時，故趙刻之言爲然，蓋欲乘魏之敝而收其利。

趙世家言，「武靈王八年，五國相王；趙獨否，令國人謂己曰君」。中山策言，「犀首立五王而中山後持」。又言，「中山與燕趙爲王。齊閉關不通中山之使，曰，『我萬乘之國也，中山千乘之國也，何侔名於我？』欲出兵以攻中山，藍諸君患之」。考五國稱王，韓燕同在趙武靈王之三年，宋與趙同在武靈王之八年，則中山亦在是年。中山復國，於此六十年，而藍諸君稱王，致國千乘也。

中山王二十三年而趙滅之。趙武靈王曰，「先時中山負齊之強，侵暴吾地，係累吾民，引水圍鄗，則鄗幾於不守也。先王醜之，而怨未能報也。今騎射之備，近可以便上黨之形，遠可以報中山之怨」。又曰，「胡服之功未可知，雖世笑我，胡地中山，吾必有之」。方中山之竊號自娛，而趙人已謀其後。秦本紀，「昭襄王八年，趙破中山，其君亡，竟死齊」。昭王之八年，趙武靈王之二十七年，此於年表趙世家皆不載。中山恃齊以侵趙，趙破中山而其君亡死於齊，此亦中山恃國之可窺知者。趙策曰，「楚人久伐而中山亡」。魏策曰，「中山恃齊魏以輕趙，齊魏伐楚而趙亡中山」，即謂此也。趙策四曰，「三國攻秦，趙攻中山，取扶柳；五年以擅呼沲」。此不見於史記。趙策三曰，「富丁欲以趙合齊魏，司馬淺爲富丁謂主父曰，『今我不順齊伐秦，秦楚必合而攻韓魏，韓魏必怨趙，而親兵必歸於趙矣』。主父曰，『我與三國攻秦，是俱敝也』。曰，『不然！我約三國而告之以未講構中山也。三國欲伐秦，必聽我。中山聽之，是我以三國饒中山而取地也。中山不聽，三國必絕之，是中山孤也。我雖少出兵可也。我分兵而孤中山，中山必亡；我已亡中山，而以餘兵與三國攻秦，是我一舉而兩取地於秦中山也』」。六國年表齊韓魏三國共擊秦在趙惠文王之元年，則趙攻中山取扶柳即在是年也。世家，「惠文王三年滅中山，遷其王於膚施」。武靈王以惠文王四年死沙邱宮，而滅中山者武靈王，是滅中山在三年也。世家言，「滅中山還歸，行賞大赦，封長子章爲代安陽君」是也。秦本紀，「昭襄王十一年，齊韓魏趙宋中山五國共攻秦，至鹽氏而還」。昭襄之十一年，當惠文王之三年，中山從五國攻秦。年表，「惠文王四年，與齊燕共滅中山」。齊世家「湣王二十九年，佐趙滅中山」。湣王二十九年，正爲惠文王之四年，是年表與齊世家合。此亦春秋書齊之併紀，亘四年而後紀亡之比也。

齊策言，「昔者中山悉起而迎燕趙，南戰於長子，敗趙氏；北戰於中山，克燕軍，殺其將。夫中山，千乘之國也，而敵萬乘之國二，再戰比勝，此用兵之上策也。然而國遂亡，君臣於齊者，何也？不嗇於戰攻之患

21

也」。中山之亡，能再勝大國，不可謂弱。自鮮虞見於春秋，下及趙滅中山，有國殆三百年；東走太行之白狄，至是然後絕，其爲禍固已久矣。

須賈曰，「衛趙之所以國全兵勁；而地不并於諸侯者，以其能忍難而重出地也。宋中山數伐割地，而國隨以亡」。韓非子，「趙主父使李疵視中山可攻不也？還報曰，『中山可伐也。君不亟伐，將後齊燕。其君好巖穴之士，所傾蓋與車以見窮閭隘巷之士以十數，伉禮下布衣之士以百數矣』。君曰，『以子言論，是賢君也；安可攻？』疵曰，『不然！夫好顯巖穴之士而朝之，則戰士怠於行陳。上尊學者，下士居朝，則農夫惰於田。戰士怠於行陳，則兵弱也；農夫惰於田者，則國貧也。兵弱於敵，國貧於內，而不亡者，未之有也』。主父曰，『善！』舉兵而伐中山，遂亡也」。此中山之亡事之可略見者。則中山亦尚賢尊學之國，「代君墨而亡」，中山與代並墨學所行之國。呂氏春秋言，司馬喜難墨者師於中山王前以非攻。墨者師曰，『今趙興兵而攻中山，相國將是之乎？』司馬喜無以應」。然則李疵所謂，正墨家之政也。寰宇記引戰國策曰，「中山專行仁義，貴儒學，賤壯士，不教人戰。趙武靈王襲而滅之。中山之地方五百里，卒爲趙併」。中山居山東久，與代爲鄰，故漸漬於文化者深。視秦處關中，終不知禮義德行者，爲有間也。

增訂「春秋杞子用夷貶爵辨」

陳槃 1

此爲拙著「左氏春秋義例辨」之一篇，初稿曾刊禹貢四卷三期。二年來陸續增補，材料倍曩昔，觀點亦不盡同。顧師爲本刊三周紀念徵文，因更付呈質正。　廿五年春自志于南京。

僖二十三年春秋：

冬十有一月，杞子卒。

左傳例云，杞本「伯」爵，用夷禮，故貶稱「子」：

杞成公卒，書曰「子」，杞，夷也（杜注：成公始行夷禮以終其身，故於卒貶之。杞實稱「伯」，仲尼以文貶稱「子」」）。

又，僖二十七年及襄二十九年春秋均書「杞子」，傳例同：

僖二十有七年經：杞子來朝。——例：杞桓公來朝，用夷禮，故曰「子」。

襄二十有九年經：杞子來盟。——例：杞文公來盟，書曰「子」，賤之也（杜注：賤其用夷禮）。

前人如何休已云：

「杞子卒」，豈當用夷禮死乎？（左氏膏肓）

趙匡云：

升降名位，當由王者。若魯史專自貶降爵位，乃春秋自爲亂也。且，春秋若實專以削黜爲義，則諸侯惡事非一，何不黜其名位哉？又，已後杞或稱「伯」，即云捨夷禮；或稱「子」，即云復用夷禮。彼二王之後，常與大國盟，豈是兒童，屢捨屢用哉？（陸淳春秋集傳辨疑引）

家鉉翁云：

當時諸侯，反道敗常有若齊襄，衞宣者，實夷也，而春秋未常絀其爵。今杞子之用夷禮，必不至如齊襄，衞宣之甚，春秋胡爲再三絀之乎？此亦經之疑耳。姑置。（春秋詳說）

湛若水云：

左氏謂，「書曰子，杞夷也」。胡氏從之，非也。鄭伯會朝楚矣，何以不「子」之乎？且，據程子之言：或「伯」或「子」，或「子」或「伯」，隨時而易，稱史之文耳，焉得謂聖人黜「伯」而「子」

之，又升「子」而「伯」之耶？信斯言也，是孔子變亂名實，專擅爵賞，得罪于天王矣，何以爲孔子？（春秋正傳）

章潢云：

後儒欲尊孔子，乃謂滕，杞書「子」，貶諸侯也。從古僭妄，未有至此極者，乃以加諸孔子，于心安乎哉！嘗聞孔子曰：「爲下不倍」；信斯言也，吾故確信孔子必不敢貶諸侯。（圖書編卷十二「春秋大旨」）

郝敬云：

必如傳之說，「用夷禮」而爲中國諸侯者多矣，仲尼何以獨責杞子邪？（春秋非左）

毛士云：

左氏解「杞子」云，「用夷禮，故曰子」（韓退之云：春秋於諸侯用夷禮則夷之，爲左氏所誤）。春秋降諸侯爵，自左氏說起。胡康侯本此以解桓二年「滕子」曰，降「侯」爲「子」，罪其朝桓故。宣元年邾子朝宣，與朝桓之罪同，奚不降其爵？解之者曰：于滕子已貶，于邾子不必又貶。若如此，是一樣惡事，後做的倒便宜。春秋焉有此例？（春秋三子傳傳前習問）

鄭文蘭云：

春秋無用夷禮貶爵之例。（春秋辨義）

高澍然云：

春秋書爵，悉從實錄。僭如吳，楚而還其舊爵，賊如楚商臣，蔡般而因其本爵，是可以觀矣。（春秋釋經）

槃按：傳例誤。據左氏經，杞除稱「子」外，又稱「侯」：

桓三經：公會杞侯于郕（「杞」，公羊經作「紀」）。

又，十二經：公會杞侯，莒子盟于曲池（「杞」，公，穀二經作「紀」）。

或稱「伯」：

莊二十七經：杞伯來朝。

文二經：杞伯來朝。

而孔氏正義則云，杞本「公」爵。今傳例云，杞伯用夷禮，故貶稱「子」。則其忽而「公」，忽而「侯」，何也？豈春秋褒之邪？此不可通者也！

復次：春秋班爵異文，杞之外復有滕（先「侯」，後「

2

子」）與薛（先「侯」，後「伯」），豈亦用夷邪？何以無說邪？——反之，列國中習于夷者有秦：

秦者，夷也，匿嫡之名也。（解詁：嫡子生不以名，令于四境擇勇猛者而立之。通義：謹按秦居西陲，雜犬戎之習，非實夷國也，用夷俗爾。——公羊昭五年）

今秦雜戎翟之俗。（史記六國表）

楚：

楚雖蠻夷。（國語楚語）

（楚武王）曰：我，蠻夷也。（楚世家）

吳：

吳伐郯。季文子曰：中國不振旅，蠻夷入伐而莫之或恤。（成七左傳）

泰伯，虞仲亡如荆蠻，文身斷髮。（周本紀）

吳王曰：我文身，不足責禮。（魯周公世家）

越：

范蠡曰：昔吾先君，固周室之不成子也。余雖靦然而人面哉：吾猶禽獸也。（國語越語下）

徐：

徂茲淮夷，徐戎並興。（書費誓——集傳：淮夷，徐戎並起爲寇，魯侯征之。——顧剛師批：魯武之詩，可與此相印證。）

3

衛：

衛侯（出公）會吳于鄖。衛侯歸，效夷言。（哀十二左傳）

邾莒：

邾人滅須句，成風爲之言於公曰：蠻夷猾夏，周禍也。（僖二十一左傳）

邾人，莒人愬于晉，曰：我之不共，魯故之以。晉侯不見公。子服惠伯曰：君信蠻夷之訴，以絕兄弟之國，亦唯君。晉人執季孫意如，穆子告韓宣子，且曰：爲夷執親，將焉用之？乃歸季孫。（昭十三左傳）

郯：

郯子來朝，昭子問焉，曰：少皞氏鳥名官，何故也？郯子曰：我知之。仲尼聞之，見於郯子而學之。既而告人曰：吾聞之，天子失官，學在四夷，猶信。（昭十七左傳）

蠻于夷者衆矣，又未聞有貶爵之事也。

然則，杞君之忽「公」，忽「侯」，忽「伯」，忽「子」，何哉？曰：諸氏以爲舊史實錄，是也。按，周金中有數器（鼎，殷，壺，盉，匜）並稱：

杞伯敏亡。

而貞松堂及綴遺齋所著錄之鼎有曰：

□子敏亡。

「子」上所闕殆即「杞」字，「敏亡」，即「杞白敏亡」也。此鼎獨曰「子」，而諸他器皆曰「伯」。至卜辭中之杞本又稱「侯」：

丁酉卜，㱿貞：杞侯炽弗其囚，同㞢𡆥。（後下三七五）

然則忽「侯」，忽「伯」，忽「子」，是杞之自稱而魯史之實錄，有明驗矣。

蓋嘗論之，春秋已上，「王」「公」「侯」「伯」「子」「男」之稱，本極淆亂。其故有四：一者，後代誤解爵制；二者，世變推遷；三者，一官二名；四者，列國僭妄。述如左方：

（一）後代誤解爵制　爵制爲後人誤解者有三，「公」，「侯」，「子」，是也。先言「公」。孟子云，「周室班爵祿」，「公一位」。自後言「五等爵」者，無異辭也。然，二周諸侯，無不稱「公」者，則孟說可疑也。班固知之，乃爲彌縫其論曰：

臣子之義，心欲尊其君父，故皆令臣子得稱其君爲「公」也。（白虎通德論卷一名號）

不知，臣子尊其君爲「公」，固矣。周室亦未嘗不稱諸侯爲「公」：

王出在應門之內，太保率西方諸侯入應門左；畢公率東方諸侯入應門右。羣公既皆聽命，相揖趨出。（康王之誥）

是班說亦誤也。

然則，「公」非爵乎？曰：非也。臣子稱其君爲「公」，而曲禮曰：

九州之長，……於外曰「侯」，於其國曰「君」。

顧炎武曰，古有以「公」爲「君」者：

稱晉文公爲文君，楚辭惜往，「介子忠而立枯兮文君寤而追求」；淮南子，「介子歌龍蛇而文君垂泣」，則以晉文公爲文君。墨子，「昔者宋文君鮑之時」，則以宋文公爲文君；「昔者齊莊君之時」，

4

則以齊莊公爲莊君。（日知錄二十三）

是「君」與「公」本無別。孟眞師曰：「『公』，君也。爾雅：『公，君也』。釋名同。左傳所記，邦君相稱曰『君』，自稱曰『寡君』，而羣下則稱之曰『公』。是『公』，『君』之稱，敬禮有小別，名實無二致也」（師又云：在聲音訓故方面言，公，兄，君，尹，昆，翁，官，哥皆似一名分化者。詳所著「論所謂五等爵」）。按，此說是也。

「侯」，亦「五爵」之通號，由大雅「侯文王孫子」（箋：其子孫，適爲天子，庶爲諸侯）；「商之孫子，侯于周服」；曲禮「九州之長於外曰『侯』，於其國曰『君』」；及春秋「諸侯」之稱：

僖九經：夏，公會宰周公，齊侯，宋子，衞侯，鄭伯，許男，曹伯于葵丘。——九月戊辰，諸侯盟于葵丘。

僖二十一經：秋，宋公，楚子，陳侯，蔡侯，鄭伯，許男，曹伯會于盂。——十有二月癸丑，公會諸侯盟于薄。

可以知之。孟眞師曰：殷，周之言「侯」，猶漢之言「持節」：

5 「侯」者，射侯之義。殷，周之言「侯」，猶漢之言「持節」也。儀禮大射儀：「司馬命量人量侯道」；鄭注：「所射正謂之侯者，天子中之，則能服諸侯；諸侯以下中之，則得爲諸侯」。此當與「侯」之初義爲近。周書職方，「其外方五百里爲侯服」；注：「孔曰，侯，爲王斥侯也」。此當爲引申之義（詳「論所謂五等爵」）。

但，建侯者不止「五爵」中之「侯」，凡畿外有土有民，「大君有命開國承家」，如「伯」「子」「男」者，皆建侯之列（「伯」稱「侯」者如西伯——周文王——齊，秦，曹，衞等；「子」「男」稱「侯」者如楚，萊，杞，徐，等，詳見下表）。「侯」所以爲「五爵」共名者，職此之由也。

「子」者，家族中之一種稱謂。曲禮：

其在東夷，北狄，西戎，南蠻，雖大曰「子」。

大者，從國力言，意曰，雖大國猶稱「子」也。孟眞師曰：「蠻夷稱子，實以賤之，謂其不得比於長宗耳」（詳「論所謂五等爵」），是也。

「公」「侯」「子」之本義如此，而後人誤解之，或曰「公一位，侯一位，子男同一位」（孟子）；或曰「

公，侯，伯，子，男凡五等也」（王制），可謂惑矣。

（二）世變推遷，「伯」者民長，亦即諸侯長：

亦越文王，武王克知三有宅心，灼見三有俊心，以敬事上帝，立民長伯。（集傳：「長」，如王制所謂五國以爲屬，屬有長；「伯」，如王制所謂二百一十國以爲州，州有伯是也。——周書立政）。

（襄）王策命晉侯（文公）爲侯伯（僖二十八年左傳）。

史記衞康叔世家于衞或稱「侯」，或稱「伯」，謂其初本爲「伯」，逮「貞伯卒，子頃侯立，頃侯厚賂周夷王」，于是，「夷王命衞爲侯」。索隱据康誥及孔安國說辨之曰：

康誥稱：「命爾侯于東土」；又云：「孟侯，朕其弟，小子封」，則康叔初封時已爲「侯」也。比子康伯即稱「伯」者，謂「方伯」之「伯」耳，非至子即降爵爲「伯」也；故孔安國曰：「孟」長也。五侯之長謂方伯。方伯，州牧也；故五代孫祖恒爲方伯耳。至頃侯德衰，不監諸侯，乃從本爵而稱「侯」（槃按，「侯」者，「五爵」通稱，二氏此處誤），非至子而削爵，及頃侯賂夷王而稱「侯」也。

今按：襄四年左傳，「三夏，天子所以享元侯也」；杜注，「元侯，牧伯」，「元侯」義即「孟侯」。孔云，康叔爲方伯，不誤也。又云，「後世德衰，不監諸侯」，亦有可以推知者。毛詩序：

旄丘，責衞伯也。狄人迫逐黎侯，黎侯寓于衞，衞不能修方伯連率之職，黎之臣子以責於衞也。

左傳：

晉師將盟衞侯于鄟澤，趙簡子曰：誰敢盟衞君者？涉佗，成何曰：我能盟之！衞人請執牛耳，成何曰：衞，吾温，原也，焉得視諸侯？（定八年）

是其例也。

伯之後仍稱「伯」，北燕與鄭，是也。春秋，國語，左傳等，于燕，鄭皆稱「伯」，蓋燕召公與鄭武，鄭莊或爲天子二伯（燕），或爲方伯（鄭——均詳下表），故其後仍爲「伯」也。然燕後亦稱「侯」（見燕召公世家），鄭或稱「男」（見下表），其例當與衞同，所謂德衰不監諸侯，不修方伯連帥之職，故或「伯」，或否也。

亦有如周（周公旦），吳，晉，齊，楚，宋，徐等，或爲二伯，或爲方伯（詳下表），而「伯」之稱，反不顯著者，則因爲諸侯者或稱「公」，或稱「侯」，爲二伯者或「伯」，或「公」，皆隨習慣，而舊史因之，不皇更改爾。若四裔，則「雖大曰子」，曲禮已言之矣。

或曰，子言諸侯之長曰「伯」，然，攷之金文，如益，邢（井），散，𠧪，戲，𡨦，戜，郜，等（均据吳其昌金文世族譜），稱「伯」者無慮數十百國，諸侯之長，必無如是之夥，可知也。曰，不然。「伯」者長也，亦即「霸」也。「霸」者，把也，把持諸侯政令之謂；故「伯」者衆（鄭玄說）。只以齊桓，晉文，宋襄，秦穆，楚莊爲「伯」者，何休之繆也。然則，古者「小國寡民，鄰國相望」（武王征四方，凡憝國九十有九國，服國六百五十有二——逸周書世俘解。——周武王之東征，諸侯叛殷，會周者八百——殷本紀。——春秋兼併，諸侯始大，然，狄滅衛，「衛之遺民男女七百有三十人，益之以共，滕之民爲五千人」——閔二年左傳。——「邾人襲鄅，鄅人將閉門，邾人羊羅攝其首焉，遂入之，盡俘以歸。鄅子曰：余無歸矣！」——同上，昭十八年。——可見小國寡民，春秋之世，猶有存者），把持政令者，縣有焉，州亦有焉。「伯」者之多，宜若是矣。何休云云，特其大者著者爾。

況，五官之長亦曰「伯」（說見下）。此諸「伯」者，有諸侯長焉，有五官長焉。但，書缺簡脫，無從與金文相印證耳。

唯，舊五等爵說，「伯」居三等；今以爲五官及諸侯之長，則是一等也。事若氐吾，實則不然。蓋以爲五官與諸侯長者，原始之義；以爲三等爵者，後來之法。如，衞，燕，鄭初皆專征伐，討不庭者也；其後嗣世雖仍擁舊號，而國力已微。夷爲三等，更無奇矣。其不使次于「子」「男」下者，則以兄弟之序，「子」，「男」又次于「伯」也。孟眞師曰：「殷，周之世，在統治者階級中，家即是國，國即是家」（詳「論所謂五等爵」）。「冠雖敝，必加之首」。兄雖衰，不能居弟下，此理之當然者矣。

夫，同一「伯」也，而或爲五官與諸侯之長，或屈居第三之列。所謂由世變而推遷者，此也。

（三）一官二名　曲禮下：「五官之長曰『伯』（注：謂爲三公者。周禮，「九命作『伯』」），是職方（職主也，是伯分主東西者。春秋傳曰，自陝以東，周公主之；自陝以西，召公主之）；於外曰『公』，是一官二名也。然，諸侯至少二名，觀下表可知也。

（四）列國僭妄　王國維曰，古諸侯多有稱「王」者：

古者，天澤之分未嚴，諸侯在其國，自有稱『王』之俗。（古諸侯稱王說）

孟眞師曰：「男」者，附庸。然有及旣坐大，則更其號者：

「男」者，附庸之號，有周公子明保諸器所謂「諸侯，侯田男」者爲之確證。按以周書所稱「庶邦侯田男衞」諸詞，此解可爲定論。「男」旣甚卑，則稱「男」者應多；然，春秋只書「許男」（顧剛師曰：尙有「宿男」。槃按：據國語，左傳有鄭男，戎驪男，史記楚世家有楚男——均見下表上），而許又自稱「子」（許子鐘，許子簠），此由許本魯之附庸，魯之勢力東移，漸失其西方之綱紀，許緣以坐大，而不甘於附庸之列。魯雖只希望「居常與許」，終不能忘情，春秋遂一仍「許男」之稱焉。（論所謂五等爵）

蓋，「古者，諸侯分土而守，分民而治，有不純臣之義」（阮元公羊通義序引孔氏說），故也。

已上言列國諸侯之僭妄也。然，春秋自中葉以後，則大夫亦皆僭擬諸侯之稱矣。

楚之大夫有土者皆僭封「公」（蔡公，申公之類是也），僭用諸侯禮也。秦之大夫多僭爲「子」，僭畿內諸侯禮也。天子大夫亦有僭諡爲「公」者（劉文公之類，是也）。諸侯之大夫皆以「伯」「仲」配諡，而時或僭爲「子」（范文子，季武子之類，是也），以其采地，欲自同於畿內諸侯也。（陸淳春秋集傳纂例）

（楚）君已僭爲「王」，則臣亦僭爲「公」。宣十一年所謂，「諸侯，縣公，皆慶寡人」者也。傳中如葉公，析公，申公，鄖公，蔡公，息公，商公，期思公，並邊中國；白公邊吳。蓋尊其名，以重邊邑。（顧炎武日知錄二十）

春秋自僖公以前，大夫並以「伯」「仲」「叔」「季」爲稱（閻氏曰：春秋自莊十二年，衞大夫已稱「子」，石祁子是也。大夫稱「子」，莫先于此）。三桓之先曰共仲，曰僖叔，曰成季。孟孫氏之稱「子」也，自蔑也（原注：文公十五年。——閻氏曰：國語有孟文子，卽左傳文伯也，又先于蔑之稱「子」）；叔孫氏之稱「子」也，自豹也；（原注：襄公七年。——閻氏曰：國語，定王八年有叔孫宣子，卽左傳叔孫宣伯也，又先于豹之稱「子」）；季孫氏之稱「子」

也，自行父也（閻氏曰：見文六年）。晉之諸卿，在文公以前，無稱「子」者。魏氏之稱「子」也，自犨也（原注：僖二十三年）；欒氏之稱「子」也，自枝也（閻氏曰：左傳桓三年有欒共叔，然，國語稱爲欒共子，又先于欒氏之有貞子）；趙氏之稱「子」也，自衰也（原注：文公二年）；中行氏之稱「子」也，自林父也（原注：文公十三年）；郤氏之稱「子」也，自缺也（同上）；知氏之稱「子」也，自首也（原注：宣公十二年）；范氏之稱「子」也，自會也（閻氏曰：范氏稱「子」，亦自渥濁也，並見十二年）；韓氏之稱「子」也，自厥也（原注：宣公十三年）。晉，齊，魯，衞，之執政稱「子」，他國惟鄭間一有之，餘則否，不敢與大國並也。或以「伯」「仲」稱之，如趙孟，知伯；死則諡之而後「子」之，猶國君之死而諡稱「公」也。於此，可以見世之升降焉。——春秋自僖，文以後，而執政之卿始稱「子」；其後，則匹夫而爲學者所宗，亦得稱「子」，老子，孔子是也；又其後，則門人亦得稱之，樂正子，公都子之流是也。（日知錄四）

陸顧二氏言秦，楚二君僭封其大夫爲「公」，「子」。然，世變久之，則中國大夫有自擬爲「公」者矣，襄三十年傳：「鄭伯有耆酒，朝至未已。朝者曰：公焉在？其人曰：吾公在壑谷」；杜注：「家臣故謂伯有爲『公』」是也。郝敬曰：「春秋諸侯之有爵」，更無有「由王命」者（春秋非左）。浸假乃至于大夫亦僭擬諸侯之號矣。上行下效，自然至此。履霜堅冰，非一朝一夕之故矣。——此似與本文無關，然，由世變之極，可以求世變之始；原始要終，連環不絕，故不可以不察也。

觀于上述種種，則于古代爵制，及何以變遷無定，可以知其故矣。

過去據金文爲列國班爵異文之著錄者有王國維之「古諸侯稱王說」（觀堂別集補遺），余紹孟先生之「金文地名考」（中山大學語言歷史學研究所周刊），郭沫若之「周金中無五服五等之制」（中國古代社會研究）及「金文所無考」（金文叢考），吳世昌之「金文世族譜」。原書具存，無假贅述。除實物文字外，史籍中並不乏可供參證之材料。此種工作，顧棟高爵姓表已開其端；然顧氏諸所根據者，不過春秋國語史記及孔氏正義四種，撮錄亦止數事。今鈔原表於后，再以羣書校之（凡實物文字有可助互證者，因亦附及）。聊陳所聞，取資博識，其非有異文者不悉錄也。

補顧氏「列國爵姓異文表」（次序視原表畧有移動。又，「周」，「周公」及「單」三事，原表本無，今並附入。其見于金文而顧表闕載者尚多，其非習見者暫從畧也。）

顧氏列國爵姓異文表 國	爵	姓	今補表 國	爵	姓	附記
			周	王	姬	史記周本紀，尙書周書，禮文王世子等。或曰：太王，王季，乃周公所追「王」（禮大傳，中庸）；或曰：文王稱「王」亦由武王克殷後所追封（禮大傳，僞孔叢子居衞，論衡自然篇）；或則曰：「詩人道西伯，蓋受命之年稱王」（周本紀），皆非是。按，國語：「穆王將征犬戎，祭公謀父諫曰：不可！昔我先王（戴震曰：俗本國語脫去「王」字，宋本及史記並有）世后稷，以服事虞夏。我先王不窋用失其官，而自竄于戎翟之閒」（周語上）。「自后稷之始基靖民，十五王而文始平之（注：十五王，謂后稷，不窋，鞠陶，公劉，慶節，皇僕，差弗，毀隃，公非，高圉，亞圉，公祖，太王，王季，文王也）；十八王而康克安之（注：十八者，加武王，成王，康王）」（周語下）。大雅皇矣：「維此王季，帝度其心，克長克君，王此大邦」；又靈臺之詩曰：「王在靈沼，於牣魚躍」；序曰：「靈臺，民始附也。文王受命，而民樂其有靈德，以及鳥獸昆蟲焉」。周之稱「王」，舊矣。朱熹曰：「太王翦商，武王所言。中庸言『武王纘太王，王季，文王之緒』。是其事素定

				公 侯 伯		矣。橫渠亦言：「周之於商有不純臣之義。蓋自其祖宗遷豳，遷郃，皆其僻遠自居，非商之所封土也」（語類）。王國維曰：「古者，天澤之分未嚴，諸侯在其國，自有稱『王』之俗」。周之稱「王」，早在太王前世，更無疑矣。 詩大雅：「古公亶父」。 小雅：「論，初，烝，嘗，于公先王」。 史記殷本紀：「以西伯，九侯，鄂侯爲三公」。 戰國策：「魯仲連曰，昔者鬼侯，鄂侯，文王，紂之三公也」。 新獲卜辭寫本：「令周侯，今月亾囚」。 今本竹書：「（帝辛元年）命九侯，周侯，邢侯」（注：周侯爲西伯昌）。 韓非子外儲說，史記周本紀等。 周書西伯戡黎蔡氏集傳：「或曰，西伯，武王也。史記嘗載紂使膠鬲觀兵，膠鬲問之曰：西伯曷爲而來？則武王亦繼文王爲西伯矣」。
			周（指周公旦）	公 伯	姬	左傳，史記魯周公世家等。 小臣單觶，沈子它段等（本表引用諸金文爵氏，大氏是根據余紹孟先生金文地名考，郭沫若兩周金文辭大系攷釋並吳世昌金文世族譜。爲行文省支蔓，不復一一註明）。 魯語：「天子作師，公帥之，以征不德」（注：公，謂諸侯爲王卿士者也。周禮，軍將皆命卿。詩云，「周公東征」，周公時爲二伯而東征，則亦上公爲元帥也）。 白虎通德論巡狩：「傳曰，周公入爲三公，出爲二伯」。

僞孔叢子居衞：「子思曰，王季以功，九命作伯；故文王因之，得專征伐。此以諸侯爲『伯』，猶周召之君之爲『伯』也」。——按，孔叢子，僞書也；但此處所言，與王制及鄭注合，非徒杜譔者可比，故錄之。

葉夢得春秋攷：「二伯，方伯，皆得專征者也。自周，召分陝，而管，蔡之討，周公親焉；則周，召者，文，武，成王之二伯也」（卷四）。

又，參攷下「晉」稱「伯」條。

晉

姬

王

莊子齊物論：「麗之姬，艾封人之子也。晉國之始得之也，涕泣沾襟；及其至於王所，與王同筐牀，食芻豢，而後悔其泣也」。

按：齊太公世家，「齊頃公朝晉，欲尊王晉景公，晉景公乃不敢受」。據此，似晉固未嘗稱「王」者。雖然，不可知矣。

公

春秋，左傳等。

侯

春秋，左傳等。

槃按：晉于周金中或稱「公」（晉公𥂴），或稱「侯」（「文侯」——鼎），與上說可互證。

伯

槃欲證「晉」及「鄭」，「齊」，「宋」，「衞」，「周公」，「畢公」皆曾專征伐，爲天子之方伯或二伯，以國語叔孫豹所述古軍制，暨韋昭，葉夢得二氏之所攷論，頗見本末；故併錄如後，學者詳焉。魯語：「季武子爲三軍，叔孫穆子（豹）曰：不可！天子作師，公帥之，以征不德（注：師，謂六軍之衆也。公，謂諸侯爲王卿士者也。周禮，軍將皆命卿。詩云：「周公東征」。周

12

13

公時爲二伯而東征，則亦上公爲元帥也）。元侯作師，卿帥之，以承天子（注：元侯，大國之君也。師，三軍之衆也。大國三卿，皆命于天子。承天子，謂從王師征不義也。孔子曰：「天下有道，則禮樂征伐自天子出」）。諸侯有卿，無軍，帥教衞以贊元侯（注：諸侯，謂次國之君也。有卿，有命卿也。二卿命於天子，一卿命於其君。無軍，無三軍也。若元侯有事，則命卿帥其所敎武衞之士以佐元侯。禮所謂，大國二軍，小國一軍，謂以賦出軍，從征伐也）。自伯，子，男有大夫無卿，帥賦以從諸侯（注：賦，國中出兵車甲士以從大國諸侯也）。是以，上能征下，下無姦慝。今我，小侯也，處大國之間，繕貢賦以共從者，猶懼有討；若爲元侯之所（注：之所，謂作三軍），以怒大國，無乃不可乎？弗從，遂作中軍。自是，齊，楚代討於魯」。——葉夢得春秋攷：「叔孫豹所論天子諸侯軍制，可以想見周之遺法，學者或未盡曉。嘗攷諸經與左氏所言，所謂『天子作師』者，言天子之六軍也。『元侯作師』者，言牧伯之三軍也。『公』，上公，二伯也。天子六軍，將有征，則以二伯爲之將，故曰『公帥之，以征不德』；胤征所謂『胤侯命掌六師，胤后承王命徂征』者，是也。胤后，蓋王之三公，出封于胤者。孔氏以爲大司馬，誤矣。『卿』，牧伯之三卿也。元侯三軍，將有征，則各有天子之命，以其卿爲之將，故曰『卿帥之，以承天子』；采薇所謂『文侯之時，以天子之命命將帥』，而管仲言『召康公命我太公，五侯，九伯，汝實征之』者，是也。自非牧伯，皆不得有師，但教民以衞其境，則四時之田是也。若牧伯出征，則以其卿帥從之，故曰『帥教衞以贊

			元侯』。自伯而下皆無軍，則以其共元侯之賦而已。子服景伯亦曰：『王合諸侯，則伯帥侯牧以見于王』，公帥之者也；『伯合諸侯，則侯帥子男以見于伯』，帥教衞以贊元侯者也。衞州吁欲修怨于鄭而請于宋曰：『君若伐鄭，敝邑以賦與陳，蔡從』，此則所謂『帥賦以從諸侯』者也。季氏欲作三軍，而豹以是爲言，蓋以魯非方伯，不可有軍，故曰，若爲元侯之所爲以怒大國，無乃不可乎！」（卷十五）——又：「二伯，方伯，皆得專征者也。『周之東遷，晉鄭焉依』。平王錫晉文侯命，則晉文侯爲平王之方伯矣」。（卷四） 左傳僖二十八年：「（襄）王策命晉侯（文公）爲侯伯。」（杜注：以策書命晉侯爲伯也。周禮：「九命作伯」）。 燕召公世家：「襄公二十六年，晉文公爲踐土之會，稱伯。」 吳太伯世家：「晉定公（左氏作「晉人」）曰：於姬姓，我爲伯。」（集解：杜預曰：爲侯伯）。
曹	公	姬	春秋，左傳等。
	侯		穆天子傳：「邢侯，曹侯來弔」。（卷六） 周金中有「曩侯」，張之洞釋爲「曹侯」。
	伯		春秋，左傳等。
衞	公	姬	春秋，左傳等。
	侯		周書康誥，春秋，左傳，國語，史記，衞康叔世家等。

14

伯

繫按：周金中衞或稱「公」，有「衞公孫呂」（戈）；或稱「侯」（康侯卌），與上說可互證。

史記衞康叔世家（引見上）。

毛詩序：「旄丘，責衞伯也。狄人迫逐黎侯，黎侯寓于衞，衞不能修方伯連率之職，黎之臣子以責於衞也」。

葉夢得春秋攷：「二伯，方伯，皆得專征者也。外諸侯稱嗣，雖其先皆擇有功德者爲之；死而亦必傳其世。衞人責宣公不修方伯連帥之職，是也」。（卷四）

鄭　王　姬

宣六年左傳有「王子伯廖」，襄八年，十一年有「王子伯駢」，皆鄭大夫。

郭沫若兩周金文辭大系攷釋：「王子晏次之烪（燎）盧（鑪）。——此器以民國七年出土于新鄭，同出之器百餘。晏次，即嬰齊。王國維因有『王子』字，說爲楚子重嬰齊。器出新鄭，則以爲鄢陵之役，楚師宵遁，蓋其時所遺。又說『盧』爲說文『盧，飯器也』之盧，學者多宗之。案：其器坦平而無蓋，不適於爲飯器，實當是燎炭之鑪。說文：『鑪，方鑪也』。本器形方，與之相合。而盧上一字王未釋者，實是烪字，字確从火，余意乃㷀之別構，从广炎聲。炎，即炒字，小篆作鬻。說文云：『鬻，熬也。从䰜，芻聲』。方言作『聚』，云：『火乾也。秦，晉之間或謂之聚』。郭注云：『聚，即䰜字』。又注爾雅釋草云：『𥡴首可以熅蚕蛹』。釋文引三倉：『㸑，熬也』。一切經音義一云：『炒，古文鬻，𤆍，聚，煼四形。今作麨。崔寔四民月令作炒。古文奇字作𤉥』。今此字从炎作知炒亦古文矣。从广，炎聲，與从宀，𡨋聲同。字在此讀爲燎，知此爲燎炭之鑪（今言火盆）。於鄢陵之說，有不可通，蓋鄢陵之役在魯成十六年六月，時當盛暑（槃按：經用周正。周六月，當夏四月。時當初夏，云盛暑，稍失實），子重無攜帶火盆之理，王說不足信也。余意，器出鄭墓，自當解爲鄭器。一墓之殉葬品甚豐，則所葬者，必係鄭君。王子晏次，即鄭子嬰齊也。左傳作子儀，當是字。史記作公子嬰，乃嬰齊之略。古籍于人名複名，往往略其一字，蓋誤以爲名字竝舉也。漢書古今人表作嬰齊，與古器合。稱王子者，可以僭分解之。嬰齊之父鄭莊公時，鄭最強。左傳隱三年載周鄭交惡事，終至決戰，而射王中肩，覺儼然敵國。有此器出，足證鄭莊公時，實曾僭稱王號耳。

公　伯

春秋，左傳等。

春秋，左傳等。

葉夢得春秋攷：「二伯，方伯，皆得專征者也。『周之東遷，晉，鄭焉依』。鄭徙國於虢，鄶之間，桓王以武公，莊公爲卿士。伐宋之役，左氏以鄭伯爲『以王命討不庭』，則鄭武公，莊公，爲桓王之方伯矣」（卷四）。

槃按：方伯之後得嗣爲伯（說見上並本表「衞」條），故鄭以後即以「伯」稱矣；以後「不能修方伯連帥之職」，地位遂卑，故曰，「鄭伯，男也」。

國	爵	姓		稱	考證
				男	朱熹云：「後來鄭大夫亦有鄭伯男也而使從諸侯之賦之說，則是當時諸侯之願自貶者固多，但伯主必以此禮責之，故有不得而自遂耳」（答程可久），得之矣。 又，參攷上「晉」稱「伯」條。 召叔山父簠稱「鄭伯」。 國語周語：「鄭伯南也」；鄭衆：「南，謂子，男」；韋昭：「按內傳，『子產爭貢，曰，爵卑而貢重者，甸服也。鄭伯，男也，而使從公侯之貢，懼弗給也』。以此言之，鄭在男服，明矣」。
吳	子（按國語，本「伯」爵。）	姬	同上	王	國語，左傳，史記吳大伯世家等。 曲禮：「其在東夷，北狄，西戎，南蠻，雖大曰『子』；於外，自稱曰『王老』」。
				公	國語吳語：「晉乃令董褐復命（吳王）曰：夫命圭有命，固曰「吳伯」，不曰「吳王」。君若無卑天子以干其不祥，而曰「吳公」，孤敢不順從君命！吳王許諾；乃退，就幕而會，吳公先歃，晉侯亞之」。 槃按：周金中吳或稱「王」（者減鐘）；或稱「公」，有「吳公子果」（戈）；或稱「伯」（庶毁），與上說可互證。
北燕	伯（史記作「侯」。）	姬	同上	王	程公說春秋分紀：「春秋，中國諸侯霸強代興，至于起自遠方而通上國，則惟江南楚，吳，越焉。燕召公之後，國于北陸，其地雖中國，亦遠與江

南大略相似，而僻陋滋甚，終春秋世，玉帛不通。其在襄公之二十八年，傳言北燕伯朝于晉，逮簡公以嬖寵出奔，因之略見于經。世次年紀之詳，經傳皆無之」。（卷七十二）

王國維古諸侯稱王說（見上）。

槃按：周金中燕或稱「王」，有郾王戠（戈戟），郾王止（戈），郾王戎人（矛）等。蓋燕「北迫蠻貉」（燕召公世家），鮮通中國。「不與中國之號諡」，不足異也。

公

春秋，左傳等。

大戴禮記保傳：「召公爲太保，周公爲太傅，太公爲太師」。

公羊隱五年傳：「自陝而東者，周公主之；自陝而西者，召公主之」。

王制：「屬于天子之老二人，分天下以爲左右曰二伯」；鄭注：「老，謂上公。周禮曰，九命作伯。春秋傳曰，自陝以東，周公主之，自陝以西，召公主之」。

槃按：周金中燕或稱「王」（見上），或稱「公」（匽公匜），或稱「侯」（匽侯旨鼎，郾侯庫彝），與上說可互證。

滕

侯（後書「子」。）

姬

同上

公

春秋，左傳等。

祭

公

姬

春秋桓八年，國語周語，汲冢周書祭公解，穆天子傳（見下「毛公」條），呂氏春秋當染。

公羊桓八年「祭公者何？天子之三公也」。

18

19

	伯		春秋，左傳等。
原	公	姬	國語周語等。
	伯		春秋，左傳等。
毛	公	姬	尚書顧命，春秋文元年，九年等；穆天子傳等。
	伯		春秋，左傳，今本竹書等。 槃按：班毁稱「毛伯」，又稱「毛公」，與已上諸書可互證。
畢	公	姬	周書顧命，康王之誥等。 史蹟鼎等。
	伯		葉夢得春秋攷：「二伯，方伯，皆得專征者也」。自周召分陝，而管，蔡之討，周公親焉；則周，召者，文，武，成王之二伯也。康王立，太保率西方諸侯入應門左；畢公率東方諸侯入應門右。是時，周公已死矣，召公宜以次遷，而畢公繼之；則召公，畢公者，成康之二伯也」。（卷四） 又，參攷上「晉」稱「伯」條。 槃按：周金中畢或稱「公」（獻白彝，史話彝），或稱「伯」（尊彝，尊鱔，實彝），與上說可互證。
郇	侯	姬	據顧表。
	伯		曹風下泉：「四國有王，郇伯勞之」；注：「文王之後」。 按，周金中有「旬伯簋」。

單	公	姬	國語，左傳。
	伯		春秋莊元年，十四年，文十四年，十五年。左傳莊十四年，文十五年等。
	子		春秋成十七年，襄三年等。槃按：單器中有「𤔲公」（鐘——在單白㚖生前），「單白遽父」（鬲），「單白㚖生」（鐘），「單子白」（盤，盨，壺）。或稱「公」，或稱「伯」，或稱「子」，與上說可互證。單出成王（陳厚耀春秋世族譜：成王封幼子臻于單），姬姓畿內諸侯（通考）。金文世族譜以爲姞姓，誤也。
隨	公	姬	桓七年左傳。
	侯		春秋。
邢	公	姬	臼壺稱「井公」。
	侯		春秋，左傳等。周金中有「邢侯方彝」，「周邢侯盉」。
	伯		𤲍，𠚍鼎，趞曹鼎，師虎𣪘等。
芮	公	姬	芮公壺蓋。
	伯		左傳，竹書等。芮伯敦。
楊	侯	姬	據顧表。

	伯		陽伯鼎。
劉	公	姬	春秋，左傳。
	子		春秋，左傳。
鄀	公	姬	鐘，鼎。
	侯		「鄀公平侯」（鼎）。
	「伯」		「鍺白」（彝）。
	子		戈。
凡	公	姬	毁。
	伯		鼎。
蔣	公	姬	毁。
	子		爵。
沈	公	姬	方彝。
	子		春秋，左傳。
			毁。
應	公	姬	十六字鼎，六字鼎等。
	侯		今本竹書：（盤庚）七年，應侯來朝。
			毁。
驪戎	子	姬	國語晉語：「獻公伐驪戎，克之，滅驪子」。
	男		左傳：「晉伐驪戎，驪戎男女以驪姬」（杜注：驪戎，其爵男也。納女於人曰「

21

女」)。

齊 王 姜

文十一年左傳有齊「王子成父」，杜云，齊大夫；又，襄二十三年有「王孫揮」者爲齊君右御。

韓非子外儲說左下第三十三：「陽虎去齊走趙，簡主問曰：吾聞子善樹人。虎曰：臣居齊薦三人：一人得近王，一人爲縣令，一人爲候吏。及臣得罪，近王者不見臣，縣令者迎臣執縛，候吏者追臣至境上，不及而止」。

又，外儲說右下第三十五：「一曰，造父爲齊王駙駕，渴馬服成」。

又：「一曰，造父爲齊王駙駕，以渴服馬，百日而服成。服成，請效駕齊王。王曰，效駕於圃中」。

越絕書外傳記吳地傳第三：「齊門，闔廬伐齊，大克，取齊王女爲質子，爲造齊門」。

槃按：陽父奔齊在定公六年，當齊景公之四十五年，所謂齊王，即景公也。闔閭伐齊，不知在何年？然，闔閭立時，當齊景公之三十五年，卒當景公之五十三年；是立與卒皆不出景公之世，其云伐齊取王女爲質，則王自亦指景公（頡剛師批：孟子，齊景公「涕出而女於吳」，卽此事）。以景公爲齊王，二書（韓非子，越絕書）不謀而合；然則景公稱「王」，殆不誣矣。

公

春秋，左傳等。

侯

同上。

22

	伯	槃按：齊器中有「齊侯」（壺，鼎），「齊公」（鎛鐘）。或稱「公」，或稱「侯」，與已上諸書可互證。 葉夢得春秋攷：「二伯，方伯，皆得專征者也。管仲言，召康公賜太公，「五侯，九伯，汝實征之」，則太公，亦一老矣，不知當何時？其曰召康公賜之，康公，召公也，宜與畢公相先後；則太公亦成，康之二伯也」。（卷四） 又，參攷上「晉」稱「伯」條。 史記周本紀：「惠王十年，賜齊桓公爲伯」。 論語憲問：「管仲相桓公，霸（伯）諸侯」。
申	侯姜	秦本紀：「申侯之女」。 今本竹書：「（孝王元年）命申侯伐西戎」。
	伯	詩序：「崧高，尹吉甫美宣王也。天下復平，能建國，親諸侯，褒賞申伯焉」。 今本竹書：「（宣王）七年，王錫申伯命」。 按，周金中稱「申伯」，與右書合。
萊	公姜	左傳。
	侯	史記齊太公世家：「萊侯來伐」。
	子	左傳。
許	公姜	春秋，左傳等。

	子		簠，鐘。
	男		春秋，左傳等。
紀	公	姜	毁，鼎。
	侯		春秋，左傳等。 毁，鐘。
	伯		鼎，毁，編鐘，鐘。
	「子」		春秋隱二年：「紀子伯（左作帛）莒子盟于密」；杜注：「子帛（紀臣），裂繻字」。公羊：「紀子伯者何？無聞焉爾」。穀梁：「或曰，紀子伯莒子而與之盟；或曰，年同，爵同，故紀子以伯先也」。
呂	王	姜	呂王鬲。
	公		鐘。
	侯		說文：「昔太嶽爲禹心呂之臣，故封呂侯」。
	伯		毛白彝，毁。
姜戎	王	姜	曲禮（見上引「吳」條）；又說見下。
	公		說見下。
	伯		彝器有羌伯毁，羌伯同時自稱「益公」，稱其先曰「皇考武羌幾王」。
	子		左傳。
秦	公	嬴	春秋，左傳等。 秦公敦。

	侯		漢書郊祀志：（匡）衡又言，今雍鄜密上下時（注：晉灼曰，秦文公宣公所立時也），本秦侯各以意所立。秦容戉侯鐘（梁書四十劉之遴傳）。
	伯		春秋，左傳等。
	子		周金中有稱「秦子」者（戈，矛）；而載籍中無之。然，曲禮云：其在東夷，北狄，西戎，南蠻，雖大曰「子」。「秦居西陲，雜犬戎之俗」（公羊昭五年），或者周遂以此「子」之爾。
徐	王	嬴	禮記檀弓下，史記趙世家。郐王鍴，郐王糧鼎等。
	侯		師雝父鼎等。
	伯		今本竹書紀年：「（穆王）六年春，徐子誕來朝，錫命爲伯」。
	子		春秋，左傳等。
越	王	姒	左傳，國語，史記等。者汈鐘：「隹戉十有九年，王曰，者汈」。戉，即越。
	子		左傳等。
杞	侯（後書「伯」或「子」。按正義，本「公」爵）。	姒	
鄫	公	姒	鼎。

	伯		鼎，簋，壺。
	子		春秋。
			匜，鼎，簋，𧹞。
邶	伯	姒	尊，卣，鼎，鬲。
	子		彝，卣，尊，盤等。
唐	公	祁	左傳。
	侯		同上。
杜	公	祁	舖。
	伯		國語。
			簋，鬲。
鑄	公	祁	鑄公簠。
	子		鑄子鼎。
宋	王	子	呂氏春秋必己：「宋桓司馬有寶珠，抵罪出亡，王使人問珠之所在」（高注：春秋哀十四年傳曰：宋桓魋之有寵欲害公，公知之，攻桓魋，魋出奔衛。公，則宋景公也）。

呂覽稱宋景公爲「王」，或疑爲誤（如高誘注）。今按，成二年左氏：「八月，宋文公卒，始厚葬，重器備，椁有四阿，棺有翰檜。君子謂華元樂舉於是乎不臣。二子者，君生則縱其惑，死又益其侈，是棄君於惡也」；杜注：「四阿，四注椁也；翰，旁飾；檜，上飾，皆王禮」；魏了翁曰：「禮，

	公		天子椁題湊，諸侯不題湊。不題湊則無四阿。言『椁有』，『楯有』則是本不當有。言其厚葬，譏其奢僭。宋公所僭，必僭天子，明此四阿，輪，楯，皆是王之禮」（春秋左傳要義卷二六）。據此，則景公之上世，曾僭王禮；則由僭禮漸而至于僭號，未可知也。況春秋之世，列國多有稱「王」者（詳本表），恐宋亦不能例外爾。 春秋，左傳等。
	伯		周金中有「宋公䜌鐘」。 葉夢得春秋攷：「二伯，方伯，皆得專征者也。宋二王後，雖不知其得專征否；而陳人請宋伐鄭曰：『君爲主，敝邑以賦與陳，蔡從』，則疑亦爲方伯者也」。 又，參攷上「晉」稱「伯」條。
郜	公	曹	春秋，左傳等。 鐘。
	伯		鼎，鬲等。
	子		春秋，左傳等。
鄧	公	曼	𣪘。
	侯		春秋。
	伯		盂，爵，鼎。
莒	公	己	左傳等。

	侯		彝器中稱「鄀侯」（殷）。
	子		春秋，左傳等。
楚	王	芈	國語，左傳，史記等。
	公		楚王族皆稱「公子」。亦有稱「王子」者，但較少。 史記楚世家：「熊通怒曰，成王令我先公以子男田居楚」。
	侯		管子大匡：桓公遇南州侯於召陵（房注、謂伐楚盟於召陵也）。 吳越春秋（陳音謂越王曰）：「琴氏傳之楚三侯所謂句亶，鄂，章，人號麋侯，翼侯，魏侯也。自楚之三侯傳至靈王，自稱之楚，累世蓋以桃弓棘矢而備鄰國也」。徐注：熊渠三子：長子康爲句亶王，紅爲鄂王，少子執玼爲越章王。三侯者，未僭『王』號時所稱也」（卷九）。
	伯		司馬貞楚世家索隱述贊，「鬻熊之嗣，及通而霸（伯）」。
	子		春秋，左傳等。 槃按：周金中楚或稱「王」（楚王頵鐘，楚王酓章鐘）或稱，「公」（楚公鐘），或稱「侯」（酓設），或稱「伯」（矢設），或稱「子」（楚子簠），與以上諸書可互證。
	男		楚世家：「熊通怒曰，成王令我先公，以子男田居楚」。
薛	侯（後或書伯）。	任	
同上	公		春秋，左傳等。
潞	公		彝器中有「路公」（鋪）。
	子		春秋，左傳。

28

五等爵秩，古無定稱，據此可見一斑矣。杞君之或「公」，或「侯」，或「伯」，或「子」，其例同此。詩小雅云：「普天之下，莫非王土。率土之濱，莫非王臣」。孟子云：「天無二日，民無二王」。此皆詩人儒士侈美之辭，古無是矣！

傳例謬誤，明矣。然則其說何自來乎？按，孟子云，用夏變夷，可也；用夷變夏，不可也：

吾聞用夏變夷者，未聞變於夷者也。今也，南蠻鴃舌之人，非先王之道。子（陳相）倍子之師而學之，亦異於曾子矣。吾聞出於幽谷遷于喬木者；未聞下喬木而入于幽谷者。魯頌曰：「戎狄是膺，荊舒是懲」。周公方且膺之。子是之學，亦爲不善變矣。（滕文公上）

疑漢儒竊孟子此言比附春秋，遂有此杞子用夷貶爵之曲說爾！

燕京大學歷史學系出版物

史學年報

第二卷第三期（總數八期）
廿五年十二月一日出版

價　目：每册定價七角（宣紙一元）國內郵費五分，掛號在外。
發　行：北平燕大歷史學會
代售處：二卷一期，北平來薰閣；二三兩期，全國開明書店代售。

史學消息

創刊於廿五年十月廿五日
歷史學系史學消息社出版

第一卷一至五期要目

價　目：每册八分，半年連郵三角五分，全年連郵七角，國外加倍
發行處：禹貢學會發行部，北平成府蔣家胡同三號

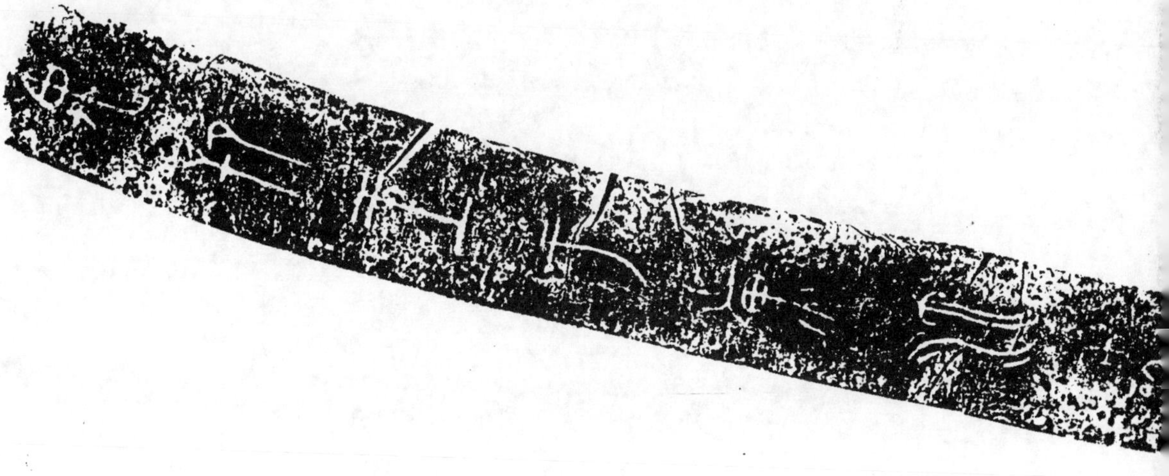

說攻吳與禺邗

劉節 1

近出禺邘王壺，文曰「：禺邘王于黃池爲趙孟𠆢邘王之惖金吕爲祠器」，此壺今已流落海外矣。說文：邘，國也；今屬臨淮。一曰：邘本屬吳。管子小問篇曰：昔者吳干戰。左氏哀公九年傳：吳城邘溝通江淮。可證吳邘本非一國。其後邘爲吳幷，故吳得開邘溝以通江淮也。杜預謂古之邘國即廣陵邘江是，與許愼之說異。吾人雖不能強定其是非，而江淮之間古有邘國可知也。邘既幷入於吳，故春秋以後學者皆以干越爲吳越。文選江賦注引墨子：以利荆楚干越，莊子刻意篇：干越之劍，荀子勸學篇：干越夷貉之子，呂氏春秋知分篇：荆有次非得寶劍於干越（原作干隧，此從楊倞所引），淮南子原道訓：干越生葛絺，鹽鐵論殊路篇：干越之鋌不厲（凡作于越者，皆誤，劉台拱，王念孫，兪樾諸人已辨之。）。古者邘越善製兵器，故其國卽以干戉爲名也。昔海甯王先生跋攻吳王大差鑑，謂鑑出山西，或黃池之會所遺弃，今此壺亦言黃池。按黃池之會見左氏哀公十三年傳，曰：公會單平公，晉定公，吳夫差於黃池。而此壺所言黃池其地雖一，其時則較早也。壺又有趙孟之名，按趙孟之稱，在左氏傳，國語，孟子中皆一公名詞，未能肯定爲一人。孫奕示兒編曰：晉有三趙孟：趙朔之子曰武，諡文子，稱趙孟；趙武之子曰成，趙成之子曰鞅，又名志父，諡簡子，亦稱趙孟；趙鞅之子曰無恤，諡襄子，亦稱趙孟（梁玉繩古今人表考更詳）。節按：左氏文公六年傳及晉語五並稱趙宣子曰趙孟；吳斗南云：趙盾字孟，故其子孫皆稱趙孟。節按：古者孟，伯，仲，叔，季，皆男子之美稱，詩所謂：「叔兮，伯兮，靡所與同」者亦通言之也。然則此趙孟所指何人耶？以器之形制及文字觀之，當在攻吳王大差鑑之前，其時邘國尙未被幷於吳也。禺邘之稱邘，猶邾婁之稱鼄，楚荆之稱楚，工𢿢攻吳之稱吳。干其本字，象捕魚之器，而禺與魚皆象形字也。金文中若亳伯封毁之遾魚，小臣謎毁之五齵，又魯國之名亦從魚得義，此外若禹貢之萊夷，島夷，嵎夷，淮夷，及此文中所引之工𢿢及禺邘，皆海疆業魚之民。此鹽鐵之利所以著於東方也。禺，齵，嵎，魚，𢿢，皆一音之轉；禺與魚，又皆象形之字；而逨魚實其語根。又名之曰夷者，乃華夏之民因其音而謚之也（此說前在北平圖書館館刊六卷三號中已言之）。今總括諸器之名而觀：其民族在今山東沿海者曰逨魚，曰五䱷，曰魯；在今蘇北徐海江淮之間者，曰禺邗，曰淮夷；在今江浙沿海者，曰工𠭯，皆爲海疆民族之通稱。而攻吳之稱工𠭯，有春秋初葉之工𠭯王皮難之子諸減鐘爲證，工𠭯乃其族之本名也。金文中常以䖍作代詞吾，故𠭯亦即敔字。若吳王元，吳王光，吳王夫差三劍，皆作攻敔。而攻敔亦即扞敔之意。則工𠭯之更名攻敔，當在幷兼邗國之後，而禺邗王壺之在其前從可知矣。吳即虞，太伯所奔之地，在今山陝之交，非工𠭯之族也。春秋二百餘年間之大事，乃繼踵西周以來殷周兩民族之鬥爭史；而晉，楚，兩國實爲之主。中葉以後楚人之勢日強，漢陽諸姬楚實盡之，周人益覺岌岌不能自保；當時識者若子貢之流，尙知連吳以存魯。且吳自季札以來，輙思依附中原故國以自重；其間必有人焉，附會太伯奔吳之事以游說工𠭯之王，思引其族以牽掣楚人。闔廬攻郢，楚人之勢以崩；黃池再會，齊晉不得稱覇於中原，此攻吳之名所由起歟？

二十六年二月二十五日，於燕京大學

2

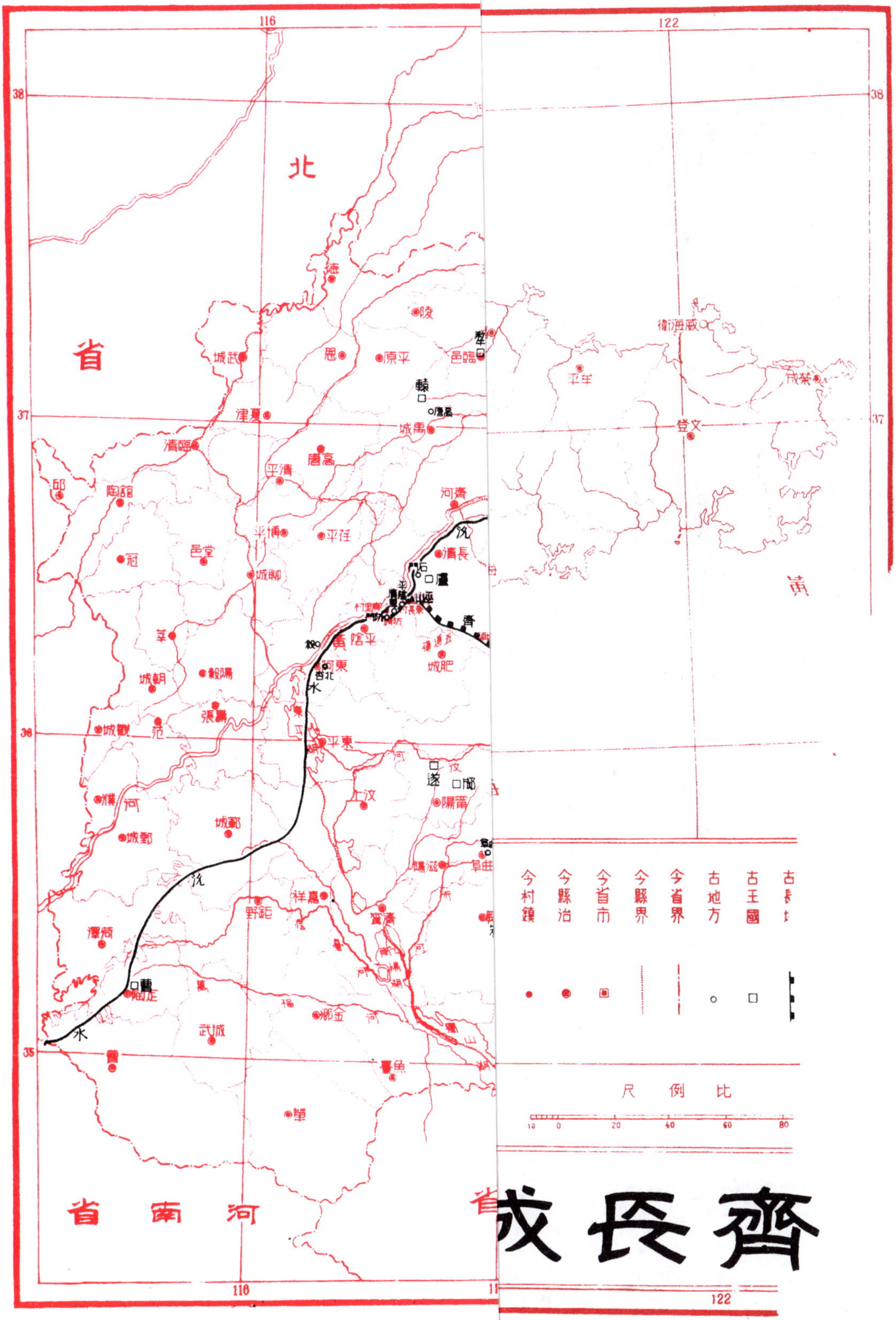
齊長城
北
省
河南省
黃
沇水
河
德
陵
恩
平原
武城
臨邑
夏津
禹城
臨清
高唐
清平
邱
館陶
冠
堂邑
聊城
博平
茌平
齊河
長清
盧
平陰
莘
陽穀
朝城
肥城
東阿
觀城
范
東平
汶上
寧陽
濮
鄄城
鄆城
滋陽
曲阜
嘉祥
鉅野
濟寧
菏澤
曹
定陶
武城
金鄉
魚臺
單
威海衛
牟平
榮成
文登
古長城
古王國
古地方
今省界
今縣界
今省市
今縣治
今村鎮
比例尺
10 0 20 40 60 80
116
122
38
37
36
35

齊長城考

張維華 1

齊有長城，古史言之甚晰，國策秦策一張儀說秦王曰：「昔者齊南破荆，中破宋，西服秦，北破燕，中使韓魏之君，地廣而兵強，戰勝攻取，詔令天下，濟清河濁足以爲限（按「濟清河濁」四字，黃丕烈國策札記云：「吳氏補曰：『韓作齊之清濟濁河，與下文協』，丕烈案，燕策云『吾聞齊有清濟濁河』，亦見史記蘇秦傳，皆可證也」），長城鉅坊足以爲塞（按「坊」字，姚氏校本稱「錢劉坊作防」，黃丕烈國策札記稱「坊，鮑本作防」二）。燕策一蘇代說燕王曰：「王曰：『吾聞齊有清濟濁河，可以爲固，有長城鉅防，足以爲塞，誠有之乎？』對曰：『天時不與，雖有淸濟濁河，何足以爲固？雖有長城鉅防，何足以爲塞（按此語亦見史記蘇秦傳）』？」是齊之長城，時人視爲重險，列國諸侯引爲畏憚者也。又史記楚世家載射者對頃襄王之語，云：「……若王之於弋誠好而不厭，則出寶弓，碆新繳，射噣鳥於東海，還蓋長城以爲防。朝射東莒，夕發浿丘，夜加即墨，顧據午道，則長城之東收，而太山之北舉矣」。正義引太山郡記云：「太山西北有長城，緣河徑太山千餘里，至瑯琊臺入海」。又引括地志云：「長城西北起濟州平陰縣，緣河歷太山北岡上，經濟州，淄州，即西南兗州博城縣北，東至密州瑯琊臺入海」。又後漢書郡國志濟北國盧縣下，云：「有長城，東至海」。按後志之盧縣，即括地志之平陰，名稱雖先後有異，而所指則同爲齊城之所經起，其地適當太山之西北，故郡記言「太山西北有長城」也。如是則齊之長城，西起泰山之西，東達於海，長千餘里，其在當時亦得謂之鉅工也。玆試論之於後。

一　齊城經行道里

齊城西端首起之地，後志謂起自濟北國盧縣，括地志言起自濟州平陰縣，太山郡記謂起自太山西北。史記蘇秦列傳集解引徐廣語，謂：「濟北盧縣有防門，又有長城，東至海」。正義云：「長城西頭在濟州平陰縣界」。又楚世家索隱引地理志語：「長城在濟南也」。此均言其大體，未能實指其地。水經濟水注（卷八）引京相璠語，云：

平陰城南有長城，東至海，西至濟，河道所由名防門，去平陰三里。

細按京相氏所言，蓋以防門之地，爲濟河之所由經，長城之所由起，二者交會之所也。防門之地，見春秋襄公十八年傳，云：

冬十月，會於魯濟，尋溴梁之言，同伐齊。齊侯禦諸平陰，塹防門而守之廣里（按「廣里」二字，杜氏不作地名解，云：「平陰城在濟北盧縣東北，其城南有防，防有門，於門外作塹，橫行廣一里，故經書圍」。以是前人讀傳，於「塹防門而守之廣里」一語，亦析爲二句。按廣里實爲地名，後人辨證甚詳，容於下文略述，故此不從杜說標點）。夙沙衛曰：「不能戰，莫如守險」。弗聽。諸侯之士門焉，齊人多死。

從傳說，則知防門距平陰故城甚近，京相氏稱在平陰城南三里，其說甚是。平陰故城，漢屬盧縣，後漢書郡國志濟北國盧縣下云「有平陰城」，即春秋時齊之平陰。此城舊址，據元和郡縣志（卷十一）太平寰宇記（卷十三）鄆州平陰縣條所載，謂在平陰縣治「東北三十五里（按平陰縣隋屬濟州，唐屬鄆州，宋屬東平府東平郡，元屬兗州，清屬泰安府，縣治自大業初卽治今所，說詳光緒平陰縣志沿革）」，清雍正山東通志（卷九），則謂在肥城縣西北六十里，不屬平陰。考平陰東鄙之地，元時割入皋姑魯國太長公主駙馬濟寧王之食邑，其地屬肥城境（嘉慶平陰縣志卷二疆域志稱：「周魯襄公十八年，晉侯伐齊，齊侯禦諸平陰，塹防門而守之廣里，登巫山以望晉師，遂由石門道夜遁。按巫山卽今孝里舖之孝堂山，尙有碑記可考。其東山內有赴濟南古路，兩山對峙，曰石門。孝里舖南有村曰東長，其西南三里有村曰廣里，曰防頭，今皆隸肥城。古平陰城，故老相傳，謂今東長村卽其地，遺跡猶存，或不誣也」。又泰安府志藝文六王載元抹漢遺愛碑記亦載濟甯王食邑事，可參考）。是平陰轄域，元後減小，平陰故城適居所割之地內，故通志言在肥城西北六十餘里也。近世學人，推原齊城之所首起，仍從西起平陰之舊說，不知此僅可言之於元以前，未可言之於元以後也。防門西去濟河未遠，水經濟水注（卷八）云：「濟水又北逕平陰城西」。其所引京相璠語，亦謂齊侯塹防門，「其水引濟，故瀆尙存」。由此以推，可知當春秋之際，濟水必經防門之西。以地勢言，當是濟水經防門之西而北注，長城起防門之地而東往，誠屬齊人西南邊防之要衝。張儀蘇代謂齊有清濟濁河長城鉅防以爲險塞者，於此證之，其言益可信也。防門北有廣里，即春秋「塹防門而守之廣里」者是也。杜注於「廣里」不作地名，其說實非。水經濟水注引京相璠語云：「今防門

2

北有光里，齊人言「廣」音與「光」同，即春秋所謂『守之廣里』者也」。按後漢書郡國志濟北國盧縣下，云「有光里」，光里當即廣里，因音同而改也。今肥城西北境有廣里，爲巨鎭，其地適當漢盧縣境，元前平陰之東北境，南去古防門地，北去古平陰即今東長村地，均不甚遠，則廣里爲古地可知。杜氏不作地解，非也。前人著述，或謂齊城西起廣里（光緒肥城縣志卷二頁一謂：「城因山爲之，起於縣之廣里」），蓋廣里距古防門之地甚近，且今於肥城爲重鎭，故言西起於此；然嚴格言之，則當西起防門，不自廣里始也。

又元和郡縣志鄆州平陰縣條（卷十一），謂：「故長城首起縣北二十九里」。通典（卷一百八十）太平寰宇記（卷十三）平陰縣條，均謂「故長城首起縣北」。按郡縣志寰宇記均謂平陰故城，在平陰縣治東北三十五里，而防門廣里，據杜注及京相氏之言，均在平陰故城之南，相去甚近，如以齊城西起防門或廣里爲無誤，則所謂「首起縣北」或「首起縣北二十九里」者，其說又如何耶？考古代防門廣里平陰故城，及濟河流經之故地，雖互爲比鄰，然其間相距之道里方位，今則未能詳考。大體言之，防門與濟水之間，必有相當距離。前引京相璠語，稱「其水引濟，故瀆尙存」，夫既於防門之外，鑿瀆引水爲塹，則防門必不坐臨於濟水之近岸可知。齊城西接濟水，則防門濟水之間，又必仍有一段城垣。此段城垣之西首，以方位言，既在防門之西，則自平陰縣治處論之，似當在其北境。以道里言，縣治之去長城西首自較去平陰故城爲近，所言「二十九里」者，亦大體可信。郡縣志及寰宇記所言齊城首起於平陰縣治之北者，或即指其與濟水相接處言也。

從上所言，齊城西起之地，略可推斷。就大勢言之，平陰故城之南爲廣里，廣里之南爲防門，防門之西則爲濟水。齊城起於濟水之岸，東經防門，紆曲沿河而東北行，太山郡記所稱「緣河徑太山」，括地志所稱「緣河歷太山北岡上」，即指自防門沿濟而東北行也。至於世稱齊城起於防門或廣里者，大體言之，亦可謂無誤矣。

齊城既首起於古平陰之北境，即今肥城縣西北六十餘里古防門以西之地，由此東北行，入長淸縣之西南境，其地約當古盧縣之東部邊地。通典州郡門（卷一百八十）盧縣下云：「有長城，東至海」。又云：「今濟陽郡盧縣界有防門山，又有長城，東至海」。又太平寰宇記（卷十三）盧縣下云：「長城經是邑」。蓋今長清西南境與肥城交會之地，於唐屬盧縣，故言盧縣有長城也。

城自長清西南境東行，經五道嶺，其地適當肥城長清兩縣交界之地。光緒肥城縣志（卷一）云：

> 五道嶺在城北十二里，南北徑八里，南隸肥城，北隸長清，以長城爲界。

又引李廷桂咏五道嶺詩云：

> 連峯五道開，綿亙繞重關，曲徑隨流水，長城鎖亂山。

是五道嶺有長城之遺址甚明。又太平寰宇記（卷十九）齊州長清縣條，云：

> 濟水北去縣八十里，其山頂上有長城，北屬長清縣，南接魯郡。

按魯郡指今肥城地言，其所言之長城，殆即五道嶺之長城歟？

齊城又自五道嶺東行，入長清縣之東南境，道光長清縣志（卷二）云：

> 長清邑東南九十里有長城，且有孟姜女廟。其城西自廣里，東至於海；然在長清境內，業已傾頹，僅存遺址。

又引舊志說云：

> 長城：縣治東南九十里。說者云縣治迤南七十里五道嶺，嶺入東爲長城舖，土人因長城而建姜烈女祠。

按長城舖現爲津浦路之一站，其地在萬德車站之南，沙河流其北，有孟姜女廟，即古齊城所經地也。

齊城自長清之東南境，東北行入泰安縣界，繞泰山西北麓之長城嶺東行。道光泰安縣志（卷三）云：

> 長城嶺俗呼大横嶺，縣西北六十里，卽泰山岡阜，古長城所經。

又泰山道里記誌泰山西北麓名勝，稱：

> 西北爲猛虎溝，……爲青天嶺，北至長城嶺。……按長城嶺俗呼大嶺，古長城所經。

按大嶺即縣志之大横嶺，通指長城嶺言，因齊城所經，故以長城名也。

齊城自泰山西北麓東行，歷泰山之陰，歷城縣之南界。道光長清縣志（卷二）云：

> 至泰山之陰歷城境內，則崇高連亘，言言仡仡，依然堅城。至梯子山歷城與萊蕪接界處，爲長城嶺。

雍正山東通志（卷九）亦謂：

> （泰安縣境長城）在縣北泰山之陰，與歷城接界。

又前引括地志，亦云：

（長城）歷太山北岡上。

是齊城沿泰山之陰，傍歷城縣之南界東行，其所經之地，則均謂之長城嶺也。

齊城自歷城東南界之梯子山，沿萊蕪章邱兩縣之交界迤邐而東。康熙萊蕪縣志（卷二）引舊通志語云：

西瞻岱嶽，北枕長城。

又云：

長春嶺在縣北九十里，……一名長城嶺，嶺上有古長城遺址。

雍正山東通志（卷九）亦謂：

（萊蕪境內長城）在縣北九十里，與章邱接界。

又道光章邱縣志（卷三）云：

長城嶺在縣治南百餘里，南連泰安萊蕪界，東至劈林尖山接淄川界，西至天羅頂連歷城界，林木鬱茂，四時如春。……俗云長林嶺，上有古長城遺跡。相傳齊所築以禦楚。萊蕪土人又謂長春嶺。舊有孟姜廟。

按長春嶺為長城嶺之譌，顧氏方輿紀要（卷三十一）萊蕪縣萊蕪谷條下云：「又長城嶺在縣北九十里，地勢高爽，林木鬱茂，蓋戰國時長城經其上，今譌為長春嶺」。是言「春」字乃為「城」字之譌也。

齊城自章邱東南界之劈林尖山東南行，沿萊蕪博山兩縣交界處，入博山縣之西南境。復自博山縣之西南境東北行，經縣治南，復東南行。乾隆博山縣志（卷一）云：

長城嶺，自峨嶺之脊，東踰秋谷，接莿山，迤邐岳陽山以東，踰淄水，接臨朐沂水界之東泰山。

此言自縣治東南行之路也。又云：

自脊西行，跨鳳凰山，連原山，王大嶺，出青石關之西，接萊蕪境，山皆長城嶺也。

此言自縣治西南行之路也。又孫廷銓顏山雜記（卷三）長城考云：

古長城在峩嶺之巔，西絕孝水，跨鳳皇嶺（原注：俗稱小頂）圍山迤南，入泰安萊蕪界，東踰秋谷東阜而東，皆長城舊蹟也。

此則言長城通過博山全境之路也。按博山境內之齊長城，水經注亦言及之，濟水注（卷八）云：「隴水南出長城中，北流至般陽縣故城西南，與般水會」。般陽故址，在今淄川縣治，隴水即今孝婦河（方輿紀要【卷三十一】鄒平縣孝婦河條，云：「在縣東，源出青州府益都縣之顏神鎮，流入淄川界，又北逕長山縣西。……亦謂之隴水，又謂之籠水。輿地志：『戰國時齊人顏文妻事姑孝，常遠汲以供姑嗜，一旦甘泉湧於室內，常以績籠蓋之，籠發而泉湧，因名籠水』。」按隴水或稱籠水，卽水經注之瀧水），則所謂「南出長城中」者，即指今博山境內齊長城之故址言，可無疑義。鳳凰山在博山縣治西南，相距甚邇，或言三里，或言五里（乾隆博山縣志云：「鳳凰山，縣西南三里，……山上有長城遺址」。雍正山東通志云：「（長城）在縣（西南）五里鳳凰山上，度岳陽山而東」）。峨嶺在鳳凰山東，縣治之南，適居縣之中部。而今山上城之遺址，尙可尋見，益知前人所言爲不誣也。

又方輿紀要（卷三十一）淄川縣下，云：「縣南有古長城，戰國時齊所置云」。通典（卷一百八十）淄州淄川縣下，亦云：有「古齊長城」。蓋博山縣地，於淸時析益都淄川萊蕪等縣之地而置，今博山縣境長城所經，適居古淄川縣境之南部，故言淄川有長城也（民四山東通志卷十二疆域志第三靑州府博山縣下云：「本淄川縣之顏神鎭地，元初嘗置行淄川縣於此，至元二年，縣廢，以鎭隸益都，明嘉靖十七年，設通判駐此。本朝雍正十二年，始以益都之孝婦懷德二鄉三十四社，及淄川之大峪等二十一莊，萊蕪之樂疃等七莊，置縣屬靑州」）。

齊城自博山縣之東南境，入沂水臨朐兩縣交界地，曲折東行。光緒臨朐縣志（卷四）云：

> 長城在大峴山上，今猶宛宛山際，沿溝蟠伏、沿崖阜起，西接博山之岳陽山鳳凰嶺，東隨大弁山入安邱界。

又（卷三）云：

> 大峴山在縣治東南百五里，卽齊乘穆陵關也。……山嶺長脊一綫，宛宛不絕。登沂山南眺，東西橫帶，如防如垣。……嶺上有長城，故關側一名長城嶺。

此言臨朐之南界有長城甚顯。又水經汶水注（卷二十六）云：

> 汶水出朱虛縣泰山。山上有長城，西接岱山，東連琅邪巨海，千有餘里，蓋田氏之所造也。

按朱虛縣故址，在今臨朐縣治東六十里；其縣境之泰山，即今之沂山（王校水經注引趙一淸語云：「沂山在靑州府臨朐縣南百二十五里，周禮職方靑州，其山鎭曰沂山，一名東泰山。…」），酈氏稱之爲東小泰山（見巨洋水注）。今臨朐縣南境界沂水縣處，有沂山，又有大峴山，一脈相聯，則酈注所言長城，殆即縣志所言大峴山之長城歟？又道光沂水縣志（卷二）云：

> 長城在邑北一百里太平社，東西橫亘數百里。

又於大峴山條（卷一）云：

> 縣北偏東百五里，上有穆陵關，關之南北爲沂朐分界處。齊宣王築長城於此，西起齊州，東抵海，猶有遺址。

此言齊城經沂水縣之北界又甚顯。又太平寰宇記（卷二十二）沂州沂水縣下，云：

6

> 古長城在縣北九十五里，東南起自密州莒縣界，西北二百五十五里，臨淄州淄川縣界。

此所言長城所經之地，其里計雖與縣志所載微有差異，然所指則同爲大峴山之長城，可無疑義。至所言西臨淄川縣界者，則仍因今博山縣地，於古屬淄川，此已詳上文。

齊城自博山之東南境，沿沂朐兩縣交會地，迤邐東行，踰穆陵關，東行入安邱西南界之太平山。萬曆安邱縣志（卷三）云：

> 八十里（縣治西南）曰太平山，上有長城嶺。

又（卷四）云：

> 古長城一名長城嶺，在太平山上。

此言安邱之太平山有長城。

齊城又自安邱之太平山東行，入莒縣之東北部。嘉慶莒州志（卷五）云：

> 長城在州東北一百二十里，俗名長城嶺。……城之入莒者，自穆陵東歷太平山，四十里接高柘之嶺。轉而南，絕潸水，過臥牛城。又南傍高華嶺入諸城界（按城入日照後入諸城，此言自莒入諸城，誤）。

按高柘山之名見於齊乘（卷一）云：「高柘山，沂水東北百里，……又名巨平山，俗曰臺頭山」。是高柘山又名巨平山，或曰臺頭山也。又水經濰水注（卷三十六）云：「濰水又北，浯水注之，水出浯（王校本稱趙本作峿）山，世謂之巨平山也。地理志曰：『靈門縣有高桼（桼古柘字）山，壺山，浯水所出，東北入濰』。今是山西接浯山」。則又巨平爲浯山，不與高柘爲一山。方輿紀要（卷三十五）莒州高柘山條引舊志語，亦以高柘巨平爲二山，云：「高桼山西四十里爲壺山，一名巨平山；浯水出此，亦曰浯山；一名臺頭山」。是巨平不獨與高柘爲二山，且與壺山，浯山，臺頭爲一山之異稱也。萬曆安邱縣志（卷三）亦以巨平爲浯山，云：「六十里（縣治西南）曰峿山（即浯山），一名巨平山」。據此諸說，高柘爲一山，巨平臺頭浯壺又似別爲一山。然酈注於引漢志高柘壺二山下，接云「今是山西接浯山」，又似浯壺爲二山矣。

按太平山之東安莒交界處，一嶺綿延，長數十里，而沿嶺諸峰，錯亂百出，其名稱易混，而遠人言之，尤不易辨。大抵此種問題，非親至其地考驗，恐不易言其究竟。以勢推之，當是高柘居其東部，去浯水所出之地較遠，浯山居其西部，爲浯水之源所自出。至於諸家之說，何去何從，孰是孰僞，則未盡悉。從上諸說，是安莒兩縣之長城，西自太平山起，東行逾浯山而至高柘，復自高柘南轉，斜跨莒縣之東北部，南絕浯水，逾臥牛城，傍高華嶺而入日照境也。

齊城自莒入日照之北境，橫貫而東，光緒日照縣志（卷一）云：

長城，……在今縣境者二十里，洪陵河西入莒州，昆山以東入諸城。

按洪陵河亦作洪凝河，發源日照北境之山，北流約三十餘里，即東入諸城縣界。昆山在縣治西北百二十里許，齊城橫貫其地。

齊城又自日照昆山東入諸城南境，斜貫而東。乾隆諸城縣志（卷八）云：

長城俗名長城嶺。……城因山爲之，起平陰之防門，緣太山北岡而東，蜿蜒千里，至日照滕家莊後入縣境。又東南二里，則分流山也。歷馬耳山，壽芝山，莒山，拔地盤，黑溜頂，爲南北大路；大路西計六十餘里。由此而東，更歷摘星樓山，馬山，雷石山，臺家溝，至亭子瀾後，計七十餘里，入膠州界。共百三十七里。

按上述諸山，於今均可考見，齊城接聯其地，橫貫縣之南境。

齊城又自諸城之雷石山入膠州之西南境，橫貫而東。道光膠州志（卷三）云：

長城在治南八十里齊城等山（按齊城山，據州志卷十云：「山在州南七十五里，俗亦名黃山，西南東北，屹然兩峯，古齊城聯之」）。城因山爲之，培高塹下，各有門闕邸閣，今不可見。春生草長，髻鬣分垂，如馬鬣然。西起平陰之防門，逕泰山北麓，而東至諸城亭子介後入州境。十五里至六汪莊南，鐵橛山陰。東歷楊家山，白泥山，齊城山，至黃山頂十餘里。又東歷小珠山陰，鵓鴿山，至徐山之北于家河莊，東入海三十里。城之歷州境者百五十餘里。

按上述齊城所經諸山，於膠州縣圖多可按覈。州志首載總圖及六鄉建置開方圖，於長城經行之跡尤爲明晰，凡注意此問題者當一閱之。

齊城經行之地，略如右述，茲又有一問題，即齊城東至海之地，前人之說未一，究以何說爲可從乎？考前人之說有三，其一曰從瑯琊臺入海，前引太山郡記括地志及水經汶水注均從此說。然論其實際，齊城實不至此，後人解說，謂指其著者而言。泰山道里記云：

按長城嶺俗呼大嶺，古長城所經，戰國策所謂「齊有長城巨防」者也。史記六國年表齊威王十一年：「趙取我長城」。楚世家：「還蓋長城以爲防」。正義曰：「太山郡記云：『太山西北有長城，緣河，徑太山千餘里，至瑯琊臺入海』」。齊記云：「齊宣王乘山嶺之上築長城，東至海西至濟州千餘里，以備楚」。今太山郡記齊記皆不可見，而竹書紀年謂：「周顯王十八年，齊築防以爲長城」，其時蓋齊威王之二十八年。而顧祖禹讀史方輿紀要引管子云：「長城之陽魯也，長城之陰齊也」，則春秋時已有長城矣。城因山爲之，起平陰之防門，緣太山北岡，而東徑萊蕪，博山，臨朐，沂水，莒州，日照，諸城，蜿蜒幾二千里，至膠州海中大朱山止焉。太山郡記及水經注括地志皆謂至瑯琊臺入海，或指地之著者而言，其實相距尚六十里也。

光緒肥城縣志亦從其說，云：

城因山爲之，起於縣之廣里，東十餘里入長清界，又東入縣境，又東北二十餘里入泰安縣界，緣泰山北嶺，蜿蜒而東，至膠州大珠山訖焉。諸書所謂至瑯琊臺入海，或指地之著者而言，其實相距尚六十里也。

按此所言齊城非自瑯琊臺入海之說甚是，而所謂指其地之著者而言，亦近於理，當可從。

其第二說爲至大朱山入海。此說除郡記言之之外，通典（卷一百八十）密州諸城縣條亦言及之，云：

古齊長城，東南自上大珠山起，盡州南界二百五十里。

又太平寰宇記（卷二十四）密州諸城縣條亦言及之，云：

古齊長城，在今縣南四十里，東南自海迤邐上大珠山起，盡州南界二百五十里，今古迹依約尚存。

又齊乘（卷三）長城考引青州府志云：

臨朐大峴山穆陵關旁爲長城嶺。自穆陵東至莒州安丘縣界，歷太平山四十里，接高柔之巔，遠望如長虹，轉而南絕浯水，過臥牛城，又南傍高華嶺漸入諸城縣界，至膠州大朱山入海，在瑯琊臺北，南距臺尚六十里；謂由瑯琊臺入海者非也。

按大珠山或作大朱山，南去琅琊臺六十餘里，北去小朱山三十餘里。通典言「自上大珠山起」，似「上大珠山」爲一名；查膠州無上大珠山之名，以寰宇記之文校之，當是「上」字前有脫文，非「上大珠山」爲一名也。又齊乘（卷一）斥通典之說，謂齊城不自大珠山起，云：

大朱山：膠州西南百二十里岸海名山也。通典，高密諸城縣有古齊長城，自大朱山起，蓋古齊長城起自齊西防門，東逾泰山穆陵，至大朱山海濱而絕，非起自大朱山也。

按通典言自大朱山起，係就諸城一縣論之，其「起」字即「止」字之意，非不知齊城西自防門起也。以上所云爲自大朱山至海之說。

其第三說則爲自小朱山至海。道光膠州志（卷三十八）云：

又泰山郡記括地志水經注皆云至瑯琊臺入海，山東通志云至膠州大珠山入海，今考治內長城入海處，在小珠山東徐山之北，西南去瑯琊臺九十餘里，去大珠山亦三十里，諸書皆臆說也。

此言齊城自小朱山至海。按州志之作，出於地方人士，長城遺跡爲目所親見，較之遠方之人徒憑傳說者，自較可信。珠山有大小之別，相去僅三十里，遠方之人聞之，易於生混，其誤言齊城自大朱山入海者，殆因此爾。（又太平寰宇記【卷二十四】密州諸城縣條，云：「大朱山在州東南一百八十里，鄰海岸上，有秦長城迹存」。按大朱山不得有秦長城。「秦」字當爲「齊」字之誤，而大朱山又爲小朱山之誤。其所言之長城，當與小朱山長城爲一事，不當又別有長城也。未悉寰宇記誤據何書；而言大朱山有秦城之說，其下復言大朱山有齊城，豈一地而有兩城耶？）

二　齊城建置年代之推測

齊城建置之年代，於史頗難考稽；後人論述談說不一，然終未有確定之判斷。顧亭林日知錄（卷三十一）長城條云：

> 春秋之世，田有封洫，故隨地可以設關，而阡陌之間，一縱一橫，亦非戎車之利也，觀國佐之對晉人、則可知矣。至於戰國，井田始廢，而車變爲騎，於是寇抄易而防守難，不得已而有長城之築。

此言長城之創始，由於井田與車戰制度之廢毀。世稱井田之毀，始於商鞅，商鞅之議是否通行於各國，且置勿論，然在商鞅之前，已有長城之修築，已可考見（詳見後文）。此顧氏之說未可視爲定論者一。至於戎車之變爲騎，其時亦無定準，孟子與梁惠王語，尙以乘之多寡定國之強弱，則知當戰國中葉，車戰之制猶屬通行，何得以此制之興廢而定長城之存在與否。且車戰僅可行之平坦之地，未能行之山嶺之區，邊徼防守，即在古時，步騎亦不能廢。此顧氏之說未可視爲定論者二。大抵顧氏以爲長城之創始必在戰國之際，而又不能斷其確定之年代，故漫爲此假設以應之，非確論也。

顧氏所言，近於寬汎空洞之假設，對於研求齊城建置之詳確年代，所關較少，當可暫置不論，茲試舉數家之說以言之。

甲，齊城已存於齊桓公之時代　此說係根據管子之言。管子輕重篇云：

> 陰雍長城之地。

又云：

> 長城之陽魯也，長城之陰齊也。

此言當齊桓之際，齊魯之間，已有長城爲界。然管子一書，駁雜不純，其中所論，或爲異時所追述，或爲後人所假託，非盡屬管子之言。至於輕重篇之爲僞作，尤爲後人所常稱說（通鑑外紀引傅子之言曰：「管仲之書，過半便是後之好事者所加，乃說管仲死後事。輕重篇尤復鄙俗」（四庫提要引），未可取以代表春秋時之史實甚明。此可疑者一。

又國語齊語（卷六）載管仲對桓公之語曰：

> 桓公曰：「吾欲南伐，何主？」管子對曰：「以魯爲主，反其侵地棠潛，使海於有蔽，渠弭於有渚，環山於有牢」。桓公曰：「吾欲西伐，何主？」管子對曰：「以衞爲主，反其侵地臺原姑與漆里，使海於有蔽，渠弭於有渚，環山於有牢」。桓公曰：「吾欲北伐，何主？」管子曰：「以燕爲主，反其侵地柴夫吠狗，使海於有蔽，渠弭於有渚，環山於有牢」。四鄰大親，既反侵地，正其封疆，地南至於䱷陰，西至于濟，北至于河，東至于紀酅。

此言齊之封疆，其南界舉䱷陰而不言長城。䱷陰，韋注爲齊南界之地名。如此時已立長城以爲齊魯之界，管子何不舉其顯且著者，以與濟河對應，而何必舉一區區之䱷陰哉？此可疑者二。

且詳考春秋時齊魯之疆域，亦不以長城爲界。長城經行之地，既如上述，玆試舉當桓公時及其以前齊之疆域以明之。齊桓卒於魯僖公十七年，據左傳所載，僖十七年之前，齊地多有在長城之南者。春秋桓三年，「公會齊侯于嬴」，杜注，「齊邑，今泰山嬴縣」，顧氏春秋大事年表齊都邑考（卷七之二），稱「在今泰安府東南五十里」。此齊地在長城之南者一。莊八年，「郕降於齊師」，杜注，「郕，國名，東平剛父縣有郕鄉」，年表齊疆域表，稱「今兗州府寧陽縣東北三十里有堽城壩，即漢剛縣故地，而郕在其西南，蓋益近寧陽矣」。此齊地在長城之南者二。莊九年傳，「管仲請囚，鮑叔受之，及堂阜而稅之」，杜注，「齊地，東莞蒙陰縣西北有夷吾亭」，年表都邑考，稱「在今沂州府蒙陰縣西北」。此齊地在長城之南者三。莊十三年，「齊侯，宋人，陳人，蔡人，邾人，會于北杏」，杜注，「齊地」，年表都邑考，稱「當在今泰安府東阿縣境」。此齊地在長城之南者四。又稱「齊人滅遂」，杜注，「遂國在濟北蛇丘縣東北」，年表疆域表，稱「今兗州府寧陽縣西北三十里有遂鄉」。此齊地在長城之南者五。閔二年，「齊人遷陽」，杜注，「陽，國名」，年表疆域表，稱「今沂州府沂水縣南有陽都城」。此齊地在長城之南者六。春秋時，齊魯之間壤地相錯，欲畫一確定之界線，實不可能，而尤以西南界爲甚。如欲立長城以爲界，將必迴環曲折，交錯複雜，決不似上述長城行地之單簡。所謂長城之陽爲魯長城之陰爲齊一語，實非當時之實際情形。此可疑者三。

抑有言者，夫長城重險，原爲軍守之要地，如齊桓之際齊城已立，兵爭盟會，必當集重其地，而爲載筆之士所不可忽。齊魯二國之事，左氏言之甚詳，其於地利形勢，未嘗略置不論，何獨長無城之說？且城築之役，春秋多書，而齊城千里，版築之興，役民至煩，何獨無一文之記載？凡此等等，均屬可疑。竊意齊桓之時，邊境之地，或已置防設險，然必無通貫全境長城之建置，當可推想。至於管子之言，必出後人之假託，取其時之地理形勢以形諸言辭，遂致有時代上之差異耳。

乙，從驫氏編鐘銘文推測之各種論說　新近出土之驫氏編鐘，其銘文有齊長城之記載，學者可據此以推求其年代，其銘文云：

唯廿又再祀驫羌乍戉氒辟韓宗敵達征秦遬齊入𡐨城先會于平險武侄寺力富敓楚京賞于韓宗令于晉公邵于天子用明則之于銘武文□刺永枼毋忘（以上銘文錄自國立中央研究院歷史語言研究所徐仲舒先生所編驫氏編鐘圖釋，因各家對於文字之解釋不同，難於斷定，暫不標點。）

此鐘以近年出土於洛陽城東三十五里許之太倉古墓，其已見著錄者凡十又三枚。銘長六十一字，如此所錄者凡五，銘四字曰「驫氏之鐘」者凡八，銘之長短者各有一具在坎拿大首都叨浪脫温達略古物館，其他十一具均藏廬江劉體智家（此據郭沫若驫芍鐘）。近來國人考釋此器者，據余所知共有六家：曰劉子植（節），所作有驫氏編鐘考（刊於國立北平圖書館館刊五卷六號），及論驫氏鐘出土處沿革答懷主教書（刊於國立北平圖書館館刊七卷一號）；曰吳子馨（其昌），所作有驫羌鐘補考（亦刊於國立北平圖書館館刊五卷六號）；曰唐立庵（蘭），所作有驫羌鐘考釋（刊於國立北平圖書館館刊六卷一號）；曰徐仲舒（中舒），所作有驫氏編鐘圖釋（已見前文）；曰郭沫若，所作有驫羌鐘銘考釋（見所著金文叢考，日本昭和七年八月東京文求堂書店出版），又有驫芍鐘（見所著兩周金文辭大系攷釋，日本昭和十年八月東京文求堂書店出版）；曰温廷敬，所作有驫羌鐘銘釋（刊於國立中山大學研究院文科研究所歷史學部所出之史學專刊一卷一期）。此外有商錫永（承祚）亦撰考釋，劉吳兩君之文均引其語，然余未見。又瑞典人高本漢（B. Karlgren）有所著驫羌鐘之年代一文，劉叔揚先生譯之，刊於考古社刊第四期，其文專考年代，不論文字。諸家具精小學，對於銘文文字上之解釋，非余所敢妄議，且非本文範圍所及，自當舉其與齊之長城有關者論之。銘文既有「入𡐨城」一語，而諸家考釋，亦咸認爲即齊之長城（按以上所舉數家之說，對於此點之考証均屬相同，余意亦深以爲然。依上文所論齊城西端首起之地，及防門廣里平陰濟水所在之位置言之，齊城適在平陰之南，與銘文所載「入長城先會於平陰」之地理情形，正相符合），則齊之長城，必先此器而存在可知。銘文首舉年代，次述史事，學者似可據此以求；惟以字異文簡，不易推斷，而致各異其說。茲先言吳考。吳考以銘文所載爲周靈王二十三年之事，其說如下：

……復次，此「廿又三祀」者（按銘文「唯廿又再祀」之再字，吳考釋爲啇，與參字意同，即三也，故此稱廿又三祀。其餘諸家均釋爲再，即二也），爲何王之二十三年耶？按下文明云「賓於天子」，則此廿又三祀明爲周天子之廿又三祀決然也。然則，此周天子之廿又三祀者，指周天子中何王之二十三年耶？按下文明云「武文口剌」，則此二十三年之周王，必生在此「武，文」之後，或此周王之二十三年，必落在此「武，文」之後可決也。然則，此「武，文」二公，爲何國之君耶？按下文明云「賓于晉公」，則此「武，文」二公，爲晉國之君可決也。唐君曰：「武公在前，文公在後，此惟晉系爲然耳」。按唐說確不可易。今考晉文公卒于周襄王二十四年，此鐘在文公卒後，故有「武，文口剌」之語，則決不在周靈王（按靈當作襄）之二十三年可知。自晉文公卒後，周頃王六年而崩，匡王六年而崩，定王二十一年而崩，簡王十四年而崩，皆根本無「廿又三祀」；惟靈王二十七年而崩，爲有「廿又三祀」耳。今即以周靈王二十三年時事考之，以驗其合否。

今按史記十二諸侯年表，周靈王之二十三年，即魯襄公之二十四年，齊莊公之五年，晉平公之九年，秦景公之二十八年，楚康王之十一年也。其上年魯襄公之二十三年也。按春秋襄公二十三年左氏傳，「齊侯遂伐晉，取朝歌，爲二隊。入孟門，登太行，張武軍於熒庭，戍郫邵，封少水，以報平陰之役，乃還。趙勝帥東陽之師以追之，獲晏氂」。此上年魯襄二十三年事也。至下年魯襄二十四年，即周靈王廿又三祀，而驫羌鐘銘云：「……率征秦迩（原注：擊也）齊，入長城，先會於平陰。武侄寺力，富敓楚京，……賓于晉公」，其事正相啣接，乃上下年互相循環報復，而以平陰爲戰爭之中心可證也。……

……然則東擊齊，又何以欲同時西征秦耶？且征秦何以反東向入齊長城而會于平陰耶？曰：此秦非陝西之秦，乃山東齊魯之交之秦也。齊魯之交亦有「秦」地，故左傳記魯大夫，莊公九年有「秦子」，襄公十年有「秦堇父」，「秦丕茲」，昭公二十五年有「秦遄」，又孔子弟子有「秦商」，皆此齊魯之交秦地之人也。又春秋經莊公三十一年，「秋，築臺於秦」。杜注，「東平范縣西北有秦亭」，是其地也。故東逐齊而即征秦也。平陰者，大清一統志云：「平陰城在泰安府平陰縣東北」。山東通志云：「在肥城縣西北六十里」。水經注濟水注引京相璠春秋土地名，謂，「平陰城南有長城，東至于海，西至濟」。是京說與地下埋藏遺器印證密合。然即以左傳考之，如云，「塹防門而守之，廣里」；如云「城上有烏，齊師其遁」；如云「焚雍門」，「門于雍門」；如云「門于己門」；如云「迫于東門」；又如云「魯衞請攻險」，杜注，「險，固守城者」，是平陰之有長城，即左傳亦已瞭然可見也。

……襄二十三年齊師伐晉，報平陰役之仇。其明年卽魯襄二十四年，周靈王廿又三祀，晉師再伐齊。于是齊楚遂秘密勾結以抗晉。春秋襄公二十四年經：「八月，公會晉侯，宋公，衞侯，鄭伯，曹伯，莒子，邾子，滕子，薛伯，杞伯，小邾子于夷儀。冬，楚子，蔡侯，陳侯，許男伐鄭」。此明爲兩大勢力之聯盟。晉平公所領袖魯宋……十二國爲一聯盟，將以伐齊。于是楚康王所領袖陳許……四國，即刻亦組一聯盟，伐鄭以抗晉，其形勢至今日尚瞭然明白。又左氏傳云：「齊侯既伐晉而懼，將欲見楚子，楚子使薳啓彊如齊聘，且請期。……秋，齊侯聞將有晉師，使陳無宇從薳啓彊如楚辭，且乞師」。是齊楚陰謀勾結以抗晉之證也。左傳又云：「會于夷儀，將以伐齊，水不克」。是晉魯鄭等十二國夷儀之會，乃密謀伐齊之證也。「水不克」者，魯史官前記之詞，未嘗終記其事。其實終克伐齊，且重入長城，再陷平陰也。此驫羌鐘可以補正左傳之脫誤也。齊楚陰謀勾結以抗晉，楚子且實行伐鄭。左傳曰：「冬楚子伐鄭以救齊，門于東門，次于棘澤，諸侯還救鄭」。此晉人所以切齒深恨于楚師也。……故楚京雖遠，而亦議欲奪破之也。故曰「寴敓楚京」。此左傳可以爲驫羌鐘之疏證也。

總論吳氏所考，乃以銘文之「征秦」，「迮齊」，「寴敓楚京」等文，與魯襄二十四年經傳所載晉會諸侯伐齊，楚因救齊而伐鄭，晉復以諸侯之師救鄭拒楚之一段史實相合；而此年又爲周靈王之二十三年，亦與銘文「廿又再祀」之文相符。又以「征秦」爲齊魯間之秦地，與列侯之秦無關，以「寴敓楚京」爲議欲攻奪楚之京都，非實侵其地。此爲對於驫氏鐘銘文年代上考訂之一說，試再言其他。

唐劉徐三家之考釋，以器作於周靈王之二十二年，唐考云：

……「廿有再祀」者，周靈王之廿二年，晉平公之八年也。吳考以爲靈王二十三年，時代相當，而年曆微悠矣。

……按「征秦迮齊」，非一時事也。征秦者，晉悼公之十四年，周靈王之十三年，春秋襄十四年經所謂「夏四月叔孫豹會晉荀偃，齊人，宋人，衞北宮括，鄭公孫蠆，曹人，莒人，邾人，滕人，薛人，杞人，小邾伐秦」者是也。迮齊者，晉平公之三年，周靈王之十七年，春秋襄十八年經所謂「冬十月，公會晉侯，宋公，衞侯，鄭伯，曹伯，莒子，邾子，薛伯，杞伯，小邾子同圍齊」者是也。

……按「入長城，先會于平陰」，並迮齊之事也。襄十八年傳云：「冬十月，會于魯濟，尋湨梁之言，同伐齊，齊侯禦諸平陰，塹防門而守之，廣里。……丙寅晦，齊師夜遁。……十一月丁卯朔，入平陰」。此銘所記，正此事也。劉考引此傳而疑未敢定，余爲參稽前後，蓋無可疑也。

……左傳又云：「齊侯駕，將走郵棠，太子與郭榮扣馬曰：「

師速而疾，畧也，將退矣，君何懼焉』」。晉軍既欲速退，故「甲辰，東侵及濰，南及沂」。楚京蓋此區域中之小地名，今不可詳考。時晉師未返，楚師伐鄭，師曠董叔叔向議其無功，故楚京亦可疑爲楚之京；然苟爲楚都之鄙，則此時固不能以襲敓得之也。若劉考引繆君說，謂是曹國之楚邱，則相去已遠，且曹本身正是迮齊之國，必不襲己邑可知矣。

……征秦爲周靈王十三年，迮齊爲周靈王十七年，而銘云「唯廿有再祀」者，据鐘成之時，而追紀前事也。晉師之返，當靈王十八年春，至是又四年矣。

是唐考以「征秦」爲魯襄十四年事，「遳齊」爲魯襄十八年事，與吳考之以「征秦」爲征齊魯交界之秦，以「遳齊」爲魯襄二十四年晉會諸侯伐齊事者有殊。至於「寡敓楚京」之文，唐考未定，吳考則以爲議伐楚京，其說亦不同。所考史實既異，而於年代之推斷，亦自不同矣。

劉考於史實未有詳論，而於作器之年代，亦未有明白之確定（劉考於「先會於平陰」一語，云：「……又襄十八年傳，『晉伐齊，齊侯禦諸平陰，塹防門而守之，廣里』。此役適當周靈王之十七年，晉平公之三年；是否卽鐘中所記之事，吾人雖不敢定，其所謂之平陰卽鐘之平陰，則無疑也」。此於銘文中所言史實之年代未有確定。又於「武文□剌」一語，云：「節案：器作文公以後甚是」。此只言在文公以後，而未實指在文公以後之何年），然於答懷主教書，則確認此器作於周靈王之二十二年，其書云：

……五台墓雖可定爲戰國末葉之韓國君主故墓，然亦不能否定羼氏鐘作於周靈王二十二年。鐘有「賞於獻宗，旁於晉公，卲于天子」之文，是晉侯及周天子之勢力仍存在。若如郭沫若氏之言（郭說見後），鐘作周安王二十二年，是時周天子已積弱不足以號召天下，距晉之絕祀亦僅四年耳，則銘之作，安得用此烜赫之辭？且郭氏之得此結論，經二度假設：史記韓世家列侯名取，郭氏謂「取」乃「敢」之壞字，然據史記安王二十二年，適當文侯之時，其時列侯已死，何來征秦遳齊之事乎？乃復據紀年有列侯無文侯，將文侯之年代盡歸之列侯，其斷案卽由是而定。此說實脆弱不勝一擊。

是劉考於作器年代之推定，實同於唐。至於徐氏與高本漢氏之說，大體與唐無殊，詳見所作，不復引。

以上數家論述，於年代之推斷，尙稱相近，而郭考則以銘文所載，爲周安王二十二年之史實，其立論與上述各家迥殊。

……「廿又再祀」者，周安王之二十二年也。徵諸史記六國年表，于是年三晉欄內均書「伐齊至桑丘」，于齊欄內書「伐燕取桑丘」。田敬仲完世家云：「桓公五年秦魏攻韓，韓求救於齊。……田臣思曰：『秦魏攻韓，楚趙必救之，是天以燕與齊也』。桓公曰：『善』。乃陰告韓使者而遣之。韓自以爲得齊之救，因與秦魏戰。楚趙聞之，果起兵而救之。齊因起兵翦燕國，取桑丘」。據此可知安王二十二年秦魏攻韓之事，實牽動全局。韓受秦魏之攻，必曾往求救于齊楚趙諸國，待得楚趙之救，乃獲却秦師而與魏人爲和。齊人乘諸國之構兵而翦燕，燕人受齊之翦必曾求救于韓趙魏，趙魏懼齊之逼，而韓尤怨其詐，故三晉連兵往攻齊。而事之本末實以韓爲中心。

……韓宗卽韓君，觀下文與晉公天子對文可知。䱷卽韓君名，秦以前無諱事，爲人臣子者每直稱其君父之名。據史記安王二十二年當韓文侯七年，然此有異。韓世家「景侯卒，子列侯取立」下索隱云：「系本作武侯也」。又「十三年列侯卒，子文侯立」下索隱云：「紀年無文侯，系本無列侯」。是知文侯一代實爲紀年所無，史記中文侯年代在紀年實屬于列侯者也。……是知韓文侯七年實當是韓烈侯二十年，所謂烈侯取者，卽本銘之韓宗䱷，「取」實「䱷」之壞字也。

……「入張壓，先會於平陰」者，……蓋三晉攻齊，必入長城始能達其腹心之地也。

……「武侄寺力，䥑敓楚京」者，……寺，邿省，襄十八年之役，左氏傳云：「魏絳欒盈以下軍克邿」。杜注：「平陰西有邿山」。……「楚」，楚丘。「京」，景山。…蓋三晉攻齊，先會師於平陰之後，卽分爲兩路：一軍北下以翦齊襲燕之師而至於桑丘；一軍南下搏邿，更長驅而佔領楚丘與景山。北上者爲正師，南下者爲偏師，史僅記正師所至而不及其偏。䱷芳蓋偏師之將，故述南下之功而不及於北。然此新舊史料正相輔而相成也。（郭氏原作有䱷羌鐘銘考釋，收入金文叢考，䱷芳鐘原爲改訂前文之作，同者固多，異者亦有，此錄其後出之作。）

是郭考以「韓宗」爲史記之列侯取，以「征秦迮齊」爲周安王二十二年秦魏攻韓及韓趙魏救燕拒齊之事。又以「寺」爲平陰之邿，以「楚」爲楚丘，以「京」爲景山，均爲三國兵南出一枝所及之地。此不獨與吳考異，與劉唐徐三家之說亦不同矣。

溫考斥衆家之說，而以爲銘文所載，爲威烈王二十二年事，其說云：

案，此當屬諸威烈王二十二年。水經注二十六東汶水注引竹書紀年云：「晉烈公十二年，王命韓景子趙烈子翟員伐齊，入長城」。烈公十二年，當威烈王十八年，然紀年久佚，水經注每多訛誤，此十二年必爲十六年之誤（原注：六字失去下二點，後人遂誤爲二字耳）。烈公十六年當威烈王二十二年，以此銘證之而益信。

……征秦必爲是年以前之事，此幷晉之。六國年表，威烈王十三年，秦簡公二年，與晉戰，敗鄭下。十六年，十七年，魏兩伐秦。魏世家于十七年，亦云攻秦至鄭而還。度䱷羌亦必從韓與其役，否則韓自有伐秦之事，而史不記也。伐齊之事，僅見於紀年其畧，賴有「入長城」三字，知爲是役。

……余謂，楚京實卽襄公十八年荀偃士匄以中軍克京茲，杜注謂在平陰東南者，不過地名小有變異。其戰爭成迹，實踵春秋平陰之役，近在今平陰縣百數十里內，而一則搏邿，一則敓京，武䥑二人，功績亦正相埒。其不云武力搏邿，而云武搏邿力，乃古人行文參差之處。

16

以上所引，爲諸家對於銘文所載史實及年代之主要論斷，惜因篇幅關係，不能錄其全文，讀者可自參考。余意衆家之說，吳考頗多可疑，如以「征秦」爲齊魯間之秦是其一。秦爲魯境，以是魯大夫多有以秦爲氏者，而魯莊亦於三十一年築臺於此，信如吳所言。夫晉會諸侯以伐齊，魯居其一，何以反侵其境？且秦爲小邑非國家比，何得言征？至於論長城一節，尤多不合。傳文「城上有烏，齊師其遁」，其城原指平陰城言，自下文「丁卯朔，入平陰」一語可知；蓋齊師遁後，諸侯之師始得入也。吳考以爲即齊之長城實不合。「雍門」爲齊都門之一，齊都西曰雍門，南曰稷門，西南曰申門，西北曰揚門，東曰閭門，東南曰鹿門，詳春秋大事年表齊都邑考（卷七之一）。齊侯既敗於平陰，遂退守都城，晉師東追，圍困都門，故齊侯有東走郵棠之議（郵棠在今即墨縣南八十里）。及齊都不得下，諸侯之師，遂東侵及濰，南及沂。襄十八年傳載晉會諸侯征齊之事，歷歷如繪，何得以「雍門」當齊長城之門。「魯衞請攻險」，乃指京茲郜二地言，亦可自傳文上下之文意知之。齊之長城是否已於此時存在，實爲研究銘文所當解決之問題；然如上舉各節，終未可爲證。「啚奪楚京」釋爲議攻楚京，亦不可信。蓋以銘文單簡之辭句，而將當時提示而未成爲事實之意見，一幷錄入，實不近理。且襄二十四年傳載晉與諸侯師伐齊事，本不甚詳，未可取以與銘文所載互相照應；如強引銘文以補傳文，難免近於敷會之嫌。

郭考頗多創見，然其以銘文所載爲周安王二十二年韓趙魏三國伐齊救燕事，亦不易解。桑丘故城，據史記正義引括地志語，云「在易州遂城縣界」，三國救燕，當可直驅而北，何必東歷齊境？且會師共討，當在趙魏之境，亦不得遠出平陰。如云擊齊以爲牽掣，則不當師至平陰而不東驅。至於釋「楚」爲「楚邱」，則尤不可解。考楚邱有二：一在今山東曹縣東南四十里，爲隱七年戎伐凡伯地；一在今河南滑縣東六十里，僖二年經所謂「城楚丘」者是（日知錄卷三十一有考楚丘一條，春秋大事年表卷七之四有春秋兩楚丘辨，可參考）。郭氏所論，取衞風爲證，則知所言必爲衞之楚丘。楚丘既爲衞地，而衞又亡國最晚，何以知周安之際楚丘已歸屬於齊？如不屬於齊，三國攻齊，又何以深入衞境？此郭說之難解者也。

溫考所駁斥郭氏各點，尚多可取，然所言竹書晉烈公十二年爲十六年之誤，以合威烈王二十二年之說，亦不免出於臆想。且「征秦」之事既無定考，而於「楚京」之楚亦不能詳，終不能視爲堅確之論斷。

劉唐徐三家之考，論說誠爲精詳，然取前後數年之事，以合銘文之說，是否無誤亦不敢必。且「寓敚楚京」之文，亦未能爲確定之解釋，僅以晉師救鄭之事當之，亦嫌証據薄弱。

總之，屭氏編鐘銘文之考釋，問題複雜，字義既難詮釋，史事亦難考訂，古書記載失詳，年代每多錯誤，故欲斷定其確定之年代，實非易易，勢難獨從一說。竊意春秋之際，齊之西南邊界，即泰山以西濟水以東之地，因其爲西通中原之要衝，又居依河臨山之險，必於險要之區，起築壘壁，以遏寇患。然所築壁壘，規模局促，非如後日之長城；且稱爲防而不稱爲城也（詳見後說）。余讀左氏國語，所言城築之事多矣，而無「長城」之稱。竹書載齊魏築長城事，然均戰國時事。史記世家述春秋戰國時事，亦數見「長城」之記載，然推其年代，未有在獲麟以前者。古書雖多亡闕，然如此通常之名辭，如此重要之事跡，當不至略無記載。且楚之方城，其險非遠過於列國之長城也，然數見於左傳國語，何長城一名獨不可尋？因是屭氏編鐘製作之年代，其言在戰國初年者，固覺證據尚未充備，而言在春秋之中葉者，亦有問題可疑，尚未能據此以斷齊城發生之年代也。

丙，齊城起於齊威王之初年說　此從竹書紀年說。

史記蘇秦列傳正義引紀年語云：

梁惠王二十年，齊閔王築防以爲長城。

水經汶水注（卷二十六）亦引其語，然無「閔王」二字，云：

梁惠成王二十年，齊築防以爲長城。

梁惠王之二十年，按史記六國年表，於周爲顯王十八年，於齊爲威王二十八年。據錢穆先秦諸子繫年通表（附先秦諸子繫年考辨，民國二十四年出版），周年同於年表，而於齊則作爲威王之七年，正義引紀年作爲齊閔王者甚誤（錢穆先秦諸子繫年考辨自序云：「蘇秦傳正義引竹書紀年：『梁惠王二十年，齊閔王築防以爲長城』。今考紀年梁惠王十三年，當齊桓公十八年，後威王始見，豈得梁惠王二十年遽有齊閔王？校以水經汶水注，則無湣王字，此皆以增衍而誤也」。錢說甚是）。至於「防」字，或作「房」，或作「坊」，未有定體。據此以言，似齊長城起於惠王之二十年，可無疑義。然史記趙世家又云：

> （成侯）七年，侵齊至長城。

按趙成侯之七年，據六國年表，於周爲顯王元年，於齊爲威王十一年。據先秦諸子繫年通表，周年同於年表，而於齊則作爲桓公之八年。若以通表爲準，趙侵齊城，先於齊築長城者十八年。史記田敬仲完世家言「趙人歸我長城」，六國年表載其事而與趙侵齊長城事繫之同年，知田敬仲完世家所載與趙世家所載同爲一事。惟田敬仲完世家以趙歸長城事繫之威王，與通表不合。總之趙侵齊至長城事，必先於竹書所記齊築防事十數載，知齊長城起於齊威王之初年說爲不足信。

且別有一證焉。水經汶水注（卷二十六）引竹書紀年云：

> 晉烈公十二年，王命韓景子趙烈子翟員，伐齊入長城。

又呂氏春秋權勳篇云：

> 文侯可謂好禮士矣，好禮士故南勝荊於連隄，東勝齊於長城。

按竹書所言之翟員爲翟角之誤，爲魏文侯所禮士之一（諸子繫年魏文侯禮賢考翟角條云：「翟角，主謀伐中山，亦翟璜所薦。又爲將，敗齊於龍澤，入長城」。又其自注云：「水經瓠子水注，『晉烈公十一年，田布圍廩邱，翟角趙孔屑韓師救廩邱，及田布戰于龍澤，田師敗逋』。又水經汶水注，『晉烈公十二年，王命韓景子趙烈子翟員伐齊，入長城』。翟員蓋即翟角字誤。時當魏文侯四十一，四十二兩年。翟角之爲將，當李克已老，樂羊不用之後。雷氏義證誤以翟角爲地名，謂是廩邱之近邑，其說大謬」），其後爲將，與韓趙將師共伐齊。其伐齊事，當與呂氏春秋所載同爲一事。晉烈公之十二年，據六國年表，於周爲威烈王之十八年，於魏爲文侯之十七年，於齊爲宣公之四十八年。據諸子繫年通表，於周爲威烈王之二十一年，於魏爲文侯之四十二年，於齊爲宣公之五十一年。如以通表爲準，翟角伐齊之年，先於趙侵齊至長城者共三十八年，先於齊築防以爲長城者共五十五年。如此，則長城之創始，不始於齊威王之初年，尤可見矣。竊意齊築防以爲長城，其事固有之，竹書之說當不爲誤，惟視爲創築之始，則非確也。

丁，齊城起於齊宣王之時說　此據齊記說。史記楚世家正義引其語云：

> 齊宣王乘山嶺之上，築長城，東至海，西至濟州，千有餘里。

其後顧亭林亦從其說，顧氏山東考古錄考楚境及齊長城條，云：

> 史記楚世家惠王四十四年滅杞，杞國在淳于，然則今之安邱屬楚矣。簡王元年，北伐滅莒，然則今之莒州屬楚矣。威王伐越，

殺王無疆，取其地，而越之國都別在瑯邪，然則今之諸城屬楚矣。惠王時，越滅吳，楚東侵廣地泗上。頃襄王十五年，取齊淮北，而故宋之地盡入于楚，然則今之滕屬楚矣。考烈王八年，取魯，魯君封于莒；十四年，滅魯，頃公遷下邑爲家人；然則今之曲阜泗水屬楚矣。大約齊之邊境，青州以南則守在大峴，濟南以南則守在泰山，是以宣王築長城，緣河，徑泰山，千餘里至瑯邪臺入海。而楚人對頃襄王亦曰，「朝射東莒，夕發浿邱，夜加卽墨，顧據午道，則長城之東收，而泰山之北舉矣」，亦可以見當時形勢之大略也。

又考杞梁妻條，亦云：

……長城（齊長城）築于宣王之時，去莊公百有餘年，而齊之長城又非秦所築之長城也。後人相傳乃謂秦築長城，有范郎之妻孟姜送寒衣，至城下聞夫死，一哭而長城爲之崩，則與杞梁之事全不相蒙矣。

按宣王築長城以備楚，其說當不爲虛，惟乃爲後世之增築，非爲創始，觀上文所列諸證，可以知之。後世或有據此以言齊城起於宣王之際者，蓋未深察也。

右述齊城起原諸說旣竟；然齊城建置之起原，究如何以言之耶？竊意齊之疆域，自春秋至於戰國，其間屢經變遷，本無定則，而邊患之來，亦急緩無常，因時而異，齊城之建，原爲備邊，何能以時爲限？且千里鉅工，創置非易，亦非一時之力所可告成。觀乎列國形勢之推演，明察兵爭防守之險易，則知齊城之建置必有所因，雖古書亡闕，未能推知其詳，然亦可言其大勢，試綜論之於下。

甲，齊城之建乃因於防　考古人築土障水爲防，其義同於堤堰。說文，防，隄也。爾雅，墳大防，註，謂隄也。周禮冬官考工記：「凡溝必因水勢，防必因地勢，善溝者水漱之，善防者水淫之」。晏子春秋景公欲墮東門之堤晏子謂不可變古條：「景公登東門防，民單服然後上，公曰：『此大傷牛馬蹄矣，夫何不下六尺哉？』晏子對曰：『昔者吾先君桓公明君也，而管仲賢相也，夫以賢相佐明君，而東門防全也，古者不爲，殆有爲也。蚤歲溜水，至於廣門，即下六尺耳。鄉者防下六尺，則無齊矣。夫古之重變古常，此之謂也』」。此均以防爲障水之明證。然防固可以障水，亦可以障寇。古人重山川谿谷之險，蓋可以阻師，且可以爲守，若依川起防，尤可增形勢之險要。齊濟有防（詳下文），初時當用以障水，其後因居西通中原之要衝，亦用以障寇，其重要與城等，因是防與城可同名並舉。竹書稱「齊築防以爲長城」，國策稱「長城鉅防」，楚世家稱「還蓋長城以爲防」（以上三語均見上文），均以長城與防對稱，其為一物之異名可知矣。

以上所言，乃由名稱上之推測，茲再言其實際。前論齊城經行道里，謂齊城起於今肥城縣境古防門之地，而此防門即左氏傳所謂「塹防門而守之廣里」者也。杜註稱「其城（平陰）南有防，防有門」，是防門因防而置，則齊濟有防可知矣。防門之地，據京相璠「河道所由名防門」（見前文）一語推之，則知西去濟必不遠，所謂平陰城南之防，必與障濟有關。又隱三年經：「冬，十有二月，齊侯鄭伯盟于石門」。杜註：「石門，齊地，或曰濟北盧縣故城西南濟水之門」。水經濟水注（卷八）引京相璠語云：「石門，齊地，今濟北盧縣故城西南六十里有故石門，去水三百步，蓋水瀆流移故側岸也」。春秋大事年表齊都邑考（卷七之一）謂「在今濟南府長清縣西南」。是知臨濟又有一門，而此門之設，以意度之，必為穿隄防而通往來者。從上諸說，知春秋之初，齊人必於臨濟之地，築防用以障水。此防既成，因居形勢之要衝，後漸增築而成為軍事上防守之地。茲試取防門之形勢以言之。考古防門之地，今名防頭，其地雖去濟不遠，然非沿河起堤之比，其用似不在障水。光緒肥城縣志（卷二）論古防門之地，云：「左右皆崇山，中為門以通往來。……防門即今之防頭」。似門因山立，防依山起。又齊侯塹防門，杜注謂「於門外作塹」，此蓋鑿瀆引濟，用以阻諸侯之師，使不得入也。如防為障濟，則是濟注防門之外矣，何以塹為？且諸侯之師入會平陰，乃由防門而入，而齊人亦視防門為要險，知防門為齊西南境之重要關塞，重在防寇，不重在障水。察濟防之所由起，及防門形勢之重要，似可斷定防初因障水而起，繼為障寇而增也。

又國策齊策云：

> 田忌為齊將，係太子申，禽龐涓。孫子謂田忌曰：「將軍可以為大事乎？」田忌曰：「奈何？」孫子曰：「將軍無解兵而入齊，使彼罷弊於先弱守於主，主者循軼之途也，館鑿摩車而相過，使彼罷弊於先弱守於主，必一而當十，十而當百，百而當千，然後背太山，左濟，右天唐，軍重踵高宛，使輕車銳騎衝雍門，若是則齊君可正，而成侯可走，不然，則將軍不得入於齊矣」。

天唐，注云：天，大也，唐，防也。此大防當即齊西南境之長城，而此時仍以防為名，則防為齊城之別名由此可見；而濟東有防成為軍事之要地，亦由此可知。昔年防之形勢，今日不得其詳，其起止之地亦不可考，然必因軍事上之重要，繼續修築而延之使長增之使固，當可想見。如此爲之，積久而成爲城之形式，再後又因國勢之推移，齊魯之界，悉爲起築而與之相接，由此而齊之長城成矣。此齊城因防而起之說也。

乙，齊城先成於西部　齊之長城，既非一時代所完成，若以全部論之，則當以其西部之建築爲最先。酈氏編鐘銘文，既有晉伐齊入長城事，而竹書紀年亦有晉烈公十二年，韓景子趙烈子翟角伐齊入長城之舉，史記趙世家及田敬仲完世家亦有趙成侯七年侵齊至長城語，呂氏春秋亦有魏文侯東勝齊於長城事，此長城均爲齊西部之長城，而於戰國之初年確已成立者也（趙成侯七年侵齊至長城事，趙世家正義引括地志云：「所侵處在密州南三十里也」。按密州唐治諸城，其城近海，趙侵齊不得至此，其說不確）。蓋齊地之形勢，當春秋之際，以其西南部爲最重要。時燕處東北，鮮與中朝盟會之事（據春秋左氏傳所載，燕國與中原諸國之關係甚少），於齊不足爲慮；且有大河爲界，阻絕往來，爲天然之重要形勢，是齊於其西北境之防守，自始未嘗視爲重要。至於齊之東南，地濱大海，莒杞諸國分佈其間，然均小弱，不足爲齊患。其南與魯爲鄰，魯亦弱國，其勢力未能與齊比，亦不足爲齊憂；且有太山之險，亦可依爲固守，無待人力之經營。惟齊西南之地，南通曹宋滕邾魯楚，西通衛晉鄭周，兵爭盟會，多出其地，齊晉爭盟，山東小國，舉足可爲輕重，晉會諸侯以伐齊，齊之西南爲首衝之地。茲試舉春秋間齊晉交爭之數事以明之。

（1）宣十七年傳

十七年春，晉侯使郤克徵會于齊。……郤子至，請伐齊，晉侯弗許，請以其私屬，又弗許。齊侯使高固，晏弱，蔡朝，南郭偃會，及斂盂（杜注：「衛地」。春秋大事年表衛都邑：「今直隸大名府開州東南有斂盂聚，是其地」。開州今名濮陽），高固逃歸。夏，會于斷道（杜注：「晉地」。春秋大事年表晉都邑：「今沁州東有斷梁城」。沁州今山西沁縣），討貳也，盟于卷楚（即斷道）。

（2）成二年傳

孫桓子還于新築，不入，遂如晉乞師，臧宣叔亦如晉乞師，皆主郤獻子。……師從齊師于莘（春秋大事年表衛都邑：「今山東東昌府莘縣北莘亭故城是也」）。六月壬申，師至靡笄之下（杜注：「靡笄，山名」。山東考古錄辨靡笄條：「齊乘：『華不注亦名靡笄山』，非也。左傳云：『從齊師于莘』，云『六月壬申，師至於靡笄之下』，云『癸酉，師陳於鞌』，曰『逐之三周華不注』，曰『丑父使公下，如華泉取飲』，其文自有次第，鞌在華不注之西，而靡笄又在其西，可知。金史，長淸有劚笄山」。春秋大事年表齊山川：「靡笄山，在今濟南府治歷城縣南十里，亦曰歷山。史記：『晉平公元年伐齊，齊靈公戰于靡下』。徐廣曰：『靡當作歷，左傳作靡笄之下，省文而爲靡下，又僞離而爲歷也。漢三年韓信襲破齊歷下軍，卽此』」）。……齊高固入晉師，桀石以投人，禽之，而乘其車，繫桑木焉，以徇齊壘。……癸酉，師陳于鞌（杜注：「齊地」。春秋大事年表齊都邑：「卽古之歷下城，卽今之濟南府治之歷城縣」。）……齊師敗績，逐之，三周華不注（杜注：「山名」。春秋大事年表齊山川：「華不注在今濟南府城東北十五里，下有華泉」。按卽今濟南府東北之華山。）……晉師從齊師，入自丘輿（杜注：「齊邑」。春秋大事年表齊都邑：「當在今靑州府治益都縣界」），擊馬陘（杜注：「齊邑」。春秋大事年表齊都邑：「史記作馬陵。齊乘：『淄水出益都岳陽山，北徑萊蕪谷，又北徑長峪道，亦曰馬陵，卽郤克追齊侯處。所謂弇中狹道亦在此。在益都縣西南，近臨淄，蓋已直逼齊都矣』」）。

(3)襄十八年傳

……晉侯伐齊，將濟河，獻子以朱絲係玉二瑴，而禱曰：「齊環怙恃其險，負其衆庶，弃好背盟，陵虐神主，曾臣彪將率諸侯以討焉。其官臣偃，實先後之。苟捷有功，無作神羞。官臣偃無敢復濟，唯有神裁之」。沈玉而還。冬十月，會于魯濟，尋湨梁之言，同伐齊，齊侯禦諸平陰（地見前），塹防門（地見前）而守之廣里（地見前）。夙沙衛曰：「不能戰，莫如守險」，弗聽。諸侯之士門焉，齊人多死。……齊侯登巫山（杜注：「巫山在盧縣東北」。春秋大事年表齊山川：「巫山在今濟南府肥城縣西北七十五里，卽齊侯望晉師處。」），以望晉師。晉人使司馬斥山澤之險，雖所不至，必旆而疏陳之。使乘車者，左實右僞，以旆先，輿曳柴而從之。齊侯見之，畏其衆也，乃脫歸。……己卯，荀偃士匄以中軍克京茲（杜注：「在平陰城東南」。春秋大事年表齊都邑：「今在泰安府平陰縣東南。」）。乙酉，魏絳欒盈以下軍克邿（杜注：「平陰西有邿山」。春秋大事年表齊都邑：「在今平陰縣西」），趙武韓起以上軍圍盧（杜注：「齊地」。春秋大事年表齊都邑：「今盧城在濟南府長淸縣西南二十五里」），弗克。十二月，戊戌，及秦周伐雍門（地見前）之萩。……甲辰，東侵及濰，南及沂。 23

(4)襄十九年傳

晉士匄侵齊，及穀（莊七年經：「冬，夫人姜氏會齊侯於穀」。杜注：「穀，齊地，今濟北穀城縣」。按穀故地，在今山東東阿縣境內），聞喪而還，禮也。

(5)襄二十三年傳

秋，齊侯伐衞。……齊侯遂伐晉，取朝歌，爲二隊，入孟門（杜注：「孟門，晉隘道」。春秋大事年表晉山川：「孟門在今河南衞輝府輝縣」），登太行，張武軍於熒庭（杜注：「熒庭，晉地」），戍郫邵（春秋大事年表晉都邑：「襄二十三年，齊侯伐晉，入孟門，登太行，張武軍於熒庭，戍郫邵。杜注：『取晉邑而戍之』，卽此郫也。蓋郫邵在太行之南界，接鄭衞，戍之以防追襲耳。今河南懷慶府濟源縣西一百里有郫亭，與山西絳州垣曲縣接界，蓋逼近晉都之地」），封少水，以報平陰之役，乃還。

(6)哀十年傳

夏，趙鞅帥師伐齊，大夫請卜之，趙孟曰：「吾卜於此起兵，事不再令，卜不襲吉，行也」。於是乎取犂（杜注：「犂一名隰，濟南有隰陰縣」。春秋大事年表齊都邑：「在今濟南府臨邑縣西十里」），及轅（杜注：「祝阿縣西有轅城」。春秋大事年表齊都邑：「在今濟南府禹城縣西北」），毀高唐（杜注：「在祝阿縣西北」。春秋大事年表齊都邑：「故城在今濟南府禹城縣北四十里」）之郭，侵及賴（杜注：「齊邑」。春秋大事年表齊都邑：「今濟南府治東近章丘縣有賴亭」）而還。

總計以上所述，齊晉交爭，其所取之路徑，若以今地言之，大抵西起今山西翼城，即晉故都絳之所在地，東出太行，取道白徑（卽孟門，爲太行山自南至北之第三重要隘道），達濮陽，即古之衛境。由此分爲二道，如與魯宋等國連絡，則取道魯濟，而侵平陰肥城長淸等地，即齊之西南境，直迫歷下。否則由濟水之西，侵及臨邑禹城等地，略當齊之西北境。是以齊之西南，其防守重在平陰歷下，齊之西北，其防守重在高唐。然就左傳所載，平陰歷下防守之重要，較之高唐尤爲迫切。降至戰國，齊西南境形勢之重要，仍不稍減，三晉侵齊，常至甄阿，平陰之地，首受迫脅。春秋戰國間齊之形勢既乃如此，則齊城先起於齊之西南境，乃爲當然之事實。至於建置年代，則無定準，大體言之，前因於防，而歷代復迭有增置；及至戰國初年，則已確然成立，西依濟水，東達太山，爲一方之鎖鑰重鎮矣。

丙，齊城東南部完成時代之推測　當春秋之際，齊之東南，杞莒分立，兩國弱小，無築城置防之必要，且齊城經杞之南，跨莒之北（見第一段），齊人築城，當不至遠涉異國。故知春秋之際，齊在南部之長城，當未成立。戰國之初，杞莒雖愈趨衰微，然尚未至亡國。楚惠王四十四年（齊宣公十一年），滅杞，淳于之地（杞之都城，故地在今山東安邱之東北），始歸其有。淳于之地，遠在齊城之北，當杞未亡之先，齊人當不能越國立城，而在杞滅之後，地歸楚有，楚人亦不容其立城間己。故知當楚惠王四十四年之前後，齊東南境之長城，亦必尚未成立。然杞彈丸之地，介莒，魯，齊三國之間，楚人越國而滅之，得其地當不能永守，故其後不久即入於齊。齊得杞地，南與莒爲鄰，莒固弱國，不足爲齊憂，故此時仍無長城之建置。迨後莒之勢力不能自保，齊人南侵，其北境淪喪，越人北侵，其南境淪喪，其國不絕者如縷。至楚簡王元年，乘越人之虛，北伐滅莒，楚人雄勢，駸駸北向，齊人直受其迫脅。自是而後，楚越兩國，於淮泗之間，勝負無常，然其北圖之志則一。越楚北伐，常取道於莒，故齊東南境之形勢甚迫，而實有築防之必要。玆試詳言其說。

考莒原有國土，其都居莒，即今山東莒縣，其屬域有介根，在今高密縣境；有密，在今昌邑縣境；有渠邱，有防，有壽餘，在今安邱縣境；有且于，在今莒縣境；有壽舒，蒲侯氏，大厖，常儀靡，亦在今莒縣境；有玆，在今諸城縣境；有紀鄣，在今江蘇贛榆縣境；有鄆，在今沂水縣境（以上據春秋大事年表莒都邑）。是莒之領域，當春秋之際，其地路有今莒縣安邱昌邑諸城高密沂水贛榆等縣之全境或其一部，而與魯杞齊等國，犬牙相錯。齊魯二國，一居其西，一居其北，時肆侵蝕；然終春秋之時，尚能保全其國土之大部。春秋末季，吳越鼎盛，其勢力遠伸江淮之北，越滅吳，徙都琅琊，其勢北伸愈亟，時田齊亦駸駸欲開擴疆圉，二國遂共分莒土之大部。而莒亦由是幾瀕於亡。墨子非攻中云：

東方有莒之國者，其爲國甚小，間於大國之間，不敬事於大，大國亦弗之從而愛利，是以東者越人夾削其壤地，西者齊人兼而有之，計莒之所以亡於齊越之間者，以是攻戰也。

按墨子所舉，乃言越齊在莒對抗之情勢，至於莒之亡國，非亡於越，實亡於楚。竹書紀年載考王十年，楚滅莒，史記楚世家亦言簡王元年北伐滅莒，是莒亡於楚之事甚確。以意度之，當是越齊對抗之際，莒之疆域雖大減削，然仍得保其社稷，而未至於亡。後楚東侵廣地至泗上，越人勢力不能與競，遂北伐滅莒，而全據越人所有之莒土；至於莒之北部，則仍爲齊人所有。自是以後，齊之東南邊境，始與楚人相接，兩大對峙，其勢岌岌。然楚人遠地來犯，保其地可以爲齊憂，失其地於己無大害，故楚人所處之形勢甚便。至於齊則不然，楚人越莒北來，則直迫其心腹，即墨不保，禍且西及臨淄，故謀所以防禦之者甚急。楚滅莒後，越人之勢力稍衰，然北圖之志終未嘗已，故淮泗間常爲兩國爭逐之地。時齊於曹宋之間，設重地於徐州，其勢不易拔，而魯之北境又多山谷，行軍不易，故楚越北伐，常取道於莒，而齊之東南境，首當其衝。試觀齊東南境之長城，經莒縣之北，穿日照諸城兩縣而東達於海，其形勢與此種對抗之情勢略合。由是以推，齊此部之長城，當建於楚人滅莒之後，而其先實未之有也；至後於滅莒者若干年，則尚未敢斷也。

25

丁，齊南界長城建置年代之推測

上述齊城起原於防，又言齊城以西南部之完成爲最早，又言東南境之長城建於楚人滅莒之後，茲試進而言齊南界之長城，即西自泰山而東至穆陵以東之一段也。按齊之南界與魯爲鄰，有馬陘穆陵爲交通要道，其形勢本至險要。然魯本弱國，患常在齊，而未能爲齊患，故齊無設防置險之需求。且齊魯之間，有泰山之餘脈爲界，岡巒起伏爲天然之形勢，亦無待高壁固壘以爲防。春秋之際，未聞有長城建築其間者，其理可想也。竹書稱顯王十八年，（據先秦諸子繫年通表爲齊威王之七年），稱「齊築防以爲長城」，此時齊西南境之長城已立，雖待修葺，而無事重築，則所謂「築防」者，殆即通貫全境，舉泰山之東而與泰山之西以相連接乎？常謂田氏篡齊之初，以威王爲最奮發，任賢用能，勵精圖治。史記田敬仲完世家稱其即位之初，封即墨之大夫而烹阿之大夫，其求治之切可知。又稱使檀子守南城，則楚人不敢爲寇，東取泗上；使盼子守高唐，則趙人不敢東漁於河；使黔夫守徐州，則燕人祭北門，趙人祭西門；其圖固之切可知。以是敗魏伐燕，國勢亦駸駸日上。且當威王之時，楚人之勢正強，既滅杞莒，而江淮之地亦多爲其所有。越王無疆（據先秦諸子繫年通表，越王無疆之元年，爲齊威王之三年）亦力圖振作，常興師北伐齊西伐楚，與中國爭彊（見史記越王勾踐世家）。楚越對峙於南，皆志在北圖，而魯苟且求全，不足爲齊屏藩。威王既奮發圖強，而處勢又爲迫切，固圉防邊，自爲當行之事，則竹書所謂「築防」之事，殆不爲虛。

右述齊城各段建築之年代既竟，茲試括而言之。齊城西南之一段始因於防，其後因軍事上之重要，而漸築爲城；又因齊西南境之形勢最爲迫切，故首先築城于其地。其南界之長城，當建築於齊威王之時，有竹書爲証。至於其東南境長城之建築，似在楚人滅莒之後，然後至若干年，是否與南界長城，同建於威王之時，是尚未敢定。夫齊城創置，年代久遠，故蹟湮沒，多不可尋。古書所載，僅言概略，未可推詳。大抵此種工作，當以實地之勘查爲重要，未可僅憑紙上之談說。今就力之所及，成爲此篇，闕漏之處，知所不免，甚望讀者有以教之。

此篇爲改作之文。先年曾以初稿發表於大公報史地周刊四十九期，嗣以取材未廣，辨證未詳，問題多未解答，殊不洽於心。玆重爲訂正，首段大體仍舊，而末段則悉行改作，文字凡增加三之二焉。古人爲文，不厭增補，竊本此意，改成此篇，以求正於當世之大雅君子。

作者自識。廿六年，三月十日。

西山先生：

承示　大作『齊長城考』，拜讀極佩！敬貢鄙見兩點，尙乞教正：

（一）䣄羌鐘之年代問題。此鐘年代，先生廣引羣說，不加斷語，深合史家『闕疑』之義，至可欽佩！惟此器銘文所云『賞于韓宗，令于晉公，卲于天子』，是家臣可以直達天子，此種事實，在春秋時殊爲罕見。又銘文之『厥辟韓宗』一語亦似有可疑，蓋春秋時大夫稱『主』。如：

趙孟曰，『誰當良臣？』對曰，『主（指趙孟）是謂矣。主相晉國，於今八年。……主不能禦，吾是以云也』。（左傳昭公元年）

魏戊謂閻皮女寬曰，『主（指魏獻子）以不賄聞於諸侯』。（仝上昭公二十八年）

趙孟尸諸市而告於知氏，曰，『主命戮罪人安于，既伏其罪矣』。（仝上定公十四年）

趙孟降於喪食，楚隆（杜注，『楚隆』，襄子家臣）曰，『主又降之，無乃有故乎？』趙孟曰『黃池之役，先主（杜注，『先主』，簡子）與吳王有質』。（仝上哀公二十年）

知伯謂趙孟，『入之！』對曰，『主（杜注，『主』，謂知伯）在此』。（仝上哀公二十七年）

27

顧炎武亦據昭公二十九年左傳齊侯使高張來唁公，『稱主君』，子家子曰，『齊卑君矣』，杜注，『比公於大夫』等文，以証春秋時稱卿大夫曰『主』（日知錄卷二十四）。至『辟』之一名似祇可用之於王與國君。如：

惟辟作福，惟辟作威，惟辟玉食。臣無有作福，作威，玉食。（書洪範）

朕復子明辟（指成王）。（仝上雒誥）

其基作民明辟（指成王）。（仝上）

汝其敬識百辟享。（仝上）

予小子其退即辟（猶言『王位』）于周。（仝上）

今至于爾辟（指紂）弗克以爾多方享天之命。（仝上多方）

乃惟爾辟（指紂）以爾多方大淫圖天之命。（仝上）

亦惟先正克左右昭事厥辟（指文王等）。（仝上文侯之命）

百辟（指諸侯）爲憲。（詩小雅桑扈）

濟濟辟王。（仝上大雅棫樸）

皇王惟辟。（仝上文王有聲）

百辟（指諸侯），卿士（案此以『百辟』與『卿士』分言），媚子天子。（仝上假樂）

式是百辟（指諸侯）。（仝上烝民）

烈文辟公。（仝上周頌烈文）

百辟（指諸侯）其刑之。（仝上）

相維辟公，天子穆穆。（仝上雝）

載見辟王。（仝上載見）

天命多辟（指諸侯）。（仝上商頌殷武）

即春秋時其他彝器，如齊侯鐘銘之『夷用拜韻首，弗敢不對揚朕辟皇君（指齊侯）之錫休命』，晉姜鼎銘之『用紹匹辞辟（指晉侯）』之『辟』字，亦皆指諸侯。至東周以前之彝器『辟』字亦甚多，均稱諸侯以上之君主也（爾雅釋詁，『……皇，王，后，辟，公，侯，君也』）。時至戰國，三家代行晉君之權，如史記晉世家所謂『幽公之時，晉畏反朝韓，趙，魏之君』，似在此時代，始得有『厥辟韓宗』之語也。（業以為考証驫羌鐘之諸家，以郭，温兩家之說為近是。）

（二）『光里』即『廣里』之問題。先生據水注經引京相璠說，定左傳『塹防門，而守之廣里』之『廣里』為地名，並引續漢書郡國志為証，說亦極確！查戴東原嘗據爾雅，禮記鄭注等謂堯典『光被四表』之『光』字古本有作『横』字者，是『光』『横』可通假。段玉裁舉文選魏都賦李善注引東京賦『惠風横被』，今本東京賦作『惠風廣被』，是『横』『廣』亦可通假—即『廣』可通為『光』也。又案，詩周頌敬之，『學有緝熙于光明』，毛詩，『光，廣也』，是『光』『廣』可互訓。僖公十五年穀梁傳，『故德厚者流光，德薄者流卑』，『光』亦假為『廣』也。蓋『光』『廣』聲既相近，義又相通，『光里』之即『廣里』，決然無疑矣。

草此，恭請撰安！

書業拜上。三月四日。

28

洞庭仍在江南屈原非死江北辨

方授楚 1

錢穆先生先秦諸子繫年有屈原生卒考，說：

余考屈原放居，其地在漢北。楚辭所歌洞庭沅澧諸水，本皆指江北地名而言。

他更作戰國時洞庭在江北不在江南和屈原沉湘在江北不在江南兩辨，以證成其說，而附於書中。

我看錢先生的說法，實在有誤，玆特先定洞庭位置，再論屈原的卒地。

錢君說：

今以洞庭之山，定楚辭洞庭之澤，自應在湖北安陸應山一帶，自此而南，其水脈與雲夢相連也。

錢君的證據，乃引淸吳任臣山海經廣注和嘉慶一統志；並曲解戰國策秦策，韓非初見秦篇『取洞庭五都（五湖）江南』而成。我們欲指定楚辭中的地名，與其據後人揣測臆想之說，不如據古人親歷之言；與其用他家的解釋，不如在楚辭中求其本證。這是我在方法上要首先聲明的。

楚辭中最可以指定洞庭位置的，莫如湘君湘夫人。湘君云：

沛吾乘兮桂舟，令沅湘兮無波！

朱子集注『吾，爲主祭者之自吾也。……願湘君令水無波而安流也』。此解很的確。繼說神來的路綫說：

駕飛龍兮北征，邅吾道兮洞庭。薜荔拍兮蕙綢，蓀橈兮蘭旌。

望涔陽兮極浦，橫大江兮揚靈！

若照錢君說：『楚辭湘水，或即襄之異字。……襄湘滄浪，皆漢水也』。那末，湘君應是襄君。如果襄君由襄水北征，即與大江背馳，邅道於在應山的『洞庭之山』，而不向後轉，無由橫渡大江以揚她的光靈了。如果認湘水洞庭，即現在湖南的湘水洞庭；那末，湘水北上，即是洞庭湖，洞庭北上，即可橫渡大江了。這樣「若合符節」，絲毫不可移動，爲甚麼錢君却未注意？（錢君引湘君加以解釋說：「『令沅湘兮無波，使江水兮安流。駕飛龍兮北征，邅吾道兮洞庭』。自大江北征而邅道於洞庭，洞庭固自在大江之北也」。錢君捨却中間『望夫君兮未來，吹參差兮誰思』二句不引，把祭者的希望與湘君的行程，混合爲一，加以曲解，故有此誤。）

湘夫人云：

帝子降兮北渚，木眇眇兮愁予。嫋嫋兮秋風，洞庭波兮木葉下。

錢君引此而加以解釋道：『此決非江南洞庭，湖水廣員五百餘里，日月若出沒於其中之所有也』。按『日月若出沒於其中』之說，出於酈道元水經注。水經注雖文采可觀，然觀道元生平（魏書卷八十九，北史卷二十七，有傳），似未親歷江南；故戴震說：『塞外羣流，江南諸派，道元足跡，皆所未經』。這些道元的想像揣測之辭，不足盡信。錢君居近太湖，當知太湖中也有不少的山。若謂決非江南洞庭所有；那應山的洞庭山，雖『中有一穴，深不可測』，又豈易生波嗎？

此外如湘君言：

> 鼂騁騖兮江皋，夕弭節兮北渚。

湘夫人言：

> 沅有芷兮澧有蘭，思公子兮未敢言。（澧一作醴，下同。）
> 朝馳余馬兮江皋，夕濟兮西澨。
> 九嶷繽兮並迎，靈之來兮如雲。

又如：

> 捐余玦兮江中，遺余佩兮澧浦。采芳洲兮杜若，將以遺兮下女。（湘君）
> 捐余袂兮江中，遺余褋兮澧浦。搴汀洲兮杜若，將以遺兮遠者。（湘夫人）

其中地名，水若沅澧，山若北渚九嶷，如果求之於湘水洞庭湖則地望相近，極爲恰切。如果依錢君之說，求之於襄水洞庭山，則在在扞格而不可通了。

哀郢也說及洞庭，如：

> 將運舟而下浮兮，上洞庭而下江；去終古之所居兮，今逍遙而來東。

此洞庭亦江南洞庭，故言運舟而上。若爲洞庭山，則不得言運舟而浮，以上下洞庭與江了。

由此所引湘君湘夫人哀郢三篇，則楚辭中之洞庭，實在江南，毫無可疑。

錢君既誤以洞庭在江北，於是對於楚辭中地名，多另出解釋。

（一）『疑沅即漬，今漢北有漬陽』。按：漬水甚小，而入於漢（襄河）。懷沙之亂曰：

> 浩浩沅湘，分流汨兮。

王逸注：『浩浩，廣大貌也。言浩浩廣大乎沅湘，分汨而流，將歸乎海』。是襄（？）可言浩浩，而漬不得言浩浩。明說沅水分汨而流，則非入襄（？）可知。這不獨可證沅非漬，更可知湘非襄了。

2

（二）『涔陽者，漢之陽也。史記：「沱涔既道」，鄭玄云：「水出江爲沱，漢爲涔」。原居漢北，與此篇涔陽極浦正合』。按：鄭玄云水出漢爲涔，這是不錯的，漢水下流之南岸，如現在的潛江沔陽各縣，尙多此種枝流。王逸說：『涔陽，江碕名，附近郢』。說文：『涔陽渚在郢中』，這與地望正合，未可指爲『以意強說』。涔既出於漢而另爲一水，則已非漢了；不必更據水經，而引申爲『涔陽者漢之陽也』。至『望涔陽兮極浦』，明未身歷其地，則與湘君的情事亦合，也無須附會屈原居漢北了。

（三）『北渚即洞庭(山)之北渚。……若江南洞庭浩瀚黏天，日月若出沒於其中，決無秋風木葉之象』。按：北渚古多未實指其地，吳敏樹始以爲洞庭湖中之君山（見柈湖文集慕建君山北渚亭引，湖南通志亦採其說）；以秋風木葉與地勢言之，大概相差不遠。因渚爲水中可居者，洞庭山下僅一穴，何能再容北渚？

（四）『涉江篇「哀南夷之莫吾知，旦余濟乎江湘。乘鄂渚而反顧，欸秋冬之緒風」。鄂渚，漢志南陽有西鄂，其地望正值丹析漢北。則湘水所在，斷可知耳』。按：鄂渚自以洪興祖楚辭補注『鄂州武昌縣地是也』爲確。在南陽者別稱西鄂，明非鄂渚。此不獨有文字可稽，亦有實物可證。夜雨楚公鐘，宋政和三年出土於鄂州武昌嘉魚二縣間。王國維夜雨楚公鐘跋有曰：『案楚世家言熊渠至於鄂，乃立中子紅爲鄂王。……今熊咢之器出於武昌者，武昌即鄂。蓋熊渠之卒，熊摯紅（即中子紅）雖嗣父位，仍居所封之鄂，不居丹陽。越六世至熊咢猶居於此，故有其遺器』（觀堂集林卷十八）。可見鄂渚即武昌。『旦余濟乎江湘』，也以集注本『旦余將濟乎江湘』，有『將』字者，於義爲長。是湘水所在，亦非如錢君所言了。

（五）謂湘水即襄水，已辨於前。

此外言澧水也在江北，却未指實何地。

總而言之，洞庭位置一誤，其他諸地無一不訛。錢君一時受蔽，故有此失。況且沅湘澧諸大水，如果均在江北，那現在江南的洞庭湖及沅湘澧諸水，在古代其名如何？恐不會沒有名字吧？

上面以楚辭證楚辭中的洞庭，當在江南，毫無疑義。即山海經中洞庭之山，也應在江南。山海經原文云：

又東南一百二十里曰洞庭之山，其上多黃金，其下多銀鐵；其木多柤，棃，橘，櫾；其草多葌，蘪蕪，芍藥，芎藭。帝之二女居之，是常遊於江淵，澧沅之風，交瀟湘之淵，是在九江之間，出入必以飄風暴雨。是多怪神，狀如人而載蛇，左右手操蛇，多怪鳥。——中山經

按山海經本神話而不足言地理書，但由神話構成的背景，可測其地之所在。澧沅瀟湘既在江南的洞庭，則『洞庭之山』不得移至江北的應山。且應山的洞庭山僅一穴，而言令江與澧沅瀟湘風波之氣共相交通，亦與神話構成的背景不合。山海經大約成於春秋之末年（今人玄珠中國神話研究亦有此說），至戰國末年此類神話多歷史化，觀秦始皇本紀可以窺見這種消息：

二十八年，始皇……之衡山，南郡，浮江，至湘山祠。逢大風，幾不得渡。上問博士曰：「湘君何神？」博士對曰：「聞之堯女舜之妻，而葬此」。於是始皇大怒，使刑徒三千人，皆伐湘山樹，赭其山。上自南郡，由武關歸。

以『帝之二女』化爲『堯女』觀之，則此湘山即洞庭之山，地在江南（按湘山據水經注即洞庭湖之君山。說『是山，湘君之所遊處，故曰君山矣』）。故洞庭之山宜從郭璞傳：『今長沙巴陵縣西』。吳氏廣注引劉會孟之言定在應山縣者，不足依據。

大抵地名偶同，事所常有。今太湖中有洞庭山，人所習知。然左思吳都賦說：『指包山而爲期，集洞庭而淹留』。劉淵林注：『班固曰，洞庭，澤名。王逸曰，太湖也，在秣陵東』，是太湖又名洞庭。但太湖之洞庭與洞庭山，和應山縣的洞庭山，另爲一地，不能與山海經的洞庭之山和楚辭的洞庭，混而爲一。故楚辭中的洞庭，實在江南，是無法把它移動的了！

以上辨洞庭在江南竟，試再考屈原的卒地。

屈原投汨羅江，是錢君承認的。但錢君說：

春秋漢東有羅，則屈原之投湘而沉汨羅者，固安見其必在大江之南，長沙之外也哉？

按羅於魯桓十二年見左傳，杜注：『羅國在宜城縣西山中，後徙南郡枝江縣』。然漢書地理志長沙國已有羅。應劭曰：『楚文王徙羅子自枝江居此』。今湖南之湘陰平江兩縣間有古羅縣城，顧祖禹方輿紀要謂即『春秋時羅國地』（卷八十）。顧棟高春秋大事表說，今枝江平江皆羅所遷地（卷五，列國爵姓及存滅表），是羅國自始即在漢水之西，後更遷徙至江南了。錢君說羅在漢東，或因『

4

漢東之國隨爲大』（鬭伯比語，見桓六年左傳）一語而偶誤吧？

至汨羅一名，不見楚辭中，是否在大江以南呢？我們可以舉出幾個證據：

（一）汨爲水名而有專字，說文：『汨，長沙汨羅淵，從水，冥省聲，屈原所沉之水』。又有潰字，潰即汨之異名。拋開屈原所沉數字不談，古有汨水，是可承認的。左傳『楚子以馹至於羅汭。……楚師濟於羅汭，沈尹赤會楚子次於萊山』（昭五年）。杜注僅言羅水名，萊山無說。水經注說『汨水又西逕汨羅戍南，西流注於湘，春秋之羅汭矣，世謂之汨羅口』（湘水篇）。湖南通志（卷八十六）也說羅汭在今湘陰縣，萊山在今醴陵縣。這或出於臆測，但以當時吳楚用兵形勢而言，也頗可信。汨與羅既有此水，合而爲汨羅，其說自可成立，決非後人因屈原故事，再名此以重其水，已可見了。

（二）地理貴實驗，賈誼司馬遷是到過長沙的。賈誼於漢文帝四年爲長沙王太傅，及度湘水，爲賦以弔屈原。其辭有曰：

恭承嘉惠兮，俟罪長沙。側聞屈原兮，自沈汨羅。造託湘流兮，敬弔先生！

則大江以南，長沙之外有汨羅，由賈誼的話是可信的了。

史記自序說：『二十而南游，……闚九嶷，浮於沅湘』。屈原列傳既說：『於是懷石，遂自投汨羅以死』，又說：『余……適長沙，觀屈原所自沈淵』，則大江以南，長沙之外有汨羅，由司馬遷的話是可信的了。

依我的觀察，屈原大約死於楚頃襄王十年以後不久；即如錢君謂屈原死於懷王末年，由賈誼弔屈原時上溯不過百二十餘年，如我們現在說清嘉慶中年事；司馬遷二十歲時，係在漢武帝元朔三年（據王國維太史公行年考），距屈原死時（依錢君說）也不過百七十餘年，如我們說乾隆中年事。我們現在與乾隆嘉慶時代，人事變化雖多，水道想必沒有甚麼大的移動吧？故賈誼司馬遷之說，最爲可信。

由以上各證據看來，錢君所言羅在漢東說既不成立，而正面的理由又如此可靠，汨羅在江南之說，是無法可以推翻的了。

汨羅在江南之說既定，我們再看屈原是否死於江南。

屈原曾居漢北，我是承認的，然屈原後居江南，不久便死，我們也不能不承認；因為他的作品中，已有鐵一般的證據。錢君欲證成屈原放居，其地在漢北，不信頃襄遷原江南一事，既將洞庭沅湘諸水，變易其位置，又否認哀郢為屈原作；但錢君不曾否認涉江與懷沙。這兩篇中，就可以證明屈原確曾放逐於大江以南。涉江說：

哀南夷之莫吾知兮，且余將濟乎江湘。

乘鄂渚而反顧兮，欸秋冬之緒風。步余馬兮山皋，邸余車兮方林。

乘舲船余上沅兮，齊吳榜而擊汰。船容與而不進兮，淹回水而凝滯。

朝發枉陼兮，夕宿辰陽。苟余心之端直兮，雖僻遠其何傷！

入漵浦余儃佪兮，迷不知吾所如。深林杳以冥冥兮，乃猨狖之所居。

此中地名，湘既非襄，沅亦非涓，鄂渚在武昌，其非漢北已甚明白。枉陼辰陽漵浦縱不實指其地，然地既僻遠，當時視為猨狖所居；又在濟江湘後，上沅所歷之境：不在大江以南，還在甚麼地方呢？（思美人係在漢北作，故曰：『吾且儃佪以娛憂兮，觀「南人」之變態』，南人似指郢中佞幸之人。此曰『哀「南夷」之莫吾知』，南夷似指大江以南，當時比較落後的民族。又，涉江中如『山峻高以蔽日兮，下幽晦以多雨；霰雪紛其無垠兮，雲霏霏其承宇，哀吾生之無樂兮，幽獨處乎山中』等語，以與山鬼比較，則處幽篁終不見天，杳冥冥羌晝晦，猨啾啾又夜鳴等，其背景正同。山鬼殆屈原入漵浦後所作。

在懷沙裏說：

滔滔孟夏兮，草木莽莽。傷懷永哀兮，汩徂南土。

進路北次兮，日昧昧其將暮；舒憂娛哀兮，限之以大故。

亂曰：浩浩沅湘，分流汩兮。脩路幽蔽，道遠忽兮。曾傷爰哀，永歎喟兮。世溷濁莫吾知，人心不可謂兮。……知死不可讓，願勿愛兮！明告君子，吾將以為類兮！

此屈原放居江南後所作，因郢與故里均在此，故以南徂為哀傷，以北次為舒娛。若在漢北時的作品則與此相反。如抽思說：

有鳥自南兮，來集漢北。好姱佳麗兮，胖獨處此異域。

望北山而流涕兮，臨流水而太息。

惟郢路之遼遠兮，魂一夕而九逝。曾不知路之曲直兮，南指月與列星。願徑逝而不得兮，魂識路之營營！

亂曰：長瀨湍流，泝江潭兮。狂顧南行，聊以娛心兮！

思美人說：

吾將蕩志而愉樂兮，遵江夏以娛憂。

吾且儃佪以娛憂兮，觀南人之變態。

獨煢煢而南行兮，思彭咸之故也。

這兩篇中北望流涕，南行娛心，正是屈原眺顧郢都與故里的心理。用此與懷沙所說比較，則懷沙爲屈原放居江南之作，是絲毫無可疑的了。

屈原確放逐於江南，懷沙言進路北次，限以大故，則是欲北反而不可得，結以死不可讓，願勿愛身，明告君子，將以爲法，則屈原的沈淵已具決心了。相傳懷沙爲屈原絕筆，也是可信的。那末屈原死於江南，還有甚麽可疑呢？

屈原死於江南，已無可疑。其地相傳爲汨羅淵，汨羅在江南也毫無可疑。那末，錢君所辨屈原沉湘在江北不在江南，其謬誤已無可辯的餘地了。

洞庭確在江南，屈原也確死江南，爲甚麽錢君要懷疑呢？錢君說：

> 余意屈原九歌蓋產其地（按指漢中），遠承二南遺響。自王逸以楚國南郢之邑，沅湘之間說之，近人乃有主九歌爲湘江流域之民歌者。湘域在兩漢時，尙爲蠻陬荒區，豈得先秦之世已有此美妙典則之民歌哉？

九歌非限於湘江流域，我是承認的。如河伯國殤與湘無關，固甚明白。即雲中君所祀者，我也疑心他是江北之神。此雲中即宋玉九辯『願賜不肖之軀而別離兮，放遊志乎雲中』；也就是左傳說的楚昭王『入于雲中』（定四年）。舊說謂雲在江北，夢在江南，大概可信。雲中君如湘君湘夫人，漢以來說是雲神豐隆者似誤。但如湘君，湘夫人，山鬼則爲湘域之歌無疑。若謂蠻陬荒區，不能有此；則歌謠之事，本由天籟，成人不如兒童，文人學士不如農夫鄉女，文明社會之人或不如野蠻民族。故國風爲里巷歌謠，其美妙有過於雅頌者；樂府古辭多民歌，高於後世詩人的擬作（用陌上桑與傅玄的豔歌行比較，最易明白）。劉禹錫所錄建中竹枝詞有淇濮之艷，而他自己仿作的轉遜；黃遵憲所錄的嘉應州山歌九首，高於人境廬詩草中其他絕句；現代民歌中，有高於徐志摩諸詩哲的作品者，常人『貴遠賤近，向聲背實』，未加欣賞吧了（用俞平伯先生可笑一詩與民歌高山好水比較，可知一二）。九歌中有人與神戀愛的殘跡（頗似南朝民間的聖耶白石耶青溪小姑諸曲），正足表示蠻陬荒區裏民衆的原始信仰。以言美妙，誠美妙極了；以言典則，因王逸以來，將屈原忠君愛國之說，注入其中，始復如此。若戳穿西洋鏡，老實說來，恐有王柏之徒，把牠與關雎同删吧？九歌中有湘域民歌，固無可疑，即屈原其他作品，大抵亦受當時楚國民歌影響很深。故自屈宋以後，王逸本楚辭所錄漢代諸家作品，朱子楚辭後語所錄，則旁及荀卿，下迨宋世，許多文人擬騷者，多不大美妙。只有賈誼因心境偶同，或得江山之助，而漸染其俗，弔屈鵩鳥二賦還稍相近，其他則推一個學書不成的武夫和無甚學問的亭長，在失意時哼的『力拔山兮氣蓋世』，與在得意時唱的『大風起兮雲飛揚』，反而妙絕千古，足以壓卷。爲甚麼呢？項羽劉邦都是楚人，他們既有眞實的痛苦與歡娛，情動於中，矢口而出，學之於楚聲的民歌，未必學之於屈原吧？錢君疑湘域在先秦時，不能產生美妙典則的民歌，因而疑及屈原死江北，洞庭非在江南，故爲附論於此。

凡右所述，都是根據楚辭中灼然知爲屈原作品者，輔以漢初諸人親歷之談，因斷定洞庭仍在江南，屈原非死江北。此問題想可決定，再無異議了吧？

（附言）錢君的先秦諸子繫年爲近時佳著之一，其中精義極多，不勝縷述。但於屈原考辨稍疏，有如白璧微瑕。其書傳世，恐誤後學，故略事補苴，爲之辨正如此。若閱者覩我此文，便疑全書眞價，則誤會我的本懷了。

再論楚辭地名答方君

錢穆

余草諸子繫年，藏稿經歲，不欲輕出。何者？中多創論，獨發二千載之秘，自非冥會玄契之士，難資共信。疑者驚其鑿空，好者慕爲炫異，皆非鄙意也。即如論洞庭本在江北，屈原不死湖南，正其一例。兹承禹貢學會轉示方君駁議，自念繫年語求簡要，作意容有未盡，讀吾書而疑者，决非方君一人。而方君謂余說謬誤已無可辯餘地，又不容不姑有申說也。

古史地名，其先皆爲普通名詞，有義可說，如爾雅釋地，釋山，釋水諸篇可證。故往往有異地同名者，如爾雅云，「大山宮小山，霍」，凡具此狀皆可得此名，初非限於一地。故河東有霍，淮南有霍，「霍」乃一普通名詞，非特殊名詞也。然異地同名，決非同時並起，亦非偶然巧合。古人遷居不常，由此至彼，往往以故地名新邑，如殷人所都皆曰「亳」之類是也。故鄙論謂探索古史地名，有可以推見古代民族遷徙之遺跡者，在此。異地同名既有先後，則必其地人文開發較早者得名在先，人文開發較遲者得名在後。故湖南地名有與湖北相同者，大抵皆湖北人遷徙至湖南，而挾故鄉之舊名以肇錫兹新土，非湖南之山水土地自始即有此名，與湖北所有者暗合。此雖古人無一語說及此事，而古今人不相遠，後世如魏晉南遷，及近代如西洋殖民之歷史，及以情理推之，居可信也。然地名非一成不變，往往其地人事之變劇者，其地名之變亦劇，其地人事之變緩者，其地名之變亦緩。故人文開發較早之地，以人事之繁變，而地名亦繁變，新名掩其故名，久則故名漸致遺失，而人惟知有新名。其人文開發較遲者，以人事久滯無變，而地名遂得歷久而反著。此例不勝列舉。中國古史傳說，如黃帝登空同，舜葬蒼梧，禹會會稽，此等地名，其實皆在大河兩岸華夏人文開發較早之中原區域。因中原人事之變，新名繼起而掩故名，而邊鄙四裔，以中原文化之傳播，而地名亦有移殖。於是空同在甘肅，蒼梧在湖南，會稽在浙江。中國古代聖帝名王，其活動傳說盡在邊區。此非古代傳說全屬荒誕，亦有後人之誤解也。鄙論則謂莊子所記黃帝登空同，其實所指在今河南境，同馬遷作史記時，誤認空同在甘肅，此由西漢人地理觀念與戰國人不同。若莊子即謂黃帝登空同在甘肅，此爲荒誕，而司馬遷則覺黃帝登空同自應至甘肅始覺像樣也。然猶幸河南空同山尙有其名，並有廣成澤，襄城之野種種地名，可爲互推。故知莊子所謂黃帝登空同者，應指河南，不指甘肅。若禹會會稽，則中國地名至今惟有一會稽可指，即今浙江之會稽是，而余則疑其不然。縱謂禹會會稽，其本身即係一種傳說而非信史，然傳說亦不能大背情理。春秋中葉以前，黃河兩岸中原諸侯，恐尙不知有浙江之會稽，即以春秋末葉及戰國時代之地理形勢論之，會諸侯亦不必到此偏區僻壤。故余意當時人謂禹會會稽者，其所指實非今浙江之會稽。即以呂氏春秋有始覽所舉九山九塞言之，九山爲會稽，太山，王屋，首山，太華，岐山，大行，羊腸，孟門，餘八山全在秦晉之間，何以會稽獨遠在浙江。自非古今人絕不相似，否則此等處殊爲不倫不類。蓋「會稽」本亦通名，章炳麟說，稽借爲棨字，會稽即會棨，猶云合符。黃帝合符釜山，大禹合符某山，後人略其名而即名會稽，其山當亦在河域中原。後以地名變革，新名掩故名，而浙江以越人自稱大禹後裔，故亦有會稽之傳說。及司馬遷作史記，好奇輕信，因以浙江會稽眞爲大禹會諸侯之所至。今謂當戰國時呂覽諸子所稱會稽實別有所在而不在浙江，則聞者不免驚而生疑矣。

洞庭彭蠡爲長江以南兩大澤，而禹貢彭蠡實在江北不在江南，此有淸一代論者已多。夫彭蠡之名在戰國時既可在江北，則洞庭一名在戰國時自亦有在江北之可能。而況洞庭之在江北，實證尙多，較之僅據禹貢而斷彭蠡在江北者猶可信乎。

謂洞庭在江北，其第一證即繫年所舉國策，韓非子及史記諸文之互證是也。方君謂鄙文曲解，是方君猶爲舊說纏縛，未加細思耳。此層繫年所辨已詳，可不再列，然亦有稍當申說者。據荀子議兵篇：「楚人汝潁以爲險，江漢以爲池，限之以鄧林，緣之以方城，然而秦師至而鄢郢舉，若振槁然」。鄢郢者，在鄀，不在江陵。夫以荀子而言楚故，宜可信矣。然則白起之入楚都，乃漢域之鄢郢，非江域之紀郢也。史記白起傳：「昭王二十八年，攻楚，拔鄢鄧五城。明年，攻楚，拔郢，燒夷陵」。此所謂郢，即鄢郢也。其前年先拔鄢城

2

者，楚昭王嘗自鄀徙鄢，踰年而復，鄢鄀相近，而非一地（方輿紀要鄢城在宜城縣西南九里，鄀城在宜城縣東南九十里），楚既都鄀，鄀亦稱郢，以其近鄢，故名鄢郢，以別於舊郢也。秦兵先得鄢，遂破郢。水經沔水注：「夷水東注沔，昔白起攻楚引西山長谷水，即是水也。水潰城東北角，百姓隨水流死於城東者數十萬，城東皆臭，因名其陂爲臭池。城故鄢郢之舊都，城南有宋玉宅」。此當酈氏時，白起破楚鄢郢之遺聞軼事尚未全失也。楚世家云：「十九年，秦伐楚，楚軍敗，割上庸漢北地予秦。二十年，秦將白起拔我西陵。二十一年，秦將白起遂拔我郢，燒先王墓夷陵，楚襄王兵衰，遂不復戰，東北保於陳城。二十二年，秦復拔我巫黔中郡」。此與白起傳參合觀之，二十年拔西陵，即昭王二十八年攻楚拔鄢鄧五城時也。舊注於西陵皆不能得其地望。蓋前一年既割漢北，鄢郢之屏蔽已失，故翌年秦即下鄢，又明年遂破郢。西陵夷陵，皆鄢郢附近，楚先王冢墓所在耳。水經注「鄢水東南流歷宜城西山，謂之夷谿」，此所謂西陵夷陵者，殆即在宜城西山一帶。後人乃以今湖北宜昌之夷陵西陵說之，不知秦拔巫郡黔中，尙在其後且係蜀師東下，亦與白起不涉。故毛遂蔡澤之言曰：「白起率數萬之衆，一戰而舉鄢郢，再戰而燒夷陵，三戰而辱王之先人」也。秦拔郢，襄王衆散，始東退保陳，若當時楚都在江陵，秦兵已先取鄢鄧，長驅南下，楚都既破，何能轉迎秦鋒，越其兵路，而東北避地於陳哉？（陳之與江陵，亦偏在北，不應云東避。）楚策又云：「秦舉鄢郢巫上蔡陳之地，襄王流揜於城陽」。城陽在河南淮域，自城陽再東乃至陳，此楚襄失鄢郢即東北退至豫境，未在江陵郢都之一證也。然則以荀子史記合觀，楚襄王都當在鄢郢不在江陵，斷斷明矣。楚人自昭王徙都，後遂無復還江陵之明文，先秦故籍斥言楚都，亦率曰鄢郢，而後人每疑楚都仍還江陵者，蓋依漢書地理志，未有他據也（漢志之誤，高士奇已疑之，若其謂楚始封在丹陽郡丹陽縣，則盡人知其謬矣）。就荀子說之，豈不較班書爲可據乎？戰國楚都之所在既得，秦楚當時交兵之形勢既顯，則所謂「秦與荆人戰，大破荆，襲郢，取洞庭五渚江南」者，其地望所在亦可見。夫蘇代既云：秦以漢中之甲，乘船出巴下漢，四日而至五渚，五渚之在漢域，與漢通流，絕無疑矣。故劉伯莊謂五處洲臨漢水也。今曰「洞庭五渚」，洞庭亦當與漢通流，其不能在三湘之間，更復何疑？竊謂洞庭五渚，當正在漢水鄢郢附近，故蘇代既曰四日而至五渚，秦策亦云襲郢取洞庭五渚也。否則豈有鄢郢既破，楚王方避地向東北而去，乃秦兵窮迫，轉遠往長沙洞庭之理？且策史俱云「拔鄢郢東至竟陵」（竟陵地望舊注亦未必是），此則秦人兵鋒固未南向岳州洞庭之明證也。故曰洞庭五渚當斷如繫年之所論也。然則江南奈何？曰，此繫年亦言之：白起既破楚都（鄢郢），不敢逼取楚王，而秦之偏師自蜀東下，又取楚巫黔中地，則在襄王之二十二年，游兵所及，至於江陵以西一帶之南岸。此即所謂江南，秦本紀「昭王三十年蜀守若伐取巫郡及江南為黔中郡」是也。蘇秦說楚合從曰：「大王不從親，秦必起兩軍，一軍出武關，一軍下黔中，若此則鄢郢動」。此其指陳當時秦楚兵爭形勢，可謂瞭然矣。而兩路之尤重者，則在北不在西。此觀於秦楚歷次戰鬭，而確然可見者。亦以楚都鄢郢非江陵，其立國形勢，亦重北不重西也。故知此所謂江南，當遠在今洞庭西北，正值江陵之南以西，與洞庭五渚之在漢北者非一地，則亦非泛指大江之南，謂秦兵直至今巴陵岳州一帶也。洞庭岳州，在後世自為衝要，而當時則決不為秦楚兵爭之區，此稍治戰國地理形勢即可得之，惟人自纏縛舊說，不肯致思耳。

余謂戰國洞庭在江北，尚有第二證，則為山海經之洞庭山。山海經中山經前後所列諸山脈盡在江北，此一條不容獨在江南。自洞庭之山東南千餘里始為柴桑之山，則洞庭之山不能在江南甚顯。方君所以不敢信者，因山海經有「是常遊於江淵，澧沅之風交瀟湘之淵，是在九江之間」數語，方君以澧沅瀟湘盡在江南，不悟九江一名，自秦迄漢，明在江北不在江南也。後人惟誤認洞庭在江南，故曲說九江亦在江南，然此則史漢明文俱在，彰彰可稽矣（繫年只以湖北有洞庭山推證亦可有洞庭湖，並未即指洞庭之山為洞庭之澤也。惟繫年於楚都鄢郢一節考辨未及，故於洞庭地望，仍嫌模糊，只能斷其在江北漢域而已。今以郢都之辨補之，則洞庭五渚之地位更益明顯。繫年容俟增改，讀者先以此文與繫年並參之可也）。方君疑鄙文於澧水之在江北者未指實何地，實則澧水在江北最有明文可指，較之沅湘洞庭尤顯（拙作楚辭地名考論及澧水，而繫年略之者，著書體例所限，不能盡詳也）。漢志：「雉衡山，澧水所出，東至郾入汝」。說文云：「

澧水在南陽，經衡山東入汝」。今則澧水衡山，一望而認其爲在湖南境矣。此非地名遷徙一極好之例證乎？方君又疑若洞庭湘澧諸水盡在湖北，則湖南洞庭沅湘諸水古當何名？不知山川土地初本無名，必俟其地人文漸啟，乃始有名。以古史大體論之，湖北人文開發先於湖南，湖南之人文即由湖北移殖，湖南地名固可由湖北來而較後於湖北也。故自鄙意論之，正因湖南之有洞庭沅湘諸名，而疑湖北應亦先有此諸名，否則湖南地名全出新創，別無因襲，轉爲可怪矣。（方君駁余文有極謬者，如鄙論指地名遷徙，而方君誤謂指水道之移動是也。人雖好怪，亦不能不顧情理。若余謂江北洞庭沅湘諸水至漢初盡遷至湖南，此等怪論，不將大爲通人所嗤鄙乎？又余以洞庭之山在江北，推論江北亦可有洞庭之水，方君乃誤謂余指洞庭山之一穴即謂是屈子所歌之洞庭，鄙人雖淺拙，亦何至是耶？）

凡此所論，聊以補吾繫年所論之未詳。余早年讀楚辭，即信屈原居漢北之說，而洞庭沅湘諸水亦在湖北，則得之最後，實會通古史地理諸方面之問題而爲此說。方君疑我考辨之疎，實則鄙人繫年一書，此問題懷疑胸中者最久，而得今說亦最遲，此與鄙人交游稍密者始知之。我說亦不敢必其無誤，不敢必其得古之眞相，而立說自有層累，非輕率爲之，則可坦白自辨者也。

屈原曾居漢北，我自始即深信不疑。何者？以楚辭有明文可爲內證，不容懷疑也。屈原不當死在襄王時，此清儒亦言之，余論楚辭之創說，惟洞庭亦在江北一義耳。然以古史異地同名之多，與夫地名遷徙之大例言之，則今湖北在戰國時可以有洞庭，其說雖創，而實理據平實，無足深怪。若承認戰國時湖北亦可有洞庭之名，則余繫年所舉國策，韓非子，史記諸條，及山海經中山經之洞庭山，其實皆今湖北之洞庭，而非湖南之洞庭也（余并疑河域亦有洞庭，說詳三苗疆域考）。戰國時江北既可有洞庭，而屈原又居漢北，則相傳屈原作品中之洞庭，推論所及，自可在江北不在江南矣。

余論楚辭地名洞庭沅湘諸水皆在江北，本諸古史地名遷徙之通例，會之楚國人文演進之大勢，聚諸楚辭之本文，旁推之於山海經，國策，晚周諸子以及史記之所載，細大兼存，六通四闢，無所窒碍，然而猶不免乎起疑而召難，則不徒舊說之入人者深而驟難革也。史記秦始皇本紀：「西南渡淮水之衡山（此處衡山在淮南，後世

5

亦誤解爲在江南矣）南郡，浮江至湘山祠，逢大風，幾不得渡。上問博士曰，『湘君何神？』博士對曰，『聞之堯女舜之妻而葬此』。於是始皇大怒，使刑徒三千人皆伐湘山樹，赭其山。上自南郡由武關入』。又賈生傳：「賈生爲長沙王太傅，過湘水，投書弔屈原」，此秦漢間人皆以湘在江南也。然秦博士所言神怪，可信者幾何？此僅足以證江南之亦有湘山，不足以證江北之必無湘水，猶不能以始皇之上會稽祭大禹，而證禹會諸侯在會稽山陰也。至賈生渡湘投書而弔屈原，賈生固曰「側聞屈原自沉汨羅」矣，此特行道傳聞，偶爾棖觸，聊寄吾情耳，亦未足爲典要。方楚人之去郢而東遷也，蓋亦有不克追隨，而避地江南，以生聚苟安於湘沅洞庭之間者，楚國之遺聞軼事，挾而俱往，於是若者爲洞庭，若者爲沅，若者爲湘，若者爲屈子之所沉，凡以寄其故國之思，抒悲憤之忠情，而故老相傳，遂成典實。至於鄢郢故土，受虐既重，孑遺靡存。故曰「楚雖三戶，亡秦必楚」，此見楚之備遭痛酷。然陳涉首禍，揭竿而起，自稱楚後者，皆在江淮吳越之間，知鄢郢荊襄無復豪傑矣。及漢初分封，楚王在淮域，長沙亦有王者，獨鄢郢荊襄之地缺如（楚分共敖爲臨江王，爲漢高所廢）。何者？其地既無崛起割據之雄，因亦無分茅胙土之典。不徒此也，凡前漢所指目爲楚人者，皆江淮吳越之產耳。前漢二百數十年，獨荊襄人物最少，可謂絕無而僅有，則以受秦慘毒，久勿自振，故傳楚辭者在淮南，而稱屈子遺跡者在江南，舊楚之文獻盡矣。賈生投湘而弔，此如東坡賦赤壁耳，不謂自此以往，遂莫有能辨其非者。此余所以寧取先秦故籍之內證，而不欲據秦博士之口對與賈生之道途傳聞爲信史也。（史公以賈生與屈原同傳，然屈原傳中固絕無一語明白謂屈原曾遷江南也。然則謂史公亦肯定屈原遷江南者，恐尚非必然之說。）

方君謂楚辭地名當在楚辭中求本證，其說是也。然詩歌與史傳行文不同，苟非別有所據，則彼此游移，儘可曲解，故後人解楚辭者絕衆，乃不悟其地望之有問題也。繫年指說已詳，復有一義當申說者。余觀詩與楚辭於「江漢」「江湘」每每連舉，此多不得專指長江言。如「江漢浮浮」，「江漢之滸」，以及「滔滔江漢，南國之紀」，大率即指漢不指江。故曰：「漢有游女，不可求思。漢之廣矣，不可泳思。江之永矣，不可方思」。

則詩人之所謂江者，即漢也。楚辭涉江：「哀南夷之莫吾知兮，旦余濟乎江湘」，江湘並稱，即湘水也。湘即漢，屈原渡漢而北，故曰「哀南夷之莫吾知，余將濟乎江湘」也。又漁父：「屈原既放，遊於江潭，漁父見而問之，屈原曰，『寧赴湘流，葬於江魚腹中』。漁父歌曰，『滄浪之水清，可以濯我纓；滄浪之水濁，可以濯我足』」。此文「滄浪」「湘流」與「江潭」並稱，其實所指皆一水，即漢水也。此又楚辭作者江漢不別之一證也（悲回風：「浮江淮而入海兮，從子胥而自適」，此所謂江者即淮也）。山海經：「帝之二女，是常游於江之淵，澧沅之風交瀟湘之淵」。此江淵即瀟湘之淵，又湘得江稱，非即大江也。「瀟湘」猶云「滄浪」耳。古非別有一瀟水，豈得以後世之有瀟湘二水，而謂山海經之瀟湘必在湖南乎？「漢有游女」，詩人既詠之，韓詩亦有鄭交甫於漢皋遇二女解佩之說，舜之二女，殆即此種故事傳說之類。舜之故事本在漢域，丹朱墓傳在房縣，丹水之名即與丹朱有關，則舜女之爲湘妃，最先實在今湖北之漢水，而非湖南之湘水矣（關於舜之故事地望，余當別爲文詳論之）。屈原居漢北，所祭湘君既爲漢水之女神，故望神之來享，而謂「駕飛龍以北征」，又曰「邅道於洞庭」，正以洞庭亦與漢通流，而當時屈原放流則猶在洞庭之北也。「望涔陽兮極浦」，涔陽即漢北也。「橫大江以揚靈」，大江即湘水也。詩人雖富想像，然抒寫景物，亦貴目前親切，當不倏忽飄颻至千百里外（繫年解此大江二字未的，當酌改）。

至哀郢爲楚襄失國時作品，此昔人亦多言之。頃襄二十年秦取鄢鄧五城，二十一年始拔郢，哀郢云「方仲春而東遷」，當爲頃襄二十二年之仲春，郢都已危，猶未拔也。故曰「何皇天之不純命」，又曰「哀見君而不再得」，皆切當時情事。又曰「去故鄉而就遠，遵江夏以流亡」，則自鄢遵漢，由水道行也。將運舟而下浮，上洞庭而下江者，自郢泛漢，洞庭在北居上流，故曰上，大江在南居下游，故曰下。曰「過夏首而西浮」者，夏首乃鄢水入夏之口耳。其曰「西浮」，貫下「顧龍門而不見」言，鄢郢在漢西也。故又曰「背夏浦而西思」矣。此篇既爲頃襄亡國時作，則自不出屈原。後人誤說郢在江陵，又自以後世境況想像前世，故道楚故者多據江陵武昌一帶說之。不知戰國楚人情實不如此，其揣測影響而不可信者多矣，固不止關於屈原之傳說也。至羅之地望，據水經注鄢水逕羅川城，左傳屈瑕伐羅渡鄢，杜注今襄陽府宜城縣西二十里羅川城，乃羅故國，是屈原沉羅傳說正與其所謂「寧赴湘流」者合，實亦近在鄢郢也。又河南信陽有羅山縣，舊有羅水北入淮，左傳昭公五年，楚子伐吳至羅汭，高士奇以此說之，江永則謂楚之東境別有羅川，說雖無據，而較高說爲近是。相其地望當近汝水。是則春秋時漢源有羅，淮源有羅，汝源亦有羅，江北之水以羅名者多矣。酈氏乃以長沙汨羅說左昭五年之羅，最爲失之，高江諸氏皆已知其非是。古人注地望謬者極多，不可輕據爲說也。

方君文頗信湘君湘夫人爲今湖南湘江之水神，並認楚辭中湘君湘夫人兩篇爲古代湘江流域之民歌，此亦隨俗未細思也。方君謂嘉應州山歌，有高於人境廬詩者。不悟嘉應州文化緜歷，時間已久，豈戰國時之湘江所得並論？且嘉應州民歌亦非湘江湘夫人之比。若就湘江流域文化沿革及楚辭文學境界仔細參對，自知此等文學決非當時湘域民間所有。方君又謂地既僻遠，當時視爲猿狖所居，不在大江以南，還在何地？方君若仔細讀漢北一帶地志，當知山鬼幽篁猿狖夜鳴等景象不必定在湖南。且湘江地帶既以猿狖所居爲徵象，既稱之爲較落後的民族，恐仍難產生湘君湘夫人諸歌文采。方君殆一意針對鄙文，忘却自陷矛盾耳。

其他瑣節，不復詳及。余關於古史地理之論文，有周初地理考，古三苗疆域考（登燕京學報），楚辭地名考（登清華學報），黃帝故事地望考，西周戎禍考（登禹貢）諸篇，方君似均未見。繫年語焉不詳，方君謂其說謬誤已無可辯餘地，故不禁稍申鄙意；郢都一辨，則此文之新獲也，然更不能詳盡。前舉諸作，年來鄙意頗有變異，而未遑改作，然大體意見尙頗自信。讀者若見繫年所論而有疑，幸賜一讀此諸文，庶稍見鄙意之詳也。

西漢淮南三國考

史念海

漢書地理志：「廬江郡，故淮南，文帝十六年別爲國」。「九江郡，秦置，高帝四年更名爲淮南國，元狩元年復故」。又云：「六安國，故楚，高帝元年別爲衡山國，五年屬淮南，文帝十六年復爲衡山國，武帝元狩二年別爲六安國」。廬江淮南六安三國，西漢一代迭爲諸王食封之地；顧漢志所載僅以元始爲據，其時廬江得縣十二，九江得縣十五，而六安所轄僅五縣，猶不當內地一小郡，蓋幾經割削省併之結果也。然若推究漢初諸王之國土，則「大者或五六郡，連城數十」(史記諸侯王表序)，以之與漢志所載相較，其大小盈縮直不可同日而語，足証西漢一代淮水以南郡國建置之繁雜矣。今略就班馬二史推求三國分合之故跡及其增損之沿革，或亦治漢代地理者所樂聞歟！

淮南於戰國本楚地，入秦爲九江郡。諸侯亡秦，項羽分割疆土，立諸將爲王侯，乃析淮南之地爲九江衡山二國，史記項羽本紀所謂「當陽君黥布爲楚將，常冠軍，故立布爲九江王，都六；鄱君吳芮率百越佐諸侯，又從入關，故立芮爲衡山王，都邾」者是也。地理志，六爲六安國縣，邾則屬於江夏，皆故秦九江郡地也。吳芮封國未久，即復爲項羽所奪，漢書高帝紀五年諸臣上疏及高帝所下詔書皆有「故衡山王吳芮」之名，蓋失國後之稱也。

及高帝東出函關，與楚爭雄，因遣謁者隨何往說黥布，布乃因何歸漢，九江王故地復入於楚。史記黥布傳：「四年七月，立布爲淮南王，與擊項籍」。淮南之封實爲虛號。羽滅後，淮南王黥布始歸就國，故本傳又謂：「六年，……布遂剖符爲淮南王，都六，九江廬江衡山豫章郡皆屬布」。史記諸侯年表及漢書異姓諸侯王年表皆列布王淮南於高帝四年，蓋從其初封也。布所王四郡，僅九江爲秦舊置，衡山即項羽王吳芮之國也，廬江豫章二郡亦皆漢初所增置。灌嬰傳：「渡江，破吳郡長吳下，遂定吳豫章會稽郡」，揚雄傳，雄自序云：「楚漢之興，楊季官至廬江太守」，皆爲漢初有此二郡之明證。衡山王吳芮爲項羽所奪失國，故黥布得兼食四郡也。

漢書高帝紀：「五年二月，以長沙豫章象郡桂林立番君吳芮爲長沙王」。吳芮封於五年，黥布封於六年，俱爲漢室南藩；然其屬地中皆有豫章郡，豈豫章一郡其時分隸二國耶？細覈史漢紀傳，豫章之屬長沙，高紀而外，他處無復明文，則漢紀之言誠有可疑，故劉攽曰：「長沙封國本無豫章，豫章屬淮南」也。檢漢書高紀十二年注引文穎之說，謂「高祖五年以象郡桂林南海長沙立吳芮爲長沙王」，是知本紀五年之文當衍「豫章」二字也。

史記淮南厲王長傳：「高帝十一年十月，淮南王黥布反，立子長爲淮南王，王黥布故地，凡四郡」。集解引徐廣曰：「九江廬江衡山豫章也」。徐氏之言實足以明證漢書高紀所謂長沙國有豫章之誤矣。然考吳王濞傳：「會孝惠高后時，天下初定，郡國諸侯各務自拊循其民，吳有豫章郡銅山，濞則招致天下亡命者盜鑄錢」，是豫章似又屬吳矣。集解引韋昭曰：「今故章」，索隱：「鄣郡後改曰故章，或稱豫章，爲衍字也」。案漢書高紀：「以故東陽郡鄣郡吳郡五十三縣立劉賈爲荆王」。吳王濞傳：「荆王劉賈爲布所殺，無後。……乃立濞於沛爲吳王，王三郡五十三城」。吳王所王之地實劉賈故國，所謂三郡者，東陽鄣郡吳郡也。則吳王國土不能遠及於豫章明矣。傳所言豫章郡自屬誤文，小司馬之說誠是也。且吳王濞傳既謂因豫章郡銅山而鑄錢，地志豫章無銅山，亦無特置銅鐵之官，而丹陽郡有之，丹陽即故鄣，則吳王舊日鑄錢之處當在此郡；張氏正義亦言「銅山今宣州及潤州句容縣有，並屬章（鄣）也」，益可証豫章爲鄣郡之誤文也。

豫章不隸吳國，既如上文所述，請更進而求屬於淮南之證。淮南厲王長傳：「上憐淮南厲王廢法不軌，自使失國，蚤死，乃立其三子，阜陵侯安爲淮南王，安陽侯勃爲衡山王，周陽侯賜爲廬江王，皆復得厲王時地，三分之」。此文雖未言豫章，然由所謂「皆復得厲王時地三分之」之語，可知豫章郡此時尚未爲漢廷削去也。漢書厲王傳載有薄昭諫王之書曰：「皇帝初即位，易侯邑在淮南者，大王不肯，皇帝卒易之，使大王得三縣之實，甚厚」。夫以三縣彈丸之地，尚津津以爲言，若淮南誠失豫章一郡，豈能不一言及？故知厲王失國前，豫章

2

尙爲淮南國土，未爲漢所削也。漢書伍被傳：「略衡山以擊廬江，有尋陽之船，守下雉之城，結九江之浦，絕豫章之口，彊弩臨江而守，以禁南郡之下，東保會稽，南通勁越，屈彊江淮間，可以延歲月之壽耳」。伍被此言蓋淮南王安將反之時所陳之諫辭也，故其所云云皆故淮南國中之要地。豫章之屬淮南，伍被蓋已明言之矣。被言「東保會稽，南通勁越」，若廬江在其時不能兼得豫章，則何由而保會稽，更何由而通勁越，是被之計直等諸囈語耳。厲王傳又言：「孝景四年，吳楚已破，……廬江邊越，數使使相交，故徙爲衡山王」，更可爲廬江兼得江南豫章之証。則漢初豫章屬淮南不屬吳國，實無可疑矣。

地理志下雉屬江夏，尋陽屬廬江，而下雉適在豫章江夏接壤之處，伍被既言擊廬江而守下雉之城，吾竊疑下雉在其時尙屬豫章或衡山也。不然，被之言殆妄矣。更進而論之，伍被爲淮南王安籌策之時，不言阻江夏之卒，但懼南郡之兵，疑其時淮南南郡之間尙無江夏郡也。地理志雖有「江夏郡，高帝置」之文，能否置信，殊堪考慮。且吳芮之爲衡山王，實以邾爲都，今試檢地

3 志，則邾縣固爲江夏之屬邑也。吾人雖不能驟認江夏郡亦漢初衡山國土，然以邾縣之東爲吳氏故地，實無不可。伍被獻策之時僅慮南郡漢卒之涉其後，蓋亦有因也。地理志所載由衡山國故地改置之六安國，僅得五縣，絕非漢初舊制，當爲衡山國除之後，析其屬縣改隸江夏，故下雉及邾不復爲淮南諸國所有也。

淮南王長敗於孝文六年，故史記諸侯王表曰：「孝文六年，（淮南）王（長）無道，遷蜀，死雍，爲郡」。爲郡六年，淮南民作歌諷文帝與王長兄弟二人不能相容，致長遷死，文帝乃徙城陽王喜王淮南故地，示人不私其土。齊悼惠王世家：「（城陽王）喜立，是爲共王，共王八年，徙王淮南」。索隱：「當孝文帝之十二年也」。正義：「年表云，都陳也」。地理志陳屬淮陽，若淮南王都陳，則其國土兼得淮陽郡矣。淮陽亦王國，文帝十二年時，淮陽王武初徙梁，淮陽入漢爲郡，何能轉爲淮南國土？且年表記淮南事，實無都陳之文，張氏豈以淮陽誤爲淮南歟？

城陽王喜徙淮南後四年，文帝憐故淮南王長遷死，乃復徙喜還城陽，而分淮南故地爲三，以王厲王諸子，

即上文所謂衡山廬江淮南三國也。淮南之名雖不廢，然王安實得故國四郡之一，即地理志之九江郡也。王安封國後，於元朔五年以擁閼奮擊匈奴者有罪，削其二縣；明年，以謀反故，自殺，國除爲九江郡。史記集解引徐廣曰：「又爲六安國，以陳爲都」。諸侯年表亦云：「（王安）四十三年（元狩元年）反，自殺，以故陳爲都」。徐廣之說或因年表而云。地理志：「九江郡，高帝四年更名淮南國，武帝元狩元年復故」。又云：「六安國，高帝元年別爲衡山國，五年屬淮南，文帝十六年復爲衡山，武帝元狩二年別爲六安國」。是六安即衡山，亦即文帝十六年分封厲王三子時由故淮南析出者，與王安所封之淮南了不相涉。今表以王安反後，其國即除爲六安郡，蓋誤以衡山之事入於淮南也。而徐廣不察，反從其說，又強爲解釋，何憒憒之甚耶？且陳縣爲淮陽王國都，此文何以復言「以陳爲都」，其誤蓋與齊悼惠王世家正義相同。夷考其實，則淮南之都在壽春不在陳也。淮南王安傳：「淮南相怒壽春丞留太子不遣，劾不敬」，明示淮南之都壽春。而五行志亦言：「淮南王都壽春」，則與淮陽之陳有何相關？而諸家皆有都陳之文也！

淮南王安之廢死，史漢表皆作元狩元年，地理志亦言：「九江郡……元狩元年復故」；然考王安本傳，則淮南之敗由於王孫建之告變，而王孫建之上書乃元朔六年事，漢廷使吏治其獄，王安因自裁，案其時當不至元狩元年也。惟武帝紀又云：「元狩元年十一月，淮南王安衡山王賜謀反誅」，則元狩之說似或不誤。然淮南衡山二王反事，實不在同年，紀所載稍有不合。沈欽韓曰：「案淮南傳謀反在元朔六年秋，紀特以與衡山事相繼，故列在是年冬也」（漢書疏證二）。

與淮南王安同時而王者，尚有衡山王勃與廬江王賜。勃爲衡山王後十二年（景帝四年），徙爲濟北王，即齊悼惠王子興居之故國也。傳至其孫寬，後元二年亦以謀反自殺。本傳稱其國除之後爲北安縣，屬泰山郡。案地志泰山郡無北安縣，僅郡所屬之盧縣下注曰「濟北王都」，意者其地即所謂北安縣歟？

陽周侯賜初爲廬江王，其國於淮南三國中最爲廣大，擁有江北之廬江本國與江南之豫章支郡，南接兩越，遂能交通域外，而見忌於漢廷，故衡山王勃徙王濟北之後，即徙賜王勃故國。厲王傳所謂「徙爲衡山王，王江北」，蓋僅王衡山一國，非兼王江北之廬江也。漢廷遂乘機收其廬江豫章二郡，以斷其通越之路。史記諸侯年表序：「吳楚時前後諸侯或以適削地，是以燕代無北邊郡，吳淮南長沙無南邊郡」，即指王賜徙國後漢收其二郡而言。史表所謂淮南者，仍因淮南全國時之稱，非王安之國土也。全祖望漢書地理志稽疑：「豫章郡，……當云，……文帝六年復爲郡，十六年復屬淮南國，武帝元狩元年復故」。全氏之意蓋以文帝十六年三分故淮南國時，豫章屬於王安。細覈其實，則淮南王安以壽春爲都，乃江北之地，而豫章遠在廬江之南，王安何能越國渡江而轄之耶？且伍被爲王安畫策之時，即謂南收衡山以擊廬江，乃有尋陽之船，始能絕豫章之口；若豫章原屬王安，則伍被固無容作此言矣。全氏所云或係想當然之事。廬江徙國之後，其本國尚不可得，豈能復保江南之豫章？故豫章之爲漢廷所收，實不能下至武帝元狩之時也。

廬江王賜封後十二年徙爲衡山王，又三十三年爲武帝元狩元年，以謀反自殺，國除爲郡。其明年，以膠東康王子慶爲六安王，王衡山故地，即地志之六安國也。此時六安國境乃幾經割削之殘土，殊非漢初衡山故國。蓋六安王都於六，即黥布爲九江王時之都，而衡山王吳芮之都又遠在江夏郡之邾縣，則六安王之國土當得漢初九江衡山二國各一部，故地理志六安國下稱「武帝元狩二年別爲六安國」也。

5

淮南國自黥布始封，中更厲王長及城陽王喜而分爲三國，又或以徙封他郡，或以謀反伏誅，武帝以後僅六安一國尚能與漢共長久，然已非厲王之遺孽矣。地理志六安國之屬縣凡五：六蓼安豐安風陽泉是也，區區數邑較全淮南時相差不可以道里計矣。

三月一日寫於北平養蜂夾道寓廬。

兩漢的人口與食糧政策

劉秉仁 1

一 食糧與人口

許多人口學家咸認爲限制人口增加的各種力量，其最終力量是食物的有限。馬爾薩斯說：『人口最終的限制，是食物不足，食物不足，係食物與人口增加率相差所致』。[1]食物並不制止人口的生產，但人口一定爲生活原素所限制。不問是馬爾薩斯主義派的人口學家，或重商主義派 (Mercantilists) 的人口學家，對此原則都不能否認。人口的增加超過食物的生產，結果則有飢餓疾病戰爭等事發生，增加人口的死亡率，使人口與食物漸趨平衡，這是一個人口數量循環的公律。我要拿兩漢的事實給他一個證明。

二 西漢初年的食糧不足與人口凋零

秦滅六國，豪族如齊之田氏，楚之昭屈景三族，均徙入關中，所遺耕地大抵爲農民所分配；及秦末七八年的戰亂，遂使人口銳減。漢初各地的人口，『方之六國，十分無三』。[2]『大都名城，散亡戶口，可得而數者十二三』，[3]然死亡人口大抵皆壯年之人，故人口雖少，而食糧仍不足。據前漢書說：『漢高祖二年（205 B.C.），民失作業，而大飢饉，凡米石五千，人相食死者過半，高祖乃令民得賣子就食蜀漢。天下既定，民亡蓋藏，自天子不能具醇駟，上於是約法省禁，輕田租，什五而稅一，量吏祿度官用，以賦於民，漕轉關東粟以給中都官，歲不過數十萬石』。[4]此時關中財富，『居天下十之六』，[5]食糧尙感不足，其他各地可想而知。又當時幣制非常紊亂，物價高漲，貧民生活愈形困難。據通考說：『漢初以秦錢重難用，更令民鑄莢錢，黃金一斤。而不軌逐利之民，畜積餘贏以稽，市物騰躍，米至石萬錢』。[6]米價貴到這種程度，一般小民那有能力去購買，其結果除了流離死亡而外，別無路子可走。

三 文帝的重農貴粟政策

文帝初年頗知稼穡的艱難，和農民的疾苦，每想加以救濟，時賈誼上言謂：『漢之爲漢幾四十年矣，公私之積猶可哀痛，失時不雨，民且狼顧，歲惡不入，請賣爵子，旣耳聞矣；安有爲天下阽危者若是，而上不驚者。世之有飢穰，天之行也，禹湯被之矣，即不幸有方二三千里之旱，國胡以相恤？卒然邊境有急，數千百萬之衆，國胡以餽之？夫積貯者，天下之大命也，苟粟多而財有餘，何爲而不成。今毆民而歸之農，皆著於本，使天下各食其力，則畜積足，而人樂其所矣』。[7] 文帝深感賈生之言，因親開籍田，躬耕以勸百姓，即位的第二年（178 B.C.）就下詔說：『夫農天下之本也，其開籍田，朕躬率耕以給宗廟粢盛』。[8] 此等獎勵農業的生產方法，在表面上似可博得一般人的好評，然因漢初大封功臣貴族之結果，土地的分配已經很不公平，省徭薄賦的恩惠，農民不能得到，故文帝也說：『朕親率天下農，十年於今，而野不加辟，歲一不登，民有飢色』。[9] 文帝但知農爲天下之本，減輕地稅，三十而稅一，並且時時豁免，而不知害民之賊，有甚於國家之增稅者。荀悅批評文帝免稅說：『古知什一而稅，以爲天下之中正也。今漢氏或百一而稅，可謂鮮矣；然豪強佔田逾限，侈輸其賦太半，官家之惠，優於三代，豪強之暴，酷於亡秦，是上惠不通，威福分於豪強也。文帝不正其本，而務除租稅，適足以資豪強也！』[10] 文帝處處想優待農民，於重農之外，又申之以貴粟，鼂錯上疏文帝說：『今農夫五口之家，其服役者不下二人，能耕者不過百畝，百畝之收不過百石，春耕夏耘，秋收冬藏，四時之間，無日休息，勤苦如此，尚復被水旱之災，急政暴賦，賦斂不時，朝令而暮改，於是有賣田宅，鬻妻子，以償債者矣。方今之道，莫若使民務農而已，欲民務農，在於貴粟』，[11] 文帝聽了鼂錯的話，『令民入粟邊，六百石爵上造，稍增至四千石，爲五大夫，萬二千石，爲大庶長，各以多少，級數有差』。[12] 貴粟的結果，因農民沒有土地，米粟屬於地主，所以有利的仍不是農民，而農民反受其害。然是時因承平日久，逃亡的人民，漸次的回來了，農民的生活雖困難，仍日漸繁息，人口的數量，較高帝初年已增加了一倍。[13]

四　武帝時的改良耕種方法與統制食糧貿易

文帝之後，景帝繼之，省徭薄賦，『孝景二年（154 B.C.），令民半出田租，三十而稅一』，[14] 人民安居樂業。『至武帝之初，七十年間國家亡事，非遇水旱，則民給家足，都鄙廩庾盡滿，而府庫餘財，京師之錢累百鉅萬，貫朽不可校，太倉之粟，陳陳相因，充溢露積於外，腐敗不可食』。[15] 及武帝用兵四夷，內興功利，積貯虛耗漸盡，時『并兼豪黨之徒，以武斷於鄉曲』，[16] 地主橫行，農民生活與亡秦無異。董仲舒上疏武帝，主張限民名田，[17] 然仲舒這種辦法，終不能中急功好利者之意，其謀卒未見用。『仲舒死後，功費愈甚，天下虛耗，人復相食。武帝末年，悔征伐之事』，[18] 力謀所以富民之道，時趙過創代田之法，武帝命他作搜粟都尉，推行代田，[19] 糧食生產增多，民困稍蘇。

『武帝元封元年(110 B.C.)以桑弘羊為治粟都尉，領大司農。弘羊以諸官各自市相爭，物以故騰躍，而天下賦輸，或不償其僦費，迺請置大農部丞數十人，分部主郡國，各往往置均輸鹽鐵官，令遠方各以其物如異時商賈所轉販者為賦，而相灌輸置平準於京師，都受天下委輸，物貴則賣之，賤則買之；如此富商大賈，亡所牟大利，而萬物不得騰躍，故抑天下之物，名曰「平準」。』[20] 此法實行後，於國家窮困的時候，居然大有成效，『於是天子北至朔方，東到泰山，巡海上旁北邊以歸，所過賞賜，皆取足大司農』。[21] 至於農民所得的利益，據史記說：『諸農各致粟山東，漕益歲六百萬石，一歲之中，太倉甘泉倉滿，邊餘穀，民不益賦，而天下用饒』。[22] 其後弘羊此法，受大地主和商人的反對，終以罪死，穀價又不得其平。

五　宣帝時的穀賤傷農與常平倉的建立

趙過創代田後，因代田用力少，而得穀多，民皆以為便。『至昭帝時(86–74 B.C.)，流民稍還，田野益闢，頗有蓄積。宣帝即位(73 B.C.)，百姓安土，歲數豐穰，穀至石五錢，農人少利。』[23] 時桑弘羊平準之法已廢，政府未能使穀價保持均衡，宣帝五鳳中(57–54 B.C.)，耿壽昌為大司農中丞上奏宣帝說：『故事歲漕關東穀四百萬斛，以給京師，用卒六萬人，宜糴三輔弘農河東上黨太原郡穀，足供京師，可以省關東漕卒過半』。[24] 壽昌又遠師李悝平糴之意，[25] 近採桑弘羊平準之法，創常平倉。『令邊郡皆築倉，以穀賤時，增其賈而糴，以利農；穀貴時，減賈而糶：名曰常平倉。』[26] 常平倉成立後，民頗以為便。然政府所注意者為關中的民食，及邊軍的餉，於一般人民的食糧，似尚未十分注意。『元帝即位（48 B.C.），天下大水，關東郡十一尤甚。二年齊地饑，穀石三百餘，民多餓死，琅邪郡人相食，在位諸儒多言鹽鐵官及比假田官常平倉可罷』，[27] 於是常平倉制度又廢，每有水旱，人民便至流離。

六　漢平帝時戶口的數量

哀帝時（6–2 B.C.），因累世承平，『百姓訾富雖不及文景，然天下戶口最盛矣』。[28] 至平帝元始二年(2 A.D.) 時，據漢書地理志中所載，當時戶口數字可列表如下：

表一　西漢平帝時天下戶口表

部名	縣數	戶數	口數	每縣平均數	
				戶	口
司隸校尉部	132	1,520,875	6,682,602	11,521.79	50,625.77
豫州刺史部	108	1,459,911	7,551,734	13,518.99	69,923.27
冀州刺史部	129	1,133,099	5,177,462	8,783.71	40,135.36
兗州刺史部	115	1,656,478	7,877,431	14,404.15	68,499.40
徐州刺史部	132	1,042,193	4,633,861	7,895.40	35,105.01
青州刺史部	119	959,815	4,191,341	8,065.67	35,221.35
荆州刺史部	115	668,597	3,597,285	5,813,88	31,280 51
揚州刺史部	93	710,821	3,206,213	7,643.23	34,475.41
益州刺史部	128	1,024,159	4,784,214	8,001.24	37,376.67
涼州刺史部	115	331,260	1,282,013	2,880.52	11,147.93
幷州刺史部	157	707,394	3,321,571	4,505.69	21,156 51
幽州刺史部	180	937,438	3,993,401	5,207.98	22,185.61
交州刺史部	55	215,448	1,372,290	3,917.23	24,950 72
總計	1,578	12,357,548	57,671,418	7,858.42	37,083,47

此時的人口總數五七、六七一，四一八，可算是空前所未有的繁盛。其所以如此繁息者，並非眞由於生活原素之充裕，哀帝平帝時的農民仍然是非常貧困的，漢書謂：『今累世承平，豪富吏民訾數鉅萬，而貧弱愈困』。[29] 然人口依然滋繁者，實由於當時人口的增加尙未受嚴重的積極限制（Positive Check）故也。[30] 又當時人口的密度，雖在京師附近的司隸校尉部，尙不及豫州青州的人口密度之高，其密度最低者爲涼州。可知平帝時人口的繁盛區域已經不是關中，而是關東的豫州和青州了。蓋關中土地本苦乾燥，以前所以能養許多人口

者，多賴水利之興修；至西漢末年，水利盡壞，[31]土地之歲收有限，人口的增加自然也就受了限制。

七　新莽的土地改革

王莽本是漢朝的貴族，他目覩土地的分配不均，農民的生活困苦，乃決定不顧一切反對，來貫澈他的耕地主張，並毫不客氣的奪取漢家的皇位。始建國元年(9 A.D.) 莽曰：『漢氏減輕田稅，三十而稅一，常有更賦，罷癃咸出，而豪民侵陵，分田刼假，厥名三十，實什稅五也，父子夫婦終年耕耘所得，不足自存。故富者狗馬餘菽粟，驕而為邪；貧者不厭糟糠，窮而為姦：俱陷於辜，刑用不錯。予前在大麓，始令天下公田口井，時則有嘉禾之祥；遭反虜逆賊且止。今更名天下田曰王田，奴婢曰私屬，皆不得買賣。其男口不盈八，而田過一井者，分餘田予九族鄰里鄉黨。故無田，今當受田者如制度』。[32]王氏這種改革用意甚善，不過此時適當平帝之後，人口正密，且地主勢力甚大，奪地主之田以為王田的辦法，自然不易實行，何況他的辦法，完全是追逐井田的假說，並不能因時制宜呢？故蘇洵批評他這種辦法說：『奪富民之田，以與無田之民，則富民不服。如乘大亂之後，土曠人稀，可以一舉而就，高祖之滅秦，光武之承漢，可為而不為，以是為恨』。[33]王田之制，為地主所深厭，而王莽以峻刑臨之，其致敗更速。漢書王莽傳說：『坐賣買田宅，自諸卿侯大夫至於庶民，不可勝數』，故後來反莽者，又皆為大地主。後漢書稱光武『性勤於稼穡，地皇三年，南陽荒飢，諸家賓客，多為小盜。光武避吏於新野，因賣穀於苑』。[34]南陽飢荒，光武猶能賣穀，這自然是大地主了。隗囂起兵，傳檄討莽，斥其『田為王田，賣買不得』，[35]其言亦為地主張目，而寇恂『世為著姓』，[36]耿純為『鉅鹿大姓』，[37]可知當時之反莽者大都皆為地主之流，略施小惠於流民，則流民隨之揭竿而起；天下大亂，災荒疾疫相乘，『及莽末誅，而天下戶口減半矣』。[33]

八　王莽新政失敗後的人口散亡

王莽的社會改革，地主多持異議，又值連年飢饉，乃引起農民的暴動及地主的反抗。公元十七年，臨淮及綠林兵起，十八年（卽天鳳五年），關東大飢，『流民入關者，數十萬人，置養澹官以稟之，吏盜其稟，飢死者什七八』。[39]同年赤眉兵起。二十二年南陽豪富劉縯劉秀兵起，與新市平林農民軍合。次年（更始元年）劉縯爲農民軍所殺，劉秀率兵走洛陽，受豪富歡迎。他渡河而北，結合各郡太守，聲勢愈張。[40] 西漢人口經此次七八年的大亂，『百姓虛耗，十有二存』。中原大族，紛紛南遷，以避北方之亂。唐書宰相世系表說：『陳胡公裔孫敬仲仕齊爲田氏；其後居魯，子恢，避莽亂過江，居吳郡，改姓爲嬀；五世孫敷，復改姓姚，居吳興武康』。[41] 通志謂：『秦有御史大夫錢產，子孫居下邳；漢哀平間，錢遜爲廣陵太守，避王莽亂，徙居烏程』。[42] 晉書說：『范平字子安，吳郡錢塘人也，其先銍侯馥，避王莽之亂，適吳因家焉』。[43] 又吳志謂：『士燮字威彥，蒼梧廣信人也，其先本魯國汶陽人，至王莽之亂，避地交州，六世至燮父賜』。[44] 此處所舉皆上流社會人士，至於中下社會之人，其無以爲生，又無力遷移者，不坐以待斃，即挺而走險。故新莽末年，人口非常稀少，當爲意中之事實也。

九　東漢初百年間人口的繁息與救恤行政

光武帝以地主平定天下，適值亂離之餘人口銳減，對於田制未設法改革，故東漢時豪富佔田之風並不減於西漢。光武初年戶口數目，據通考所載：『中元二年(57 A. D.) 戶四・二七九・六三四，口二一・〇〇七・八二〇』。[45] 明帝即位，承光武創業之後，天下安寧，民無橫徭，歲比豐稔。『永平五年 (62 A. D.) 作常滿倉，立粟市於城東，粟斛值錢二十，府廩環積』。[46] 既又欲立常平倉，公卿議者多以爲便，獨劉般言：『常平外有利民之名，而內實侵刻百姓，豪右因緣爲奸，小民不得其平，置之不便』。[47] 明帝聽了他的話乃停止設立。是時天下無事，食糧不成重大問題，故人口歲增，永平十八年(75 A. D.)，戶五・八六〇・一七三，口三四・一二五・〇二一。此後歷年增加，至和帝元興元年(105 A. D.)，戶增至九・二三七・一一二，口增至五三・二五六・二二九，[48] 人口增多甚速，而食糧之供給有限，偶有水旱，人民便有飢饉之虞。後漢書謂：『安帝永初三年 (109 A. D.)，天下水旱，人民相食，遂令吏民入穀錢，得爲關內侯，以供救濟之費』。[49] 人民之生活雖困苦，然因無積極的限制，故年年仍增加不已。誠如卅泰龍(Cantellon) 所說：『大凡生活簡陋之國家，其人口之增加率甚大』，[50]當時人口增加的情形殆與此說相符合。

十　順帝桓帝間人口的分布與遷徙

東漢人口至順帝時已漸達隆盛之域，惟其分布情形，與西漢平帝時略異。玆據後漢書郡國志所載，將順帝永和五年(140 A.D.)天下人口的分布列表如左：

順帝建康元年(144 A.D.)，戶口又增，戶九・九四六・九一九，口四九・七三〇・五五〇。[51]雖未及西漢平帝時之盛，而人口之膨漲亦頗有可觀。惟以西北各地氣候乾燥，水利皆廢，旱災一至，人民便無以爲生，故自莽亂以來，北方人口即漸次南徙。據續漢書郡國志所載，大江以南郡國十八，除牂牁益州永昌三郡，位置較僻，關係較輕；又鬱林交趾二郡，戶口數不詳外，其會稽等十三郡，永和五年戶數共二〇四・三三二，約居全國戶數百分之二十一強。據校漢書地理志，則元始二年(2A.D)，會稽等十二郡國，戶數共僅六三五・四九二，約居全國戶數百分之五強。又永和中會稽等十三郡，口數共七・四〇九・一三九，約居全國口數百分之十五強；而元始二年，則會稽等十二郡國，口數共僅三

表二　東漢順帝永和五年天下戶口表

部名	縣數	戶數	口數	每縣平均數	
				戶	口
司隸校尉部	106	616,355	3,116,161	5,815	29,398
豫州刺史部	99	11,42,783	6,179,139	11,543	62,416
冀州刺史部	100	908,005	5,931,919	9,080	59,319
兗州刺史部	80	727,302	4,052,111	9,091	50,651
徐州刺史部	62	476,054	2,791,683	7,678	45,027
青州刺史部	65	635,885	3,709,803	9,783	57,074
荆州刺史部	117	1,399,394	6,265,952	11,961	53,555
揚州刺史部	92	1,021,094	4,338,538	11,099	47,158
益州刺史部	118	1,525,257	7,241,028	12,926	61,365
凉州刺史部	98	101,862	419,267	1,039	4,274
并州刺史部	98	115,011	697,765	1,174	7,110
幽州刺史部	90	396,263	2,044,572	4,403	22,717
交州刺史部	56	270,769	1,114,444	4,835	19,901
總計	1,181	9,336,036	47,902,382	100.427	519,965

7

○六二○七八，約居全國口數百分之五強，是南方人口之增加至爲顯著之明證也。玆將其增加數字作表如下，以便比較：

表三　元始二年至永和五年會稽等十二郡國戶口增加表

(元始二年 2A.D.)			永和五年(140A.D.)			增	加
會稽	戶	223,038	會稽吳郡	戶	287,250	戶	64,212
	口	1,032,604		口	1,181,978	口	149,374
丹陽		107,541	丹陽		136,518		28,977
		405,170			630,545		225,735
豫章		67,462	豫章		406,496		339,034
		351,965			1,668 906		1,316,941
長沙		43,470	長沙		255,954		212,384
		235,825			1,059,372		823,547
零陵		21,092	零陵		212,284		191,192
		139,378			1 001,578		862,200
桂陽		28,119	桂陽		135,029		106,910
		156,488			501,403		344·951
武陵		34,177	陵武		46,672		12,495
		185·758			250,913		65,155
南海		19,613	南海		71,477		51,864
		94,253			250,283		156,029
蒼梧		24,379	蒼梧		111,395		87,016
		146,160			466,975		320,815
合浦		15,398	合浦		23,121		7,723
		78,980			86,617		7,637
九眞		35,743	九眞		46,513		10,770
		166,013			209,894		43,881
日南		15,460	日南		18,263		2,803
		69,485			100,676		31,191
總計	戶	635,491	總計	戶	2,043,332	戶	1,407,840
	口	3,062,097		口	7,409,139	口	4,347,060

元始二年全國戶一二・三六七・四七○，口五七・六七一・四○一，永和五年全國戶九・三三六・○三六，口四七・九○一・三八二。從戶口總數上看，永和五年已較元始二年爲少，然以會稽等十三郡戶口看來，均較元始二年數字增加，其中如零陵戶增九倍，口增七倍；豫章戶增五倍，口增四倍，爲尤可注意者。自元始二年至永和五年，不過纔百三十九年耳，南方戶口之增加到一倍以上。其主要的增加因素，當爲北方人民的南遷所致，而南遷的動機，不外因北方的連年荒旱，人民缺食，終使天下混亂。而混亂的結果，又使人民不能事生產，糧食問題更加嚴重，天下混亂愈甚。於是富者南下避亂，貧者南來就食。從此北部之人口日少，南方之人口愈密。

十一　東漢末年食糧之空前恐慌景象

食物雖不制止人口的生產，但可以規定適存的總數；過此總數，則發生飢餓疾病戰爭等，減低過剩人口，使人口與食物漸趨平衡。『桓帝永壽二年（156 A.D.）戶一六・○七○・九○六，口五○・○六六・八五六』，[52] 此爲東漢人口極盛之時。然人口愈多，生活因素愈感困難，積極的限制勢所難免，故靈帝末年各地即叛亂迭起。獻帝立，董卓專權，天下愈亂。『是時洛中貴戚室第相望，金帛財產家家殷積，卓縱放兵士，突其廬

8

舍，淫略婦女，剽虜資物，謂之搜牢；……貨賤物貴，穀石數萬』。[52]董卓恐懼東方豪傑來襲洛陽，坐立不寧。『初平元年(190 A. D.)二月，乃徙天子都長安，焚燒洛陽宮室，悉發掘陵墓取寶物』。[53]『初長安遭赤眉之亂，宮室營寺焚滅無餘，是時唯有高廟京兆府舍，遂便時幸焉，後移未央宮。於是盡徙洛陽人數百萬口於長安，步騎驅蹙，更相踏藉，飢餓寇掠，積尸盈路。卓自屯留畢圭苑中，悉燒宮廟官府，居家二百里內無復孑遺』。[54]卓又壞五銖錢，更鑄爲小錢，天下幣制紊亂，『于是貨輕而物貴，穀一斛至數十萬』。[55]初平三年(192 A.D.)，王允與呂布等殺董卓，卓部將李傕郭汜爲卓復仇，攻陷長安。『傕等放兵略長安，老少殺之悉盡，死者狼籍』。[56]『時長安中盜賊不禁，白日虜掠，傕汜稠乃三分城內，各備其界，猶不能制，而其子弟縱橫侵暴百姓。是時穀一斛五十萬，豆麥二十萬，人相食啖，白骨委積，臭穢滿路』。[57]『時三輔民尚數十萬戶，傕等放兵刼略，攻剽城邑，人民飢困，二年間相啖食略盡』。[58]傕等又相互攻擊，死亡甚衆。郭汜又欲脅天子遷都於郿，獻帝乃與楊奉董承等東逃，欲還洛陽，經傕汜等追擊，天子走陝北，至大陽止於人家，暫都安邑。時『諸將不能相率，上下亂，糧食盡』。[59]奉承等乃以天子還洛陽，出箕關下軹道，『百官飢餓，河內太守張楊，使數千人負米貢餉』。[60]『天子入洛陽，宮室燒盡，街陌荒蕪，百官披荊棘，依邱牆間，州郡各擁兵自爲，莫有至者；飢窮稍甚，尚書郎以下自出樵采，或飢死牆壁間』。[61]關中的情形怎樣呢？後漢書說：『自傕汜相攻，天子東歸後，長安城空四十餘日，強者四散，羸者相食，二三十，關中無復人跡』。[62]人口愈減，食糧的需要愈甚，故蜀魏相爭，武侯屯田漢中，曹操屯田許下。[62]地利未盡，荒田甚多，似爲當時普遍之現象。衛凱說：『關中膏腴之地，頃遭荒亂，人民流入荊州者十萬餘家』。[63]足證昔日的良田，現在荒廢的很多。至於人口稀少到什麼程度呢？魏明帝(227–239 A. D.)想治宮室，陳羣諫曰：『今喪亂之後，人民至少，比漢文景之時，不過一大郡』。[64]此語雖未必十分可靠，然魏據中原，中原人口稀少，固亦不可掩飾之事實。

註：

1 T. R. Malthus: An Eassy on Population. Vol. I ch 2.

2 杜佑通典。

3 史記高祖功臣侯表。

4 漢書卷二四食貨志。

5 史記貨殖傳。

6 文獻通考卷八錢幣考又漢書卷二四食貨志。

7 漢書卷二四食貨志。

8 漢書文帝紀二年。

9 漢書文帝紀十二年詔。

01 荀悅漢紀卷八。

11 漢書卷二四食貨志。

12 全前。

13 史記高祖功臣侯表：『漢興，功臣受封者百有餘人。天下初定，故大城名都，散亡戶口可得而數者十二三。是以大侯不過萬家，小者五六百戶。後數世，民咸歸鄉里，戶益息。蕭曹絳灌之屬，或至四萬，小侯自倍，富厚如之』。

14 漢書卷二四食貨志。

15 全前。

16 全前。

17 全前。

18 全前。

19 詳見前漢書卷二四食貨志。

20 史記卷三十平準書，又重廣會史卷七六抑商賈第二頁六。

21 漢書卷二四食貨志。

22 史記卷卅平準書。

23 漢書卷二四食貨志。

24 前書食貨志。

25 漢書食貨志：『李悝曰：糴甚貴傷民，甚賤傷農；民傷則離散，農傷則國貧，故甚貴與甚賤其傷一也。善爲國者，使民無傷而農益勸。今一夫挾五口，治田百晦，歲收晦一石半，爲粟百五十石。除十一之稅十五石，餘百三十五石。食，人月一石半，五人歲終爲粟九十石。餘有四十五石，石三十爲錢千三百五十，除社閭嘗新春秋之祠，用錢三百，餘千五十。衣，人率用錢三百，五人歲終，用千五百，不足四百五十。不幸疾病死喪之費及上賦斂，又未與此。此農夫所以常困，有不勸耕之心，而令糴至於甚貴者也。是故善平糴者，必謹觀歲有上中下孰。上孰其收自四，餘四百石。中孰自三，餘三百石。下孰自倍，餘百石。小飢則收百石，中飢七十石，大飢三十石。故大孰則上糴三而舍一，中孰則糴二，下孰則糴一，使民適足，賈平則止。小飢則發小孰之所斂，中飢則發中孰之所斂，大飢則發大孰之所斂而糶之。故雖遇飢饉水旱，糴不貴而民不散，取有餘以補不足也。行之魏國，國以富彊』。

26 漢書卷二四食貨志。

27 漢書馮奉世傳，又見食貨志。

28 漢書卷二四食貨志。

29 此表係採用禹貢一卷二期胡德煌先生之前漢戶口統計表而稍加改變作成。

30 漢書卷二四食貨志。

31 積極的限制係指飢荒疾病戰爭等使人口減少之謂。

32 參看史記河渠書及漢書溝洫志。
33 漢書卷二四食貨志。
34 見陳登元中國土地制度第四章第七節。
35 後漢書卷一光武紀又東觀漢紀卷一云：『時南陽饑荒，而上（指光武言）田獨收』。
36 後漢書卷四三。
37 後漢書卷四六。
38 後漢書卷五一。
39 漢書卷二四食貨志。
40 漢書卷二四食貨志。
41 參看陶希聖中國政治思想史第三册第六章第一節。
42 祕笈新書引元和姓纂。
43 通志氏族略。
44 晉書儒林傳。
45 吳志士燮傳。
46 文獻通考卷十戶口考。
47 玉海卷一八四。
48 後漢書卷廿九劉般傳。
49 文獻通考卷十戶口考。
50 後漢書安帝紀。
51 Cantellon: Essai sur Le Commerce.
52 參看禹貢半月刊一卷三期王德甫先生之後漢戶口統計表。
53 文獻通考卷十戶口考。
54 參閱陶元珍兩漢之際北部漢族南遷考，禹貢四卷十二期。
55 文獻通考卷十戶口考。
56 後漢書卷一〇二董卓傳。
57 三國志卷六董卓傳。
58 後漢書卷一〇二董卓傳。
59 三國志卷六董卓傳。
60 前書。
61 後漢書卷一〇二董卓傳。
62 三國志卷六李傕郭汜傳。
63 前書。
64 後漢書卷一〇二董卓傳。
65 三國志卷六李傕郭汜傳。
66 後漢書卷六董卓傳。
67 參看文獻通考卷七屯田考。
68 魏志卷廿一衛覬傳。
69 三國志卷廿二陳羣傳。

11

廿五，九，廿五。

新亞細亞學會出版書籍

南京江蘇路十一號
新亞細亞學會出版科發行

新亞細亞 第十二卷第二期（每冊定價二角五）

目錄

東北考察記

馬鶴天著　定價大洋六角

本書係著者于九一八事變前，考察東北三省之記載關於東北之政治、經濟、社會各方面，無不備述。而對於物產、交通、以及日人侵略之實況，尤爲詳盡。不意大好河山，已非我有，際此國人痛心失地之日，手此一編，或足以引起與奮之念，與恢復失地之決心。全書十餘萬言，插圖六十餘幅，定價極廉，購請從速。內容共分九章，要目如下。

一　由南京至瀋陽
二　瀋陽遊覽
三　由瀋陽至黑龍江
四　龍江見聞
五　哈爾濱考察
六　吉林一瞥
七　由吉林至大連
八　大連一覽
九　由大連返南京

亞洲之再生【新亞細亞學會東方叢書之一】

美國 Marguerite Harrison 女士著　華企雲譯

★全一冊　實價一元五角　郵費在內　直接函購　優待七折

在一般人看來，亞洲是一個「不變的東方」。可是從大戰以來，這不變的東方竟然一鳴驚人的「再生」起來。近東方面則土耳其、阿剌伯、因了凱末耳、伊本蘇特的發憤而獨立。中東方面則波斯、阿富汗、經過里薩可汗、阿孟拉的雄圖而崛興。遠東方面則中國、印度、秉承孫中山甘地的領導而奮鬥……一切的一切，都呈了蓬蓬勃勃的生氣。本書著者考察東方有年，即以政治宗教民族等運動爲經，遠東、印度、蘇俄、阿剌伯、回教集團等立場爲緯。從人類生存的故事追溯起來，歸宿到人類向上的發展爲止，將一個復活的亞洲，用生龍活虎之筆，原原本本的描寫出來，其作風直與房龍的人類故事、威爾斯的世界史綱媲美。

目錄

康藏

劉家駒著　實價洋四角

康藏在我國西陲，幅員遼闊，物產豐富。惟地據高原，氣候嚴寒，山川險阻，交通不便。國內人士，皆目爲甌脫，毫不注意。野心英俄，乃得乘機侵略。而國內關於康藏著述，又如鳳毛麟角。雖有一二探險家親臨其地，或因語言不通，或因調查不確，以訛傳訛。本書著者世居西康，對於康藏情況，知之極詳。茲將最近實地考察所得，編成是書，爲研究康藏最可靠之本。

第一章　境域地理及氣候
第二章　民族性與能
第三章　文化
第四章　宗教
第五章　生活
第六章　風俗
第七章　實業
第八章　物產
第九章　交通
第十章　行政

關於西北農林教育之所見

——孝園叢刊之一——

戴季陶先生爲開發西北之實行者。凡讀過新亞細亞學會所編之西北（此書已三版）及新亞細亞月刊（該刊已出至十二卷二期）者，對于戴先生開發西北之言論與計劃，無不贊嘆其切實而奉爲圭臬。近著關于西北農林教育之所見一書，尤有獨到之處，可爲開發西北之南針。研究邊務者，皆當人手一編也。現已出版，書印無多，購請從速。

★定價　每冊實價大洋二角

最近之青海

青海省民政廳編著

（讀此一書，勝遊青海全境）

青海一地，僻處西陲，因道途遙遠，交通不便，消息情形，與內地隔閡，以致大好青海，覺形成爲未經開發之重要秘密區，處女地。近雖有全國步行團，青海考察團，西陲學術考察團，中法學術考察團等團體，紛紛往西北考察，對於青海致察情形，常于報章上披露一二、惟大都是依稀的，約略的，片斷的，抽象的，局部的描寫，而不是具體的敍述。本書爲青海省民政廳編著，對于青海一切的一切，靡不有精確詳盡之記載。全書文字，長凡廿三萬言，附有珍貴照片六十八幅，裝成一大厚冊，爲研究青海之唯一善本。讀此一書，勝遊青海全境。凡留意西北問題者，均宜人手一編也。定價每冊一元二

慕容氏與高句驪

金毓黻

自晉遭永嘉之亂，平州刺史兼東夷校尉威信逐漸失墜，無復有統制東夷之能力，慕容氏既崛起於遼西，而句驪亦伸張其勢力於遼左；終以同處一隅，國境接觸，利害時有衝突。初則慕容氏國勢方張，士馬精強，高句驪度非其敵，常畏而服之。迨慕容氏國力不競，無暇顧及遼左，而高句驪亦遂反客爲主，侵據其地，爲時甚久。此爲東北一隅存亡絕續之交，亦談東北史者所不容忽視者也。

考慕容氏與高句驪衝突，始於晉元帝太興二年（西元三一九年）：

晉書載記八，時平州刺史崔毖，自以爲南州士望，意存懷集，而流亡者莫有赴之。毖意廆拘留，乃陰結高句驪及宇文段國等，謀滅以分其地。三國伐廆，攻棘城，廆閉門不戰，遣使送牛酒以犒宇文，於是二國疑宇文同於廆，引兵而歸。

其後則屢相攻伐，而慕容氏常操勝算。

載記八，明年（太興三年），高句驪寇遼東，廆遣衆擊敗之。

通鑑九十一，太興二年十二月，廆以其子仁鎭遼東，高句麗將加奴子據于河城，廆遣將軍張統掩襲擒之。……高句麗數寇遼東，廆遣慕容翰慕容仁伐之，高句麗王乙弗利逆來求盟，翰仁乃還。三年十二月，高句麗寇遼東，慕容仁與戰大破之，自是不敢犯仁境。

又九十六，咸康四年，趙王虎以船三十艘，運穀三十萬斛，詣高句驪以謀擊燕。五年，皝擊高句驪兵，及新城，高句驪王釗乞盟而退。六年，慕容恪鎭平郭，屢破高句麗兵，高句驪畏之，不敢入境。

咸康八年（西元三四二年）冬，慕容皝遂以兵入高句驪，毀其丸都而還。

通鑑八十九，咸康八年冬十月，建威將軍翰言於皝曰：「高句驪去國密邇，常有闚關之志，必乘虛深入，掩吾不備；若少留兵，則不足以守，多留兵，則不足以行，此心腹之患也，宜先除之。觀其勢力，一舉可克」。皝曰善。將擊高句麗，高句麗有二道：其北道平闊，南道險狹（注：北道從北置而進，南道從南陝入木底城）。衆欲從北道，翰曰：「虜以常情料之，必謂大軍從北道，當重北而輕南；王宜率銳兵從南道擊之，出其不意，丸都不足取也；別遣偏師從北道，縱有蹉跌，其腹心已潰，四支無能爲也」。皝從之。十一月，皝自將勁兵四萬出南道（載記作南陝），以慕容翰慕容霸爲前鋒，別遣長史王寓等將兵萬五千出北道（載記作北置），以伐高句麗。高句麗王釗果遣弟武率精兵五萬拒北道，自帥羸兵以備南道。慕容翰等先至，與釗合戰，皝以大衆繼之，左常侍鮮于亮獨與數騎先犯高句麗陳（載記作戰於木底），所向摧陷；高句麗陣動，大衆因而乘之，高句麗兵大敗，左長史韓壽斬高句麗將阿佛和度加，諸軍乘勝追之，遂入丸都，釗單騎走，輕車將軍慕輿埿追獲其母周氏及妻而還。會王寓等戰於北道，皆敗沒，由是皝不復窮追，遣使招釗，釗不出。將還，韓壽曰：「高句麗之地，不可戍守。今其主亡民散，潛伏山谷，大軍既去，必復鳩聚，收其餘燼，猶足為患。請載其父尸，囚其生母而歸，俟其束身自歸，然後返之，撫以恩信，策之上也」。皝從之，發釗父乙弗利墓，載其尸，收其府庫累世之寶，虜男女五萬餘口，燒其宮室，毀丸都城而還。

是役也，燕兵南道雖大勝，而北道竟至覆沒，蓋為互有勝敗，以致皝入丸都，而不敢久留，又劫質其母妻，載其父尸而旋師，懼北道勁兵之襲其後也。愚謂此役為東胡夫餘二族之相攻，以爭雄長於東北，本為一丘之貉，無比較衡論之可言。然慕容氏逐漸華化，是為夷狄之進於中國者；迨其國滅之後，遺民散處北方，久之與當地之漢族，無可別異，是則以漢人視鮮卑，無不可也。高句驪之來源，出於久居東北之夫餘，本與北方之漢族，極為接近，儻同慕容氏而俱漢化，是亦夷狄之進於中國者也。無如其立國於遼東徼外，濊貊沃沮之故民，既多為其本族，而三韓朝鮮之遺民，亦漸與之合流，於是高句驪不惟無漢化之機會，且逐漸益進於夷狄焉。藉令高句驪而為漢族，以其後進於夷狄，則亦應以夷狄視之，所謂中國而進於夷狄，則夷狄之是也。由是言之，一則進於中國，一則純為夷狄，以進於中國之兵，摧純為夷狄之寇，謂是役足以張中國之國威，戢夷狄之野心，誰曰不然？自後漢之末，中國威不及遠，高句驪拓地日廣，實為東北諸夷之桀。迨一挫於公孫氏，再挫於毋丘儉，殘破其國都，毀滅其軍民，知中國之不可輕犯，乃伏首帖耳於一隅。洎乎諸胡亂華，中原無主，高句驪蹶然以興，重思嘗試，乃又為慕容皝所挫，而其西向侵略之政策，又為之稍斂焉。考高句驪之不能大得志於東北，固由公孫毋丘二氏之擁拒於前，亦賴慕容氏之大張撻伐於後也。

通鑑所記高句驪之地名曰南道北道者，宜一為考之。南道，載記作南陝，陝者狹也，南道險狹，故名南陝。北道，載記作北置，置字從直，應有平直之義，北道平闊，置有驛遞，故名北置。此稱名不同之釋義也。愚謂南道應在興京附近，循今渾河上溯可至；北道應在海龍柳河迤東，沿輝發河而上溯，然此路亦多山嶺，尠平闊之徑。載記謂南陝一路有木底（亦稱木底城），滿洲歷史地理以今興京老城西四十里之木奇站當之，儻或然歟？

自慕容皝攻破丸都之後，高句驪遂臣服於燕，訖於後燕，而未之改。

通鑑九十七，晉康帝建元元年春二月，高句驪王釗遣其弟稱臣入朝於燕，貢珍異以千數。燕王皝以還其父尸，猶留其母為質。穆帝永和元年冬十月，燕王皝使慕容恪攻高句麗，拔南蘇（注：南蘇城在南陝之東，唐平高麗置南蘇州），置戍而還。又一百，永和十一年十二月，高句麗王釗遣使詣燕，納質修貢，以請其母。燕主儁許之，遣殿中將軍刁龕，送釗母周氏歸其國，以釗為征東大將軍，營州刺史，封樂浪公王如故。

晉書載記（二十四慕容寶），高句麗王安遣使貢方物。

北史高麗傳，垂子寶以句麗王安為平州刺史，遼東帶方二國王，始置長史司馬參軍官（晉隆安元年）。

慕容氏發迹於遼西，以昌黎龍城為重鎮（後別有考），遼東玄菟等郡，為其國之東隅，屢失屢復。當晉永嘉三年，慕容廆初興，即有鮮卑別部攻陷遼東之事，直至永嘉五年而廆始復之。

晉書載記八，遼東附塞鮮卑素連木津等，攻陷諸縣，殺掠士庶（此文詳見上章），廆率騎討連津，大敗斬之。二部悉降，徙之棘城，立遼東郡而歸。（通鑑繫此事於永嘉五年，而載記又有遼東傾沒垂已二周之語，二周即二載也，故遼東之陷，應在永嘉三年。）

成帝咸和八年（西元三三三年），慕容皝初立，其弟仁叛據平郭，盡得遼東地。

載記九，初皝庶兄建威（將軍）翰，驍武有雄才，素為皝所忌，母弟征虜（將軍）仁、廣武（將軍）昭，並有寵於廆，皝亦不平之。及廆卒，並懼不自容，仁勸昭舉兵廢皝；皝殺昭，遣使按撿仁之虛實，遇仁於險瀆。仁知事發，殺皝使，東歸平郭，皝遣其弟建武（將軍）幼司馬佟燾等討之，仁盡衆距戰，幼等大敗，皆沒於仁。襄平令王冰將軍孫機，以遼東叛於皝，東夷校尉封抽，護軍乙逸，遼東相韓矯，玄菟太守高詡等棄城奔還，仁於是盡有遼左之地，自稱車騎將軍平州刺史遼東公。

至咸康二年（西元三三六年），慕容皝討仁殺之，復遼東地。

載記九，皝自征遼東，尅襄平，仁所署居就令劉程以城降，新昌人張衡執縣宰以降，於是斬仁所置守宰，分徙遼東大姓於棘城，置和陽武次西樂三縣而歸（此是咸和九年十一月事）。通鑑（九十五），咸和二年春正月，慕容皝將討慕容仁，羣僚皆言涉冰危事，不若從陸道，皝曰：「吾計已決，敢沮者斬」。壬午，皝帥其弟軍師將軍評等，自昌黎東踐冰而進，凡三百餘里，至歷林口，捨輜重，輕兵，趣平郭，去城七里，候騎以告仁，仁狼狽出戰。……仁以為皝遣偏師輕出寇抄，不知皝自來，謂左右曰，「今茲當不使其匹馬得返矣！」乙未，仁悉衆陳於城西北，慕容軍帥所部降於皝，仁衆沮動，皝從而縱擊大破之，仁

3

走，共帳下皆叛，遂擒之。釗先爲斬其帳下之叛者，然後賜仁死。

按新唐書地理志云，安東都護府西南至建安城三百里，故平郭縣也。安東都護府爲今遼陽，其去遼陽西南三百里而又近海，則即今蓋平縣之地也。慕容皝自昌黎東踐冰而進，爲自今錦州迤南海面，逕至平郭，其途直而近，故爲仁所不覺。歷林口者，公孫度時謂之遼口，明人謂之梁房口（見遼東志），爲遼河入海之口，亦即今之營口也。遼字之音，引長讀之，即爲歷林，梁房，實即遼口，由今營口登岸至蓋平，路不過數十里。前燕之世，曾以平郭爲平州治，以統遼東玄菟，即以其地可由海道通於棘城也。平郭，險瀆，皆漢遼東郡屬國；然平郭在遼水東，險瀆在遼水西，兩地東西相直，皝遣使按驗仁，由陸路往，故遇仁於險瀆，然則險瀆，其爲今之盤山縣乎？

先是，樂浪帶方二郡之地，已爲高句驪所侵據。

通鑑（八十八，愍帝建興元年），遼東張統據樂浪帶方二郡，與高句麗王乙弗利相攻，連年不解。樂浪王遵說統帥其民千餘家歸廆，廆爲之置樂浪郡，以統爲太守，遵參軍事。

至後燕慕容垂之世，高句驪更進陷遼東玄菟二郡，未幾復之。

通鑑（一百六晉孝武帝），太元十年，燕王垂命帶方王佐（按帶方王，爵名；佐，慕容氏，名佐也。今本十六國春秋作帶方太守王佐，誤）鎮龍城。六月，高句麗寇遼東，佐遣司馬郝景將兵救之，爲高句麗所敗，高句麗遂陷遼東玄菟（注：自此燕不能勝高句麗）。十一月，慕容農將步騎三萬，……進擊高句麗，復遼東玄菟二郡，還至龍城。燕王垂以農爲使持節都督幽平二州北狄諸軍事，幽州牧，鎮龍城，徙平州刺史帶方王佐鎮平郭。先是，幽冀流民，多入高句麗，農以驃騎司馬范陽龐淵爲遼東太守招撫之。

燕容寶之世，高句麗王安曾遣使入貢，遂册封爲遼東帶方二國王，已明認其侵據遼東矣。惟其時遼東尚未淪陷，故慕容盛伐高句麗，拔其新城南蘇二城。

通鑑（一百十一，安帝隆安四年），高句麗王安事燕禮慢，二月丙申，燕王盛自將兵三萬襲之，以驃騎大將軍熙爲前鋒，拔新城南蘇二城，開境七百餘里，徙五千餘戶而還。

嗣後則燕有內亂，高句麗再進陷遼東；燕雖兩度反攻，亦不能再復。

晉書載記（二十四），熙伐高句麗，以苻氏從，爲衝車地道，以攻遼東。熙曰：「待剷平寇城，朕當與后乘輦而入！不聽將士先登」。於是城內嚴備，攻之不能下。會大雨雷，士卒多死，乃引歸。熙與苻氏襲契丹，憚其衆，遂輕襲高句麗，周行三千餘里，士馬疲凍，死者屬路，攻木底，不克而還。

通鑑（一百十四），義熙元年正月，燕王熙伐高句麗，戊申，攻遼東城且陷，熙命將士毋得先登，俟剗平其城，朕與皇后乘輦而入，由是城中得嚴備，不克而還。二年正月，輕兵襲高句麗，二月，攻木底城，不克而還（注：木底城在南蘇之東，唐置木底州）。

高句驪之陷遼東，爲吾國東北部華夷勢力消長之最大關鍵，究在東晉何年，史無明文，是宜詳爲考之。欲考究此問題，有先决者二事，即一爲高句驪好大王碑建於何年，一爲高句驪好大王當中史所稱之何王，是也。

好大王碑（碑作好太王）在今遼寧省輯安縣城東十里，發見於光緒六年，爲一四面長方之鉅石。建立於晉安帝義熙十年，業經近人考定，已無疑義。

羅振玉好大王碑跋（俑廬日札）：此碑爲海東古刻之冠，顧前人於刻石年月，考之未審，陸存齋觀察謂是涼太元十六年，鄭叔問舍人謂是蜀漢建興十二年，日本人又據碑中所記甲寅，謂一當漢後帝十二年，一當晉惠帝四年，不能斷定；鄙意，諸說並未當也。今以元高麗僧一然三國遺事及東國史略日本伊藤長允三韓紀略三書，與此碑互証，知此碑實立於晉義熙十年，試立三証以明之。碑稱鄒牟王（即朱蒙高麗始祖）命世子儒留王以道興治，大朱留王紹承基業，口至十七世孫國岡上廣開土境平安好大王，二九登祚，三十有九晏駕棄國，以甲寅九月二十九日乙卯遷就山陵，於是立碑銘記勳績云云。考三國遺事稱高麗開國之十九世廣開土王，名談德，壬辰立，治二十一年。子長壽王，癸丑立，治七十九年。三韓紀略亦云，高麗開土王以晉太元十七年立，立二十二年而卒；東國史略同。蓋其世次，鄒牟爲始祖，儒留（東國史略，三韓紀畧並作琉璃王，北史高句麗傳作如栗，皆儒留譯音之異）爲二世，儒留之後至廣開土，正儒留以後十七世，與碑所云儒留十七世孫，世次正當。是碑所謂國岡廣開土境平安好大王即廣開土王，碑舉其全謚，史家畧舉其謚號中數字，實爲一人，証一也。三國遺事謂廣開土立於壬辰，考壬辰爲晉太元十七年，與東國史畧三韓紀畧正同；惟東國史畧三韓紀畧並作在位二十二年，三國遺事作二十一年爲小異。碑稱好大王二九登祚，三十九晏駕，三國遺事，三韓紀畧並謂廣開土之子長壽王以癸丑立，由太元十七年壬辰至義熙九年癸丑，正二十二年；又以十八即位，三十九棄位考之，太元壬辰十八，至義熙癸丑年正三十九。則廣開土在位乃二十二年，非二十一年也。惟碑中又有永樂五年歲在乙未六年丙申語，若以壬辰立，則永樂五年直丙申，六年直丁酉，相差一年。考廣開土之前一世爲壤王，三國遺事云，甲申立，治八年（三韓紀畧同，惟作在位九年爲異），由太元九年甲申，至十六年辛卯，正八年。意廣開土實即位於辛卯，至五年正是乙未；諸史以辛卯不過數月，遂以壬辰爲元年歟？然廣開土王卒於義熙癸丑，則諸書之所同，証二也。廣開土以癸丑卒，而葬則在次年甲寅，故碑稱甲寅年九月二十九日乙酉，遷就山陵。攷長術義熙十年九月，爲丁巳朔，二十九日正是乙酉，與碑正合。此又爲碑以義熙十年立之確據，証三也。此碑立石年代，久不能定，一旦鉤稽得之，洵快事矣。

5

羅先生謂廣開土王在位乃二十二年非二十一年，語雖有據，倘有未諗。愚按三國史記高句驪諸王，皆於即位之歲改元，不從古人踰年改元之制，而前王卒年之數仍不廢。如宋太祖開寶八年十一月崩，太宗嗣位，即於是年十二月改稱太平興國元年，史書並存其兩號；不爲細考，則以爲二年矣。廣開土王即位於太元十七年壬辰五月，其五月以前爲故國壤王之九年，五月以後爲廣開土王之元年，依此法計之，至義熙九年癸丑廣開土王卒，正爲二十二年。其子長壽王即位於癸丑，稱元年。東國史略三韓紀略稱在位二十二年者，合卒年計之也；三國遺事稱在位二十一年者，去卒年計之也：二者皆不誤。惟碑稱永樂五年乙未，六年丙申，八年戊戌，十年庚子，十四年甲辰，十七年丁未，二十年庚戌，差前一年，實爲可異。疑廣開土王即位於太元十六年辛卯，卒於義熙八年壬子，在位亦二十二年。其後二年甲寅九月，始克葬，史文違誤，宜以碑爲斷。此金石文字可以校史者也。羅氏謂辛卯即位不過數月，故不稱元年之說，與高句驪諸王即位不踰年改元之制不合，出於推測，宜所勿取。惟所謂碑立於晉義熙十年甲寅，則爲的當不易，此先決之一事也。

其次則高句麗廣開土王，即爲中史之高句驪王安，羅氏未及詳考；往余撰遼東文献徵略，曾一論及之。愚謂高句驪之紀事，以金富軾之三國史記爲最古最詳，羅書倘未及引，蓋緣撰文時未見是書故也。考晉太元十六年，爲後燕慕容垂建興六年，義熙八年，爲北燕馮跋太平四年，此二十二年間，即爲廣開土王在位之年。是時中史所紀高句驪王名安者，其爲廣開土王明甚。再以好大王碑所紀世次，証以三國史記：碑紀始祖鄒牟王，即三國史記之一世東明聖王朱蒙；碑紀二世儒留王，即三國史記之二世瑠璃王；碑紀三世大朱留王，即三國史記之三世大武神王（或云大解朱留王）。據三國史記，自始祖傳至廣開土王適爲十九世。若自大朱留王計之，則爲十七世。碑云，大朱留王紹承基業，至十七世，孫廣開土境平安好大王，正與史合。三國史記謂廣開土王名談德，而中史名安者，或爲平安好大王之簡稱，或初名安，後易稱談德，要之其爲一人無疑，此先決之二事也。

上述二事既決，乃可回論本題，試讀下文。

晉書載記（二十四），高句驪寇燕郡，殺略百餘人。

北史高麗傳，後略有遼東郡。

通鑑（一百十五），元興三年冬十二月，高句麗侵燕。

此三則之紀事，爲最重要之史料。北史僅言略有遼東郡，而不言爲何年，幸有通鑑可證，始知高句驪之侵遼東，爲晉安帝元與三年（西元四〇四年）之事；所謂侵燕者，即侵略遼東郡而有之也。載記無略有遼東郡之明文，而僅言寇燕郡，余疑此句有脫文，或爲寇燕遼東郡之誤。何以明之？尋載記所記前後之次第，即爲通鑑所紀元興三年侵燕之事，通鑑僅云侵燕，措詞太簡，然得北史比証，即知所侵者，爲遼東郡，更知載記所云殺略百餘人者，亦寇遼東郡時所殺略之人也。然何以知燕郡爲非郡名耶？考東晉之世，遼西段遼所屬有燕郡，會出陽裕爲燕郡太守（載記九陽裕傳），又趙王石虎所屬有燕郡，晉咸康六年慕容皝曾襲之（見通鑑考異引燕書），二者蓋爲一地，皆在漁陽附近，此即魏書地形志所載之燕郡也。此遠在漁陽之燕郡，高句驪何能越而攻略之？或謂慕容皝嘗以興集等縣悉隸燕國，其後爲郡，此即唐書地理志之燕郡城燕郡守捉城，其地實近在遼水以西。然此燕郡，何時建置，既尠明徵，詎容妄說。然則吾以燕郡爲誤，不得謂絕無理由矣。再以此役前後之事証之，前乎此者，隆安四年（西元四〇〇年），慕容熙自將伐高句驪，拔新城南蘇二城，是年二月燕襄平令殷登以謀反誅。新城南蘇在遼東郡之東，襄平爲遼東郡之倚郭縣，則是時高句驪尙未略有遼東，得以証明，一也。後乎此者，義熙元年（西元四〇五年），正月，慕容熙攻遼東城，以命將士毋得先登，而不克。此即繇前年之冬，遼東爲高句驪攻陷，將兵反攻，爲收復之計，翌年熙又迂道攻木底城，不克而退，此又遼東陷後不能收復之証明，二也。綜上所考，則高句驪之陷遼東，爲晉元興三年之事，似無可疑。 7

旁考東史，晉元與三年即高句驪廣開土王十四年（原作十三年），亦即新羅實聖王三年，百濟阿華王十三年也。三國史記於是年不載有何大事，惟好大王碑，有如下列之紀事：

十四年甲辰，而倭不軌，侵入帶方界，【大王率兵自】石城【島】連【船渡海，迅抵】帶【方，倭退】至僕【句滿城，然後】相遇，王衛要截盪刺，倭寇潰敗，斬殺無數。（凡口皆今本闕字，又王僕二字，今本作平穰。）

按碑之十四年甲辰，三國史記作十三年，亦即晉元興三年也，是年僅載攻倭人於帶方，而無略取遼東之事，誠難索解。

惟此碑非不載關涉遼東之戰事，如永樂五年乙未，有「於是旋駕，因過䂮平道王來，〔即自〕力城北豐五備猶遊觀土境田獵而還」之語。又八年戊戌，有「教遣偏師觀帛愼土谷，因便抄得莫新羅城加大羅谷，男女三百餘人，自此以來朝貢論事」之語。釋者謂䂮平即襄平，帛愼即肅愼，而力城北豐又爲遼東郡舊屬縣名，皆與朝鮮半島之新羅百濟無涉，特未明言侵據遼東玄菟而有之耳。

考高句驪，於晉太元十年六月，初陷遼東玄菟二郡，至是年十一月，燕復二郡，是即高句驪故國壤王二年也（西元三三五年）；又後十九年，爲晉元興三年而遼東再陷，玄菟郡亦同時淪陷，是即廣開土王之十四年（西元四〇四年），而終致於不能復。㐌至唐高宗總章元年（西元六六三年），滅高句驪之日，遼東之故地始復，然已淪陷二百六十六年，可謂久矣。

三國史記高句驪本紀云，廣開土王生而雄偉，有倜儻之志。百濟本紀云，王聞談德能用兵，東國史略引歷年圖云，王雄偉有奇才，能戰勝攻取，玆考好大王碑所紀與百濟（碑稱爲百殘）新羅倭人諸役，皆爲戰勝攻取之事。其稱爲廣開土境平安好大王者，誠爲名副其實矣。

然吾謂王之廣開土境，尤在略取遼東之一事，蓋遼東者東北之重鎭也，遼東不失，則可西連幽冀，南接登靑，互爲聲援，以收控制東夷之効。試觀後來之明，曾竭天下之兵力財力，以保遼左，而建州海西諸衛，即不能得志於中國。迨遼瀋既失，明師爲㬪，而清太祖努爾哈赤之王業以成。以後例前，理無或爽。故高句驪之強，自據遼東始。厥後隋煬帝唐太宗，皆竭天下之力，以與之角，而卒不能驟勝，則以其據有形勝，反客爲主故也。

愚嘗謂高句驪略取遼東，爲廣開土王一世之大事，何以好大王碑略而不舉，是眞難於索解，而丁謙氏曾論及此：

丁謙魏書外國傳地理考証：太元末，略有遼東，則廣開土王卽好大王時事。考十六國春秋，後燕王慕容垂二年六月，高句驪寇遼東，敗燕援軍，遼東玄菟盡沒，然是冬二郡仍爲慕容隆收復。其終爲略有，屬於何年，諸書均無明文，文獻通考亦僅言晉時高句驪略有遼東，朝鮮沿革史言慕容方盛，其國稱臣納貢，後燕亂，始脫其羈絆。竊意遼東略有亦在其時，惟未得實証。玆據高麗好大王碑，言扶餘舊是鄒牟王屬民，中叛不貢，二十年庚戌，躬率軍討降之，卽其事也。鄒牟王指其始祖朱蒙，朱蒙系出扶餘，故假以爲名。以收遼東玄菟等地，不言取自鮮卑者，以先世曾爲臣屬，故諱之也。

丁氏此論，可謂解人，自來考好大王碑者，未有檢索及此者也。証以上文，晉義熙元年，卽廣開土王十五年乙巳，有燕攻遼東城不克之紀事，則遼東之陷，應在是年之前，已無疑義。丁氏謂在義熙六年，下差五年，雖與史實不符，然謂好大王碑，不言取自鮮卑，以先世曾爲臣屬故諱之，實已搔着癢處。蓋廣開土王，旣臣屬燕而受其封，故後世紀其戰績，於略取遼東一役，不提隻字，非有所諱，何至於此？至其二十年討降扶餘，本別爲一事，然丁氏能因此而考及是有所諱，誠可謂難能可貴矣。惟文中太元末略有遼東一語謂係出於北史，茲考北史高麗傳云，太元十年句麗攻遼東，燕復二郡，後略有遼東郡，此所謂「後」，乃在太元之後，茲以太元末釋之，可謂巨謬，是宜糾正。然其謂遼東之陷爲廣開土王時事，則已片言居要矣。

總之：好大王碑，旣於晉義熙十年建立，而高句驪廣開土王，卽爲中史之高句驪王安，是則遼東之陷，屬於廣開土王，無可疑者。至元興三年，爲遼東淪陷之年，亦得有相當之証明，好大王碑之不載此事，容有所諱；三國史記之不載此事，則以其書由後人採綴而成，非有完備之國史可據也。此爲余考証之意見，亦卽本問題之結論。

惟考宋梁二書，謂百濟亦於是時略有遼西。

宋書夷蠻傳，高句驪略有遼東，百濟亦略有遼西，謂之晉平郡晉平縣。

梁書夷蠻傳，晉世高句麗旣略有遼東，百濟亦據有遼西晉平二郡地，自置百濟郡。

按是時百濟北與高句驪接壤，若越海而略遼西，則行軍甚難，此爲必無之事；証以魏書北史百濟傳及通鑑，皆不言有此事，其爲南朝傳聞之誤，不待言矣。

遼東一隅淪陷之後，而仍見有遼東玄菟樂浪帶方諸郡之名者，則後燕以來所僑置也。

晉書載記（二十五，北燕主馮跋），署務銀提爲上大將軍遼東太守，蝚蠕斛律爲其弟大但所逐，盡室奔，跋乃館之於遼東郡，待之以客禮。遼東太守務銀提自以功在孫護張興之右，而出爲邊郡，抗表有怨言，密謀外叛，跋怒，殺之。

魏書世祖紀，延和元年八月，詔平東將軍賀多羅攻文通帶方太守慕容玄於猴固拔之。九月乙卯，西還，徙營丘成周遼東樂浪帶方玄菟六郡民三萬家於幽州。

按樂浪郡之內徙，前已言之，而帶方之徙，亦應與同時，晉成帝咸和八年，前燕有帶方太守王誕是也。遼東玄菟之僑置，應在元興三年遼東淪陷之日。惟此四郡雖皆僑置於遼水以西，而其所在，殊難考定。魏書地形志云，遼東郡，秦置，後罷，正光中復，治固都城。樂浪郡，兩漢晉曰樂浪，後改置，正光末復，治連城。正光爲後魏孝明帝年號；固都城連城，或即爲燕時僑置之地，燕滅，郡廢，而正光中又復之。然究爲今之何地，已不可考。

研史之士，皆謂僑郡之置，始於東晉元帝，此知其一，不知其二之言也。如前所述兩漢之世，玄菟郡因受高句驪之侵偪，而兩度內徙，又割遼東郡之屬縣而與之，即爲僑郡之先例。大抵是時邊境之郡縣，每因外族之侵偪而內徙。東晉之世，視河洛之地，亦如邊境，故援用內徙之例，而立僑縣，務使同郡之民聚居一地，不相雜厠。亦以是時北方諸州，雖淪於外族，而朝廷方有志收復，南徙士民，不過寄地暫居，一經故地收復，仍須遷回本土。暫立僑郡，明示客居，使不忘其故土也。迨其後收復之願，終成畫餅，乃於義熙九年，厲行土斷，即以所在土著爲斷，不得挾住本郡，是也。慕容廆之世，因樂浪帶方二郡，爲高句驪所侵據，遂徙其民於遼西，因而立郡。考其時在晉愍帝建興元年，尙在東晉建置僑郡之前，此即師漢代內徙玄菟郡之前例。其後遼東玄菟二郡之內徙，亦同斯例。是故僑郡之設，不惟江左爲然，而北方諸國亦有之；不惟晉代爲然，而漢代亦有其前例。必合而觀之，而後能究其本末也。

10

東北史稿跋

謝國楨 1

金靜庵先生治東北邊疆之學，明華夷之辨，於輿地沿革，史蹟源流，搜討尤詳。郝原居遼，原非本心；遺山修史，是所夙志。前編有遼海叢書，已出十集。去夏由遼瀋潛服來京，講學上庠。冬間，寄來東北史講稿兩册，已積稿盈帙。楨盡二日之力讀之，服其鉤稽羣籍，不因襲東人窠臼，用力甚勤；而於東北三省爲吾國之舊郡，東北土著已早服漢化，言之極爲詳盡。並引梁任公先生之言：「一民族可分爲三國以上之國民，而一國民亦可含兩族以上之民族」。金君又云：「如東北民族之在古代則有漢族，肅愼，夫餘，東胡諸族之分，在近代則有漢，滿，蒙古族之分，然其同爲構成中華民族之一份子，則任何人不能有異議者。以一國民可含兩族以上之民族」，其言蓋有深致焉。

其書於東北史事分六期：（一）漢族開發時代，上古訖漢魏，約起西元前三千至西元二七九年，約三千餘年。（二）東胡扶餘二族互競時代，晉訖隋初，起西元二八○年至五八八年，凡三百九年。（三）漢族復興時代，隋訖唐高宗，起西元五八九年至六九二年，凡一百十年。（四）靺鞨，契丹，女眞，蒙古迭相爭長時代，唐武后訖元末，起西元六九九年至一三七○年，凡六百七十二年。（五）漢族與女眞蒙古爭衡時代，明初訖明亡，起西元一三七一年至一六四三年，凡二百七十三年。（六）東北諸族化合時代，清初訖現在，起西元一六四四年至一九三六年，凡二百九十三年。是稿甫寫至第三期漢族復興時代隋唐之征高麗，然已不下十餘萬言矣。

竊此數卷之書，其獨到之處，若辨漢代玄菟樂浪四郡之部位，毌丘儉丸都山紀功石刻，行軍之途徑，所統七屮門之解說，由高句驪好大王碑証明宋書夷蠻傳高句驪略有遼東，百濟亦略有遼西之誤，皆足以匡前人之舊說，補正史之未備。至於慕容氏之興，有其同族與之角逐於遼西者，有宇文氏段氏二族，宇文氏自始祖葛烏菟至侯豆歸歷傳十一世；段氏自段陸眷至段龕凡傳十世後，均爲慕容氏所侵併。北史周書紀載，均甚簡略。金君乃據通鑑紀載三氏角逐之事，有年月可尋者，撰爲大事表。自魏晉以來，玄菟諸郡，淪於高句驪，晉之昌黎郡遂爲軍事之重鎮。昌黎本爲前漢遼西郡之東部，又爲後漢遼東屬國，漢時實有柳城，慕容氏改於柳城之北別建龍城，漢柳城遂廢。然此後龍城，亦名柳城。唐仍置柳城郡，自此乃有兩柳城。後來考柳城者，其說不一，遼史地理志謂柳城在今盧龍昌黎，其說已誤。金君乃謂漢之柳城，應在今朝陽之南，方當遼熱二省交界之處；唐之柳城應在朝陽之西。又考昌黎郡應以龍城居首，而不治於昌黎。考稽地理，極爲入微。又記夫餘，勿吉，庫莫奚，室韋，豆莫婁，烏洛侯諸民族之沿革，條例詳明，非深於史學者不能如此也。

抑余更有進而言者，肇治邊疆史地，於地理沿革史蹟變遷以外，尤當於邊疆間，感觸中華之文化及民族之英雄，流寓之人物，作特殊之介紹。竊意撰邊疆史事，應用文化史之眼光，而撰爲一書。是書於朝鮮樂浪之發掘，遺留之文物，及公孫氏慕容氏流寓，邴原，管寧，孔纂，胡毋翼諸賢，已行述及。但漢代文化之在朝鮮，煊赫燦爛，尙不止此；高句驪氏，習向華風，好大王墓遺留石刻，墓碑，尙有蹟可尋；遼金兩代文物，日漸發現，典籍簿錄，亦間有流傳，如不及時整理，則將取裁於他人之手！若夫亮節高懷，馳騁疆場之士，固足以昭民族之輝光；即如附逆逐臭之輩，上而若劉豫張邦昌，次而若孔彥舟張中孚張中彥之流，反復無常，忽而降宋，忽而投金，當時固振振有辭，人稱其善，設無金史表暴其惡，則是非何以明於後世？若此輩者，亦宜大聲疾呼，深惡而痛絕之，使似是而非之學說，爭逐腥羶之流輩，足以驚其魄而喪其膽，懾於正義，而不敢踰乎範籬。此亦爲史之責也。

適禹貢出版三年，顧頡剛先生索稿於余，余乃取金靜庵先生所撰是書，擇其中「慕容氏與高句驪」一篇，登諸禹貢，爰述其顛末於此。而楨也頗欲治遼金明清之史，徒以擾於人事，鞅掌簿書，一書未習，光陰虛馳。今讀靜庵之書，及馮家昇諸先生之作，精深湛博，極感欽佩！書此擲筆，有不勝汗愧者矣！

豆莫婁國考

馮家昇 1

豆莫婁國之名昉見魏書，卷一百並有列傳；後之各史無傳之者，僅唐書卷二百二十流鬼傳稍有所記載。今先將魏書之材料鈔下，加以批評，然後將其歷史地理探究之。

> 豆莫婁國在勿吉國北千里，去洛六千里，舊北扶餘也，在失韋之東，東至於海，方二千里。其人土著，有宮室倉庫，多山陵廣澤，於東夷之域最爲平敞。地宜五穀，不生五果。其人長大，性彊勇謹厚，不寇抄。其君長皆以六畜名官，邑落有豪帥，飲食亦以爼豆，有麻布，衣制類高麗而幅大，其國大人以金銀飾。用刑嚴急，殺人者死，沒其家人爲奴婢。俗婬，尤惡妬婦，妬者殺之，尸其國南山上，至腐，女家欲得輸牛馬，乃與之。或言本穢貊之地也。

魏書予吾人豆莫婁之消息僅此一百六十八字，辭句簡略，實未可當攷證之資。今若進一步求之，則此一百六十八字中，所可恃者亦不過三五言；其他語句則盡鈔自後漢書或三國志之夫餘傳。今試將三國志卷三十夫餘之紀事抄下，二者相互比照可以知矣。

> 夫餘在長城之北，去玄菟千里，南與高句麗，東與挹婁，西與鮮卑接，北有弱水，方可二千里，戶八萬。其民土著，有宮室倉庫，牢獄，多山陵廣澤，於東夷之域最平敞，土地宜五穀，不生五果。其人麤大，性彊勇謹厚，不寇鈔。國有君王，皆六畜名官，有馬加，牛加，豬加，狗加，犬使，大使者，使者。邑落有豪民名「下戶」，皆爲奴僕。諸加別主四出道，大者主數千家，小者數百家。食飲皆用爼豆，會同拜爵洗爵揖讓升降，以殷正月祭天，國中大會，連日飲食歌舞，名曰「迎鼓」。於是時斷刑獄，解囚徒。……用刑嚴急，殺人者死，沒其家人爲奴婢；竊盜一，責十二；男女淫，婦人妒皆殺之。尤憎妬，已殺，尸之國南山上，至腐爛，女家欲得，輸牛馬乃與之。……國有故城名濊城，蓋本濊貊之地。……

由是，吾人發見魏書豆莫婁傳十之九襲取三國志文而成，其爲三國志所無者不過開首五句：

> 豆莫婁國在勿吉北千里，去洛六千里，舊北扶餘也，在失韋之東，東至於海。

『方二千里』以下，皆爲三國志原文。故欲求豆莫婁之地望，不能以魏書所載者爲據。

今若再進而求之，則此略略五言，實得自勿吉使臣之報告。勿吉傳云，『於東夷最彊，……常輕豆莫婁等國，諸國亦患之』。此固不能謂爲得自豆莫婁使臣之消息。然下文云：

九年（太和）復遣使侯尼支朝獻，明年復入貢，其傍有大莫婁國，覆鍾國，莫多回國，庫婁國，素和國，具弗伏國，匹黎爾國，拔大何國，郁羽陵國，庫伏眞國，魯婁國，羽眞侯國，前後各遣使朝獻。

檢魏書卷七本紀，孝文帝太和十年十二月癸未勿吉國遣使朝貢，則大莫婁之消息，魏人實由勿吉使臣之報告而知之。

魏書本傳之史料既明，今進而言唐書流鬼傳附記之史料。

開元十一年，又有達末婁達姤二部首領朝貢。達末婁自言北扶餘之裔，高麗（卽高句麗）滅其國，遺人度那河因居之，或曰他漏河東北流入黑水。達姤，室韋種也，在那河陰，凍末河之東，西接黃頭室韋，東北距達末婁云。

唐書流鬼傳中達末婁之消息則又出自其首領之言，由文面之記述可知。豆莫婁之史料既明，再進而究其歷史與地理。

魏書唐書不記豆莫婁成立之經過，然由『舊北扶餘也』一句所透露消息，則其先世之線索於此恍然尋得。此決不是魏書之妄載，觀唐書『自言北扶餘之裔』，則豆莫婁之出自夫餘乃其種人自有之傳說。此傳說必有可據；不然，夫餘何必爲豆莫婁人所僞託？

夫餘或以爲『濊』之緩讀，或以爲古書中『北發渠搜』之『發』。魏志謂『國之耆老，自說古之亡人』，則夫餘必非東北土著，秦漢以前，蓋在今山陝間，即古書之貊人或貉人。夫餘本名始見史記，魏志後書爲之列傳，晉書以後則不見其名焉。其中心地在今日吉林農安，即渤海之扶餘府，其境域或及今之阿什河，即後日金之上京路（余別有考）。其滅亡之年代及爲何國所滅，爲歷史上之疑問。欲究明此問題，須先考察夫餘與各國之關係。晉武帝太康六年（西紀二八五），夫餘爲慕容廆襲破，其王依慮自殺，子弟走保沃沮，廆夷其國城，驅萬餘人而歸。七年（西紀二八六）夫餘後王依羅遣詣護東夷校尉何龕，求率種人還復舊國，遣督郵賈沉以兵送之。廆要之於路，沉與戰，大敗之。廆衆退，羅得復國（晉書東夷傳夫餘條）。此夫餘爲慕容氏滅亡之第一次。池內宏以爲『子弟走保沃沮』後爲東夫餘，歷百二十五年，至東晉穆帝義熙六年爲高句驪廣開土王（永樂二十年　西紀四一〇）所滅（滿鮮地理歷史研究報告第十三册，頁九四）。夫餘後王依羅藉晉護東夷校尉何龕復國後六十二年，迄東晉穆帝永和

2

三年（西紀三四七），慕容皝遣其子儁率兵萬七千餘人下之，虜其王玄及部落五萬餘口而還，皝以玄爲鎭軍將軍，妻以女（通鑑卷九七晉紀十九）。此夫餘爲慕容氏滅亡之第二次。此兩次爲夫餘之致命傷，自是或不在農安舊地，而遠遷松花江（北流）以東阿什河近傍。三國史記卷十九高句麗文咨明王三年二月下云：

扶餘王及妻孥以國來降。

高句麗文咨明王三年當北魏孝文帝太和十八年（西紀四九四），或即夫餘滅亡之年歟？爲何國所滅，史未詳載。魏書卷一百高句麗傳云：『正始中，世祖於東堂引見其使芮悉弗，弗進曰：「高麗係誠天極，累葉純誠，地產土毛，無愆王貢。但黃金出自夫餘，珂則涉羅所產。今夫餘爲勿吉所逐，涉羅爲百濟所并，國王臣雲惟繼絕之義，悉遷于境內，二品所以不登王府，實兩賊是爲」』。按正始，北魏宣帝年號，僅有四年，所謂「中」必在正始二三年之交（西紀五〇四——五〇五）。按此語出自高句麗使臣之口，爲外交辭令，半可據，半可疑。按涉羅爲新羅之異譯，地居朝鮮慶尙道，雖屢爲百濟所敗，並未爲百濟所并，可疑一也。魏書勿吉傳，太和初（紀在太和二年——西紀四七八），勿吉使臣乙力支『自云其國先破高句麗十落，密共百濟謀從水道并力取高句麗，遣乙力支奉使大國，請其可否？』則勿吉正與百濟連和攻高句麗，故芮悉弗謂之爲『兩賊』，實憤恨之辭；且藉不貢珂及黃金二品欲使魏遷怒于勿吉百濟，可疑二也。然勿吉正在發展，夫餘早已微弱，津田左右吉謂勿吉之中心地在石頭城子（滿鮮地理歷史研究報告第一册），則阿什河附近之扶餘必不能安居；且扶餘王不降勿吉而舉妻孥來高句麗，則其中似有感情之成分，故扶餘爲勿吉所逐之事必有可據。但唐書流鬼傳達末婁『自言北扶餘之裔，高麗滅其國』云云，則扶餘之滅亡，高句麗亦當分其責。此出自扶餘遺人之口，必較可據。意此阿什河之扶餘爲勿吉驅逐，乃越北流松花江復至其故地之農安一帶。惟其時慕容氏已亡，高句麗盡有伊通河流域，扶餘不能立足，遂降于高句麗歟？然則，夫餘降于高句麗在北魏孝文帝太和十八年（西紀四九四），而強項不降之『對盧』，或即在是年北退而爲豆莫婁國焉。

豆莫婁與魏之交涉無從考究，魏書本傳不載朝獻之事，本紀各卷亦無。册府元龜卷九六九記大莫婁（達莫婁）

於西魏文帝時兩次來貢：

1.西魏文帝大統三年（梁武帝大同三年—A. D. 537）十月。

2.西魏文帝大統五年（梁武帝大同五年—A. D. 539）二月。

此後，則惟唐書流鬼傳云開元十一年（西紀七二三）來貢。蓋地處荒遠，中間每爲大國沮閡，而不能暢達，故少來中朝。中唐以後，史不記其名，或爲室韋同化，亦未可知。

魏書本傳作豆莫婁，勿吉傳作大莫盧，唐書流鬼傳作達末婁，丁謙謂即晉書肅愼傳之寇莫汗（見晉書四夷傳地理攷証），按二者音韻不符，說非；余疑係『對盧』之異譯。按『對盧』係急讀，『達末婁』係緩讀。豆莫，大莫，或達末急讀爲『對』；婁仝盧。史不載夫餘有『對盧』之官；惟高句麗有『對盧』則不置『沛者』，有『沛者』則不置『對盧』（見後漢書，魏志，魏書本傳）。顧夫餘爲高句麗母國，而高句麗之官制必出自夫餘，檢後書魏志二部多有相同，便爲証例；夫餘傳之不載，或爲史之闕文。然則，豆莫婁而果爲『對盧』之急讀，何以夫餘遺人以爲部名乎？曰古人以官號爲國名，曷可勝數？即以塞外民族論，沮渠蒙遜『其先爲匈奴左沮渠，遂以官爲氏』（見魏書九七胡沮渠蒙遜傳）。準此例求之，則豆莫婁之爲『對盧』之說實爲可能。蓋夫餘爲勿吉高句麗滅亡，有官『對盧』者渡那河居之，因以爲部名，後復訛爲豆莫婁，大莫盧，達末婁焉。

據魏書，『豆莫婁在勿吉國北千里，去洛六千里，……在失韋之東，東至于海……』；據唐書，扶餘遺人度那河因居之，或曰他漏河東北流入黑水，達姤室韋……東北距達末婁云』。然則，其四境約略可知如次：

東——海

西——失韋

西南——達姤室韋

南——勿吉

北——不詳

四境明，其中心地亦可考矣。

失韋一作室韋，魏書本傳記其地望甚明，後之考據者多不一其說。白鳥庫吉謂在黑龍江流域（史學雜誌第二十三編，頁二三七至二四六），丁謙謂魏書之室韋行程乃北室韋貢使所述，南室韋在索岳爾濟山北呼哈烏爾山間，北室韋在諾敏河南七庫爾山（魏書外國傳攷証）。吳廷燮附張

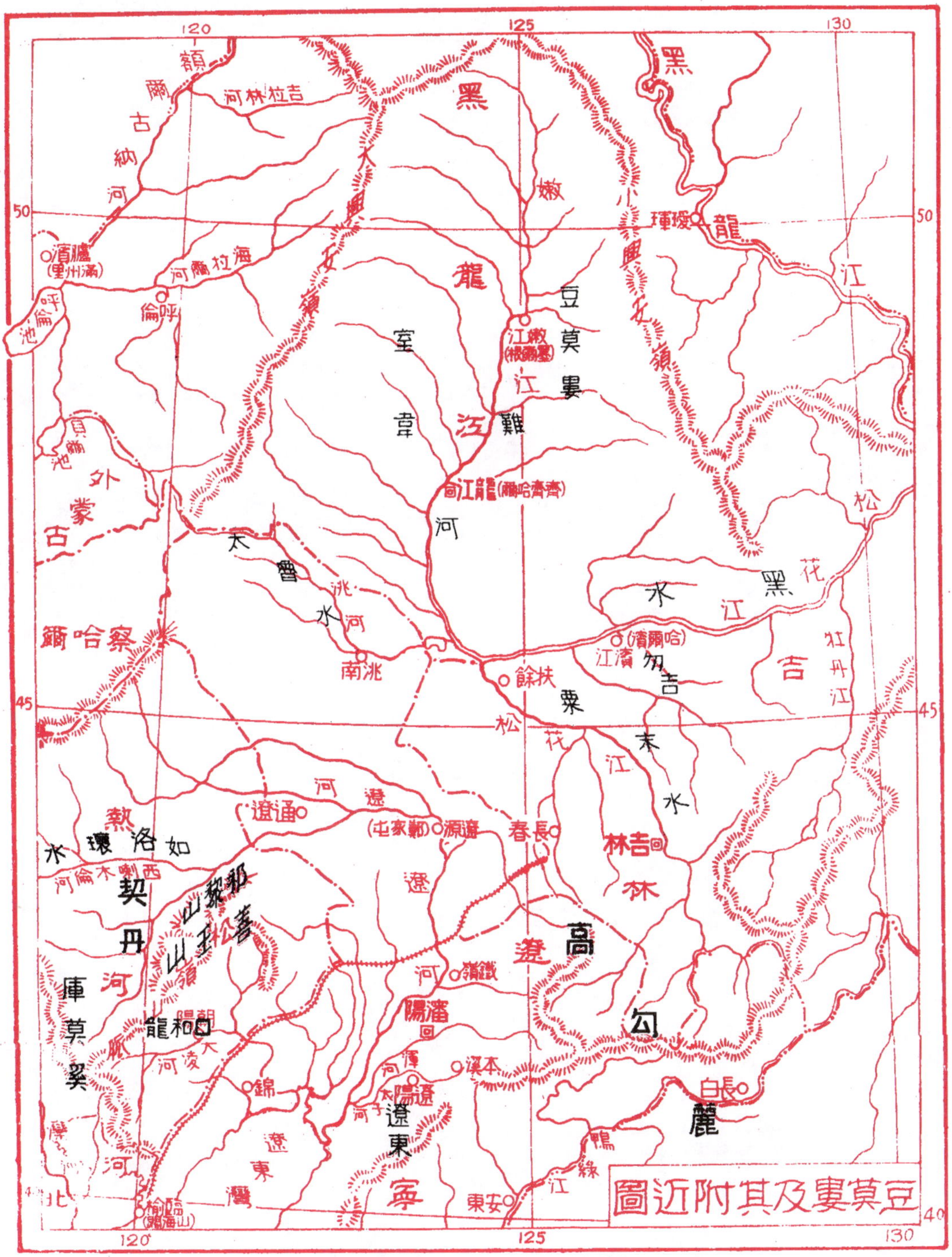

附註：圖內紅字者為現今名稱黑字者為古代名稱

穆何秋濤之說，謂南室韋當黑龍江北境車臣汗東，北室韋在外興安嶺之北（東三省沿革表表六𣥽室韋攷畧）。按傳文云在勿吉北千里，去洛六千里，是與豆莫婁去洛之程途相同，『路出和龍北千餘里入契丹國；又北行十日至啜水；又北行三日有蓋水；又北行三日有犢了山，其山高大，周回三百餘里；又北行三日有大水名屈利；又北行三日至刃水；又北行五日到其國，有大水從北而來，廣四里餘，名㮈水（北史作捺水），國土下濕』。捺水即唐書流鬼傳之那河，魏書勿吉傳作難河，今之嫩江。其中心地，據津田左右吉謂在齊齊哈爾附近（滿鮮地理歷史研究報告第一册室韋考），頗有見地。

達姤室韋據唐書之記載，『在那河陰，凍末河之東，西接黃頭室韋，東北距達末婁』。那河陰當在今嫩江西，凍末河或係今洮兒河，因此河入嫩江下流入松花江（即粟末河），古人昧於地形，遂誤爲一河。然則達姤在今洮兒河附近，似不誤也。勿吉之地望據津田左右吉謂在今石頭城子（滿鮮地理歷史研究報告第一册），丁謙謂『勿吉……澄水東北大小森林，土人呼爲窩稽，亦曰烏稽，一作渥集，皆勿吉之轉音也，今爲吉林省東南地』（魏書外國傳攷証勿吉條）。但按魏書本傳所載勿吉至和龍，和龍至勿吉之程途攷之，二氏之說必不可信。

1.由和龍至勿吉之路線：

『自和龍北二百餘里，有善玉山；山北行十三日至祁黎山；又北行七日至如洛瓌水，水廣里餘；又北行十五日至太魯山；又東北行十八日到其國。』

2.由勿吉至和龍之路線：

『乙力支稱，初發其國，乘船泝難河，西上至太沵河，沉船於水，南出陸行，渡洛孤水，從契丹西界達和龍。』

其中難河即今嫩江。太沵河即太魯水，今洮兒河。洛孤水即如洛瓌水，今西喇木倫。善玉祁黎二山爲契丹西界之山，在今熱河東北部。由今朝陽起身，北上過二山，渡西喇木倫，陸行至洮兒河，入嫩江，順松花江而達吉林境。勿吉之根據地誠如二氏之說，則當有陸行到其國之語；魏書所載路程，初發即船行，則勿吉必在今松花江流域附近。其地爲何？余意，以今哈爾濱附近最相當。

豆莫婁西之失韋在嫩江流域，其南之勿吉在哈爾濱附近，則豆莫婁東之海當指今之黑龍江明矣。

豆莫婁四境中三境旣明，則其中心地亦由是渙然矣。丁謙謂豆莫婁在今烏蘇里江以東地（魏書外國傳考証），白鳥庫吉謂在黑龍江松花江合流點以北黑龍江流域（史學雜誌第二十三編頁二六一至二六二東胡民族考），二氏以勿吉在吉林東境，北向千里遂指爲豆莫婁之住地，甚誤。津田左右吉謂在今哈爾濱對岸附近（滿鮮地理歷史研究報告第一册），則以勿吉之中心指爲今之石頭城子而致誤。屠寄以墨爾根以南至松花江沿岸等地當之（黑龍江輿圖中墨爾根圖說），張伯英等沿其說，謂齊齊哈爾，布特哈，呼蘭，綏化諸地豆莫婁國（黑龍江志稿卷一）。余意，屠張諸氏皆因未將魏書史料加以審查，遂據『方二千里』語，而將嫩江流域東半部之廣大區域指爲豆莫婁國之境域。不知魏書於『方二千里』以下乃襲取三國志夫餘傳原文，謂爲漢魏時代夫餘之疆域則可，謂爲北魏時代豆莫婁國之幅員則不可也。

豆莫婁之地望既在勿吉北，而勿吉之地望余前曾指定在哈爾濱附近，則豆莫婁必在黑龍江省東部無疑。魏書既云勿吉北千里，則決不在呼蘭綏化等地，必更在其北。唐書『遣人度那河因居之，或曰他漏河東北流入黑水』，按那河卽今嫩江，他漏河卽今洮爾河，黑水卽今東流松花江。檢今地圖，夫餘遺人由農安北退，所度之那河必今嫩江與洮兒河合流後之嫩江下流，與唐書所記吻合，則豆莫婁似有在今齊齊哈爾以南至松花江合流點之嫌。然嫩江下流爲勿吉與室韋至和龍必由之路，豆莫婁而果在其附近，則勿吉與室韋使臣何竟不一爲之提及？且勿吉去洛五千里，而豆莫婁去洛則爲六千里，是豆莫婁應較勿吉爲遠；若指今之齊齊哈爾爲豆莫婁地，則於魏書所載去洛之里到亦講不通。因是，根據魏書『在勿吉北千里』之線索斷之，則今之墨爾根（一作嫩江城）似爲豆莫婁國之中心。

中華民國二十六年，三月，五日畢于成府。

隋運河攷

張崑河 1

運河之原始

中國亙古以來，有二大工程，至今猶爲世人所驚歎者，即長城與運河是也。人皆知運河不始於隋，而習俗相沿，皆謂之隋運河；人皆知長城不始於秦，而習俗相沿，皆謂之秦長城。蓋此二大工程之在秦隋，皆屬繼往開來之偉大工程。苟無秦之建築長城，恐雲朔山巒間迢遞萬里者，今無所憑弔，而六國長城早湮沒無跡。苟無隋之開運河，恐爲千餘年來南北交通樞紐之運河，最低亦非現在之面目，而昔日歷朝所開之溝渠，已堙塞於麥黍離離間。故秦城隋河，皆繼續先民之血汗筋力，而完成偉大之工程，予後人以歷代相勉繼續工作之刺激。在今日雖漸失其効用，然傳示子孫之偉業，正使今人憑弔溯古，而冀在此新時代更有所奮發。

今人恆認人工所開之河流曰運河，運河原意爲漕運也。按通河漕運，其始頗早，三代已有。史記河渠書已言之，雖未可盡信，然便利之途，人皆趨之，進步自然之現象也。而運河之名則頗晚，古或曰溝，或曰渠。運河者，後人俗稱之名也。

運河先民即發明之，其因有三：（一）治河，（二）水利，（三）交通。茲各述之：

（一）治河　史記河渠書：『禹以爲河所從來者高，水湍悍難以行平地，數爲敗，乃厮二渠以引其河，北載之高地，過降水至于大陸，播爲九河，同爲逆河，入於渤海。九川既疏，九澤既灑，諸夏艾安，功施於三代』。開渠之說，以此爲最古，是爲人工開河之始，亦疏渠以治河之始。後代運河雖不因治河而成，而此實爲運河之祧祖也。

（二）水利　史記河渠書：『於蜀，蜀守冰鑿離碓辟沫水之害，穿二江成都之中。此渠皆可行舟，有餘，則用溉浸，百姓饗其利。至於所過，往往引其水益用，溉田疇之渠，以萬億計，然莫足數也。西門豹引漳水溉鄴，以富魏之河內。而韓聞秦之好興事，欲罷之毋令東伐，乃使水工鄭國間說秦，令鑿涇水自中山西邸瓠口爲渠，並北山，東注洛，三百餘里，欲以溉田。……渠就，用注塡閼之水，溉澤鹵之地四萬餘頃，收皆畝一鍾。於是關中爲沃野，無凶年，秦以富強』。此種溝渠，似運河而非，蓋與交通無大關係，完全爲利農事者。且規模小，行之於郡縣隴畝之間，而不連系通都大邑之交通，故可單立溝洫一類。

（三）交通　此爲運河原始之正宗，當昔日交通不便之時，陸路艱於水路，故不惜一勞永逸，以人工戰勝自然，乃有開渠之舉。史記河渠書：『滎陽下引河，東南爲鴻溝，以通宋，鄭，陳，蔡，曹，魏，與濟，汝，淮，泗會於楚；西方則通渠漢水雲夢之野；東方則通鴻溝江淮之間；於吳則通渠三江五湖』。斯說固誇張之甚，不過亦古代先民所應有之工作也。又左傳哀公九年：『吳城邗溝通江淮』。杜預注曰：『於邗江築城，穿溝北通射陽湖，西宋口入淮，通糧道也。今廣陵邗江是』。國語：『吳王夫差既殺申胥，不稔於歲，乃起師北征。闕爲深溝，通於商，魯之間，北屬之沂，西屬之濟，以會晉定公於黃池』。鴻溝邗溝，皆爲交通關係而開，且均爲隋運河之所本。

故就人工開河言之，以禹之開九河疏鴻溝之說爲最早。至隋開通濟渠邗江永濟渠江南河，南北數千里始能直通舟楫。此在有隋一代，爲虐政之一，於後世則遺莫大之利。此諸河渠今研究之，亦非當時突然掘平原成河道之無據工程，實十九有所本，故可分爲三種：（一）利用自然河流，（二）疏濬舊有渠道，（三）開新河渠。如邗溝陽渠等，皆舊有之渠道；黃河衛水淮水，皆自然河流。其中再開新河道以連貫之，是與秦之聯燕趙北邊長城之情形同也。

今既知運河之原始，再論隋之運河及其河道。

隋代諸渠

隋之以人力開河，不始於煬帝，而始於文帝。史冊所載，文帝所開之河有三：（一）開皇二年（西曆紀元五八二）在三畤原所開之渠，（二）開皇四年（五八四）開廣通渠，（三）開皇七年（五八七）開山陽瀆。此三渠中開皇二年（五八二）開者，隋書文帝本紀開皇二年（五八二）三月僅云：『戊申開渠引杜陽水於三畤原』。其他不詳，想係規模甚小，溉田之一種，然爲隋開國後開渠之先聲。山陽瀆係爲預備伐陳以運糧出師者，廣通渠則純爲運糧而開。至於煬帝，好大喜功，縱情遊幸，所開之渠有四：（一）廣濟渠，（二）邗溝，（三）永濟渠，（四）江南河。此四渠再加文帝所開之廣通渠共五渠，皆能直通舳艫。玆分述之：

（一）廣通渠，開皇三年（五八三），隋室以京師倉廩尙虛，議爲水旱之備。於是詔於蒲，陝，虢，熊，伊，洛，鄭，懷，邵，衛，汴，許，汝等水次十三州，置募運米。以渭水多沙，流有深淺，漕者苦之，乃議開廣通渠。下詔曰：『京邑所居，五方輻湊。重關四塞，水陸艱難。大河之流，波瀾東注。百川海瀆，萬里交通。雖三門之下，或有危慮；若自小平陸運至陝，還從河水入於渭川，兼及上流，控引汾，晉，舟車來去，爲益殊廣。而渭川水力，大小無常，流淺沙深，即成阻閡。……朕君臨區宇，興利除害，公私之弊，情甚愍之。東發潼關，西引渭水，因藉人力，開通漕渠。量事程功，易可成就。已令工匠巡歷渠道，觀地理之宜，審終久之義。一得開鑿，萬代無毀，可使官及私家方舟巨舫，晨昏漕運。……』（隋書食貨志）

文帝本紀開皇四年六月：『壬子開渠自渭達河，以通運漕』。又食貨志：『命宇文愷率水工鑿渠，引渭水自大興城東至潼關三百餘里，名曰廣通渠。轉運通利，關內賴之』。按隋初都長安，張良所謂關中『阻三面而守，獨以一面專制諸侯。諸侯安定，河渭漕挽，西給京師者』（史記）。因渭水水淺沙深，故不惜一勞永逸，求完全之策，而另開渠。觀其詔令，已令工匠巡觀渠道，可知已善自籌畫。又隋書文帝本紀開皇九年（五八九）九月『乙丑，幸灞水觀漕渠，賜督役者帛各有差』。可見文帝頗注意此舉。

按引渭鑿渠，不始於隋，已始於漢。漢書武帝本紀元光六年：『春穿漕渠通渭』。又溝洫志：『時鄭當時爲大司農，言異時關東漕渠，從渭上度六月罷。而渭水道九百餘里，時有難處。引渭穿渠，起長安旁南山下，至河三百餘里，經易漕度，可令三月罷。罷而渠下民田萬餘頃，又可得以溉。此損漕省卒，而益肥關中之地得

3

穀。上以爲然，令齊人水工徐伯表發卒數萬人，穿漕渠，三歲而通，以漕，大便利』。而顏師古註引劉奉世語曰：『按自渭汭至長安僅三百里，固無九百餘里，而云穿渠起長安旁南山至河，中間隔灞滻數大川，固無緣山成渠之理。此說可疑，今亦無其跡』。考漢書此段記載，謂渭水道九百餘里雖誤（或係指渭水全河流概括之言，非僅言自長安至渭入河處也），但穿渠之說，似尚可信。班氏西都賦亦云：『東郊則有通溝大漕，潰渭洞河，汎舟山東，控引淮湖』。足徵班氏時此漕尚便於交通，固非妄言。水經注渭水：『又東北逕新豐縣，右合漕渠，漢大司農鄭當時所開也。以渭難漕，命齊水工徐伯發卒穿渠引渭，其渠自昆明池南傍山原，東至於河。且田且漕，大以爲便，今無水』。至後魏此渠已枯。嘉慶長安縣志山川志：『北則昆明池故址，西抵灃，北折爲斗門鎭，東抵皂河，二十餘里，卑爲漢漕渠』。是長安左近之渠道猶可指，但其全渠道日久湮塞，不能遍知。長安縣志又云：『漢大司農鄭當時所開，以渭難漕，命齊水工徐伯發卒穿渠。……河渠書亦言引渭穿渠，起長安南山下至河三百餘里。其引渠道，今不可考矣』。

隋之廣通渠渠道，是否即漢之渠道，茲再論之。新唐書食貨志，言陝郡太守李齊物鑿砥柱山以通漕，未成，後『入爲鴻臚卿，以長安令韋堅代之，兼水陸運使。堅治漢隋運渠，起關門抵長安，通山東租賦，乃絕灞，滻，並渭，而永豐倉與渭合……』（通考通典等同）。是唐時韋堅因漢隋運渠故道，而濬治之，似漢隋二渠爲一渠道也。按韋堅所濬之渠，自長安苑西起，至永豐倉入渭。考唐書顯慶三年有苑西監奏事之記載，百官志有：『京都諸園苑監，苑四面監，監各一人，從六品』。註曰：『顯慶二年改……倉貨監曰東都苑西面監』。是爲唐之藏倉貨處，故爲渠之始處。永豐倉在華陰縣，太平寰宇記：『永豐倉在今縣東北四十里，即韋堅所置，在渭水之南，號曰渭渠』。困學紀聞歷代漕運考：『京兆府萬年縣，隋改大興縣。廣通渠在華州，置廣通倉。潼關在華州華陰縣。渭水在萬年縣北五十里，東流二百四十里至華陰，東北流三十五里自永豐倉入河，謂之渭口』。可知唐之渠道，大半本之隋渠；隋渠大半實本漢渠。蓋本舊渠道工易而弊少，煬帝之開汴渠邗溝皆是也。

（二）通濟渠　煬帝繼文帝承平之後，好興土木，修長城，築馳道，開運河，諸大工程。按理言之，實皆有利於國家民生。然出於君王遊幸之私意，且操之過急，民力疲弊，遂爲亡國之虐政矣！煬帝初即位，即詔開通濟渠，隋書煬帝本紀大業元年（六〇五）：『發河南諸郡男女百餘萬，開通濟渠，自西苑引穀洛水達於河，自板渚引河通於淮』。資治通鑑隋紀煬皇帝：『辛亥，命尚書右丞皇甫議，發河南淮北諸郡民前後百餘萬，開通濟渠。自西苑引穀洛水達於河，復自板渚引河歷滎澤入汴，又自大梁之東引汴水入泗達於淮。又發淮南民十餘萬開邗溝，自山陽至揚州入江。渠廣四十步，渠旁皆築御道，樹以柳』。按此渠可分之爲三段：一爲自西苑至洛口達於河，依舊有之陽渠渠道而成；二爲自洛口至板渚之一小段，皆利用黃河之自然河流；三爲自板渚引河入汴達於淮，亦大半皆舊有渠道。此三段除中間之利用黃河者，未用人力外，其前後兩段今考之：

甲、自西苑至洛口　西苑者，資治通鑑隋紀煬皇帝大業元年（六〇五）：『五月築西苑，周二百里；其內爲海，周十餘里，爲蓬萊，方丈，瀛洲諸山……』，爲一窮極奢欲之宮苑，爲便於巡幸，故渠始於此。自西苑始，引穀洛水迂繞今洛陽縣城南，東南方，經偃師縣至鞏縣之洛口入於河。此本舊有之陽渠渠道，讀史方輿紀要洛陽縣：『陽渠在府東，舊志在故洛陽城南。漢建武二十三年（四七）張純奏穿渠引洛水爲漕處也。洛陽記以爲周公所作。述征記：東城有二石橋，舊於王城東北，開渠引洛水，名曰陽渠。東流經洛陽，於城東南回通出石橋下，運至建春門以輸常滿倉。水經注：上東門外石橋右柱銘曰：陽嘉五年（一三六，按已改元爲永和元年）詔書以城下漕渠，東通河，濟，南引江，淮，方貢委輸，所由而此，乃作石橋』。乾隆洛陽縣志：『通濟渠在縣東，隋書煬帝紀大業元年（六〇五）開通濟渠，自西苑引穀洛水達於河。……元和志：偃師縣南有通濟渠，故陽渠也，隋時嘗修導之，名曰通濟』。又：『陽渠在縣東四十里，古洛陽城東』。嘉慶洛陽縣志溝洫志：『隋通濟渠，……府志，通濟渠即大業雜記所謂漕渠也。出上春門備羅城南行四百步，至漕渠。是渠在洛水北，引穀洛水入渠也』。按漢書張純傳，建武二十三年（四七）爲大司空，翌年穿陽渠，引洛水爲漕，百姓得其利。顏師古註謂陽渠在洛陽城南，可知通濟渠即瀦陽渠故道。在洛陽城南經城東入偃師縣界，讀史方輿紀要偃師縣：『通濟在縣南，故陽渠也，隋時常修導之，亦曰通津渠』（按通津通濟非一渠，方輿紀要誤合爲一，嘉慶洛陽縣志已證其誤）。至鞏縣洛口入於河。隋在此且築倉城，在縣東。讀史方輿紀要：『大業二年（六〇六）于鞏東南原上築倉城』。

乙、自板渚引河入汴淮　資治通鑑稱通濟渠自洛陽引穀洛水達於河，復自板渚引河歷滎澤入汴，又自大梁之東引汴水入泗達於淮。按板渚在今汜水縣，元和郡縣志河南道汜水縣：『板渚，在縣東北三十五里』。讀史方輿紀要汜水縣：『板渚，津名也，在縣東四十里。水經注：河水過成皐而東合汜水；又東逕板城，北有津，謂之板城渚口；又東過滎陽縣，莨宕渠出也』。按通濟渠自板渚引河歷滎澤，開封間，與莨宕渠合而爲一，可知亦是舊渠道。莨宕渠亦曰汴渠，亦曰鴻溝，元和郡縣志河南道原武縣：『汴渠一曰莨宕渠，今名通濟渠，自滎澤管城二縣界流入』。又河陰縣：『本漢滎陽縣地，汴渠在縣南二百五十步，亦名莨宕渠』。讀史方輿紀要河南二：『汴水，……舊志汴渠即故鴻溝也。戰國策蘇秦說魏襄王曰：大王之地，南有鴻溝。……』河南通志河防考二：『汴渠即莨宕渠也，自滎陽受河』。康熙開封府志：『汴河本作汳，即浚儀渠也，一名莨宕渠』。凡此諸名，皆因時更易。顧祖禹氏謂汴水即禹貢之灉水，所謂河出爲灉；春秋時謂之邲水；秦漢間曰鴻溝；其後曰莨宕渠。鴻溝之名，史記河渠書稱夏禹治水，滎陽下引河，東南爲鴻溝，以通宋，鄭，陳，蔡，曹，魏，與濟，汝，淮，泗會於楚；西方則通渠漢水，雲夢之野；東方則通鴻溝，江，淮之間。爲禹所通，上溯隆古，其說不足盡信，然戰國間實已有此名。史記秦本紀：始皇『二十二年（公元前二二五），王賁攻魏，引河溝灌大梁，大梁城壞，其王請降，盡取其地』。河南通志河防考二：『河溝者，鴻溝也。水經注：陰溝本莨蕩渠，在浚儀縣北，自王賁斷故渠引水東南出以灌大梁，謂之梁溝，於是水出縣南，而不逕其北，遂目梁溝爲莨宕渠，亦曰鴻溝』。漢名之曰汴渠，莨宕渠。至後漢明帝永平十二年（六九）四月，詔修汴渠，自滎陽至千乘海口。按千乘在今山東，康熙開封府志：『明帝永平中，命王景修汴隄，自滎陽東分疏河，汴二水，令黃河東北流於海，汴河東南流入泗』。是分疏河汴二水也。大約漢之漕運，頗資此渠。嗣後五胡亂華，晉室南渡，此渠漸淤塞。桓溫將伐燕，已不能通舟楫。晉書郗超傳：『太和中（太和四年事，三六九），溫將伐慕容氏於臨漳，超諫以道遠，汴水又淺，運道不通』，但溫不納，致有枋頭之敗。至義熙十三年（四一七），劉裕伐後秦，始開汴渠。宋書武帝紀：『閏月，公自洛入河，開汴渠以歸』，此固後來隋之通濟渠道也。可知隋代以前，先民對之已疏濬多次，特楊氏加大工程重濬之耳。 7

論至此，知通濟渠之沿革；惟尚有一問題，即通濟渠入淮，入泗之問題也。隋書僅云開通濟渠自西苑引穀洛水達於河，自板渚引河通於淮；未言入泗，但亦未言入淮之口。資治通鑑則稱自洛陽引穀洛水達於河，復自板渚引河歷滎澤入汴，又自大梁之東引汴水入泗達於淮。按汴水昔有二道，一即自彭城（徐州）入於泗，一即自泗州直達於淮。此二者何者爲通濟渠，今論之，並繪圖以表明之：

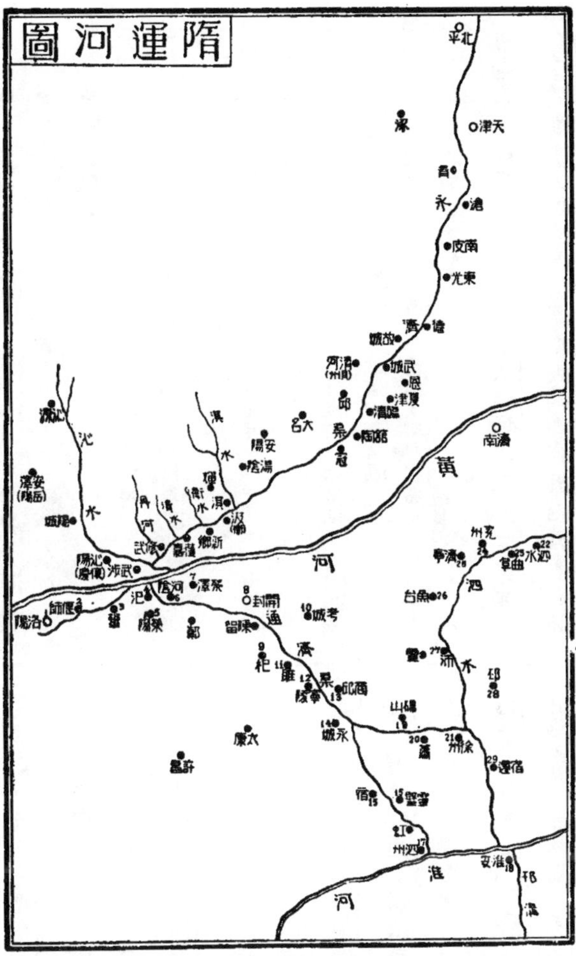

註1，2，3，4，5，6，7，8 均見前節。

註9 讀史方輿紀要杞縣：「汴水在城北自陳留縣流入，經縣東北境入睢州界」。

註10，11 太平寰宇記襄邑縣：「古汴渠，在縣北四十五里，西從雍邱入考城界」。又讀史方輿紀要睢州：「汴河在州北四十

五里，在開封府杞縣東流至此，又東入考城縣界」。

註12，13　讀史方輿紀要寧陵縣：「汴河舊在城北八里，又東入商邱縣界」。又商邱縣：「汴河舊在城南，自開封府東流經睢州考城界，又東入寧陵界，至府城南」。

註14，15　讀史方輿紀要宿州：「汴河在城北，自河南永城縣流入界，又東南流入虹縣界」。宿州志：「煬帝自汴開河經州境，至泗（按當爲泗州，非泗水），長千三百里，今州城東南尙有故跡，名曰隋堤」。

註16　讀史方輿紀要靈壁縣：「汴河在縣治南二十步」。

註17　讀史方輿紀要泗州：「汴水在州城北，亦曰通濟渠，自虹縣流入境。……至城南入淮」。

註18　讀史方輿紀要山陽縣：「淮水在城北五里」。又：「山陽瀆在府城東，古邗溝也」。

註19，20，21　讀史方輿紀要徐州：「汴水舊在州城北，自河南永城縣流入界，經碭山蕭縣至州城東北而入泗」。

註22——29　讀史方輿紀要清河：「清河，即泗水也。……南達於淮」。

可知廣濟渠（汴河）至河南永城縣分爲二，一南流至泗州直達於淮，一東流達於泗水，與泗合流達於淮。據資治通鑑謂經碭山，蕭，至徐州之一流爲廣濟渠；而讀史方輿紀要則以爲經宿州至泗州之一流爲隋故渠。考太平寰宇記臨淮縣（即今泗縣地）：『吳城，亦名高平郡城（按爲梁置，在盱眙縣北），在舊徐城北三十里，東臨廢通濟渠』。又：『南重岡城，亦隋重岡縣地也，在舊徐城縣西北九十里，通濟渠南一里』。又：『永泰湖在縣北五十里，大業三年（六〇七）開通濟渠，塞斷灃水，自爾成湖』。是寰宇記亦以爲通濟渠即由永城，宿州，至泗州入淮之一流。光緒宿州志云：『唐元和四年（八〇九），朝議以埇橋在徐州南界汴水上，當舟車之會，因置宿州以鎭之。今攷其地，殆以隋隄爲州基』。又云：『元泰定初，黃河行，故汴渠仍於徐州合泗水至清口入淮，而泗州之汴口遂廢，汴水湮塞。……東坡亦曰：唐以前汴泗合於彭城。近歲汴水直達於淮，自隋開通濟渠。……明一統志曰：通濟渠即汴河故道，其源舊自開封府滎陽縣，東合蔡河，名浪蕩渠，又名通濟渠，東注泗州，下入於淮。……蓋古之言汴者，有二道：一彭城，一宿州，宿之汴即隋之通濟渠，唐，宋以爲襟要，而徐之沛（疑汴字之誤）無聞焉。今宿州之汴堙沒矣』。此論頗詳，可知隋之通濟渠原即在泗州入淮；即攷舊唐書食貨志，宋史河渠志，其運道亦皆自淮汴抵河，而不言及泗。如舊唐書食貨志：『自江淮而泝鴻溝，悉納河陰倉』。宋史河渠志：『開元中，黃門侍郎平章事裴耀卿言，江淮租船，自長淮西北泝鴻溝，轉相輸納於河陰，含嘉，太原等倉』，不經泗水也。司馬氏因汴有二流，一抵泗州，一抵泗水，而誤以爲通濟渠入泗矣。

（三）邗溝　邗溝北始淮安，南入於江，北通於淮。通濟渠自泗州入淮，浮淮至淮安通邗溝，此爲南北交通之樞紐。資治通鑑隋紀煬皇帝：『又發淮南民十餘萬開邗溝，自山陽至揚子入江。渠廣四十步，渠旁皆築御道，樹以柳』。邗溝始於吳王夫差，夫差欲北圖中原，開河以通沂淮。至隋將平陳，先開此渠，以通運道。資治通鑑陳紀長城公禎明元年（五八七）：『四月於揚州開山陽瀆以通運』。至於煬帝再濬之，以聯通濟渠。讀史方輿紀要山陽縣：『山陽瀆在府城東，古邗溝也。……歷秦漢泊南北朝，道出江淮，必由此瀆。隋開皇九年（五八九）將伐陳，於揚州開山陽瀆以通漕。大業元年（六〇五）以邗溝水道屈曲，發民濬治，自山陽至揚子入江，渠廣四十步。舊自府城東南郭，又西北流至城北，達於淮；唐宋以來，運道皆由此。明永樂初，創開新河，繇郡西徑達於淮；自府南六十里平河橋南，抵瓜儀，則瀆河舊道』。

自山陽而南，經寶應，高郵，江都諸縣，至儀徵入於江。江都縣今有邗溝城，太平寰宇記：『在州西四里蜀岡』。又讀史方輿紀要江都縣：『官河，府東南二里，古邗溝也，即春秋時吳通江淮之處，……亦謂之邗江，亦曰合瀆渠，今爲漕河。蓋江南之漕，廣陵嘗其咽喉。……東北行過府城東，凡六十里而入邵伯湖，又北行六十里入高郵界，又北四十里至界首入寶應湖，又北至黃浦，按淮安界爲山陽瀆。由江達淮，南北長三百餘里』。

江南河　資治通鑑隋紀煬皇帝：大業『六年（六一〇）冬十二月，敕穿江南河，自京口至餘杭八百餘里。廣十餘丈，使可通龍舟，幷置驛宮草頓，欲東巡會稽』。按隋代諸渠，多濬治舊渠，開新渠者少。以此例揆之，江南河八百餘里，工程甚巨，必亦開舊有之渠者。惟此間古代僻處吳越，如同邊裔，史册少及之，故不得其詳。讀史方輿紀要：『相傳秦鑿京峴東南，以洩王氣，即漕渠之始。或曰司馬遷言禹之治水，於吳則通渠三江五湖，則漕渠之由來久矣』。攷梁書昭明太子傳：『吳興郡屢以水災失收，有上言當漕大瀆，以瀉浙江。中大通二年（五三〇）春，詔遣前交州刺史王弁，假節發吳郡，吳興，義興三郡民丁就役。太子上疏曰：伏聞當發王弁等上東三郡民丁，開漕溝渠，泄導震澤。……』吳郡即今吳縣，吳興即今吳興，義興即今宜興，皆運河所經之途，則江南河不始於隋者明矣。

（四）永濟渠　隋書煬帝紀：大業『四年（六〇八）春正月乙巳，發河北諸郡男女百餘萬開永濟渠，引沁水南達於河，北通涿郡』。資治通鑑隋紀煬皇帝：『四年（六〇八）正月乙巳，詔發河北諸軍百餘萬，穿永濟渠引沁水南達於河，北通涿郡。丁男不供，始役婦人』。此渠工程，至役婦人，足徵更甚於通濟渠。煬帝之開此渠，最要原因，厥爲伐高麗，以此渠轉運糧糈，不僅爲巡幸也。按沁水出山西沁源縣北約百里之緜山東谷，西南流經岳陽縣，再經陽城縣東入河南省境，經武陟縣，至修武縣境入於黃河（見前圖）。其水流湍勢急，穿太行而南，多沙易淤。冬春之間，深不盈尺，夏秋淫潦，則往往氾溢，爲河南所經諸縣害（讀史方輿紀要）。隋煬帝時所謂引沁入河，蓋即指此河道。

永濟渠即衛水，隋紀以引沁水與開永濟渠連貫爲一事，頗似永濟渠導自沁水，但今沁水與衛水已不相通。資治通鑑注：『攷異曰：雜記三年（六〇七）六月，敕開永濟渠引汾水入河，於汾水東北開渠合渠水至於涿郡，二千餘里，通龍舟。按永濟渠即今御河，未嘗通汾水，雜記誤也』。大業雜記謂通汾水，想爲沁水之誤。沁水今雖不通衛水，在昔日固通衛水也。

沁水至修武境南入黃河，今雖不通衛河，在昔時尚有一流直達衛河。讀史方輿紀要新鄉縣：『沁河在縣西，今涸。一統志：沁河故道，自懷慶府武陟縣入獲嘉縣境，下接新鄉縣，又東北接汲縣界，北抵清河』。此道與衛水之道同，當即爲引沁入衛之道。史稱引沁入河者，蓋濬治今沁河入黃河之道也。如此則南北可全通舟楫。不過古今河道變遷，沁水東北之流淤涸，沁不入衛矣。

衛水本小河，出輝縣西北七里之蘇門山，上游清水入之，故又有淸河之名；至汲縣界淇水又入之，淇河原入黃河，曹操征袁尚，遏淇入衛，以通糧道。元和郡縣志衛縣：『枋頭故城，在縣東一里。建安九年（二〇四），魏武在淇水口下大枋木爲堰，遏淇水入白溝，以開運渠』。三國志魏志武帝紀：建安『九年（二〇四），春正月，濟河遏淇水入白溝，以通糧道』。白溝，白渠，即衛河。元和郡縣志魏州館陶縣：『白溝水，本名白渠，隋煬帝導爲永濟渠，亦名御河』。又相州內黃縣：『永濟渠本名白渠，隋煬帝導爲永濟渠，一名御河』。永濟渠原自館陶北上，距清河頗近。讀史方輿紀要清河縣：『永濟渠，縣西北十里，引淸漳水入。此舊名瓠子渠，隋煬帝征遼，改曰永濟渠，俗名御河，即衛水也。元人開今運河，御河漸徙而南，經武城恩縣之西，去縣境益遠』。按元和郡縣志貝州淸河縣：『永濟渠，東南去縣十里』，固未嘗經縣北也。不過元人開運河，或少有變遷。

永濟渠自德縣而北，經東光，南皮，淸，滄，靜海，天津等縣，至北平之通州。其渠流今古尚無變遷。隋紀稱永濟渠北抵涿郡，涿郡即今北平。攷隋書地理志：『薊，舊置燕郡，開皇初廢，大業初置涿郡』（薊故址在今北平）。統縣九，即薊，良鄉，安次，涿（舊置范陽郡，開皇初郡廢），固安，雍奴，昌平，懷戎，潞。可徵涿郡郡址不在涿縣而在薊，即今之運河河道也。

綜觀隋代諸渠，自廣通渠，而通濟渠，而邗溝，而永濟渠，而江南河，南北東西至數千里，雖多濬治舊渠，然其工亦足以凌越千古矣！ 11

蒙古之突厥碑文導言

V. Thomsen 著
韓儒林 譯

1

吾人用突厥一名所總括之大民族，自遠古以來，即瀰漫於中央亞細亞之大部。於此廣大地域內，游牧爲生，部族繁多，彼此關係，十分淺鮮，十分無常。

此種突厥（突厥文 Türk 或 Türük 原意爲『氣力』『剛毅』，似乎初爲某一部族之名，更早或爲一豪族之名）民族，初見於公元第六世紀中葉，當時斯族隸屬於另一強大民族，此另一強大民族中國人稱之曰柔然，後改其號曰蠕蠕——此柔然民族，似即東羅馬著作家 Theophylaktos Sinrokatto 書中之 Avaren（此爲『眞Avaren』，與歐洲之『僞Avaren』異）

公元五百四十六年，蠕蠕爲北突厥族之一大聯盟即中國人所稱之鐵勒者所攻，其擊退鐵勒者，則在首領土門指揮下之突厥人也，經此事變，突厥人亦起而反抗蠕蠕，五五二年擊破之，土門（土門殆卽碑文之 Bumïn 參閱 Tc. 17 ff=Afh. 105 f.）因此遂成突厥帝國之創業人，採用伊利可汗徽號（突厥文 El qaghan". 參閱後文），其弟室點密即突厥文 Istämi, 爲西突厥首領，亦即其王朝之始祖也，（參看 Tc. l. c.）

當時北突厥之中心及其可汗駐處，依中國史源，爲都斤山（或鬱都軍山）其地望尚未明了，應與較後之烏德犍山即突厥文之 ätükän 爲同一地，——似即外蒙古鄂渾爾河流域附近現今杭愛山脈之一部，西突厥之根據地在今伊犂河河谷及其附近，西突厥分爲十姓，（二部，每部五姓），其中突騎施，(Türgiš)爲最重要；在突厥文與中國文中，普通均僅稱「十姓」，或直譯曰「十箭」（突厥文 On 0q 參看 Tc4—17=Afh. 93—104）。

五五二年土門死•其二子相繼承位，中國人稱之曰科羅（+552）木杆(553—572)及佗鉢(572—581)，其最著者，且爲突厥所有可汗中之最著者，則木杆也，木杆爲一大征略家，其在位時統一的突厥帝國，版圖及威望，均達極點，尤以木杆及其叔父室點密（Istämi 死於575 末或 576 初）征服嚈噠（Hephthaliten）之後爲最盛，嚈噠者，乃另一大民族，其語言吾人至今尙一無所知也。從此其幅員西越窣利(Sogdiana)約至藥殺河（Jaxartes,突厥文 Yenčü—ügüz 此云『珍珠河』）及突厥與波斯相接觸之『鐵門』〔突厥文 Tämir-qapïgh，在今撒馬兒罕 (Samarkand) 及把力黑(Balkh)間爲一自古著名之關隘]，東至今之東三省。(碑文中之 Qadïrqan 山殆卽今日之興安嶺?)

且此時東突厥可汗出自長門，故東突厥居主要地位，其可汗被尊爲全突厥人之最高元首，——或迫其如此崇視。但事實上，室點密地位與獨立等，例如與東羅馬帝國交涉，則儼然爲一自主可汗，其通使原因首在昔爲嚈噠人所經營之絲道，而今突厥人欲奪取之，至於希臘人，當時正欲包圍波斯人也。五六八年室點密遣使君士坦丁堡，希臘人亦派使節，由 Zemarchos 率領東行報聘，此種關係且復見於五七六及五九八年。

東羅馬著作家 Menandros Protektor 及 Theophylaktos Simokatta 書中不少誤解之點，此諸點若明了，則該事件將愈增興趣。突厥文化，已達相當高度。可汗接見 Zemarchos 時，高坐駿馬可挽之二輪金椅上。幕壁懸有美色絲織品，其另一次被召見之地，可汗有金床和金製器皿，別一次則有整個金飾之床或臥床，其牀並有金孔雀拱之，Menandros 所陳述之五六八年可汗，名 Dizabulos (或相似)不甚可曉，其人殆只能爲室點密；在 Theophylaktos 書中，吾人復得 Stembis 可汗一名。

吾人若可說西突厥於初期三十年間，承認東突厥之宗主權，而在室點密之子及達頭 (Tardu 卽 Menandros 書中之 Tardou) 後人之世，因東突厥可汗佗鉢五八一年之死，突厥帝國東西兩部間之關係，則完全斷絕，且自此以後，吾人可絕無猶豫的視之爲兩個獨立敵對的國家或兩個獨立敵對的民族聯盟，兩國各有其可汗，東突厥之國家，包括舊帝國東部及東北部，西突厥之國家，包括舊帝國西部，兩國間之疆界，時有變更，向無定線。至於其同種之鄰族若歐邏祿者，時而加入此方，時而加入彼方，時而復獨立自主，或臣服中國，此種行爲，有時爲被迫出此，有時則純屬自動的。

因突厥之永遠寇鈔中國(突厥文 tabghač 參閱 IoD26=Afh 52f.)，故突厥乃中國最兇暴鄰人，且在其初期諸可汗之世曾盡全力寇略中國，中國欲使其不相統一以分其勢乃用外交手段，以坑陷之，鼓動兩國間之不和，煽動此國或彼國內部的衝突。中國時而扶助此國，時而扶助彼國，時而扶助諸胡國中之此國(大半是最不偏強而又希圖王位之人)，時而扶助其中之彼國，悉視其當時強弱而定。中國竭力避免用武力與之接觸，常餽之以貴重禮品，例如絹帛，或人生必需品，例如食糧。

其後半個世紀之突厥史詳情，——其內部之傾軋，其可汗之更易，與中國或與其同種族之戰爭，——或中國之陰謀，無詳述之必要。吾人只須述公元六百三十年之事足矣，時北突厥等族叛亂，且得中國援助，東突厥可汗頡利未能弭平，反爲所敗，被擒，與其大部民衆同送中國，東突厥由是潰滅，其土地盡爲中國州郡，突厥人歸中國者甚衆，咸安居其地。中國遂漸個別的吞併西突厥，西突厥遂於六百五十九年亦亡。此種內遷之衆，大半居中國甚適，蓋就各方面言之中國生活無疑的遠較其本土容易也。但在留居故土及一部分內遷之突厥人中，民族情緒及其過去光榮之回憶，則永遠與日俱增，有若干次重立突厥可汗之嘗試，咸歸失敗，其原因或在突厥人本身方面之冷淡，或因其在中國統治下有一汗（qan）即滿意，有一舊帝國裔胄，初似曾爲殺（Sad），於公元六百八十年至六百八十二年頃，終得統一東突厥大部，脫離中國，獨立自主君臨其衆，初於碑文中所稱之Čughai及黑沙（Qara-qum）二地似在杭愛山南麓駐軍若干時期，後此，其中心地則移至上已言及之鬱都軍山（Ötükän）中國人稱此可汗曰骨咄祿（突厥文qutlugh，此云『幸福』，乃其突厥本名）；突厥文史源止稱其帝號曰：伊利跌利失可汗（Elteriš qaghan 原意必爲『帝國復興可汗』）。骨咄祿於許多勝利戰爭和廣大組織工作以後，卒於六九〇及六九二之間，似爲六九一年。

3

在骨咄祿死後，因其二子尙年幼，一才八歲，一才六（七？）歲，其弟遂嗣立，中國人稱之曰默啜；其突厥帝號爲 Qap(a)ghan 可汗。

默啜甚毅勇乃一強悍戰將，故謀以其武力，重建突厥帝國於其西達波斯之舊版圖上，且向西突厥提出統治權之要求。是時西突厥幾亦離中國而獨立，但默啜爲一極粗暴極殘忍之君長，漸漸激起部衆仇怨。及其直屬之一大部部衆降中國，遷移中國後，——其人於中國受待遇甚惡，大半消滅，——公元七百一十六年，默啜爲一叛族所殺，當其在位時，默啜已授與其二子可汗號，並指定其一子爲嗣君，但骨咄祿（Qutlugh）長子即中國所稱之默棘連者，立奪政權，稱苾伽可汗（Bilgä qaghan 此云賢智），其徽號全文爲：登里 täg 登里囉沒密施突厥苾伽可汗 tängritäg tängridä bolmïš tür(ü)k bilgä qaghan 此云『天所生象天突厥賢聖可汗』）。當默棘連十四歲時，其叔父已授以殺(Šad)之尊號，故中國史籍常稱之曰『小殺』，其弟闕特勤(Kül tegin)擁護之，闕特勤者此云闕親王，殺其叔父全家及其親信略盡，其幸得不死者，則有暾欲谷(Tonyuquq 或 Toyuquq)，暾欲谷者乃一老政治家，苾伽可汗之岳父，於伊利咥利失及Qap(a)ghan兩代曾歷任要職，其晚年，仍爲苾伽可汗之謀臣也。

苾伽可汗之性情，遠較其叔父溫和，大體言之，似爲一賢明君長，亡國南遷之突厥人，大半返回故土，其一部分，境況甚惡，苾伽可汗並與中國親善，在其政治上，尤其在軍事上，得其弟闕特勤助力甚多，闕特勤較苾伽可汗約小一歲，其性情似較苾伽可汗強項。

闕特勤死於公元七百三十一年，對於苾伽可汗乃一巨大的痛心的損失，可汗及中國皇帝爲之建立莊嚴碑碣，以爲紀念，其詳細碑文，現已發見，予將於下面再及之。

數年後，苾伽可汗卒（公元七百三十四年秋），蓋爲其大臣所毒死也，其時適得中國皇帝許諾，償其宿願，此種許諾，可汗要求多年始得，質言之即求尚唐家公主以結和親也。

其嗣子及中國天子，亦爲之建一莊嚴巨大之碑碣，與爲闕特勤所建者同，中國人稱其嗣子曰伊然，其突厥文完全徽號爲登里 täg 登里 yarat 密施突厥苾伽可汗 (tängritäg tänri yaratmïš tür(ü)k bilgä qaghan 此云『天所立象天突厥賢聖可汗』）。苾伽可汗碑今亦發見，但破損極甚。

突厥帝國在其死後僅存立十年。公元七百四十五年頃，國爲突厥族他部破滅，此突厥族他部者，質言之，即回紇人(Uiguren)，在某一時期內，回紇曾雄長中亞。

回紇人之初期歷史，吾人殆一無所知。Uigur 似乎本爲一王朝之名，在此時期前不久，此王朝始得君臨多數部族；至此部族之住地，則在突厥之北，娑陵水(Säläŋä)流域也。此種部族，斯時多屬于別一民族大聯盟，或與之有極近之關係，所謂別一民族大聯盟者，即碑文中之 Oghuz 也，Oghuz 爲一極古之民族，其時代如何，尚莫能定；此 Oghuz 一名，後復出現於突厥語地

4

域內許多處，其形或爲其原始之 Oghuz，或爲 Uz，或 Oghur 則今日居于俄羅斯東部民族之總名也，其語言之特點，在以 r 代其他通常之 z，例如 Onoghur=On oghuz. 此云『十姓 Oghuz』，此種 Oghuz 人，最初似在突厥統治之下，在新帝國建立後，突厥可汗似亦曾施其統治權，但此種關係，甚不堅固。且彼此不甚和睦，故衝突叛變之言常見不鮮云。

回紇人及其君長漸漸得勢，遂得消滅突厥帝國而雄長中亞大部之突厥人。

關於突厥制度及社會階級所當注意者，即當吾人言及突厥或回紇『帝國』(突厥 el)時，須知此種帝國，決不能與歐洲帝國相提並論。此種帝國實不過若干游牧民族之一種鬆懈的，不定的結合而已，其結合之者，號稱可汗(Qaghan)，約與『皇帝』之號相當；其最尊崇(?)之妻，號可賀敦(Qatun)，其次復有若干汗(Qan)——此種徽號，在暾欲谷碑及葉尼塞河諸碑中尤爲顯明——汗者乃某一部落或某一種族之首領，此種部落或種族却非一獨立國家，其首領之他種特別稱號，尚可於各處遇到，例如闕特勤碑東面三十四行之大俟斤(ulugh erkin)或苾伽可汗碑東面二十五行之 ïduq-qut，此云『神聖幸福』『神聖威武』(後爲 ïdïqut)。

可汗之職務在團結其所統治之民族而盡力增加其庶衆，調整其民族間及民族對於可汗之關係，進攻與防守之時，可汗執行最高司令之職權，其次則役使民衆而盡量增加其收入。通常應用之方法爲：抄略其隣族，如中國人，或要求其隣族納欵，隣族必納欵始得避免侵襲之害而安居也。

其社會的關係，就全體看來，可視爲建在貴族基礎上，貴族(匐=bäg，斡思蠻土耳其文曰 bei)及大衆間有嚴格的界限。此外突厥人有許多階級頭銜及達官(buïruq=梅錄)稱號：可汗家中之親王曰特勤(tegin)；最高之官吏曰葉護(Yabghu)及殺(Sad)，殺有二，一居帝國東部曰鐵勒(Tölis)，一居西部曰達頭(Tarduš)，其次有 eltäbir (頡利發?)乃統治被征服民族之都護也，有阿波(apa)，達干(tarqan)，啜(Čur)，吐屯(tudun)及他種官名，尚有中國官名，如將軍(säŋün)，都督(tutuq)等。

突厥人之宗教爲薩滿教(Schamanismus)，與今阿爾泰山中少數北突厥異教種落之宗教或其若干隣族之宗教正合，依突厥人之宗教觀念，宇宙乃由若干層組成，上部十七層，構成昊天，爲光明之國；下部七層或九層構成下界，黑暗之地也，二者之間，爲人類生存之地面，天與地，與生息於其中之一切，皆至尊所創，整個宇宙亦由至尊統轄，此至尊者，居於天之最上層（突厥文 Täŋri 一字，指天亦指天神）其餘諸天層，由各種善神居住；善神之下，乃碑文中屢言之 Umai 也，Umai 一名，今尙流行，似爲保護兒童之女神（原爲幸福神?）。天堂亦在上層天之某一層，死人之靈魂乃其生存於地面之子孫及諸神間之中人，各種謀害人類之惡神，居于地下諸層，與上天同，惡人死後，亦歸於此；吾人居住之大地則用許多具有人格具有感覺的精靈以表示之，此種精靈通稱曰 Yer-sub（現代文字爲 Yär-su），原意爲『地』與『水』，其住處常在山巔或河源——山巔與河源二詞，突厥文皆以 baš（首）字稱之。此種地方，碑文中常用形容詞 iduq（神聖）一字表示之，每越險峻山口或危險河流時須祈禱或感謝地方神靈之恩惠。人類未能直達昊天，須由其天堂中之祖先介紹，然而亦非一切人均能與其祖先交通，此種恩惠惟薩滿能給與之。

關於突厥葬儀，中國史籍所記載者，只能適用於其上等人家，然而與吾人今日由碑文中所推知者，却完全相同。

『死者，停屍於帳，子孫及親屬男女，各殺羊馬，陳於帳前祭之，遶帳走馬七匝，詣帳門，以刀剺面，且哭，血淚俱流，如此者七度，乃止。擇日取亡者所乘馬，及經服用之物，幷屍俱焚之，收其餘灰，待時而葬，春夏死者，候草木黃落，秋冬死者，候華茂，然後坎而瘞之，葬日，親屬設祭及走馬剺面如初死之儀，表爲塋……常殺一人則立一石。』（此必爲突厥文所稱之 balbal）（北史卷九九）

突厥人在未與中國人密切接觸時，無固定曆法，除四季之外，殆無他種計時之術。自浴中國文化後，遂採用中國曆法，至於昉自何時，今猶未能定也。中國用太陰曆，平年十二個月，每月二十九日或三十日，月始於

6

朔，全年三百五十四日或三百五十五日，依固定的天文規則，每二年或三年置一閏月，十九年七閏，每月月名悉用數字表之，太陽進入雙魚宮之月（在元月二十一日至二月二十日之間）爲一年之首月，總之，突厥人應完全接受中國曆法，中國人計年之法或用在位皇帝之年號，或周而復始之六十甲子，或用十二年爲一周之古法。此種計年古法，往昔流行於東亞及中亞全部，今則已無人使用，突厥人所接受使用並見於嗢昆河碑文者，則用十二動物名稱以名年也，即：一鼠，二牛，三虎，四兔，五龍，六蛇，七馬，八羊，九猴，十雞，十一狗，十二猪，其中年，每逾十二年，即復循環。例如鼠年，依西曆紀算則爲……4，16，28，……676，688，700，712，724，736……1900，1912，1924（＝12n＋4）因無數目字以標週期，故此種紀年法有極大伸縮，其與書『刊於是年』者，殆無若干差異。例如闕特勤卒於羊年，葬於猴年，吾人如無該碑中文碑文及中國史源中之確切年代，則雖有此羊年卒猴年葬之文，亦毫無用處；根據中國記載，知此二年爲西曆 731 及 732，由此吾人可推定其確爲羊年（＝12n－1）及猴年（＝12n）也。

7

然而嗢昆河二碑又慣用他種紀年法，即一事件發生之年代，悉繫於死者當時所有之年齡。故欲精密的與西曆推合，仍不可能，因爲即使除去年齡中偶有的錯誤，吾人仍不能斷定此種年齡如何推定，——若表示方法稍變，則更甚，吾人將不能確定意外之重要差數。彼爲滿歲之年齡乎，抑爲年齡所達之天文年乎？吾人用中國史源中已知之年代比較後，認爲闕特勤生年至早只能由公元六八五算起，苾伽可汗由六八四算起，所感煩難者，突厥人計年之法似將首年及末年均算入，例如在苾伽可汗碑中南面第九行，苾伽可汗自云：『予爲殺凡十九年，爲可汗凡十九年』，因爲吾人知其死於開元二十二年八月（公元七三四年九月），繼其叔爲可汗，而其叔父則卒于七一六年六月二十二日也，然則應謂其在位凡十八年七一六—七三四，爲殺凡十八年，似爲六九八—七一六。

此處所當補述者，則突厥人之重要方向爲東方，突厥人永遠依東方而定其方向；故東方亦指爲前方，西方爲後方，南爲右，北爲左，可汗之牙帳東開，蓋視日出也。

在蒙古和葉尼塞河（Jenissei）上流所發見諸碑銘之普通情形，於此無庸贅述。關於此種問題，如：碑銘之分佈與發見，碑文使用之變體 runen 形字母，其創通及其來源，著者亦於突厥 runen 字母（L'alphabet runiforme turc 在嗢昆河碑文七頁以後）及字母的來源（Remarques sur l' origine de l' alphabet 在嗢昆河碑文四十四頁以後）言之。此種多量碑銘，長短不一，率皆無名氏墓誌，尤以在蒙古西北及西伯利亞南部出土者爲然，其與歷史有關者，惟蒙古東北發見之六大墓碑之碑文而已，此類墓碑無一完好，其中三碑，爲風雨所剝蝕，或爲人力所破損，已莫能轉譯成文，三碑之中，兩碑爲回紇人所建。此處予發表之丹麥譯文，乃保存較完好之其他三碑也，由歷史眼光視之，此三碑異常重要。一則此三碑尙無丹麥文譯本，二則自予將此中二碑譯爲法文後，有若干點，予相信此時了解較彼時正確，第三碑發見於彼時之後，予之譯文，將力求其能達，但同時亦力求保持原文特點，以示兩種語言之差異。關於內容，導言中所述之突厥通史及其文化狀況，希望對於突厥整個的認識不無小補，關於東方諸字之若干點，人名地名等，予於此文之後附有索引。

嗢昆河二碑

在嗢昆河（Orkhon）舊河道及和碩柴達木湖（Košo Tsaidam）附近（約在北緯四十七度半英國格林威池〔Greenwich〕天文台東經一百零二度半），三十年前發現古碑二，二碑相距約一公里，世人久已忘其所在，歐洲學者且亦未之知也（參看D10I 285以後＝Afh.4）。據一種記述，闕特勤碑最完好，亦倒，此碑爲一墓碑，於公元七百三十二年爲紀念突厥勇武親王闕特勤建立，此碑頗大，鐫製甚精，四面，獨石，上部略小，高三又三分之一公尺，碑爲一種石灰石或不純淨之惡劣大理石。兩面下寬1.32公尺，上寬1.22公尺，建立時一面向東，一面向西，其南北兩側，較窄，寬度爲46–44公分（cm）吾人採用國際通用之四方縮文：S. E. N. W. 以表示該碑之各邊（儒林案茲悉易爲東，西，南，北），碑上部兩側面開，有一高穹，此穹似約略地表示兩隻龍，碑上有碑頭，特銳，尖頂五稜，刻有辭，碑之兩寬面，皆有龍繞此碑頭。碑下部有長榫，碑座作龜形，座上有鑿，適與榫合。碑碣全形與當日中國紀念碑形式全同，碑石之製作與碑文之雕刻，亦出自中

8

國工匠之手亦無可疑（參閱下文及闕特勤碑南面第十一行）。

碑之各面皆爲刻辭，高度約二叉三分之一公尺，西面爲中文，（參看D101286以後、291以後＝Afh 5.以後、11,16.E. G. Parker在IOD中211以後之文）爲中國皇帝御製。有詳細時日，其時日合公元七百三十二年八月一日。上有碑額，額上有中文碑名，其餘三面碑文悉爲突厥文，所用字則runen 字母也。東面四十垂直行，南北兩面各十三行，東北稜角，東南稜角，西南稜角，西面中文碑文之旁，均尙有短文，東面之上部，僅有一符號，乃『可汗徽識』也。南面碑文，顯爲最先鐫製，本身自成一文，該文形式爲可汗即位詔諭，勸其臣民對己忠順，並警告其勿聽中國人愚弄也。最先鐫製之突厥碑文中所敘述者，無疑的應視爲東面長文之導言，北面乃東面碑文之繼續也。碑文通體，苾伽可汗用第一人稱敘述，於此撮述其自古以來之突厥史，尤詳於復興之後（僞林案即骨咄祿復興突厥帝國之後），其次即已故闕特勤所參加之各種事件也。在敘述每次戰爭時，必提及其在此事變中所乘之馬名及其技巧，此乃騎射民族之特色。

該碑被發見時，已倒落，原來之東面，向上，東面下部及原來之北面爲風雨所剝蝕竟致碑碣多處悉泐，碑文亦多少被損，今此碑已復原處，但中國人爲該碑築一碑樓，僅中文碑文一面外露，其餘諸面，均爲碑樓所覆蔽，無法環讀；如欲各面均得若干光線，則碑樓展寬，以便環讀，所當建議者也。

約距碑碣四十公尺之處，有一花崗石四角大祭台，在此祭台及墓碑間，有長約二十公尺之土堆，堆中含有多量中國式瓦片。此土堆者，顯爲已傾覆之建築物遺跡，且此建築物在中國史源中及碑文中均曾言及也。土堆近旁有大理石像七，均出中國工匠手，但所表示者顯爲突厥人，其中一像，似爲死者；石像頭顱均被打落，不見踪跡，此則後來民族宗教迷信之結果，同樣情形之地莫不皆然也。

墓碑之他方，立有兩石獸現已極損，獸皆回頭相向，初蓋爲標示墓地之入口也。墓地全部，昔則繞以土牆作垣，遺跡今尙存，此外在入口處，有巨石一長列已全斷，無一完好。此石行長四公里半，在一直線上，每石相距十公尺至十二公尺此皆粗製石像，其面孔皆東向，此種石像，顯係突厥人所稱之 balbal，墳墓之跡，

9

已不復見，然可推測闕特勤必在其左近長眠也。

關於公元七百三十一年闕特勤之死及爲之建立墓碑事，中國史籍中有下列之記載：『（開元）十九年闕特勤死，使金吾將軍張去逸（即碑文中北面第十三行之 Čang säŋün 張將軍），都官郎中呂向（卽北面第十二行之 Likäŋ），奉璽詔弔祭，帝爲刻辭於碑，仍立廟像，四垣圖戰陣狀，詔高手六人往，繪寫精肖，其國以爲未嘗有，默棘連視之，必悲梗』（新唐書卷二百十五下），凡此均與吾人在碑文中所知者一律相合。

第二嗢昆河碑，乃公元七百三十五年爲苾伽可汗建立，苾伽可汗死於公元七百三十四年，碑之全部設備與建置，與闕特勤全同，惟每面較寬數公分耳，因此東面四十一行，兩側各十五行。該碑不惟和闕特勤碑同倒，且有多處大塊破損；又，全體較闕特勤碑受損尤多，故有大部完全剝蝕與磨滅，碑之附近亦與闕特勤碑同，如建築物遺蹟，四箇無頭石像遺跡，一行 balbal 石物，惟 balbal 之數目較闕特勤碑爲少，該碑之原始西面，亦有中文碑文，僅有部分的尚可讀，關於其他四面之突厥文刻辭，在北面者，完全與闕特勤碑之南面相同，惟末尾附加一長段耳。東面之第二行至第二十四行（苾東 2—24）除稍爲增易數處外，乃闕特勤碑東面第一行至第三十行（闕東 1—30）之重文，其下雖不完全相同，但多少亦與闕特勤碑雷同，其內容或爲闕特勤碑所未記載者，或爲闕特勤碑建立後所發生者。此碑特點，在：敘述已故可汗之事跡，通體用第一人稱，惟損毀特甚之東面首二行及南面第十行至十五行（苾南10—15），忽參入新可汗口氣，中文刻辭上部碑額上之短文，亦新可汗之辭，此碑額之下部已破損，應有若干中國字。

此紀念碑之建立，中國史籍中亦有記載，既述可汗死于公元七百三十四年秋，又云：『帝爲發哀，詔宗正卿李佺（碑文中之 lisün 見苾有11）弔祭，因立廟，詔史官李融文其碑』（新唐書卷二百十五下）。

耶律楚材西遊錄攷釋

俄國 E. Bretschneider 著
白壽彝 譯

戊寅春三月（一二一八年四月）出雲中（現在山西北部的大同），抵天山[1]，涉大磧，踰沙漠，達行在所（成吉思汗［Chinghiz Khan］底駐紮處）。

1 天山，即 Celestial Mountains，爲在中亞細亞的高山脈之名稱，起於俄屬土耳其斯坦（Russian Turkestan），東向蒙古沙漠伸展，止於哈密之東。但此處所說的天山，顯然是指近代中國地圖上的陰山。這個山脈，在蒙古底南部，自西向東伸展，爲中國本部與蒙古高原之間的分界嶺。在中國地理家中，有的人認爲它發源於 Celestial Mountains，所以這兩個名稱有時常混合地用。A. v. Humboldt 雖未採用中國人底觀點，但也傾向於同一的意見，以爲陰山就是天山底連續（Ritter's "Asien"，卷一，頁二三六）。這種看法，無論如何，近代在此等地域探險的歐洲人是不會承認的。陰山，在中文中，意爲北邊的山。一八六六年，大衛神父（Father A. David）曾遊此山；一八七一年，Przewalsky 上校（現在的將軍）也來過。

明年（一二一九年）大舉西伐，道過金山[2]。時方盛夏，雪凝冰積，斵冰爲道，松檜[3]參天，花草彌谷。金山而西，水皆西流入海[4]。其南有回鶻（Uigurs）城，名別石把[5]，有唐碑，所謂瀚海軍[6]。瀚海去城（Bishbalik）數百里[7]。海（湖）中有嶼，其上皆禽鳥所落羽毛[8]。城西二百里有輪臺縣[9]，唐碑在焉。城之南五里有和州，即唐之高昌，亦名伊州[10]。高昌西三四千里，有五端城，即唐之于闐國，河出烏白玉[11]。

2 金山，中國人用以稱呼我們地圖上的阿爾泰山脈（Altai range）。後一名稱，普通都還原於蒙古文altan，其意爲金。但依Radloff 和 Potanin 底証明，這種還原並不可取；這山底名稱乃原於 al，其意爲高。而且事實上金子在阿爾泰也是很不多的。中國史書中，金山底名稱常常可以碰到；它第一次的發現，好像在第五世紀的史書裏。元史中屢次記載金山，但有時也稱作阿爾泰（？）。在拉施特丁（Rashid-eddin）底蒙古史裏，阿爾泰諸山（Altai mountains）也是被反復地記載着。這個山脈發源於南西比利亞（Southern Siberia）Semipalatinsk 之東南，向東南方伸展，經過蒙古西部，差不多達到黃河底北灣。蒙古（中國）阿爾泰底上一部份，自 Ritter 以來，我們的地圖上都誤作 Ektag Altaio Ektag 這個名子，記在五七〇年 Zemarchus 底使臣對突厥可汗（the Khan of the Turks）的陳詞中，並不爲現在的蒙古人所知道，而且也很難和阿爾泰發生關係的。在過去十三年中，俄國探險家曾屢遊中國阿爾泰，或從那裏經過：一八七三年有 Matussovsky 上校，一八七七年有 Potanin，一八七八年有 Pevtsoff 上校。這個高山，有許多山峯終年被雪蓋着。

關於成吉思通過阿爾泰所經由的路線，有三個穿行這個山脈的，連系(阿爾泰之東的)科布多城和(近於 Kizilbash)湖的布倫托海及(在天山北邊的)古城子的道路，可以注意。第一條路是科布多與布倫托海間距離最短的交通，一年之中僅有一部份時期，可騎馬通過科布多西北的 Terekty (一萬〇五百呎高)和 Urmogaity (九七一〇呎高)底狹道，以達於黑額爾齊斯河 (Black Irtysh) 底支流奇喇河 (Kran)。一八七六年九月，Potanin 曾自此道進行("Mongolia" 卷一，頁三十以下)。第二條路，自科布多向南行，自 Ulan daban 通過阿爾泰，到達布勒昆河，沿此河及接連此河的烏倫古河而下，即可在烏倫古河口見布倫托海。Ulan daban 似乎比 Urmogaity 好走得多，但也有許多很大的困難。這條路在一八七七年俄國旅行隊自科布倫到古城子時，曾局部地走過(仝上書，卷一，頁一二四)。第三條通過阿爾泰的路，更向東南，取道 Dabysten daban 底隘口。這是現在從科布多到古城和布倫托海底中國郵路，終年可以通行，而且還可以通車(仝上書卷一，頁一二八以下)。

我不知道，一二一九年的蒙古軍隊究竟從那條路上走。拉施特丁說：成吉思(在通過阿爾泰之後)因爲要刷新和完成他的騎兵隊，在額爾齊斯河 (Irtysh river) 河源，度過一二一九年底全夏。當成吉思領了許多騎兵西征時，他不得不選擇臨近廣大牧場的道路。額爾齊斯底上游和奇喇河(Kran)，是以牧場著名的。親征錄中，關於成吉思之駐紮額爾齊斯也有同樣的記載。元史中之述及額爾齊斯的，也不少。

3 檜是 Juniperus chinensis 底中文專名，在中國之數量甚多。但是這位中國旅行家所看見的，也許是落葉松(larch)。

4 這是指黑額爾齊斯和它東面的支流。這個河，大家都知道，入於宰桑淖爾 (Zaisan lake) 後，復自宰桑淖爾出來，而有額爾齊斯之名。烏倫古河亦如黑額爾齊斯，流向同一方向，而且也流到一個湖裏。

5 Bishbalik，Uigurs 底都城。

6 瀚海是中國人稱蒙古沙漠的名稱，並且特別是指它西北部高起的部份。這個名稱之第一次在中國史書中發現，是在紀元前一一九年的記載下。在那裏說，一個中國將軍打敗了匈奴，趕他們到瀚海去。唐代底一個註釋家，把瀚海解釋作北海。Baron Richthofen("China"卷一，頁二四)把這兩個字錯譯爲「乾海」(dry sea)。他是根據他的理論，認爲這個地域在古時有大湖存在，現在成了不毛的沙漠了。五世紀的中國史書中，以瀚海爲柔然族底北疆，那時候的柔然族是伸展於蒙古底大部的。兩世紀以後，中國底史書(唐書)記突厥底疆域，說北至於瀚海；同書又記，六三〇年設置瀚海都督府於回鶻(Uigurs。他們佔領 Selenga 上游及其支流各地)。雖然中國註釋家把瀚海解作北海，但在中國歷史上並不能証明這個名稱曾經應用於內海 (inland sea)。明一統志在柳城下，說瀚海不是一個中文名稱，是外蕃給與柳城以東之沙漠的名稱。在現在中國地圖上，哈密以東的沙漠，標作瀚海。

7 里是中國計里數的度名。依 Williams 底 "Middle Kingdom" 卷二，頁八三，現在的一英里等於二·八九華里。如依十一二世

2

紀底遊記判斷，那時一里底長度似乎也沒有甚麼可注意的變遷。但 Gaubil 在他的 "Histoire de l'Astronomie Chinoise" 卷一頁七七，已經証明在十二世紀時，每一緯度可以當作三三八里。依此計算則每一英里等於四·八九里。所以想確定中國古遊記中里底長度，是很困難的；在中國行程的叙述中，大多數距離底估計都是武斷的。

8 這所謂海，在這個本子裏含有瀚海的意思。但因爲這個本子是原文底畧本，並且下文又有「過瀚海」之說（無疑地不是在船上過瀚海），此處大概是一個訛誤。瀚海，很難說是一個有島嶼的內地海或湖。眞正的湖，在這一帶地方，是很多的。〔譯者案：Bretschneider 故譯「海中有嶼」爲「有一海，其中有嶼」("There is a sea with an island in it")。〕

9 輪臺，見於前漢書卷九六，是紀元前中國在西域的軍站，在焉耆以西六百八十里。焉耆，普通皆認爲是現在東土耳其斯坦 (Eastern Turkestan) 底哈喇沙爾 (Kharashar)。Hyacinth 神父認爲輪臺就是現在的布古爾。

10 作者以和州 (Karakhodjo) 是以前的高昌，是對的，但他誤以和州爲伊州；唐時的伊州就是漢時的伊吾廬，現在的哈密。十世紀之末，中國使臣王延德赴高昌，經由伊州而西；在沒有到高昌以前，他就記有好幾個地方。本文編者省略楚材原文，這也許是一個錯誤，或者是去掉了一些字。

11 于闐，在很久以前，已爲 A. Rémusat 認爲是回教著作家底 Khotan（參看："Histoire de la Ville de Khotan"）。紀元前二世紀，于闐記於前漢書卷九六。我們的旅行家顯然以五端爲 Khotan 底譯音。在元史中，這個名字寫作斡端；在十四世紀的中國古地圖中，它更正確地譯爲忽䩨。

3 過瀚海千餘里[12]，有不剌城[13]。不剌南有陰山，東西千里，南北二百里[14]。山頂有池，周圍七八十里，池南地皆林檎樹蔭，蓊翳不露日色[15]。出陰山，有阿里馬城[16]。西人目林檎曰「阿里馬」[17]，附郭皆林檎園，故以名。附屬城邑八九，多蒲萄梨果。播種五穀，一如中原。又西有大河，曰亦列[18]。

12 我們的旅行家，於已經說過他的行程之南的幾個地方，還繼續說他的行程。

13 不剌顯然爲拉施特所記的 Pulad。Pulad 在Haithon 底行程中，距賽藍湖 (Sairam lake)——Rubruquis 底 Bolat——不遠。在十四世紀中國底古地圖中，這個地方寫作普剌，我另外有詳細的說明。不剌城，大概是位於 Borotala 河流域。

14 此處的陰山，作者之意爲 Borokhoro 或 Talki 山，乃天山之一支，在一種向西北的方向中，伸展於 Kuldja 之北。山頂的池顯然是賽藍湖 (Sairam lake)。

15 林檎，在中文中，是一種小蘋果。普通，野蘋果（酸蘋果）是用這個名稱的。Przewalsky 記，許多的蘋果樹和杏樹在天山中野生着，特別是在北山坡上，結着很優美的果子。每當秋天，森林中的地全被果子所覆蓋了。Regel 博士也說，在 Kuldja 以北諸山中，許許多多的野生蘋果樹結着美味的小紅蘋果。Kuldja 附近各地，也種有特出的蘋果。

16 阿馬里，毫無可疑地是十三世紀波斯著作家底 Almalik 。它像是位於 Kuldia 不遠的地方。

17 Alma，在戛黠斯(Kirghiz)和別的突厥文中，意思是「蘋果」。

18 這就是伊犂河，經過中國底伊犂地方，流入 Balkash 湖。唐書於第七世紀時，已記載了這個名子。唐書西突厥列傳說，西突厥分裂爲二，一在伊列河之東，一在其西。十三四世紀的波斯作家也記載這條河。拉施特丁說，Chagtai 之孫，Algu 王子，居於 Hile 河之上。作於十四世紀前葉而爲 Quatremère 所譯出的 Mesalek alabsar 也說，Ila 河是在 Mavarannahar (Transoxiana) 底東邊境上。

十[19] 其西有城曰虎司窩魯朶，即西遼之都，附庸城數十。

19 西遼即波斯作家所謂 Karakhitai 。西遼帝國是一個遼代底王子所建立，他是在一一二五年金滅遼時，帶領他的部下，由華北逃出來的。這個首領，中國人叫他作耶律大石，征服了東西土耳其斯坦底全境，並且還有 Khovarezm 。拉施特哀丁說，Karakhitai 底首都是 balasgun（大概和蒙古文的 balgasun 是一個字，是「城」的意思）。中國著作家叫它作虎司窩魯朶。這名子底末三個字「窩魯朶」，或寫作「窩兒朶」，是 ordo 底譯音，意爲「汗之住所」。Hosun，在滿文中，是「力量」的意思。滿文和契丹文同屬於唐古忒語系，也許「虎司」在契丹語中有類似的意思。元朝秘史以西遼都城在 Chiu 河，即我們地圖上的吹河 (Chu)，之上。西遼於一二〇八年，爲乃蠻 (Naimans) 末帝之子 Guchluk 所滅。Guchluk 於一二一八年爲蒙古人所殺。所以當楚材經過此帶地域時，西遼帝國已經是不存在了。

又西數百里有塔剌思城[20]，又西南四百餘里有苦盞城，八普城，可傘城，芭欖城[21]。

20 塔剌思是土耳其斯坦底 Talas 。在六世紀拜占庭底史籍 (Byzantine annals) 裏，在記述五六九年查士丁帝 (Emperor Justine) 派遣使臣到中亞細亞突厥可汗那裏去的事情時，就說到這個地方。六十年以後，中國底遊僧玄奘在自中國經中亞細亞赴印度的途上，也由咀邏私城經過。關於玄奘旅程中的這一部份和唐書中關於怛邏斯的記載，可看我論述西遼一文中的附註。

回教著作家把這個城叫作 Taras 。這個名子，常常在波斯古史裏發現。可參看 J. de Mohl 底 "Livre des Rois"。九世紀的 Ibn Khurdadbih、十世紀的 Ibn Haukal、都說 Taras 是回教徒和突厥人間一個重要的貿易處所。十二世紀的 Edrisi、十三四世紀時的 Abulfeda 和 Ibn Batuta，以及別的阿拉伯地理家和旅行家，都說 Taras 是土耳其斯坦底一個城鎮（依 Isstakhri 和 Edrisi，這個地方距烏滸河 Oxus 有二十二三日的行程）。拉施特丁說，在一二一〇年，Mohammed of Kharezm 打敗了西遼軍隊於 Taras 附近。

Rubruk 在他的遊記（一二五三年）中記着，Talas 是在他赴蒙古的途上，但他自己沒有去過。當他自 Volga 向 Cayalic 出發時，他聽說 Talas 位於寨山附近，距他的路線有六十天的行程。他聽說，有許多日耳曼人在 Talas 住着。一二五五年，小亞美尼亞底王 Haithon，在他自蒙古回家的途上，自 Talas 經過。他在那裏看見了蒙哥汗 (Mangu Khan) 底皇弟旭烈兀 (Hulagu)。

現在叫作 Talas 或 Taras 的地方，已經沒有了。當十六世紀開端，Sultan Baber 在他的回想錄中，說到拔汗那 (Ferghana) 時，曾說 Taras-kand 這個城，在他以前已為蒙古人和月祖伯人 (Uzbeks) 所毀滅了。

古塔剌思城底故址，我們從波斯和中國著作家之簡略的記載中，僅能斷定是位於自蕁思干 (Samarkand) 到阿里馬 (Almalik) 的途上，更清楚一點說，是在賽藍 (近於現在的 Chim Reut) 和虎司窩魯朵 (吹河上的 Belasagun) 之間。Megendorff 在他的 "Vagaze d'Orembourg à Boukhara" (一八二〇年) 底附圖上，把以前的 Taras 放在現在的土耳其斯坦城 (Turkestan，約在錫爾河【Syr-daris】之東二十三英里)，未免武斷。多桑和馬丁 (Vivien de St. Martin) 以及別的人，多為這個錯誤所迷惑了。以前的 Taras 或 Talas，無疑地應該在俄屬土耳其斯坦底一條河上，這條河一直到現在還用 Talas 的名子。從塔什干到 Vernoye 的郵路，從這河上的 Aulie-ata 經過。一八五八年，Valikhnon 曾遊 Aulie-ata，認為這就是以前的 Taras ("Memoirs of Russ. Geog. Soc", 1861)。Schuyler，在他的 "Turkestan" 卷二，頁一二〇，也認為 Aulie-ata 鄰近 Taras 底故址。

關於塔剌思之詳情，可參看：

1. Quatremère's "Notices et Extraits" &c., XIII., i. p. 224, noto, 2. P. Lerch's "Archeol. Journey to Turkestan", 1867 (in Russian), 3. Dr. Max Schmidt 關於 Rubruk 行記之重要論文 ("Zeitsch. d. Gesellesch. f. Erdkunde", 1885, p. 194 以下)。

21 這是作者記了幾個拔汗那 (Ferghana) 底城。第一個是錫爾河 (Syr-daria) 上的 Khodjend。可傘是 Ibn Haukal (在第十世紀) 所記的 Kasan，是拔汗那底一個要城。在 Sultan Baber 時，這個城就不重要了。近代拔汗那地圖，把這個地方記在 Namangan 底西北。芭欖，可以認為是 Kandibadan (欖鑌)，依 Baber 所記，是以橄欖出名的。Baber 把 Kandibadan 放在苦盞之東。我在俄文的拔汗那地圖中，在浩罕 (Kokand) 和苦盞之間，也找出一個標有 Kangbadam 的地方。「芭欖」是波斯文 ba-dan 之誤寫，因為在中國藥書中，明記「芭欖」是一個波斯名子。八普，我不知道是在甚麼地方，但在拔汗那必有一個城用類似的名子。我在我的中世紀地圖中，把巴補 (八普) 放在柯散 (Kassan) 和麻耳亦囊 (Marghinan) 之間。

苦盞多石榴，其大如拱，甘而差酸。凡三五枚，絞汁盈盂，渴中之尤物也[22]。

22 看 Baber 底回想錄。他贊美苦盞 (Khodjend) 石榴之優美。

芭欖城邊皆芭欖園，故以名。其花如杏而微淡，葉如桃而差小，冬季而花，夏盛而食[23]。

23 這對於橄欖樹的說明，相當地正確。我們知道橄欖樹很像桃樹，僅僅是果子不一樣。橄欖樹不產於中國，但十六世紀的一部中國藥物學及物產史的書——本草綱目，——在芭欖杏下，有一個極好的說明，並且說它出產於回回國。

八普城西瓜，大者五十斤，長耳（猴）僅負二枚。苦盞西北五百里，有訛打剌城，附庸縣十數。北城渠酋常殺（成吉思之）命吏數人，商賈百數，盡掠其財貨。西伐之舉，由此也[24]。

24 訛打剌是 Transoxiana 底 Otrar 之故城。依 P. Lerch 所記，在錫爾河（Syr-daria，近北緯四三度）底支流 Arys 河口附近，還能看見它的遺蹟。楚材對於與 Khovarezm 作戰原因的叙述，與波斯著作家完全一致。訛打剌（Otrer）底首領 Gair-khan Inaldjuk 曾殺了成吉思汗底使臣；這使臣被派遣時，是和無數的赴 Mohammed of Khovarezm 的隊商同去的（多桑書卷一，頁二〇六）。

訛打剌西[25]千餘里，有大城曰尋思干。尋思干者，西人云肥也。以地土肥饒，故以名[26]。甚富庶，用金銅錢，無孔郭。環城千里，皆園林，飛渠，走泉，方池圓沼，花木連延，誠爲勝槩。瓜大者如馬首。穀無黍、糯、大豆[27]。盛夏無雨，以蒲萄釀酒。有桑不能蠶[28]，皆服屈眴[29]。以白衣爲吉，青（黑）衣爲喪服[30]，故皆衣白。

25 西爲西南之誤。本書中關於方向和距離的指示，常是錯誤的。

26 尋思干顯然是 Semiscaut。Colonel Yule 在他的 "Cathay and the Way thither" 頁一九二中，已經證明這是 Samarkand 底古名。至少在中古時代，景教的（Nestorian）主教們稱這個城作 Semiscaut。此外，Clavijo 也稱 Samarkand 爲 Semiscaut。著者對於尋思干之語源的解釋，完全正確。Semiz，在各種突厥文的語根裏，都是「肥」的意思。Kand 在波斯文中，是「村鎮」的意思。

27 黍是中國出產的粟類（Panicum miliaceum）中之有黏性的一種。糯是一種黏性的米，和大豆（Soja hiopide）同爲東亞細亞所特有。

28 楚材看見的是波斯和 Transoxiana 最普通的黑桑樹（Morus nigra），這實在是不適於養蠶的。

29 這好像是一種貨品底名稱，大概是棉。阿拉伯的名子，棉叫作 Kassam（看 Ibn Beithar's Mat. Med." Sontheimer 譯本卷二頁三〇四）。現在在土耳其斯坦也叫棉爲 guza（Kostenko's "Turkestan", iii. 30）。

30 大家都知道，中國人是把白色當作凶色看的。

尋思干西六七百里有蒲華城[31]。土產更饒，城邑稍多。尋思干乃謀速魯蠻（Mussulman）種落梭里檀所部，蒲華苦盞（Khodjend）訛打剌城（Otrar）皆隸焉。

31 這裏所說的 Bokhara，在這時屬於 Khavarezm 底蘇丹 Mohammed。Mohammed 居於五里犍城（Urgheni），但也居於蒲華（Bokhara）。依拉施特丁所說，當成吉思出現於 Transoxiana 時，他正在蒲華住着。【譯者案，Bretschneider

6

譯「尋思干」以下全句，爲「此(蒲華)乃謀速魯蠻種落梭里檀所部，苦盞訛打剌等城皆隸焉」，與原文不同。此蓋緣於以上所舉之史事而誤；或有意改正，亦未可知】。

蒲華之西有大河（阿母河，the Amu-daria），西入於海[32]。其西有五里犍城，梭里檀母后所居，富庶又盛於蒲華[33]。

32 阿母河(Amu-daria)或烏滸河(Oxus)古時之流入裏海(Caspian Sea)，現在已成可靠的事實。Abulghozi，在十七世紀的前葉，說這條河在一五七五年，由裏海改道入阿拉湖(Aral La)。Masudi 在第九第十世紀，Abulfeda 在十三四世紀，都說烏滸河(Djihur 或 Oxus)流入阿拉湖(Lake of Khoarezm or Aral)。L. Lerch 在他關於 Khiva 或 Khovarezm 之有價值的論文裏，結論說，烏滸河在古時候也流入阿拉湖，和現在一樣。但 Lerch 底意思是傾向於十四世紀之末，這條河之開了到裏海的新道。一五七五年，烏滸河再度流入阿拉湖中。一四五〇年死的 Aras Shah 又說，烏滸河流入裏海。

33 五里犍是 Urzehendj，是 Khovarezm 底故都。依拉施特說，在成吉思時，它是建於烏滸河底兩岸，中間用一個橋連接起來。一二二一年，蒙古人把這個城毀滅了，但後來又修復起來，現在還存在。它現在叫作 Kunia（舊）Urzhendj 以與 Yeni（新）Urghendj 相分別。後者是現在 Khiva 底商業要鎮，在 Khiva 城之南，近阿母河之西邊界。Kunia Urghendj 位於新 Urghendj 之西北九十英里，現在的阿母河河槽之西二十七英里。

又西（「南」之誤）瀕大河（阿母河），有班城[34]。又西有蘄城[35]。自北向西（「南」之誤），直抵黑色印度城[36]。亦有文字，與佛國字體聲音不同。佛像甚多，不屠牛羊，但飲其乳。土人不識雪，歲二熟麥。盛夏置錫器於沙中，尋即鑠鎔。馬糞墮地沸溢，月光射人如夏日。

34 指 Balkh 城說。

35 參看我的常德西使記考釋。

36 這很難說是指印度斯坦(Hindustan)底甚麼城。楚材對於這些國的記載，僅憑傳聞，是很混亂的。

其南有大河，冷於冰雪，湍流猛峻，注於南海[37]。土多甘蔗，取其液釀酒熬糖。

37 或者是指印度河(The Indus)說。

印度西北有可弗叉國，數千里皆平川，無復丘垤，不去城邑。民多羊馬，以蜜爲釀。此國晝長夜促，羊髀熟，日已復出[38]，正符唐史所載骨立幹國事，但國名不同。豈非歲時久遠，語音訛舛。[39]

38 作者對於可弗叉的位置，雖這樣粗忽地決定，但無疑地是指裏海以北，南俄羅斯之大平原說，波斯作家把它叫作 Desht Kipchac 或 Kapchak（多桑書卷一，頁三三八）。在這時候，楚材方在西亞細亞，蒙古人對於 Kapchak 略有所聞。僅只在一二三六年，蒙古人把這個地方佔據住。元史把這個名子寫作欽察。

本書所記蜜釀的飲料，在現在俄國底普通人中，還是一種貴重的飲料。他們把它叫作 miod，也用同一的名子稱蜜。南俄羅斯素來是以蜜馳名的。

39

骨立幹國見唐書卷二一七下，但與 Kipchak 並不是一個地方。唐史家說骨立幹是居於瀚海北邊的游牧人民，唐時的骨立幹顯然是西比利亞底一個種族。他們的國裏「多百合，產良馬，首似橐它」。「其地北距海，去京師最遠。又北渡海（瀚海），則晝長夜短。日入，烹羊胛熟，東方已明」。骨立幹究竟是一種甚麼人，無從考索。這樣早的西比利亞底歷史，我們是毫無所知的。

百合這種植物，屢見於唐書，為北蒙古產，學名 Lilium spectabili，其球莖多為蒙古人和南部西比利亞人所食用。這個事實，於上一世紀已為 Pallas 所記載，而為近來的旅行家所證實。百合，在中國，是 lily 底普通名稱。

譯者案：Bretschneider 所操西遊錄，為知不足齋叢書中庶學齋叢談中節錄之本。此書另有羅振玉印行之全本。

明代民屯之組織

王崇武

（一）民屯的發生

元朝末年，因為軍事戰爭和租稅過重，許多地方的農民全都逃避一空了。因此元朝的租稅受了很大的影響，一切軍餉全仰給江南。所以在至正十二年（一三五二）正月，會計天下租稅的中書省臣便極力提倡注意民政，他說[1]：

> 河南陝西腹裏諸路，供給繁重。調兵討賊，正當春首耕作之時，恐農民不能安於田畝，守令有失勸課。宜委通曉農事官員，分道巡視，督勸守令，親詣鄉都省諭農民，依時播種，務要人盡其力，地盡其利。其有曾經盜賊水患供給之處，貧民不能自備牛種者，所在有司給之。

同年十二月，照托克托的主張，在京畿附近召募南人，屯種田地，每年收穫米麥一百萬餘石，開墾的荒地也很多[2]。到了至正十三年（一三五三）正月，烏蘭哈達烏克遜良楨兼大司農。他是個比較有眼光有幹才的人，屯墾田地，「西自山西，南至保定河間，北至檀順州，東至遷民鎮，凡係官地及元管各處屯田，悉從分司農司，立法佃種」[3]。後來中書省因為要想在北方招募江浙淮東一帶種水田和修築土堰的農夫屯種，曾「勑牒一十二道，使齎往其地。有能募農民一百者，授九品；二百名者，正八品；三百名者，從七品」。應募農夫，每名給銀十錠，教種以一年為期，期滿後得歸還鄉里[4]。對屯種的技術，也似乎很講求。

可惜這樣杯水車薪的辦法，並不足以救濟元末官吏的貪污和政治的腐敗，所以流亡的戶口，仍然很多。結果讓明太祖取了天下。

明太祖施行民屯，便是沿襲元朝而來的。明史稱「太祖以軍興民失農業，命康茂才為都水營田使」[5]，是至正十八年（一三五八）的事。太祖實錄中記載的很清楚：

> 戊戌（至正十八年（一三五八）春二月，遷康茂才為營田使，……上諭茂才曰：「比因兵亂，堤防頹圮，民廢耕耨，故設營田司以修築隄防，專掌水利。今軍務實殷，用度為急，理財之道，莫先於農。春作方興，慮潦旱不時，有妨農事，故命爾此職，分巡各處，俾高無患乾，卑不病澇，務在蓄洩得宜[6]。

同年，明太祖還命令過中書省臣：

爲國之道，以足食爲本。大亂未平，民多轉徙，失其本業，而軍國之費，所資不少，皆出於民。若使之不得盡力田畝，則國家費用，何所資賴焉[7]。

因爲他看清了理財之道莫先於農，農民不盡力田畝，國家的開支便無所資賴，所以興辦農屯的確是太祖早年的事。

還有一個附帶的原因，明太祖是農家出身，他自己嘗說過：「朕家本業農，祖父皆長者，世承忠厚，積餘慶以及於朕」[8]。對於農家的辛苦艱難，知之最詳，所以對於休養生息，蠲免租賦，十分注意。他嘗說：「善政在於養民，養民在於寬賦」[9]。又說：「天下初定，百姓財力俱困。譬猶初飛之鳥，不可拔其羽；新植之木，不可搖其根。要在安善生息之而已」[10]。重農政策，在消極方面，固然在免賦，在養民，在安養生息，而在積極方面，則在招撫逃亡，救濟失業，開闢地利，於是才施行民屯。

(二)組織

關於民屯之組織，大概可分爲四種辦法：第一，便是所謂「移民就寬鄉」。元末因爲歷年戰爭，農民大半逃亡，許多田地全都荒蕪了，所以到天下平靜了，便需要設法招徠[11]。還有好多的流民團體，聚集在山寨裏，也需要把牠解散了，使再爲平民。我們可舉一個招撫流民復業的實例。實錄載：

乙巳三月，賜鄧愈書曰：「予命爾戍守襄陽，法度既定，切宜謹守。已遣張德山招徠山寨，若其……舊爲民者，宜歸之有司，俾安農業[12]。

永樂年間，侍郎廷瓚招撫山東青州府莒州等郡縣復業民一萬三千四百戶[13]，也是招撫流民的例。將流離失業的人民，撫之還鄉，定其居處，可以減少流民聚集謀亂，此其一。

洪武二十六年，遼東開元衛軍士馬名廣上言：「狹鄉之民，宜遷於寬鄉，地有餘而力不給，則分兵以屯之。如此，則民無遊食之憂，兵無坐食之害」[14]。這是說，民屯不足以盡地利時，再行軍屯。這種計劃，不知是否施行，不過在洪永之際，常常將地狹人稠地方的居民，遷移到土地廣闊的地方；如「遷蘇州府崇明縣無田民五百餘戶於崑山，開墾荒田」[15]，如「青兗濟南登萊五府，民稠地狹，東昌則地廣民稀，雖常遷閑民以實之，

2

而地之荒閑尙多。因令五府之民，五丁以上，田不及一頃，十丁以上，田不及二頃，十五丁以上，田不及三頃，幷小民無地可耕者，皆令分丁就東昌，開墾閑田」[16]。政府因爲希望貧民遷徙開墾，還有時幫助遷移的路費；遷去以後，可以暫免田租。如永樂年間，令「挈妻子，徙北京良鄉涿州昌平武淸爲民，授田耕種……給路費；三年，始供租調」[17]。這是以政府爲主動，使人民遷徙的。還有許多因爲地狹人稠，人民自請遷移到寬鄉的，其待遇也和政府主動者差不多。如永樂實錄載：

湖廣山西山東等郡縣吏李懋等二百十四人言，願爲民北京，命戶部給道里費遣之[18]。

山西平陽大同蔚州廣靈等府州縣民申外山等詣闕上言：「本處地磽且窄，歲屢不登，衣食不給。乞分丁於北京廣平淸河眞定冀州南宮等縣寬閑之處，占籍爲民，撥田耕種，依例輸稅，庶不失所」。從之，仍免田租之半[19]。

以上是政府有意的，或人民自動的，施行民屯，將土地和勞働力調和均勻，此其二。

第二，是使罪人屯田。在農業國家的農民，往往有安土重遷的習慣。因爲一則農民所用的生產工具太笨重了，所使的日常用品也太複雜了，不宜於遷徙搬運。一則搬家的農民往往是無產或小資本的貧民，到另一個生地方，不易購置大批的生產工具，適當的房舍，及日常用品。寧在本鄉受罪，不到異地發財，直到現在還是慣見的事。因此爲了充實開墾某一地方，不得不使罪人屯田。

使罪人屯田，也是洪武初年的事，在洪武五年就找到這樣的例：

五年春正月，詔今後犯罪當謫兩廣充軍者，俱發臨濠屯田[20]。在洪武七年頒布的赦罪令，有一條爲：

一，各處犯罪見屯種人數，旣各安生業，不在釋放之例[21]。

兩三年的功夫，當然不能使屯墾的罪犯各安生業，所以我疑心罪人屯墾當在洪武五年以前。

在明實錄裏，流放罪人屯田的地方，有兩處最明顯：第一是首都及首都附近，第二是比較偏僻的地方。明太祖建都南京，而南京附近的鳳陽，便是個荒涼的戰場。爲了加速的開墾鳳陽，所以流放罪人去屯墾。皇明實紀載：

乙卯洪武八年十一月，撥罪人工役，屯種於鳳陽。令各處人民，雜犯死罪者，免死，工役終身，徒流者，照年限工役。其官吏受贓，及犯私罪當罷職者，發鳳陽屯種。犯流罪者，鳳陽工役一年，然後屯種[22]。

可見不但犯罪的平民，就是犯罪的官吏，也同樣充到鳳陽去。在洪武初年，將有罪的官吏，凡笞以上的，全都發到鳳陽去種田。集聚的官吏，一直到一萬多[23]。後來因爲他們既受過苦了，將四十歲以上的官吏，又調京錄用。不過錄用的人數太少了，才剛有一百四十九人[24]。洪武八年，又勅刑官：

官吏受贓及雜犯私罪當罷職役者，謫鳳陽屯種。民犯流罪者，鳳陽輸作一年，然後屯種[25]。

這些屯種的罪犯們，幾時「年老衰憊」了，才可以入籍爲民。幾時「年老殘疾」了，才可以歸還鄉里[26]。對於土地的開墾成績，當然很可觀。

永樂年間，遷都北京，爲了充實北京和北京附近的地方，也曾用同樣的方法墾田。惠帝四年（一四〇二）曾定有武官軍士贖罪例。「軍士及其戶丁，雜犯死罪，發北京衛所屯田」[27]。永樂三年（一四〇六）又定例在北京附近屯田：

工部尙書宋禮言：燕山右衛吏趙成告犯笞罪，無力准工，自願北京爲民種田，命戶部依例給牛具種子。自今有犯笞罪無力准工，悉如之。仍勅杖罪八十以上，卽時發遣；七十以下，放回鄉里，備貲自詣屯所[28]。

永樂十年（一四一二）又定例在北京及北京附近屯田：

上以奸民好訟，由無恒產，而北京尙多閑田。乃下令法司，越訴雖得實，而據律當笞者免罪，令挈妻子徙北京良鄉涿州昌平武清爲民，授田耕種，依自願爲民種田例，給路費，三年始供租調。誣告犯徒流笞杖者，亦免罪，挈妻子徙處龍山海永平小興州爲民種田，不給路費，一年供租調。其誣告十惡，及議機事，不在此例。[29]

當時曾有人說：犯人屯墾，在犯人可以得赦免的恩惠，在國家可以使荒地開熟，實是公私兩便的事[30]，大概因爲施行這種方法，很受「得罪吏民」的歡迎。

以上是首都的地方，其次說邊遠的開墾。邊遠地方往往因爲安土重遷的農民，不願去屯種，所以使罪人屯田。漢州德陽縣知縣郭叔文言：「四川所轄州縣居民鮮少，地接邊徼，累年饋餉舟車不通，肩任背負，民實苦之。成都故田數萬畝，皆荒蕪不治，請以遷謫之人，開耕以種邊食，庶少紓民力」。[31]宣德時。在「命陝西四川徒流遷徙罪囚，發漢中沔縣爲民」。[32]在其他的邊陲，也有過同樣的情形，舉一反三，不細舉例了。

第三是使屯墾的農民軍事化，就是選拔一部分民衆隸屬於衛所之下，施行屯田。這本來應該算作軍屯的，不過這種民衆的職務，不在於打仗而在乎屯田，所以勉強也算作民屯。如徐達打敗了元兵，「帥盛熙等赴北京，練軍馬，修城池，徙山後軍馬，實諸衛府。置二百五十四屯，墾田一千三百餘頃」[33]。洪武五年（一三七二），「戶部奏：四川民總八萬四千餘戶，其僞夏故官，占爲莊戶者，凡二萬三千餘戶，宜令戶滿三丁者，僉一軍」[34]。二十五年（一三六五）「命開國公常昇等，往太原府閱民戶四丁以上者，籍其一，爲蠲其徭役，分隸各衛，赴大同等處，開耕屯田」[35]。又「籍太原平陽民爲軍，立衛屯田」[36]。

將屯墾的農民軍事化了，是有兩種意義的：一，軍事生活可以使之整齊嚴肅，便於統治。如正統時：

巡按河南監察御史丁璿，以直隸寧山衛遠在山西澤州之境，其屯田布於河南大名諸郡縣，屯卒散居，衛官巡視不及，往往縱恣爲盜。……請……將散居之卒，編之成屯，……有爲盜者，連坐之。事下兵部議，……從之。[37]

兵士散漫了，還可以變成盜匪，民屯亦然，所以必須編之成屯，有約束，有長官，號令嚴明，屯田才有成績。

二，有組織有訓練的農民屯墾，是可以補充軍隊的。洪武十一年（一三五一）實錄載：

籍鳳陽屯田夫爲軍。先是徙浙西民戶無田糧者，屯田鳳陽，至是籍爲軍，發補黃州衛。[38]

這種例證，在洪武初年很多。明太祖在至正十八年，立的管領民兵萬戶府，便是揀選各縣「武勇之材」的機關。將他們「加以簡拔，編輯爲伍，……俾農時則耕，閑則練習，有事則用之」[39]。克取了衢州以後，也是籍縣丁壯，「六中簡一爲兵，無事則爲農，有警則出戰」[40]。以後因爲海內澄清，軍事化爲農夫，沒有補充軍隊或作戰的必要，所以第二個意義就漸漸地消失了。

第四是利用新發現的膏腴之田，施行民屯。這些地方，有的因爲地處荒僻，沒有被人發現過，如：

蔡天祐……巡遼陽，歲歉活饑民萬餘。闢濱海圩田數萬頃，名之曰「蔡公田」。[41]

有的是官吏整治得法，對於土地有新開墾，如：

聶豹……除華亭知縣，濬陂塘，民役業者三千餘戶。[42]

還有的土地被湖水淹沒了，後來水退了，又重新現出來，如：

直隸鳳陽府宿州知州甄德奏：所轄地名龍山湖坡等處，俱係湖水退灘，土脊地饒，易爲耕種，山東山西諸處逃來之人，動以萬計，往往團住。已招撫男女四千一百餘口，計七百八十餘戶，分撥田地省(?)令生理，相繼來者絡繹於道[43]。

三者在明初差不多每年都有新發現，招撫的流民當然也不少。

(二) 政府的獎勵和懲罰

政府對於屯墾的民衆，是有獎勵和懲罰的。大明律中便有所謂「拋荒律」：

凡里長部內已入籍納糧當差，田地無故荒蕪，及應課種桑麻之類而不種者，俱以十分爲率，一分笞二十，每一分加一等，罪止杖八十。縣官各減三等，長官爲首，佐職爲從。人戶亦計荒蕪田地，及不種桑麻之類，以五分爲率，一分笞二十，每一分加一等，止徵合納稅糧還官(應課種桑棗黃麻苧麻棉花藍靛紅花之類各隨鄉土所宜)[44]。

新開墾的土地，在洪武時，可以免雜任差役；三年以後，才依民田例收租。洪武元年(一三六八)詔[45]：

一，各處荒閑田地，許令諸人開墾，永爲己業，與免雜泛差役。三年後，並依體民田起科租稅。

可惜這種辦法施行了不久，到了永樂時，官吏們對於蠲租除賦，便都「因循翫愒，視爲虛文，……拘於歲額，一概徵收」[46]了。

其次是蠲免租賦。蠲免租賦，也是獎勵屯田的好方法。明太祖在位三十一年中，據我調查，蠲免租賦共有四十九次，以凶年饑饉而行賑濟之事共有二十五次[47]。這種政策，歷成祖仁宣一直到英宗還「惟蠲租賑荒，尙仍之不改」。其實不但尙仍之不改，蠲免的數目反而增多，可作個有趣的小統計[48]：

年代	減免米麥石數
宣德九年	一八二三七八
正統五年	五九〇六九二
正統九年	七三七八二一
正統十三年	七四八四〇八

自然使許多民衆樂於開墾。

政府對於土地荒瘠或新開闢的土地，往往發給耕牛，助之屯種。所以洪武年間，山東有些地方，常以牛羊代秋稅[49]。政府也常向各地方去買牛，有時到湖廣和江西，洪武二十五年(一三六二)：

命戶部遣官於湖廣江西諸郡縣買牛二萬二千三百餘頭，分給山東屯種貧民[50]。

有時到河南和山東，如洪武二十八年（一三九五）：

遣官分詣河南山東湖廣諸府州縣買牛，分給山東屯種之民[51]。

這種辦法，一直維持到永樂年間，惠帝建文四年（一四〇二，時永樂已即位）：

上以北平山東河南累年經兵，民缺耕牛，特命工部於直隸鳳陽淮安等處，以官牛給之[52]。

又明史宋新傳亦謂[53]：

永樂二年拜工部尚書，嘗請給山東屯田牛種。

農民除了開墾荒田以外，還要作許多副產物。明太祖於至正二十五年（一三六五）就規定「農民田五畝至十畝者，栽桑麻木棉各半畝，十畝以上者倍之。其田多者，率以是爲差。……不種桑，使出絹一疋；不種麻及木棉，使出麻布棉布各一疋」[54]。洪武時，因爲「大亂之後，民多廢業」，也有的官吏自想辦法。如：楊思義「令民間皆植桑麻，四年始徵其稅。不種桑者輸絹，不種麻者輸布，如周官里布法」[55]。洪武二十五年（一三九二），下詔使鳳陽滁州廬州和州等處民戶，種桑棗二百株[56]。二十七年（一三九四），又命戶部行文書，「教天下百姓，務要多種桑棗，每一戶初年一百株，次年四百株，三年共六百株；……違者全家充軍」[57]。種植的數目一年多於一年，規定的法律也一日嚴於一日。

種植桑麻的辦法歷永樂仁宣英宗四朝而不衰。宣德時，「令州縣每里擇耆老一人，勸督每丁種桑棗各百株；……違者究治」[58]，正統時，令開荒的田地，「所種桑棗，有司時加提督，力求成效」[59]。

7

1 元史卷四二順帝紀五。
2 仝上。
3 元史卷四三順帝紀六。
4 仝上。
5 明史卷一三康茂才傳。
6 明太祖實錄卷六。
7 戊戌正月明太祖實錄。
8 明太祖洪武元年實錄（北大圖書館藏殘本第二冊）。
9 明史紀事本末卷十四「開國規模」。
10 仝上。
11 洪武三年三月丁酉明太祖實錄鄭州知州蘇□言時宜三事，其三曰墾田以實中原，即詳闡此意。
12 乙巳三月明太祖實錄。
13 永樂八年七月己丑明太祖實錄。
14 洪武二十六年二月乙未明太祖實錄。

15 洪武二十七年二月明太祖實錄。
16 洪武二十八年二月明太祖實錄。
17 永樂十年正月壬子明太宗實錄。
18 永樂四年正月明太宗實錄。
19 永樂十五年四月辛丑明太宗實錄。
20 洪武五年正月實錄。
21 洪武七年十一月詔（見明典章第一册）。
22 皇明實紀卷三。
23 明史卷一三九韓宜可傳。
24 洪武七年十一月壬午明太祖實錄。
25 洪武八年二月明太祖實錄。
26 洪武七年九月癸未明太祖實錄。
27 洪武三十五年九月明太宗實錄。
28 永樂三年七月明太宗實錄。
29 永樂十年正月壬子明太宗實錄。
30 巡按北京監察御史周新曾作是語，見永樂二年五月明太宗實錄。
31 洪武二十年三月丙子明太祖實錄。
32 宣德二年三月明宣宗實錄。
33 明史卷一二五徐達傳。
34 洪武五年二月明太祖實錄。
35 洪武二十五年八月明太祖實錄。
36 明史卷一二九馮勝傳。
37 正統三年七月明英宗實錄。
38 洪武十一年四月明太宗實錄。
39 戊戌十一月辛丑明太祖實錄。
40 壬寅□月明太祖實錄（卷十）。
41 明史卷二百蔡天祐傳。
42 明史卷二〇二聶豹傳。
43 正統十五年五月庚子明英宗實錄。
44 大明律集解卷五田宅「荒蕪田地」條。
45 洪武元年八月十一日詔（見明典章第一册）。
46 永樂元年四月明太宗實錄。
47 參考明史卷一至卷三太祖本紀。
48 參考明宣宗實錄，明英宗實錄。
49 明史卷二八一循吏吳履傳：「……洪武初遷濰州知州，山東民當以牛羊代秋稅。履與民計曰：「牛羊有死瘠患，不若輸粟便」。他日上官，令民送牛羊之陝西，他縣民多破家，濰民獨完」。
50 洪武二十五年閏十二月己卯明太祖實錄。
51 洪武二十八年八月辛未明太祖實錄。
52 洪武三十五年□月明太宗實錄。
53 明史卷一五三宋新傳。
54 乙巳春三月乙卯明太祖實錄。
55 明史卷一三八楊思義傳。
56 洪武二十五年十一月壬寅明太祖實錄。
57 皇明實紀卷四。
58 宣德七年九月癸亥明宣宗實錄。
59 正統四年三月初一日詔（見明典章第十五册）。

重論『鄭和下西洋』事件之貿易性質

童書業

——代吳春晗先生答許道齡李晉華二先生——

上年初，清華大學講師吳辰伯先生（晗）以所著『十六世紀前之中國與南洋』一文（載清華學報第十一卷第一期）單行本見貽，拜讀之下，見其見解深沈，援據詳確，不勝欽佩。越月餘，讀禹貢半月刊第五卷第一期，見通訊欄有許道齡先生致顧頡剛師一函，對吳文有所批評。蓋吳先生主張三保太監下西洋之最大使命爲『經營國際貿易』，許先生非之，以爲成祖命鄭和下西洋之主因實爲『鞏固帝位』（『蹤迹建文』）。其所持之主要的反面證據爲：（一）永樂年間曾下令禁民間海船，可見其不以國際貿易爲致富之道。（二）鄭和下西洋多齎金幣，賜給諸番國君長，與『經營國際貿易』恰相反。（三）鄭和第一次下西洋擒舊港巨僑陳祖義以歸，再往又擒錫蘭國王亞烈苦奈兒，前者戮於都市，後者赦而不誅，厚於番君而薄於僑民，可見其非欲發展『國際貿易』。案以上三條反證實似是而非，反證之反證具見吳著本文，讀者可自參詳。許先生又謂南洋華僑稱老虎爲『伯公』，同時亦稱鄭和爲『伯公』，和之行動既多予華僑以威脅，則其使命非爲發展『國際貿易』明甚。案此條反證亦非！南洋華僑稱老虎爲『伯公』，乃表示鄭和之威嚴。須知南洋暹羅等處又有奉祀鄭和之廟，爪哇且祀和爲商業神，可見南洋人對和之崇拜也。許函發表後，於五卷七期禹貢通訊欄又見吳先生答函，解釋許先生所提『大齎金幣』一條反證之『金幣』實爲『織金文綺』之絲織品，以爲此正是當時中國一種輸出最多之商品，而非爲金銀之貨幣。

嗣許先生又有駁函，載禹貢五卷十期，列舉諸證，證明『金幣』爲『白金文綺』之省文，以駁吳先生『金幣』爲『織金文綺』之說（案許氏此說近是）。此函發表，吳先生因事未致答覆。嗣於禹貢六卷一期通訊欄又見李晉華先生致許先生函，贊成許說，深斥吳說，以爲『鄭和七使西洋多齎金幣賜諸番，……既以金銀綺帛賜諸番，但不聞鄭和曾取諸番重貨捆載而歸，代價安在？』案李說實極錯誤，蓋瀛涯勝覽諸書皆謂鄭和使西洋帶回諸番重貨甚多也。當時曾本此旨，致函顧頡剛師以糾正李說，該函曾載禹貢六卷二期。不意許李二先生閱後仍不以爲然，又起詰難：許先生謂瀛涯勝覽滿剌加條所謂『中國之船』，係指商辦者而言，非指朝廷所派遣之寶船；又其所裝載之貨，如果是寶船，亦未必以貿易的手續得之，當爲採集品，或朝貢品（見六卷六期禹貢通訊欄）。李先生謂『貿易之事不敢謂必無，然有之亦只私人貿易，如今日舟車執役之人私帶貨物，以營己利，與所負使命何干？』（見六卷十期禹貢通訊欄）案李說較許說略進，但均失之早斷！瀛涯勝覽所謂『中國之船』確指朝廷所派遣之寶船；其所裝載之貨，確爲以貿易手續所得者；鄭和等貿易之事亦確爲所負使命之一部，而非僅私人之貿易。其證均詳本文所論，茲不贅述。（讀者注意：本文但證明鄭和下西洋事有『貿易性質』，並未主張鄭和下西洋之主要使命卽爲『經營貿易』。）

作者識。廿六年二月十九日。

鄭和下西洋之事喧傳數百年，世無不知，實爲明初對外之盛舉。近人至以西方大航海家甘馬哥倫布等事相比擬，餘烈亦云偉已！顧此舉之目的及性質，言者紛歧，迄無定論；以東西交通史上極關重要之一行動，而原因不明，言史者憾焉。比歲以來，紬繹宋明史籍，對於鄭和下西洋史實之討論，尤感興趣，不揣簡陋，爰草為此篇，重論鄭和下西洋之目的，而特提『貿易性質』一點，用質正於當世之方聞君子。

考鄭和下西洋之最大使命，本為『統制異域』。黃省曾西洋朝貢典錄序云：

「太宗皇帝入纘丕緒，將長駕遠馭，通道於乖蠻革夷，……命（鄭）和為使。」

明史鄭和傳亦云：

「成祖……欲耀兵異域，示中國富強，……命（鄭）和及其儕王景弘等通使西洋。」

蓋明成祖為一雄才大略之君主，即位之初，即一變洪武時之鎖國政策，派遣使臣詔諭南海諸國入貢，其事見於明實錄。鄭和傳云：

「當成祖時，銳意通四夷，奉使多用中貴：西洋則和，景弘；西域則李達；迤北則海童；而西番則率使侯顯。」

可見成祖實有意於經營四夷，欲效秦皇漢武而已，本無所謂其他之大目的。其通使各貴處，皆用中，亦非獨西洋任用鄭和等也。

【附注】錫蘭史謂一千四百零五年（明永樂三年）有中國佛教徒一隊來錫蘭，獻香火於佛齒聖壇，為國王維哲耶巴虎六世（King Wijayabahu VI）所虐待，明成祖怒王之暴行，欲重振已墜之國威，故遣鄭和率舟師遠征也。（見 Yule, Cathay I, P. 76，據張星烺中西交通史料匯編引）。據此，益可證鄭和下西洋之最大使命實為發揚國威。

或謂鄭和下西洋，另有『蹤迹建文』之特殊目的。鄭曉皇明四夷考序云：

「高皇何以有海外之使也？更始也。成祖西洋之役，不已勞乎？鄭和之泛海與胡濙之頒書也，國有大疑焉耳。」

所謂『大疑』，明史胡濙傳云：

「傳言建文帝踏海去，帝（永樂）分遣內臣鄭和數輩浮海下西洋。」

鄭和傳亦云：

「成祖疑惠帝亡海外，欲蹤跡之，……命和……等通使西洋。」

皇明從信錄等書亦言鄭和下西洋為物色建文。然此等疑皆世人大鄭和之舉（所謂『不已勞乎』），因作張皇之論，未必確為事實（另有詳考，本文但為表揭鄭和下西洋事之『貿易性質』而作，為避免『喧賓奪主』起見，從略）。且即認可此說，『蹤迹建文』當亦為此舉之次要目的。元世祖亦嘗屢遣使下南洋矣，如：

「世祖至元八年，大理鄯闡等路宣慰司都元帥府遣乞解脫因等使緬國，招諭其王內附。」

「十年，二月，遣勘馬剌失里乞解脫因等使其國，持詔諭之。……（元史緬傳）」

「（世祖至元）十六年，十二月，遣兵部侍郎教化的……等使占城，諭其王入朝。」（仝上占城傳）

「世祖至元間，行中書省左丞唆都等奉璽書十通，招諭諸蕃。」

「十六年，十二月，遣廣東招討司達魯花赤楊庭璧招俱藍。」

「十七年，……十月，授哈撒兒海牙俱藍國宣慰使，偕庭璧再往招諭。」

「二十三年，海外諸蕃國以楊庭璧奉詔招諭，至是皆來降。」

（仝上馬八兒等國傳）

元世祖時嘗無『蹤迹建文』之事，何以亦屢遣使下南洋乎？又明史忽魯謨斯傳云：

「永樂十年，天子以西洋近國已航海貢琛，稽顙闕下，而遠者猶未賓服，乃命鄭和賚璽書往諸國。」

鄭和傳云：

「宣德五年六月，帝以踐阼歲久，而諸番國遠者猶未朝貢，於是和，景弘復奉命歷忽魯謨斯等十七國而還。」

此可見鄭和等之奉使西洋，目的實注於諸番國之朝貢；永樂時如此，宣德時亦莫不然，即中國歷代帝王派使異域之目的亦無不然。蓋『南夷雜種，分嶼建國，四方珍怪，莫此爲先，藏山隱海，瓌寶溢目』（齊書東南夷傳論），故懷柔遠人亦莫此爲先也。

然鄭和下西洋之事，又有『貿易性質』。殊域周咨錄卷八云：

「夷中百貨皆中國不可缺者，夷必欲售，中國必欲得之。」

惟其如此，故西洋朝貢典錄序云：

「太宗皇帝入纘丕緒，……乃大賚西洋，貿採琛異，命和爲使。……由是明月之珠，鴉鶻之石，沈南龍涎之香，麟獅孔翠之奇，梅腦薇露之珍，珊瑚瑤琨之美，皆充舶而歸。」

此明祖欲繼蹤隋皇，『甘心遠夷，志求珍異』（隋書南蠻傳論）之鐵證也。故吾人以爲『貿採琛異』實爲此行之副目的。典錄三佛齊國條論又云：

「然則和豈貿易珍寶之使哉？除異域之患，爲天子光，和亦賢矣！」

此又可見當時人確有認鄭和爲『貿易珍寶』之使者，『貿易珍寶』乃天子所使，非私人之事；黃氏以爲和之大功爲除異域之患，有意反舊說耳。（序則從舊說。）

關於中國政府對外貿易之歷史，言之甚長：在漢時蓋已有以對外貿易爲充實國富之政策者。如鹽鐵論力耕篇云：

「大夫曰，『賢聖治家非一室，富國非一道。……汝漢之金，纖微之貢，所以誘外國而釣胡羌之寶也。夫中國一端之縵，得匈奴累金之物，而損敵國之用。是以贏驢駝馳銜尾入塞，驒騱騵馬盡爲我畜，鼲鼦狐貉采旃文罽充於內府，而璧玉珊瑚琉璃咸爲國之寶；是則外國之物內流，而利不外泄也。異物內流，則國用饒；利不外泄，則民用給矣。詩曰，「百室盈止，婦子寧止」。』」

吳辰伯先生亦曾舉漢書地理志『有譯長屬黃門，與應募者俱入海，市明珠璧流離奇石異物，齎黃金雜繒而往，所至國皆稟食爲耦，蠻夷賈船轉送致之』一段文，謂『當時譯使出發的目的：第一是耀武海外，令諸國奉正朔，來貢獻；第二是以國家爲主體去經營國際貿易』，其說甚是！許先生斥之爲『此種見解似未甚正確』。不知許先生所謂『正確之見解』如何？

漢代以後，迄於劉宋，南洋一帶國際貿易之風尤爲興盛。宋書夷蠻傳論云：

「商貨所資，或出交部；汎海陵波，因風遠至，……山琛水寶，由茲自出。通犀翠羽之珍，蛇珠夏布之異，千名萬品，並世主之所虛心。故舟舶繼路，商使交屬。」

此云南洋一帶爲『商貨所資』，千名萬品並世主所虛心，因之『舟舶繼路，商使交屬』；謂非『國際貿易』，果爲何事？許李兩先生其有以語我來！

南齊書東南夷傳論亦云：

「南夷雜種，分嶼建國，四方珍怪，莫此爲先，藏山隱海，瓌寶溢目，商舶遠屆，委輸南州，故交廣富實，牣積王府。」

南夷瓌寶之多能使王府充實，則隋唐以前南洋一帶之與中國已有國際貿易豈容多疑？

降及隋代，煬帝亦曾『甘心遠夷，志求珍異』矣。至唐，海外交通益臻繁盛。國際貿易之事具見於官私記載，其證不勝枚舉。以此爲近人所周知，故不詳述。且當時不但政府有此種舉動，即地方官吏亦有發海艇經營海外貿易者。如舊唐書王鍔傳云：

「（鍔）遷廣州刺史，御史大夫，嶺南節度使。……日發十餘艇，重以犀象珠貝，稱商貨而出諸境；周以歲時，循環不絕。」

新唐書同傳云：

「（鍔）遷嶺南節度使，……日十餘艘載皆犀象珠琲，與商賈雜出于境。」

此可見當時海外貿易之盛也。

趙宋以下，海外貿易之風亦並不衰。宋史食貨志下云：

「太宗時，置榷署于京師，詔諸蕃香藥寶貨至廣州交阯兩浙泉州，非出官庫者，無得私相貿易。其後乃詔自今惟珠貝……禁，榷外他藥官市之餘，聽市於民。雍熙中，遣內侍八人，齎敕書金帛分四路招致海南諸蕃。」

「天聖以來，象犀珠玉香藥寶貨充牣府庫，嘗斥其餘以易金帛芻粟，縣官用度實有助焉。」

當時政府注意海外貿易如此！海外貿易有裨於國用如此！許先生謂『中國傳統政策』爲『以中國爲天朝閉關而治』，而抹煞各時代經營海外之事實，夫豈史學家態度應然邪？

蓋宋太宗遣內侍往海南，其事與明太宗遣中貴下西洋全同。雍熙中遣內侍詔致海蕃之事，其詳見於宋會要：

「遣內侍八人齎勑書金帛，分四綱，各往海南諸蕃國，勾招進奉，博買香藥，犀牙，眞珠，龍腦。每綱齎空名詔書三道，於所至處賜之。」

以宋例明，何得武斷鄭和下西洋事絕無貿易之性質邪？吳辰伯先生云，『（宋）政府也特派人到海外去經營貿易，招攬商賈』，其說自極是也！

鄭和等『貿易珍寶』之舉動，具載於同使西洋之會稽人馬歡所著之瀛涯勝覽，玆條舉細論之。勝覽暹羅國條云：

「中國寶船到暹羅，亦用小船去做買賣。」

此明謂寶船（卽鄭和等統率下西洋之船）做買賣。柯枝國條云：

「名稱『哲地』者，皆是財主，專一收買下寶石，珍珠，香貨之類，候中國寶石（馮承鈞云，『「石」字疑衍』）船或別國番船客人來買。」

此又明謂番人專一收買珍寶，預備與中國寶船交易。古里國條云：

「永樂五年，朝廷命正使太監鄭和等齎詔勑賜其國，……統領大䑸寶船到彼。……其二大頭目受中國朝廷陞賞，若寶船到彼，全憑二人主爲買賣。王差頭目并哲地未訥几計書算于官府。牙人來會，領船大人議擇某日打價。至日，先將帶去錦綺等物，逐一議價已定，隨寫合同價數，彼此收執。其頭目哲地卽與內官大人衆手相拏，其牙人則言某月某日於衆手中拍一掌已定，或貴或賤，再不悔改。然後哲地富戶纔將寶石，珍珠，珊瑚等物來看議價。非一日能定：快則一月，緩則二三月。若價錢較議已定，如買一主珍珠等物，該價若干，是原經手頭目未訥几計算，該還紵絲等物若干，照原打手之貨交還，毫釐無改。」

此述中國寶船與番人交易之詳情，其交易全爲以貨易貨。夫最可信據之史料瀛涯勝覽敍述中國寶船與蕃人貿易之詳如此，不識許李二先生何以未見？溜山國條云：

「中國寶船一二隻亦到彼處，收買龍涎香，椰子等物。」

此又明謂寶船收買番貨。祖法兒國條云：

「中國寶船到彼，開讀賞賜畢，其王差頭目遍諭國人，皆將乳香，血竭，蘆薈，沒藥，安息香，蘇合油，木別子之類，來換易紵絲，磁器等物。」

此謂番王明諭國人與中國寶船交易貨物。天方國條云：

「宣德五年，欽蒙聖朝差正使太監內官鄭和等往各番國開讀賞賜。分綜到古里國時，內官太監洪口（保）見本國差人往彼，就選差通事等七人，齎帶麝香，磁器等物，附本國船隻到彼。往回一年，買到各色奇貨異寶，麒麟，獅子，駝鷄等物。」

此又謂內官太監派人往遠國收買珍寶。——以上皆鄭和所領之中國寶船與西洋各番國貿易之鐵證也。又與馬歡同隨鄭和下西洋之太倉人費信所著之星槎勝覽花面王國條亦云：

「……一山產硫磺。我朝海船駐扎蘇門答剌，差人船於其山採取硫黃，貨用段帛磁器之屬。」

此亦謂中國寶船採硫黃於番國，用段帛磁器等爲代價之品。皇明四夷考阿丹國條云：

「永樂九年，詔中使鄭和賜命互市。」

此並明云鄭和下西洋之使命爲賜命『互市』。中國寶船西行賜命『互市』及東回時，均以滿剌加爲停裝貨物及分聚之所。西洋朝貢典錄滿剌加條云：

「予觀馬歡所記，載滿剌加云，鄭和至此，乃爲城柵鼓角，立府藏倉廩，停貯百物；然後分使通於列夷，歸綜則仍會萃焉。智哉其區署也！」

考馬氏瀛涯勝覽滿剌加條實作：

「凡中國寶船到彼，則立排柵如城垣，設四門更鼓樓。夜則提鈴巡警。內又立重柵，如小城，蓋造庫藏倉廒，一應錢糧頓在其內（案此下似有脫文）。去各國船隻回到此處取齊，打整番貨，裝載船內。等候南風正順，於五月中旬開洋回還。」

此文中所云『打整番貨，裝載船內』之『番貨』，即指寶船貿易所得之物品；故鄭和西行之舉之有『貿易性質』，萬萬無有疑問！又鄭和下西洋所用之寶船，其全名爲『西洋取寶船』（見皇明從信錄等書），然則其性質不益明乎？

鄭和下西洋，成績頗大，『互市通商』之事遂爲與起。如明史稿鄭和傳云：

「和將命絕域，三擒賊魁，威震海外，凡所號令，罔敢不服從，而番人利中國貨物，益互市通商，往來不絕。」

其所獲之珍寶亦甚多。如明史鄭和傳云：

「和……所歷……凡三十餘國，所取無名寶物不可勝計。」

瀛涯勝覽書首紀行詩並云：

「歸到京華覲紫宸，龍墀獻納皆奇珍。」

然『貿採琛異』之所獲固多，而『中國耗費亦不貲』（鄭和傳語）。殊域周咨錄卷八載劉大夏之言曰：

「三保下西洋，費錢糧數十萬，軍民死且萬計；縱得奇寶而回，於國家何益？」

此固可證明三保下西洋之目的爲『得奇寶』，然其以後所以乏繼嚮之故亦可於此窺出也。

本文撰竟，又得讀武漢大學文哲季刊第四卷第二，四號所載王古魯譯日本山本達郎所著之鄭和西征考，亦主鄭和出使之目的在於貿易，惟其文中所舉之證據殊嫌缺乏。文後附錄有『鄭和出使之寶船』一節，則頗具特殊之見解。據其謂鄭和出使時所用之寶船每艘平均可載四百五十人左右，與宋元時代航行南海之中國大貿易船相類。據武備志南海航海圖後所載航行印度洋之帆船圖，鄭和之船係三桅之帆船。戰船推進時則不用風力而用划力。將鄭和出使之船與元世祖侵入日本及遠征爪哇時所用之船相比較，元世祖所用之船每船平均可載人數大致甚少；故前者必係大型之貿易船，而後者爲小型之戰船。據萬曆廣東通志造船事略附條謂戰船，『數十生命繫於一船』，『數十兵士又在棚上行走』，亦大抵可測知其可載人數。故鄭和出使所用之船我人似應注意其非戰鬥船而係貿易船。案此說可爲吾人本文之補證。

本文付排後，忽接李晉華先生歸道山之噩耗，討論本問題之四人中已弱一个，不勝哀悼！李先生，廣東梅縣人，中山大學畢業，任國立中央研究院助理員，對於明史深有研究，尤精實錄，著有明史纂修考等書，爲並世學人所稱道。

丕繩兄長：

承示 大作重論「鄭和下西洋」事件之貿易性質一文，捧讀之下，欽佩何似。兄以精研古史著稱于世，而於明史各問題，討論亦至詳確，可謂博精兼具矣。弟不敏，常謂讀書之事，貴在求知明理，而求知明理，則貴在互相討論，取他人之長，以補一己之短，固未可墨守一己之成見。吾兄居常以歷史上之某一問題，不厭與人反復辯論，以期求得其眞理之所在，此種治學精神，誠爲研究歷史者當持之態度。弟於明代史實，三年前曾作一度之習誦，然以範圍過廣，問題過多，聊作大概之涉獵而已，何敢以言研究。鄭和下西洋，「宣耀國威」誠爲主要目的之一。至於蹤跡建文，前人固有此說，然當時著述，多略而不言，其在鄭和出使之使命中，果居何種地位，不易推斷。建文遜位後之事蹟，時人忌稱，成祖遣使蹤跡之說，當求私人劄記，或稗史野乘，固未可專據官書以言也。至於鄭和出使西洋，曾與海外島民互通貿易，審之時勢，察之事理，乃所必然。明代對於國外貿易，本無一定之政策：當海患盛熾時，則嚴『禁海』之令，片板不准下海；一旦海患弭平，則令士民通番如故，且設市舶司以徵收其稅。蓋國家仰仗對外貿易，中央政府不若地方之甚：當時兩廣閩浙一帶軍政費用，稅收居重要部份，此稍治明史者可以知之。說者謂中國素持閉關政策，對於海外貿易未肯重視，不知此乃以道統自任者所持之一種空虛政見，而實際情形不如此也。明人重視對外貿易，不減前代：初在洪武間，即於廣東設市舶提舉司，專管對外貿易，及番使朝貢事。其後於沿海衝要之地，亦往往有市舶司之設置。由此可知明初對外貿易，乃屬通常之事。又次南海之產，如犀角象牙龍涎以及各種香料，頗爲當時宮廷貴人與達官富宦所樂用。廣南監稅官者賄賂中朝，以及番使入貢所獻貢物，多用此種物品。由此以推，鄭和出使西洋雖主旨在宣揚國威，亦或蹤跡建文，然附帶爲宮廷採辦物品，以給宮廷之用，以宦者而出此，甚有可能。此可解者一。南洋之地，閩廣濱海居民，宿視爲利藪，雖在嚴禁之下，仍私販不已，鄭和數次出使，所隨兵弁士民，持貨販賣，亦屬通常之理。此可解者二。鄭和出使，所費至繁，取中土之貨，售之番民，以盈餘而略給軍用之不足，亦屬可能之事。此可解者三。兄稱尊著但証明鄭和下西洋事有貿易性質，而非主張鄭和下西洋之主要使命即爲經營貿易，蓋深得其微旨。因忙於他種工作，未能詳細翻檢，謹就管見所及，約畧寫出，草草奉上，敬希指正。此候撰安。

弟張維華敬上。二十六年三月一日。

明成化嘉靖間福建市舶司移置福州考

薩士武

1

禹貢第五卷七期，有薛澄淸先生「明末福建海關情況及其地點變遷考略」一文，爲研究明末福建市舶至好之參攷資料，惟對明初情況，略而未詳，本篇擬提出討論焉。

薛君謂洪武罷去泉州市舶司，福建海關之重設肇始於隆慶元年。實則福建市舶司雖於洪武一度罷去，永樂元年復設，迄嘉靖元年未廢也。明史卷七十五載：

「吳元年置市舶提舉司，洪武三年罷太倉黃渡市舶司，七年罷福建之泉州，浙江之明州，廣東之廣州三市舶司。永樂元年復置，設官如洪武初制，尋命內官提督之。嘉靖元年給事中夏言奏倭禍起於市舶，遂革福建浙江二市舶司，惟存廣東市舶司。」

於此足明永樂元年與嘉靖改元凡百二十年間，福建市舶司仍然存在。但其地點，據泉州府志卷二十六云：

「市舶提舉司初置司泉州，後移福州。」

又閩都記卷六云：

「市舶提舉司，都指揮王勝故宅也：國朝初市舶置司於泉州，成化五年因修撰羅倫謫官，奏移今所。」

皆言成化以後移於福州。然泉州在宋元市舶之地位至爲重要，桑原騭藏蒲壽庚考言之詳矣，自北宋末年迄於南宋時始設市舶司後，對外貿易逐年大有進展，終且淩駕廣州而上，直至明初，除福建罷置市舶司不計外，其有置設者固無不在於其地。乃成化後忽有移設於福州之舉，非奇異之事迹乎？

各書對此遷移之原因及時間久暫，均無明言，研究此問題者不得不首向羅倫本身搜集材料。同治福建通志卷百三十明宦蹟載：

「羅倫字彝正，永豐人，成化丙戌進士及第第一，授翰林修撰，以論李賢奪情起復，謫泉州市舶司副提舉，尋召還。……」

不僅未言奏移市舶司於福州之事，且謂「倫至泉日，有司率諸生從之講明正學」。明史羅倫本傳曾錄倫所上論李賢奪情起復疏原文，其時期則爲成化二年，與閩都記作成化五年，泉州府志作成化八年（泉州府志卷二十田賦）皆不符。關於此點幸有林春溥開卷偶得所記較爲直接之一史料，可釋羣疑。

『余家烏山之北，舍旁有小徑，居民以二碑墊道，不知幾何年矣。道光乙巳冬十月余購其地爲別業，乃出二碑而嵌之墻，以爲門之左右碣。其一高七尺二寸四分，廣二尺八寸四分，厚四寸。上段草書爲華亭張汝弼送羅應魁調官福建市舶提舉七律一首，字徑二寸，頗得懷素筆法。下段詩序爲華亭李人龍撰，楷書徑一寸，體近顏平原。蓋明嘉靖甲寅刻也。其一較大，高七尺五分，廣三尺一寸四分，厚六寸。額題「閩學憲思城熊公去思碑」，篆文。記爲萬歷癸丑閩人林材撰。楷書，徑七八分，體在虞歐之間。石質粗而字畫淺。旣別洗，拓出，審視數日，始可讀。其七律曰：「江右衣冠此丈夫，總於楓陛聽傳臚，百年專業丹心苦，萬古綱常赤手扶，郭隗臺前折諫檄，考亭祠下掃衰蕪，問渠榮落升沉事，天際浮雲自有無」。其詩序曰：「士有曠百世而相感者，孚以心也，矧夫聲應氣求，裒然峙立於朝者，其心之所感，又何如其胞閬孚契也。一峯羅先生在翰林時，疏奪情，忤秉國，調閩市舶提舉。衆方以言爲諱，而張東海先生卒不避忌，毅然獨以詩贈行，觀其格體韻致，句流金石，不作渭城語。未幾東海亦以假髻曲訕倖位，謫外補南安守，其詩之所發非其心素所稱契者乎？愚嘗竊評二公，羅醇正似程明道，張鯁直近蘇文忠，文章節氣，較若畫一，其心同，故其道同也。高子季鳳以太僕丞謫遷茲署，稽古象賢，而耿耿於前修者篤矣。按故事市舶淸簡，設以待遷客。先是翰苑銓曹，凡左遷者率涖是，終日讀書撰文，養望儲用。諸前修固皆名流，而一峰尤爲卓然，宜高子所深敬而欽仰之極力也。一日集群寀燕於懷遠堂，迺徵言於余，而求表揚之。余退而檢籍笥，偶獲此詩，口筆敦復以口口錢子可學工草書，意宗東海，介其染素揮毫，勒珉昭法。時輔贊其美者，福郡伯翁子大經，少府徐子廷高，副運林子端吾，別駕張子子成，王子子信，邢子元翊，節推凌子正伯，而顧子少雨適涖長鹺司，則樂觀厥成也。噫！茲舉也作法於忠，可以立世教矣。昔孔子以君子稱子賤子，必追本其魯之多賢；韓退之唐之聞人也，其文至宋歐陽公始克表彙於世。余固不敢私諸其鄉人，而高子口口謨議亟圖伐石以彰二君之美，一發秉彝好德之公心。顧余鄙劣，深惟不文是懼，重違高子之懇，且幸自附於靑雲之士，以表諸君子忠義之誠，不敢以不文自棄也，故勉爲之敍。嘉靖甲寅歲秋九月己亥刋，賜進士第朝列大夫福建運鹽司同知前四川道監察御史後學李人龍頓首拜撰」。按明史憲宗成化二年起復大學士李賢，時賢以父喪去位，固乞終制，不許。修撰羅倫上疏劾賢，謫福建市舶司副提舉；明年召還，復職。嘉靖甲寅爲世宗在位之三十三年，上距倫之謫已八十九年矣，又其謫不久，而後人且刋石以爲舶舉之光，豈非官以人重耶？……」

由此碑記得知羅倫謫爲福建市舶司提舉，確爲成化二年，市舶司移於福州當然在於同時。明年倫雖召還，而市舶司並不移回泉州，觀福州府志卷四八名宦舒芬條言：「踰六十年而芬繼之與倫同官，所謫地與官又同」，亦可斷定。惟至嘉靖三十三年高季鳳繼來是署，則不知所任何官，因據史志「嘉靖元年罷福建市舶司」，至「三十九年唐順之議復三市舶司，部議從之」，三十三年在罷廢市舶司之時期內也，是又須待考矣

總而言之，福建市舶司於成化嘉靖間遷移福州，確爲事實，既如上述。今當研究其遷移之原因。考羅倫有

一峯集著錄於四庫全書，惜余手邊難得其書，不知其中有無奏移市舶司原疏。惟就市舶司職掌言之，爲「掌海外諸番朝貢市易之事，辨其使人表文勘合之眞僞，禁通番，征私貨，平交易，閑其出入而愼館穀之」。故以理推想，當有二種條件：

（一）福州對外貿易地位之發達：此在明初實爲可能之事，因福州通海爲馬江，與長樂太平港相連，長樂縣志云：「太平港在縣西半里許，舊名馬江，明永樂七年內侍鄭和使西洋，海舟皆泊於此，因改今名」。長樂太平港當永樂至宣德爲鄭和下西洋之通番要港，余前已爲文考證（見史地周刊第八十期），諸番貢舶來者自亦必趨其地，長樂縣志「御國歸帆圖說」，亦曾言其形勢，足見福州在明初對外貿易地位之一斑，誠有奪泉州移市舶之可能也。

（二）泉州奸商惡勢力之彌漫：福州對外貿易地位發達，固爲事實，但必謂泉州已至衰落，又難置信，因泉州無論如何，自宋元以來有許久歷史。故又推想到因泉州奸商積弊甚深，如涇林續記云：「閩廣奸商，慣習通番，每一舶推豪富爲主，中載重貨，餘各以己貨市物，往牟利，恒百餘倍」。此種勢力日益澎漲，羅倫醇正之士，無法應付，遂思遷移福州，不至爲豪富士紳所左右，此亦屬可能之事。

梁啟超謂「對於一件事的說明，到了材料不夠時，不得不用推想」。余此文不免此病，惟聊以存疑，未敢武斷。拋磚引玉，倘望有進而研究者！

3

禹貢學會邊疆叢書甲集

西域遺聞　清陳克繩撰　一册定價六角

是書分十一門：西藏事蹟，疆域，佛氏，政教，風俗，物產，屬番，輿國，鄰番，裹巴二塘，建昌道統轄土司事蹟。

所載準噶納兵始末，大兵進藏等事，皆岳鍾琪語，蓋當時身參戎幕，故特詳于他書。政教所釋衛藏之義，縱嶠之義，均爲他書所未詳。又屬番所載桑駱駝海產白鹽，藏民資之以食，至爲重要，而是書獨載產鹽之區，爲他書所未及者。各門紀述，均極翔實，著者身歷之途，目擊之事，允爲研究邊事之要籍也。

陳克繩字希范，浙江湖州人，雍正七年己酉舉人，十一年癸丑進士。官保縣知縣，擢茂州，特題補打箭鑪同知，出守嘉定，分巡川東。

哈密志五十一卷　清鍾方撰　二册定價二元五角

哈密地處極邊，古之匈奴所屬回鶻之地，舊時雖遣兵戍守，不過羈縻鎮戍而已。迨清乾隆二十三年平定準噶爾部落，將所屬回部悉皆歸入版圖，始有常官專責，營制兵額。

道光二十四年鍾方爲哈密領隊大臣，數月之間，兵民醇厚，公務簡約，爰命各房吏書揀數十年案牘，分類編次，具得事理之本末，而山川景物風土人情逐日講求，或公餘踏勘，徵于目覩；或廣爲搜羅，補所未備，遂輯爲此志。成書以後，未經刊行，鈔本亦不多覯。

鍾方字午亭，漢軍正黃旗人。道光二十二年以正紅旗副都統爲駐藏幫辦大臣，二十六年改任哈密。其駐藏時曾著有入藏須知，番僧源流考，駐藏程棧，西竺輯錄，小桃園記等書。

科布多政務總册　清富俊撰　一册定價壹元

科布多在外蒙古境內，烏里雅蘇台之西。東北界唐努烏梁海，東南外札薩二圖汗部，西南爲新疆省，西北爲俄境。部二，爲旗十有八，分爲二盟，一曰賽濟音雅哈圖盟，二曰青色特起勒圖盟。又有不設盟之部五，旗十有一。清因其舊藩，重加封爵，設參贊大臣以統轄之。其地處邊徼之區，故素少志乘之作。

嘉慶元年富俊來守此土，采錄檔册，排比成篇。仿新疆事宜一書，分爲十目，曰：城池，官職，外藩，事宜，庫倉，軍台，卡倫，屯田，游牧，牧廠，等門。所載翔實，無異方志。

富俊字松巖，卓特氏蒙古正黃旗人。繙譯進士，授禮部主事，歷陞至內閣學士、兼副都統。嘉慶元年擢兵部侍郎，充科布多參贊大臣。四年授烏魯木齊都統。

西藏日記二卷　清果親王允禮撰　一册定價一元

是書爲果親王于雍正十二年甲寅入藏往返紀程之作。王此行往泰甯爲經理達賴喇嘛回藏，並閱直隸，山西，陝西，四川四省之兵。先是準噶爾時謀侵藏，故雍正七年移達賴喇嘛于西裏塘之惠遠廟以避之。八年復遷于泰甯，護以兵千。至是年準噶爾始請和，遂詔王偕章呼土克圖送達賴由泰甯歸藏，蓋懼藏番爲準噶爾所誘，故遣親貴以示特恩。

書凡二卷，始自甲寅冬十月，終乙夘夏四月，自燕晋以歷秦蜀往返一萬二千里。詳紀山川風土古今名跡，考證翔實，詞旨雅潔，可供研究邊事者之參攷。

王爲聖祖第十七子，博學多聞，妙嫻翰墨。著有春和堂集，靜遠齋集，奉使紀行詩。別著有西藏志一書，流傳殊罕，此日記二卷，則未經刊行者也。

清代地理沿革表（四川，西康；雲南，貴州）

趙泉澄

十四　四川省，擬設西康省

四川省 一部分 四川省：

四川省，順治初年仍。宣統三年，奏分設西康省。秋後，文報不通，未奉硃批。

成都府——順治初年仍，領州六：簡，崇慶，綿，茂，漢，威；縣二十五：成都，華陽，雙流，郫，温江，新繁，彭，崇寧，灌，金堂，仁壽，井研，資，內江，安，資陽，新津，什邡，綿竹，德陽，羅江，彰明，汶川，保。十六年，裁彰明縣歸併綿州；裁羅江縣歸併德陽縣：領州六，縣二十三。

康熙元年，裁雙流縣歸併新津縣：領州六，縣二十二。七年，裁彭縣歸併新繁縣；裁崇寧縣歸併郫縣：領州六，縣二十。九年，裁華陽縣歸併成都縣：領州六，縣十九。

雍正五年，資縣陞改為資州直隸州，仁壽，井研，內江，資陽四縣往屬；又於故華陽縣地復設華陽縣隸府屬；綿州陞為綿州直隸州，德陽，安，綿竹三縣往屬；茂州陞為茂州直隸州，汶川縣暨省威州入保縣往屬：領州三，縣十。七年，於故雙流縣地復設雙流縣，於故彭縣地復設彭縣，於故崇寧縣地復設崇寧縣，並隸府屬：領州三，縣十三。

保寧府——順治初年仍，領州二：巴，劍；縣八：閬中，蒼溪，南部，廣元，昭化，通江，南江，梓潼。

雍正五年，梓潼縣往屬綿州直隸州：領州二，縣八。

順慶府——順治初年仍，領州二：蓬，廣安；縣八：南充，西充，營山，儀隴，岳池，渠，鄰水，大竹。

康熙七年，裁岳池縣歸併廣安州：領州二，縣七。六十年，於廣安州故岳池縣地復置岳池縣，隸府屬：領州二，縣八。

嘉慶十九年，渠，大竹二縣往屬綏定府，領州二，縣六。

敘州府——順治初年仍，領縣十：宜賓，南溪，慶符，富順，長寧，興文，隆昌，高，筠連，珙。

康熙元年，設敘永廳隸府屬，領廳一，縣十。

雍正五年，又裁馬湖府入府，改馬湖府所屬屏山縣來屬，領廳一，縣十一。六年，裁叙永廳同知，改貴州省威寧府屬之永寧縣隸府屬，以廳地入縣；領縣十二。八年永寧縣往屬叙永直隸廳同知：領縣十一。

乾隆二十六年，裁雷波衛改設雷波廳通判隸府屬：領廳一，縣十一。二十九年，於馬邊營地改設馬邊廳通判；移新鎭通判駐紮：領廳二，縣十一。

嘉慶十三年，裁馬邊廳通判改設馬邊廳同知，移保寧府鹽茶同知駐紮：領廳二，縣十一。

重慶府——順治初年仍，領州三：合，忠，涪；縣十七：巴，江津，璧山，永川，榮昌，大足，安居，綦江，南川，長壽，黔江，銅梁，定遠，酆都，墊江，武隆，彭水。

康熙元年，裁大足縣歸併榮昌縣，裁安居縣歸併合州，裁璧山縣歸併永川縣，裁銅梁，定遠二縣，俱歸併合州：領州三，縣十二。七年，裁武隆縣歸併涪州：領州三，縣十一。六十年，於合州故銅梁縣地復置銅梁縣，隸府屬：領州三，縣十二。

雍正七年，於故大足縣地復置大足縣，於故璧山縣地復置璧山縣，於故定遠縣地復置定遠縣，並隸府屬：領州三，縣十五。十一年，忠州陞爲忠州直隸州，酆都，墊江二縣往屬：以黔江同知陞爲黔彭直隸廳同知，改黔江，彭水二縣往屬：領州二，縣十一。

乾隆十九年，於府屬巴縣江北鎭地，分置江北廳理民督捕同知，移府同知駐紮，隸府屬：領州二，廳一，縣十一。

光緒二年，中英烟臺條約，重慶(巴縣)爲英國開爲商埠：仍領州二，廳一，縣十一，二十一年，中日馬關條約，重慶(巴縣)又爲日本開爲商埠，旋日本於其地設日租界：仍領州二，廳一，縣十一。

夔州府——順治初年仍，領州一：達；縣十二：奉節，巫山，大昌，大寧，雲陽，萬，開，梁山，新寧，建始，東鄉，太平。

康熙七年，裁大寧縣歸併奉節縣，裁新寧縣歸併梁山縣：領州一，縣十。九年，大昌縣歸併巫山縣：領州一，縣九。

雍正六年，達州升爲達州直隸州，東鄉，太平二縣往屬：領縣七。七年，於梁山縣故新寧縣地復設新寧

縣;於奉節縣故大寧縣地復置大寧縣:並仍隸府屬:
領縣九。十二年,改梁山縣往屬忠州直隸州,改新寧
縣往屬達州直隸州:領縣七。
乾隆元年,改建始縣往屬湖北省之施南府:領縣六。
二十二年,於石砫土司地方設石砫廳,移府雲安鹽務
同知駐紮,隸府屬:領廳一,縣六。二十六年,石砫
廳同知陞爲石砫直隸廳:領縣六。
光緒二十八年,中英續議通商行船條約,萬縣爲英國
開爲商埠:仍領縣六。

龍安府——順治初年仍,領縣四:平武,清川,江油,
石泉。十年,裁江油縣歸併平武縣;領縣三。十六年,
裁清川縣歸併平武縣,領縣二。
康熙元年,于平武縣故江油縣地,復設江油縣,仍隸
府屬;領縣三。
雍正九年,綿州直隸州之彰明縣來屬;裁松潘衛改設
松潘廳同知,隸府屬;領廳一,縣四。
乾隆十七年,改雜谷土司爲雜谷廳,隸府屬;領廳
二,縣四。二十五年,松潘廳陞爲松潘直隸廳同知,
雜谷廳陞爲雜谷直隸廳;領縣四。

潼川州,潼川府——順治初年仍,潼川直隸州領縣七;
射洪,中江,鹽亭,遂寧,蓬溪,安岳,樂至。十
年,裁射洪縣入州,裁遂寧縣歸併蓬溪縣;領縣五。
十七年,於蓬溪縣故遂寧縣地復設遂寧縣,仍隸州
屬;領縣六。
康熙元年,於州屬故射洪縣地復設射洪縣,仍歸州
屬;又裁安岳縣歸併遂寧縣,十年,又改歸併樂至
縣;仍領縣六。
雍正七年,於樂至縣故安岳縣地復設安岳縣,仍隸州
屬;領縣七。十二年,潼川直隸州陞爲潼州府,於所
屬七縣外,以州地置三臺縣爲府治:領縣八。

嘉定州,嘉定府——順治初年仍,嘉定直隸州領縣六;
峩眉,夾江,洪雅,犍爲,榮,威遠。
康熙六年,裁威遠縣歸併榮縣;領縣五。
雍正七年,於榮縣故威遠縣地復置威遠縣,仍隸府
屬;領縣六。十二年,嘉定直隸州陞爲嘉定府,於所
屬六縣外,以州地置樂山縣爲府治;領縣七。
嘉慶十三年,於峨眉縣屬太平堡地方置峩邊廳撫夷通
判,移馬邊廳通判駐紮;領廳一,縣七。

雅州，雅州府——順治初年仍，雅州直隸州領縣三；名山，榮經，蘆山。

雍正七年，雅州直隸州陞爲雅州府，於所屬三縣外，以州地置雅安縣爲府治，改天全土司爲流設天全州，改黎大所爲清溪縣，又於打箭爐地方設打箭爐廳同知，並隸府屬；領州一，廳一，縣五。

光緒三十年，打箭爐廳陞爲打箭爐直隸廳；領州一，縣五。

眉州——順治初年仍，領縣三；彭山，丹稜，青神。

康熙元年，裁彭山縣入州；領縣二。六年又裁青神縣入州，領縣一。

雍正七年，於州屬故彭山縣地復設彭山縣，於州屬故青神縣地復設青神縣；領縣三。

邛州——順治初年仍；領縣二；大邑，蒲江。

瀘州——順治初年仍，領縣三；納溪，江安，合江。

光緒三十四年，析州屬九姓鄉地往屬永寧直隸州；仍領縣三。

遵義府——順治初年仍，領州一；眞安；縣四；遵義，桐梓，綏陽，仁懷。

康熙二十九年，於衛川衛地析置會理州，隸府屬；領州二，縣四。

雍正元年，眞安州改名正安州，仍隸府屬。六年，改會理州往屬新設之寧遠府；領州一，縣四。七年，改遵義府暨所屬一州四縣往屬貴州省。

馬湖府——順治初年仍，領縣一；屏山。

雍正五年，裁馬湖府，改所屬屏山縣往屬敍州府。

東川府——康熙三十八年，東川土府改流，設東川府，無屬領。

雍正四年，改東川府往屬雲南省。

資州——雍正五年，成都府之資縣改陞爲資州直隸州，成都府之仁壽，井研，內江，資陽四縣來屬，領縣四。

綿州——雍正五年，成都府之綿州陞爲綿州直隸州，成都府之德陽，安，綿竹三縣來屬。又改保寧府屬之梓潼縣隸州屬，領縣四。七年，於州地故彭明縣地復置彰明縣，於德陽縣故羅江縣地復設羅江縣，並隸州屬，領縣六。九年，改彰明縣往屬龍安府；領縣五。

乾隆三十五年，裁羅江縣入州，領縣四。

嘉慶六年，於州地故羅江縣地復設羅江縣，仍隸州屬；領縣五。

茂州——雍正五年，成都府之茂州陞爲茂州直隸州，成都府之汶川縣暨省威州入保縣來屬，領縣二。

嘉慶六年，裁保縣歸併理番直隸廳；領縣一。

達州，綏定府——雍正六年，夔州府屬之達州陞爲達州直隸州，夔州府屬之東鄉，太平二縣來屬，領縣二。

十二年，又改夔州府屬之新寧縣來屬：領縣三。

嘉慶六年，達州直隸州陞改爲綏定府，於所屬三縣外，析州地置達縣爲府治，太平縣改陞爲太平直隸廳；仍領縣三。十九年，順慶府屬之渠，大竹二縣來屬；領縣五。

道光元年，太平直隸廳降爲太平縣，又於城口地設城口廳同知，移巳降之太府直隸廳同知駐紮，並隸府屬；領廳一，縣六。

寧遠府——雍正六年，於建昌衛地設寧遠府，以衛地置西昌縣爲府治，改寧番衛爲冕寧縣，改鹽井衛爲鹽源縣，並隸府屬；又改遵義府屬之會理州來屬；領州一，縣三。

乾隆二十六年，改越嶲衛爲越嶲廳隸府屬；領州一，廳一，縣三。

宣統元年，於河所拉地置鹽邊廳隸府屬。二年，又於交脚汛地置昭覺縣，隸府屬；領州一，廳二，縣六。

叙永廳，永寧州——雍正八年，以叙州府屬永寧縣故叙永廳地改陞爲叙永直隸廳，叙州府屬之永寧縣來屬；領縣一。

光緒三十四年，改叙永直隸廳暨所屬永寧縣爲永寧直隸州，改藺州巡檢地爲古藺縣，分瀘州直隸州屬之九姓鄉地置古宋縣，並隸州屬；領縣二。

黔彭廳，酉陽州——雍正十一年，重慶府屬之黔江同知改陞爲黔彭直隸廳，重慶府屬之黔江，彭水二縣來屬；領縣二。十二年，改酉陽土司爲流，設酉陽縣，隸廳屬；領縣三。

乾隆元年，以所屬酉陽縣陞改黔彭直隸廳爲酉陽直隸州，除所屬二縣外，於酉陽土司地分設秀山縣隸州屬；領縣三。

忠州——雍正十二年，重慶府屬之忠州陞爲忠州直隸州，重慶府屬之酆都，墊江二縣來屬。又改夔州府屬

5

梁山縣來屬；領縣三。

松潘廳——乾隆二十五年，龍安府屬之松潘廳陞爲松潘直隸廳，無屬領。

雜谷廳，理番廳——乾隆二十五年，龍安府屬之雜谷廳陞爲雜谷直隸廳，無屬領。

嘉慶六年，裁茂州直隸州屬之保縣，以其地歸併入廳，改雜谷直隸廳爲理番直隸廳；仍無屬領。

石砫廳——乾隆二十六年，夔州府屬之石砫廳陞爲石砫直隸廳，無屬領。

阿爾古廳——乾隆四十一年，於金川土司地，改置阿爾古直隸廳；無屬領。四十四年，裁阿爾古直隸廳，歸併美諾直隸廳。

美諾廳，懋功廳——乾隆四十一年，於小金川地改置美諾直隸廳，無屬領。四十四年，裁阿爾古直隸廳，歸併廳屬，改爲懋功廳同知；仍無屬領。

太平廳——嘉慶六年，綏定府屬之太平縣改陞爲太平直隸廳；無屬領。

道光元年，太平直隸廳復降爲太平縣，並還屬綏定府。

四川省一部份擬設西康省：

順治初年，仍屬四川省，宣統三年，奏分設西康省，秋後，文報不通，未奉硃批。

打箭爐廳，康定府——光緒三十年，雅安府屬之打箭爐廳陞爲打箭爐直隸廳；無屬領。三十三年，於巴塘土司地方奏設巴安縣隸之，領縣一。三十四年，打箭爐直隸廳陞爲康定府，所屬巴安縣陞爲巴安府，以明正土司所屬安娘壩地改設安良廳，以明正土司所屬河口地方設河口縣，並隸府屬：領廳一，縣一。

巴安府——光緒三十四年，陞打箭爐直隸廳之巴安縣爲巴安府，於巴塘土司立登，三壩地方，設三壩廳同知，改裏化縣爲裏化廳同知，隸府屬，又於巴塘土司之鹽井地方設鹽井縣，於裏塘土司所屬稻壩地方設稻城縣，又於土司所屬鄉城地方設定鄉縣隸之；領廳二，縣三。

登科府——宣統元年，德格土司改流，於其北區地設登科府，於其中區設德化州，於其南區設白玉州，於其西區設同普縣，並隸府屬；領州二，縣一。

部昌府——宣統三年，乍丫，察木多改流，設都昌府，

6

1—18 順治朝 1644—166	四川省		成都府 6,23	-16	保寧府 2,8					
1—61 康熙朝 1661—1722	四川省		成都府 6,19	-1 -7 -9	保寧府					
1—13 雍正朝 1723—1735	四川省	L 雲南4- D 貴州6+ K 貴州7-	成都府 3,13	A 5- +5 +7	保寧府 2,8	B 5-				
1—60 乾隆朝 1736—1795	四川省	B 湖北 1-	成都府		保寧府	I	A 26 石柱廳	41 阿爾古廳	41 美諾廳	C 44+
								C 44 [ ]	44 懋功廳	
1—25 嘉	四川省		成都府		保寧府		石柱廳		懋功廳	D 6 太平廳

於恩達塘地設恩達廳，於乍丫呼圖克圖地，設乍丫縣隸府屬；領廳一，縣一。

十五　雲南省

雲南府——順治初年仍，領州四：晉寧，安寧，昆陽，嵩明；縣九：昆明，富民，宜良，羅次，歸化，呈貢，祿豐，三泊，易門。

康熙七年，裁歸化縣歸併呈貢縣：領州四，縣八。八年，裁三泊縣歸併昆陽州；領州四，縣七。

雍正二年，改昆陽縣屬舊三泊縣地歸併安寧州，仍領州四，縣七。

光緒三十一年，雲南（昆明）自行開放爲商埠：仍領州四，縣七。

大理府——順治初年仍，領州四：趙，鄧川，賓，雲龍；縣三：太和，雲南，浪穹。

康熙五年，北勝直隸州降爲北勝州，隸府屬；領州五，縣三。三十一年，北勝州復陞爲北勝直隸州：領州四，縣三。

光緒二年，中英烟臺條約，大理（太和）爲法國開爲商埠：仍領州四，縣三。

臨安府——順治初年仍，領州五：建水，石屏，阿迷，寧，新化；縣五：通海，河西，嶍峨，蒙自，新平。

康熙五年，裁新化州歸併新平縣；領州四，縣五。

雍正十年，改新平縣往屬元江府：領州四，縣四。

乾隆三十五年，以建水州降改爲建水縣爲府治；領州三，縣五。

光緒十三年，中法續議界務商務專條，蒙自爲法國開爲商埠：仍領州三，縣五。

楚雄府——順治初年仍，領州二：南安，鎮南；縣五：楚雄，廣通，定遠，定邊，㟽嘉。

康熙六年，裁㟽嘉縣歸併南安州：領州二，縣四。

雍正七年，裁定邊縣歸併鎮安州：領州二，縣三。

乾隆三十五年，降姚安府爲姚安州暨所屬大姚縣來屬：領州三，縣四。

澂江府——順治初年仍，領州二：新興，路南；縣三：河陽，江川，陽宗。

康熙八年，裁陽宗縣歸併河陽縣，領州二，縣二。

廣西府，廣西州——順治初年仍，領州三：師宗，彌勒，維摩。

7

康熙八年，裁維摩州，以其地歸併廣南府：領州二。
乾隆三十五年，廣西府降爲廣西直隸州，所屬師宗州降爲師宗縣，所屬彌勒州降爲彌勒縣，隸之：領縣二。
道光二十年，於師宗縣屬邱北縣丞地，增置邱北縣隸州屬：領縣三。

順寧府——順治初年仍，領州一：雲。
乾隆十二年，猛緬土司改流，設緬寧廳，移府通判駐紮，隸府屬：領州一，廳一。三十五年，以府地置順寧縣爲府治：領州一，廳一，縣一。

曲靖府——順治初年仍，領州四：霑益，陸涼，馬龍，平羅；縣二：南寧，亦佐。
康熙八年，裁亦佐縣歸併平彝州：領州四，縣一。九年，降尋甸直隸州爲尋甸州隸府屬：領州五，縣一。三十四年，裁平彝衛改爲平彝縣隸府屬：領州五，縣二。
乾隆三十五年，改鎮沅府屬之宣威州來屬：領州六，縣二。

姚安府——順治初年仍，領州一：姚；縣一：大姚。
乾隆三十五年，裁姚安府，改所屬姚安州暨大姚縣，並往屬楚雄府。

鶴慶府——順治初年仍，領州二：劍川，順。
康熙七年，裁順州入府：領州一。
雍正五年，於維西地方設維西廳，移府通判駐紮。又於中甸地方設中甸廳，以劍川州判駐紮：領州一，廳二。
乾隆二十一年，改維西，中甸二廳往屬麗江府：領州一。三十五年，鶴慶府降爲鶴慶州暨所屬劍川州，並往屬麗江府。

武定府，武定州——順治初年仍，武定府領州二：和曲，祿勸；縣一：元謀。
乾隆三十五年，武定府降爲武定直隸州，於所屬元謀一縣外，裁和曲州入州，改祿勸州爲祿勸縣，並隸州屬：領縣二。

永昌府——順治初年仍，領州一：騰越；縣二：保山，永平。
乾隆三十五年，於龍陵地方置龍陵廳同知，移府同知駐紮：隸府屬；領州一，廳一，縣二。
嘉慶二十四年，騰越州陞爲騰越直隸廳：領廳一，縣二。

道光二年，騰越直隸州降爲騰越廳，隸府屬：領廳二，縣二。

光緒二十年，中英續議滇緬條約，英國喪我騰越廳西北自尖高山至湄公河之地。二十三年，中英續議緬甸條約，英國又喪我龍陵廳西南昔馬，木邦，科千山一帶之地；又爲英國開騰越（騰衝）爲商埠；仍領廳二，縣二。

尋甸府，尋甸州——尋甸府，順治初年仍，無屬領。

康熙八年，尋甸府降爲尋甸直隸州，仍無屬領。九年，尋甸直隸州降爲尋甸州，往屬曲靖府。

北勝州，永北府，永北廳——北勝直隸州，順治初年仍：不領州縣。

康熙五年，北勝直隸州降爲北勝州，往屬大理府。三十一年，大理府之北勝州復陞爲北勝直隸州。三十七年，北勝直隸州復改陞爲永北府：不領州縣。

乾隆三十五年，永北府降爲永北直隸廳同知，無屬領。

元江府，元江州——順治六年，元江土府改流，設元江府，裁奉化，恭順二州入府：不領州縣。

雍正十年，改臨安府屬之新平縣來屬：領縣一。又於他郎寨地方，設他郎廳通判，隸府屬：領廳一，縣一。

乾隆三十五年，元江府降爲元江直隸州，除新平一縣外，改所屬他郎廳通判，往屬普洱府：領縣一。

廣南府——順治十六年，廣南土府改流，設廣南府：不領州縣。

康熙八年，裁廣西府之維摩州，以其地歸併入府：仍不領州縣。

乾隆元年，於府置寶寧縣爲府治：領縣一。

蒙化府，蒙化廳——康熙三年，蒙化土府改流，設蒙化府：無屬領。

乾隆三十五年，蒙化府降改爲蒙化直隸廳同知：仍無屬領。

景東府，景東廳——康熙三年，景東土府改流，設景東府：無屬領。

乾隆三十五年，景東府降爲景東直隸廳：仍無屬領。

開化府——康熙六年，改教化，王弄，安南三土司爲

9

流，設開化府：不領州縣。

雍正七年，於府設文山縣爲府治：領縣一。

嘉慶二十五年，改白馬關同知爲安平廳，隸府屬：領廳一，縣一。

光緒二十一年，中法續議商務專條附章，安平廳屬之河口地方，爲英國開爲商埠：仍領廳一，縣一。

麗江府——雍正元年，麗江土府改流，設麗江府：無屬領。

乾隆二十一年，改鶴慶府屬之中甸廳州判爲中甸廳同知暨維西廳，並隸府屬：領廳二。三十五年，降鶴慶府爲鶴慶州暨所屬劍川州，並隸府屬：又於府地增置麗江縣爲府治：領州二，廳二，縣一。

威遠廳——雍正三年，威遠土州改流，設威遠直隸廳撫夷清餉同知：無屬領。十三年威遠直隸廳撫夷清餉同知降爲威遠廳同知：往屬鎭沅府。

東川府——雍正四年，四川省之東川府來屬雲南省：不領州縣。五年，於府屬巧家營地方設會澤縣爲府治：領縣一。

嘉慶十九年，析會澤縣地增置巧家廳，隸府屬：領廳一，縣一。

鎭沅府，鎭沅州，鎭沅廳——雍正五年，鎭沅土府改流，設鎭沅府，於霑益土州地設宣威州，於者樂甸土司地設恩樂縣，並隸府屬：領州一，縣一。十三年，威遠直隸廳撫夷同知降爲威遠廳同知，隸府屬：領州一，廳一，縣一。

乾隆三十五年，鎭沅府降爲鎭沅直隸州，除所屬恩樂一縣外，改所屬宣威州往屬曲靖府，改所屬威遠廳往屬普洱府：領縣一。

道光二十年，鎭沅直隸州復改爲鎭沅直隸廳，裁恩樂縣入之：無屬領。

烏蒙府，昭通府——雍正五年，四川省之烏蒙土府改流，設烏蒙府，來屬雲南省：無屬領。六年，於米貼地方設永善縣爲府治，降改鎭雄府爲鎭雄州，來屬：領州一，縣一。七年，設大關廳，隸府屬：領州一，廳一，縣一。八年，改烏蒙府爲昭通府，置恩安縣改爲府治：領州一，廳一，縣二。九年，又增置魯甸廳通判，隸府屬：領州一，廳二，縣二。

光緒三十四年，又析永善縣分設靖江縣，隸之；並陞

8

661

1

722

3

735

鎮雄州爲鎮雄直隸州：領廳二，縣三。

鎮雄府，鎮雄州——雍正五年，四川省之鎮雄土府改流，來屬雲南省。六年，鎮雄府降爲鎮雄州，往屬烏蒙府。

光緒三十四年，昭通府屬之鎮雄州陞爲鎮雄直隸州，無屬領。

普洱府——雍正七年，於元江府屬之普洱地方，分設普洱府，裁普洱通判改置思茅廳，隸府屬：領廳一。十三年於攸樂通判地方改爲寧洱縣隸之：領廳一，縣一。

乾隆三十五年，元江府屬之他郎廳來屬，鎮沅府屬之威遠州來屬：領廳三，縣一。

光緒二十一年，中法續議界務專條，法國要我思茅以南江洪之地，又中法續議商務專條，思茅爲法國開爲商埠：仍領廳三，縣一。

騰越廳——嘉慶二十四年，永昌府屬之騰越廳陞爲騰越直隸廳：無屬領。

道光二年，騰越直隸廳復降爲騰越廳，還屬永昌府。

鎮邊廳——光緒十三年，於猛朗壩地，置鎮邊廳撫夷同知：無屬領。

十六 貴州省

貴陽府——順治初年仍，領州三：開，廣順，定番；縣二：新貴，貴定。

康熙十年，裁龍里衛改設龍里縣；二十六年，裁敷勇衛暨修文，濯靈，息烽，于襄四所，改置修文縣；又裁貴築，貴前二衛，改設貴築縣，與新貴縣，並爲府治：領州三，縣五。三十四年，裁新貴縣入貴築縣：領州三，縣四。

雍正四年，於化外狆苗地設長寨廳，以府理番同知駐紮，隸府屬：領州三，廳一，縣四。

光緒七年，裁長寨廳同知入廣順州，以定番羅斛州判地，改設羅斛廳同知，隸府屬：仍領州三，廳一，縣四。

思州府——順治初年仍，思州府不領州縣。

雍正五年，裁平溪衛改設玉屏縣，裁清浪衛改設清溪縣，隸府屬：領縣二。

乾隆三十五年，裁思州府，改所屬玉屏縣往屬銅仁府，改所屬清溪縣往屬鎮遠府。三十六年，復設思州府，改銅仁府之玉屏縣，鎮遠府之清溪縣，復還府屬：仍領縣二。

思南府——順治初年仍，領縣三：安化，婺川，印江。

鎮遠府——順治初年仍，領縣二：鎮遠，施秉。

雍正八年，於化外生苗地，增置清江廳同知；十一年，於化外九股生苗地，設台拱廳同知，並隸府屬；十二年，改黎平府屬之天柱縣來屬，改清江廳同知爲清江廳理苗通判，仍隸府屬；領廳二，縣三。

乾隆三十五年，思州府屬之清溪縣來屬：領廳二，縣四。三十六年，清溪縣還屬思州府：仍領廳二，縣三。

嘉慶三年，平越府之黃平州來屬：領州一，廳二，縣三。

石阡府——順治初年仍，領縣一：龍泉。

銅仁府——順治初年仍，領縣一：銅仁。

雍正八年，於化外松桃紅苗地方，設松桃廳同知，隸府屬：領廳一，縣一。

乾隆三十五年，思州府屬之玉屏縣來屬：領廳一，縣二。三十六年，玉屏縣還屬思州府：仍領廳一，縣一。

嘉慶二年，松桃廳陞爲松桃直隸廳同知：領縣一。

黎平府——順治初年仍，領縣一：永從。

雍正四年，湖南省靖州直隸州之天柱縣來屬：領縣二。五年，裁五開衛置開泰縣爲府治，又裁銅鼓衛置錦屏縣，隸府屬：領縣四。七年，於古州生苗地，置古州廳同知，隸府屬：領廳一，縣四。十二年，天柱縣往屬鎮遠府：領廳一，縣三。

乾隆三十五年，增置下江廳同知，隸府屬：領廳二，縣三。

道光十二年，裁錦屏縣入開泰縣：領廳二，縣二。

安順府——順治初年仍，領州三：鎮寧，永寧，普安。

十八年，於馬乃土司地，增置普安縣：領州三，縣一。

康熙十年，裁普定衛改置普定縣爲府治：領州三，縣二。二十六年，裁鎮西，威清二衛暨赫聲，威武二所改置清鎮縣；裁平壩衛，柔遠所改置安平縣；裁安南衛改置安南縣；裁安籠所改設南籠廳通判，並隸府屬：領州三，廳一，縣五。

雍正五年，南籠廳陞爲南籠府，普安州暨普安，安南二縣往屬。九年，於舊郎岱土司地設郎岱廳同知，隸府屬：領州二，廳一，縣三。十二年，又於舊康佐土司及狆苗地，設歸化廳通判，隸之：領州二，廳二，縣三。

都勻府——順治初年仍，領州二：麻哈，獨山；縣一：清平。

康熙五年，裁清平縣歸併麻哈州：領州二。十年，裁都勻衛改設都勻縣爲府治；又於麻哈州故清平縣地，復置清平縣，仍隸府屬：領州二，縣二。

雍正六年，於化外舊天壩土司地，置八寨廳同知；又於化外生苗地，分置丹江，都江二廳通判，並隸府屬：領州二，廳三，縣二。十年，廣西省慶遠府屬之荔波縣來屬：領州二，廳三，縣三。

平越府，平越州——順治初年仍，領州一：黃平；縣三：餘慶，甕安，湄潭。

康熙十年，裁平越衛改設平越縣爲府治：領州一，縣四。

嘉慶三年，平越府降爲平越直隸州，改平越縣爲興義縣往屬興義府，改黃平州往屬鎮遠府：領縣三。

黔西府——康熙三年，改水西土司爲流，以水西土司之水西城地方，設黔西府，無屬領。二十二年，黔西府降爲黔西州，往屬大定府。

大定府——康熙三年，水西土司改流，於水西土司之大方地方設大定府，無屬領。二十二年，降黔西府爲黔西州，降平遠府爲平遠州，並隸府屬：領州二。二十六年，大定府降爲大定州暨所屬黔西，平遠二州，並往屬威寧府。

雍正七年，威寧府屬之大定州復陞爲大定州，降威寧府爲威寧州暨所屬平遠，黔西二州，畢節一縣，並隸府屬：領州三，縣一。十年，又於舊水西土司地，分設水城廳通判，隸府屬：領州三，廳一，縣一。

平遠府——康熙三年，水西土司改流，於水西土司之比喇壩地方，改設平遠府，無屬領。二十二年，平遠府降爲平遠州，往屬大定府。

威寧府——康熙五年，改四川省之烏撒軍民府爲威寧府來屬貴州省，無屬領。二十六年，大定府降爲大定州暨所屬黔西，平遠二州，並隸府屬；又改永寧衛爲永寧縣，改畢節衛爲畢節縣，並隸府屬：領州三，縣二。

雍正五年改永寧縣往屬四川省之敘永直隸廳同知；領州二，縣一。七年，陞大定州復爲大定府，降威寧府爲威寧州，暨所屬黔西，平遠二州，畢節一縣，並往屬大定府。

南籠府，興義府——雍正五年，安順府屬之南籠廳通判陞爲南籠府，安順府屬之普安州暨普安，南安二縣來屬；又分廣西，貴州二省以紅水江爲界，於紅水江以北廣西省之長壩地方，設永豐州隸府屬：領州二，縣二。

嘉慶二年，南籠府改爲興義府，並改所屬永豐州爲貞豐州，仍領州二，縣二。三年，又改平越府屬之平越縣爲興義縣來屬：領州二，縣三。十四年，普安州改爲普安直隸州，興義縣往屬：領州一，縣二。十六年普安直隸州之興義縣還屬興義府：仍領州一，縣三。

光緒三十四年，普安直隸廳降改爲盤州廳，隸府屬：領州一，廳一，縣三。

遵義府——雍正六年，四川省之遵義府暨所屬正安一州，遵義，桐梓，綏陽，仁懷四縣來隸貴州省。七年，於懷仁地方設懷仁廳通判，隸府屬：領州一，廳一，縣四。

乾隆四十一年，懷仁廳陞爲懷仁直隸廳同知；領州一，縣四。

光緒三十四年，降改仁懷直隸廳爲赤水廳，隸府屬：仍領州一，廳一，縣四。

仁懷廳——乾隆四十一年，遵義府屬之懷仁廳通判陞爲懷仁直隸廳同知：無屬領。

光緒三十四年，懷仁直隸廳降改爲赤水廳，還屬遵義府。

松桃廳——嘉慶二年，銅仁府屬之松桃廳陞爲松桃直隸廳同知：無屬領。

普安州，普安廳——嘉慶十四年，興義府屬之普安州陞爲普安直隸州，興義府之興義縣來屬：領縣一。十六年，普安直隸州降爲普安直隸廳，所屬興義縣往屬興義府，無屬領。

光緒三十四年，普安直隸廳復降改爲盤州廳，往屬興義府。

朝	省	貴陽府	思州府	思南府	鎮遠府	石阡府	銅仁府	黎平府	安順府	都匀府	平越府	黔西府	大定府	平遠府	威寧府	南籠府 / 興義府	遵義府	仁懷廳	松桃廳	普安廳
1—18 順治朝 1644—1661	貴州省	貴陽府 3,2	思州府	思南府 0,3	鎮遠府 0,2	石阡府 0,1	銅仁府 0,1	黎平府 0,1	+18安順府 3,1	都匀府 2,1	平越府 1,3									
1—61 康熙朝 1662—1722	貴州省 C 四川 5+	+10 +26 -34 貴陽府 3,4	思州府	思南府	鎮遠府	石阡府	銅仁府	黎平府	+10 +26 安順府 3,1,5	-5 +10 都匀府 2,2	+10 平越府 1,4	3 黔西府	3 A 22+ 大定府 2,0	3 平遠府	C 5 B 26+ +25 威寧府 3,2					
												A 22 ▯	B 26 ▯	A 22 ▯						
1—13 雍正	貴州省 B 湖南 4+ F 四川 5- G 廣西 5+ H	+4 貴陽府 3,1,4	+5 思州府 0,2	思南府	+8 +11 12 A 12+ 鎮遠府 0,2,3	石阡府	+8 銅仁府 0,1,1	B 4+ +5 +7 A 12- 黎平府 0,1,3	C 5- +9 +12 安順府 2,2,3	+6 G 10+ 都匀府 2,3,3	平越府		E 7 +10 大定府 3,1,1		F 5- 威寧府 2,1	C 5 G 5+ 南籠府 2,2	H 6 +7 遵義府 1,1,4			
治朝 1862—1874	州省	陽府	州府	南府	遠府	阡府	仁府	平府	順府	匀府	越州		定府			府	府	廳	廳	廳
1—34 光緒朝 1875—1908	貴州省	貴陽府 3,1,4	思州府 7	思南府	鎮遠府	石阡府	銅仁府	黎平府	安順府	都匀府	平越州		大定府			A 34+ 興義府 1,1,3	B 34+ 遵義府 1,1,4	仁懷廳	松桃廳	普安廳
																		B 34 ▯		A 34 ▯
1—3 宣統朝 1909—1911	貴州省	貴陽府	思州府	思南府	鎮遠府	石阡府	銅仁府	黎平府	安順府	都匀府	平越州		大定府			興義府	遵義府		松桃廳	

法佔南海九島問題

許道齡

I

我國領土，中央與地方向少縝密之調查與測量；而國內所謂地學專家也多是「神遊九州，胡猜一套」，猜得對固然很好，猜得不對也不算一回事。如民國二十二年七月間，我南海九島之被法侵占，當其正式宣告世界之初，經緯度不大清楚，有的謂爲即我領之西沙群島，有的謂爲即英領之史普拉勒(Spratley 8 32n; 111 42E.)等島，議論紛紜，沸騰一時。然未得到正確之結論以前，而這問題又已隨時間之消逝而消沉下去，再沒有人來討論與研究。立國於這巧取豪奪的世界，這種態度若不改變，欲求疆土之完固，猶若金甌無一傷缺，實在是不可能。日昨聽說我國政府現正搜集九島屬我領土之確鑿証據，向法交涉，以謀收復。果然，我們很願禱祝其成功。今不揣愚陋，草成茲篇，以喚起國人之注意。

（一）九島被占之經過：據當年（西元一九三三）法報稱：「在安南與菲律賓群島間有一群之珊瑚島，浮沙暗礁，錯雜其間，航行者視爲畏途，不敢輕近。惟其處亦有草木繁生之地，瓊崖之中國人有住於該群島，以從事漁業者。一八六七年法國水路調查船萊芙爾滿號曾到此

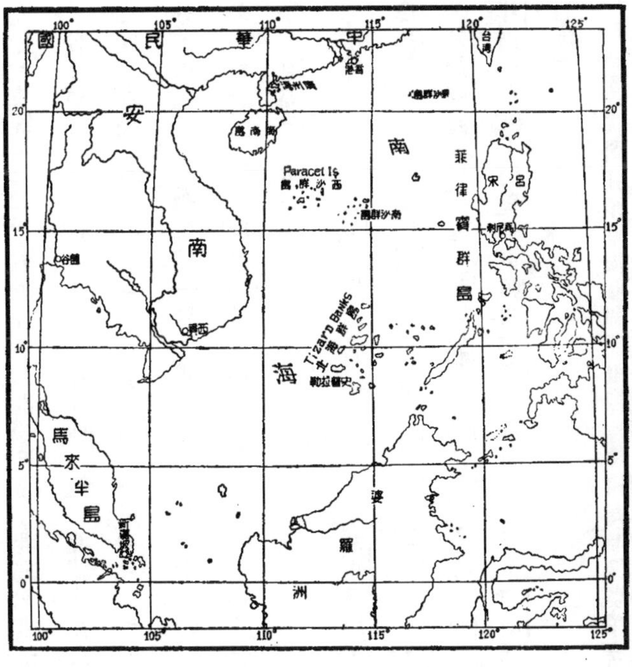

區測量製圖。一九三〇年砲艦瑪利休茲號正式占領丹伯特島。一九三三年四月六日報告艦亞斯脫洛拉卜號及亞列爾特號，復與調查艦達勒遜號訪丹伯特島，揭法

國國旗；當時島中住有華人三名。……四月七日亞斯脫洛拉卜號又占領安布哇島；其地一無住人……。四月十日占領地薩爾與依秋伯；其地有樹葉搭蓋之屋，復有奉祀神人之像……。四月十一日占領洛依塔……。四月十二日占領西杜與多幾爾……。各該島情形，大率相同。地薩爾與多幾爾兩島，有由瓊州渡來之華人居住。每年有帆船載食品來島供華人食用，而將龜肉與龜蛋轉運以去」。此法報所紀九島被占之經過情形也。

（二）名稱與位置　考九島總名，西文曰 Tizard Banks（按：或譯爲提薩爾班克；或譯爲提閘坂；或譯爲堤沙淺洲），漢文曰，北海群島[1]。至於各島個別的名稱有的僅舉其六，有的舉其七，有的舉其九，而以六島名稱較爲可靠。蓋以法使照復我外部說明所佔諸島位置時僅舉其六島名稱及位置，而九島之說，似係傳聞之誤。然當年電通社東京九日電又謂：「東經百十餘度的海上，除法政府宣告獲得先佔權之六島外，尙有二子島，西青島，及南子島等三島」（北平世界日報，二十二，八月，十日）。是當年法國尙未完全佔領該群島歟？抑日人之此種宣傳是別有作用耶？該群島之數目未易確定已如上所述，而其名稱與位置亦有三說，略述如次：

（1）法使照復我外部　㊀斯巴拉脫來　北緯八度三九分，東經一一一度五五分。㊁開唐巴夏　北緯七度五二分，東經一一二度五五分。㊂伊脫巴亞　北緯十度二二分，東經一一四度二一分。㊃雙島　北緯一一度二九分，東經一一四度二一分。㊄洛愛太　北緯十度四二分，東經一一四度二五分。㊅西德歐　北緯一一度七分，東經一一四度十分。

（2）巴黎合衆社電　㊀丹伯特島，㊁安布哇島，㊂地薩爾島，㊃依秋伯島，㊄洛依塔島，㊅西杜島，㊆多幾爾島。位置在安南與菲律賓群島間，北距西沙群島三百五十海里，東距菲律賓二百海里，西距安南三百海里。

（3）我國駐菲總領事調查報告　㊀加夷，㊁漢保夷斯，㊂重特拉巴，㊃達齊爾斯，㊄萊多，㊅齊德，㊆史普拉勒。位置在北緯十度十二度，及東經一百十五度之間。距菲律賓巴拉灣（Palawan）島二百海里，在瓊崖東南五百三十海里。

以上三說，名稱既互殊，則地理似非一，然法占之Tizard Banks，確即我領之北海群島。蓋此雖未經政府之派員實地查勘，而有忠實之漁民眼見爲証，是絕不容懷疑的。

（三）形勢　該群島位於安南，菲律賓，海南島之間，爲南洋各地航行要道，實我南海之咽喉。据法報稱：「此等海島，有長至十英里之地方。可用爲水上飛機，潛水艇，小艦艇等暫時休息避難之所。且此等島嶼主權若入於法國之手，則戰爭之際，法國海底電線之安全，不致發生任何威脅……」。東京電通社電云：「法國已在西貢與廣州灣，獲有足容一萬噸級之巡洋艦，則此項之占領（即指南海九島），自可築造飛機根据地，停泊潛水艇，而完全獲得南中國海之制海權」（二二年七月二十日平津各報）。由此，可見該群島在南洋軍事上佔如何重要的地位。

（四）物產　該群島地處熱帶，陸上植物以椰子，香蕉，通心樹爲多；動物以海鳥爲最多。因此，各島地面盡爲鳥糞所掩蓋，日積月累，即漸形成一鳥糞層，而此類地層頗富燐質。礦產除燐外，据云還有酸鹽等礦。海產螺，蛤，魚，蝦，海龜最富；海參，玳瑁次之。漁船每隻每年多者可撈兩三萬元，少者七八千不等。林桐等海關分卡，每年徵收關稅不下二萬元，今被法侵占，固瓊崖漁民之損失，亦國家之損失也。 3

（五）隸屬問題　該群島與西沙群島同爲我國瓊崖漁民住居之地，隸屬初本無問題，嗣經法之侵占，日思染指，於是即形成鼎足之爭。然在世界人類還不盡弁髦公法以前，則法日雖善詭辯，亦無如事實何。●蓋法國所持之理由爲先正式向世界宣告此等島嶼之先佔權。然就其法律立場觀之，所謂先占權須具備兩要件：第一，「先占的標的地須是『無主的土地』（Vacant land）；或曾屬於某一國之土地而後來被此國拋棄者」（Oppenheim: International Law. (4th edition) vol. 1. p. 449）。然法國既自承認當占領該群島時，丹伯特島上住有華人三名，依秋伯島上有樹葉搭蓋之屋，及奉祀神人之像；地薩爾與多幾爾兩島上有由瓊崖渡來之華人居住（二二年八月十日天津大公報），則該群島並非無主之物，或被拋棄之土地，蓋已彰明較著，而法之所謂先占權在這種場合中當然不能成立。第二，「先占須是有効的占領，所謂有効的占領，包含着『占有』（Possession）和『管理』（Administration）兩種主要的事象」（Oppenheim: International Law. vol. 1. p. 450.）。該群島法國雖曾實行懸旗，及在政府公報上宣告世界，完成形式之占有權，然同時又曾聲明：「法國政府占領珊瑚島後將設燈塔於島上，爲求航行之便利，別無作用」（二二年八月四日天津大公報）。是法國占領該群島後，並不欲在此區域內造成一足以維持該國國旗之權力與建立一行政機關，而實行管理這塊地方。因此，則先占權之第二要件又不能完全成立。先占權之兩要件既無一能成立，雖宣告世界亦是枉然。㊁這事件發生後，首先引起日本之抗議，初欲與法爭先占權，同時亦是欲與中國爭先占權。後自知先占權之不易爭，乃退而爭私權之享受與行使。其所取之理由與事蹟是：

（1）池田全藏，及小松重利兩氏於大正七年（卽民國七年，西元一九一八）九月起三個月間在中國南海上探險(?)時，發見烏德，林可倫，諾斯登甲，夫拉瓦特，及勞香五島。

（2）齋藤榮吉氏等五人，亦於大正九年（西元一九二〇）五月在北緯十度，東經十餘度之海上發見無人島(?)十二，且悉其中富有燐礦。

（3）日本製燐西鹽公司在該群島上已有企業，自一九一八年起開燐酸鹽礦（二二年八月三日天津大公報）。

（4）確認在該群島，日人有關係之金礦採掘權與財產權（二二年八月十日世界日報）。

以上這些理由與事蹟皆不値一駁，蓋「先占必須是一種國家的行爲」（Oppenheim: International Law. vol. 1. p. 449）。日之池田全藏與齋藤榮吉氏等雖都曾到過該群島，然皆係二三私人的行動，並非爲國家服務而去者，亦非於作爲之後即爲國家曾經承認者。則這種事蹟，從公法上言，當然不能成爲先占權之根据，而私權之享受與行使，似亦大有問題。蓋民國七八年間，日人即悉該群島與西沙群島富於燐礦，惟一時限於我之主權，未便着手開採，旋即利用漢奸何瑞年等請求廣東省政府，准予組織公司往該兩群島創辦實業，政府不明眞相，即行批准。後來知情，徇漁民之請求，取消此令。然該公司有武力爲後盾，故仍繼續經營迄於今日。此日人在該群島有企業之由來。日人創立企業之初，乃假漢奸之名，未肯出而經營，誠如諺云，「做賊心虛」。是日人之欲與我爭該群島之私權，實難免喧賓奪主之嫌。㊂至我國漁民于清道光初年，即發現該群島，嗣後至者日衆，則設廟宇，建房屋以住居於其地[2]，儼然一中國之領土也。光緒九年（西元一八八三）德政府曾派員測量該群島，旋經中國政府嚴重抗議而罷。光緒三十三年四月兩廣總督張人駿曾派廣東水師提督李準至粵海群島查勘。据謂：計當年鳴砲升旗者共有十五島：1伏波島（按：因伏波為李準氏等所乘兩艦名之一）；2甘泉島（按：因該島地有淡水），此島長約十餘里，寬六七里，距伏波島約三十海里；3珊瑚島（按：因該島上紅白珊瑚遍地皆是），該島面積較小於甘泉，縱橫不過八里，在甘泉島對岸；4琛航島（按：因琛航為李準氏等所乘兩艦名之一），情形與各島略同，距珊瑚島約二十海里；5陵水島（按：因該島有文昌陵水之人），距琛航島約十餘海里，島邊停泊漁船一，漁民為文昌陵水之人；6霍邱島（按：因李準先生妹倩裴岱雲太守為霍邱人）；7歸安島（按：因丁少蘐太守為歸安人）；8烏程島（按：因沈季文大令為烏程人）；9寧波島（按：因李子川觀察為寧波人）；10新會島（按：因林瑞嘉分統，國祥為新會人）；11華陽島（按：因王叔武為華陽人）；12陽湖島（按：因劉子怡大令為陽湖人）；13休寧島（按：因吳蓋臣遊戎敬榮為休寧人）；14番禺島（按：因汪道元大令為番禺人）；15豐潤島（按：因主持大事之張人駿大帥為豐潤人），西人名該島為林肯，長約二三十里，距番禺等島約六十海里（天津大公報李準巡海記，民國二二年八月十日）。（按：以上諸島以海程計之，似大部為西沙群島，然法國今日所占諸島中，實亦有當年査勘所及鳴砲豎桅之區。惜乎遭際喪亂，巡海記原稿遺失，遂難考作精確之証耳）。距今數年前中山大學由省政府建設廳指導之下，曾派學生多人調査該群島。民國二十一年廣東省政府曾允許某商業團體採取該群島鳥糞肥料。——是該群島已有我人民與主權之存在，何容法人先占權之確立，與日人私權之自由行使呢？

總之：該群島之地位極關重要，就國防上的價值言，是保衛華南的門戶；就經濟上的價值言，是發展粵東之庫藏。該群島在國防與經濟上既有不可磨滅的價值，願我政府刻即積極搜集材料，向法交涉收回，以固邊圉而保主權。

1 「南海中屬我領之島嶼有二：（1）東海群島（卽西沙群島）；（2）北海群島，……兩群島相距若干海里，不得而知其確數，但據說：帆船由東海群島駛至北海群島約需時多半天，是兩群島距離當不甚近。而法國這次所占領的，也許是該兩群島中之一」（見民國二二年八月二日北平晨報拙作之道聽途說的西沙。）「珊瑚九島，吾人名曰北海群島」（見民國二十二年九月一日廣東瓊東草塘港漁民申訴法佔珊瑚九島書）。

2 「珊瑚九島在西沙群島之東南，相距二百餘里（吾人謂為二十八更），吾瓊文昌縣漁民因生活所迫，於清道光初年已到其地從事漁業，……嗣有各縣多數漁戶移居其地，建立房屋與「兄弟公廟」多所。但因規模狹小，構造不精，年代久遠，多數傾圮。……十餘年前不但無法人之足跡，卽日人亦無一曾到其地者。……距今數年前始有法人乘艦來島測量繪圖，初示吾人以好意，媚吾人以食品，……彼等所窃而去者僅各種海產之標本……。今年法人又駕艦來島，携有武器，以法國國旗誘吾人升掛，吾人置之不理」（仝上）。

二六年二月廿七日于北平研究院

禹貢半月刊目錄

發行所：北平成府蔣家胡同三號
價目：每册二角，全年三元

讀尙書禹貢篇之僞孔傳與孔氏正義

顧頡剛

禹貢一篇，漢以前人讀之者至少，故不見引於諸子傳記，吾人無以得其最早之紀錄。西漢之世入尙書矣，而大小夏侯之解故，歐陽之說義俱不存，亦不審其解釋何若。就殘存之大傳（傳說稱伏生作；皮錫瑞有尙書大傳疏證，輯考最備）觀之，則析類若爾雅，記事若王制，其地名物產多軼出原書，蓋自爲一文，不與本篇櫛比者也。東漢之初，班固作漢書，於地理志中分記禹貢地名，是爲今日所存具體解釋之始；然僅具地名，未釋全文也。自後有賈逵之訓，馬融之傳，鄭玄之注，並隨文以敷義，篇無遺章，章無遺句，求全文之誼者乃得有所依據，而惜其亦不存在於今日矣。秦漢之際，天下大亂，文籍多亡失；越四五十年，文帝求治尙書者，舉國無有，獨聞濟南伏生能治之，乃命掌故鼂錯往受，得其二十八篇。是時孔氏有古文尙書，孔子之十二世孫安國以當時文字讀之，較伏生所傳多十餘篇。安國爲武帝博士，史稱其早卒，不謂其有尙書傳也。王莽之世，古學盛行，漢書藝文志一本劉歆七略，率右古而左今；東漢之世，今文雖在學官，而學士大夫多好古文：皆不聞有安國尙書傳也。至王肅作孔子家語後序，始云『孔安國爲尙書傳五十八篇』。及東晉元帝踐阼，距安國之卒四百餘年矣，豫章內史梅賾（『梅』亦作『枚』，『賾』亦作『頤』）奏上古文尙書孔安國傳。適會永嘉喪亂，諸家之書並滅，竟得與置博士。唐初撰五經正義，又以孔傳爲正注而爲之作疏，其書遂永居於正統之地位。追矚西漢之夏歐，東漢之賈馬，俱淪胥以亡，而此巋然獨存，豈非大幸事乎！

雖然，自宋人獻疑，繼以明淸諸儒之研究，所謂孔傳實與古文尙書同出於魏晉人之僞作，斷非安國之物，證據確鑿，已至於無可掩護之地步。（卽如本篇雍州之『浮于積石』，傳云『在金城西南』，而金城郡始置于漢昭帝，非安國所及見。豫州之『伊，洛，瀍，澗』，傳云『瀍出河南北山』，而兩漢志均記瀍水於穀城縣，至晉代省穀城入河南縣，瀍始出於河南。均見閻若璩尙書古文疏證。）丁晏尙書餘論推測其所自起，以爲王肅難鄭，假託聖證，此特其託證之一，欲藉安國以壓倒鄭玄者耳。近吳檢齋先生（承仕）作尙書傳王孔異同考（北平中國大學國學叢編），以丁說爲非，謂孔傳蓋創始於魏晉之際，雜采舊說爲之，而取資於王注者爲獨多，事不足怪。其書臚舉王孔異者一百二十五事，以爲之證。

今讀此篇，如冀州『既載』之載，鄭訓爲作徒役之事，王訓爲功役載於書籍，孔與王同。徐州『淮夷蠙珠曁魚』之淮夷，鄭訓爲淮水之上夷民，王訓爲二水名，孔亦與王同。揚州『錫貢』之錫，鄭以爲柔金之錫，王以爲王者錫命，孔亦與王同。荊州『包匭菁茅』之包，鄭以爲包裹菁茅，王以爲即揚州之『厥包橘柚』，與菁茅非一事，孔又與王同。導水一章，鄭分四列，王爲三條，孔亦爲三條。五服之制，鄭以爲方萬里，王以爲方五千里，孔亦以爲方五千里。凡此數端，自可證成丁氏之說。然亦有孔與鄭同而與王異者。冀州之『衡漳』，鄭以爲漳水橫流，王別衡與漳爲二水名，孔亦謂漳水橫流。五服之『三百里蠻』，鄭謂『聽從其俗，羈縻其人』，王謂『禮儀簡慢』，孔謂以『文德蠻來之，不制以法』，宛然鄭氏之言。孔又有既不同鄭，亦不同王者。如冀州『島夷』，鄭王俱作『鳥夷』，孔則易『鳥』爲『島』。豫州『滎波』，鄭王俱作『滎播』，孔則易『播』爲『波』。又如冀州『夾右碣石入于河』，其所以入河之理由，鄭謂『治水既畢，更復行之，觀地肥瘠定貢賦高下』，王謂『禹功主於治水，故詳記所治之州往還所乘涉之水名』，孔又別出一義，謂『還都白所治』。然則孔傳與王肅信無關係乎？曰：吾之信念固不若丁氏之單純，然而可決以一言曰，是必在王肅同時或稍後，至少爲受王氏學說之影響者所爲。試觀冀州『厥田惟中中』條，鄭注云，『田著高下之等，當爲水害備也』，是九等以高下序；王注云，『言其土地各有肥瘠』，是九等以肥瘠序。孔傳云，『田之高下肥瘠，九州之中爲第五』，則分明匃合鄭王異義以爲一說，其出世之遲可知矣。然則此傳雖不詳其作者，要必最早不得超王肅，最遲不得過元帝。是時也，西元三世紀之下半與四世紀之初葉也。彼之作此必集合賈，馬，鄭，王諸注，擇其善者而從之，且以己意折衷之。所惜者，彼所據之諸注悉佚，吾儕無以作詳密之校勘而判定其所含之成分耳。

孔傳作者對於地理原無深研，故但順經文爲說。於『九河』云『河水分爲九道』，於『九江』云『江於此州界分爲九道』，其若何而分爲九，其九道又何名，彼不負解釋之責任也。見經文云『導黑水，至于三危，入于南海』，知三危在雍州，遂云『黑水自北而南，經三危，過梁州，入南海』，不問其有無此水也。見經文云『三江既入，震澤厎定』，又云『東匯澤爲彭蠡，東爲北江，入于海』，遂合言之曰，『自彭蠡江分爲三，入震澤，遂爲北江而入海』，至三江之是否由彭蠡而三分，又是否共入震澤以入海，彼亦不問也。彼對於實際之地理智識至寡淺，所見之地理書不知有幾部。所可推知者，彼曾讀漢書地理志。故漢志謂梁山在左馮翊，岐山在右扶風，而彼亦云『梁，岐在雍州』。漢志於豫章歷陵下云『縣南有博陽山，古文以爲敷淺原』，而彼亦云『敷淺原一名博陽山，在揚州豫章界』。然彼於漢志亦不甚下功夫，故大部分之地名但釋之曰『山名』『水名』，而不著其地在何處。惟於『伊，洛，瀍，澗』則既釋其發源之地於豫州，又釋其交會之地於導洛，諒作者手頭具有弘農河南地圖，故能言之鑿鑿，殊異於他名也（然其中亦有問題，說見尙書古文疏證第八十八）。又菏澤在定陶而云『在胡陵』，陪尾北去淮二百餘里而云『淮經陪尾』，江水南去衡山五六百里，而云『衡山，江所經』，孟津本在河北，東漢安帝時始移河南，而云『在洛北』，此皆或謬於事實，或戾於時代者也（菏澤下皆胡渭閻若璩說）。其他解釋之不當，如『萊夷作牧』本爲貢物之一，而云『萊夷，地名，可以放牧』，則於貢篚之間插入一放牧之事，文義爲之隔絕（揚州『島夷卉服』與此同）。篚之所儲皆絲料與織品也，鄭玄以詩之『貝錦』釋揚州之『織貝』，謂貝爲錦文，其言甚是，孔傳乃曰，『織，細紵；貝，水物』，然則珠玉之貴豈不有逾于貝，何以徐州之『蠙珠』，雍州之『球琳琅玕』，乃在貢而不在篚耶？（荊州之『璣組』亦當爲璣文之組，不當別爲二。）又如『玄纖縞』，雖不詳其究竟意義，但形容詞（『玄』或『玄纖』）必在上，名詞（『縞』或『纖縞』）必在下無疑；傳乃云，『玄，黑繒；縞，白；纖在中，明二物皆當細』，則以『玄』與『縞』爲名詞，『纖』居中而雙關之。試思古籍中有此例乎？語言中又有此例乎？

義疏之作，始於鄭玄之毛詩箋，蓋篤好一家之學，更爲闡說，俾無遺蘊者。至六朝，此體頗盛行，即以尙書晉，有蔡大寶，巢猗，費甝，顧彪，劉焯，劉炫六家，而以二劉最爲詳雅。唐貞觀十四年，太宗以經學多門，章句繁雜，詔孔穎達等撰五經義訓，後改爲正義，通稱爲疏。此尚書之疏蓋多本於二劉，亦間及於費顧諸家（本篇冀州『厥賦』條及『夾右』條卽引顧氏說）。其書博徵羣經及諸家訓釋，校其同異，集其大成，故流行最廣。禹貢之疏，其用力範圍固仍屬紙上材料，然以之與僞孔傳較，則疏密自有別。凡漢書地理志所釋本篇地名收錄幾盡。爾雅李郭二注，水經酈注，左傳杜注，亦輯引不少。若鄭玄王肅二注，則更時時比較而討論之。此佚文墜簡猶得爲我儕所見，且得以察其同異之程度者，亦疏之功也。

論其缺點，大略有二：

其一，明知傳說之違背事實，而不惜曲爲迴護，使眞理爲之掩沒。例如兗州『厥篚織文』條，既信鄭玄之言，以爲『篚之所盛皆供衣服之用，入於女功』，而復依違傳說，謂『貝非服飾所須，蓋恐其損缺，故以筐篚盛之』。又如荊與梁皆有『沱潛既道』之語，鄭玄分之，以爲兩州各有沱潛；孔傳合之，以爲二水發源于梁而入荊；疏既不能以事實證明傳說，又不願徑從鄭說，乃曰，『雖於梁州合流，還從荊州分出，猶如濟水入河，還從河出』，然此二州之間有此合而復分之二水乎？雍州『渭汭』，傳云『水北曰汭』，本無根之談，疏乃曲附之曰，『人南面望水則北爲汭』，然則北面望水不又將以南爲汭乎？至如黑水，疏知傳實不知之，云，『傳之此言，順經文耳』，又知西徼果有黑水則必逾河而南，而不聞有逾河之水，然又爲之釋曰，『所以黑水得越河入南海者，河自積石以西皆多伏流，故黑水得越而南也』，於是傳所言者得賴『伏流』之說而成立矣。又如三江，疏既知『大江不入震澤，震澤之東別有松江等三江』，然終不敢破傳說，而云『山水古今變易，既知今亦當知古』，於是傳所言者又得賴『山川古今不同』之理由而存在矣。又如菏澤與孟豬，傳云，『菏澤在胡陵，孟豬在菏東北，水流溢覆被之』，疏既依據漢志之『菏澤在濟陰定陶縣東，孟豬在梁國睢陽縣東北』，作爲『胡陵在睢陽之東，定陶在睢陽之北，其水皆不流溢東北被孟豬』之定論矣，然又爲之解曰，『郡縣之名隨代變易，古之胡陵當在睢陽之西北，故得東出被孟豬』，於是傳所言者又得賴『郡縣隨代變易』之理由而存在矣。試問此皆事實乎？

其二，喜作拘牽文字之曲解。九州疆界定于山川，此至明白之事也。例如『濟河惟兗州』，則兗州之界自濟至河可知。傳云，『東南據濟，西北距河』，此習於當時駢偶之風，以『據』與『距』爲互文耳。而疏云，『據，謂跨之；距，至也』，於是兗州之界遂不止于濟而跨之而南矣。既定此例，遂使『北據荆山』之荆州其北界乃過荆山，而豫州則仍以荆山爲南界也。『北據淮』之揚州其北界亦越淮水，而徐州則仍爲『南及淮』也。尤有甚者，傳於青州稱『東北據海，西南距岱』，疏遂謂其『當越海而有遼東』，引公孫度自號青州刺史之故事以證實之。然按之三國志本傳，則『度爲遼東太守，……越海收東萊諸縣，置營州刺史；自立爲遼東侯，平州牧』，固絕無有青州之名也，亦無有青州越海而有遼東之事也。咬文嚼字之結果，至於造作僞史，則其蔽可知矣。又傳於『玄纖縞』以爲一形容詞居於兩名詞之間，此一誤耳；而疏乃充分應用此例，使之再誤三誤不止。故於『壺口治梁及岐』云，『蓋欲見上下皆治也』；於『雲土夢作乂』云，『經之土字在上下之間，蓋史文兼上下也』；於『納秸服』云，『於此言服，明上下服皆並有所納之役也』。

然亦有持論甚通達者。經敍導九川，其文發端有言『導』者，有言『自』者。鄭玄云，『凡言導者，發源於上，未成流。凡言自者，亦發源於上，未成流』。疏駁之曰，『必其俱未成流，何須別導與自？河出崑崙，發源甚遠，豈至積石猶未成流而云「導河」也？』以此之故，疏之釋義遂不盡拘牽。於『冀州』釋曰，『此經大體，每州之始，先言山川，後言平地。青州梁州先山後川；徐州雍州先川後山；兗揚荆豫有川無山；揚豫不言平地；冀州田賦之下始言「恆衞既從」：史以大略爲文，不爲例也』。又於『大陸』下釋曰，『青州「濰淄其道」與此「恆衞既從」同是從故道也；荆州「雲土夢作乂」與此「大陸既作」同是水治可耕作也：其文不同，史異辭耳，無義例也』。又於導水釋曰，『漾，江先山後水，渭，洛先水後山，皆是史文詳略，無義例也』。既已廣集其異同，而猶肯不強敷以義例，此洵非學究之見解矣。至於對馬鄭所說『冀州不書其界，時帝都之，使若廣大然』而斥之曰，『文既局以州名，復何以見其廣大』，對李巡之釋九州名而揭破之曰，『所言未必得其本』，是皆理智之下之評論，正與今日吾輩態度相似。若云『「嵎夷」，「萊夷」，「和夷」爲地名，「淮夷」爲水名，「島夷」爲狄名：皆觀文爲說也』，僅有觀文，別無徵信，其絃外之音亦足以表示其對於孔傳之不滿矣。

黃河釋名補

鄭鶴聲 1

張含英先生曾根據唐書高宗永徽五年（西元六五四）十月齊州黃河溢，及武后聖曆元年（西元六九八）秋黃河溢等記載，撰黃河釋名一文（見禹貢半月刊第六卷十一期），對於黃河名稱之起原作下列之結論：

「黃河」之名，必起於唐永徽以前。山東通志載「自東漢迄隋唐，河不爲患者千餘年，故水功亦少。永徽以後，始書溢決」。記載既少，則考據益難矣。然黃河見於史策，迄今已近千三百年矣。

他日以語余，余對其說，初頗表示同情；嗣經檢討，則知尚有未盡，因復雜加引證，作黃河釋名補。續有發現，俟諸異日。

黃河以流經黃土，水呈黃濁色而得名，故亦有濁河之稱。史記高祖本紀云：漢高祖六年，田肯賀說高祖曰：「夫齊南有泰山之固，西有濁河之限」，集解引晉灼曰：「孟津號黃河，故曰濁河」。晉書地理志云：「昔大禹觀於濁河而受綠字」。水經注云：「漢大司馬張仲（當作仲功）議曰：河水濁，清澄，一石水，六斗泥，……是黃河兼濁河之名矣」。唐許堯佑，李君房俱有清濟貫濁河賦，則唐以前黃河與濁河並稱可知。物理論曰：「河色黃赤，衆川之流，蓋濁之也」。則知河水之所以黃濁，良非偶然，至如易乾鑿度所稱：「天降嘉應，河水先清三日，清變爲白，白變爲赤，赤變爲黑，黑變爲黃各三日」，則附會不足信。蓋據史書所載，河水雖有赤黑之變，實非經見之事。

黃河既以黃濁得名，間有稱爲黃川者，例如晉陸機懷土賦稱：「遵黃川以葺宇」，行思賦稱「浮黃川之裔」，是也。黃河之名，有確據可考者，殆始於西漢之初，漢書高惠高后文功臣表云：

漢興自秦二世元年之秋，……五年卽皇帝位，……八載而天下迺平，始論功而定封，……封爵之誓曰：「使黃河如帶，泰山若厲，國以永存，爰及苗裔」（史記高祖功臣侯表作「使河如帶，泰山如厲」）。

假使漢初封功臣在高祖八年（西元前一九九），則黃河二字之發見當在二千一百餘年前矣。然史記河渠書，漢書溝洫志，俱稱河而不曰黃河者，蓋簡稱之也。

自東漢初，迄唐末（漢光武帝建武元年至唐昭宗天佑三年，西元二五至九○六）八百年間，「黃河」二字亦屢見不鮮。

其見於史書者，例如馬第伯封禪儀云：

黃河去泰山二百餘里，於祠所瞻黃河如帶，若在山址。

馬氏爵里雖不詳，其所記爲東漢光武帝建武三十二年（西元五六）東巡泰山事，自當在東漢之初。三國志袁紹傳注引獻帝傳云：

紹將濟河，沮授諫曰：「宜留屯延津，分兵官渡」，紹弗從。授臨濟嘆曰：「上盈其志，下務其功，悠悠黃河，吾其不反乎！」（後漢書袁紹傳作「悠悠黃河，吾其濟乎！」）

袁紹之渡河攻曹操，事在東漢獻帝建安五年（西元二○○），當東漢之季。他如三秦記云：

黃河自中流下，兩岸不通車馬。

抱朴子云：

救濁則立澄黃河。

又云：

寸膠不能治黃河之濁。

拾遺記云：

黃河千年一清。

又云：

黃河清而聖人出。

水經云：

河水又東北逕黃河城南。

水經注云：

又東流注於金城河，卽積石之黃河也。

魏書西域傳云：

于闐國城東二十里，有大水北流，號樹枝水，卽黃河也，一名計式水。

隋書煬帝本紀云：

大業五年夏四月癸亥，出臨津關渡黃河，至西平陳兵講武。

又王劭傳云：

昔周保定五年歲在壬午，五月五日，靑州黃河變清。

唐書高宗本紀云：

永徽六年十一月，齊州黃河溢。

又武后本紀云：

聖曆元年秋，黃河溢。

又德宗本紀云：

建中元年冬，無雪，黃河溢。

又哥舒翰傳云：

收黃河九曲，以其地置洮陽郡。

又吐蕃傳云：

元鼎往來渡黃河上流。

2

其見於詩文者亦復多有，例如晉成公綏大河賦云：

覽百川之弘壯兮，莫尙美於黃河。

唐崔融爲許智仁奏懷州黃河淸表云：

臣部黃河，應時淸徹。

權德輿賀黃河淸表云：

氾水西界從洛口，黃河淸一百六十里。

又復上賀滑州黃河淸表云：

白馬縣界三十里黃河淸。

詩詞以黃河標題者，有梁范雲之渡黃河，謝徽之濟黃河應教，北齊蕭慤之奉和濟黃河應教，陳江總之黃河，唐太宗之黃河，駱賓王之晚渡黃河，儲光羲之夜到洛口入黃河，韋應物之自鞏洛舟行入黃河卽事寄府縣僚友，高適之自淇涉黃河途中作三首，又黃河曲，杜甫之黃河二首，楊巨源之同薛侍御登黎陽城樓眺黃河，孟郊之黃河，閻防之與永樂諸公夜泛黃河，羅隱之黃河等篇。其句中有黃河字樣者，例如謝徽濟黃河應教云：

朝辭金城戍，夕逗黃河渚。

唐劉孝孫早發成皐望河云：

迴瞰黃河上，惝怳屢飛魂。

李白公無渡河云：

黃河西來決崑崙，咆哮萬里觸龍門。

高適自淇涉黃河途中作三首云：

東入黃河水，茫茫汎紆直。

又黃河曲云：

結廬黃河曲，垂釣長河裏。

杜甫黃河二首云：

黃河北岸海西軍，椎鼓鳴鐘天下聞。

又云：

黃河西岸是吾蜀，欲須供給家無粟。

孟郊泛黃河云：

誰開黃河源，流出混沌河。

綜上可知自西漢迄唐，黃河一名之見於書史詩文者，約略計之，已達五十餘次之多。至唐書藝文志史地類有無名氏吐蕃黃河錄四卷，則更將黃河之事成爲專著，而以之名書矣。宋元以降，已爲通行習見之名詞，故不復贅云。

二十六年三月三日於國立編譯館。

讀鄭先生文具見博洽。頃偶憶三事頗可作此文之補證，爰附記於此。一，唐張彥遠歷代名畫記有曹髦之黃河流勢圖。二，唐王之渙之名作涼州詞，首句爲『黃河遠上白雲間』。三，李白之將進酒，首句爲『君不見黃河之水天上來』。

三月十八日，趙貞信附識。

文殿閣出版書目

（甲）影印書目錄

英文大唐西域記箋證二册　瓦達斯著　洋宣紙　平裝（約七百頁）　附地圖二張　實價國幣八元五角

原名 Thomas Watters—On Yuan Chwang's Travels in India 629-645 A.D. edited, after his death, by T.W. Rhys Davids and S.W. Bushell. 2 Volumes, with two maps and an itinerary by Vincent A. Smith.

英文諸蕃志箋證一大册　喜爾德（夏德）　柔克喜爾共著洋宣紙平裝　附圖一張（約三百頁）實價國幣七元

原名 F. Hirth and W.W. Rockhill—Chau jukua: His work on the Chinese and Arab trade in the 12th and 13th Centuries, entitled Chu-fan-chi; translated from the Chinese and annotated.

英文滿語文典一册　穆聯德爾夫著　洋宣紙　精裝定價國幣一元五角　特價國幣一元二角

原名 P. G. Von Möllendorff—A Manch Grammer, with analysed Texts.

英文蒙語文典　懷滿德著　洋宣紙　平裝定價國幣一元二角　特價國幣一元

原名 A. Neville J. Whymont—A Mongolian Grammer, outlining the Khalkha Mongolian with notes on the Buriat, Kalmuck, and Ordoss Mongolian.

英文蒙古史第一册　霍沃斯著　洋宣紙　附地圖二張印刷中

原文 Henry H. Howorth.—History of the Mongols, from the 9th to the 19th Century. Part I. The Mongols proper and the Kalmaks, with two maps.

號外心史　宋鄭所南撰　報紙　平製　實價國幣七角五分

號外周禮古學考三册　李滋然撰　洋白紙　中裝　實價國幣二元

（乙）國學文庫目錄（洋宣紙・三十二開本・洋平裝）

皇明四夷考二卷　明鄭曉撰　據萬曆年刊吾學編（已售完）　實價國幣七角五分　重印本六角

遼東行部志　金王寂撰　據宣統年刊藕香零拾本　實價國幣二角五分

契丹國志二十七卷　宋葉隆禮撰　據掃葉山房刊本（將售完）　實價國幣一元八角　埽葉山房刊本所缺・據舊鈔本補足

松漠紀聞　宋洪皓撰　據明刊古今逸史本　實價國幣二角七分

膠澳租借始末電存　據鉛印本　實價國幣三角二分　光緒二十年膠州總兵章高元與當道所往來之電報

滿清入關以前與高麗交涉史料　據北平歷史博物館所藏鈔本　實價國幣八角　所收自崇德元年五月起至同六年八月止

遼文萃七卷附藝文志補遺　清王仁俊輯　據光緒年刊實學叢書本　實價國幣九角

元史外夷傳三卷（列傳卷九十五至九十七）　據洪武年刊元史　實價國幣五角

滿洲實錄八卷　據熱河故宮所藏庫鈔本（將售完）　實價國幣一元一角

庚子交涉隅錄　程德全撰　據鉛印本　實價國幣四角五分　又名程中丞庚子函牘鈔略

邊略五種　明高拱撰　據明刊紀錄彙編本　實價國幣六角五分　防邊紀事・伏戎紀事・撻虜紀事・綏廣紀事之五種

臺灣鄭氏始末六卷　清沈雲　據吳興叢書本　實價國幣六角五分

四夷考二卷（蒼霞草卷十九・二十）　據明葉向高撰萬曆年刊葉文忠公全集本　實價國幣一元

皇明經濟文錄（九邊篇遼東篇）　明萬表輯　據明刊本　實價國幣七角五名　卽原刊本之卷三十二・三十三

皇明留臺奏議兵防類　明王弼明輯　據明刊本　實價國幣四角五分

總發售處：北平隆福寺街文殿閣書莊

中華民國二十六年四月

酈道元之生卒年考

趙貞信 1

因注水經而享盛名之酈道元，魏書（卷八十九）及北史（卷二十七）並有傳，然均不詳其生卒年，故後人之爲疑年錄及名人生卒年表等書者，皆不列酈氏。去年有某君爲文，誤謂酈氏與郭璞同時，此本行文時偶然失檢，不當苛責；然有爲之辯者，則疑此說有據，謂似出於潛邱劄記。余私揣百詩即妄未必至此，因翻閱百詩書，其卷二水經若三國後人所爲條云：

王禕子充水經序曰：經云，『江水東經永安宮南，則昭烈託孤於武侯之地也』；又其言北縣名多曹氏時置，南縣名多孫氏時置，是又若三國以後人所爲也。

又曰：意者，桑欽本成帝時人，實爲此書，及郭酈二氏爲傳注，咸附益之，而璞晉人，道元後魏人也。

其說明白如此，一爲晉人，一爲後魏人，則云二人同時者初非據此，實亦無所據也。惟余欲確知二人究相距幾何年，則亦屢考而不能得。何者？蓋因郭璞之卒年易查而酈氏之生年難知也。晉書卷七十二郭璞傳云：

王敦之謀逆也，温嶠庾亮使璞筮之，璞對不決。嶠亮復令占己之吉凶，璞曰，『大吉』。嶠等退相謂曰，『璞對不了，是不敢言；或天奪敦魄，今吾等與國家共舉大事，而璞云「大吉」，是爲舉事必有成也』。於是勸帝討敦。初璞每言『殺我者山宗』，至是果有姓崇者構璞於敦。敦將舉兵，又使璞筮。璞曰，『無成』。敦固疑璞之勸嶠亮，又聞卦凶，乃問璞曰，『卿更筮吾壽幾何？』答曰，『思向卦，明公起事，必禍不久；若往武昌，壽不可測』。敦大怒曰，『卿壽幾何？』曰，『命盡今日日中』。敦怒，收璞詣南崗斬之。

是璞卒於王敦謀逆之歲。晉書卷六明帝紀云：

太寧二年……六月，敦將舉兵內向，帝密知之。……秋七月壬申朔，敦遣其兄含及錢鳳周撫鄧岳等水陸五萬至于南岸。温嶠移屯水北，燒朱雀桁以挫其鋒。帝躬率六軍出次南皇堂。至癸酉夜，募壯士，遣將軍段秀，中軍司馬曹渾，左衞參軍陳嵩鍾寅等甲卒千人渡水掩其未備，平旦戰於越城，大破之，斬其前鋒將何康。王敦憤惋而死。

是王敦謀逆在晉明帝太寧二年也。郭璞卒於是歲，合之西曆，爲紀元後三百二十四年。酈氏之確實生年不易知，然余謂其距郭璞之死大抵在一百四十餘年之則，細加覈算，此說似頗可信，試述其理由如下：

欲考酈氏之生平事迹，舍魏書及北史之酈傳外，厥賴水經注。水經卷二十六巨洋水注云：

先公以太和中作鎭海岱，余以總角之年侍節東州。

同卷淄水注云：

> 余生長東齊，極遊其下（石井水之下）。

又云：

> 魏太和中此水（陽水）復竭，輟流積年。先公除州，郎任未期，是水復通，澄映盈川。所謂幽谷枯而更溢，窮泉輟而復流矣。海岱之士又頌通津焉。

據此可知酈氏生長東齊，而其父作鎭海岱時，彼方總角之年，其時則太和中也。考北史卷二十七酈範傳云：

> 範太武時給事東宮，太武踐阼，追錄先朝舊勳，賜爵永寧男。以奉禮郎奉遷太武景穆神主於太廟，進爵爲子。爲征南大將軍慕容白曜司馬。及定三齊，範多進策，白曜皆用其謀，遂表爲青州刺史。進爵爲侯，加冠軍將軍。還爲尚書右丞。後除平東將軍，青州刺史，假范陽公。……還朝卒京師，諡曰『穆』。

此傳上云『太武時給事東宮』，下云『太武踐阼，追錄先朝舊勳，賜爵永寧男』，文意不順，故趙一淸云：

> 按，此文誤也。魏書本傳是『高宗踐阼』。考帝紀，高宗文成皇帝諱濬，恭宗景穆皇帝之長子，乃太武之嫡皇孫，太武崩，以皇孫卽帝位，改元興安。（王校本水經注卷首酈傳注）

因酈範在太武時已給事東宮，其父嵩及其祖紹又均屬魏臣，故高宗踐阼，追錄先朝舊勳，遂賜範爵爲永寧男。魏書高宗紀云：

> 太安元年春正月辛酉，奉世祖恭宗神主於太廟。

所謂『世祖』卽太武，『恭宗』卽景穆，可知酈範進爵爲子在太安元年。魏書卷四十二酈範傳云：

> 征南大將軍慕容白曜南征，範爲左司馬。

魏書卷五十慕容白曜傳云：

> 皇興初，加白曜使持節都督諸軍事，征南大將軍，上黨公。屯於碻磝以爲諸軍後繼。

魏書卷六顯祖紀云：

> 皇興元年……二月，詔使持節都督諸軍事征南大將軍慕容白曜督騎五萬次於碻磝爲東道後援。

白曜南征在皇興元年，可知酈範爲左司馬亦在是年。魏書卷六十一沈文秀傳云：

> 文秀初爲郡主簿，稍遷建威將軍青州刺史。和平六年，劉子業爲其叔彧所殺，文秀遂與諸州推立劉子勛。及子勛敗，皇興初，文秀與崔道固俱以州降，請師應援，顯祖遣平東將軍長孫陵等率騎赴之。會劉彧遣文秀弟文炳來喻之，文秀復歸於彧，彧以文秀爲輔國將軍刺史如故。

是青州初屬劉宋，而其刺史則沈文秀也。魏書顯祖紀云：

> 皇興……三年春正月乙丑，東陽潰，虜沈文秀。……二月……己卯，以上黨公慕容白曜爲都督青齊東徐三州諸軍事，征南大將軍，開府儀同三司，青州刺史，進爵濟南王。

2

是文秀虜後繼青州刺史之任者慕容白曜也。慕容白曜表酈範爲青州刺史在何時史無明文，然必在皇興三四年間，以白曜爲青州刺史在皇興三年二月，而其被誅在皇興四年十月也。酈範第一次任青州幾年史亦無明文，然必在高祖太和元年以前，所以知者，因魏書高祖紀承明元年十一月有以京兆王子推爲青州刺史之語也。任京兆王子推爲青州刺史之時，酈範當已還京爲尚書右丞矣。京兆王子推雖被任爲青州刺史，然未及至任即於太和元年七月卒於道。酈範復任青州，是否即在子推死後雖不可知，然必在太和元年以後則可無疑。酈範第二次任青州何時解職還朝，何時卒於京師，史雖亦無明文，然必在太和十六年以前。所以知者，因北史酈道元傳云：

道元字善長，初襲爵永寧侯，例降爲伯。

考魏書高祖紀云：

太和……十有六年春正月……乙丑，制：諸遠屬非太祖子孫及異姓爲王，皆降爲公，公爲侯，侯爲伯，子男仍舊；皆除將軍之號。

道元初襲爵時仍爲侯，以後始降爲伯，可知酈範死於太和十六年前此制未行之時也。酈範死於太和十六年以前可知，然早亦不得過太和十一年。魏書卷四十二酈範傳云：

範五子，道元在酷吏傳。道元第四弟道愼，字善季，……正光五年卒，年三十八。……道愼弟道約，字善禮，……年六十三，武定七年卒。

道元之第四弟道愼卒於正光五年（西五二四；按周書趙肅傳，是年道元爲河南尹），上推三十八年，爲太和十一年（西四八七）；道元之第五弟道約卒於武定七年（西五四九），上推六十三年，亦爲太和十一年，是酈範於太和十一年尚舉二子，其卒當在十一年後也。

依據上文，可知酈範第二次爲青州刺史在太和元年以後至太和十三四年之間，在此十數年中，不知自何年至何年爲範任職之時，因亦不知道元自稱『總角之年』約在何年。且『總角』爲男女未冠笄者之稱（禮記內則：『男女未冠笄者，……總角衿纓』），大抵十餘歲之童子均可稱總角，不知道元自稱總角之時究屬幾歲？茲姑假定彼稱總角之時爲十四五歲，而酈範任職爲自太和二年至太和十二年。則如『總角之年』指太和三四年而言，道元當生於魏高宗和平六年或顯祖皇興元年（四六六——四六七）。如『總角之年』指太和十年左右而言，則道元當生於顯祖延興初年（四七二左右）。由和平六年上距晉太寧二年爲一百四十二年；由延興二年上距晉太寧二年爲一百四十八年，故無論其生於和平六年左右或延興元年左右，其距郭璞之死總在一百四十餘年之譜也。

道元之生年因無可肯定確在某一年之證據，祇得由其父復任青州之年中定其總角之年而作推斷。道元之卒年雖本傳亦無明文，然可確定其爲肅宗孝昌三年（西五二七），以有旁文可證也。北史道元傳云：

> 雍州刺史蕭寶夤反狀稍露，侍中城陽王徽素忌道元，因諷朝廷遣爲關右大使。寶夤慮道元圖己，遣其行臺郎中郭子帙圍道元於陰盤驛亭。亭在岡上，常食岡下之井。既被圍，穿井十餘丈不得水，水盡力屈，賊遂踰墻而入，道元與弟道口二子俱被害。道元瞋目叱賊，厲聲而死。

是道元死於蕭寶夤反狀已露而尚未反之時。魏書卷五十九蕭寶夤傳云：

> 孝昌……三年……十月，除散騎常侍車騎將軍尙書令，復其舊封。是時山東關西寇賊充斥，王師屢北，人情沮喪。寶夤自以出軍累年，糜費尤廣，一旦覆敗，慮見猜責，內不自安。朝廷頗亦疑阻，乃遣御史中尉酈道元爲關中大使。寶夤謂密欲取己，彌以憂懼；而長安輕薄之徒，因相說動。道元行達陰盤驛，寶夤密遣其將郭子恢等攻而殺之。詐收道元尸，表言白賊所害。……是月遂反，僭舉大號。

是道元死於孝昌三年十月也。

以上所考，如其不誤，則自孝昌三年（五二七）上推至和平六年（四六六），道元當爲六十二歲。自孝昌三年上推至延興二年（四七二），道元當爲五十六歲。

酈氏之學，素欠涉獵，故對於酈氏之生平亦向未注意。去秋七月間，童書業先生來寓談及酈氏之生卒年問題，因盡三四小時之力，檢得如上之材料。時適忙於爲北平研究院校印標點本史記，未遑理董。近日稍暇，爰爲聯綴成篇，作一假定之結論。友人中如鄭德坤先生固爲治酈學之專家，即聶筱珊（崇岐）史筱蘇（念海）二先生亦素留心此問題，而周泰初先生（一良）則又爲精熟南北史者，對於拙文不妥處當荷教正。投石得珠，拋磚引玉，所殷望也。

二十六年二月五日，貞信記於北平禹貢學會。

趙一清酈傳注中所引之水經注校正

頁	行	誤	正
二五上	四	翼茲水	東翼茲水
同上	同上	之可懷	之瞻可懷
二七下	六	東與湄溝合	東北與湄溝合
同上	七	徙其民於此	徙其民於縣
二八上	七	淄水注	巨洋水注
同上	同上	又，濁水	淄水注：濁水
同上	九	繩泉	澠泉
二九上	七	涅水注	灅水注
三〇下	六	長社縣	長社，魏
三一上	一	泚水注	王本卷29泚水已改比水

三月十四日貞信據王先謙合校本校

4

水經注原公水篇諸家之訂正

孟森

經云，『原公水出茲氏縣西羊頭山，東過其縣北』。注云，『縣故秦置也；漢高帝更封沂陽侯嬰爲侯國，王莽之茲同也。魏黃初二年，西河恭王司馬子盛廟碑文云：西河舊處山林，漢末擾攘，百姓失所，魏興更開疆宇，分割太原四縣，以爲邦邑，其郡帶山側塞矣。王以咸寧四年，改命爵土，其年十二月薨。國臣大農閻崇，離石令宗羣等二百三十四人，刊石立碑，以述勳德。碑北廟基尙存也』。

此經文無疑義，注文則『黃初二年』之下，全氏云，『西河本漢郡，尙在太原之西，建安之亂空荒，黃初復立，注所載碑文可證；「二年」下，當有「置西河郡」四字』。趙用全說增此四字，又申之曰，『考晉志，太原郡統縣十三，皆漢之舊，所少者界休茲氏盧虒三縣；碑云「分割四縣」，蓋破三爲四也。晉志，西河郡統縣四，離石隰城中陽界休，其三縣又皆是漢西河郡故縣名；蓋以此三縣之名，加之茲氏盧虒之地耳』。

從全趙之言，由西河恭王廟碑推定酈注於『黃初二年』下必有『置西河郡』四字，增之而文義具足矣。惟趙又據史與碑文相證，而頗得其異同之數事。晉宗室無西河恭王司馬子盛；其西河王之薨於咸寧四年者，乃繆王斌，字子政。但繆王之封西河，在前一年，即咸寧三年，明年乃薨；其先封陳王，咸寧三年改封西河，與改命爵土之說合；惟封年不同，謚與字均異。因謂善長親見其碑，或是史誤。

趙於此條酈書，訂之已審，所認爲脫文者『置西河郡』四字；所認爲碑與史異之四字，謚法有『恭』與『繆』之異，字有『盛』與『政』之異；咸寧年分，有『四』與『三』之異；薨年同在咸寧四年，而有『其年』與『明年』之異。趙於是訂正朱箋本，以爲脫文不能不補，不補則不詞；異文乃以酈書爲可以訂史，酈據晉初原立之碑，史乃唐代雜出衆手之官修晉書，比較其可信之成分，不當用史改酈書；即讓至極度言之，亦應存酈文以翹舉史之別證，故著其說於刊誤中而不改其字也。

戴本出而面目大變，『黃初二年』之下，增至二十字。其文云，『分太原復置西河郡，晉徙封陳王斌于西河，故縣有西河繆王司馬子政廟』。此下戴乃案云：『案近刻脫「分太原」至「故縣有」凡二十字。又「繆」訛作「恭」，「政」訛作「盛」』云云。夫『黃初二年』之下有脫文，全趙所發明也；所脫爲幾字，全趙但取足以達酈意而止。至西河郡之由太原所分，且本漢故郡，而魏乃復置，非始置，晉所封西河王，乃原封陳之司馬斌，由陳徙封，此皆趙所考明；而戴本竟同證爲脫文處所，其補出之文字乃有二十字，凡趙所考得之曲折，一一顯於二十字之中。又其謚爲『繆』而非『恭』，字爲『子政』而非『子盛』，則酈書乃與史文密合。其異文乃近刻之誤，近刻者，朱箋以上皆是也；戴以原本對近刻，原本者，永樂大典也，原本竟與趙考得者絲毫無二。當戴時趙書未出，人不獲見，及見趙書，乃歎趙之識力，直湊原本，其事較戴之經見原本，照錄改正者爲難，此百餘年雖有戴本，而世未嘗不益尊趙本之所由也。

又於酈所敘碑文中作『咸寧三年』，戴案『近刻作「四」年』；又作『明年十二月』，戴案『近刻作「其年」』：是又於酈所錄古碑，證其悉同史文；其作『四年』及『其年』者乃近刻妄改，要皆爲趙一一見到，但因碑文今已無存，史書例有假手於金石爲之訂正之事，故信碑而不敢執定從史；而不料戴所據之原本，竟能證史文不誤，此則出乎趙之意外者也。

孫淵如先生校本，乃悉從戴本改定。夫戴本已通行，孫氏校本自爲抒所心得，若過錄戴校，即不得成爲一家之學。據孫自言：『以唐人引此書校之，正其謬者十五。頃得休寧戴東原本所校極精，多與鄙意相合，復是正數十條，始知閉門合轍，語非妄也』云云。然則孫意謂所校與戴同者，多爲暗合，非直過錄而已，故改字多不標明從戴。然如此所增補之二十字，豈能暗中摸索，適一字不易，恰如戴本。此知孫先生之用戴，乃實出於過錄，未能謂其出於暗合也。要之，孫極信戴，常稱之爲戴君，與本書稱酈氏爲酈君，語氣相同，可爲推挹之至。且校本中所記年月，自乾隆四十一年丙申始，至四十六年辛丑止，未知有趙書，亦遂無更有推重之酈學專家矣。楊守敬謂孫先生名重，其實於水經注無甚心得，是說不謬，蓋惜其始終不知有趙也。

戴之訂正水經注，果盡出於大典，其校勘之功亦不過對讀無遺漏耳，何足與趙較功力？其自炫所長，則曰大典之水經注，已散在各韻各字下，一一輯出，復爲四十卷全書，則校正不難，輯散爲整則不易也。既而知大典水經注並非散見，已訝戴氏之言不售，令人駭愕。今大典水經注已印行，所有校改皆是竊自趙本而冒稱原本。今此原公水一條改訂字數較多，特專舉以爲例。『黃初二年』之下，大典直接『西河恭王』，與朱箋本無異也；恭王之謚爲『恭』，其字爲『子盛』而非『子政』，『咸寧四年』之不作『三年』，『其年十二月』之不作『明年』，皆與朱箋本無異。然則戴所鄙爲近刻者悉同大典，所挾爲非近刻者乃趙考定之辭；又取趙所考定而不欲改者，亦盡改從趙說以自託於大典。戴自誇其校勘之功，補其闕漏者二千一百二十八字，此原公水一條即湊得二十字，已略得全數百分之一；又云，正其臆改者三千七百一十五字，此一條亦湊得四字，亦略得全數九百二十八分之一：蓋皆其邀功得賞庶常之勞勩所由積也。爲此之故，欺盡一世，上自帝王，下至百餘年承學之士。以大名鼎鼎之戴東原，世於趙書既出之後，反謂趙雖成書在前而刋刻在後，必是趙同鄉梁玉繩轉竊戴書以飾趙，故能盡同戴本。語出於阿戴之段玉裁，歷百餘年爲口實，信戴疑戴，互相攻詆，久而不解；至今日始論定，即原公水一條足以見戴氏竊趙之方法矣。

3

北使記作者之考証

曹明甫 1

在北平禹貢學會出版之禹貢半月刊第五卷第一期上，獲睹李詠林先生所作「北使記讀後」一文，知北使記一書，已引起中外史地學家之深刻注意，其在研究中國西北部地理民族及風俗習慣之工作上，實具有不可漠視之價値。但此書究爲何人所著，劉祁乎，抑另有一人，詠林先生對此似未曾予以精密之考據。彼僅根據俄國學者 Bretschneider 先生之推斷，認爲不類劉祁之著作，彼之結論曰：「關於北使記的作者問題，現在還不能斷定」。

劉祁，山西渾源縣人，渾源亦正筆者之故鄉，筆者素即重視鄉邦文獻，故對於劉氏一門之遺文散著，曾抽暇加以搜羅研究。據筆者攷証結果，北使記確爲劉祁根據吾古孫仲端之口述，筆記而成。今將筆者搜集之一切材料，分述於下，俾北使記之作者問題獲一解決，對於學術界當亦不無小補焉。

（一）劉祁之生平

關於劉祁之事略，山西通志文學錄中有一簡明之記述：

「劉祁字京叔，渾源人，金應奉翰林從益子也。少穎異，爲學能自刻苦，有奇童目。弱冠舉進士，應試失意，即閉戶讀書，務窮遠大，一放意於古人。李屏山，趙閑閑，楊吏部，雷御史，王滹南見之曰：「異才也」，交口騰譽之。從父居陳，相與講明六經，直探聖賢心學，推以躬行踐履，振華落實，文章議論，粹然一出於正，士論咸謂得斯文之傳。壬辰北還鄉里，躬耕自給，築室榜曰「歸潛堂」。歲戊戌，召試儒人，祁就試，魁南京，選充山西東路考試官。後征南行臺粘合聞其名，邀至相下，待以賓友，凡七年而沒，享年四十八。有神川遯士集二十卷，處言，歸潛志行世。弟郁，字文季，與兄齊名，著有西使記。」

再由京叔自著之歸潛志中，可考出京叔係生於宋寧宗嘉泰三年（西曆一二〇三），亦即金章宗泰和三年，歲次癸亥，歿於宋淳祐十年（西曆一二五〇），亦即金亡於元之第十七年，歲次庚戌。京叔雖生於渾源，但八歲即去鄉里，從祖父遊大河之南。嗣其祖在淮揚置田產，遂家焉，京叔之童年，即在淮揚度過。十九歲應試南京，（按卽汴京），吾古孫仲端適於是年十月出使回紇歸來。京叔留居南京約三年之久，因才思卓越，文名藉甚，深爲當代學者李屏山趙閑閑等人所賞識，日夕從遊，多論爲文作詩之道，學益大進，北使記之作，即在此時期中，後當詳論之，玆不贅述。京叔於金亡之歲（西曆一二三四），返渾源原籍，居鄉二年，仍以著書自娛，歸潛志一書即係於鄉居期間作成者。

（二）北使記著作之始末

北使記爲他人根據吾古孫仲端之口述，筆記而成，前已言及。考吾古孫仲端之出使元朝，係在西曆一二二○年八月，即金興定四年七月，行期爲一年零四閏月。北使記云：「興定四年七月，詔遣禮部侍郎吾古孫仲端使於北朝，翰林待制安庭珍副之，至五年十月復命。……」吾古孫仲端歸後，因「身使萬里，亘天之西，其所遊歷甚異，喜事者不可不知也」（北使記），故亟欲錄其梗概，以廣流傳。惟吾古孫仲端爲女眞人，對中國文字非其所長，遂決意倩當代名士，代爲之記，既可傳眞，復可增厚其價值。當時文壇聲望最隆者，首推趙閑閑（即趙秉文，磁州滏陽人），次爲李屏山（即李純甫，字子純，弘州襄陰人）。劉京叔雖爲少年後進，但以博學多才，極受知於趙李，磨礪既久，文名乃亦大噪。歸潛志中，京叔自敘其與趙李交遊之情形頗詳，玆擇錄數節，以資佐証：

「余興定間就試南京，初識公（趙閑閑），已而先子罷御史，歸淮陽，余獨留，日從公遊，論詩講道，爲益甚多。……」（卷九）

「興定末，余在南京會屏山，至鈞台日遊，每從之，……」（卷九）

「興定元光間，余在南京，從趙閑閑李屏山……諸公遊，多論爲文作詩……」（卷八）

覩乎此，趙，李，劉諸人情誼之厚，交往之密，殊不難想像得之。吾古孫仲端所屬意者，要不出此數人，歸潛志卷六有云：

「公使歸時，備談西北所見，屬趙閑閑記之，趙以屬屏山，屏山屬余，余爲錄其事，趙書以名，迄今傳世界也。」

京叔「文章議論，粹然一出於正」，當不致攘他人之著作爲己有，故北使記爲京叔筆記而成，實已至眞且碻，無可置疑。蓋以情理推之，吾古孫仲端浼趙閑閑爲之作記，以趙爲資望最高之名士，趙謙遜，乃轉屬屏山；屏山之與京叔，素既重其人而愛其才，思藉此使其一露鋒鋩，傳之久遠，遂轉屬京叔爲之。京叔既已聆吾古孫仲端備談其所見於先，年少氣銳，自樂於效力，北使記一書，遂得與世人覿面。文成之後，趙閑閑深爲激賞，一時興起，慨然揮毫，鐫之於石，俾得歷百世而不泯。斯其經過情形，十分明晰，初無絲毫之疑竇可尋也。

E. Bretschneider 之所以疑惑北使記一書非劉京叔筆記而成者，係因歸潛志之著作年代；歸潛志雖有原書可考，E. Bretschneider 又推斷錯誤，因之對於北使記作者亦發生懷疑；復以解決無由，竟成懸案。實則歸潛志之著作年代明甚，後當專論之，以闢其誤。玆先一攷北使記之著作年代。

（三）北使記成於何年

北使記原文中，雖未書明著作年月，但其取材既係得之吾古孫仲端之口述，則吾古孫仲端之出使歸使年月，及其卒年，與此有極重要之關係，蓋此記之成，必在吾古孫仲端歸使之後，逝世之先也。歸潛志吾古孫仲端略傳云：

「吾古孫參政仲端，字子正，女眞進士也，……興定間由禮部侍郎使北朝，從入西域，……天興東狩，罷爲翰林學士，承旨，知時事不可支，……癸巳正月下旬，忽閉戶自縊。……」

癸巳爲金天興二年（西曆一二三三），爲吾古孫仲端歸使後之十三年，北使記當成於此十三年之中。劉京叔於興定五年（一二二一）赴汴京應試，吾古孫仲端適於是年十月間回朝。京叔文場失意，滯居京師，至元光二年（一二二三），始歸淮陽省親，此爲京叔與吾古孫同居京師之第一時期。金正大二年（一二二五）京叔丁父憂，遂居淮陽不出，經紀家務，達六年之久。直至正大八年，元兵南下，京叔復趨汴京，遂被困；一二三三年，吾古孫仲端自縊死。此爲京叔與吾古孫同居京師之第二時期。吾古孫出使歸來，當不能待至十餘年後，始口述其所見而倩人爲之記；且吾古孫死前之數年，已罷官家居，不問政事，日惟借酒澆愁，而元兵圍汴京，國事已陷絕境，亦無浼人作記之興致。故北使記一篇，必係成於京叔留居汴京之第一時期。

吾古孫仲端於西曆一二二一年十月間歸使，已屆歲暮，在此月餘之內，酬酢應對，自有一番忙碌。且吾古孫原屬趙閑閑爲之作記，趙以之屬屏山，屏山屬京叔，其間輾轉謙讓，必耗去不少時日。縱令京叔於歲尾屬筆，此編之成，當亦在翌年初春矣。是則北使記之記述時間，自歷史及情理兩方面証之，決爲西曆一二二二年無疑。

（四）歸潛志之著作年代

北使記之筆記人及其著作年代既已判明，當再將歸潛志之著作年代予以推證。李詠林先生「北使記讀後」原文有云：

「……Bretschneider 又說，歸潛志成於一二九五年，如果這個年代不錯的話，則劉祁的年齡一定太大，有些不符事實。眞象究竟如何，很難判明，所以關於北使記的作者問題，現在還不能斷定。」

E. Bretschneider在其所著之中世史研究（Medieval Researches）中，不僅對北記記之作者發生懷疑，即對歸潛志一書亦疑其非京叔之作。而北使記作者之所以不能斷定，即亦種因於此。李詠林先生依據 E. Bretschneider 錯誤之論斷，亦認為「眞象究竟如何，很難判明」，個人似並未加以進一步之研究。在詠林先生之意，或書籍之所以克傳久遠，悉在其內容可貴，作者為誰，尚屬次要問題。自研究學術之觀點言之，此理固亦甚是，然文人絞多量之腦汁，著成一書，千百年之後，竟趨於湮沒無聞，終屬一至不幸之遭遇，故歸潛志之著作年月實有判明之必要。此書之年月既明，北使記之作者問題亦可隨之解決矣。

攷 E. Bretschneider 之最大錯誤，係將歸潛志之著作年代推斷為西曆一二九五年。使此年代果屬無誤，則筆者本人亦不敢謂此書為京叔所著。蓋京叔年僅四十八歲，於西曆一二五〇年去世，至一二九五年，已有四十五年之距離，京叔之墓木已拱，而尚能著書立說，是必在地府中寫成者，雖質之村夫孺子亦知其為無稽之談矣。

然則此俄國學者，將歸潛志之著作年代誤為一二九五，係何所據而云然，此實為一極有趣之問題。歸潛志原序之末註云：

「歲乙未季夏之望，渾源劉祁京叔自叙。」

西曆一二三四年，歲次甲午，金帝死於蔡州，金亡，京叔離汴京，由銅壺過燕山，入武川，備歷艱險，始克還渾源原籍，即築室著書，榜其室曰「歸潛堂」，此歸潛志之所由名。翌年，歲次乙未，歸潛志全部脫稿，時為宋理宗端平二年，元太宗七年，西曆一二三五，京叔年三十三歲。西曆一二九五年，為一二三五後之整六十年，以干支推之，亦為乙未。此時金亡已六十年，南宋為元所滅，文天祥已就義燕京，即元朝亦已由太宗而定

4

宗而憲宗，而世祖混一全宇，在位三十五年去世，傳及成宗矣。E. Bretschneider 忽焉不察，誤以原序中之乙未爲一二九五年，殊不知一二九五之前，尙有一歲次乙未之一二三五年也。今假定原序之乙未爲一二九五，則誠如俄國學者之所慮，歸潛志作者之年齡必已超過百歲，若謂爲生於元代之人所著，則以生於元代之人而能親述其在金代之經歷，是何異於癡人作夢？由此可知原序中之乙未，確爲西曆一二三五年，彼俄國學者未加考証，率爾退後一甲子，誤爲一二九五年，雖明係京叔之作而不敢置信，致成爲不可解決之疑案。筆者誠恐國內人士，讀中世史研究及禹貢半月刊時，仍有如詠林先生之不加細察，據爲信史者，則以訛傳訛，將不知歸潛志北使記二書，究爲何人所著，京叔有靈，能不含寃地下耶？

筆者敘述至此，歸潛志爲劉京叔於西曆一二三五年著成，已屬毫無疑義，証之以該書第六卷所述：「……屬趙閑閑記之，趙以之屬屏山，屏山屬余，余爲錄其事……」一節，北使記爲京叔所記更無批駁之餘地，「劉祁並不是北使記的作者」之說當可不攻自破矣。

（五）題外之言

筆者於草成此文之後，又憶及京叔之弟劉郁先生，亦曾根據他人之口述，著西使記一書，流傳於世。丁謙所著浙江圖書館叢書中，有劉郁西使記地理考証一種，竟將渾源之劉郁誤爲眞定府之劉郁，劉氏弟兄，一著北使記，一著西使記，其經過同，其遭遇亦同，事之奇寧有勝於此者。今附誌其梗概如次，以供讀者之參考焉。

劉郁，字文季，博學多才，與京叔同爲金代名士，所著西使記，乃聞諸常德(字仁卿)之口述筆記而成者，亦爲研究西北地理之重要資料。此書流傳甚廣，山西通志及渾源州志中均採入著錄，海內刻本有七種，其篇末註有「中統四年渾源劉郁書」九字，則其爲文季所筆記者明甚。惟金代除渾源之劉郁外，尙有一文士劉郁，字仲文，爲眞定府人。丁謙著劉郁西使記地理考証，竟不顧事實，將西使記篇末「中統四年渾源劉郁書」之渾源二字，強行删去，謂爲眞定府之劉郁所著，此種武斷態度，實令人百思不得其解。且丁氏將劉郁與常德混爲一人，謂「郁原名常德，仁卿其字也」，更屬荒謬萬分。幸有李思純先生於其所著之元史學中，力闢其非，証明西使記確爲渾源劉郁所著，海寧王靜安先生亦著常德之考証一文，以明劉郁與常德之並非一人，有此有力之佐証，後之學者當不致爲丁氏之謬論所蒙蔽，文季泉下有知，亦可釋然矣。劉京叔亦與其弟遭遇同一之厄運，前後情形，如出一轍，殊令人感慨系之。筆者學識淺薄，對於中國文化所知甚尠，僅就考証所得，綴成此篇，以明眞像；其中簡陋罣誤之處，自所難免，尙希海內賢碩，明以教我，幸甚幸甚。

附劉京叔先生年表

宋	金	元	西曆	干支	京叔先生行述	京叔年歲
寧宗嘉泰三年	章宗泰和三年		一二〇三	癸亥	京叔生	一
四	四		一二〇四	甲子		二
開禧元年	五		一二〇五	乙丑		三
二	六	太祖元年	一二〇六	丙寅		四
三	七	二	一二〇七	丁卯		五
嘉定元年	八	三	一二〇八	戊辰		六
二	衞紹王大安元年	四	一二〇九	己巳	先生父雲卿先生舉進士	七
三	二	五	一二一〇	庚午	先生去鄉里從祖父遊宦於大河之南	八
四	三	六	一二一一	辛未		九
五	崇慶元年	七	一二一二	壬申		十
六	宣宗貞祐元年	八	一二一三	癸酉		十一
七	二	九	一二一四	甲戌		十二
八	三	十	一二一五	乙亥		十三
九	四	十一	一二一六	丙子		十四
十	興定元年	十二	一二一七	丁丑		十五
十一	二	十三	一二一八	戊寅		十六
十二	三	十四	一二一九	己卯		十七
十三	四	十五	一二二〇	庚辰	吾古孫仲端奉金宣宗詔令使於北朝	十八
十四	五	十六	一二二一	辛巳	吾古孫十月復命先生赴南京就試留居京師	十九
十五	元光元年	十七	一二二二	壬午	先生居汴京日從趙閑閑李屏山諸公遊作北使記並刊於石	二十

6

十六	二	十八	一二二三	癸未	先生仍居汴京但不久歸淮陽	二十一
十七	哀宗正大元年	十九	一二二四	甲申	先生又就試南京	二十二
理宗寶慶元年	二	二十	一二二五	乙酉	先生丁父憂以後即居淮陽經紀家事	二十三
二	三	二十一	一二二六	丙戌		二十四
三	四	二十二	一二二七	丁亥		二十五
紹定元年	五	二十三	一二二八	戊子		二十六
二	六	太宗元年	一二二九	己丑		二十七
三	七	二	一二三〇	庚寅		二十八
四	八	三	一二三一	辛卯	先生居淮陽因元兵來趨赴南京省祖母	二十九
五	大興元年	四	一二三二	壬辰	元兵圍南京先生被困	三十
六	二	五	一二三三	癸巳	金帝出奔歸德崔立變亂吾古孫仲端自縊	三十一
端平元年	金亡	六	一二三四	甲午	金帝死於蔡州金亡先生由銅壺過燕山入武川返渾源原籍	三十二
二		七	一二三五	乙未	歸潛志脫稿	三十三
三		八	一二三六	丙申	先生又南遊	三十四
嘉熙元年		九	一二三七	丁酉		三十五

二		十	一二三八	戊戌	詔試儒人先生就試魁南京	三十六
三		十一	一二三九	己亥		三十七
四		十二	一二四〇	庚子	先生居燕京	三十八
淳祐元年		十三	一二四一	辛丑		三十九
二		太宗崩皇后稱制	一二四二	壬寅		四十
三		二	一二四三	癸卯	先生自蘇門徙居相台	四十一
四		三	一二四四	甲辰		四十二
五		四	一二四五	乙巳		四十三
六		定宗元年	一二四六	丙午		四十四
七		二	一二四七	丁未		四十五
八		三	一二四八	戊申		四十六
九		定宗崩皇后稱制	一二四九	己酉	先生往來燕趙各地並至平水	四十七
十		二	一二五〇	庚戌	先生卒	四十八

7

禹貢學會地圖底本甲種分幅表

(一)本圖用經緯綫分幅，比例同大，這張和那張，分得開，合得攏，要大要小，得隨使用者的心意規定。

(二)每幅皆分印淺紅，淺綠，及黑版套色三種，使用者可以按着自己應加添之色而採購，免去靠色不顯之弊。凡購紅綠單色圖者，如更購黑版套色圖以作對照，便可一目了然。

(三)每幅於裏圖廓邊，將經緯度每度之分度，每十分畫一分劃，以便使用者根據此分劃，精密的計算經緯度而添繪各種事物。

(四)爲免除地物繁密礙及添繪畫線之清顯，及預備使用者之多量添繪起見，本圖除將天然地物及有關行政之界綫，城，市，關隘……列入外，他如道路，鐵道……概從省略。

(五)本圖對於行政區分註記，務期詳明。普通圖對於省會而兼市，且爲縣治所在地；或既爲縣治所在地，又爲省隸市，……諸地方，皆僅註一名，而不備註其行政上不同性之諸名。本圖則對於一地而兼數治之地方，或以圖式之區分，或按字體之不同，舉凡該地行政上應有之名稱，俱各備註，以備參考。

(六)圖分甲乙兩種甲種爲二百萬分之一共計五十四幅乙種爲五百萬分之一共計廿三幅年內可全部出齊

(七)凡圖名下加——橫線各幅皆係已出版者

定價　一色版淺紅及淺綠二種每幅售洋一角　黑版套色每幅售洋一角二分

批發簡章　凡寄售者一律七五折，現欵批發七折，現欵一百張以上者六五折，現欵二百張以上者六折，現欵三百張以上者五五折，本會會員無論零整一律六折，分幅表函索即寄。

	68–76	76–84	84–92	92–100	100–108	108–116	116–124	124–132	132–140
54–50			6 加達	5 烏素	4 伊爾庫次克	3 赤塔	2 漠河	1 瑷琿	
50–46			13 科布多	12 烏里雅蘇台	11 庫倫	10 克魯倫	9 龍江	8 海倫	7 伯利
46–42		21 伊寧	20 迪化	19 哈密	18 居延	17 烏得	16 赤峯	15 永吉	14 虎林
42–38	29 烏魯克恰提	28 温宿	27 婼羌	26 敦煌	25 寧夏	24 歸綏	23 北平	22 平壤	
38–34	37 蒲犁	36 和闐	35 甘森	34 都蘭	33 皋蘭	32 長安	31 歷城	30 京城	
34–30		43 噶大克	42 西泥沙	41 昌都	40 成都	39 漢口	38 南京		
30–26		49 德里	48 拉薩	47 鹽井	46 貴筑	45 長沙	44 閩侯		
26–22				53 瓦城	52 昆明	51 番禺	50 厦門		
22–18				56 勃朗	55 河內	54 瓊山			

會址：北平西四北小紅羅廠八號

發行部：北平成府蔣家胡同三號

陝遊日記

李書華 1

余遊陝前後凡兩次。第一次在民國二十三年一月，同行者爲翁詠霓先生，蓋同出席於北平研究院與陝西省政府合組之陝西考古會第一次會議。吾等由平起程之期爲一月二十八日，三十日抵潼關，三十一日至西安，二月六日離西安，八日出潼關，計在陝勾留凡九日。吾二次遊陝，則在今年十一月，同行者爲徐旭生顧頡剛兩先生，亦同出席於陝西考古會第三次會議（開會期爲十一月十六日，在西安舉行），及參加北平研究院與西北農林專科學校合組之中國西北植物調查所開幕典禮（開幕期爲十一月十八日，在武功舉行）。此次吾等由平起程之期爲十一月十三日，十五日入潼關，旋抵西安，二十三日離西安，出潼關，在陝勾留亦九日。按關中爲周秦漢唐舊都所在地，遺蹟至多，足供考古學家之取材。且年來國人注意開發西北之聲浪日盛，見諸事實者亦多，故陝西交通，水利，以及他項建設，一日千里。此九日中，吾所目覩耳聞，可資記述者頗多，加以吾第一次遊陝所得，彙而書之，成此一篇，或亦可供遊旅人士之嚮導乎。

第一日（二十五年十一月十五日）入潼關抵西安

二十五年十一月十三日晚十時，同旭生頡剛由北平西車站乘平漢特別快車南下；同車赴陝者，尚有楊克強先生。翌日下午四時四十九分抵鄭州之南站，在此下車，軍警檢察行李甚嚴。余等四人寓中國旅行社招待所，旋往觀胡景翼先生祠，祠新建，尚未竣工也。

十五日晨二時五十分，由鄭州南站乘隴海特別快車西行。隴海特別臥車中有招待生，而無茶房，招待生係路局招考而來者，應試者須初中畢業生，故舉止頗有度。七時過洛陽。按余於二十一年國難會議時曾到此，並瞻龍門造像，今已四年有餘矣。舊地重經，曷勝今昔之感。下午三時半抵潼關。余上次赴陝時，隴海火車僅通至潼關，由潼關至西安一三二仟米，彼時尚須改乘汽車，今則特別快車已可直達長安，而普通客車亦可由長安直達鄠縣矣。

潼關爲入陝要道，其地海拔三二〇米。前次入陝出陝，兩次留宿於此，曾至潼關東門，門在絕壁上，北臨黃河，隔河即山西之風陵渡，形勢險要。黃土本分布於中國北部各地，而河南陝西尤爲顯著。潼關東西地勢迥異，潼關之東，山巒起伏，而潼關之西及秦嶺之北渭河沿岸各地，則平野極廣，即關中平原，所謂『沃野千里』者是也。

潼關東門

下午四時三十一分，車抵華陰，隔窗南望，華山（海拔約二二〇〇米）近在眼前。憶余二十三年二月六日與詠霓由西安回抵潼關，次日同遊華山，是時正值大雪之後，滿山雪厚數寸，且余因事急於返平，詠霓亦急於赴京，故僅由玉泉院經五里觀（六三〇米）莎羅坪（七六〇米）毛女洞（一一〇〇米），步行登至青柯坪（一一六〇米）而返。每以未能登其絕頂，引爲憾事；異時有暇，當重遊也。

下午五時二十三分車抵華縣，克強之故里也。郭汾陽與寇萊公均生於此，地以人傳，故爲人所樂道。南望山脚一帶，紅葉甚多。

下午六時五分抵渭南。按民國二十三年北平研究院物理學研究所，曾派雁月飛及張鴻吉兩先生用彈性擺測各地重力加速度，曾經潼關西至渭南而止。

下午七時二十一分車抵臨潼。縣城南依驪山，傳爲周幽王烽火戲諸侯之地，故驪山最高峯稱烽火台；山下華清池及始皇陵在焉。余前次遊陝時，曾與詠霓同瞻其勝。按華清池在驪山下，臨潼縣城西南角之南，唐太宗貞觀十八年置宮；唐高宗咸亨二年，始名溫泉宮；唐玄宗天寶六年，更名華清宮，治湯井爲池。漢張衡有溫泉賦，繼此而後，文人題詠至夥。今之華清宮，乃清乾隆以後所重建，近年復加修飾。光緒庚子西太后避地西安，途次經此，亦曾勾留。溫泉乃由一池中外出，分流於各池。男浴池與楊妃池，均用磁磚所造，此外更有公共浴池數座。溫泉之溫度，余前次曾以攝氏表測之，爲

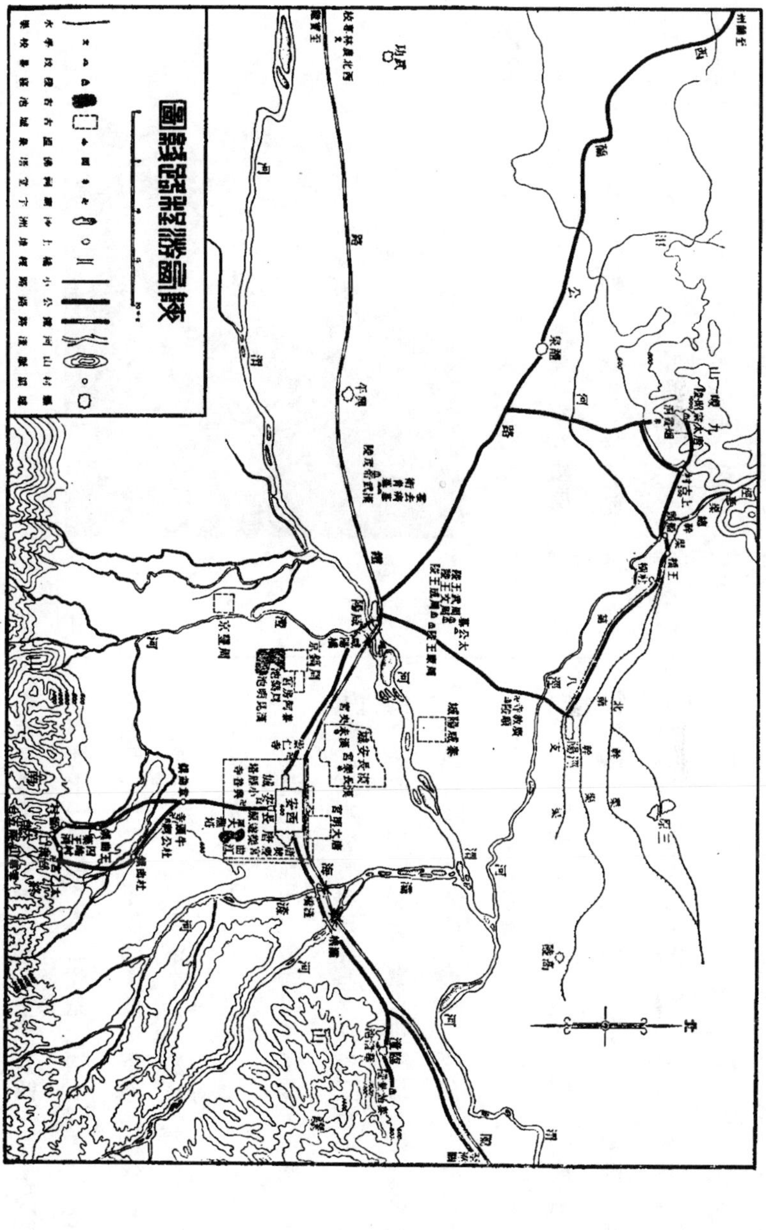

四十二度半，並攜回溫泉兩大瓶，交北平研究院化學研究所分析水中之成分（結果見國立北平研究院院務彙報第七卷第六期）。

臨潼華清池

始皇陵在驪山下，臨潼縣之東約四仟米。陵爲方形大土丘，遠在十餘里以外，即能見之。其坡度（傾斜度）甚小，每邊長約里許，高約三十餘丈。陵前無石刻，亦無樹木，僅存瓦礫殘片，供人憑弔而已。二十三年余與詠霓，旭生及李樂知諸先生，同登陵頂，留連久之。按史記秦始皇本紀稱：『始皇初即位，穿治驪山；及并天下，以七十餘萬人穿三泉，下銅而致槨，宮觀百官，奇器珍恠，徙藏滿之；令匠作機弩矢，有所穿近者，輒射之；以水銀爲百川，江河大海，機相灌輸，上具天文，下具地理；以人魚膏爲燭，度不滅者久之』。長安志又引兩京道里記：『陵高一千二百四十尺，內院周五里，外院周十一里』。水經注謂：『項羽入關發之，以三十萬人三十日運物不能窮；關中盜賊銷槨爲銅；牧人尋羊燒之，火延九十日不能滅』。據此，則當日始皇陵規模之宏偉，可以想見矣。

車過灞河滻河，兩河均各有橋。明曾重修灞橋。按唐時此橋之旁有亭曰灞亭，送客東行必至此地。灞橋左側有高原，昔稱灞上，漢高祖入關，曾屯兵於此。

晚八時十分抵長安車站，已有考古會同人來接，出站時憲兵檢查行李極嚴，經考古會同人告以來意，得免開箱及解鋪蓋之苦。進城門時，守衛索取名片後，始放行，得以入城。克強家在城內，進城後先回家矣。余與旭生頡剛即到考古會，宿于會中。本日劉士林先生亦由武功趕回西安，是晚曾到考古會中坐譚。

第二日（十一月十六日）考古會開會

晨七時半起床，室外氣溫攝氏表五度，蓋西安一帶爲大陸氣候，每際深秋，早晚較涼，而午間則仍頗熱也。西安海拔四〇〇米。西安之經緯度，民國二十三年曾經詳測。是年北平研究院物理學研究所應黃河水利委員會之請，派朱廣才，翁文波兩先生用稜鏡等高儀，恒星錶及自動計時儀，詳測黃河及渭河流域，利津，濼口，臨濮集，開封，平漢路黃河北岸，潼關，西安，鳳翔八處之經緯度，以爲該會大地測量基點之用，當時測定黃河水利委員會西安會址之經緯度爲東經：108°55′54″.6±7.″。北緯：34.°15′20″.0±0.″2

上午偕旭生，頡剛，士林往訪舊友，並往晤邵力子先生及本地各機關人員，復參觀陝西水利局，得晤李儀祉先生。嗣由雷孝實先生導觀陝西化驗所，在該所遇吳伯藩先生與談余等欲遊唐太宗昭陵之意，吳謂如往遊時，可在咸陽酒精廠寄宿。

下午二時陝西考古會開第三次會議，除翁詠霓，李子逸兩委員未能到會外，陝方委員張扶萬（委員長），寇勝浮，王卓亭，梁午峯，平方委員旭生，頡剛，士林，及余等八人，邵力子主席亦到會參加。按考古會發掘鬥鷄台工作自二十三年二月至廿四年五月，由旭生率領工作人員何士驥，蘇秉琦，白萬玉等至寶鷄縣先秦遺址之鬥鷄台，實行發掘。其後爲整理掘得各器，頗需時日，故暫停發掘。曾發現古人居住遺址，及三代古墓，并獲得屈身葬遺骸八具。所得則有銅鼎，銅戈，銅鏡，銅鐵箭頭，鐵劍，石器，骨角器，金花殘漆器，匋片，匋器等甚多，而尤以新石器時代末期，三代及唐漢時代之匋器爲最夥。就中瓦鬲墓，及仰韶前陶片爲最重要。此次開會討論結果，決定廿六年春間仍繼續發掘鬥鷄台，俟工作告一段落時，再往發掘周豐鎬兩京遺址。下午五時閉會。

晚六時到南京酒店，應張扶萬及寇，王，梁諸先生之宴。餐後，在長安市上散步。余上次來陝時西安尚無電燈，今則電燈輝煌如晝。加以新闢之馬路，或展寬之馬路，亦較前爲夥，且新建築亦多。他如陝西交通方面亦極進步，隴海鐵路將通至寶鷄，且有延長西北至蘭州，西南至成都之計劃。西蘭公路，早已通車。由西安至成都之公路，近亦通車。水利方面，除涇惠渠早已完成外，洛惠渠及渭惠渠亦將相繼落成。此後政局如能安定，則將來之陝西經濟情形，亦必大異於從前也。

西安每際日出日落時，最足引人注意者，却爲烏

5

鴉，每當曉日初昇，則結隊掠空而過，蔽天蓋地，飛往城外，向郊野中尋食；日落則又相偕結隊飛入城中，棲於人家屋瓦上，眞奇觀也。

第三日（十一月十七日）遊終南山南五台

南五台在西安南約三十餘仟米，爲終南山一部分，漢書地理志作太壹山，又作太一，猶云第一山也（見乾隆西安府志）。關中勝蹟圖誌謂：『南山神秀之區，惟長安縣南五台爲最』，故急欲一遊焉。

終南山南五台一天門

上午十時十分余與旭生，頡剛，士林及曾向午，龔賢明兩先生，分乘汽車兩輛，由西安動身，赴南五台。出南門復南行，東望大雁塔，西望小雁塔，經興善寺，至韋曲鎮，此爲唐代韋安石別墅林石花亭處。折向東南，經牛頭寺及杜公祠之旁，復前行。此數處風景，余前次來遊，已從容領略，今追憶補記於下：

大雁塔，即慈恩寺塔，在樂遊原之西南，曲江故址之西。按大慈恩寺爲隋之無漏寺，唐初已就頹廢；至唐高宗爲太子時，曾重飾之，改稱大慈恩寺，又建翻經院迎玄奘至，尊之爲慈恩大師。高宗永徽三年玄奘起塔，塔之上層內部，因已屢經改建，惟基底仍爲唐代遺物。現塔之南門東西龕中，所嵌褚遂良所書聖教序尚完好，東龕內者係由上而下，由右向左讀；西龕內則係由上向下，由左向右讀。塔下層四面門楣，均石質，皆唐

大雁塔

時名手所刻花紋及佛像，西面門楣刻有宮殿花紋，極爲名貴。唐進士既捷，題名於慈恩寺塔，所謂雁塔題名是也，惜今皆剝落無存矣。

小雁塔在薦福寺內，寺爲唐高宗崩後百餘日，武后爲高宗所建。義淨遊學印度，歷時二十又五年，回國後，于唐中宗神龍二年，入薦福寺翻譯院，翻譯經典。其後唐文宗開成六年，日本高僧圓仁（即慈覺大師）又來此求法。唐中宗景龍中，宮人等鳩資建塔一座，俗呼爲小雁塔。宋元明清四代，皆重修之。明嘉靖時地震，此塔受震最烈，今所見由塔頂至底之縱裂縫，則嘉靖地震所遺之跡也。寺有鐘高丈餘，金章宗明昌時所鑄。

小雁塔

興善寺乃隋文帝時所建。牛頭寺則唐太宗貞元十一年所築，宋太宗太平興國時，改稱福昌寺。杜公祠在牛頭寺境內，相傳爲杜工部故居，明世宗追慕其人，於嘉靖中建祠以祀之。按牛頭寺及杜公祠均在一土阜中，大小雁塔及興善寺則均在舊唐城內也。

7

牛頭寺院內

汽車過杜曲鎮後，轉向南，可直達太乙宮；由太乙宮可登翠花山。吾等在未到太乙宮之前，先向西行，經四皓村藥王洞再轉灣向南，至台溝口下車，其地海拔六〇〇米，此處爲入南五台之谷口，是時已上午十一時四十分矣。

由西安至南山，沿途空中飛鴉成羣，郊野地上亦多覓食者，而大雁亦三五成羣，掠空而過；據本地人云，關中四季皆有雁，非同平津一帶一年祇來往各一次也。

余等步行入山，經土地祠，其東南坡上，有明太監張德墓及劉安墓。經彌陀寺，普善堂，流水石廟，於十二時二十五分至興寶泉廟（海拔七二〇米）。南五台每年有廟會，在陰曆六月初一至十三日之間，沿路湯房極多，建築一如小廟宇式。湯房在每年廟會期，特備湯以飲香客，大似妙峯山之茶棚。惟妙峯山之茶棚，每隔五里許方有一所，此處湯房則相隔半里或一里許，且一處有相連數所者。

南五台山勢雄偉，樹木密佈，風景絕佳。自興寶泉而上，林木滋密，紅葉更多。沿途諸樹種類不一，陝西林務局皆爲審定，而標以小牌，註明其學名及中國名，以便遊人觀覽。余等經白衣堂（海拔八〇〇米）大悲堂，於十二時五十分至竹林寺（海拔八五〇米），寺旁有五佛殿。余等至竹林寺吃茶，向午賢明等携有點心相餉，用代午餐。

下午一時半由竹林寺動身，過朝天門，五馬石廟，於下午二時抵一天門（海拔一〇五〇米）。再上經觀音寺，古彎柏樹廟，古勝寶泉，古西方境，至下寶泉（海拔一二〇〇米），內有柏澧西先生讀書處。復經上寶泉，圓光堂，于下午三時至二天門（海拔一三二〇米）。二天門相連者爲彌佛寺。經聖母殿，五聖殿，琉璃殿，石佛寺，再向上行，山路全爲石堦所成。過千佛寺，睡佛殿，及至三天門（海拔一四二〇米），則已下午三時二十分矣。復前進爲三佛殿，三聖宮。按三聖宮爲南五台唯一道士廟，此外之廟或湯房，則均爲僧人所主也。經黑虎殿，南海殿，紫竹林，靈光殿，興龍寺（海拔一五六〇米），於下午三時五十分方抵四天門。門下有方鐵鐘一，露置地上，考係康熙時造。四時十分抵大台，即南五台之絕頂（海拔一七〇〇米）。

大台上有正殿北向，西爲住房，旭生，頡剛，向午，士林四人先余等登大台，未入正殿，即下山去。余與賢明後至，賢明導余進正殿，開後窗，南望則羣山起伏，高峯壁立，積雪未融，映入眼簾，胸襟爲之一滌，惜旭生諸人未及同觀也。

南五台山深而樹多，紅葉滿山，尤屬奇觀。此山樹木種類至多，尤以栲(Quercus Variabilis)，尖齒檪(Quercus aliana Var. acutiserata)，馬尾松(Pinus Tabulue formis)，河(Pterocarya stenoptera)等爲最重要；華山松(Pinus armondi)雖有，亦不多也。

士林上山，沿路採集標本，並注意山上下植物之分布。北平研究院植物學研究所，素來對於西北植物調查研究特別注意。即以陝西而論，二十一年曾派郝景盛，王作賓至潼關華山太白山及咸陽採集；二十二年派孔憲武，王作賓，到南五台，太白山，及秦嶺南北各地採集，同年夏緯瑛在陝北各地採集後，再入蒙古；二十五年王作賓，劉繼孟，又至關中分別赴岷山及祁連山採集。數年來研究結果，成績極佳，於陝省植物種類及其分布，已得其概要矣。

下午四時二十分；由大台下山；六時半回抵台溝口，即登車，經留村王曲鎮韋曲鎮，回抵西安寓所，時已七時半矣。即至省府應邵力子先生宴。省政府乃前清時巡撫衙門，光緒庚子，西太后在西安曾居於此。飯後張扶萬先生約觀易俗社秦腔戲，余前遊陝時，曾往觀之，戲詞亦頗文雅。今晚來此已逾八時半，未至九時即完場矣。

第四日（十一月十八日）由西安赴武功

晨十時十分，余與旭生，頡剛，士林同乘火車赴武功。車站在城北，唐大明宮舊址之南（按唐三宮殿，一太極宮曰西內，二大明宮曰東內，三興慶宮曰南內）。到車站時，乘客行李，須受檢驗，余等因有人在此招呼，得免開箱及解行李之苦。售票處買票時，以到者先後，按次排列，秩序井然。

火車離西安向咸陽進發，鐵路北有漢城舊址，俗呼爲楊城。余前次到陝時，曾往觀之，並到未央宮舊址憑弔。宮址久荒，僅餘大土台，台高，出西安城西門，即可望見，其中漢代破瓦堆積不少。本地人多在此拾檢瓦當，以供市易。鐵路之西南則有周豐京鎬京，秦阿房宮，漢昆明池等遺址，民國二十三年旭生曾詳加調查（見陝西調查古績報告）。過灃河渭河，至咸陽縣城。渭河有橋，唐時稱渭橋，又稱咸陽橋。長安東有灞橋滻橋，西有灃橋渭橋：由長安西行之人，送行者例送至渭橋。

三年前咸陽縣城尚極荒涼，今則已有工廠數起，陝西酒精廠亦設在車站之北，此地將來可成爲陝西之工業區。秦咸陽遺址，在今咸陽縣城之東北。今縣城北之咸陽原上，陵墓林立，若周文，武，成，康之陵及周公太公之墓，皆在此原上。前次遊陝時，余與詠霓偕往瞻焉。按諸王陵爲方錐形大土阜，文王陵前，則有陝西巡撫畢沅所立石碑，刻『周文王陵』等字，武成康王陵前，亦有同樣之碑。惟周文武陵寢所在，本有渭南渭北兩說，未知孰爲眞僞；且周時葬地，有冢無冢，亦尙難考訂。

周文王陵

西行入興平縣境，遙見漢武帝茂陵立于鐵路之北，其東二三里許爲衞青墓，再東爲霍去病墓。此一陵二墓，余前次來陝，曾與詠霓旭生同往瞻仰。茂陵甚大，四面作錐形，實大土阜也，每邊約七十丈，高約十餘丈。陵前有畢沅所立碑，上刻『漢孝武帝茂陵』六字。其後尙有雍正時一碑已倒。按漢陵除文帝灞陵宣帝杜陵外，西漢

漢武帝茂陵

九帝陵皆在渭北高原之上，而茂陵則其最西之一陵也。衞青墓亦爲方士丘形，據漢書衞青傳稱：青尙平陽公主，與主合葬，起冢象廬山。考廬山即盧山，匈奴地奚符盧山，楊雄所謂塡盧山之壑者是也。惟今所見之衞青墓，則除大土丘及畢沅碑外，無象某某山之特徵。

霍去病墓，亦名石陵子，漢書霍去病傳謂其冢象祁連山。墓爲南北兩大土丘所成，南土丘較大，直似一小山，山前有畢沅書碑。其旁有馬踏匈奴石像，半山上有石牛，山下有人抱熊石像，刻此何意，尙不可解。北面

半山中有藥王廟，廟門左貼一『去』字，右貼一『病』字，蓋取藥能去病之意也，殊趣甚。大約南土丘象祁連山，北土丘為墓。此墓中漢石刻甚多，彫工亦精，眞國寶也。因墓前石刻多，故本地人稱之為石陵子。

霍去病墓石獸之一

由潼關至西安鐵路，在渭河南，與渭河平行。由咸陽以西鐵路在渭河北，亦與渭河平行。鐵路北原之坡下黃土層中，本地人多鑿土穴居。鐵路以南，渭河以北，則有新鑿之渭惠渠，與鐵路平行，工程未竣，尚未放水。

霍去病墓石牛

下午二時一刻抵武功車站，農專及中國西北植物調查所同人來迎，改乘汽車到農專。農專在車站之北第一道原上，地勢最高；車站在第二道原上；車站南尚有第三道原；再下則為渭河河灘。農專正面大樓一座，全校教室，實驗室及圖書館，均集中於此。大樓之左，有學生宿舍，及教職員住宅多所。由農專南望，近則渭河如帶，遠則秦嶺如屏。稍向西南可遙望太白山，此山高約四〇〇〇米，為中國內地最高之山，他年有暇，當往一遊焉。

霍去病墓及墓前馬踏匈奴像

余等參觀大樓各部既畢，於下午五時，即在秘書長室內舉行中國西北植物調查所開幕禮。到會者有農專及調查所同人並余等二十餘人，因辛樹幟校長在京未回，改推楊以周秘書長爲主席，報告北平研究院與西北農專合組中國西北植物調查所之經過，及其對于西北植物調查之工作後，與會者又多演説，直至七時始散。飯後楊先生約余等向農專學生演講，至晚十時始畢。頡剛偶感風寒，頗覺不適，且發熱。

西北農林專科學校大樓

第五日（十一月十九日）由武功回咸陽

晨七時半，室外氣温爲攝氏一度，天陰，頡剛病未痊。早飯後由王恭睦，齊敬鑫，吳耕民，陳國榮諸先生引導，余與旭生士林參觀遠近各農場，林場，園藝場，規模均甚宏大。正午十一時回校，時室外温度爲攝氏十度。

武功在數年前陝旱時，受災最烈，居民極苦，向以產鴉片爲大宗。近年陝西省政府對於各縣鴉片，已定分三期禁種辦法，明年即爲第三期禁種之年；列於第三期者向係種鴉片極多之縣分，武功即其一也。明年第三年禁種，若能實行，則鴉片從此可絕跡於陝西矣。聞陝省鴉片稅收入每年約四百萬元，則將來尚須另行設法補救。

正午楊以周王恭睦兩先生在校中設筵宴客。飯後下午二時一刻，余與旭生頡剛乘火車東返，士林則留中國西北植物調查所中工作。下午五時半車抵咸陽，下車後，余等三人逕赴酒精廠寄宿，承廠長楊摯奇（名毓楨）先生招待晚餐。龔賢明先生已由西安趕來，寓縣府中，約訂明日引余與旭生同遊唐太宗昭陵。頡剛因病留廠中休息，待余等回時，同歸西安。頡剛前晚已服阿司匹靈一片，因未見好，今晚仍擬再服也。

第六日（十一月二十日）由咸陽經涇惠渠至唐太宗昭陵回西安

晨八時四十分，余與賢明，旭生三人同乘一車，由咸陽出發，決定取道涇陽，轉赴醴泉縣東北九嵕山之唐太宗昭陵，再經興平境內，由西蘭公路回咸陽。頡剛今日熱雖退，為休養計，故未與余等同遊。

穿咸陽原，稍向東北進行，於上午九時十分過韓家村，其東半里許，有武士彠順陵。按乾隆西安府志引唐后妃傳云：士彠娶相里氏，又娶楊氏，楊氏咸亨（唐高宗）元年卒，追封魯國，以王禮葬咸陽。嗣聖（唐中宗）元年，追贈考為太師，魏王，妣為王妃。永昌（武曌）元年，以咸陽墓為明義陵。太后改國號曰周，以明義陵為順陵。余上次來陝，曾與詠霓旭生往觀。曾憶該陵有東西南北四門，南門左右各有方土丘一，由南向北進入，左右石天馬一對，立像石獅一對；再前則有方土丘一座；再進左右更有兩方土丘，此外更

武士彠順陵石天馬

有一圓土丘；再進左右各有八石人，俱殘缺；再進則東有石虎一對，石羊一對，石人一對，右則僅餘石獸四個，半露地面，半藏土中；復前行則有大方土丘，即順陵也。陵北約距百丈爲北門，左右各有跳像石獅一對，石馬一對。陵之東西門，現亦各餘石獅一對。南門之石天馬高約一丈五尺，長亦如之，獨角有翼，由側面觀之，頗似馬，由前面觀之，則又似牛。此陵中各種石刻，皆極精緻，且亦完整。順陵北里許，有秦望夷宮舊址，乃秦二世被殺處；唐武后改此爲周隆寺，宋改爲興慶寺，金則易名曰廣教寺（見民國二十一年新修咸陽縣志）。現存唐斷碑一，橫臥地上。

上午九時半，至涇河岸，汽車搭渡船過河，旋渡涇河叉流，水不深，汽車直接穿過，不必用渡船矣。

上午十時爲涇陽縣城西門外，未入城，即折向西北行。余上次來陝時，曾到涇陽縣城參觀涇惠渠管理局，涇陽慧果寺及孔廟等。涇陽慧果寺原爲隋代所建，唐改稱太壺寺；清同治間回亂，此寺被焚，現僅餘一殿，內有接引佛及阿彌陀佛石像，韋陀佛銅像。阿彌陀佛石像，彫刻精巧，當爲隋唐時舊物。寺後有千佛堂，蓮花座上有千佛，均係銅製。孔廟規模甚大，內有金世宗大定十七年製之大鐵鍋一。涇陽味經書院，清同治十二年建，其舊址在城內東北姚家巷，劉古愚先生曾主此院。

汽車沿涇惠渠第八支渠北岸向西北行。十時四十分進至社樹村北，達總幹渠；其所分之北幹渠，東流至三原，南幹渠則東流至高陵。社樹村周有磚城，其規模較一縣城尤大，昔時村中姚姓爲一大富商。車仍沿渠岸而西行，十時五十分至王橋村折向西。昔時王橋村有毛姓者爲一村富戶，本地有諺云：『社樹姚，不如王橋一根毛』之語，意謂毛較姚尤富也。

考引涇漑田，始於秦，用韓水工鄭國開渠距今已二一七六年，史稱漑田四萬五千頃，關中自此無凶年。漢武帝太始二年，趙中大夫白公以堰毀水不能入渠，乃上移渠口，灌田四千五百頃，改名白公渠，故至今仍稱鄭白渠。實則鄭渠規模早失，自漢迄明，歷經改修，而下游則仍因白公之舊。至清季則以渠身罅漏，僅漑田二百頃。民國十七年至十九年，陝西大饑，陝西省政府及華洋義賑會與其他捐款於二十年開工合力開涇惠渠。所定灌漑計劃之水量，爲每秒十六立方米，灌漑五十萬至六十萬畝之地。

近年陝西興辦水利，如涇惠渠，洛惠渠，渭惠渠之開鑿，實於國計民生最關重要。主持者，即水利家李儀祉先生，亦陝人也。

涇河平時流量甚少，當汛期，則流量甚大，民國二十年最大之洪水，達每秒三〇〇〇立方米；由計算推測，最大洪水量幾可達每秒一萬六千立方米，而含泥量之重，至佔水重百分之四十六（見渭北引涇工程報告）。以是知黃河上游各支流如渭河，洛河，汾河，河水暴發，均足以影響黃河之氾濫。

車過船頭村後，至船頭渡，亦涇河之渡口也。汽車搭渡船過河，西望九嵕山，三峯突起，形似筆架，故又名筆架山，即唐太宗昭陵之所在也。

由船頭渡過涇河後，汽車所經之路，即尋常之大車道。西北大車兩輪之距離，較華北大車兩輪之距離爲大，西北大車道寬約一•四〇米，華北大車道寬約一•一五米，故華北與西北車不同軌也。

正午十二時十五分，汽車至九嵕山東之上古村（海拔五〇〇米）。昭陵尚在山上，仰首可及，惟山路傾斜，有若干坡度，好汽車始可上達昭陵之旁。余等所乘之汽車老舊，不能上山，故舍車步行登山，向西行，經高坡，於十二時五十分至梁家窰，再折向西南。

下午二時半到昭陵（海拔一〇〇〇米）。陵北向，其正北爲山上稍傾斜之平地，陵後爲山峯。陵前有殘破之三座門一，門前有畢沅所立之碑。入門登石級十餘層，左右排列石碑多座，中有一碑，頗似唐物，因在高山受風雨之浸蝕，致碑字不能辨認。再前則爲六駿石刻之處。按所稱六駿者，乃唐太宗所喜乘之名馬：一爲青騅，平竇建德時所乘；二爲什代赤，係王世充擊竇建德時之馬；三爲特勒驃，討伐宋金剛時之馬；四爲颯露紫，平定東都時所乘；

九嵕山唐太宗昭陵

五爲拳毛騧，平定劉黑闥時之馬；六爲白蹄烏，征討薛仁杲時之馬：刻工悉皆精巧雄壯。陳樹藩督陝時，爲人盜賣，運抵潼關，幸經官家追回四駿，現保存於西安之圖書館中，余前次遊陝曾一見之。昭陵石蹟考稱：諸番君長擒伏歸降者，咸刻石肖其狀貌，深眼大鼻，弓刀雜佩，凡十四人，拱立於享廟之前，今早已無存矣。

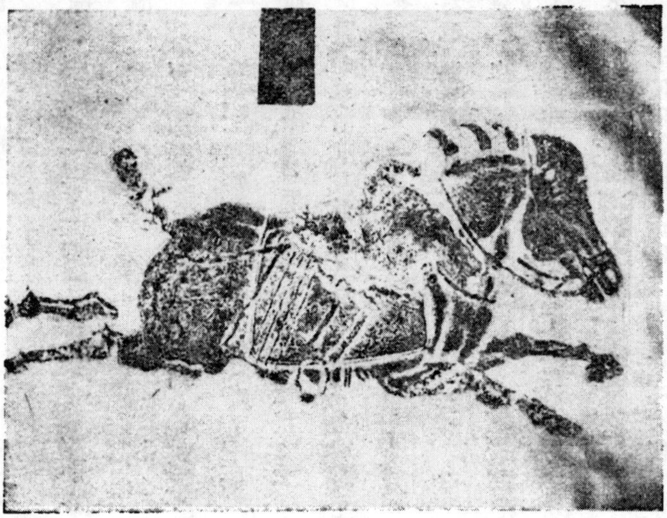

昭陵六駿之一：靑騅

在昭陵稍事遊覽，即由原路下山。下午四時回抵上古村，登汽車繞山南烟霞洞。山前陪冢頗多，所占面積極廣。關中勝蹟圖誌載：陪葬妃七人，王七人，公主十八人，宰相十二人，丞郎三品以下五十八人，功臣大將軍五十七人。乾隆西安府志謂：公主妃嬪，大半在昭陵東南山上，俗呼曰亂冢坪，又曰姑姑陵；其他功臣密戚俱在山下平地，去陵遠者十餘里至數十里，當日陵內封地

昭陵六駿之一：特勒驃

周迴百二十里，則當日規模之宏偉可知。按此陵曾經朱梁溫韜盜掘，各墓前至今尚有存留唐碑者。余等曾下車穿行農田，至阿史那墓前一讀其碑，而李靖及李勣墓雖遙望可見，因天時過晚，未及前往；兩墓俱係三土丘聚

成，普通稱爲上三冢與下三冢，乾隆醴泉縣志記李勣墓，引劉書云，詔築墓一，準衛霍故事，象陰山鐵山及烏德鞬山以旌破突厥薛延陀之功。按唐朝十九帝，除昭宗和陵在河南外，餘十八陵全在陝之渭北北山之陽，西迄乾州，東至蒲城，東西橫亘二百餘里，唐朝十八帝陵皆在此區域以內。漢陵多在渭北原上，唐陵多在山岳上，此漢唐陵不同之點也。

下午四時三刻到烟霞洞，原爲劉古愚先生祠，現西京籌備委員會在此設立小學校一所。由烟霞洞直上昭陵爲西道，距離較近，惟坡度較大，較爲難行。由上古村上昭陵爲東道，坡度較小，較爲易行，惟距離較遠耳。賢明本擬在烟霞洞內招待午餐，以時間過晚，不克久留，每人各持大饅頭數枚，即行登車，在車上食之，聊以充饑。車急行，向咸陽進發，過石鼓趙村之廣濟寺門前，聞寺內有大理石之石鼓一，鼓之周圍刻有佛像及佛經，余等亦未及下車一觀。南行過汧河，旋達西蘭公路，折向東南，下午七時至咸陽城。用飯後，七時半至酒精廠，方知頡剛已與吳伯潛先生同車回西安矣。余等遂仍乘原車回抵西安，已九時矣。

第七日（十一月二十一日）參觀孔廟，化覺寺，東嶽廟

今晨頡剛病已大愈，早飯後出外訪友。上午十時半余與旭生往觀孔廟。孔廟位於南門內迤東，規模極宏，廟後即有名之碑林，始於宋哲宗元祐年間，當時龍圖學士呂大忠將唐文宗開成二年所刻之十二經（即有名之開成石經），及長安附近之顏眞卿，褚遂良，歐陽詢，柳公權等石碑，集於一處。後經明清兩朝，屢加修葺，乾隆三十七年，陝西巡撫畢沅重修，至今仍保其規模。總計碑林中之石碑，約共六百餘方，中以禹域圖，爲北宋末時所刻，是爲地圖刻石之首創。大秦景教流行中國碑，乃唐德宗建中二年所立，爲耶教重要史料，碑下及左右三面，皆列敘利亞人名職名，並附有建碑年月。按景教係唐太宗貞觀九年入中國，迄唐武宗會昌五年，因崇信道教，排斥佛教及其他外教而禁斷，流行於唐代者二一〇年。貞觀九年，在長安義寧坊（即今崇聖寺境）敕建景教寺一所，初名波斯寺，天寶四年改稱大秦寺。至景教碑發掘年月，根據當時耶穌教士等報告，及李之藻徐光啟之紀述，當在明熹宗天啟三年至五年間，出土地點在陝西盩

厓，出土後即移於西安城西崇仁寺（卽崇聖寺，一名金勝寺），清光緒三十三年始移入碑林（見馮承鈞著景教碑考，商務印書館出版）。

正午應賢明向午歡宴，午後三時至五時往觀化覺寺與東嶽廟。

化覺寺（卽化覺巷清眞寺）在省政府前北院門街化覺寺巷內，爲西安最大之清眞寺，相傳爲明太祖洪武十七年所建，明成祖永樂七年重修。寺內有唐玄宗天寶元年王鉷所撰創建清眞寺碑，據日本桑原博士之考証，碑係明代僞造，非唐時物（見足立喜六所著之長安史蹟考，楊鍊譯，商務印書館出版）。

東嶽廟在西安東門內迤北，有明代壁畫極精，現經陝西考古會修理，藉資保存。

下午五時，余與旭生，頡剛應約往金家巷訪張漢卿先生，晤談良久。五時半至西京招待所（中國旅行社所立）應洪光焜先生晚宴，在座有李樂知先生等。隴海路潼關以西工程全爲中國工程師修築者，光焜乃總工程師也。旋到九府街楊宅，應楊虎城先生晚宴。

第八日（十一月二十二日）參觀學校

晨八時余與旭生頡剛應約到東北大學工學院講演，由院長金錫如先生招待。該院在西安城西南角外，原爲省立農業職業學校校址，該院遷入未久，現正在擴充修理校舍。

旋到民政廳前院觀唐碑，此處爲唐中書省舊址，地下蘊藏頗富，如著名之郭家廟顏勤禮等碑，均出此間。陝西考古會何樂夫先生等於民國二十三年春在該院發掘，獲得宋呂大防所刻唐大明興慶兩宮圖殘石，興慶宮圖尙完好，大明宮圖則只餘少半，此種殘石，對於研究唐代宮室之建築與制度，極有幫助（見北平研究院五週年工作報告及考古專報第一卷）。

正午到教育廳，應周學昌先生午宴。旋赴董仲舒祠，應黃仲良先生午宴，並參觀仲良工作。祠爲董仲舒墓，西安府志載昔漢武帝幸芙蓉園，至此下馬，時人稱之曰下馬陵，歲月深遠，竟誤傳爲蝦蟆陵。

下午四時與旭生至省立第一中學參觀，該校校舍甚大。晚六時余與旭生頡剛在陝西考古會設筵，宴西安軍政各界，及考古會中同人，賓主盡歡而散。余與頡剛準備明日回平，旭生則仍留陝工作。

連日在陝晤軍政教育及新聞界諸人，藉此得稍明瞭陝省近年教育財政建設之概要，雖各方面進步甚速，而其困難與危機亦正多，此則非數言可以盡述者。

第九日（十一月二十三日）離西安出潼關

上午十時半赴火車站，出城門時，兵士又索名片；所攜行李，經友人向憲兵說明，得免開箱檢驗之苦。余與頡剛同登隴海特快車，十一時十分開車東行，適又與克強同車回平。下午三時三十一分車抵潼關，又有身穿軍服之人，登車查驗旅客之行李，驗及余等行李時，經婉言告以來意，及去向，亦得免開箱之苦。國內旅行到處被人查驗，或索取名片，此等舉動，除擾亂旅客外，恐未必有任何益處。吾深希望將來中華憲法上，應列：『凡中華民國人民，在中華民國境內，有旅行之自由，無故不受檢查』之專條。

余上次來陝與詠霓同行，路上曾談及地質與地理問題甚多；此次途中與克強同車，談次又涉及地質及古生物問題，兩次獲益均多，亦快事也。地質調查所對于陝西地質本已有許多調查。自民國十八年起北平研究院地質學研究所與地質調查所合作繼續進行，陝西地質圖概略調查大部分已竣工，百萬分一地質圖太原榆林幅，秦嶺山脈地質圖（趙亞曾、黃汲清），及陝北地質油田（王竹泉、潘鍾祥）均已出版。民國二十三年二十四年兩年間，中央地方合作實施鑽探陝西油田，延長及延川永平鎮油田，每日可得油約一萬斤；惟以地方不靖，不得不擱置，殊為可惜。

二十四日晨四時抵鄭州下車，同日下午二時換搭平漢特快車，二十五日晨八時四十分同抵北平。

此文承張江裁先生整理稿件，李至廣先生繪製陝西遊程路線圖，幷以誌謝。

二十五，十二，五，北平。

禹貢半月刊第五卷目錄

顧頡剛　譚其驤　馮家昇同編

五卷一期

五卷二期

五卷三，四合期利瑪竇世界地圖專號

五卷五期

會址：北平西四北小紅羅廠八號　發行部：北平成府蔣家胡同三號

1

青峰山及雞峰遊記

徐炳昶

民國廿三年及廿四年之上半年，余率領國立北平研究院史學研究會考古組同人在陝西寶雞縣東十五里之門雞臺，發掘陳倉遺址。讀寶雞縣志，知雞峰為縣內之名山，而青峰山內有萬壽禪院，建自五代，尚有宋建隆元年牒及景德元年碑可稽，心嚮往之。至二十四年春末夏初，工事稍暇，始得往遊。青峰山之遊，四月十九日出發，二十四日旋工次，往返六日。雞峰之遊，始于五月九日，畢于十一日。寶雞之南，秦嶺橫亙，山深嶺峭，溪曲路險。歷史名迹，如大散關和尚原黃牛堡之屬，均在其間。如欲盡窮其勝，非有半年之閒，恐不足以語此。然「鼴鼠飲河，不過滿腹」，余之遊踪雖狹，而喜冀怖驚，均極其致，未可以無記也。至途中所得，關于歷史之部分，則已詳于調查報告中，不再贅。

一　青峰山之遊

青峰山，據縣志言：「在縣東南一百八十里」。詢門雞臺士人，略無知者。詢之縣署，有人略知其方向，而遠近無人能言。邑紳中有一楊君，其少年時曾往遊，據言應從天官店東過渭水南，行四五十里即至。至當經過何村落，則彼因時間已過久，未能指述。適余等欲往虢鎮陽平鎮等地拓搨縣境內之宋元石刻，而天官店適位于二鎮之間，乃于十九日早八點鐘啟行，擬先往二鎮，歸途過渭水南，遊青峰山，並拓搨宋碑。

同行者，龔君獅醒及拓工辛毓德各乘一驢，余則乘一老馬。外一驢負行李，工人戴八老姜祥祥隨行，招拂牲畜。沿渭河北岸，十五里至底店鎮，鎮東里許即汧渭交會處。汧水僅沒膝，馬頗易過，然毛驢膽怯，余遂隨大衆下，令人負過。渡頭涉者，負者，皆裸體，其兩胯外旁均有黑色瘢痕，余深異之，久思始得其理。蓋陝民均睡燒炕，側身臥，胯骨尖處抵炕，時久遂成瘢。涉汧後，仍沿渭北岸，過馮家嘴李家崖水簾寨諸村，二十里至虢鎮。土人讀「虢」如「ㄍㄨㄟ」。鎮為周小虢國，唐宋舊縣，故俗仍稱「虢縣」。鎮內商業勝縣治，日有公共汽車通鳳翔，至縣治則無之。蓋渭水東流，小舟上溯可抵鎮，再西水淺不易上，故鎮內商業特盛。城隍廟頗弘大，有聲于附近數縣間。然近日塑工劣，無足觀者。相傳城隍神爲漢紀信，廟內扁聯均準之以立言。自門雞臺至此一段路，余于二十二年來寶雞調查時曾經過，再前即屬新路。在鎭午餐後，繼續東行，過李家村郭家堡。堡道南有一小廟，顏曰古活廟，未知內祀何神。再前過景家莊。再前過數村，未問名。再前即天官店。問鄉人青峰山離此地遠近，答言不知，但言有靑峰嶺。問過橋後尚有若干里，答言「十來里」。問橋尚未拆否，答言未拆，橋屬善橋，過橋不須錢也。再前，過盧家莊子賈馬村十家村。又前，過楊家堡子。獅醒寒假中曾同何樂夫來陽平鎭考查，知鎭之團部在楊家堡子，乃往訪其李隊長，不遇，留一名片。時渭水河身緊靠北岸，似尚在攤場中，路緣岸行。陽平鎭離虢鎭三十餘里，至鎭，任牲畜入村店後，即到其對面之鐘鼓寺參觀。寺東院有小學一所，院中頗有花木，牆間鑲一宋太平興國七年碑。其小學西旁有楊公祠，宇下有宣統三年所立「邑侯吟海楊公德政碑」。據言：「邑與國里有十餘村莊，近居渭河之涯。至同光年間，河水陡漲，壞民舍上田不可勝數。今其田雖莫(沒)而其糧尤(猶)存」。「數十年來，未有體恤民情之縣主」，幸「自邑侯楊吟海公履任……稟請上憲以免徵收。……」此大令不似從前縣令之「混蛋」，將本分應作之事尚作一部分，人民已感德不置，爲之立祠，甚矣吾國官之易作，而人民之足憫也！問道士所識之人有去過青峰山者否，答言：「每年朝山，在此『齊會』[1]，故曾往者不少」。託其尋一鄉導，彼携一劉姓者來，議定引路費一元。是夕，眠尙佳，惟隔壁所飼驢時發不平之鳴。

二十日晨，到鎭內一遊，市街不甚長，西端緊接渭水，大致鎭之西部陷沒于水中者已不少。河內邊際有木樁多排，石壩數列以禦水，其洲中有人作畦以種瓜。七點餘即啟行，出鎭，即涉渭水。支汊係人負過。河正身有船，船無搭板，牲畜不能上，人持馬驢之踪而強登之！過河後已九點半！南岸灘寬，有小河，寬四五尺，名淸水河，河南有稻田不少。登原一層，有一大村，名盆家崖。西行出村，再西，過一大溝，中有一綫細流，聞其源出高橋溝。過大溝里許，至一村，名梁家崖。南行，過毛家溝村，村前有大溝，中亦有細流。過溝，仍有人家。再西行，原上有堡，下有大村，均屬八廟村，

2

村中亦有大溝細流。過溝，路轉南。緣溝，林木甚茂。溝西雙林寺，內有小學校，但未開學。出寺，未幾，即上坡。沿大谷南行，谷名楊家溝，間有人家點綴；至農田則種鴉片者過半。上嶺後，稍下，路左有廢廟，讀碑，知爲高嶺寺，並言「嶺爲青峰之外屏」。路時出嶺左，時繞嶺右。未遠，原已盡，以高處已不可眺爲驗。此後山坡頗陡峻，農田絕少。下望谷底，時見人家，屋旁樹木頗茂，餘地幾全屬赤童。然山上非不能生樹，尙餘一小片，已足證明。此地帶余疑太古時亦屬林深箐密，但斬伐却甚早，豈「益烈山澤而焚之」之後即無樹耶？再上，路左有泉，岩係蔴石，路有極窄處：底不踰尺，上層稍寬，然馱子過時仍感困難。再前不遠，至黑虎洞。路左有小洞，過洞，有閣騎路。過閣，路右亦有洞。閣上洞中神像口中皆塗鴉片，乃係煙民以賄神者！娘娘神所抱之嬰兒，口中亦滿塗黑煙！神而有知，當被毒死！附近幼柏不少，風景尙屬佳勝。過洞，路漸下。路旁時見石洞，或係行人避風雨之所。途中遇負柴者，負竹者，負椽者，負板者，負炭者，負木掀頭者，絡繹不絕。山民均身體壯健，帶煙色者絕少。下一大坡，坡下有破廟，無碑，無扁，無人。所祀似係佛孔老三聖，疑未能名。溝中有水南流，路隨水行。水初僅細流，後有水自東來注，即覺澎湃。道旁石漸奇：如臥者，如立者，如屏者，……千狀百態，可人心意。水左有一大石，上又立一大石，北高如紗帽之頂，南出者如鼻，目口隱約，不須若何幻覺，即可見到！天乎？人乎？抑天之冥合若人乎？再進有大水從南來入之，合向西流。問橋上樵夫，據言名伐魚河。過橋南行，河旁楊樹頗多。未幾，見一小村，名關兒上。村有人牲能食處，乃稍憇。店中人正「吞雲吐霧」，苦勸余到室內炕上休息，情意殷殷。時戶外風景佳絕，室中即無「雲霧」，而湫隘惡濁，余並未犯罪，奈何欲囚余于室中耶？乃擇室外一光石據之，出鍋盔，又命煮麵條，對此山水雲樹，大饕大嚼！而爲余等鄉導之煙鬼，乃蜷臥室中炕上，「小鍋飯」一喫再喫三喫！各適其適，無相妨害可耳！時剛過三點，鄉導者即欲止宿；斥之，催其起行。乃過關兒上，彼對于途徑已毫無所知，問之，始知彼于民國七年，往南山「赶煙壋」[2]，歸途經此，見人指示峰頭，云名青峰山，彼今日即大膽思掙余等之一塊錢！然已無可奈何，乃且問且進。兩旁山已非童，而樹甚幼小，樵採者多集于斯。河邊草木極茂。樹以楊爲最多，巨大之核桃樹次之。稍進，楊漸少，柳漸多。沿途雜花盛開，余等所識有桃梨海棠諸花。餘花尚多，惜余等不識其名。路時過溪上，上有危橋。老馬膽大，欵段而過；毛驢膽怯，堅不肯上，乃用人握尾根以助其膽，或牽之，或推之，始勉強過！橋樑多有，每渡均如是。河東有人家，地名店溝口。離關兒上約十里許，至寶蓋寺，寺在路左。再前只有一二人家，已入老林境域。有地，據寶蓋寺內守廟者言名字石頭溝，因路旁之石，從前有帶字者，現已無有。此地多大樹，無農田，然有欲闢爲農田而焚燒之林木痕迹！如此高度，何能植穀？徒使林木受荼毒耳（余未帶高度表，然意其已過于二三百公尺以上）！木始抽芽，亦無花開。時太陽已匿西山，晚霞如魚鱗，始至靑峯山根。鄉導無知，未悉山高幾許。路愈峻險，不能再騎，乃全下，將行李勻配于各牲畜身上以利登陟。路時出溪左，時出溪右，溪上無橋，幸水不大，然涉石以渡，時濕鞋韈。天色漸暗黑，路離溪從左側盤旋而上，以爲離山頂廟已不遠，乃愈走愈險，時復見雪。僅帶一手電筒，未能徧照。雪已融化成細流，流于石徑間。足時陷雪中，時入泥淖！獅醒一次失足，因手握馬尾，幸得不墜。徑寬尺餘，外即下臨深澗，然均有密林衞之，墜亦無入澗底之患，惟血流被面，想任何法亦難避免耳！ㄏㄨㄚ ㄍㄨㄚ一聲，小驢滑倒！其所負行李墜下，幸祥祥急用腿支，未落山腰樹中！數人用力幾分鐘，始移至平地！鄉導煙鬼，伏地呻吟，已幾如死人！山高月黑，進退不可，乃稍甜。鄉導雖病，然彼固鄉導也，乃強其同八老先以手電筒上，探廟門何向，餘人坐俟。彼等去後未幾，天

南天門之露宿

又漸明，蓋月又已東升。俟之良久，未見回音，而途徑已依稀可辨，乃命復將行李上馱前進。行數十步，聞探路者自高處言：「山頂已不遠，但廟則徧尋不見！盡力大呼，亦無應聲！山頂有小地頗平」，問將若何處置。命之復下，引馬驢上山以便露宿。上時仍甚艱辛，幸不甚遠。山頂有大石若門，密林環繞。有小空地，鋪草若茵，遂行止宿。薪柴不缺，生火兩巨堆。取雪煮水，足以解渴；帶有掛麵，煮食亦足療飢。天復相余等，月隱見雲中，無畏雨潤。時有細風，依石可遮。余與獅醒帶行李頗多，乃將外套氈子勻給彼等四人。二人一班，換班睡眠，以防馬驢之逸走。支牀酣寢。此情此景，自余等從西北歸來後，已五六年未曾遇到！今宵又得嘗此風味，寧非大快？寢時視溫度表，則為百度表之零上七度。中夜醒聞聲：ㄅㄤ ㄅㄤ ㄅㄤ，ㄅㄤ ㄅㄤ ㄅㄤ，以三聲為率，前二近，後一略遠，以為此地離廟不遠，僧人擊柝以警夜也。問僕人曰：「所聞何聲？」答：「看(讀上聲)山狗叫」。問：「何謂看山狗？」答：「就是山豺狗，牠在山裏，成夜叫；一直叫到天明。不管啥狼蟲虎豹，聽見牠叫，都(音ㄉㄡ)逃啦，不敢來啦」。問：「不是老和尚打更的聲音麼？」答：「一定不是」，乃又寢。

晨醒後，天轉陰，但無雨意，亦無風。戴八老辛穌德取余之望遠鏡登東邊之各山頭以尋廟。彼等去已久，而為余等「鄉導」之煙鬼仍睡若死狗！乃促之起，問其是否將上山尋路及廟，彼稽延不欲行！力斥之，遂迤邐乘山徑下趨。但彼有天幸，行未久，即遇其「鄉黨」，負板自廟來！問之，知廟在南坡不遠，即登報！未幾，其「鄉黨」亦負板來，止火次休息。命煙鬼大呼八老，彼等二人聞之，遂歸。

由北山口望青峰山稍偏右之遠山中間缺口卽南天門

彼等勇甚，登數山頭以望，然毫無所得！此後負板負椽者絡繹而至，蓋此地固一通衢也！地爲秦嶺最高處之一小口，名南天門，高度以勢測之，約在二千至二千五百公尺之間。煮水，煮掛麵，洗臉，飲茶，喫掛麵，上馱子，照像：一切完畢，起程下趨。路上時有泥水，無雪，當因屬山陽。亦時有大樹橫路，須待繞越。然與昨晚所行路比，難易霄壤矣！約二三里，見路北旁有小石塔二。再前，有南北大溝。過溝，抵廟。廟僅有大殿五間，後殿三間，前殿三間。前殿坡下有東向之木亭一間。正殿瓦均以鐵製，乃此附近居民所豔稱者；前殿則僅覆木。正殿前殿間，西廂三間，已上樑，尚未動工修理。聞此廟前數年爲匪徒蟠據多時，後兵剿匪，遂火偏殿。現時靖，復計修理。廟中無僧道，有廟管一，四川人，李姓，亦一癡君子。前係藥商，現因賠累，只好作一廟管，終日焚香禮佛以「養老送終」矣！大殿中異常潮濕，且門不全，然前後殿更不堪居，乃住于此。幸廟中木板尚多，暫借來鋪牀下地，聊足禦濕。山外人在此伐木作板者，作甬者頗多。大約納若干錢于廟管，即可隨便砍伐，談不到何種砍伐計畫也！徧尋宋碑，不得。問廟管：「附近另有碑否？」答：「僅溝邊及紫陽洞外有二碑」。問：「紫陽洞何在？」答：「在廟前不遠老廟附近」，余乃獨往尋紫陽

青峰山棲眞院之正殿俗名鐵瓦殿

洞。南行半里許，見右邊有廣場，乾草覆蓋甚厚，清溪穿流其間，殿宇基址依稀可辨，定係「老廟」遺址。其「正殿」後有小石塔一，麻石上作視若有字，審視實非。其東北隅，山石壁立，高數丈，平若砥。其西北隅，山勢北轉，再闢一廣場。西向之石嶔嶔光滑，上有青松多株。此一隅山石堪比泰華。對面高山尚層冰峩峩，積雪千里，靜瞻遠眺，渾忘今古。在平陽鎮時，問

人太白離彼間若干遠，答言此南面之高山皆太白也。然按地圖，太白實不在此方向，此果何山乎？徧尋不得其所謂紫陽洞者，疑在山腰，時身體已倦，乃歸。廟附近草不佳，牲畜無食，乃派八老騎馬下寶蓋寺爲之糴食料。余又過溝東，觀道旁之小石塔，均屬乾隆年建。歸午餐後，稍休息，即命廟管引余及獅醒尋此二碑及紫陽洞所在。乃其所指溝東之碑，即乾隆年建之小石塔，此倘在余意計之中。至「老廟」側，彼指東北隅之大石爲紫陽洞！問洞何在，答洞被石封！問碑何在，彼指廳石僧塔，謂是即碑也！乃意興索然！惟「紫陽洞」外之大石上尚有若隱者現之「雲開錦繡」四大字，則由彼之指示而尋得。欲尋其爲何年月所刻，終亦不可知。彼又言對面之高山名嶅山。後檢申報館所印之中國分省新圖，知嶅山與太白相連，可稱爲太白之支山；高度亦與太白相若，則際此初夏，而仍完全被雪封，固無足異。「老廟」前山口正對此山，雲烟變化，氣象萬千，其位置實比避暑谷隅之現廟絕勝。心悅神爽，又瞻眺移時始歸。雖考古一無所得，而得見此奇麗之景物，則此行固自不虛。時下午五點，溫度百度表零上十二。歸後，讀辛毓德所拓萬曆鐘文，繼問廟管及伐木者，始疑萬壽禪院在濱渭水之天王村。廟管又言：「民國十九年，曾有外國人來照像」云云。

青峯山棲眞院紫陽洞前

二十二日晨將七點，啟行下山。時天陰，但絕無雨意。下山後，即上馬。俯仰雲物，仍能令人陶醉。過高嶺寺，未遠，即轉向東，與來時分途。時已下午四點，天氣頗暖，微雨數點。將下原，西望，隔溝，有村不小，名宋家溝，人民復洞居。此上無洞居者，蓋因山中多石。再前，西過大溝，中有細流之水槽，但無滴水。過溝，抵天王村。村頗大，有堡，有商店，東與八廟村相連。萬壽禪院在村西端外，約半里許，俗名萬壽寺。至後，不惟各宋碑均在其間，並在前殿尋得宋元間壁畫，大喜過望。廟在渭水濱，而余等乃尋之于萬山中，思之彌復可哂，然逸興遄發，無些微悔懊。廟尚整齊，因需拓碑及照像，乃止宿于其正殿中。廟管姓張，衆稱張師父，係一喫齋人，有家屬。外有一老翁，亦姓張，比張師父年高，然爲彼弟子。其早晚供神，茶及開水各一杯；中有瓶貯清水，香用檀末，磕頭無數，默念甚久，其所默念，秘不以告人。又聞人言：青峰山屬八廟村，菩薩山屬天王村；二山離此地距離大致相近；如往菩薩山，過關兒上，即須向西分路云云。

二十三日，十一點鐘啟行前，到廟外西南隅之一間殿中一觀。內祀三女神，壁間懸山上祀翁媼各一。問廟管：「此係何神？」答言：「係本村康姓女兒，修煉成功，遂廟食于此」。余意翁媼必係三女仙之父母矣，問之廟管，答言：「老姆係地母娘娘，翁不確知，大約係孔聖！」余觀老人奇醜之狀，其言亦似有理。孔二先生有知，亦不自料其廟食于斯地也！沿渭水南岸西行。路南有村，曰西半窰，北有村，曰宿家村。再前路南，有村曰蔡子。村西有菩薩廟，門前有「學校重地閒人免進」之虎頭牌示諭！廟東南隅牆外有一短碣，立馬視之，上似刻一詩，然未下馬詳讀。再前，路南稍遠，有村曰王家村。再前，過一村曰雙堡。再前，原又向北進，路離原脚不遠。有村曰新莊子，曰鳳鳴里。路北有稻田。再前，近渭水灘，即見磻溪水。轉南，道旁田邊，村人多植荆棘以防禦行人之踐踏其田地，馬上一不小心，遂隔襪刺脚背流血。不遠，過河西，望見磻溪宮，即下馬，放馬先行，而馬因曾來數次，遂直前入宮後門，余等亦隨入。廟規模宏敞，屋宇整齊，瞻仰一過，始覺恍然：余從前意磻溪宮主人定屬周太公望，現始知其與太公無干，主人乃係長春眞人；宮爲眞人成道處，有元碑多通。留辛毓德在此拓碑，即起程赴虢鎮。至鎮東南，過河北岸，時橋尚未毀，但支流水尚不小，余騎馬，隨村人牽牛者徑過。至鎮，尚欲返門雞臺，而因天色已不早，恐至汧河時已入黃昏，遂止宿。次日，上午十點，歸至門雞臺。

1 朝山者到一處會齊人衆，俗名曰「齊會」。

2 陝甘每年收鴉片時，有不少鄉人外出爲人收煙，俗名曰「赶煙場」。

（本節完．雞峰遊記下次續登）

8

登萊旅程日記

丁稼民 1

二十四年五月十日早起，同澄志篤志兩姪及劉僕清文，七點由濰乘車赴青島。午後一點抵青，至奶奶寓所。少息，旋至各戚友處問候。晚，劍三赴王君統照之約。

十一日早，出遊市街，遇張筱銘妹丈於途，乃同往華北商場。旋至王君受忱處，托其求人爲遊萊陽介紹函。下午同兩妹及篤志，泛舟遊小青島。小青島，即古所謂青島；今之街市，乃原名鮑島者，非青島也。小青島，日人號爲加藤，又彼讀青音似琴，國人不察，亦群起效之，呼爲琴島，可笑！名從主人，其意云何？名存實亡，昔人所悲，今幷名而亡矣。小島去棧橋約半里許，予向未遊。抵岸後，拾級而升。歷石級十餘，過一木架，門下有額題曰小青島公園，乃去年市長沈鴻烈氏所建。東南轉，有一大石當路，小松生其隙。繞島一匝，即乘原舟歸，舟價每人才費銀一角耳。晚訪鄭爰居先生於平原路，得見高南阜所刻仿漢印譜，直逼兩京，誠可云名下無虛士。再訪宗人春台於其寓所，適外出未見，乃返。時已九點，睡意大作，因就寢。夢中聞人呼我，張目視之，乃劍三來定明日起行時間。披衣起，談少時去。復睡，時已近夜半。

十二日早發青島，汽車遲遲其行。抵流亭，移乘青沙汽車路車，時已十一點。初，車中人多，幾不能容，賣票者不問車之容載若何，任意添加座位，祇知以金錢爲務，不識其餘，倘遇車不勝任，將如之何？十一時半抵，即寓西關全祀棧，旋至河南暢叙園進飯。食訖，沿河而東，道經蠶姑祠，今闢爲第一蠶桑會，地約二十畝。門內有池，岸側砌石，北面刻『如意池』，南面刻『點化天成』；池界以墻，中分二，其西多金魚，入自南門，黃藍二氏坊相望。至縣政府後，欲訪古寺老僧，則門首已改爲第一區聯莊會矣。出西門，至郭集街南首中和書局，購得即墨詩乘，乃歸旅舍少息。復同澄志入城，訪覺先於縣立中學，得知同邑宋君丹廷在縣政府，即墨友人解君竹蒼在藍邨。乃由覺先導觀中校，暨民衆教育館；孔子廟大成殿，民國十七年被焚，去年修復，因經費無着，中止。回旅舍食晚飯後，與劍三步月淮涉河畔，多時，始返寢。

十三日八時半，自即墨發，過靈山鎮，山雖童禿，而廟宇崢嶸。再北入萊陽境，道旁有一古塔，頗饒畫意。再北過夏格莊，抵孫受，其地人讀若「松修」。鎮北有一小埠，埠頂有一神祠，適逢會期，時正演劇，觀衆頗多，秩序井如。再東行，渡大沽河，即古所謂沽水，此東諸水，則酈注所不載矣。道出水溝頭，為萊屬第一大鎮，輸出多土產，豆餅，花生油為大宗，停車時間最多。再東北行，地形傾斜，多屬陂陀，土色赤，盡沖積層。抵城西關下車，已近午。入西門，宿積善街瀛仙旅舍。旋謁左公祠，

萊陽縣政府

萊境廟宇古跡，盡毀於十七年之亂，惟此以左氏獨存。祠堂三楹，北向，左公面北向，東為其僕左夏，西則王聯州陪侍。祠為康熙時知縣徐某所建，堂下東偏，有沈廷芳所為祠記，字已糢糊不可辨識。下午訪問縣志事務所，得晤王崑玉先生，始知是邑志書，迄今未曾續修者，二百餘年矣。

十四日早起，同劍三篤志登南城，至東南角文昌閣，已殘破不堪收拾。遠眺蜆河，明滅相間，蓋垂楊夾岸，堤岸低高蜿蜒，目力有所障。俄爾風作，乃下城。訪宋荔裳故宅，有光緒五年縣令茅方廉所立碑，其址今為萊陽中校。館人云，城舊有坊七十餘，今存僅有一二。吾憶吾邑之拆除已盡者，此則尙高一籌。少頃小雨，乃至西關候車。傍午，北發，歷沐浴店，榆科頂，至楊祚，入棲霞境。楊祚本作楊础，棲圖誤作⿰阝出，础，音近突。登屬地名多奇字，如夼（音近匡），兩水間村，⿱大日（音近望），則兩山間村。抵棲城西關外下，甫行二百餘步，即與劉東侯老師相遇，乃隨至縣志局，老師與牟叔安先生共纂棲志。志中特點則邱長春事實，于夢熹抗淸始末，郝蘭皋牟陌人諸先生著述，記載極為詳備；惟印費

2

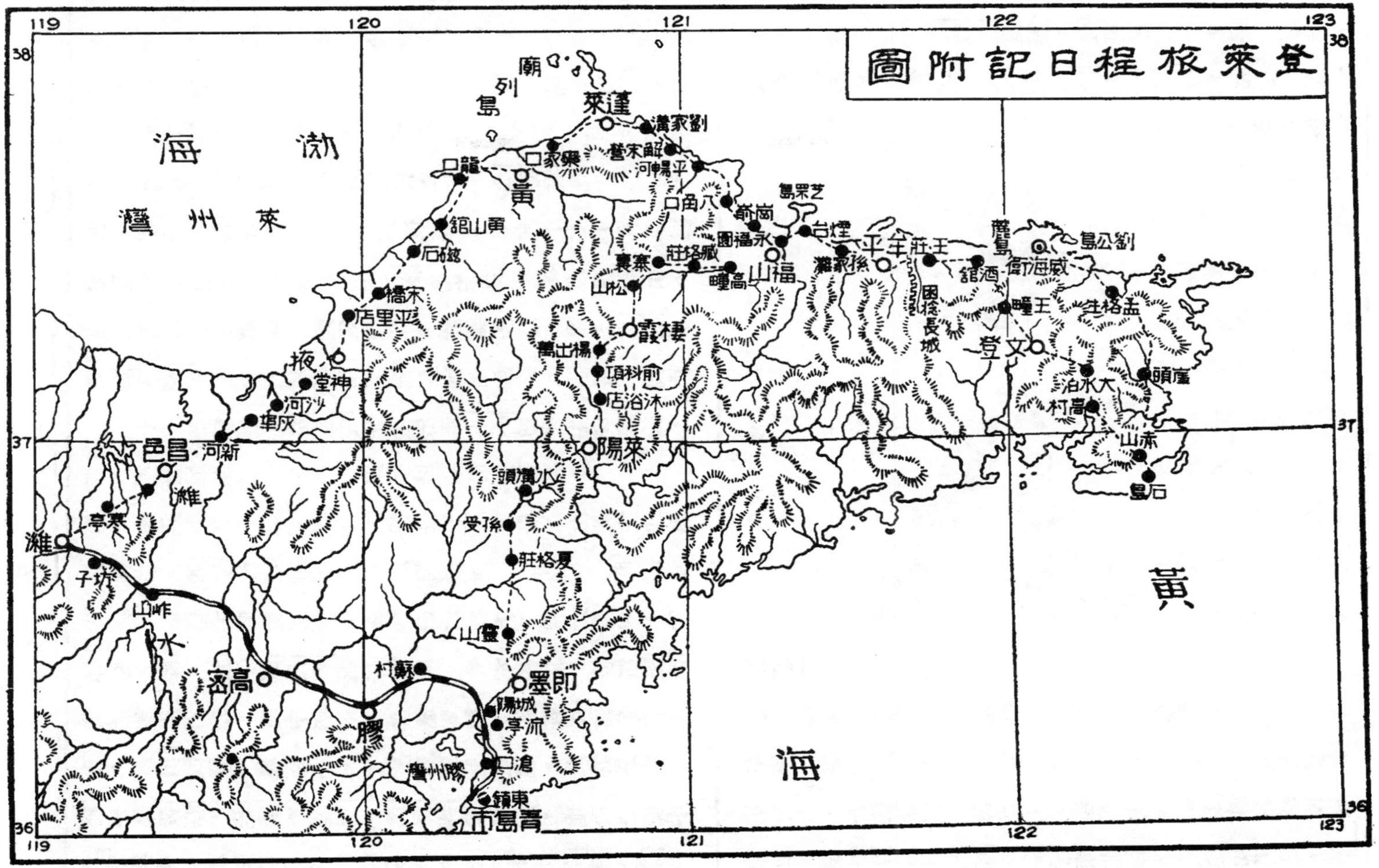
登萊旅程日記附圖
渤海
萊州灣
黃海
蓬萊
黃
龍口
福山
棲霞
萊陽
即墨
膠
高密
昌邑
濰
文登
牟平
威海衛
劉公島
芝罘島
廟島列島
青島市
膠州灣
119
120
121
122
123
36
37
38

尙未籌得，不知何日才能付手民。棲邑古名陽泉，宋以前分隸黃縣，萊陽，蓬萊，僞齊劉豫設治，地居全境中央，羣山四周，城甚小，古所謂三里之城，此其是歟？街道皆用石砌，縣中無車，必逢集期，始有賣肉魚者，地僻人靜，宜乎邱長春避兵於此。井水甚甘，較諸濟南尤美，俗傳古時城甚低，每朝四山吐雲，霞光覆射，因以爲名。明代邑宦郝某，私於南城開一小門，直達其第，衆共非之；郝不得已，捐修三尺城墻，由是在城內者，不睹燦爛之奇光矣。然今城墻仍不甚高。

十五日飯後，牟叔安先生出示牟一樵先生屛幅云，教諭高密單伯平喜用髮筆，先生則用雞毫。少時，親與東侯老師送至車站，天氣頗涼，立談多時。得悉郝蘭臯先生墓在城北金溝山，牟一樵先生墓在城南覆甑山。郝有水經注釋地未刻，其六世孫某，年十七，有志繼述，惟家已中落，恐難底於成耳。牟應震先生少時大病，家中裹草送之郊外，已而復蘇，故眇一目。旣登車，叔安先生及劉老師始去。車東北行，經松山鎭，適逢集期，售小猪者，皆用繩捆之，防其竄逸；古聖制禮，防人踰越，亦猶是歟？東北過塞裏，入福山境；又東北，過臧格莊，高疃。高疃東北行，路隨山升降，下臨河水，奇險陡絕。再東北，過福山城北，時正學校放午學，兒童雁列前行，極有秩序。行少頃，轉入烟濰路，洋槐夾道成陰，秦之直道，想不過如是。下午一時抵烟台，寓悅來棧。

烟濰路烟站

十六日，赴福山縣城，城之面積，與棲霞相等，而繁華過之，門四。是日正逢集期，熙熙來往，集期之用國曆者，此爲僅見。入東門，北爲孔廟，現設民衆教育館。復西又南行，自道西舊書肆中購得舊書數種。旋出南門，入西門，北行，入一小巷，道北爲王文敏公家祠。復東而北行，經一閣下，自北門出，迤北即縣立北關小學。小學即舊書院改設，

4

福山孔廟大成殿

校長車姓，據云全校十六級，學生七百八十人，設備舊甚完備；劉褚之戰，掃地無餘。時已散午學，未上班。院內有白牡丹一株，極大且茂，惜花時已過。福山有汽車站二，烟青站在城西北，烟榮

福山廿九軍紀念碑

濰站在城東北；站東有十七軍陣亡將士紀念碑，乃邵力子文。其西爲私立東華小學，有其初任校長創校碑。在站候車，約一小時，乃返煙台。下午遊於市肆，購得福山縣圖一幅，至烟台市街圖則皆云無有。烟台開埠，將及百年，其在古代，則有秦皇立石之芝罘，明代防倭之奇山所，而竟無一全市詳圖，可怪！

十七日赴文登，歷孫家灘，牟平城，上莊，酒館，王疃，動蕩甚巨，道出崑崙山北，山爲吾東東部主峰，南去牟平城四十五里。是日爲山會期，車中人云，往山行香者頗衆。清咸同中，太平天國任化邦軍東略文榮二邑，依山築圩，得以安全。車過上莊時，村中亦演劇，爲降雨酬神也。行四時，始抵文登東關，即訪劉君君鐸，張君漢卿於鄉師附小。教員文祝三，于夢穿，申女士，均濰人，校正建設校門，舊爲黃泥庵，頗寬敞，複式教授，共四班。其東教室，墻上有漢畫石一，坐者二人，已半殘毀，侍者尚完好。少息，君鐸復導遊召文台，并約張宏漢兄爲導，亦濰人，家於東關，供職縣第三科科長。予族孫雲峰，適回里，未晤。台在校舍之北文山上，相傳爲秦皇召集文人頌功德處；山麓有

金大定時塔。台頗高聳，先明碑已無存，西院有盤孤松已枯。下山後，復往師範本部，校舍建於二十一年。旋入城謁孔子廟，庭中有一金碑，乃用唐開元碑磨後重刻者，碑首刻螭極精，碑側尙存唐開元時人字跡。旋訪明尙書叢蘭墓，墓在城東一小山上。其前有申子墓，申子孔子弟子，豈在是乎？當係別人。叢墓石馬翁仲尙完好。墓東北有唐代經幢，高有八九尺，文書極精，惟少有殘毀，最上層有佛象及刻文，似非出於一時製作。繼遊後寺，現充職業學校，校長陳懷玉。門外礎石上刻小驢，極生動，似漢畫刻石，內有銅佛，與日本鎌倉同式，想係唐製。庭中有一大鐘，蟠紐與孔廟碑碑首同式，必屬唐代無疑。晚君鐸約同鄉小飲市肆，旋歸。

十八日與篤志攝召文台下金代塔，細審之，乃大定間尼明彌塔。回附小後，又於其教室內發現大定勑建大明禪院詔書，蓋黃泥庵即金大明院。下午往遊七里湯，回約同鄉小酌。

十九日早起，與祝三登城，看銅鐘，先經一人家園圃，攝影倒垂槐下，君鐸攝吾與祝三也。銅鐘之紐，又與孔廟碑首，北寺鐵鐘相同，而城門基礎又有作[illegible]邊者，東遊以來，所見古物，莫文登若。下城後，又赴陳先生懷玉之約。十二點半發自文登，車行後，諸同人始去。歷大水泊高村，將近高村時，道右亦有溫泉，即呼雷湯也。再經上莊集，斥山集，斥山爲古海口，禹貢所謂海濱廣斥，周禮所載斥山之文皮是也。唐代日僧慈覺入唐求法，即由是登陸，今分屬文榮二邑。四點抵石島，島原在海中，變爲大陸，殆一二百年事。全埠實業端爲魚鹽，年來外勢日逼，漁家幾乎破產。山廻路轉處，汽車站在焉。下車後，入市內，街道依山上下，凡數陟降始抵客舍。飯後，乃持宏汗兄函，訪連士爲君（君北平人）於石島場公署。返旅舍後，連君來同拜，并導觀鹽坨及棧橋。坨高

文登召文臺

如小山，橋長一里餘，與連君相談，乃悉同邑友人李君景文亦在場公署任職，惟時赴分卡未回。

威海一覽

二十日早七時發，經常家莊，小洛，崖頭，抵孟家莊，出榮成境。榮成村鎮，以石島爲第一，崖頭次之，俚島又次之；交通則以崖頭爲中心，其地當石榮威之衝，去城三十里。停車約兩點餘鐘，予及劉清文進街用飯，與里人楊某遇，彼營飯館業於是，問及吾邑留榮有同鄉否，據云陳君叔平，在電話局供職。托其延之，回云，已赴城內。車入威海境，道路修平，英人之努力，可見一斑。抵威後，寓寶陞旅館。少息，即往環翠樓，樓係重建，非復舊觀，氣象崢嶸，海山一覽，達官貴人多所品題，故跡名墨蕩然無存矣。

威海環翠樓

二十一日早，乘小船往劉公島，船資來回八角，島去市內十二里，航行一小時而至。志稱島之命名原於劉公，英租以前，曾有廟祀，旣被佔據，廟移他處，名號不詳。漢劉寵牟平人，或寵之祠廟歟？抑或有德於沿海居民者歟？登岸後，入舊提督署，房舍一仍舊觀，而爲條約束縛，室內變爲英國海軍俱樂場所；其西爲丁禹廷祠，庭中東偏，尙有丁之德政碑。文云：

欽命頭品頂戴海軍提督總統全軍西林巴圖魯丁老軍門禹廷次章德政

柔遠安邇

光緖十六年孟夏，劉公島紳商敬立。

7

碑高約四尺，甚爲完好。回時，海中泊有我國及英兵艦三艘，以我較彼，不及遠甚。返旅館，睡片時，又與篤志往攝環翠樓影數幅。下午又與澄志往遊公園，公園在東山上，去市約三四里，門書「威海公園」；再上爲體育場，拾級上升，爲長風亭；再上爲望雲軒，軒頂爲台，東望劉島，西矚環翠，眞令人起乘風去也之念。薄暮乃返。

劉公島公園遠望

二十二日赴烟台，在酒館更換車票。在上莊附近，車滯不前，乘客多降車。移時始又前進，午抵烟，遊奇山所舊城，參觀平壽小學，族姪紫楓，長校已十餘年。烟台爲商業區，教育無甚起色。晚赴東山下，購攝影數種。是日仍寓悅來棧，隔壁成衣匠終夜縫衣，機聲擾人，棧名「悅來」，似不若易爲「慮來」之爲當也。

二十三日抵蓬萊，寓北關中華棧。步行入城，飯於鐘樓西偏酒肆；參觀民衆教育館。出城乘車，北往水城，登蓬萊閣。道人蔣姓，龍門派，談次言及曾有于某欲修蓬萊閣志，未成而卒。謁蘇公祠，復昇閣望海，惟遙見長山島，若隱若現於驚濤駭浪中。下山覓船，往遊彈子窩，即古所謂珠璣灘。舟中廻望蓬閣凌空，峭岸壁立，撿拾石子，多時乃去。旋往修志館，館即清宋

蓬萊之蓬萊閣

軍門祠，頗壯麗。出至晝河西，謁明戚武莊祠，在府街道東，內多名人聯語。見其裔孫戚君雲竺，據云，武莊爲其六世祖，彼則十六世。公墓在城南，所有祭田四十畝，因家中落，盡歸豪族，翁仲及墓碑，均已殘毁。衛國賢哲之墓竟至如斯！國之不競，不亦宜乎？

二十四日早起復往攝戚公祠，十一時赴掖縣。澄志不耐疲勞，先行回家，予及篤志清文往掖。入自北門，道路砌以方石，爲各縣所無；至南門內掖縣中學，訪高象九，田仲濟兩君，高時任校長。校址北院爲舊試院，南則舊道署，署內東偏舊有紫藤仙館，爲萊州名勝之一，紫藤民國二十一年爲十七軍軍長劉珍年所伐。旋出步街市，自西門內肆中購得泥人萊玉玩具十餘種。縣政府即舊府署，唐休貞碑在其東偏。象九云，前數年時，埋於土，修縣府時，乃掘出云。其碑首與文登廟碑同，侯穆止先生云碑係用魏齊舊料磨刻，然則文登唐碑又疑在開元前矣。府城隍廟極大，曩聞有陰吏塑象，神情逼肖，出張菊如手，今已無存，亦美術上一大損失。民衆教育館有一銅彌勒像，與吾邑石佛寺木象同一作風，想係唐宋時造。據云曩爲某國人盗去，追至即墨，始行收回。明朱太守祠在南關道西，壁畫朱公守城事跡，極完好，惟屋角毁於廿一年劉珍年之役。文泉在城外東南角下，芳草油碧，水流澈明，白馬三五，斜陽廻射，嵐光城闕，宛然仙境。文泉舊有石欄，亦毁於兵。東崖上有一神祠，已頹。象九之子傳紀言，文泉之西，爲武泉云。傳紀舊從予遊，時從其父在此肄業常平倉小學。猶子端志年甫十一，而畫人物頗有法規，年來多病，予至掖得家兄書，乃知其於十九日夭逝，可惜！

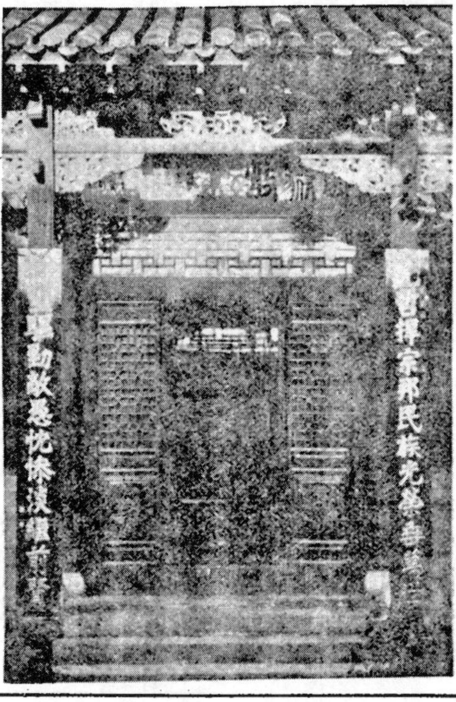

蓬萊戚武毅公祠堂

二十五日回里，象九送至車站，在站遇常平倉小學學生二人。一邱姓者，詢及二十一年圍城事，據云，閉城爲廢曆八月十六日，劉據兩月，始行放棄，城內無糧，若再月餘，民無遺種；縣商會會長董某，被逼身死。登車時下午二時，即淅淅小雨，沿路惟沙河圩最大，新河橋最長，昌邑城角時露於綠柳叢中，倘堪注念耳。下午一時抵里，由游麟門外下車。至家悉郭君雨農考察江浙教育歸，并以雨花台石相餉。

10

剖面的剖面自序

楊鍾健 1

我的西北的剖面，是二十年完稿，二十一年秋天出版的。到現在，五年的光陰，又悠然的過去了。在這五年中間，我因職務上的便利，又做了幾次旅行。二十一年夏天，在山西的東南部約一個月；二十二年在井陘平陸澠池等地約一月。二十三年在山東中部約兩星期，又作了由上海起到重慶止，先後共分二次，爲時共約二月的旅行。二十四年兩廣旅行約二月；此外又到山東的膠濟線去了一趟，爲時不及兩週。同年夏天往甘肅到青海的東部約兩月；二十五年又到山西東南約兩周；最末作了一次四川西部旅行，約一個半月。

這幾次旅行足跡所至，最南到廣州，最東到青島，最西到青海的享堂，而成都南的榮縣也是一個很遠旅行的終點。費去的時間，共約有一年光景。旅行的目的，當然也和西北的剖面的各次旅行一樣，以考查地質與採骨化石爲主。我每次旅行歸來，也照以前一樣，都把所觀察的及所感觸的，就所能記得的記述下來，就是這一本遊記。

這一本遊記，除兩次不同年山東的旅行，併爲一篇外，其他各次旅行，全是一年作的，有的旅行雖曾中斷：如上海重慶間旅行，中間曾回平一次，二十五年山西與四川一行，亦實際上爲兩次旅行，但均併作一篇。這樣以上各次旅行，共爲七篇遊記。

從我十七年回國，到二十年所作遊記，我名之曰『西北的剖面』，意思就是我所看的不過是就西北所走過地方的一部分，就所看所聞的，記載下來。不過由這一部分，也可藉以了解各區域情形大概，正同由一個地層的剖面，可以知道該區地質大概一樣。現在我把五年來的遊記，彙集成册，名之曰『剖面的剖面』，其基本意義，亦與前同。不過我所感覺的，各篇所記，比應記者少而又少，恐怕連剖面也當不起，只是許多剖面中的一個剖面，或一個大剖面中的一部分剖面罷了。

這册『剖面的剖面』中所記各事，雖極力避免日記式或賬本式的記載法，却也免不了零零碎碎的。各篇大致均以時間爲綱，零碎的毛病，當然免不了。不過各篇所記者，大別之可分爲三類，不妨約爲說明一下：

第一，關于地質上的通俗的記載。我是一個學地質的，而且各次旅行，以地質爲重要目的，所以即極力避免記地質一類的東西，却不知不覺的就寫入了。不過很專門的說法，當然全爲免去。而所述的大半爲易于了解，或于了解一地方的地形山川有若干關係的

第二，關于描寫風景。所謂風景，不只限于好的風景，壞的風景也多盡力敘述。有時候也用自然科學，尤其是地質學的見地，解釋所見的風景。

第三，民間一些看到事情的雜述。我所去的地方，大半爲鄉村，所看的也自然以鄉村景物爲較多。這些事情初看似無多大道理，而實在是很重要的材料，雖然破碎，但都是事實，不曾滲入半點造作。

除以上三點之外，當然就是旅程的記述，和個人的一些感慨了。雖然無關宏旨，却也是題中應有之文，所以不曾從略。

本書的各方面均已介紹明白，現在可以藉這機會，說一說遊記文學的重要，和我個人對于遊記文學的見解。

我常說遊記是眞的小說，一部好的遊記，往往使人不忍釋卷，正同看好的小說一樣，而其效果又遠過于小說。一部好小說看了，只令人得欣賞文字的美妙，至其事情之眞實與否，無從一一詮定。一部好遊記看了，不但覺得文筆好，還可以得到許多實實在在的知識和材料。因此在西洋各國一般人之嗜遊記，正同小說一樣。一部好遊記出版，往往能不脛而走，短期內可以噲炙人口。一般人民關于本國以外地理的社會的知識，大半自遊記中得來。一個人的時間與財力究竟有限，除少數人外，往往不易有機會作許多遠大的，或許多次的旅行，所親身看到的，往往只是世界的一小部分。若各地均有若干好的遊記式的記載，既可于乾枯的正式記載之外看些比較生動的東西，使不到一地方去的人也有了臥遊的機會。

從另外一方面說，常有機會做旅行的人，應當自己覺得這是不可多得的機會。自己所看所欣賞的，有許多人求之而不得。似乎亦應節省些時間，記載下來，以公同好。在自己在正式工作以外，得到一種副產物，可作旅行的紀念，而對于別人，希望知道某地情況而不會去

2

過的人，也可以說盡了供給材料的責任。

這個說法，是站在新遊記的立塲上立論。原來遊記可以說有兩種，舊的遊記和新的遊記。

舊的遊記，也許文筆很好，是不朽的好文章，但有的爲文人感時或寄託之作，如桃花源記。有的雖也記述自然，但描寫不合于事實，言山則無非壁立千仞，說月亮無非是玉兔嫦娥一類名詞。最壞的他們對于自然的記述，往往泥禁于古來書本或古典中，如遊龍門，便提到夏禹，過吐魯番紅色地層也以爲眞是火焰山的遺跡。此等以訛傳訛的記載，實在是有不如無。此等遊記多的很，俯拾即是，用不着舉例子。

至于新遊記，則不然，他的目的在給于閱者一種正確的知識。此等知識固然書本上也有，但另以遊記式筆墨出之，格外可以引人入勝，可以說是供給一般人業餘欣賞自然，並取得史地等知識的絕好讀物。理想的好遊記，對于每一地的地形山川地質背景地理狀況以及人情風物，均當予以正確的記載。此等事實，眞實的描述，再佐以優美的文筆，自然是適合于現代科學化的遊記。

譬如『桂林山水甲天下，陽朔山水甲桂林』，係言廣西石灰岩所造的筍狀山和其洞穴，爲廣西特別優美的風景。歷來赴廣西者，不知有多少文章，贊嘆其神美，但能說出所以然者，幾乎沒有一篇。桂林城內的獨秀峯洞內題詠殆遍，而竟無一指出其所以。無非說山如何如何的好，長的如何如何的神奇，自然造物如何如何的佳好而已。若有人能用近代知識的眼光，說明其實爲喀爾斯特地形，其成因實在是一種化學的作用，並能親切的描述其發育與演變的歷史，這樣才爲眞了解自然，而新遊記的目的才算是達到了。

又如華山爲五嶽之一，中國一大名山，去遊的人也不少，遊記更是汗牛充棟，但也不過到青柯坪而望前途行路之不易，上老君犁溝而感覺造物之神奇而已。倘若有人在遊記筆墨中指出華山之所以奇陡，眞有壁立千仞之概，實由地質新期斷層的結果，而所謂青柯坪也者，乃爲一種懸谷，代表某一更古期的地形。這樣豈不對自然眞了解了嗎？

這樣的遊記，在現在國內，已在開始作了，並且已有好的結果。如翁詠霓先生的四川遊記，對長江三峽的成因，及四川山川形狀之所以，闡發靡遺，指出地質上造成的定律，糾正以前兩山之間必有一川及兩川之間必有一山的錯誤，使人一讀，獲益不少。又如李書華先生近年所作遊記，例附精確的地形圖，並盡量參入現代的知識（如近作上方山遊記），亦多可爲從事此等著作的楷模。

我歷來各遊記的試作，完全都是本着這樣見地作的，不過一來因職務繁忙，不能聚精會神的做，二來爲個人粗笨的文筆所限，不能把所要描述的寫得如聲如繪，因此絕不能算成功的作品。不過雖不能達，却心向往之。希望社會人士，認識這個方向是對的，能夠不斷的有標準的新的遊記出現。那末這樣粗淺的試作，或者也有他拋磚引玉的功用，所以就毅然發表了。

我之所以勉力于業餘外努力作這些遊記，受西洋學者的影響很大。常見西洋人在中國作遊歷或考查工作的，例有許多遊記的書籍發表，早一些的如李希霍芬在中國調查地質，于正式報告之外，有他的日記發表。發表最多的，爲斯文赫定，他關于中國的遊記有六七部之多。近年來如在地質調查所服務過的安得生，也有兩本遊記式的文章發表，一爲龍與洋鬼子，一爲黃帝子孫。此外如美國中亞攷查團，除安得生之『向古人類遺跡追求』一書外，其攷查團正式報告專書之第一卷，即爲遊記式的總報告，在川藏調查過的哈安姆，有『明耶貢嘎爾』一書印行，也是遊記作品；其他不著名者尙甚多，不能一一列舉。

此等外國人作品，在描寫上自然方面當十分眞實，文章自然也很好。不過一方面因語言不通，一方面或眞有惡意，當然免不了對人情風物方面，有許多乖于事實的記述，無形中在國際上有一種不良的惡果。

但返觀近來我國人遊歷彼邦者甚多，而令我們比較滿意的遊記，竟找不出一部來，一大半的此類作品，不是起居注式的瑣屑記載，便是一些不關痛癢無病呻吟的句子的雜湊，眞正能供給一般沒有到外國去過的人臥遊的書，可以說絕無僅有。

外國且不言，就本國言，關于各省區的此項作品，亦不易找到。中國幅員甚大，即交通方便之處，能有機會親身遊覽的人，尙爲少數，何況許多地方仍甚邊遠，不易前去。所以國內遊記文字的需要，正同國外一樣，或者更迫切。

這也可說是我要作許多遊記的第二個動機，至于成功與失敗，那就非所計議了。

最後我應該向一些與這本遊記有關的人申述謝意。首先應該申謝的爲和我遊行的同伴，如德日進，裴文中，卞美年，巴爾博，張席禔，甘頗諸先生，均先後爲我旅行中的良好伴侶，可師可友。裴卞二君並供給我若干照片，巴君的幾個繪圖，我也採用，都是應該特別感謝的。我以工作方便計，常携技工同往，他們在旅程中也有不少的臂助，也當表示我的謝意。參加各次旅行的，如劉希古，唐亮，王存義，杜林春，柴鳳岐等。

此外我最應感謝和追念的，也有許多位先生，我不能不于此誌我的謝忱與景慕。第一爲地質調查所翁詠霓先生，我歷次旅行，全是他給予我的好機會，而他對于我的遊記的見解，尤爲贊成，在西北的剖面書中，他已爲序文介紹，此次又承他在百忙中給我作序，這樣的美意，不是平常文字所能描述的。第二爲丁文江先生，他也是注意我的學行發達的一人，廿三年我們往長江流域旅行，正值翁詠霓先生臥病杭州，一切均承他指導，二十四年兩廣旅行，他又殷殷介紹廣西當局，這都是令人不能忘的。丁先生在地質界及他的其他事蹟，當然可以不朽，用不着我『我的朋友胡適之』似的追說。不過他于今年一月五日不幸逝世，到我作這序文的時候，正快一週年，人事滄桑，追懷哲人，怎能不令人爲之唏噓呢？第三爲前新生代研究室名主任步達生先生，我的工作直接和新生代研究室關係最密切，二十年到二十三年的各旅行，他的規畫很不少，不幸他當二十三年三月十六日，便一病去了。

這本書承顧頡剛先生介紹，允在禹貢學會的遊記叢書中出版，又承于右任先生題封面，安炳琨君代繪旅線路，均應當申謝。而我各次旅行沿途所經地方，或承當地地方長官招待，示以旅行上各種便利，或承本地士紳及社會人士過分歡迎，或指示，免去許多困難。因所經地方甚多，所遇人士，不能一一述明，十分抱歉，謹此略申我的忱悃，想他們當能見諒的。

最後我應當特別感激的當爲我那親愛的母親。一個人要在社會上略有貢獻，除去許多條件之外，最要緊的須要一個良好安靜的家庭環境，這樣才可安心工作，才可以沒有精神上的痛苦，或者進一步有精神上的安慰。十七年我由歐間道回國，結束了二十年求學的局面，方思安心為社會服務若干年，以報三十年家庭養育，與二十年國家教育之恩。不料是年五月，吾家即遭空前巨變，延至年終，我的父親也一病不起了，在這樣情況下的我，精神上的不安，自不待說，幾乎一蹶不能再振。這時候我惟一的慰藉，與奮鬥的理由，就是我親愛的母親。十八年奉母來平，二十二年因榆關事變回家，二十三年暑後再度來平，二十四年七月一日，又因平津危殆回陝。雖現在仍在家辛苦經營一切，然幸能健康如昔，實為我精神上惟一的慰安。我所以能夠在外安心服務者，此為一大原因。

然從另外一方面言之，殊覺與親在不遠遊之訓不合，遊子天涯，母心天涯，其無形中之掛念，直難以筆述。嘗思為人子者，既不能奉養其親，少盡烏私之意，反日令其操不必要之心，未免太為難堪。今以這一本小冊奉獻給吾母，作為他六十四歲紀念，與其說是誌慶，無寧說是誌我個人的罪過。封面所採圖，為我奉母初來一年在新皮庫胡同二十五號所拍，恰合『慈母手中線，遊子身上衣』的景緻。我今作此序，序吾書，而我每次辭母出遊，吾母含淚送別，與每次平安回寓，吾母喜慰以至淚下之情景，歷歷如在目前。由旅行的人生觀觀點看，固當解脫看去，但就旅行人生中之時時刻刻當盡其應負的職責講，似不能不有所動于中，而引起若干深刻的沉痛與欣幸。

二十五年十二月三十日在北平石老娘胡同十五號。

吾國地理部類之沿革

傅振倫 1

不明歷代地理書之著述及存佚情形，無以言整理；不明史籍系別，地理部類，又無以檢校其著述及存佚。謹述地理部類沿革，以爲吾人整理地理故籍之參攷。

吾國羣書著錄，始劉氏七略，孟堅因撰藝文，而史地無專篇。荀勗本鄭默中經，更著新簿，分爲四部；三爲丙部，有史記，舊事，皇覽簿，雜事等類，而地理無專門。李充晉元帝書目又因荀氏中經簿，仍分爲四，以史爲乙，而史書之部次以定，地理亦無專條。宋元徽元年，祕書丞王儉，既造書目，又別撰七志，七曰圖譜志，以紀地域及圖書；地理闢目，始於此也。自是厥後，部勒諸書，有官家目錄，有私家目錄，有正史目錄，有史家目錄，大率用李充部敍；而地理之書，亦多隸史部。

梁普通中，處士阮孝緒，博采書記，參校官簿，編爲七錄；內篇第二，爲紀傳錄，以紀史傳，分部十二，十曰土地，著地里之書。唐人撰五代史志（即隋志）分經傳爲六部（四部及佛道等書），史之所記，十有三門，十一爲地理類。唐昭宗即位，志弘文雅，祕書省錄開元盛時四部諸書，以表藝文之盛；乙部爲史，其類十有三，十一曰地理，以紀山川郡國。舊唐書經籍志因之；新唐書藝文志乙部史錄，亦本舊志，而地理居末。

宋於四部之外，加天文圖畫爲六閣。王堯臣等奉敕撰崇文總目（徽宗旋改名秘書總目），史部所記，亦爲十三目，而地理列第九。尤袤編遂初堂書目，分史爲十八門，地理類殿焉。晁公武爲郡齋讀書志，析史十三目，十爲地理。陳振孫撰直齋書錄解題，史之類凡十六，地理列最末。王應麟作玉海，其藝文史部之屬有八，而地理無類。鄭樵通志既著圖譜略，復撰藝文略，史類第五，分十三家，十爲地理，析爲十一目：曰地理，曰都城，曰宮苑，曰郡邑，曰圖經，曰方物，曰川瀆，曰名山洞府，曰朝聘，曰行役，曰蠻夷，條析甚明，子目大定矣。案劉子玄史通分史家雜著爲十流，五曰郡書，九曰地理書，十曰都邑簿；更倡史立都邑，氏族，方物，人形，方言等志。漁仲分類，雖因事部勒，亦本劉氏遺意也。宋史藝文志史類十有三，地理第十二。馬端臨撰文獻通考，其經籍考分史爲十四門，十一曰地理。

明楊士奇編文淵閣書目，編號凡二十，每號分貯數櫥，略分九部，三爲史家，而以古今地志終。私家書目頗多，分部淩雜，不足取。朱睦㮮萬卷堂書目史部十三門，十二曰地志，十三曰雜志。陳第世善堂書目史類十八，十一爲四譯載記，十二爲方州各志。高儒百川書志史二十一類，十一爲地理。祁承㸁淡生堂藏書譜史之類十有五，一曰國朝史，分十二目，十一爲風土（又分使命，宦轍二子目），十二爲行役（又分皇輿，異域二子目）；十曰記傳，分九目，八爲行役，九爲風土；十四曰圖志，分十一目：爲統志，爲約志，爲省會通志，爲郡邑志，爲邊鎮，爲山川，爲祠宇，爲梵院，爲勝遊，爲題詠，爲園林。

萬曆間，陳于陛議修國史，引焦竑領其事。竑以制書及四部書爲國史經籍志，史目十五，十三爲地理類，析目凡十：曰地理，曰都城，宮苑，曰郡邑，曰圖經，曰方物，曰川瀆，曰名山洞府，曰朝聘，曰行役，曰蠻夷；十四爲譜系類，子目有六，其五曰郡譜：盖取鄭樵之說，而酌加釐革者也。明史藝文志之編修，即本焦目，而分史爲十類，地理列於第九。清初黃虞稷爲千頃堂書目，史部之書，爲十八類，九曰地理，分上中下三卷。論者謂：「焦氏經籍志誕妄不足爲憑，傅維麟明書經籍志，尤侗明史藝文志藁皆冗雜無緒」。考明一代著作，終以此爲可據者！

四庫全書總目史部分十五類，十一曰地理，其敘曰：「首宮殿疏，尊宸居也。次總志，大一統也。次都邑，郡縣，辨方域也。次河渠，次邊防，崇實用也。次山川，次古蹟，次雜記，次遊記，備考核也。次外紀，廣見聞也」。綜其子目，爲數凡十。古今圖書集成理學彙編經籍典分史書爲國語，戰國策，正史，編年，史學，地志六大部：盖類書就事部次之法，無足多也。

清私家書目，分類繁碎，不免餖飣之嫌，且有類例不清，名目妄誕者。錢曾讀書敏求記乙部之書，爲十一類（內史部列第一），十曰地理輿圖，十一曰別志。徐乾學傳是樓書目，史部分三十七門，煩瑣尤甚，三十四以後爲地志，爲別志，爲朝聘行役，爲蠻夷。王聞遠孝慈堂書目分史三十一類，亦綱目不分；十九至二十七，皆地理之記：曰方輿郡邑，曰行役，曰屬夷，曰川瀆，曰名山，曰陵寢，曰名勝，曰人物，曰文獻。姚際恒好古堂書目，史類二十，其十五曰地里，十六曰方物，十七曰名勝，十八曰川瀆。汪憲振綺堂書目分史爲十七，十五爲地志類，其下又分通志，郡志，州郡志，名山，水利，輿圖，雜志，遊記，外域等九門；雜志又析爲都邑，陵墓，祠廟，書院，寺觀，人物六目，條理頗清，與以上諸私目較，相去遠矣。孫星衍撰孫氏祠堂書目，打破四庫分類法，以羣書爲十二部，地理自爲一門，列之第五，其序曰：「禹貢古文說及周地圖之類，存於歷代地理志及水經注，括地志諸書。宋元方志，多引古說，証經注史，得所依據，互存舊說。地名更易，古今殊目，兼載方志，以資博考」，其序，則「先以總志，次以分志；或總紀區宇，或各志封域」，其見洵高人一等也！

淸儒史書分類，莫精於章學誠，州縣請立志科議嘗謂：「史有天下之史，一國之史，一家之史，及一人之史」。及爲畢秋帆撰史籍考，復分史書爲五十六目，統爲十一綱（外又有制書）、其七爲地理部。畢氏原稾分荒遠，總載，沿革，形勢，水道，都邑，方隅，方言，宮苑，古蹟，書院，道場，陵墓，寺觀，山川，名勝，圖經，行程，雜記，邊徼，外裔，風物二十二目。章氏以縷析過甚，轉滋紛擾，因概分總載，分載，方志，水道，外裔五目，而暗分子目，以類相從。張之洞督學四川，訂書目答問，分羣籍爲六，以史部爲十四門，十曰地理類，更析古地志，今地志，水道，邊防，外紀，雜地志六目，與四庫分類頗有出入，蓋參考隋志，崇文目及孫氏祠堂書目而爲之者。

自歐風東漸，學術大昌，世頗有以西人之說分析吾國史地統屬者。章太炎分文爲有韻無韻二種，無韻者分爲六部，二曰歷史，其類十二，五爲地志。梁任公分史爲十類，七曰地志，有通體有別體，以括地理之書；又第十曰附庸，有外史，有考據，有注釋，亦有地理之記焉。

法儒邵客呂嘗謂：歷史爲時間之地理，地理爲空間之歷史。蓋時次則爲歷史，地列則成地理，其實一也。故已往史籍，廣義言之，實皆可以地理目之。即以狹義言，史部之地理類，固爲地紀之書，然雜史也，載記也，圖譜也，亦不少地記之類；即史鈔中，亦未嘗無地理也。且史之類，若紀傳，若編年，若紀事本末，若典制食貨，若傳記人物，若譜系簿錄，若藝文金石，若歲時風土，其記事以一方爲限者，亦莫非地理也。今據已往地理類目，參酌羣籍，竊以地理一部，應分爲三大類：一曰地里書，以地理上事物爲紀述之對象者也；二曰方記，記事以一方隅爲主，且多偏過去史事史實者也；三曰地方志，記事以一行政區域爲限，兼記古今，而尤詳近事者也。方記之名，定自實齋。方志意義，詳拙著中國方志學通論第壹篇，恕不贅。姑錄類目於左：

地理部類表

【一】地里書：

總錄，地理圖表，山川水道，事紀，人紀，雜記，遊記，外紀。

【二】方記：

一方史蹟，邊防，外交，……。

【三】地方志：

一統志，通志，郡縣志，都邑志，鄉土志。

怎樣編纂新式的縣志

朱士嘉 1

地方志與史地學社會科學自然科學都有相當的關係，因爲牠所賅括的門類很繁多，所記載的範圍也很廣大。我們從輿地志裏可以知道那一縣是在什麽時候建立的？中間經過幾次改變？到現在牠的面積有多少大？分轄多少區鎮？在地理上牠與一省發生什麽關係？與一國又發生什麽關係？這不是研究地理學的好資料麽？從大事志裏可以明白該縣曾經發生過什麽重大的事情？經過如何？影響又如何？那種記載有多少可以補正史之不足？諸如此類似乎都是研究歷史的人不可以忽略的。從人物志風俗志裏可以瞭然于一地方的人士曾經創辦過什麽事業？他們的語言是屬於那一系統的？以民族學的眼光看來，那一姓那一族最爲著稱？什麽理由使他們著稱的？有幾種職業在他們之中比較最爲重要？那都是研究政治學，經濟學，民俗學的人所應該知道的。其他關於自然科學的材料，大都可以從物產門裏得到，因爲動植物的產量以及分佈的狀況在這一門裏記載得最詳細。靠近江海的縣志也往往把雨量的密度，潮汛的起伏，條分件析地記載下來，這不但動植物學家就是天文學家也當視爲珍貴的材料。現存的方志，據我調查所知已竟超過六千種，但是修於民國的不過四百多種，其他應該續修的差不多有二千縣。近幾年來經過不少人的提倡，對於方志的價値已有正確的認識，並且時常看見他們在討論編纂縣志的方法，這是很好的現象。但是我總認爲關於這一層似乎還應當有許多人繼續把他們的意見盡量的貢獻出來，方才可以得到比較完滿的結論。

因爲對於現狀有所不滿而後有新的建議那是極自然的趨勢，我做這篇文章也不能例外。我所見到許許多多在民國或在民國以前所修的縣志賅括說起來總還不免兩個很大的毛病。第一，在體例方面大都還是因襲陳規而不能完全適合各地方的環境和需要。譬如地圖吧，不從實地測繪着手而憑空臆繪，更可笑的還有把一幅一幅的山水畫列在前面，起名爲「八景」或者「十景」，其實對於一地方地理的沿革，形勢的險要，毫無關係。這是不知道用經緯線來繪圖的過失。關於人物，修志的人因為要替本縣爭光，往往敘述及於別縣的人，而且千篇一律，讀完了還不能使人明瞭所敘述的有何特殊之處。所有本縣人的著作也不論已成未成，已刻未刻，全都收錄進去。書名底下不但不注明板本，也不注明「存」，「佚」，「未見」等字，至於內容的優劣也全不討論。這是不知道傳記的體裁和目錄學的過失。第二，內容方面不是太嫌繁瑣，就是過於疏略。這不能不歸咎於修志的人只知道預先立一綱目然後把所有的材料分門別類地記載下來，以致重要的史事被遺棄的不知有多少；同時不倫不類的材料，却因為受了所謂綱目的寬泛而收錄進去。其他關于農，工，商業的狀況在縣志裏很不容易見到。縣志的內容全靠信實與豐富，但是有幾部書能夠合乎這個標準呢？這固然由於修志的人的「才」「學」「識」的不充實，但是另一方面地方官吏與當地紳士們的——尤其是紳士們——不能與他們開誠布公地合作，未始不是一個很大的阻力。范成大之於吳郡志，章學誠之於湖北通志，言如泗之於常昭合志都是很好的例子。因為人事的關係而使縣志的內容大大地損色，實在是極可痛心的事情。近幾年以來各地方的政治的，經濟的，社會的情形已經有很大的改變。「地方自治」，「經濟建設」，「鄉村教育」等口號不是已經喊得很普遍了麼？怎樣能使牠實現呢？我相信如果不以縣為單位而從事建設，恐怕仍舊不能收到很大的效果。要想建設而不能明瞭各縣的社會狀況，經濟情形，恐怕仍舊等於紙上談兵。我們現在不修縣志則已，要修縣志在體例方面則應力求簡潔，在內容方面則應力求詳實。這樣才能供給凡是研究史地學，社會科學，自然科學以及一般行政人員的參考。

怎樣編纂新式的縣志實在是一個重要的問題，現在只把我的意見提出來寫在下面：

第一，採訪

（甲）採訪的範圍　空間的以一縣為單位，調查牠的疆域，方位和里數，特別注意與別縣分界的地方。時間的必先劃分一個時期，從那一年起，到那一年止，最好以二十年或者三十年為限。凡是發生在這個時期以外的事情都不應在記載之列，但是涉於古蹟金石等物則可以例外。以前修志大都把舊志的材料悉數抄錄下來，有的加以筆削，再於每一門的後面增加新的材料。這實在太失體統了。何以見得呢？第一，舊有的材料如果完全抄

2

錄，錯誤必多，而且也不便檢閱。第二，把舊志的材料整個的或者部分的收錄入於新志，則所有的抄寫費，排印費，校對費一定不在少數；在民窮財盡的今日何可再如此浪費。第三，以前各縣聽從中央的命令限期修志，以期迫草率從事，甚至於把舊志重刻一過，每門後面只續增了兩三條，當作一部新志；上司不察，往往給他們敷衍過去，豈不可笑。然而有時舊志過于疏陋，不得不予以刊正及增補。在這種情形之下，可以把刊正增補的部份附在新志的後面，篇幅過多時也不妨別刻單行。

（乙）採訪以前應有的準備

（一）聘請採訪員，測量員（兼能攝影），繪圖員，統計員，書記等若干人組織一個採訪委員會。採訪員需文理通順，常識豐富，對於本地風俗情形特別熟悉。測量員，繪圖員，統計員以曾經特別訓練者爲相宜。書記需文理通順，有普通常識，書法工整，下筆健捷而鮮有訛誤，並能略諳西文及校勘方法。此外可以酌量各地方的情形，雇用拓工，準備到各處去摹拓碑碣誌銘等類。

（二）與本縣各界聯絡，希望能得到他們的贊助與合作。重要機關如下：縣政府，稅務煙酒公會，商會，銀行公會，農會，工會，軍界，新聞界，律師公會，教育局，學校，研究所，公私立圖書館，慈善機關。

（三）與其他在學術上有地位的專家和本地的紳士們合作。

（丙）採訪的材料　在一百多年以前章學誠曾經感覺到採訪志料是一件非常困難的事情，因此他極力提倡每縣設立志科，把平日所見所聞所傳聞的材料整個地搜集攏來加以分類保存，那是多麼有見識的提議，可惜沒有人肯按照他的辦法去實行，以致舊有的困難依然存在。他所提出來的辦法，現在看來固然未必完全適當，但是在原則上是無可非議的。最低限度，所有縣政府檔案，應該把牠用很精細的方法分類保存，以供修志者的參考。採訪的材料主要的不外以下的幾種：

（一）圖籍　本縣人的著作與他縣人的著作。關於本縣者無論經學，史地學，社會科學，語言學，文學，自然科學都應該採訪。其他如地圖，統計圖表，風俗的圖畫，名勝古蹟的照片，動植物的圖版也當一律把他收集起來。

（二）各機關各團體的檔案，簿册，報告書。

(三)遺蹟：古城，古墓，古建築。

(四)金石：鐘鼎，彝器，碑碣，匋器。

(五)年譜，家譜，族譜。

(六)圖像。

(七)報章雜誌，本縣的報章雜誌和外縣的報章雜誌記述本縣之事者無論中文西文都要採訪。

(八)唱本歌謠。

(九)記述本縣之事的其他各族文字。

(十)其他一地方的特殊史料，如重要的盜案，訟案，煙賭案，也當盡量採訪。以前修志只知道顧全「體面」，以爲這些材料都是有傷風化的一概置之度外，而不知道改良社會，必先調查其病象的所在然後可以對症下藥，就是娼妓的制度又何嘗不可以把牠源源本本的記載下來呢？

(丁)採訪的項目　採訪的範圍務必寬大，應多注意社會的經濟的方面。採訪的項目很多，這裏我只把比較重要的特別的或者應該改良的幾門提出來列在後面。每一門的詳細表格，可以隨着各地方的情形擬立，在此不必多贅。

(一)天文　須實測，去舊志的星野一門。

(二)地圖　約分總圖，沿革圖，鄉區圖，名勝圖幾類。此外地質圖，礦產區域圖，物產分佈圖，需要時可以另外加入。

(三)農工商實業銀行業的狀況　田賦，關稅，農林，牧畜，工廠(手工業附)，公司，店舖，金融，貨幣，物價。

(四)交通　水路，陸路，郵信，電報，無線電，航空。

(五)地質礦產。

(六)漁鹽業。

(七)教育　注意社會教育，職業教育，鄉村教育，平民教育。

(八)宗教　佛教，道教，天主教，基督教，回回教。

(九)方俗　方言，風俗，訟獄，廟會，歌謠，娛樂。

(十)氏族。

（十一）社會及文化事業　報館，慈善事業，醫院，書局，印刷所。

（十二）軍警。

（十三）建築。

（戊）採訪的方法

（一）實地調查　除了根據文字的記錄以外，應該到各區各鄉去調查，無論是社會的，經濟的實在情形；有與事實不盡相符的地方尤宜再三查勘，期得其眞。這種工作很重要，如果辦理得當，則其價值一定遠在我們的想像之上。

（二）翻檢檔案　鈔錄其中重要的材料，以不改原文爲前提；如原文過長則可擇要節錄，幷詳注出處，以便覆按。翻檢，傳抄與校對的人的姓名最好分別在下方標出，以明責任。

（三）以科學的方法測繪地圖。方位里數以經緯線標明。建築物除攝影外可繪平面圖，動植物農產品等可繪分佈圖，幷製標本圖版。關于各縣的地圖其實在事先應由內政部通令各省分派測量員去測繪，限期完成，隔了多少年再測繪一次，這樣可以節省修志局無限的財力和光陰。

（四）方言用注音字標出。特別注意能夠代表某一系統的方言，必要時不妨用留聲機收音，專供語言學家的研究，然後再將其研究的結果擇要在志書裏發表。

（五）登報徵求材料。

（六）重要市區分設採訪處，由各地人民自由開報鄉賢的事蹟，交由採訪委員會鑒定虛實，以憑去取。

（七）擇要摹拓現存的金石文字，隨時注明器物的高低廣闊及其所在地點。

第二，編纂

志料的眞與假，全與缺，採訪員應負其全責。至於如何把牠有條不紊的組織起來成爲一部最新式的縣志，那是編纂員的責任了。採訪員好比鐵路局的材料處處長，編纂員好比工程師。沒有好材料固然不能建築精良的鐵道，有了好材料而不經過工程師的計劃和運用也沒有多大的用處。講到編纂的方法實非三言兩語可盡。清代以來的學者們如章學誠，戴東原，孫星衍，洪亮吉，錢泰吉，孫詒讓，繆荃孫，顧家相等對於這個問題何嘗不曾詳細的討論過，然而仍舊有許多見不到的地方，在今日尤其不能完全適用。關于編纂比較重要的我以爲大概有以下的幾點值得提出來和大家商榷。

（甲）編纂委員會的組織

（一）總纂　對於史地學或者社會科學有專門的研究而成績卓著，在社會上有相當的地位者。

（二）分纂　對於史地學或者社會科學有專門的研究而成績卓著者。酌量情形聘請自然科學的人才。在可能的範圍之內請他們兼任編纂事務。

（三）書記　採訪時聘請的書記可兼編纂任務。

（四）繪圖員　需有特別訓練者。

（乙）編纂縣志的幾個原則

（一）材料要信實。所有志料雖然經過採訪員的選擇，但是在編纂以前仍需加以一番縝密的鑒別，凡是稍涉荒誕不經之處定必删削，寧缺毋濫。

（二）記載要詳備。無論記載何事何物務必探其源，窮其委。必要時附以極正確而精細的解釋，使事物經過解釋之後益發詳明。

（三）要能表現一地方的特性。人民的性情，習慣，風俗，一縣有一縣的特點，因此他們所做的事業也都不盡相同。修志的人應該用客觀的態度，調查這許多事實，把牠一一記載出來。以前的縣志對于這一點太忽略了，所以風俗一門幾乎千篇一律，一些也尋不出縣與縣之間有何特殊之處。

（四）要能表現時代性。凡是一縣人民在當時活動的眞像應該把它盡量的表現出來，使它與現代的人生發生密切的關係。以前的縣志所記載的除了極少數當代的材料以外大部份只可以供給考據家的參考。這種辦法是很不適宜的，應該加以澈底的改良。

（五）內容要力求平民化。要認淸一部縣志並不單爲官紳而作，也不是專門給他們參考的，應該多記載大多數人民的生活狀況。在可能的範圍之內激發他們愛鄉愛國的思想。

（六）校勘要精密。在卷末附注校勘者的姓名，以明實

6

任。

（七）聘請總纂編纂員時要愼重。官紳們可以隨時幫助他們執行編纂的事務，但切勿加以無理的干涉。

（丙）體例方面的幾個問題

（一）綱目的擬立　把採訪得到的材料集合攏來分門別類編成長編，加以筆削，再視各縣的環境和需要，擬立最適當的綱目。綱目的門類很多，大都隨時隨地而易，不能視爲一成不變，無需乎把牠一一的列舉出來；但是它的名稱性質和範圍，似乎尚有討論的必要。

（1）名稱　以切實雅潔爲前提。固然不能過於守舊，也不能一味貪騖新奇。往往因爲稱名的不當而影響到志書的內容，這一點不能不特別注意的。

（2）性質　大綱細目所包括的究竟是些什麼？藝文志除了收錄一縣人的著述以外有無別的材料？職官名宦各門的內容如何？有何區別？每一門的性質確定了然後可以把牠整個的編排起來，不致再有「複見疊出」的毛病。

（3）範圍　記載現存的金石大都到元代爲止，是否可以把它的範圍擴充到明末或者清初都是應該詳細討論的問題。人物生存者不錄，惟名宦（去任的官員）列女等不在此例。現代婦女活動的能力和範圍已竟超過以往的記錄，所以這一門的內容也當隨着大大的擴充。在此我不過略舉幾個例子以示範圍的必先審定是如何重要罷了。

（二）綱目的組織　擬定了每一個綱目然後可以進而求其相互間的關係，明瞭相互間的關係然後可以討論如何編排比較最爲妥善。有許多材料可以收錄在這一門裏同時也可以收錄在別一門裏。譬如說一個人的重要的政績在人物一門固然應當大書特書，在大事志裏也未始不能敍述，這其間輕重的區別去取的標準究竟怎樣呢，那就全靠編纂者憑藉着他自己的判斷力來決定了。在每一篇目之下敍述事物有的以時代分，有的以性質分，也有先以時代，後以性質分的，也有先以性質，後以時代分的。篇目與篇目的編排順序也要經過縝密的考慮以後才能決定。好比戲目，那一齣在前，那一齣在後，都有一定的規矩，絕非可以隨意編排的。

（三）記載的方法

（1）文筆要生動淺顯，但以樸實爲主。

（2）盡量多用統計圖，統計表，圖像，攝影。

（3）方言用注音字標明。

（4）引書及於第一等的材料，並注出處。調查到的材料務必把牠的來源與採訪員的姓名注出。

（5）編輯人名書名地名以及其他專門名詞的索引，附在書後。

怎樣才能算作新式的縣志呢？第一在能眞實地把一縣的事物和盤托出。第二在能表現地方性與時代性。第三所擬的體例在能合乎一縣環境的需要，不守舊，不嗜奇。如果不能實行以上的幾個條件，則與其修志徒災梨棗，倒不如翻刻罕見而有價值的舊志較爲有益。退一步說，一部縣志如果不能在短時期間編完，倒可以仿照上海市通志館的辦法，把所有搜集到的材料編成期刊，分期出版，一旦全書有成固然是大家所期望的，不成也不失爲重要的參考資料。

禹貢半月刊第六卷目錄

第五期（後套水利調查專號）

第六期

編輯者：顧頡剛　譚其驤　馮家昇
會　址：北平西四北小紅羅廠八號
發行者：北平成府蔣家胡同三號
印刷者：北平西郊成府槐樹街三號引得校印所

天一閣方志目跋 附天一閣方志目

朱士嘉

天一閣是范欽一手創建的。欽字堯卿，四明人，嘉靖十一年進士，官至兵部右侍郎。他所收藏的書，大半承豐熙坊之舊，再加上幾十年的搜集傳抄，成績很可觀。自他死後，藏書完全封閉，不讓任何人參閱，就是他自已的子孫也需待各房會聚在一起以後方能啟視，否則要「罰不與祭」，甚至於「永擯逐不與祭」。這是最嚴厲的刑罰，他的書所以能流傳到如此之久這未始不是很重要的理由。天一閣在明代大概已經有人替牠編過書目，現在可以考查得到的有兩部，一部是四明范氏書目四卷，范欽撰，見於焦竑的國史經籍志（卷三）；一部是四明范氏天一閣藏書目四卷，見於祁承㸁的澹生堂書目（卷五），不注編纂人的姓名，而且都已失傳。到了康熙十二年黃梨洲宗羲也曾爲天一閣編書目，今亦未見。現在傳世的不外四部：（一）四明天一閣藏書目錄，玉簡齋叢書本，不著卷數，撰人及版本。（二）天一閣書目四卷，嘉慶十三年文選樓刻本。（三）天一閣見存書目四卷，薛福成編，光緒十五年刻本。（四）重編寧波范氏天一閣圖書目錄，楊鐵夫編，民國十九年寧波市政府油印本（又一部附在陳登原天一閣藏書考的後面），不著版本與撰人。嚴格的說起來，第一第四部因爲不著卷數，版本與撰人，所以牠的價值遠不如其餘兩部。

天一閣藏書之富斐聲於士林間差不多有四百年了，但是它的所以著名是因爲藏有很多宋元名槧以及其他天啟以前罕見的抄本刻本，尤其是集部，琳琅滿目，多爲他家所不及。至於志書則大家不甚重視，就是在史學上造詣極深的黃梨洲宗羲也只把牠與「類書……時人之集，三式之書」一樣看待，所以在他編輯天一閣書目時沒有收錄進去（見黃宗羲天一閣藏書記）。最近幾年這種觀念才完全改變過來，認爲志書裏的確有很多考獻徵文所不可缺少的資料，在學術上自有牠相當的地位，因此注意去把牠搜集研究。天一閣方志目也就在這種環境之下產生了，那是何等可以慶欣的事！這部書目是慈谿馮孟顓（貞群）君編的。原來他正在重編天一閣書目，全書未成而方志這一部份却已在民國二十五年的九月十三日編

1

完，所以先行發表。據馮君自序著錄的方志以修于明代的居多，有二百七十餘種，清代的不過十種，民國的更加稀少了。所以這一部書目簡直可以稱爲「天一閣明代方志目」，凡是研究明代掌故的人應該特別看重牠。

明代分十三布政使司，本書所著錄的方志也都按照布政使司的順序排列。每一部方志都注明卷數，册數，撰人與版本，略仿天一閣見存書目之例。惟版本一項只注刻于何朝，而不注何年，確是美中的不足。如果再把這部書目(以下簡稱馮目)與天一閣書目(以下簡稱阮目)天一閣見存書目(以下簡成薛目)互相對照，在數量上還能得到以下的結果：

(甲)著錄方志的種數：(一)阮目三百九十種。(二)薛目三百種。(三)馮目二百八十種

(乙)阮目方志不見于薛目者約一百二十九種，這是從嘉慶十三年到光緒十五年八十一年以來失傳的數目。雖然其中尚有爲阮目或者薛目所失載的，大約爲數不多。

(丙)薛目方志不見於阮目者約四十六種，這是八十一年間續增的數目。

(丁)薛目方志不見於馮目者約三十一種，這是從光緒十五年到民國廿五年四十七年以來失傳的數目。

(戊)馮目方志不見於薛目者約十六種，這是最近四十七年以來續增的數目。

以上的比數固然不十分正確，但是相差當還不遠。這個比數告訴我們從嘉慶十年到民國廿五年一百二十八年以來天一閣的方志被遺失了的竟有一百六十部之多(殘缺的在外)，而在這個期間增入的不過六十二部。兩相比較，才知道這是很可驚人的一個數目。可惜明代的書目現已無存，不能與後來的書目比較；然而從以上的比例推算起來，嘉靖到嘉慶一百八十餘年以來應該還有許多名貴的方志被遺失了的。究竟分散到什麼地方去了呢？難道一無踪跡可以追尋麼？有時人家告訴我們北平的某某圖書館買到一部份天一閣的方志，但是因爲沒有十分可靠的證據，不能完全相信。現在只有盼望天一閣的方志經過馮君編目以後不致再會散失，尤其對于在他重編書目時所新發現的幾部方志應該特別加以護惜。那幾部方志不但舊目所未見，就是其他國內外各圖書館各藏書家恐怕也沒有入藏。我把它的目錄列在下面：(一)嘉

靖獲鹿縣志十二卷，趙惟勤纂修，按乾隆志引俞憲序及歷修姓氏謂該書成于嘉靖三十二年。（二）萬曆江浦縣志十二卷，張夢柏纂修，有缺卷。（三）嘉靖重修寧夏新志八卷，管律纂修。（四）嘉靖增城縣志十九卷，張文德纂修，有缺卷。此外還有一部嘉靖建平縣志（九卷，姚文燁修）是前年馬季明（鑑）先生在參觀天一閣以後告訴我現尙存在的，不知馮君何以不把它收進去？

以收藏明代的方志著名的除了天一閣以外在國內只有北平圖書館共有三百餘種，在國外有日本尊經閣文庫共有七十餘種（此外很少是明代人修的）。但是前者所收以修于嘉靖以後的居多，後者則以修於萬曆年間的居多，惟有天一閣的方志十之八九都是嘉靖或者嘉靖以前的本子，很有價值。我想一定有許多人以先睹天一閣方志目爲快，而這部書目似乎流傳得不甚廣遠，所以把它附在本文的後面。爲要節省篇幅起見，有幾處經過我刪改，與原目不盡相同，請馮君原諒！

附天一閣方志目

宋元志

吳郡圖經續記三卷　宋朱長文撰　明萬曆懸罄室刻本

嘉泰會稽志二十卷　宋施宿撰　藍絲闌明鈔本　存卷十四至卷十五

乾道四明圖經十二卷　宋張津撰　烟嶼樓刻本

寶慶四明志二十一卷　宋羅濬撰　同上

開慶四明續志十二卷　宋梅應發撰　同上

大德昌國州圖志七卷　元馮福京撰　同上

延祐四明志二十卷　元袁桷撰　同上　存卷一至卷八、卷十二至卷二十

至正四明續志十二卷　元王元恭撰　同上

明以下志

北直隸

嘉靖覇州志九卷　明高濬等纂修

正德涿州志十二卷　明鄭愜纂修　存卷五至卷十二

隆慶昌平州志八卷　明崔學履纂修　存卷四至卷八

嘉靖薊州志十八卷　明熊相纂修　存卷一至卷四

弘治重修保定郡志二十五卷　明張才徐珪纂修

嘉靖淸苑縣志六卷　明李廷寶纂修

嘉靖雄乘二卷　明王齊纂修

嘉靖蠡縣志五卷　明李復初纂修

弘治易州志二十卷　明戴銑纂修

嘉靖河間府志二十八卷 明樊深纂修

嘉靖獲鹿縣志十二卷 明趙惟勤纂修

嘉靖定州志四卷 明倪璣纂修 存卷二至卷四

嘉靖平山縣續錄志 明仇天民纂修 存卷四至卷五

弘治趙州志八卷 明陳紀纂修 正德補刻本

隆慶趙州志十卷 明蔡懋昭纂修

嘉靖順德志三十五卷 明高濯纂修 存卷十至卷三十五

嘉靖廣平府志十六卷 明陳棐纂修

嘉靖威縣志八卷 明胡容纂修

正德大名府志十卷 明唐錦纂修

嘉靖內黃縣志九卷 明董弦等纂修

嘉靖開州志十卷 明王崇慶纂修

又一部

正德長垣縣志九卷 明劉芳等纂修 嘉靖重刻本

弘治永平府志十卷 明張廷綱纂修

嘉靖灤志五卷 明陳士元纂修 存卷二至卷三、卷五

嘉靖隆慶志十卷附錄一卷 明蘇乾纂修

南直隸

南畿志六十四卷 明聞人詮陳沂纂修 嘉靖刻本 存卷十二至卷二十七

康熙江寧府志三十四卷 清陳開虞纂修 存卷三至卷十二

弘治句容縣志十二卷 明程文纂修

嘉靖高淳縣志四卷 明劉啓東纂修

萬曆江浦縣志十二卷 明張夢柏纂修 存卷一至卷五，卷九至卷十二

嘉靖六合縣志八卷 明黃紹文纂修

弘治中都志十卷 明柳瑛纂修

嘉靖懷遠縣志二卷 明楊鈞纂修

嘉靖壽州志八卷 明栗永祿纂修

又一部

順治蒙城縣志十二卷 清田本沛纂修

嘉靖天長志七卷 明王心纂修

弘治宿州志二卷 明曾顯纂修

嘉靖宿州志八卷 明余鍧纂修

正德潁州志六卷 明劉節纂修

嘉靖潁州志二十卷 明胡衮纂修

萬曆淮安府志二十卷 明郭大綸纂修

隆慶海州志十卷 明張峯纂修

嘉靖重修邳州志十卷　明楊輔纂修　存卷一至卷八

萬曆宿遷縣志八卷　明何儀纂修

嘉靖維揚志三十八卷　明盛儀纂修　存卷一至卷三，卷七至卷十二，卷十八至卷二十二，卷三十二至卷三十三，卷三十七至卷三十八

隆慶儀眞縣志十四卷　明申嘉瑞纂修

又一部　存卷四至卷十四

嘉靖寶應縣志四卷　明聞人銓纂修

隆慶寶應縣志十卷　明湯一賢纂修

嘉靖重修如臯縣志十卷　明謝紹祖纂修

嘉靖通州志六卷　明顧磐林穎纂修

萬曆通州志八卷　明沈明臣纂修

嘉靖海門縣志六卷　明崔桐纂修

嘉靖吳邑志十六卷　明楊循吉纂修　卷一首脫八葉　蝴蝶裝

崇禎吳縣志五十四卷　明牛若麟纂修

隆慶長洲縣志十四卷　明張德夫纂修

嘉靖崑山縣志十六卷　明方鵬纂修

嘉靖太倉州志十卷　明張寅纂修　崇禎重刻本

正德松江府志三十二卷　明顧清纂修

弘治上海志八卷　明唐錦纂修

成化重修毗陵志四十卷　明朱昱纂修　序文目錄輿圖均佚

正德常州府志續集八卷　明張愷纂修　此續朱昱毗陵志　凡見於舊志者不錄　與朱志合裝

萬曆無錫縣志二十四卷　明秦梁纂修　存卷十三至卷二十四

嘉靖江陰縣志二十一卷　明張袞纂修

又一部

萬曆丹徒縣志四卷　明李東何世學纂修

又一部　序目卷一首七葉均佚

正德安慶府志三十一卷　明胡纘宗纂修　阮目作十六卷不計子卷　存卷七至卷三十一

嘉靖安慶府志三十一卷　明李遜纂修　存卷一至十九

嘉靖池州府志九卷　明王崇纂修

嘉靖銅陵縣志八卷　明李士元纂修　存卷一至卷七

萬曆東流縣志十二卷　明汪文纂修　存卷一至卷三，卷九至卷十二

又一部　存卷一至卷三，卷六至卷十二

嘉靖寧國府志十卷　明李默纂修

又一部　存卷一至卷四

嘉靖涇縣志十一卷　明王廷幹纂修

又一部十二卷　明王廷幹纂修　劉諫續補一卷

嘉靖寧國縣志四卷　明范鎬纂修

萬曆太平縣志十卷　存卷七至卷十

弘治徽州府志十二卷　明汪舜臣纂修

嘉靖沛縣志十卷　明王治纂修

嘉靖和州志十七卷　明易鸞纂修　存卷八至卷十五

嘉靖建平縣志　明連鑛纂修　存卷六至卷九

山東

弘治章丘縣志四卷　明楊循吉纂修　嘉靖補修本

嘉靖淄川縣志六卷　明王琮纂修

嘉靖萊蕪縣志八卷　明孫會纂修

嘉靖德州志三卷　明鄭瀛纂修　存卷三

嘉靖武定州志二卷　明劉佃纂修

萬曆兗州府志五十一卷　明包大爟纂修　存卷一至卷二，卷四至卷五十一

嘉靖鄆城誌　明馬奇纂修　存下册

正德莘縣志十卷　明吳宗器纂修

嘉靖夏津縣志二卷　明易時中纂修

嘉靖武城縣志十卷　明尤麒陳露纂修

嘉靖濮州志十卷　明鄧誠纂修　存卷一至卷八

又一部　存卷一至卷八

又一部　存卷一至卷三

嘉靖范縣志八卷　明東時泰王繹纂修

嘉靖青州府志十八卷　明馮惟訥纂修

嘉靖昌樂縣誌八卷　明朱木纂修　存卷一至卷三

嘉靖臨朐縣志四卷　明王家士馮惟敏纂修

嘉靖寧海州志二卷　明李光先纂修

又一部　存下卷

山西

嘉靖太原縣志六卷　明高汝行纂修

嘉靖曲沃縣志五卷　明劉魯生纂修

嘉靖翼城縣志六卷　明劉岸楊汝澤纂修

正德大同府志十八卷　明張欽纂修　存卷五至卷十八

弘治渾源州志五卷　明董錫纂修　存卷五

河南

嘉靖河南通志四十五卷　明朱睦㮮纂修　存卷四至卷十六，卷二十二至卷四十五

嘉靖通許縣志二卷　明韓玉纂修

嘉靖太康縣誌增定十卷文集十卷　明安都纂修

嘉靖尉氏縣志五卷　明汪心纂修

嘉靖鄢陵縣志八卷　明劉訒纂修

嘉靖陽武縣志三卷　明呂柟纂修

嘉靖蘭陽縣志十卷　明許燧纂修

嘉靖儀封縣志　藍絲闌明鈔本

嘉靖沈丘縣志五卷　明李宗元纂修　存卷一至卷四

弘治許州志二十卷　明邵寶纂修　存卷一至卷五

嘉靖許州志八卷　明王鈇纂修

嘉靖新修襄城縣志八卷　明林鸞纂修

嘉靖郾城縣志十二卷　明楊邦梁纂修

嘉靖鈞州志八卷　明謝漇纂修　藍絲闌明鈔本　存卷一至卷二

弘治偃師縣志四卷　明魏津纂修　藍絲闌明鈔本

嘉靖鞏縣志八卷　明康紹第纂修

嘉靖靈寶縣志二卷　明荀汝安纂修　存卷下

嘉靖歸德志八卷　明黃鈞纂修

嘉靖夏邑縣志八卷　明黃虎臣纂修

嘉靖永成縣志六卷　明鄭禮纂修

康熙汝寧府志十六卷　清金鎮纂修　存卷一至卷五，卷八至卷九　卷十一至卷十四

又一部　存卷九

嘉靖眞陽縣志十卷補遺一卷　明何麟纂修

嘉靖確山縣志二卷　明陳耀文纂修　存卷一

嘉靖光山縣志九卷　明王家士纂修

嘉靖固始縣志十卷　明張梯葛臣纂修

嘉靖息縣志八卷　明邵鳴岐纂修　存卷五至卷八

嘉靖商城縣志八卷　明萬婀張應辰纂修

康熙南陽府志十四卷　清朱璘纂修　存卷四

嘉靖鄧州志十六卷　明潘庭楠纂修

嘉靖舞陽志要十二卷　明張穎纂修　存卷五至卷十二

康熙孟縣志十二卷　清張之紀毛鵑纂修

正德新鄉縣志六卷　明李錦纂修　藍絲闌明鈔本

嘉靖輝縣志十卷　明張天眞纂修

又一部

嘉靖彰德府志八卷　明崔銑纂修

又一部　存卷六至卷八

正德臨漳縣誌十卷　明陶景芳纂修

嘉靖磁州誌四卷　明孫紹紀行簡纂修

嘉靖武安縣志四卷　明陳�纂修

又一部

嘉靖涉縣志　藍絲闌明鈔本

正德汝州志八卷　明承天貴纂修

嘉靖魯山縣誌十卷　明孫鐸纂修

陝西

嘉靖耀州志二卷　明張璉纂修

正德鳳翔府志八卷　明王江纂修　存卷一至卷二

嘉靖略陽縣志六卷　明李遇春纂修　存卷一至卷四

弘治甯夏新志八卷　明胡汝礪纂修　存卷一至卷六，卷八

嘉靖重修甯夏新志八卷　明管律纂修

四川

正德蓬州志十卷　明徐泰篡修

萬厤重修營山縣志八卷　明王廷稷子以旌纂修

正德夔州府志十二卷　明吳潛纂修

嘉靖雲陽縣志二卷　明秦覺纂修

嘉靖馬湖府志七卷　明余承勛纂修

嘉靖靑神縣志七卷　明余承勛纂修　存卷一至卷三

嘉靖洪雅縣志五卷　明張可述纂修

江西

嘉靖江西省大志七卷　明王宗沐纂修　存卷一至卷三

嘉靖豐乘十卷　明李貴纂修　存卷一至卷八

嘉靖武甯縣志六卷　明徐麟纂修

嘉靖甯州志十八卷　明龔暹纂修

正德瑞州府志十四卷　明熊相纂修

嘉靖九江府志十六卷　明李汎纂修

隆慶瑞昌縣志八卷　明劉儲謝顧纂修

正德南康府志十卷　明陳霖纂修

正德饒州府志四卷　明陳策纂修

又一部　存卷一至卷二，卷四

嘉靖廣信府志二十卷　明江汝璧纂修

嘉靖鉛山縣志十二卷　明費寀纂修

嘉靖永豐縣志四卷　明管景纂修

正德建昌府志十九卷　明夏良勝纂修

正德新城縣志十三卷　明黃文鷟纂修

弘治撫州府志二十八卷　明呂傑纂修

嘉靖金谿縣志九卷　明王萁纂修　存卷一至卷二，卷五至卷六

嘉靖宜黃縣志考訂十四卷　明黃譩纂修　存卷四至卷十一

嘉靖東鄉縣志二卷　明饒文璧纂修
嘉靖臨江府志九卷　明徐顥楊鈞陳德文纂修
隆慶臨江府志十四卷　明管大勳劉松纂修
正德袁州府志十四卷　明嚴嵩纂修
嘉靖袁州府志十卷　明陳德文纂修
嘉靖袁州府志二十卷　明嚴嵩纂修　存卷一至卷四，卷十三至卷十六
嘉靖贛州府志十二卷　明董天錫纂修
嘉靖雩都縣誌二卷　明許來學纂修
嘉靖瑞金縣志八卷　明林有年纂修
嘉靖南安府志三十五卷　明劉節纂修
嘉靖南康縣志十三卷　明劉昭文纂修
又一部

湖廣

嘉靖湖廣通志二十卷　明薛綱纂修　吳廷舉續編　存卷一
嘉靖漢陽府志十卷　明朱衣纂修
弘治黃州府志十卷　明盧希哲纂修　存卷一至卷五
嘉靖羅田縣志八卷　明楊爔纂修
嘉靖蘄州誌九卷　明甘澤纂修
嘉靖沔陽志十八卷　明童承叙纂修
又一部
正德德安府志十二卷　明馬龠纂修　存卷一至卷三
嘉靖應山縣志三卷　明顏木纂修
弘治岳州府志十卷　明劉璣纂修
隆慶岳州府誌十八卷　明鍾崇文纂修
嘉靖澧州志六卷　明雷逵纂修　存卷一
萬曆慈利縣志十八卷　明陳光前纂修
嘉靖荊州府志十二卷　明王龍懷纂修　存卷二至卷十，卷十二
弘治夷陵州志十卷　明劉允纂修
嘉靖歸州誌五卷　明鄭喬纂修
嘉靖歸州全志二卷　明王錫纂修
嘉靖巴東縣志三卷　明楊培之纂修
正德光化縣志六卷　明曹璘纂修
嘉靖茶陵州志二卷　明張治纂修
嘉靖常德府志二十卷　明陳洪謨纂修
嘉靖衡州府志九卷　明楊珮岳亭纂修
弘治永州府志十卷　明姚昺纂修
隆慶寶慶府志五卷　明陸東纂修　存卷四至卷五

9

萬曆郴州志二十卷　明胡漢纂修

浙江

嘉靖浙江通志七十二卷　明薛應旂纂修　存卷二至卷九

萬曆嚴州府志二十五卷　明徐楚纂修　存卷五至卷六，卷九至卷十一，卷十七至卷十九

嘉靖淳安縣志十七卷　明姚鳴鸞纂修

天啟平湖縣志十九卷圖一卷　明程楷纂修

嘉靖武康縣志八卷　明駱文盛纂修

嘉靖安吉州誌十六卷　明伍餘福纂修　存卷一至卷四，卷九至卷十一，卷十五至卷十六

嘉靖安吉州誌八卷　明江一麟纂修

萬曆紹興府志五十卷　明孫鑛張元忭纂修　存卷一至卷十七，卷二十一至卷五十

萬曆會稽縣志十六卷　明張元忭纂修

嘉靖蕭山縣志六卷　明林策魏堂纂修

又一部　存卷三至卷六

嘉靖餘姚縣志十七卷　明楊撫岑原道胡膏纂修　存卷五至卷十七

弘治嵊志十卷　明夏雷纂修　舊鈔本　存卷一至卷五

萬曆新昌縣志十三卷　明田琯纂修

雍正寧波府志四十二卷　清曹秉仁纂修　存卷七至卷八，卷二十九至卷三十三

嘉靖定海縣志十三卷　明張時徹纂修

嘉靖象山縣志十五卷　明毛德京纂修

民國定海縣志　陳訓正纂修

萬曆黃巖縣志七卷　明袁應祺纂修

嘉靖太平縣志八卷　明葉良佩纂修

又一部

嘉靖永康縣志八卷　明胡楷纂修

嘉靖浦江志略八卷　明毛鳳韶纂修

弘治衢州府志十五卷　明吾冔纂修

成化處州府志十八卷　明劉宣纂修　存卷九至卷十，卷十六至卷十八

弘治溫州府志二十二卷　明王瓚纂修

嘉靖溫州府志八卷　明張孚敬纂修

永樂樂清縣志八卷

福建

弘治八閩通志八十七卷　明黃仲昭纂修　存卷四至卷十五，卷二十至卷二十三，卷三十一至卷四十，卷四十五至卷四十七，卷五十

至卷八十七
又一部　存卷七十七至卷八十七
弘治興化府志五十四卷　明黃仲昭纂修　存卷一至卷九，卷十五
至卷五十四
嘉靖建寧府志二十一卷　明汪佃纂修
景泰建陽縣誌四卷雜誌三卷續集一卷　明黃璿纂修　袁銛續
集　弘治重刻本　存卷三至卷四，雜誌三卷，續集一卷
嘉靖建陽縣志十六卷　明馮繼科纂修
嘉靖松溪縣志十四卷　明黃金廖芝纂修　存卷一至卷九
嘉靖延平府志二十三卷　明鄭慶雲纂修
萬曆重修延平府志三十四卷　明易可久纂修　存卷一至卷五，
卷十二至卷二十二
嘉靖南平縣志十七卷　明劉繼善纂修　存卷九至卷十七
弘治將樂縣志十四卷　明李敏纂修
嘉靖沙縣志十卷　明葉聯芳纂修，存卷一至卷六
嘉靖尤谿縣志七卷　明田頊纂修　存卷一至卷三
正德順昌邑志十卷　明馬性魯纂修　存卷一至卷八
嘉靖汀州府誌十九卷　明何雲伍晏纂修
嘉靖武平志六卷　明徐甫宰纂修　存卷四至卷六

又一部　存卷四至卷六
嘉靖清流縣志五卷　明陳桂芳纂修
嘉靖邵武府志十五卷　明陳讓纂修
嘉靖邵武府志叙論一卷　明陳讓纂修
嘉靖建寧縣志七卷附錄一卷　明何孟倫纂修
嘉靖惠安縣志十三卷　明張岳纂修
又一部
嘉靖安溪縣志八卷　明林有年纂修
康熙德化縣志十六卷　清范正輅纂修
又七部
乾隆馬巷廳志十八卷附錄三卷　清萬友正纂修　附錄黃家鼎纂
修　光緒重補刻本
嘉靖龍溪縣志八卷　明林魁李愷纂修
嘉靖長泰縣志六卷　藍絲闌明鈔本
嘉靖長泰縣志二卷　明蕭廷宣纂修　存下卷
嘉靖漳平縣志十卷　明曾汝檀纂修
嘉靖福寧州志十二卷　明陳應賓閔文振纂修　存卷一至卷三，卷
七至卷十二
嘉靖寧德縣志四卷　明閔文振纂修

廣東

嘉靖廣東通志七十卷　明黃佐纂修　存卷九至卷十二，卷二十至卷二十一，卷二十五至卷三十

又一部　存卷五十四至卷六十二，卷六十五至卷七十

嘉靖廣州志　明黃佐纂修　存卷四至卷七，卷十二至卷十七，卷二十二至卷四十八

嘉靖增城縣志十九卷　明張文德纂修　存卷一至卷十一，卷十六至卷十九

嘉靖德慶州志十六卷　明陸舜臣纂修

嘉靖仁化縣志五卷　明胡居安纂修　藍絲闌明鈔本

嘉靖翁源縣志　明李孔明吳美等纂修　藍絲闌明鈔本

嘉靖南雄府志二卷　明譚大初纂修

又一部

嘉靖始興縣誌二卷　明汪慶舟纂修

又一部

惠大記六卷　明鄭維新纂修　嘉靖刻本

嘉靖惠州府志十六卷　明楊載鳴纂修

嘉靖惠志略一卷　明楊載鳴纂修

嘉靖海豐縣志二卷　明羅洪先纂修　存卷上

嘉靖興寧縣志四卷　明盛繼纂修

隆慶潮陽縣志十五卷　明林大春纂修

又一部

嘉靖大埔縣志九卷　明吳思立纂修

嘉靖欽州志九卷　明林希元纂修

正德瓊臺志四十四卷　明唐胄纂修　存卷一至卷二十一，卷二十四至卷四十二

廣西

嘉靖南寧府志十卷　明郭世重纂修　存卷一至卷九

雲南

正德雲南志四十四卷　明周季鳳纂修

嘉靖尋甸府志二卷　明王尙用纂修

貴州

嘉靖貴州通志十二卷　明張道纂修

嘉靖普安州志十卷　明沈勗纂修

嘉靖思南府志八卷　明鍾添纂修

12

關於繪製中國歷史地圖之我見

劉縱一

顧頡剛先生鑒於現有各種中國歷史地圖之不完備與夫錯誤百出，提倡歷史地圖之再造，糾其謬而補其短，以供史地學者及一般教學上之參攷。此種爲學術爲社會努力之熱忱，實值吾人之景仰。春節後，余譯簡明歐洲歷史地圖（J. F. Horrabin著）成，因詣顧先生就正焉。承先生見詢余對於繪製中國歷史地圖之意見，幷命爲文作詳細之建議。余雖學讀歷史，所知極少，且對繪圖學尤爲門外，豈敢輕有所言。語云：「愚者千慮必有一得」，因思苟能有裨於事功，余復何靳而藏拙。茲就管見所及，陳述於此。幸顧先生教之。

我國繪圖之學，遠始姬周，前後歷代雖不乏進步之跡，但至淸末爲止，方法仍然異常簡陋。鼎革以還，科學發達，一日千里，我國學者於繪圖之學亦頗能窮盡西人之精奧，觀夫丁文江先生等新近爲上海申報館六十週年紀念而編之中華民國新地圖即可知矣。今日繪圖學既已如是之精，如欲繪製中國歷史地圖，能得一善於運用繪圖方法之人而付之，定可勝任而無遺憾，故在繪製技術上幷無若何問題，其成爲問題者，乃在技術之外也。中華民國新地圖編纂例言有云：「地圖編纂必先有距離方向而輪廓始定，有高下曲折而地形始明。凡此原素，皆數字的，非文字的，故必有精確之測量，詳盡之記錄，而圖可成；初非懸揣意造所能得也」。僅此數語，已道盡繪圖中心問題之所在。此固爲繪製現代地圖而發，但於歷史地圖亦無例外。

吾人現在所習見之中國歷史地圖，如楊守敬撰之歷代地理疆域圖及亞新地學社製之中國歷代疆域戰爭合圖，就已有者論，殆皆稱上品。前者依正史地志分別爲圖，後者繼起，多所摹擬。總此二圖，其方法之不科學固不待論，加以其僅依傍於文字而忽略夫實測，「懸揣意造」之弊豈能免乎？殷鑑不遠，來者可追。吾人今日苟不欲促成中國歷史地圖之再造則已，如欲爲之，惟有嚴守以下二原則：第一，採用現代科學的繪製方法；第二，實測與史籍記載幷重。「繪圖學」，中西學者俱有專著，此處無須贅述。至於第二原則，問題頗多，茲特提出加以討論。

我國上古地理，記載十分簡略，如將某地或某城正確的置放於地圖之上，幾爲不可能之事。如必欲加以表示，自當妥爲斟酌，有疑存疑，不可強意扭曲，以昭信實。（關於此時期繪法，王育伊君之d項建議甚好，可以採用，詳見禹貢第二卷第十二期，王著歷史地圖製法的幾點建議。近年來攷古工作成績甚多，如已經攷查確定之古城遺跡，自可正確的置放於地圖之上也。）秦漢以後，地理記載較詳，且自宋以來古地圖之傳於今日者爲數甚多；尤可注意者，我國方志世間現存者亦甚衆，國立北平圖書館在民國二十二年時即已收藏至五千二百餘部，三千八百餘種，可以供給吾人之材料自然異常豐富。因此，秦漢以後各圖繪製當可較易。雖然如此，圖志二者俱不能充分滿足吾人之需要。以圖言，因其方法之不科學，僅有備作參考之價值，決難視爲信實之根據。以史志及方志言，其記載往往出於傳聞或意揣，可以信賴之數字極其有限。就距離論，兩地點間之距離，在古代概非實測，多就行程之里數而定。然地勢有高下，道路常曲折，路程之里數與兩地點間眞正直線距離之差，實有令人難以想像者；而且里數之估計往往復不正確；茲舉余個人之經驗以爲例，如自某地至某地之距離皆以爲二十里，但實際則有二十五里。若以此詢之常走此路者，彼則答曰此二十「里大」。或有名曰二十里而僅只十五六里，此則又以爲「里小」矣。以此例昔，對歷史上之里數記錄，將作如何感想乎？就方向論，吾人常見史志有某地在某地東北或西南云云，亦往往難因以確定某地之正確方位。至如面積，史籍紀載之數字更屬難信。在此無正確數字情形之下，欲繪一眞實正確之歷史地圖，豈不戛戛乎難哉！故曰若僅依傍於史籍之紀錄而繪圖，除自欺欺人外，實無物可言也。

繪製歷史地圖與繪製當代地圖幷無二致，蓋皆必須以現實地理爲其背景也。如將現在某城市置放于地圖之上，當然須深明其在地球上所處之方位。如爲古代城市，而不知其於地球上所處之地位，試問應將其置放於地圖上之何處乎？吾人若欲明瞭古代某某城市於地球上所處之方位，僅向史籍中求之，決難饜吾人之意，惟有從事於實際考查測量而後方可有所獲也。余素來對於考古之記述頗感興趣，手邊嘗放有滿蒙古蹟考一册（鳥居龍藏著，陳念本譯，商務印書館史地小叢書本），暇時即行披閱。在該書中所記現存古城遺蹟有五：即（1）在遼寧省洮南以東，遼金時代之庫衣爾合得城；(2)遼寧省八面城之遼代古城；(3)渤海之上京(在今吉林省寧安縣南七里許牡丹江畔，為隋唐時代之古城)；(4)遼之上京(在今東蒙古巴林，西控興安之山脈，東南面西喇木倫河)；(5)金之上京(在今吉林省哈爾濱之東，阿什河驛之南，阿什河畔之平坦丘陵上)。余於二年前嘗自河南葉縣過，出城南行約五十里左右，有一土城，俗呼之為「舊縣」，蓋即今葉縣之舊城，因倉卒行過，弗詳其為何代物也。此外，如清華園東南之元代土城遺址，此則為吾人客秋所考察者。此等可寶貴之地理遺跡所在多有，但注意及利用之者則尙屬少數，地理考據家仍多浮沉於典籍，史圖繪製者更復依傍於卷軸，大好河山徒供遊人憑弔，可不惜哉？

地圖之繪製固為一繁瑣之事，但最艱鉅之工作乃在事先對于地理材料之收集與考訂，而材料之最重要者則又為地理古蹟之實際考察測量之報告。因此，在地圖繪製前之重要工作大致如次：

1.組織地理古蹟考察測量團，分赴各地實際工作，並將工作結果作詳細之報告(關于埋沒地下之古城，如鉅鹿，可能時亦須發掘)。

2.史籍中地理記載之搜集及攷訂。

3.以實際考察測量之報告為主，而參以史籍之記錄，分別去取，將主要材料加以編次。

4.依所需地圖之性質，再將適宜材料分別選出。每幅地圖之性質既經確定，倘所需之材料亦無問題，此後地圖之繪製即可著手進行矣。

我國歷史地圖之繪製為一極繁重艱鉅之工作，已如上文所言，頗費年月，自在意料之內，並且人力財力之費當亦甚為可觀。故若欲完成此偉大事業，必須有充實之經費準備，及適宜人材之委寄。若此二者俱有甚多遺憾之處，而仍潦草為之，則恐來者之視今亦猶今之視昔耳。

其次再談二事，一為地形問題，一為經緯度問題。我國史籍中關於古代地形之數字記錄，縱非絕無，亦屬甚少。且滄桑之變，無代無之，以今作昔，當然不可，若普遍的加以探測，則困難又何止萬千，故於現在繪製古代地形圖幾為不可能之事。吾人所需要之歷史地圖，多注重於面積，且地形之眞實與面積之正確而求備於一圖之上，絕不可能。故吾人既注重於面積之正確，於地形方面自須令其稍爲委曲。於繪圖時，重要山脈河流能隨時注意及之，亦云足矣。

夫「欲繪陳地球於平面之上，必先具諸線及點爲之基準，然後其他各點線均得參攷之以確定其地位。凡地球上各地之地位，均以緯度經度確定」（Karl Neumaier 著繪圖學第一章緒言，李旭旦譯，見方志月刊第六卷第一期），故經緯度在繪圖之方法上爲絕不可少。且地圖上有經緯度，亦可助讀者認識之深刻清晰，如爲某種方便起見，經緯度於圖成後亦可使之滅跡也。按一般地圖（歷史地圖在內）上之經緯度多用黑色細線，王育伊君以爲「史圖上也不妨加上經緯度，最好用紅色虛線」。王君之意似視史圖繪經緯度爲破例之事，故特用「紅色虛線」。實際，歷史地圖上繪經緯度乃極普通之事，例如常能見到的西洋上古史（Ancient Times, By J. H. Breasted），其中地圖皆有經緯度。並且地圖若爲彩繪，則經緯度用紅色，將易滋混淆而難醒目。至於虛線，地圖上往往用以表示邊境線或路線等；若經緯度亦用虛線，恐將反致不便。故王君此項建議似屬不妥。

近人對于現有歷史地圖不滿者，亦頗以其圖數少及地名少爲憾，此固爲不可否認之事。此後吾人如重繪歷史地圖，自當在可能範圍內力求詳備。此種詳備之歷史地圖，對於專門學者固爲適宜，但若以之供給中等學校教學之用，則似乎過於沉重，故爲一般教學上之用者，當與中等學校歷史教學之標準相切合，另繪製簡明之史圖。教學上應用之歷史地圖既較簡略，且爲增加其效能起見，更可以試設各種符號以表示人類以往之各種活動於地圖之上；此類歷史地圖，在現代史圖中，似已開其端緒，若能繼續前進，精益求精，不難造成新記錄。蓋地球一舞臺也，人類其演員也，在此舞臺上，人類演出各種悲歡離合之戲劇，是即歷史之本身。吾人於繪製歷史地圖時，除將此舞臺之佈景善爲描寫外，同時並將扮演之情況與之爲適宜之配合，其所給與之印象寧不更佳耶？

編纂甲種地圖底本的起因及應用圖料之報告

吳志順

地圖底本的甲種圖，到現在纔算繪竣；我在地圖底本作圖之經過（見禹貢第二卷八期）裏，雖然已經表明這圖爲求全起見，大部分是把已繪好的圖毀掉另作，但是自二十三年冬校改繪製到現在始竣工，似乎時間仍嫌過長。關於這一點，讓我先來報告一下：

我們原定的作圖計畫，是：因爲邊區用途較少，故以五百萬分一之比例來繪製；中原用途較廣，故以二百萬分一之比例來繪製（參看本刊一卷四期地圖底本出版豫告及分幅圖表）。嗣後顧先生認爲這辦法尙欠完善，第一是邊區和中原的圖不能接合，何況國人現在頗知道邊區的重要，學者們已羣起研討邊區史地，而特意爲學者預備的底本地圖，邊區方面反形簡略，豈非失計？故毅然把前所擬定的兩種比例，作成兩種地圖：二百萬分之一的比例稍小，地形註記可以詳些，用以編作中國全部的地圖，定爲『甲種』；五百萬分一的比例較大，地形註記不能特詳，便把繪製面積擴大，幾可包括亞洲全部，定爲『乙種』。這樣，每種圖各幅與各幅間既可實際接合，且各有所長，亦可任學者自由採用。但是我們先前擬定的三十九幅，這樣一來，祇甲種即有五十六幅（參看地圖底本出版廣告甲種分幅表）。因圖幅增多，就使繪製延期了。

此外，本會繪圖部繪製地圖，除了我主持其事外，尙請了一位趙琁先生幫我工作，我們除了繪製地圖底本，還得時常繪製本刊裏的插圖；而且在這期間，因感覺需要，又繪製了丙種：『全中國及南洋圖』，『全中國及中亞細亞圖』兩幅，這也費了不少時間。

還有許多人對於這圖供獻意見或加以批評：關於圖內部局的批評，放在後面分條解答，現在祇說關於這圖全部的批評。我們把所有的批評歸納起來，不外兩點意見：(一)認爲本圖分幅法不善，不若分省或分區來作，比較用着方便。(二)認爲這圖設計欠佳，或作空白圖，或即應添繪上鐵路，道路，……成作一部普通地圖；這圖既非空白，又非普通應用地圖，且表示地勢仍用暈滃線，似缺計畫。

關於第一點：這圖因爲是底本，當然在可能範圍內往用途普遍上打算。分省，分區的底本圖，自亦需要，但我們以爲尙無這種分得開，合得攏的底本圖來得更普遍。至於第二點則頗有討論的價值，我先把我們編纂這圖的起因及應用圖料分述一下，則這點也可以不煩解釋了。

分類專門地圖，在中國似乎還不知重視，而懂得地圖的人，亦似祇有地質家。其實地圖的分類，按面積，按測圖方法以爲區別的暫勿累述，祇按地圖使用目的以爲區別的，即可分作：

1.軍用圖　2.交通圖　3.行政圖

4.歷史圖　5.地質圖　6.土壤圖

7.氣象圖　8.動植物分布圖　9.礦物分布圖

10統計圖　11地積圖　12旅行圖

13教育圖

以上各圖各有其適宜的投影法，各有其適宜的繪製法，製圖學裏載有專著，地質學家所需要的地圖未必即是史學家所適用的地圖，史學家所適用的地圖又未必即是其他各專門家所適用的。所以我們不打算作進一步的研究則已，若是想作專門的探討，則必須按照我們使用地圖的目的以繪製投影適用的地圖。

顧先生有見於此，認爲史學界尙無一部適用的地圖，所以同鄭德坤先生研究編纂這地圖底本。我敢說這辦法在中國得算創舉，是以科學方法整理史地必不可少的初步工作：例如：很有價值的春秋，史記，以及地理志，通志，方輿紀要，那個不缺科學的地圖？所以他們編纂這底本圖，一方面固爲自己方便，一方面也爲他人方便，並且寓意提倡，意至深遠！這是編纂這圖的起因。

這圖既打算爲史學家作底本用，名之曰「底本圖」，當然不是普通練習應用的空白圖或暗射圖，須是史學家可據以添繪自己所欲研究的事物的理想地圖。所以我們編纂時設計，得本着這條件而規定尺度圖幅，而揀擇適宜的投影法，適用的地形表示法，應繪的地物界線等等。尺度圖幅之規定，前文已述（或參看地圖底本甲，乙種分幅表），茲不贅；不過所以要二百萬分一，五百萬分一，兩種地圖者，其重要原因，還是設計考慮惟恐史學家用着或有不便。投影法：因爲這圖以經緯度分幅，並且橫著即以經綫作內圖廓綫，以及尺度，用途關係，當然要用多圓錐投影法，既可使用者易辨方向，且在甲種圖所規定之面積內各地誤差數亦甚微，用在這類圖上最爲適宜。至於各地已測定之經緯數值之搜集及選定，大多數根據申報六十週年紀念大地圖，因爲這圖對於各點之選定已費了一番苦工，我們看它的例言即知：

「各地已測定之經緯數值，精粗不等，故編製此圖時，於其施測方法，應用儀器之優劣，以定去取。至僅賴時計所得之經度，如其旅行日程可稽，而路綫界於測定較精之兩點間者，或有差異，即按時日比例均分校正之；或有數值離奇過甚，難於置信者，則棄之。」

他們搜集選定，我們利用，豈不事半工倍？但中原各省交通較便，各種建設亦較完備，測定之點亦較多，易於正確；至於邊區各地，則選點既較困難，我們亦不能完全置信該圖而不疑，例如：

新賓（即舊興京）該圖之位置註爲：東經 124°53′ 北緯 41°42′據其數字字體之表示，在該圖內當爲：「先以可靠路綫圖（如曾經實測之河道測量，鐵道測量等圖）爲根據，再用圖解方法，推得沿路綫各點之經緯值」，比據該圖量算較確之數值。但實際該圖所註之新賓位置，乃係清時興京舊址之位置，入民國以來，東三省測量總局三角，地形，兩課年年出發，已有相當實測成績，對於通盤設計固尚不能利用，而對於局部各點之推定則頗足應用。新賓現在位置當在：東經 125°2′ 北緯 41°43′ 爲可靠。

故就我經驗所知，凡未經實測，或經緯點測定稀少的各省區，我們必要參考幾種圖書來考證一下。所以我們圖內地形種種位置，或有與該圖不同者，則因選點不同之故。（我本想把我們選點所根據之材料選擇法及計算法，一一列出，但時間匆促，祇好放棄。） 3

現在再說地形表示法。這種地形表示法，在現今流行之科學繪製法裏可分四種：1.等高綫法；2.等高分層著色法；3.暈滃綫法；4.暈渲色法。這些是各有各的長處而不可偏廢。固然繪製比例數值在十萬分一以下的局部地圖，表示地形，沒有再比等高綫法確當的了；可是若製百萬分一以上之輿地圖，則分層著色，暈滃綫法，暈渲色法，須視其用圖目的各有所宜。暈渲色法因製版困難，茲暫勿論，而等高分層著色法用之於科學方面種種事物之研究，例如地質，氣候，雨量……，則固得其宜，但亦自有其弊（見本刊二卷二期拙著：評奉天全省輿圖）。超出平地（不是超出海拔）陡形的山，在百萬分一以上的地圖，用等高分層着色法表示，若使通常人來看，簡直不能看出；設其陡形高度，再不能超過其規定之一級色彩（例如其規定爲超出海拔二百公尺以下爲綠色，二百至四百公尺爲黃色，四百至六百爲……，即二百公尺爲一級，非自甲點至乙點高出二百公尺【高出一百九十公尺亦不可能】，不能另著一色），則此法即無法表示矣。暈滃綫法，自有其暈滃綫法之利，不過使「滿紙蜿蜒，矯揉造作」，就把它的價値給弄壞了。其實我們參看申報紀念所出之大小地圖前邊例言內所繪關於地形投影法之表示，那一種表示眞形最近似？恐怕還得屬暈滃綫法爲最易看出之一種投影法。但不易表示各地超出海拔之眞高，得賴多數之標高點以補其缺，地質地勢之研究，用之固嫌稍遜，而用之於人文：行政，歷史，及地上交通……，則還得以暈滃綫法投影表示爲最適宜，因爲界綫之劃定，路綫之描繪，民族移徙之經由，古代建築物及古代河流，建築及經由地點可能性之考訂，胥與超出地平之斜陡形山有關。故我們地圖底本地形之表示，還是採用暈滃綫法，並仍參考多種地圖地形之陡斜形勢繪製，不加臆斷。再關於暈滃綫之運用法，蔡賢傑先生提議：『最好能在每層暈滃綫內表出其地形高度，或可減少錯覺觀念』（見本刊六卷十期通訊一束一三五），此說頗有見地！但亦有其困難點，俟我們詳加研討，或可有新的暈滃綫表示法，亦未可知。

關於圖書的參考；除了本會所搜集購置及各地贈送的實測調查諸圖約百餘種外，又蒙北平圖書館，燕大圖書館執事的熱誠幫助，准許無限制的借用；燕大方面並借用許多善本地圖，給我們便利不少，所以我們前後參考的地圖不下五六百種。此外我們還參考了不少的書籍雜誌，例如；水陸地圖審查委員會會刊，地理學報，內政公報，內政消息，地學雜誌，方志月刊，及邊區調查報告，視查記，……種種專刊或秘本等等共可六七十種。因爲這圖我們自己還打算利用它作歷史的地圖，所以我們特別的關於地理志一類的書籍及楊守敬的歷代沿革圖，亦要參考參考，把在歷史上有關重要的村鎭，雖然現今已成很小的村屯，凡是能力所及的，我們必不使其遺漏，而設法繪入。

至於這圖比普通應用的地圖稍異，而我們自信比較改善的地方，可以約略述之如下：

一、東北三省之地形基點，因九一八事變後，北平軍分會裏藏有東北測量局最近實測之基本原圖一全份，我那時適作此圖，故設法通融選抄了不少三角課測定之基點，及速縮了不少與外間圖不同之地形；例如遼，黑交壤，洮兒河所入之月亮泡，吉省牡丹江上游之鏡泊湖等之形式，及黑省瑷琿龍鎮附近之遜河及其支流，入嫩江之訥謨爾河及其支流各河流之形式，並其附近一帶小興安嶺，瑪哈拉山等等地勢之表示；又關於縣治，村鎮方面之位置，間有與他圖不同之點，本圖均據以有所改進。

二、關於黃河及長江下游形勢寬度之描繪，例如黃河壺口至禹門口一帶之形勢，長江在江陰一帶寬度之縮製，我們全根據水利局之實測圖而縮繪。

三、再說局部的各點，例如大凌河口依近測之改正，海南島形式及島上縣治市鎮據該島實測詳圖之描繪，新省羅布泊，台特馬湖（英文譯名應爲克拉枯順湖，不知孰是？）據調查專著之改正，及研究定其地形表示法之合理，……皆蒙本會多數會員之搜集發現而本圖得以採取改進者；其他關於局部的縣，市位置，及河，湖海岸綫，標高點……等等搜據專著，測圖，校改之處甚多，不可枚舉。

這圖雖屢經諸專家之校訂修改，但漏誤及行政上變遷（例如省界之改劃，縣，市等之增設，取消，等等）之處，仍不在少，這些地方我們在再版時一定都要改正。希望讀者隨時給我們指出。

廿六，三，十八。

禹貢半月刊第五卷目錄

顧頡剛　譚其驤　馮家昇同編

五卷六期

五卷七期

五卷八，九合期西北研究專號

五卷十期

會址：北平西四北小紅羅廠八號　發行部：北平成府蔣家胡同三號

國內地理界消息

鐵路狀況（民二五，一二，一六—二六，一，二一）

萬啟揚 欒植新 輯

1

京贛鐵路

行政院會議通過京贛鐵路中外借欵

總額計二千九百萬元，宣貴段明年三月敷軌

查京贛鐵路工程，前經由鐵道部會同財政部擬具發行民國二十五年京贛鐵路建設公債一千四百萬元，業經立法院通過，並將此項公債向各銀行抵押現欵，簽訂合同。同時材料借欵英金九十萬鎊，計換國幣一千五百萬元，半數由管理中英庚欵董事會承借，半數由英商滙豐銀行承商由借欵人商定委託怡和洋行代理，購辦應需材料。所有一千四百萬元現金借欵，及一千五百萬元材料借欵，均由英庚欵担保歸還，因此鐵道部與英庚欵會及與中國銀團乂與洋商方面各別訂立合同，於昨（二十二）日行政院會議全部通過。是該路建築欵項材料，均有着落，並以該路施工人員均極猛進，想明年底當有完成之望云。

【中央社蕪湖廿二日電】京贛鐵路工程進展甚速，宣貴段土方已過甯國、正向徽州挑築。鐵道部購就大批材料，陸續運抵宣城，定明年三月開始鋪軌，六月底完成北段。

行政院於昨（二十二）晨開第二九三次例會，出席孔祥熙，陳樹人，陳紹寬，吳忠信，劉瑞恆，吳鼎昌，王世杰，何應欽，張羣，張嘉璈；列席陶履謙，彭學沛，翁文灝，秦汾，何廉；主席代理院長孔祥熙。

討論事項

……（五）鐵道部長呈，茲因展築京贛鐵路宣貴段工程所需用外洋材料，經商准管理中英庚欵董事會及英商滙豐銀行，怡和機器公司，合共撥墊英金九十萬鎊，其國內工料欵項，經分向交通，中國，農民，金城等八銀行息借國幣共一千四百萬元，分別簽訂契約合同五種，請鑒核准予備案，决議通過。……

（二五，一二，二三，中央日報）

京贛鐵路工程

在積極進行中，明年九月可告完成

【蕪湖通信】京贛鐵路乃京衢鐵路所蛻化，起點仍為皖南宣城之孫家埠，終點今則為贛北之貴溪。約長四百餘公里，南北兩端，啣接江南鐵路與浙贛鐵路，形成聯絡東南各省間之鐵道交通線，興建斯路最大之意義即在此，固不僅開發地方富源。是以興建之初，曾奉當局命令，限明年六月完成，距今祗有半年，爲時至爲迫切。關於築路經費，經鐵道部發行公債，已由各銀行承受押欵，分期撥付，故經濟之準備，甚為充足。至築路工程，仍由鄭華局長在宣主持，分段興工，隨測隨修。與役伕工人數，在三萬以上。路基土方，已自孫家埠而南，越過甯國，將近績溪縣界，預計下月底可達屯溪，此為該路北段；自屯溪迤南至貴溪，則稱南段。沿線崇山峻嶺，溝深澗險，凡鐵道工程所認為艱難之橋樑，隧道等項工事，以此路為最多。環境幾類似粵漢鐵路，且因避免觀音洞二百五十公尺之隧道，不得不繞過屯溪，是處為徽屬最大商埠，當地紳商，呼籲稍將路線遷就，越出之工事，願以地方之力任之，亦未果；蓋以開鑿山洞，耗時甚久，爲限期所迫，不能再延。現在該路已成之路基，經過冬令雨雪，可望堅實，預定明春三月，開始釘道，北段趕於限期前通車，再集全力於南段。如此工事進展更速，則全線通車之期，當不出九月。所有路用建築材料，遍來紛由外洋裝運來蕪，轉運工次。機車等項，明年即可運到備用，以與江南鐵路啣接。關於工事運輸等項，均有便利之處。又皖省府特爲該路預備枕木，在蕪成立國產木材經銷處，交地方銀行貸欵木商辦理，已成交十萬根，分別堆存於河瀝溪，胡樂司，及屯溪等地。據江南鐵路工程人員談，國產木材之作枕木，除木紋不整齊外，效用則與舶來品相等，該路經試驗比較，已多改用此項國產枕木，以爲倡導。（二十二日）（二五，一二，二五，大公報）

京贛鐵路樂萬段

鄱陽煤礦公司請量予修改

歷陳六利電呈各院部注意

【婺源通訊】鐵道之建築，不僅貸交通以便利，於溝通文化，繁榮貿遷，發展社會，推進行政，均關重要；而於沿線特產之開發，尤爲養路之資源。鐵部建築之京衢鐵路，原由宣城孫家埠爲起點，經歙縣，淳安，終點於浙境之衢州。現鐵部鑒於皖南贛北出產之豐富，如：歙縣，休寧之綠茶；祁門，浮梁之紅茶；景德鎮之瓷器；樂平之煤，糖，靛青；萬年之雜糧；及附近本邑之綠茶，木材，煤炭等，均爲我國東南之特種產物，可資鐵路之發展。故對此路線，爲求經濟上之合理設施，已決定放棄衢州，改由徽屬歙縣，休寧，祁門，景德鎮，樂平，萬年，進展至貴溪。計長四百餘里，仍與浙贛路聯軌，定名曰京贛鐵路。該路沿線測量工程，刻已進至皖贛邊境，並發行公債一千四百萬元，近與滬銀團簽訂合約，不久即可開始興工。鄱陽八齊煤鑛公司，以此路關係鄱樂兩縣煤鑛利害，擬請鐵部，將樂平至萬年一段，量予修改：由樂平至鄱樂公司鑛區所在地之鳴山，再經八齊鑛區所在地之洪門口，而達萬年縣屬之石鎮街至鷹潭，與浙贛路啣接。並分電行政院，實業部，鐵道部，省政府等各機關，籲請注意，茲錄該公司原電如下：

（銜略）近閱報載，京衢路已決定改線，由安徽之宣城，祁門至江西之景德鎮，經樂平，萬年，而達貴溪，與浙贛路相接。伏查鄱樂之間，有鄱樂煤鑛公司及八齊煤鑛公司經營之兩大鑛區，鑛質既優，產量尤極豐富；助長生產，尤宜顧及交通，茲擬請將京贛線樂萬一段，量予修改：由樂平至鄱樂公司鑛區所在地之鳴山，復經八齊公司鑛區所在地之洪門口而達萬年縣屬之石鎮街至鷹潭，與浙贛路相啣接，路線既不紆迴，路基尤極平坦，用力實少，而成功實多，福國利民，匪可言喻。謹爲我層憲縷晰陳之。鄱樂煤鑛公司，係由盛宣懷倡始經營，規模闊大，中經挫折，而歸於停頓，近年以來該公司銳意改革，復得政府及國家銀行之援助，在此整理荏井期間，每日可產煤二百噸至三百噸，擬即開鑿新井，預計兩年以內，可以增加產量至二千噸。八齊煤鑛公司，原由地方人士集資組織，近與鄱樂公司訂約合辦，擬更名爲鄱陽煤鑛公司，業已請領鑛照，從事開採，預計在一年內，每日可以產煤一百噸至二百噸，二年以內，可以產煤一千噸左右。交通阻塞，只有利用水運之一途，鄱陽之龍口河，年久淤塞，近由本省水利局施工疏浚，歷年既久，無法暢通。一年之中，僅有夏季小拖輪可以出入。能生產而不能運輸，便是等於廢物，且將有無法囤積，自然消滅之可能，因果相生，只有任其貨棄於地；公司之本身，自有陷於破產之虞。鐵路既通，運輸便利，礦業發展，實足以救濟民生，此其利一也。京贛路贛段沿線各縣，除景德鎮瓷器及少數米穀而外，並無巨量出產，設此兩大鑛區，得到交通上之助力，而能盡量生產，每日三千噸之煤，須藉鐵路爲之輸送，此項收入，足敷養路之資，此其利二也。京滬一帶，工廠林立，與夫輪船火車之行駛，日需巨量煤斤，全國煤鑛，大半雜有外資，尤以洋煤之傾銷，益覺令人痛惜。往年鄱樂之煤，運滬試銷，卒以運費奇昂，受洋煤之排擠，設於運輸上予以便利，減輕成本，不但足以維持國內之需要，或能進一步而競爭於國際市場。既足抵補漏卮，復能發展商業，此其利三也。國際風雲，日趨險惡，過去長江一帶，恆仰給於北省之煤；萬一交通梗阻，爾時政府施行煤業統制，或將各鑛區在一定時間內，收歸國營，其在長江流域，除此兩大鑛區以外，似無更佳之鑛，先事預禦，自免臨渴掘井；此其利四也。景德鎮瓷業，一落千丈，近政府所訂改良計劃，及杜重遠氏主辦之光大瓷廠，均主改建煤窰，鄱樂之煤，若由水運而達景鎮，灘河險峻，費時需十餘日，每噸運費，至少需二元有零；便利煤業之運輸，即所以減輕瓷業之成本，一舉兩得，此其利五也。鑛業國營，爲我總理平均資本之既定原則，遲早終有實現之可能，此時不予顧及，將來修築支線，糜費實多，一舉措間，足以定百年之大計，此其利六也。凡此種種，無非千慮一得之愚，所望俯納芻蕘，兼籌並顧，民生國計，實利賴之。

（二五，一二，二七，中央日報）

積極修築京贛鐵路

限明年十月前通車，川黔鐵路公司組織核准

【南京二十八日下午八時發專電】京贛路南京宣城段原爲江南鐵路公司舊路，鐵部刻正與該公司磋商收買，已得相當結果。由宣城達貴溪分爲皖贛兩段，以祁門爲界。皖段於宣城設工程局，監視兩段日夜趕工；贛段於景德鎭設贛境工程處，監辦工務。全段測量工程，年底完成後即開工，全路工程限明年七月內完竣，明年十月前央通車。又官商合辦經營成渝路之川黔鐵路公司已開創立會，並議定組織規程，呈請鐵部核准，即正式成立，並開始修築，預定兩年半爲工程期。

（二五，一二，二九，大公報）

修築京贛路宣貴段簽訂各種借款合同

中政會議決准予備案

【南京六日中央社電】中政會六日晨開第三十三次會議，到李烈鈞，馮玉祥，丁惟汾，朱培德，馬超俊，林森，程潛，何應欽，葉楚傖，陳立夫，覃振等。居正代理主席，決議案如下：（一）行政院呈送鐵部建築京贛鐵路宣貴段簽訂各種借款契約合同，准予備案。

（二六，一，一〇，北平晨報）

京贛鐵路借款銀團二次繳款

數額三百萬元準備日內繳付

枕木採用國產材料由滬運往

鐵道部爲展築京贛鐵路，由皖省宣城至贛省貴溪段，自向交通等八銀行合組之銀團借款一千四百萬元成功後，當由銀團先撥解三百萬元。新新社記者探悉，滬銀團依照合同規定，本月內將續撥三百萬元，現各銀行依照承借比例準備，於日內解付。其餘八百萬元，則定四月七月各付三百萬元，九月再付二百萬元。至該段工程，正在積極興築中；萬餘工人，加緊挑築土方，預定下月底可達屯溪。關於沿途所用枕木，大都採用國產，係皖省宣，寧，績，歙等縣木商承辦。其他各項材料電話線等，均由滬分批雇輪運蕪，交由江南鐵路轉運宣城備用，故該路建築工程進展頗速云。

（二六，一，一一，申報）

京贛路線放棄屯溪，徽寗同鄉力爭

徽寗旅滬同鄉會分電當局呼籲

徽甯旅滬同鄉會，分電軍事委員會，行政院，鐵道部云：（銜略）查京贛鐵路，由宣城至貴溪，經過徽州一段，近因京贛路局，欲舍棄屯溪，另闢新徑，央由巖寺遞至萬安。在國家建築鐵道，首重運輸，便利商旅，凡所以利國利民，無不兼籌並顧，自屬有整個計畫，固不待曉曉置議。祇以迭據屯溪紳民，及休寗縣商會等，以屯溪爲皖南第一重鎭，商賈雲集，行李塞途，貨物運輸，爲數甚鉅，益以近年公路完成，各路汽車總站，匯合於此，水陸交通，尤關重要。深以鐵路不經屯溪，不僅原有之經濟建設，摧毀無餘，恐此後該路營業，胥受莫大影響。就事實而論，屯溪已往商市，實居重要地位，歷史悠久，早爲人所公認，非特爲皖南巨鎭，則總觀宣貴段全線，實無一可與倫比。以人口論，全鎭有十餘萬人之多；以物產言，茶葉每年輸出約七百餘萬元，木材年值三百萬元，竹筍年值百餘萬元，柴炭年值百餘萬元，箬皮年值五十萬元，香菰年值五十萬元，其他桐油柏油及各種山貨等，年值亦二三百萬，總計輸出物產，不下千六七百萬元之鉅，輸入貨品，尙不在內。且經茆田舖南行，越東千木嶺，此處一帶，有大量煤產，鑛質豐富，藉以開採，利益滋大，由此至資口，設屯溪站，資口距屯市，路程不足一里，由屯西行，經梅林漕阜兩大村落，以達萬安，雖多十華里，將來收效直無限量。屯溪既有以上巨量物產，爲進出口之總匯，而更益以東千木嶺之

煤礦，在鐵路吸收貨運，發展營業，似不宜舍棄貨運集中總樞之屯溪；另營新線，斷無若是之便利，此蓋皖南商業中心，關係背切，屯市之積殷，實鑒個徽州之盛衰關頭，此所以徽人力爭鐵路經過之要點。本會觀察現在，默測將來，爲國家交通計，熟權利害，敢貢芻蕘，敬乞鈞座鑒核，俯從民意，仍依已測經過屯溪路線，轉飭路局遵照施行，以順輿情而慰喁望，臨電翹企，不勝屏營待命之至。徽寧旅滬同鄉會叩，寒。

（二六，一，一五，申報）

京贛路枕木十萬根在贛採購

浙贛路局亦經定妥枕木八萬根

【中央社南昌二十日電】浙贛路局爲提前完成南萍段，採購贛省枕木八萬根；價格，交貨期，及承辦木商均商定。又鐵部採購京贛路鋪用之枕木十萬根，全部業由贛商承辦足數。

（二六，一，二一，世界日報）

京蕪鐵路

京蕪鐵路營業收入激增

每月贏利六萬餘元　沿站設農田示範場

【皖省快信】商辦江南鐵路，客貨運輸益臻發達，又以去年皖米豐收，故自九月起營業收入突增，較前達一倍有餘。公司雖負債至鉅，但因努力撙節，故於償付債息及股本官息外，已有紅利分派。記者昨晤及該公司總務處長周君梅，承談該路情形甚詳，特誌如下：

興辦經過　江南鐵路公司，原定建築蕪乍鐵路，首完成蕪湖至孫家埠段，於念三年五月通車，旋改變計劃，呈准鐵道部改爲京韶線，經營權爲三十年，當先築京蕪段，施工經歲，至翌年五月通車。全線長一七六公里，建費六百九十萬元，平均每公里約三萬八千元，其成本之低，爲國有鐵路所不及。去春該路中華門站與京蕪段，自與京滬鐵路接軌，京滬路堯化門站間聯絡線完工，辦理聯運並開行直達客車，行旅稱便。其自孫家埠以下，因公司資力關係，暫緩展建。最近鐵道部奉令興建京贛鐵路，由孫家埠經歙縣，祁門，浮梁（景德鎮），至贛省貴溪，與浙贛鐵路接軌，現已興工。全線長五百公里，需費約四千萬元，已發行公債並分向各銀行及英庚款會等籌備的款，大約本年底可以完工。前報傳鐵道部於該線通車後，將收買京蕪段，據周君談，並無是項接洽，外傳係揣測之詞云。

營業概況　據周君談：京蕪路去年營業收入激增，九月份爲一一三•零八四元，十月份爲一四零•一六三元，十一月份爲一五零•一四三元，十二月份爲一五八•三七二元。其全體客運爲一•四九五•六一八人；貨運爲一八二•九四四噸；較二十四年全年約增一倍有餘。而自七月以來，月得贏利約六萬元。該路乘客半數以上爲農民，而其貨運幾全部爲農產品，故其營業以服務農民調節農產爲主旨。如貨物負責運輸，一遵部令辦理，他如介紹市場，代辦用品報告各地之糧價等，在在爲農民服務。更爲改進沿線各地農產起見，特與實業部稻麥改進所合辦試驗所，總所已設宣城。現有農田五千畝，將逐年在各站設立示範場，推行改良種，三年後可遍及全路。又悉該路貨車現有百五十餘輛，刻因貨運擁擠，漸感不敷支配，已進行添購。

（二六，一，八，北平晨報）

京蕪國道

現徵齊路面材料加緊鋪築

【中央社蕪湖十日電】京蕪國道經皖路線，土方早告完成，建設廳現徵齊路面材料，派員督飭皖西各路工程處加緊鋪築。

（二六，一，一一，中央日報）

京滬，滬杭甬鐵路

兩路客車行駛時將無煤灰

機車內一律裝置檔板，煤灰由烟箱底部排出

京滬滬杭甬兩路管理局，研究客車行駛時減少煤灰飛入車箱。經滬

4

錫段段長吳毓崑建議，依據烟與煤灰之流動線路，擬定在烟箱內，設置檔板，使烟灰隨於烟箱底部；并利用廢汽之一小部分，以小管通入排灰管，將煤灰隨時由箱底部排出，不使堆積，而有自烟囱噴出之虞。在煤灰排出時，又和以流水，以免飛揚。經試裝後，頗爲滿意，約可防止煤灰百分之九十。其每輛機車改造工料費約爲二十元，該路局昨呈鐵部，決即將全路機車，在吳淞閘口兩機廠分別製造檔板。

（二六，一，一一，中央日報）

浙贛鐵路

浙贛鐵路局勘測南贛線

南昌至贛縣長三五零公里

全線已測竣　明春即可開工

【南昌通信】浙贛鐵路自杭州至南昌通車後，即興工建築南（昌）萍（鄉）段鐵路，明年三月即可通車，惟通粵鐵路亦關緊要，故浙贛路局特先籌建南昌至贛州之鐵道，於本年八月間調集總局工程人員十一人，由杭州來贛，勘測由南萍段之樟樹鎮站起至贛縣止之鐵道路線，業已數月，次第勘竣。惟由泰和至贛縣，分二條路線：一爲沿江面上，工程較易；一由陸路，須開山洞五六處。將來擇定何線，須呈由路局核定。此段路線計長三百五十公里，經過清江縣，灘頭圩，界埠圩，仁和圩，峽江縣，八公村，三曲灘，吉安縣，大路店，泰和縣，馬家洲，東村，萬安縣，棉津，彈子前河地，大橋至贛縣；此爲鐵道部指定之西線，預定明春開工，年底完成。計劃採分段同時興工辦法，以期迅速通車，枕木則就地採購云。

（二五，一二，二〇，大公報）

浙贛路杭玉段更換重軌

借欵六百萬元由鐵部担保

明年六月可完成滬粵通車 5

【中央社南京二十九日電】浙贛路杭玉段原係輕軌，現悉鐵部以浙贛玉萍段將于明年六七月通車，而錢江橋樑工程亦可同時完成，如杭玉段不換重軌，卽無法完成杭玉，玉南，南萍三路直達通車，即不能開駛滬粵直達快車，因由該部令浙贛路理事會，向捷克國維潤惠次鋼廠商借重軌價值約計六百萬元，以資改換。並定該料墊欵分七年償清，由浙贛速合公司出具期票，並由鐵部担保，除此以外，則別無担保手續。按年來各國對華鐵路投資，已有數起，惟捷克尙屬初次。聞此次改換重軌，長約三百五十公里，不日開工，全部工程可望於明年六月底完成，屆時即可由滬通車直達廣州。又株萍段枕木朽敗，路基鬆動，各項工程又年久失修，玆爲將來適應通車計，鐵部已將株萍段交由浙贛路公司代管，一面由鐵部出資修理。將來東南交通亦得以聯絡貫通。

（二五，一二，三〇，大公報）

浙贛路換軌明年元旦興工

工程借欵由中國等行承借

材料借款與捷克料廠商洽

【杭州通信】浙贛路軌理事會爲杭玉，玉南及南萍三段換取重軌，將原有三十五磅鐵軌，改數六十三磅重軌，約需工程費二百八十萬元，經與中國，中農浙地等三行商洽借欵，業已簽訂草約，規定年息一分，分六年清還；中國承借一百八十萬，中國農民及浙江地方兩銀行各借五十萬，並以杭玉段營業全部收入爲担保，由銀團代表金潤泉往返滬杭請示接洽，玆探悉其內容如下：

前項工程借欵，頃已全部成功，即日簽訂正式合同，開始收解。故換軌工程，以欵有着落，已定明年元旦興工，俾與南萍段工程三月完工期限，同時告竣。惟除換軌工程費以外，尙有鐵軌，枕木等材料，需要極巨，現正由鐵道部向捷克鐵道材料廠進行。

材料借欵，約需二萬八千噸值價六百萬元，年息四釐至五釐，亦分六年清償，將仿照京贛路向德奧托華爾夫鐵廠八千萬借欵辦法辦理，現正在進行，短期內即可正式簽約。在材料借欵未簽約前，換軌材料，暫借南萍段存儲材料通用。預定明年三月完成杭玉，玉南，南萍三路通車計劃，以利運輸，而裕國收。

（二五，一二，三〇，大公報）

杭玉段換重軌

八百八十萬元借欵合同正式簽訂
銀團二百八十萬，材料六百萬，期限六年，利息九厘四厘兩種。換軌工程開始，定六月中完成

浙贛鐵路局，央定將杭玉段三十五磅輕軌道，改換六十三磅重軌道，俾與玉南段，南萍段一律行駛重量火車後，即由該局理事會秘書張自立，數度與中國，中國農民，浙江地方三銀行代表，中國銀行杭州分行行長金潤泉接洽，並由金氏來滬，向總行請示結果，由中國銀行認借一百八十萬元，中國農民，浙江地方，兩行各認借五十萬元。始於上年十二月二日，在杭州先行簽就草約，並經該局於同月八日，在京舉行理事會議提出通過後，方於月底正式簽訂合同。

合同摘要　借欵合同要點如下：一，借欵名稱，浙贛鐵路杭玉段換軌借欵國幣二百八十萬元。二，承借銀行，中國承借一百八十萬元；中國農民，浙江地方，各借五十萬元。三，擔保，以前第一期鐵路建設公債餘額及杭玉段改換重軌後所增加之客貨收入爲擔保。四，期限利息，月息九厘，俟玉南段借欵歸還清結後，再行於六年中，分期償還。五，指定中國銀行爲銀團代表，簽字代表爲浙贛鐵路局理事長曾養甫，中國銀行杭州分行行長金潤泉，中國農民銀行杭州辦事處主任吳敬生，浙江地方銀行總經理徐恩培。計有合同四份：浙贛路局，中國，中國農民，浙江地方各執一份，存照備查。

材料借欵　杭玉段改換重軌，除所需工程費向滬銀團商借外，所有鋼軌枕木等材料，共需二萬八千噸，折合國幣六百萬元，業經曾養甫會同鐵部購料委員會主任陳華霖，與捷克商維順惠斯（譯音）鋼廠駐滬代表商洽就緒，概由該廠供給，規定年息四厘，期限六年，合同亦經簽訂，由浙贛鐵路局依照合同規定，出具期票，於六年中本息分期償清，由鐵道部爲擔保人。所需材料，視工程需要情形，隨時通知該廠駐滬代表轉電捷克，分批起運來華運杭應用。

開始換軌　浙贛鐵路局，以南萍段工程，已奉令提前於本年三月底完成，商由銀團提前解欵後，各項工程進展頗速，三月底可望如期完成。現已將杭玉段所用之三十五磅輕軌道，開始分段改換六十三磅重軌。在換軌期間，杭玉段客貨車，仍照常行駛，以利交通。預期於六月中，完全改換工竣。屆時杭玉，玉南，南萍，三段全路完成，可行駛三十五噸及四十五噸之機車云。

（二六，一，九，申報）

浙贛路局擴大組織

【中央社杭州十五日電】浙贛路局以南萍段完成有期，工作加繁，爰將局內組織，稍予以變更：原設之各科，一律改處，各處設處長一人，或加設副處長一人，已定十六日實行。將來南萍段通車後，當再酌增人員，予以實際擴充。計該局共分六處，正副處長人選如次：總務處曹銘先；工務處正王節堯，副吳祥祺；會計處正田定庵，副蔣紹賢；機務處陳廣沅；運輸處（處正未定）副曾世榮；材料運輸處林家楓。內一部係由原科長改充云。

（二六，一，一六，中央日報）

錢塘江橋將完成

滬甬浙贛兩路進行接軌

【杭州通信】浙贛鐵路南萍段鋪軌工程，自上月開始以來，業已完成五十餘公里，現因材料輸運遲緩，致工程未能積極進行。但依照預定計劃，頗爲迅速，全段橋樑，除贛江大橋，因橋樑未運到尚未興架外，餘均全部落成。杭江段更換重軌，其工程方面已招商投標承築，預計第一期鋼軌約二月底可由國外運到，二月初即可開始換軌。至該段橋樑工

程，早於二十五年六月間陸續施工更換，現亦全部完成。又滬杭甬路與浙贛路接軌工程，雙方已在積極推進，據悉該項接軌工程，除土方已完成外，祇俟錢江大橋工程完竣即繼續進行。大橋第一座橋墩上行車鋼軌在鋪設中，並悉錢江大橋橋工處及滬杭甬路局與浙贛路局等鑒於月前之處局中心工程均將集中共同推進，近數日中已數度會商各項共同合作各工程設施，以資將來依循分別實行云。（九日）

（二六，一，一二，大公報）

津浦鐵路

津浦貨車仍未復

商人均利用郵包流通，收入較前銳減

【大津電話】津浦貨運，現仍未恢復，津站每日均有大批運至，復被拒絕運回，商人均感不便，不時赴津浦段探詢，並利用郵包流通。津浦路收入銳減，聞上月收入僅達平時二分之一云。

（二六，一，七，北平晨報）

津浦路貨運恢復日見暢旺

【本市消息】津浦路前因陝變關係，軍運緊急，南段貨運，稍受影響；旋以事變迅告解決，貨運立即恢復常態。近日該路天津各站，南運貨物，異常暢旺，收入數目字，比較上年本月份，激增甚鉅。又聞該路近來對於行車保安，異常注意，調度車輛，益爲迅捷，商貨交運，無不隨到隨裝，一般商人，莫不稱便云。

（二六，一，八，大公報）

整理津浦路債

償還辦法擬定

【南京】津浦路整理內債，已擬定償還辦法，計：一，舊欠大陸邊業等四行借欵總數五十餘萬，擬分十年還清，本年一月起，按月撥付；二，車債銀行團借欵係十二年所借，總數八萬一千元，本月起撥還；三，支付券係十一年交部所發之債券，總數二十餘萬元，決分五年還清，本年起撥付；四，中興公司借欵計一百三十餘萬元，擬分三十年還清，現正與該公司商洽進行；五，運商保證金欵額計十三萬元，決定分五年還清，本年一月份起撥。（十日專電）（二六，一，一一，申報）

保護蚌正鐵路樁木

【懷遠】津浦鐵路蚌正支線，現在辦理定線測量，所釘木樁，誠恐無知鄉愚拔去或損壞。津浦鐵路管理局，於去歲十二月十一日，特函省府云：案查本路籌建之蚌正支路，計經過貴府所屬懷遠，鳳台，壽縣，鳳陽等縣縣境，現正積極測量，經過沿線隨時埋釘樁木，誠恐被無知鄉愚拔去或移動，不啻前功盡棄，且礙交通要政。盼分飭各該縣政府，加以保護。省府接函後，特訓令各該縣府遵照，妥爲保護，並發給佈告，令沿路民衆一體週知，於該路所釘木樁，負責保護，不得有移動情事，致干查究云。

（二六，一，一一，中央日報）

平漢鐵路

道清鐵路債務增付利息

自本月一日起

鐵道部對於道清鐵路債務之整理，曾於去年五月間與英商債權人福公司商定整理辦法，規定自民國二十五年至二十七年年付利息二厘半。惟該路在此三年以內，如現金盈餘足敷償付債款本息時，則利息可增付爲最高五厘。頃悉鐵道部以道清鐵路改爲平漢支線後，進欵充裕，最近已擬定自本年一月一日起，增付利息二厘半。

（二六，一，一〇，中央日報）

平漢車昨在邯鄲切軸

倒車數輛損失極大

【鄭州十日下午十二時專電】平漢七十二次車，十日晚在邯鄲切軸，倒車數輛，損失極大，南北快車均被阻，修復約六小時。

（二六，一，一一，北平晨報）

平漢車在邯鄲脫軸

貨車六輛倒下

【鄭州十一日中央社電】平漢路七十一次貨車，在邯鄲脫軸，貨車六輛倒下，路軌被毀。鄭工程車十一日晨開往修理，交通現尙未恢復。

（二六，一，一二，北平晨報）

平漢路交通恢復

邯鄲被毀路軌已修竣

【中央社鄭州十二日電】平漢路邯鄲被毀路軌已修復，十二日晨交通已恢復。

（二六，一，一三，世界日報）

平漢路許禹支線將開始定線

土方工程即可動工　開發豫西煤礦

【鄭州通信】禹縣位於豫西，距許昌平漢站九十華里（在許昌西），爲黃河以南產煤最富之區（據最近調查，儲量約爲八七七・五〇〇・〇〇〇噸，以日採五千噸計，可供四百餘年之開採），而藥材、鈞磁、禹布等又在歷史上久負盛名。過去在河南爲最繁榮之縣份，惟自民國以來，因交通不便，匪患時起，治安堪虞，以致商旅裹足，商業一落千丈。地方士紳有鑒於此，乃有遵照總理之實業計劃，興修許禹鐵路之擬議。民國廿二年春，禹許兩縣紳商幾經集議，籌備民營，呈准河南省政府建設廳，組織許禹鐵路民營籌備委員會，公推王照青，楊伯英，徐立五，朱有廉等三十餘人爲籌備委員，機關設於禹縣城內，聘請禹縣東峯煤礦公司礦師常劝文爲該鐵路工程師，着手測量路線，製繪圖表，及各項築路計劃書，理由書等，先後完成，呈請鐵道部立案，當蒙准予備案。該會卽籌劃經費，股本定爲二萬元，一半由禹縣各煤礦集，一半由禹許兩縣商民分担，分派旣定，即積極進行。當時全國人士均極注意，而軍事委員會及實業部等機關先後派員蒞禹考察該路沿線物產概況暨煤產情形。許禹鐵路之修築，雖由官傳籌備而見諸實行，但終因許禹兩縣商業蕭條，農村破產，經費籌措不易，旋卽無形停頓，乃呈請省府改民營爲官辦，請由平漢鐵路修築許禹支線。鐵部具呈後，當即令飭平漢鐵路管理局派該路工務處第二總段副總段長譚振東，於去年二月十九日率測量隊蒞禹勘查路線。該隊以從前民營籌備委員會所定之路線多不適宜，乃重復勘定與許禹公路平行，勘查完竣後卽將詳細情形繪製圖表並編擬報告轉呈鐵部鑒核，於是許禹二縣商民終日盼望早期動工，惟因種種關係音訊渺然。去秋因雨水愆期，秋禾減收，哀鴻遍野，河南省賑會乃函請鐵部以工代賑興修許禹支綫，鐵部復令飭平漢路局卽日動工，該局以許禹支線路線問題，主張不一，過去已勘定之三條路線，究係那條適宜，需要再度勘查，俾便決定，現已令由平漢鐵路鄭州辦事處派隊重新查勘，日內卽可完竣，路線決定後卽開始土方工程。該路共長九十華里，路基及土方工程，約需六月，其間最大工程，爲楮河舖之穎水，須建築五空鋼橋一座，長一百五十公尺，禹縣較許昌地面，約高十五丈，但乃逾除楮河舖東之環琊崗外，其餘均甚平坦，修築極易，該路預料本年內或可見諸實施云。

（二六，一，一四，大公報）

平漢路決築老花支線

【十五日漢口專電】平漢路決修築老花支線，由老河口南行達花園接軌，已開始測量。老河口入陝仍由公路維持交通。

（二六，一，一六，中央日報）

平漢鐵路決修老花支綫

【漢口】平漢鐵路決修老花支線，自花園北至老河口，經應山，隨縣，棗陽，襄陽，光化等縣，南與平漢正線接軌，北與老白公路聯絡，俾陝南鄂北，得利用平漢路溝通。該支線已開始測量，即就原有公路線上敷軌。

（二六，一，一六，申報）

粵漢鐵路

粵漢路運輸劃分四段管理

鐵部視察員指示改進要點

【武昌通信】粵漢鐵路，自迭次發生撞車事變以來，該路北部，正積極着手整頓。現因全部運輸，原分廣韶，株韶，武長三段管理；惟樂昌至郴州一段，係屬最後完成，如併入株韶段，未免感覺繁重，擬决另劃一段，將全路公分四段，俾較易調度。又鐵道部業務司長陳清文，上月間再度奉派來鄂，往全線視察，調查撞車原因，及督促該路改進事宜。刻已事畢，於昨日返京，聞對該路改進事宜續有指示，其要點如下：一，辦理員工服務證，以取締冒名頂替；二，責成站長親自遞路籤、指揮行車；三，改造並添設地磅，務使貨車過磅；四，規定裝卸貨物及調查手續，以免行車危險，列車誤點；五，加緊司機工作，取締機車誤點；六，限制工程材料裝運時刻；七，利用廣三段剩餘車輛；八，增築彬樂段保險岔道；九，增加客車月台，分上行下行行車軌道；十，添設岔道車輛，以免溜逸等等。又該路正式通車禮，原定本年雙十節舉行，嗣因向英國定購之新車，未能如期運到，現有改定明年五月舉行說。至在武昌賓陽門新闢之武昌總站，建築將竣，聞已定元旦開幕。（二十二日）

（二五，一二，二七，大公報）

粵漢路整理計劃

趕辦各項工程發展沿線貿易

直達特快明年四月一日開行

【漢口通信】應時局需要提前通車之粵漢鐵路，中間數生變故，頗損路譽，鐵部及該路當局，自軍運結束後，乃以全力從事補苴工作。關於一切改進計劃，記者已迭有報告。茲屆二十五年終了，該路除將預定於本年內完工之工程作竣外，並將明年度應作工程，制就方案，賡續進行。近兩月來，該路整頓工作收效，行車時間亦甚準確，客貨運輸，均日見發達。此溝通華南惟一幹線，對其所負使命，已漸達勝任愉快之境。近數月來之改革，及明年度中若干重要建設，均值得贊許。茲就該局結算近來改進工作之結果，及預擬明年度重要建設之規劃，分別紀述於後：

發展聯運　該路自七月二十五日接軌通車以後，在政治上則有解決西南割據局面，完成國家統一之效；在經濟上則洲皖之米，及聯運之煤，源源輸粵，粵省土產亦大量北運，洋米商人運動取消入口稅之計未得實現，數千萬之漏卮藉以挽回。此後對政治經濟上之貢獻，實不可計量。該路藉平漢路之聯運，吸收貨物之地域達於西北及華北，長江流域之土產，亦包括於聯運範圍之內。吾國各地均有其特出物產，南北所產，尤屬不同，需要交換，乃自然之勢，故該路對營業組織、特別重視。其他各路司營業者，祗車務處屬下之一課，而該路則設有營業處專司其事，不但消極的為路上吸收營業，且擬積極的協助沿線商工業謀發展。現已將全線劃為四個營業區，在漢口，岳陽，長沙，衡州，廣州，均設一營業區。各區除司客貨運輸外，並司沿線左右五十公里以內之工商業狀况及特產品之調查，一切產銷情形及供求狀況，市場價值，均隨時調查，向外介紹。各營業區並設有運輸講習班，免費使商人聽講，除講授運輸知識外，關於最新工商業販賣技術，亦附帶講授，指導其對出品之改良及宣傳推廣之法。因吾國商人多墨守成規，對推銷上純任自然，如包裝之不講求，或不得法，不易在車上堆積等等，故該路擬將貨車容積大小，教授商人，使其包裝適合車廂尺寸，裝入後既免虛糜地位，且不致彼此碰撞損壞。關於國內外市場行情，擬逐日報告，使應時輸出，若負責運輸代客保險押欵，及代收貨欵等，均在營業區受主顧委託代辦之內，主顧無需在各地設立聯號，或親任奔走，出少許之手續費，路上均可代辦。

新段工程　該路自軍運結束，對未完工程及行車安全設備，銳意改進，本年內完成者，趕辦工程計有六項：（一）加鋪道碴，新段因路基未固，在通車前已鋪道碴祇平均百分之二十五，近三月來趕鋪結果，已達平均百分之五十，行車速度因此已由每小時三十公里，增高至五十公里；(二)防護路基工程，該路山洞，隧道，橋樑特多，露天開塹之斜坡及臨水路基，均需石基防護，沿線坍坡均已修竣。坪石至樂昌一段，坍塌最甚，其中之泗滙頭，已將路線略爲改移，並日夜加用飛班，梭巡防護；(三)橋工被陳濟棠炸燬之田頭水橋，已於十一月間，正式修復。惟九峯水橋，因由英國添購之鋼橋，運到需時，故將耒陽之拓溪橋拆下，移裝九峯，另以十二公尺十八公尺各一孔之鋼橋裝於拓溪，已經裝竣，移裝之九峯橋，預定於二十六年二月間竣工，竣工後則列車無需在該橋停駛或慢駛，而最大機車，亦可全段通行；(四)車站房屋，該路沿線車站，在工程期內未趕築，除一二站外均於近三月內始築就，所有月台亦均完成；(五)車房設備，新段內有衡州，郴州兩機車房，均爲鋼筋水泥建築，衡州者規模甚大，有電力廠及修理廠，可修各種車輛，並附設於三十公尺轉車盤，已於近日完工，郴州之廠則於明年二月間完工；(六)給水設備，工程期間對永久水源及抽水機水管水鶴之類，大都缺如，故機車上水極耗時間，現已全線裝竣，列車在站上卽可由水鶴上水，無需調車解掛矣；(七)電訊，該路南北兩段，原祇有鐵電線四條，新段祇三條，不足供電報及長途電話之用，近已將全路補足四條，並在英國訂購銅線兩對，爲調車電話及長途電話之用，需明年六月始能裝竣；(八)行車號誌，該路前此因夜間行車極少，故北段裝有洋旗者祇十一站，南中兩段均向未裝設，故易發生站內撞車之事，刻已將全線各站照各路應設之各種號誌，一律配齊，於明年春間可全線裝就。

舊段工程

以上所述，皆株韶新段之事，湘鄂廣韶兩大段之建築經過不同，故一切設備亦異。因自開車以來，同感收入不敷支出，故養路工程，均多年未辦。欲與新段發揮相等效力，自需大加改進。鐵道部於株韶段興工時，對南北兩段已撥欵改進，近三月來又趕工進行，一切要求，已漸滿人意。兩舊段改革整理工程，約分九項：(一)抽換枕木，湘鄂段已停滯十年，枕木朽壞最多，行車速度大減，自鐵部撥到欵料，已抽換鋼枕二十五萬根，甲拉紅硬枕二十一萬根，杉枕十六萬根，共約六十二萬餘根，現仍趕工抽換，約明年一月間可全線換竣，南段枕木年來不斷抽換，狀況尚佳；(二)展長岔道，該路新機車體積甚長，路線亦長，故列車亦長，南段岔道較短，近已展長，至少需有五百三十公尺之長度，全線均如此；(三)改良水供，南北兩段從前車次不多，故水供設備簡陋，水管太小，站內無水鶴，機車必須解掛始能上，刻已先將各大站水供改裝完畢，南段於明年三月間，亦可全部改竣；(四)加固橋樑之載重力，該路新購四八四式大機車，在國內體積最巨，舊段橋樑均不能負荷，故欲發揮該機車速力，須將所有橋樑之裝合加固，本年內對北段橋樑已加固七座，其中曾用株韶段新橋材料，南段則用電銲方法，已堅固橋樑一百五十七座，耗工費九萬餘元，明年初間，仍繼續進行；(五)添轉車盤，該路四八四機車，與煤水車接合後，長度達二十八公尺，舊段原有轉盤，均不足容納，致兩次撞車，均緣於機車倒掛，現已由英國添購三十公尺之轉盤，分裝於各大站上；(六)修理損壞之機車車輛，該路現有大小機車一百零四輛，客車二百四十七輛，貨車一千一百七十四輛，就該路長度言，已嫌不夠分配，自軍運後，各車均無暇修理，致操縱不靈，現已由整理委員會撥欵二十四萬元，加工趕修；(七)添購車輛配件，該路車輛因失修之故，致各種配件多缺失，不但失去美觀，且發生危險，如鄧家塘溜車，即緣缺少手風閘之故，刻已在英用英鎊三萬一千餘鎊，購到大批配件；(八)擴充徐家棚機車廠，該處爲該路起點站，原有機車廠，規模太小，刻已計劃擴充，預算廠屋國幣八萬元，在英國購機械六千鎊；(九)建設廣州西村車房，廣州總站與廣三路聯接西南大橋，行將落成，黃埔支線亦於明年完工，均以西村爲聯運中心，故擬在該地建一大車房，預算工欵爲二十四萬餘元，于明年夏間完工。

主要工作

明年度中主要工作，已預定十一項，該路之規模，亦當於明年一年樹立，明年中首要之事爲：(一)開行直達特別快車，該車輛已在英購就，共爲五套，每套有一二等臥車各一輛，二等客車一輛，三等臥車四輛，餐車行李車守車各一輛；其中之三等臥車已運到，其餘均定明年二月間到路，加以裝配後，於四月間可以使用。預定於四月一日實行特別快車，每日由武廣兩端對開一次，新車一切設備在國內均爲最舒適者；（二）在特別快車開行之時，因新舊段之整理工作，已經完成，故行車時間，當可大加縮短，大約可縮減現在時間三分之一；（三）對保安設備於快車開行時，已設備完成，對在事員工之訓練，亦已完成，故保安上當無問題；（四）設員工養成所，該路人才缺乏，久爲路界公認，此後業務發展，大需人才，故預定明年中設立運輸人員見習所，養成低級行車人員，另設職工養成所，訓練行車職工及車僮，餐車侍役等，俾知如何侍奉旅客之舒適；（五）改設廣州長沙及徐家棚三大車站，此三處皆爲省會所在商客較多，目前之車站，均太嫌簡陋，廣州站則將接近之車房移建西村，俾讓出之地擴充站房；長沙站地勢逼窄，湘當局建議東移數里，因工費太鉅，故明年內祇能就原站擴充，建天棚天橋，使站內各月台均可停靠客車，長沙原有三車站，擬各站均鋪雙軌，以便調車，徐家棚車站餘地甚多，明年間擬擴充站房，及碼頭車站間之建築物；（六）添設長江大輪渡，該路與漢口有一江之隔，與平漢聯運均賴輪渡，現有之渡輪太小，一遇風浪，即不易開駛，刻已備欵二十萬元，訂購足容千人之大輪渡，在長江大橋未建築前，暫時作過江聯絡；（七）開闢武昌城站，徐家棚車站距武昌甚遠，雖有距城較近之通湘門車站，但仍嫌偏僻，明年內擬在賓陽門外，另建一武昌總站，由此出中山路達鼐延粥路，即入京中心區，於旅客甚便，現正著手建築，明春即開站；（八）改造鮎魚套站場，自武昌大修馬路後，主要幹路已達鮎魚套對岸，並擬添建一大橋，與該站相通，沿江風船所運貨物，大都由鮎魚套裝車，營業收入爲武昌三站之冠，故擬將沿江碼頭支線貨倉車站等均大加擴充；（九）添建沿線倉庫及冷藏設備，該路沿線地濕多雨，故貨倉需要倍切，因路欵支絀，故一面租地由商人自建，一面由路局擇要自建，兩廣北運鮮貨水菓甚多，需要冷藏防腐設備，該路擬添冷藏車十二輛，及沿途冰站冷藏倉庫設備；（十）完成黃埔支線，由廣州西村至黃埔商埠之支綫，長二十六公里，已于本年十一月間動工，明年內完成，黃埔港已由粵省府經營，爲出海海港；（十一）建築株州聯運站，株州爲浙贛湘黔兩路之接軌，將來東西南北三大鐵路，均集中於此，刻三路當局之會勘聯運站建築地點，將來東達浙贛京滬，西通湘西川黔，及南北旅客均將在此易其趨向，實爲江南鐵路網之中樞也。（十二月二十八日）（二五，一二，三一，大公報）

粵漢路新購車輛

由英運抵上海

【中央社漢口十六日電】粵漢路向倫敦訂購機車車輛，已陸續裝運來華。最近又有二等新客車五輛，十五日到滬，該路已派員赴滬會同京滬路機廠裝配，即可運漢應用。（二六，一，六，中央日報）

粵漢鐵路擬定本年行車計劃

四月一日加開直通特快

努力安全減少行車時刻

【漢口通信】粵漢鐵路局長淩鴻勛，以該路全線通車伊始，中段設備未周，兩端多待整理。且時生撞車不幸事件，爲求行車安全，增加業務收入，復以新年開始，本一年之計在於春之主旨，爰有二十六年行車計劃之擬議，茲錄其綱目如下：

（一）加開直通特別快車

本路曾向英訂購新式客車五套，每套有一等臥車一輛，二等臥車一輛，二等客車二輛，三等臥車四輛，餐車一輛，行李守車各一輛。但至二十五年年底止，祇到三等臥車，其餘均未到達。故自二十五年九月一日，開始直達通車以來，祇能每星期對開二次，而一二等車皆屬舊車，或係向別路借用，形式與設備均覺欠缺。茲新車全部可於二十六年二月到齊，加以裝配，大約四月一日起定可每日對開特快，且全用新車行駛，旅客當更感舒適而方便。

（二）減短行車時間

新段餘工及舊段整理情形既如上述。所有抽換枕木與添鋪道軌日有進展，軌道情形當日見良好。而被炸之橋，可以修好，全路行車速率可以增加。所有改良水供亦可告竣，上水時間亦可節省。而機車修理，可有相當把握。預計四月一日直開特別快車，以後全線行車時間，當可大爲縮短。

（三）努力行車安全

本路經數月來之整理後，新工路基已臻堅固。舊設枕木亦多換新，較弱橋梁，已經加固，機車車輛，善爲保養，電話號誌，即在裝設。今後行車安全，在物質方面，已大臻進步。將來仍當努力於路基保養與設備保養之工作。並極力隨時施行嚴格檢查，對於運輸員工之嚴加考核訓練，俾行車安全，得至最高成績。

（四）設員工養成所

本路初告完工，事業尙未發達，目前員工數目比較尙少；他日業務增進，則運輸與營業員工，必須有相當之充補。茲擬於二十六年年內分別設立運輸人員見習所，養成低級行車人員，俾皆先有嚴格的技術與訓練；設立職工養成所，訓練行車職工及車僮等人員。其車僮訓練所及餐車侍役，即於春間開辦，以應需要。

（五）改造廣州長沙及徐家棚三大站

本路以此三站爲較大之車站，亦三省省會之所在，客商較多。而目前此三站之設備，乃至簡陋：廣州一站，地面狹窄，改造爲難，擬俟西村車房完成後，將舊車房及煤臺轉盤等拆遷，然後將原站加以擴充整理；長沙一站，目前極爲狹隘，不敷應用，湘省方面建議將站東移數里，以工程甚大，需費尤鉅，非一時能力所能辦。茲擬於一年內先將站屋略加擴充，改造尙易，擬將正道移在目前車站之後，加建較長月臺與雨棚；其由碼頭以至車站一帶，亦加改善，以便客商。一年之內可以辦竣。

（六）添設長江大渡船

由徐家棚至漢口，中隔長江，旅客往來在本路祗有小火輪數艘。坐位既少，且遇大風雨，即有停輪之虞，至爲不便。茲已備欵二十萬元，訂購新式大渡輪一艘，可容千人，以利接駁。至兩岸碼頭設備，亦爲相當之改良，統於二十六年內完成。

（七）闢武昌城站

本路原有武昌通湘門車站，以便武昌旅客，然距離市中心過遠，頗感不便。年來武昌市政進展至速，本路爲應時勢所需求，特在賓陽門外另建一武昌總站，由此出中山路而達熊廷弼路，城市交通，至爲方便，觀瞻亦佳。此站已於二十五年年底完工，二十六年一月即可開幕。此站開設後，原有通湘門站即作廢。

（八）改造鮎魚套站塲

本路自通車後，南北貨物在鮎魚套站上落者至繁。原有站塲地方頗廣，惜佈置欠佳，塲地亦低窪，每年爲潦水所淹浸，且少貨倉設備。茲擬將江邊一帶塡築，多鋪岔道，添設水站及車房。此站重要性必日有增加，惟全部工程尙非一年所能完成。

（九）添建貨倉及冷藏設備

本路原有貨倉設備，乃最簡陋。全線通車後，貨運日繁，長江以南多雨，貨倉設備，尤感需要。現爲節省路力計，擬一面租地由商家興建，一面由路添建若干，以利商倉。又南來水果及鮮貨日益增多，冷藏設備爲不可少，茲擬於一年內裝冷藏車十二輛，除粵漢兩大站供水較易外，另在衡陽設一冰站，至于兩終點之冷藏車，則俟商家辦理。

（十）完成黃埔支線

由西村站至黃埔港之支線，長約二十六公里，已於二十五年十一月間開工，二十六年內當可完成。同時黃埔港當可有相當成績。港埠與支綫既完成，水陸聯運方便，業務定可增進。

（十一）建築株州聯站

浙贛路之南萍一段，定於二十六年六月間完成，可接至本路之株州。而湘黔路又在株州向西發展，株州一地，將來爲東西幹線與南北幹線交通之點，經已會同浙贛湘黔兩路勘察株州聯合地點，以期得一較適之聯合車站，以應客貨之轉運。

（二六，一，七，北平晨報）

粵漢鐵路本年改進計劃

加開直達特車縮短行車時刻

12

改造省會三站添設長江渡輪

接通浙贛南萍段六月間完成

（漢口航訊）粵漢鐵路創始於前清光緒年間，其中曾經過多少困難，始於民國二十五年四月接軌，七月通車。此經營三十八年之南北幹線，卒底於成，於運輸商旅，諸多裨益，此大可慰國人之企望者也。

粵漢路原分三段，南段與北段，向來各自爲政。南段由廣州至韶州（後展至樂昌），歸南段管理局管轄，局設廣州；北段由武昌至株州，則歸湘鄂段管理局管轄，局設武昌徐家棚；中段爲株韶段，長四百五十餘公里，係自民國二十二年借用中英庚款始得趕工修築完成。去年六月因運輸吃緊，不得已提前通車，且於八月一日奉鐵道部令，將三局合併，改爲粵漢鐵路管理局，總局暫設武昌徐家棚。內部改組，除人事上之更動外，將舊有之車務與機務處職務從新支配，設營業處以應付對外商務之事；設廠務處管理機廠修理及製造；設運輸處集中處理指揮行車方面無論屬於車輛或機車之一切事宜。此外沿線各段從前設車務段長與機務段長者，茲擇適當地點，改設運輸段，每運輸段下管轄若干車房主任與調度主任，而營業之事分區各設主任，以便對外接洽，如此組織較爲合理，因在運輸繁忙之特殊情形下，路政未遑改進，自十月底復員，運輸初期結束後，始得繼續工作。現鋪渣工作已成百分之五十，前被炸燬之田頭水及九峯水橋均已修復。衡州車房已完工，郴州車房二月間亦可完成，沿路水塔水鶴均安竣。電線在南北段原祗有鐵線四條，中段祗有三條，不足以供調車及長途電話之用，經先將全線補足鐵線四條，另向英訂購銅線兩對，爲調車電話及長途電話之用，茲已購備電桿，全線裝好須在廿六年六月。各站所需一切號誌材料，約二十六年四五月間可以裝好應用，以維行車安全。

關於南北兩舊段之整理，計有抽換枕木，展長岔道，改良水供，加固橋梁，添購並修理損壞機車車輛配件，添轉車盤，擴充武昌徐家棚機廠，建設廣州西村車房諸大端。

（二六，一，一四，中央日報）

廣汕鐵路

廣汕鐵路開始測量

工程隊出發測勘，廣九路籌築雙軌

【廣州通訊】籌築廣州至汕頭鐵路，前經粵省當局與鐵道部長張嘉璈商討妥當。新路委員會核定路徑，經委派梁承恒爲籌備主任，梁氏奉委後，以本人原任廣九路總工程師，雙方事務，需要統籌兼顧，特於日前物色鐵路專材，以資協理工程進行。查廣汕支線工程，已決定分期興築，第一期工程，經已開始，由梁氏主任派出測量隊十餘隊，測勘支線，沿路在未開始測勘之先，已由梁主任領到測量費二萬餘元，分給於各隊。測勘辦法係分段辦理，以資短期內完竣。該支線建築計畫，在測勘未妥之時，仍由鐵部新路委員會逐項研究，務求避重就輕，不致虛耗經費。如測量完竣，由梁主任呈核鐵道部，派員南下指導，即開始第二期工作。頃據確息：關於廣汕支綫興築，現已積極進行，日前梁主任組織成測量隊時，即將已領到之測量費分發各隊出發，開始工作。梁主任爲親自督促工作進展，及早期完成計，特向廣九路局請假十天，前往廣汕支線親自督監。昨已假滿返廣九路局銷假，料理總工程師事務。該支線沿路所經，多屬港海，於測勘後，是否遥用原定路線，殊有斟酌之必要。因沿線多爲民地民田，海港紛歧，於將來開工時，建築橋樑涵洞，固費時日及經費，而禾田被收，於糧食問題，恐亦有所影響。如遷途以避，則路線延長，鐵路建築成本過高，且與附近繁華鎮市距離太遠，無補於事，因此頗費躊躇。但新路委員會之意以此路建成後，關係於國防運輸及發展交通事最大，故實行採用原定路線進行。聞其最後之決定，係由廣州市至廣九路灘站附近，轉而之東江興寧，越五華抵汕頭，與廣九路線並無抵觸。廣州市之起點，將來擬與粵漢或廣三接軌，聯貫西北江，完成本省東江鐵路交通。據熟習鐵路交通內情者言，廣汕支線築成，於廣州市商業，大有裨益，而廣州至汕頭兩地間運輸，可以循陸路抵達，不須經過水路，或由香港來往，且可收快捷之效，更于廣九鐵路

業務有連帶發展可能。就行旅方面而言，汕頭到香港人士，可乘廣汕路至石灘站，轉車前往香港；赴汕頭旅客，亦可以照樣來往，殊稱簡便。故廣九路現在已經籌設兩軌，即為先事計劃，應付該業務發展，利便廣汕路接駁來往云。（廿四日）　（二五，一二，二九，大公報）

廣九鐵路

廣九路借款鐵部設基金保委會

【廣州十一日中央社電】鐵部整理廣九路借欵，特設廣九路借欵基金保管委員會；派李祿超，凌鴻勳，會同持劵人中英銀公司代表港怡和洋行總理貝祖詒組織，並指定李為主席，李電促凌早日來粵籌商一切。（二六，一，一二，北平晨報）

廣九路車在石龍失火

乘客死傷百餘人損失達十萬餘元

【十六日香港專電】十六日下午四時半由港回省快車，至石龍附近失火，焚車三輛，死傷百餘人，爲狀甚慘，路局即派員馳往調查。

【中央社香港十六日電】廣九路中午快車十六日午十二時三刻，由港開省，下午三時十分車抵石龍站附近之石瀝滘，三等車中忽告失火。時值北風甚大，火勢更烈，搭客紛紛跳車逃生。聞共死傷百餘人，燬車三輛，起火原因不詳。由省來港之末次快車，延至九時三刻始抵九龍車站，誤點二小時。

【中央社廣州十六日電】廣九路第十次快車，十六午十二時四十五分由港開粵，行抵石瀝滘與石灘之間，第三號三等卡車忽告火警，火燄甚強，約五分鐘卽將前後車廂延燒淨盡。死傷確數未詳。該次快車抵省時，僅載有重傷男女廿人，輕傷十六人，均送醫院醫治，損失估計約十萬餘元。據該路負責人談，失火原因至今未明，僅知係由乘客攜有某種強烈化學藥品所致云。

【又電】廣九車經瀝滘站失愼起火，車卡數輛被焚，原因未明，聞死傷多人，損失甚鉅。（二六，一，一七，中央日報）

廣九路快車失愼焚斃八十餘人

原因化學品着火延燒，受傷搭客送廣州救治

【香港】廣九路十六日中午快車起火，原因係有化學玩具兩籮，置於三等卡廁中，因車行簸動着火，火向下燃着車輪之滑機油，加以車快風急，故轉瞬燃燒三卡，共焚斃八十二人。屍體十七日運省，重傷二十六人亦運省醫治。（十七日專電）

【廣州】廣九北行快車，昨夜駛至距廣州東南五十哩之石龍附近，藏於盥洗室中之硫酸，突然爆炸，因即起火。火勢蔓延甚速，轉瞬間即燒及三等車三輛。其中滿載中國乘客，乘客驚亂若狂，紛紛跳車逃生，致死傷四十餘人，內有燒傷及擠傷者。餘車乘客當時馳往援救，見罹難諸人有滿面皆血者，有髮全燒去者，其慘狀目不忍睹，急召救傷車至，將若輩送入廣州醫院。有外人數名所乘之車，適在起火三車之後，而皆未遭殃及，誠幸事也。（十七日路透電）

【廣州】廣九路局積極善後焚車案，除即日恢復該路交通外，並擬定優卹救護死傷員工，並收殮屍骸，據確計，燒斃人數共七十二人，傷者二十六人，多係輕傷。（十七日中央社電）

【廣州】廣九北行快車，昨晚駛至距廣州東南五十哩之石龍附近，因有旅客藏於盥洗室中之化學用品，突然爆炸，致立卽起火，蔓延甚速，瞬息之間，滿載中國乘客之三等客車三輛，均已燒燬，乘客紛紛跳車逃生，致死傷人數，達一百餘名，其中燒傷及擠傷者，亦復不少。截至今日下午爲止，已有被難乘客之屍體八十五具運抵廣州，大半皆難辨認，乘客之家人親友，多前往認屍，情形之悽慘，令人酸鼻。所有受傷者，當於到達廣州後，用救護車趕送醫院。當局方面已下令調查此事。因火起之時，如立卽停駛，則死傷人數，決不至如此衆多也。聞當時有外人數名所乘之車，適居起火三車之後，而皆未遭殃及，殊屬幸事云。（十七日路透電）　（二六，一，一八，申報）

廣九路慘案死傷近百人

中英雙方將會商善後

【香港十七日中央社電】廣九路英段路局十七日派員赴石瀝滘調查火車被焚案，聞已掘出死屍八十具，運往廣州棺殮。中英雙方，日內將開會商決此次慘案善後辦法。

（二六，一，一八，北平晨報）

廣九路失慎案罹難者竟逾百人

火以乘客舉措不慎而召致
復以車中設備不周而擴大

【廣州】今晨復在廣九快車星期夜失事處之殘堆中，檢出焦爛之屍二十具，迄今罹難之人數，已達一百零五人。據初步調查，此次火災，乃由乘客一人偶爾不愼，將火觸及松香質之玩具，頓時延及各種行李，車客見火，驚亂失措，紛紛逃往鄰車，以致因擠倒而踏死者多人。火車駛時，風力本大，火乃借勢由窗中射出，而殃及鄰車，直至延燒第三車，司機者乃察覺而停駛。時在石龍附近，距廣州約五十哩，車中因未裝有報急機關，致一時無從警告司機者，蓋防乘客無知，任意製此警鈿，故未作此設備也。當局現已下令澈查肇禍原因。（十八日路透電）

【香港】廣九路英段局長華克嘉，十八日午招待新聞界，報告廣九路慘案經過，計焚燬三等客車三輛，死七十七人，傷二十五人。起火原因，認爲當日乘客中有携帶化學玩具所致，日內將在廣州開會研究，俾明眞相。（十八日中央社電）

【廣州】廣九快車起火事，據當局發表正式文告稱，共死七十七人，傷三十五人。（十八日路透電）

（二六，一，一九，申報）

粵黨部請查廣九慘案

【廣州】廣州市黨部以廣九路焚車慘案眞相，至今未明，十九日特電鐵部請派員澈查，以伸衆憤。（十九日中央社電）

（二六，一，二〇，申報）

15

黃埔支線

黃埔支線第一段工程月內完成

【廣州電】黃埔支線第一段工程月內完成，第二段正開工。回教徒因遷墳請改軌線，二日間可解決。路局決照原定計劃辦理。

（二六，一，八，大公報）

凌鴻勛昨抵廣州
據談黃埔支線工程倘欵項不乏數月間即可竣工

【中央社廣州十七日電】粵漢路局長凌鴻勛，十七日抵省，對記者談稱：此來除視察沿線，並督促黃埔支線工程外，無他任務。粵漢路餘工，已大致完竣，運輸情況，亦覺進步。各段進步尤速，直達客車，益見暢旺。擬下月起每週增開直達車一次。凌氏次謂：湘米運粵，共五十餘萬擔。尚有十八萬擔，十日後可運完，對粵糧食，不無小補。凌氏并述及整理該路計劃，謂擬呈鐵部添購機車二十輛，年內並着手改良各站岔道，供水設備，及添設貨倉等項工程。最後凌氏談及黃埔支線工程，謂本人此來當就地極力解決一切工程上之困難，倘欵項不乏，數月間即可竣工。凌氏在粵勾留數日，北返時仍擬沿路視察。

（二六，二，一八，世界日報）

粵省鐵路統計

粵鐵道最近統計

【中央社廣州十日電】粵交通事業統計：鐵道，粵漢路南段路長二二三公里，粵漢路廣三段路長三十英里，廣九路長一一一英里，新寧路長二十六英里。

（二六，一，一一，中央日報）

隴海鐵路

隴海西上票車現仍止於潼關

郵電雖恢復寄遞遲滯

【中央社徐州四日電】隴海路由徐西上票車仍止潼關，徐陝間電報電話郵件均恢復，惟郵遞遲滯。（二六，一，五，大公報）

隴海路洛鄭間加開客車一次

【洛陽五日中央社電】隴海路洛站，以西來快車，乘客擁擠，自五日起，就西來空車，加開洛鄭客車一次，以利交通。（二六，一，六，北平晨報）

津隴兩路貨運尚未恢復

鄭洛間加開客車

【中央社徐州五日電】津浦隴海兩路貨運未恢復，各站貨堆如山，商人咸利用郵包件流通，致蘇皖豫各地郵局郵件遞增，兩路貨運銳減，上月路收折半。（二六，一，六，大公報）

隴海西段全部修復

客車仍止潼關

【徐州六日中央社電】隴海路臨潼西段路軌已全修復，連日有大批難民列車，由西安開到潼關，惟客車現仍止於潼關。（二六，一，七，北平晨報）

【中央社徐州十一日電】隴海路西安方面，由路局派總段長張鴻晏暫為主持。與潼關東段已失聯絡，惟赤水至寶鷄段已恢復通車。潼西工程局自綏變後，即停止向西展修，所有員工均返鄭待命。徐鄭洛間旅客擁擠，路方加開區間車；惟貨運未能暢通，汴，鄭，洛，陝各埠貨價飛漲。（二六，一，一二，中央日報）

鐵道部成立隴海路整債基金會

比國承借料款五千萬元充建築寶鷄至成都鐵路

隴海鐵路債務，曾經財鐵兩部，與比國公司及債權人代表，於上年商妥整理辦法，並規定設立一基金保管委員會，以處理此項還本付息事宜。近聞該委員會，業已組織就緒，委員五人：主席為鐵道部部長；其餘四人，為財政部代表公債司長陶昌善，鐵道部代表隴海鐵路管理局局長錢宗澤，及鐵道部財務司司長張競立，比公司代表耶倍爾。預定於本月十三日，召開成立會議，此後每月開會一次。又聞隴海路債務整理之後，中國政府鐵道信用恢復，比國公司知鐵道部有建築寶鷄至成都鐵路之議，因願另行簽訂購料合同，總額四萬五千萬比佛郎，約合國幣五千萬元，用以修築寶鷄至成都之綫。該項材料借款，條件優良，利率為週息六厘。還欵辦法，並不指定還欵基金，僅由鐵道部予以保證，擔保品即以將來寶成鐵路收入，及隴海汴洛段收入中除去舊借欵抵押之餘數充之。該路工程鉅大，聞現在測勘中，一俟測勘完畢，當由鐵道部籌劃現欵，定期開工。（二六，一，一三，申報）

隴海鐵路損失超過千萬元

車輛橋樑等被破壞甚多運輸停頓貨物堆積如山

【徐州十五日下午七時專電】隴海路自陝變迄今，損失奇重，潼西段車輛橋樑及各種建築物，被東北軍迭次破壞甚多，員工傷亡者達數十人，全線貨運均停頓，月餘以來，各橋站待運貨物，堆積如山，往返運輸列車達三百餘次之多，車輛機車損害尤大，估計該路直接間接之金錢損失，已達一千萬元以上，今後如何，尚不堪設想。（二六，一，一六，益世報）

隴海路西展工程已趨停頓

錢宗澤赴潼關籌劃恢復交通

【中央社鄭州十七日電】隴海路局長錢宗澤，十七日晨一時，由鄭赴

16

潼關，籌劃恢復隴海路潼西段交通。據該路工程局長洪觀濤談：隴海路華縣至赤水間之路軌與橋樑，全被楊虎城部拆毀。赤水至寶雞間，每日照常通車，惟貨運完全停止。隴海路西展工程，照原計劃，二年內展至天水，再測路線而達成都。寶天段測量人員亦因沿途匪氛未靖，折返寶雞。全部工程受陝變影響甚鉅，二年內通車天水之計劃，恐難完成。

（二六，一，一八，世界日報）

恢復隴海交通錢宗澤昨赴潼

洛陽潼關間將加開快車

【鄭州十七日下午九時專電】錢宗澤十七日晨乘專車由鄭赴潼關公幹。

【鄭州十七日中央電】錢宗澤十七日晨一時由鄭赴潼關，籌劃恢復隴海路西段交通。

【洛陽十七日中央社電】隴海路局爲便利沿途客貨運，十七日起加開由汴至潼快車一次。

（二六，一，一八，北平晨報）

蘭封董莊鐵路

蘭封董莊間將興築鐵道

孔祥榕將來京接洽借用庚款

【中央社蘭封十九日電】孔祥榕定二十日晚赴京，據談興築豫省蘭封至魯董莊鐵道，擬借庚款百萬，業經財政鐵道兩部及經濟委員會批准，庚款委員會允許，俟到京辦理手續後，即可領款動工。

（二六，一，二〇，中央日報）

黃河水委會修築蘭封董莊鐵路

擬借英庚欵一百萬元

【開封十九日下午九時發專電】黃河水利委員會爲防禦水患，擬借庚欵百萬元，修築蘭封至董莊鐵路，已經鐵部財部等有關機關批准。孔祥榕定二十日晚赴京辦理手續，閘俟款領到後，將交隴海路局負責興工。定十五年內以運費償淸借款。

（二六，一，二〇，大公報）

同蒲鐵路

同蒲路原陽支線

修築已竣事

同蒲路原平至陽明堡支綫工程，刻已告竣。頃據該路負責人談，不日即通車運輸云。（原丁）

（二六，一，二一，晉陽日報）

同蒲路改良

裝設電燈暖汽管恢復與隴海聯運

太原快訊：同蒲路管理局，爲謀旅客便利起見，定自二十六年元旦起，全路所有客車，一律掛用正式三等客車，增加速度，縮短行車時間。南段太原至風陵渡，原定二十八小時，現改縮爲二十三小時五十分，車內裝設電燈及暖汽管，美麗堅固，寬敞舒適，光線充足，時間經濟，一般旅客聞之，莫不喜形于色云。

又該局與隴海路局管理聯運後，晉省農產品，如棉花路鹽煤炭皮毛等物外運，頗形暢旺。自十二月十二日西安事變發生後，隴海路因軍運忙碌，無暇兼顧貨運，影響農村經濟，業已具體解決，不日即可恢復兩路聯運云。

（二六，一，四，西北綏遠日報）

同蒲路北段加緊修築

限九月間完成

【太原九日下午七時發專電】同蒲路北段，當局嚴令加緊修築，限本年九月底完成，實行南至永濟，北至大同，全線通車。

（二六，二，一〇，大公報）

同蒲路全線今年九月可完成

【中央社太原九日電】同蒲路線，定今歲九月完成，並實行全線通車。

同蒲路改進狀況

用新式客車增車行速度

【太原通訊】同蒲路管理局以該路一切設備，刻均經隨時補充完備，自元旦日起所有全路客車已一律改用新正式客車，計共二十六輛，設備及裝製均極完善舒適。茲爲加速行車速度，以便交通計，特自七日起，南北段及各支線旅客列車均增加速度，每小時增加三四公里不等。計以前旅客列車速度，原平太原間爲每小時二十三公里，太原介休間每小時二十七公里，介休臨汾間每小時二十一公里，臨汾渡口間每小時十八公里，忻窰支線每小時二十二公里，平汾支線每小時十八公里；現在旅客列車速度，原平太原間每小時二十七公里，太原介休間每小時二十九公里，介休臨汾間每小時二十三至二十五公里，臨汾渡口間每小時二十三公里，忻窰支線每小時二十三公里，平汾支線每小時二十公里，總計太原渡口間旅客列車前爲二十八小時現爲二十四小時（縮短四小時）原平太原間較前縮短五十分，其餘支線亦有縮短云。

據同蒲路負責人談，該路自二十五年底尙未完竣，頭二等客車亦未添設，唯至去年底止，三等臨時客車，已增至十二輛，內有三等飯車六輛。近並裝設正式三等客車，每輛內設客位三十六位，並按設面盆，照鏡，痰盂，烟盒，衣輪，自來水，電燈，以及茶桶等各應用物件。所有去年全年客運進款，約佔總收入百分之二十四。所載旅客，屬於軍事者約佔總數百分之十四强。其客運密度，二十四年每路線一公里所攤之行數，爲數約僅三萬九千，二十五年刻已增至七萬三千有餘，每旅客平均行程爲一零二公里，每旅客平均進欵爲一元五角七分，統較二十四年爲增加云。

（二六，一，一一，益世報）

同蒲路商業化　製定獎懲規則

同蒲鐵路管理局，爲使該路人員勵行商業化，特製定懲獎規則十條，呈請閻主任核示，茲錄如下：

獎懲規則　第一條，廿六年定爲本局勵行商業化年。第二條，本規則實施暫以車務外段站爲限。第三條，各段站長應於每星期內，對於所屬員工至少須有一小時勵行商業化訓練。第四條，違反商業化之員工，除別有規定外，應照下列規定予以處罰：（一）跡近留難客商者撤職，（二）對客商以非禮相向者記大過，（三）對客商詢問事項不以和藹態度相答者記過，（四）對於旅客詢問已所不知之事項，不予以指示引導者記過，（五）其他未列舉事項　凡屬有礙商業化之意義者，均按情輕重處罰，再犯者加倍，屢犯者撤職永不叙用。第五條，如有前條情事，而非本局稽查報告，經查明屬實者，亦適用前條處罰辦法。第六條，各段站長應將不勵行商業化之所屬員工隨時呈報，以憑懲處；如隱匿不報，一經査出或被告發，各該主管須受連帶處分。第七條，本局隨時派員前往各站密查是否充分實行商業化。第八條、本局爲容易識別各段站員工職稱姓名，每人發給臂章一枚，以便查究。第九條，本規則如有未盡事宜，隨時修正之。第十條，本規則自公佈之日實行。

閻主任批：這章程是張局長自已提出來的，我認爲很好，果能實行，定可發達。印散大家知道、大家應於日曆上記明，在自今日起滿三個月的紀念週上批評批評、實行成績如何。

（二六，一，一二，晉陽日報）

同蒲鐵路北段

陽方口至大同間工程加緊

定九月內全部完成　期望全線早日通車

【太原通訊】同蒲路北段土石方橋樑鋪軌等各項工程，加緊進行業已多時，當局決定早日完成，以利交通運輸，活動社會經濟。陽方至大同段總段長郭垣，特於日前，由工地返并，報告工作情形，並請示今後工事，進行一切事宜，今晨曾出席總指揮部築路會議，報告一切。又北段至大同，定於今歲九月間完成，以盡同蒲全工。完成後即實行全線通車、現在估計於二月初可完成至陽方口或寗武段。現正由同蒲鐵路管理局加派機車、進行鋪軌、連前共爲機車三台云。

（二六，一，一三，益世報）

包臨鐵路

綏省府請修包臨段鐵路

鐵部計劃春間興工

【歸綏九日下午九時專電】綏省府電請中央興修包寧鐵路包頭至臨河一段，聞鐵部已有計劃，約於春間可興工。

（二六，一，一〇，北平晨報）

平綏鐵路

全國各鐵路舉行財產估計

平綏路正分五組工作

【北平通信】年來我國國有鐵路，一切設備改善，已有長足進步。惟對於建築設備之各種財產，向鮮詳確之調查與完善之記載。鐵道部方面爲整理各路路政，認爲清查估價，洵屬要圖，因於本年度開始之際，分令全國各鐵路組設財產估計委員會，進行清理估價。平綏鐵路當局適於擬議實行清理路產之際，接奉部令，當即籌備進行，聘請該路各處處長爲路產估計委員會當然委員，並由局內各處選派各組工作人員，積極進行一切。其中一部分已竟完成，其餘亦正依照預定計劃順利進行。此種工作，尙爲國有各路創舉，值得一爲介紹，茲誌其工作方案及進行情況於次：

進行方案

路產估價委員會之工作，依施行綱要分爲五組，其進行方案由各組主任會同各委員暨估計員詳細製定，用爲工作實施之根據：甲，工務組方面，該組所屬財產分爲路基，隧道，橋梁，軌道及電話電報線，房屋車站屬具，器具等七類，由該組主任及委員分任負責辦理，並協助地產組清查事項，並擬定清查沿線地畝，重繪地畝圖等工作；乙，機務組，凡各類機車車輛及設備，如應向各路及原製造廠家函詢原值或再造價時，由機務組辦理，此外並規定各項機車車輛機件之殘值，計算原價值，並依部頒公式核算其折舊及現值；丙，地產組，該路幹支各線正購續購地契圖册，業經清理裝箱驗封，無須清理，此外於測繪隊分段測繪地邊時，須由各段段員會同清查，並調查沿線土地單價，至新繪沿線地畝圖，則按（1）站場地上中次三等，（2）沿線地分上中次及山地河道五等，（3）路外地分上中次山地河道五等，由段員參照購地時原價及附近民地最近之平均價核定其現在價值，註明圖上，並分縣辦理土地陳報登記，換取新契及計算地價等，此種工作，俟全路測繪完竣後，順序辦理；丁，材料組，該組決定於從事估計時，在部定「經常材料」，「非經常材料」，「儲用材料」三項之外，添「廢料」與舊料兩種，開始工作之後，則先盤點現存材料，再將二十四年底以後所發及收進材料數目分別加減，以求出部定「截至二十四年底」之存料數量及簿值；戊，帳務組，根據工務機務地產三組估計之結果，設立財產紀錄簿，將各個別財產之情形原價，估計再造價，折舊數及現值等，詳爲登記．關於工機兩組財產，應編定聯續號碼，工務財產除路基，隧道，橋梁，軌道及電話線等外，凡可以車站爲區別者，均應冠以車站名稱，機務財產，除機車車輛及業務設備品外，應冠以廠段名稱。

估價標準

該會於進行估計工作之先，先製定計算財產價值標準，以便有所依據，緣該路建築係由京張，張綏，綏包三段陸續展修而成。建築既有先後，價值不無低昂，逐件細估，勢不可能，必須審查沿路情形，妥擬估計標準，並以各項財產壽命及殘值之估定。關係於資產價值之計算者甚大，已由工務，機務，材料各組就所管範圍，妥爲製定。關於此點，機務組曾提供意見，其中有云：「查本路各種列車，速度較低，故同一機車，駛用同一年月，而其實在行駛里程，不若外國鐵路之多；復查本路年來對於修理機車方法，力加改善，因之入修出廠之機車，狀況良好，牽力增加，……至各種客貨車，每年修換重要配件，爲數甚多，各種機器，其易磨耗之轉動部份，亦時

19

加修換，……由是可知機車車輛及機器，如修理保養得法，其壽年卽可延長，其殘值亦可增加。茲擬規定本路各種機車車輛及機器之壽年爲三十年以上，機車車輛之殘值爲原價百分之十，機器之殘值爲原價百分之八，……

清查地產

清查全路地產之工作至爲繁難，該會決組測繪隊三隊，於去年九月開始工作，計全路共長一六一四•八四華里，其工作分配，計第一隊由幹線豐台柳村起，至柴溝堡段西端止，並包括平門支線，環城支線，雞鳴山支線，宣化支線及中英煤礦側線，共線長五三九•三四華里；第二隊自幹線柴溝堡西端起，至三岔口西端止，並包括大同口泉支線，共線長五四一•零七華里；第三隊由幹線三岔口站西端起，至包頭站西端止，共線長五二四•四三華里；各隊分別出發後，一面測量，一面繪圖，工作異常努力，測繪期限雖較延誤，但成績均極良好。

調查工作

該路財產調查估計，曾由會中製發各種表格，嗣因時局影響，路上工作較忙，進行稍爲遲緩，截至最近期間，其調查概況如下：（一）工務組調查表二十四種，由八個二段分別塡報，已有一部份塡竣，其他部份亦在趕辦中；（二）機務組，調查表甲乙兩種，除南口機廠外，各機務段及張家口機廠均已塡報到組；（三）材料組調查表五種，總務處南口材料廠，會計處檢査課，南口司帳股及張家口司帳股均已塡送齊全，車務處計核課，電務股塡送不甚完備，已送還審査，其他機務處，工務處警察署，醫院及事務課等部份，亦均在趕辦中。至於地畝調査事項，自該路全線測量竣事後，現正趕製地畝圖，計全路幹枝各線，除西直門等六站外，應繪圖一七七八張，已晒成藍圖者四百餘張，卽按照此項圖表塡造地畝表。

清查帳目

該路締造迄今已逾三十載，中經平漢平綏之分合，帳務亦以此時爲最紊亂。迨後連年兵燹，路產破壞甚多，帳務上原有固定財產價值，已不甚準確，而其他應收應付各帳，率係歷年懸記，殊鮮清理。益以經辦人員，迭經更易，舊有卷宗，復多佚不全，此次清查，因之極感困難。該會現依照部頒進行步驟所擧之項目五項，着手清查云。（二六，一，八，大公報）

北寧鐵路

北寧路發表去年之收入

較廿四年增四百萬　輕油車定今日開駛

【本市消息】茲據北寧路局最近公表，該路二十五年度收入，共計二千九百餘萬元，較上年度（收二千五百萬）激增四百餘萬元之譜云。（二六，一，五，大公報）

【又訊】該路新購之輕油車數輛，於日前由英籍司機駕駛試用，結果甚爲良好，該路已定今日（五日）起，逐日在津榆間開駛，以便旅客云。（二六，一，五，大公報）

鐵部令各路嚴防行車事變

【天津電話】北寧鐵路局局長陳覺生，對行車事變向極注意，曾迭次嚴令所屬預防，並訓練救濟工作。最近鐵道部通令國內各路，抄示去年八月份行車事變次數，以數字較上月稍增，而事變原因多由人事疏忽，仰嚴督主管人員格外注意等情。北寧路局接到前令後，即將原令抄示關係各部，俾切實遵照歷來辦法，隨時努力嚴防，以資整飭云。（二六，一，七，北平晨報）

平瀋通車加開一次二月一日起實行

按照廿三年開辦通車手續　今日由中日當局同時公布

【天津十九日電話】平瀋直達通車，原係每日對開一次，近來旅客日漸增多。爲便利旅客計，各關係路業經同意，並呈奉批准，按照二十三年開辦平瀋通車一切手續辦理。自二十六年二月一日起，加開平瀋通車一次。嗣後每日可有兩次直達通車，其中一次爲特別快車，晨間開行，當晚可到，殊屬便利。明日（二十日）上午，由北寧路在北平，天津；南滿鐵路在瀋陽，大連，長春，錦州；東方旅行社在山海關，同時公布。改訂平瀋通車行車時刻如次：

通車時刻

（一）特別快車，第一次（東行）北平開六點；山海關到十四點；山海關開十四點三十三分，瀋陽到二十一點四十分。第二次（西行）瀋陽開七點二十分，山海關到十四點三十分；山海關開十五點十分，北平到二十三點二十分。（二）普通快車第三次（東行）北平開二十一點，山海關到七點四十分；山海關開八點二十分，瀋陽到十五點三十五分。第四次（西行）瀋陽開二十三點十分，山海關到八點十五分；山海關開九點，北平到十八點三十分。

（二六，一，二〇，世界日報）

交通機關恢復平苑輕便鐵路

客貨車均加整頓

永定門至南苑間輕便鐵路，創自清末，彼時因交通梗塞，當局爲便利南苑駐防禁衞軍往返，及運輸普通貨物所建。民初售票載客，營業甚爲發達，嗣因經費缺乏，營業不振，機車年久失修，以致停駛。前數年間，將客車改爲平板式，以人力推動。交通機關，以該鐵路荒廢殊爲可惜，爲發展北平至南苑交通起見，前將已不能行駛之小型機車三輛，送至南口平綏路機廠修理，已有兩輛修竣。客貨車均大加修理，業於本年元旦日起恢復行駛。計永定門南苑兩站，每日對開三次，開行時刻，計：南苑開每日上午七時，十一時，下午三時；北站永定門開，每日上午九時，下午一時，五時；每星期六南站加開二次，星期日北站加開二次。票價客車每人八分，客貨混合每人六分。近日客貨極爲踴躍，其餘機車，俟修竣後，亦加入行駛云。（二六，一，八，北平晨報）

膠濟鐵路

膠濟鐵路已屆贖期

接收已十五年深望設法贖回

膠濟鐵路自我國接收以來，今年已逹十五年，至今年年底已屆贖回之期。深望我國朝野設法贖回該路，以保全利權之完整。國民社記者探，該路簡史如下：初，清光緒二十四年（西歷一八九八年），德國藉口山東教案，旣强租膠澳，復迫我國承認其在山東有築路採礦之權，是爲膠濟路之由來。計自靑島至濟南合所有支線在內，共長四四五公里。民國三年歐戰發生，日本旣破壞我中立，由龍口登陸，以攻靑島，復乘機奪取該路。我國雖爲參加對德戰爭國家之一，然日本率不之顧，巴黎和會以我國之拒簽對德和約，於是有民國十一年之華府會議，決定日本除交還靑島外，關於膠濟鐵路，由我國備價贖回。其數爲日金四千萬元，我因無欵取贖，乃以國庫劵支付，年息六厘，限期十年，我國允於其間聘任一日人爲車務長，一日人爲會計長。自民國十二年一月我國接收該路以來，至今年底已告滿期，即可備價贖回矣。

（二六，一，一七，申報）

川黔鐵路

成渝鐵路向法國銀團借欵成立

計三千餘萬元，昨已簽訂合同

【中央社上海十六日電】成渝鐵路，向法國銀團借欵三千四百五十萬元，十六日經中國建設銀公司代表川黔鐵路公司，與法銀團代表之中法工商銀行簽訂合同。據中國建設銀公司執行董事宋子文談：該路共長五百廿三公里，預計兩年半內完成，建築費共約需欵五千四百五十萬元，其中二千萬元由川黔鐵路公司担任，三千四百五十萬元爲法國銀團承借之欵。內二千七百五十萬元，係屬料價及運至重慶之運費，其餘七百萬元則爲現欵；分十五年還淸，由鐵部無條件担保。川黔鐵路公司，業於三月二十一日奉行政院頒給營業執照成立；資本二千萬元，內中一千一百萬元以中國建設銀公司承募之商股，四百五十萬元由鐵部籌撥，其餘四百五十萬元由川省府籌議。此次借欵建築成渝鐵路，與以前其他鐵路借欵迥不相同：

（一）該路爲民營鐵路性質，完全照商業公司辦理，如遇必要時，政府仍予以充分之援助，而政府方面股份亦得售與商民。

（二）外人對於中國建築鐵路，以現金幷材料長期賒貸之舉，實爲近年來所創見。

（三）該路之建築經營管理及購料之事，一切由國人主持，借欵合同內規定僱用法國人二名，係屬技術人員。

（四）中國建設銀公司爲法國銀團唯一之委託人。

（二五，一二，一六，中央日報）

成渝鐵路測量完竣不日興工

商股合同已簽訂

【中央社南京十九日電】成渝鐵路建築經費，除由鐵部川省府兩方分認官股外，其餘部分，係由鐵部與中國建設銀公司商訂經募資金辦法。該項商股正式合同，已於十六日在京簽訂。估計全部建築費爲國幣五千六百萬元：內由法商供給國外材料二千七百萬元；又當地建築費七百萬元，由川黔鐵路公司分十五年以期票償付；又川黔鐵路公司股本二千萬元，除由鐵部川省府担任九百萬元外，其餘一千一百萬元，由建設銀公司向各銀行籌集，現已募足。其商股利息，仍由鐵部交存鐵路公司債票一千萬元保障。查該路貫通蓉渝兩埠，共長五百二十三公里，路線重要；且外人參加投資，尤可表現外國對我國信任。聞該路線測勘完竣，不日即可興工云。

（二五，一二，二〇，大公報）

成渝鐵路新年開工

建築材料存滬待運

【重慶三十一日下午九時發專電】盧作孚原定三十一日飛滬，出席川黔鐵路公司理事會議，因事滯渝，定二日偕劉航琛飛京。成渝路開工日期及開工後一切具體辦法，須候理事會開會後乃能切實決定。據聞一月中可開工，惟建築材料雖已到滬，因川江水淺，短期內難以運到。

（二六，一，一，大公報）

成渝鐵路即將舉行開工典禮

【重慶七日下午十時發專電】成渝鐵路各段小工程業已動工。工程投標已截止，定二十一日開標。工程局長鄧益光，齊超，渝建設銀公司代表劉景山將來渝。聞開工典禮至遲不出本月內，各段工程人員正加緊工作。

（二六，一，八，大公報）

川黔鐵路公司股本招足千萬

曾養甫兼任總經理　成渝線定下月興工

【中央社上海十五日電】國內金融界投資建立川黔鐵路，經鐵部核准後，已組設川黔鐵路特許股份有限公司。股本二千萬元，已招足半數，內由鐵部及川省府各投資二百二十五萬元，餘五百五十萬元由中國建設銀公司在滬募足。理事十九人：除總經理爲當然理事外，商股理事爲汪楞伯，胡筆江等十一人；官股理事七人，內鐵部張公權等三人，川省府劉航琛等三人，財部一人未定。常務理事五人，經推定曾養甫，李石曾，宋子安，盧作孚，劉竹君；曾氏兼任理事長及總經理。該路成渝線定二月一日開工興築。

（二六，一，一六，中央日報）

建築川黔鐵路成渝綫決下月開工

已開創立會議推定理監事

股本二千萬元已招足半數

國內金融界投資建築川黔鐵路，經鐵道部核准，組設川黔鐵路特許股份有限公司。股本二千萬元，已招足半數，內由鐵部及四川省政府，各投資二百二十五萬元，依法成立公司，並設總辦事處於上海，其成渝綫定下月一日開始興建。探得詳情誌後：

公司成立　川省蘊藏豐富，素稱天富之國，惜前在軍閥割據之下，未能開發，而交通尤爲不便。年前川局奠定後，各項建設，均在積極進行，而鐵路交通事業之建設，尤爲急要。中國建設銀公司乃發起建築川黔鐵路，經呈准鐵道部後，即籌組公司，從事進行。股本額定二千萬元，先招足一千萬，內除鐵道部及四川省政府各認二百二十五萬元外，餘五百五十萬元，在滬募足。於日前舉行創立會議，選定理事及監察人，並通過章程，已呈經行政院會議通過，送呈中央政治會議備案。公司總辦事處，設於上海，亦已開始辦公；內設總務財務技術三組，分掌各部事務，惟其組織章程，尚待鐵部之核准。

理監推定　公司設理事十九人：除總經理爲當然理事外，內商股理事十一人，於創立會中，選定汪楞伯，胡筆江，葉琢堂，李石曾，周作民，徐新六，宋子安，劉竹君，徐子青，蔣逵，楊介眉等担任；官股理事七人，由鐵道部指派張公權，鄧益光，曾養甫三人；四川省政府指派劉航琛，盧作孚，甘績鏞三人；財政部一人，尚未派定。監察三人：商股選定吳蘊齋，官股由鐵道部指派杜鎮遠，四川省政府指派鄧漢祥。理事會議，已舉行兩次，經推選曾養甫，李石曾，宋子安，盧作孚，劉竹君五人，爲常務理事，互推曾養甫爲理事長，並由理事會推聘曾氏兼任總經理。曾氏昨日來滬，對公司事務，有所指示。

興建計畫 公司經營之鐵路，由鐵部核准，先築自成都至重慶之幹綫，再逐步展建自內江至自流井之支綫，及自重慶至貴陽之幹綫，其經營年限爲三十年。成渝幹綫，經設成渝鐵路工程局進行以來，現已測量完竣，定下月一日開工。該綫計長五二二公里，預算建築費約需六千萬元。該公司除有股本二千萬元外，並向法銀團借欵三千四百五十萬法郎，早經簽訂合同，並已向外國訂購鋼軌等，至所用枕木，則儘先採用國產。全綫工程，預計二年半完成，至二十八年夏間，卽可通車，將來展建幹綫或支綫時，再行增加股本。

組織章程 川黔鐵路特許股份有限公司章程（行政院通過，中央政治委員會備案）：第一條，本公司定名爲川黔鐵路特許股份有限公司；第二條，本公司經鐵道部轉呈行政院特准組織之；第三條，本公司之業務如左：(一)經鐵道部核准，先行建築及經營自成都至重慶之鐵路幹綫，自內江至自流井之支綫，及其他應需之支綫，(二)經鐵道部核准建築及經營其他鐵路支綫，(三)除經營鐵道法所規定之附屬事業外，經政府許可，亦得兼營沿綫其他附帶有關事業；第四條，本公司選定之路綫，經鐵道部核准，得分期建築，其營業期間，自每一路綫工程告竣之日起，定爲三十年，滿期時得陳請鐵道部核准延長之；第五條，本公司股本總額定爲國幣二千萬元　分爲二十萬股，每股一百元、先招半數，其餘半數由理事會議決定期募集，鐵道部及四川省政府爲提倡起見，各認二萬二千五百股，其餘五萬五千股，由中國建設銀公司另行募集，於認股時一次全數繳足；第六條，本公司之股東會分爲左列兩種：(一)股東常會，(二)股東臨時會；第七條，股東常會，於每年總辦事處所在地舉行；第八條，理事會遇重要事件時，得召集股東臨時會；第九條，本公司設立理事會，爲管理公司事務之最高執行機關；第十條，理事會設下列理事十九人，任期爲五年，期滿得連任：(一)政府指派之理事七人：甲，鐵道部代表三人，乙，財政部代表一人，丙，四川省政府代表三人，(二)總經理爲當然理事，(三)其餘理事十一人，由其他股東中互選之。本公司爲發展營業延長路綫，自四川省通達他省，增加資本時，得增理事人數，以昭公允；第十一條，理事會設常務理事五人，由理事中互選之，並由常務理事中互選理事長一人，代表公司，總理公司一切事務；第十二條，本公司由理事會聘任總經理一人，協理一人，承理事會之意旨，管理已成路綫之業務，及未成路綫之建築事宜；第十三條，本公司經營鐵路沿綫其他有關事業時，得另設專管機關，其組織由理事會另定之；第十四條，本公司爲籌劃建築資金或整理公司債務，經鐵道部之特許，得酌發公司債；第十五條，本公司股息定爲年息七釐，鐵道部爲保障社會投資起見，除普通擔保外，指定的欵，於鐵路建築期間，擔負股息，及料欵借欵應付之本息；第十六條，每股股欵繳足時，得發給無記名股票，但持票人或股票所有人，以中華民國國籍爲限；第十七條，本章程如須增修時，由理事會提出於股東會議決增修，並由理事會呈由鐵道部核轉行政院備案；第十八條，本公司細則，由理事會擬定施行；第十九條，本公司總辦事處，由理事會於章程內訂定之，本公司分辦事處，由理事會於細則中規定之；第二十條，本章程如有未盡事宜，除依第十七條及第十八條辦理外，援用公司法第廿一條。本章程由行政院公布施行。（二六、一，一六，申報）

川黔鐵路昨開理事會議

川黔鐵路公司理事長曾養甫氏，前日由京抵滬，曾到該公司設滬之總管理處指示業務，並召開常務理事會議。常務理事李石曾，宋子安，盧作孚，劉竹君等均出席。席中報告公司業務，及先行建築之成渝段，定下月一日開工，並討論該公司章程，總辦事處組織規程，及成渝鐵路工程局組織規程等案。辦事處組織規程計十二條，經會議通過施行；公司章程分十一章，計四十六條；工程局組織規程計二十一條，經會議通過後，尚須呈由鐵道部核准公布。（二六，一，二〇，申報）

湘黔鐵路

鐵道部向德公司借四千萬修築湘黔鐵路

以一千萬元重修黃河鐵橋定明春同時開工

【南京二十一日下午十時發專電】湘黔鐵路定線工程即完成，鐵部爲修築路軌，購辦機車，並決定重修鄭州黃河鐵橋，向德國沃爾夫等五公司借欵四千萬華幣；其中三千萬修築湘黔路，一千萬撥作黃河鐵橋材料費。雙方已在京簽訂合同，年息定爲六厘，分十二年償還，以湘黔路作抵，由德五公司供給材料。此外行政開支與工資亦經鐵部籌定底欵。兩項工程決於明春同時開工。

【中央社南京二十一日電】鐵部爲籌建湘黔鐵路並修理平漢路黃河鐵橋，特與德商五公司商訂材料借欵辦法，自春間開始磋商訂立初步合同，繼經各方協商，始於最近將購料合同同意成立，並經政府核准正式簽訂。關於該項材料借欵共計四千萬元，年息六厘。其中三千萬元用於興築湘黔鐵路，其餘一千萬元則爲修理平漢黃河鐵橋之用。還本期限湘黔路三千萬元爲十年，平漢路一千萬元爲十二年，該項料欵即以將來該路之財產及收入爲擔保，由德方委託中國銀行爲信托人。對于抵押權之行使，經詳細規定由中國銀行負責。查湘黔鐵路自湘之株州起至黔之貴陽止，全線長一〇〇二公里，爲西南交通之脊髓。現已開工，預計三年可以完成。其有裨于全國鐵道建設計劃之進展者，當匪淺鮮。

【中央社貴陽二十一日電】湘黔鐵路黔境內路線施洞口至馬場坪，由第六隊負責測量，現已畢事。該隊廿日回筑，開始測量馬場坪至貴陽一段，約明年一月底可畢，又施洞口東至湘境則本月底可以測完。

（二五，一二，二二，大公報）

湘黔鐵路長一千公里

再二年卽完成

【長沙特訊】鐵部主持興築之湘黔鐵路，由湖南之株州起，經湘潭，湘鄉，新化，漵浦，辰谿而入黔境，以貴陽爲終止站；全長一零零零公里。將來完成，則可與浙贛路及現正興修之南（昌）萍（鄉）段銜接，爲西南之大動脈，一方面更可聯絡粵漢路，成一網狀。故該路所佔形勢，實極重要。計自上年七月間以來，由局長侯家源督率工程人員，積極測量，株州至湘鄉一段，首先測完，即籌備興工。如徵收土地，遷移墳塋等事，現均辦竣，正由民夫修築土方。由湘潭渡過湘江之大鐵橋，規模甚大，在長江以南，除錢塘橋外，無與倫比。現東西兩岸土方，已完成百分之三十，俟建築材料運到，即可全部興工。其餘如大埠橋，澄清渡橋，藍田第一河橋，雙桂橋，磨石橋，龍家橋，大小共計六座，均已設計完竣，準備招標。至全路測量，共分六隊，中以第五六兩隊所測湘邊，經施洞口，馬廠坪至貴陽一段，最感困難，完工亦較遲，大約本年一月底都可竣事。聞全路預定三年完成。經費力面，已由鐵部與德商奧脫華爾夫公司等訂立材料借欵辦法，數目三千萬元，全部用作修築該路之用云。

（二六，一，六，北平晨報）

建築滇黔鐵路鐵部派員勘測

【中央社貴陽十五日電】滇黔鐵路，已由鐵部派工程人員兩隊，分段勘測，由昆明至安龍，歸第一隊負責，由貴陽至安龍，歸第二隊負責。鐵部所派工程師，白樹鋆，張賚融及工程隊全體三十餘人已抵筑。據白談：路線大約將經安順鎭寧，至白層河安龍入滇。惟白層河工程較鉅，如可避免，或將改繞他處云。

（二六，一，一六，西北綏遠日報）

衡陽桂林鐵路

衡陽桂林鐵路現在籌築中

馬君武與中央接洽圓滿　需費三千六百萬

【上海十五日下午十時專電】桂省府派馬君武入京，接洽籌築衡陽桂林鐵路，十五日返滬，據談「全線長三百六十公里，爲民國三年北京政府擬築欽渝鐵道之一段，路線當時已勘定。於交通國防甚關重要。需費三千六百萬元，擬請中央撥一千六百萬元，原則已准；餘湘桂各籌千萬元，桂已決定以全省糧賦担保，發行築路公債」。

（二六，一，一六，益世報）

通訊一束

一三八

頡剛先生：

前日蒞臨敝校參觀，學生得與先生面晤，私衷至今猶感興奮。先生面囑寫作之事，學生今擬成本校之邊疆研究之工作一文，爲一概括之叙述。文字上辭不達意的地方，請求修正。

順頌春祺。

學生張俊德鞠躬。

（卅）南京蒙藏學校的邊疆研究工作

頡剛先生前日蒞校參觀，得獲晤面。先生於指教之外，復以此題囑示。感激之餘，草此以獻。文雖不工，求記實也。——筆者

中央爲團結國族，完成建國復興大業，於南京和平門外曉莊，設立蒙藏學校，直屬於中央政治學校之下，此二者，一爲訓練建設內部的政治幹部人才機關，一爲訓練建設邊疆的幹部人才機關。校長就是目前中華民族領袖蔣先生；經常負責的現在是吳鑄人先生。在校學生現共有三百人左右，皆邊疆各地之青年，包含國內各民族成分如漢、滿、蒙、回、藏、苗等族。名義上是一个學校，實際不啻爲中華民族一個縮影陳列館也。在校諸邊疆青年，爲深感於家鄉文化之落後及自身空虛起見，故平日求知識之心較其他來得格外熱切，故用功爲普遍之現象。他們幷在課餘之暇，紛紛組織學校團體，探討邊疆一切問題，如經濟，建設，教育，文化等類；在此種空氣之下，於是有康藏前鋒、現代蒙古、新青海、突崛等刊物應運而生。此類刊物，在文字上有時雖尚嫌技術上之差池，然因其主辦者皆道地邊疆人士，故還少空談之現象，而諸刊物內容遂以充實見稱，爲社會一般留意邊事者所注視。現在我把這幾個刊物社團研究的情形，分別加以概括的叙述於後：

康藏前鋒——主辦者皆爲康藏籍之青年，每月發行刊物一本，現有三年多的歷史，出版至四卷五期，每期印行八百份左右，主要爲交換贈送，銷售的情形則未加注意，因在溝通文化工作上較重切也。內部組織情形是採取委員制，分常務，編輯，總務三股，每股設幹事一人，此外有發行，圖書二人，於每年舉行選舉一次，於康藏同學（社員）中選出，皆爲義務職。在此等組織網外，尚有研究會之組織，分康藏史地，經濟，文化，畜牧，農林等部門，以研究所得公諸刊物；又爲與康藏當地互通聲息起見，在西康康定等處，聘有通訊專員，以當地實事通訊，栽予每期刊物。所以在此刊物內，除可明曉康藏之各種情形外，復可得康藏之重要新聞。至於此刊物之宗旨動向，主要的是：溝通漢藏文化，促進康藏建設，傳達康藏消息，現又在進行成立康藏前鋒社圖書館籌備事，地點定在康藏當地。

現代蒙古——牠的前身是蒙古前途，爲今日研究蒙古有數之刊物，主其事者均爲在校之蒙古同學。牠的主要目標是：以研究學術喚起蒙古民族，及探討蒙古實況，促進蒙古的建設。其組織及研究概況，大概與康藏前鋒社相彷彿。該刊物出版時，全用蒙古文字發表；後以有應用漢字之必要，遂改由蒙漢文合璧本，與康藏前鋒以漢藏合璧出刊者意義相

同。

新青海——是在校青海同學所創辦，因牠的負責人多（在校青籍同學居多）的關係，所以工作很爲活躍。牠的研究事業，主要的有以下幾點：

（1）調查並統計青海政治，經濟，文化，社會等實際狀況；

（2）刊行雜誌，叢刊及報告；

（3）研究建設青海實施方法以貢獻社會建設或建議政府；

（4）辦理社會文化事業；

（5）協助政府辦理其他有關青海建設及改進事項。

以上爲該刊物主要目標，至內容組織概況，與前述數種大同小異，玆不贅。

突崛——這是在校回教同學所主辦的，他們的精神很好，此社團的基本份子，不像前舉幾個社裏主事者有地域的關係，牠是包括在校各邊疆如新，青，康，寧，綏等處之回教同學。他們辦刊物的宗旨是：喚醒中國回民，闡揚回教教義，倡導回族教育，聯絡回教民族，目下尚在第一點上努力。

以上把蒙藏學校幾個研究邊疆的工作團體作了一個概述，尚有一點須注意的，就是這幾個刊物團體主要的經濟來源，皆爲中央機關或各邊疆在京機關及私人所津貼，每月開銷尚能過得去，因負責人皆爲義務職，而抱研究之目的者也。此外還有在校教職員，學校當局，及一部份同學亦創辦研究邊疆之刊物，如邊疆事情，邊疆等，或以研究所得發表於校外各雜誌，皆直接間接爲蒙藏學校研究邊疆工作之一部份也。

民二六，二，十三於京蒙藏學校。

頡剛案：南京的蒙藏學校，本年寒假曾往參觀，生氣勃勃，使人歆羨。這許多不同種姓的人民，在從前是漠不相關的，而今日竟能在「團結爲一個國族」的目標之下一齊努力邁進，這眞是一個大覺悟，前途有無盡的希望。現在就把張俊德先生的文章發表在這裏，願讀者們不要忘記：這是復興我們國家的原動力！

一三九

敬肅者：新疆地據西北，位寄國防，爲漢唐歐亞交通之中心，中國古代文化之源泉。降及明清，海禁大開，新省繁榮爲之墜落，外人勢力乘機侵入，憂患潛滋，與日俱深。幸年來中樞側念邊陲，注目新事，前途當有佳望。唯新疆實情尙未能盡達海內，致立策雖備而展施無由。敝社有鑒及此，爰定於下期刊行新疆回族專號，以促進政府及國人對回疆之注意，并謀引起時流碩彥之從事研究新疆文化。素仰先生眷念邊陲，愛護回族，祈爲撰文寄社刊登，藉光篇幅，以醒國人，不勝企盼之至。肅此，敬候公安。

突崛月刊社啓。

敬徵有關下列各項之文稿：

（1）新疆回族史地上之記述及分析；

（2）新疆回族風習；

（3）新疆回族之政治，經濟，文化，教育等之記述及分析；

（4）新疆回族之教務；

（5）新疆回族之調查；

2

（6）其他有關新疆回族之宏論。

「附」（一）收稿時間，自函至之日至四月十日止；

（二）凡新疆回族照片均盼賜下。

一四〇

頡剛先生賜鑒：曩因孟永之先生之約，在中畝園得接清談，至深傾嚮。以蝟務紛冗，未克趨謁爲歉。刻在各刊拜讀先生關於國內民族問題大作，識遠論宏，無限同感。但今日之事，以力行爲第一義，國中留心國內民族問題者實不乏人，而毅然奮起從實踐中求解決者則不多見。先生年來努力大衆文化事業，已獲相當成績；如能更進一步，集合各方人材，共組國內民族問題研究團體，或邊疆民族文化建設機構，則豐功偉烈，將爲吾民族子子孫孫樹億萬年融和綿衍之基，非僅有裨於今日之救亡事業而已。直率陳詞，忽忽不具，如有失當，尚望恕之。敬請著安。

科學時報編者吳藻溪上。二月六日。

一四一

頡剛先生座右：前拜別後，因候館方覆信，遲至本月四日，始由平首途。當晚，抵察省之沙城車站下車。次日，由長途汽車赴赤城，轉入察南一帶考察，爲期四日。八號晚間，乃達張垣。一切平安順利，諸希先生釋注，爲禱！抵張後，一面進行考察，一面赴教廳謁柯先生，面陳鈞函，請轉向官方介紹，給與便利。昨承柯先生過訪，盛意幫忙，殊爲可感！現正約與官方各處見面並考察後，即擬赴綏，無論如何，十三日總須到綏也。此次到察以來，與地方人士，暨普通民衆間，極力利用機會，接談查訪；各種情況與設施，亦約略觀其大概。而唯一愉快印象，厥爲：察省雖地處國防之最前線，然敵人勢力，除察北各縣外，其餘各處，較平津反形微弱；且各方振作，沉着邁進，使人一見即有國家民族之一線生機即在於斯之感。想先生關心邊疆，聞之當亦可放心無量也。昨赴宣化考察，紀君處已與之見面矣，詳情容面報。匆上，敬請教安！

學生汪叔棣敬上。三，十一。

一四二

頡剛吾師函丈：抵英已將半載，前過公園，喜見新梅，故國諒已春到。此間陰霧如舊，豈祇覊旅難遣而已也。迺傳吾師曾親赴西北實地考察，生苟在平，必懇攜行。一切知識最可靠者惟有目擊身受，自然科學之實驗可貴在此，社會科學之實地研究不可缺少之理亦在此。此風不可不提倡，而尤貴能自身作則。吾師處學術前驅，後生所仰，能以辨古察今打成一片，中國社會科學之前途實利賴之。自吳文藻先生歷訪歐美學者，彼等深表同情，並抱厚望，允予協作者極衆。生處此空氣中，頗蒙殊待。馬林諾斯基先生特開功能方法研究中國文化之討論班，並以尚未發表之文化論慨贈社會研究，其關切之心可以推見。此路可通，惟在努力。天下未有知識不能獨立而政治可以獨立者，學術之工作實建國之最基本工作。願吾師時予指導，俾能鞭策隨後。花籃猺社會組織將由商務再版發行。前允賜之序文，能否早日擲下，交燕京黃迪兄可也。專此敬請教安。

生費孝通謹上。二月二十六日。

16 Mulbery Walk

Chelsea. S. W. 3

London

一四三

頡剛吾師：頃閱禹貢，得悉有方君者欲索王同惠遺著花籃猺社會組織。此書孝通兄在國時特交生爲之保存，任人索取。茲特送上一册，懇爲轉交方君。蓋生不知其通信處，無從直接郵寄也。專此，即請教安！

學生高名凱敬上。十一月二十八日。

頡剛按：高先生交來之書已郵寄方召先生。如他人有欲得此書者，請徑函燕京大學社會學系與高先生接洽可也。

一四四

頡剛先生：

來康定後約已月餘，澤近二十多天每日查看各種檔卷及鈔錄其中之重要者，現已鈔有二十萬字左右，其中尤以趙爾豐治康案件爲多。澤準備彙集爲一本趙爾豐治康史料輯要，作爲此行之結果。內中關於改土歸流後之政策大可供吾人之參攷。關於目前西康各方面材料，亦收集一二，以後當爲禹貢擬稿。趙爾豐之史料，澤準備投交新亞細亞月刊。禹貢通訊因近日忙鈔檔卷，俟回蓉後再寄上。

在此尚有數日勾留，即可返蓉。澤思以後西康情形，需有人時常注意始可，此地西康建省委員會中，澤曾留心介紹一二人爲禹貢長期撰稿：一位是張瀚生，爲公報室編輯助理，澤已托他時常向禹貢報告此地消息；一位是羅君俠，爲秘書處科員，彼願意研究西康民族史及康藏關係，澤已請其爲禹貢撰稿。澤意最好介紹此二位加入禹貢學會，由禹貢學會聘爲駐康特約撰稿。先生有暇，可否賜信於張羅二君？澤十一月中返成都，再去雲貴，以後再報告。

專此，敬頌大安。

生佘貽澤謹上。十月廿九日，康定。

一四五

頡剛我師：

昨自滕縣歸來，得讀本期禹貢，在通訊欄中又見許道齡先生致我師一函，繼續討論『鄭和下西洋之使命』一問題。覺其態度和緩，考証周全，甚佩且感！惟許先生謂瀛涯勝覽滿剌加條所謂中國之船係指商辦者而言，非指朝廷所派遣之寶船一節，業仍不敢贊同。考瀛涯勝覽滿剌加條云：

凡中國寶船到彼，則立排柵，如城垣；設四門更鼓樓，夜則提鈴巡警。內又立重柵，如小城。蓋造庫藏倉廒，一應錢糧頓在其內。去各國船隻回到此處取齊，打整番貨，裝載船內，等候南風正順，於五月中旬開洋回還。其國王亦自採辦方物，挈妻子帶領頭目駕船跟隨寶船赴闕進貢。（馮承鈞瀛涯勝覽校注本）

然則所謂『去各國船隻』，即指朝廷所派遣之寶船也。又瀛涯勝覽此節馮承鈞先生注云：

案鄭和七次下西洋，前五次回京時，皆在六，七，八，九月間。

後二次明史未載回京月日，惟據前聞記（紀錄彙編本）所載第七次行程，亦係在七月回京，則與馬歡所記『五月中旬開洋回還』一語相符。由是可見寶船西行時，自滿剌加赴亞齊（Acēh）分䑸往各國，東還時，則復由亞齊至滿剌加聚齊。

是馮先生亦認『至滿剌加聚齊』，『五月中旬開洋回還』之『去各國船隻』即寶船也。故許先生之說似有錯誤。至許先生又謂如果是寶船，所裝載之貨未必以貿易的手續得之，此說尤疑未安。考瀛涯勝覽暹羅國條云：

中國寶船到暹羅，亦用小船去做買賣。（校注，吳本云，『若中國有寶船至暹羅，此處人亦用小船往與交易』。）

柯枝國（Cochin）條云：

名稱哲地者，皆是財主，專一收買下寶石，珍珠，香貨之類，候中國寶石（馮注，『石』字疑衍）船或別國番船客人來買。

古里國（Calicut）條云：

其二大頭目受中國朝廷陞賞。若寶船到彼，全憑二人主爲買賣。王差頭目幷哲地未訥几計書算于官府，牙人來會，領船大人議擇某日打價。至日，先將帶去錦綺等物逐一議價已定，隨寫合同價數，彼此收執。其頭目哲地即與內官大人衆手相拏，其牙人則言某月某日於衆手中拍一掌已定，或貴或賤，再不悔改。然後哲地富戶纔將寶石，珍珠，珊瑚等物來看議價。……

溜山國（Maldives）條云：

中國寶船一二隻亦到彼處，收買龍涎香椰子等物。

祖法兒國（Zufar）條云：

中國寶船到彼，開讀賞賜畢，其王差頭目遍諭國人，皆將乳香，魚竭，蘆薈，沒藥，安息香，蘇合油，木別子之類來換易紵絲磁器等物。

阿丹國（Aden）條云：

分䑸內官周領駕寶船數隻到彼，王聞其至，即率大小頭目至海濱迎接詔勅賞賜，至王府行禮甚恭謹感伏。開讀畢，國王即諭其國人，但有珍寶許全賣易。……

天方國（Mekka）條云：

宣德五年，欽蒙聖朝差正使太監內官鄭和等往各番國開讀賞賜。分䑸到古里國時，內官太監洪見本國差人往彼，就選差通事等七人齎帶麝香，磁器等物，附本國船隻到彼。往回一年，買到各色奇貨異寶，麒麟，獅子，駝雞等物，幷畫天堂圖眞本回京。

據上諸証，中國寶船確有與西洋各國貿易之事。吾人雖未能証明鄭和下西洋的使命確爲『國際貿易』，然當時有『國際貿易』，則確爲實事，此點固未可全誣也。又許先生斥業之討論態度爲『局部』的，此點業固承認。然局部討論之方法，原屬史學研究中應有之方法；不先有局部，焉得有整個的成績邪？至許先生謂業前函之用意『無疑的是想証實鄭和下西洋之使命是爲國際貿易』，請轉告許先生，業實不敢有此野心也（細讀前函自知）。匆匆陳述，未暇詳討，敬乞許先生原諒，並請教正。

革此，敬請尊安！許道齡先生均此。　書業拜上。十一，二十四。

頡剛案：童先生所作的重論鄭和下西洋事件之貿易性質一文已發表于本期，此函係去年所書，實為本文之初稿，讀者可合觀之。

一四六

剛師：

前奉來函，具悉一切。輝現在很願意於讀書之外，分出若干精力為學術界服務，以求自食其力。

奉到來函的第二日，因雨未出門，次日即赴研究院謁師未遇。後到禹貢學會，和張維華先生談話片時，他囑輝作一篇關於西北地理的稿件，刊於河套水利專號，刻已寫成「劃分西北自然區域之我見」一文送去。又輝的「劃分自然區域的幾個先知條件」，擬刊於史地週刊，不日亦能寄去。又輝擬於最近製成一張「中國自然區域圖」，採用七百萬至八百萬分之一的比例尺，用等高線分層設色法表示地形的高下，以輝擬的自然區域作分區，大約今年年假可繪出（因為現在中國尚無等高線分層設色的地形總圖）。最惆悵的，輝所編輯的「中國地理新論」一書，至今未能續作。輝所以草此書之故，實以中國現在除翁文灝先生的本國地理通論外，尚無較科學的自然地理參考書，故妄欲起而擔承這個大事業。本書內容共分總論篇、地形篇，地質篇，氣候篇，水澤篇，生物篇，土壤篇，境域篇等，所有材料多採自新近的雜誌，並不抄襲舊書，預計非三十萬言不能成功。可惜今年春只編完一土壤篇（約三萬餘言），輝便病了。今身體雖漸復原，又以環境改變，無書參考，遂得中止了。

再者，輝最近對於禹貢半月刊，認為應行改進者有二點，想拜謁我師面陳此事，既恐識見淺陋，致師鄙棄，又恐覿面無緣，難以口述，故至今尚縈迴於胸中，使輝不得不於此函中向我師建議。第一是關於封面的問題，有好些人不知着色代表何意（即生亦不知），並每卷一改，有使讀者模糊的地方。故輝很願從下期起，封面改用一個鮮美的，能代表我會宗旨的一個式樣。愚見要用一個鼎形，圖高約四寸，四周挖八鼎影以作背景（下方深色，上方淡色），共為九鼎，蓋禹鑄九鼎代表九州，我們的封面當然能代表中國昔日的地理情形，如此才和我們的 The Chinese Historical Geography 意義相合，讀者們亦可顧禹貢之名而知我會之宗旨，觀封面之圖而能明我會之使命，較之科學之封面上用張衡之地動儀更為合理（圖之用色即仿科學之封面）。此輝認為半月刊應行改進之第一點。又禹貢半月刊出版已有三四年，在史地界已有相當地位，但關於論壇的文字尚未之見，雖云研究學術應趨重於苦幹的精神，但提倡和解釋也是不可少的條件，即如中國科學社主辦之科學，近來亦頗注意此點。所以輝很願此後加入論壇的文字（或闢禹貢論壇一欄），以期我會對於社會有發表言論的機會。此輝認半月刊應行改進之第二點。以上兩點，我師如認為合理的時候，可否代為提出理事會討論一下？

專此，敬請秋安。

生郭敬輝於月壇。九月十六日。

頡剛案：本刊每卷換一封面圖畫並無深意，只不過使人知道禹貢又增加了一卷了。着色，也是給讀者一種新鮮的刺戟，並沒有代表甚麼。禹的九鼎形狀如何，古人既沒有畫圖，也沒有記載，

6

叫我們何從徵引？若隨便一畫，豈非自欺！至於本刊缺少理論文字，並非不願，乃是不敢，因爲隨意發議論則流於淺薄無聊，根據事實發議論又苦于材料不完備，我們不願意把自已信不過的材料貽將來學術界以掃除的麻煩。好在我們既已畢力搜羅材料，每個同志都有深入的研究，積理既富，必有沛然發泄的一天，到那時論壇文字就將層出不窮了。「有本者如是」，我們現在的「不爲」正預備將來的「大有爲」呢？

一四七

剛師：

生前以上進心切，財力不足，幾有失學之慮；幸蒙我師不棄，命生爲小方壺齋輿地叢鈔提要之工作，於學於事，兼稱宜我，此恩此義，輝異日當馬牛報之。

小方壺齋輿地叢鈔之提要工作現已開始，統計該書共八百萬言，預計如每日能平均完成五千言，亦須四年之久。輝必立志完成之。然其中有許多可疑者，如其首編蓋地論謂：「西王母於大荒之國得蓋地圖（意即地圓之圖），慕舜德，遠來貢之。皇甫謐改作『益地圖』，學者遂不通其義」。又旁徵博引，詳考古書，証明地圓之說中國古已有之。但中國古史，頗多可疑，西王母是否有其人尙成問題，「大荒之國」確指何地又待考究。其地當時對于地理之觀念如何，又不見於古書。而中國昔人之認爲「天圓地四方」却是實事，地圓之說來自西洋，並非虛語。輝對古史雖然外行，但對此無稽之說終不敢徵信也。

又如其地球誌略云：「北冰海者……海有大魚，能吞舟，莊子所謂『北溟有魚，其名爲鯤』者，殆謂是歟？」他疑莊子所謂之鯤就是北冰洋的鯨魚。但中國在戰國時代，地理認識的範圍本尙不及漠北，北冰洋之發現鯨魚更談不到。其文所出，乃是昔日的文人騷士借物借景以暢懷舒情之慣例，自不得取爲地理參考的資料。不然，鯤能「化而爲鳥，其名爲鵬，鵬之背不知其幾千里也」者，又將何所指耶？

更有丁取忠之輿地經緯度表，一篇竟占半本，所定經度，悉以北平子午線爲中，中外地名位置，盡括在内，但皆未註明出處，或參考何書。輝想或是淸初政府派遣西洋敎士測繪。但外國地名位置，並未經彼等所測定，又何以列入此書？又何以均用北平子午線爲準？故其所載當多由當時地圖觀察得來，卽由敎士測定，亦必工作草率，儀器不精，自不免多有錯誤的地方。最近申報館所出之中華民國新地圖，及中國分省新圖，所載方位，卽有一部份根據於此，如此則該二圖之各地方位亦必未能完全可靠了。

以上乃生選讀其前三本數篇中所疑慮的地方，特先告；不日當將提要文字鈔錄一二，請師指敎，以爲商榷。

專此，敬請秋安。

生敬輝于月壇。　十月六日。

頡剛案：前代地理學說當然不合科學之處甚多，但什麼學說都是慢慢進化來的，只要肯前進，自然日益精密。我們如要做一部中國地學史，那麼這種可笑的話頭也正有他們那時代的價値。所以讀書務須平心靜氣，對于古人切不可把現在人的是非來判定他的功罪。

一四八

頡剛先生書侍：頃有一不幸之消息奉告，卽庸李君病已不起矣。君素罹心疾，去冬往嘉業堂校書，水土不服，兼之平日攻苦不息，外盛氣虛，病乃日深。此次重進中央醫院時，浮腫漸及全體，然打針後瀉水數升，腫退十七八，謂可脫險矣，不意卒前二日着涼，喘息吐嘔並作，嗣後打針無效，心臟失其作用，遂與世長辭，時本月七號上午十一時廿五分也。卒後之明日，移中國殯儀館入殮，櫬厝館中。將來或就地安葬，或南旋，俟其家族來決定。君輕財尙義，書史外無嗜好，天之報施善人抑何酷耶！現孟眞先生擬向總辦事處請恤，更有爲君募集學術獎金作長久紀念之計，如能成事實，李君九原有靈，亦稍慰矣！率此，順候著祺。

生陳槃敬白。二月九日。

頡剛案：李晉華先生是本會中最刻苦用功的同志。他是廣州中山大學畢業的，民國二十五年到北平，入燕京大學研究院，專力治明史，著有明代勅撰書考，引得編纂處出版；又著明史纂修考，燕京學報社出版。其後受中央研究院之聘，校勘明實錄。他奮勉任事，幾乎忘記了吃飯睡覺，有時就睡着在警校的案上。煌煌巨帙，得他的努力，行將完工，哪裏料到他竟撒手而去了！他素有心臟病，因爲過于好學，沒有醫好。他的臉瘦削而黃，因爲他天天工作，大家也就疏忽下去，不把他看作有病。哪知他一病就不能支持了！這是我們史學界的大不幸，也是我們朋友平常不注意他的身體的大咎戾。死了的人是完了，叫我們活着的人用什麼法子纔能對得起他呢？憶本年寒假，頡剛到京，一踏進中央研究院，就知道他病了，然而知道他已出中央醫院，病勢大好了。到榻前訪問，他還告我吳興嘉業堂的藏書格式，還希望病好後回到北平整理內閣大庫的檔案。哪裏料到僅僅一個月就不能再見面了呢！我們的同志馬培棠先生去年逝世，使本會失去一個研究古代史地的健將，已是一個重大的損失；今年失掉李先生，從此研究明代史地的人又弱一個，眞要使我們搔首問蒼大了。中央研究院傅孟眞先生要替他募集學術獎金作長久紀念之計，這是我們極端贊成的，願傅先生早把這事辦好，使得李先生的刻苦治學的精神永永不死！

又案：李先生於去年十一月廿八日從嘉業堂給我一封信，這是他最後的一封信了，我把他隨手登在本刊的通訊一束第一二八篇。這信上說，「此間有奉使朝鮮行程記一卷，奉使俄羅斯行程記一卷，詳記明代往朝鮮及西伯利亞道里，爲今日研究東北地理最好資料；擬考訂付刊，不知可蒙采入禹貢叢書否？」此二書敬煩陳槃厂先生在李先生的遺篋中一找，如他已抄了副本，乞卽寄來刊入邊疆叢書，以副他生前的願望，爲他留一個紀念在我們的會裏。又他的生平事蹟，以及照片，文稿等，並請陳先生代爲搜集，頡剛雖忙，也必替他寫一篇傳文，稍盡這十年來的交誼。

北寧鐵路簡明行車時刻表

中華民國廿六年二月一日重訂

1次 特快 平瀋 各等 膳臥	41次 客車 普通 各等 中膳	71次 客貨 平津 慢車 三等	305次 特快 平浦 各等 膳臥	21次 快車 各等 膳車	23次 快車 平唐 各等 膳車	5次 特快 平津 各等 膳車	301次 特快 平滬 各等 膳臥	401次 客貨 平津 通貨 平滬	3次 特快 平瀋 各等 膳臥	73次 客貨 津唐 慢車 三等	75次 客貨 唐榆 慢車 三等	43次 慢車 唐榆 各等	下行車	站名	上行車	22次 快車 各等 膳車	6次 特快 津平 各等 膳車	302次 特快 滬平 各等 膳臥	72次 客貨 津平 慢車 三等	42次 客車 普通 各等 中膳	4次 特快 瀋平 各等 膳臥	24次 快車 唐平 各等 膳車	306次 特快 浦平 各等 膳臥	2次 特快 瀋平 各等 膳臥	402次 客貨 津平 通貨 滬平	74次 客貨 唐津 慢車 三等
6.00	6.30	6.45	8.00	10.00	13.00	16.00	18.00	20.15	21.00				開	北平前門	到	9.50	11.30	13.55	16.46	17.30	18.30	21.12	23.00	23.20	2.40	
	6.48	7.27			13.16			21.28					開	永定門	開	9.35			16.13	17.13	18.15				2.13	
6.23	7.03	8.40	8.26	10.26	13.32		18.25	23.00	21.26				開	豐台	開	9.22		13.31	15.35	17.00	18.00	20.44	22.35	22.58	1.35	
	7.26	9.46			13.50			24.00	21.45				開	黃村	開	9.03			13.51	16.33	17.41				0.08	
	8.16	12.40	9.20	11.25	14.39			1.35	22.33				開	廊坊	開	8.16			10.40	15.41	17.06	19.49	21.36		22.28	
	8.35	13.34			14.55			2.28	22.50				開	落垡	開	8.01			9.36	15.21	16.43	19.32			20.48	
	9.03	14.58	9.59	12.05	15.23			3.37	23.12				開	楊村	開	7.39			8.10	14.53	16.21	19.07			19.53	
8.02	9.39	16.46	10.24	12.32	15.57	17.53	20.16	4.53	23.38				開	天津總站	開	7.12	9.38	11.40	6.15	14.20	15.56	18.41	20.39	21.15	18.10	
8.10	9.48	17.03	10.32	12.40	16.05	18.00	20.25	5.10	23.47				到	天津東站	開	7.00	9.30	11.30	5.40	14.05	15.45	18.30	20.30	21.05	17.10	停
8.20	10.00	停	11.05	12.55	16.20	停	20.50		24.00	7.10			開		到	6.45		11.00		13.55	15.30	18.18	20.00	20.55		12.12
9.14	10.03		開	13.58	17.28		開		1.04	10.00			開	塘沽	開	5.44		由		12.52	14.36	17.20	由	20.04		10.35
10.07	12.09		往	15.06	18.33		往		2.09	12.52			開	蘆台	開	4.41		上		11.42	13.41	16.12	浦	19.09		7.55
	12.59		浦	15.50	19.26		上		2.57	15.17			開	胥各莊	開	3.45		海		10.48	12.57	15.15	口			6.05
10.59	13.12		口	16.03	19.40		海		3.10	15.40			到	唐山	開	3.30		開		10.30	12.43	15.00	開	18.15		5.00
11.02	13.17			16.08	停				3.15	停	5.30	7.30	開		到	3.25		來		10.25	12.38		來	18.12		
11.13	13.31			16.19							6.10	7.45	開	開平	開					10.12	12.27			18.02		
11.37	14.04			16.44					4.02		7.20	8.14	開	古冶	開	2.49				9.45	12.07			17.45		
12.09	14.56			17.18					4.53		9.45	9.07	開	灤縣	開	1.52				8.45	11.20			17.04		
12.50	15.58			18.07					5.58		12.58	10.10	開	昌黎	開	0.51				7.40	10.30			16.23		
	16.21			18.26					6.23		13.51	10.34	開	留守營	開	0.21				7.12	10.05					
13.23	16.41			18.44					6.46		14.38	10.54	開	北戴河	開	0.02				6.54	9.50			15.53		
13.42	17.08			19.07					7.16		15.48	11.23	開	秦皇島	開	23.29				6.25	9.23			15.30		
14.00	17.30			19.25					7.40		16.25	11.45	到	山海關	開	23.00				6.00	9.00			15.10		
14.35									8.20				開		到						8.15			14.30		
21.40									15.35				到	瀋陽南滿	開						23.10			7.20		

北戴河海濱支線

85次	87次	91次	93次	95次	下行	站名	上行	86次	88次	92次	94次	96次
7.00	9.50	13.30	16.00	18.50	開	北戴河	到	6.35	9.30	13.10	15.35	18.35
7.20	10.10	13.50	16.20	19.10	到	北戴河海濱	開	6.15	9.10	12.50	15.15	18.15

通縣支綫

501次 輕油車	503次 輕油車	81次 客貨車	505次 輕油車	507次 輕油車	53次 客車	509次 輕油車	55次 客車	511次 輕油車	513次 輕油車	83次 客貨車	下行	站名	上行	502次 輕油車	504次 輕油車	82次 客貨車	506次 輕油車	503次 輕油車	54次 客車	510次 輕油車	56次 客車	512次 輕油車	514次 輕油車	84次 客貨車
7.30	8.30	9.30	10.45	11.15	12.50	14.00	15.30	16.30	17.50	18.40	開	北平前門	到	9.15	10.25	12.10	12.40	13.40	14.48	15.29	17.20	18.37	20.05	21.25
7.35	8.35	9.38	10.50	11.20	12.56	14.05	15.36	16.35	17.55	18.48	到	東便門	開	9.10	10.20	12.02	12.35	13.35	14.42	15.24	17.14	18.32	20.00	21.17
7.36	8.36	9.40	10.51	11.21	12.57	14.06	15.39	16.36	17.56	18.50	開		到	9.09	10.18	12.00	12.34	13.33	14.40	15.23	17.12	18.30	19.58	21.15
7.52	8.52	9.59	11.07	11.37	13.14	14.22	15.56	16.53	18.12	19.09	到	雙橋	開	8.53	10.02	11.41	12.18	13.17	14.23	15.07	16.55	18.13	19.42	20.56
7.53	8.53	10.02	11.08	11.40	13.17	14.23	15.57	16.55	18.13	19.11	開		到	8.51	10.01	11.39	12.16	13.16	14.20	15.06	16.54	18.11	19.41	20.54
8.03	9.03	10.16	11.18	11.50	13.30	14.33	16.09	17.05	18.23	19.25	到	通縣南	開	8.41	9.51	11.25	12.06	13.06	14.07	14.06	16.42	18.01	19.31	20.40
8.05	9.05	10.23	11.20	11.52	13.32	14.35	16.10	17.07	18.25	19.33	開		到	8.40	9.50	11.17	12.05	13.05	14.06	14.55	16.41	18.00	19.30	20.32
8.10	9.10	10.30	11.25	11.57	13.38	14.40	16.16	17.12	18.30	19.40	到	通縣東	開	8.35	9.45	11.10	12.00	13.00	14.00	14.50	16.35	17.55	19.25	20.25

出版者：北平西四牌樓小紅羅廠八號禹貢學會。
編輯者：顧頡剛，馮家昇。
出版日期：每月一日，十六日。
發行所：北平成府蔣家胡同三號禹貢學會發行部。
印刷者：北平成府引得校印所。

禹貢

半月刊

價目：每期零售法幣貳角。豫定半年十二期，法幣壹圓伍角，郵費貳角伍分；全年二十四期，法幣叁圓，郵費伍角。歐美各國全年美金叁圓，郵費在內。

本期定價法幣肆角
歐美各國美金肆角

The Chinese Historical Geography

Semi-monthly Magazine

Vol. VII, No. 4, Total No. 76, April, 16th, 1937.

Address: 8 Hsiao Hung Lo Ch'ang, Si Ssu P'ai Lou, Peiping, China

第七卷 第四期（回教專號）

民國二十六年四月十六日出版

（總數第七十六期）

內政部登記證警字第叁肆陸登號 中華郵政特准掛號認爲第一類新聞紙類

本會啓事

本會會員李晉華先生於本年二月七日在京逝世，又趙惠人先生於四月四日在平逝世，兩先生並有文字登入本刊，盛年奄忽，同深悼痛。特此布告，藉志哀忱。凡有願在本會及本刊爲兩先生作紀念者，敬乞早日通知爲荷。

本刊啓事（一）

本刊第六卷第十二期（康藏專號）西藏銀幣考一文中所插之銀幣圖四的陰面（按：銀幣圖原分陰陽兩面），與其圖五的陰面倒置，特此更正，希讀者注意。

本刊啓事（二）

本刊擬以第七卷第六期爲「古代地理專號」，已收到之文字有下列數篇，特先揭布。望會內外同志早以此類文稿見賜，俾得編入，準期出版，不勝企盼之至。

三代民族考略……馬培棠遺著
說夏……楊寬
夏民族起於東方考……楊向奎
戎禹與九州之戎……顧頡剛
魏策吳起論三苗之居辨誤……饒宗頤
春秋王都辨疑……童書業
目夷亭辨……童書業
戰國疆域變遷考序例……鍾鳳年
魏長城考……張維華
讀周禮職方篇……顧頡剛
秦縣考……史念海
古海陽考……饒宗頤

本刊啓事（三）

本刊擬以第七卷第七八兩期爲「察綏專號」，現已收到以下各篇論文，特先公告，務祈會內外同志盡量供給材料，俾察綏史地狀況爲國人所周知，精神國防益增鞏固，豈第爲本刊光寵，國家前途實利賴之！

察綏之過去現在與未來……陳增敏
察綏兩省之經濟地理概觀……張印堂
趙長城考……張維華
蠕蠕國考……馮家昇
突厥在西北之活動……韓儒林
明萬全都司考略……張維華
宣化縣文獻述略……紀國宣
懷安漢墓發掘訪問記……張維華
鄂爾多斯之歷史……籍承緒
記察綏盟旗……楊向奎
集寧設治與改縣之確實時期……許輯五
後套各渠之開濬沿革……王喆
察北概觀……楊文曾
平綏沿線之耳聞目擊……陳增敏
旅察日記……侯仁之
西北旅行日記……王伊同
關於綏遠問題的圖籍與論文索引……許輯五

本刊啓事（四）

本刊本期「回教專號」係由白壽彝先生主編，敬此志謝。尚有續送到之文字，因不及列入，改在普通號中發表，乞作者原諒。

本刊第七卷第五期目錄豫告

貉……林占鰲
原始時代東北居民與中國之關係臆識……田鳳章
朝陽附近之新石器時代遺跡……日本八幡一郎著　高桂華譯
燕秦西漢之東北經營……王伊同
匈奴民族及其文化……馮家昇
十三世紀前期的蒙鮮關係……李詠林
曾紀澤對朝鮮問題的主張記聞……吳相湘
中國大運河沿革考……日本西山榮久著　祁蘊璞譯
臨淄小記……丁稼民
河北省行政督察專員之設置及其區域之劃分……于鶴年
國史與地方史……瞿兌之
纂修河北通志聞見錄（三）……于鶴年
晉蜀掘骨記……楊鍾健
北平市回民概況……王夢揚

近五十年西人之回教研究

Gaudefroy-Demombynes著
韓儒林翻譯

伊斯蘭史乃回教民族史，並爲回教在回教民族命運上所發生的影響之歷史，因每種回教民族，依其種族及文化的情形，皆有所反應也。在所有回教民族之家庭社會宗教生活及文學美術中，伊斯蘭均賦予若干共同形態，伊斯蘭史即此種種之全部史，而此諸民族者，又復各保存其本來的生活，故伊斯蘭史同時亦即此諸族之史也。吾人於此，將於五十年來伊斯蘭研究的運動上，舉出若干消息，並敘述若干基本事實及若干重要著作焉。[1]

自一八七六年以來，回教諸國之政治生活，變化極多，吾人可以相信在其社會生活上，此種變化必有所反應。尚保有外表的哈里發制度，業已頹廢，回教的東方似產生若干新民族[2]。此族的傾向及其活動的實質乃將來歷史的資料。吾人於此則只談其過去的實際，蓋過去的實際者，乃現在最好的解釋也。

伊斯蘭實爲第七八世紀大食人於其所征服諸國中所推廣的一種大食宗教。關於被征服民族的改宗，本非其所注意；故被征服諸族仍保持其原有的宗教及財產，惟納一種賦稅而已。未幾，被征服的諸民族，感受在混亂時期的國家，身爲下等國民，甚爲不快，乃相率皈依其主人宗教；有若干異宗別派，流傳至今，其在社會中的重要職務，深値研索。後期遠征（印度）的宣傳，異族（突厥）原素的吸收，變化了回教團體的精神及傾向；回教研究因此乃成爲很煩難的事。新的環境及新的語言（波斯文，土耳其文，印度斯坦文[Indoustani]馬萊文，berlère等）將史學家及社會學家之精力分散耗費了許多。在世界史中，伊斯蘭史未能早取得其地位者，原因正在這種複雜性。往者伊斯蘭闐地有善爲開墾的必要，故東方學家五十年來皆黽勉從事於此。一位伊斯蘭史家至少應通曉阿剌畢文自無疑義；昔日應爲文法學家及文字學家者，將來可只爲一歷史家。

一 史源之刊行及鑒定

五十年來伊斯蘭學家所從事者乃史料之大量的刊行也：在東方和西方文籍的印行（歷史，地理，神學，法律，文學）；——碑銘和考古史料的發現，此種史料概用印刷或影印刊行；——手抄本解題及目錄刊行[3]。自 Silvestre de Sacy 及 Qatremère 起，至 Goldziher 止，學者工作的情形，完全改變了；前二人得若干抄本而研究之，便感滿足，其知識與智慧令吾人不勝稱讚；後者因讀無限印刷品及抄本，其工作範圍則十分廣大。

伊斯蘭的原始史吸引歐洲學者的注意，幾乎三百年了；摩訶末的一生及回教團體的初期，往昔的學者，初皆由後期的阿剌畢史家知之，如 Abou'l Feda 是也，其中細故瑣聞甚豐，令人莫敢疑其眞僞。伊斯蘭乃最後出現的人類大宗教，在吾人的眼中，似由一種奇異的眞理中產生出來，在反射其時代的知識及近代回教知識之著作中，Caussin de Perceval 及 Noël Desvergers[4] 尙複述正統回教的史略。

讀此種著作，好似在教堂的舊玻璃窗上，解釋一位聖人的堅信生活一樣；其中悉爲奇蹟：摩訶末生活的奇蹟，遠征的奇蹟，回教文化的奇蹟。東方世界的人生解釋，便是這一大串奇蹟。

大食古史的刊行，最著者有：Ibn el Athir (Tornberg 校訂，出版于 Leyde，十二册，一八五一年至一八七六年)[5]，Yagoûbi (Houtsma 校訂，兩册，一八八三年) Belâdhori (de Goeje 校訂，一八六六年) Tabari (在 G. Goeje 指導下校訂，十五册，三集，一八七九——一九零一) 及 Ibn Sa'd (在 Sachau 指導下校訂，兩册，一九零四)。此種古史的刊行，使歷史學家得見新鮮的史料。著者在其中所敘述的事實，悉舉出其史源，這種史源口傳的；他的同時代的人，與他敘述前代人由一個更古的人得來的這種記載；如此逐漸上推，直推至一件事實的証人；通常同一件事實，有許多紀錄，這些紀錄，或由許多証人傳來，或由同一個証人傳來，而傳授的系統却相異。這些紀錄彼此不相符合，粗略的比較一下，便使人不僅懷疑事實的細節與時期，且往往懷疑到他的實有性。

歷史的正統學說之形成，與伊斯蘭系統的成立一樣，自許多世紀以來，已成不變不易的了。正統歷史，在當時的紀錄中，不僅選擇與其宗教偏見相合的原素，且更補足之確定之；一個無名的不確定的人物，因與先知的生活或其承繼人的生活相混淆，遂得到一個很長的名子和一種完全的宗派。所以吾人應該彌補大食史學家缺之鑒定力的弱點，新的方法爲近代史學家所搜出的新鮮史源，吾人應利用之以復原其實在性。在這個時期學者爲研究回教的另一支，已製定了工作的方法，所謂另一支者，即宗教，而宗教史源的刊行，亦並不少。

截至十九世紀中葉止，欲了解可蘭經，須求助於後期的史料。可蘭經訓解，不能出 Beidâwi 注釋的範圍。當 S. de Sacy 聞說東方諸圖書館中藏有可蘭經注釋時，乃不過於其中收集若干文法上舉例用的古詩，伊斯蘭以前詩人的 disjecta membra 而已[6]。

印度君士坦丁堡及開羅的東方印刷所，刊行了許多宗教書籍，尤以可蘭經的注釋和傳說的彙編爲多，遂引起歐洲考証家對於 hadîth 的注意。所謂 hadîth 者，乃先知給予可蘭經的注釋及闡明，其法或用其語言，或用其緘默，或用其動作，或用其禁忌。可蘭經的古注釋，如 Tabari 教義的古籍，如 Bokhâri[7] 的 Cahîth，皆 hadîth 的彙輯也；或釋可蘭經的一節，或釋教義或宗教儀式一個問題，著者複述先知的『傳說』，層層上推，直推至摩訶末同時代的一個人或至少上推至『正統』哈里發的時代。此種方法，與歷史家所實施的方法相同，在這兩種著作之間，欲劃一明確界線，殊非易事，二者皆 hadîth 彙輯也。若先知的事實及舉動有吾人方才所說的立法的重要，則其時之歷史，即具一種神性，初期回教團體之生活因此得到一種特別的統一性。故傳說（hadîth）如純淨，即爲伊斯蘭古史之基本的珍貴的史源，但其極不純淨則爲已見之事也。

阿剌畢人由其半島出來所征服的世界，即其中之最有經驗閱歷者亦不能明之：各地氣候及經濟的價値均極不同，其人亦極複雜，有叙里亞人，猶太人，埃及人，伊蘭人，美索不達米亞人，波斯人，突厥人，Berbères, Ibères 等，凡此等民族，皆久困於基教的財政壓迫，厭惓於宗教的鬥爭，則無疑也，但是他們却習於強固的政治及傳播頗廣的優秀文化。回教經略之遠，出人意料，遂使遠征之夫，醉心其所掠奪的物品亦爲其遠征所擾亂；白衣大食（les Omeyyades）表伽之商人也，頗知效法東羅馬或波斯，聽其人民自治，只注意於掠奪品，換言之即國家的收入也。大食人於勝利後，只從事於爭奪利益，諸族間之和睦，白衣大食未得維持成功也。

在若干時間，到處陷入無政府狀態了，大食的遠征斷絕了，英明的人如 El Hadjjadj 所能指揮的東羅馬及波斯官吏和武力沒有了。雖然如此，英明的人，究竟尙能維持若干社會生活與安全。黑衣大食（Abbassides）的政治權威，乃波斯政治的復興，但是在新思想所逐漸推動的精神中，政治絕未能使之和平。希臘文化，在近東十分普及，對於戰勝者，它給予失敗者很大的權威，戰勝者接受了失敗者的信仰。

hadith 是在第八第九兩世紀政治社會混亂中釀成的，給與回教信仰一種固定的形式者，即此種傳說；但在其固定之前，亦不能不受大混亂的結果，失去其一部分的眞實性。各種教義及掀動思想的傾向，須要在可蘭經上找到根據，如缺此根據，亦必求助於先知的最高權威。於是爲自己利益而虛構傳說的事遂發生，首先承認此種虛構之危險者，亦即回教徒，於是鑒定 hadith 的學問遂成立，此種學問將一大部分粗製濫造的 hadith[8] 與正統的彙輯分開。這種失敗學說的珍貴証據的佚逸，亦殊無足惜。

鑒定 hadith，清理各派學說的混沌，辨析傳說中各派的影響，這種事業，只能由歐洲伊斯蘭學家作之，蓋此種學者，不受外界的一切影響，於阿剌畢語言歷史及文學有深切的了解，且其思想早已有他種學術保障也。此種功勳，只有卒於一九二一之 Ignace Goldziher 當之，Goldziher 的工作力及普遍的興趣均少見，三十年來，以研究回教制度及伊斯蘭史著名。其關於「hadith 發展」一文[9]，在回教研究中，實闢一新途徑。他於其中指出各派鬥爭中 hadith 所占的位置。在給予他一種史料的價値以前，歷史家所應有的謹愼，他也確定了。[10]

Goldziher 絕非僅研究 hadith 的書籍，他先淸理了無限的宗教書籍，這些宗教書籍形式頗多乃回教徒用阿剌畢文，波斯文及土耳其文著作的，這類著作有若干是在一九一四年以前出版的，有的現在始與「近代」著作一同流行的。

運用這種神學著作，應該十分謹愼，他反射出中古回教世界鬥爭的價値，因爲缺乏異端的書籍，這種鬥爭的解釋是很困難的，我們只能用反對者的爭論去替代，例如：可蘭經的後期註釋，如 Rāzi，對於研究 Mo'tazilisme[11] 是十分珍貴的。Ghazāli[12] 在中古有無限的特權，現在仍是回教思想的重要代表，他的若干著作對於其所攻擊的教義史，是基本的史料[13]。

二　考証的工作

利用晚近出版或整理的史料而刊行的著作很多，吾人於此，只能略舉數名而已。關於伊斯蘭以前的時代，Wellhausen 及 Robertson Smith 曾著作了幾種重要的書籍，其中充滿了事實與思想[14]；Lammens[15] 神父博覽羣書，使他在伊斯蘭初期的研究中起了革命，其精神甚純潔，其正確方法及恬靜，能減輕其所有之熱情；Nöldeke 在這個範圍內也寫了若干堅實的著作[16]。關於先知的生活與正統哈利發時代的研究，有 Wellhausen, Lammens 神父，Krehl, Grimme, Buhl 及 Margoliouth 諸學者[17]。

Caetani[18] 親王同一羣阿剌畢學家合作，著作了一種回教世界史，這種著作範圍很大，含有許多重要的研究，所以很值得注意，歐洲大戰好像把這種事業完全破壞了，關於文明史的著作特別多，我們不能全舉，Goldziher 所寫的各種題目，他的著作差不多到處還可以遇見[19]。Snouck-Hurgronje 研究麥伽和荷蘭的印度成爲著名的大師，他同時的及其以後的學者，若 Houtsma Yuynbold, Wensinck[20] 在荷蘭的學派中亦很有聲名。Wensinck 現在負責指導伊斯蘭百科全書，伊斯蘭百科全書乃一種國際的事業，幸未爲歐洲大戰所中斷，其事決定於一八九七年的巴黎會議，是根據 Goldziher 向 Charles Schefer 集的委員會的報告成立的。一九〇五年 Alger會議在 René Basset 召集的委員會中重新研究，一九〇八年開始刊行，現已出三十五分册，此乃一種地名人名事實與制度的百科全書[21]，實聚許多專家論文劄記而成。有許多學者欲著阿拉畢通史，這種著作顯示出史料的研究，還十分的不能滿人意，此種著作有許多非無用處[22]。Kremer 關於回教文明的普通著作，嘉惠士林甚多，但其所依據的史料甚少，其中有若干史料今已知其爲轉手的著作，故重新整理史籍是很重要的。對於第十世紀，Mez 在其遺著中曾有了極好的成績，其遺著名『伊斯蘭的復興』，一九二二年由 Reckendorf 刊行。

我們說的由正統或異端來的宗教史料，皆回教徒寫的，這些教徒悉受基督教印度教及波斯教的外來影響，成欲維持先知的教旨及神律，然而這不過是一種思想運動的表現而已，惟此種表示僅於東方有影響，而非西方所熟知的回聲也。爲研究聯絡回教及基督教的線索，不能不從事於哲學及蘇菲派（Soufisme）的探討。

在外國的科學界中，哲學家同時是數學家天文家占星學家醫生博物學家點金術家，並且也是玄學家名學家和道德學家，他們不僅把希臘的方法適用到信仰裏面，他們意欲在思想裏面完全跟着希臘人走。這種思想的高尙運動，在東方只有很短的生命，可是中古歐洲的希臘哲學是由阿剌畢人及阿剌畢化的猶太人吸收來的，Averroès 的傳說和亞里士多得（Aristote）的傳說一樣的光輝，這都是人所熟知的事。但是東方理智活動的園地，沒有一處被人這樣輕視忽略的，然而這也無足驚異，爲要作這種研究而希望得到成功，至少應該精通希臘文和阿剌畢文，精通希臘哲學和西方的中古哲學，能具備希伯來文及若干他種智識更好，不過一個人具有這些種智識殊不易見。在過去若干年曾有若干論文及綱要發表。科學史乃哲學史的一章，僅有若干細節的研究和大胆的附會注意及之而已[23]。

蘇菲派久已引起歐洲著作家的注意，他的歷史不像阿剌畢的哲學史一樣，已經死了，神秘主義具有最高尙的和最無價值的形式，現在還很活躍，現在甚至還很流行，他的原始的歷史很不易確定，認眞的去研究他也是很值得作的事，最近的 Massignon 便是這種學問的一位博學同情的史學家[24]。

如果回教的歷史是這篇文章的主要對象，那末在回教民族史的各部分也瞥一眼也是很重要的，回教民族史，五十年來特別引起考証家的注意[25]。

回教史在歐洲最激起興趣的，是十字軍時代。十字軍之所以通俗者乃因其宗教的英雄故事的緣故；他把基督教文化和回教文化彼此接近，給予野蠻的歐洲許多物質和精神的高貴東西的功勳，也應該歸於十字軍的。所謂高貴的東西者，即武士道，豐富的兵械，華美的布帛，行吟詩人的詩歌，精緻的裝飾是已。

地中海是西方文化彼此溝通的大道，把十字軍看作地中海史中的一段插話，並不是不承認十字軍在文明史上的重要性。這實在是地中海中的一件偶有的事件，在這件偶有的事件中，戰爭與混亂所造成的恐懼和毀滅，優足斂由佛郎人居住聖地時歐洲所能取得的利益。歐洲得到日趨沒落的回教文明是由他路來的。所謂他路者，其一爲意大利及法國南部諸城的商業在地中海東部經行的道路；其二爲西班牙的道路，在這條道路中阿剌畢的文化在回教諸國的混亂及基督教侵入的蠻野中漸漸的消滅了；其三爲吾人所不易看淸的影響，即西西利的南意大利的 Aghlabites, Fatimites 及北人(Normands)的影響。但是我們要承認在十二世紀文藝復興中，回教文化的成分，還不易辨清，如 Ch. V. Langlois 的「自然與世界的智識」一類的通俗著作，能在古典傳說的直接影響外，注意到東方，在最近的將來還不易見到的。Asin Palacios 在回教的西班牙之蘇菲派的著作中，找到了神曲的史源，他的書雖然有若干細節的誇張，究不失爲新研究的大胆導言。

關於十字軍時代及地中海史的阿剌畢重要史料，在東方業經刊行，有若干在西方業經翻譯[26]。Röhricht（一八九八年的耶路撒冷王國史，及他種論文）曾利用此種刊行的史料作十字軍的新研究。但在東方的知識界中，供給最珍貴的史料和最新的訓釋者，是 Max Van Berchem，他的著作與下面講的美術和銘刻學有關。

五十年來考古學銘刻學美術史的研究，在旁的領域頗爲發達，在回教的園地中，也並未被忽略，惜至今尚未十分開墾。波斯開羅敘利亞的若干組著名建築，曾有若干學者敘述，但都是偶然的，無方法的，沒有想在東方藝術生活中，爲他找出他的位置。差不多一切都待著手；差不多到處都已有人研究。敘利亞巴來斯丁阿剌畢都有若干碑銘出土，這種碑銘在伊斯蘭前的語言上，宗教上歷史上供給不少新的智識；Moab 及 Arabie de Pétar 諸地，均經發掘；在此地所發現的一切，都表示出來東羅馬和波斯的邊陲曾採用其主人的文化，並且表示出來該兩地都在準備第七世紀阿剌畢的侵入。在 Qoçaïr Hamra 及其他諸地所發現的正統哈利發的「遊宮」，確定了吾人在白衣大食朝的東羅馬主義 (byzantinisme) 上不敢作的假設。

埃及回教藝術的光明時代，早已引起學者注意；在創立開羅法國東方考古學研究所的思想中，這應該是他們的主要對象，開羅的地方誌，破城[27]等等因開羅豐富的收集和若干出版物，已經就地有所研究了，這些出版品如 Maqrizi 的 Khitat 不幸埃及人校訂得很劣，歐洲學者也只盲目引用[28]，直到研究所出版處的刊行和 Gaston Wiet 的校訂[29]，始有滿意的定本了。

自從 Ayyoubites 王朝以後，回教的叙利亞史便成埃及史的一部分了，藝術研究當然與開羅也不能分開了。最早引起考古學家注意的是叙利佛郎人的建築物[30]，Mameluks 人的建築物與碑銘，只不過附帶提及而已。埃及和叙利亞一樣，在 Van Berchem 的影響下，工作的方法改變了。Van Berchem 是一個阿剌畢學家歷史家和藝術家，他創立了阿剌畢碑銘學。若研究一個銘刻，有當時的著作供參考及銘刻所在的建築物供分析，彼即指出銘刻所能供給歷史的結果。他的「阿剌畢碑銘錄」(Corpus inscriptionum arabicarum) 的材料，一，埃及 1894–1904 是個人，制度，建築物，及一切社會生活史史料的無盡藏礦山。在許多東方旅行中，他收集了許多關於巴來斯丁和叙利亞的材料，其中一部分已發表了；有一部分是他的若干德國同僚發表的，在考證上頗不滿人意；其「耶路撒冷」一書，是他去世前數星期付印的，後經 Gaston Wiet 在開羅法國研究所出版部校訂（一九二三）[31]。當 Van Berchem 死時，學者希望回教碑銘學的國際工作，在他的指導與監督之下將來有一天統一由撒馬爾罕到 Marrakech 的研究與刊行，現在還應該存這種希望[32]。

藝術史乃建築物的專門研究，即研究在地方史中建築物的分類，在時間與空間中他的比較，在各種交互影響中他的地位，及其特點的等級。自攝影術與，史料研究，整個的變相了，過去五十年，還只是收集材料的時代，其材料的應用剛剛開始。回教美術史家，所努力尋求者乃構成建築物的各種原素；他們打算分辨回教文明給予其主要建築物的形式，所謂主要的建築物者，如：清眞寺，回教學校，修院，砲城，君長的宮殿，要人的屋宇；源於氣候材料等等的形式；地方藝術之遺蛻的形式，此種遺蛻形式或僅在若干地面遺留若干痕跡，或者是貫穿回教世界的大潮流創造出來的形式。描寫的或綜合的著作，在歐洲已經刊行了很多；我們只能舉出若干種；尤其是在法國刊行的或由法國人刊行的著述[33]。

阿剌畢人波斯人突厥人所寫的許多地理書，應視爲回教研究之各部門的輔助史料。自從一八四八年以後，Reinaud 用地理書籍的材料出了一本名著，此書成爲

Abou'l Feda 地理書 Tagwim el bouldan 的緒論； Abu'l Feda 這部書乃十四紀的提要書，其中含有前代著者的撮要。Reinaud 曾指出阿剌畢人採用 Ptolémée 的計算法並把地球分作七個氣候區，阿剌畢人用新的天文學觀測，將其地理智識日進精確了，並把遊歷家的回憶和他同時人的回憶輸入地理學中。他們有這些精密的正確的智識，這些纂集，成了中古東方極珍貴的智識。回教人對這些「下等」著作很冷淡，歐洲人實首先刊行之，但是東方的圖書館保藏很多這種著作，讀之可以解答許多尚無答案的問題。如果十九世紀中葉刊行許多重要著作，則刊行或校訂重要地理學家的著作，應歸功於 G. de Goeje [34]，古地理學家之外，「大全」百科全書，在十四十五兩世紀東方西方都很流行，這種書籍對當時已知的世界有很精確的描寫，如： Mameluks 相府秘書 el Omari 及 Qalqachandi 的著作[35]。有一本突厥文的書籍，Muhit 依波斯和阿剌畢的水手的報告，敘述遠東和印度的航路，此書出版後，使我們在巴黎國家圖書館找出其所使用的許多阿剌畢文書[36]。這些書籍敘述十五世紀印度洋上阿剌畢的水手所具有的航海智識，使我們更了解中古埃及 Iraq 敘利亞的商業活動，並且也使我們辨明了葡萄亞人在瀕行非洲東岸的途中，所尋到的珍貴輔助品。

回教世界的各地，在這五十年內，表示出對於地方史的若干興趣，如印度刊行的近代著作，如古代著作的校訂及翻譯。在這裏我們不能列舉與通史只有間接關係的著作。我們只提出歐洲考證家在這個時期對於西班亞及北非刊行的著作，沒有比 Slane 及 Dozy 兩人的著作更重要的了，但是有些工作確十分有用，尤其是 Hudaos 所校訂的著作及其譯文[37]。

三　文籍的史源

在這篇回教史刊行概觀的起首，我們已提及宗教及法律的阿剌畢文古籍供給制度史及政治史無限寶藏了。而今尚當提及的則爲對於社會生活史及理智生活史的珍貴史源，即純粹文學是也。一八九四年 Goldziher 給 Barbier de Meynard 的私人信札中，曾屢言細讀 Kitab el aghani 對於黑衣大食初期回教文化史的用處，並提及 Robertson Smith 爲了阿剌畢初期社會的知識，曾在先伊斯蘭時代的詩謌中找材料，並言：『應校訂開羅王家圖書館中所藏的古詩集，這種古詩集吾人僅在詩文選及字典中的節錄引用略知一二而已。』阿剌畢古詩，實社會鮮明的反映，在德國及英國，皆引起校訂家及繙譯家的努力，這些德英學者的著作，大部分皆極精良[39]。

談起 Kitab el aghazi Goldziher 曾在許多阿剌畢文學著作中舉出其最著名的，此種文學著作，吾人實不知在目錄中應列入那一類。在這種書中我們可得到各種知識，眞是阿剌畢學家的一種愉悅，同時自然也是一種苦痛，其中有歷史，有詩譸，有地誌，有逸事，有神學的討論，有廚房的食譜，等等。Barbier de Meynard 曾校譯一種最可讀的，名「金牧場」[39]。這些著作，乃研究回教社會極端珍貴的史源。但對於日常私人生活，尙有旁的著作更有用；此種著作，即瑣碎的生活逸事之彙集，其次第勉強可以說是依倫理分類的；貪婪，婦女，勇敢等等。Elyâhiz 似爲此類著作的第一人[40]。原文及訓釋一旦整理出來，則此種著述將爲中古東方回教城市生活史上充滿光彩的史籍。

五十年來，回教研究的基本事實，乃史源的整個翻新。其用處初在歷史；其數量及紛亂愈增加渾沌，在這種渾沌中史學家努力求史事的和協。在一個不變動的世界，統治者乃包含偸安和定命主義的雜亂和不安，乃極端的個人主義，乃奇特之缺乏。

伊斯蘭的個人主義，乃阿剌畢人給予的，這種個人主義乃阿剌畢人精神的徽標。在沙漠的窮苦生活中，孤獨的個人自然是極易消滅的；個人不能不加入一個羣衆，在羣衆中個人得到其所盡的力量的代價。這種自我的放棄，僅暫時限於部族中，而不能超越之，過此，則個人主義即完全復現。個人主義統治阿剌畢的「文明」生活，在文明生活中，沒有任何必要能構成羣衆，它是一切阿剌畢回教國家的毒藥。因爲回教乃若干猶太教基督教想思適用於阿剌畢精神中的宗教，回教崇敬個人主義並犧牲個人主義；在大會之中，回教絕不知靈魂的交通；所謂大會者，如共同的禮儀，金曜的祈禱，Arafa 的禮節，節日的祈禱，都是些個人的禮儀，不過由信徒在同一時間同一地方舉行而已，惟此種共同禮節，亦絕非由人指揮由人佈置，是很不調和的。阿剌畢的個人主義，因宗教的介紹，對非阿剌畢人亦很有影響，惟社會關係很薄弱。

在這一切社會團體中，史學家求不到生活原動力的新思想，找不出非外表的奇特。伊斯蘭的光明時代，是許多民族混雜的時代，在這個時代，古代文明的思想深入回教的靈魂中，並求與伊斯蘭互相調和。這些時代的思想，是外來的。在 Iraq 波斯埃及西班牙西西利的高尚社會，便是這樣造成，這種高尚社會，爲歐洲保存了地中海文明及希臘主義的遺跡。這樣看法，在現在似爲眞理，將來的歷史學家在研究其已有的及日增的史料後，將能証實或推翻這種看法。

回教史的奇跡，在細節之中，失去其神秘性。智識漸多的先伊斯蘭的時代，解明摩訶末及正統哈利發時代，在這些時代應繪製的形像決無正統史家的神聖，決無Lammens神父的誹謗。詳細研究黑衣大食時代的史事與思想，久已値得引起學者注意；這種研究必需閱讀許多阿剌畢書。雖已有 Dozy 及 Amari 的著作，應當再從事於西班亞史及西西利史，尤應先研究經濟及理智生活。

希臘的遺產由阿剌畢及猶太的文學輸入西方，現已辨明應該遵循什麼途徑，以求得其過程。我們知道東方的蠻人之竄入伊斯蘭遂促進伊斯蘭文化的衰頹，但是在東方還遺留若干對精神生活的趣味與崇敬。我們將來可以預言東方必有一日在某種程度和某種形式下，復變成一個人類道德與理智的遺產之保存者。

11

1 一八二二至一九二二年在法國出版的關於伊斯蘭的著作，Clement Huart 先生曾爲亞洲學會（Société asiatique）百年紀念册，開到了一個極完全的書目。——自一八八七年起，Schermann 編輯的東方學目錄（Orientalische Bibliographie）在東方學的各部門中乃極珍貴的指南；惜大戰以後沒繼續出版。——Victor Chauvin 著有阿剌畢人的或關於阿剌畢人的著作的目錄（Bibliographie des Ouvrages arabes ourelatifs aux arabes），它的頭幾册乃民俗學家的枕中鴻寶；第十分册（可蘭）止於一九零六年，第十一分册（摩訶末）止於一九零八年；其回教（Mahométisme）一册，在 Chauvin 死時（一九一三）始付印，一九二二年由 Polain 先生刊行：這三册都很有用。

2 Stoddard——伊斯蘭的新世界(Le nouveau monde de l'Islam, 1922), Grousset——伊斯蘭的醒覺(Le reveil de l'Islam, 1924)

3 手抄本的庫藏的目錄，已由 Brockelmann 在他的阿剌畢文學史(Geschichte der arabischen Litteratur, 兩册，1898-902)中清理，該書也指出出版品。

4 Caussin de Perceval——阿剌畢史論(Essai sur l'histoire des Arabes 三册，一八四七年)——Desvergers 阿剌畢(L'Arabie)在圖畫的宇宙(Univers pittoresque 1847)中；又 Abou'l Feda 的摩訶末傳(Vie de Mohammed), Desvergers 譯爲法文，一八三八年。——Muir 的摩訶末傳(Life of Mohammed)即這個傳說之近代化的形式，一九一二年新版。

5 關於 Al Balkhi 的創造及歷史之書(Livre de la Création et de l'histoire)已由 Clément Huart 刋行並翻譯(五册，一九〇〇至一九二四)。

6 Julien 在非洲雜誌(Rev. africaine，抽印本，一九二五，七十三頁)引 Silvestre de Sacy 給 Eusèbe de Salles 的信。

7 Tabari(卒於公元九二三)的可蘭經注，回曆一三二一(公元一九零三至零四)已在開羅印行，二十册。——Bokhari(卒於公元八七零)的 Cahih 第一次刋行於 Baulâq，回曆一二八零年(公元一八六三至六四)；另外一種版本，一八六二由 Krehl 開始校印，一八零八由 Juynboll 繼之；另有若干他種註釋，刋行於東方，最著者爲 El 'Aini 的注解，回曆一三零八(公元一八九零至九一)刋行於開羅。Houdas 先生曾譯其書爲四册，一九零三至一四；第一二兩册的若干章，W. Marçais 曾譯之(參看伊斯蘭百科全書第一册八零三頁)

8 En Nawawi 的 Et taqrîb 已由 W. Marçais 譯注，一九零二年。

9 回教研究(Muhammedanische Studien 第二集，一八九零)

10 一八六零年 Nöldeke 在一册權威的小書可蘭史(Geschichte des Korans)中，陳述當時人知道關於可蘭的構成及其注釋的一切；後復與 Schwally

12

合作出第二版，增加很多，雖因 Schwally 的去世中止，至今仍為極佳的基本著作，（三冊，1909，1919，及1925），——Montet 譯有若干節可蘭經，（一九二四）譯的很劣，在其書的卷首，錄有 Noldeke-Schwally 及 Goldziher 的著作的撮要。

11 Fakhr ed-Din Razi（卒於一二零六）的可蘭注釋，回曆一二八九年（公元一八七二至七三）刊行於 Boûlâq。

12 Ghazali（卒於一一一一）的著作，常重印於東方，Carra de Vaux 曾著書研究之。Mac Donald 及 Asin Palacios 亦研究之：前者見一八九九年的美國東方學會雜誌（J. Am. Or. Soc. 1899）後者見阿剌畢研究叢刊（Coleccion de estudios arabes）。

13 Wellhausen 阿剌畢異教的遺跡（Reste des arabischen Heidenthums, 1897）概要及預備工作（Skizzen und Vorarbeiten 1887 sq）——Smith 的閃人的宗教（Religion of the Semites 1889, 第二版 1909）又親戚及婚姻（Kinship and Marriage 1885 第二版 1914）——Freytag 的有用書籍，阿剌畢語言研究導言

13 （Einleitung in das Studium der arabischen Spraceh 1861）可由後來諸家的著作補正，如 Schwarzlose 的古代阿剌畢兵器（Die Waffen der alten Araber 1886）：Jacob 的游牧的阿剌畢人生活（Beduinenleben 1897）Noldeke, Fischer 等人的各種論文：間接也可由晚近的著述補正，此種著述，Burckhardt 後，尤以 Musil 的沙磧的阿剌畢（Arabia Petraca t. II. 1907）為最著：參看 Jaussen 的莫阿布地方的阿剌畢人（Les Arabes au pays de Moab 1908）。

14 Ghazali 關於 Bâiniya 的論著，一九一六已由 Goldgiher 研究。

15 伊斯蘭的搖籃，（Le Berceau de l'Islam 1914）：達依夫的阿剌畢城（La cité atrabe de Taïf, 1922）白魯大學論叢（Mél. Univ. Beirout）中的回教紀元前的麥伽（Le Lekke à la veille de l'Hégire 1924）及各雜志中的論文。

16 葛薩尼朝的君長（Ghassanische Fürsten 1887）薩珊王朝時代的波斯及大食史（Geschichte du Per-

ser und Araber zur Zeit der Sassaniden 1879）此書乃譯自 Tabari。

17 Wellhausen 的麥地那的摩阿末（Muhammed in-Medina 1882）——Lammens 的法梯昧及先知的諸女（Fatima et les filles du Prophète 1912）：又三雄：不別，烏馬兒及斡思蠻（Le Triumvirat: Abou Bekr, Omar et Othman）收入白魯大學論叢第四册，及各雜志中的論文。——Krehl 摩訶末傳（Das Leben des Muhammed 1894）——Grimme 摩訶末（Mohammed 1892, 1895, 1904）——Buhl 的 Muhammeds Liv. 1903.——Margouliouth 摩訶末及伊斯蘭之興起（Mohammed and the ride of Islam 1905）。

18 伊斯蘭編年（Annali dell' Islam 七册1805-1914）

19 回教研究（Muhammedanischer Studien 兩册 1889 及 1890）：阿剌畢文字學論（Abhandlungen zur arabischen Philologie 1890 及 1899）：伊斯蘭講演集（Vorlesunge über den Islam 1910），此書由 Arin 譯爲法文，題爲伊斯蘭的教理及信仰（Le dogme et la foi de-l'Islam1920）：Ibn Toumert 書導言（1903）葛薩里關於巴底尼亞派的論戰文（Streitschrift des Gazâli über die Bâiniyga Sekte 1916）：回教可蘭訓釋的趨勢（Die Richtungen der islamischen Koranauslegung 1920）散見於各雜誌中的論文，特別是宗教史雜誌（Rev. hist. relizions）東方學會報（Zeitsch. Morgen. Oesell.）等雜誌。——在這大師諸名著之後，應立即舉出的，是 Tor Andrae 的在回教團體的教理及信仰中之摩訶末人格（Die Person Mohammed, in Lehretund Glauben seiner Gemeinde 1918）。

20 Snouck-Hurgronje 的默伽節日（Hot Mekkaansche Feest 1880）默伽（Mekka兩册，一八八八）、The Achinese 1907，回教政治概論（Esquisse d'une politique musulmane）等等，——Houtsma 的塞爾朮朝（Seldjoucides）史的史料，四册，1886-1902——Weminek 的 Mohannued en de Joden te Mediva 1908，阿剌畢的新年（Arabic New-Year）1925 等——Juynbold 伊斯蘭法律綱要（Handbuch des

islamischen Gesetzes）1910 及各雜誌中的論文。除此佳著及 Martin Hartmann（有用） Houdas, Carra de Vaux（有趣） de Castries（同上） Pizzi（有用）Montet（無價值）等人著作外，我曾寫一小本書，名回教實度（Instatutions mucalmanes 1921），一九二三寫一本默伽巡禮（Pélerinage de la Makke）乃一本注釋禮儀的書。我們在這裏只能指出東西方刊行的許多律書：荷蘭，德國，法國，英國，等國均有譯文與研究。

21 在伊斯蘭百科全書完成前，Hughes 的伊斯蘭字典（Dictionary of Islam 一八八五，第二版一八九六）仍有用。Hastings 的宗教及倫理百科全書（Encyclopedia of religion and ethics）含有許多關於伊斯蘭的重要論文。

22 Aug. Müller 東方及西方的伊斯蘭（Der Islam in Morgenl und Abendland,兩冊，1885-87）：Cl. Huart 阿剌畢史（Histoire des Arabes 兩冊，1912-13（關於著者的此書，參閱他的亞洲學會百年紀念冊的短文）——Nicholson 的阿剌畢文學史（Litterary history of the Arabs 1907）乃一本很好的教科書。Grousset 的亞洲史，（Histoire de l'Asie 1922）乃一個西方人在東方學中採用許多特別研究的著作。Ibn Khaldoun導言（G. de Slane譯，1863-68）關於回教諸國政治諸章，已由刊行的 Mawerdi 原書及譯文（Ostrorog 及Fagnan譯）和Abou Daoud的書（Fagnan譯，不甚正確）補正。——Mac Donald 的回教神學的發展（Development of muslim theology 1903）及伊斯蘭的宗教態度及生活（Religious attitude and life in Islam 1909）；Arnold 的伊斯蘭的說教（The preaching of Islam 1913）這都是些考証的極好通俗書。——英國的Gibb 基金會，荷蘭的 Goeje 基金會，刊行許多重要書籍（原文及譯本）。

23 1907年 以後，Horten 發表許多譯文，注釋和論文，其書目在其伊斯蘭哲學（Phiosophic des Islam 1924）中——De Boer 的哲學小史（英譯 1903）今仍有用——Léon Gauthier 曾譯 Hayy ben Yaqdan 的書（1900）並寫各種論文。——Carra de Vaux 除其伊斯蘭的思想家（Pensems de l'Islam 1921sq）

及一篇關於 Avisenne 的專論外，曾爲亞洲報(Journal asiatique)寫不少科學論文。——Wiedemann 發表的科學及經濟生活的論文和注釋，不幸僅散見於各種集刊。——Berthelot 在其阿剌畢的點金術（Alchemie arabe 1893）中，似稍爲 Houdas 之譯文所迷誤。Lippmann 曾著點金術史(Geschichte du Alchemie 1919); Leclerq 著醫學史(Histoire de la Médecine 1876) Suter 著數學家及天文家 (Die Mathematiker und Astronomen 1900)

24 他的兩種重要著作是：Al Hallâj 的受難 (La Passion d'Al Hallaj 1922)；回教神秘的技術（Technique de la mystique musulmane 1922) 在此書卷首，有一完全的目錄——Nicholson 著伊斯蘭的神秘 (The mystics of Islam 1914) 後又著伊斯蘭神秘的研究 (Studies in islamic mysticism 1921) ——參看宗教史雜誌 (Rev. hist. relig.) 中 Blochet 的許多論文。

25 回教的埃及史乃許多著作的題目；今舉：El Kindi 的埃及 Cadis 史（The history of the Egyptian Cadis, Gotthell 校印，1908）Beck 著阿剌畢的征服埃及（Arabic conqtest of Egypt 1912) Becker 的伊斯蘭研究 (Islamische Studien)（乃在各雜志中發表的重要論文的集錄，兩冊，1924）等等。

26 最著者如銘刻研究院刊行的十字軍史（Histoire des Croisades 四冊，1872-1908）(G. de Slane, Reinaud, Defrémery, Barbier de Meynard) Blochet 在拉丁的東方雜志(Rev.or. latin)中曾譯 Magrizi 的法梯味朝史。

27 Ravaisse在法國考古隊報告（Mém. Miss. arch. franc. t. I 及III 1886-39）中著有開羅風土記（Topographie du Caire); Khalil ed-Dahiri 等刊本；Casanova 著開羅砲城 (La Citadelle du Caire) 在法國考古隊報告第九冊中。

28 Khitat 的，翻譯由 Bouriant 開始，刊於法國考古隊報告中，Casanova 繼之，後中斷，Casanova 並著有摩訶末及世界末日（Mahomet et la fin du Monde 1920) 及許多論文。

29 四册發表於法國東方考古研究所報告(Mém. Inst. fr.arch. ar.)中，參看 Wiet 和 Yean Maspers 合作的埃及地理；Wiet 爲亞洲報(Journ. asiat.)叙里亞雜誌(Syria)等雜志寫很多論文。

30 吾人於此只能提及Rey, Vogüé, Enlart 等人的名字。

31 在德法各種叢刊中，Van Berchem 並寫有關於叙里亞銘刻的許多著作；叙里亞旅行，(Vayage en Syrie 兩册 1913)，其重要論文有阿剌畢考古學略(Nates d'archéologie ar abe)及十字軍論略(Notes sur les Croisades)哈利發的徽號(Les titres califiens)乃一篇很重要的研究，均在亞洲報。

32 參看 Alfred Bel 的斐斯的阿剌畢碑銘(Les inscriptions arabes de Fez 1919); W. Marçais 的 Thémen 的博物院，(Musée de Tlèmen);Colin 阿爾基爾的銘刻(Inscriptions de Alger)等。

33 我們不能再說 Van Berchem 在回教美術史的好影響了。——回教美術史綱要 (Manuel d art musulman) 出版于一九零七年，分兩册。第二册由 Migeon 執筆，論細小的藝術，其所用之方法，有趣亦有用，著者將出第二版增訂本，第一本論建築，由Saladin 執筆，乃一本短文及好照片的彙集；此本因 Georges Marçais 的書出版，將無用，Marçais 的書，別有價值，此文排印時，其第一册已出版。——在叙里亞雜志及 Hes-péris 中，有很多詳細的研究。G. Marçais 發表許多關於北非洲的研究。在摩洛哥，Henri Besset 及 Lévi-Provinçal 研究 Chella 1923; Terrasse 及 Hainaut 著摩洛哥裝飾美術史 (Les art décoratifs au Maroc 1924) W. 及 G. Marçais 的 Tlémen 的阿剌畢建築物(Les monuments arabes de Tlémen 1903) 至今仍爲一本好書。

34 Biblistheca geographorum Arabicorum 1870–94. Carra de Vaux 會譯 Mas'oudi 的 Tanbih 1897; Schiaparelli 譯 Ibn Jobair 的遊記 1906; Sachau 曾校訂並翻譯 Albirouni 的年代志 (1878–79) 及印度志(1887–88)，關於阿剌畢地理的重要注解，已由 Jacob, Schwarz, Seybold, Saavedra 等刊行。——重要阿剌畢地理學書的法文譯文，在 G. Ferrand 的指導下，將行出版，Ferrand 已將關於

遠東的阿剌畢史料(Textes arabes relatifs à l'Extrêmeorient)三冊譯爲法文刊行，並在亞洲報中發表許多重要論文。

35 Richard Hartmann 在德國東方學會志（Zeitschdeutsch. margeul. Gesellsch. 1916）曾譯 El'Omari 的 ta'rif 中關於敍里亞的諸章，並有佳注。Qalqachandi 已在開羅刊行，我已將其中關於敍里亞的諸章譯出，並有關於Mameluks政治的注解(1923) Saladin 的樞密院可於 Ibn Mamati 中求之，書已由 Henri Massé 校訂，Massé 並譯關於法梯昧朝樞密院的 Ibn Saifafi (1913)

36 G. Ferrand 已將原文影印出版（1924及25），Ferrand 將翻譯之。——觀看 Tomaschek及Nallins 摘譯的 Muhit, 及我在亞洲報中的注解(1920)。

37 El Oufrani 的 Nozhet el hâdi; El Marrekochi; Ahmad Baba 的 Tarikh es Soudan 等等 Kitab el fattach 乃與 Delafosse 合作的，Delafosse 在蘇丹的制度及歷史的知識上有許多重要的供獻。並參看 Maquardt（Benin）Hardy, Marty, Gaden 等等——關於 Algerie, Tailliart 的佳書 Algerie 的書目(Bibliographie de l'Algerie 1925)不收譯本：注意 Alfred Bel, Fagnan, G. Marçais 的翻譯。G. Marçais 的 Berbarie 的阿剌畢人須別爲表章。——關於摩洛哥，Lévi-Provençal 的 Charfa 的史學家乃一本好的整理和明白的敍述。Henri de Castries 大量刊行的摩洛哥史史源(Les Sources de l'histoire du Maroc 正在刊行)很珍貴。——關於西班亞，Cordeira, 給予地方研究一種新的興奮，在他指導下出版的阿剌畢研究叢刊（Collection de estidios arabes）中，含有 Cadeira, Ribeira, Asin Palacios等人的佳著作。—— Müller 的葛拉那達的末期（Letzte Zeiten Granadas）乃一小本重要的史料。

38 我們只能在這裏舉出這個時期內若干詩文集校刊人的名字：Nöldeke, Ahlwart, Arnold, Thorbecke, Brockelmann, Fischer, Rodochanaki, Van. Vloten, Houtsma, de Goeje, Lyall, Macartmey, Bevan, Guidi, Boucher, Guyard, Cheikho 神父，Salhani 神父，Brünnow Schulthess 等人。

39 Mas'udi 的金牧場(Prairies d'or 九冊，1861-77)

40 這種著作在東方刊行的很多，在西方 Van Vloten 曾刊行 Kl Jahiz 的 Kitab el Mahasin 及 Kitab el Boukhala 及 Mez, Abou'l Qasim.

中世紀中國書中的回教記錄

俄國E. Bretschneider著
白壽彝譯 1

當漢武帝(西元前一四〇—八六)在位的時候，中國人開始知道西亞細亞諸國。紀元前一二六年，中國探險家張騫自樂殺水(Iaxartes)烏滸河(Oxus)諸國歸來時，他在外已有十年以上之久。自經他開闢中國與遠西間的交通後，中國與西亞細亞底往還，在幾經短期的間斷中，爲統治中國的統一勢力或局部勢力所保持，達好多世紀。現在信仰伊斯蘭的許多國，遠在穆罕默德未出世之前，已與中國人接觸。波息亞王朝(the Parthians, Arsacidae 之朝代，西元前二五六—西元後二二六)在安息底名稱下，爲中國人所熟悉。紀元第五世紀中葉，中國史書中有關於波斯國[1]或波斯人民的記載，据這些記載看來，無疑地是指Persia而言。自第五世紀以至第七世紀，中國史書中，記載許多到中國來的波斯使臣，並且在唐書中，我們甚至還可以找到伊嗣俟(Yezdejerd III)底許多事蹟。伊嗣俟是薩三王朝(the Sassazian dynasty)最末一個王，被殺於六五二年。

中國史書記載阿拉伯，是在伊斯蘭興起不久之後。六一八年至九〇七年的大唐朝代，正與阿拉伯勢力同時開始和昌盛。在唐書中，阿拉伯人常被稱作大食[2]。這兩個字，無疑他是波斯文Tazi底對音，是波斯人稱呼阿拉伯人的名子。中國史家所記阿拉伯人關於穆罕默德的故事，與回教徒中的傳說正相符合；他們所記阿拉伯人底初次征討，也相當地正確。唐書中又記有七八世紀時由哈里發派往中國來的幾個使臣，這些派使臣的哈里發是噉密莫末膩(Emir al mumenin，意爲信仰者之領袖，乃Othman所用之稱號)，阿蒲羅拔(Abul Abbas)，阿蒲恭(茶拂(Abu Djafar)，和訶論(Harun al Rashid)。此種中國書中的史料與阿拉伯的中國旅行家所供給的中國記載，同樣馳名：當八世紀時，阿拉伯商人固有許多大商店在廣州也。

中國與阿拉伯間的水陸交通，在第十、十一、十二世紀，一直地繼續着。九六〇年至一二八〇年的宋史，記載大食派遣的使臣，共二十次。宋沒有統治整個的中國，北部數省先屬於遼，後屬於金。遼在北方，也和阿拉伯人有往還。遼史卷二記載，當九二四年，遼太祖暫居以前回紇的故都時，曾有使臣自大食來[3]。

Archimandrite Palladius 在他關於中國回教的論文中（" Records of the Russian Eccl. Miss. Peking" 第四卷頁四三八）說，在西安府，這個掘出著名的唐代景教碑文的地方，發現了另一古碑，是關於伊斯蘭入中國的事情的。這塊碑，據說刊有紀元後七四二年的時期，並且記載着，當隋開皇年間（西元五八一—六〇〇年）伊斯蘭傳入中國。Palladius 沒有對這個碑作詳明的說明，但他使我知道了好幾種關於回教的中國著作說到這件事，已經算很不錯了。我在一四六一年出版的明一統志裏找出下列的一段話，很顯然地與我們所陳述的碑文有關。一統志卷九十，葉十二，在默德那這個回回祖國底標題下，我們可以看到隋開皇時撒哈九撒阿的幹葛思[4]自默德那到中國來傳教。但此處所記伊斯蘭傳到中國的時候，穆罕默德還是一個不知名的商人。

Palladius 又稱引一個中國回教徒作的穆罕默德傳記，說在紀元五八七年的時候，中國皇帝派使臣到阿拉伯，邀請穆罕默德到中國來。穆罕默德拒絕了邀請，但送來了一張畫像。後來他的畫像從畫布上不見了，因爲他要避免成爲一個被崇拜的對象。

另外還有一種回教著作，名叫回回原來，上面有一七五四年底日期，對於回教入中國，也有一種靠不住的敘述。據說在紀元後六二八年，中國皇帝派使臣帶了一封信到回回國王那裏去，使臣回來的時候，有一個纏頭回回和三千人同他一塊兒來。這些人，據說，就是回教在中國的基礎。

這些說法並不爲隋唐時代底正史所証實。但無論如何，在唐時有許多回教徒移居中國，是無可疑的。

在當初中國人開始想發展他們的勢力到中國本部以西諸國的時候，他們把這些國家統統叫作西域。這個名子底最初應用，似乎是在張騫由西亞細亞回來的時候。前漢書卷九十六，是第一次對西域諸國有所記載；他說，西域起自玉門關和陽關兩個中國要塞，這兩個要塞都在現在甘肅底西部，在接近長城末端的嘉峪關之西。西域這兩個名子，在廣義的應用中，是適當於回教徒所居住的中亞細亞和西亞細亞底領域的。一直到了十二世紀，中國史書裏對於回教徒還沒有一個普通的稱呼。唐史關於回教徒之最早記載，用的是大食（阿拉伯人）的名子。現在中國人對於信仰伊斯蘭的人，都叫作回回。回回這個名子似乎是初見於遼史。在我另外一篇關於西遼的翻譯文章裏說過，回回底首領向西遼(Kara Khitai)君長致過貢（西元一一二四年）。金史中也有一次用這個名子，說在十二世紀時，金軍中有回回軍一隊，能製造燃燒性的東西。在元史中，以回回稱伊斯蘭教徒者，僅有少數的例子；通常他們被稱作回鶻或回紇。後兩個名稱，在中國歷史中引起了很大的混亂；因爲唐代甚至在十二世紀，只有對於 Uigurs 是用這兩個名稱的。元史對於 Uigurs，另外用一個新名子，叫作畏兀兒，而元史中可以遇見的回鶻或回紇的名子，往往是指伊斯蘭教徒說的。這種名稱混亂的起源，很難解說。也許是因爲土耳其斯坦喀什噶爾等地底西畏兀兒 (Western Uigurs) 已經接受伊斯蘭，所以中國人把 Uigurs 和伊斯蘭教徒混合了。

在元朝秘史底蒙古文音譯本（十三世紀中葉）中，回教國被稱作撒爾塔黑惕 (Sart-aul)。對於回教國底人民，也用同一的名稱。一三八八年作成的，蒙古文底中文譯本，把沙爾托譯作回鶻。蒙古人底 Sart 或 Sartol，顯然和 Pl. Carpim（頁七一〇）底 Sarti，是一個字。現在，Sart 是指移殖在土耳其斯坦，Transoxiana-Khiva 一帶，不靠游牧過活的回教徒說的。P. Lerch ("Russ. Revue," i) 以爲 Sart 這個字出於 Iaxarts；因爲在早期的著作家中，這個名稱，在最初，差不多是專用於稱呼藥殺水 (Iaxarts) 下游的居民的。到現在，這地方底商人差不多都是 Sarts[5]。 3

在少數的例子中，元代的中國著作家用一個正確的名稱，稱回教徒作木速蠻 (Mussulman)。元史卷五於一二六二年記着一個詔書，說青年人之屬於木速蠻畏兀兒 (Uigurs) 也里可溫（基督教徒）和答失蠻（教師）者，都有服兵役的義務。

一二二〇年，金使烏古孫說，波斯有沒速魯蠻回紇。（見北使記。）

長春西遊記記着中亞細亞底一個鋪速滿區域，他們的首領似乎是住在阿里馬城 (Almalik)。鋪速滿顯然就是俄國史書中的 Bussurman，這個給回教徒的稱呼是大家都知道的。（中略）但 P. Carpini 常稱回教徒爲薩拉森人（Saracens），盧布魯克（Rubruck）和馬可波羅（M. Polo）底書中也是一樣。

我可以從元朝秘史裏引一段話，指出：成吉思（Chinghiz）未興起以前，回教徒已與蒙古最東部的游牧民族有了商業關係。我們可以讀下文：『成吉思……至巴勒渚納海子（Lake Baldjuna）[6]行住了（在一二〇三年），……有阿三（Hassn）名字的Sartatai（即Sarts國底土人，意爲回教徒），自汪古惕種的阿剌忽失的吉惕忽里[7]處來，有羯羊一千，白駝一個，順着額洏古涅河[8]易換貂鼠青鼠。來至巴泐諸納海子飲羊時，遇着成吉思。』

成吉思及其承繼人之遠征，已開了亞洲東西部間的交通大道；西方的人民開始多量地往遠東去，並且甚至於移殖在那裏。蒙古底皇帝獎勵外國人到中國去移民；而且因爲注重回教徒的原故，當蒙哥汗（Mangu Khan）之弟旭烈兀（Helagu）統治西亞細亞的時候，自波斯往中國的移民大爲增加。我想，回教徒現在分佈中國本部全境並形成這樣多的民衆——特別是在甘肅山西和直隸，——大多數是馬可波羅所說薩拉森人底後人，並非不像。拉施特丁（Rashid-eddin）在他對於中國之敘述（Yule's "Cathay,259"）中說，在他的時候，雲南（Karadjang）所有的居民都是回教徒。我覺得，雲南底回教徒，即緬甸人所稱爲Parthay者，於一八五七年自中國人手中奪取了大理府，並且繼續他們在這一省的勢力到一八七三年，也未常不可追跡到蒙古時代的。

元史給服務蒙古政府的許多回教徒立了一些傳。其中的一部，是有高級官職的。我可以把元史中能遇到的回紇人名，引出來，並且也間或可以從他們的傳裏舉出一點事蹟。

元史卷一二五有賽典赤瞻思丁底傳。他一名烏馬兒，是一個回紇（案殿本作回回）人，乃別庵伯爾[9]之後。他本國所謂賽典赤，是貴族的意思。在他的長傳裏，我們可以看到，他在成吉思西征時，投降了成吉思，入了後者底宿衛。在諤格德（Ogatai）和蒙哥（Mangu）二汗時，他作了達魯花赤和其他諸官。忽必烈汗（Khubilai Khan）拜他爲中書省平章政事。他死於雲南，在雲南曾爲行省平章政事。他留下了五個兒子，叫作納速剌丁（Nasr-uddin），哈散（Hassan），忽辛（Hussein），苫速丁兀默里，和馬速忽（Mas'ud）。這五個人都作過大官。

同卷另外有納速剌丁底傳。他是雲南省底行政長官，以戰敗交趾(Cochin-China)及緬國(Burma)諸南夷有名。他死於一二九二，有十二個兒子。傳中記着他五個兒子底名子，有伯顏察兒曾爲大官，有烏馬兒(Omar)，劄法兒(Djafar)，忽先(Hussein)，和沙的(Saadi)。

元史底賽典赤，和拉施特所說的 Sayid-Edjell (d'Ohsson 書卷六頁四六七)是一個人，毫無可疑。依波斯史家所記，他是一個生於 Bokhara 的人；當蒙哥爲帝，忽必烈入波斯時，他在雲南 (Karadjang) 作行政長官。後來他被派爲高級行政官；忽必烈即位，他管轄財政。他的兒子 Nasr-uddin 被派爲雲南行政官，後者在雲南保持他的位置，直至於死。拉施特記 Nasr-uddin 底死期在一三〇〇年，說他在五六年以前已經想到了。(元史記納速剌丁底死期是一二九二年)。他的兒子 Abu-bekr，號稱 Bayna Fenchan (顯卽元史之伯顏察兒)，在拉施特著書時，爲刺桐 (Zaiton) 底行政官。他也用他祖父 Sayid-Edjell 底名號，爲忽必烈底承繼者管理財政 (d'Ohsson 書卷二，頁四七六，七〇七，七〇八)。Nasr-uddin 亦爲馬可波羅所記載，他稱之爲 Nescradin (卷二，頁八四)。

元史卷一二三有阿剌瓦而思底傳，說他是『回鶻八瓦耳 (Khorassan 底 Baurd) 氏，仕其國爲千夫長。太祖 (Chenghiz) 征西域，駐蹕八瓦耳之地，阿剌瓦而思率其部曲來降』。他的兒子阿剌瓦丁 (Alai-uddin)，在忽必烈軍隊中，是一個勇敢的戰士。他死於一二九二年，享壽一百二十歲。子瞻思丁有五個兒子，叫作烏馬兒，阿散不別，忻都監察，阿合馬 (Apmed)，和斡都蠻 (Orhman)。(譯者案：元史原文作「忻都，察監御史」，此之忻都監察，斷句有誤。又斡都蠻乃阿合馬之子，非其弟兄。)

另外在元史中還編有別的回鶻或回教徒底傳，其人名如下：

卷一三四，撒吉思。——卷一九四，納速剌丁，(Nasr-uddin)，馬合本(Muhmud)之子。——卷一九六，迭里彌實。

卷二〇五，阿哈瑪特 (Ahmed)。元史把他的傳列在姦臣傳中。這是「眞正的薩拉森人 Achmath」，馬可波羅專爲他作了一章，標題爲「Achmath 之暴虐」。

另外，在成吉思及其繼任人之統治下作大官的回教徒，有 Mahmad Yelvadj。他的兒子，Mas'ud 是土耳其斯坦(Turkestan)底行政官。這兩個人都是波斯著作家所說的，也見於元史。（譯者案：在西遊錄譯註之序言中，著者以元史卷三，憲宗元年下之伊囉斡齊爲 Yelvadj，巴蘇呼爲 Mas'ud）。

元史又記一個回教徒，叫作溫都爾哈瑪爾。諤格德派他充提領諸路課所官。諤格德帝之死，和他之進酒直接有關。帝飲酒極樂，終夜不止，第二天早上就死了，這時候是一二四一年十二月（見元史卷二，太宗十三年下）。多桑(d'Ohsson)叫這個人作 Abdur Rahman（蒙古史卷二，頁一八九），他似乎是從波斯著作家中得到這個名子。

以下的名人，在元史所作傳中，稱之爲西域人。西域顯然是指波斯說的。

卷一二〇，有扎八兒火者，在成吉思軍中是一個勇敢的伴當，傳上說他是『賽夷人（也許是 Seyistan）。賽夷，西域部之族長也，因以爲氏。火者[11]，其官稱也。扎八兒長身，美髯，方瞳，廣顙，雄勇善射。初謁太祖(Chinghiz)於軍中，一見異之。』在成吉思底早年，當他於一二〇〇年與汪罕(Kerait 族底 Ong Khan)作戰時，扎八兒曾參與其役。這可見，遠在成吉思未起之前，回教徒已參加到蒙古軍隊裏去。傳又說『有丘眞人（長春）者，有道之士也，隱居崑崙山[12]中，太祖聞其名，命扎八兒往聘之。……（眞人）問扎八兒曰：公欲極一身貴顯乎？欲子孫蕃衍乎？扎八兒曰：百歲之後，富貴何在；子孫無恙，以承宗祀，足矣。丘曰：聞命矣。後果如所願云』。扎八兒死時，年一百一十八歲，留下了許多子孫。他的後人之見於傳中者，有好幾個人。

卷一三三，性烈。——卷一四二，徹里帖木兒，西域阿魯溫人（大概是 Kirmanshah 與 Bagdad 之間的 Holuan）。

卷二〇三，阿老瓦丁（Alai-eddin），西域茂薩里人（茂薩里大概就是 Moaferin Diarbekir 東北的一個要塞，於一二六〇年爲蒙古人攻得）。伊斯瑪音(Ismael)，西域實喇人。中國人以「旭烈兀」爲西亞西亞征服者 Hulagu 之對音，「實喇人」也許最初是說「旭烈兀所屬的人」。阿老瓦丁和伊斯瑪音都是波斯機械匠，善於造礮。他們應該於一二七一年，自波斯到中國，他們的礮在圍攻襄陽府的時候曾經應用[13]。

卷一三一，有伊斯瑪音底兒子奕赫抵雅爾丁底傳。

卷四十八天文志中，記波斯天文家扎馬魯丁造波斯天文儀器，於一二六七年獻於忽必烈。天文志對這些儀器，有一個簡單的說明，所有舉出來的名子都是波斯文的。另外，扎馬魯丁又獻一個測時器底設計圖[14]。

明代的史家常稱回教徒作回回；這個名子，現在的中國人都知道，是用以稱中國本部及中亞細亞西亞細亞所有信伊斯蘭之人的。

1 著名的中國旅行家玄奘於七世紀中葉稱波斯為波剌斯(Pars)。

2 看 Quatremère 底 "Hist. d. Sultans Mamlouks d'Egypte" 卷二，頁一五四·一五五底註。又 Vullers底 "Lexicon Persico Latinum." Tasi 條下。

3 關於阿拉伯人與中國交通之詳細情形，可看我的小冊子 "On the Knowledge Possessed by the Ancient Chinese of the Arabs and Arabian Colonies." 倫敦 Trübrer，一八七一印。

4 「撒哈八」顯然就是 Saheb ＝侶伴，主人，學者。(Herb. Bibl. Arient.")。「撒阿的」得為 Saad，是阿拉伯文對於人的光榮稱呼。

5 多桑 (d'Ohsson) 說以蒙古人稱回教徒為 Tadjiks （蒙古史卷二，頁二一六）。當初波斯人是被稱作 Tadjiks，現在這個名子在土耳其斯坦 (Turkestan) 和 Transoxiana 是應用到移來的伊蘭居民 (Iranian population)身上。

6 回教著作家也說成吉思駐紮在渾裏，但他們說是巴勒渚納河 (river Baldjuna)（多桑書卷一，頁七二）。巴勒渚納海子（海子即湖）在 Transbaikalia，位於 Chita 之南，為 Tura 河所從出。

7 這就是拉施特 (Rashid) 底 Alakush tikin kuri，汪古惕種 (Ongut tribe) 底首領。

8 Argun 河，黑龍江 (Amur) 底一個支流。它發源於呼倫池 (Lake Kulon nor) 之北角，而克魯倫河 (Kerulun) 注入呼倫池於其南。

9 波斯文的 Peighember，意為「天使」。

10 這個伯顏和一個同名的著名的將軍不能混用，後者是一個蒙古人，馬可波羅(卷二，頁一二八)把他的名子寫作 Bayan Chincsan。這個勇敢的首領，在元史卷一百二十七有傳，與拉施特所記的事蹟完全相同。拉施特叫他作 Bayan (Berezin 卷一頁一九六)。

11 Khodja 是對於一個賽夷人 (a Sayyid) 之後裔的名稱，也可僅用作一個榮譽的名稱。

12 不要把這個崑崙和中亞細亞底崑崙高山脈相混。此處所說的這個山是在邱長春底故鄉，山東省寧海州底東南。關於長春的事蹟，可看他的遊記。

13 參看多桑書卷三，頁三五五，關於 Mayafarkin (Moaferin)堡壘中一個能幹的軍事製造家底事情。並看馬可波羅書卷二，頁一四一。

14 看維烈 (A. Wylie) 底關於北京的蒙古天文儀器的有趣論文 (On the Mongol astronomical instruments in Peking) 一八七六年所發表者。

中國書中回教徒之食物禁忌

日本桑原隲藏著
安慕陶譯

在中國書中，關於伊斯蘭教徒禁忌猪肉的風習之記載，恐怕要以杜環的經行記（唐杜佑通典卷百九十三大秦國條下引）爲最早。他說：

『大食法者……不食猪，狗，驢馬等肉。』

伊斯蘭教徒認爲狗（Hyeua，狗之一種）是不潔獸，同時也把驢、馬，騾等肉和猪肉同樣的禁止食用，杜環的記事說的很清楚。杜環於唐玄宗天寶十年（西曆七五一）參與唐和大食間的怛邏斯（Târâz）戰役，不幸戰敗被擄，十餘年後，始於肅宗寶應初年（西曆七六二）由海路到廣州回國。他把他的見聞，作了一部經行記（參看通典卷百九十一）。這部書現在已經不傳於世，通典曾轉錄其中的幾節。

北宋末朱彧萍洲可談卷二，關於廣州蕃坊（外人居留地）中蕃商的食事，記着：

『至今蕃人，但不食猪肉而已。……至今蕃人，非手刃六畜則不食。』

這可見當時蕃坊所住的外商，大多數是伊斯蘭教徒。伊斯蘭教徒從來認猪肉是不潔獸肉，就嚴禁食用，而且連不遵教法屠殺的肉類也不許用(Hnghes, Encyclopaedia of Islam, P. 130)。所以他們對於異教徒屠殺的肉類飯食，就躊躇不前了。特別和愛用猪肉的中國人雜居的他們，更嚴守着他們的禁忌的意義(Broomhall, Islam in China. P. 226)。

元明時代的記錄，在這裏一一紹介，似不可能，現在僅錄元初周密的癸辛雜識續集下：

『至元癸巳（三十年＝西曆一二九三）十二月內，村落間忽僞傳，官司不許養猪。於是所有，悉屠而售之。其價極廉。不知何祥也。』

這記事很有注意價值。當元朝時，因爲色目人中的伊斯蘭教徒極盛，自然會引起這有關係的傳說。於是就以訛傳訛了。在明武宗時，事實上，猪的喂養和食用，都被禁止的很厲害。

清傅維麟的明書卷十二武宗本紀，正德十四年（西曆一五一九）下記着：

『九月，上次保定（直隸省保定府清苑縣）。禁民間畜猪，著爲令。』

還有皇明實錄裏面的武宗實錄卷一百八十一裏說：

『上巡幸所至，禁民間畜猪。遠近屠殺殆盡。田家有產者，悉投諸水。』

又明末沈德符的野獲編卷一載有正德十四年十二月在南京頒布了如左邊所引的可注意的禁令：

『兵部左侍郎王瓊，抄奉欽差總督軍務，威武大將軍總兵官後軍都督府太師鎮國公朱壽鈞帖。照得，養豕宰猪，固尋常通事，但當爵本命；又姓的，字異音同；況食之隨生瘡疾，深爲未便。爲此省論地方，除牛羊等不禁外，即將豕牲，不許喂養，易賣，宰殺。如若故違，本犯並當房家小，發極邊，永遠充軍。』

這裏面所說的威武大將軍太師鎮國公朱壽，正是武宗本人的假名稱（參看明陳建的皇明通紀正德十三年下）。古今來的大胡塗蟲的武宗是最好使用假名稱的。

明陳建解釋頒布這禁令的動機，是崇拜佛法的原故，似乎把特別限制猪肉的理由，不能十分說明。清俞正燮癸巳存稿卷八以爲武宗左右，回人甚多，不免受着感化；因爲回教的主義，便把猪肉禁止了。我想俞正燮的看法最爲妥當。武宗是弘治四年（西曆一四九六）辛亥誕生的，本命正當是猪（＝亥），並且猪的字音又與明代國姓的朱相同——朱和猪，現在的北京音同作 Chu，——因爲音同上，便把猪肉禁止，不過是一種藉口而已。武宗的本命，國姓和猪的關係，最早就該是很明白的事實了，何必等到正德十四年呢。

（原文見史林第八卷第一號，原文首尾多繁冗不當，今刪去）。

維吾爾（纏回）民族名稱演變考

王日蔚

維吾爾族名稱繁複，含義混淆。今就讀書所得，特草斯文，略於其名稱之演變一加考證焉。若海內大雅，不棄鄙陋，因斯文而有所指示，則衷心更不勝歡迎之至。

此文重要論斷，皆作大字，出處證明，則寫小字。其須加按語者亦用小字，附出處證明之後。

所引書報有注明章頁者，有未注明章頁者，蓋以素作劄記有忘注頁數者，爲此文時，未復檢原書。疏忽之咎，祈閱者諒之。

維吾爾 Uigur 族名稱，譯見於中國載籍者不下二十種，以維吾爾係該族最近漢譯之自稱，故特標題焉。

『查漢（前二〇六——二一九）唐（六一八——九〇五）把居住天山南路的人民給與種種名稱。淸朝（一六四四——一九一一）都把他們叫做纏回。新疆威武爾敎育促進會呈請本省府正式把纏回改用具有雄武意義的威武爾一名稱。本省府查關於新疆種種書籍，都用畏兀兒一詞；此名稱含有畏懼之意，或原係名其種族一部分之稱，有以偏蓋全之嫌。一個民族改變名稱這樣的大事，不便隨意沿用。茲經本府第三次會議，通過用維吾爾三字。此名稱狹意言之，爲保護自已民族之意，廣意言之，爲保護國家之意，與威武爾一稱，亦無衝突處。顧名思義，當生愛國家愛民族之觀念。且用此三字譯維吾爾之音，亦較其他字爲妥。故以後改纏回爲維吾爾。禁用畏兀兒，威武爾等名稱。特此佈告全體土耳其人民知悉。

邊防督辦　盛世才

新疆省政府主席　李溶

副主席　和加尼牙孜』

——見天山月刊第五期新疆省政府令改纏回名稱爲維吾爾佈告。

按此佈告非漢文原文，乃係艾沙君及作者同譯自一九三四年十二月十四日塔城纏回文我們的聲週報者，故不類普通公文形式。此佈告先謂漢唐給與天山南路住民種種名稱，淸曾謂之纏回，似認纏回與古天山南路居民爲同一種族。實則纏回卽古之回紇，元之畏兀兒，乃係唐末遷入者（說當詳後）。該族最惡纏回之稱，彼等均自稱爲維吾爾；自新疆『民變』，經該族奮鬭之結果，現於新疆政治上頗具相當勢力。佈告中副主席和加尼牙孜郎係在『民變』中數經死生者，故能促省政府改用纏回爲維吾爾。唐藉回紇之力，收復兩京，故不得不應其請，改回紇爲回鶻，與今之改纏回爲維吾爾正復相同。名稱雖小事，然頗足見漢回二族勢力之消長也。

維吾爾音 Uigur ，在該族傳說中爲同盟輔助者之意；此似未足深信，不若闕疑之爲愈也。

『烏古斯（Ogouz）因欲奉一神，其族人以兵來攻。烏古思會一部分近族與之戰，敗之，取數地，而成一强國之主。遂大會諸親諸將及士卒而奬之，授來援之族人以畏吾兒之號。畏吾兒者，猶言同盟輔助之人也。此名遂爲其後人之稱[8]。

——見馮承鈞譯多桑蒙古史二册二五六頁。

按此文爲多桑譯自拉史德丁（Rosiddin）史集第一章第一節。

維吾爾於唐爲回紇，於元魏作袁紇，於隋作韋紇，烏護；亦有作烏紇者，似在唐前亦頗通行。

『後詔將軍伊謂率二萬騎兵，北襲高車餘種袁紇烏頻，破之』。

——見魏書卷一百三十

鐵勒之先，匈奴之苗裔也，種類最多，自西海之東，依居山谷，往往不絕。獨洛河北有僕骨，同羅，韋紇，拔也古，覆羅，並號俟斤。……伊吾以西，焉耆之北，傍白山，則有契苾……烏護』。

——見隋書卷八十四

『袁紇者，亦曰烏護，曰烏紇，至隋曰韋紇。……韋紇乃併僕骨同羅拔也古叛去，自爲俟斤，稱回紇』。

——見新唐書卷二百一十七

『玄宗開元中，安西都護蓋嘉惠撰西域記云：「臣案國史叙鐵勒種種云：『伊吾以西，焉耆以北，傍白山則有契苾，烏護，紇骨』。其契苾則契秘，烏護則烏紇，後爲回紇」』。

——見册府元龜卷九百九十六

按隋書之韋紇，烏護，實爲一族，以一居蒙古，一居新疆，故因地而史者異譯。

唐德宗貞元間（七八五——七八八）回紇自請改回紇爲回鶻，取捷鷙猶鶻之意。

『是時可汗上書恭甚，言昔爲兄弟，今婿，半子也。陛下若患西戎，子請以兵除之。又請易回紇曰回鶻，言捷鷙猶鶻然』。

——見新唐書卷一百一十七

馮子衡先生謂維吾爾與鐵勒爲一，似或未當。

『Tolos 一作 Lëulës，新唐書回紇，元魏時亦號高車部』。

——見西域地名三十八頁。

攷諸史均謂回紇爲鐵勒之一部，而非回紇即鐵勒。鐵勒於漢爲丁零，於元魏爲高車，北史隋書多作鐵勒，南史多作丁零，蓋廣佈漠北以至中亞之一龐大種族也。

『回紇，其先匈奴也，俗多乘高輪車，元魏時亦號高車部，或曰敕勒，訛爲鐵勒。其部落曰袁紇……』

——見新唐書二百一十七卷

『高車蓋古赤狄之餘種也。初號爲狄歷，北方以爲勅勒，諸夏以爲高車，丁零……北襲高車餘種袁紇，烏頻破之』。

——見魏書卷一百三十

西方及日本學者，有謂維吾爾族即漢之伊吾盧人或居漠北之烏揭者。其證據未足，未可深信。

『一部分學者，更求之於前代，謂漢時此種族即已出現。Klaproth 謂今之哈密卽漢之伊吾盧，伊吾盧乃維吾爾之對音。氏復謂漢車師前後兩國亦此族人。……（予謂）在北方貝加爾湖之西，求於維吾爾族居地相當者，爲見於史記漢書之烏揭，二者居地實毫無差異。惟除二者聲音略類似之外，尙無足證維吾爾卽烏

2

揭之記載』。

——見日文史學雜誌二十五編六號羽田亨論回鶻文佛典。

唐末，維吾爾族被黠戛斯所破，遷於河西及新疆。中國復值五代之亂，遼金元繼起漠北。維吾爾族以與此數族均有關涉，故其名見於各史及此時代著作者最繁複焉。

五代（九〇七——九六〇）仍名回鶻，回紇，意無分別。

『嶠因得其諸國種類遠近云，距契丹國……西則突厥，回紇』。

——見新五代史卷七十三

『回鶻爲唐患尤甚，其國地君世物俗見於唐著矣』。

——見新五代史卷七十四

宋初太平興國間（九七六——九八三）仍同。

『太平興國六年五月，詔遣供奉官王延德殿前承旨白勳使高昌。雍熙元年（九八四）延德叙其行程來上云……次歷臥羊梁劾特族地，有都督山，唐回鶻之地。……次歷拽利王子族，有合羅川，唐回鶻公主所居之地，城基尙在，有湯泉池。傳曰契丹舊爲回紇牧羊，回紇徙甘州，契丹韃靼遂各爭長。』

——見王明清揮麈前錄卷四所載之王延德高昌行記。

按王延德奉旨使高昌，且北至庭州，見居庭州之維吾爾王與居高昌王之舅父。然竟無一言提及彼等爲維吾爾族，且無回紇回鶻字樣，頗奇異。丁謙氏謂回紇據高昌，懼宋問罪，故不自稱回紇，未足爲信。

熙寧元豐（一〇六八——一〇七八）中有云及回回者，想即回紇回鶻之轉，當無伊斯蘭教徒之意。 3

『邊兵每得勝回，則連隊抗聲凱歌，乃古之遺音也。凱歌詞甚多，皆市井鄙俚之語。予在鄜延時（作者案在今陝北膚施附近），製數十曲，令士卒歌之。今粗記得數篇。其一：先取山西十二州，別分了將打衙頭。回看秦塞低如馬，漸見黃河直北流。其二：天威卷地過黃河，萬里羌人盡漢歌。莫偃橫山倒流水，從教西去作恩波。其三：馬尾胡琴隨漢車，曲聲猶自怨單于。彎弓莫射雲中雁，歸雁如今不寄書。其四：旗隊渾如錦繡堆，銀裝背嵬打回回。先教掃淨安西路，待向河源飲馬來。其五：靈武西涼不用圍，蕃家總待納王師，城中半是關西種，猶有當時軋根兒。』

——見沈括夢溪筆談樂律一條。

按回回一詞，據著者所知，見於載記者以此爲最早。畢紙隻字，固難確定此回回即回紇。然總觀其凱旋歌五首，均係指征服外族而言，則回回可指種族言一也。回回歌一首內，言先教掃定安西路，次飲馬河源。按河源古謂葱嶺之地，飲馬河源自須過安西，而此時維吾爾族實居庭州高昌安西等地。掃淨安西路，自必打回紇，則回回之可爲回紇二也。遼史有回回，宋史兵志亦有回回，黑韃事略有回回更多。此等記述，雖較夢溪筆談略晚，但其所記事實均不過晚夢溪筆談百年。夢溪筆談之回回雖不見於其同時代之書，然此等記載既相距不過百年，則回回之可爲回紇三也。回紇族之改信伊斯蘭教，前後至爲分歧，居於葱嶺西及喀什噶爾一帶者，據種種傳說與記載，似在唐末與北宋。至居住庭州高昌一帶者，元初尙未改信伊斯蘭教，居住哈密一帶者則元末明初尙未改信伊斯蘭教。故回回一詞初當與回紇同意，爲種族之稱，而無含伊斯蘭教徒之意。回回一詞之含有伊斯蘭教徒意味，殆在元至元以後也。

南宋初之松漠記聞通作回鶻，明記其崇信佛教。

『回鶻自唐末浸微……甘涼瓜沙舊皆有族帳，後悉羈縻於西夏。唯居四郡外地者，頗自爲國，有君長。……奉釋氏最甚，共爲一堂，塑佛像其中。每齋必刲羊爲酒：酣，以指染血，塗佛口，或捧其足而鳴之，謂爲親敬。誦經則衣袈裟作西竺語。燕人或俾之祈禱，多驗。』

——見洪皓松漠記聞。

同時代黑韃事略用回回處最多，亦無伊斯蘭教徒意。

『其相四人曰……共理漢事，曰鎮海，回回人，專理回回國事。……霆（按）鎮海自號爲中書相公總理國事，鎮海不止理回回也。』

——見王國維箋證之黑韃事畧二頁。

『霆嘗攷之，韃人本無字書，……行用回回者，則用回回字，鎮海主之。回回字只有二十一個字母，其餘則就偏旁上湊成。行於漢人女眞契丹諸國，祇用漢字，移剌楚材主之；却又於後面年月之前，鎮海親寫回回字，云付與某人。此蓋專防楚材，故必以回回字爲驗，無此則不成文書。殆欲使之經由鎮海，亦可互相檢校也。燕京市學，多敎回回字。』

——見上書十頁。

按鎮海，依王國維先生攷證，卽蒙韃備錄之回鶻田姓者。至元初之所謂回回字，卽畏兀字，已見至元四年詔書。是回回卽指高昌北庭之維吾爾族，當無疑義。而高昌北庭該族尚未改信伊斯蘭教，故當足斷回回一詞，此時亦無伊斯蘭教意味。

此書所用回回一詞，固不僅指北庭高昌之維吾爾族；葱嶺東西之突厥族，彼亦均名之爲回回也。

『霆在草地見其頭目民戶載輜重及老小畜產盡室而行，數日不絕，亦有十三四歲者。問之，則云：此皆韃人調往征回回國，三年在道；今之十三四歲者，到彼則十七八歲，皆已勝兵。回回諸種，盡已臣服，獨此一種回回，正在西川後門相對。其國之城三百里，出產甚富，地出產五穀果木，瓜之大合抱。至今不肯臣服。茶合觸征之數年矣，故此更增兵也。

其殘壓諸國已爭而未竟者……西北曰克鼻稍（回回國即回紇之種），初順韃，後叛去，阻水相抗。鐵木眞生前嘗曰，非十年功夫不能了手。若待了手，則殘金種又繁盛矣。不如留茶合觸鎮守，且把殘金絕了，然後理回。』

——見王國維箋注之黑韃事畧二十七頁。

按克鼻稍卽回回國，卽移剌楚材西遊錄之可弗叉，皆乞卜察克之對音，通稱欽察。是則回回一詞乃泛指由河西以至裏海之突厥族。與西遊記回紇一詞同意。

厥攷其故，當係回回一詞，初僅指葱嶺東之維吾爾族，隨元代版圖之擴張，見葱嶺西之居民與回回之語文相同也，風俗習慣相同也，故均以回回名之。

按維吾爾族，自遷入新疆後，是否曾移居葱嶺之西，史無明文。然唐書載其被黠戛斯所破後，一部有投入葛邏祿者。葛邏祿時居葱嶺之間與葱嶺之西，則維吾爾族隨葛邏祿以至葱嶺之西，當屬可能。十世紀十一世紀之伊爾克汗國，據俄人考證，均謂爲回紇族，亦可佐證。今俄屬中亞之烏茲伯克土可曼均自認爲維吾爾族，且語文亦均相同。又此等人卽非維吾爾族，亦均突厥遺裔，突厥與維吾爾係同種，像貌語文均相同，中土人士通謂之回回，頗近情理。

洪鈞氏謂回一名詞未妥，宜從西人稱突厥。實則突厥盛時，與西人交涉爲最多，故西人由西及東統名之爲突厥。突厥衰後，回紇代之而興，嗣後定居新疆，代與中國有關涉，且在元代藉其文化以統一歐亞，故中土由東而西統名此族爲回回。各由所近以及所遠，由偏以蓋全，孰是孰非，殆難定也。至近人多不知回族回回之來源，以爲回回係由回教而來，因而否認回族爲一種族，本末倒置，則尤不可不辯者。

『今日葱嶺西北西南諸部，我國通稱之曰回，西人則名之曰突厥。回紇之盛，威令未行於裏海鹹海之間；其衰，播遷未越於葱嶺金山以外。突厥盛時，東至遼海以西，至西海，萬里。南至沙漠以北，至北海五六千里。極西部之可薩，亦曰曷薩。西國古籍載此部名哈薩克，卽曷薩轉音，亦曰喀薩克，卽曷薩轉音。裏海黑海之北，皆其種落屯集。又東羅馬古書載與突厥通使。東羅馬卽唐書之拂林國也。種落繁多，幅員遼闊，匈奴而後，實爲突厥。而散居西方亦惟突厥舊部爲多。回紇突厥之稱，誠不敢已是而人非。』

——見洪鈞元史譯文證補。

黑韃事略復稱高昌北庭之維吾爾族，爲烏鶻。蓋回回一詞含意旣廣，則居此地而自成獨立國家之該族一部，自不得不另立一詞以別之。烏鶻乃維吾爾較直接之音譯，回回乃回紇回鶻之轉。故回回一詞可包含烏鶻，而烏鶻一詞不得包含回回或等於回回。嗣後之畏兀兒，畏吾兒，畏兀，畏吾，委吾，瑰古，偉吾兒，偉兀，外五，輝和爾，衞郭爾均與烏鶻含意同，特指北庭高昌之維吾爾族言。而回鶻回回回紇，則意義因時代而變，留心該民族歷史者，不可不注意也。

『其殘虐諸國已破而無爭者，西北曰奈蠻（或曰乃蠻），曰烏鴿曰速里，曰撒里達，曰康里。』

——見王國維箋證之黑韃事略。

至此書之撒里達卽元朝秘史蒙古文之撒爾塔黑惕，蒙古源流之薩爾達郭勒，Bretschneider 作 Sartaul, Sartal，日人箭內亘推定爲 Sartaghul, Sartaul。秘史譯文則通作回回，蓋薩爾達烏爾，本蒙古人用以呼波斯人與入回教之突厥族人者。

部族名稱	元朝秘史譯文	親征錄及元史之譯文	Bretschneider中古史研究之譯文	原名推定音
回回	撒爾塔兀勒	回回，回紇，回鶻（西域）	Sartaul. Sartal	Sartaghul, Sartaul

——見箭內亘蒙古史研究元代社會之三階級。

按此表元朝祕史之譯文，係指日人據蒙文所譯之成吉思汗實錄而言。

西人近均稱維吾爾族爲 Sart，殆即 Sartaul 之演變。撒里達初似爲商人、文明人之意，而非一種族名稱也。

『我們的聲二十九期有一篇短文章裏，問到維吾爾是什麼意思，又我們是不是薩爾特。他自己解答說：薩爾特是居住鹹海的，現在已滅亡的少陀民族的名稱。

他這樣說法，究竟對不對，我們先不管。我爲的把這個問題，弄成問題起見，把一位歷史家巴爾托勒德關於這個問題的研究，介紹在下面。

薩爾特一詞在突厥文字中，十一世紀才有。那時薩爾特一詞，並不是某種民族的名稱，是指商人而言，且係指突厥族之一切商人而言。當突厥族尚未入回教，而信佛教的時候，自佛教的書中，我們知道駝隊的領導者，叫做薩爾特，演變爲薩爾特巴喜，意爲商人首領，後乃泛指一切商人。（現在突厥各種族中，薩特一語，仍爲買賣之意。譯者註。）

十三世紀時，蒙古人把薩爾特一語，變爲薩爾達克，薩爾特烏爾，稱呼波斯與入伊斯蘭教之突厥族人。十六世紀時，居住沙漠中之烏玆伯克佔領土耳其斯坦後，把居住城內之突厥族人與波斯人叫做薩爾達克。以後乃把居住城內之文明人都叫做薩爾特，與塔吉克一詞相同，變爲極廣泛之意義。塔吉克一詞，原係指阿剌伯人而言，後乃改稱伊斯蘭教徒，將阿剌伯人與波斯人都叫做塔吉克。最後塔吉克一詞，乃僅以名波斯，阿剌伯人則另有專詞以名之。

俄國革命前，布哈爾愛牛爾所轄區域之城市人都叫做薩爾特，……總之，巴爾托勒德研究的結果，認爲薩爾特既非西土耳其斯坦突厥民族之稱，亦非東土耳其斯坦維吾爾民族之稱，乃爲歷代對富人，文明人，商人及伊斯蘭教徒之稱。

原來很有名望的，有維吾爾文字與文化的維吾爾族，是不應該叫做薩爾特的。新疆的突厥族，我們是有全權稱呼他爲維吾爾的。』

——見天山月刊六期艾沙譯之薩爾特呢，維吾爾呢。

按此文係譯自塔城新疆文一九三四年十二月十四日，我們之聲，作者與譯者均維吾爾族人。

故黑韃事略以回回稱葱嶺東西之居民，以烏鴿稱高昌之維吾爾族，以撒里達稱伊斯蘭教徒。西遊記作回紇，泛指葱嶺東西之突厥民族，無伊斯蘭教徒意；Bretschneider 謂其用以稱昌八剌以西之伊斯蘭教徒，非是。

『又言西南至尋斯千萬里外回紇國最佳處，契丹居焉。』

——見王國維註西遊記二十六頁。

『北有故城曰曷剌肩（王國維氏謂卽烏里雅蘇台），西南過沙場二十里許，水草極少。始見回紇决渠灌麥。』

——見上書二十八頁

『八月二十七日，抵陰山（按指天山，作者註）後，回紇郊迎，至一小城，酋長設葡陶酒。翌日西行，歷三小城，皆有居人。西即鼈思馬大城。王官士庶僧道數百，具威儀遠迎；僧皆赭衣，道士冠與中國特異。泊於城西蒲萄園之上閣，時回紇王部族供葡陶酒。……因問風俗，乃曰此大唐時北庭端府……重九日至回紇昌八剌城，其王畏午兒與鎭海有舊，率來部族及回紇僧皆遠迎。……有僧來侍坐，使譯者問看何經典。師云：「剃度受戒，禮佛爲師。」蓋此以東昔屬唐，故西去無僧，但禮西方耳。……九月二十七日過阿里馬城……從師西行七日，……明日過大雪，至回紇小城。……至賽藍城，有小塔，回紇王郊迎入館。復經一城，回紇頭目遠迎，……前至一城，臨道一井，深踰百尺，有回紇叟，驅一牛，挽轆轤，汲水以飲渴者。……仲冬十有八日，過大河至邪米思干大城之北，太師移剌公及蒙古回紇帥首載酒郊迎……少爲由東北門入，……其中大多回紇人，田園不能自主，須附漢人及契丹河西等。』

——見王國維註之西遊記

按據上文，則長春眞人於曷剌屑（烏里雅蘇台）鼈思馬（北庭）昌八剌（王國維氏謂卽輪台西一百五十里唐書地理志之張堡）賽藍（Sairam）邪米思干（薩馬爾汗）均見回紇人。眞人復明謂：「昌八剌以西，回紇但禮西方耳。」次則阿里馬謂有舖速滿國（Musulmân），於邪米思干有算端氏（Sultan），謂：「禮西方謂之告天，不奉佛，不奉道。」是昌八剌以西之回紇爲伊斯蘭教徒，眞人知之甚悉。眞人旣不問其宗教，名葱嶺東西之人爲回紇，是回紇乃種族之名，而無含伊斯蘭敎之意明甚。於此且可證葱嶺西之有維吾爾族也。偶子衡先生於其西域地名中謂上文之畏午兒，亦種族名，似未安。

蒙韃備錄則均作回鶻，其意卽指維吾爾族。似僅指葱嶺東之回紇而言。

『其俗旣朴，則有回鶻爲鄰，每於兩河博易販賣於其國，迄今文書中自用於他國者，皆用回鶻字，如中國笛譜字也。』

——見王國維箋證之蒙韃備錄三頁

『次日剳八者，乃回鶻人，已老，亦在燕京同任事。』

——見上書七頁

『且回鶻有田姓者，饒於財，商販巨萬，往來於山東河北，具言民物繁庶，與之同說韃人治兵入寇。』

——見王氏箋證註本蒙韃備錄十頁

西使記作回紇，指葱嶺西之維吾爾族言，似無伊斯蘭教徒意。

『出關至阿里麻城，市井皆流水交貫，有諸果；惟瓜，蒲萄，石榴最佳。回紇與漢民雜居，其俗漸染，頗似中國。』

『二十八日過塔剌寺，三月一日過賽藍城，有浮圖諸回紇祈拜之所，三日過別石蘭，諸回紇貿如上巳節。』

——見元劉郁西使記

按西使記敘述葱嶺東之處甚少，無回紇字樣。葱嶺西之回紇，據彼敘述，彼頗明知其信伊斯蘭教，然其用回紇之意，係因其種族而名之，抑係因宗教而名之，寥寥如上文，似難下斷語。然觀其同時代之著作，回紇一詞，多無含宗敎意，故上文斷語，似無大誤。

西遊錄作回鶻，指葱嶺東之維吾爾族言。

『金山之南隅有回鶻城，名曰別失把，有唐碑所謂瀚海軍者也。』

——見羅振玉印本移刺楚材西遊錄

聖武親征錄作畏吾兒，指葱嶺東種族而言。

『汪可汗脫身歷走三城，奔赴契丹主菊兒可汗。既而復叛之，涉畏吾兒西夏諸城邑。……己巳春，畏吾兒國王亦都護聞主威名，遂殺契丹所置監國少監，欲求請和。』

——見聖武親征錄

北使記作瑰古，指葱嶺東之維吾爾族，作回紇間作回鶻，泛指葱嶺西之人而言，無伊斯蘭教徒意。

『自四年（定興）冬十二月初，出北界，行西北向，地浸高。並夏國前七八千里；山之東，水盡東；山之西，水亦西，地浸下。又前四五千里，地甚燠。歷城百餘里，皆非漢名。訪其人，有云：磨里奚，㾏可里，紇里迄斯，乃蠻，航里，瑰古，途馬，合魯諸番族居焉。又幾萬里至回紇國之益離城，卽回紇王所都，時已四月上旬矣。大契丹大石者在回紇中，昔大石林牙，遼族也。蓄異旨，因從西征，入回鶻，因其地而國焉。因政荒，爲回紇所滅，今其人無幾，衣服悉回紇也。……有沒速魯蠻回紇者，性殘忍，肉交手殺而噉。雖齋亦酒脯自若。有遺里諸回紇者，頗懦弱不喜殺，遇齋則不肉食。有印度回紇者色黑而性愿，其餘不可殫記。』

——烏古孫仲端北使記

按上文則北使記，將印度人亦均視作回紇矣。

元秘史將高昌之維吾爾族作畏吾，畏兀，委吾。葱嶺西之人則作回回，爲蒙文撒爾特烏爾之譯文，其意指伊斯蘭教徒，故其所用回回一意與後世同。秘史譯者此種嚴格區別，當可爲該時回回一詞，已代表伊斯蘭教徒之意。

『將王汗却趕入合剌乞塔（西即遼）種古兒汗處去。不多時王汗反了古兒汗，從畏兀，唐兀二種經過。時止有五個羖攊羊擠乳，駱駝上剌血吃。成吉思遂使百姓供給。其王汗弟並衆官人等數着說：「王汗心性惡，將兄弟每都殺戮盡。後懼乃蠻攻殺，他又走去回回地面垂河行，投入合剌乞塔古兒皇帝處，不及一年又反出去經過委兀，唐兀地面。」……王汗將其商量的諸弟及官人皆拿住，繫在房內。王汗說：「咱過委兀唐兀時，說什麽言語來，你每如此，我不與你們一般。」使衆人唾其面然後疏放也。……於是乃蠻古出魯克過委兀合兒魯種去。至回回地面垂河行，與合剌乞塔種的人古兒汗相合了。……委兀種的亦都兀惕差使臣等阿惕乞剌黑來成吉思汗處說：「俺聽得皇帝的聲名，如雲淨見日，冰消見水一般。好生喜歡了，若得恩賜啊，願作第五子出氣力者。」……

其後太祖征回回，爲其殺使臣兀忽納等百人，差人去對唐兀惕主不兒汗說：「你先說與我做右手，如今回回百姓殺了我使臣，要去與他折證，你可與我做右手。」……不兒汗不與軍。太祖說：「我初意本不征他，若天佑護回回處回來時，却去征他。」

兎兒年太祖夫征回回。……

太祖征回回七年，第七年鷄兒年秋，回到禿剌河黑林的舊營內。』

——見元朝秘史

日人那珂通世譯之成吉思汗實錄，作委兀惕，委兀兒台。乃係根據蒙文直接音譯者。

『乃蠻古出魯克，過委兀兒台，合兒魯兀陽，與撒兒塔兀勖地壘河之合剌圪塔惕之古兒汗合。』

——見日文成吉思汗實錄三〇一頁

『委兀惕之亦都兀惕遣使於成吉思合罕。』

——見上書三九四頁

元史有回回，回鶻，畏兀兒，畏吾兒，畏兀諸詞，意義頗混淆。大抵畏兀兒，畏吾兒，畏兀，均指高昌之維吾爾族。回回指伊斯蘭教徒，間亦泛指色目人（西域人），將維吾爾族與葱嶺西之人均含在內。回鶻，則意頗不確定。

元史太祖記見回鶻者二處，一指葱嶺東高昌之族，一指葱嶺西之族。見回回者一處，指葱嶺西者而言。見畏吾兒數處，均指高昌之族。

『汪罕走河西，回鶻，回回三國。』

『四年己巳春，畏吾兒國來歸。』

『夏避暑塔里寒寨，西域主札蘭丁出奔與滅里可汗合，忽都忽與戰不利。帝自將擊之，擒滅里可汗，札蘭丁遁去。遣八剌追之不獲。秋金復遣烏古孫仲端來請和，見帝於回鶻國。』

——見元史太祖記

按前之回鶻指高昌之畏吾兒，後之回鶻指西域之貨勒自彌（卽花剌子模）。惟烏古孫仲端見太祖之事，既不見於元秘史，復不見仲端之北使記，不知宋氏何所本也。

列傳第十見回鶻一處，指布哈爾之人而言。

『阿剌瓦而思，回鶻人八瓦耳氏，仕其國爲千夫長，太祖征西域駐兵八瓦耳之地，阿剌瓦而思委其部曲來降。』

按此處之八瓦耳當爲布哈耳，故錢大昕氏元史氏族表，作回回八瓦耳氏。

太宗紀無回回字樣，見回鶻者一處，意義未明。

『是歲以官民貸回鶻金償官者，歲加倍，名羊羔息，其害爲甚。詔以官物代還，凡七萬六千錠』。

——見太宗紀十二年條

按高昌之維吾爾族，爲一商業民族，松漠紀聞至謂燕市貿易，不由彼等爲仲介，則不能成交。蓋海運未開時，彼等居中西交通之樞紐，多從事商業活動。然葱嶺西之伊斯蘭教徒，自古亦多營商業，故難確斷此處之回鶻，究指葱嶺西抑東之人而言。

定宗紀亦無回回字，見回鶻者一處，意亦未明。

『又遣使於燕京迤南諸郡，徵求貨財弓矢鞍轡之物，或於西域回鶻索取珠璣』。

——見定宗紀三年條

憲宗紀有回回，回鶻等字。回回含伊斯蘭教徒意，回鶻意亦未明。

『六年冬，帝駐蹕阿塔哈帖兒乞蠻，以阿木河（卽阿毋河）回回降氏，分賜諸王百官』。

『七年冬回鶻獻水晶盆珍珠傘等物，可值銀三萬餘錠。帝曰方今百姓疲弊，所急者錢幣，朕獨有此，何爲。却之。賽典赤以爲

9

言。帝稍償其值，且禁其勿復所獻』。

『八年二月，請王旭烈兀討回回哈里法平之』。

——見憲宗紀

世祖紀無回鶻字樣，通以回回畏兀兒代之。回回含伊斯蘭教徒意，然亦間總指色目人而言。畏兀兒，則指高昌之維吾爾族。

『中統三年三月括木速蠻，畏吾兒，也里可溫，答失蠻等戶丁爲兵』。

『至元五年三月罷諸路女眞契丹漢人爲達路花赤者（管民事之官吏），回回，畏兀兒，乃蠻，愓兀人仍舊』。

『至元二十一年八月定擬軍官格例，以河西，回回，畏兀兒等，依各官品充萬戶府達魯花赤同蒙古人。女眞契丹同漢人。若女眞，契丹生西北不通漢語者同蒙古人。女眞生長漢地同漢人』。

——見世祖紀

按上文則畏兀兒與回回對用，知二者頗有嚴格區別，前者以指高昌之維吾爾族，後者以指伊斯蘭教徒也。

『至元二年二月，以蒙古人充各路達魯花赤，漢人充總管，回回人充同知，永爲定制』。

『至元十六年九年，詔今後所俸，朕自擇之。凡有官守不動職者，勿論漢人回回皆論誅之，且沒其家』。

——見世祖紀

按此處回回與蒙古人漢人對用，漢人當包含女真契丹在內，回回當包含乃蠻河西，畏兀在內，意同色目人。若謂其只指伊斯蘭教徒，意似未安。

元史有畏兀字與回回字之別，當可證回回與畏兀含意之不同。

『世祖至元九年，和禮霍孫奏，蒙古字設國子學，而漢官子弟未有學者。及官府文移猶有畏兀字，詔自今凡詔令，並以蒙古字行，仍遣百官子弟入學』。

——見世祖紀

『至元二十六年夏五月，尙書省臣言，亦思替非文字，宜施於用。今翰林院益福的哈魯丁能通其字學，乞授以學士之職。凡公卿大夫與夫富民之子，皆依漢人入學之制日肄習之。帝可其奏，是歲八月始置回回國子學』。

——見元史選舉志

按亦思替非意何所指，雖未能明，然其文字之爲回回字當無疑意。

遼史有回鶻，有甘州回鶻，沙州回鶻，和州回鶻，阿薩蘭回鶻，蓋以此時回鶻諸部各自獨立，不相統師，故史者不得不加詞以區別之。

『遼屬國可紀之五十有九，朝貢無常。有事則遣使徵兵，或下詔專征，不從者討之。助軍寡衆，各從其便，無常額。……回鶻，甘州回鶻，沙州回鶻，阿薩蘭回鶻，和州回鶻……』

——見遼史卷三十六

遼史復有畏吾兒城，回回大食部。畏吾兒城蓋指高昌之維吾爾族所居地。回回大食部，似指都吹河畔之巴拉沙滾 Balasaghūn 伊爾克汗 Ilk khan 。大食一詞似形容其爲伊斯蘭教徒之意。故回回一詞無含伊斯蘭教徒意。

『天祚播越，耶律大石立……率衆西去，自立爲帝。所歷諸部，附見於後：……乃蠻，畏吾兒城，回回大食部，尋思干地，起而漫地』。

——見遼史卷七十

按回回大食既居畏兀兒與尋思干之中，故疑其爲都吹河畔之伊爾克汗，大食當非指阿剌伯言，以阿剌伯既遠在尋思干之西南，且回回大食爲一部，故疑其係代表宗教之意。如此則回回一詞，自無宗教意，否則嫌重複也。

復有回回國一詞，當指中亞之伊斯蘭教國。

『耶律大石西走，駐尋思干，回回國來降』。

——見遼史卷二十七

宋史有回鶻，黃頭回紇，回回諸詞。回鶻，黃頭回紇，係指葱嶺東之維吾爾族而言，黃頭當以其着衣而名。回回一詞則意不明，未知其代表葱嶺東抑葱嶺西之民族。

『神宗嘗問其使去國歲月，所經何國，及有無抄略。對曰：去國四年，道途居其半，歷黃頭回紇，青唐，惟懼契丹抄略耳』。

——見宋史四百九十卷于闐條

『回鶻乃匈奴之別裔，……居甘州西州』。

——見上書同卷回鶻條

『咸淳九年沿邊州郡，因降式製回回炮，有觸類巧思別置炮遠出其上，且爲破炮之策尤奇。』

——見宋史兵志

癸辛雜識有回回條數則，似皆含伊斯蘭教徒意味。

『回回之俗，凡死者，專有浴屍之人。以大銅瓶，自口灌水，蕩滌腸胃穢氣，令盡。又自頂至踵淨洗，洗訖，然後以帛拭，用紵絲或絹或布，裸而貯之，如入棺斂。棺用薄松板，僅能容身，他不置一物也。其洗屍穢水則聚之屋下大坎中，以石覆之。謂之招魂。置桌子坎上，四日一祀以飯，四十日而止。其棺即日瘞之聚景園，園以回回主之』。

——見癸辛雜識續集上回回送終條

『回回俗每歲無潤月，亦無大小盡相承。以每月歲首數三百六十日，則爲一年。乙酉歲以正月十二日爲歲首，大慶賀』。

——見癸辛雜識別集回回無潤月條

心史有回回，亦爲伊斯蘭教徒意。

『回回事佛，創叫佛樓，甚高峻』。

——見鄭所南心史

歐陽玄圭齋集作偉兀，指高昌之維吾爾族言。

『偉兀之先，曰暾欲谷，本突厥部。……偉兀者，回鶻之轉聲也。』

——見歐陽玄圭齋集高昌偰氏家傳

總上所述，溯自五代而後，至元末，此三百餘間年，維吾爾族之譯音竟若是其繁複，或襲用舊譯，或任己意取字諸音。且維吾爾族以僻處西陲，語言文字與中國異，中國學者對其種族居地亦多不明，故名詞之含義，亦多未同。然大致吾人，似可下如是之斷語：

十一世紀至十三世紀初，回紇，回鶻，回回三詞通用，蓋泛指葱嶺東西之維吾爾族而言，其中回回一詞絕未含伊斯蘭教徒意味。如上所述之夢溪筆談，黑韃事略，蒙韃備錄，西使記，西遊記，松漠紀聞，西遊錄，北使記等是。迨後，西域之人來居中國者，人數頗多，且多居要職，中土之人始漸能別其異同，知維吾爾族中高昌之族非伊斯蘭教徒，且爲一獨立國家，外此則爲伊斯蘭教徒。於是以畏吾兒，畏兀兒，畏兀，畏吾，委吾，瑰古，偉兀，烏鴿以識高昌之族，而間以回回識高昌以外之伊斯蘭教徒。至回鶻回紇則含義仍未定，然大抵指高昌之族時多，泛指葱嶺東西之維吾爾族時少。蓋自唐以來，回紇回鶻即代表高昌之族也。如遼史，元史，元秘史，癸辛雜識，心史，宋史等皆是。按癸辛雜識與心史爲宋末之書，可知至宋末元世祖之頃，此名辭之含義始漸用以代表伊斯蘭教徒。宋史遼史修於世祖之時代，此時該名既已有固定含義，而史書上所用意仍未純者，其蓋作者採用名詞徘徊於事實發生之年代於作者年代之間故歟。元史修於明初，宜其所用名詞有嚴格之規定，然而未能者，則以修史者倉卒成事，一人且有二傳，自難怪此瑣碎名辭之誤用也。元秘史於回回畏兀分別最嚴。據日人盛岡那珂通世考證，謂此書漢譯成於明洪武十五年，係蒙人翰林侍講火原潔等譯者。若是則宜乎此書回回一詞所用之正確，且可藉之以斷明初回回一詞之含有伊斯蘭教徒意，已爲不易之論矣。

後世學者，於此等名詞演變，似皆未能溯其淵源，謂回回爲回鶻回紇之轉者雖頗有人，然或認回回一詞最初即含有伊斯蘭教徒意味，或於此等名詞含義之或廣或狹未能了解，如顧炎武，錢大昕，李光廷，近人陳垣先生是。

『大抵外國之音，皆無正字。唐之回紇，今之回回是也。唐書回紇一名回鶻。元史有畏兀兒部，畏卽回，兀郎鶻也。其曰回回者，亦回鶻之轉聲也。元史太祖紀以回鶻回回爲二國，恐非。』

——見顧炎武日知錄

『謂今之回回，即古之回紇者非也。其謂元之畏兀卽回鶻之轉聲是也。元時畏兀兒亦稱畏吾兒。趙子昂撰趙國公文定碑曰，回

12

鶻北庭人，今所謂畏兀兒也。』

——見日知錄黃氏集釋引錢大昕語

『回紇本匈奴別部，……國內亂，諸部皆潰，其相馺職與龐特勒十五部奔葛邏祿，殘衆入吐蕃安西。……其甘肅瓜沙既歸行省，而高昌哈密之地併於畏兀兒，焉耆龜茲之地統於別失八里，分建諸王，維屏維翰。蓋回鶻之種類，已悉爲蒙古之臣民矣。回回之來，遠自唐末，大食既兼西國，直踰葱嶺而東。遼聖宗朝，降以公主。元史已有回回軍，明史哈密傳亦有回回種。由此推之，西域久已偏居。重以瑪穆特西來，羣以聖裔共相推奉。天山以南，遂稱回部，而實則行傳於派罕，非留種於花門，東西迥絕，不得混爲一談。』

——見李光廷漢西域圖考

『關於回回名稱的起源，研究者頗不乏人。如錢大昕，李光廷，丁謙，均有所論列。其名實由回紇轉變而來，列表於左。甲行爲摩尼敎時之回鶻，丙行爲改從阿薩蘭敎之回鶻（作者按阿薩蘭有謂即伊斯蘭，陳先生以遼史中阿薩蘭回鶻，即伊斯蘭敎之回鶻。初作者在畏兀兒民族古代史中亦採用此說。但史書明言阿薩蘭爲獅子王之意。且按突厥文 Arslan，獅子也。亞剌伯文 Islam，服從也，意義不同。該時代史書中，多以沒速魯蠻或其王算端表示某地爲伊斯蘭敎徒，且此時彼等尚未改從伊斯蘭敎，故吾人應從史書之言，認阿薩蘭爲獅子王之意。）乙行爲非阿薩蘭敎之回鶻，由此可知回回名目由回鶻轉變到回回之次第。……

（甲）回紇——回鶻

（乙）回鶻（遼五代史）——回鶻（宋金元史）
- 外五 秋澗集
- 偉兀 歐陽圭齋集
- 畏吾兒 元史
- 畏兀兒 元史

（丙）阿薩蘭回鶻（遼史）——回回
- 回紇 黑韃事畧，癸辛雜識，心史，西遊記，西遊錄。
- 回回 黑韃事畧，心史，宋史兵志，元史。
- 外五 郝經集

』

——見陳垣先生回回教入中國史略

明代維吾爾族受蒙古之支配，中史記載至少。然於哈密一地，有畏兀兒回回雜居之記載，則可證畏兀兒與回回嚴格之區別，然此時回回與畏兀兒當僅爲宗教上區別之名辭，固均爲維吾爾族也。

『洪武中，太祖既定畏兀兒地，置安定等衛，漸爲哈密。……

其使臣及境內回回尋貢馬三千五百餘匹。……又其地種落雜居，一曰回回，一曰畏兀兒，一曰哈剌灰，其頭目不相統率。』

——見明史三百二十九卷哈密衛條

輟耕錄有關於回回條數則，均含伊斯蘭教徒意味。

『杭州薦橋側首有高樓八間，俗謂八間樓，皆富貴回回所居。一日娶婦，其婚禮絕與中國殊。街巷之人，肩摩踵跡，咸來窺視。……蹈翻樓板，賓主婿婦咸死。……郡人王梅谷戲作下文云：嗚呼！守白頭未及一朝，賞黃花却在半晌。移廚聚景園中，歇馬飛來峰上。』

——見輟耕錄嘲回回條

明末伊斯蘭教徒不知回回之來源，乃解爲回復本眞之意，如王岱輿之正教眞銓是。此外復多索強附會之解，均不值一辯也。

『大哉回回，乃眞一之寶鏡，天地之結果。蓋回者歸也，由塵世而歸於眞一，若鏡之回光。夫回光有二；曰身回，曰心回。身之回亦有二，曰還復也，歸去也。……心之回亦有二；樂富貴而惡貧賤，沉淪幻世，頓忘巳之原始。一旦覺悟，視名利若浮雲，復思本來，急尋歸路，鎔情欲爲天理，超萬象而返一眞，此正心之回也。……今之人多冒名而不務實，及問其理，略無所知，豈不有愧於回回之意乎？』

——見正教眞銓回回章

按此外復有謂伊斯蘭教徒，於祈禱之際，均面回向麥加，故教外之人以回回名之。有謂其祈禱之際，所念禱詞，音近「回回」，故外人以回回名之。

清代河西天山南路，已盡爲伊斯蘭教徒，於是畏兀兒不復與回回爲對峙之詞。其畏兀兒則演爲輝和爾，於是畏兀兒一詞乃益湮沒不彰而統以回稱矣，因名天山南路爲回部。

『回部不詳其世系，大部二，曰哈密回部，曰吐魯番回部。一部錯居西域，以天方爲祖國。或城郭處，或逐水草徙，稱花門種。相傳祖瑪哈麻教，以事天爲本，重殺，不食犬豕肉。嘗以白布纏頭，故稱曰纏頭回，又稱曰白帽回，回人自稱白帽回曰達斯塔爾，別有紅帽回，輝和爾哈拉回諸族，然以纏頭爲著。』

——見祁韻士之皇朝藩部要略卷十五頁一

按輝和爾哈剌回，當即明史之畏吾兒哈剌灰。今均以爲伊斯蘭教徒，作者乃誤灰爲回。

清代著述於回部之來源，大抵認爲自天方來，而不知其即唐之回紇，元之畏兀兒也。乾隆欽定之皇輿西域圖志首創此說，於是官家著述莫敢有異議，乃以鑄成深入人心二三百年之大錯，謂回回即伊斯蘭教徒，且均自西方來者。甚至否認正史西域曾有佛教之記載，聖皇一語，二十四史皆成謬論矣。

『回部祖國名墨克麥德那，在葉爾羌極西境。相傳派噶木巴爾自祖國東遷，至今山南葉爾羌和闐等處，其教始盛。……至若史書所載釋法顯記于闐民篤信佛，多大乘學，威儀齊整，器鉢無聲。北史西域傳高昌兼信佛法，焉耆咸依釋教，齋戒行道。……宋王延德高昌行記，高昌佛寺五十餘區，有摩尼寺波斯僧各奉其法，與今回教迥殊。仰蒙聖明考定，昭示指歸。知回部舊無佛法，而列史沿訛，率多附會失眞。』

——見欽定皇輿西域圖志

新疆之維吾爾族，一般皆名之曰纏回，甘肅者一般名之曰漢回。然清初此種稱呼尙未確定。乾隆時祁韻士之皇朝藩部要略有纏頭回紅帽回輝和爾哈拉回等名稱，已如前述。康熙時黎士宏之西陲聞見錄則有熟回之名，似即今所謂漢回。其相對之生回，似即今所謂纏回也。

『哈密前朝爲衞，雖爲要荒，替襲皆隸本部，今則羈縻而已。其入貢有期貢之物，爲玉爲馬。非獨充庭實，其意多在權彼國之物，貨中土茶布以歸，利不貲也。康熙十二年，貢使過甘來謁予。察其一二人色似通漢語者，再三詰之，則云原係熟回，因亂後還本國。且有妻在肅，數年來一覲之。』

——見清黎士宏著西陲聞見錄

按上文，則甘肅之熟回，認哈密爲其本國，足見二者原係一種。新疆之維吾爾族，謂漢回爲東干，意變也。蓋謂彼等已與漢人同化而變其本來面目矣。西人 Schuyler 在其 Turkistan 一書中謂爲阿剌伯人久居中土而同化於漢族者，實不值一駁矣。

其後有民回夷回之詞，民回即漢回，夷回即纏回，然恐非通俗之稱。著述者特以其與漢人接近者名之曰民回，與漢人較疏遠者名之曰夷回耳。然吾人由此可證該時纏回尙未爲固定之名稱也。

『回兩種，民回，夷回……夷回別有部落，高鼻深目，尖帽通袍。……婦女略同男粧，惟髮梳雙辮，耳垂數珠』。

——見清史善長輪台雜記

晚清纏回漢回之名始見確定。蓋凡與漢族同化較深者均謂之漢回，否則均謂之纏回。

『畏兀兒，哈剌灰同奉摩哈默教，衣服亦同。初以白布束頭，故稱白帽回。後有用雜色者，稱紅帽回。各族久無分別，惟通稱之爲纏頭回。猶之江南江西統稱漢人而已。……其唐代留居中土，改用漢裝者，謂漢回，亦稱回回。奉教雖同，而習氣懸殊。纏回樸誠，漢回狡猾』。

——見陶保廉辛卯侍行記

然生回，熟回，夷回，民回，纏回，漢回，皆漢族所給與之名稱，除漢回以與漢族同化較深，已失其民族意識外，彼等固自稱爲維吾爾族。此名稱已歷二千年之久，以中土譯音複雜，乃湮而不彰。近由彼族之努力，此名稱復見於世，此豈偶然也哉。茲復略須一言者，即淸代著述中，謂有畏兀兒非回鶻之後，乃吐谷渾素和貴之裔。其說始創於兪浩西域攷古錄，辛卯侍行記及新疆圖識因之。此則由於載籍，語言，人種各方面攷之，均爲非是。

『今攷元史所載高昌王事蹟，尋檢前史，竟同虛構，據稱居高

15

昌九百七十餘載。自太祖已巳上溯季漢後帝延熙元年戊午方得年九百七十，其時高昌屬車師前王。即如康熙中吐魯番入貢，表稱一千八十三年，載之王士禎池北偶談，謂其紀年始於隋之開皇九年，有國已久。而不知隋時之高昌爲麴氏也。攷唐一代外番之尙主者，西突厥，薛延陀皆許而未嫁。惟吐谷渾，吐番，回紇得尙主。若蘇祿，若奚，若契丹，皆以他姓女封主下降。如金河公主，燕郡公主，東光公主，固安公主是也。旣無交州之地，並無金蓮之主。以正史而同之小說，不知何以修史者刺謬至此。後讀十道圖記及元朝典故編年攷。十道圖記：排衙川，亦曰計羅川，東北至前涼武城郡故城百六十里，素和貴叛吐谷渾以其族降吐番；吐番贊普盡以吐谷渾降人配之，使居排衙川，後訛曰素和川也。典故編年攷：畏兀國本吐番宰相，世居貴和川，訛爲畏吾川，其實非回紇人，但音相近耳。宋將王韶取西寧，畏兀主畏逼，絜其部族移居瓜沙間。其後又之交河城，降於契丹，以爲交河郡王。乃知其吐谷渾之族，素和貴之裔。所謂尙唐公主者，即吐谷渾諾曷鉢之尙宏化公主也。的斤即乙斤之轉，亦猶素和之爲貴和畏吾畏兀也』。

——見兪浩西域考古錄七卷

『畏兀者，本吐谷渾素和貴之裔，降於吐番，居排衙川亦曰計羅川，後訛爲貴和爲畏兀畏吾，非回紇人，但音近耳。宋神宗時王韶取西寧，畏兀王懼遷於瓜沙，徙入交河，降於西遼，封交河王爲畏兀兒國，其國亦都護降於元』。

——見辛卯侍行記

『後西遼又封吐谷渾之裔畏兀兒於交河，其曾日月仙帖木爾亦都護也，其子巴而求阿而忒降於元』。

——見新疆圖志建置志

按新疆圖志引自辛卯侍行記，而侍行記引自西域攷古錄。西域攷古錄最大之根據，則爲元朝典故編年攷所說。夫元史固多謬誤之處，然巴而求阿而忒傳當係根據該地人之傳說而作。按回鶻自遷入新疆後，自此時始三百餘年，以該時維吾爾族之文化，斷不能三百年之久，便忘且誤其所自出者。吾人於此自應採元史而捨元典故編年攷。況典故編年攷所述亦無確據乎？又元代著述，凡涉及畏兀兒者均謂其爲回鶻之後，焉能以編年攷一說而推翻羣書乎？

吐谷渾，許多學者均謂爲蒙古族，維吾爾則爲突厥族，由元時彼等之語言與文字攷之，則固爲突厥族者，且唐書載回紇奔江州，五代史，遼史，宋史亦均記此地爲回鶻，設畏兀兒爲吐谷渾，則將置前之回鶻於何地也。

元史，謂其傳國九百餘年，固屬錯誤，然康熙中吐魯番入貢表稱一千八十三年，則當係依回曆而言，兪氏不察，謂亦謬說，殊爲非是。兪氏務爲奇論，何陶氏及王氏亦均不之察也。

最後，吾將維吾爾族名詞之演變，列表如後，以作總結。

維吾爾族名稱演變表

名稱	所見之書籍	年代	含義	備考

16

17

袁紇	魏書	三八六—五五七	高車之一部	高車鐵勒均古之丁零，乃譯音之不同。
韋護 烏護	隋書	五八一—六一九	鐵勒之一部	隋書韋護居蒙古，烏護居新疆，二者實爲一種。
烏紇	册府元龜引蓋嘉惠西域記及唐書	五八一—六一九	鐵勒一部之居新疆者	按西域記爲唐玄宗時書，其云「烏護則烏紇」，似烏紇一詞在唐前甚盛行。故列入隋代。
回紇	新舊唐書	六一九—七八五	併鐵勒諸部自立，居漠北。	按回鶻係彼自請改易者，据唐書，易名年代在七八五至七八八之間。据舊唐書，在八〇九年。考之通鑑考異續會要諸書，知以唐書爲是。
回鶻	新舊唐書	七八五—九〇六		
回紇 回鶻	五代史及揮麈前錄所引之王延德高昌行記	九〇七—九八三	河西高昌北庭之族	按自唐，後回紇回鶻二詞多亂用，意無別。
回鶻，甘州回鶻，沙州回鶻	遼史	九〇七—一一二五	河西高昌北庭之族	
阿薩蘭回鶻				
回回	夢溪筆談	一〇六八—一〇七八	河西高昌北庭之族	按此時該族居此地者尚未改信伊斯蘭教，故無伊斯蘭教徒意。
回回大食部	遼史	一一二五—一二〇一	中亞之伊爾克汗國	回回爲種族名稱，亦回紇族，大食形容其宗教。
回回國	遼史	一一二五—一二〇一	似指中亞之伊斯蘭教國	
回回	黑韃事畧	一二三四—一二三七	葱嶺東西之回紇族	無伊斯蘭教徒意
回回	宋史	一二七三		
回回	元史	一二〇六—一二九四	泛指葱嶺東西之族，間專指伊斯蘭教徒而言。	
回回	癸辛雜識	一二四一—一二七九	有伊斯蘭教徒意	
回回	心史	一二八〇—一二九〇		

回鶻，黃頭回紇	宋史	九六〇—一二二七	河西高昌之族	
畏吾兒城	遼史	一一二五—一二〇一	即高昌北庭回紇之居地	畏兀爾一詞，自蒙古立後，始通行。按年代計，始見於此。惟遼史修於元代，不知作史者將其時代之名詞，誤入內否耶。
烏鴿	黑韃事畧	一二三四—一二三七	即高昌北庭之回紇族	
畏吾，畏兀，委吾	元秘史	一二〇六—一二二七	高昌北庭之回紇族	
畏吾兒，畏兀兒，畏吾	元史	一二〇六—一二九四	高昌北庭之族	
撒黑達	黑韃事略	一二三四—一二三七	中亞之國	即蒙文伊斯蘭教徒之稱，如今之回回。
撒爾塔兀勒	蒙文元秘史	一二〇六—一二二七		此係根據日人盛剛那珂通世成吉思汗實錄之直接音譯。即伊斯蘭教徒意。

回紇	西遊記	一二二一—一二二四	葱嶺東西之回紇族	
回鶻	蒙韃備錄	一二二一	葱嶺東之族	
回紇	西使記	一二五九—一二六三	葱嶺西之族	
回鶻	西遊錄	一二二八—一二二四	葱嶺東之族	
瑰古	北使記	一二二〇—一二二四	高昌之族	
回紇，回鶻，沒速魯蠻回紇，遺里回紇，印度回紇	北使記	一二二〇—一二二四	葱嶺西之族	
回鶻	松漠紀聞	一一二九—一一四四	高昌之族	
回鶻	元史	一二〇六—一二九四	葱嶺東西之族	
偉兀	圭齋集	一二九一—一二九七	高昌之族	

19

外五	秋澗集	一二八〇—一二九四		按此二者係引自陳垣先生之回回教入中國史略，秋澗集當係王惲之秋澗先生大全集，郝經集當係郝經之陵川文集。作者粗檢二書，皆未得「外五」字樣。但於前者之中見有偉兀之處。故「外五」究何所指，未列。
外五	郝經集	一二三四—一二七五		
畏吾兒	明史	一三六七—一六四四	高昌之族	
回回	輟耕錄	一三六八—	伊斯蘭教徒	
回回	元秘史	一三八五	伊斯蘭教徒	按此書譯自明初，回回爲撒爾塔兀勒之（蒙文伊斯蘭教徒意）譯義。故從譯書之年代。
回回	明史	一三六七—一六四四	伊斯蘭教徒	
回回	正教眞銓	一六三四—一六五四	伊斯蘭教徒	自此書始正式認回回爲伊斯蘭教徒，且從而附會回回一詞在宗教上之意義。

回部	西域圖誌	一六四四—一七九九	指新疆之伊斯蘭教徒	按清初著述均稱新疆之伊斯蘭教徒爲回部。茲舉西域圖志作代表。
纏頭回（白帽回），紅帽回，輝和爾哈剌回	皇朝藩部要略	一六四四—一七九九	均指伊斯蘭教徒	輝和爾卽畏兀兒
熟回，生回	西陲聞見錄	一六二二—一六七三	生回，夷回，纏回爲一。漢回，熟回，民回爲一	
民回，夷回	輪台雜記	一八一三—一八二三		
纏回，漢回		近代		
維吾爾	新疆省政府佈告	一九三五	僅指纏回	按漢回亦爲維吾爾族，以其與漢族同化較深，彼亦自失其民族意識，維吾爾族亦不認其爲同種也。

關於創建清眞寺碑

白壽彝

創建清眞寺碑之僞，桑原隲藏論之甚明。桑原之文，已經牟潤孫先生譯登本刊第五卷第十一期回教與回族專號中。陳垣先生回回教入中國史略也論及此碑。他說：

『是碑題唐天寶元年戶部員外郎兼侍御史王鉷撰。天寶元年爲西曆七四二年，較建中二年（西七八〇）所立之景教碑，尙早四十年。此碑若眞，其價值可想。然其碑文語意，純是宋明以後語，與唐人語絕不類，其書法亦非宋明以前書法；且譯摩訶末爲謨罕默德，尤爲元末明初之譯音，……以此知此碑爲明時所造。然唐時著名人物極多，何以碑用王鉷名字：王鉷名譽並不好，唐大詔令集有賜王鉷自盡詔；若謂明人作僞，何必託之王鉷。且舊唐書王鉷傳，天寶元年，鉷正爲戶郎員外郎兼御史，其前後一二年則不是此官，可見年代官職並不錯誤。吾因此事，蓄疑有年，後在全唐文發見王鉷有上玄宗捨宅爲觀表，言宅在城南安化門內。竊疑此碑或即是王洪捨宅爲觀時所建。後此觀入於回教人之手，乃就原碑磨改爲回教寺碑，而仍用天寶元年戶部員外郎兼御史王鉷銜名入石也。』

桑原氏底工作係辨此碑本身之眞僞，陳先生則並進而索求此碑爲何假託王鉷底名字，並爲何用天寶元年的時期。然考證至此，關於此碑，尙有一重要問題須要解決。中國伊斯蘭教徒，從各方面看，實缺欠歷史的興趣，此種僞託古人底辦法決不像中國伊斯蘭教徒所爲，而欺詐弄人亦決不爲教條所許。若此碑之僞託係出於伊斯蘭教徒之手，則此事實費索解。

對於我們新提出來的這個問題，我覺得顧頡剛先生底一個發現很可重視。顧先生曾經指出，碑文底首行明明寫者『王鉷撰篆書』，但碑文全體並無一篆書文字。從這一點上，我們可以看出，撰文者是一人，寫字者是一人，並且主持此碑工程和此寺工程的人，都是些對於碑文外行的人。不然，不會弄出這種笑話。撰文者既是另外一人，而且是很像一個對於建碑工程毫不過問的人，這個人就不一定是一個伊斯蘭教徒。我們細讀碑文，覺得這位作文章的先生理學氣味甚深。而且他說『謨罕默德生孔子之後，居天方之國，其去中國聖人之世之地，不知其幾也。譯語矛盾而道合符節者，何也？其心一，故道同也』。又說『殆與堯之欽若昊天，湯之聖敎日躋，文之昭事上帝，孔之獲罪於天無所禱，此其相同之大略也』。這又是以表示他是一個具有儒家本位文化之觀念的人。至於說『得於傳聞者，而知西域聖人生而神聖』云云，以及『大率以化生萬物之天爲主』，更完全不是一個教徒底口吻了。我想，這篇碑文一定是請一個教外人作的。這位先生作好了文章，便讓當事人拿去，他也不管人家怎樣寫，便弄出了一個笑話。中國書生喜歡託古，由來已久。這位先生知道這個地方原來有一個王鉷天寶元年碑，他便筆尖一動，把原來的行欵年月一律用上；把新寺一變而爲舊址新修，在他也許是很得意吧。

宋時伊斯蘭教徒底香料貿易

白壽彝 1

一　宋以前南海上的香料貿易與伊斯蘭教徒

海外異香在很早的時候，即已傳入中國。魚豢魏略記大秦草木十二種香，又記大秦通益州永昌的水道，又說『故永昌出異物』[1]。大概在三國時，域外香料已很有泛海而來的了。南北朝時，南海底交通大開，海南諸國底名香爲南北各史所特稱。續世說卷九記隋煬帝事，說他

『每至除夜，殿前諸位設火山數十，盡沈水香根。每一山焚沈香數車，以甲煎簇之，焰起數丈，香聞數十里。一夜之中，用沈香二百餘乘，甲煎二百餘石。』

除夕一夜銷耗沈水香甲煎香如此之多，這固是隋煬帝之過度底奢侈，也可見當時沈香甲煎來中國者，數量決不會很少的。

入唐以後，關於當時南海貿易的記載較前略詳。這時的香料貿易，在當時的南海貿易中佔一重要的地位。韓愈昌黎集卷二一，送鄭尚書序說：

『若嶺南帥得其人，則一邊盡治，不相寇盜賊殺，無風魚之災、水旱癘毒之患，外國之貨日至，珠香象犀玳瑁奇物溢於中國，不可勝用。』

李翺文集卷十一嶺南節度徐公行狀說：

『蕃國歲來互市，奇珠瑇（瑇）瑁，異香文犀，皆浮海舶以來。常貢是供，不敢有加。舶人安焉，商賈以饒。』

舊唐書卷一〇五韋堅傳說：

『（韋堅）穿廣運潭以通舟楫。……取小斛底船三二百隻，置於潭側。其船皆署牌表之。若廣陵郡，即於栿背上堆積廣陵所出錦鏡銅器，……南海郡船即瑇瑁真珍象牙沈香……。』

這可見香料和犀象珠寶，在唐底進口貨中，同爲主要的商品。唐大和上（尙）東征傳記天寶年間事說：

『（廣州）江中有婆羅門波斯崑崙來船，不知其數。並載香藥珍寶，積載如山。其船深六七丈。』

又說：

『（萬安州大首領馮）若芳每年常刼取波斯船三二艘，取物爲己貨，掠人爲奴婢。其奴婢居處，南北三日行，東西五日行，村村相次，總是若芳奴婢之住處也。若芳會客，常用乳頭香爲燈燭，一燒一百餘斤。其宅後，蘇芳木露積如山，其餘財物亦稱此。』

當時南海上蕃船容積之大，及所載香料之多，也約略可以想見。東征傳又記：

『天寶七歲春，榮睿普照師從同安郡來，下至揚州崇福寺大和上住處，和上更與二師作方便，造舟買香藥，備弁百物，一如天寶二載所備。』

揚州爲當時蕃商匯聚之處。依此文所記，則在廣州以外，揚州也是當時的一個香料市場了。

唐時，貴族銷費香料的力量，已很可觀。唐代貴家婦女佩香很盛。杜陽雜編卷下，記咸通九年（西元八六八年）同昌公主出降以後的事，說：

『公主乘七寶步輦，四角綴五色香囊，囊中貯辟寒香，辟邪香，瑞麟香，金鳳香。此香，異國所獻也。仍雜以龍腦，金屑，刻鏤水精，馬腦，辟塵犀，爲龍鳳花。其上仍絡以眞珠玳瑁。又金絲爲流蘇，彫輕玉爲浮動。每一出遊，則芬馥滿路，晶熒照灼，觀者眩惑其目。是時中貴人買酒於廣化旗亭，忽相謂曰：坐來香氣，何太異也？同席曰：豈非龍腦邪？曰：非也，余幼給事於嬪御宮，故常聞此，未知今日因何而致。因顧問當罏者。遂云：公主步輦夫以錦衣換酒於此也。』

公主服用之香可以芬馥滿路，可以襲於輦夫錦衣而仍生異香，已很可見同昌公主用香之盛及其所用香之名貴。新唐書卷七六，楊貴妃傳：

『（楊）國忠既遙領劍南，每十日，帝幸華淸宮，五宅車騎皆從。家別爲隊，隊一色。俄五家隊合，爛若萬花，川谷成錦繡。國忠導以劍南旗節，遺鈿墮舄，瑟瑟璣琲狼籍于道，香聞數十里。』

楊府五宅全體出發，可以香聞數十里，他們用香的闊綽比同昌公主還要高出幾倍了。酉陽雜俎卷十九：

『鄭注太和（西元八二七至八三五年）初，赴職河中，姬妾百數，盡騎，香氣數里，逆於人鼻。』

鄭注雖不及楊府五宅派頭之大，但以百數姬妾所帶之香可以散佈數里，逆於人鼻，這種香底數量和品質也就很可觀了。

唐人有以香薰衣者，有以香作食品者，有以香材爲棟梁塗墻壁者。我們所知道的這三件故事，都和唐宰相元載有關。雲谿友議卷下：

『（元載妻）忽因晴霽日景，以靑紫絲條四十條，條長三十丈，皆施羅紈綺繡之飾。每條條下，排金銀罏二十枚，皆焚異香，香亘其服。』

杜陽雜編卷上：

『載寵姬薛瑤英，攻詩書，善歌舞，僊姿玉質，肌香體輕。……瑤英之母趙娟亦本岐王之愛妾也，後出爲薛氏之妻，生瑤英而幼以香啗之，故肌香也。』

同卷又說：

『元載末年，造蕓輝堂於私第。蕓輝，香草名也，出于闐國，其香潔白如玉，入土不朽，爛舂之爲屑，以塗其壁，故號蕓輝。而更構沈檀爲梁棟，飾金銀爲戶牖，內設懸黎屏風紫綃帳。』

在這三件故事中，薛瑤英之肌雖未必香，即肌香也未必由於啖香，但唐時之有人啖者，却因此而可見。唐人之以香塗壁者，及作建築材料者，除元載外，尚有宗楚客楊國忠。朝野僉載卷三：『宗楚客造一宅新成，皆是文柏爲梁，沈香和紅粉以泥壁，開門則香氣蓬勃。』此宗楚客之以香塗壁也。開元天寳遺事：『國忠又用沈香爲閣，檀木爲欄，以麝香乳香，篩土和爲泥，飾壁。每於春時，木芍藥盛開之際，聚賓客於此閣上賞花焉。』此楊國忠之以香爲建築材料也。

唐宮中每欲行幸，即先以龍腦鬱金鋪地。到了宣宗，性尚儉約，不許按照老例辦。但宣宗死後，懿宗即位，雖未必恢復這個舊例，却是一個很會銷費香料的能手。他製造一種香蠟燭，僅僅二寸長，却一夜也點不完，『郁烈之氣可聞於百步，餘煙出其上，即成樓閣臺殿之狀。』咸通十二年（西元八七一年）冬，他又製兩個高座，賜新安國寺，一個是講座，一個是唱經座，『各高二丈，斫檀沈爲骨，以漆塗之，鏤金銀爲龍鳳花木之形，徧覆其上。』更過兩年，他迎佛骨於鳳翔法門寺，『以金銀爲寳刹，以珠玉爲寳帳香舁。仍用孔雀氄毛飾其寳刹，小者高一丈，大者二丈，刻香檀爲飛簾花檻瓦木階砌之類，其上徧以金銀覆之』[2]。這位會銷費香料的皇帝，倒是能出新鮮花樣的。

3

清異錄卷下記：

『（唐）中宗朝，宗紀（室？）韋武間爲雅會，各攜名香，比試優劣，名曰門香。惟韋溫挾椒塗所賜，常獲魁。』

『寳曆中，帝（敬宗）造紙箭，竹皮弓。紙間密貯龍麝末香。每宮嬪羣集，帝躬射之。中者，濃香觸體，了無痛楚。宮中名風流箭，爲之語曰：風流箭中的人人願。』

開元天寳遺事記：

『楊國忠家以炭屑用蜜捏塑成雙鳳。至冬月，則燃於爐中，及（乃）先以白檀木（末）鋪於爐底，餘炭不能參雜也。』

在這三條記事中，從後二條更可以看出唐時有權有錢的人對於香料是如何地浪費，從前一條可看出當時對於香的考究，已成爲王孫公子底一件正經事了。

唐代貴族所銷費的香料，如上文所列，實大都爲域外產物。辟寒香，辟邪香，瑞麟香，金鳳香，蕓輝，沈檀，沈香，龍腦，鬱金，皆海外香料也。

五代時，香料在南海貿易上的地位雖不甚明白，但這時的權貴對於香料的享受，較之唐時，實有過之無不及。蕃香在這種享受中居主要的地位，也無可疑惑。清異錄卷下記這時的事情，有：

> 靈芳國　『後唐龍輝店安假山水一鋪，沈香爲山阜，薔薇水蘇合油爲江池，零藿丁香爲林樹，薰陸爲城郭，黃紫檀爲屋宇，白檀爲人物，方圍一丈三尺。城門小牌曰靈芳國』。
>
> 香椀飾　『後唐福慶公主下嫁孟知祥。長興四年（西元九三三年），明宗晏駕。唐避亂，明宗諸兒佾髮爲苾芻，間道走蜀。時知祥新稱帝，爲公主厚待猶子，賜予千計。敕器用局以沈香降眞爲鉢，木香爲匙筯，錫之』。
>
> 雕香果　『（周）顯德元年（西元九五四年）周祖創造供薦之物，世宗以外姓繼統，凡百務從崇厚。靈前看果，雕香爲之，承以黃金。起突疊格，禁中謂之奪眞盤飣』。
>
> 雪香扇　『（後蜀主）孟昶夏月，水調龍腦末，塗白扇上，用以揮風。一夜與花蕊夫人登樓望月，誤墮其扇，爲人所得。外有效者，名雪香扇』。
>
> 山水香　『道士譚紫霄有異術，閩王昶奉之爲師，月給山水香焚之。香用精沈，上火半熾，則沃以蘇合油』。
>
> 龍酥龍山　『吳越外戚孫承祐奢僭異常；用龍腦煎酥，製小樣驪山，山水，屋室，人畜，林木，橋道，纖悉備具。近者畢工，承祐大喜，贈蠟裝龍腦山子一座。其小驪山中，朝士君子見之，云圍方丈許』。

續世說卷九記有

> 沈香龍　『（馬希範）作九龍殿，刻沈香爲八龍，每飾以金寶，長十餘丈，抱柱相向。希範居其中，自爲一龍。其幞頭角長丈餘，以象龍角。凌晨將坐，先使人焚香於龍腹中，煙氣鬱然而出，若口吐然』。

這類銷費香料的方法，顯然和唐代不很相同。這時對於香料底銷費，已參進去許多精細的技巧，有非唐時所能比擬的了。這時所用的香料，如沈香，薔薇水，蘇合油，丁香，薰陸，黃紫檀，降眞，龍腦，都是海外的名產。五代時，焚香之器頗有攷究者。南唐李煜焚香器，有把子蓮，三雲鳳，折腰獅子，小三神，卍字金，鳳口罌，玉太古，容華鼎等數十種，都是用金玉製成的。啖香的習慣，在這時的權貴之間也頗普遍。當他們筵會時，「陸珍水異畢陳於前」已是不必說，而許多貴重食品或食品底陪襯品中，於珠花，玉果，蔬筍，酢醢，糖品外，往往有所謂香劑。南唐李璟於保大七年（西元九四八年）召集了一個香讌，自和合煎飲以至佩帶之香，共九十二種。這個盛大的香讌，我們知道其中有許多中國香，但蕃香也一定不少[3]。

清異錄卷下說：

『高麗舶主王大世選沈香近千斤，疊爲旖旎山，象衡岳七十二峯。錢俶許黃金五百兩，竟不售。』

『海舶來，有一沈香翁，剜鏤若鬼工，高尺餘。舶酋以上吳越王，目爲淸門處士，發源於心淸聞妙香也。』

這可見香料製成的玩好品，在五代時也有不少從外國來的。

宋史卷四八〇，吳越錢氏世家記宋初的錢氏貢獻，說：

乾德元年（西元九六三年）貢白金萬兩，犀牙各十株，香藥一十五萬斤，金銀眞珠瑇瑁器數百事。

開寶九年（西元九七六年）二月，貢白金二萬兩，絹三萬匹，乳香二萬斤。又貢白金五萬兩，錢十萬貫　絹百八十萬兩，茶八萬五千斤，犀角象牙二百株，香藥三百斤。又貢白金十萬兩，絹五萬匹，乳香五萬斤。

太平興國元年（西元九七六年），貢御衣通天犀帶，絹萬匹，金銀瑇瑁器百餘事，金銀釦器五百事，塗金銀香臺，龍腦檀香床，銀假果，水晶花，凡數千計，價直鉅萬。又貢犀角象牙三十株，香藥萬斤，乾薑五萬斤，茶五萬斤。

太平興國三年，貢白金五萬兩，錢萬萬，絹十萬匹，綾二萬匹，綿十萬，屯茶十萬斤，建茶萬斤，乾薑萬斤，越器五萬事，錦綵席千，金銀畫舫三，銀飾龍舟四，金飾烏樠木御食案御床各一，金樽罍醆斝各一，金飾瑇瑁器三十事，金釦藤盤工、金釦雕象俎十，銀假果樹十事，翠毛眞珠花三叢，七寶飾食案十，銀樽罍十，醆斝副焉，金釦越器百五十事，雕銀俎五十，密假果剪羅花各二十樹，銀扣大盤十，銀裝鼓二，七寶鍮胡琴五絃箏各四，銀飾箜篌方響羯鼓各四，紅牙樂器二十二事，乳香萬斤，犀角象牙各一百株　香藥萬斤，蘇木萬斤。

這些貢獻或爲錢氏在五代時累年積聚之物。如果是的，則我們看香料與犀象珠寶在貢獻中的比例，及乳香與其他香藥之動輒萬斤，則五代時南海上的香料貿易當不應視唐時爲減也。

宋以前南海香料貿易，在天寶年間似已有伊斯蘭教徒佔相當的地位。唐大和上東征傳記廣州江中波斯舶不計其數，又記馮若芳歲刼波斯舶二三艘，一燒乳頭香一百餘斤。所謂波斯舶，係自波斯灣上開出之船，其間可有許多波斯人，也可有許多阿拉伯人。乳頭香，依後來諸蕃志所記，乃阿拉伯產物，而天寶年間的阿拉伯人也可相信皆爲伊斯蘭教徒。東征傳又記天寶七載在揚州備辦香藥，而舊唐書鄧景山傳記上元元年田神功之亂，揚州底波斯阿拉伯商胡死者數千人。在這些被害的波斯阿拉伯人中，當不少販賣香料的伊斯蘭教徒在內。大中五年，阿拉伯人蘇萊曼底遊記（Salsalat-al-tewarykh），說：『從外國輸入中國的東西，有象牙，有香料，有銅錠，有玳瑁，有布禪』[4]。蘇萊曼所謂「從外國輸入中國的東西，」恐怕就是以自己見聞所習，指伊斯蘭教國和中國間的貿易品說的，香料自居一重要的部份。後梁末帝貞明二年，阿拉伯人阿布賽德（Abu Zayid Al-Hasan）輯其見聞，廣蘇萊曼所記，爲作補註一卷。阿布賽德對於香料，顯然露出一種濃厚的興趣。他詳記中國西藏底香麝，蘇可都拉底沈香，和波斯灣一帶出香料的地方。他並說到巴斯拉（Basra）開香料店的人。最有意思的，是他關於箇羅（Kalah）的記載。他說：

『加拉海邦（Kalah, Kra）位置在中國與阿拉伯間的半路上。據說這加拉邦底面積，是八十【平方】巴拉桑斯（parasange）。加拉城是個市場，所集中的商業是沈香，樟腦，檀木，象牙，錫，烏木，蘇木，以及其他各種香料，和別種東西。……現在歐曼（Omān）的船就向這地方開去，這地方的船就向歐曼開來』[5]。

這個香料商業集中的市場箇羅與出產香料的阿拉伯之大城歐曼間船隻往來，所爲何事，甚爲明白。阿拉伯底船隻到達歐曼，既已是走到赴中國途中的半徑，則阿拉伯船更載其本國特產的香料，或增置本國所無的他種香料，循阿拉伯中國間交通之經常道路，繼續東開，直達廣州口岸，極爲情理之常。阿布賽德之書寫成時，雖已唐亡九年，但他所記的材料都屬於成書時的最新情事者畢竟甚少，尤其關於國際貿易之情形，更非短時間所可造成的。

册府元龜卷九七一，開元十二年三月下記：

『大食遣使獻馬及龍腦香』。

舊唐書卷十七上，敬宗本紀上，長慶四年九月丁未下記：

『波斯大商李蘇沙進沈香亭子材』。

李蘇沙進香料時，波斯已破滅一百五六十年，而李氏又係往來中國波斯灣上的商人，當是一伊斯蘭教徒。一個伊斯蘭教底商人有力量進貢沈香亭子材，則當時伊斯蘭教徒底香料貿易業底規模恐決非小型的。

五代時，關於伊斯蘭教徒底香料貿易，有一組風雅故事，陳垣先生考之甚詳。他的回回教入中國史略說：

『唐時有大食人李彥昇成進士，五代時亦有波斯人李珣，兄妹皆有才名。

黃休復茅亭客話：「李四郎名玹，字廷儀，其先波斯國人，隨僖宗入蜀，授帥府率。兄珣，有詩名，預賓貢焉。玹舉止文雅，頗有節行，以鬻香藥爲業。暮年以爐鼎之費，家無餘財，惟道書藥囊而已」。

何光遠鑒誡錄：「李珣字德潤，本蜀中土生波斯也。少小苦心，屢稱賓貢，所吟詩句往往動人。尹校書鶚者，錦城煙月之士，與李生常爲善友。遠因戲遇嘲之。李生文章掃地而盡。詩曰：

異域從來不亂常，　李波斯強學文章；
假饒折得東堂桂，　胡臭薰來也不香」。

楊慎詞話：「李舜絃，李珣妹，爲王衍昭儀。饒詞藻，有鴛鴦瓦上一首，誤入花蕊夫人集。詞云：

鴛鴦瓦上瞥然聲，　晝寢宮娥夢裏驚；
元是我王金彈子，　海棠花下打流鶯」。

『今花間集選李珣詞不少，李珣集名瓊瑤集。吾因李珣弟李玹以鬻香藥爲業，尹鶚詩又有「胡臭薰來也不香」句，因而聯想到舊唐書李漢傳有波斯賈人獻沈香亭子材事。珣玹疑爲李蘇沙後人。李時珍本草綱目引李珣海藥本草，謂爲肅代時人。然吾觀海藥本草所引，有段成式酉陽雜俎，則珣必在段成式後，其爲五代時世業香藥之李珣無疑。然則珣并知醫，與元末回回詩人丁鶴年之兼擅醫術同，亦回回風俗也』[6]。

李珣等底風雅故事，固非我們現在所討論的正題，但我們從這一組風雅故事中可以得到二點暗示：1.五代時，已有伊斯蘭教底香料商人久居中國內地。2.在這些商人中，有用漢姓仿漢名字，習中國文章詩詞，以「動人」稱者。從頭一點論，則伊斯蘭教徒底香料業已直接深入內地，不過其開端至晚須始於唐末。從第二點論，則一方面可見此種商人與社會交往之頻，因而漢化如此之深，又一方面則可見一部份香料商人求瞭解中國文化之誠。前一點，可以助我們對於唐代伊斯蘭教香料貿易增加認識，後一點對於後來伊斯蘭教徒香料業之發展，也不無關係也。

7

鐵圍山叢談卷五：

『政和四年，……時於奉宸中得龍涎香琉璃缶琥珀二大罌。……又歲久無籍，且不知其所從來。或云：世宗顯德間，大食所貢。又謂眞臘朝物也。玻璃母，諸璫以意用火煅而摸寫之，但能作珂子狀，青紅黃白隨其色，而不克自必也。香則多分錫大臣近侍，其模製甚大，而外視不甚佳。每以一豆大爇之，輒作異花氣，芬郁滿座，終日暑不歇。於是太上大奇之，命籍被賜者，隨數多寡，復收取以歸中禁。因號曰古龍涎，爲貴也。諸大璫爭取，一餅可直百緡，金玉爲穴而以青絲貫之，佩于頸，時於衣領間摩挲以相示，由此遂作佩香焉』。

新五代史卷七四，占城傳：

『顯德五年，其國王因德漫遣使者莆訶散來貢猛火油八十四瓶，薔薇水十五瓶。……薔薇水云得自西域，以灑衣，雖敝而香不滅』。

龍涎和薔薇水，皆阿拉伯名產，如鐵圍山叢談所記的龍涎確爲顯德間大食所貢，則五代時伊斯蘭教國底名貴香料之來華者，至少有二種可考了。

第二 宋時伊斯蘭教徒底香料貿易在南海貿易中的地位

宋時，南海上的商業大大地發達。伊斯蘭教徒底香料貿易，在這時也取得一個明顯的主要地位。當時伊斯蘭教徒販賣的香貨之可考者，有：

一，乳香 諸蕃志卷下：『乳香，一名薰陸香，出大食之麻囉拔施曷奴發三國深山窮谷中。其樹大概類榕，以斧斫株，脂溢於外，結而成香，聚而成塊，以象輦之，至于大食。大食以舟載易他貨於三佛齊，故香常聚於三佛齊。番商貿易至，舶司視香之多少爲殿最，而香之品十有三。其最上者爲揀香，圓大如指頭，俗所謂滴乳是也。次曰缾乳，其色亞於揀香。又次曰缾香，言收時貴重之，置於缾中。缾香之中又有上中下三等之別。又次曰袋香，言收時止置袋中，其品亦有三，如香缾焉。又次曰乳榻，蓋香之雜於砂石者也。又次曰黑榻，蓋香色之黑者也。又次曰水濕黑榻，蓋香在舟中，爲水所浸漬而氣變色敗者也。品雜而碎者曰斫削，簸揚爲塵者曰纏末，皆乳香之別也』。夏德（F. Hirth）羅志意（W. W. Rockhill）以爲，乳香以香之形狀得名，阿拉伯有香名 laban 者，意亦爲乳。薰陸，廣州音爲 fan-luk，古音爲 hun-luk，應爲阿拉伯文 kundur，或印度文 kundu 或 kundura 之對音。麻囉拔即 Merbat，施曷即 Shehr，奴發即祖法兒（Dufar），乃阿拉伯 Hadra-maut Coast 之三口岸，所謂產香之區也。夏羅二氏又引馬可波羅遊記說：『奴發（Dufar）在施曷（Esher，即 es-Shehr）西北五百哩，爲一巨大著名的佳城。這裏出產許多白香（white incense），產香的樹像小樅樹（fir-tru）一樣。採香時，用小刀在樹上割幾條裂口，香就從裂口裏流下來。有時，因爲太陽熱力的原故，不必用刀去割，香也會自己流出來的』。又引班特（Theodore Bent）南阿拉伯香國査勘記（Exploration of the Frankincense Courtry, Southern Arabia）說：『近 Cape Risut，有一很大的區域都爲香料樹所覆蓋，它們有像秦皮樹似的綠葉子，有小的綠花，有細瑣的果子。……最好的香料是出在 Hoye 和 Haski，距麻囉拔約有四日的行程。……其次是出在 Cape Risut 附近，其中一小部係出在 Cape Risut 迤西 Chiseri 地方』。『Mount Haghier（在 Sokotra）之南，遍山谷全是香料樹。最上品者稱 leban laki，其次者稱 leban resimi』[7]。馬氏班氏之說皆足與諸蕃志底記載相參證。

二，龍涎香　嶺外代答卷七：『大食西海多龍，枕石一睡，涎沫浮水，積而能堅。鮫人採之，以爲至寶。新者色白，稍久則紫，甚久則黑。因至番禺，嘗見之，不薰不蕕，似浮石而輕也。人云龍涎有異香，或云龍涎氣腥能發衆香，皆非也。龍涎於香，本無損益，但能聚煙耳。和香而眞用龍涎，焚之，一銖翠煙浮空，結而不散，座客可用一剪分煙縷。此其所以然者，蜃氣樓臺之餘烈也』。諸蕃志卷下所記略同。夏德羅志意以爲，龍涎香即酉陽雜俎卷四之「阿末香」，「阿末」廣州音 Omut，阿拉伯文之 anbar 也。按酉陽雜俎卷四原文「撥拔力國」條下，說：

『撥拔力國，在西南海中，……土地唯有象牙及阿末香。波斯商人欲入此國，團集數千人，齎緤布，沒老幼，共刺血立誓，乃市其物』。

9

撥拔力即諸蕃志之弼琶囉，在阿拉伯所屬之 Berbera Coast。但酉陽雜俎作者雖知有此香，未必見此香，歷史上遠地異物本名之保持，往往反在傳聞的時候；及習之益久，原名便往往愈不可知了。夏氏羅氏又引愛德銳斯（Edrisi）之說，說最好的龍涎香出在甕蠻（Oman）底海上。『這種東西從海底深處湧出。當大風暴捲起海潮的時候，阿末香就被拋在岸邊，許多人想着這是一種動物底排泄物，但並非如此』[8]。此種記載，可以證明代答之頗帶神秘氣息的記錄，亦不爲無据也。

三，蘇合香油　此香爲中國人所知最早的蕃香之一種，魏略與後漢書大秦傳俱有記載。梁書亦記此香，並謂此香之來中國者，多摻雜僞品。嶺外代答卷三「大食諸國」條下，記麻離拔白達吉慈尼諸國出產，諸蕃志卷上弼琶囉國白達國吉慈尼國各條下，記本國出產，各有蘇合油或蘇合香油。諸蕃志卷下說：『蘇合香油，出大食國，氣味大抵類篤耨，以濃而無滓爲上。番人多用以塗身，閩人患大風者，亦倣之。可合軟膏及入醫用』。

弼琶囉即 Berbera Coast，白達即報達（Baghdad），吉慈尼依夏德羅志意說，爲 Ghazni[9]，與麻離拔俱爲阿拉伯屬地。

四，薔薇水　嶺外代答卷三「大食諸國」條下，記麻離拔眉路骨惇出產，各有薔薇水。麻離拔即麻囉拔（Merbat），眉路骨惇即諸蕃志卷上蘆眉條下之眉路骨。夏氏羅氏以眉路骨爲蘆眉之首城，蘆眉即阿拉伯地理家所謂 Rūm Bilād ar-Rūm（意爲希拉人之地），今日所謂小亞細亞（Asia Mnor）也。諸蕃志卷下說：『薔薇水，大食國花露也。……今多採花浸水，蒸取其液以代焉。其水多雜僞。以琉璃缾試之，翻搖數四，其泡周上下者爲眞。其花與中國薔薇不同』。同書卷上，記施國條下，又說大食人以駝運薔薇水，載舟上來此，與別國交易。伊本霍開（Ibn Haukal）之書也說，波斯灣附近的省分以薔薇水（rose-water）行銷世界各地而馳名。穆開得斯（Makaddasi）說，沙柏（Shapur）城及其山谷出產十種不同的香油，行銷東方極爲廣遠[10]。

五，蕃梔子　嶺外代答卷七：『蕃梔子出大食國，佛書所謂薝蔔花是也。海蕃乾之，如染家之紅花也。今廣州龍涎之所以能香者，以用蕃梔故也。又深廣有白花，全似梔子花，而五出。人云亦自天竺來，亦名薝蔔，此說恐非是』。代答說梔子和薝蔔花的關係，前後矛盾：「佛書所說薝蔔花」上，似脫一「如」字。梔子，學名 Gardenia Florida。薝蔔，當爲梵文 Champaka 之對音，英文作 Champac tree，今譯作金香木，學名作 Michelia Champaca，產於東印度，與梔子不是一種東西。代答疑梔子不自天竺來，不名薝蔔，甚是。諸蕃志卷下記有梔子花，說出自大食底啞巴閑和囉施美。啞巴閑，又作啞四包閑，爲 Isphahan 或 Isfahan，即元人之亦思法杭。囉施美即 Khwārizm[11]。二國都是阿拉伯底屬地。

六，木香　諸蕃志卷上記大食國弼琶囉國出產，各有木香。同書卷下說：『木香出大食麻囉抹(拔)國，施曷奴發亦有之。樹如中國絲瓜，冬月取其根，剉長一二寸曬乾，以狀如雞骨者爲上。』夏德羅志意以爲，木香即拉丁文的 Costus，語原爲梵文的 Kushtha，乃是 Kashmere 底土產，爲 Sindh 各口底重要出貨。諸蕃志所記未免有誤[12]。洛佛(B. Laufer)以，爲趙汝适時，中國人確知木香自大食諸國而來，諸蕃志所記並不得視爲謬誤；中國人所謂木香，並無植物學上的意義，乃是一種商業上的分類，實包含來自許多不同區域的不同種類的產品而言。洛氏一方面旣舉出 Dioscorides 書中記有阿拉伯印度敍利亞三處所產，形狀顏色完全不同的 costus，爲夏氏羅氏說之反証，另一方面又歷舉中國書籍記載木香產地有雲南崑崙西湖大秦印度交州之不同，以爲己說底例証[13]。關於植物學上的知識，本文作者幾無所知，不能在這方面批評夏羅二氏說和洛氏說底是非；但只就兩說底考証說，洛氏特別顯得詳核，其說似較夏羅二氏之說爲勝。並且，我們覺得諸蕃志作者本人曾提舉泉州市舶司，本書係記與泉州互市諸國及諸國輸泉貨物，關於木香產地底記載應有所據。即使阿拉伯及其屬國沒有這種香貨出產，木香也至少應該是阿拉伯商人手中的貿易品。木香出產地底問題，對於我們現在的問題，是沒有很大的影響的。

七，沒藥　此爲古代西方人最重視的香料和藥膏。其氣芳烈，味香而苦。諸蕃志卷上謂弼琶囉產沒藥甚富。同書卷下又謂沒藥來自大食之麻囉抹(拔)，高大如中國松樹，皮厚一二寸；採香時，先掘樹根地上成穴，再以斧砍破樹皮，樹脂流到穴裏經十日就可取出來。沒藥之「沒」，在中文上毫無意義，顯然爲一外來字的譯音。夏德羅志意以爲，「沒」底廣州音爲 müt，是阿拉伯文 murr 底對音[14]。洛佛以爲，「沒」古音 mut 或 mur，無疑地可歸原爲一西米太波斯系統的名字 (Semito Peraian name)，——希和來文的 mor，亞拉美文的 (Aramaic) murā，阿拉伯文的 murr，或波斯文的 mor。但「沒」之原文，究竟爲一阿拉伯文或一波斯文，洛氏保留一個意見：他以爲，沒藥之名如始於宋代，則可謂其源於阿拉伯文；如始於唐代或較遠的時期，當以源於伊蘭語爲可靠[15]。我們在宋以前的文件中，雖未發現沒藥一名，但不能因此就敢斷定宋前人沒有使用過這個名字，我們對於洛氏愼重的保留案尙不敢作肯定的決議。現在我們所相信的，即不問沒藥底語源如何，宋時的伊斯蘭教徒之以沒藥爲一種重要香料商品，並無疑問。截至第十四版之大英百科全書止，其所記現在出產沒藥的地域，猶僅限於阿拉伯和東阿非利加洲，以視諸蕃志底記載尙不能有所改變也。

八，丁香　嶺外代答卷三「大食諸國」條下，記麻離拔國出產，有丁香。諸蕃志卷上記闍婆蘇吉丹大食海南出產，也各有丁香。又記大食之甕蠻（Oman）以馬，寶，石，及棗，易外商來貿易之丁香，白荳蔻，及腦。又記三佛齊細蘭之入口貨有丁香，而謂三佛齊之丁香爲大食人所轉販。同書卷下又說：『丁香出大食闍婆諸國，其狀似丁字，因以名之。能辟口臭，郎官咀以奏事。其大者謂之丁香母，丁香母即雞舌香也。或曰：「雞舌香，千年棗實也。」』依此各條之記載，宋時來中國之丁香不盡爲伊斯蘭教徒底商品，但似以伊斯蘭教徒所販運者爲多。甕蠻當爲波斯灣上一個丁香市場。細蘭底丁香亦當爲伊斯蘭教徒所運。因三佛齊底丁香既來自大食，三佛齊大食途中細蘭底丁香不應反非大食之物。三佛齊細蘭之有丁香，雖似與中國無關，但此亦可見大食丁香在南海上之地位也。

九，金顏香　諸蕃志卷下：『金顏香正出眞臘，大食次之。所謂三佛齊有此香者，特自大食販運至三佛齊，而商人又自三佛齊轉販入中國耳。其香乃木之脂，有淡黃色者，有黑色者，拗開雪白爲佳，有砂石爲下。其氣勁工於聚衆香，今之爲龍涎軟香佩帶者多用之。蕃人亦以和香而塗其身』。夏德羅志意不以阿拉伯產金顏香，而以諸蕃志所謂『正出眞蠟，大食次之』者，是說阿拉伯人自其經過各地，取道三佛齊運至中國之金顏香，乃較自眞臘直接運來者爲差耳[16]。然無論如何，金顏香爲宋時伊斯蘭教徒之一種香料貿易品，則無疑問。

十，安息香　諸蕃志卷上列安息香爲大食產物，而同書卷下謂安息香出於三佛齊。夏德羅志意洛佛以 Benzoin 或 Benjoin 譯之。Benjoin 在西元十五世紀中葉以前，不爲歐洲人所知。英文的 Benjoin，係阿拉伯文 loban jawi 之譌訛。葡萄牙文作 benzawi, beijoim, benjoin，西班牙文作 benjui menjui，意大利文作 belzuins belquins，法文作 benjoin，與英文的情形略同。Lulan jawi 者，其意爲爪哇之香；阿拉伯人所謂爪哇，即今之蘇門答臘。洛氏謂安息香實際產於蘇門答臘渤泥和其他馬來諸島[17]。大概宋時伊斯蘭教徒底貿易品，不僅爲阿拉伯及其屬國所出；他們足跡所經，凡認爲可獲得利潤的商品，當有儘量的採取。這本是商人應作之事，並不足怪。當時著作家未能分析這種情形，因而有誤謬的記

12

錄，也屬事理之常。

十一，肉荳蔻　嶺外代答卷二以肉荳蔻爲闍婆產。諸蕃志卷下以肉荳蔻出自黃麻駐與牛崘。但諸蕃志卷上記黃麻駐牛崘爲闍婆屬國，兩書記肉荳蔻產地可謂相合。此外，諸蕃志卷上記大食產物，也有肉荳蔻。或者肉荳蔻亦非阿拉伯及其屬國所有，但同時却是伊斯蘭教徒之香料商品中的一種。

十二，檀香　諸蕃志卷下言檀香出於打綱底勿及三佛齊。打綱底勿均爲闍婆屬國。但同書卷上記佛囉安天竺層拔物產，也各有檀香。佛囉安在馬來半島西岸之Beranaz；層拔係在非洲東岸，爲阿拉伯屬地。大概此香亦僅伊斯蘭教徒底一種貿易品，未必爲阿拉伯及其屬地之產品也。

以上十二種伊斯蘭教徒所販賣的香料之攷証，雖僅是一種貿易品的舉列，但如將上列香料與當時全部香料貿易品底名色種類作一比較，便可知道當時伊斯蘭教徒底香料貿易在南海貿易中地位之重要。

宋時的南海貿易，自開國之初，本即有以香料貿易佔主要地位的現象。我們要看宋會要稿「職官」四四，

市舶司下所記貨物名色，自宋初起便幾乎完全屬於香料和藥材，即可瞭然這種情形。太平興國七年（西元九八二年）閏十二月，宋太宗以詔令公布市舶上來的禁榷物八種，放通行藥物三十七種。禁榷物八種，是 13

瑇瑁　牙　犀　賓鐵　鼊皮　珊瑚　瑪瑙　乳香

通行藥物三十七種是

木香　檳榔　石脂　硫黃　大腹　龍腦　沈香
檀香　丁香　皮桂　胡椒　阿魏　蒔蘿　蓽澄茄
訶子　破故紙　荳蔻花　白荳蔻　鵬沙　紫礦　胡蘆巴
蘆會　蓽撥　益智子　海桐皮　縮砂　高良薑　草荳蔻
桂心苗　沒藥　煎香　安息香　黃熟香　烏樠木　降眞香
琥珀

就所謂放通行藥物三十七種說，其中有不少的香料，然尙都不害其爲藥物。但這所謂放通行藥物是和所謂禁榷物在一詔令中同時並列的，禁榷物並不限於藥物。我疑惑上列的禁榷物和放通行藥物，連合一起，就是當時入口的主要貨品之全部。這証之後來入口貨底情形，及當時政府對於「香藥」一詞之習慣用法，似頗近於事實。如果眞是事實，則當太平興國時，入口的香料已有

乳香　木香　龍腦　沈香　檀香　丁香　荳蔻花

白荳蔻 草荳蔻 沒藥 煎香 安息香 黃熟香 降眞香

十二種，佔有主要入口貨底五分之二。

紹興三年（西元一一三三年）十二月十七日，戶部奏准一個蕃物名色底單子，其中一部是指定起發赴行在的，一部是令三路市舶司隨時變賣的。原奏略謂：『勘會三路市舶，除依條抽解外，蕃商販到乳香一色及牛皮筋角堪造軍器之物，自當盡行博買。其餘物貨，若不權宜立定所起發窠名，竊慮枉費脚乘。欲令三路市舶司將今來立定名色，計置起發。

下項名件欲令起發赴行在送納：

金 銀 眞珠 玉 *乳香
牛皮筋角 象牙 犀 *腦子 *麝香
*沈香 *上中次箋香 *檀香 烏文木 鵬砂
朱砂 *木香 人參 *丁香 琉璃
珊瑚 *蘇合油 *白荳蔻 牛黃 膃肭臍
*龍涎香 藤黃 血碣 蓽澄茄 *安息香
縮砂 *降眞香 *肉豆蔻 訶子 *舶上茴香
茯苓 *菩薩香 鹿茸 *黑附子 *油腦
蓯蓉 琥珀 上等螺犀 中等螺犀 下等螺犀
水銀 上等藥犀 中等藥犀 下等藥犀 *鹿速香
*赤倉腦 *腦泥 *木扎腦 夾雜銀 石碌
*白附子 銅器 銀硃 苛子 南蕃蘇木
高州蘇木 隨風子 *青木香 乾薑 川芎
紅花 雄黃 川椒 石鍾乳 硫黃
白木 *夾雜黃熟香 *頭上等生香 茴香 烏牛角
白牛角 沙魚皮 上等鹿皮 魚膠 海南蘇木
*熟速香 薑黃 龜筒皮 魚鰾 椰心簟
蕃小花狹簟 菱牙簟 蕃顯布 海南碁盤布
海南吉貝布 海南青花碁盤皮單 *下色絣香 海南白布
海南白布皮單 *揀香 *上色絣乳香 *中色絣香
*次下色絣香 *上色袋香 *中色袋香 *下色袋香
*乳香塌香 *黑塌香 *水濕黑塌香 青碁磐布紬 *生速香
斫削揀選低下水濕黑塌香 黃蠟 松子 榛子
*夾煎黃熟香 頭白蕪荑 山茱萸 茅朮 防風
杏仁 五苓脂 黃耆 土牛膝 毛絁布
高麗小布 *占城速香 *生熟香 *夾煎香 *上黃熟香
*中黃熟香 *下箋香 石斛

下項名件，欲令本處一面變賣：

*薔薇水 *御碌香 蘆薈 阿魏 蓽撥
史君子 *荳蔻花 肉桂 桂花 *指環腦
*丁香母 扶律膏 大風油 *加路香 火丹子

14

紹興十一年（西元一一四一年）十一月戶部言：『重行裁定市舶香藥名色，仰依合起發名件，須管依限起發前來。所是本處變賣物貨，除將自來條格內該載，合充循環本錢外，其餘遵依已降指揮，計置起發施行，不管違戾，合赴行在送納。可以出賣物色：

細色呵子　*中箋香　*沒藥　破故紙　*丁香
*木香　*茴香　茯苓　玳瑁　鵬砂
蒔蘿　紫礦　瑪瑙　水銀　天竺黃
末硃砂　人參　鱉皮　銀子　*下箋香
芹子　鋼器　銀硃　*熟速香　*帶根丁香
桔梗　澤瀉　茯神　金
*舶上茴香　*中熟速香　玉　*乳香　*麝香
夾雜金　夾雜銀　*沉香　*上箋香　*次箋香
鹿茸　珊瑚　*蘇合油　牛黃　血竭（碣）
膃肭臍　龍涎香　蓽澄茄　*安息香　琥珀
雄黃　鍾乳石　*薔薇水　蘆薈　阿魏
*黑篤耨　*篤耨香皮　*篤耨香　沒石子　雌黃
*鷄舌香　香螺奄　葫蘆芭　翡翠　*金顏香
蘆黃　*白荳蔻　*龍腦有九等
——*熟腦　*梅花腦　*米腦　*白蒼腦　*油腦
*赤蒼腦　*腦泥　*鹿速腦　*木扎腦——

*紫藤香　萬芹子　*荳蔻　*黑篤耨　龜童
*沒藥　天南星　*青桂頭　秦皮　橘皮
鼈甲　蒔蘿　官桂　榆甘子　益智
高良薑　*甲香　天竺黃草　*荳蔻　藿香
紅豆　草菓　大腹子肉　破故紙　*苓苓香
蓬莪　朮木　鼈子　石決明　木蘭皮
*丁香皮　*殼荳蔻　烏藥　柳桂　桂皮
*檀香皮　蘆黃相思子　蒼朮　*青椿香　*幽香
*桂心大片香　*蘆黃熟纏末　*湖腦　三賴子　龜頭枝
寶密木　*檀香纏　*丁香枝　*白膠香　*椿香頭
*雞骨香　*龜同香　白芷　*亞濕香　木蘭茸
*烏黑香　*鹽熟香　*下等丁香　*下等冒頭香
*下等鹽香頭　*下等青桂片香　*麝香木　蕃檳榔肉
連皮檳榔　*舊香　連皮大腹　*鹽熟香頭　海桐皮
松搭子　犀蹄　土半夏　常山鷂仁　遠仁
*暫香　*下速香　*下黃熟香[18]』

我們看原奏所謂乳香及牛皮筋角以外的『其餘物貨』，顯然是指當時入口貨的全部。在這全部貨單中，香料居一個很明顯的主要地位。我們只要數數標識在香料名色上的星號，便可知當時香料底種類在當時全額貿易品中佔幾分之幾的數字了。

麤色胡椒 *檀香 *夾箋香 黃蠟 *黃熟香

吉貝布 磯面布 香米 縮砂 乾薑

蓬莪朮 *生香 *斷白香 *藿香 蓽撥

益智 鼈子 *降眞香 *桂皮 木綿

史君子 *肉荳蔻 檳榔 青橘皮 小布

大布 白錫 甘草 荊三稜 *碎箋香

防風 蒟醬 *次黃熟香 *烏里香 *苓上香

*中黃熟香 *冒頭香 三賴子 青苧布 *下生香丁香

海桐皮 蕃青班布 *下等冒頭香 *下等五里香

苓牙簟 *修割香 *中生香 白附子 白熟布

白細布 *山桂皮 *暫香 *帶枝檀香 *鉛土茴香

*烏香 *牛齒香 半夏 苧袴布 石碌

*紫藤香 *官桂 *桂花 *花藤麤香 紅荳

高良薑 *藤黃黃熟香 *頭釵藤黃熟香片

*螺頭斬剉香 *生香片 水藤皮 蒼朮 紅花

片藤 瑠琉(璃) *水盤頭 *赤魚鰾香纏

*小片水盤頭 *杏仁紅橘皮二香 *大片香 糖霜

天南星 松子 篦小布 *大片水盤香 *中水盤香

*獐(樟)腦 *青桂香 *斧口香 白苧布 鞋面布

*丁香皮 草菓 生苧布 *土檀香 青花番布

蓯蓉 螺犀 隨風子紬 丁海母

*龜同亞濕香 菩提子 鹿角 蛤蚧 洗銀珠花

梨木 瑠璃珠 椰心簟 犀蹄 蕃糖

師子綏(枝實龜重杻費脚乘) 窊木 大蘇木

小蘇木 硫礦 白藤棒 修截香 *青桂頭香

蕃蘇木 海南蘇木 口口口口鑞鐵白藤

篦鐵水藤坯子 大腹子 *薑黃麝香木 跳香 *鷄骨香

大腹 *檀香皮 把麻 倭板 倭枋板頭

薄板 板掘 短板肩 椰子 長薄板

合簟 火丹子 蛙蛄乾 倭合山枝子 *白檀木

*黃丹麝檀木 苧麻 蘇木稍頭 相思子

倭梨木楂 藤子 滑皮松 香螺殼 連皮大腹

吉貝花布 吉貝紗 瓊枝菜 *砂黃龜生香 琥黃泥

黃木柱 短小零板 杉枋厚板 松枋 海松板

木枋厚板 令赤藤 厚枋 海松枋 長小零板

板頭 松花小螺殼 麁黑小布 杉板 狹小枋

令團合 雜木柱 枝條蘇木 水藤蔑 *三抄香團

鐵脚珠 蘇木脚 生羊梗 黃絲火杕 *煎盤

*黑附子 *油腦 藥犀 *青木香 白朮

蕃小花狹簟 海南白布 單青蕃碁盤小布 白蕪荑

山茱萸 茅朮 五苓脂 黃耆 毛施布

*生熟香 石斛 大風油 秦皮 *草荳蔻

烏藥 香白芷 木蘭茸 薏仁 遠志

海螺皮 生薑 黃苓 龍骨草 枕頭

16

土琥珀	冷餅	密木	白眼香	*鬱香
鐵熨斗	土鍋	*荳蔻花	砂魚皮	*拍還腦
*香栢皮	黃漆	滑石	蔓荊子	金毛狗脊
五加皮	榆甘子	菖蒲	土牛膝	*甲香
*加路香	石花菜	繇絲蠶頭	*大價香	五倍
細辛	*韶腦	*舊香	*御碌香	大風子
*檀香皮	*纏香皮	*纏末	大食芎崙梅	
*薑(藁)陸香	召亭枝	龜頭犀	*香荳根	*白腦香
*生香片	舶上蘇木	*水盤頭	*幽香	蕃頭布
海南碁盤布	海南青花布	皮單	長木	長倭條

短板肩[19]』

這個可以出賣物色的名單，比紹興三年所定名色底後半部，更爲詳細。香料在這個名單中所佔的地位，也是很明顯地重要。這種情形，一直到南宋晚季，似乎沒有變改。

宋代關於市舶貨物，有一個通用的名詞，叫作「香藥」。這個名詞雖在唐時已有人應用[20]，但是並不見普遍，到了宋代才普遍起來。宋人所謂「香藥」，普通固僅指香料和藥材，但在行政的慣語上，却嘗附有香料藥材以外的東西。宋史卷二六八張遜傳，記遜當太宗時，『再遷香藥庫使……由是犀象香藥珍異充溢府庫。』文昌雜錄卷三說『內香藥庫在謻門，凡二十八庫，眞宗皇帝賜御詩二十八字以爲庫牌。其詩曰，每歲沈檀來遠裔，累朝珠玉實皇居，今辰內府初開處，充牣尤宜史筆書。』宋會要稿職官四四引哲宗正史職官志說：『蕃貢市舶香藥寶石，則歸香庫』。這都可見「香藥庫」之「香藥」，在香料藥材外，實包含犀象珠寶等珍異蕃貨。又文献通考說：

17

『元祐元年，杭明廣三州舶司是年收錢糧銀香藥等五十四萬一百七十三緡匹斤兩段條箇顆臍隻粒，支二十三萬八千五十六緡匹斤兩段條箇顆臍隻粒。』

所謂「條箇顆臍隻粒」，旣非錢糧也不盡是香藥，裏面至少必包含犀角象牙和眞珠。香藥一詞底這種用法，也很可以反映出香料和藥材在南海貿易中，實居領袖的地位。

伊斯蘭教徒在南海香料貿易中的貨物，依前節所考雖僅見有十二種，但在諸蕃志所記四十七種蕃貨中已佔四分之一而強，在同書所記二十二種蕃香中已佔二分之一而強。若更以紹興年間兩次頒布的蕃貨名色來分析地寫，則這十二種香料，除了梔子非這兩次名單中所有，

及

龍涎香　蘇合香油　薔薇水　沒藥　金顏香

安息香　肉荳蔻

未見子名外，乳香木香和檀香實包括許多名稱，計

一，乳香下有

乳香　瀟陸香　揀香　上色缾乳香

中色缾香　下色缾香　次下色缾香　上色袋香

中色袋香　下色袋香　塌香　黑塌香

水濕黑塌香　斫削揀選低下水濕黑塌香　纏末

二，木香下有

木香　青木香

三，丁香下有

丁香　丁香母　雞舌香　丁香皮

丁香枝　帶根丁香　下等丁香

四，檀香下有

檀香　檀香皮　帶枝檀香　（土檀香）

檀香纏

以每一子名作一種名色來計算，以上已有三十五六種，約佔全部市舶香料名色七分之二，也不能說是不多了。並且這三十五六種名色俱屬常用或名貴之品。此外，名色雖多，但除了不常用或僅為入藥用者外，其常用或牌名的純正香料，僅為

一，沈香屬的：

沈香　上箋香　中箋香

次箋香　下箋香　夾箋香　碎箋香

鹿速香　熟速香　中熟速香　下熟速香

黃熟香　上黃熟香　中黃熟香　次黃熟香

下黃熟香　夾雜黃熟香　夾煎黃熟香　占城夾煎香

占城速香　黃熟纏末　籐黃黃熟香　頭釵籐黃熟香

麤熟香　麤熟香頭　細生速香　生速香

暫香　生香　高上等生香　中生香

下生香　黃麤生香　生香片　水盤頭

小片水盤頭　大片水盤頭　中水盤香

二，龍腦屬的：

龍腦　熟腦　梅花腦

米腦　白蒼腦　油腦　赤蒼腦

腦泥　鹿速腦　木札腦　指環腦

白腦香　𤥾腦　潮腦　部腦

扶律膏（？）

三，荳蔻屬的：

荳蔻　白荳蔻　天竺荳蔻

荳蔻花　荳蔻殼

四，篤耨屬的：

篤耨香　篤耨香皮　黑篤耨

以及麝香木，麝香，薑黃麝香，降眞香，紫藤香，白檀

木，黃丹麟檀木等。若僅就舶上香料之馳名及常用者，並捨棄名色底分類而按着香料底分類說，伊斯蘭教徒手中的香貨反應該是佔當時的香料貿易品之多數呢。

宋時的香料，以乳香之用爲最廣。宋政府對於乳香常爲大量的收買，對於乳香貿易常作特別的獎勵。粵海關志卷三引畢衍中書備對說：

『明杭廣州市舶司博到乳香計三十五萬四千四百四十九斤。……三司三年出賣計八十九萬四千七百一十九貫三百五文，熙寧九年三十二萬七千六百六貫一百四十七文，熙寧十年三十一萬三千三百七十四貫二百四文，元豐元年二十五萬三千七百三十八貫九百五十四文』。

三十五萬四千四百四十九斤的數目，不註明係經若干時期所博買到的。但原文在這個數目下，又提到『廣州收三十四萬八千六百七十三斤』，「廣州」下註云，『熙寧十年帳內不開說是用是何錢物博買到』，則這個數目似是熙寧九年熙寧十年和元豐元年三個年頭中博買到的總額。若三年平均計算，則每年中三司共博買乳香約十二萬斤之譜。宋史食貨志說：

『建炎四年，泉州抽買乳香一十三等八萬六千七百八十斤有奇』。

一司所買已超過八萬斤，三司抽買總額至少要在二十萬斤以上了。宋會要「職官」四四：

『（紹興三年詔廣南東路提舉市舶司官）：「今後遵守祖宗舊制，將中國有用之物如乳香藥物及民間常使香貨，並多數博買。內乳香一色客算尤廣，所差官自當體國招誘博買」。……

（同年十二月十七日）戶部言：「勘會三路市舶，除依條抽解外、蕃商販到乳香一色及牛皮筋角堪造軍器之物，自當盡行博買。……」詔依。……

（紹興六年十二月二十九日，戶部言）：「除象牙乳香眞珠犀係是實貨之物，合依舊分數抽解外，其諸雜香藥物貨欲依已勘當事理施行」。詔依。……

（開禧元年八月九日提轄行在權貨務都茶塲趙善譜言）：「泉廣招買乳香，緣舶司闕乏，不隨時支還本錢，致有規避博買，詐作飄風前來明秀江陰舶司，巧作他物抽解，收稅私賣，擾奪國課。乞下廣福市舶司多方招誘，申給度牒變賣，給還本錢；仍下明秀江陰三市舶，遇蕃船回舶，乳香到岸盡數博買，不得容令私賣」。從之。十月十一日，詔泉廣市舶司將逐年博買蕃商乳香，自開禧二年爲始，權住博買』。

宋史食貨志：

『（紹興）六年，知泉州連南夫奏請諸市舶綱首能招誘舶舟，抽解物貨，累價及五萬貫十萬貫者，補官有差。……閩廣舶務監官抽買乳香，每及一百萬兩轉一官。又招商入蕃興販，舟還在罷任後，亦依此推賞』。

這都可見宋政府對於乳香之注意博買，及對乳香業之獎勵。依前節底考證，我們已知道乳香貿易全握在阿拉伯

19

入手中。而宋史食貨志記大食蕃客囉辛之販乳香値三萬緡，補承信郎，也爲宋代香料蕃商中之僅有的記錄。我們相信伊斯蘭教徒在宋時香料貿易中的地位，因乳香業之獨霸，便足助成它在南海貿易中佔一最主要的地位，也可以說是在南海的領袖貿易（指香料貿易說）中更獲得一領袖的地位。

第三　宋時伊斯蘭教徒底香料貿易與宋之國用

宋時市舶之利，在開國以後，本即逐趨重要；崇寧以後，收入更爲增加，有助於國用者不少。我們看諸書中之記及宋代市舶之利者，宋史卷二六八張遜傳說：

『遜請於京置榷易署，稍增其價，聽商入金帛市之，恣其販鬻，歲可獲錢五十萬緡，以濟經費。太宗允之。一歲中果得三十萬緡。自是歲有增羨，至五十萬』。

文獻通考卷二〇開寶四年下引陳傅良曰：

『是時，市舶雖始置司而不以爲利。淳化二年，始立抽解二分，然利殊薄。元豐始委漕臣覺察拘攔，已而又置官望舶，而泉杭密州皆置司。崇寧置提舉，九年之間收置一千萬矣。政和四年，施述奏：市舶之設，元符以前雖有，而所收物貨十二年間至五百萬。崇寧經畫詳備，九年之內收至一千萬』。

玉海卷一八六「唐市舶使」條下，說：

『海船歲入象犀珠玉香藥之類，皇祐中五十三萬有餘，治平中增十萬，中興歲入二百萬緡』。

建炎以來朝野雜記卷十五，「市舶司本息」條下說：

『（建炎）六年冬，福建市舶司言：自建炎二年至紹興四年，收息錢九十八萬緡。……至紹興末兩舶司（閩廣）抽分及和買得息錢二百萬緡，隸版曹』。

我們更看諸書中之記宋國庫歲收者，如建炎以來朝野雜記卷十六，「宋初至紹照天下歲收數」條下，說：

『國朝混一之初，天下歲入緡錢千六百餘萬，太宗皇帝以爲極盛，兩倍唐室矣。天禧之末，所入又增至二千六百五十餘萬緡。嘉祐間又增至三千六百八十餘萬緡。其後月增歲廣，至熙豐間合苗役市易等錢所入，乃至六千餘萬。元祐之初，除其苛急，歲入尙四千八百餘萬。渡江之末（初），東南歲入不滿千萬。逮淳熙年，遂增至六千五百三十餘萬緡。今東南歲入之數獨上供錢二百萬緡，此祖宗正賦也』。

以以上各條所記歲收總額和市舶所收相比較，可得下表：

宋初（自西元九六〇年起）	歲收千六百餘萬	市舶利三十萬
天祐末　一〇二一	歲收二千六百五十餘萬	五十萬

20

皇祐	一〇四九至一〇五四	—	五十三萬
嘉祐	一〇五七至一〇六三	三千六百八十餘萬	—
治平	一〇六四至一〇六七	—	六十三萬
熙寧元豐	一〇六八至一〇八五	六千餘萬元	—
元祐初	一〇八六	四千八百餘萬	四十一萬六千餘
崇寧元年	一一〇二	六千餘萬	一百一十萬一千餘
渡江之初	一一二八年起	一千萬	二百萬
紹興末	一一六二	—	二百萬（僅閩廣二處）
淳熙	一一七四至一一九四	六千五百三十餘萬	—

從這個表可以看出有宋一代底市舶之利，眞是與年俱進。在南宋初年，市舶所入居然佔全部歲入五分之一，而與宋開國時東南全部國家正稅相抵，與南宋國家經費之關係可謂特別地大。在這種龐大的收入中，香料的抽解與和買，實佔一個極大的數目。所以紹熙元年，臣僚言：『錢賓與香貨皆所以助國家經常之費。況錢由江行，香由海行，乞今後市舶司綱官押海道鹽色綱及十萬斤，委無少欠，乞紐計價直，比附錢綱，推賞』[20]。宋史卷一八五食貨志也說：『宋之經費，茶鹽礬之外，惟香之爲利博』。宋時伊斯蘭教徒底香料貿易，對於這種稅收，究竟能作幾分之幾的貢獻，雖不可知，但這種貿易和宋之國用有極密切的關係，是很顯然的。

第四　宋時伊斯蘭教徒底香料貿易和當時的香料銷費

宋時香料銷費之盛，在香料底大批進口和蕃香進口之有助國用的情形下，是一種當然的現象。在這種現象中，伊斯蘭教徒底香料貿易品，受人重視或普遍地銷行，也應爲當然之事。

宋時用香的故事，最富麗者爲諸香宮燭。葉紹翁四朝聞見錄乙集：

『宣（和）政（和）盛時，宮中以河陽花蠟燭無香爲恨，遂用龍涎沈腦屑灌蠟燭，列兩行數百枚，譀明而香滃，鈞天之所無也。建炎紹興久不能進此，惟太后旋鑾沙漠，復値稱壽，上極天下之養，故用宣政故事。然僅列十數炬，太后陽若不聞。上至奉卮，白太后以燭頗愜聖意否？太后謂上曰：你爹爹每夜常設數百枝，諸人閤分亦然。上因太后起更衣，微謂憲聖曰：如何比得爹爹富貴』？

皇帝每夜設香燭至數百枝，諸人閤分亦設同樣之燭若干枝，這些燭內不知燒化了多少名貴香料。以視唐代馮若芳之燒乳香百餘斤，無論在香底品質上，燭的工細上，香燭底數量上，馮若芳均不足羡了。但宋宮庭之燒香燭，恐不只宣政盛時爲然。聞見錄說『宮中以河陽花蠟燭無香爲恨』，則宣政以前，河陽花蠟燭無香而已，他種蠟燭未必無香的。高宗極天下之養以爲太后壽，僅列香燭十數枝，恐也只是南渡初葉時的情形；以南宋南海香料貿易之盛，這種情形恐怕不會長久繼續，而要恢復到宣政盛時之舊觀的。燭中之合有伊斯蘭教徒販賣的龍誕，恐怕也是始終鄭重保持着的。我們看前文第一章所引鐵圍山叢談記政和四年春奉宸庫中的古龍誕，及同書卷二說蔡京題碑，於『食龍，輒書丹於石者數十字則止，必有御香，龍涎，上尊椽燭，珍瑰，隨錫以歸』，龍涎似爲宋朝庭上最尊尙之品。

齊東野語卷八，「香炬錦茵」條下說：

『秦檜之當國，四方餽遺日至。方滋德帥廣東，爲蠟炬，以衆香實其中，遣駛卒持詣相府厚遺主藏吏，期必達。吏使俟命。一日守各(閣?)吏曰：燭盡，適廣東方經略送燭一掩，未敢啓。乃取而用之。俄而異香滿座，察之，則自燭中出也。亟命藏其餘枚。數之，適得四十九。呼駛問故，則曰：經略專造此燭供獻，僅五十條：既成，恐不佳，試爇其一，不敢以他燭充數。秦大喜，以爲奉已之專也，待方蓋厚』。

方滋德以廣東帥底資格，用以結納權貴，居然成功的香燭，其中當然有多量的名品；若龍涎之類的香料恐怕是不能避免的。

宋時皇帝及貴族，於宴會時，製作香劑食品，或陳設名貴香藥，已成一種風氣。武林舊事卷九記紹興二十一年十月高宗幸張俊王府，張俊供進御筵節次，其中有「縷金香藥一行」，計爲

腦子花兒	甘草花兒	硃砂圓子	木香丁香
水龍腦	史君子	縮砂花兒	官桂花兒
白朮人參	橄欖花兒		

又有「砌香鹹酸一行」，計爲

香藥木瓜	椒梅	香藥藤花	砌香櫻桃
紫蘇柰香	砌香萱花柳兒	砌香葡萄	甘草花兒
㲣絲梅	梅肉餅兒	水紅薑	雜絲梅餅兒

以上各種香料食品之原料，除丁香木香可爲伊斯蘭教徒所販賣者外，其他食品中所用香料當也不少與丁香木香同一來源者。鐵圍山叢談卷二記蔡京『凡三日一赴局，

則供張甚盛，肴核(?)備水陸，陳列諸香藥珍物』。鼠璞卷上說：

『坡公與章質夫帖云：「公會用香藥，皆珍物，極爲番商坐賈之苦。蓋近造此例，若奏罷之，於陰德非小補」。予考坡仙以紹聖元年抵五羊，粲爲帥。廣通舶，出香藥，時好事者創此，他處未必然也。今公宴，香藥別卓爲盛禮，私家亦用之』。

這都可見香料在當時貴族筵席上應用之盛，其間阿拉伯香料恐怕是不能少的。

宋代焚香薰香之習，甚爲普遍。莊季裕雞肋編卷下說：

『吳幵正仲云，渠爲從官，與數同列往見蔡京，坐於後閤。京諭女童使焚香。久之不至，坐客皆竊怪之。已而報云香滿。蔡使捲簾，則見香氣自他室而出，靄若雲霧濛濛，滿座幾不相覩，而無烟火之烈。既歸，衣冠芳馥，數日不歇，計非數十兩不能如是之濃也。其奢侈大抵如此。』

葉夢得避暑錄話卷上說：

『趙清獻公好焚香，尤喜薰衣。所居既去，輒數日香不滅。衣未嘗置于籠，爲一大焙，方五六丈，設薰爐其下，常不絕煙。每解衣，投其間。』

歐陽修歸田錄卷二說：

『梅學士詢在眞宗時已爲名臣。至慶歷中，爲翰林侍讀以卒。性喜焚香。其在官舍，每晨起將視事，必焚香兩爐以公服罩之，

23 撮其袖以出。坐定，撒開兩袖，郁然滿室濃香。』

老學庵筆記卷一：

『京師承平時，宗室戚里歲時入禁中。婦女上犢車，皆用二小鬟持香毬在旁，而袖中又自持兩小毬。車馳過，香煙如雲，數里不絕，塵土皆香。』

這略可見焚薰之習，普遍之一斑。又楓窗小牘卷上說：

『汴京閨閣粧抹凡數變。崇寧間，少嘗記憶作大鬢方額。政宣之際，又尙急把垂肩。宣和已後，多梳雲尖巧，額鬢撑金鳳，小家至爲剪紙襯髮。膏沐芳香，花鞾弓屣，窮極金翠，一襪一領費至千錢。今閭口(南?)中閨飾復爾。如瘦金蓮方，瑩面丸，遍體香，皆自北傳南者。』

這則香料之普遍地應用，又不只於焚薰爲然，而以香料作化裝品者，更曾以汴京爲中心，推行於各地之一般社會。不過伊斯蘭教徒之香品，在焚薰化裝中究佔如何位置，因史料有闕，不甚可考了。

張知甫可書說：

『僕見一海賈鬻，眞龍涎香二錢，云三十萬緡可售鬻。時明節皇后許酬以二十萬緡。不售。遂命開封府驗其眞贋。吏問何以爲別。賈曰：浮於水則魚集，熏衣則香不竭。果如所言。』

鐵圍山叢談卷五說：

『舊說薔薇水乃外國採薔薇花上露水，殆不然。實用白金爲甑，採薔薇花蒸氣成水，則屢採屢蒸，積而爲香，此所以不敗。

但異域薔薇，花氣馨烈非常，故大食國薔薇水雖貯琉璃缶中，蠟密封其外，然香猶透徹，聞數十步，洒著人衣袂，經十數日不歇也。至五羊效外國造香，則不能得薔薇，第取素馨茉莉花爲之，亦足襲人鼻觀，但視大食國眞薔薇水猶奴爾。」

這略可見一部份伊斯蘭教徒底香料貿易品在宋代社會上享受盛譽的一斑。

第五　宋時伊斯蘭教徒底香料貿易品之入藥

中國人之以香料入藥，由來已久。宋時，此風更盛。伊斯蘭教徒所販賣之香料入藥者，不在少數。政和證類本草集各種本草之涉及香藥者，有云：

「乳香微溫，療風水毒腫，去惡氣，療風癮疹痒毒。」「下香益精，補腰膝，治腎氣，止霍亂，衝惡，中邪氣，心腹痛，疰氣。煎膏，止痛長肉。入丸散，微妙殺毒，得不粘。」「療耳聾中風口噤，婦人血氣，能發酒，理風冷，止大腸洩，辟療諸瘡令內消。」

「蘇合香，味甘溫無毒，主辟惡，殺鬼，精物，溫瘧，蠱疰，去三虫，除邪　令人無夢魘。久服通神明，輕身長年。」

「木香，味辛溫無毒，主邪氣，辟毒疫溫鬼，强志，主淋露，療氣劣，肌中偏寒，主氣不足，消毒，殺鬼，精物，溫瘧蠱毒。」

「沒藥味苦平，無毒，主破血止痛，療金瘡，杖瘡諸惡瘡痔漏，卒下血，目中翳暈痛，膚赤。」

「丁香，味辛溫無毒，主溫脾胃，止霍亂，擁脹，風毒諸腫，齒疳口，能發諸香。其根，療風熱毒腫。」

「安息香，味辛苦，平，無毒，主心腹惡氣鬼疾。」

「肉豆蔻，味辛溫無毒，主鬼氣，溫毒，治積冷心腹脹痛，霍亂，中惡，冷疰，嘔沫，冷氣，消食止洩，小兒乳霍。」

這是在我們所知道的伊斯蘭教徒之十二種香料中，已有七種入藥。在這七種中，乳香、蘇合香、丁香列爲木部上品，沒藥、安息香列爲木部中品，木香列爲草部上品，肉豆蔻列爲草部中品，大致說來，可以說都是宋時的優良藥品。另外檀香也在宋時入藥，但似不常用。梔子也已入藥，但宋人並不一定用蕃梔子。這兩種香之入藥者，我們都可以暫時不算。其於上面所錄各香主治各症的案語，雖或出於宋以前，但唐愼微既已採錄，也可看作宋人同意的說法。

這七種入藥的香料，在藥劑中之實際的應用，綜錯變化，不可悉舉。今僅就經濟總錄「諸風」一門所收，已有

乳香丸八種，乳香散三種，乳香丹一種，

木香丸五種，木香湯一種，

沒藥丸五種，沒藥散二種，

安息香丸兩種，

肉豈蔻丸一種。

這可見有宋一代，用上述香料作主藥以製成的圓散丸湯，種類之多。太平惠民和劑局方中用這些香料作主藥並用以標名的藥劑，

在紹興以前僅有十種，

紹興續添三種，

寶慶新增四種，

淳祐以後續增十八種。

這可見它們在宋代藥物地位上之發展。蘇沈良方卷二有木香散，說：

『此藥，福唐陳氏者鬻以自給。郡人極神之，未有得其方者。一日爲其親戚攘得與予。予作官處，即合以施人，如法煮服，以衣覆取汗。不過三五服，輒瘥。所至，人來求藥者無窮，其驗如神』。

卷五又有蘇合香丸，說：

『本出廣濟方，謂之白朮丸。後人編入外臺千金等方云。眞宗朝嘗出蘇合香酒賜近臣，又賜蘇合香丸，自此方盛行於世。此藥大能安氣血，卻外邪。凡疾自內作，不曉其名者，服此往往得效。唯治氣疾，氣厥，氣不和，吐利，榮衞阻塞，尤有神功。予所親見者，嘗有淮南監司官謝執方因嘔血甚久，遂奄奄而絕，羸敗已甚，手足都冷，鼻息皆絕，計無所出，唯研蘇合香丸灌之，盡半兩遂甦。又予所乘船，有一船工之子病傷寒，日久而死，但心窩尙暖，不忍不與藥，棄而不救，試與蘇合香丸灌之，四丸乃省，遂瘥。予友人爲兩浙提點刑獄，嘗病，大瀉，目視天地皆轉，神思不理，諸藥不效，服蘇合香至兩丸許，頓覺輕爽，腹瀉亦止。予目覩救人於將絕者，不可勝計。人家不可無此藥，以備急難。瘟疫時尤宜服之。辟疫尤驗。……東陽劉使君少時嘗病瘵，日漸羸削，至於骨立肌熱盜汗，勞狀皆具，人有勸服此藥，凡服八九兩，所苦都差』。

洪氏集驗方卷一說：

『肉豆蔻散，治赤白痢。無藥可治者，其效如神。上吐下痢者亦治』。

卷三說：

『丁香草菓散，治大人小兒脾虛，發熱，及潮熱，他藥不能治者，服之如神』。

這又可見上述各香所合藥劑，有不少造福社會，爲當時方家所稱者。

異國香料之初度入華，當然是由香料商人宣傳它們的用法和它們品質之佳妙。香料之能入藥，也許有一部份是中國人偶爾的發現，大體上總是得其知識於香藥商人。我們看見宋時的入口貨物單上，有許多純粹藥材，

25

並看見嘉祐二年仁宗令修本草的詔令中說：

『其蕃夷所產藥，即令詢問權塲市舶商客，亦依此供析，并取逐一味各二兩或一二枚封角，因入京人差齎送，當所投納，以憑照証』[24]。

宋時之有大批的關於蕃藥知識之輸入，毫無問題。並且我們看嘉祐本草圖經說：

『補骨脂，生廣南諸國及波斯國。……胡人呼若婆固脂，故別名破故紙。今人多以胡桃合服。此法出於唐鄭相國。自叙云：予爲南海節度，年七十有五。越地卑濕，傷於內外，衆疾俱作，陽氣衰絕。服乳石補益之藥，百端不應。元和七年，有訶陵國舶主李摩訶知予病狀，遂傳此方并藥。予初疑而未服。摩訶稽顙固請。服之。經七八日而覺應驗。自爾常服，其功神驗。十年二月，罷郡歸京，錄方傳之』[23]。

這雖是一個唐代的故事，但唐時已如此，則宋時更當有許多方劑底傳入，不僅限於藥材本身的知識了。可惜我們對於阿拉伯底醫藥知識，毫無所知，我們雖相信上述香料之入藥，與後者有關，但我們無從証明它們的關係密合到何種程度。

第六　宋時來中國的幾個伊斯蘭教香料商人

宋時來中國的伊斯蘭教香料商人，最有充足証據者是前文說到的乳香商人囉辛。宋史卷一八五，記這件事說：

『（紹興）六年（西元一一三六年），知泉州連南夫奏請諸市舶綱首，能招誘舶舟，抽解物貨，累價及五萬貫十萬貫者，補官有差。大食蕃客囉辛販乳香值三十萬緡。綱首蔡景芳招誘舶貨，收息錢九十八萬緡。各補承信郎。』

囉辛所販賣的乳香價額，比熙寧九年三司出賣乳香的總額僅少二萬多緡，比熙寧十年的總額少一萬多緡，比元豐元年總額還要多四萬多緡。囉辛可說是當時泉州港上最大的香料商人了。宋會要稿「職官」四四記蔡景芳事說：

『（紹興）六年十二月十三日，詔蕃舶綱首蔡景芳，特與補承信郎。以福建路提舉市舶司言景芳招誘販到物貨，自建炎元年至紹興四年，收淨利錢九十八萬餘貫，乞推恩故也。』

若依此所記蔡景芳事推測，囉辛之補承信郎，確爲紹興六年間事，但囉辛所販直三十萬之乳香或爲紹興六年以前之事，或爲數年累積之成績，不必即爲紹興六年之一年內所販的貨物，然無論如何，囉辛在香料商人中所得之僅有的記錄，實足以証明其爲一香料大商，毫無疑問。

伊斯蘭教商人中，除囉辛外，花茶蒲希密和蒲押陁黎也似以香料爲主要貿易。宋史大食傳說：

『雍熙元年，國人花茶來獻花錦，越諾，揀香，白龍腦，白沙糖，薔薇水，琉璃器。』

『淳化四年，又遣其副長李亞勿來貢，其國舶主蒲希密至海南，以老病不能詣闕，乃以方物附亞勿來獻。其表曰：「大食舶主臣蒲希密上言：衆星垂象，回拱於北辰；百谷疏源，委輸於東海。屬有道之柔遠，罄無外以宅心。伏惟皇帝陛下，德合二儀，明齊七政，仁宥萬國，光被四夷，賡歌洽擊壤之民，重譯走奉珍之貢。臣顧惟殊俗，景慕中區，早傾向日之心，頗鬱朝天之願。昨在本國，曾得廣州蕃長寄書招諭，令入京貢奉，盛稱皇帝聖德，布寬大之澤，詔下廣南，寵綏蕃商，阜通遠物。臣遂乘海舶，爰率土毛涉歷龍王之宮，瞻望天帝之境，庶遵玄化，以慰宿心。今則雖届五羊之城，猶睽雙鳳之闕。自念衰老，病不能興，遐想金門，心目俱斷。今遇李亞勿來貢，謹備蕃錦藥物，附以上獻。臣希密凡進象牙五十株，乳香千八百斤，賓鐵七百斤，紅絲吉貝一段，五色雜花蕃錦四段，白越諾二段，都爹一琉璃瓶，無名異一塊，薔薇水百瓶。」詔賜希密勅書錦袍銀器束帛等以答之。

『至道元年，其國舶主蒲押陁黎齎蒲希密表，來獻白龍腦一百兩，腽肭臍五十對，龍鹽一銀合，銀藥二十小琉璃瓶，白沙糖三琉璃甕，千年棗，舶上五味子各六琉璃瓶，舶上褊桃一琉璃瓶，薔薇水二十琉璃瓶，乳香山子一坐，蕃錦二段，駝馬褥面三段，白越諾三段。引對於崇政殿，譯者代奏云：「父蒲希密因緣射利，泛舶至廣州，迨今五稔未歸，母令臣遠來尋訪，訪至廣州見之，具言前歲蒙皇帝聖恩，降勅書，賜以法錦袍，紫綾纏頭，間塗金銀瓶一對，綾絹二十疋，今令臣奉章來謝以方物致貢。」』[27]

這三個人底貢品，幾乎全是香料和藥材，而蒲押陁黎尤然。如果他們不是純粹香料商人，恐怕也要是香藥商人。我們普通人給人送禮，固無所謂自己的貨物。但商人總要揀選他自己所有的貴重的貨物，送給他所遵敬的，與他的貿易有關係的人。這是他的拉攏手段，同時也就是他的最好廣告。這三個阿拉伯商人恐怕決不肯放棄他們的機會，而另外拿些不相干的東西送給皇帝作貢品的。這三個商人中的蒲希密，表文頗有文采，恐怕他與廣州市上的文人頗有接觸，他很像一個眷戀中國的人。

桯史卷十一，記占城蒲姓，說：

『番禺有海獠雜居，其最豪者蒲姓，號白番人，本占城之貴人也。既浮海而遇風濤，憚於復反，乃請于其主，願留中國以通往來之貨。主許焉，舶事實賴，給其家。歲益久，定居城中，居室稍侈靡踰禁。使者方務招徠，以阜國計，且以其非吾國人，不之問。故其宏麗奇偉，益張而大，富盛甲一時。紹熙壬子，先君帥廣，珂年甫十歲，嘗游焉。今尙識其故處，層樓傑觀，晃蕩綿亘，不能悉舉矣。然稍異而可紀者亦不一，因錄之以示傳奇。

『獠性尙鬼而好潔，平居終日，相與膜拜祈福。有堂焉，以祠名，如中國之佛而實無像設，稱謂聱牙，亦莫能曉，竟不知何神也。堂中有碑，高袤數丈，上皆刻異書，如篆籀，是爲像主。

拜者皆攜之。且輟會食，不置匕箸，用金銀爲巨槽，合鮭炙粱米爲一，灑以薔薇，散以冰腦。坐者皆寘右（左）手於褥下不用，曰此爲觸手，惟以溷而已。羣以左（右）手攫取，飽而滌之，復入于堂以謝。

『居無溲匽。有樓高百餘尺，下瞰通流，謁者登之。以中金爲版，施機蔽其下，奏厠鏗然有聲。樓上雕鏤金碧，莫可名狀。

『有池亭。池方廣。凡數丈。亦以中金通甃。制爲甲葉而鱗次，全類今州郡公宴燎箱之爲，而大之。凡用鋌數萬。

『中堂有四柱皆沈水香，高貫於棟，曲房便榭不論也。嘗有數柱欲羾於朝，以其非常有，恐後莫致，不之許；亦臥廡下。

『後有窣堵波，高入雲表，式度不比它塔，環以甓，爲大址，累而增之，外圜而加灰飾，望之如銀筆。下有一門，拾級以上，由其中而圜轉焉，如旋螺。外不復其梯磴。每數十級，啓一竇。歲四五月，舶將來，羣獠入于塔，出于竇，啁哳號嘑，以祈南風，亦輒有驗。絕頂有金雞甚鉅，以代相輪，今亡其一。聞諸廣人，始前一政雷朝宗之衆時，爲盜所取，跡捕無有。會市有竊人鬻精金，執而訊之，良是。……

『他日郡以歲時勞宴之，迎導甚設。家人帷觀，余亦在。見其揮金如糞土，輿皁無遺。珠璣香貝狼籍坐上，以示侈。帷人曰：此其常也。後三日，以合薦酒，饌燒羊以謝大僚，曰如例。龍腦揳鼻，奇味不知名，皆可食，迥無同槽故態。羊亦珍皮，色如黃金，酒醇而甘，幾與崖蜜無辨。獨好作河魚疾，以腦多而性寒故也。

『今後此歸，見藤守王君興翁諸郎，謂富已不如曩日，池匽皆廢云。』

此記，備見所謂古城蒲姓之豪富，及其爲一久居中國的伊斯蘭教徒。我們觀其建築巨厦所用之香木，及其所貢有四沈香柱，其初或亦一香料商人，未可知也。桑原隲藏著元提舉市舶西域人蒲壽庚考，謂宋末元初之蒲壽庚蒲壽宬係此蒲氏之後，所考甚詳。

此外，伊斯蘭教商人之可考者，尚有數人：

一，陁婆離　這人於咸平二年（西元九九九年）已在中國，以後似在中國長住，或繼續往來。宋史大食傳：『（咸平）三年，舶主陁婆離遣使穆吉鼻來貢。吉鼻還，賜陁婆離詔書幷器服鞍馬。』『祥符元年（西元一〇〇八年），車駕東封，舶主陁婆離上言，願執方物赴泰山。從之。』又：『天禧元年（西元一〇一九年）遣使蒲麻勿陁婆離副使蒲加心等來貢。』天禧三年來貢的陁婆離，大概和咸平三年祥符元年來貢的陁婆離是一個人。與其同時來貢的蒲加心，也是一個同時的商人。

二，蒲加心　宋史大食傳：『（景德元年，西元一〇〇四年，）蕃客蒲加心至』。天禧三年，又同陁婆離來貢。

三，麻思利　天禧元年（西元一〇一七年）以前到中國。宋會要稿「職官」四四：『天禧元年六月，三司言：「大食國蕃客麻思利等回，收買到諸物色，乞免緣(沿)路商稅。今看麻思利等將博買到眞珠等，合經明州市舶司抽解外，赴闕進賣；今却作進奉名目，直來上京，其緣路商稅不令放免」。詔特蠲其半』。

四，辛押陀羅　熙寧間（西元一〇六八至一〇七七年）已在中國。宋史大食傳：『熙寧中，其使辛押陁羅乞統察蕃長司公事。詔廣州裁度。又進銀錢，助修廣州城，不諭』。龍川略志卷五：『蕃商辛押陁羅者，居廣州數十年矣，家貲數百萬緡』。

五，蒲亞里　紹興元年（西元一一三一年）時，已在中國。此後在中國娶妻，留居不去。宋會要「職官」四四：『紹興元年十一月二十六日提舉廣南路市舶張書言：「契勘大食人使蒲亞里所進大象牙二百九株，大犀三十五株，在廣州市舶庫收管，緣前件象牙各係五七十斤以上，依市舶條例，每斤價錢二貫六百文九十四陌，約用本錢五萬餘貫文省。欲望詳酌。如數目稍多，行在難以變轉，即乞指揮起發一半，令本司委官秤估，將一半就便搭息出賣，取錢添同還蒲亞里本錢」。詔令「張書言揀選大象牙一百株，并犀二十五株，起發赴行在，準備解笏造帶，宣賜臣僚使用。餘依』。『（紹興七年）閏十月三日，上曰：「市舶之利最厚。若措置合宜，所得動以百萬計，豈不勝取之於民。朕所以留意於此，庶幾可少寬民力爾。先是詔令知廣州連南夫條具市舶之弊。南夫奏至，其一項，市舶司全藉蕃商來往貨易，而大商蒲亞里者既至廣州，有右武大夫曾納利其財，以妹嫁之，亞里因留不歸。上令委南夫勸誘亞里歸國，往來幹運蕃貨，故聖諭及之』。

六，施那幃　諸蕃志記泉州事，卷上「大食國」條下說：『有番商曰施那幃，大食人也，蹻寓泉南，輕財樂施，有西土氣習。作叢塚於城外之東南隅，以掩胡賈之遺骸。提舉林之奇記其事』。桯史卷十一也說：『泉亦有舶獠，曰尸羅圍，貲乙於蒲，今亦凌替』。桯史所說的尸羅圍即施那幃，桯史所說的蒲即占城蒲姓。而諸蕃志所謂林之奇記其事者，則爲林之奇拙齋文集卷十六所載之泉州東坡葬蕃商記。記云：

『負南海征蕃舶之舟三，泉其一也。泉之征舶通互市於海外者，其國以十數，三佛齊其一也。三佛齊之海賈，以富豪宅生於泉者，其人以十數，試郍圍其一也。試郍圍之在泉，輕財急義，有以庇服其儕者，其事以十數，族蕃商墓其一也。蕃商之墓建發於其疇之蒲霞辛，而試鄒園之力能以成就封殖之。其地占泉之城東東坡，既翦薙其草萊，夷鏟其瓦礫，則廣爲之窀穸之坎，且復棟宇，周以垣牆，嚴以扃鑰，俾凡絕海之蕃商有死於吾地者，舉於此葬焉。經始於紹興之壬午，而卒成乎隆興之癸未。試鄒園於是舉也，能使其椎髻卉服之伍，生無所憂，死者無恨矣。持斯術以往，是將大有益乎互市，而無一愧乎遠懷者也。余故喜其能然，遂爲之記，以信其傳於海外之島夷云』。

依此文所載，施那幃係於紹興年間定居於泉州。記稱其爲三佛齊人者，以當時來中國的阿拉伯人多於三佛齊停留，或自三佛齊換船來中國，故林之奇誤以之爲三佛齊人；諸蕃志作者既知施那幃家世，又知林之奇之誤，故雖提林之奇記其事，而又更正之爲大食人也。我疑惑這位施那幃就是建築泉州清淨寺的納只卜穆玆喜魯丁。桑原隲藏在他的波斯灣之東洋貿易港說：

『南宋岳珂桯史卷十一，記載當國通商於福建泉州之蕃客（外國商人），有名尸羅圍者。按此尸羅圍爲 Shilavi 之音譯，即 Siraf 產之商人也。伊斯蘭敎國常有以產地之名，通稱其人之習慣。例如 Bukhara（新唐書之布豁）之人爲 Bukhari，Mosul（元史之毛夕里）之人爲 Mosuli，Samarkand（新唐書之颯秣建）之人爲 Samarkaudi 等是也。Siraf 之名，因其土地之發音爲 Shilov，故 Siraf 之人照例呼作 Shilavi 矣。尸羅圍之發音，爲最正確之 Shilavi 音也。

『又南宋趙汝适諸蕃志卷上，大食國條中有「有番商曰施那幃，大食人也」。施那幃一名亦爲 Shilavi 之音譯，知此蕃商亦 Siraf 產也』。

又說：

『南宋高宗紹興元年（西曆一一三一）建伊斯蘭敎寺院（清淨寺）於福建泉州之蕃客，亦爲 Siraf 產之商人也。在宋末元初吳鑒清淨寺記云：「宋紹興元年有納只卜穆玆喜魯丁者，自撒那威從商舶來泉，創玆寺於泉州之南城」。撒那威確爲 Shilav 之音譯，係指 Siraf 者』24。

桑原氏對於尸羅圍施那幃撒那威之原音的考證頗足供我們參考。但他並不以尸羅圍施那幃與自撒那威來之納只卜穆玆喜魯丁爲一人。其實，像施那幃那樣輕財樂施的大富豪，宜爲留心泉州市舶者所習聞；桯史所謂泉之舶獠尸羅幃，不應別有所指。納只卜穆玆喜魯丁建清淨寺於紹興元年，與施那幃在泉之時期合。納只卜穆玆喜魯丁建寺之舉，與林之奇所謂「輕財急義。有以庇服其疇者，其事以十數」者，合。建寺之舉在前，建墓之舉在後者，以禮拜之所，爲伊斯蘭教徒所最急需也。施那幃尸羅圍試郍圍蓋均爲納只卜穆玆喜魯丁之徽號，後者乃其本名。

七，蒲霞辛　與施那幃同時在泉州，見上引泉州東

30

坡菲蕃商記。

八，佛蓮　癸辛雜誌續集卷下：『泉南有巨賈南蕃回回佛蓮者，蒲氏之壻也。其家富甚，凡發海舶八十艘。癸巳歲卒。女少，無子，官沒其家貲，見在珍珠一百三十石，他物稱是』。

以上八個伊斯蘭教商人，雖不見其與香料的關係，但也不敢說他們不作香料貿易，這類商人在中國定居，有住宅，有禮拜寺，有墓院，久客不歸，遂成了中國人。這和伊斯蘭教之通行中國，有很大的關係。

註：

1 見魏志卷三十，裴松之註引。

2 本段記唐官故事及宣宗各事，均見杜陽雜編卷下。

3 見清異錄卷下「主香宮女」條及「香燕」條。

4 此据劉復蘇萊曼東遊記譯文，地學雜誌民十七年第二期頁二二〇。

5 見劉譯蘇萊曼東遊記，地學雜誌民二十第四期頁五六四——五六五，民二四第二期頁六七、六八、七二，民二十第三期頁四五〇。

6 見東方雜誌第二十五期第一號。

31

7 見 F. Hirth& W. W. Rockhill, Chau Ju-Kua, pp 196-7。

8 見 Chau Ju-Kua, p. 237。

9 見 Chau Ju-Kua. p. 138。

10 見 Chau Ju-Kua, pp. 203-204。

11 以上見 Chau Ju-Kua, p 203。

12 見 Chau Ju-Kua, p. 221。

13 參看 B. Laufer, Sino-Iranica, pp. 462-464。

14 見 Chau Ju-Kua, p. 197。

15 參看 Sino-Iranica, pp. 460-462。

16 見 Chau Ju-Kua, p. 199。

17 參看 Chau Ju-Kua, pp. 201-202; Sino-Iranica, pp. 464-467正文及注。

18 見宋會要稿「職官」四四。

19 見宋會要稿「職官」四四。

20 南海寄歸內法傳卷三，「二十九，除其弊藥」下，云：『又復大有香藥，何不服之』。

21 見宋會要稿「職官」四四。

22 見政和證類本草附錄。

23 見政和證類本草卷九「補骨脂」下引。

24 楊鍊譯唐宋貿易港研究頁三二——三四。

王岱輿阿衡傳

金吉堂

民國二十四年夏，東魯唐公柯三，爲參加成達師範學校第二屆畢業典禮，自首都蒞平。翌晨偕成校諸君子，掃墓西郊，因知先賢王公岱輿之墓，雜于故李氏塋中，遂枉道以遊。至則敗塚荒碑，掩映於迷煙蔓草之間，欲求阿衡之爲人，而碑石所鐫僅「鄉賢王岱輿之墓」數字，無詳記可籍。唐公嘆曰：使先賢之大德不彰，後人之咎也；不加整治，何以發潛德之幽光？爰樹新碑，併鐫阿衡之生平事略，以告來者。

阿衡姓王氏，名岱輿，別署眞回老人。其先天方人，以精大文曆算之學，洪武中授欽天監官，俾子孫世其職。有詔，許其居住南京，並免徭役，遂爲應天府上元縣籍。

阿衡天資頴異，博聞強記，少習經文，不知書也。年二十，稍涉世故，以爲居斯土，而不明斯文，無惑人之不我知而致疑也。始發憤讀書，自六經論孟，百家諸子，以及二氏方外之書，靡不畢覽。終乃歸宿乎經典，沈潛於性命之理。遠近來問難者，無不心悅誠服。一時名阿林若馬忠信，伍連城之儔，咸列門墻。繼而慨大道之莫宣，念斯人之多惑，竭數年精力，著作正教眞詮清眞大學二書。而伍連城更裒集阿衡日常答辯之言若干則，輯爲一書曰希眞正答。眞詮凡四十篇，或辯難而成，或明理而作。廣西提督馬承蔭嘗曰，雖未及見其人，而眞詮一集，神遊海宇，功在萬世，非其文吾不知其人也。其爲人所推崇蓋若此。阿衡嘗曰：余閱性理史鑑之書，旁及諸子百家，覺其議乖道異，各相牴牾，揆之清眞，懸殊霄壤。——所謂性理，蓋指宋儒之理學言也。——又曰：夫國有君，府有牧，州有守，家有長，世界有主，道一也。儒者紛紛以理氣二字盡之，是天下國家可以無君長而治也。其辭嚴以正，其論辨以明，蓋自正教入華以來，一人而已。

順治初，清兵下金陵，市井蕩然。阿衡素不治生產，羅浩刼，益覺蕭索，乃飄然北上，涉江淮，越齊魯，莅京師。富紳馬思遠館之正陽門外。馬篤信而好客，以阿衡爲有道之士，故延致之。京師處輦轂下，爲四方瑰偉奇特之士所薈萃，阿衡益出其所學談經論道，莫能與競者。有鐵山寺住持某，佛教之翹楚也，以道高悟深名，詣阿衡窮詰終日，辭屈，終入教。至今「王岱輿盤道」，猶傳爲佳話。

阿衡歿即瘞于李氏塋中。李，教中富紳，營香料業，在當時至有聲聞，時人號爲香李云。

傳者曰：正教在華，有閉關自守之稱，而前此之阿林，對教義之所以然，往往不能徹底發揮。獨王公岱輿發人之所未發，言人之所不敢言，正教光輝，因之昭著。古云「有非常之人，然後作非常之事」。噫嘻！此阿衡之精神所以不朽歟！

趙汝适大食諸國志攷証 1

德國夏德，美國羅志意原著
牟沅　譯

一　大食國

A.　趙汝适原文

『大食[1]在泉之西北，去泉州最遠，番舶艱於直達。自泉發船四十餘日至藍里，博易住冬。次年再發，順風六十餘日，方至其國』。本國所產，多運載與三佛齊貿易，賈轉販以至中國[2]。

『其國雄壯，其地廣袤，民俗侈麗，甲於諸番』。『天氣多寒』，雪厚二三尺；故貴氈毯。國都號密徐籬（或作麻囉拔），據諸番[3]衝要。『王頭纏織錦番布。朔望則戴八面純金平頂冠，極天下珍寶皆施其上。衣錦衣，繫玉帶，躡間金履。其居以瑪瑙爲柱，以綠甘（石之透明如水晶者）爲壁，以水晶爲瓦，以碌石爲塼，以活石爲灰。帷幕之屬，悉用百花錦。其錦以眞金線[4]夾五色絲織成』。檯榻飾以珠寶，堦砌包以純金。器皿鼎竈，雜用金銀。結眞珠爲簾。每出朝，坐於簾後。官有丞相，披金甲戴兜鍪，持寶劍，『擁衛左右』。餘『官曰太尉，各領兵馬二萬餘人。馬高七尺，用鐵爲鞋。士卒驍勇，武藝冠倫』。

街闊五丈餘；就中鑿二丈，深四尺，以備駱駝馬牛馱負貨物。左右鋪砌青黑石板，尤極精緻，以便來往民居。

『屋宇與中國同，但瓦則以薄石[5]爲之』。民食專仰米穀，好嗜細麪蒸羊。貧者食魚菜。菓實皆甜無酸。取蒲萄汁爲酒。或用糖煮香藥爲思酥酒。又用密和香藥作眉思打華酒，其酒大煖[6]。巨富之家，博易金銀，以量爲秤。『市肆』諠譁，『金銀綾錦之類，種種萃聚；工匠技術，咸精其能』。王與官民皆事天。有佛名麻霞勿。[7]七日一削髮翦甲。歲首清齋，念經一月。每日五次拜天。

農民耕種，無水旱之憂；有溪澗之水足以灌溉，其源不知從出。當農隙時，其水止平兩岸。及農務將興，漸漸汎溢，日增一日。差官一員視水；候至，廣行勸集，齊時耕種。足用之後，水退如初[8]。

國有大港，深二十餘丈；東南瀕海，支流達於諸路[9]。港之兩岸皆民居，日爲墟市，舟車輻湊。麻、麥、粟、豆、糖、麵、油、柴、鷄、羊、鵝、鴨、魚、蝦、棗圈、蒲萄、雜菓、皆萃焉。

土地所出[10]，眞珠、象牙、犀角、乳香、龍涎、木香、丁香、肉荳蔻、安息香、蘆薈、沒藥、血碣、阿魏、腽肭臍、鵬砂、琉璃、玻瓈、硨磲、珊瑚樹、貓兒睛、梔子花、薔薇水、沒石子、黃臘、織金軟錦、駞毛布、兜羅錦、異緞等。

番商興販，係就三佛齊佛囉安等國轉易。

麻囉抹[11]、施曷、奴發、啞四包閑、囉施美、木俱蘭、伽力吉、毗喏耶[12]、伊祿、白達、思蓮、白蓮、積吉、甘眉、蒲花羅、層拔、弼琶囉、勿拔、甕蠻、記施、麻嘉、弼斯羅、吉瓷尼、勿斯离[13]，皆其屬國也。

其國本波斯之別種。隋大業（西元六〇五—六一七）中，有波斯之桀黠者，探穴得文石，以爲瑞，乃糾合其衆，剽略資貨。聚徒浸盛，遂自立爲王，據有波斯國之西境。

唐永徽（西元六五〇—六五六）以後，屢來朝貢。其王盆尼末換（Beni Merwân）之前，謂之白衣大食；阿婆羅拔（Abu'l 'Abbâs）之後，謂之黑衣大食[14]。

皇朝乾德四年（西元九六六年），僧行勤游西域，因賜其王書以招懷之[15]。

開寶元年（西元九六八年），遣使來朝貢。四年（西元九七一年）同占城闍婆致禮物于江南[16]李煜。煜不敢受，遣使上其狀。因詔自今勿以爲獻[17]。

淳化四年，遣副使李亞勿來貢，引對於崇政殿，稱其國與大秦國爲鄰，土出象牙、犀角。太宗問取犀象何法。對曰：『象用象媒，誘至漸近，以大繩羈縻之耳。犀則使人升大樹，操弓矢，伺其至，射而殺之。其小者，不用弓矢，亦可捕獲』。

（太宗）賜以襲衣，冠帶。仍賜黃金，準其所貢之直[18]。

雍熙三年（西元九八六年），同賓曈龍國[19]來朝。

咸平六年（西元一〇〇三年），又遣麻尼等貢眞珠，乞不給回賜。眞宗不欲違其意，俟其還，優加恩禮[20]。

景德元年（西元一〇〇四年），其使與三佛齊蒲甘使同在京師，留上元觀燈，皆賜錢縱飲[21]。

四年（西元一〇〇七年）偕占城來貢，優加館餼，許覽寺觀苑囿[22]。

大中祥符（西元一〇〇八年—一〇一七年）車駕東封，其主陁婆離上言，願執方物赴泰山。從之[32]。

四年（西元一〇一一年）祀汾陰，又來，詔令陪位[24]。

舊傳廣州言，大食國人無西忽盧華，百三十歲，耳有重輪，貌甚偉異。自言遠慕皇化，附古邏國舶船而來。詔賜錦袍銀帶，加束帛[25]。

元祐（西元一〇八六—一〇九四年）開禧（西元一二〇五—一二〇八年）間，各遣使入貢[26]。

有番商曰施那幃，大食人也，蹻寓泉南，輕財樂施，有西土氣習。作叢冢於城外之東南隅，以掩胡賈[27]之遺骸。提舶林之奇記其實[28]。

B. 考證

1　本書中所說的大食，是中國人用以稱呼阿拉伯人和回教世界的名詞，乃西亞細亞作家所說的 Tazi 或 Tay。這可參看 Bretschneider 作的古代中國人關於阿拉伯及阿拉伯屬國之知識（The Knowledge possessed by the ancient Chinese of the Arabs and Arabian Colonies G.）。在中國著作中，提到這個名詞最早的，是七世紀中葉的遊僧義淨；當他述及赴迦畢試（Kapiça）的旅程時，曾說到「多氏」這兩個字（見沙畹（Chavnues）作的 Religieux éminents, 25.）。另外關於大食事實之較早的記述，見於通典（卷一九三，葉二二後面）和兩唐書，它們記載着大食第一個使臣到中國朝廷來的時期，是在紀元後六五一年。舊唐書（卷一九八，葉二八後面）中，以大食為王姓，所謂「其姓大食氏，名噉密莫末膩」。噉密莫末膩，大概是 Emir-al-Mumenin 底訛誤，乃那時哈利發(Caliph)奧思曼(Ot-hman)底稱呼。唐書（卷二二一，葉十後面）也說，大食使臣「自言王大食氏」。無論波斯文 Tasi 底原意如何，這種以大食臣民拿大食作其王姓氏之紀載，總是由於誤會的。波斯文和畏吾兒文（Vambéry, Kudatku bilik, 234）中的 Tazi 之意義，多桑(d'Ohsson)蒙古史（Histoire des Mongols, 1, 217, note），以為如亞美尼亞人、突厥人、和蒙古人所謂 Tazik 或 Tadjik，敘利亞人所謂 Tayi, Tai, Tayoyè、Dionysius 在他的世界史，673 年下，作

3

Taj (Tajos vacat Dionysius Assemani II, 103)，都顯然是靠不住的。我們不能完全相信他們是出於同樣的字根。在這幾種樣式中，Tadjik 或 Tazik 最像「大食」之廣州讀音 Taishik。但 Ta-i 之爲大食的古音，也並不是完全不可能。大食的食字，在古時被派在 shik 或 chik 的字羣裏，是可由康熙字典編者底注中，推測出來的。讀成 i 音，雖然不是一個普通讀法，但實在是可信的古音。（康熙字典「食」下說：羊吏切，音異。）所以大食也可以爲 Ta-i。Bretschneider（中世紀西亞史地研究【Mediaeval Researches】第一册，頁二六八註）說：『多桑以爲蒙古人稱回教徒作 Tadjik，是不對的；從前波斯人被稱爲 Tadjik 的，現在這個名字在土耳其斯坦與 Transoxiana，應用到的伊蘭土人身上』。

2　以上二段，都部份地採周去非之說（3, 2）。我們的作家企圖校訂嶺外代答的原文，但是沒有成功。周氏說：『大食者，諸國之總名也。有國千餘，所知名者特數國耳。

『有麻離拔國。廣州自中冬以後發船，乘北風行，約四十日，到地名藍里（蘇門答臘底西北），博買蘇木，白錫，長白藤。住至次冬，再乘東北風，六十日順風方到。以國產乳香，龍涎，眞珠，琉璃，犀角，象牙，珊瑚，木香，沒藥，血竭，阿魏，蘇合油，沒石子，薔薇水等貨，皆大食諸國至此博易。』參看周氏關於麻囉拔之其餘的說明。周去非所述大食的其他的國家，是麻嘉國，白達國，吉慈尼，眉路骨惇國及勿斯離國；他關於這些國家的記載見本書後面的注解所引。

3　密徐籬是希伯來人的 Mizraim，我們的埃及（Egypt）。阿拉伯的 Misr 出自希伯來文，阿拉伯人用之於埃及的首都。這個名詞，因材料的來歷不同，我們的作者在別的地方，寫作勿斯里（廣州音的 Mat-ssi-li）。元時，又寫作迷思耳。參看 Bretschneider 在皇家亞細亞學會中國支會雜誌（C. B. R. A. S.）卷十頁二九五之文，及中世紀西亞史地研究第一册一四一，第二册頁一三五。在別的地方，作者稱埃及首都作甜野，原文是 Al-Kāhirah，是紀元後九七三年建設新城時，所起的名字。開羅（Cairo）的阿拉伯名字，普通是叫作 Misr al-Kāhirah。趙氏很明顯的以密徐籬同麻羅拔是一個地方。他多少得了些本原材料，並從周去非書中得些記

4

錄，而很不良地把它們混合了。周氏的記載只述說到麻離拔。

4　這種對於王的服裝和王宮的說明，極類似作者在別的地方所告訴我們之關於大秦王者一樣。綠甘，廣州音作 luk-kōm，顯爲阿拉伯文波斯文稱「大理石」或「白玉」的 rukhām 之對音。活石，意爲生活着的石頭，據 Geerts 日華物產錄（Les Produits de la nature Japonaise et Chinoise）頁四三四以下所說，可以和滑石看作同類的東西。Porter Smith 的中國藥物錄（Contributions towards the materia medica, etc. of China）別活石爲蠟石（steatite）。他說「活石與脂肪石（lardstone）不同處是在包含有鎂，而有鎂同礬土混合的矽酸鹽在內。」並且他說塊活石是摻入舊日中國上等陶器原料中的。參看日蓮（Julien）底中國瓷器製造史（Histoire et fabrication de la Porcelaine Chinoise, 頁 76, 頁 256以下。）

5　此段與上文數段及下文『市肆』云云之加有引用號者，大體上取自宋政和（紀元後一一一一——一一一八年）阿拉伯人對中國朝廷之陳述。他們沒有述說他們國家的首都名字，所以我們作者關於它，不十分確信。參看宋

5

史卷四九〇，十四頁。我們很可以設想，我們的作者，係在開羅（Cairo）外，記載了別的城市，也許是報達（Baghdad）或大馬色（Damascus）。但關於大食首都之描寫，更像趙汝适在別的許多地方所曾作的，是一種混合組成的記述。

6　此段大部取自嶺外代答。稱酒之「思」，大約是波斯文稱酒的 sherbet, sharāb。「眉」「思打」和「華」應該加以分別，頭兩種是對音，後一種是一個普通名詞，就是花酒的義意。在本草類編（?Pién-tzi-lei-pién, 203, 17）中曾有大量的關於花酒的引用。在本書別處，記着三種酒，「密」「沙」和「華」；它們極像我們在這裏所要分別的「眉」「思打」「華」三種酒。無論這兩種對音所代表的是甚麼，但它們總是原於同一式的形式。酉陽雜俎卷四，說「波斯拂林等國，米及草子釀於肉汁之中，經數日即變成酒，飲之可醉。」

7　麻霞勿，廣州土音 Ma-ha-mat，即使者穆罕默德。可參看 Ramadan 信實的記載。每週一次的剪髮爪，是引用嶺外代答卷三，參看下文白達章。

8　比較作者在此所說尼羅河（Nile）與白達章所

到它的。

述者。周去非並不知道尼羅河；趙氏是中國作家最早提

9 這可看爲晚期古典作家 Clysma 所說紅海上的 Kolzum，和約在紀元六四二年 Amru 重新開拓的尼羅河 (Nile) 紅海間的運河。這條運河和現在的淡水運河的水道，甚爲相近。Amru 重開運河後，通航達八十年之久，後來爲泥沙壅塞，又歸廢棄。參看穆爾 (Muir) 早期哈里發史 (Annals of the early Caliphate) 頁二四四。另外一個實際上可能的說明，是把它看作 Obollah 及 Basra 之以運河著名的區域。依據 Ibn Haukal 所說，這兩個地方的運河超過十萬的數目，其中有二萬運河可以行船。看 Le Strange, 東方哈里發之領土 (Land of the Eastern Caliphate) 頁四六。

10 這個出產物的名單，包含阿拉伯人由西方各國帶到中國來的最重要的東西，詳見本書卷二。

11 最後一字誤，應作拔。在另章中本書作者是寫作馬囉抹。這個國家是指在阿拉伯 Hadramaut 海岸上的 Mirbât 。周去非（接上文考釋所引）說：『國王官民皆事天。官豪皆以金線挑花帛纏頭搭項，以白越諾金字布爲衣；或衣諸色錦，以紅皮爲履。居五層樓，食麵餅肉酪。貧者乃食魚蔬。地少稻米，所產果實甜而不酸。以蒲桃爲酒。以糖煮香藥爲思酥酒。以密和香藥作眉思打華酒，暖補有益。以金銀爲錢，巨舶富商皆聚焉。哲宗元祐三年（紀元後一〇八八年）十一月大食麻囉拔國遣人入貢，即此麻離拔也。』宋史對大食麻離拔僅作一些乾燥的記載。它紀着（卷十七）周去非所說的一〇八八年使臣之來，又記着一〇八九年及一〇九四年並有這國底使臣前來。

12 施曷即是 Shehr，在 Hadramaut 海岸的另一個海口上，在中古時代頗爲重要。這裏是馬可波羅 (Marco Polo) 的 Esher（或 Soer）。參看玉耳 (Yule) 底馬可波羅遊記（第二版）第二卷頁三二四及四三七，與 Heyd 商業史 (Hist du Commerce, II, 50)。

奴發即是 Zufar, 近代的 Dhofar 孛羅的 Dufar 約在施曷的東邊四百英里。看玉耳書 II 441–442 Heyd, 書, II 61。明史卷三二六稱爲祖法兒。

啞四包閑在廈門方言中，讀爲 A-Su-pau-han, 即是 Ispahan 或 Isfahan 。元時這個名字寫作亦思法杭。看

Bretschneider, J. C. B. A. S. 卷十二文。

囉施美，廣州語讀爲 Lo-shī-mī，是 Khwārizm 的縮寫，乃 Aral 海之南的國家。囉施美似爲 rizm 之對音。玄奘稱它爲貨利習彌迦。這個地方，大概第一次（前漢書卷九六上）在奧鞬底名稱下，被記爲康居 (Sogdiana) 的附國。奧鞬，依據顏師古注，古音 Uk-ken，乃現在舊 Urgendj 底 Kuhne 城，中世紀時的 Gorgânîya。漢書西域傳補注卷一，以爲奧鞬就是玄奘底貨利習彌迦，而唐書（卷二二一下）所說的火尋及過利正和奧鞬古城底地望相當，乃貨利習彌迦之省簡。據唐書所述，這些名稱之爲 Khwārizm，可疑之點甚少。

木俱蘭，廣州音作 Muk-kü-lan，即 Makrān省。

伽力吉，廣州音作 K'ē-li-kat，可假設爲 Kalhā't 馬可波羅（卷二，頁四四八）底 Calatu。中古時，它同印度間有活躍的貿易，乃是 Hormuz 底屬地。

毗喏耶，廈門音作 P'i-lok-ya，是阿拉伯文 Ifrikya 之對音，就是阿非利亞洲，但阿拉伯人係應用於現在的阿非利加洲之一部，包含 Tunis 同 Tripoli 在內。參看夏德 (Hirth) 底 Die Länder les Islam，頁二七，注六。

13 伊祿顯然爲 Irāk 省，此外別無所見。

百達即 Baghdad，參看下文白達章。

思蓮很像波斯灣上的 Siraf，乃九十世紀開赴印度中國的阿拉伯貿易船之起點。他又叫作 Shīrāz。我們的作者，對他別無稱述。

白蓮是在波斯灣的 Bahrein 島。此爲僅有的紀載。

積吉，廣州音作 Tsik-kat，或爲 Makrān 海岸之 Tiz 港口，乃中古時 Makrān 之重要商業中心。參看 Holdich 底印度門戶 (The Gates of India)，頁 298-310。此名在本書及同時之中國著作中，一概沒有別見。

甘眉，廣州音作 Kōm-Mui，廈門音作 Kam-bi。此名或指 Comoro 羣島而言，在本書別章節中未見。他不是 Cambay。Cambay，我們的作者寫作甘琶逸。

蒲花羅即 Bokhara 參看 Breischneider, 皇家亞細亞學會中國支部雜誌 (J. C. B. R. A. S.) X 240。

層拔或許是 Zanzibar 海岸。參看下文層拔章。

弼琶囉即 Berbera 海岸，參看下文弼琶囉章及中理章。

勿拔或許是波斯灣上的 Sohar，參看下文勿拔章。甕里，甕蠻（Oman）之誤，參看下文甕蠻章。記施是波斯灣中的 Kish（Keis）島，參看記施章。麻嘉即 Mecca；參看下文麻嘉章。弼斯羅即波斯灣頭的 Basra；參看弼斯羅章。吉瓷尼或許是 Ghazni，參看吉慈尼章。勿厮離，廣州音作 Mat-ssï-li，即是 Mosul或Misr；參看勿厮離章及勿斯里章。

14　以上二段係据唐書卷二二一下。參看 Bretschneider 古代中國人關於阿拉伯及阿拉伯屬國之知識七。宋史卷四九即引用這兩段原文。這很奇怪，中國人對於穆罕默德底歷史和阿拉伯勢力的興起，已經有這樣一個粗疏的概念。末換（Omayyad Merwán II）爲白衣大食（Omayya）最後的哈利發（Caliph），被害於紀元七五〇年。同年，阿拔斯朝（Abbaside）即黑衣大食，第一任哈利發阿婆羅拔，（Abu'l-Abbás）在苦法（Kufa）宣布即哈利發位。穆罕默德受命，是在紀元後六〇九或六一〇年。本書所記史料，頗近事實。

15　宋史卷二記此事，說有一百五十七人被派往西域，各賜錢三萬。同書卷四九〇係複寫本書所記，而略有變更。

16　南唐李煜於紀元後九七二年降宋太祖，其後三年叛宋，據南京抵抗曹彬所率領的宋軍。後來南京攻破，帝國底大權統一。看 Macgowan 底中國史（History of China）頁三六五—三六六，邁爾（Mayers）底中國讀者指南（Chinese Reader's Manual）頁二三一。

17　大食繼續派遣使臣到宋底朝庭上來。宋史卷二，卷三，卷四內記載着他們在九七三，九七四，九七五，九七六諸年中的貢品。九七六年大食國似乎有一個國使來；一直到一〇一九年，才又有一次。與九七六年的使臣有關的大食王，宋史卷三說是名叫阿黎拂(Caliph)，使臣名叫蒲希密（這和卷四九〇所記的不囉海俱可爲 Abu-Hamid 之對音）。宋史卷四九記載着一個李亞勿，係在一〇〇八年來貢者，他被稱爲舶主，參看下文，攷証第二三。九七七年，渤泥（Borneo）也有一個使臣隨大食人來。

18　宋史本紀中未在九九三年，記載大食底任何使臣，但記載於九九四年。宋史把九九三年來朝的使臣，紀於卷四九〇。這次使臣的首領仍是以前所記述的蒲希密（Abu-Hamid），亦即以前所紀的不囉海。蒲希密是一個阿拉伯的舶主，因自己老病，不能親自到朝庭上去，派他的副使李亞勿攜帶貢表，向皇帝表示他自己的敬意，並感謝皇帝對於他及廣州人商業上的恩惠，並陳述他不能親來貢禮的原故。此後，在九九五年，舶主蒲押陁黎來朝，仍代替蒲希密（Abu-Hamid）獻貢品。在引對的時候，天子詢問他的國情。在一些別的陳述之外，他說，『與大秦國相鄰，爲其統屬，今本國所管之』。此下，則陳述獵取犀象的法子。這可見，關於引對的事，趙汝适底記載，顯然歧差兩年。在九八八年，蒲押陁黎又與使臣三佛齊來朝。（譯者案，蒲押陁黎引對時的話，是「與大秦國相鄰，爲其統屬，今本國所管之民，纔及數千」，著者斷句有誤。又蒲押陁黎之再度來朝，見宋史四九〇，係在至道三年，即紀元後九九七，與賓同隴國使同來者。此點，著者亦誤。）

19　宋史卷五，記載大食及賓同隴來朝，在至道三年（紀元後九九七年），不在雍熙三年，僅爲年號上的差異。參看宋史卷四九〇。

20　在九九七年及一〇〇三年的朝貢使中，宋史卷六內，於九九九年，記西南蕃占城大食國來貢。次年，復記大食高麗高州蠻來貢。關於一〇〇三年之貢使，有兩處記載。第一處（卷七）僅記，咸平六年，三佛齊大食國來貢。第二處記（卷四九〇）咸平六年，大食遣使臣『婆羅欽三摩尼』等來貢。『摩尼等引對於崇政殿』。 9
Bretschneide 在他的古代中國人關於阿拉伯及阿拉伯屬國之知識中述說到這次的使臣（他把這次使臣放在一〇〇四年，並以使臣卽婆羅欽三摩尼），以爲這名字最後的三個音是指阿拉伯 Samanides 朝代，乃在第十一世紀初葉統治東方，而在 Bokhara 建置首都的。Chavannes 底 Le Nestorianisme，頁三八，頁四〇—四一，以爲摩尼（或末泥），是用來單獨指示穆罕默德教徒的。他以爲一〇〇三年的使者，即「摩尼」爲 Moslim 的一個証明。Broomhall 底清眞教（Islam in China）頁九五，注二，以爲中國人有時錯用摩尼爲 Mullah 底譯音。他在北京長安大街禮拜堂裏的一七六四年的乾隆石刻上，舉出一個例子。Devéria 底 Musulmans et Manichéens Chinois（Journ Asiat., 1897, X, 477）把婆羅欽三摩尼看作一個阿拉伯文的人名，如 Balkin Samâni 或 Balkin-es-Samâni。但這個似乎是不可能的。Samānī 是錯誤的，Devéria 誤把 Sāmānī 和 Sam'ānī 混而爲一，並且 Balkin 也不是一個阿拉伯字。

21 宋史卷四九〇中述說此次貢使，與本書同，但於趙氏所用最後四字，改爲『賜錢縱其宴飲』。

22 參看宋史卷七及卷四九〇。

23 根據宋史卷七，陁婆離來朝，係在一〇〇八年，與三佛齊及西南番同來。在另一卷內（卷四九零）說，『咸平三年（紀元後一千年）舶主陁婆離遣使穆吉鼻來貢；吉鼻還，賜陁婆離詔書並器服鞍馬等物。大中祥符元年（紀元後一零零八年）十月，車駕東封，舶主陁婆離上言，願執方物赴泰山。從之。又（同年）舶主李亞勿遣使麻勿(Ma-[hia]-wu, Mahammed)來獻玉圭……』。此種記載表示阿拉伯商人與中國朝廷間商業關係之密切，很有意思。宋史中，常見關於阿拉伯舶主，和他們朝見宋天子的記載。陁婆離在一零零八年朝見的時候，顯然得到一個中國稱號。因爲在一零一一年，他是被稱作歸德將軍的。一零一九年，他再度朝見。此後，別的阿拉伯人之朝貢者，也有類似的稱號。

24 汾陰即是現在的萬泉，在山西南部之幷州。見 Playfair 底城市與鄉鎮 (Cities and Towns) 第七九〇一號。參看宋史卷一及卷四九零中的貢品單；陁婆離作歸德將軍陁婆離。

25 宋史卷四九〇轉載這個故事，略爲不同。開頭說：「大中祥符五年（紀元後一〇一二年）廣州言，大食國人無西忽盧華百三十歲」云云。東西洋考卷四亦記此事，以這故事的主人來自蘇門答臘底啞齊，說啞齊在以前是大食底一國。從此，我們可以推論，在明朝時間，古邏是被假設在蘇門答臘岸上的。

26 宋史卷十七說，在一零九四年，貌黎（是一個不著名的國家，但是他可以說是與唐朝的沒來一樣，即是 Kulam-Male）麻離拔（Mirbat）及大食人來貢。但在開禧時未見有貢使的記錄（宋史卷三八）。

27 圖書集成第六編卷一〇四五，引泉州府志，說泉州東南部底靈山有穆罕莫德教徒底墳墓，被稱作摩地那（Medina）人之墓。在別的地方，我們也說過幾個証據，証明在七世紀的早年，伊斯蘭教已入泉州。圖書集成（第六編卷一五〇〇）又引用地方志說，有一回教寺院名叫清淨寺，爲穆士林在一一三一至一一六三年所造。

28 宋史卷三三四有林之奇傳，說他曾提舉閩市舶。他死於一一七六年，有著述多種，我們知道的有道山記聞。參看夏德（Hirth）底 Länder des Islam 頁三三。

二　麻嘉國

A. 趙汝适原文：

麻嘉國自麻囉拔國西去，陸行八十餘程方到。乃佛麻霞勿所生之處。佛居用五色玉甃成。每歲遇佛忌辰，大食諸國皆至瞻禮，爭持金銀珍寶以施。仍用錦綺覆其居。後有佛墓。晝夜常有霞光，人莫能近。過則合眼。若人臨命終時，摸取墓上土塗胸，云可乘佛力超生。

B. 攷証

從哈達拉毛（Hadramaut）海岸上的麻囉拔（Mirbat），經過 Tehama（阿拉伯海岸之西南）到麻嘉的路程，是薩便人（Sabeans）的舊商路。這大約就是本書所說的這條路。

此章全部皆取自周去非書卷三。他說：『有麻嘉國，自麻離拔國西去，陸行八十餘程乃到。此是佛麻霞勿（Mohammed）出世之處。有佛所居方丈，以五色玉結甃成牆屋。每歲遇佛忌辰，大食諸國王，皆遣人持寶貝金銀施捨。以錦綺蓋其方丈（即Kaaba）。每年諸國前來，就方丈禮拜。並他國官豪，不拘萬里，皆至瞻禮。

『方丈後有佛墓，日夜常見霞光，人近不得，往往皆合眼走過。若人臨命終時，取墓上土塗胸，即乘佛力超生云。』

我覺得，周去非是中國第一個寫麻嘉的作家。唐書卷二二一下，說到摩訶末（Mohammed）及摩地那（Medina）和愷而白（Kaaba）的黑石，但是沒有說到麻嘉。唐書之中，有些關乎伊斯蘭之有意義的記載，已經我們的作者在本書裏引用。此外，唐書並記到每日五次對天神的祈禱，而稱回教堂爲禮堂，說此禮堂可容納數百人。『率七日，王高坐爲下說曰：死敵者生天上，殺敵受福。』

周氏原文中所謂佛居處，並不是在麻嘉的摩罕莫德生地（Maulid el Naby），而是天房（Bayt Ullah），即大家所知道的愷而白（Kaaba）。中國所稱方丈，也是同樣的意思。當元明時，麻嘉被稱作天方，乃愷而白之簡稱。

Burton 所作的摩地那和麻嘉的朝觀(Pilgrimage to El Medinah and Meccah) 卷二頁二七八內，說在麻嘉慶賀摩罕莫德的生日(三月〔Rabi 'el Awwal〕十二日)有隆大的祝宴，盛饌，祈禱並頌古蘭經。

關於穆罕莫德墓中所射靈光之傳說，參看 Barthema——這個於一五〇三年在摩地那的人，——在他的遊記中(Purchas, His Pilgrimes. 卷九頁六六)所說的一切。當他參觀穆罕莫德墳墓的時候，有長老陪伴着他，『他們團體中的首領突然大嚷起來；我們就問他驚奇的原故。老者說：你們沒看見有光，從先聖穆罕莫德的墳裏射出來嗎？我們的首領說，他並沒有看見一點東西；我們也被他詢問，回答也是相同……。據說墳內並沒有別的光射出來，只是有人在我們所說的塔內弄出來的一種光而已。我們過去是誤解了。』

在 Burton 書卷一，頁三〇九注，及頁三一一注，記着摩地那聖墓（Masjid El Nobawi 聖寺）的一個故事說，當負責保管墳墓的閹人，進到墓龕蓋，在墓上放一個新的幕幔(Kiswah)的時候，他們用面紗保護了眼睛，以防墳裏射出的神光。据這些閹人說，若有人冒險地走近墳墓，一定會被這神光立刻將眼弄瞎的。

三　層拔國

A. 趙汝适原文：

層拔國在胡茶辣國南，海島中。西接大山[1]。

其人民皆大食種落，遵大食教度，纏青番布，躡紅皮鞋，日食飯麪，燒餅，羊肉[2]。

鄉村山林，多障岫層疊[3]。

地氣暖，無寒。

產象牙，生金，龍涎，黃檀香。

每歲，胡茶辣國及大食邊海等處發船販易，以白布，瓷器，赤銅，紅吉貝，[4]為貨。

B. 考證：

1 層拔，廣州音作 Tsang-pat，即是 Zange-bār 或 Zanzibar，意為黑人區域。這個地方據莫索底（Masudi, Prairies d'or, 卷三頁七）說，是從尼羅河（大概是 River Jubb）上遊的支流發源處，順着阿非利加的東海岸，一直伸張到 Sofala 及 Wakwak 諸地。馬可波羅 (Marco Polo) 則以層拔 (Zanzibar) 海岸爲 Madagascar 大島。(看玉爾【Yule】及 Burnell 的字彙頁七四六。) 莫索底 (同上書，卷三頁三十一) 把沿僧祇海岸諸島括於僧祇中，並包含有 Kanbalu (大概是 Pemba) 在內。Kanbalu 住有回教徒同崇拜偶像的人們。

關於層拔國西界大山的記載，是非常有趣的。它也許是 Kilimanjaro 吧？把層拔國放到 Guzerat 的南部去，由 Guzerat 到阿非利加東岸的船之都是要採取偏南航線之一事實上，已可證明。

2 這些大食人，住在海岸的某鎮，也許是 Quiloa。伊本拔都他 (Ibn Batuta)，卷二，頁一九二中說 Culua (Quiloa) 是一個大城，大多數居民都是顏色非常暗黑的僧祇 (Zanj) 人。莫索底 Masudi; (同上書，卷三頁六、三十至三一) 說，僧祇 (Zanj) 人與阿比西尼亞人 (Abyssinians) 同種，他們沒有宗教，但是對於他們所感興趣的任何事件都崇拜，崇拜一種植物，一種動物或一塊石頭。

3 莫索底書，卷三頁七至八，說僧祇(Zanj)國長寬均有七百 Parasang 長 (譯者案：Parasang 係波斯長度名，約四哩)，但是中間有山水同沙漠。

4 莫索底書卷三頁七至頁八說，僧祇國(Zanj)產象甚富，並富於象牙，均運到甕蠻 (Onan)，由此轉運到印度及中國。馬可波羅 (Marco Polo) (卷二頁四〇四) 說，在馬達加斯加 (Madag-ascar) 島上，『有許多極品的紫檀樹，他們所有的樹林，事實上都是由紫檀樹造成的。』馬可波羅 (Marco Polo) 卷二頁四一六提到 Zenghibar 說：『島市上的交易，是大量的象牙貿易，此外則龍涎香和犀角也都非常豐富。』本書以檀香爲檀拔國的出產，很有意味，它們多半是由馬達加斯加帶來的。

宋代中國的瓷器，在 Zanzibar 是可以找得到的。S. W. Bushell 博士說 (華北日報，一八八八年五月九日)：「當 John Kirk 爵士住在 Zanzibar 作英國總領事的時候，曾設法收集中國的古瓷……。有些瓷器，我相信是由荒跡廢址之中，同中國的宋錢，一起掘出來的。……」參看夏德在遠東學會雜誌 (J. A. O. S.) 卷三十頁五五至五七之論文，及 S. W. Bushell 中國陶瓷說 (Description of Chindse pottery and porcelain) 卷十六。

在 Bahrein 島上 Giblah 礮台的廢址中，Theo. Bent 找到了許多美麗的 Nankin 瓷同 Céladon 瓷的殘片。由這可證明當時瓷器之普遍及其貿易之存在了。見南阿拉伯查勘記頁十八。

在宋史卷四九〇層檀國之小傳，使我們想到層檀國實際上也許是同我們作者所說的層拔國一樣，或者是層拔的一部份地方；不過對於這名字上的第二個字，還無法解決。今錄其原文如下：「層檀國在南海傍，城距海二十里。熙寧四年（紀元後一〇七一）始入貢，海道使風，行百六十日，經忽巡（排近 Maskat 的一些地方），古林（Quilon），三佛齊國（Palembang），乃至廣州。其王名亞美羅亞眉蘭（波斯文的 amir-i-amirân），傳國五百年，十世矣。人語音如大食地，春冬暖，貴人以越布纏頭，服花錦白氎布，出入乘象馬。有奉祿。其法，輕罪杖，重罪死。

『穀有稻，粟，麥。食有魚，畜。有綿羊，山羊，沙牛，水牛，橐駝，馬，犀，象。藥有木香，血竭，沒藥，鵬砂，阿魏，薰陸。產真珠，玻璃，密（波斯文 mei，意爲酒，）沙（阿拉伯波斯文 shrâb，sherbet）華三酒。交易用錢，官自鑄，三分其齊，金銅相半，而銀居一分。禁民私鑄。

『元豐六年（紀元後一〇八三年）使保順郎將層伽尼再至，神宗念其絕遠，詔頒賚如故事，仍加賜白金二千兩。』

四　弼琶囉國

A. 趙汝适原文：

弼琶囉國有四州，餘皆村落，各以豪強相尙[1]。

事天不事佛[2]。

土多駱駝，綿羊。以駱駝肉幷乳及燒餅[3]爲常饌。

產龍涎，大象牙，及大犀角。象牙有重百餘斤，犀角重十餘斤。

亦多木香，蘇合香油，沒藥，瑇瑁至厚，他國[4]悉就販焉。

「又產物名駱駝鶴，身頂長六七尺。有翼能飛，但不甚高[5]。」

獸名徂蠟；狀如駱駝，而大如牛，色黃，前脚高五尺，後低三尺，頭高向上，皮厚一寸[6]。

又有騾子，紅，白，黑三色相間。紋如經帶。皆山

14

野之獸，往往駱駝之別種也。國人好獵，時以藥箭，取之。

B. 考證：

1　弼琶囉廣州音爲 Pat-pa-lo，對音爲 Par-para，（參看夏德 Chinesische Studien 卷一頁三三），即索諜里海岸上的 Berbera。在中國書中，最早記載這國的，似乎是九世紀中葉作成的酉陽雜俎（卷四）。其記述如下：「撥拔力（廣州音作 Pat-pat-lik）國在西南海中，不食五穀，食肉而已。常針牛畜脉，取血和乳生食。無衣服，唯腰下用羊皮掩之。其婦人潔白端正。國人自掠賣與外國商人，其價數倍。土地惟有象牙及阿末香。（廣州音作 O-Mut，阿拉伯稱作 'anbar，亦卽龍涎香。）「波斯商人，欲入此國，團集數千人，齎緤布，沒老幼，共刺血立誓，乃市其物」。「自古不屬外國。戰用象牙排野牛角爲稍，甲衣弓矢之器，步兵二十萬，大食頻討襲之。」唐書卷二二二下，實際上轉載以上所說，而稍有節略。參看夏德(Hirth)皇家亞細亞學會中國支部雜誌(J. C. B. R. A. S.)卷二十一頁二十九及遠東學會雜誌（J. A. O S.）卷三十頁四十七至五十一之文。（中有一節，從略。）

2　趙汝适假定四州的居民，全都是穆士林(Moslims)。

3　伊本拔都他（Ibn Batuta）書卷二頁一八〇至一八一，說 Zeila 同 Magadoxo 的人民，每天殺幾百隻駱駝，作爲食品。他又說 Magadoxo 的人民，都是富有綿羊的。參看本書所說的中理國人民。中理國亦即Somaliland。

4　在第一世紀時 Periplus 說，在 Berbera 海岸的出口貨中有沒藥，乳香，錫，象牙，瑇瑁，木香及肉桂。

5　此自領外代答卷三中引用。當第二世紀開始時，有幾個駝鳥從安息國（Parthia）帶到中國朝廷裏，中國人才知道有駝鳥。於是中國人民稱它作安息雀(Parthian bird）。（參看後漢書及夏德大秦國全錄。）在魏書卷一〇二中，對於駝鳥無有名稱，他們僅僅說：「（大）鳥形如橐駝，食草與肉，亦能噉火。」在唐書卷二二一下，它說該鳥普通稱作駝鳥，有七尺高，黑色，脚與駱駝相似，一天可以走三百里，並且能吃鐵。

駝鳥在波斯文中稱作 ushturmurgh，在阿拉伯文中稱爲 teir al-djamal，全都是駱駝鳥的意思。參看 Actes du Congrès Internat. Oriental., 1889, 21-22, 及 Bretschneider, 中世紀的旅行家 (Mediaeval travel.) 頁八七注一三二。

周去非（同上書卷三）說崑崙層期國產駱駝鶴（與本書所用名稱相同）。依他的說法看來，顯然以崑崙層期國是阿非利加東岸的全部。但他又把這地方認作一個大島。

6 徂獵，廣州音作 Ts'o-lap，就是 girafe（長頸鹿）。中文的名字，是波斯文的 zurnāpā, surnāpā（普通叫作 Ushturgāv【駝牛】。）girafe（長頸鹿）即阿拉伯文 zarāfa。莫索底書卷三頁三中說，有些人民認爲「girafe（長頸鹿）」即是駱駝的變種，這種東西在僧祇國（Zanj）（黑人區域）是很富有的。

7 斑馬產於阿比西尼亞的南部。我們知道，明時有花福祿產於靠近 Magadoxo 的不剌哇國（Brawa）。Bretschneider 在古代中國關於阿拉伯和阿拉伯屬國的知識第二七節中，疑惑花福祿爲斑馬之一種，乃是 Hippotigris Burchelli, 或 Douw，爲古人所說的虎焉。Duarte Barbosa 作的非州東岸(Coasts of East Africa)卷十六說，Magadoxo 人用草同弓矢擒捕斑馬。

五　勿拔國

A. 趙汝适原文：

勿拔國邊海，有陸道可到大食，王紫棠色纏頭衣衫。遵大食教度爲事。

B. 考證：

在中國任何別的中世紀作家之中，沒有人告訴過我們勿拔這個名字。這地方同賈耽所說的烏刺大概是同一個地方。並且有些理由讓我們想到它可以是 Sohar。我們知道，甕蠻就是 Oman，其居民和一般的情形，都同勿拔相像。這個可以加強我們的信念，相信這兩個地方彼此很相密接。Edrisi (Jaubert's trans. 卷一頁一五二) 說到 Sohar。他說：「以前商人們由世界的各處到這裏（勿拔）來，帶來也門(Yemen)的出產物，並且運出各種物品。這很有幫助這個國家底繁榮。這個地方的出產，富有千年棗，無花果，石榴，木瓜，以及別種高品的果子。到中國去的遠征，從這裏起始，所有這些東西都運到這一個終點去。」在記施島 (Island of Kish) 上，海盜興起以後，波斯灣 (Persian Gulf) 上的商業才被驅逐到亞丁 (Aden) 去。

六 中理國

A. 趙汝适原文：

中理國人露頭跣足，纏布不敢著衫，惟宰相及王之左右乃著衫纏頭以別。王居用磚甓甃砌，民屋用葵茆苫蓋。日食燒麪餅，羊乳，駱駝乳。牛羊駱駝[1]甚多。大食，惟此國出乳香[2]。

人多妖術，能變身作禽獸或水族形，驚眩愚俗。番舶轉販，或有怨隙，作法咀之，其船進退不可。知與勸解，方爲釋放，其國禁之嚴甚[3]。

每歲有飛禽泊郊外，不計其數。日出則絕，不見其影。國人張羅取食之，其味極佳。惟暮春有之，交夏而絕，至來歲復然。

國人死，棺殮畢欲殯，凡遠近親戚慰問，各舞劍而入，噉問孝主死故；「若人殺死，我等當刃殺之報仇。」孝主答以非人殺之，自係天命，乃投劍慟哭。

每歲常有大魚死，飄近岸。身長十餘丈，徑高二丈餘。國人不食其肉，惟刳取腦髓及眼睛爲油，多者至三百餘墱，和灰修舶船，或用點燈。民之貧者，取其肋骨作屋桁，脊骨作門扇，截其骨節爲臼[4]。

國有山（或島）與弼琶囉國隔界，周圍四千里，大半無人煙，山出血竭，蘆薈；水出瑇瑁，龍涎。

其龍涎不知所出，忽見成塊或三五斤或十斤，飄泊岸下，土人競分之，或船在海中，驀見採得[5]。

B. 考證：

1 中理爲一個國家的名字，在趙汝适的前後，沒有旁的中國作家提過。這個地方就是索謀里 (Somali) 海岸，而包含索克德拉 (Socotra) 島在內，無可疑惑。它的名稱不很一定，當中古阿拉伯的作家說到這個黑人區域（僧祇）時，把它叫作 Zing, Zang 或 Zenj。伊本拔都他 (Ibn Batuta) 卷二頁一八零說，黑人區域是從 Berbera 海岸上的 zeila 一直伸張到 Magadoxo 。（參看莫索底書卷三頁六○）中理國的國王住的城，也許就是 Magadoxo。

2 阿非利加的乳香也叫作 Ancients Peratic 和 Libyan 乳香。依 Periplus 十一節中所說，這種香僅產於 Aromata (Ras Jardafun) 海岬附近。但數量甚爲豐富，品性也十分的好。Socotra 島出產乳香；一直到現在，還是一樣。（參看Bent 的南阿拉伯查勘記頁三八〇及三八一。）

3 伊本拔都他 (Ibn Batuta) 書卷四頁二二七說，Barahnagar 島的本地人，會用妖術來擾亂人。馬可波羅（卷二頁三九九）所說 Socotra 島上的人民的妖術，同趙汝适所說的正相類似。他說：「你必須知道，在這島上有世界上最好的法術家。他們的大教主雖眞正要禁止這種好才能的演習，但是沒有用。他們以爲他們的祖先世襲這種法術，他們也必定如此作。我可以舉一個這種法術的例子來。有一次有一個船，在很有力的順風下駛行過去，他們就使起逆風，把這船強迫回去。事實上，他們能叫風按着他們的意思作，並且能作出大風雨同禍患出來。他們還施行別的妖術，在本書中還是不要再說了吧。」

僧人 Joannodos Santos（紀元後一五九七年）說：「在 Zanzibar 住了一個 Chande，他是一個大法術家。若是船主人反對他的意思，他就使他的 Pangayo 用風來反抗，直到船主人使他滿意後，他咀念完了咒語，船才能向前行駛。有一個 Portugall 曾惹他發了怒，他就使他不能開口說話，而且有一個鷄，在他的肚中叫，直到服從了他和一些討厭的妖術後，才能恢復自由。」參看 Purchas, His Pilgrimes 卷九頁二五四。

不到二十年以前，Theo. Bent 發現 Somali 人最怕 Socotra 土人的妖術。（Theo. Bent 南阿拉伯查勘記頁三六一。）

4 東西方中古時代的作家全說，在印度洋（Indian Ocean）和波斯灣（Persian Gulf）之中，有許多大鯨魚。Kazwini 說，這些鯨魚常常在靠近弼斯囉（Basra）的海岔低潮處，被人捉着。人們用捕魚叉捉它，在它的腦中，取出油來點燈或搽船。（蘇萊曼東遊記【Reinaud, Relatinos】卷一頁一四五至一四六。）馬可波羅說，離 Zanguebar 海岸較遠處，鯨魚常被 Socotra 的人民捕獲，並且常有多量鯨魚同鯨魚腦。（卷二頁三九九及四〇四。）

墱是大家素來所不知道的一種容器，它是梵文中常用的 tola，一墱等於四個 masha。在本書中，這個字一定是由別的外國字中來的，也許是一個波斯字。Edrisi 卷一頁九五至九六說：「所有航行中國海內的中國大小船，都是用木頭堅固的造成；將木片彼此接連着，擺成幾何形，用棕櫚繩縛着，用粉末及鯨魚油塗塞船縫……

在也門（Yemen）的亞丁（Aden），甕蠻（Oman）的波斯（Fars）海岸上，及中國和印度的海上，這種含有油性的物質是很著名的，這些地方的人用這物質塞他們的船。」（參看蘇萊曼東遊記【Reinaud, Relations】卷一頁一四四至一四六。）

從Nearchus時代（Arrian，印度史節二九，三十），許多的作家都說，在Makrān海岸上，有用鯨魚骨造成的小屋子。雖然我不能在記載中證實，但是我也沒有理由就說弼琶囉（Perbera）或索謀里海岸（Somali）上沒有這種習慣。（參看Mc Crindle, Erythraean海的商業及海運頁一九六，一九七。）

5 Periplus（三十節）已經說過，血竭是Dioskorides（Socotra）島上的出產物；一直到現在，仍繼續的為這島上的出口貨。Socotra島從古即以蘆薈著名。依Edrise（卷一頁四七）說，蘆薈是由這裏運到東西方去的。（Heyd，商業史卷二頁五六三。）馬可波羅（卷二頁三九九）則說到這島上的龍涎香。

Socotra島是很多山的；Haghier山羣峯綜錯偉大，高的差不多有五千尺。這高山的榮譽，無疑的是因為血竭樹（Dracaenja cinnabari）。這些樹長在約有一千呎高的山坡上，並且漫延了Sokotra的大部……。」（Theo. Bent，南阿拉伯查勘記頁三七八至三七九及頁三八八。）

七 甕蠻國

A. 趙汝适原文：

甕蠻國人物如勿拔國。地主纏頭繳縵，不衣跣足。奴僕則露首跣足，繳縵蔽體。食燒麵餅，羊肉并乳，魚，菜。土產千年棗甚多，沿海出眞珠。山畜牧馬，極蕃庶。他國貿販，惟買馬與眞珠及千年棗，用丁香，豆蔻，腦子等為貨。

B. 考證

在前章所列阿拉伯各國的表中，這個國家的名字誤作甕蠻。依九世紀阿拉伯的記載，（蘇萊曼東遊記卷一頁十三至十五），甕蠻（Oman）及別國的出產物被帶到波斯（Fars）海岸上的Siraf去，在這裏用船裝好，運到印度。這些船在Miskat的甕蠻停泊，採取飲料及食料。但那時候Maskat同東方，顯然沒有重要的直接的貿易。一世紀後，莫索底（Masudi）書卷一頁二八一說到Siraf和甕蠻（Oman）的船，說這些船航行在中國，印度，信度（Sind）及僧祇（Zendj），也門（Yemen），Kolzum，阿比西尼亞(Abyssinia)等處。到了十二世紀，波斯灣（Persian Gulf）和印度的中國商業的中心是在Siraf。這時候它已經感到記施島上海盜的威脅；在十三世紀時，它便完全爲海盜毀滅了。於是Ormuz就開始負起他的偉大使命，並且亞丁（Aden）也由波斯灣(Persian Gulf)上吸收了許多商業。

伊本拔都他(Ibn Batuta)書卷二頁三七四說，有極快的馬，由也門（yemen），甕蠻(Oman)和波斯（Fars），帶到印度（India）去。並且甕蠻(Oman)還供給鄰國千年棗。馬可波羅（卷二頁三二四）說，在甕蠻(Oman) Sohár是一個重要點，有許多馬從這裏帶到印度去。（參看Heyd之Hist. 商業史卷二頁一三五。）

莫索底(Masudi)書卷一頁三二八說，眞珠僅產於阿比西尼亞(Abyssinia)海，Kharek，Kotor甕蠻(Oman)及錫蘭(Serendib)。

譯者附記：這是夏德和羅志意合作的諸蕃志譯註(Chau Ju-Kud: His work on the Chinese and Arab Trade in the twelfth and thirteenth Centuries, entitled Chu-fau-chi, translated from the Chinese and Annotated Friedrich Hirth and W. W. Rockhill) 卷上第二二章至二八章。夏羅二氏原註之標有本書上下文中應參看之頁數者，因此數章之單獨發表，皆暫删去；以後全書譯完出版時，當另行增入。又弼琶囉國攷証中有註「中略」者一處，乃因原註中有兩地名需要考證，未能譯出，都等以後補充。再者，本文標題亦譯者所標，亦應聲明。

二十六年三日

中國回教寺院教育之沿革及課本

龐士謙[1]

一 明至清末之回文大學

本文所謂中國回教寺院教育，即指一般清眞寺內所附設之回文大學而言。明代以前，清眞寺內有無回文大學之設，無從查考。有明以來，有胡太師（胡普照）者，陝西咸陽魏城人也。學問淵博，朝覲天方，歸來後目覩中國回教之不振，隨立志興學。招學子數名於其家中，半工半讀，由此清眞寺內設學之風漸開。其組織及辦法，極爲簡單。清眞寺內原有阿衡一位，此阿衡即爲此一方之教師。至於學生之多寡，須視該方教民之經濟力而定，學生之衣食住等費概由合方教民之供給。迨至學生將其應讀之經典讀完時，由合方教民爲其掛幛穿衣[1]，以示畢業。

迨胡太師四傳門人周老爺時，學問更爲淵博，其講解之嚴密，追求之細緻，較前大爲進步。而回文大學之林立，人才之輩出，亦皆在於此時。周老爺之八大弟子，對於中國回文大學均有功績。其暮年所收之諸小弟子，學業功績則更駕八大弟子之上。小弟子中，如雲南之馬復初，不唯弟子衆多，且著有許多佳著遺留後人。河南桑坡之張古東二楊亦小弟子中之傑者；河南回文大學之創立即始於二楊阿衡也。

與周老爺同時，尙有王龍阿衡及黑雲南阿衡。二位阿衡學問甚博。當時曾有歌謠：「王一角，周半邊，黑雲上來，遮滿天。」此即言王龍阿衡，尤其是黑雲南阿衡，學問之淵博也。惟此二阿衡之門徒不衆，故其傳不若周老爺之廣且久，今列周老爺之學統如下：

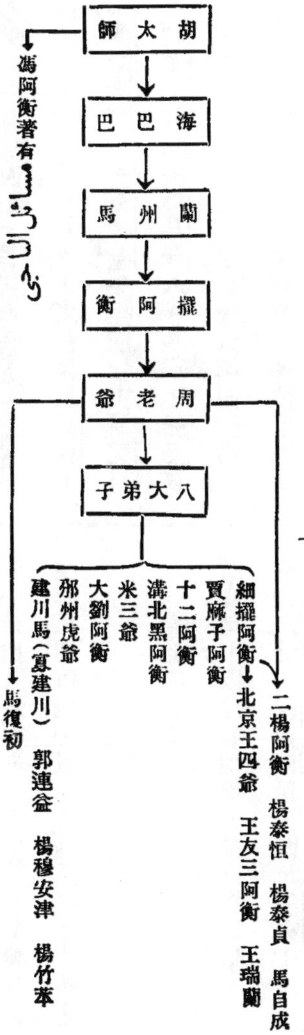

中國回文大學，向有陝西派（包括西北豫皖及南部諸省）及山東派（包括直晉及東北諸省）之分。山東發源於陝西，其創始人爲常仙學（常巴巴）。金吉堂先生回教史研究有云：『常志美字蘊華，其先撒馬耳汗人。九歲，隨乃叔奉使押一獅入貢北京，留居陝西，從胡太師第四代門人學；後至濟寧，與當地常姓聯宗，遂姓常。學問淵博，尤精波斯文，授徒滿南北，著有哈控衣米諾哈志，譯言波斯文法也。研究哲學尤有特到之處，通稱常仙學。』按金氏所說，則常巴巴係周老爺弟子，或與彼同時。自常氏在濟寧講學後，始漸漸自成一派。然中國回教之所謂派別，實非在學理上之派別，乃習慣之不同而已。

回文大學之課本，有阿文波文之不同。有專攻阿文者，有阿波兼授者。關於前者，陝西派較多，後者山東派較多。陝西派之學重「精而專」；山東派之學重「博而熟」。陝西派有往往專攻一門者，例如講授「認主學」的，專授「認主學」而不講其他。自周老爺興學，以至淸末，陝西派多務「認主學」。此乃受第四世紀後回教世界潮流的趨使，因當時一般文人學士以辯論「認主學」爲時髦，而政治領袖亦愛好之，所以關於「認主學」分出許多派別，惹出許多辯論和戰爭；但中國之認主學家則僅祗一派——遜尼派——而已。

二　最近五十年之回文大學

陝西爲中國回教文化發源地，亦中國回教最高學府所在地，因此各地學子多負笈於此。自咸同年間回族革命失敗後，陝西回民多貯足隴東；由此回教文化中心，漸漸西移，集中於導河；甚至於原來之陝西人，亦到導河求學。

迨至導河之果園阿衡（馬萬福）於光緒年間朝覲歸來，目覩中國回民所行之教門，有參雜風俗，違背教法者，於是乃從事革俗，一般人稱之爲「新新教」。

此後舊式所用之課本，漸漸亦有變動，除原有課本而外，又增添 [illegible] 麥勒格（教法經），[illegible] 麥克士布（教法及宗教道德），[illegible] 伊爾沙德（教法及宗教道德），[illegible] 托里格台（宗教道德），甚至於講授 [illegible] 沙米（爲教法中最大者）等，大致乃趨重於教法及宗教道德的一類書。此乃由深研「認主學」而變爲深研教法學的一個時期。

以上所說的是近五十年來西北方面教學的狀況。而

2

東部的回文大學，自王浩然阿衡，提倡中阿兼授以來，河南等處有馬自成阿衡竭力提倡，隨於民九改回文大學爲中阿兼授於山西晉城。民十四馬松亭阿衡創成達於濟南，十七年李仁山阿衡設伊斯蘭師範於萬縣，同年，哈德成達浦生二阿衡立回文師範於上海，此外又有雲南之明德及寧夏之中阿等校，於是舊日所用的阿文課程及課本，又爲之一變。除教授中文功課而外，而又使阿文教授方法現代化，多有編訂課程標準，採用埃及最新教本者矣。

三　回文大學之課本

甲　阿拉伯文課本

(1) صرف معزّى زنجاني عوامل مصباح 統稱連五本，前三本又總稱爲算且夫，係講解阿文中動詞名詞字體之變化，及其變化之原則和方法，由淺而深。

阿瓦米米是依照歿於四七一年的大文法學家阿卜杜戛西爾 عبد القاهر 所規定的「百個感物」，而詳解此「百個感物」使用之方法。

米蘇巴哈是文法書，講解文句之構造。文句之構造視其尾音，尾音有受感物之影響而變動者，有始終不動者。此書亦係 عبد القاهر 作品之擇要本。

以上五本有楊仲明阿衡之混合簡單的中文譯本，稱名中阿初婚。 3

(2) ضوء المصباح 遭五係註解 مصباح 的。其作者爲 أبو الفتح ناصر المطرزي 穆團勒吉，氏爲文法家，詩家，著有關於教法方面字典名 مغرب 木俄勒布，其他作品很多。其信仰爲穆爾召吉來旅，其教法宗哈那斐派。氏五三八年生於花剌次模地方，於六〇一年朝覲，路經報達，六一〇年歿於花。有人說穆團勒吉是 زمخشري 則麥黑沒里的代替者，因其出生之日即則氏歸眞之時。

(3) ملا جامي 滿倆係文法書中之大者，عبد الرحمن الجامي 查密所作。氏於八一七年生在胡拉桑的查密地方，是大哲學家，文學家，認主學家，精通阿波文，著作很多，計有五十五種，滿倆爲一等文章，乃數百年來之傑作，於八九七年歿於候拉特。

(4) بيان 白亞尼係修詞學，爲第八世紀有名的波斯學者 سعد الدين 賽爾頓丁所作，氏擅長哲學，修詞學，論理學，認主學，歿於九七二年。

(5) شرح الوقاية 偉戛業係教法書，原書爲 هداية 麥哈穆德氏所作，作者爲法界第五階級。後經其孫 صدر الشريعة 率德倫設里爾加以註解，始稱 شرح الوقاية（卽偉戞業的註解）。此書爲哈那斐族，勝行於中國，印度，及中亞一帶，其經註約數十種。氏歿於七四七年。有王靜齋衡中文譯本，稱偉戞業。

(6) جلالين 者倆來尼爲淺近的經註學，宜於初步研究古蘭者。原書爲 جلال الدين المحلى 者倆倫丁氏所註，書未竟而氏於八六四年歸眞。後來 جمال الدين السيوطى 者倆倫丁賽佑推氏，由夜行章（十七章）起註，而完成之。氏歿於九〇一年。二氏皆埃及學者。

(7) تفسير القاضى 戞尊爲經註學之較大者，係波斯之失羅斯人 عبد الله ابن عمر 阿卜杜拉氏所作。氏曾充法官，因名戞尊（法官）。此書與現在成達所講授之 تفسير النسفى 那賽斐，都係做經註學之鼻祖 تفسير الكشاف 堪沙夫所作。不過堪沙夫爲穆爾台吉米派。前二者爲遜尼派，而戞尊爲遜尼派中沙斐爾派，那賽斐爲遜尼派中哈那斐派。此書趨重於文法及文章之構造，而缺少理論。文簡意該，適合研究文學。著者歿於七九一年。

(8) العقائد النسفية 客倆目爲認主學，爲 ابو حفص محمد النسفى 歐麥爾氏所作，此書爲認主學中的傑作，其註解不下數十種。陝西派學者多務此學。有楊仲明阿衡之中文譯本，稱名教心經註。

乙　波斯文課本

(1) خطب 虎托布爲四十段聖訓之註解，大致是趨重於道學方面的，不過其中有傳述不眞確的聖訓。原書爲阿文，是 ابن ودعان 伊本我德安由 زيد ابن رفاعة 則德的聖訓本中擇要的。伊本我德安是摩索可的法官，歿於五九四年。後來譯成波文，其譯者不詳。有李虞宸阿衡的中文譯本，名曰聖諭詳解。

(2) اربعون 艾爾白歐亦爲四十段聖訓的註解，是純粹道學。著者爲 حسام الدين ابن علاء الدين النوجبادى

(3) كلستان 古力斯坦爲文學書。著者 سعد ابن عبد الله الشيرازى 賽爾底，歿於六九〇年。 يعقوب ابن سيد على 那爾古伯對於此本有阿文的註解，即是 مولى مصطفى ابن شعبان 以 مسرورى 麥斯魯爾著名。一部分學

4

者說該氏因不了解波文，所以有些地方錯誤。此書中有許多奇妙的故事，有新穎的勸化，有節湊的詩文。اقضى كمود ان حسينى 麥哈木德亦著有一註解。又有 مولى شمعى 傾麥爾著有土文的註解。

（4）مرصاد 米爾薩德為哲學書，著者為德黑藍人 عبد الله رازى 阿卜杜拉，此書共分五門四十篇，都是講修道，養性，近主之道。當六二〇年七月在西威斯地方完成之。當元西征時，其全家遭難，變後作此書。有吳子先先生中文譯本，名曰歸眞要道。

（5）تفسير 候賽尼係經註學，為八九七年特里人 حسينى 氏所著。文字簡明，趨重理學，我國人多樂用之。

（6）اشعة اللمعات 額慎嘛噶意譯為昭元密訣，係哲學中傑作，為回教認主的最高理論，其著者為滿倆的著者 عبد الرحمن الجامى。有破衲癡的中文譯本，先年河南有木刻本，近年有馬雲亭先生之排印本。

以上阿波各種課本共十四種，雖不足以盡回文大學中所講之課本，然其要已在於是。近年一般回文大學所講授者，仍不出此範圍也。

註一：「穿衣」指回教禮服而言，穿衣是師長及衆鄉老為其舉行授衣典禮。

「掛幛」即是用錦帛一方，上書其學歷，如同今之文憑証書。

5

MOSLEM WORLD 中關於中國回教之論文目錄（一） 王偉靈

Moslem World 中，載有關於中國回教之論文不少。
今一一檢錄其目於下，以備參考。

1. Islam in Manchuria. [Supplementary to M. Broomhall's Islam in China, 1910.] By James W. Inglis. July, 1916, pp. 296–300.
2. Mohammedan Conference at Peking, 1916. [Translation of Report.] By Charles L. Ogilvie. July, 1916, pp. 301–7.
3. Islam in China to-day. By E. W. Jhwing. Jan. 1917, pp. 75–9.
4. Islam in China. By Samuel M. Zwemer. Jan. 1918, pp. 1–3.
5. The three character classic for Maslems. [A rule for worshippointed in Chinese, 1903]. By Lieo Kai Lien. Jan. 1918, pp. 10–15.
6. A Chinese Moslem primer. By S. M. Z[wemer]. Jan. 1918, pp. 71–3.
7. A classified bibliography of books on Islam in Chinese and Chinese-Arabic. By Chas. L. Ogilvie. Jan. 1918, pp. 74–8.
8. A Chinese Moslem tract. [Shewing penmeation and domination of Confucianism]. By Yü Shao Chai. Oct. 1918, pp. 404–11.
9. The present condition of Islam in China. [Moslem testimony]. By A. H. Mateer. Jan. 1919, pp. 77–81.
10. The Correct foundation of religion. [Translation of a Moslem tract printed at Tientsin in 1916]. July. 1919, pp. 268–91.
11. Christian literature for Chinese Maslems. By Isaac Mason. Apr. 1920, pp. 164–7.
12. The Sj'chuan Moslem. By James Hutsan. July 1920, pp. 251–61.
13. Islam in Kansu. By M. E. Botham. Oct. 1920, pp. 251–61.
14. A survey of Islam in China. By F. H. Rhodes. Jan. 1921, pp. 53–68, 1 Map.
15. Methods of evangelism among Chinese Moslems. By Mark E. Botham. Apr. 1921, pp. 169–78.
16. An ancient account of India and China [by two 9th cent. Mohammedan travellers]. By C. Stanley, G. Mylrea. Apr. 1922, pp. 170–7.

五十年求學自述

靜齋阿衡爲現在回教著作家中不可多得的人物。他五十年來求學的過程，實在就是中國回敎學術進展的一部份縮影。讀阿衡此文，固可見其求智精神之堅苦不移，也可見回敎學術最近進展的情形及一般回教寺院教育之概况。因識數語於此，以備讀者參考。

編者。

王靜齋 1

余性愚鈍，幸自幼苦心求學，不肯落人後。僅此區區，倘堪自慰，五十年如一日。今已鬚髮蒼白，自慚所學無幾，對國對教鮮有表白。茲值禹貢發行回教專號，經白君壽彝囑余自述生平求學經過，因義不容辭，濡筆記之於左：

光緒十三年，余八歲，初讀阿文，受教於雙親膝下。賦性頑皮，不堪督責。終日遍處遊戲，因以屢受先父痛撻，鄰里亦多白眼相加。戚友慫先父迫我改途，先父不可，居恒語余曰：「汝既知戚友不以爾爲可造之材，自當努力上進。異日學成，能集二三子課讀，余願已足，不敢再作非分之奢望也」云云。余聞而竊自奮曰：「異日得志，除弊風，揚真理，願天下人皆得正道」。年幼無知，作此幻想，每一回憶，不勝愧怍也。

光緒二十年，余蒙學經堂，一切讀本以及淺近教法學，竟讀十餘種，阿文以外，波斯文間亦涉獵，惟於國文一道，聞而却走。先父迭以國學不可不讀見囑，我則執意不習漢文。而今，以國學之無根底，已成新時代之落伍者，追想已往，悔恨無濟矣。

光緒二十一年，投李春生阿衡門下求學。此時，李君設鐸於津北穆家莊大寺。同學十五人，惟余最幼，八門課程，余攻四門。學兄皆老於經堂，而半多迂腐，不求甚解。居半載，因遭衆人痛惡，被迫離寺。

光緒二十二年，余十七歲，離津北上，赴通縣長營村，投保陽馬老師，諱玉麟，門下求學。彼時，平津尚未建築鐵路，貧苦旅客，或騎驢，或徒步。余既貧苦異常，騎驢時少，徒步時多。每次離家門，則以棉衣作抵押，向質庫換到制錢兩三串以作資斧。津通相隔二百餘里，徒步二日半始達。古人所謂「負笈從師」，我已飽嘗其風味。且肩荷重可四十斤大褥套，日行八十里，兩脚起泡，步履維艱。比至長營，從馬翁半年有餘，因學生滿額，余之供給出自馬翁及衆同學，自覺不忍，乃赴平別覓求學之地而不得，遂復返津門。

光緒二十三年，經母舅介紹，到宣化南寺于勉翁門下。方負笈抵平，欲赴宣化時，于翁已來平膺任前門外箬箒胡同清眞寺教職，余遂就近從于翁。次年，因故改投宣武門外教子胡同金五阿衡門下（金師諱連榮，山東禹城人）。本年，金師受聘於天津大寺，余亦隨同到津。先父以爲在當地求學，功夫不純，力主離鄉，遠道從師。此乃舊經堂一椿美俗，青年人在本鄉求學，究不如遠出家門，得以擺脫家庭間一切煩瑣也。

光緒二十四年，因無相當地點求學，乃就近投津門金家窰寺劉緒魁老師門下。金家窰寺建自明初，爲津門最古之清眞寺。明初天津無回民，糧船中有所謂安慶幫者，冬令停泊金家窰河岸；每屆欽齋月，即於金家窰曠場搭蓋蓆棚，置爲臨時禮拜之所。自是以後，有移此久居者，乃集資購地建設清眞寺；同教愈聚愈多，日久則散居全津矣。五百年來，蕃殖十餘萬，大小禮拜寺建有十八所。回教在中國增加之速率，於此可以推見。

金家窰寺雖建築最早，而教民爲數無多，寺中常年經費取自全市教胞，故寺役終日在外沿戶募錢。沐浴室因以無人經營。我師生五六人日夜五時禮拜，須備有熱水作小淨，必得逐時燃柴燒水，每朝惟余代爲服務最多。一面燒柴煖水，一面溫習功課。入晚，預備次日受課，長夜不眠。有時將欲安息，而金雞高唱，東方白矣。稍停，則下榻去作小淨，作晨禮。如此夜以繼旦，歷一年之久，幸而精神如故，學業增進不少。

光緒二十五年，離金家窰，投滄南孟村北寺某阿衡，攻讀「爾戈義代」，及後卷「偉戈業」。但此阿衡者，學業平常，品行尤劣，居此半年餘，毫無進益。入秋赴河澗，再投于勉翁。時國家尙有縣考，余得于翁指示，在考棚臨時市場，購五方元音，玉堂字彙各一部，自此始追求漢文。河澗回教人，不下五百戶，貧者十居八九，寺無恒產，師生五六人極爲窮困。吾輩學生宿舍，嚴冬而無爐火，入夜僵凍，抱成一團，其苦況較他處，另一滋味。

光緒二十六年，余年二十一歲，二月回津，三月完婚。六月十八日義和團勢敗，洋兵佔領天津，京都相繼失陷，欲回河澗而不可能，只得在家從先父課讀。入秋，知于翁已離河澗升任京都祿米倉，乃毅然獨自離津北上。時當聯軍遍地，路上不見行人。腐屍橫臥道旁，觸目皆是，臭味撲鼻。將抵北倉河沿，見有木舟爲洋兵載什物，余喚船家靠岸，欲乘之赴通縣，押船洋兵見我與船家搭話，乃用步搶射擊。余駭極狂奔，未遭慘死。勢不得已，折回天津。隔數日，在河壩搭劉姓木船溯流北上，先抵通津，再與印度同教士兵同行入都，得見于翁，各道別後境遇。居無何，于翁受聘於京南安育村，乃奉師命偕班馬二君赴安育代理職務。當時，京郊土匪猖獗，我等三人乘大車夜抵馬駒橋，路上鎗聲不絕於耳。班馬携有鉅欵，幸未遭刼，但彼此均飽受虛驚，次日始抵安育村。入冬，于翁莅任，余徒步回津度歲。在此期內，與已故李八阿衡過從甚密，借閱李公沙昧經，受益不少。

光緒二十七年春間回安育，値于翁摒擋一切，預備回山東恩縣滿家莊原籍省親，因路上不安，將所有貴重衣物寄存於該村馬姓家。當時村中集有土匪不少，匪首綽號大皇上，羽黨數十名，勾結外村同類，擾害地方。阿衡有法無權，勸阻無效，乃假名省親，暫離危地。是年四月初間一日晨時，印兵突至，包圍全村，男性無分老幼，均被驅於寺中，由英國武官偕同通譯，刑逼地保指出匪賊。學兄佟某誤被鞭撻，余亦一度受訊，幾遭痛楚。結果，拘獲土匪十四名，匪首大皇上父子當場成擒，村人爲之大快，入夜戒嚴，印兵守衛。余乘夜潛出寺門，到馬宅查問于翁衣物，有無失落。據云，衣箱掩於糞堆中，當不至有損。余曰：「箱內多細毛皮衣，糞堆蒸氣最能發生變化，埋藏多日，一旦見風，恐毛脫僅成爲光版矣。」言下，刨出木箱，啟而摩撫之，果然發生奇熱。隨督催馬氏移衣物於寺中，得以全數保存。

五月，于翁歸來，匪賊十四名在淸眞寺南同時伏法。吾等隔牆望，其狀極慘。惡人惡報，固不足惜，而影響教譽實非淺鮮。自此以後，村內平定，鄰村亦安。吾等從于翁苦讀二年之久，僻野鄉村，樹多人少，每日兩餐，粗糙已極。

光緒二十八年，于翁經余介紹，受聘於天津淸眞北寺，余雖同往而未獲入學。此時，經堂照例課程，余已次第讀畢，對漢文則仍無顯着之進步。

光緒二十九年，離津投滄南丁莊海金老門下。海君諱思福，字金五，爲此地阿衡中提倡遵經革俗之第一人。聰明學識，均極高明。余從此老二年，受惠良多，茹苦亦不少。學生宿舍，炕不通火，一被一褥，澈夜顫動，不覺稍煖。晨禮之後，室內滴水成冰；冷極則燃樹枝略略取煖。一日兩餐，由村戶輪流供給，寺役携籃提罐挨戶往取，雜色粥餅，勉強下嚥。有時早飯僅稀粥兩碗，併微須鹹菜亦無。每日課餘，喝粥已畢，獨赴空室，閉扉溫讀。殘垣敗棟，稻草盈屋，儼然黑洞；窗如牢門，於無情奇寒侵迫下，想出一種妙法，置雙足於稻草中，藉資溫煖。余素患胃弱症，薄餅稀飯，尚覺尅化遲慢，糙餅硬飯更使余無時不在病態中。所幸求學之志無時或渝，日常課程有進無退。課餘編輯波斯文法（先前輯過一次，內容不甚充實，擲棄未用），又欲研究詩學，但終未成功。海老夜宿私宅，寺中宿室由余獨居。海老自置印版西經，不下二百餘種，大部教法經，若「沙昧」（五巨册）「斐特哈蓋低勒」（八巨册）等經，無一不備。余入夜閉扉擇要翻閱，因以得知前輩阿衡之錯誤不少，思有以改正之，惜人微年輕，未敢發動。

光緒三十一年，自丁莊歸津。此時于勉翁離開天津北寺，再任安育村。余居津未久，仍投于老師。入冬，蒙賜錦幛，出任大興縣屬白塔村南寺，由此脫去學生名義，而謬膺阿衡名義矣。

白塔村距安定車站二里行，寺分南北二處，教民不過二百家，多務農爲業，人情粗野，宗教教育一概不懂。余與此般鄉愚相處二年之久，徒耗寶貴光陰，頗覺無味，至此始自恨不應離開學校如此之早。幸而居白塔二載，無日不在自習中。

光緒三十三年，余年二十八歲，莅任懷來縣新保安。有學生八名，皆循規蹈矩，安心求學者。教胞百餘戶，十之七八不諳教律，居恒無人進寺。婚禮喪葬等事參雜不少惡俗。笙管籥笛一類響器，在我教禁不准用，遇婚事僅可用皮鼓藉資宣揚。惜教胞不守軌道者，每每遇婚事，故違禁例。保安先亦如此，後經上任米阿衡嚴行禁絕。余莅任後，接續維持，經過一年之久。詎有梁某者，爲子完婚，事前聲言，屆時破除禁令，必欲用音樂。至是，余不顧因此發生糾紛，乃預備離任歸津。此時，白塔寺聘書適至，余借此不辭而別，直赴白塔村。

余在新保安時，定閱天津竹園報，此我涉躐新聞紙之初步。繼又函託張子文君在京代定正宗愛國報一份。二次蒞任白堵村，除定閱白話報外，更定閱天津民興報，大公報。一日，見愛國報登有「疑問求教」四則。由該報總經理丁寶臣氏署名，最後一語係：經堂學生能以全部作答者，則贈以上等錦幛，阿衡能答者，則另有相當酬謝。余見報後，依次作答。未幾，丁君親赴天津敝舍投書，聘余担任京都崇外花市教長職務。自此，在花市任職二載，便中起草中亞字典。

宣統二年秋，受聘於奉天開源，歷任三年之久。民元定閱北京出版之法政淺說，研究法學，讀飲冰室，中國魂等書。更從耶蘇教徒王某讀英語，惜僅四十天，因教衆反對而輟學。本年入國民黨，參加國事運動。民二辭職返里，賦閒多日，有時擬講演稿，投天津民興報。自以爲目不識丁之我，居然能讀報紙，進一步而能以爲文，甚至投稿得獲發表，較比十年前自屬進步多多矣。雖所學不過區區皮毛，但得來非常便宜，識字則借報紙，知書則由指劃；法帖讀本，紙筆墨硯，我從未因此費去分文。余嘗言，專門阿波兩文外，國文知識，實我例外之收獲也。

民三，赴維縣謁馬子貞（良）先生，談商繙譯古蘭天經事。結果，由余持書聘海全老至魯担任。海公赴濟南，余任山東宋庄阿衡職。譯西經「伊祝哈魯絡汗格」（即回耶辨眞），歷五閱月，時當夏令，日夜受臭蟲蚊蠅之煩擾，手不停筆，忍痛苦幹。此時馬子貞先生一再函約，赴濟南協助譯經。余以事關重大，未敢前去參加。本年刊行回耶雄辨錄，我此處女譯也。

本年，離宋庄改任京東三河大廠鎮阿衡，教衆九百餘戶，半農半商。在該鎮歷二年之久，讀四書參考備旨，及白話註解。更購閱三國演義，列國演義，聊齋，水滸等說部。厥後，因禁止重利盤剝，觸一王某之忌，大起糾紛。余以阿衡難當，直言招嫉，乃辭任回津。閒居半載，靜極思動，欲赴海外求學，藉觀世界回教大勢，但有志無力。思維再四，乃赴開封訪友，希其代籌川資。詎徒勞往返，未得一錢，因以自動打消出國之企望。在此期內曾一度担任北京新報職務，代張子文君編「回教史」及「雷門鼓」兩欄。

民五，任北京地安門外什刹海寺教職。該寺創自馬姓，年久失修。經余募集鉅欵，重建南講堂，并彩畫北

5

講堂，大殿等等。余於暇時，照西國印本抄錄嘜追註（古蘭解義之一種）四大册，並便中背讀舊經堂規定之四項課程。光陰荏苒，又過二年。當此期內，曾赴上海爲什刹海寺募欵，得辟智明阿衡介紹，成績尙屬不惡。此我首次往滬濱也。

民八，任北京崇外唐刀胡同教職，未滿四十日，因故自退，居家未久，出國求學之念復起，僅帶川資三十元赴滬。因嘗閱東方雜誌，欲傚「無錢旅行家」故事，作海外長途之冒險。卒因護照未領，路費過少，依然徒勞，折回天津。

民九，任京南安次縣安育村教職。舊地復臨，老友重逢。學生十餘人，講經說教，頗覺安逸。每日正課之外，增有縮本阿文回耶辨眞一課，幷添漢字讀本一門。鄉愚班某，反對附加漢文功課，迫不得已而取消漢學一門。得暇則從事選錄北斐亞布頓絡蓋抵勒會長戰史。此書乃一巨册，內容述亞會長與法蘭西鏖戰十三年之經過，附有會長與法軍某司令官關於回教之解答，不下數十項。字句生疎，名辭涉新，開拓極其吃力。所謂開拓者，是西經附以我國特創通俗標誌。新經有此榜誌，讀者可易於一目了然。回耶辨眞原本，曾經余選錄，附以標號，已屬不易，然尙不至若開拓亞會長戰史之難。此時，余所譯之回耶辨眞，已交由北京牛街淸眞書報社發刋矣。

民十一，離安育，積有百餘元，仍想作長途之旅行。居恒査閱世界地圖，考問西國路程，旁觀者多以我爲痴人說夢，想入非非。我則意志堅絕，不達目的不止。其所以必欲出國一遊者，意在擴充眼界，增廣見聞。至於麥加朝覲，尙不敢企望。余雖不敏，而生平最耻於應具之知識落後，當爲之善功有缺。以余所學，充一隅之阿衡，敢稱綽綽有餘，而以言得登大雅堂奧，則相去太遠。勢須海外一遊，庶可取長補短。余靜坐常思，以今昔全中國阿衡之知識不足以代表西方學子，以中國教胞之行爲不足以彰顯伊斯蘭整個教義；我必須遠涉重洋，一觀西方我教實況，異日歸來，爲教努力，推廣教育，方有益宗教與國家。

瀕行，自有川資不滿二百元，得太原馬君圖先生資助二百元，南京馬榕軒先生資助二十元，甘肅馬乾三先生資助三十元，天津楊小廷先生資助百元，統計不滿六百元。此外并未向人告貸。民十一年三月間，未經雙親許可，偕馬聯華毅然離津。先到南京與馬榕軒先生一晤，繼到上海搭輪赴香港。登輪之日，始致函雙親，說明海外遠遊。馬生較我大貧，除却單衣數件，棉被一床外，孑然一身，不名一錢。其路資尚完全須由余個人籌借。馬生從我海遊二十閱月，終送之於土耳其。余所以期望之者甚殷，惜後竟不能終其所學也！

到港後，欲赴廣州一遊而未果，乃登輪直赴新嘉坡，稍作休息，繼赴印度，在麻達拉司登岸，改乘火車赴孟買，橫斷印度大陸。沿途風景之佳，別有洞天。晚間開駛，次日到達。遙望孟買，不亞滬濱。下車後，數度遷移，最後遇江蘇人某氏，得彼許可，遷入其家。居數日，所餘川資不足二百元，悉被其人騙去。落魄奇窮，進退維谷。飲食無着，投入寺中，一日兩餐，窮極對付。設無馬生之累，僅我一人，尚不至艱難如此其甚。當時促其獨返，而苦口央求，送彼到埃及，再爲分手。至是，只得患難相共，坐受其窘，頗波流落，幾入乞丐團矣。

秋間，得家中匯去百餘元，更得孟買教胞湊集若干盧比，乃得以買輪直赴埃及。船抵蘇彝士，照例對三等搭客，除施以檢查及驗看護照外，每人至低限度須携有十金鎊。不然則候原船載回，不得登岸入境。此國外之通例，非若我國門戶大開，外賓往返，如入無人之地，國權放棄之甚也。

此時，我二人僅餘十四金鎊，幸而當事人格外通融，我等得以登岸。次早搭火車直赴開羅。隔數日，考入愛資哈爾大學，每月可獲二金鎊津貼。歷半年有餘，每日除在校受課外，則携紙筆赴國立圖書館閱書，隨時抄錄。於是，千百年來未經前人解開之疑問，得以根本解決者很多，我於以深信開羅爲回教世界學府；然於波斯文諸書素所懷疑之點，未獲充分解決，此我長途旅行中一大遺憾。

民十二秋間，離埃及赴麥加朝覲。是年中國朝覲人止二十餘名，半多西北籍。在未向亞喇法台山出發以前，由喇秀山先生主張製一中華國旗，備作本國同仁目標。因朝覲人不下十餘萬，抵亞喇法台山紮下帳房後，幕頂上各縣本國國徽，裨出遊者望而知返。我人援例照辦，原非法外行動。詎麥加王見我特色國徽，禁不准懸，同仁等反抗無術，乃忍辱撤下。嗚呼！値此時代，國家無力，雖求與異國之同教弟兄一視同仁而竟不可得也！

余在麥加朝覲畢，仍回埃及。因在麥加除舉行照例功課外，於學問方面並無所得，故欲赴土耳其再作進一步之求知。無如歸自麥加後，愈感經濟困難。幸得馬子貞，馬雲亭二先生匯去二百餘元，又蒙埃及聞人白士優尼君，塲搭省長黑絡米巴夏資助若干元，我師生二人得在亞利山大登輪，直赴君士坦丁堡。居君堡未久，繼赴新都昂戈拉一遊。時土國當第一次世界大戰後，商業之不景氣，有甚於今日之我國。少壯軍人得勢，皇室一敗塗地，宗教亦連帶受非常之影響。宗教經堂，文化機關，或臨時封閉，或根本取消。比較埃及事事猛進，誠有天淵之別。至是，乃知戰後之土國非我求知之地。馬生獨自留土，我則返回埃及，擬再入愛資哈爾大學。輪船抵亞力山大，照例索押金十鎊，我則僅餘兩鎊，因以被拘於輪船一日夜。後得好施者代墊十鎊金，乃被釋，得直赴埃及愛資哈爾大學矣。彼時中國人在該校肄業者，我等以前僅一甘肅人馬姓。各國留學生在該校均有指定之宿舍，獨中國人則無。阿富汗學生佔有宿舍兩所，而實際上除一年近花甲老學生外，別無一人。余爲後來之中國學生計，乃要求學校當局，改阿富汗學生宿舍之一爲中國學生獨佔。學校當局准如所請，并委我爲中國學生部部長。當時，因雙親年邁，迭次函召回國，且以環境不許可久留，乃由蘇彝士登法國輪船，歷三十三日之久，取道西貢直達滬濱。此行經過二十閱月，除在海外增長不少見聞外，携來印版西經不下六百餘種。在此期內，所受艱苦，罄竹難書。所幸者求增知識之目的略略達到而已。歸國後，蒙濟南北寺來聘。余以該地向有新舊兩派之分，雅不欲投入漩窩，故而拒絕。居無何，分訪馬雲亭馬君圖二先生，答謝慨助路費事。馬君圖先生聘余爲太原教育廳諮議，月送三十元。歸津後，繙譯古蘭天經，由時趾周先生從旁贊助。入手未及旬日而受山東陽信縣六營村之聘，於民十四年三月離津前往。歷四閱月，語體文古蘭譯稿得以全部草就。事畢，携稿歸津，在回教聯合會得二三友人之助，從事修潤。卒以譯詞欠妥，置諸高閣。嗣後，僅刊出赫提（古蘭特選）一冊，以作投石問路之計。

民十四，赴北京訪趙文府君，詢往新疆之路程，擬再鼓我餘勇，取道新疆赴小亞細亞一遊。趙君力稱不可，謂「與其一再遠遊，何如安心爲宗教盡責。我教古蘭譯本，迄未出現。我欲先出三百元，試辦三個月，前途順利，則再糾合同志共策進行，何如？」余頷之。是年，即於東四牌樓清眞寺南講堂，開始工作，撇去原稿，另起爐灶。越數月，得故友侯松泉先生聯合劉景山趙玉香楊開甲馬瀚文諸先生，各出數百金，熱心資助，歷二十閱月，卒底於成。稿存侯松泉先生手。至民國二十一年，始由侯君刊行。

民十七，任奉天省安東縣東寺教長職，蒞任未久，辭職歸里。在安東任內，脫稿數年之中亞字典，得以刷印出版，風行海內。此我歸國後對同道第一次貢獻也。

民十八，任哈爾濱東寺教長職，歷三年之久，譯英阿雙解新字典爲中阿新字典。更譯偉嘎業（回教法律書之一種）第一卷。民二十，刊行偉嘎業。民二十一年，膺任天津三義莊寺教長職。二十二年，一反往常之從俗敷衍，而積極倡行遵經革俗，擺脫舊束縛，改造新環境，因以犯津市回教中一般庸常之愚怒。民國二十三年，任北平宣外教子胡同教長職。三義莊寺職務，由蕭德珍阿衡承乏。本年在平刊行中阿新字典。同年秋間，海氏父子率愚衆擾亂三義莊寺，遵經革俗者均被逐出寺外，由反對派完全佔領。同志等誓不干休，乃由余力主具呈天津檢察處，控海氏父子糾衆作亂，侵佔寺權罪。結果，判海某兩個月徒刑。至民國二十四年，三義莊寺始得以完全收復。是年，余離平，膺山東第一路總指揮趙明遠先生之聘，任青州城內外兩寺阿衡之職。到任後，續譯第二集偉嘎業，歷二閱月，完全脫稿，得以發行。同年，有人向中央黨部報告，余與日人川村狂堂有相當之聯絡，勾結華北回民有所異動。中央黨部疑信參半，乃密令全國大小機關，隨時偵我行動。余得此消息後，親赴南京中央黨部自首，結果，得當事者充分諒解，通知全國各機關取消前令。於是，仇我者未得如願以償。是年，因在青州不容於愚衆，乃辭職回津。臨行，蒙趙公約余專任繙譯本教經典工作，幷囑以在平購房，置爲常住地點。

民二十五，在平西單牌樓回教俱進會總部，組織臨時辦公地點，命名爲中國回教典籍編譯社。同年，開拓歐母代序文（回教法學通論）幷修潤趙母丁蘊輝女士波斯文老歐母戴遺稿。均得以同時刊行問世。同年，更應甘肅喇乾臣馬環吾二君之請，從事譯定回教遺產繼承法，幷自動繙譯回教親屬篇。惜迄今尚未完全脫稿。

民二十六，重譯古蘭天經，幷擬擴大解註，更約馬鄰翼先生担任斧正。何時付印，不敢預定，大約必須經過長時間之審愼，方可刊行問世。此爲我譯註古蘭第二次努力。至於能否達到最終目的，唯待主的口喚而已。

要而言之，余自亡淸光緖十三年而至現在，五十年來，無時不在求知中。學問無止境，正如阿拉伯先達所謂：「求知，始自搖床，止於坟墓」。蓋以人生最大之樂趣，莫過於求知。「知昨日之所不知，有如失物而復得」，其樂可知，此亦阿拉伯人之格言也。功名富貴，不足爲樂，以其儵若過眼雲烟，難望持久，知識爲隨身之珍重，知者縱至落魄奇窮而不覺爲苦。良以眞樂存乎其心，患得患失，早已置之度外。故我深信，欲求精神上切實之寄託，除努力求知始終不渝外，別無良法可圖也。

回漢糾紛經歷錄

蘇盛華

I

回漢糾紛為現在一部份人所避而不談。但不談，始終眞相不明，與事實無補。我們須糾正這不對的態度，要有正視現實的勇氣，要從眞正的事實中研究出來一個辦法。本文作者，於民二二以前寧夏等地之回漢糾紛多所經歷，對於回漢問題並多灼見。本文即其經歷之實錄及其意見之提貢，有許多地方可供讀者參考。本文中曾屢次記述，生死憂患之際，一般回漢間民衆之扶持互助，並無畛域，而回漢糾紛之原因多大半為貪官劣紳所有意造成。此點尤值得我們特別注意也。——編者——

一　我幼年的家庭和所受過的幾段相矛盾的教育

我是生在素號青一色的回城——韋州——一個奉行伊斯蘭教唯謹的家庭裏，而且是老父五十八歲始生的唯一掌上珠。所以在七歲的開始，就被照例地寶貴地送入專修阿文的私塾裏去唸經，一直到了十四歲。在這一個時期，我確是在純粹的伊斯蘭教的環境裏，過着唯宗教的單調生活。這時候眞是連豬是怎樣一個東西都沒有見過。間或見到來自鄉間的漢人，也唯有感覺着他們是很骯髒的可憐者。因此每一聽到「漢人」二字，輒不知不覺地連想到他們身上上去。

我十五歲的那年，督促我唸經最力的慈母（她原是包頭後山的易姓漢人）歸眞。我却被造（阿文經名）的跌巴差（序），把我繼續再往前唸經的念頭打消了。於是我在自家經營的皮店裏跑街，日和河北省的順德漢人皮客接觸。後來却跟駱駝出門，遠走秦隴，開始踏入了另一層天地，漸漸的把我從前的那種狹隘觀念改換過了。同時是處處感覺到不識漢字的不方便和苦惱。但這時所與接觸的一些漢人，無非是些單純地在經濟上彼此互相應求的關係，所以也感覺不到什麼閡隔，和所謂仇恨。

我十六歲娶過妻的那年，故中委馬雲老先生捐廉在韋州創設了第一清眞兩等小學校，奉令，凡頭人的子弟均須入學。我本來打算識些漢字來作買賣，又加上家父為頭人之一，所以也就作了當時的洋學生了！在這裏的先生學生們都是伊斯蘭教徒，所以當時的環境和我幼年的經塾差不多。可是鎮天價所授的教材却完全是漢書，有時在課堂上逢到「左手持經右手拿劍」，和「回教以誅鋤異己爲宗旨」「陝甘回亂」，一類的反伊斯蘭論的時候，先生只把他輕輕的翻過去，不過嘆口氣，發上幾句不平之鳴而已！我們呢，只是莫明其妙。

三年後，我到了甘肅省立第五中學（在寧夏）的時候，不但是先生變成青一色的漢人，就連同學也都是百分之九十以上的異教徒。於是同學們談笑間的譏刺啦，先生有關歷史的議論啦，以及廚房裏的氣味，吃者故向我們表示大嚼的誇耀，黑板牆壁上塡有「回」字的猪形漫畫啦……，才使我們體會了其中一切的一切。和我們同去升學的兩位母校同學，都因受不了這種情形而告辭了。

丟下我一人，咬着牙關悶幹了四年。快畢業了，國民軍入甘，路過寧夏的要人們，尤其是薛子良先生，在歡迎會上，講演台上，都講到回漢一家的話，使我們要悶煞的心靈大爲愉快。於是我竟毫不遲疑地先其他同學，受了國民黨的洗禮。記得有一次在歡迎馮煥章先生寧夏市民大會席上，我被舉爲代表，說了一席衷心之論，曾被當時的甘肅教育廳長沙明遠先生大加賞識，硬要資遣我赴外留學，被我固辭了。

二　社會給我的第一次懲創

那年終，我結束了學校生活，到家沒多久，一生唯一愛我的八十二歲老父去世了。正在守制，接到甘省黨部田崑山先生委派我籌備鎭戎縣黨務，又被教界舉兼教育局長。當時的縣長是洛陽的楊天牖先生。我們商妥，一面整頓縣城裏的縣立完全小學，並改善其內容環境，極力獎勵回漢子弟同學，一面計劃在大盤山西一帶所謂回區，增設初小八十二處，區黨部區分部若干。這樣正先着手進行縣城學校整理之際，偏好事多魔難，楊縣長奉調金積縣，繼任者爲旗籍公子出身之蔣某，官氣十足，成見甚深。又加上縣城紳士，根本不願意我們有這種回回的辦法，便從中乘機媒孽。我們的計劃雖遭了他的白眼，可是我還是本着當初的信心作去。但不到一月，樂義堡白家陽窪著名的回教善人白滿壽父子四人竟被縣府以「據報通匪」的罪名鐐押黑牢，並禁止其家人接見。白當時以八十老年的漢志（曾經赴漢志朝覲者之稱），實不堪此飲食禮拜等等的不方便。他的親眷來請我去面求蔣縣長暫予以合法的方便，也被以「案情重大礙難照准」的理由拒絕。我當時也以爲是眞的，轉以告給他們忍耐候查。他們沒辦法中，不知如何，就會去走那「錢能通神」

的不二法門。先賄通了所謂尹貢老爺，再轉以說項蔣縣長，次日竟以千四百元的奉敬准保。當時我如大夢方醒，認爲這與馮辟諸先生先後一再標榜的治甘政策太矛盾，氣憤的了不得，馬上去見蔣縣長，三次都遭了免見。最後在某紳宅巧遇，我當質以「不是案情重大麼？怎麼又要開釋了？」他說：「據調查的結果，他們原被兩造，原有爭地，糾葛多年。經蘭州高等法院判決，原告（漢人）失地出訟費，因此銜恨。此次係陷害報復，當然釋放」云云。我緊接着說：「那末原告應不應辦誣告罪？」他就「王顧左右而言他」。我又問：「爲什麼白姓父子現在還沒放呢？」他說：「要等妥善保人」。我不耐了，我回說：「等一千四百老人頭吧？」蔣色變，回衙後無條件的立釋白父子。從此和我避不謀面了。我看見風頭不佳，就以出門求學爲詞，遞呈辭教育局長兼職。他照准了，並在回紳楊壽亭宅設宴爲我祖餞。當時蔣對我表示甚恭維，我却相談間大肆激刺。他受不了，席未終辭去。這時反對我的人就從中慫恿，說我將要上西安（時馮駐西安）控告他。同時因爲我們對于縣校正整理得與高采烈之際，我去職，當然一切要告停頓，教職員們及回漢學生全體上縣府請願留我。這可好了，給他以捕押我的好口實。他一面立地拘禁回漢學生各一名，一面派全副武裝手鎗隊十二人來包圍我的住棧捕我，並有命令說：「如逃跑，或抵抗，就地格殺。」我不該死，他的兩個假設，我都沒有作出來。我被蜂擁到縣府大堂上，蔣氣恨恨地高坐着，兩旁雄糾糾地列着十餘個武士，五刑也俱設在當前，蔣厲聲詰我爲什麼煽動學潮，擾亂治安。我不自主地便開口大罵，蔣奪左右手鎗向我威嚇。總算好，他們一面勸我受鐐入黑獄，一面勸蔣入內。從此斷絕我和外間的一切來往，並將我所在的監房門窗都用磚石封閉，僅日由縣府轉送兩次茶飯。雖大小便也不許外出，讀書寫字更懸爲厲禁。於是以鼓動學潮，擾亂治安，強要土匪，毀罵民軍，阻撓軍需，咆哮公堂等罪狀，分電上級軍政機關，求就地鎗決，以昭烱戒。但他的目的並未達到。最後他只有遵照省府的命令，用老牛車解我上省。

出了縣城南門，拐灣一直向西走，走了三天，到我們縣境極西南的王家團莊。當晚有盤山西一帶的各方教親送我路費四百二十五元九角，他們並賄賂解我的那位李科長，准許他們和我直接談話。他們的意思是說，在我們明日走蘭州所經過的路上，有一個什麼虎狼洞溝地方，有許多持武器的同教人要截留我。我立刻很嚴厲的勸止他們說：這是爲我一人，大家都要走入自殺的絕路的下下策，萬萬不可行。他們走後，我就婉請那位科長，我們改走了經過隴東的南大路。把原來走七天可到的捷徑抛去，改成走了十四天方到蘭州的道兒了。路過固原，那裏的教親用四十元賄請李科長爲我開去左脚的鐐，俾便于騎毛驢（按慣例，犯人解省，沿路各縣必須拉民間車或驢供騎乘）。總之，所過有回民的地方，無論識與不識，都必成羣結隊的來饋送金錢和食物給我。但是他們羣衆都被拒在大門外，只許推出代表二三人進來見我，彼此只可遙相點首示意，絕不許說話，尤其是認爲「黑話」的「色蘭」（回教徒間的頌祝詞）。他們中間也有向我洒同情之熱淚的人，那位科長及警隊都日久被感動了，也漸漸地優待我。民國十六年六月五日下午二時總算平安地到達蘭州，被收押在軍法處要犯禁閉室中。

和同押犯人談話間得知道晚炮後，電燈甫明時，誰是首問的案子，誰就要侵晨逛東稍門（即鎗斃）了！我疲倦得了不得，一睡就熟，以至總部的巨大晚炮聲把我震醒，電燈也應聲而亮了。我那時見電燈還是破題兒的第一遭哩！正在向着他出神，聽得哨子响處，有幾位帶鎗的全裝憲兵進來首先叫我，同難都用很驚訝地目光送着我姍姍地走去，那些軍人也咕咕嚕嚕地說些什麼可惜的好青年啦的……。

到堂上，正中坐着三位揹武裝帶地軍法官，旁邊有兩位書記官，問起我的案來，除通姓名籍貫外，我簡直是如墜五里霧中，一概不知道（因蔣稟我罪狀，在縣始終密未宣布）。當初軍法官還向我用嚴刑威嚇，及提出學生趙思敬（漢生）在縣府的供詞中說：『我們局長從蔡和（韋州回生）的家里出來便和我們說：「你們去打縣長和他的手下人，什麼事兒都有我當」……』我就回說：『蔡和是韋州人，他的家距縣城還有四十里路，如果我眞從蔡和的家里出來，那我就在韋州了；那能再指使在四十里外的縣城學生呢？如果我實指使縣城的學生，那我又怎能會從四十里外的韋州蔡和的家里出來呢？豈不是矛盾得可笑麼？趙思敬是在縣城里生長大的，他豈不知道蔡和在縣城裡沒有家的嗎？』至此問官說：『如果蔡和在縣城里有家，該怎樣說呢？』我回說：『如果查實蔡和在縣城里有一根椽子的話，我全家願受鎗斃！』問官至此，很拍蔣的呈文，氣憤憤地說：『這縣長眞可惡！一切都沒有證據，惟有這一煽動學潮的證據還揑造得矛盾如此！』說着命令左右說：『把他的脚鐐開去，一位青年學生怪可憐！暫押在衛兵長室裡，食飲都准他家人自送，並給他書看。聽候再查吧！』這樣退堂了。這時我才很幸運的得慶再生了。

過了一星期，一位年青軍法官叫我去吩咐說：『你的官司業經本處呈明劉總司令核准，沒什麼關係，且你們縣裡許多民衆都上公禀替你辯白（蔣某調任夏縣後，民衆才敢上的），寧夏黨部回教俱進會都有電報替你辯護，本該開釋你。不過蔣縣長方面，另有本軍重要人物控你的電報，自然不能隨便輕易放你。現在你暫到第一監獄裡住幾天聽候查明就放你，還有好事給你作哩！』我只好唯唯而退，即忙收拾行李交給一位兵士揹上，導我前行，另一武裝憲兵持條隨行，穿街走巷，卒入了大鐵門頂上橫鑽着「蘭州第一監獄」的大磚金字的保險公司里的政字第二號裡了。

我在這里一共住了兩月另四天。每日除過攻讀我向來未曾鑽研過的五經四書外，還被派作給一般軍事犯講三民主義和建國大綱等書的囚犯教員。最後經過當局的多次派專員明密查訪，和後任岳縣長奉命查覈，以及蘭垣教胞郭南浦等，寧夏同鄉馬迎恩等，教界唐綬（係我在中學的教師）諸先生馬鶴天廳長的努力營救，還有我縣教界專推的訴寃代表張翰文魏槐（均係漢人即縣校職教員）二人向當局的哭訴，結果我蒙省釋了。

三　寃白回家再辦黨務

我出獄之後，才知道已被打倒的共黨分子以我為田派（其實我和田素昧平生），早已把我乘機開除黨籍。至是唐綬先生任職市黨部，斡旋把我恢復黨籍，在蘭垣某機關混了幾日，省黨部復派我為清黨後的鎮戎縣黨務整理委員。我藉着我縣楊相雲（回教唯一富紳，被蔣某以通匪陷害入獄）家來省送款的騾子，用三天半的很短時間，竟回到家裡。當時的縣長已換湖南張顥先生，是唐綬的門生。我經唐先生的專函介紹，到縣彼此甚和協。我把舊事重提，以前一切計劃一律恢復，次第實行起來。並在縣黨部呈准，辦了一個縣黨務人員訓練班，張縣長任班長，我任教務主任，全縣所有的高小畢業生都收羅來入班受訓練。規定他們半年畢業後的用途，就是派往以前我們所計劃成立的那些回區初小，任教員兼辦黨務。好容易這班九十餘名的純潔青年行將期滿畢業，我又被委縣督學兼縣立第一高小校長，爲的是好推行一切，並隨時指導他們，招扶他們。恰好正在計劃分發他們前往任職之時，又來一個大不幸！因爲在本縣之所謂山西一帶，回區的民衆，向來沒有享受國家教育之機會，他們除了知道「春耕夏種秋收冬藏」傳統的望天吃飯的簡單謀生方法外，可以說是別無他法可以生活。至是一連亢旱了三年有餘，樹皮草根都被挖吃殆盡，就不免有爲飢寒所迫，挺而走險的少數不良分子。當局派營長祝某率部來縣剿辦。不到幾天，祝某居然先作了權傾全縣的所謂尹貢老爺的甥婿，於是發縱指使，日殺起無辜來了！有一回我同一位賣饃的回教小孩子名叫買速速者同進城，守門兵士向他強要饃吃，小孩子以當饑年，饃饃爲他全家的生命所繫，堅不放手。那兵士便把他揪去報告上官，說他是小土匪，次晨竟把他砍頭了。他的可憐的父母還正在求人說項，忽聞兇訊，奔往撫着小屍，哭得死去活來。傷天害理的祝某還不許領尸掩埋。諸如此類地越演越烈，回民的上斷頭台者，日必數起。尹老太爺的門庭若市，居然利市三倍。我又沈不着氣了，雖不敢如上次的那末明目張胆地公然出面干涉，但在黨部的講演，和對學生的訓話裏，不知不覺的往往流露出不平之鳴來，輾轉傳達，致觸雷霆。但當時我無過失，且有縣黨委的保障，他們也不便直接如何於我。於是乃妙想天開地以無名禀向寧夏軍事當局告發，說我由蘭州帶來大批毒藥，徧下各水井中，謀害剿匪兵士。寧夏當局據禀後，急電張縣長嚴查究辦。幸虧張縣長奉令後，密秘告知，我速離縣亡命。至於訓練班的學生則由他看情形，將來照我原定計劃酌量分配。我沒法子，只得星夜到寧夏面求軍事當局先執我下獄再查。但此時張縣長已經替我用長電文辦白明白了。

四　被告嚴查走吳辦學

從此從我受聘靈武縣吳南鄉清真完全小學校長。該校是故中委馬雲亭先生手創，十餘年來因由外教人主辦，校內一切設施不能適合回民子弟的生活習慣，所以學生不多，成效毫無。本地志士馬佐邦（係馬子寅二十二師團長，

6

我前在縣獄時，他軍隊南開曾看見我）諸先生資助我從新整頓，我並不時到各寺宣講。一時人心大振，學生額數竟打破該校十年來的記錄。唉！不料一日佐邦晨禮畢，出寺門回家，看見駐吳忠堡秦司令壽山部下兵士四人圍毆回教一老媼，聲言他的兒子爲土匪，奉命來抓，如不在家，可交出快鎗一枝。老媼堅稱伊子出門受苦多年，並沒有回家來。言下號哭求救，佐邦和寺衆多人不忍，上前解勸，說：『你們如果不肯，可他帶到司令部，由長官依照法律查究；不該在這兒私下處治他，怪可憐的！』那兵士都立時舍老媼怏怏回營去了，佐邦也回去。不一回兒，司令部的手鎗隊四十餘名，飛也似的齊來包圍佐邦的住宅。佐邦同其胞兄開邦（係邑紳）出見，被亂鎗立斃於門口。佐邦外甥馬某聞鎗來探視，也被擊倒。頓時全鄉教民紛紛愴惶失措，認爲開始洗回回了（時河湟正亂，時有此謠），都要携眷遠逃。我和幾位紳民在大寺集議，向教衆解釋：「各安生業，不必驚擾，我們訴之法律，請求保障」。於是我擬了電稿，專人到寧夏堡（吳忠堡電局不許發），分發馮門和馮子寅（發馮馬電都被扣）。過一天。門軍長派靈武縣長來檢屍，佐邦身中七十餘鎗，真慘呀！當日以教烈禮葬埋。佐邦遺有九十多年紀老母，十歲的小兒，連同弱妻，哭奔過寧申寃（我也隨之），週折了兩月餘，結果還算念佐邦甥舅「甫卸征衣，功在黨國，」（佐邦在秦隴剿黃得貴股匪爲首功，馮親提升團長，並給一等革命獎章，請假省母，剛二十四天遭此慘變。）給撫䘏費洋六千五百元，立碑開悼。 7
而暗中却以「勾結土匪不服盤查」通詳備案了！事後我們才知道秦的殺馬，也和我前兩次一樣，是被本地人播弄成的圈套寃獄。所謂兵士老媼，不過是釣餌罷了！

過了些日子，靈武縣府批示回民呈文上，竟在回旁加上「犭」。當時我把那批文扯下裝送蘭州劉主席，結果總算是收到「縣長申斥，以後再不得如此」的效果。不幸得很，這年冬天楊老二（回民）從固原率領回漢嘍囉千餘人搶向北來，吳南鄉隔大秦渠，在吳忠堡的南邊，聞匪來，官軍早已拆渠橋，退守吳忠堡街市。吳南鄉民衆在手無寸鐵（時民間，尤其是回民，私藏武器者殺無赦）之下，以次陷匪，（我也除携妻小走避西早元村外，家產悉被洗刼），蹂躪七日之久，才攻開吳忠堤街市，大肆刼掠十日，才自動退走，臨行並以宗教關係，多方煽惑就地回民。當時紳民集議，以爲不走，將來官軍到了，必玉石俱焚。時我也被邀在座，我堅持不可，一面主張電呈甘軍政當局，請求組織匪災善後委員會，委員名額回占七漢占三，以分良莠。衆以爲現在河湟變亂正熾，當局不時尋衅殺回，萬一要求不准，豈不是等於束手待斃嗎？我說：『正因河湟事變，當局措置不當，至今無法收拾，我們此時要求才容易邀准呢！不然我們大家要棄家逃竄，任令漢人無業遊民來搶我們的家產，將來我們再回來無家可歸時尋報復，勢必叫河湟的回漢慘殺，再見到我們河東哩！結果同歸於盡，一片焦土，別不會得到代價的』。當時有一位馬本良漢志對我的主張極表贊同，並由他私人立地拿出電報費四十二元，當晚僅以我二人名義發出急電，天明接到蘭州覆電照准。

於是委員會組織成立，我也是委員之一，兼宣傳股長，總算救活不少，地方也沒有糜亂。最後來了一位什麼趙師長者竟大發其屠性，日殺回人七八人之多！並命令漢人醮血去祭靈。我們大不滿意，糾合同人電請南京馮部長撤去了他，善後也從此停止。甘省府還以我：「宣傳有功」，給以奬字二一七號的一等銀質奬章一座。我接電當卽專函去固辭，說：『這次我所有的努力，是我在各方面上應盡的責任，無功可奬。惟盼政府今後對于回民改善一切，作根本的防止，那就食福無窮了』。當接到劉主席的覆函：『台端深明大體，鼎力宣傳，使民衆曉然於順逆，維持地方，厥功實偉，政府行賞論功，用昭激勸。乃承馳書言辭，尤見撝謙，至爲佩慰！仍希隨時宣傳，俾喚起民衆，共保治安，是所企幸……劉郁芬拜啟，九月一日。』我也就再沒作那無謂的做作。轉眼民國十八年元月，寧夏已改省了。

五　請辦教長訓練所功敗垂成

寧夏新省府的首任主席從蘭州乘汽車北來履新，率從員路過吳忠堡時，曾在善後會招集當地回漢民衆講了一席帶恫嚇性的淋漓言論。他不時頻頻地向左右地手中拿過手鎗輕機關等新式武器來示威似的向聽衆大聲說：「這種東西絕不是你們（指回民）在清末時代的那種揭竿幼稚行爲所能反抗得了的。」帶着又述說當在河湟演着的馬仲英等的亂，是如何的幼稚，如何的愚蠢，甚至連迫擊砲彈炸彈……都不認識，往往自己都誤當作寶貝的拾回家去自殺其全家……。他這演說在他本人的意思無非是在于「以鎮刁風」啦。而那素號強悍的回衆，正在被楊老二蠱惑之後，又加河湟風鶴正傳之時，一旦聽了這種政府首領的炸彈似的言論，却人人自危起來了。所得的結果和演說者的本意適成其反！當下他的秘書長趙某因爲聽着我這次在楊亂期間曾安慰一般回民沒致釀成大變，特約我去他旅次談了兩小時以上的話。他見我，首先代表主席對我表示極誠懇的贊佩，隨後就問『政府欲在寧夏防患未然，作到長治久安，到底應該從何處着手呢？』我就沒有客氣地對他老老實實說：『要作到這步嗎？剛才主席的話是萬不濟事的。（他笑。）因爲西北歷來的所謂「回亂」，政府何嘗沒有運用過方才拿給大家看過的那些刀槍炮彈之類的大批屠殺利器？但是結果呢？治絲益棼，終於不可收拾！（他頻頻點頭。）操刀矛利器者而今安在？作人魚肉之回衆現在還是生息盤踞在西北，蒂固根深，保持者原來的地位！歷來西北所謂的「回亂」既不是那單純的打家刼舍的強盜行爲，更不是那爭城略地的政權爭奪（由他們中的領袖都是些富宦子弟和總沒有什麼旗幟國號等的把戲可以知道），而是不堪當時直接統治他們者的壓迫的禦侮爭存奮鬥。回民是有組織，有訓練，重團結，講服從，不甘受壓迫的羣衆。過去現在的統治階級，都根本忽畧了他的這種特性，而誤以征服的手段去一味謀鎮壓。無怪乎鑄成了歷史上的傳統大錯，而不自知！現在新政府既要想根本彌縫以往的缺憾，而收實際治績，我想治標應先愼選目光遠大手腕靈敏的文武官吏去臨治回民，再將各寺的現任教長（操實際指導回民權者）招集到省城，加以短時間的相當談話式的訓練，一面叫他們明了政府的一切政策方針，去轉以告給一般教衆；一面遇有官吏無理壓迫的黑幕發生時，就指導教衆遵循國家的法律程序，爲合法的申請上級政府，給以依法的救濟和保護，以掃他們過去由隔閡而離心，由壓迫而反抗的悲劇。』他深以我的話爲然，於是他把這次河湟的事變經過詳詳細細地澈頭澈尾毫無隱諱地和盤端出，向我告訴一遍，他並處處引證我方才說過的話來對照。他說：『趙席聘（河州鎮守使爲河湟事變的主動禍首）應處萬死的罪。』他爲我酌茶打招呼，執禮甚恭。他末了還把我所談的話筆記了遞給我看好，他又拿去。臨別他連連囑託我說：『實如！這是要政，一定在最短的時間，我設法促其實現。我過省馬上請你就過來，萬不要有誤了！』

他過去剛三天就來急電叫了我過去，引見過當局，先撥下兩萬元的開辦費來，命我約了幾位同教籌備。一面命令各縣邀請各寺教長晉省。三月中旬，籌備事宜大致就緒了，受訓的教長也已到齊，決定主麻日舉行大規模的開學典禮。這天早晨馬仲英部到山後阿拉善的驚信，已經傳遍了省垣。立時當局宣佈全市戒嚴，次晨鎗炮聲大作於西北方面，漸及於城根。終於早十時省城失依，主席出走中衛，純潔而精明強幹的趙秘書長在省府也以身殉了！當時因河湟互殺仇恨的深刻關係，凡穿制服的人死者很多。我恐怕自己被脅去，馬上和河東同來的幾位阿衡楊克明馬宗驥等六七人以號帽和經本給省黨部和某機關人員，共數十人化裝出城來，一行到河東先作安民工作，免得捲入漩窩，無以自拔。

我們在沿路看見殺戮(死者全係軍人和稅卡人員)的慘狀，真目不忍睹！我們回到吳南鄉，適有本地馬某竟大發野心，奉命當什麼團長，正在裹脅一般無知的回民入轂，我們就在暗中宣傳諫阻。幸他還沒有成軍，國民軍另有大軍赶到，打敗馬軍，收復寧夏。省主席衔恨，進省時殺死和活埋了的回民無數。河東又有一位旅長劉志遠也同樣對付無辜的回民，連以前在楊亂後慷慨出資打電保全河東一帶地方的馬本良漢志也被陷縲絏數月，傾家蕩產，僅留生命。

還很好，新開到的國民軍，某將軍因爲在甘涼一帶轉戰日久的關係，他把握着所謂「回亂」的實際眞因了，他進寧夏的次日，我也去省城，徧街腥膻，人血斑斑。以一省城之大，全市竟不見一回民，凡回民住宅被其他遊民洗刼得連窗戶都無了！有一天，正街某商號東回民周某，正在被省府的四位殺得眼紅的衛兵向舖櫃外強拉，當由鄰號漢人數十人出證周某確係良民，當城陷時曾營救多數漢人，並代爲跪地苦哭哀求。劊子手那管這許多，只顧揚着鋼刀向出揪。周某惜命心切，狂呼求救。看熱鬧的人聞聲越聚越多，街中的交通因而斷絕。周某命不該盡，適某將軍由前線坐汽車馳回，至此不得過，起立問故。鄰號數十漢人趨前替周鳴冤，他立命手鎗隊斷四衛兵，並梟首示衆。一面佈告全省絕對不許株連良民，勸回民一律回家各安生業；一面他又親捐巨欵，即日興工，重修已被焚毀成一片焦土的省垣東大寺(原係馬雲亭先生捐修工程偉大)。這一來，回民漸漸地試探着回家了。但老者已是不敢蓄鬚髯，少者也不敢戴回帽。

不幾日寧夏的省政府改組，新任主席就是上文所說的某將軍。新主席到任後，就在省府招開全省紳民代表大會。時我在吳忠堡，被桑梓父老公推出席，因爲要等居在寧夏省南極地位的同縣代表，所以我們到省時已經大會閉幕了。主席單獨招見我們，很鄭重的垂詢民間的疾苦。當時我們縣裡的那位尹貢老爺首先就私心滔滔地說些個山西的回民長回民短，非大兵洗剿不可……。我也不示弱，針對着舉出最近對于回民的殘酷事實，迎頭痛擊。我還不由得流出弱者的淚來。主席極爲感動，遂正告尹等說：『西北的漢人男性十之九吸鴉片，女性十之九纏足，以致全家男婦老幼差不多都成了坐食的殘廢者。我上年初次從綏遠來寧夏時，正是滴水成冰的嚴冬時節，在蒙古地看見九個販賣大煙的土客，新被土匪打死，血肉模糊地陳屍在沙漠上，沒人去理會。我們走不遠又逢見一幫土客都騎着馬，背着鎗，在那朔風凜冽中引吭高歌地向北奔騰前進。我們上前仔細一看，盡都是些紅光滿面，鬚髮黝黑的西北回民。我們當告給他們說：「前途危險！已經有被匪打死的土客尸首，難道你們沒有聽見嗎？他們齊聲說：「老爺，我們聽見了。土客的在路上被匪打死那是常事；但是我們的買賣不能不作」。我聽了眞佩服他們的這種不怕死地冒險精神。我對他們說：「我們中國四萬萬人都有你們這種精神，誰敢欺服我們同胞？誰敢來亡我們的國家？就是我這次剿匪，到處發現他們（指回民）那種寧死不屈的精神，和他們的家裏田地都是井井有序，眞是我對于他們發生無限的同情和可惜！尹先生！我說一句良心話，西北要沒有回民，專靠這樣地漢人，早成絕境了。那還有這樣的環境培養你老先生在這兒談話呢？以後再不許妄分彼此，平白地生禍！』（以上言詞曾載當時新寧日報。）我們都也無話說的退下來了。

主席因爲當時的回民不敢留長鬚和戴回帽，引以爲憂。特請了一位美髯回帽的回民和一位時裝的漢人拉着手，各露着笑臉拍一照片，下加以他親筆勸回漢合作的跋語，翻印多張，分散各方，至今民間還有保存着的！

約沒好久，騎兵軍長鄭大章率全部開駐河東各縣，於是漢回間又有所謂「洗回回」的無稽謠言大作。許多同教都恐惶地來問我，我就聯絡吳忠堡各界在街上開一個歡迎鄭軍長大會，當時我主席報告開會意義時，就把那種謠言當會同衆揭穿。鄭先生立地登台加以強烈地否認，並說許多贊美回民的話。散會後鄭氏宴我，約我同去各回民領袖宅解釋，滿天雲霧立時四散。鄭軍駐河東日久，名譽最佳，至今民間留有很好的印象。

主席也聽到河東的這種駭人聽聞的傳說，當下非常着急，立派他的總部政治處長王某，特來河東找我，領他到各方去宣慰民衆，解釋誤會畢，又接着電請河東各回教首領晉省聯歡。我將這話轉達了，他們鑒于以前回民頭人被官方召請，多一去不復返，所以都有難色。我就和他們約定，我先隨王處長去省城探聽虛實，再通電話給他們以定行止。這不過是我爲安定他們心的一種灣子，其實我深信絕沒有危險的。所以我到省立刻電催他們速來，他們都眞的一個也不差的來到。我同王處長引他們在省府大禮堂見主席，雖然他們受到那樣的優禮，然而因爲軍官們出來進去的頻繁，惹得他們都變顏變色地感覺不安。最後我大胆的起立，請求主席制止軍人出入，省主席笑着答應了。他們這才都安心聽講了。省主席那天的詞意不外上次對我們縣代表的那些，並聲明他在位一天，絕對負責保障回民一切合法權利安全。末了，還有幾位省委講演，也不外乎這一套。末了又請他們吃飯，給他們送東西，眞可謂優禮有加了。他們面求的幾件事項也一一邀准。這才各歡天喜地回去。在河東還有造謠，說我們在某日某時某地都被殺死。眞可笑之至！從此一切就恢復常態了。

五　再度被調回縣辦黨

省主席正在得着寧夏的民心，積極地建設一切，並進行收編當時蹯踞在河套一帶無法擺佈地馬仲英馬謙等部，也很順利，忽爾國民軍和中央有事於中原，寧夏所有的國民軍隊掃數東開，過渡主持寧政的是當時無權無勇地省委馬瀞菴老先生，於是雜牌軍隊蘇雨生（已被宋明軒將軍鎗斃於張垣）部乘機盤據省垣，馬謙韓進祿等部分駐河西及靈武一帶，楊老二也捲土重來地居然設司令部於吳忠堡了。

這時祝某已將我縣西南一帶的回民經長期地屠洗，殺得七零八落，各該地所有的一千多所莊嚴的禮拜寺也都被先後付之一炬了。至是從前所謂米粮川（指山西一帶）的富庶之區，今皆變成一片焦土！回漢（漢人到處組織紅槍會對付回民）間的火拼也成燎原之勢了，而製造事變的祝某却滿載而歸了！甘省當局看得沒辦法應付，乃收編回民各股份爲甘肅新編騎兵第一旅，簡派素孚衆望的同心城正紳周某丁某分任正副旅長，並供送軍需服裝，藉示攏絡。而一般被燒殺得無家可歸的回教精壯都認爲這是正式官軍，踴躍入伍，爲的是既可作護身符，又可渡荒年糊口，一時秩序漸佳，遊民也減少了。

省黨部復派我回縣指導黨務，就近作些安定社會的實際工作。我到縣的那天，該新編的騎兵旅也奉寧夏省府的命令進駐我縣豫旺城，而聶縣長（係鹽池土著，漢民團總，調升我縣，二十一年勾蘇雨生圍攻寧城失敗，退李崗堡，被亂軍殺於該地，）却勾結回民某團民總，趁黑夜出其不意，殺死該旅士兵三四百人於夢鄉！於是此輩孑遺份子，又復回鄉裏，脅所有回民群起自衛，打破樂利堡，殺傷漢人團總施某趙某等，全縣秩序又回到大亂狀態。驚弓鳥的我，只好啞子吃黃連吧，家居耐着。

過些日子，那位尹貢爺又同聶某葉某三人，會同把縣城南門外的回紳楊壽亭以通匪的罪名鐐押，綁赴刑場鎗斃者屢次，均爲城內漢民多人跪求願代死，得免。先是楊老二股匪北竄的時候，葉某（山西省人）任縣長，目睹縣防空虛，無以禦匪，乃求計於楊紳。楊素慷慨好義，遂慨然願以本人南門外歷年積蓄粮草什物等供給匪任意取用，以易全城回漢民衆的安全。葉大喜。果然匪臨城下，楊紳奉派縋出城外任招待，匪被感動沒攻城，安然過去。然楊紳也家徒四壁了！葉某親送楊「鄉閭保障」散文匾額一方。所以民衆感戴，至是願爲主張公道，代乞免死。這時我還木偶般地家居耐之。

聶某既二次逼民反，眼睁睁看得沒法擺佈，遂請蘇雨生部下匪將馬大牛（漢人）率所謂全旅人馬來豫旺縣城鎮懾。馬本包西著名綠林豪客，到豫後並不出征，唯對附近安分回教良民擇肥而食，因而把楊紳壽亭二次鐐押扯票，雖經漢民大衆照舊地要求，還有一位漢紳鄭某也家豪大富，他曾自動地陪楊生獄，並以「願和楊誓同生死」對馬堅決表示。馬匪利欲薰心，那里理會這一套。而聶某才上下其手，正好借刀殺人。楊紳在回民方面很負重望，且朝過漢志，現在他遇到生命的危險，所以全縣連素稱「超然派」地韋州回民都感覺得極度不安！

正在民國十九年元月馬子寅將軍已奉命到寧主政了。我就耐不住了，星夜晉省禀詰聶某勾馬逼亂殃民地罪情。我走後，馬某聞訊，才無條件釋放楊紳。當我還沒有離縣以前，聶等時有不利於我的計劃，尤其是爲求釋楊紳事，我當時和尹某等言語間發生正面衝突，聶竟明目張胆袒尹等而抑我。我們遂不歡而散。所以我此次北走時，爲免再蹈以前走西安事機不密，幾被蔣捕殺的覆轍計（此種混亂時期，其擅殺或路刺均極可能），當佯去一信，虛與委蛇，末說，我擬看馬主席，你有沒有託辦之事，謹當代勞。他來回信，我才放心首途了。

我到省向馬主席呈述一切之後，當調聶回長鹽池縣，馬大牛即日撤回。西山一帶回漢對抗勢力酌量分別遣散，或改編爲民團。並佈告以前種種概不追究。徧地烽火一時消散無形了。而全省民衆也齊撥雲霧而見靑天。我也就此自請調靈武縣辦黨，兼辦第一淸眞完全小學校（在崇興寨）去了。

六　奉調靈武辦黨兼辦學

這個學校也是在民國八年馬雲亭先生捐廉手創的。因循了十年，因了種種地障礙，始終沒有什麼成績表現出來。當我去時，子寅主席曾諄諄面告我必須努力作出成績來。那里地父老教親還大吹大擂地遮道熱烈歡迎我。

可是一進校門觸目塵土，學生只有長短不齊地七個。問經費，說是：原有基本金一千兩，都在土劣手中把持着，本寨街上的斗稱牙佣等項也都先後被縣教育局完全提去，在麥极湖的可種稻的學田百餘畝，自經近年教育局在這田的上首開墾了蒼蓬湖田把退水放下來，我們這田被淹得連種子都收不上，還那里的租錢來呢？我一聽這學校經費，簡直就是鏡花水月。我眞不由得心灰意冷，焦急得了不得了！但是盱衡各方情勢，又不能知難而退。於是親身到各方教親領袖處去商談具體進行整頓學校的辦法，結果才知道這里教親內部較同縣相距三十里地之吳南鄉還複雜得多。有同屬所謂「哲核仁葉」教派的馬家橋和板橋之別，及同屬所謂「老古」教派的老教和新教之分，都成對立之勢。還有自命爲奉命創辦本校的元老，既不能自下身分去幹，又不願其心目中的黃口孺子取而代之的去幹。眞是意見紛歧，無法拉攏！

然而我還是本着「和內再幹外」的定見，用三寸不爛之舌去硬幹，經過月餘的舌蔽唇焦的工作，幾經周折，總算招集成了一個靈武縣第一二兩區一百二十五寺的教民代表大會於校中。當場我提出了下列的四個案子：

(一)本校凡與革大端，其最後决定權屬諸兩區公舉出之校董會議。(二)校長絕對不得直接經手校款。(三)由校董會就兩區教親中舉出殷實商人經理本校收支欵項及賬目。(四)每年終須將本年經費收支情形及賬目提向校董會核算並佈告校門，俾衆週知。當下一致通過記錄，並分呈縣府省府及教廳備案。同時產生了校董十三人，經理一人，助理員二人。並决定當年先向兩區教民每畝田附收臨時費洋一毛。散會。這才算內部團結好了，本校的基礎也就隨之而奠定了。我就開始向教育局交涉收回本街原立案於本校的斗牙佣等欵項，並設法另闢蒼蓬湖的出水路，免得淹沒本校的學田稻苗，影響學租。結果官私都少實效，我們到此也就顧不得許多，只好自主地用斷然手段去碎此加於我們的桎梏了！意想叫教育局先去作原告，好彼此查案再作道理。無如他們偏不去告官，從此竟罷手，唯種毒於我一人了。

還有河東各縣回民自遭清末同治兵燹之後，以前所有田產概被董福祥等無條件地沒收，僅給回民以邊遠不能灌溉地鹼田，使其自生自滅。當時地回民也怪，所謂置之死地而後生，他們自己知道生殖力平均比較強大，因之食指衆多，田地不能豐收，欲加改造田地的肥料——所謂糞土——必須由街上買運，貴而且遠，當時的回民力量實不能勝。那末，全家生活就時刻成問題。在這樣求生不得，求死不能的嚴重關頭，所謂人窮智生，天不絕人。他們竟會發明鴿糞殺鹼力較任何肥料爲大，而且賓輕易舉。一人之負，數畝田用不完。他們得此密訣，所以都一傳十，十傳百地家喻戶曉了，爭先恐後地畜鴿。除作供改良田地土壤地唯一良好肥料外，還可有時有宰鴿享客和自作肉料之便。這樣，家家鴿鳥越養越多了，不免有害飛出田禾的事實發生。所以本地漢人就有「飛起遮天蓋日，落下刭根斷苗」，過甚其詞地一再向官庭控告，要求勒令拆毁鴿房，斷絕鴿種。此事曾一度經前任省府主席批准，並佈告全省實行拆毁鴿房。當時我在吳南鄉，當即以：『老鳥麻雀鴿均爲本省農人認爲三害鳥。然老鳥嘴長過寸，能掘穀種於地下；麻雀身輕可墜禾穗於莖上；而鴿嘴長不及老鳥，身輕且遠過於麻雀。是鴿既不能爲害地下之穀種，又不易損傷莖上之禾穗。而其其所食者僅田地之餘粒，穀類之子遺，何害之有？而其糞農處則能產美滿之肥料，可供貧人之肉食。即令與老烏麻雀同其爲害於農，則除鴿固可拆其房；而除烏則必盡伐人樹（烏棲樹上），除雀亦必盡毀人屋（雀穴居屋牆），是又爲事實之斷不可能者也』之理由呈上。前省主席大喜，立收回成命，各地之鴿賴以危而復安。告鴿的人們都恨我了。

那時我曾會同吳南鄉紳民按每間鴿堂收淸眞學校學捐三元，直接供給其子弟讀書，間接可以保障鴿鳥。行之該鄉，很爲順利。此次我到這裡當然也要援例將所有兩區教民鴿捐撥爲本校經常費，呈由教局轉呈。不料教局將我們的呈文留住，自己却去呈請作爲他們縣立學校的經費。我探知了，馬上直接呈文上級官庭辯駁，說他們由全縣不分回漢的民田中每年平均籌款不知其數，專分配於各漢人學校，我們所有淸眞學校分文不得沾其餘潤；而今再把我們自向教民抽收地這點款也被他們不光明地用捷足先登地手段拿去，這太不公平了。結果這筆款子算是交涉回來了。

我在靈武縣辦黨，每好招待一般阿衡去聽講聯歡，我的本意是想利用他們去向教衆宣傳黨義，藉收溝通回漢隔閡和宣洩政情地效果。不期也被不顧者指爲「黨部有回回」的罪狀，向上級黨部密稟我了。我聽見就索性把黨職堅決辭去，減少人攻擊的目標，從此就專在校中吃粉筆了。

七　一次沒被告倒，奉命整理全省淸眞教育

上面過說，我爲整理這學校，歷次得罪的人也就不少了。其中多半都和我還是中學中的很好同學。他們的不滿於我，在暗中儘管鬼鬼祟祟地攻擊我的黨兼職上，就已見其端了。他們終不以我去黨而住手，可是一時苦無藉口。又加上這學校學生人數的驟增，和教廳兩次給我的傳令嘉獎，以及河東模範小學的榮譽，在在使着他們加強其不平。我有一位私情很好的教友丁君家住在崇興寨走吳忠堡大道之間，我每次來往經過，必擾他的款待。有一次他竟向我要求，把他所在的那一方所有鴿房捐撥給他收，去辦一所供自己子弟讀書念經的私塾。我當以事關學款，私人不能作主婉謝。他又有一回要我免抽他本人的三間鴿房捐，我說這是校董會付託給經理人員的全權，我實愛莫能助。從此他和我反臉了。又有幾位村長因把學校第一年向各教民田畝上帶收的附加款裝

入腰包，我受校董會的命令稟縣押追。於是他們都聯合起來，又拉入我所強迫過吐出已經吞沒多年學校基本金的人們，同病相憐地都出馬告我了。這可好給那些正要想着報復我的教局先生們以發縱指使的機會了。他們滿謂這次的聯合戰線定可去此眼中釘的我，不料經過省縣政府的明密澈查以後，竟破其奸謀，靈武縣長徐楊慰祖奉到馬主席的嚴令將丁等一律拘押，追出吞欵，並加以嚴懲。一場風波表面上算是從此告一段落了。

這時馬雲亭先生由鷄翁山來一個冗長電報給馬子寅主席，查詢他以前在寧境內所創辦的幾十處高初清眞小學校現在辦理的情形究竟如何，本人多年不知道底細。馬主席當命教廳查卷，才知道門主席時代已經把原有清眞名義一律取消，所有經費也撥入各縣教育局接收。簡單說，所謂清眞學校已成過去了。

馬主席特又派我以全省清眞教育督學名義出發各縣，專視察以前舊有清眞學校，並賦以就地協同縣長整理的全權。我用兩月零一天在外風塵跋涉的工夫，僅算把各校實際情況查明瞭。我們覺得果能照那樣學校分佈地情形辦下去，眞是寧夏回民區域的國家教育可說早已經普及了。眞的，我們佩服雲亭先生當年的深知卓見！可惜後繼無人，以致當時多半是關門大吉的。間有勉強開着的也是私氣十足，沒有學校的意味兒！原因不外：(一)各地回民傳統的宗教觀念深厚，一旦去其學校之宗教彩色——清眞名義，——都不願送子弟去讀所謂「漢書」，以免將來有反教的危險！(二)學校沒有宗教性質，辦事的地方人士都不肯去捨身捨財地幫助它，因爲他們相信沒有宗教上後世的代價可收。(三)欵被各縣教局提去，辦了其他普通學校，或鯨吞入囊，而這些回校反無人過問了（其詳在本刊後有機會專文披露）。所以我當時只能辦到視察，整理却一時無從着手。回省呈文報告，當局又命我擬呈具體恢復整頓的辦法。馬雲亭先生竟在這時以逝世聞了！

繼又轟動一時地侮教案，適發生內地，寧屬教友咸情激昂，自動集欵組織寧夏省護教後援會，我被舉任常委，拍電宣慰，忙個不亦樂乎。更把辦學之事暫擱一旁。當時電文措詞，教友一致堅決主張必須激烈，官方主張和緩，表示如稍涉激烈，即給扣不許發的處分。幾經奔走磋商結果，雙方勉強認可，才算發出，下面錄出以見當時寧夏回民宗教觀念：——

（銜略）：連接華北護教團及全國各地回民團體先後函電，驚悉中委兼鐵次所主編之南華文藝社，及著名書肆北新書局，最近相繼刊佈極端侮辱回教之文字，請一致力爭等語先後傳來，我寧回民無不義憤塡膺，痛不欲生。查我回教入華千餘年，歷代以來篤行守道：或勤王靖難，以衛社稷；或斬荊闢萊，以開國基；種種偉烈豐功，史不絕書。然而恭順安分，總無政治之野心，尤爲中國客籍民族之特點！光復以還，贊襄共和，參加革命，迭著勳勞，中外咸知。雖間因不堪軍閥之壓迫，不免有拚命抗拒強權之特性之表現，要皆以服從中央爲一貫之職志，事實昭彰，不庸掩飾。我回教果何負於中國而必欲擬之異類，致之絕境而後快乎？況當倭寇深入，國勢阽危之秋，國人正宜依國內各民族一律平等之遺教，而回族亦必本其忠誠愛國之天性，相與提携團結，共挽危局，而禦外侮。何物婁氏，竟敢漠視國難，蔑不畏法，喪心病狂，至於此極！曾氏身居黨國要津，北新書局爲文化之府庫，對此等蜀犬吠日不値識者一笑之狂妄絕倫之文字，不即唾棄，公然刊佈；其狼狽爲奸，朋謀離間民族之罪，昭然若揭。回族雖弱，亦安肯在青天白日之下，無故受此空前之奇恥大辱？除即日成立寧夏省回民護教後援會率全省教胞，追隨華北回民護教團之後，誓死抗爭外，謹特電請中央政府「將該團所要求各項迅賜圓滿之解决，俾平回民不共戴天之公憤，用示政府一視同仁之至意，則國家幸甚！回教幸甚！不勝屏營待命之至」等語。竊尤有進者，查此等橫逆之來，固由於無聊政客失意敗類，惟恐天下之不亂，故肆其挑撥之伎倆，藉遂其破壞之野心，實國家之蟊賊，人類之公敵！然亦吾人本身之無組織無教育，缺宜傳諸弱點，適遺人以可乘之隙。故此次吾人治標，固應誓死擁護北華護教團之各項要求，必達圓滿之目的而後已！治本則宜對症下藥，羣謀今後所以根本補救之道，庶一勞永逸，自身健全，外侮自泯矣！臨電激昂，不知所云。

又：通電敬悉，此次教案圓滿解決，雖云中央大公無私愛重回教之德意，要非諸公之熱心毅力不克臻此。而請願諸公，尤能秉承公意，奔波南北，不畏強禦，不避艱險。用能克奏膚功，完成使命，敝省教胞遠道聞之，尤表無限之愛戴與敬佩！特代表全省教親，敬致慰勞之意！

教案解決，本會也跟着結束了。正着手擬具整理各清眞學校辦法，省府改組，現在的馬少雲主席來了。官庭忙於預備辦交代，一切自無從談了。我便回靈武崇興寨，學校也準備告退了。

八　被告判罪——二審宣告無罪

民國二十二年春天，新省府招集全省各界人士開第一次省政會議，商討本省一切興革大政，我代表豫旺縣學界出席。我預備提出從新整理全省清眞教育案，以不足法定連署人數，直到閉會時，作爲臨時動議提出，馬主席以「事關成案，本人到任伊始，自應避嫌，概免議此類案件」打消。我又改換方式上書建議新教廳長葛某，也沒見效。建議書錄下：——

竊盛華幼讀阿經，長習中書，弱冠有二，卒業中學，時本黨方萌芽於寧，盛華先本省任何人而接受其洗禮。積研究之所得，深知現代中國整個問題，強半繫乎西北。良以西北民族之複雜封建勢力之深固，又加地廣人稀，蘊藏極富，國際形勢，非常扼要，在在足爲完成三民主義之先決條件。蓋非蒙藏回同化，則大中華民族難實現；王公等制度不剷除，則四權難伸張；非移民開發西北，則民生難解決也。然三民主義又有其連環性，如民族主義不解決，則民權民生無由入手。民權民生兩主義不解決，則民族雖成功亦無所歸宿等是。而西北三大問題之有連環性亦正復相似，如蒙回藏與漢人間之鴻溝一日存在，則封建勢力得其擁護而難動搖，移民開發更難策其安全。使封建勢力存在，則移民開發既被其障礙；民族間之隔閡復被其利用，更難消除。抑使移民開發不行，則雖無民族間之隔閡及封建勢力之障碍，而邊生之困苦，不防之不固猶昔也。是三民主義誠現代中國之西北問題之對症藥也！然經營西北，經緯萬端，其入手處，竊認爲宜自同化與漢人大同小異之回族始。其法以黨義攻其心，以教育培其基，雙管齊下。又有其捷徑在焉，即以其阿衡教長爲黨之宣傳者，以清眞寺院爲教育之中心地。蓋此二者爲回教信仰之中心，一阿衡宣黨，則一方響應；寺院設教，則人人向學。如是安見其血統生活語言習慣相同之回族於不久之將來，不與漢族合一爐而冶之，打成一片乎？回族問題果得解決，則漢族在西北之地位鞏固，然後其他一切之一切自不難同時迎刃而解。盛華愚竊曾發此宏願，盡個人之力量，作理想之試驗，努力回族黨務，奔走清眞教育，雖中經軍事機關之鐐解下獄及劣紳土豪之攻擊中傷，此志固未嘗稍懈，八年來如一日。獨惜已往教育當局昏瞶顢頇，痲木不仁，不但不能爲整個之計畫，以爲開發西北之張本，反致有志之士，往往不得其保障，以安心工作，誠屬憾事！今幸鈞座以黨國之名流，革命之先覺，舍繁榮而就荒凉，犧牲個人，爲國家民族闢新途，從此作開發西北之先鋒，爲寧省教界之領袖，比者迭聆訓誨，莫名心傾！用敢不揣冒昧，率呈鄙懷，並建議如次：（一）切實保障教育人員。（二）設法廣羅並集中回教人才，量才錄用。（三）簡派委員整理全省舊有清眞高初小學校，並推廣各清眞寺中阿學校，認眞取締一切中阿私塾。（四）獎勵回教辦理教育得力人員。（五）可能時在省城清眞大寺設一總理全省回教教育之機關，直接鈞廳，仿照中等教育局組織之，並附設中阿師資養成訓練班及中阿師資養成所各一。上係盛華一得之愚，惶恐貢献，是否有當，仰祈鈞裁施行！再盛華擬明日返豫探家，並聽驅策不誤。……

我見事實無可爲，遂分呈省府教廳懇辭校長兼省督學（因都是前省府令教廳委的）。此後，雖幾經週折，職務未曾辭掉，但不久畢竟因故而回家了。

九　家居耕牧，嚴令晉省辦學至今

二十三年六月又接到少雲主席函電，催晉省辦中阿學校。固辭見罪，始又來省。光陰眞快，現在又將三年了。

當二十四年冬二次省政會議，我代表本校出席，又提出下面的案子，經少雲主席的極端同情，立時大會順利通過。不過至今因種種關係，還沒實行。

積極溝通漢回文化，加強回民愛國思想，以完成開發西北，團結民族之基本條件案。

理由：查吾西北回民，向重回經，鮮讀中書，以致身爲中華國民，「食茅踐土」世世相承，而對祖國歷史國情等，反茫然一無所知；國家思想，民族意識，更多漠不關于其心。此種現象在承平閉關之時，猶可謂之少數民族知識落伍，對整個國族文化，究屬部分之缺陷，似無關大體。而在此世界風雲日緊，祖國邊疆日削之今日，西北竟成爲舉國一致認爲整個民族國家之唯一出路；則此構成西北民族重要成分之回民「心理」或「知識」改造問題，似已成爲開發西北挽救國難之中心前提矣。舍此不圖，縱使將來西北物質之開發，得到順利而迅速之進展，竊恐一旦有事，則此剜肉補瘡，慘淡經營之物質建設，反被侵掠者利用，以進窺吾內地，求爲東四省之續而不可得。何者？蓋東四省一切物質的環境，雖一時被掠於強權，

21

而我四省同胞，純潔而貞摯之「思漢」丹忱，永不爲毀滅，則薩爾之歸德，猶可俟之異日時機之成熟。若夫今日之西北遭此，則並此「思漢」之心恐無之，危險孰甚焉！故在此「開發西北」「到西北去」之口號彌滿全國，高唱入雲之今日，溝通漢回文化，加強回民國家思想與民族意識，使回民人人自知其爲中華民族中之回教徒，此則刻不容緩。

辦法：1.凡教授阿文各清眞寺，政府可委派中文教員一人，兼授中文課程，並對于每日來寺禮拜之成年人，按時強制，授以民衆千字課。此外絕對禁設專授阿文之經堂，及專授古書之私塾。除該中文教員薪金由政府於教育欵項開支外，並酌補辦公雜費。

2.黨部特別設法，儘量吸收各地回民入黨，積極加以黨義之訓諫與薰陶；並不時赴各清眞寺宣傳。

3.報社廣約社會明瞭回教教義人士，多多發揮回教教義與中國文化及本黨黨義相吻合之點，儘量

揭載，以引起一般回民對于中國文化及黨義之信仰心，與研究之興趣，則耳濡目染，日起有功矣。

總之，回民宗教觀念深固，凡一切設施，苟驟離其宗教之立場，則其結果必等于零。故吾人苟有志於漢回文化之溝通，則暫時的或過渡的，不妨處處利用其宗教之信仰以號招之，則一切之一切，自可迎刃而解矣，是否有當。敬祈公決。

十　結語

凡要解決一個任何地問題，必然地先要去明瞭它的內容和一切之後，再去下手，才能收到對症下藥，不致南轅北轍，徒勞無功地解決效果。那末，這樣一個長久而繁難的嚴重問題——回漢——單靠走馬看花式的視察，固然濟不了事，就是設身處地的深入西北民間多少年，在諱莫如深地粉飾現局之下，結果還是一樣的失望。

因此我在上面拉雜過的這些，既不是要算什麼史的舊帳，更不是圖什麼積鬱的發洩；所以其中關於那些有關的主角人的眞姓名（除過已死的，他或許不知生氣者外），我都沒把他們露出來。爲的是避免再激刺他們的感情，惹起無味的紛擾。今僅遵着壽彝先生的囑，本着主持本刊的諸先生要解決回漢問題的純潔熱忱，不敢隱諱地實實在在將個人過去身受親嘗過的一切之一切，貢獻出來，作爲解決本問題—回漢—參考的實際眞實的材料罷了。

現在依個人的見解，把過去的一切歸納起來，我認有形成這現在所謂西北回漢問題的，約有下面四個癥結：（一）是西北回漢子弟，自幼各在各自的單純的環境中耳濡目染的傳統觀念。（二）成年後彼此接觸時，各自本着不同的觀念發出的言行互相的激刺。（三）作官的人和土著有力量的人士多半始終跳不出傳統歧視的成見圈套。（四）遠見深知的人既然太少，所以到處荊棘滿地；即有少數肯致力於此道的人，也是孤掌難鳴，終不免一敗塗地，致後來者成有戒心。

至於解決它的途徑，在保證我們信教自由和合人道的一切平等待遇之原則之下，我們是主張祖國國家民族化的。在這裡，我先來平心靜氣地說一句話：我們是死心踏地毫無異議地贊同並祈禱我全國朝野上下回漢同胞凡不顧分裂和不作亡國奴的人，都應該一律起來用所有的力量去促成顧頡剛先生最近在獨立評論第二二七期所發表的「回漢問題和目前應有的工作」中的幾個主張，迅速的見諸實行!!那就可說是這個問題解決過半了。

此外，我們還很誠懇地祝禱政府當局，今後關于回民區域的政治應設法盡量改善，向着適合他們生活環境及一切特性上去，尤其是教育特別要注意多設適合他們的特殊情形的學校。不然，請看本省各縣各鄉中小學這樣多，而在其中受教育的佔全省過半數人口的回民子弟，就不及百分之一。反觀本校——雲亭師範及附小——稍帶宗教采色，却早有擁擠不堪的「人滿之患」了！這種事實值得人們大可注意吧！

23

商務印書館出版

特價修學工具書

本館廿六年度特價書於每星期日公佈一次，茲將前十三次中列入之修學工具書彙舉於後，以便選購。（本館出版修學工具書種類繁多，詳見本館「圖書彙報」。）

王雲五大辭典（縮本） 王雲五著 一冊定價三元 特價二元一角⑤ 國內郵費一角五分半

王雲五小字彙 王雲五著 一冊定價三角八分 特價二 角⑦ 國內郵費一角零五厘

康熙字典（附考證及四角號碼索引） 一冊定價一元六角 特價一元一角二分⑩ 國內郵費二角三分

新字典 陸爾奎等編 一冊定價一元九角二分 特價一元三角四分③ 國內郵費一角五分半

學生字典 陸爾奎 方毅編 一冊 紙面定價四角八分 特價三角四分 布面定價八角 特價五角六分④ 國內郵費各一角零五厘

國音常用字彙 紙面定價四角八分 特價三角四分 布面定價八角 特價五角六分⑥ 國內郵費各一角零五厘

國語辭典 國語統一籌備委員會編 第一冊定價三元 特價二元一角⑬ 國內郵費二角三分

標準語大辭典（全國國語教育促進會編） 教育部國語推行委員會中國大辭典編纂處編 一冊定價一元八角 特價一元二角六分① 國內郵費一角三分

求解作文兩用英漢模範字典（增訂本） 張世鎏 平海瀾 厲志雲 陸學煥編 一冊定價二元五角 特價一元七角五分⑦ 國內郵費一角五分半

雙解標準英文成語辭典 厲志雲編 一冊定價一元五角 特價一元零五分⑨ 國內郵費一角三分

訂正漢英辭典 張在新編 一冊定價二元 特價一元四角⑧ 國內郵費一角五分半

華英德法詞典 王安國著 新聞紙定價三元 特價二元一角 道林紙定價四元 特價二元八角⑥ 國內郵費二角三分

四庫全書總目提要 清永瑢等纂 四冊定價十元 特價七 元① 國內郵費四角六分

中國地方志綜錄 朱士嘉編 三冊 定價二元八角 特價一元九角六分⑥ 國內郵費一角五分半

漢晉學術編年 劉汝霖著 四冊定價二元四角 特價一元六角八分② 國內郵費一角五分半

東晉南北朝學術編年 劉汝霖著 一冊 定價一元四角 特價九角八分⑨ 國內郵費一角三分

重編日用百科全書 黃紹緒等主編 三冊定價九元 特價六元三角⑥ 國內郵費六角九分

少年百科全書（縮本） 王雲五主編 廿冊定價十元 特價七 元⑧ 國內郵費六角九分

古書虛字集釋 裴學海著 一冊 定價一元八角 特價一元二角六分⑨ 國內郵費一角三分

古書讀法略例 孫德謙著 一冊定價九角 特價六角三分⑩ 國內郵費一角三分

新文化辭書 唐敬杲編 一冊定價四元 特價二元八角③ 國內郵費二角三分

英漢對照百科名彙 王雲五主編 一冊定價二元五角 特價一元七角五分⑦ 國內郵費一角五分半

哲學辭典 樊炳清編 一冊定價三元 特價二元一角⑤ 國內郵費二角三分

法律大辭書 鄭競毅等編 三冊定價七元 特價四元九角④ 國內郵費四角六分

動物學大辭典（縮本） 杜亞泉等編 一冊定價七元 特價四元九角② 國內郵費三角零五厘

礦物學名詞 國立編譯館編訂 一冊定價四元 特價二元八角③ 國內郵費二角三分

中國古今地名大辭典 臧勵龢等編 一冊定價八元 特價五元六角⑫ 國內郵費三角零五厘

中國醫學大辭典 謝觀等編 三冊定價十二元 特價八元四角⑦ 國內郵費六角一分

五十世紀中國歷年表（縮本） 劉大白編 一冊定價二元 特價一元四角⑪ 國內郵費一角五分半

現代外國人名辭典 唐敬杲主編 一冊定價四元 特價二元八角⑪ 國內郵費二角三分

標準漢譯外國人名地名表 余祥森等編 一冊定價一元六角 特價一元一角二分② 國內郵費一角三分

〔附註〕特價下之數字示公布之次數，其特價截止期如下：①五月二日止②五月九日止③五月十六日止④五月廿三日止⑤五月卅日止⑥六月六日止⑦六月十三日止⑧六月二十日止⑨六月廿七日止⑩七月六日止⑪七月十三日止⑫七月二十日止⑬七月廿七日止

D179(1)-26:3

半年來的北平成達師範學校

艾宜栽 1

——二十五年度第二學期——

禹貢刊行第二次回教專號，白壽彝先生囑余寫一篇關於成達師範學校歷史的文學。成師成立三十一年來的一切，在第一次回教專號內，有馬松亭阿衡的中國回教與成達師範學校及趙振武先生的三十年來中國回教文化兩篇文章中，都已概括敘述過了。方才過去的半年——二十五年度第二學期——可以說是成師向外發展開始的一個學期，覺得有幾件事情，很有向國人說明一下的必要，就是：

一　馬松亭阿衡二次赴埃考察

馬松亭阿衡於民國二十一年赴埃及，晉謁埃王福德一世，訪問該國文化界名流及宗教當局，並轉赴各回教國家考察教育及教務之實施狀況，頗蒙各地回民之歡迎，並以溝通中西文化相勉。其溝通中西文化之最親切的表示，爲埃王贈予成師以大批回教典籍，派賽依德、穆罕默德、達理及穆罕默德、伊卜拉欣、福力非樂二轉士來華，常川住校，講授學術；以及馬阿衡偕行之成師第一班畢業生韓宏魁、王世明、金殿桂、馬金鵬、張秉鐸等五人，亦得埃政府之資助入愛資哈爾大學肄業。四五年前，因爲中西文化的溝通，中國回教文化界起了很大的變化，在許多方面，都有一種新的開展，並對於中國文化界，也掀起了顯著的波紋。在這中埃兩國文化運動風起潮湧的時候，負有中西文化溝通使命的成師，似有繼續的，積極的努力的必要。於是在二十五年九月間經校務會議決定，仍推馬松亭阿衡二次赴埃考察。阿衡於十月五日由滬放洋，二十四日抵達埃境，十二月八日離埃，二十八日返國抵滬。留埃四十餘日，晉謁新王法魯克一世，國務總理那哈斯巴沙，攝政委員長穆罕默德、阿里巴沙，委員阿以在特巴沙及穆罕默德、舍里夫巴沙，教務院長兼愛資哈爾大學校長木拉威先生，遍訪全埃文化界名流，莫不認發揚回教文化，溝通中西文化爲亟務。同時馬阿衡對埃及政府及愛資哈爾大學請求三事，均獲圓滿結果。我們可以引証一月七日馬阿衡在「北平市回民歡迎馬松亭阿衡二次赴埃考察文化歸國大會」席上的一段報告：「這次我們去的目的，仍然是這三點：據埃及官方表示，以爲續派教授不成問題，因爲埃及愛資哈爾大學，乃全世界回教之大學，而中國擁有如此巨大數目的回民，佔全世界回教民族之重要成份。所以發展中國回教自爲愛大應有之使命。這已成了愛大行政的定案，並且以後於必要時，多派教授亦可。關於圖書館方面，已得埃及政府當局及全國文化界之同情，並由愛大發起募書啟事，想以後定有大批的經書流入中國。再方面，關於中國留學生深造問題，愛大當局已允許我們，繼續收容我們二十位留學生，一切費用，概由新王法魯克一世私人負責供給」。這可見阿衡此行成績之概略。

二　福德圖書館之籌備

成師起先沒有圖書館，民國十九年趙璞華先生捐贈萬有文庫一部，才有圖書館之名。不過因爲經費的支絀，圖書的購置既感困難，規模更是談不到了。到民國廿一年馬松亭阿衡赴埃後，埃王福德一世及愛資哈爾大學校長佐瓦希理先生應馬阿衡之請，慨贈圖書四百四十一部。阿衡歸國後，才有建立福德圖書館之議，於民國廿三年春，發佈宣言，募集捐款。無如兩年以來，收款不過二千八百餘元，殊難興工。及至二十五年四月二十八日，埃王福德一世薨逝，成師因念故王對中國回教之關切，及對吾人努力溝通中西文化之期望，和現在中國對於回教圖書館之需要，所以就不顧一切的，在紀念福德的那天，決議開始興建樓房二十二楹，八月抄竣工。恰好在這時候，徐炳昶、顧頡剛兩先生，由白壽彝先生的介紹到成師參觀，談到發展回教文化之志趣，極表同情，並亦認定建設大規模之圖書館爲當務之亟。於是決議組織福德圖書館籌備委員會，由兩位先生轉請全國學術界名宿爲籌備委員，於九月二十二日在新建館址正式開會成立，推請蔡元培、陳垣、翁文灝、朱家驊、李書華、李麟玉、白鵬飛、黎錦熙、梅貽寶、馮友蘭、姚從吾、張星烺、陶希聖、徐炳昶、顧頡剛、馬鄰翼、唐柯三、馬壽齡、劉尊五、趙玉相、孫曜、白壽彝、陳樹人、常松椿、艾宜栽、趙振五、王夢揚二十七位先生担任籌備委員，並推顧頡剛，唐柯三，白壽彝三先生爲常務委員。當經決定發佈徵書啟，分向中外徵集回文漢文書籍，以資充實。我們現在把徵書啟全文轉載在這裏，

2

以見這次徵書的意義。其全文如下：

「回敎在中國傳播，已有一千以年上的歷史。現在全中國的信徒，達到五千萬以上的數目。這種悠久的歷史，使阿拉伯的文明和中國的文明互相影響，互相授受，而成爲一種不能分割的文明集體。這種鉅量的人數，無疑的是中華民族之一偉大的支柱，更爲西北邊防上所必需捍衞國土的主要份子。所以從純粹的學術研究上，以及從國家民族運命上來說，回敎在中國，不僅是一個單純的宗敎，他更牽涉到更廣大的領域，顯然和別的宗敎不同。

但上述的這種特性，似乎不爲一般人所注意。在非回敎徒中，既離得多數人之認識，卽在回敎徒自身，也不能不說未盡明瞭。並且更不幸的是二三百年來統治階級之愚弄政策，在回敎徒與非回敎徒之間，豎立了許多障幕，種植了許多誤會的根苗。這種情形一日不去，在回敎本身上固然多一種損失，在學術研究和文化進展上也受到莫大的阻力，在國家民族的運命上更有很深的影響了。

成達師範學校是許多回敎同志辦的學校，它的重要使命固在培植宗敎上領導人材，但它在這種人材的培植上，除了宗敎的修養外，同時幷注重回敎在中國之史的研究，國族意識之養成和科學知識之灌輸。成達師範學校底整個目的，就是企圖把二三百年來的沉悶的局面作實際上的打開。一個學校的力量當然很有限，但成達師範學校對於這種工作確切是具有極大的熱忱，幷且可以說是國內開始這種工作的第一個團體。

成達師範學校於民國十四年在濟南設立，中經五三之變，由濟南遷來北平，在沒有固定的經費，沒有相當充分的設備，同時並

3

在一大部份人所漠視或嘲笑之環境中，校務時時在艱苦掙扎中繼續發展。短短的十一年內，學生由十餘人增至二百餘人，敎職員由六人增至二十餘人；學生之畢業者，或派赴埃及繼續深造，或派至西北各省作邊疆回民敎育的工作。這和一般學校之發展情形來比，原沒有什麼可以驚人的成份在內。但是如就這個學校之特別的目的及特別的環境來說，這不能不說是中國回敎的一線曙光，同時也不能不說是在中國的學術研究，和國家民族的運命之開拓上，具有一種不可忽視的意義。爲了這一線曙光和這一種意義，全中國的回敎徒，都應該來補助這個學校，全中國的非回敎徒，也都應該來補助這個學校，讓它繼續的發展，充實的發展，迅速的發展。

但要促成這個學校的發展，除開經濟問題外，是要建築在兩個重要條件上：其一是專門的師資——人材，其一是研究輔料——圖書。關於人材方面，該校除已派高材生赴埃及深造外，幷直接由埃及請來埃籍敎授，担任講席，似乎已解決了一部分。至於圖書方面，則是該校當前的重大問題。因就該校的使命說來，無疑的是要做成東方回敎最高的學府，在這回敎文化已爲一般學者認爲有興趣的問題而加以探討的期間，該校不但要滿足本校的學生的求知慾，就是對于校外的回敎及非回敎的學者，都有供給他們研究資料的義務。因此籌設大規模的圖書館，東方回敎唯一的圖書館，就成了他們重要工作之一。三年前，埃及前王福德一世，答應該校的請求，曾贈與一批重要而有價値的回敎典籍，初步的圖書館才成立起來；爲了紀念埃王的功德，便喚做福德圖書館。此後經國內各方的援助，才建築起了一個麤具規模的館舍。但埃王的贈書，僅限於阿拉伯文一方面，數目也不很多，而中國新舊

書籍及東西洋書籍更嫌缺少。該校本年又派員赴埃及徵求各種回教書籍，或能增加一些庋藏的數量。我們謹代表成達師範學校向各界人士，公私機關，介紹該校的立場及述明其重要性，希望各界惠予捐助各種書籍，或購書專欵。我們希望在短時期內，因各界的幫助，能把這個圖書館充分地充實起來，同時并希望由此漸向大規模的回教圖書館之建設。這是爲中國回民教育——邊疆教育增加力量，也就是爲中國學術開闢一條新路，爲中華民族製造活氣。我們謹以十分的熱忱，渴望各界的厚賜。」

徵書欵是十二月初旬在中埃兩國同時發佈，開始向各方徵集，經過不到三個月的努力，結果很是圓滿。我們分兩方面來報告：

一、埃及方面：向埃及方面徵書，亦是馬松亭阿衡赴埃所負使命之一。他努力的成績，比起第一次，還要顯著。因爲這次已引起全埃普遍的同情。截至現在，我們得到埃及方面的報告是這樣：

（一）國王：新王法魯克一世，因爲福德圖書館爲紀念乃父所建立，溝通中西文化，又是繼續乃父之遺志，特贈埃金三百鎊，已飭令愛資哈爾大學，指派專員列目購置。

（二）愛資哈爾大學：愛大校長木拉威先生除面允馬阿衡捐助價値埃金百鎊之圖書外，並允向各方代爲徵集。

（三）國務院：國務總理那哈斯巴沙，除個人捐贈古蘭經五百部，並通令所屬機關將所有出版物，一律贈送全份。

（四）攝政委員會：攝政委員會，委員長穆罕默德、阿里巴沙，委員阿以在特巴沙及穆罕默德、舍里夫巴沙對徵書運動，極表贊助，分向各著作家代募。阿以在特巴沙並獨捐埃金三十鎊，充開辦費。

（五）其他：如埃及大學，世界回教大會主席前教育部長安魯伯巴沙，埃大文學院長太好盧生先生，愛大總視學哈里德貝先生，愛大校刊社主筆社會學家握志得先生，歷史學家南查爾先生，文學週報主筆薩威先生，哲學家朝孩里先生，埃大哲學教授阿卜都拉札克先生等，或捐贈本人著作，或代徵集，極爲贊助。

二、本國方面：國內方面，分捐欵捐書兩種：

（一）捐欵：蔣介石先生，浙江朱家驊先生，何應欽先生，馬吉第先生，王雲五先生，總計捐贈設備費及購書費國幣七千四百元。

（二）捐書：國立北平研究院，禹貢學會，燕大史地週刊社，燕京大學圖書館，白鵬飛先生，馮友蘭先生，蒙藏委員會，行政院行政效率研究會，海軍部，實報社，張履賢先生，東方書社，閻百川先生，中央政治學校地政學院等，捐贈圖書共計一千二百四十種，三千一百五十七册。

三　學術演講

成師為增進學生學業，自二十五年度第一學期起，按期邀請學者，來校作公開之學術演講。並為養成學生之演說技能，在學校指導下，令第六年級學生成立演講團，於回曆一三五六年齋月期間，假北平東四牌樓清眞寺，按期輪流練習演講。茲將這二種演講分誌如後：

（甲）學者演講

（一）發揚回教文化和精神　顧頡剛先生

（二）宗教與科學　徐炳昶先生

（三）福德圖書館之於回教文化及中國文化　韓儒林先生

（四）中國儒釋道三教關係變遷的概略　陶希聖先生

（五）從歷史上看回教文明對中西文化的關係　姚從吾先生

（六）西北四省概況與回漢問題　梅貽寶先生

（七）青年的修養　馮友蘭先生

（八）中國歷史上兩位回教名人的事蹟　張星烺先生

（乙）學生演講

（一）回教道德概論　馬　湘

（二）回教道德的標準　閃鴻鈞

（三）五功與回教道德的關係　楊有瀠

（四）古蘭經中對于道德的指示　劉麟瑞

（五）聖訓中對于道德的指示　范好古

（六）「心」與道德的關係——回教關於心的教訓　閻錫章

（七）宗教道德之一——堅定信仰　全茂荃

（八）宗教道德之二——服從主命　馬保乾

（九）宗教道德之三——實踐聖行　馬心泉

（十）家庭道德之一——孝慈　洪振甲

5

（十一）家庭道德之二——禮節　張文達

（十二）家庭道德之三——夫婦　趙忠仁

（十三）社會道德之一——扶植正義　楊連珍

（十四）社會道德之二——親愛、互助、團結　安占三

（十五）社會道德之三——服從與信仰　丁富才

（十六）回教道德與法律　馬天慈

（十七）回教道德與經濟　海　忠

（十八）回教道德與現代　馬維芝

（十九）後世與道德的關係　丁任欽

四　宗教意識與國家意識的連繫

成師研究回文，是要闡揚回教文化，以充實中國文化；運用宗教的信仰與力量，啟發回民的知識，以充實國家民族的力量。換言之：成師是以「教育與教」爲方法，「宗教教育救國」爲目的。所以「宗教意識」與「國家意識」須要徹底的連繫起來，才能收事半功倍之効。成師因負有時代的使命，訓練學生及指導其畢業後服務的動向，都是循着這個目標。例如在這學期內捐資慰勞綏遠守土將士並祈禱其勝利，對於蔣委員長的祝壽、蒙難、脫險、都表現過熱烈的情緒。行動方面是這樣，思想方面，更可由過去半年內大公報明日之教育，月華旬刊，成師校刊，雲亭小學校刊的文字中，體察出成師表裏一致的愛國愛教。由這兩種意識連繫的形成，就可充分的表現出成師辦學宗旨的深刻意義。至於它在法制條文上有什麼不合，物質條件的不充裕，還有一部人或者對它如何不放心，我們認爲那都是過程中必然的現象。它的功效貢獻到國家了，國家教育的最終目的達到了，自能打破了一切的困難和疑慮。

成都回民現狀

虎世文 1

成都是四川的省會，位於本省中部，附近平原，成爲盆地，當泯江與大巴山之間，土地極爲肥沃，爲全川之冠。城周廣二十二里三分，東西城距離九里三分，南北七里七分，市街整潔，商業輻輳。人口約四十餘萬，城內分大城與少城兩區。少城在城之西隅，周五里五分，康熙五十七年築，爲滿人居住之地，稱曰滿城。民國以還，滿人勢衰，城垣亦被當局拆卸，屏藩旣撤，遂受同化，向之雕樑畫棟，侯門王府，今則悉被漢人購得，任人居處矣。

成都回民約千戶左右，人口約萬餘，向居住大城內，以西華門爲最多，東華門次之。舊皇城之貢院街，則爲回民經營生意之大本營，非回民之業飲食者，在此地甚鮮立足之所。當回民鼎盛時代，西華門一帶皆爲回教人的範圍，幾成爲回教區域。其風俗人情，迥與他區異。語言，風俗，習慣方面表現之差異，尤爲顯著。在西華門生長之人，不僅教外人視爲特異，即在非西華門之本教人看來，亦大爲懸殊。語言方面表現的，如：「風」之一字，西華門讀如「分」，「紅」讀「橫」，「綠」讀如「留」，「縫」讀如「焚」，種種變異讀音，不勝枚舉。至於風俗習慣方面，如逢年過節，慶賀酬酢，放鞭炮，貼楹聯，及一切民間風俗，西門華居民絕不仿行。反之，遇有回教節日，則張燈掛彩，穿紅着綠，莫不喜形於色，熱烈舉行。男子之習尚，多好武術；每於昕夕，練拳耍棍，舞劍玩槍，盛行一時，故淸時，回民之武官甚多。飲食一層，非常謹嚴，除回民販賣者外，雖日常所需之調和，亦不苟且取諸非回教人。綜合語言，風俗，習尚，飲食諸端，無形中遂構成一絕大之壁壘，寥若晨星之回教徒，數百年來，未受非回教人之同化作用者，殆由於此。

現下世界進化，生活日繁，人類爲謀生活上之需要，勢須就食四方，彼遷此移，變幻靡常。於是有回民區域之目的西華門，已不復爲往昔之淸一色，而變爲漢回雜居之所矣。該地自非回教人遷入以後，效顰學步，互有影響，前此之風俗習慣，爲之大變。自是以後，回民遂漸衰落。迄今西華門大部分房屋，都落在非回教人手裏。撫今追昔，能不喟然！目前回民都散居於城內，有產階級多卜居於少城。蓋以少城地僻人稀，林木密茂，空氣清新，宜於居處；鱗次櫛比之小巷，酷似北平之胡同，但清潔平坦，則過之。其餘多數，都居於舊皇城附近一帶。

回民之經濟，在昔本甚豐裕，小康之家所在多有。近年歷受時局不靖之影響，軍閥混戰之摧殘，頗呈枯槁之象。其能維持永久，不感生活之威脅者，不過十餘戶而已。其餘靠兩手掙來過活者，約佔十分之六七，赤貧者約佔十分之二三。其經濟之來源，百業俱備，至爲複雜，小本營生者佔大多數，資本在萬元以上者祇有幾家，數千元者約十餘家，千元以下者約百餘家。其職業之分配，軍政界約佔百分之五六，郵務約佔百分之二三，教育界佔百分之一二，商業約佔百分之四五，而商業除幾家開設煤油公司，綢緞，電料，藥房，字號之外，大抵以業飲食，油米，屠宰爲多。手藝人不甚發達。此外販賣雜貨，往來於松潘懋功打箭鑪等處者亦不少。成都之屠宰業，以牛爲大宗，且爲回民之專業，每年約宰一萬四千餘隻（今年春市府出標招包爲一萬二千隻），每隻納稅貳元。屠塲有二，城內小西巷，係黃牛屠塲，西外金僊橋則爲水牛屠塲，屠戶約五十餘家，資本在千元以上者不過十餘戶，每日二塲約宰牛三十餘隻。中秋係牛肉節，前後三日每日約宰百餘隻。此等屠家，或自行掛架售賣，或批發與人，每斤約一角貳仙。靠此業養活者，包括數行，不下千餘家。直接方面，則有宰牛者，剁牛者，剔肉者，刮雜碎者。間接方面，則有牛骨商，製皮廠，角蹄，牛尾等行。僅此一業（指屠宰業）養人甚多，故回民聚住之地，大抵鄰近屠塲。成都市之屠塲，距皇城不遠，所以皇城附近之回民特多，不過近受市府取締，勒令搬出西門。故近來西外金僊橋一帶，鳩工拓地，建築房屋者，甚爲忙碌，紛紛遷出城者已達三十多戶。吾恐十年之後，城外居民，或將超過城內矣。

牛肉架之地點，以皇城貢院街爲多，其餘各街甚少。然成都市區遼闊，距該街遠者，往來甚稱不便，於是乃有走担，担往各街叫賣，走担約三百餘戶。

成都婦女之生計，率多仰賴男子，深閨簡出，勤苦耐勞，平日治理家事，撫養子女之外，偶有餘暑，則從事一種專有之副業——編織物。此種手工業，大概係由陝甘傳來。（各季毛袜市起，多有陝人運毛袜來川售賣，編織大體無甚差異，不過毛線稍粗，式樣笨拙而已。）初係回民之專業，後來回漢雜居，漢人亦會編織矣。毛有牛毛，羊毛兩種。牛毛產於康定，價甚低廉。羊來自松潘草地，係由老羊身上剪下，長約六寸餘，每斤約五角餘。取羊毛之手續較牛毛爲多，先用退油皂水洗滌數次，再用清水透淸。曝乾則成潔白之絨毛。用手撕之，則成匀凈絨毛。此後，用手工紡成毛線。（紡法係用五寸長之圓木棒，中鑿一孔，以一端有兩鈎之竹節插入，成十字形。以少許之毛繫於有鈎之一端，用力旋轉圓木，徐徐紡之，即成毛線。）毛線紡成，用長約五寸很細之竹籤五根，編之，可以編成各種様式之毛織物，如男女袜，手套，衣褲等。冬季有毛袜市，各地來販者甚多。老嫗少女，均手執袜，上市兜售。毛袜之利甚微，但亦視其手藝之高下而言。手藝精者，毛線細匀，編織美觀，男袜可賣一元多一雙，每毛一斤，可售三五元，每年勤勞不輟，亦可得念餘元之收獲。手藝低劣者，出品甚粗，既費材料，又不雅觀，每羊毛一斤，僅獲數毛錢之酬報。至於牛毛，出品粗，不經穿，獲利便微，除老嫗外，都不願做。稍有積蓄之婦女，多在夏季將羊毛收買存儲，待價而沽，獲利甚厚。貧窮婦女，因急欲脫售，雖削價出售，亦所不惜。現此種手工業，已被舶來品之機器工業擊破無餘，靠此微利以維持生活者，已大失所望。於是年青而有眼光之婦女，多棄此而多謀生產，紛紛購置縫級機器，招領生活。目前有縫級機者，已有十餘家。老弱者仍理舊業。於此可見成都婦女勤勞之一斑。

成都回民之歷史，遠在明季，今新都縣屬之羅家寺，係成化年間所建，即其一證。不過崇禎末年，張獻忠陷成都時，曾遭浩劫，原來之回民恐已不復存在。成都縣志云：「獻忠敗走，城隳墻塌。」淸順治時，移居成都者，絡繹於途。成都回民，當在此時來居，其來源要以陝甘及湖廣人居多。現成都回民，詢其原籍，多以陝甘某處對。至於湖廣人多係大族，現在所遺支流甚多，爲馬蘇等姓，都有一定之排號。其後外省人經商，作官來川，落戶者亦不少。故今日成都回民，都係外省籍。

成都之淸眞寺，共有十一座，茲列表于后：

寺名	地址	現任阿衡
皇城寺	永靖街	馬古泉
東寺	東御街	馬文才
西寺	西御街	馬隆昌
七寺	東華南街	馬紹平
八寺	仁壽巷	蘇東山
九寺	羊市街	虎羽山
十寺	東鵝市街	楊培之
北寺	北絲街	李紹初
鼓樓寺	鼓樓街	虎百英
江南寺	沙帽街	馬心如
義學寺	貢院街	馬貴藩

皇城垻附近永靖街之皇城寺最大，面積約十餘畝。大門對面有照壁一座，甚爲雄偉。此寺係建自清初，爲雲南籍之薛巴巴募捐建修。工程浩大，爲全市清眞寺之冠。民國六年，羅戴之役，不幸燬於火，兵燹後，又經該寺首人出外募捐重建，但工程甚簡陋，不復舊觀。皇城寺所屬教民，約三百餘戶，寺欵甚豐。貢院街之義學寺，東鵝市街之十寺，西御街之西寺一部分，均燬于火，民國八九年間，始重建。清眞西寺，原在祠堂街關帝廟地方。清康熙時，滿人來川，建築少城，始自該處移至現址。東寺原名秦福寺，係秦州福鄉人，來川販賣藥材，寓於該寺附近之同茂行何勝行等藥店內，爲便於作宗教之儀式（禮拜）而捐資建立者。該行幫以蕭姓爲最富，故其捐資亦特多。後改爲前門寺，以其位於皇城之前門也。其後陝甘事變迭起，藥幫中止來川，該寺爲川人接管，乃易今名。當藥材幫往來於川陝時，販騾馬來川者亦多。顧騾馬設市在今后子門附近之騾馬市街，騾馬商人，或寓於市之附近，或由他處來市售賣，每値禮拜時，甚感往來前門寺之不便，乃在市之附近羊市街購地建一寺，以便禮拜，即今之九寺也。考其命名之原因，或在八寺已建之後，或當時已有清眞寺八座，不然僅有七八九十寺，而無一二三四五六寺，不知何所取義。北寺原來係在北門外養英台，後因寺側建城隍廟，侵佔寺址涉訟，乃由城隍廟在城內購地一方，送與清眞寺，請其移往，始罷。此清光緒時事也。現寺之屋基尙在，稱爲寺台子，已爲荒草蔓塚所埋沒。

4

成都市清眞寺中之最古老者，當推鼓樓寺，該寺建築甚雄偉，大門進去有木牌坊一道，院中有涼亭一座，亭基甚高，四面均有石欄干。大殿分兩重，爲九九開間。屋高三層，每層均有爪角。兩重大殿，各有穹隆，俗稱鳳凰窩，直經約一丈。分七層，上層略小，形式成圓屋頂式。殿頂裝有方格之天花板，每格都有不同之圖彩。大殿木料全係楠木，雖歷年所，不起蛛網，窗櫺格門，撑弓照面，都雕精細之空花，極爲古雅美觀。大殿四週有捲棚走道，以常步測之，每方得五十步。殿內正中懸有匾額一方，字體端正，書法勁遒，其文如下：

奉天勅命

太祖高皇帝御製

百字聖號

乾坤初始天籍注名
傳教大聖降生西域
授受天經三十部册
普化衆生億兆君師
萬聖領袖協助天運
保庇國民五時祈佑
默祝太平存心眞主
加意窮民拯救患難
洞徹幽冥超拔靈魂
脫離罪孽仁覆天下
道冠古今降邪歸一
教名清眞穆聖默德
至貴聖人

洪武捌年(廣運之寶)伍月日

世人以殿中懸有明太祖之百字贊，都以爲該寺係明代產物，殊非事實。可惜該寺中對於建築年號之記載，遍尋不得。據云大殿之前，原有月台，台下兩旁有碑亭，各有六方大碑兩座，咸豐年間培修時，月台折毀，碑亭取銷，充作屋簷石用了。殿之對面，即涼亭，對越之際，益加祗肅，惟兩邊添建矮廊，殊爲減色。大殿門前懸有「世守良規」匾額一道，下浣落「雍正甲寅果親王題」等字，亭上亦有雍正年間匾額數方。由此推之，該寺亦爲清初時所建。殿上之匾，特不知由何處拓來，則有待於考証。該寺係爲成都清眞寺之最老者，直不過爲清初所建，其他各寺更無論矣。

淸眞寺之組織，管理寺務者從前稱鄉老，現稱董事會，係由教民公推担任者。董事會設董事長一人，董事若干人，以推行寺政。寺中有首領一人，曰益瑪目；宣諭師一人，曰黑退不；叫禮一人，曰穆安金。此三人合稱曰三道。從前三道係世襲制，子孫相傳，儼然業主。今此種制度，多已廢除，改下聘書，且死亡缺額，多未塡補，故三道之制，漸歸淘汰矣。

三道之上，尙有阿衡一席，係經教民聘請來寺。阿衡之職務，對外係辦理教民在宗教方面應盡之事宜，對內傳教設帳，教授生徒，槪分大小兩學。各淸眞寺都附設有沐浴室，供人每日禮拜洗浴之用，附近教民亦來寺取水。此種設備，各寺都有，每年每寺平均約用煤炭七千餘斤，需銀百元以上。寺內經生，每月尙須津貼，每人自五元以下不等，十方共計約百人，每月約五百元。阿衡，三道及寺役之津貼，約四百餘元。每月開支共約千元。此經濟之來源，大抵各寺都有常欵，幷不仰給教民。成都十方，都各有不動產，流動產，月以子金收入，供給寺用，綽有餘裕。上項產業，多係教民自動施與寺上，請寺上阿洪誦經追荐亡故，以子金作寺用，寺內收到施金后，刋碑泐石，用垂萬古。

成都市回民受教育之人數，尙稱發達。現有私立男女小學各一所，男校在東鵝市街，女校在西鵝市街，男校係光緒二十九年開辦，回漢兼收，不分畛域。畢業學生服務社會者頗不少。該校因地址狹小，容人不多，故僅祇六班，共有四百二十餘人，回民約一百六十餘人。女校係民國十六年初創，地址係皇城寺側附設女校舊址，重加培修，尙敷應用。開辦時僅三班，約九十餘人，現增至六班，約三百三十餘人，回民佔三分之一。兩校課程均照部章，每週在正課之外，各班添授回文二小時；雖不分畛域，但非回民都不願學。兩校校長，教務主任，約係義務，每月開支，兩校共約五百餘元，教廳每年補助一千元。其餘之數，係由俱進會在牛捐附加項下支撥。今年春，牛捐改爲國稅，每隻增至貳元，免除附加，該兩校經費，遂無着落。雖經該兩校董事會向當局呼籲，已允照撥，但截至現在，尙未領到。

男女學生，肄業於中學者約六十餘人，大學僅十餘人，此係屬於一般性質者。至於特殊之寺政教育，合所有淸眞寺之數，共有大學生百餘人，小學三處約二百餘人，大抵專授阿文，亦間有加授中文者。如東鵞市清眞寺，每天早晨教授阿拉伯文，晚間教授中文，八壽巷清眞寺附設小學，在阿文課之外，亦附授中文。

清眞寺附設之大學，係一種私塾性質，毫無組織，各寺都有學生，多者二十餘人，少者數人不等。有住堂者，有走讀者。每天早晨開始上課，課堂抵一長棹，學生圍坐於長棹之兩面，阿衡居上，就阿拉伯文所書之經籍，用中文講解。科目全係關於宗教方面實用者，如文法，古蘭經，教律，回教哲學等。時間約三小時。講畢，學生散去。有埋首案頭，從事抄寫者，亦有置之不顧，虛應故事者。查十年苦修，學成名就，卽有他寺來聘，充當阿衡，於是乃師授以錦衣一襲，出而任職矣。學生之生活費用，每月除寺上補助數元外，大半都靠教民之酬贈，以資彌補。此項報酬收入之多寡，亦視其人之交際廣狹而定，數元數十元不等。但現下生活日高，百業蕭條，差不多的人家，都不敢做事，遇有祖先祭日，都縮小範圍，請一二人誦經追荐而已。所以現在經生之生活，已受莫大之威脅，上焉者紛紛另謀出路，無能之輩，亦惟有斯混而已。

成都回民最高團體組織，首推中國回教俱進會四川支部。該會成立於民國初年，後于民國十五年改組。地址在西御街，其組織分正副會長，評議，財務，文牘數股，悉依北平總部之組織。該會會長爲現任四十五軍第七師師長馬毓智氏。改組後之俱進會，頗現活躍。其應辦之事，據其章程所標榜者，爲增設男女小學，平民學校，半日學校，籌設男女工藝及實業工廠，創辦無利借貸，翻譯經典，組織講演社，發行周報月刊事等。所謂增設男女小校，不過將舊有之女學改組爲清眞寺女子小學校，平民學校，於民十五年十月開辦平民讀書處一期，翌年二月畢業，共六十八人，第二平民讀書處，亦已成立，畢業人數不詳。實業工廠，截至現在，尚未實現。無利借貸，亦曾舉辦，基金僅千數百元之月息，後以辦理不善，多不還本，旋卽結束。至於刊物，民十六年七月曾出清眞導報一期，內容尚稱豐富，執筆者都係回教名流，惜所耗太多，經濟不支，第二期已編竣，卒未出版。近年以來，俱進會同人之熱心，逐漸退縮，對應舉辦之事，寂焉不聞。會內除有一二文牘員辦理各方亟件，有時開會代人調解糾紛外，會務幾陷停頓，惟俱進會之基金甚多，每年除開支外，尚有餘欵，乃撥作補助貧勞中學生學費之用，現有二十餘人春秋季約二十餘元。

此外成都市清眞寺董事會，又聯合成立一董事總會，會址附設俱進會內。民國二十二年成立，惜未見若何成績。民國二十三年，有數熱心宗教之青年，因見教胞知識落後，教務不振，良由於缺乏宣傳機關，以溝通消息所致。乃成立一書報閱覽室，地址在東鵞市清眞寺門首，陳列中外各種宗教的，非宗教的書報雜誌，任人閱覽，開辦以來，成績尚佳。

成都回民之思想，一般的說來，尚不落伍，自知欲立足社會，非具普通教育不可，乃於光緒二十九年成立清眞男校，遠在他省之先，歷來革命運動，回民都與有力，如辛亥秋保路運動，回民死難達十八以上，其一例也。

目　錄

8

開封回教譚

盧振明 1

開封的人口總有廿五萬，回民約佔總數的五分之一而弱，大約是在五萬上下的樣子。城內外共有十座淸眞寺，淸眞寺附近常爲回民聚居之所。因而這十個寺，就形成了回民分佈的不同區域。現在把這十座寺分述下：

1東大寺　這是開封最大最老的寺。因它比較各寺的位址都靠東，又因建築的形狀偉大，所以叫做東大寺。面積約達三百畝左右，房屋計二百數十間。禮拜堂三起三落，雖係五間房勢，然而確實佔有百十餘間房之地面。修蓋皆以大磚黃瓦，彫樑畫柱，極爲壯嚴偉大。

此寺所屬回民約有三千五六百餘戶，一萬六七百口。東大寺街，東嶽廟街，穆家橋，南北羊市，乾草市，燒鷄胡同，王家胡同，嶽廟後街，樂官街，學院門街，……等等大小下廿餘條街市，以及東城內，由東門至宋門的中間，所有居戶，差不多全是東大寺所屬下的回民。但是這麼多的回民，富有的人家非常地少，他們差不多都是些忍苦耐勞，出賣血汗做營生的貧民。他們的營生方式，總括起來說，有五分之二是作屠宰牛羊的屠戶；一分是販賣牛羊的販子，和賣燒鷄鴨的；一分是租間店房，賣家常便飯，應時小吃的小飯店；其他的就是推水，拉車，賣力氣的了。

武術在國內回民方面可以說是一種嗜好，開封東大寺所屬下的回民，尤爲愛好。本來人口衆多，所佔的地面又大，所以只這一個回民區域中，大小的武塲不下十數處之多。本處的回民是不論大人幼兒，於此皆有嗜愛性。他們特往各地聘請些各拳脚的人來作他們的導師。每日白天出街營商，夜晚回家後，還要到塲中去，練上几個鐘頭的拳脚，才肯安寢。不過不正經的人，如：吃酒煙，嫖娼妓，打麻雀，和一些養鳥逸樂，只有消費，而不事生產的人，近年也在所難免了！

在這個回民區域中，除了東大寺一所淸眞寺外，還有四處女寺，也屬本區。其建築形勢和男寺相同，不過比較小些罷了。女寺是讓家中有年紀的老太太們，每日去辦善功習教義所用的處所，此外還有些小女孩們，被家人送去，習學回文，教義。寺內的女阿洪就是她們的講師。

2文殊寺　此寺位城內鼓樓東北，門樓嵯峨，頗為莊觀。正院內大殿（禮堂）廣闊，七間四進，能容五百回民入內祈禱。北廂房檐下有鄭懷玉等人所立碑一座，述及本寺建築歷史，原文如左：

『河南汴梁省城鼓樓迤東北文書寺街舊有清眞寺一座，創自唐朝，歷宋，元，明各朝，至萬歷年重修一次，至崇禎十八年被水淹沒，塌坍不堪，至清順治六年重新建修，易大為小，戊戌年九月下旬落成云。』

由這碑文的記載，文殊寺的過去，歷歷在目。院中佈置花壇石山，極其可觀。後院有巨大養魚池一座，有許多賣魚教民，仰賴此池以作市後宿魚之地。寺地基寬闊，統計有八畝之譜。

此寺所屬下的回民，原有三百餘戶，除佔文化街，二道胡同，三眼井，洪河沿四條街外，還有教居他處的數十人家。附近原先有一千以上的居民，皆屬本寺。後因宗教上意見不合，分寺另住的約計百數十戶。他們整分去了二分之一的人數，和一條洪河沿街；至今的洪河沿清眞寺也為他們所築。教民生活方面，以依魚業為生的佔太半，全是中小資產階級，每日漁利不過僅夠家人一日之餐而已。其他有車夫，工人，零食小販，皆是自食其力而生，像中產一流的不出五六戶。其經營旅棧，醬園，糖菓商店，澡堂等商業，生活雖較前者微佳，亦不能稱為富有。又因近來市面不好，各種商業都隨之江河日下，所以他們每日也是疾首蹙額的鬧窮。

文殊寺的女寺只有一座，是建在和文殊寺附近。裏面也設有清眞女學，每日往習回文的女生，約有四十餘名。每日入寺作祈禱的老太太，並不減於男寺之多。

3北大寺　北大寺是建在城內東北隅，鉄塔西南角，約半里路的地方。因其寺離鉄塔較近，也有人把它慣叫做鉄塔寺的。

此寺的所在地為本城內，四角荒野之一，四周荒涼，土丘壘壘，林木頗為茂盛。附近所住人家不及七八戶的樣子。頭門外有大紅影壁一座，高楊大槐數株，門樓殿房概為舊式，莊嚴可觀。後門外有高足石獅守於兩側，近鄰有新鑿活水的小清流一溪，東北去有開封八大名勝之一的鉄塔。河南大學設在該寺東南，相距僅有里許。此座清眞寺在無形中是個夏季避暑的好地。

此寺所屬下的回民，約有三百至四百戶的樣子。因寺的所在地荒寥，又離大街較遠，所以此寺的教民除附近居住的僅有七八戶外，其他皆居於寺西，北門大街以及左右的街巷，如半截戲樓等街，他們的生活程度，概和前者相彷，間或有更下者，因其經濟來源，皆係出賣自力所得。其營生的方式，靠地下剮土做鹽者，有三分之一。其他有賣粗飯的，有販賣零食的，也有一部分是趕脚的，或拉洋車，載客人，和運送貨物，於北門至黃河渡口的出力人，因近年來市面蕭條，營商小販多不能漁利，吃本自不待言，而且還有倒閉的危險。每日所出皆要超於所入的數量，本無多量的本錢去虧，借貸利息又高，生活實難維持。因此歇業者近來頗多。就如剮土熬鹽者，地土雖不費本錢，只須費一些氣力就可，但是市面不佳，所做出的鹽也賣不上價錢，一方家人要着吃穿，而官方的稅收却是不題一切的要提高。市面一天比一天蕭條，貧窮之人也隨着一天比一天增多，拉車夫趕脚的，也較前多出數倍來，來往的行價因此也大大低落下去。所以本區域的回民清貧者極多。

本區也有清眞女寺一座，建於寺西街內。

4 善義堂　善義堂亦名甘肅寺，因係清時甘肅人行商於此地者所建之清眞寺。他位於鼓樓南，鵓鴿市街，座西向東，其寬闊約佔十餘畝地基，頭二門樓，以及院內前後房屋，共百數十間，皆係舊式大屋，南北講堂也甚爲闊綽。回民每日作祈禱之大禮堂，其寬大約能容三百餘人同時祈禱。中院大而且淨，春夏秋冬四時雜花遍植其中，處處可人。

3

本區域的回民約百二十戶上下，總佔有鵓鴿市，牲口市，後第四巷數街；但其間仍有許多漢人雜居其間在生活方面說，他們的三分之二，係清時甘青一帶的大賈，因行商於此年久，後遂於此立家成業，買地建寺以作久居之計。所以在生活方面直到現在依較其他尙稍豐容。至於現在他們營生的方式，仍多作行商，往來於滬漢杭等埠間，其餘有少數係近數年由山東陝西諸省謀生來此者，則多開飯舖賣飯爲業，其生活皆甚儉樸，仍脫不了貧苦二字，其他亦無須再言。

清眞女寺一座，位於男寺南側，亦座西向東，其建築之年代較男寺爲晚。

5 曹三廳寺　清眞寺位於鼓樓西街，三民胡同（舊名曹三廳街）內座西向東。頭二門係數年前新建爲洋式，其他如禮堂，及南北講堂，和沐浴室，概屬舊式模樣。此寺之原基爲一廟宇改建，所以院內的房屋並不甚多，却滿植了些蓬蓬葺葺的小樹。身入其內，倒感有幾分鄉間的氣息。

本區域有回民二百餘戶，人口千餘，皆居住此一條南北街市中。其生活狀況，則多小販商人，他們所作的營業甚雜。有鮮果店，魚業，拉車夫，推水夫，澡堂內的夥計。煮羊內臟以作營生的亦不少，在生活方面都不寬裕。

清眞女寺一座，位男寺西側，路西。

6家廟街寺　家廟街在午朝門南，老府門東側。清眞寺位於本街的中段，座南向北。寺院原爲廟宇所改。其起原爲黃河北岸，孟縣所屬下的桑坡村中，有皮毛商人丁氏，行商於開封年久，遂偕眷下戶於此地。後因商人來者日衆，又皆係桑坡一帶的人，氏於是丁氏便招集同業鄉親，計議建寺的事，當時因商業皆甚興盛，人人手中的積蓄都很豐裕，聽了建寺之事，皆同聲應允。適時有一廟產便賣，衆人看了建寺甚爲適當，便各盡力出資買下，將大殿微一變動，作了回民祈禱的禮堂。其他房屋皆從新另蓋，於是便有了現在的這個清眞寺。院落頗闊，房屋僅有十餘間，教長眷屬在禮堂右旁，另有別院居住。

該寺所統屬的回民，約有三百戶左右，居於此之前後街中者極多，其他有少部分居於此街西面的蔡胡同，和附近諸街中，其商業方面，則毛皮業者衆多。但皮毛業中又分許多種類，如生皮，熟皮，皮條，皮鞭，弓弦，鞋底皮等，販賣羊毛者，皮鞋及軍用器件的匠人，也頗不少。因近年來市面不景氣之故，各種工商皆係出力多，而收獲寥寥，往往一日苦作，所得的報酬，不足家人一餐之用，而且他們又是終日和些臭皮爛毛度日，不知消毒的方法，所以被傳染病症以至死亡者層出不絕。

7西北域寺　在開封城內清眞寺的方位來說，此寺是和東大寺站着恰相反的位址，東寺極東，此寺極西，正是一東一西，遙遙相對。此寺的所在地，在西城偏南少許，其周圍不僅遼闊，而且地勢低窪，時常積水盈尺。水落下去，便行成一種黑污泥，腥臭不堪。尤其夏季，四周皆生蘆葦，而又蚊虫極多，係一極不宜居住之地域。

寺門向東，頭門外有大影壁一座，門樓舊式，亦頗莊觀。大門中開，兩側各有小門一，皆能通行。院內房屋及大殿，共十餘間，亦不甚大，本寺教長的家眷皆住於寺內。

此寺的回民，有二百至三百戶的數目。其居住甚爲雜亂。西城內數街中均有住戶，西門大街上也不少，還有居於城外關中的，城外附近鄉村中也有之。在職業方面，本區的回民是和北寺回民相彷，除城外鄉村中所居住的係以農爲業者外，靠這個城西南荒角之地土熬鹽者極多。此外有開飯店的，拉車推水的，趕脚的，等等賣力的行道，各各有之。

清眞女寺一座，位於男寺西，回民居住稍密的地方。

8洪河沿寺　此寺位鼓樓街北，文殊寺東側，洪河坑的北岸。門向南開，院內房屋共十數間，係爲六年前所建，皆爲新式住宅模樣，亦不甚大。地基樹小，僅畝許地面。

本處回民百餘戶，人口一千左右，皆居住寺之附近，洪河沿街一條，及洪河坑之四周，都爲本寺回民所住。前在記文殊寺內已說過，本處的回民原爲文殊寺所屬，後因宗教上意見不合，於是他們才分開，在此地另建一寺，另請教長執掌宗教上的一切事項。回民有欲跟隨者，以後如遇有什麼事，皆請此寺內的教長辦理，否者，任其仍隨舊寺。從此不但寺院分爲兩個，而教民也就成爲兩派，互相隔膜起來，至今已廿餘年矣。

此處回民在職業方面，是和以上所說過各處回民相彷，大概出不了所說過的那幾種賣力的行當。生活方面，仍出不了一個窮字。別處回民雖然都不富，此處的回民却較彼尤爲顯貧。——你只站在清眞寺門口，向四週一望，便可以知道了，家家席棚，處處矮屋，各家的院墻，不是蓆圈泥笆，便是散泥數堆，從外面不但能看見他們院中的一切，就是各家在各房中所作的什事，怕也不會掩着外面行路人的眼睛。回民的貧窮，是無須說之事，不僅開封的回民如此，全國不論任何地方，回民能稱爲富有者，實寥若晨星，所以在國內的回民，向有「窮回回」的名稱。

以上所說八處，皆係開封城內回民生活的情形，和各清眞寺的位址及其形勢。此外還有宋門外和南關兩處，現在把它們簡略敘述於後：

9宋門(東旁門)外有回民三十餘戶，多係外籍，係由外縣或他省來此營生的小販商人，皆散居於關外……數街中。其職業，有賣小飯的，有推車提籃賣牛羊肉的，有租房開店的，有開騾馬行者，其他如拉車，賣菜各業均有之。清眞寺一座，位於關東首路北，院內房屋十餘間。至回民祈禱之大殿，和沐浴室，及教長所居住之房屋，初僅草房數間，又少人經理。至於清眞之稱，不過作個名義罷了。

民廿二年前，有陝西阿洪馬氏，任此寺之聘請，來此主掌教務，到後見寺院僅區區草房數間，而又東倒西伏，狼藉不堪，隨發起出外募捐建寺之事。本寺經事人聞言甚爲喜悅，便隨同馬氏至南方諸省走了一週，募得洋數百元，又在本地城內外處募了一次，遂將殿堂及教長住室，以及沐浴室，都煥然一新，從此始像爲清眞寺矣。

清眞女寺一，位男寺左旁，其房屋皆爲草頂，形勢較城內諸寺簡陋的多，但內部之清眞女學照例是有的前往習學回文教義之學生實在不多，這是因人口過少的原因。

10南門外有清眞寺一座，位車站西北，南關東後街南首路東，門向南開。頭門內有土井一口。二門內有北屋，沐浴室，回民祈禱之大殿各三間。除大殿爲前三年新築瓦房外，其他皆草頂，地勢作三角形，南窄北闊，地基約二畝許。

此寺爲南關大街清泉澡堂經理王增等人所建。其起源：當民國三年隴海鐵路由東修到此地後，各種商業多漸集於南關車站一帶，南關忽然繁華起來。城內的商業受其影響不小，同時就有很多的商人，來此經營商業。王增等也是其中之一。他們因商業在此，閒暇之時很少，如遇有什麼事再往城內，時間嫌有些不經濟，於是便在此處修蓋草房數間，請位阿洪在此。從此不僅每日禮拜祈禱便當，就是有了宗教上任何事項，請阿洪也較向城內去，近得多了。於是便有了這座清眞寺。

此寺所屬下的回民僅廿餘戶，他們多係由城內或他鄉遷來此地營商之人，車站上下賣飯賣茶，拉車背包，等等的出力吃飯事項，多爲他們的工作。其生活如何，想是不言可知了。

各寺的組織可如下表：

清眞寺
- (1)教長——主持教務
- (2)伊嗎目——領回民祈禱
- (3)二師傅——司宰牲
- (4)社頭——管理寺內財政和其他事項
- (5)黑里凡——專攻回文的學生
- (6)寺司務——管理沐浴室及寺內雜務
- (7)散班阿洪—無職住閒之阿洪

由上表看來，可知開封各清眞寺的組織，大約可分七項。今分別加以說明如下：

1阿衡（教長） 阿衡爲回教中有品有學的學者，係清眞寺中執事人聘請而來治理寺政，宣傳教義，講授學識的人。一寺的阿衡，即是一寺及一回民區域的最高行政兼司法的長官，教民中無論發生了什麼事項，都由他來判理。有了喪事，他是致殯禮的人。有了婚嫁，他即是證婚人。教民在宗教上應作應止的，也由他來發號使令，而教民方面則無不惟命是從。此外還有寺內所招專攻阿文的學生，每日也歸他來講授。至於阿衡每月的薪金，是隨清眞寺之有無公產，和教民之貧富而定。所以各寺教長的薪金是多少不一的，但大概說起，薪金皆不豐裕。像東大寺和文殊寺兩處，在開封市是第一第二之大寺，而教長的薪金皆係每月以三十元爲頂點，其他小寺則十元八元，甚或三五元者皆有。論其責任之重多，而報酬之微薄，則可知作教長的，並不爲個人之生活，而出於宗教事業之願心。

2伊嗎目 伊嗎目爲一阿剌伯名詞，意爲「領導者」，或作「前面」解。至於寺內所取「伊嗎目」之名者，是因其每日領導回民作祈禱的功作，而祈禱時他又是站在衆人之前面，所以就此名呼之。

伊嗎目多係本處回民中的學者——有係教民由別處聘來的，也有由教長兼職的。初爲教民所聘，因其職務簡單，又不問寺政，所以寺中的伊嗎目任職頗長。因由之居寺中，而漸漸就成爲寺中重要人物之一了。直到現在，各寺中伊嗎目的職位，竟演成了一種世襲的也不少。甚而一寺中的政、財、教等權，全握於伊嗎目手中的也還不鮮。因之，各伊嗎目的月薪就逐漸沒人過問了。直到現在，月薪也無所謂月薪，簡直少得讓人不肯相信。

茲將各寺現任之阿衡伊媽目姓名籍貫詳表於左：

清眞寺名	教長姓名	籍貫	年齡	伊媽目姓名	籍貫	年齡
東大寺	馬長清	濟寧		尙清選	開封	
文殊寺	虎延璋	四川		無		
善義堂	馬明春	甘肅		蘇		
北大寺	任憲廷	開封				
曹三廳寺	洪士魁	開封				
家廟街寺	沙恩修	山東				
西北城寺	丁紀周	開封				
洪河沿寺	白金榮	開封				
東關寺	白文彩	睢縣				
南關寺	何	山東				

3 二師傅　二師傅爲寺內執事人特聘而來，專爲給屠戶宰牛羊等牲畜的人。凡設此職的寺，教民多係以屠宰爲業。像東大寺，教民以屠宰爲業者，佔其全數的四分之一，全市所用之牛羊肉，皆由他們供出，而二師傅一人是顧不了的。所以寺內已向對宰牲的人皆（二師傅）聘爲二人來管理；他寺因教民無作屠宰之業者，寺內也就無需聘請二師傅了。

4 社頭　社頭多是教民中有聲譽有錢財的人，由教民公選而出，或爲建寺之發起人。他管理寺內的一切，如財政方面，每月的收入及支出，教務方面，聘請阿洪或辦理宗教上的什事，都由他來管理。每年每月的眼目，總是虧空，數年後，寺產也不見了，寺內的人也少了，寺院也凋蔽不堪了，直到讓人不忍目視之時，社頭也眞給別人來管理。——選舉的方法，由教民中選出四人或六人；大寺像東大寺和文殊寺兩寺中的經事人，都是十二人，並且各有一定的職務，管收入的只管收入，管支出的只管支出，分工合作各進其職，而每月的出入項還要開出清單，貼於壁板上給教民們看。這樣一來寺內的各權就不能夠落於一人之手，可以防止許多流弊。

5 黑里凡　黑里凡就是專攻阿文的學生，由寺內招來，阿洪給講授宗教一切學識的。這學生是沒有年級和班次的，至於他們何時畢業也是沒有限定年限的。——完全是舊學的制度。——他們在寺內是專攻讀阿文，待十年八年學成後，即昇爲阿洪，任別處請去，治理寺政。一寺內學生的人數無定，寺內公產多，所招的學生就多，公產少，教民若富時，也可以多招，雙方皆窮時，學生也隨着少了。一向東大寺和文殊寺以及善義堂，都是開大學的地方，學生向爲數十人，而近年來因市面蕭條之故，東寺和文殊兩寺的學生也只能招到十至廿的數目了。善義堂因中間間斷十餘年沒有請阿洪，現在新阿洪是才到任數月，學生不能多招，其他寺則五六人，七八人，少者三兩人皆有。至於他們的學費，衣，食，住等的費用，則全由寺內供給。文殊寺和東大寺及曹三廳善義堂等大寺，學生的食用費每月由四元至五元，其他則三四元不等，甚或還少。此外教民每年的天課也給他們；每月還有其他的外事能夠見到些零錢，以供買書製衣之用。若單人或無家庭倚賴者，滿夠費用一切，否者是不免發生經費不濟的。 9

6寺司務　寺司務就是寺內的雜務夫役。他的工作是管理浴室，給阿洪和黑里凡出街買些零用吃食之類，別無什麼。他的用費是由於寺內供給的。

7散班阿洪　這一項本不應該列入寺內組織的，因爲他們在寺內沒有職業，也沒有薪俸，而他們也不作什麼工作。但這種阿洪，有時在一個寺的人數極多，這也是不能不說說的。

開封的回民教育，除了有寺中的經學外，只有養正小學及民生小學校兩個小學校，皆因限於經費，都不甚好。

MOSLEM WORLD 中關於中國回教之論文目錄（二） 王偉 [illegible]

17. Modern movements among Chinese Mohammedans. By M. E. Botham. July, 1923, pp. 291-9.

18. Chinese Islam as an organism. By M. E. Botham. July, 1024, pp. 261-8.

19. Moslem women of China. By O. M. Botham. Apr. 1926, pp. 172-5.

20. Literature for Chinese Moslems. By G. K. Harris. Apr. 1927, pp. 190-3.

21. How Islam entered China. By Isaac Mason. July, 1929. pp. 249-63.

22. Rebellion in Kansu. By G. K. Harris. Map. July, 1929, pp. 291-8.

23. Moslem mind and the Gospel in China. By G. K. Harris. Oct. 1929, pp. 403-6.

24. Panthays of Yunnan. By A. C. Hanna. Jan. 1931, pp. 69-74.

25. Moslem publications in Chinese. By Isaac Mason. Oct. 1931, pp. 408-9.

26. Koran in Chinese. Isaac Mason. Jan. 1933, pp. 89-90.

27. Spiritual results among Moslems in China. By G. K. Harris. Apr. 1933, pp. 156-63.

28. Chinese Moslem literature; a study in Mohammedan education. By H. D. Hayward. Oct. 1933, pp. 356-77.

29. Fourth religion of China. By S. M. Zwemer. Jan. 6934, pp. 1-12.

30. Kansu Maslem. By H. D. Hayward. Jan. 1934, pp. 68-80.

31. Moslem school primer used in Kansu. facsim. 1934, pp. 81.

32. Ancient Chinese Koran. Jan. 1934, pp. 84.

33. Mecca pilgrimage; pilgrims from China. By C. L. Pukens. July, 1934, pp. 231-5.

34. Moslem of China to-day. By G. K. Harris. Oct. 1935, pp. 399-405.

35. Han and Hwei in the Kansu-Sinkiang marches. By H. D. Hayward. Jan. 1936, pp. 62-7.

36. Views of a Chinese Maslem; tr. by P. Blackwood, V. Vacca. Jan. 1936, pp. 68-78.

37. Visit to Moslems in Uingsia, China. By M. Joylor and Mrs. M. Joylor. Jan. 1936, pp. 87-8.

各地回民狀況雜記

王紹民等 1

一　綏遠包頭的回民概況

王紹民

包頭所居的回民約一千五百餘戶，共計約二萬餘人，大都聚居於城內之北部。召梁，營盤梁，清眞寺巷，寺梁，北城門裏，黃土區，眞武廟梁……等處，大部皆爲回民所居之地。城南靠近黃河岸一帶，如南海子二里半等處，也有很多的回民居住。

包頭有公共禮拜寺四座，私人禮拜寺一座，共計有禮拜寺五座。一座在城東北，建於清嘉慶年間，規模很大，故稱大寺。大寺內每日禮拜的人，有二三百。一座在城西北，建於民國三年，規模較小，稱作小寺，也有稱西寺的；每日禮拜的，有百餘人。在城的西部有一座，是民國十九年建築的，係由冀魯豫陝甘寧青新等省的商人所建，所以稱作冀魯豫寺；每日禮拜的有八九十人。西城郊有一座小禮拜寺，係私人所建，每日禮拜的也有幾十人。其次的一座在南海子，這座禮拜寺因附近居住的回民不多，不能像以上的幾座起色。

寺中負責管理的人是十個，每年換一次，換期在會禮日（即俗稱大開齋節）。教長是由衆議決所請，任期三年。三年如滿，或留或去，也是由衆議決。教長和海里凡的一切用度皆由衆居民分擔。現在各寺內共有念經的海里凡三十多名，每日皆在大寺講經。

包頭教規，和別地一樣，所不同者，是每逢應該沐浴的時候，和開齋封齋的時候，以擊捧子爲號。所謂捧子是把一塊木頭中間挖空了，擊之甚響。這是別處所沒有的。

包頭的回民教育很不發達。全縣僅有清眞小學一所，也是有名無實。來這個小學讀書的回教兒童，數目不多。

包頭回民的墳地，由回民共同出資所置者，共五塊，四塊在東門外，一塊在北門外。東城門外最早所置的一塊地，居民們稱他爲古墳。此墳離城十餘里，並且在陰山中，所以到那裏埋亡人去，很不方便。居民因此又在東門外離城一里許，置一塊，居民稱這塊地爲老墳，面積約有十餘畝，現已埋滿亡人。因老墳埋滿之故，所以又在其左近置十餘畝大的一塊，居民稱這塊為舊墳。現在此墳也已埋滿，而又在它附近置一塊，約二十餘畝。這墳現在所埋的亡人，已佔其墳地的三分之二。其次的一塊在北門外，為最近所置，其面積與老墳差不多，居民稱他為北墳。它的土質較以上各墳都好，所以近年所死的亡人，大都往那裏埋。這些墳地每年大會禮日及小會禮日，全市回民及阿衡都到那裏誦經追悼的。

包頭回民經商者極多，差不多要佔居民總數的十分之七八。其次就是為農的，與為工的了。他們營商的情形可分在家的（即指不出外的商人）與出外的，現在把他分述於後。

（1）販賣牲畜：本省（綏遠）因大部在草地，且本縣又靠近外蒙古大草原，所以一般回民商人大部以販賣牲畜為業。其聚集牲畜而買賣的市場叫僑。僑上聚有的牲畜，有牛，馬，駱駝，羊，騾等。他們作買賣的時間，大半多在上午，即八點至九點為上僑的時間，十二點至下午一點為下僑的時間。他們交易的情形是有一種行語，本行人互相講價，就用此語（如猶即一，干即二，品即三協子即四……）。有的也用蒙語（如尼各是代表一，合尹勒是代表二，骨勒半是三，……）。其用意是提防行外人知道，企圖多賺錢。還有一種手式，是用在袖子裏講價的。這種手式的形式和代表的數目，同別處流行者大約相同。

（2）旅商：本地因交通關係，又因本縣的西部諸省物產甚豐，所以本地回民多旅外的商人，他們營商的方法是把內地所產之物品運於寧夏青海……等處去賣，而又把那裏所產的皮毛等物品運到本縣，銷於各處。

（3）其他：開旅店，貨棧，雜貨舖，屠戶。

二　河北交河泊頭鎮回民狀況

戴鵬亮

泊頭鎮簡稱泊鎮，位於冀省東南隅，係交河縣屬，津浦綫南下經過之，又有南北大運河橫貫其中。近更有汽車及小汽船通行各地，交通方面頗稱便捷。近年商賈極形繁盛，人煙日漸稠密，漸漸趨向都市化。

全鎮人數約達三萬餘，居民之信仰佛教與回教者為最多，間有少數基督教徒。回民約佔全鎮人數五分之二。回民不與異教雜居。回民據居鎮之南端，俗稱「南頭」；異教者據居於鎮之北端，俗稱「北頭」。

泊鎮回民的營業，最顯而耀目的，即是街上叫賣的小販。更有一部分是靠着血汗的力量，整日爲人家搬運貨物，來養活一家的老小的，俗稱「脚行」。此外，則磨坊，飯舖，棧房，屠戶，船戶等爲最多，不過皆是小本經營的買賣。大資本的商戶也有，但少得很。大體看起來，他們都尙能自供糊口，很少流爲乞丐的。

泊鎭回民吃苦耐勞，多精通國術。每逢佳日，到處可看到那種勇武的精神。該地回民又多慷慨好施，遇有他鄉流離於此的穆民，多慨然而濟之。前二年他們所成立的公濟會，對於貧寒的穆民之扶助，也是很好的佐証。

泊鎭回民教育，極形落伍。今作四項分述如後：

1.學校教育A普通學校　近年泊鎭回民，受普通小學教育者約一百三四十人，受中學教育者約三四人，在外埠受大學教育者一人。

B宗教學校　昔日馬玉璋王文林劉振漢等先生，曾在清眞大寺，二度創辦回民小學校，皆因各種牽掣，不踰載而成泡影。近又有張恩弟等君數人，創辦一經漢文初級小學校，迄今已近載餘，現有學童僅三十餘人。予常往詢談，知張君等經營不遺餘力，但因經濟支絀，環境惡劣，未免不感到發展的艱困。

2.寺政教育　「寺政教育」即閉關死守的舊式教育。該地寺內教育制度有二：a.大學——集十餘個學業較深之海里凡，由該寺阿訇担任教授，專攻阿文經本。b.小學——是集數十幼童，由該寺以嗎目（副教長）担任，專教淺易阿文經本，及淺易宗教常識等。

3.特設教育　所謂「特設教育」，即該地各街人等，公請一阿訇，尋擇一適當地點。該街任何穆民，皆可來此，學習一切教義常識。此舉雖佳，但往往不能長久。

4.女子教育　泊鎭回民男子教育既糟糕，女子教育更不足道了。該地女子，所以與教育絕緣，可說是有兩重困難。一方面，有一半是受着經濟的壓迫，使之根本無受教育之機會；另一方面，是歷來一般頑固者的輿論，緊緊的縛束着。他們以爲，回教是絕對禁止女子求學，却沒顧及到穆聖曾諄諄囑誡的：「求學，在穆民的男女上是主命」。

泊鎭回民歷來沒有什麽組織。遇到必須全體來應付來解決的或其他特殊的事情發生的時候，便由幾位主持寺務的鄉老，隨時號召起一些人來討論。去歲張恩弟君等，始興起組織回教聯合會泊鎮支會，現已正式立案成立矣。

泊鎮清眞寺共有三座：

1.在馬市街南端與清眞巷街會口處，地據本鎮最西南隅。該寺所佔面積極廣闊，工程浩大宏麗，建築壯嚴堅固，遠處望之，粉垣圍繞，殿樓宇脊與叢樹相映，很是輝煌可觀。尤以禮拜堂之頂顚，高約達五丈餘，數十里外，亦可遙望其屹然矗立。

該寺面積，前後約佔二十餘畝。禮拜堂爲八十一間餘，可容千餘人。此外，有南義學，北義學各三大間，南陪殿，北陪殿各十餘間（北陪殿現爲回民小學用），阿文大學及阿訇寢室五大間，阿文小學及以嗎目寢室四大間，沐浴室十二間，海里凡宿舍五大間餘（現充該寺小學教員及學生宿舍）。此外，尙有厨房三大間（現已零落不堪），儲蓄室二間，及「甩拉台」樓二間餘。計全寺約有一百四十餘間。

該寺肇建時，據該地一般回民傳稱，「在明末淸初。彼時因有某宦官，運得大批建築材料，船行於運河南下，添修明宮，路經泊鎮。適値明亡，該宦官又爲回教徒，於是將此項材料，就地大興工程，遂建該寺於此」。但此事亦無確實記載可考。寺內之一切匾碑多係清康熙前後年間之物。

此寺內每日禮拜時，除念經人外，僅有八九人，聚禮日約有百二十八人。

2.在茶店街中間。該寺禮拜堂約五間餘，沐浴室三間，客室及阿訇寢室三間，合廚房一間，計約十餘間。現任甘肅馬輝眞阿訇，每日作禮拜者亦僅四五人。

3.在河東車站，始建於民國十八年。因河東回民，到河西清眞寺內作禮拜及一切宗教的事，道路很遠，諸多不便，先由石海先生倡起建築斯寺，並慨捐田地二畝多，遂於翌年（十九年）落成。

該寺禮拜堂三間餘（作暫時用），阿訇寢室及沐浴室約三間餘，海里凡寢室約一間。據說：該寺鄉老等，尙嫌寺內陜隘，房子不足應用，現正積極籌備擴充建築，以求適用云。寺內現任石充恒阿訇，每日禮拜者四五人。

二六，一，十九日。

三　河北滄縣回民概況

益光

滄縣居河北之東南部，城東有津浦鐵路，城西有運河，交通很便利。全縣回民約計三千餘戶。現略述回民情況於下。

(一)回民所居地　1.住城內者，大部分均居於城的東南部，計三百戶左右，人口約計三千。所在地，有小高莊，閻家坑，苦水井，等地。此等地方亦有少數之異教徒。　2.居城外者，城之南面及東南角佔多，約計二千六百餘戶，人口三萬人之多。所居地帶，包括有清眞寺街，南門外大街至閣底，大石橋街，南莊，北莊，化身菴。此外尚有車站，以及南門外以西，有二三百戶，係因作買賣而遷居者，大多數與異教徒雜居。又有居鄉者，如曹家莊，捷地鎮，均在一二百戶左右，人口約計二千餘。曹家莊有清眞寺一座。捷地鎮有清眞寺兩座。前屯，後屯，姚官屯，孫家莊等，亦有回民不下四五百戶之多。

(二)回民之職業　滄縣回民以農工商佔多數，學界人很少。牛，羊，屠業，約佔回民營業中百分之二三，漁業脚伕等佔百分之二五。茶館，飯店，皮業，磨房，等約佔百分之十。此地回民富有者很少，中等戶較多，窮者佔大部分。

三，風俗習慣　此地風俗習慣與別處回民略同，不過新舊派互不相下，比別處情形特別嚴重，念經的和念書的，也未免太不融和了。

5

三，清眞寺　滄縣的清眞寺共有四座。一，清眞北大寺，位於南關外清眞寺街東頭路北。內有水房(沐浴室)十餘間，小學教室四間，二門三間，南北講堂共十間。大殿極壯嚴偉大，計八十一間。二，清眞南大寺，位於尹家胡同東，亦極壯大美麗。三，城內清眞寺，位於東南城角內小高家莊中間。此寺與南大寺南北對峙。其中爲清眞北大寺，三寺並立，雖在十里之外，亦是一目了然的。四，化身菴清眞寺，位於化身菴中間。五，清眞東寺，位於東小莊之西首。六，清眞西寺，位於尹家胡同中間。其七，車站清眞禮拜堂，位於車站之西首東關外大街東首。此寺之南面爲東關與車站之往來大道。各寺皆設教長一人，或更設掌教二人或三人不等。北大寺南大寺等規模較大之寺皆招有學員，從四人至十人不等，各寺寺政或由教長管理，或由鄉老管理，亦不甚一致。

一九三六年十二月二十日

泰安回教公會

四　山東泰安清眞寺調查表

編者案：左表係泰安回教公會投寄天津伊光報社，由金吉堂先生轉交本刊者。此表以清眞寺爲主，詳列各寺教長及領袖人（回民之在寺中負責者）姓名，所屬教民人口，及附屬事業等甚爲詳備。今倂刊之於後。

寺址	教長	領袖人	人口	附屬事業	附屬事業主管人	就學兒童	失學兒童
本城清眞老寺	楊悅慶 米英傑 王長林	楊次瞻 米英藩 楊文林 馬盛林 白盛祥 米英泉	二千五百二十人	清眞寺小學 閱報室 貧民住居所	楊次瞻 米鳳亭 米肯仁 馬盛林 米英藩 金長岐	二百八十一	四百〇九
本城白氏清眞寺	左漢明	白松峯		白氏私立小校	白松峯		
本城馬氏清眞寺	曹耀先	馬伯聲		私立仁德小學	馬伯聲		
本城米氏清眞寺	王永泰	米鳳亭					
下旺莊清眞寺	米清元 王玉祥	楊茂彬 李光林 金紀和 李廷獻 王玉崑 韓仲德 李兆成	四百八十人	清眞第二小學	李兆平 金光安	六十人	九十六人
岳莊清眞寺	張魁仲	高傳賢 金明德 金寶義	七百三十人	清眞初級小學	高傳賢 金寶璟	四十五人	六十八人
崮上莊清眞寺	金茂增	金茂顯 金有之 王永昌	三百五十五人	清眞初級小學	金茂顯 王永昌	三十人	四十五人
芝田莊清眞寺	李明田	楊佩貞 于希水 楊維範	四百九十三人	清眞第八小學	楊維範	四十人	七十人
二十里埠清眞寺	張德亮	洪得志 趙祥春	三百七十二人	清眞初小	洪得元 馬希義	四十二人	三十六人
孫家莊清眞寺	王玉泉	米燦章 米經芳	二百九十人	米氏私立小學	米經芳	二十八人	三十五人
大棱莊清眞寺	王清林	楊成林 弭傳調 弭傳才 馬玉順 金茂玉	二千二百三十一人	公立小學一所	弭傳賀 弭光周 弭繼全 楊學增	八十人	一百四十一人
西界前營清眞西寺	米英華	白光祜 白光印 王清聚 白榮昌 白光斗	四百四十三人	清眞第四初小	白光祜 等五人	六十人	九十五人

6

西界前營清眞南寺	王希亮	白榮嶠 白盛明 白榮嶟 白宗興 白茂材	五百九十六人			三十二人	六十九人
放城鎭清眞寺	楊魁增	李恩貴 金殿元	四百六十六人	清眞寺初小	李恩貴 金殿元	五十人	七十六人
劉家莊清眞寺	張金聲	金殿泗 韓仁德	七十八人			二十人	五十人
沈村清眞北寺	楊振全	馬世寶 李德修 馬文才 米元同	八百一十人	清眞寺小學	馬世寶 馬文才 米元同	七十人	一百十人
沈村清眞南寺	楊德春	劉玉厚 劉元英 劉寶才 劉元柱	二百〇六人			三十人	五十人
周家坡清眞東寺	張登鰲	韓金富 米長耆 丁寶盛 白繼成	五百四十人	清眞寺初小	白繼成 李仁田	五十人	七十五人
周家坡清眞西寺	韓景文	李仁田 李仁義 馬學孟 李仁貴	二百三十一人			四十二人	七十三人
福祿莊清眞寺		李廷仁 王雲江 金百順	六十八人	公立小學一所		二十人	十七人
常家莊清眞寺	李榮興	李廷貴 金春才 陳景瑜	八十七人	公立小學		十五人	十九人
大辛莊清眞寺	王長貴	楊兆田 楊兆昌 金繼常 趙德盛	六十九人			八人	十二人
往返嶺清眞寺	左漢章	金佩泉 周朝富 楊維清 王登平	九十二人			二十人	六人
河西莊清眞寺	文春華	解慶福 解元發 解慶五 解元朋	八十五人			十二人	十三人
黃家灣清眞寺	許昌德	楊富昌 楊茂盛	六十二人			十三人	七人
大閻莊清眞寺	白榮新	陳文俊 張廷臣 李俊	一百一十一人	公立小學		二十五人	八十人
生家莊清眞寺	張寶泰	米廉 李祥 左玉洪 楊玉德	二百五十人			三十人	七十人

北仇莊清眞寺	王長春	丁長印 王永恩 丁燦興 丁永才	一百九十二人			四十人	六十人
鳳凰莊清眞寺	王長明	米寬 吳源發 韓振常 韓繼功	一百名			八人	十九人
前黃家莊清眞寺	楊朝軒	王文生 王秀章 王玉琢 張寶漢	三百九十八人			四十人	五十六人
後黃家莊清眞寺	唐振林	楊朝祥 丁懷山 許紀興 丁懷慶	八百七十五人	清眞寺初小	王繼純	六十三人	七十人
黃泥溝清眞寺	米天祥	樊兆才 金寶安 樊興盛	二百十九人	清眞小學		四十五人	六十七人
天寶寨清眞寺	王希茂	高玉秀 高玉富 李憲義 米元德 米鳳聖	三百三十二人			二十八人	四十三人
泥溝莊清眞寺	馬桐雲	韓興仁 李永昌 左振和 馬興明 王玉忠	六百六十七人	公立小學		七十人	一百十五人
白樓莊清眞寺	馬文義	馬興盛 馬新泰 馬興仲	五百四十一人	公立小學		四十五人	一百〇六人
宋家莊清眞寺	楊興文	馬良元 陳希孔 左傳良	二千〇五十二人	清眞寺初小	左殿榮 馬良孟 楊順河 左光祥	二百七十人	三百四十人
賈家崗清眞寺	楊淳葵	李學文 唐希庚 白榮秀 王慶吉	一百〇一人	清眞寺初小	唐富存	二十二人	三十五人
岔河店清眞寺	馬清祥	楊金台 王文禮 王文泰 韓景榮 王文平	四百九十五人			四十五人	七十四人
山東莊清眞寺	石獻珩	金明元 金明亮 金寶璋 金茂春 楊富昇	三百一十五人			二十二人	五十六人
大汶口清眞寺	王永慶	白榮仁 楊心和 楊云淸 馬同德	六十六人			八人	十四人

高平莊清眞寺	李繼堂	劉元生 于連德 劉明海 沙文盛 王元生 沙連寶	三百九十五人	初級小學一所		二十五人	七十六人
陳家埠清眞寺	米光芳	李振東 樊兆鴻 李興仁 陳寶山	一千一百十四人	清眞寺初小	金東陽 米發祺 陳寶山 樊兆鴻 李振東	四十八人	一百六十二人
盧家溝清眞寺	趙阿衡	劉元眞	七十二人			五人	十九人
法家嶺清眞寺		法田心	一百八十人			十五人	六十九人
龍山官莊清眞寺	米寶貴	高傳聲 金鳳翔	一百四十人			十公人	二十五人
五步莊清眞寺	馬國山	金茂彩 劉元盛 馬士公	一百九十六人			十二人	四十七人

9

五　河南鄭縣回民概況

鄭道明

鄭縣位於黃河之南大平原上，為隴海平漢兩路交點，交通地位的重要在今日已過於開封洛陽。人口約一萬餘，回民佔有九分之一。外來的回民人口，佔本縣回民總數六分之一。這些回民差不多，都是做小生意度日，他們的生活有時不免是很困難的。然回民中之稍有資產者，和一般熱心宗教的人，不惜重資，在此建築禮拜寺，從事其他回教之宗教事業者，也頗有可觀。

鄭縣的禮拜寺，共有八座，其中附有女寺者三座。今分述於後：

（一）城內禮拜寺：此寺年代最古，大概是建於明朝。寺內有南北二講堂，教長室，海立凡室，沐浴室，和大殿（即禮拜的地方）。沐浴室內有汽管裝置。室內寬大，又很精美。大殿也很廣大。寺內有海立凡六位，小學一所，專習阿文及國文。自民國十四年，迄民國二十年，教務頗為不振；民國二十一年，經望君樂天，在城內宣傳回教教義，教務漸形發達。民國二十五年六月，河南回教公會鄭縣支會派望君在城內設立宣傳所，教務更有起色。教長為巴瑞清阿衡。

城內又有女寺一座，教長為蕭女阿衡。

此區的回民，差不多都以營飲食業為生。

（二）北下街清眞寺：此寺位於城西，建於民國五年。因為寺內人口不多，又因本區回民貧窮者多，所以寺內的建設，不如城內那樣完備。寺內有教長室，沐浴室，大殿，海立凡室等。海立凡講學，則在阿衡屋內。海立凡僅三位，教長爲馬朝選阿衡。

本區亦有女寺一座，教長爲趙女阿衡。

此區回民的職業，多是賣牛羊之類。還有一部分回民開設雜貨店，和營各種小販。前幾年營業尙好，近幾年因年頭的關係，買賣不好做，此區回民生活頗感困難。

（三）裕元里清眞寺：位於城西，車站之東。寺內有南北講堂，教長室，海獨凡室，沐浴室及大殿。大殿頗雄壯。寺內並有國術場，地方頗爲寬大。有海立凡三位。外設小學一所。教長爲劉全阿衡。

本區亦有女寺一座，教長爲白女阿衡。

此區回民，大多都是做飯館，或開設澡塘爲生。他們的生活，比較富足。

（四）清平里清眞寺：位於城之西南，車站之東。此寺爲陝西人馬良駿在民國六年所獨建。寺內有教長室，沐浴室，大殿，東講堂等。大殿及沐浴室之建築頗爲美麗精緻。寺內經費尙稱豐富。寺內有海立凡二位，教長爲孫子文阿衡。

本區回民，離寺很近，所以常去寺內禮拜。他們的生活，大多都是做小販。此外還有從事於澡塘業的。

（五）阜民里清眞寺：位於城南，東站之東。建於民國十四年。寺內設有小學一所。有南北二講堂，教長室，沐浴室及大殿等。教長爲尙希賢阿衡。每日禮拜者有七十餘人，主麻日（即回教的聚禮日，也就是平常的星期五）禮拜者約有二百餘人。寺內有海立凡四位，外方自動去聽經者有六七位，學識都有相當程度。

本區回民大都以賣魚爲生，做小販的也不少。有少數回民生活還很困難。

（六）迎河街清眞寺：位於城西，車站東北。建於民國十七年。有沐浴室，大殿，講堂和教長室。寺內經費尙稱富裕。海立凡有二位。教長爲白景界阿衡。

本區回民，差不多都以賣燒餅和饅頭爲業，以供給車站來往之乘客。還有賣牲畜的。生活不很困難。

（七）武英里回教禮拜堂：位於城西，車站東。建於民國十九年。內有宣傳所一座，每七日演講一次。又有阿文夜校。教員爲舍學仁阿衡，學識頗佳。教長爲王松嶺阿衡，曾覲見天房，年高有德。每日禮拜有二十餘人，主麻日有七八十位。夏季白晝，在地洞禮，夜晚在平台上，冬天則在樓上。漢人經王阿衡勸納入教的有百餘人。

本區回民差不多都離寺很遠。可是禮拜的人並不因此而減少。回民職業，大概是賣飯的。還有開設點心舖和澡塘的。每日的過活，尙足支持。

（八）花園街清眞寺：位於城西，車站東。建於民國十九年。內有小學一所，巴錫三先生任教員，對於伊斯蘭教義，以及阿文國文，都很有辦法。學生有五十餘人。教長爲李彥賓阿衡。

本區回民，大多以賣糖餅或賣菜爲生。生活方面，都還能夠顧得住。

除禮拜寺外，在城西，車站北，有一座篩海墳。篩海者，學德兼優之號，今錄其碑文如下：

篩海默穆都之哈墓誌。

鄭西關外金水之陽，有篩海墓，相傳爲西域異人，初至鄭寺，告衆曰，「（我）默穆都之哈，如疾不愈，希諸穆民殯焉。」及其歸主，衆爲浴殯時，奇香滿室，衆豁然知爲篩海。夫道德不巍巍如山之高，學業不淵淵如海之深，斯不堪名爲篩海。而既以是名，其德其學，可想知矣。若夫眞誠通主座，代人求鴻恩，此固其能事者。是以有爲其墓修亭者，有爲其亭前修房者，有增額者，更有爲之築垣者，有旁修瓦房三間傭人看墓者。且仕宦往來，多有拜謁者。夫有景落於前離每繼墓後。（編者案：此句疑有脫誤。）故鄭治西兌周村有邑庠生金甲第之德配馬氏者，爲之泐石，因囑於予，義不獲辭，略爲之誌云。

清優附生馬雲祥沐手撰文并書丹。

兌周村金門馬氏敬立。

道光二十三年桂月上浣重修

此墓現有專人負責保管，甚受當地人的崇敬。

六　河南新野沙堰鎭回教狀況

馬全仁

我的故鄉沙堰鎭，是一個土牆製成的寨柵，故又名沙堰寨，離縣城三十里，爲新野北部的第一巨鎭。

鎭底周徑，約四五里。鎭內回漢雜居，大約有七八百戶人家，人口約有三四千的數目。其中信奉回教者，大概有半數的樣子，以經商者爲多，耕田者次之。所營商業以販賣廣洋雜貨，皮件，織品，和土產爲大宗。

本寨西南隅有古淸眞寺一座，爲元明時代所建立。有大殿廿間，新建築的洋式望月樓一所。有講堂三間，爲阿衡居住；北講堂三間，爲海里法講經處。對殿有過廳三間，一間行人，一爲會議室，一爲依瑪毋住處。衖接北講堂兩頭，有房各四五間，一爲本寺五穀倉庫，一爲水房。於水房接近處，有一院，房十數間，爲阿衡家眷住處。衖接南講堂兩頭，有兩院：一院和阿衡家屬對峙，爲依瑪毋家眷住處；一院爲本寺附設回民經漢小學的舊址，有講堂四五間，學童三四十名，教員若干人。講堂旁有房兩間，爲架子停放處。講堂後有一寬廠大院，爲本寺後院，乃本寺後門所在，望月樓也在這個院裏。寺門前，有古碑十餘座，記與本寺有關之史事。寺北另設女寺一座，房十數間，以爲女教胞禮拜之所。

本寺有依瑪毋一，世襲承繼，教績頗良。有阿衡一，二師傅一，襄助教務，均頗有力。寺師傅一，管理水房。本寺基金現存約數百元，爲建望月樓所餘之欵。有地產百數十畝，乃本寨歷代教胞累次所捐。地畝所出，供阿衡及依瑪毋等的薪金。本寺並設有理事會，爲本寨回民選出有知識有財產的鄉老所組成，設正副會長二人，下屬幾個委員。本寨平時到寺裏禮五時拜者，約三四十人，主麻日約八九十人。每年兩會禮，約一百多人。每當齋月期間，教民封齋者約佔全數五分之二。齋月期中，本寺有海里法，組織宣傳會，在阿衡領導之下，到外方宣講教義，開發民智，極受歡迎。漢人亦有聽講者。

本寨因爲是回漢雜居，感情不甚相融，時有互相歧視的情形。可是受了地方長官的調解和處理，彼此間的感情也漸入和睦的路徑。至于教胞方面，共有焦黃馬丁四姓及少數的外姓，受了新舊教派的惡習，糾紛時起。惟在阿衡的善導之下，相互間也將趨于團結互助的形式。可是近年來因受着農村破產的影響，回民的商業狀況漸有衰落頹廢的現象，回民的生活也有難以維持的樣子，這不能不說是一件極可慮的事。

七　雲南昆明的明德中學

馬有曜

雲前的回民，因先後受咸陽王馬復初馬如龍馬註馬聯元等長期的改進與陶冶，團結的習慣特別堅固。更因咸同年間當地官吏措置底不當，引起回漢間廿餘年的大砍殺，回漢舊恨迄今未消，現在雲南回漢間的膈膜和糾紛也較別處爲大。此外，更加上雲南爲中國的西南邊陲，現在容易受外人的挑撥離間，雲南的回漢問題更成了一個嚴重問題，雲南的回民教育問題也就成了上述問題之一最重要的部門。

當民國初年，雲南回民中的熱心志士李芳伯白亮誠兩先生深知回民教育的重要，認爲回民教育一日不改善，則國家民族的復興將有莫大的遺憾。於是白先生在蒙自沙甸創設漁峰回民小學，在清眞寺內添設中文課程。因事出初舉，風氣未開，寺內學生不願讀中文，甚有認爲異端者。白先生挺身吃苦，任勞任怨，在惡劣環境之中，担任校長、教務、教員諸職，爲純潔的義務職責，甚且不吝捐資，爲寺內學生買書籍，供膳費。此後李芳伯先生，又在回教俱進會滇支部內，同樣改阿文學校爲中阿並授學校，在昆明各清眞寺內創設回民小學校。由是，全省各縣市，皆靡然徒風。雲南回民教育，才漸入軌道。

李白兩先生埋頭苦幹十餘載，俱進會滇支部附設之中阿並授學校學生相繼畢業兩班，沙甸學校畢業一班。三班共三十餘人，皆中阿兼通的新式阿衡，分散于本省各地清眞寺服務，頗得多數回民歡迎。同時各地高小畢業的回教學生，人數已多，頗有不能繼續深造的苦悶。省立中學及師範學校雖不少，但因清政府鼓動的廿餘年屠殺的結果，已使多數回民心理以自己兒女進普通學校讀書爲可慮。於是李白兩先生就打算適應環境的需要，創辦一個適宜回民教育的中學校。

民國十八年李芳伯，白亮誠兩先生在俱進會大會中把創辦一回民中學的意見提出。當時俱進會正會長馬伯安，副會長馬敏齋和多數會員都一致讚同，便通過了。於是聘請馬伯安等爲董事，楊文波爲校長，李白兩先生分任教務、校務、和訓育，定校名爲明德中學。俱進會南門清眞堂內原有中阿學校，教員、教室和學生宿舍一概都有。明德中學，就因着中阿學校的舊址，用它已有的設備，於是年招生，於第二年（十九年）一月開學，明德中學就算正式成立了。

明德中學，因負有提高回民知識及調和回漢感情的任務，在課程方面，須對於宗教知識和普通學術並重。關於前者，必須訓練出有健全回教道德精通回教教義的人才，方能得到同教人的信仰。關於後者，必須使課程符合部定標準，方能與一般中學程度相等，取得立案資格，畢業生方有繼續深造的機會。於是把上課的時間分成兩段，一段由晨六時至八時，授阿文課程；自九時至午後三時，為普通中學課程，阿文課程，有阿文讀本、阿文法、教義、阿文會話等。普通課程有博物、英文、黨義、化學、物理學、公民、國文、地理、歷史、美術、數學等。至於立案問題，則於經過種種困難後，已得到當局的諒解，承認了它的特殊性，而准予立案。

明德中學之畢業期，限定為三三制。第三班學生（係民十九年入校者，班次乃承中阿學校之舊班次第）初中三年級，畢業時尚有學生四十八。除學校派送留埃及者外，有就本省高中上學者，有負笈于上海北平兩地深造者，其餘皆留校中作師資訓練，一年後派遣于本省各縣市辦回民小學。現在雲南各縣市之明德小學皆明中畢業生所倡創者也。

明中留埃學生共六人，第一屆選派納子嘉，張有成，林仲明三人，第二屆選派納訓，林興華，馬俊武，由沙儒誠先生率領成立中國留埃學生部，由愛校資哈大學（Azhar）供給每人每月兩金鎊膳費及書籍等費。

廿五年愛大學士位考試，納子嘉考得學士學位，是為中國學生在埃得學士學位之第一人。現專攻回教歷史學。張有成考得乙種文憑，對于回教法學頗有心得。林仲明在文學院，現在正着手翻譯回教小學歷史教科書。納訓亦在文學院，現在着手翻譯埃及阿譯之法國名小說焉芷丁蘭，林興華在法學院，專攻回教法學，亦有心得。

明德中學雖為雲南所必需的回民學校，但畢竟因事屬創舉，困難甚多，開辦數年後，不得不暫歸於停頓。其困難的情形，不外三種：

A.限于環境

明德中學為雲南回民僅有的新式學校，既不違背中國之教育標準與規程而得到立案，又要抓住回文與教義，故處境特難應付。一般教民不明瞭此種學校之重要性，輒妄加排斥。且明德校址為本省回民的總機關（俱進會），一旦設施有違公議，則衆教民人人皆得起而攻之。這種情形頗易造成教民間互相之猜忌與隔膜。若置諸不問，恐因此反引起糾紛。于是在第三班學生畢業後又增設一年之師資訓練班。將留校之二十餘名學生，重加訓練後，分派于各地創辦明德小學校，並担負宣傳工作，將明校之性質與宗旨使各地教民透澈，改變教民攻擊之心理。這種工作非一二年之奔勞難以見効，所以只好暫停以待環境之好轉。然而李白諸公仍一貫努力籌劃明中發展之進行步驟，現在于各縣市增設明德小學，皆待他日之後効也。

B.限于經費：

明中創辦時之經費爲清眞寺内單微的公租與一般回民之樂捐，總數不過大洋二千餘元。第三班學生畢業時已用盡無餘。又因教民中多不同情學校施行方式，不復再加捐助，于是遂受經濟窘困之限，無可如何，只有暫告停息，另謀補救。

C.限于無適宜教師：

明中的課程方式爲一般教民所不同情者，厥惟中阿功課分配之不均勻。這種現象之起，乃因中阿教授彼此不能相容之故。自第三班學生畢業後，學校已獲無數經驗，對于教師的推選，極感困難，幾完全無適宜者。對于這問題，明中諸公已作無數的考慮，最後議決：待留埃生畢業歸國，再繼續招生。

現在納子嘉，張有成兩君相繼畢業于愛大。待歸國後，明中就可以招生了。最近白亮誠先生出省，于國内各地考察教育。待他回省後，明中將另有新的發展。

八　雲南玉溪的回民概況

馬旭初

玉溪位於滇省東南部，距省垣約一百八十里許，爲滇省一等縣分。出產豐富，人口稠密，近年教育亦頗發達。交通方面，公路業已修通，乘汽車二小時即可直達昆明。故文化較開，大非昔比了。

玉溪的回民，約有一千數百戶，散居於十一個村落中。有的回漢雜居，如桃營，中所營，北城，州城，石狗頭等是也。有的純係回教人獨居，如大營，西營，東營，棋樹營，大灣，馬鹿塘等是也。清眞寺有十一座，其中以大營的爲最大。關於各清眞寺的歷史，我不大清楚，然大都於元明清三代時建立。其中如北城，大灣清眞寺，則於民國建立。各清眞寺均有不動產，不過因其地方的大小，而有多寡之分。地方大，公欵殷實的地方，如大營，西營，東營，北城等處，均附設有高級阿文班，供給海里凡讀經。地方小的，如棋樹營，中鎮營，石狗頭，馬鹿塘，大灣，洲城等處，則無之。但有一點，無論大小清眞寺都很一致，即寺中均有一堂小學是也。此種小學，專授阿文，故阿文甚爲普及，只要是回民，設有不會念阿文經典的。

玉溪的回民，大多數是務農。當此農村破產之際，教民的生活，受到重大的打擊。如自己有田，自己耕食，還可勉強度日。若夫一般佃農，胝手胼足，辛苦一年，終不能自給自足，言之實屬堪憐。其次經商的，做手藝的，亦復不少。但一般回民大都小本經營，不過僅糊其口罷了。在數年前玉溪的回民，比較有希望的生意，爲往緬甸營商。近來受世界經濟恐慌的影響，此途亦很走不通了。

玉溪自北平有俱進會的組織以來，即設立有分部，以大營清眞寺爲會所。當組織之初，謀宗教之發展，改良惡風壞俗，排解教內的紛爭，因各職員一致努力的結果，會有很好的成績。嗣後年深日久，會務廢弛，所謂俱進會者，成爲空洞機關，徒有其名而無其實；除替教民排解紛爭外，關於地方上應興應革之事，並無建設。兩年前教中知識份子，不忍坐視該會之坍塌，遂起而另行改組。自改組以來，會務煥然一新，成績斐然可觀，提倡教育，興辦實業，尤爲不遺餘力。其著者，如培德女子小學校之成立，使女子有受教育的機會，提高女子知識；織布工廠之創辦，專收回教女子，授以織布技術，務使男耕女織，破除女子之依賴惰性。

玉溪在以往的教門上，是負有盛名的地方。中國有名的回教人物，馬復初氏馬聯元氏均設帳於此。回民因得二氏的領導，和受其道德的感化，教門的基礎早已堅定。因此現在的教門雖不如往昔，但信仰堅固，決不爲邪說迷語所亂惑。婚姻喪葬之事，均能依教律舉行。求神問卜等邪行，絕對沒有。至於教派，仍是舊派，一切教門之事都以二氏當時所行的爲標準。現在禮拜人數比較還算不少。平時禮拜的，平均每三家有一人。聚禮，平均每家有一人。女人五十以上的，大都能守五番拜。男女小孩，均日中讀書，早晚念經，因此在幼時對宗教即有深刻的印象和認識。這是玉溪回教之很好的一個基礎。

16

附錄

回漢問題或回教文化問題是中華人民建國的一個重要問題。可惜這問題一向爲人所漠視，直到最近才逐漸有人注意。但依現在中國國情之各方面的需要說，最近這一點點的注意實在還非常地不充足。現在趁本事號之便，把最近發表的或可見到的這方面的言論彙錄於此，希望由此可以表示中國學術界之一種新的動向，同時更希望由此能給大家一點刺激，來協力推進這個問題到一個新的階段。

——編者——

一 回漢問題和目前應有的工作

顧頡剛

回漢問題，無論從整個中華民族的發展上說，或是從現在社會生活的調協上說，都決非一個小問題。前幾年因爲南華文藝和北新書局出版失檢的文字惹起回教徒的公憤，弄得南華文藝停版，北新書局被毀。前幾個月北平公民報和世界日報也因爲登載一段記事文字，又招致回教徒嚴重的質問。這兩件事，是大家知道的。像這類事情，在內地還多得很，有時還很嚴重。南京文化周報曾專爲這類事件出版一種「侮教專號」，竟能聯續至十餘期，即此可知這類事件是怎樣的多。去年夏天，一個回教團體裏的理事還告訴我說，在他們那個團體之中從各地接到的報告，關於這類的事件每月多者十數起，少者也有二三起。其實這類事件，多半起因於一點極小的誤會，或僅由於一兩個人的輕薄的語言，結果就會雙方糾合多人，拿刀動杖，傷人流血。在西北數省，回漢間的問題更大，在多數回教徒的心中，甚至以誦習漢文爲違犯教法。（按穆罕默德在世時，曾囑咐他的信徒學習中國學問，載在聖訓集中，可見回教徒誦習漢文不會犯教法）。同是中國國民，竟像是屬於兩個毫不相干或竟是互不相容的團體，這是怎樣痛心的事！有了這種成見，試問在社會事業上如何能作到互不猜忌和互相尊重的合作？在新中國的建設上又如何能精誠團體，併力發展？所以在百廢待興而且邊防日緊的今日，這種現象決不該長此放任下去的。我們亟應尋覓解決這個問題的正當途徑。

這種現象從歷史上看，我們可以斷然說，並不是向來如此。在唐宋時代，中國人信仰回教的還很少，這個問題無從產生。在元明時，中國人信回教的已經很多很多，回漢間的關係一直很圓滿地進行着。元代的回教徒通詩賦，嫻書畫，理解中國固有思想和禮教者頗不乏人。明代開國功臣，據說也很有些回教徒在內。這都可見當時回漢相處，並沒有甚麼扞格。在政府方面，元代各中央機關都設有回回官員名額，明代也設有回回欽天監，並勅建禮拜寺。這可見在元明時，回回的宗教和文化，以及政治上的能力，都受政府尊重，佔有相當重要的地位。自從愛新覺羅氏入主國政，爲了自己一家子的政權之保持，把中國人分成許多種，一方面既特別優遇自己的同鄉，以便把持政權；他方面又分化出回漢的界線來，使他們兩相牽制。譬如，同是竊盜的罪，漢人犯罪，僅於臂膊或左面上刺「竊盜」二字，回人犯者便刺「回賊」二字。同是搶奪，漢人在左面上刺「搶奪」二字，回人則也須刺「回賊」二字。這種辦法，簡直是剝削整個回教人的顏面。所以積累日久，就養成了漢人對回人的輕視，回人對漢人的憤恨。更加以陝甘新疆雲南的幾次戰役，愛新覺羅氏的奴僕壓迫着許多漢人，對於回人作大規模的屠殺，更是有意結下了回漢的仇怨。所以現在回漢間的隔膜和糾紛，可以說完全是清代二百多年的愚弄政策有意造下的惡果，而決不是因信仰和生活習慣的關係，回人和漢人在本質上不能接近。

現在我們想把二百多年造下的病態完全改變，當然很不容易。改變的方法，要單從某一方面着手，也決不會完全成功。但如果我們老是不着手去工作，便將始終沒有改變的一天，這必非我們國家的福利。我覺得，從現在起，我們應當大家努力，就力之所及，對於這個問題痛下功夫。為較易集合同志起見，可以先從文化方面下手，至少要在相當時期內使回人和漢人明白，原來回漢是混合無間的一家人，回漢在文化上，在種族上，在當前的整個生存上，有絕對不可分割的關係。最近一年內，我接觸了許多回教知識分子，我覺得他們對於回漢問題的鬱悶，正和少數注意這個問題的非回教徒之心情相像。我覺得這是一種極好的現象，我們如果決心想從文化方面對這個問題作一種工作，這種工作的本身或者就可以表現一種眞正的回漢合作的精神。

這種工作的具體計劃，固然不能馬上就定，但依我看來，至少有下列幾件事可以作得：

(一)各大學裏，特別是北京大學，中央大學，和預備在西北設置的大學裏，應當開設回回的文字語言的課程，或專立學系，或附設於國文系裏（附設於國文系的理由，是因為早有幾千萬中國人日常使用這種文字，這種語言文字已取得了「國文」的資格）。各大學的史學系裏，都該添「中國回教史」的課程；在中國通史和斷代史的課程之中，中國回教的發展應該分別佔據適當的篇章。回教法律，制度，和哲學，也都應該在適宜的學系裏設有相當的科目。在中央研究院，或其他國家學術機關，對於回教之研究更應該特別提倡和獎勵。中小學的史地或公民課本，對於中國回教也都應該有相當分量的敘述。

(二)回教人士自辦的學校，如北平成達師範學校，上海伊斯蘭回文師範學校，萬縣伊斯蘭學校，最重要的目的固在復興他們的宗教，但同時他們也極注意灌輸國家思想和消滅回漢糾紛的隱患。這些學校所造就的師資，對於我們所要做的工作有極不可忽視的力量。因為這些未來的宗教師，將為一般回民所信仰的人物，對於各種計劃的推行上有極大的便利。他們現在的學校，可惜都苦於規模太小，經費太少，人才太缺，一時難以發展。我們應該聯合學術界及社會各界人士，並請求政府，對於這類學校作各方面的輔助。在教育部方面，尤當顧及事實，對於這類學校給予各種便利，不要因為他們設有宗教的課程就不予以立案。

(三)中國回教受了二百多年的壓迫，學術方面極為陵替；藏書的習慣在中國回教徒間幾乎沒有。回教徒或非回教徒，如想研究一些回教文化，簡直找不着書看。其實，回教的經典是汗牛充棟的，歐洲人關於回教的著作也是斐然可觀的，只是在我們的文化界中找不到而已。現在如要專力收集這類東西，非用鉅量的金錢，多方地搜求，不能略具規模。我以爲，規模較大的圖書館都應該向這方面多加注意，或者簡直就指定購書費全額的幾分之幾作爲購置這類書籍的用途。政府方面，更應該撥出一大宗欵項，在適當的地方建設一個大規模的伊斯蘭專門圖書館，指定確實的欵子作常年經費。至於回教學校圖書館，像成達師範學校的福德圖書館那樣，由馬松亭阿衡跑到埃及國王那裏弄到許多阿剌伯文經典，樹立了圖書館的基礎，眞是艱苦到萬分，我們也決不能單讓外國人來幫忙而自己縮手旁觀。

（四）全中國的回教學者以及對於回漢問題有興趣的人，都應該聯合起來，組成一個大規模的學會，使中國回教文化的研究事業有一個中心機關。這個機關不妨由回教人主持，而參加的人則無回漢之分。這個機關的工作，一方面要有極窄的專題研究，又一方面則要用各種通俗的文字（包含漢文，阿剌伯文，波斯文，土耳其文等）吸收回漢兩方面的廣大的讀者。這個機關所必須具有的理想，第一，要使多數的回人和漢人，承認凡關於回教文化上的問題，無論是宗教的或學術上的，都需要到這個機關裏探詢。第二，凡涉及回漢關係的問題，都有備政府諮詢的能力。這個機關基礎鞏固之後，可以逐漸擴大。政府對於這個機關的輔助，當然應具最大的力量。

以上提出的這四件工作，在表面上，好像是專替回教徒計劃一種宗教文化的研究，不像是企圖在文化方面解決回漢問題的工作。其實，回教文化研究的本身，便是在文化方面溝通回漢的正面工作。因爲從文化方面講，回漢間的隔膜，其問題不在於回人對於漢人文化的不瞭解，而在於漢人對於回人的文化的不瞭解，同時也在於回人對於自己過去的回教文化的瞭解過於不普遍。但使漢人瞭解回教文化，一定可以改變他們輕視回人的心理；更使回人普遍地瞭解過去的回教文化，也可釋然於回漢之原是一家，僅不過宗教不同而已，所謂「回」「漢」乃是第三者加上的分化的名詞。所以想在文化方面溝通回漢，我的唯一的概括的意見，就是要提倡回教文化之本身的研究。我自問對於回教問題的認識粗淺得很，但上列的意見，我却認爲是目下當務之急，所以敢這樣寫出來，希望多引起一些人對於這個問題的注意。

——獨立評論二二七期

二　與顧頡剛先生論回漢問題

達鳳軒

頡剛先生足下：

久耳鴻名，未親謦欬，常引爲憾。頃閱獨立評論，拜讀先生宏著，立論正大，旨義幽深；疎解事理，恂恂乎混然無間；指陳事實，炤炤然炳若月星；誠悃之氣，溢乎文章：誠關心中國民族之情感，回漢文化之溝通者也。夫回教文化對世界之貢獻，史書所載已有定論；然對我中國已有不可沒者在焉。回教自唐入中國，驪吏宰臣頗不乏人。以政治言，首挽唐室於危亡。以教育論，兩宋元明國家設有回回國子監，專司回教教育，文物制度，斐然可觀。以商務言，南洋諸海口之市舶司專任回教人，蓋當時遠東航海權貿易權皆操諸阿拉伯回教人之手。自滿清入主中原，挑撥回漢情感以固其政治地位，回教人不勝憤憤之心，始有數次反帝之役。不意漢人忘懷回漢本係一家，（因信教不能稱爲回族而自裂），非但不與聲援，反目爲叛逆而大肆殺戮，以致回漢自相水火，結下不世之怨。兄弟鬩墻，滿人得利，統治中原竟達二百餘年，言念及此，誠堪悲痛。鄙人生當教化淩替之秋，思奮其見聞，展其抱負，以教長之職責闡揚我伊斯蘭宗教教義，挽回我國運，改造世道人心。不意回教人文化水準過低，漢人對回教人成見過深，以致荊棘滿地，撥除匪易。於是集合數同志創辦伊斯蘭回文師範學校，造就回教中一般師資，完業後分發回教衆多之處，一面提倡回教教育，使回教子弟人人向學，以期與非回教人程度相等，並駕齊驅而成一致；一面融化漢回間多年隔閡，消除漢回間一切誤會，俾彼此間互相親愛，互相維繫，成一整個民族，擁護國家。詎料敝校開辦十載，內則扶助乏人，經濟萬分竭窘，外則格於部令，不克立案。故深盼海內賢豪對敝教所辦學校賜以敎言，加以援助，俾能持久而擴大，此即鄙人期期之望也。前讀先生宏章，誠所謂「空谷足音」，實令人增無限之欣慰。況先生設帳故都之最高學府，爲陶鑄之專家，立自强之基礎，尤能不分畛域，以文化啓迪漢回間之錮蔽，以教育融化種族間之感情，至論危言如春雷之初鳴，聞者必能多爲之動，其裨益民族之團結，矯正國人之心理，至捷至深，仰企風標，無間遐邇。鄙人不揣冒昧，敢以一得之見及數年旅廿之見聞供諸先生之前，敬乞指正。現時脫稿，不日可成；惟學疎識淺，若蒙不棄，祈時錫敎言以匡不逮，則更幸甚矣。專肅鳴謝，恭承著福。三小兒應徹肄業貴校，受先生之敎多多。將來若能成材，誠先生之賜也，五中銘感大德無涯矣。恭賀年禧，伏祈亮詧。敎弟達鳳軒謹啓。　廿五年十二月廿一日。

三　與顧頡剛先生談中國回教史

金永同

頡剛先生：

在日華學會得讀已過了期的獨立評論，內有先生的回漢問題和應有的工作一文，眞高興得了不得。我平日認識的先生是在古史一方面。在晚研究甲骨文之前，有一時也曾致力於古史，先生著的書有好幾種都看過了的，覺得先生治史的方法是最適用現時代的。我是回教徒，我的出身是私塾和大學旁聽，治的是漢學，最近致力於甲骨文。我曾經做過關於回教的文字：一，墨子爲回教徒考（載衛聚賢古史研究二集，商務版）；二，伊斯蘭讀書記（連載上海回教人道月刊數期，介紹書五六十種）；三，重建伊斯蘭（載上二月人道月刊）。我的志願並不宏大，我沒有膽量作改革回教的首創，上文是說說而已。不過我受陳垣先生的西域人華化考的影響，很想整理中國的回教史，來作溝通回漢的隔膜。我奇怪先生會對回教有這樣親切的關注，我謹代表我教的士子向先生致敬！我到日本，除了學日語和甲骨文方面的工作外，是要訪一位研究中國回教史的佐久間貞先生。他對於歷史的淸楚和藏書之富，我是在國內就聽到的，不過來日本數月却沒有找到他。無意間發見先生此文，正所謂「空谷足音，聞之躍然而喜」。想向先生探一些今後怎樣進行的消息。我是回教徒，并且看過一些乾嘉間考據書的，想不辭冒昧的備作一員。在友人案頭匆匆草此，倘祈恕我唐突。好像先生在南京，惜不知詳址，祗得寄北平轉。千萬修覆。順問著安。金永同。通訊處：東京本鄉區本鄉一丁目文求堂轉。由上海西藏路中國書店轉亦可。

四　回教民族過去的地位及今日應有之努力

薛文波

我們知道文化高的民族，可以亡文化低的民族，人數多的民族，可以亡人數少的民族。這已然是定論了。

中國的回族當然也不能例外。數千年的民族力量，傳遞下來，不但民族特性沒有損失，民族意識在今日解放的路子上，越發濃厚起來。回族何以能傳到今日？何以力量轉爲加强？我們要知道這不是回族的人數多，可以和他族爭存爭榮，因爲回族的人數太貧困了，四萬萬人裏的五千萬，算不得什麼。回族之所以存在，要算是回教文化的偉大，和能以適應環境。

一個民族的文化高，當然可以延續，但因時代的不同，新的文化潮湧也似的催來，差的文化根基不穩固，便要招架不住。其個體較强的，自然是不易撼動。但也不過取「守勢」，至于所謂「攻勢」，那就談不到了。

回族文化是在舊文化的陣線裏，他的壁壘是森嚴的，他的根基是穩固的。消滅他，却是很難。但他的發展因有種種的限制，只在本身裏面，沒有進一步的問世，這就是所謂取「守勢」，而不能取「攻勢」。其實回教的文化，不單是一種道德的藩籬而已，如果他的教義，融化在社會人心裏，于影響國家民族者至大。可惜呀！所謂文化較高之民族太高傲了，忽畧他們。至於回族本身，也是固步自封，使得回教的文化，可以發展而不發展。日子久了，自己的能力，只不過全師自保，眼巴巴的看人向前進步。那麼，回族所恃以存在的利器——回教文化——也就很不可恃了。

人數既少，文化又不如人，一個民族還能永久的存在嗎？

談到回族的適應環境，也是回族不滅的大原因。但也因社會的勢力，和一個民族的發展，在一條線上，已然給到你許多的機會，叫你解放，或是可能的增加你的創造能力，你豈可再不認識時間和無條件的適應環境嗎？當然要改變回教民族發展的目標。怎樣改變，就是我們要改造壞的環境，利用好的環境。

一切環境，我們要怎樣應付他？這點我們要以環境的本身而論。（一）環境惡劣極了，我們無力的改造他，那麼，只好不攖鋒，所謂『三十六策，走爲上策』。要逃不開呢？那也就只好有時間限制的暫時服從牠，或是有條件限制的局部服從牠。所謂適應環境是也。（二）我們的發展與社會的勢力，無一些衝突，這時就是我與環境一致，地位優越極了，對于這種環境，唯有充分的利用牠，我們的發展創造能力的增加，當然是意中事，自談不到時間和條件限制的適應，更談不到進一步的改造了。

回教民族自唐朝直至今日，任何的社會勢力，都要飽嘗過了。在元朝時代，民族的階級很多，比較顯著的，便是蒙古人以下爲回民，回民以下爲北方漢人，北方漢人以下爲南方漢人。我相信那時，回民的環境不算惡劣，也許是完全的利用，也許是有限制的適應。至于明朝，可以說是回民的環境的優越極了。明太祖起來革蒙古命的時候，差不多都認爲是漢族有力者的復興運動，其實那裏知道漢族的朋友——一些老回回們——從旁助拳，才把强悍的蒙古人逐走。歷史是只顧一家一族的記載，泯滅的事實很多。民間所傳的「十大回回保國」「郭巴巴——郭子興——打蒙古」，那件不是回民露臉的事。明史所載的「樊噲式」的常遇春胡大海沐英華雲這般人們，那一個不是回民之强呢！所以明朝的優禮回民，論功行賞，當然處于好的地位。那個時期，也許是回族充分利用環境之時期。

可悲呀！清朝這一代，回民的遭遇太悲慘了！因爲滿清政府除滿族外，對于其他民族是很苛刻的，什麽羈縻軟化擺弄等政策，眼見得漢族俯首帖耳了，强悍的蒙族也鎮日的在喇嘛教裏過活，把班禪和達賴羈縻着，前後藏可保太平無事了。惟有回族，煞是難辦。談信仰，有其完美之宗教，任何宗教不能代替；談軟化，回族民族力自來健强，方自化人，能受誰來軟化；談宗教首領，并沒有化零爲整的剝削民衆的僧侶階級。一般清貧的教長們，又那裏控制的住敎民。滿清統治階級感覺到束手了，所以使出最後最毒辣的手段，便是屠殺政策。

回族的環境惡劣極了。談起改造，這是回族不投降不妥協的精神，當然是進行不遺餘力。但終限于力量的薄弱，人數的微寡，終于改造失敗了。眼見得大小和卓木失敗于新疆，馬明心被誅于蘭州，杜文秀遇害於雲南，白彥虎亡命于俄國。「回匪」「回亂」這種不祥的名稱，深入于人的心目中了。但邊疆的回族，仍不過是有時間或有條件的限制的適應環境。看他們屢仆屢起，家常便飯也似的反抗滿清統治階級便可証明了。但雜居內地的回族們，他們陷于包圍之勢，靠近皇帝脚下，那敢放一聲大氣？一般回族的知識階級們，却會避風頭，說我們不是回回，我們是漢人信仰回教，更有索興把固有的回族姓氏，變作漢姓，如此在外人看來，就不能視爲「非我族類，其心必異了」。因而得以自保。更有一般深通學術的回民，他們更一步，把回教教義和尊君親上的儒學融合在一起，硬把東西不同的倫常思想，混得毫無痕迹，這種適應環境的方式，眞使後人來欽佩！內地回族之未遭屠殺，不能歸功于這種人。金陵劉介廉便是致力于這種工作的人，文章道德，直至今日，很使人不住的回想和向往。

在下層的回民，也是無法解脫，便想出一句很漂亮的一句話「回回爭敎不爭國」，意思是要保護他的宗敎于願已足，至于做皇帝，奪地盤，回回是無福消受的。民族力量强大之回回既然有這樣的宣言，滿洲統治階級，也就很放心了。回民的適應環境，是很可憐的。後來有人曲解這句話，說是回民愛教不愛國的意思。這話錯誤極了。須知回教是獎勵人愛國的。古蘭經上說：「爲正義而戰死，是無上的光榮」，愛國不是正義嗎？

上面所說的是回族欲改造環境而失敗，有的是委曲求全的適應環境了，今日應當如何，我們很要研究研究呢！

回族環境當然還不能算好；試看包圍他們的各種社會勢力，民族間彼此之不信賴，政府無合適的辦法，歷史上不好痕迹之遺留，他們的優

6

點無從發展，所以他們應付環境的方式，和早先比較，也無一些變更！

但是這都是病象，現在已然有治病的方藥了。我們始終是承認病象雖有，但有方藥的醫治，絕不會永久生病的。孫先總理的民族主義，是唯一的好方藥，弱小民族們，可以得到自由與解放了！得到與漢族同等的地位了！和他族的民衆也是同樣的享權利，盡義務了！總理的主義實現的那一日，便是國內弱小民族，撥雲霧而見天日的日子。我們還能灰心嗎？其次是帝國主義者，整個的向中華民族進攻着，各個民族，都感着絕大的威脅，不容我們再不相見以誠了，不容我們再分崩離析了。

尤其是回族，現在已然和漢族成難兄難弟了，如手足于人身之不可或缺。回漢兩民族所負的責任，是如何的重大！現在唯有在同一戰線上，檢查自己之隊伍，向共同之敵——帝國主義和共產黨——奮鬥。不然，仍要同床異夢，試問一個半身不遂的國家，還談什麼復興圖強呢？

回族同胞們！明白上面兩點，我們不要失望和自棄了。社會上的勢力和回族的發展，已在一條線上了。我們趕緊利用這好環境，增加我們創造的能力。挽救國難，復興整個民族的責任，我們要負起來！這話并不離奇，因爲現在我們的環境，實無硬行改造之必要，更無時間和條件限制的適應，我們還不問世嗎？

獨立評論第二二七號，顧頡剛先生發表回漢問題和目前應有的工作一文。顧先生是同情于下層民衆和弱小民族的，于回族更有格外的關心。說出那些公道話，在回民看來，眞是榮寵極了。所以無妨的把回族苦悶心理重行挖出，以告諸社會。回族的同胞們，我們也要珍重珍重我們的路子呀！

7

五　論設立回教文化研究機關之需要

作于二五年回教齋月之十六晚夕

白壽彝

我國因文化事業一般地落後，一切學術研究都讓人家捷足先登。我國回教徒雖達五千萬的數目，但向來沒有一個回教文化的研究機關，作集中研究的工作。以致弄得關於中國回教的知識，也還得看歐美人底研究報告，看歐美人底旅行筆記。在以前，大家胡胡塗塗地過日子，覺得這不過在學術上說，我們臉上無光而已，也還沒有甚麽嚴重的關係。到現在，事實上的教訓非常嚴厲，使我們覺得一個回教文化機關底設立，不只對於純粹學術有許多好處，並且對於邊疆問題和國內種族問題底解決，也爲必不可少的研究機關。

第一，從純粹學術方面說：（一）如從世界文化史的觀點上看，回教文化是世界各種文化中的一個重要文化系統。它一方面吸收希臘文化，波斯文化，和印度文化，成就了它自己的特殊性質。他方面復傳播於黑暗的歐洲，發掘歐洲近代的文明。十三世紀中葉以後，回教在世界政治舞台上的勢力雖已完全沒落，但回教文化底發展，並不因政治上的原因而有所停頓。一直到現在，除了五千萬左右的中國信徒不計外，還有阿拉伯人，波斯人，突厥人，埃及人，西班牙人，六千多萬的印度人，以及許多別的種族的人民，都浸潤在回教文化底圈子裏。就世界文化史的觀點來說，回教文化實在是一個必須研究的廣大對象。（二）如從中國文化史的觀點上看，回教與中國發生關係，已經一千多年。當唐宋時，因爲回教徒之頻頻東西往還，回教國（阿拉伯）文化產物與中國文化產物曾有多量的交換。今略舉其最著者說，則在中國產物方面，有絲綢，有茶葉，有瓷器，都是日常的用品，可以影響阿拉伯人底日常生活：又有造紙術，有羅盤針，可以促進阿拉伯底文化，發展阿拉伯底海上商業。在阿拉伯產物方面，則有犀象珠寶，爲中國貴族所重金購求的裝飾品；有薰陸，龍涎，蘇合油，薔薇水等爲中國各級社會所共同珍愛的香料；有阿魏，沒藥，無名異，膃肭臍等，爲中國所常用以保衞健康的名貴藥物。元朝統治中國以後，回教徒與中國文化的關係，更爲密切。這時的回教徒中，有許多重要的政治家，軍事家，文豪詩人，學者，和畫家。現在北平底宮殿和都城，以雄偉壯麗見稱於世界者，也還是出於元時回教徒也黑迭兒之手。明時，回教徒在文化上的貢獻雖不如元，但天方曆法和回回藥方也還佔有重要的地位。這都可見回教文化底研究，在中國文化史底研究上，也是一種不能避免的工作。至於想考訂歷代舊籍中的大食史料，或想對於蒙古史作深湛的研究，更非對於阿拉伯文、波斯文、突厥文、回教著作家底典籍有相當的研究，無從着手。

第二，從邊疆問題來說：（一）現在我們事實上的邊疆，除沿海岸綫外，在北方已到河北、察哈爾、綏遠和寧夏，在西北是甘肅和新疆，在西南是西藏、西康、和廣西。這些邊疆地方，除了察哈爾、綏遠、寧夏三省中，舊日各旗多爲蒙人，康藏多爲藏人外，寧夏東南部和甘新二省之回教徒總數要比當地漢人多得多。雲南底回教徒雖比甘新爲少，但決不會比漢人底數目，相差太遠。河北廣西兩省，回教徒不算很多，但也佔一個相當的數目。從人數底比例上說，回教徒可以說是邊疆同胞之最主要的成分。這些邊疆上的回教同胞，比起內地的回教同胞來，宗教信仰更爲强烈，宗教組織更爲堅强。如善處之，卽可成爲捍衞邊疆的干城；不能善處，亦未嘗不可爲國防工作上的障碍。但如想善處，必須瞭解他們的根本信仰，他們的思想和生活形態以及他們所憑藉的更廣大的文化。如對於以上各點有相當之認識，則因已有之成規，行新意義的良法，循其所好，避其所忌，持之以時日，往往收效很大。例如，我們邊疆上，需要邊疆同胞底國家意識，和自衞的力量。我們邊疆上，回教同胞底國家意識，雖不見得普遍地濃厚，但回教却有忠於國家和爲正義而爭的教訓。如把這種教訓對回教同胞說，要比講一套政治理論，有效得多了。我們邊疆上回教同胞底自衞力雖不見强，但一個禮拜寺常爲附近教民組織的中心，一個教長常爲教民組織中的領袖。若在適宜的分配和指導下，以一個禮拜寺爲一個自衞區的單位，一個經過訓練的教長爲一個自衞區的領袖，自衞的組織要省力得多，自衞事業底推進也要容易得多了。這都是有了回教知識後的好處。（二）我們邊疆底毘鄰地帶，自新疆以西，直到雲南底西境，都屬於一種回教地帶。這種地帶向西綿延，直到非洲。這一大片地，在現在雖大部份都已另有太上主人，但是這些地方底眞正主人才是我們實際的鄰人。從一種更遠大的眼光去看，對於他們的文化之理解，乃是我們對於將來立國的應有的準備工作。卽使我們撇開這一點不談，我們也要從現在邊防上的利害着眼，而需要明白這些地方底文化精神和各種文化形態。

第三，從種族問題來說：中國人底種族觀念本來很爲薄弱，並且在事實上也未必眞止就有所謂五族底區別。但因爲清代分化政策底推行，無形中把許多不合事實的種族觀念，移植於大多數的人心。其中最不合事實的，要算是對於回族的看法，而製造惡果，迄今不已的，也要算是回族的看法。這個看法，在有清一代，曾引起了陝甘新疆底巨大慘禍，曾造成了雲南無數生靈底塗炭。不多年以前，寧夏陝甘一帶，也爲這個看法，一度造成嚴重的局面。到現在，許多回漢間不諒解的事件，也多爲這個看法所造成。其實，我國回教同胞，血統來源很爲廣大，有出於阿拉伯人者，有出於波斯人者，有出於土耳其人者，有出於回紇人者，有出於漢人之改變固有信仰者，而最後一個的來源恐怕反居一個最大的數量。因爲我國回教徒血統，如以外來者居多，則無法解釋外來人之何以能繁殖五千萬之衆也。若有一個集中的研究機關，一方面從血統上證明中國回教徒與漢人關係之密切，一方面從文化上證明回教與中國之關係，更一方面從世界回教底發展上，證明回教不是一個狹隘的種族主義的宗教，則回教同胞，可因對於過去歷史之認識，而感覺到對國家有重大的責任，對宗教應持更遠大的見解；非回教同胞也可因此而認識回教同胞在中國文化上及中國運命上地位之重要，而生尊敬喜愛之心。舊日不合理的觀念，可以慢慢地改變，許多所謂種族的隔膜可以掃地無餘了。

現在，回教同胞中不乏開明沈思之士，非回教同胞中也有許多認識回教文化的學者。我希望大家能够結合起來，在政府輔持之下，設立一個研究回教文化的機關，負起它在這個時代所應負的時代使命。

9

六 回教的文化運動

顧頡剛

——申報二十六年二月二十八日星期論壇

我不是回教徒，在民國二十年前也不曾注意過回教。那時有一個回教徒在我家裏住過一年，但我除了知道他的生活和我們有些不同之外，也不曾注意到別的地方。直到東四省失掉，日本的大陸政策給我們以最嚴重的壓迫，纔使我煞注意到邊疆，因注意邊疆而連帶注意到在西北各省最有力量的回教，因注意回教而和教中人士多所往來，纔敬服他們信仰的忠誠，團結的堅固，作事的勇敢，生活的刻苦，使我親切知道，中華民族的復興，回教徒應有沈重的擔負；但要回教徒担負起這沈重的職責，必先使非回教徒儘量知道回教中一切，纔能激起彼此的同情心，造成合作的大事業。

中國回教因爲二百多年來處於特殊的環境之下，對於本教的情形向不求人知道，而教外人因隔膜日久，對於回教也不易發生研究的興趣。但回教在中國已有一千多年的歷史，現在擁有五千萬的信徒（這是任何回教國所未有的數目），加上回教本身具有一種社會組織的特質，以及一般信徒的極忠誠的宗教信仰，使得回教的各種動態不僅成爲教的本身事情，而處處和我們的社會生活及國家運命發生了密切關係。因此，回教徒與非回教徒間的隔膜必須竭力打開。現在回教中的開明人士已大變從前的態度，可惜非回教徒中有此認識的還嫌太少。所以我不敢自避淺陋，願意稍微做些介紹溝通的工作。現在，我就先講些近三十年來回教徒所推進的回教文化運動，同時我對於這個運動還貢獻一點愚見。

上述的運動，開始於清光緒三十三四年間。這時，回教中傑出人才王浩然阿衡自歐洲非洲和西亞細亞諸回教國家考察歸國，替本教辦了許多重要的事。其中和回教文化最有關係的有兩件：一是創辦回教師範學堂，一是辦小學堂。師範學堂，爲了受經費和人才的限制，開辦沒有多久，發生的影響不大。小學堂籌設尙易，以王氏崇高的資望和艱苦的努力，十餘年中自北京推行到各省，總數不下六七百處。這是近代中國回教徒第一次自覺發動的文化運動。但這次運動的目標小得很，惟一的主張僅是要使全體回民認識漢字；要使一般教長獲得些新知識。此後，王靜齋阿衡於民國十年留學埃及，攻習各種回教法典，於是這文化運動開始有了研究學術的氣味。民國十四年，唐柯三先生與馬松亭阿衡創辦成達師範學校於濟南，又把這種文化運動和邊疆問題連在一起。王阿衡留埃之後，繼起的有上海雲南北平等地之留埃學生派遣團，留學的規模放大了。王阿衡的著作有古蘭經譯解和中阿大字典等書，都是很費心力的鉅著。成達學校創辦後，繼起的有上海伊斯蘭回文師範學校，萬縣伊斯蘭師範學校，雲南明德中學，和寧夏青海等處的學校。成達本校歷屆畢業學生先後在西北各地辦學，用回教教義向西北回民灌輸國家意識，頗著成效。回教文化運動推演至此，其意義已較前豐富，表現的成績也比以前深刻多了。近數年來，爲了回教青年受高等教育的漸多，同時回教歷史的研究也已發軔，這文化運動顯然又醞釀着一個新的階段。據我所接近的幾個回教青年的觀察，這個新階段至少要包含以下各點：（1）須於回教根本教義及各部重要教法有理論上的闡發；（2）須把回教歷史上關於阿拉伯文化與中國文化的媒合，及回教徒與非回教徒沒有眞正的種族區別的各種事實，使教內外人有普遍的認識；（3）須大量地而且精細地翻譯整理各種回文典籍，給中國學術界以新鮮的刺戟；（4）須對西亞細亞諸回教國家有密切的聯絡和切實的瞭解，使得他們可因文化的關係，作保持我國西陲國防的重要因子。這一個階段雖不知何時實現，但回教文化運動的前途將日益擴大，已是不容否認的事實。

綜觀這運動在三十年中的推進狀況，使我明白，這固是回教徒發展他們宗教的好辦法，實在也是眞正爲中華民國築好一層堅實的基礎。我們教外人的責任，是贊助他們的工作，隨處給他們以方便，好使他們把這基礎越打越堅實。我想，凡是有同情心的人，親眼看見他們的刻苦任事的，一定相信我的說話有最正當的理由。

但這種運動雖極可欽佩，而在運動的過程中也免不了有些缺陷。據我看，最大的缺陷有兩個：一個是各方努力的不集中，一個是各種活動的缺乏近代化。第一個缺陷，表現得最清楚的是回教刊物。近數年來，回教刊物不算不多，但彼此間看不出有什麼聯絡，所以一個地方可以有兩三種各不相謀的小型刊物，而沒有一個規模較大，人力財力較厚，內容較充實的雜誌。其次，各省市回教小學沒有一個集中的統屬機關，各小學的師資和經費往往有極大的歧異，使這種教育事業不能有勻稱的發展。在高級學校裏，也沒有一個共同的研究組織，來研究和改進他們的事業。第二個缺陷，表現得最清楚的是回教徒發表的文字和言論裏往往把學術研究和宗教情緒牽混在一起，而不能把這兩項各安放在適宜的地位。其次，在幾個高級學校的課程編制和將來計劃中，似乎還不能把講授的課業溶化在世界知識的領域裏。因爲這樣，所以敎內外人的隔膜常無法避免。這兩個缺陷固然在文化界中極爲普遍，不能單獨拿來責備回敎中作文化運動的同胞，但回敎同胞如果想把他們的成績作得更好些，這兩種缺陷總是應當設法解除的。此外，這運動雖已有了三十年的歷史，但一直到現在，還沒有建立起一套精細的具體的理論，又不曾培養出一個優秀的文學家把敎義作廣大的宣揚，這也是很大的缺陷。回敎中不少有志之士，他們如果想堅强自身的工作，博取輿論的同情，不在這方面下些切實工夫是不行的。

回敎文化運動長期在人才和經濟兩層重大壓迫之下向前進展，他們遭遇的困難雖和一般辦文化事業的人所感受的在性質上相同，但在程度上卻大有差別。他們無論怎樣努力，而羅致的人才和吸收的資財總是局於回敎範圍以內的。國內一般學術團體和專門學者向來沒有幫過他們的忙，他們也從來沒有向政府拿過一筆像樣的補助費。過去的階段，僅係回敎文化運動的初步，一切都需要回敎徒自己來作，而且他們自己的力量也還都作得了。但如最近一部分回敎青年所期待實現的新階段，則决非少數私人的能力所可達到，如果沒有政府來提倡，各方面的人才來合作，是很難有成效的。所以我寫這文的目的，一方面希望回敎中的志士努力推進自己的工作並隨時檢查自己的缺陷，另一方面希望國家和社會對於這種有價值的運動能有眞摯的認識和實際的補助。我們不想把中華民族團結起來則已，否則必不該卸卻這方面的時代責任。

——天津上海大公報二六年三月七日星期論文

七　讀顧頡剛的回敎的文化運動後

王文萱

回敎問題，確是一個値得注意的問題；尤其是像我們時常跑跑西北的人，更體驗到它的重要！現在顧頡剛先生在大公報發表高見，來做介紹溝通的工作，他的用意深長，極可佩服！尤其他能說明現階段中回敎文化運動的缺陷，他說：「表現得最淸楚的是回敎徒發表的文字和言論裏，往往把學術研究和宗敎情緒牽混在一起。」這的確是卓見。可是我對於他所說的「國內一般學術團體和專門學者向來沒有幫過他們的忙，他們也從來沒有向政府拿過一筆像樣的補助費」。我覺得這二句話不免有點語病，有商討的必要。

先就向來沒有幫忙這一點來說——社會上一般人對於回敎的興趣之所以不很濃厚，正如顧先生所說的「中國回敎因爲二百多年來處於特殊的環境之下，對於本敎的情形向不求人知道，而敎外人因膈膜日久，對於回敎也不易發生研究的興趣」，這是實情。可是非回敎徒並非向來沒有幫過他們的忙。就我所知：中央政治學校每年化許多錢來培植回敎青年，他若社會和私人對於中國回敎青年學會回敎敎育促進會等回敎團體的同情與幫忙，這些都是政府和社會致力於回敎文化運動的事實。所以顧先生說：「向來沒有幫過忙」的話，似有抹殺事實之嫌。

再就「沒有向政府拿過一筆像樣的補助費一點來說」，我也認爲不論政府與社會，於回敎文化運動，應該像顧先生所說的「要有眞摯的認識和實際的補助」；我覺得政府一方面應及早在國立研究機關，及有些大學裏，設立研究的組織，來作學術上的究討；他方面應獎勵社會上有研究興趣的人士。至於補助費一層，在方式上我認爲有討論的餘地。中國不是政敎合一的國家，是信敎自由的國家，國家對於任何宗敎是不偏不倚的；站在這種立場下，國家自不能用國家的名義來補助任何一種宣傳宗敎的事業，或學術與宗敎情緒牽混在一起的事業，像敎育部對於宗敎團體所設立的學校，有不准藉學校來作宣傳宗敎的機關，課程要合部章等規定，這就是表明國家的事業，不能參雜有宗敎的情緒的。所以顧先生所說的希望國家有實際的補助，是應該用「但書」的；因此他所說的那句「他們也從來沒有向政府拿過一筆像樣的補助費」的話，卽使是事實，並不能歸責於政府的「卸卻這方面的時代責任」。

還有顧先生說：中國有五千萬回敎徒，這數字我認爲是誇大了的。我們試將回敎徒居住最多的甘寧青新四省的人口來說：大概甘肅七百萬，寧夏四百五十萬，青海一百五十萬，新疆二百五十萬，一共千五百五十萬人，回敎徒最多算是佔三分之二的話，約爲一千萬人；其他各省以雲南湖南二省多些，也算有一千萬的話，總加起來絕沒有三千萬人，所以五千萬之數，是不免誇大了些。

我之欲寫上面那些話的動機：正恐在如顧先生所說的「回敎徒所發表的文字和言論裏，往往把學術和宗敎情緒牽混在一起」的目下，也許會因了幾句話的語病，擬起什麼誤會的。

我對於顧先生文內所舉的幾個回敎青年，對於這運動新階段必需包含四要點，認爲是必要的：並且希望能够像電波般的迅速地感應到每個人的心裏去。可是我還有一點愚見，想來補充一下，就是：（一）回敎文化運動應該以整個中華民族爲基點，易言之，回敎文化僅是中華民族文化構成的一個細胞，不是一個獨立的單位；因爲若是一個民族中有兩對立的文化，就不能發生共同的情緒，民族就要分解了，印度就是一個例子。（二）宗敎與民族，不能牽混爲一；關於這一點，常有許多人認爲回敎徒就是回族，回族一定是信回敎的。其實宗敎的信仰，是私人的信仰，與民族並無關係，像甘肅臨夏東鄉的回敎徒，原來是信仰佛敎的蒙古人，新疆也有許多從佛敎改信回敎的蒙藏人，內地也有許多本來信別敎的改信回敎，和本來沒有宗敎信仰而新信回敎的。再說現在的土耳其人，也有信非回敎的宗敎的，由此可知宗敎與民族，其間並無必要的連繫。最後，我希望非回敎徒更要去求關於回敎的知識；同時希望回敎徒裏面，出一位像改革喇嘛敎的宗喀巴大士，和改革基督敎的路德，使得回敎更光大些！

——二六年三月三日南京朝報

八　回民敎育展望

青　光

近年以來，吾敎有志之士，鑒於敎育之不振，文化之落伍，對於敎育一端，奔走提倡，歷盡艱辛，不辭勞瘁，浸漸得有今日蒸蒸日上之現象，吾人於忻慰之餘，更致其莫大之希望。

敎育之目的：本爲充實個人生活，促進社會進化，而回民敎育之推行，則於此目的外，猶具其特殊之旨焉。曩昔敎胞思想錮蔽，徒尙保守，所謂回民敎育，惟知攻讀阿文，專重敎義，僉以一受普通敎育，卽將趨於反敎。詎意此種病態之錯誤觀念，實爲回敎文化落後之根本原

12

因，抑亦回民教育進行途中之最大障礙。而吾數千萬回民之優秀特性，迄離顯露其光芒，胥皆受此觀念之所誤。今則此種錯誤，已大變易，回民教育之得以順利推進也，亦正其時。

回民教育之特殊目的，乃爲發揚回教文化，利用特殊環境，以促回民生活之均衡進展。日前平市名學者顧頡剛先生，曾爲文論回教文化運動，乃以誠懇之態度，予以客觀的認識與批評，幷致其期許之至意。循誦至再，殊令吾人感愧交加。惟是顧氏對整個回民教育，似鮮深切之攷察，而於回教文化之眞實核心，尙少澈底之瞭解。蓋以部分之宗教文化而概括其全部，似於整個之回教文化，猶欠充分之認識，此又吾人稍感遺憾者。

回教文化之增進，有賴於回民教育之推行，而回民教育之涵義，幷非只指宗教教育而言。誠以宗教教育乃回民教育內包之一部，亦卽普通教育推進過程中之一階段而已。吾人生於回教，服膺教義，爲終身之信德，自當永矢弗替，宗教教育，於一般回民之重要，自不待言；然宗教教育，所研求者祗不過限於宗教的哲學的形而上學，其最大效用，乃指示吾人以正確之途徑，及生活之目標。至如何生活？則非宗教教育之範疇也。夫人之生活，除精神上必有相當之寄託外，而物質之需求，實亦最要之問題，欲解決此重要之問題，惟推進普通教育，注意一般文化之是尙。

普通教育，研究之對象，曰：自然，社會，語言，文字，政治，經濟……之一般實際具體問題。其所包涵者，實乃文化之大部。至於回教文化，就中國言，固稍嫌其枯，然在西方，則實有其燦爛輝煌之史蹟，其對科學藝術之發明，物質文化之建設，洵爲西歐文明之濫觴，凡此實証，具見於泰西各國之史籍典册。吾人研究回教文化，似不宜局促於部分的宗教哲學，而漠忽其他。教育爲推進文化之工具，研究任何文化，尤應注視其母體——教育。此次顧氏所論，對整個回民教育之現況觀察，似有偏重於宗教教育之感。

凡一偉大事業之推進，須有統籌策劃之健全機構，始可收和衷共濟平衡發展之效。中國過去，教育機關，學術團體，以受時局擾攘之影響，一切未入軌道，一般文化團體亦苦無整個之聯繫，而回教文化團體，尤以地域之限制，及人事之關係，缺乏統一之組織。此種組織，將來之能否實現，以種種問題，恐亦難如所期。蓋此種團體組織，如純由民衆力量，以促其成，曾感事倍而功半。過去回民，故步自封，對外鮮有聯絡，關於教育文化之倡導宣揚，本身既不努力，外人自難注視。年來國內學者，鑒於疆土之日蹙，國勢之阽危，非開發西北，無以樹立國之基。因注意西北問題，而始發現西北大部之生機，實寄託於最大多數之回民。回民之生活習俗，旣與其他社會，扞格不合，則其文化之研究攷察也，自應亟予重視。於是回教文化運動，因以倡起。吾人立於被動地位，更不能不急起直追，奮發自强。顧玆事體大，必全國回民，羣策羣力，始克有濟。而此時政府，尤宜因勢利導，以政府力量，督勵進行，藉免支離破碎，不相聯屬之弊。邇者，關於指導回民教育一端，已由三中全會決議，特定辦法，着手實施。凡吾回民，莫不虔誠祝禱，而希其早日實現。至回教民衆方面，尤宜加强組織，協力進行。蓋回民教育之推進，回教文化之發揚，絕非某一團體，某一地域之事，各個團體其所努力之目標，或有差異。究不宜抹煞其他，而作理想中之畸形進展。吾人相信：此種現象，在和平仁愛之伊斯蘭教胞領袖，當無此設想，而追隨領袖努力回民教育文化之教胞同志，實應放大眼光，相見以誠，以謀整個回民教育之協調發展。誠如是，則我五千萬教胞切要之問題，庶可順利推行，不至有因噎廢食，阻滯不前之憾。

再次，復論吾親愛之伊斯蘭青年同志：回教青年，爲將來振興文化之生力軍，其所負之使命，自屬偉大。惟據一般之統計，回教智識青年，實感數量之微渺；而此極少數之青年同志，尙少密切之聯絡，每以環境及目的之不同，或曾發生感情上之裂痕；尤可慨者，對於教中之領袖，鮮有深切之認識，與赤誠之擁護。推厥原由，此實一部青年，鑒於教中人才之缺乏，致有天之驕子之自負。而個人之修養問題，實亦大有關係。吾智識青年，生於回教，可謂憑藉獨厚，正宜虛抑爲懷，充實自己，羽翼未豐，遽欲騰空，其爲失敗，自不待言。吾人於此，更宜認識自我，徒覺愧恨，而在教中先進領導之下，似應竭誠致力專心於回民教育之推行，與回教文化之研究，則回民教育自有急遽之發展，回教文化，亦將有燦爛之花，碩美之果，而遍布於世界之園矣。

——二十六年三月十四日西北週報。

九　關於回教文化運動

——同意顧頡剛的見地——

王曾善

王君文萱在三月十二日副刊發表了一篇『讀顧頡剛的回教的文化運動後』，我讀過之後，發生了兩種相反的感想：

一、我對於王君同情顧先生提倡回教文化，並肯加以研討之熱誠，極端欽佩。

二、王君指摘顧先生文中所謂「語病」幾點，我完全不敢同意。

第一點無多言之必要，我們單就第二點來討論。

王君說：『非回教徒並非向來沒有幫過他們的忙，就我所知，中央政治學校每年化許多錢來培植回教青年，他若社會和私人對於中國回教青年學會回民教育促進會等回教團體的同情與幫忙，這些都是政府和社會致力於回教文化運動的事實。所以顧先生說：「向來沒有幫忙」的話，似有抹煞事實之嫌』。

上面這一段話，照表面看來，似乎可以動聽，實則似是而非。請問中央政治學校每年化許多錢來培植的回教青年在那裏？據我所知，中央政治學校附設的有一個蒙藏學校，蒙藏學校所收的學生，完全係以邊疆區域爲對象，向來沒有爲回教青年設過學額，經回教人士多次的疏通和請求，才有新疆學生若干名。新疆學生雖多信奉回教，但他入學的資格是以籍貫，非以宗教。若謂蒙藏學校收有幾個新疆學生，就是『培植回教青年』，那麼，該校所收的西藏學生，亦可以說是『培植佛教青年』嗎？國家設立之學校，每年化幾個錢來培植幾個回民青年，使與一般青年得到教育上同等之進步，是回教人士多年奔走呼籲而毫無結果的一種希望，王君應當認清這種希望是迄今尙未見諸事實的。中國回教青年學會回民教育促進委員會都是回教教育文化團體，會內用費一分一文，均為回教人士自行捐助：國家每年化了若干萬的邊疆教育經費，和蒙藏教育經費，而回民的文化教育事業，並未得沾潤過幾何。社會和私人對於回民教育文化團體之同情的倒是很多，但祗靠同情，仍是無濟於事，整個的回民教育問題，是需要國家方面有一個統盤的辦法的。

我們認為中國回教人民是中華民族中具有特殊性質的一個集團，回教人民之奉公守法，安分愛國，並不後於其他人民。回教人民集團，並非像王君所說的純屬宗教性質，回民的教育文化團體亦非以傳教為宗旨。回民所患為「貧」「愚」二字。貧愚二字是互為因果的，因貧就無力供給子弟讀書，愈不讀書愈愚，愈愚則愈貧，這並非僅為一單純的回教問題，實是一個社會問題：五千萬回教人民，若是都陷於愚貧及落後之境地，是與社會國家有害無利的。回民教育文化若能得到提高與進步，就是中華民族減少五分之一的愚氓，今日回民的要求，僅僅就是在教育方面要與其他非回教人民同求進步，以期共肩復興民族，抵禦外侮之重任。那麼在這一方面，國家給他們一些補助，還不是應該的嗎？

上面所說，祗在辯明事實，並非對於王君說的話故意挑剔或反對。王君既對回教文化感有興趣，還希望與回教人多多接近，對於回教文化多加指導與研究。

——二十六年三月廿八日南京朝報。

邊事研究　第五卷　第四期

邊疆國際關係專號目錄

發行者：南京白子亭四十號邊事研究會
總經售處：南京太平路中央書局
定價：零售每冊大洋二角全年二元八角

回教青年月報

（週年紀念號）

——民國二十六年四月一日出版——

定價一角
社址：南京建康路淨覺寺

二十五史補編總目（一）

一　史記部分

（讀史記十表十卷）清汪越撰徐克范補　原刊本

（楚漢帝月表一卷）清吳非撰　劉氏唐石簃刻貴池先哲遺書本

（史記月表正譌一卷）清王元啓撰　廣雅書局刊本

（史記惠景間侯者年表校補一卷）清盧文弨撰　抱經堂刊羣書拾補本

（史記三書正譌三卷）清王元啓撰　廣雅本

（史記三書釋疑三卷）清錢塘撰　原刊本

（史記天官書補目一卷）清孫星衍撰　昭代叢書本

（楚漢諸侯疆域志三卷）清劉文淇撰　廣雅本

二　漢書部分

（校漢書八表八卷）清夏燮撰　光緒庚寅刊本

（漢將相大臣年表一卷）清萬斯同撰　四明馮氏伏跗室藏萬氏未刊稿本

（人表考九卷）清梁玉繩撰　清白士集本

（人表考校補一卷附續校補一卷）清蔡雲撰　聚學軒叢書本

（校正古今人表一卷）清翟云升撰　道光十二年五經歲徧齋刊本

（漢書律曆志正譌一卷）清王元啓撰　徐氏積學齋藏原刊本

（前漢書食貨志注二卷）清劉光蕡撰　煙霞草堂遺書本

（補漢兵志一卷）宋錢文子撰　知不足齋叢書本

（漢書地理志校本二卷）清汪遠孫撰　道光刊振綺堂本

（漢書地理志補校二卷）楊守敬撰　光緒二十五年觀海堂刊本

（漢書地理志校注二卷）清王紹蘭撰　光緒二十二年蕭山陳氏遺經樓刊本

（漢書地理志補注一百三卷）清吳卓信撰　道光二十八年涇縣包氏刻本

（新斠注地里志集釋十六卷）清錢坫撰徐松集釋　會稽章氏刊咫進齋藏本

（漢書地理志詳釋四卷）清呂吳調陽撰　觀象廬叢書本

（漢志釋地略一卷）清汪士鐸撰　水經注圖附刻本

（漢書地理志稽疑六卷）清全祖望撰　漸江得睃草堂本

（漢志志疑一卷）清汪士鐸撰　水經注圖附刻本

（漢志水道疏證四卷）清洪頤煊撰　長洲蔣氏心矩齋叢書本

（漢書地理志水道圖說七卷）清陳澧撰　東塾遺書本

（漢書地理志水道圖說補正二卷）清吳承志撰　吳興劉氏求恕齋刊本

（漢藝文志考證十卷）宋王應麟撰　玉海附刻本

（漢書藝文志拾補六卷）清姚振宗撰　快閣師石山房稿本

（漢書藝文志條理八卷）同上

（漢書藝文志舉例一卷）孫德謙撰　四益宧刊本

（前漢書藝文志注一卷）清劉光蕡撰　煙霞草堂本

（新莽大臣年表一卷）清萬斯同撰　四明馮氏伏跗室藏萬氏未刊稿本

（新莽職方考一卷）譚其驤撰　稿本

（前漢匈奴表三卷附錄一卷）沈維賢撰　學古堂日記本

三　後漢書部分

（補後漢書年表十卷）宋熊方撰　汗筠齋刊本

（熊氏後漢書年表校補五卷補遺一卷）清諸以敦撰　嘉慶十七年刊本

（後漢書補表八卷）清錢大昭撰　汗筠齋本

（東漢諸帝統系圖一卷）清萬斯同撰　歷代史表原刊本

（東漢諸王世表一卷）同上

（東漢皇子王世系表一卷）清黃大華撰　稿本

（東漢外戚侯表一卷）清萬斯同撰　歷代史表本

（東漢宦者侯表一卷）同上

（東漢雲臺功臣侯表一卷）同上

（東漢中興功臣侯世系表一卷）清黃大華撰　稿本

（東漢將相大臣年表一卷）清萬斯同撰　歷代史表本

（後漢三公年表一卷）清華湛恩撰　昭代叢書本

（東漢三公年表一卷）清黃大華撰　稿本

（東漢九卿年表一卷）清萬斯同撰　歷代史表本

（後漢書卿表一卷）清練恕撰　多識錄本

（後漢書朔閏考五卷）徐紹楨撰　光緒十七年學壽堂叢書本

（漢志郡國沿革考一卷）清黃大華撰　稿本

（後漢縣邑省併表一卷）周明泰撰　民國十八年排印益社叢書本

本會二十五年十一月二十六日至二十六年三月三十一日所收之特別捐款及會費報告

李貫英先生	特別捐款	四元
孟心史先生	特別捐款	五元
潘補孫先生	特別捐款	一百元
中英庚款董事會	二十五年度下半年補助費	柒仟五百元
顧頡剛先生	捐北大十一月份薪金	四十五元六角五分
顧頡剛先生	捐北大十二月份薪金	四十五元六角五分
顧頡剛先生	捐北大一月份薪金	四十五元六角五分
顧頡剛先生	捐北大二月份薪金	四十五元六角五分
朱文長先生	會費	三元
葛信益先生	會費	三元
汪志中先生	會費	六元
欒植新先生	會費	六元
羅香林先生	會費	六元
丁曉先先生	會費	三元
丁稼民先生	會費	六元
丁嶼之先生	會費	三元
王錫齡先生	會費	三元
王耘莊先生	會費	九元
王士修先生	會費	三元
王鍾麒先生	會費	三元
張仁民先生	會費	三元
張淪波先生	會費	二元
張家駒先生	會費	三元
張其昀先生	會費	六元
張鎮臨先生	會費	六元
張遂青先生	會費	六元
張　英先生	會費	三元
李素英女士	會費	六元
李維棻先生	會費	三元
李貫英先生	會費	六元
李文漪先生	會費	三元
李鳳岡先生	會費	六元
李晉華先生	會費	三元
劉治平先生	會費	三元
劉玉衡先生	會費	三元
劉選民先生	會費	三元
傅彬然先生	會費	三元
孫伯榮女士	會費	三元
韓叔信先生	會費	六元
長　江先生	會費	六元
貝　琪先生	會費	六元
彭仲鐸先生	會費	六元
鄺平樟女士	會費	三元
柯昌泗先生	會費	六元
宓賢璋先生	會費	六元
杜明甫先生	會費	六元
徐世勔先生	會費	三元
何鍾鑑先生	會費	六元
史念海先生	會費	三元
潘承彬先生	會費	三元
敖景文先生	會費	六元
于道源先生	會費	三元
唐　理女士	會費	三元
許其田先生	會費	三元
勞　幹先生	會費	三元
繆鳳林先生	會費	六元
魏建功先生	會費	六元
曹詩成先生	會費	三元
陶元珍先生	會費	三元
張立志先生	會費	六元
藉承緒先生	會費	二元
馮國正先生	會費	三元
瞿昭旋先生	會費	十二元
章錫琛先生	會費	三元
夏丏尊先生	會費	三元
葉聖陶先生	會費	三元
盧　沅先生	會費	三元
周麟瑞先生	會費	三元
宋雲彬先生	會費	三元
陳　述先生	會費	三元
陳叔陶先生	會費	三元
陳訓慈先生	會費	六元
陳　槃先生	會費	三元
楊效曾先生	會費	六元
楊向奎先生	會費	三元
全漢昇先生	會費	三元
金靜安先生	會費	六元
鄭賓約先生	會費	六元
鄭逢源先生	會費	三元
黃仲琴先生	會費	四元七角七分
黃大節先生	會費	三元
吳其昌先生	會費	六元
吳仲培先生	會費	六元

共收八千一百一十五元三角七分

本股前于二十五年七月至九月份（列六卷三四期內）收款報告中曾列顧頡剛先生捐助本會六七八月份北大薪金，而于十月至十一月（六卷七期）收款報告顧頡剛先生捐助九十月份北大薪金誤載爲八九兩月，今應更正爲九十月份，敬希亮察是幸。

會計股啓

贈書致謝

本會最近收到各方惠贈書籍除即日編目珍藏外謹此致謝

故宮博物院贈

文獻叢編 二十六年第一輯 二十六年一月出版 鉛印一冊

王烱蘇先生贈

治蝗輯要一本 章祖純徐鍾藩編

臨時政府法令電文輯要一本

漢口市政建築計畫書一本 孫武著 民國十二年出版

益社課藝第一輯

中華平民教育促進會贈

四川建設設計一本

吳承湜先生贈

近六十年全國郡縣增建誌要一本 民國二十五年出版

正太鐵路管理局贈

正太路接收第四周年紀念特刊一本 民國二十五年十月出版

山東省政府建設廳贈

山東礦業報告一本 民國二十五年十二月出版

王佩諍先生捐

竹堂正覺禪寺小志一冊 釋眞鑑著 鉛印本

竹堂寺志補一冊 釋融爾著 鉛印本

丁稼民先生捐

濰縣全境輿圖一幅 楊文彬，張垚繪製 民國二十三年濰縣縣志局印本

顧頡剛先生捐

史記探源八卷二冊 崔適著 民國十三年北京大學印本

雲南民族調查報告一冊 楊成志著 民國十九年國立中山大學印本

上海市年鑑編輯計畫一冊 民國二十三年上海市通志館鉛印本

國立北平圖書館輿圖版畫展覽全目錄一冊 民國二十二年印本

國立北平圖書館水利圖書目錄一冊 民國二十四年印本

國立北平圖書館水利圖書目錄補遺一冊 同上

金陵大學圖書館中文地理書目一冊 農業圖書研究部編 民國十八年印本

北平圖書館贈

善本叢書第一集 七十冊 內分十二種 據原本影印

廣西省政府贈

廣西一覽一冊 民國二十五年洋裝本

本刊前期目錄（三周年特大號）

插圖

＊　＊

紀念文

論文

北寧鐵路簡明行車時刻表

中華民國廿六年二月一日重訂

1次 平瀋特快 各等膳臥	41次 普通客車 各等中膳	71次 平津客貨 三等慢車	305次 平浦特快 各等膳臥	21次 快車 各等膳車	23次 平唐快車 各等膳車	5次 平津特快 各等膳車	301次 平滬特快 各等膳臥	401次 平津客貨 平瀋通貨	3次 平瀋特快 各等膳臥	73次 津唐客貨 三等慢車	75次 唐榆客貨 三等慢車	43次 唐榆慢車 各等	下行車	站名	上行車	22次 快車 各等膳車	6次 津平特快 各等膳車	302次 滬平特快 各等膳臥	72次 津平客貨 三等慢車	42次 普通客車 各等中膳	4次 瀋平特快 各等膳臥	24次 唐平快車 各等膳車	306次 浦平特快 各等膳臥	2次 瀋平特快 各等膳臥	402次 津平客貨 瀋平通貨	74次 唐津客貨 三等慢車
6.00	6.30	6.45	8.00	10.00	13.00	16.00	18.00	20.15	21.00				開	北平前門	到	9.50	11.30	13.55	16.46	17.30	18.30	21.12	23.00	23.20	2.40	
	6.48	7.27			13.16			21.28					開	永定門	開	9.35			16.13	17.13	18.15				2.13	
6.23	7.03	8.40	8.26	10.26	13.32		18.25	23.00	21.26				開	豐台	開	9.22		13.31	15.35	17.00	18.00	20.44	22.35	22.58	1.35	
	7.26	9.46			13.50			24.00	21.45				開	黃村	開	9.03			13.51	16.33	17.41				0.08	
	8.16	12.40	9.20	11.25	14.39			1.35	22.33				開	廊坊	開	8.16			10.40	15.41	17.06	19.49	21.36		22.28	
	8.35	13.34			14.55			2.28	22.50				開	落垡	開	8.01			9.36	15.21	16.43	19.32			20.48	
	9.03	14.58	9.59	12.05	15.23			3.37	23.12				開	楊村	開	7.39			8.10	14.53	16.21	19.07			19.53	
8.02	9.39	16.46	10.24	12.32	15.57	17.53	20.16	4.53	23.38				開	天津總站	開	7.12	9.38	11.40	6.15	14.20	15.56	18.41	20.39	21.15	18.10	
8.10	9.48	17.03	10.32	12.40	16.05	18.00	20.25	5.10	23.47				到	天津東站	開	7.00	9.30	11.30	5.40	14.05	15.45	18.30	20.30	21.05	17.10	停
8.20	10.00	停	11.05	12.55	16.20	停	20.50		24.00	7.10			開		到	6.45		11.00		13.55	15.30	18.18	20.00	20.55		12.12
9.14	10.03		開往浦口	13.58	17.28		開往上海		1.04	10.00			開	塘沽	開	5.44		由上海開來		12.52	14.36	17.20	由浦口開來	20.04		10.35
10.07	12.09			15.06	18.33				2.09	12.52			開	蘆台	開	4.41				11.42	13.41	16.12		19.09		7.55
	12.59			15.50	19.26				2.57	15.17			開	胥各莊	開	3.45				10.48	12.57	15.15				6.05
10.59	13.12			16.03	19.40				3.10	15.40			到	唐山	開	3.30				10.30	12.43	15.00		18.15		5.00
11.02	13.17			16.08	停				3.15	停	5.30	7.30	開		到	3.25				10.25	12.38			18.12		
11.13	13.31			16.19							6.10	7.45	開	開平	開					10.12	12.27			18.02		
11.37	14.04			16.44					4.02		7.20	8.14	開	古冶	開	2.49				9.45	12.07			17.45		
12.09	14.56			17.18					4.53		9.45	9.07	開	灤縣	開	1.52				8.45	11.20			17.04		
12.50	15.58			18.07					5.58		12.58	10.10	開	昌黎	開	0.51				7.40	10.30			16.23		
	16.21			18.26					6.23		13.51	10.34	開	留守營	開	0.21				7.12	10.05					
13.23	16.41			18.44					6.46		14.38	10.54	開	北戴河	開	0.02				6.54	9.50			15.53		
13.42	17.08			19.07					7.16		15.48	11.23	開	秦皇島	開	23.29				6.25	9.23			15.30		
14.00	17.30			19.25					7.40		16.25	11.45	到	山海關	開	23.00				6.00	9.00			15.10		
14.35									8.20				開		到						8.15			14.30		
21.40									15.35				到	瀋陽南滿	開						23.10			7.20		

北戴河海濱支線

85次	87次	91次	93次	95次	下行	站名	上行	86次	88次	92次	94次	96次
7.00	9.50	13.30	16.00	18.50	開	北戴河	到	6.35	9.30	13.10	15.35	18.35
7.20	10.10	13.50	16.20	19.10	到	北戴河海濱	開	6.15	9.10	12.50	15.15	18.15

通縣支綫

501次 輕油車	503次 輕油車	81次 客貨車	505次 輕油車	507次 輕油車	53次 客車	509次 輕油車	55次 客車	511次 輕油車	513次 輕油車	83次 客貨車	下行	站名	上行	502次 輕油車	504次 輕油車	82次 客貨車	506次 輕油車	503次 輕油車	54次 客車	510次 輕油車	56次 客車	512次 輕油車	514次 輕油車	84次 客貨車
7.30	8.30	9.30	10.45	11.15	12.50	14.00	15.30	16.30	17.50	18.40	開	北平前門	到	9.15	10.25	12.10	12.40	13.40	14.48	15.29	17.20	18.37	20.05	21.25
7.35	8.35	9.38	10.50	11.20	12.56	14.05	15.36	16.35	17.55	18.48	到	東便門	開	9.10	10.20	12.02	12.35	13.35	14.42	15.24	17.14	18.32	20.00	21.17
7.36	8.36	9.40	10.51	11.21	12.57	14.06	15.39	16.36	17.56	18.50	開		到	9.09	10.18	12.00	12.34	13.33	14.40	15.23	17.12	18.30	19.58	21.15
7.52	8.52	9.59	11.07	11.37	13.14	14.22	15.56	16.53	18.12	19.09	到	雙橋	開	8.53	10.02	11.41	12.18	13.17	14.23	15.07	16.55	18.13	19.42	20.56
7.53	8.53	10.02	11.08	11.40	13.17	14.23	15.57	16.55	18.13	19.11	開		到	8.51	10.01	11.39	12.16	13.16	14.20	15.06	16.54	18.11	19.41	20.54
8.03	9.03	10.16	11.18	11.50	13.30	14.33	16.09	17.05	18.23	19.25	到	通縣南	開	8.41	9.51	11.25	12.06	13.06	14.07	14.06	16.42	18.01	19.31	20.40
8.05	9.05	10.23	11.20	11.52	13.32	14.35	16.10	17.07	18.25	19.33	開		到	8.40	9.50	11.17	12.05	13.05	14.06	14.55	16.41	18.00	19.30	20.32
8.10	9.10	10.30	11.25	11.57	13.38	14.40	16.16	17.12	18.30	19.40	到	通縣東	開	8.35	9.45	11.10	12.00	13.00	14.00	14.50	16.35	17.55	19.25	20.25

出版者：北平西四牌樓小紅羅廠八號禹貢學會。
編輯者：顧頡剛，馮家昇。
出版日期：每月一日，十六日。
發行所：北平成府蔣家胡同三號禹貢學會發行部。
印刷者：北平成府引得校印所。

禹貢

半月刊

價目：每期零售法幣貳角。豫定半年十二期，法幣壹圓伍角，郵費貳角伍分；全年二十四期，法幣叁圓，郵費伍角。歐美各國全年美金叁圓，郵費在內。

The Chinese Historical Geography

Semi-monthly Magazine

Vol. VII, No. 5, Total No. 77, May, 1st, 1937.

Address: 8 Hsiao Hung Lo Ch'ang, Si Ssu P'ai Lou, Peiping, China

第七卷 第五期

民國二十六年五月一日出版

（總數第七十七期）

內政部登記證警字第叁肆陸壹號　中華郵政特准掛號認爲第一類新聞紙類

本會紀事

本會承葉遐庵先生（恭綽）慨捐法幣壹千捌百元正，分三年撥付，指定作為編輯費之用，無任感荷。除妥為存儲支付編輯費用外，特此公告，藉彰葉先生提倡學術之盛意。

本刊啓事

本會會員李晉華先生精研明史，迭在本刊發表文字。不幸用功過度，逝於南京。本刊為紀念計，擬出一「明代地理專號」。現除李先生遺著外，已收到不少名貴作品。續來之稿，想不在少，希速擲下，以便早付手民。此啓。

贈書誌謝

本社最近收到各方贈書，茲誌於次，并鳴謝忱。

北平研究院贈

太平天國詔諭　一本　蕭一山編　民國二十四年七月版
北平廟宇通檢　二册　許道齡編　民國二十五年九月版
北平史表長編　二册　北平研究院史學研究會編　民國二十三年版
北平金石目　一本　北平研究院史學研究會編　民國二十三年版
史記白文之部　共三册　顧頡剛點校　民國二十五年版
近代秘密社會史料　六卷四册　蕭一山編　民國二十四年版
古䤨文脅錄　一本　顧廷龍　民國二十五年版
北平歲時志　一本　張江裁　民國二十五年版

張兆瑾先生贈

中國錦礦之類別　地質論評　二卷二期　抽印本

張繩武先生贈

北平西北公學一覽

郭豫才先生贈

河南博物館館刊　第四集　二十五年十月出版
　　　　　　　　第五集　二十五年十二月出版
　　　　　　　　第六集　二十六年二月出版

國立北平圖書館

中文輿圖目錄　一册　二十六年二月版

羅君美先生贈

入唐求法巡禮行記　一册　共二本
番漢合時掌中珠　一本

本刊第七卷第六期「古代地理專號」目錄預告

原始時代東北居民與中國之關係略識

田鳳章 1

緒言

人類的起源，大率始於温帶，文化開拓較早，出產豐饒。人類是自然界最精偉的創造，人類生活，在温帶較比容易。他本身的創造智慧，雖爲大自然所賦與，但多半還得大自然來啟發。所以在温帶山川附近，出產豐饒，自然給人類的創造啓發較多；而且因食住之方便，人類就不向遠方移動；居住一久，智慧增長，爲禦禽獸之侵害，漸相團結，造成雛形的集體社會生活。人類的文化，也即從此開始。

因此，我們若研究古代居民關係，不但要從考古上說起，還得從地理關係來說起。然後我們才可以了解古代各地居民和文化的互相的關係。

東北去中國文化起源的中原，不算太遠，氣候亦不太相懸殊，此間居民關係，一定很密切。現在，先從近來考古上的新發現說起，再從地理的脈絡上找實据，則東北居民與中國原始的人種及文化關係，或可識知大略吧？

從考古說起

自考古學興起，使我們嗅到原始人類活動的許多聲息。關於挖掘古物，實在是啟發研究古史捷便的門徑，我們探查東北原始居民的活動，從考古家供給的材料來找線索，是較比可靠的。現在分東北遺蹟及遺物，奉天沙鍋屯及河南仰韶古文物比較，人骨研究，及輸入東北之中國古器物，四方面來探求，大概對東北與中國關係，亦可得些有力之論據。

一、東北遺蹟及遺物：A.東北原始居民之遺蹟，大抵可分：1遺物包含層：掘地數尺，即得之原始遺物；2貝塚：古人食餘之貝殼，魚，鳥獸之骨及其他廢料之丘陵；3石塚：亂石積成之坟；4巨石：a.石柱子；b.石硼。其發現之地域，爲奉天南部，朝鮮北部咸鏡南道，平安南道，江原道，黃海道，中部京畿道，忠淸南北道，全羅南北道，慶尙南道，東北北部北滿洲及東部亞伯利亞。B.東北原始居民之遺物，大抵可分：1石器類：石斧，石鉋，石槍，石鏃，石璧等。大概在東北北部多打製，南部多磨製。2土器類：分單色及彩色二種，如小庫倫，貔子窩，單砣子，牧羊城，南山裡發現之鬲，甗，甑，及碗形高杯形陶器。朝鮮之土製紡錘，土器捺印紋，陶車之類。3骨角器：分人骨，獸骨，魚骨及鹿骨等；或為戰鬥品，或為漁獵用具。4金屬：大致有銅鐵二種。如青銅片，鐵刀，方足布，秦戈。此外有大石橋盤龍山發現之金蓋。

二、奉天沙鍋屯與河南仰韶古文物比較：Andersson 在他所著之 An Early Chinese Culture 中云：1奉天沙鍋屯尋得一器如碗形，經羅森娜女士由多數碎片湊合，幾成全形。質細，色黑，磨礪甚精，與河南仰韶村所得者極似。2奉天所得諸器中有二塊陶器，為三足之物，體皆破碎，然可推定為鬲之足無疑。此三足之鬲，在河南遺址所得頗多，據古籍所載，至周尚用之。3奉天洞穴之下層得紅地黑花之陶器數片，面極光平。此種複色磨光之陶器，亦河南所得諸器中最富興味而有研究價值者。以上所舉三點僅及陶器。其他相同之點尚多，如石斧，石釜，貝環等物。故安氏云：『奉天洞穴之文化與河南大致同時；其所以稍有不同之處，或由地理之關係，非必時代前後之不同。』安氏復繼續研究，整理而成一文，為 Cave-Deposit of Sha Kuo T'un 將仰韶與沙鍋屯特別相似者歸納為四點，大要與前同。其結論云：『予意以為此二址，不特同時，復為同一文化之民族所遺，即予所謂仰韶古文化者；其有彼此不同者，為多數碗形器，及刻紋花樣。二址距離既遠，民族離居，各自發展，勢或有之』。

三人骨研究：Black 在他所著之 Sha Kuo Tun and Yang Shao Human Skeltal Remains 中云：『就我們所有的材料論，我們惟一可得的結論是仰韶及沙鍋屯居民體質的專化，比之現代華北居民體質的專化幾同。雖或較少，亦甚微。……』其微細之不同，乃因後世華北人與異族混血之結果，非原始之有異。故步氏謂：『所以我們很難避去「沙鍋屯居民及仰韶居民之體質與現代華北居民之體質同派」的結論。』

四、輸入東北之中國古器物：1所謂高杯形，乃中國古經傳之「豆」，2貔子窩發掘之有孔石斧，所謂中國石斧，中國式鬲甗，漢式青銅器，周末漢初之錢幣，3朝鮮之陶車，即中國之「膊」。4朝鮮平安北道寧邊郡細竹里，遼寧南部各地，且曾發掘戰國時代燕明邑所造之「明刀」，5秦式之銅器等等。

由於人類之創造性，我們不能不承認原始東北居民的創造。從上邊四方面考據的材料和論証，可以看出，當原始東北居民創造一啟蒙時，即與中國有了局部的或單簡的影響關係。其最早互相接觸的，要算東北之南部及朝鮮。至人種關係，我們若不拘於同出一祖先之論調，而以地理上的自然創造來認識，証以人骨，則兩下之居民，必是同一系統的，易於互相同化的。因中國文化開拓較早，中國先同化了東北南部之居民。到周秦，大概就混而為一，無從分別了；北部亦漸涉及。

而且人類史由考古家之劃分，大致為三期：一，石器石代，二，青銅時代，三，鐵器時代。但，由地下發掘之証明，東北有新舊石器時代，而青銅時代，未有顯明之証例。所發掘的，多由中國運去，非其居民自鑄。但其由新石器時期，很快地轉入鐵器時代，据我們推測起來，大概受中國某一時期文化積極之侵入，突然變化所致。新舊石器之轉變，由打製入於磨製，由無文之土器，入於有文之土器，乃是最早而較緩的影響罷了。所以東北與中國，或緊，或弛，始終是不可分開論的，有着相當之關係存在。

由地理來判斷

由於遼東半島與山東半島的隔海相望，足啟東北與中國易於接觸之端。而況以現在的地理關係看來，其山脈與山東，河北，山西，均屬陰山山脈系；其濱海，遼寧與山東，河北，朝鮮，均濱渤海；地勢，與山東，河北，河南，均係平原；氣候，遼寧沿海部分與山東相去不遠，非沿海部分，與河北相似；而其語系，除黑龍江北部尚存小部分之通古斯語系和遼吉西北及黑龍江西南部，包含一小部分之蒙古語系，則大部分為漢語系。這些現代的地理關係，暗示給我們的是什麼呢？是上古東北易於與中國接觸的影子，是中國與東北自古或緊或弛地同化的成績。山系，地勢，氣候，都與原始人活動有很大的關係。自然，原始人之活動，多是趨易避艱，近同遠異的。而語系，就是這種相接近的大鏡子，鐵証据。是一種居民與另一居民，相同化後，優勝劣敗的眞實說明。而且，語言之同化，不是短時間可作到的事。

我們不能不相信，那是從上古，即紮下了的根苗。

再証以燕秦開破東胡，既敗之，爲更防患於未然，築長城，自造陽(今察哈爾獨石口)，至襄平(今遼寧遼陽)，爲一大弧形之防禦圈；又于此防禦圈內置五郡。至秦，又沿燕長城舊址而起萬里長城。此二者，即略可証明，雖東北北部，氣候太寒冽，在上古時，中國未能多與之接觸；至少，東北南部，已成中國與胡人角逐之區了。中國文化自然要比胡人文化高，而深入於東北居民中者在此。

民族的關係

西人謂中國民族來自西方，正如日人說東北民族乃肅慎民族一樣，是不確切的。都不過侵略者的野心，種族的觀念，以偏跛之証据，下既定之臆斷而已。如瑞典人安特生在河南澠池縣仰韶村與甘肅掘出石器時代之陶器，其器工花紋與意大利西西利島及希臘北部，波蘭之 Galicia，俄之西南 Kiev 城附近 Tripolje 及土耳其斯坦安奴等地所發出者類似；而証明爲中國民族西來之說爲最合理，乃是未克明查之判斷。所發掘之陶器，因相類似，即斷定中國民族西來，是不夠的。一、原始人之創造，乃受自然界之影響，其偶然相似，是可能的。二、原始人部分的互相接觸與影響，亦可能。因其物器之類似，並不足下此斷語。加之中國語言及文字，與西洋大相懸殊；中國人既來自西方，幾千年來，竟不知有歐洲大陸，亦似難能。故此中國民族西來之說，實難釋人之懷疑。

至講到東北民族問題，我們不能不從中國民族問題說起。我們來研究原始人之活動，不能忘了部落的活動。由此種原始人部落之活動，很可看出，在原始時代，中國民族之輭弱者，易爲強大者所趨逐，奔向遠方，致互相有長時間之隔離。生活，習俗，自互有變易；而若在原始語言未發生之太古時期起，即生此變化，其語言亦當然向不同方向發展。原始時代人類發源於溫帶，而後因部落衝突，失敗者向北方遷移，是可能的。其部落原人，既逃奔到北方寒冽之區，生活受自然天時之壓迫，生活方式必因地而變動；其文化自不能像居住溫帶人民發展的快；故因文化落後，另形成一種生活方式不同而似乎有區別之民族，亦是可能的。按此種之「可能」，我們即可假定爲：西人所謂之東北通古斯人，日人所謂之滿洲肅愼族，或中國古時所稱之胡，夷，貊等等；實卽中國民族在遠古部落的時代，因強侵弱，多逐寡，致分裂，絕離，所形成的似相異的民族，實際是從一個脈絡生出來的。

如此，我們可以擲開古籍中一些不科學的傳說，和侵略者野心家學者的學說，我們要以人類發展史的眼光，和人類文化變演的根据，生理形像上的研究，來决定東北民族與中國民族的關係。自然，若將來能發現更遠古的遺物和原人活動的遺蹟，會告訴我們這些。我們暫如此假定，等待實据的消息吧！

從文化上來說明

在古籍中所載，考古上所得，雖然不足以証明中國民族爲來自西方，倒可窺見原始人在文化上活動的線索。由這線索，可啓示我們對民族關係的認識。現將東北與中國在文化交往上所得材料，抄錄於下，然後才便於說明。

一、原始神話之傳說：東夷始祖傳爲卵生，與中國三代始祖傳說之卵生同。

二、生活的狀態：A.後漢書東夷傳「東夷率皆土著，喜飲酒，歌舞，或冠弁，衣錦，器用俎豆，所謂中國失禮，求之四夷者也」數語証東夷之生活狀況，殆皆以中國民族爲根据。B.習俗：証之古籍所載，a.夫餘與殷在節令上相同，b.高勾麗與秦一年之盛節，彼此相同，c.夫餘尙白，似與殷人尙白之俗有互相關係，d.東夷與殷人三年之喪之禮相通。e.濊，魏志明言箕子至其地，作八條之教，變其俗；且不但學去中國之禮制，卽迷信亦學去。C.器用：在各地挖掘之鬲甗皆中國特有之物。D.食住：在孟子時代尙陋；至漢武帝經營東北後，東北居民文化始大進步，與中國相類似。

三、商業及交通：a.商業：A.肅愼之赤玉，好貂；東胡之熊羆；烏丸之氀毼，鞍勒；鮮卑之郭落帶，貂，豽，鼲子皮毛；夫餘之赤玉，貂豽，大珠；勾麗之貊弓等等，皆與中國交易對象。B.東北用以交易之錢幣，近古攷古之發現，有貝貨及春秋以後之明刀，方足布，半兩，一刀錢。可表示中國與東北，亙古以來，已有商業上之交往。b.交通：a.由陸路，從今之北平爲起點，有二綫：A.沿海岸，出今之山海關。B.出喜峯口，經赤峯建昌，達朝陽，從此東南向義州，則達遼陽；向錦州，則達遼東半島，或越遼水，過鴨綠江至朝鮮，南下至康津；再越海，則抵日本本州三原，輾轉經各小島至琉球那覇。b.由水道，以今之山東爲起點，有二綫：A.由福山芝罘，越海至朝鮮大同江口登岸；B.由登州（蓬萊）經各小島抵旅順老鐵山。

從上邊的材料看來，中國與東北，即神話的最早的傳說，都完全相同。在始祖卵生這一點上，我們很可猜測，東北居民縱不完全是中國民族的支脈，至少在原始神話時代，中國民族已與東北居民結成了相當的關係。這種關係是地理上易相往來的關係所造成的，是相近的種族易相了解的結果。再觀乎生活狀態，則習俗上，衣着上，器用上，食住上，均與中國結成很深的關係，非相同，即相似。

在商業上，我們看到，東北居民與中國貿易上的繁榮。在交通上，我們看到那非一日可造成的交通路綫。則東北居民與中國發生關係之早，可想而知了。在種屬上，雖像新大陸美國人與英國人之關係，但在地理上，政治上，文化上則又過之。至少我們可說，東北是由中國洗浴出來的。那裏文化的光彩，是受中國的照耀而反射出來的。所以，我們承認，東北與中國，是不可分開論的。

總結

由考古的實据上，地理的判明上，種族的認識上，文化的接觸上，我們旣看到中國與東北，從原始即是不可分開論，我們很可下一假定的總結。

一、東北原始居民縱非中國民族之支脈，但在原始已或緊或弛被中國同化。

二、東北居民文化完全是中國文化的反照。

研究東北居民問題，是同研究中國民族問題離不開的，應從研究中國民族問題爲開始。但因作者對歷史智識的不夠，不克達到科學的見解，姑且將這篇作爲歷史問題探討的嘗試吧。

一九三七，一，一五，完稿於北大西齋。

貉

貉之居留地

林占鰲

1

貉是中國古代北方的一個大民族，又作貊，亦稱濊貉，蓋貉爲種族之名，濊亦爲水名。

水經注『淸漳逕章武故城西，故濊邑也，枝瀆出焉，謂之濊水』。

貉族之一支居濊水流域的謂之濊貉，亦單稱爲濊。濊，亦作穢，或作薉。

貉族佔據的地方很寬闊，古之言貉者，以各人所見之不同，而云其居地亦異，有的說貉居於北方的：

孟子告子篇趙注『貉在北方，其氣寒，不生五穀』。

職方鄭注『鄭司農云，北方貉狄』。

說文豸部『貉，北方豸種』。

墨子兼愛『……以利燕代胡貉與西河之民』。

荀子强國『秦北與胡貉爲鄰』。

管子小匡篇『北至於孤竹山戎穢貉拘秦夏』，也有的說貉在東方的：

說文羊部『東方貉從豸』。

周官正義引鄭志答趙商問『九貉，九夷，在東方』。

鄭注秋官貉（貊）隸『征東北方所獲』。

到底那一個說的可靠呢？我以爲都對的，貉族是遊牧民族（以其從豸），農業不甚發達（孟子說五穀不生），他們的居處無定，隨時遷移，且貉族甚衆，部落亦多，散居北方各地。各書所言，不過就其所知者云耳，非窺貉族之全豹而爲說也。貉族見於古書者有：

詩韓奕『王錫韓侯，其追其貉（貊），奄受北國，因以其伯』。陳奐毛詩傳疏『追濊聲相近，疑追貉即濊貉』。

詩魯頌『保有鳧繹，遂荒徐宅，至於海邦，淮夷蠻貉（貊），及彼南夷，莫不率從，魯侯是若』。

論語『言忠信，行篤敬，雖蠻貉（貊）之邦行矣』。

孟子『子之道，貉道也，夫貉五穀不生，惟黍生之，無城郭，宮室，宗廟祭祀之禮，無諸侯幣帛饔飧，無百官有司，故二十取一而足也』。

周官『職方氏，辨其邦國都鄙，四夷，八蠻，七閩，九貉，五戎，六狄之人民』。

按各書所載，貉爲邊鄙之民族無疑，而其居住之方位，約在北方，魯頌論語以蠻貉並擧，蓋以爲夷狄之通稱，爲文字之對稱起見，擧北方之貉，與南方之蠻在一起，猶後世之言胡越耳，非謂胡與越爲一地之民族也。

墨子非攻中篇曰：『雖北者且不一著何，其所以亡於燕，代，胡，貉之間者，亦以攻戰也』。孫詒讓說：『且不一著何，作且，不著何。且疑柤之借字，國語：晉獻公田，見翟柤之氛，韋注云：翟柤國名是也，不著何亦北胡……』按孫氏之說，且，不著何，燕，代，胡，貉俱在北方無疑。

依余推想貉族古代的歷史，貉爲遊牧民族，散居於北方各地，有在東方的（說文羊部「東方貉」，鄭志答趙商問「九貉，九夷在東方），有在北方的，（說文豸部「貉北方豸種），後來漢族漸漸膨脹，

管子小匡篇『北伐山戎，制冷支，斬孤竹……』。又『中救晉公，禽狄王，敗胡貉，破屠何，而騎寇始服』。

大部向塞外移動。又以西北各民族甚強，受其壓迫，復向東北方流徙。詩韓奕『王錫韓侯，其追其貊，奄受北國，因以其伯』，鄭箋云：「韓侯先祖有功德，受先王之命居韓城，爲侯爲伯，其州界外接蠻服，因見，使時節百蠻貢獻之往來；後君微弱，用失其業。今王以韓侯先祖之事如是，而韓侯賢，故於入覲，使復先祖之舊職，賜之蠻服追貉之戎狄，令撫柔其所受王畿北面之國』。又說：『其後追也，貊也，爲玁狁所逼，稍稍東遷』。由這幾段的記載，可以見出當韓侯受命時，追貉尚在王畿之北，後因受玁狁之逼，復向東北方遷移。

貉族之居燕北者，後又徙居遼東之外，蓋當燕開五郡（上谷，漁陽，右北平，遼西，遼東）時，爲燕人所迫，不得不再東遷耳。

史記燕世家『燕北迫蠻貉』。
貨殖傳『燕北鄰烏桓，夫餘，東綰穢貉朝鮮，眞番之利』。

至於漢書高帝紀載：『四年八月，北貉燕人來致梟騎助漢』，大概貉族仍有遺落於五郡之內者，漢時又內附也。

三國志夫餘傳載：『國之耆老，自說古之亡人，…………其印文言濊王之印，國有故城名濊城，蓋本濊貉之地，而夫餘王其中，自謂亡人，抑有似也』。按呂思勉之解釋，夫餘即濊貉，爲他族所敗，逃遁至此，故云亡人。至其逋亡之由，以意度之，即燕開五郡之事。

貉族衰落以後，見於漢以後之東北民族，曰夫餘，曰高勾驪，曰百濟，曰東濊，曰沃沮。三國志高勾驪傳『東夷舊語，以爲夫餘別種，言語諸事，多與扶餘同，

其性質衣服有異』。東沃沮傳『其言語與勾驪大同，時時小異，食飲居處衣服禮節，有似勾驪』。於北沃沮云『其俗南北皆同』。於濊云『耆老自謂勾驪同種，言語法俗大抵與勾驪同，衣服有異』。由以上的幾段記載，足證漢時東北諸小國皆爲同種。蓋濊貉衰落後，其部落散處於遼東塞外各地，各樹一幟而爲國耳。後漢書『勾驪，一名貉耳』，三國志『勾驪作國，依大水而居……勾驪別種依小水作國，因名之爲小水貊，出好弓，所謂貉弓是也』。三國志又云：『自單單大嶺以西，屬樂浪，自嶺以東七縣都尉主之，皆以濊爲民』，據此可證貉族漫布於東北各區也。

漢以後，濊貉之居地，只限於朝鮮及東海濱省之地，至於中國近塞之地不復有濊貉之踪跡矣。

漢書武帝紀『元朔元年，東夷薉君南閭等口二十八萬人降，爲蒼海郡』。

後漢書東夷傳『濊，北與高勾驪沃沮，南與辰韓接，東窮大海，西至樂浪，及沃沮勾驪本皆朝鮮之地也』。

三國志『濊，南與辰韓，北與高勾驪沃沮接，東窮大海，今朝鮮之東皆其地也』。

風俗文化

孟子謂貉之道「二十取一」，則其俗已有農耕可知（孟子「惟黍生之」）。三國志「濊，有麻，養蠶作緜，曉候星宿，豫知年歲豐約，不以珠玉爲寶」，則其進於農耕似爲時已久矣。 3

管子小匡篇「……救晉公，禽狄王，敗胡貉……而騎寇始服」，三國志『勾驪別種，依小水作國，因名之爲小水貊，出好弓，所謂貉弓是也』。又『濊……少寇盜，作矛長三丈，或數人共持之，能步戰』，由此可知貉族騎戰，步戰均熟，戰鬥器械亦精。

三國志『濊……常用十月節祭天，晝夜飲酒歌舞，名之曰舞天，又祠虎以爲神』。又云『多所忌諱，疾病死亡，輒捐棄舊宅，更造新居』，此俗亦類中國。

三國志謂勾驪「作婚姻，言語已定，女家作小屋於大屋後，名壻屋，壻暮至女家戶外，自名跪拜，乞得就女宿，如是再三，女父母乃聽，使就小屋中宿，至生子已長大，乃將婦歸家」，此蓋母系時代，男子就婚於女氏之遺俗，贅婿之制，即是俗也。中國齊有贅壻之風，亦或爲海濱民族之通俗。魏書載勾驪婚嫁「男女相悅卽爲之，男家猪酒而已，無財聘之禮，有受財者，人共恥之」。勾驪與貉同種。

後漢書『勾驪，一名貉耳』。

三國志『濊，言語法俗大抵與高勾驪同』。

貉族婚嫁之俗，約概如是也。

後漢書濊『其人終不相盜，無門戶之閉，婦人貞信，飲食㠯籩豆……』，三國志濊『其人性愿慤，少嗜欲，有廉恥……男女皆着曲領，男子繫銀花，廣數寸以爲飾……其俗重山川，山川各有部分，不得妄相涉入，同姓不婚』。又『其邑落相侵犯，輒相罰責生口牛馬，名之爲責禍，殺人者償死』，其約法如此。至其著名之產物，三國志亦略叙及，『……小水貊，出好弓，所謂貉弓是也』，又『樂浪檀弓出其地，其海出班魚皮，土地饒文豹，又出果下馬，漢桓帝時獻之』，裴松之注：『按果下馬，高三尺，乘之可於果樹下行，故謂之果下，見博物志魏都賦』。此處所言之物產，係漢時濊貉所居之地之產物，至於其在燕代等地時之生活風俗產物，不可考矣。

朝陽附近之新石器時代遺跡

譯自考古學雜誌二十六卷第十一號，昭和十一年十一月刊行，八幡一郎原著。

高桂華

序

昭和七年，我作「第一次滿蒙學術調查研究團」之一員，勘察熱河時，在當時的熱河省，現在「錦州省」的朝陽附近，發見了二三新石器時代遺跡。關於這事，去年刊行的同團（第一次滿蒙學術調查研究團——華）報告第六部第一編「熱河省南部之先史時代遺跡及遺物」，曾述及之。但該報告僅專致力於記載，故本稿對其記載的基礎試作一稍總括的概觀。又像上述報告中所已聲明的一般，因不能實行發掘，當然其調查不能得着充分的精細，這是須要再三附記的，所以其概觀亦不免粗笨。

朝陽的地理位置

朝陽在發源於凌源南山之大凌河流域。大凌河東北流，至朝陽東北之北票附近，折而東南，在錦縣北部，注入渤海。

這流域地方，是標高五百米內外的丘陵地帶，擁有圓形的山，其間溪谷錯縱，或淺或廣，表面上覆有約十米厚的黃土，全部是綿延的地形。現在在漢人手中，差不多完全耕種着。這一帶以前似乎見繁茂的林森，如今在山的高處，還有林森的遺跡呢。而「滿蒙學術調查研究團」植物學班所採集的植物到七百種，屬於所謂北支那系的；又據動物學班，採集調查的結果，認爲在華北地帶，有森林棲動物之遺跡，動植物兩方，都加上了若

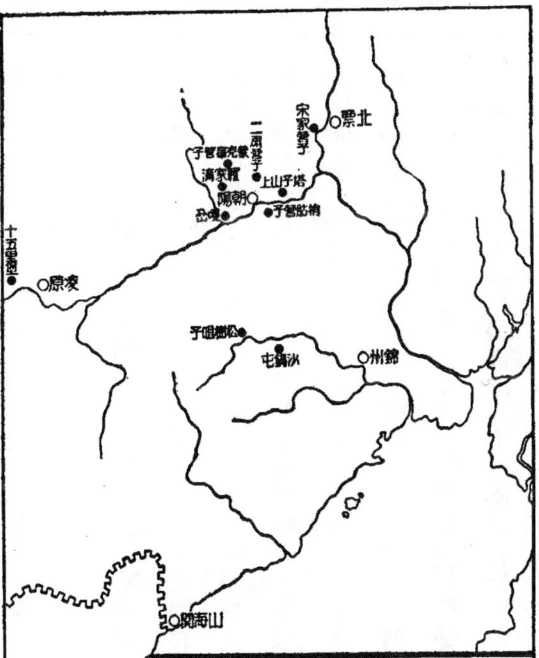

朝陽附近遺跡分佈略圖

干分佈在南滿洲及朝鮮的東西。住民自滿洲及山東經錦縣移來者多，所以在某種形態下，都保有其故地的傳統。

上述之自然與文化之景況，與其西南方之承德灤平地方——即灤河流域，西北方之赤峰——即老哈河流域間，有顯著的對照，這對照在老哈河流域比灤河流更顯著。關於灤河及老哈河兩流域之景狀，玆不贅述。然而現在通過自然與文化景況，能知道其地理之位置，能夠上溯到什麼時代，特別這個問題，關聯着該地新石器時代之文化系統，是很有興趣的問題。

朝陽地方，晉末前燕慕容氏築龍城於此，隋唐時代，以營州爲長城以北的政治中心，所以不斷的作大凌河流域的中心地，即常具有文化中心地的地理條件的地方。

朝陽縣梢牯營子之遺跡

朝陽府之南約四公里，大凌河沿岸，有個叫梢牯營子的地方，背後一帶是標高二百米的丘陵地，丘陵面之臨河處，有新石器時代之遺跡，其面積相當的大，且遺物極豐富，如果正規的去發掘，定能得很大的收獲。我在地裂的一處，看見豎穴住居址的部分的斷面，又採集了許多的獸骨。因此推測着，住宅與墳墓的發見，也是很容易的吧？

原因不明的槍聲，使我害怕，僅二小時餘，採集遺物，所以分量很少。玆就其內容，大概介紹之。土器大別爲三種：

第一種土器，呈黝褐色乃至黑色，粘土中含有砂粒，多粗鬆。在攷察形態上，須先注意鬲脚的存在。鬲脚總共採集了十六個。但這些似乎屬於別個體，如果合鬲主體部之底二點，至少得着十八個體份的鬲型土器，在決定本遺跡的位置上，有很重要的意義。由這些鬲脚中，知道有很多有繩紋的。然而這些鬲型土器的口緣部是如何呢？抱歉得很，不能區別應屬於該口緣部的破片。但是以下所述口緣部破片中，必含有他。由口緣部破片，知道形態大別爲鉢，甕，乃至廣口的壺類。而在甕與廣口的壺類中，頸部有深或淺的紋痕。後者腹部丸似的膨漲的傾斜度很大，鬲型土器，一般都像後者的形態，所以在這裏，當然包含着作鬲型的東西。有底部破片數例，其大半是二重底或準二重底的，這是值得注意的。

口緣的裝飾呢，口唇有附有截痕的，有設口緣帶的等等，但一班是簡素的。口緣帶有稍幅廣而素紋的，與幅狹而有截痕的。體部裝飾，帶繩紋的比較多，這是首先爲人所注意的。可是其中二例有加上截痕或窩別的隆帶，俱與器的屈曲部相當。繩紋大概自口緣至底，成縱的方向，附在一面，中間也有局部的被磨去了。又有許多繩紋面上，配着水平併行線的例子。缺少繩紋的，大概就是素紋，其中一片，薄而呈淡褐色，有排列的點紋。

又在第一種土器的素紋者內，含有器的內外面多少被研磨過的。

第二種土器　採集的極少，呈鮮褐色，栗色，又有黑色，粘土質極好，燒的也好。內外面敷着一層薄的釉子，燒後充分的研磨，呈滑澤。比第一種小形器多，其中像壺類口緣部的東西很多，鉢形品也有，雖然只有一例，也有可以復原的碟子。這些明顯的是用陶車作的。特別是有一個鉢的內外面，有很淸楚的轆轤紋。這鉢的外面，呈美麗的黃褐色，也可以看出來是一種單彩土器，這彩色文，是以前未發見的。

第三種土器　土質精良，稍厚，燒的很堅緻。他的顏色自褐色經黝色到青灰色的幾個變化階段，還能認出。其原因是因爲窯的構造不同吧？採集的資料，自褐色至黝色間者多。褐色至黝色間的，一般呈近似于第一種與第二種的樣子。近於第一種的，裝飾紋很多，即多有加上與縱方向繩紋面水平的併行的隆線與條線，隆線的脊上有附有截痕的，有沒有的。又有繩紋消去，或根本缺如而有隆帶的。有這種紋樣的，大概是甕與壺，可是雖缺繩紋而有隆帶者，呈灰色乃至青灰色之傾向很強。大形破片而有點列紋的只有一件，這是似乎以篦齒畫傷他的器面，附有點列的特異的施紋，與前記之第一種一片紋樣是同一方法。與第二種相似之點，在於褐色系統之甕與壺的口緣部內外面有磨痕。在這些土器，其頸部以下常有繩紋。灰色系統土器之壺的口緣部，常常是有二重口緣的形態。

土器總括　關於第一種第二種第三種相互間系統的乃至年代的關係，今尚難定。此處所能推定的，第一種應該稱爲在華北滿蒙新石器時代土器，第三種當是周漢以降發達之窯器。所以說：前者古，後者新。第二種，在華北發現的彩色土器系統，推定是與第一種同時，或稍後。雖然朝陽好像離開華北黃河流域，而三者的關係，大概有站在不同的立場攷究之必要吧？

三種土器相互間，似乎有許多型式的關連，已如上述，換言之則如次。第一種素紋土器，有稍微研磨的痕迹，想是受第二種技術上的影響。特別可說是第一種所特有的鬲脚部破片中之一是土質，在完成上與第二種完全一致，這是不容忽視的。其次第三種中，在褐色系統土器，繩紋及併行線紋之隆起，使人攷慮到與第一種的關係；他方由其口緣部，有研磨的痕跡，可以推測到第二種技術上之借用。而在第三種中，灰色系統的繩紋很少，形態更加端整，表示與第一種及第二種，屬於全異的範疇。

這般地在梢牯營子，首先有第一種，不久參加第二種，同時發達第三種褐色系統，最後只有同上灰色系統的東西，我們是這般的解釋。

石器　只得硅質砂岩製石槌一個，石英粗面岩製扁平有肩石斧片二個，石錘一個，粗面安山岩質打製石器二個而已。有貧弱的肩石斧，打製技術比磨製技術更顯著，以粗面安山岩，石英粗面岩等爲原料，這是我們所注意的。

朝陽縣二旗營子遺跡

朝陽府東北三四公里之地，丘陵之南傾斜面上有一遺跡，以其在二旗營子西北約半公里，故名之爲二旗營子遺跡。其重要也是不下於梢牯營子之遺跡。

從這裏發見的遺物，殆與梢牯營子同，可是也能看出些異點來。我想這種不同點，是因爲沒有精査兩遺跡，所以不能在他方檢出一方所有的結果吧？所以合兩者來攷察，互相補足，想一定能得豐富的內容的。

第一種土器　比梢牯營子的稍薄而精巧，幾乎無大差別。所得的鬲脚一點及鬲底一片，又似乎相當于鬲的縮約部的有隆帶的破片二點，在數量上，似乎比梢牯營子稍少。在梢牯營子所得的有扇狀把手口緣部破片三點，其中一個帶繩紋的，邊上有截痕，一個帶點列紋的，同樣邊上也有截痕，一個薄的素紋而無截痕，繩紋差不多都是縱方向的。

第二種土器　這也與梢牯營子無大差別，壺的口緣部顯著的向外反轉着，這是值得注意的。三片上能認出顯明的彩紋，鮮褐色的地，描着黑色的斜線紋。

第三種土器，這也與梢貼營子無顯著的差別。只褐色系統少，黝色的稍多，灰色系統最多，這點是要注意的。黝色的外面透出黑色，心部與內表是褐色，有時露出粘土粗質的傾向，與第一種很難分別。有隆線或水平併行線紋的土器，一般的都是堅緻。灰色系統的破片內，包含有最古時代的東西。

土器總括　第一種與第三種雖部分的有關係，整個的是沒有像梢貼營子那樣的顯著。又第二種與第三種的關係，也比較微弱。

所以二旗營子的土器，與梢貼營子，雖幾乎屬於同類，然而確現出稍異的形狀。具體的說來，第一種比梢貼營子後起，第二種並行，而第三種繼之，這是我們的解釋。

石器，共得了白色石灰岩製圓盤一個，粗面岩製扁平石器二個，粘板岩製及流紋岩製同上（扁平石器——譯）各一個，流紋岩質磨製石斧一個。圓盤打缺了周邊，粗面岩製扁平石器，與梢貼營子的有肩石斧，一樣是先打裂成形，然後再磨的。流紋岩的也是一樣，只有磨製石斧是斷面成楕圓形之類，最初敲打成形，後磨礪鋒刃。除此之外，顯明的表示類似于梢貼營子的石器。

朝陽附近之其他遺跡

如果在朝陽附近細心調查，則發見十個或二十個的遺跡，想是很容易的。因爲時間的關係，在梢貼營子及二旗營子以外，所得的只有在朝陽府西方約七公里之羅家溝，北方約一公里之蒙克章營子，東方約十八公里之塔子山上，西方約二十公里之嘠岔等地，僅得斷片的先史時代遺物。

在羅家溝沒得着第一種與第二種的土器，可是得着許多第三種破片，扁平有孔磨製石斧一點，與梢貼營子及二旗營子所得者，同樣是敲打粗面岩板而磨礪的一片。

在蒙克章營子，不過得着極少量的第一種與第二種，稍多量的第三種，石灰岩製石庖丁破片，片麻岩製磨製石斧破片各一點而已。第一種似二旗營子的土器，因爲繩紋不多，見到甕鉢等，也有鬲脚，複底的破片。第二種只有一個豆的破片。第一種土器，有第二種的傾

5

向，這也是不得不附帶說的，可是與第三種沒有關係。

在塔子山上地質學班諸氏採集的，只有第一種的鬲脚一，有繩紋的破片一，也像第一種，也像第三種的有水平併行於繩紋面的破片一等，詳細不明，可是這些是與梢牯營子的土器相似。

在喀岔除得有繩紋第一種一片外，不過得一二片第三種而已。

梢牯營子及二旗營子兩遺跡，再加上以上諸遺跡片斷的資料，尚不能充實朝陽附近先史時代文化的內容，雖然拿這些更與四周的遺跡比較吧？但關於老哈河流域呢？容日後再說，所以與這方面的比較，暫且避免不說。

溯大凌河而上至凌源，因爲凌源附近的變故，未能全部的調查，所以也不能比較。可是多田津留兩氏，在凌源西約三公里之十里堡及十五里堡，採集的東西，第一種背上刻成溝痕半環狀把手外，還有多量的純然第三種土器。此外還有鮮褐色而土質細密的，內裏含有滑石粉末的圓筒形的腹部破片，印有縱方向的繩紋。這個在灤河流域地帶雖多，朝陽附近却沒有的種類，只似上述的資料，到底難與朝陽的比較。

大凌河以下至北票地方，在北票西南約二公里之宋家營子，發見遺跡。採集鬲脚四個，及許多第一種土器。有繩紋的比素紋的多，表面是平滑的。從這些點來判斷，是與二旗營子併行，或以後的型式，而宋家營子的土器中，含有長石的白色粉末者多，這是在朝陽附近沒有見過的。第二種及第三種，也得着許多。石器有粗面岩製扁平有肩石斧一個，打製扁平石器兩個。前者雖是破片，尚能看出其原形，可以助梢牯營子的粗製品的復原，至於連石質也是共同的，很是有興味事的。

大凌河之正南，有與之併行的小凌河流域。

天津李先生，報告關於朝陽之南之松樹咀子的遺物。此遺跡在朝陽之東南四十公里，小凌河左岸之低臺地，混出新石器時代，金石併用時代，歷史時代之遺物。精質，有赤色繩紋之土器，即第一種，如圖所示之一例（圖略——華），印有極粗大的繩紋，是在朝陽附近所未見過的。又有精緻呈灰青色之土器，縱方向的繩紋，配着併行線條，附有格子痕捺型，顯然是第三種。銅鏃、銅製鉸具、銅製圓筒、銅製弩機、銅製小刀、銅錐、半圓環、鈴、明刀、石製與土製的環、骨製大針、骨製及土製之錐、小珠、鐵斧、鐵製鍬、鐵製圓筒、穿孔貝等，實在出來許多種，是極重要的遺跡，可是爲沒有接到詳細的報告，現在還不能比較。他還在這地的東方與北方採集了二十一個磨製石斧，那些是各種各樣的；內一個扁平長形有孔的，與羅家溝見的相同，因不明白他的細部，所以很難比較；稱爲黑岩大形品的，或者是在二旗營子所得的呈斷面楕圓形的斑糲岩系統之石斧吧？我們只可這般的推測。

在這松樹咀子之東南十五公里，據安得生博士(Dr. Andersson)的調查，有著名的錦西縣沙鍋屯之洞窟遺跡。同博士(安得生博士——華)的報告書上，比較該地與朝陽附近之遺物。他分沙鍋屯之土器爲三大類。

1. 粗質土器 灰褐、褐、赤褐色、大形、厚、有繩紋與線條紋。
2. 精質土器 鮮赤褐色、小形、薄、單色土器。
3. 精質土器 赤褐色、小形、薄、有黑彩紋。

右內1.，與我第一種相當；2.3.相當我的第二種。

1.的粗質土器，有鬲脚，有有繩紋的橢形鉢，有淺鉢，又有縱方向繩紋面上有水平並行條綫紋的破片，這些與存於朝陽附近的，無所區別。然關於口緣部形態呢？沙鍋屯的向內斜着，朝陽附近的向外傾斜着。更特別的是外開類，疑這是第一種與第二種的中間型式，尤其是復原的一壺，腹部有半環的把手，這形態全是第二種的。

7

又沙鍋屯有一種獨特的土器，外表面灰褐色，內表面黑色，有彎曲紋樣。這種土器，不能在朝陽附近採集。第二種有鉢碟之類，特別含有鮮明墨彩紋的例子，這是本遺跡成爲重要的一因。然而沒有舉示壺類，這是有點奇怪的，使我們豫想到在上述的外開壺形器內，必含有第二種的吧？第三種是否存在，却沒有表示出來。其次說到石器，有打製小形石鏃，石錐、尖頭器等，有扁平小形磨製石斧，而可以與我採集品中比較的却沒有。只可注意的磨製石斧共四點，最初打缺，然後修整其形式，有磨砥了的痕跡。此外在二旗營子得石製圓盤類一點，這也是可注意的。還有多數的石環，貝環，珠類，但在朝陽附近未發見。

結論

在朝陽附近所採集的斷片的資料，作成該地含混的先史時代之輪廓。特別接近他的地域，例如西南方的灤河流域，與西北的老哈河流域比較時，其位置自然可以明白了。關於這兩地域，下次有機會再詳說，因爲具體的比較，不得不稍等一會。

安得生博士在沙鍋屯洞窟中發見的文物，與華北河南省仰韶出土品相似，故括兩者稱爲仰韶文化期。這個相似，在朝陽附近的第一種及第二種土器，及許多石器，與仰韶間，也能看出來。如果概括的說，朝陽附近也包含在仰韶文化擴大的範圍內吧？可是有點使人懷疑到仰韶與沙鍋屯是含有很多的異質的原素，鬲、彩文土器、環等，兩者有相通的地方，可是在其他處，也能部分的看出相互缺少的。因爲仰韶遺跡的正式報告沒有公布，尚不明其全貌，所以難於確定比較；例如，在沙鍋屯之石器，與在仰韶看見打製技術，又一種有彎曲紋的土器。假若這個是異質要素，就不能單獨的以地方差異，來解釋其存在。在朝陽附近我所調查的範圍，其文化內容，比較沙鍋屯要近於仰韶，只是在各種石器中，不少打製技術的東西，全般有粗鄙的感覺，這是很惹人注意的。可是這個問題，在未與較接近於華北的灤河流域的結果對照之先，暫且保留吧。在沙鍋屯有彎曲紋而內黑色的土器，在朝陽附近，沒有檢出，可是要精查一下，就能夠發見，也不可知。這土器廣布於老哈河流域，黃河流域，熱河北部，所以這在朝陽附近少而能見於沙鍋屯，很是有興趣的。又打製技術製成的石器之多，也是應與之併行的攷究之點。在一洞窟之內，明顯的有華北土器與蒙古土器同居，這事，單純的以爲是位於中間地帶所生的現象，我想其意義，未免太重要。在文化接觸地帶的色彩，因土地而有種種濃淡不同吧？可是把牠分解成單色，是攷古學上的任務。

閑話休題，沙鍋屯缺少第三種土器，即可以看做是發見此以前的遺跡。然而在朝陽附近，三者混在一起的很多，又有的遺跡，包含有似乎相互影響的東西。特別在梢貼營子像第三種中褐色系統的東西，並且一般認爲是第一種與第二種過渡的乃至中間的型式。

其次，石器至少是伴着第一種與第二種，可是與第三種的關係，却不明瞭。在羅家溝，蒙克章營子，宋家營子等地，第三種却豐富，而第一種土器少，或是後期的，却有很好的石器。由此觀之，可以推測到在第一種的終止期，到第三種的普及期初葉，似乎是使用着石器。特別覺得從這些遺跡中，反有挖出華北的石器，是有興味的。又青銅器在松樹咀子，有顯著的一群，北票附近有秦式銅盤出土等。在能決定那些東西應與何種土器配合的時候，也就能彀攷察青銅器傳播的時期。

商務印書館影印

元明善本叢書十種

孤本佳槧　影印存真　特訂廉價　發售預約

樣本備索

本館自前歲開始印行叢書集成，就無量數之叢書，選其中實用與罕見者百部，取精去冗，依類排比；復按萬有文庫之式排印或縮印，以期普及，且便取攜。發行以來，荷國內外人士與圖書館之贊助，得以不脛而走。惟兩年以來，迭承海內藏書家垂詢，以是集所選叢書中有多種爲元明佳槧，且極罕見，平時斥巨資求之而不可得者；如能於集成本廉價普及之外，更選如干種悉依原式景印，保存眞相，當爲好古者所樂聞。敝館對此建議，深表同情。茲選定濟生拔萃、今獻彙言、歷代小史、百陵學山、古今逸史、子彙、兩京遺編、夷門廣牘、紀錄彙編、鹽邑志林十種，用手製連史紙景印；書式爲四開本，字體與原書大小殆無二致。仍就可能範圍，從廉發售。在昔重金難致之孤本佳槧，今後盡人得以百分一二之代價，置之几案。在未備叢書集成者，固可由是擷其精華；在已備叢書集成者，更可藉此窺原書之面目，而益增其瀏覽之興趣。至於圖書館之已備有叢書集成者，今更得此景印眞本，一以應公共閱覽，一以供永久保存，尤爲二美兼備。茲將預約簡則列下：

預約簡則

【册數書式】叢書十種，共約一萬八千葉，分訂三百册，手工製連史紙影印，四開版式。書名及其册數如左：

濟生拔萃	元杜思敬輯	十九種 十九卷	十册
今獻彙言	明高鳴鳳輯刊	三十九種 三十九卷	十册
歷代小史	明李栻輯刊	一百六種 一百六卷	卅二册
百陵學山	明隆慶王文祿輯刊	一百種 一百十二卷	十四册
古今逸史	明吳琯校刊	四十二種 一百八十三卷	卅六册
子彙(已出)	明萬曆周子義等輯刊	二十四種 三十四卷	十二册
兩京遺編	明萬曆胡維新輯刊	十二種 六十五卷	廿二册
夷門廣牘	明萬曆周履靖輯刊	一百七種 一百五十八卷	四十八册
紀錄彙編	明萬曆沈節甫輯 陳于廷刊	一百二十三種 二百十六卷	七十六册
鹽邑志林	明天啓樊維城輯刊	四十一種 六十五卷	四十册

【預約期限】四月一日起，至七月三十一日止。

【出書期】已出子彙一種，以後每月續出一種。

【定價預約價】全書定價國幣一百六十元，預約價一次交款者一百十五元；分次交款者共付一百廿五元，預定時先付四十五元，以後每月續付十元，至付足一百廿五元止。

【郵運包紮費】國內及日本五元五角，香港澳門二十元九角，郵會各國四十九元五角。

【零售特價】全書十種，分別於每種出書後另售特價四個月。十種定價合計二百卅五元，特價分別照定價七折計算。

*D191-26:4

匈奴民族及其文化

馮家昇 1

中國北方民族中最早組織成一大帝國者爲匈奴，二十四史中之四裔傳亦自匈奴始，故歷來言四裔者無不始自匈奴，而降及他族焉。惟其史料甚少，中國方面除史記，漢書，後漢書，魏志，晉書，魏書而外，別無所載。歐洲方面，除東羅馬史家 Priscus 之「出使匈王阿提拉汗庭記行」而外，五六世紀之編年史內所載者亦不過隻鱗片爪。良以此文化比較低落之民族長於武力而短於文事，對於本身活動過程之紀錄每多忽略；間有之，亦旋亡佚。故今人研究其歷史無其自身直接之史料，反須借鑑於中國及歐洲之間接史料也。

一 匈奴異名及其先世

匈奴之名始見於史記，山海經逸周書爲後人追記，不足爲憑。其見於册籍者異名繁多，亦猶印度紀錄中稱 Huna，阿美尼亞紀錄中稱 Hunik，羅馬紀錄中稱 Hunni 及 Chuni，希臘文中之 Xouo> 或 Xouw> 而後之 Huns 也。各書所載，金文所記，匈奴異名，竟有三十二種之多，亦云繁矣。

鬼方見易既濟爻辭。

鬼戎見竹書紀年——後漢書引。

⿰鬼戈方見梁伯戈。

⿱戈鬼方見小盂鼎。

畏夷鬼畏同，故有「無鬼」「無畏」之名。

隗國見左傳，漢書有隗囂，魏志有隗禧。

媿氏見包君鼎及鄧公敦。

混夷見詩大雅。

混戎詩。

緄夷見史記匈奴傳。

緄戎史記匈奴列傳。

昆夷詩采薇序疏引尚書大傳注，孟子。

昆戎史記。

犬夷索隱引山海經。

犬戎史記匈奴列傳。

畎夷史記匈奴列傳。

畎戎國語。

串夷詩皇矣。

玁狁詩采薇，詩出車。

玁允呂覽審爲篇高注。

厰𤞤見兮甲盤，虢季子白盤。

厰允見不𡢁敦。

𤜲允見不𡢁敦。

獫狁史記晉灼。

獫允史記匈奴傳。

獯鬻孟子。

獯粥應劭風俗通。

葷鬻史記晉灼。

葷粥史記匈奴傳。

渾庾魏志。

渾窳史記匈奴列傳。

灌窳見賈子新書。

至史記而匈奴之名始爲定稱。

王靜安先生鬼方昆夷玁狁考（觀堂集林卷十三）謂經傳所紀，自幽平至隱桓只稱「戎」，莊閔以後則稱「狄」。曰「戎」曰「狄」者皆中國人所加之；曰「鬼方」，曰「混夷」，曰「獯粥」，曰「玁狁」，曰「胡」曰「匈奴」者乃其本名。而鬼方之「方」混夷之「夷」亦爲中國所附加。當中國呼之爲「戎」「狄」之時，彼之自稱決非如此，其居邊裔者尤當仍其故號。故戰國時，中國戎狄旣盡，強國辟土，與邊裔接，乃復以本名之「胡」或「匈奴」呼之。

按「胡」者匈奴之自稱，何以知之？曰單于遺漢書云：「南有大漢，北有強胡，胡者天之驕子」即爲例証。大抵「胡」係「匈奴」之急讀，皆其自稱之辭。其義已由「胡者天之驕子」一句而知之；今試就土耳其蒙古通古斯語族中，尋求其語源。

今土耳其語族中 Turk 語人曰 Kun, Kunen,

Woghul 語人曰 Kum, Khum, Kun.

匈牙利語人曰 Kun,

蒙古語族中之 Khalk 語人曰 Kun.

Kalmuk 語人曰 Kun, Ku,

Dakhur 語人曰 Khun, Ku,

Burjat 語人曰 Khung, Kung, Kun,

所謂 Ku, Kun, Khun 正爲「胡」之對音，其義爲

2

「人」。尋求「胡者天之驕子」之義，正如猶太人自命爲上帝之選民之狂妄。

史記匈奴傳云：『唐虞以上有山戎獫狁葷粥居於北蠻』，雖非盡確，固其種屬由來久矣。在古代必與漢族交涉甚繁，其或可考或不可考者，書缺有間，非彼等之事跡有斷續也。唐虞之世荒邈無可稽矣，易旣濟謂高宗伐鬼方三年克之，則此族之強大可知。史稱自契至湯凡八遷，或因此族之壓迫亦未可知。周之先世屢爲所迫，歷不窋公劉與之雜處，傳之大王復爲所迫，事之以犬馬不得免焉，事之以珠玉不得免焉，乃徙岐山下避之。傳至文王有撻伐之舉，詩所謂「混夷駾矣，維其喙矣」。武王克殷，勢力大張，乃放之於涇洛之北，是謂荒服。西周之末，幽王淫暴，卒有驪山之禍。當時諸侯之口號有「尊王攘夷」者猶今之「打倒帝國主義」之標語。尊王必須攘夷，知當時「夷」必甚猖獗，故爲霸者所盛唱。春秋以後則有「狄」之名，或作「翟」，有赤狄白狄。赤狄有六：

一、東山臯落氏今山西昔陽縣東臯落山

二、廧咎如今山西樂平縣

三、潞氏今山西潞縣

四、甲氏今河北雞澤縣

五、留吁今山西屯留縣

六、鐸辰今山西長治縣

六種後皆爲晉所滅。白狄有三：

一、鮮虞今河北定縣

二、肥今河北藁城縣

三、鼓今河北晉縣

肥，鼓亦爲晉所滅，鮮虞至戰國曾盛一時，號中山國，爲趙所滅。所謂狄者遠也，因厭惡驅之遠方之人之義，乃漢人所加之名也。史記匈奴傳謂：『晉文公攘戎翟，居於河內，圁洛之間，號曰赤翟白翟』，則居河內者赤翟，居圁洛之間者爲白翟。此二系與晉之關係甚密切，並有姻婭之誼。

然是時「各分散居谿谷，自有君長，往往而聚者百有餘戎，然莫能相一」。故史公列舉自隴西至燕北諸部：有緜諸緄戎（今甘肅天水縣），翟獂之戎（今陝西南鄭縣），義渠（今甘肅寧縣），大荔（今陝西大荔縣），烏氏（甘肅涇川縣），朐衍之戎（甘肅靈武），林胡（山西馬邑），樓煩之戎

3

（山西嵐縣），山戎（今河北遷化）等等，蓋皆在小部落之狀態中而不相一。要之，此族支系甚多，異名亦繁。中國人雖就其地理或俗尚分別名之，然彼等則皆自稱曰「胡」Huns。王靜安先生云：『彼所自稱本無戎狄之名，乃復以其本名呼之，於是胡與匈奴之名始見於戰國之際，與數百年前之獯鬻玁狁先後相應。其爲同種，當司馬氏作匈奴傳時，蓋已知之矣』。審乎是，則「胡」與「匈奴」之名見於戰國以後之故，可以瞭然矣。

二　種屬問題

匈奴連跨歐亞二陸，在亞洲與全盛之漢對峙；在歐洲蹂躪全歐各國。求之史籍中，惟十三四世紀之蒙古可與匹敵，故東西學者對此二大民族之研究亦最夥。匈奴即西史之Huns，自Degignes至Hirth已經解決；惟其種屬問題至今仍爲懸案。大致有四種假定：

（一）匈奴爲土耳其種　Abel Rémusat及Klaproth諸氏就言語的研究，斷定爲土耳其系。

（二）匈奴爲蒙古種　Pallas, Bergmann, J. J. Schmidt. Bischurin, Neumann及白鳥庫吉諸氏推斷爲蒙古系。

（三）匈奴爲芬族　Saint Martin, Semenoff, Uisalivis諸氏以爲芬系。

（四）匈奴爲斯拉夫種　主張者皆爲俄國學者，如G. Inostrancev所著之「匈奴與匈人」Chunnu und Hunnen 1926, 2nd ed. 滙集各說，最後推斷爲Slavic是也。

此四說雖均不無理由，然以前二者較近似；至後一說則完全出自附會。俄人欲自尊其族，故不惜胡拉，殊無可據。

要之，此問題涉及人種學，民俗學，考古學，語言學諸專門學術，專憑文獻之紀載而解決，爲時尙早，今列入土耳其系，亦不過從語言學上得一種假定而已。日本白鳥庫吉曩嘗著周代戎狄攷，據賈子新書匈奴篇，『將必以匈奴之衆爲漢臣民，制之令千家爲一國，列處之塞外，自隴以西至遼東各有分地以衛邊，以備月氏灌窳之變』，謂灌窳即史記匈奴傳冒頓所北服之渾庾，亦即魏略所載匈奴北之渾窳。此灌窳渾窳與葷粥薰鬻玁狁皆爲同名異譯。遂謂匈奴爲蒙古種，而灌窳等則爲土耳其系。不知葷粥灌窳既爲同名異譯，而史記又以葷粥爲匈奴之文証之，則灌窳葷粥亦即匈奴之異譯也。如翟去病傳云：『驃騎將軍去病率師躬將所獲葷粥之士，約輕齎，絕大幕，涉獲章渠，以誅比車者』，則葷粥爲匈奴之異名信矣。余謂諸族既爲同名異譯，則均屬之土耳其系，似無不當也。

單于　漢書匈奴傳云『單于者廣大之貌也，言其象天單于然也』。今土耳其語族中之Čagatai語謂強盛廣大曰Čong或曰Zengiz與單于爲對音。

撐犂孤塗　漢書匈奴傳云『匈奴謂天爲撐犂，謂子爲孤塗』。今土耳其語謂天曰tangri, tengere, tegri, tangite，此等字與撐犂爲對音；又通古斯族中之Barguzin謂子曰 guto, Yakuzk 語謂子曰 hutto，與孤塗爲對音。

頭曼　匈奴第一主也。土耳其語謂萬曰 tumen, tumän 與頭曼爲對音。

冒頓　匈奴第二主也。土耳其語頑曰 bagtur batur，與冒頓爲對音。

稽粥　匈奴第三代主也。土耳其語謂二曰iki，第二曰 iki-nti 與稽粥爲對音。

骨都侯　匈奴有左右骨都侯。今土耳其語謂威嚴幸運曰 Kutluk，與之爲對音。

祁連　漢書霍去病傳注云：『祁連山即天山也，匈奴爲天爲祁連』。今土耳其語呼天有二種：一曰tangri，表示最高之義，一曰Kuklen表示蒼蒼者天之義。此Kuklen與祁連有對音。

焉支　史記匈奴傳亦作焉者，亦作烟支。匈奴傳『失我焉支山，使我婦女無顏色』。今土耳其語新曰 Yangi，Kirgiz 語顏色曰 öng, Uigurs 曰 öng-luk, Yakut 曰 ung, Čagatai 曰 ung，與焉支等爲對音。

徑路　漢書匈奴傳『單于以徑路刀金』。東土耳其斯坦語小刀曰 Ging-rak, Telent-Turk 曰 Kyngy-rak 與徑路爲對音。

就以上諸語觀之，可知匈奴語與土耳其語語脈實相關連，謂匈奴爲土耳其系，誠不爲過也。由比較語言學之推定爲某種某系，雖不免失之武斷，然亦不失爲假定之一法。故自來歐洲歷史學家研究史料缺乏之古代民族之種屬問題，莫不有資于語言學也。

三　匈奴之興衰

匈奴之興肇於漢初，冒頓滅東胡，破月氏圍高帝。匈奴之分肇於宣帝時，呼韓邪臣漢，郅支西走被戮；而蒲奴與右奧鞬日逐王比內鬨，南北之裂因以大顯。匈奴之亡在三四世紀之頃，劉石二氏為冉閔殺戮；阿提拉帝國瓦解。

先是頭曼單于之時，東有東胡，西有月氏，皆為匈奴強敵。秦將蒙恬收河南地，斥逐匈奴，頭曼不勝，北徙者十餘年。始皇崩，二世立，蒙恬見殺，諸侯畔秦，中國內亂，諸秦所徙謫戍邊者皆復去。於是匈奴得寬，復稍渡河南，與中國界於故界。單于太子名冒頓，東滅東胡，西走月氏，南併樓煩（今山西苛嵐）白羊（今寧夏）河南王，悉復收蒙恬所奪故地，至朝那膚施，遂侵燕代。是時中國疲於內戰——楚漢之爭——以故冒頓得自強，控弦之士三十餘萬，為東亞一大帝國焉。

是時，漢初定中原，徙韓王信于代郡馬邑，力不能敵匈奴，使使求和解。漢疑信有二心，遣人讓之。信懼，以馬邑降匈奴，引匈奴至晉陽城下。高祖擊之，會天大雪，士卒墮指者十二三。高祖使人覘知冒頓居代谷（今朔縣），以為其士卒羸弱可擊，乃悉兵三十二萬北逐之，至平城（今大同縣）。冒頓縱鐵騎三十餘萬圍帝于白登（今大同縣東七里），內外不通者凡七日。後用陳平策，厚遺閼氏並說以利害，圍乃解。時高帝七年，西紀前二百年也。高帝此次之經驗，方知匈奴之不易於敵，乃用婁敬策與之和親，取家人子，名為長公主以妻單于，歲奉絮繒酒米食物各有數。是為歷代妻四裔以公主之濫觴。高后時，冒頓益狂妄，來書有：『孤僨之君生於沮澤之中，長於平野牛馬之域，數至邊境，願遊中國。陛下獨立，孤僨獨居，兩主不樂無以自娛，願以所有，易其所無』！呂后雖怒，無如之何，卑躬屈己以報曰：『單于不忘弊邑，賜之以書。弊邑恐懼，退以自圖。年老氣衰，髮齒墮落，行步失度，單于過聽不足以自汙。弊邑無罪，宜在見赦。竊有御車二乘，馬二駟，以奉常駕』。觀其辭義，是如何之抑，較後日中國與突厥回紇吐蕃或契丹女真之書詔且甚之。文帝時，對匈奴之政策仍取姑息，而匈奴益傲。觀其對漢使有：『漢使無多言！顧漢所輸匈奴繒絮米糵，令其量中，必善美而已矣』！此與突厥謂『但使我南朝兩個孝順兒子常來進貢，吾何患貧乎？』之倨傲正同。文帝固不敢輕動，仍以宗室女為翁主妻之。今世所傳之「和親塼」余見之鄧文如先生處，文云：

單于和親，千秋萬歲，安樂未央。

凡十二字，爲漢人屈服于匈奴之紀念物。吾人今日睹其物，不禁回憶當年之情況。

武帝即位，採取極積政策，元鼎元年（西紀前一一五）張騫還自烏孫，西域始通於漢，乃於渾邪王故地，置酒泉郡（今肅州附近），稍徙民以充實之；尋分置武威郡（今涼州附近），列兵置戍，以絕匈奴與羌之通路。六年，分武威酒泉更置張掖（今甘州附近）燉煌（今燉煌縣）二郡爲四郡，於是漢之郡縣達於甘新之境，漢之威力亦達於西域諸國矣。元封二年滅朝鮮，開樂浪，眞番，臨屯，玄菟四郡，於是漢之行政範圍遠及朝鮮半島。東西既通于漢，匈奴勢力日就衰替。漢又不時遣大軍深入北討，擄其馬羊，焚其積粟，匈奴因以大困。因地理之關係，生產不足；因東西交通斷絕，經濟不敷；又因歲有大饑，人民畜產死者十六七，匈奴至是益衰。宣帝時，五單于爭立，內亂不已。既而郅支單于據單于庭（今庫倫附近），呼韓邪南走塞邊，通于漢廷。二單于互相對峙，漢庭居間操縱，得紓其禍。

郅支單于與呼韓邪之對立，爲匈奴第一次之分裂，亦爲匈奴第一次之西遷。甘露二年（西紀前五二）呼韓邪款五原塞請朝，三年來朝，位在諸侯王上，賜賚甚厚。及歸國，發邊郡士馬送出塞，又轉邊郡穀米給之。呼韓邪請居光祿塞（今吳剌特）下，有急保受降城，詔從之。漢待呼韓邪既如此禮優，郅支羡之，欲自結於漢，爲呼韓邪所沮。乃于三年（西紀前五一）西徙烏孫地，擊破烏孫兵，並威服呼揭堅昆丁令諸部，留都堅昆（今阿爾泰山北）。尋遣使至漢求放還質子，漢遣谷吉送之。郅支殺吉，益引兵西至康居 Sogdiana。康居王以女妻之，數擊烏孫，烏孫西鄙空虛不居者五千里。會漢遣使至康居責谷吉等死狀，郅支不奉詔。元帝建昭三年（西紀前三六）西域副校尉陳湯與都護甘延壽襲康居大破之。斬郅支，傳首長安。其下或降或散，爲西史所謂之 Huns.。當郅支西徙時，呼韓邪于永光二年徙居單于庭（今庫倫附近）。既而聞郅支被誅，且喜且懼。乃入朝，願爲漢婿。詔以後宮良家子王嬙妻之，單于賜號「寧胡閼氏」。自是而匈奴復歸一統，事漢唯謹，不敢有違。

光武時蒲奴單于與右奥鞬日逐王比有隙，比自立爲「呼韓邪」（按此疑即後日可汗 Khagana 之前身），欵五原塞求內屬，是爲南匈奴。詔立南單于庭于五原，置使匈奴中郎將以領之。尋徙居西河美稷（今鄂爾多斯右翼中旗），列置諸部王助漢扞戍北地。蒲奴單于懼蹈郅支覆轍，乞納貢和親，漢廷以南匈奴方事漢甚謹，不欲拂其意，詔不許。北匈奴連年旱蝗，又遭鮮卑丁令等部之攻襲，其勢大衰。南單于以有可乘之機，復上書請伐之。和帝永元元年以竇憲爲車騎將軍，耿秉副之，大出討之。與北單于戰于稽落山，大破之，斬獲甚衆；乘勝追擊至燕然山勒石紀功而還。北單于輾轉遁至西域，求臣于漢，屢爲南匈奴所阻。三年耿夔出居延塞，圍北單于金微山，大破之，獲其母閼氏名王以下五千餘級，北單于遁入東歐至 Volga 流域，復進略多惱河，形成歐洲最紛亂之狀態。其後有阿提拉者 Attila 433-453 設汗庭于多惱河東北大平原之上，成立一強大之帝國。元史譯文証補（卷二十七上）稱『阿提拉仁民愛物，信賞必罰，在軍中與士卒同甘苦，子女玉帛一不自私。鄰國貢物分頒其下，筵宴使臣以金器皿，而自奉儉約，樽簋以木。將士被服飾金，而已則惟衣皮革。是以遐邇咸服，人樂爲用』。但四五一年法國巴黎東北 Catalouvian 與西哥德一戰後，其勢稍衰。阿提拉不久亦卒，帝國瓦解，獨少子Hernac Irnas（夏德謂即魏書衆將傳之忽倪）率殘衆，退多惱河。其後別部 Magyars 入匈牙利建立王國，是爲匈奴在今世存留之惟一國家。南匈奴自單于比以來，對漢十分恭順，雖小有寇掠，亦不足爲大患。靈帝時，匈奴人不附於扶羅而立須卜骨都侯爲單于，未幾死，扶羅弟呼厨泉立。獻帝建安二十一年入朝，曹操留之不遣，使右賢王去卑監其國，分其衆爲五部，居幷州境內。

1. 左部——居太原泫氏縣（今山西高平縣），衆萬餘落。
2. 右部——居祁縣（今山西祁縣），衆六千餘落。
3. 南部——居蒲子縣（今山西隰縣），衆三千餘落。
4. 北部——居新興縣（今山西忻縣），衆四千餘落。
5. 中部——居太陵縣（今山西文水縣），衆六千餘落。

左部帥豹即劉淵之父，右賢王去卑即赫連勃勃之先；別部居上黨武鄉縣地者稱羯，爲石勒之先；居臨松盧水者（今甘肅張掖縣）爲沮渠蒙遜之先。左部以匈奴與漢爲甥舅之國，自氏爲劉，最強。淵幼而儁異，兼通文武，乘八王之亂，畧取幷州北部，自稱北漢，子聰曜皆梟雄，五胡亂華實左部起之也。厥後劉石二氏爲冉閔所滅，遺種曰步落稽，一曰稽胡，居離石（今山西離石）安定（今甘肅固原縣）間，支系繁多，處深山谿谷，雖爲編戶，有異華人。其性兇悍，亦知耕植，惟與華人少接觸，故歷久始通化於華人云。

四　匈奴之文化

匈奴版圖橫跨歐亞二洲，其文化亦帶一種歐亞 Euriasia 性，其成分以 Scythian 及 Siberian 爲主，參合中國，希臘以及伊蘭諸系，而成一種世界性的文化 universal culture。此由一九二四年柯智洛夫在外蒙之發掘已爲之証明。

先是一九一二年有一鑛工在外蒙古尋掘金鑛，在庫倫一帶發現若干丘墟。初疑爲礦穴，及繼續發掘，始知爲古墳。一九二四年三月柯智洛夫探險隊在此發掘結果甚佳，報告書名科智洛夫蒙藏探險隊之外蒙探險報告書 Krátkie otchěty Expedisiy po Isslédovaniyn Sévernoy mongólii v Svyazi s mongolo-Tibétskoy Expeditsiey P. K. Kozlov 55pps. 55pts. 1925. Leningrade. 據云外蒙土謝圖汗色楞格河上源諾顏山叢草之斜坡，當庫倫北七十哩位於庫倫恰克圖大道東七哩之地有古墓二百二十一座，分爲三群，或即匈奴都會之近傍。發掘物分八類：

（一）金類　有三角形及狹長形之薄金花片，亦有塗以紅漆而釘於棺上爲飾者。有凸金片，上刻一跛馬，有翼。嵌石上沏金片等物。

（二）銅類　銅鼎，三足香鑪，杯，小銅帽，漢殘片。

（三）鐵類　鐵桿箭鏃鐵勒。

（四）石類　橢圓珠及瑪瑙獸。

（五）木類　附皮殘鞍及雕刻品。

（六）陶類　黑色陶甑及殘片，其質料技術及花紋與貝加爾湖東發現者頗類似。

（七）漆器　內紅外黑之漆，鐏飾以金葉，繪以禽獸。有殘碗漆片甚多，就中有繪獅負猴者最有趣。有一碗烏類螺旋紋風景，返用斜線分開，底鐫「上林」，係秦漢時代長安西「上林苑」之花園名。

（八）織物　衣服甚多，有一綠皮之絲袍及絲帽尙完好，寬窄袖俱備。其綉織物最可注意：有希臘式波斯式，中國式，如一花絹上織騎馬仙人，手中持物立于雲端，間有文曰「廣成新神靈壽萬年」八字，代表漢代之道教思想。

（九）雜類　大小琥珀珠，彫成盤蛇形之琥珀，馬尾製之馬具絲網，黑色粗細髮辮并綴符咒，大辮一似婦人髮，縛以紅繩。在一墓室竟發現髮辮十七件，似爲殉葬者云。

要之，由所發現之織物及花絹而與斯坦因在樓蘭發掘者比較之，其時代相同。更由所發現之漢代通行之隸體字及各種五銖錢漢鏡而言，益可証明爲與漢同時代之墓。其時正當匈奴雄據漠北，故 Kozlov 及 Yetts, Giles諸氏均認爲匈奴之墓云（參攷 The Burlington magazine April. 1926, W. P. Yetts 論文。The geographical Review Oct. 1926. Yetts, Links between ancient China and the West。）

一九三五年日本東亞攷古學會研究員江上波夫及水野清一就實地探查之結果，編成一冊內蒙古長城地帶。其第二篇綏遠青銅器推論綏遠青銅文化是東亞古代北方民族的文化。一面含中國式，一面具 Scythian 式，故謂之北方 Buriasia 文化云。

甲　法俗

匈奴行國也，逐水草遷徙，無城郭，然亦各有分地。兒能騎羊，引弓射鳥鼠。少長，則射狐兔，用爲食。士力能彎弓，盡爲甲騎。其俗寬則隨畜，因射獵禽獸爲生業；急則人習戰攻以侵伐，其天性也。長兵則弓矢，短兵則刀鋋。利則進，不利則退。不羞遁走，苟利所在，不知禮義。自單于以下咸食畜肉，衣其皮革，被旃裘。壯者食肥美，老者食其餘。貴壯健，賤老弱。父死，妻其後母；兄弟死，皆取其妻妻之。歲正月，諸長小會單于庭祠；五月大會龍城，祭其先天地鬼神；馬肥，大會蹛林，課校人畜計。其法：拔刃尺者死；坐盜者沒入其家。有罪，小者軋，大者死。獄久者不過十日，一國之囚不過數人。單于朝出營，拜日之始生；夕拜月。其坐，長左而北鄉。日上戊已，其送死有棺槨金銀衣裘，而無封樹喪服，近幸臣妾從死者多至數千百人。舉事而候星月，月盛壯則攻戰；月虧則退兵。有巫者，出兵必占吉凶。其攻戰斬首虜，賜一巵酒，而所得鹵獲因以予之，得人以爲奴婢，故其戰人人自爲趣利。善爲誘兵以冒敵，故見敵則逐利如鳥之集；其困敗則瓦解雲散矣。

按此為俄人 Kozlov 在外蒙 Noin-Ola 所發見，去年英倫藝展後，友人由英寄來攝影兩幅，一幅為絲織品，一幅為絲繡品。今將絲繡品刊此，以見漢代文物輸入匈奴之一斑云。

戰而扶輿死者盡得死者家財。

乙　官制

大曾爲「單于」，猶中國之「皇帝」。按中國之帝王稱「皇帝」始於秦始皇；北方民族之「單于」始于匈奴，前此未有如是稱者。亦曰「撑犂孤塗」tangari hutu，猶中國之稱天子也。冒頓遺文帝書自稱「天所立匈奴大單于」，老上單于遺文帝書，自稱「天地所生日月所置匈奴大單于」，猶中國皇帝之尊號，此例在北方民族中，如突厥可汗致隋文帝書，自稱「從天生大突厥天下賢聖天子伊利俱盧設莫何始波羅可汗」。元代白話書有「長生天地氣力裏皇帝」。匈奴單于名號中每加「若鞮」二字，漢書匈奴傳云：『匈奴謂孝曰「若鞮」，自呼韓邪後，與漢親密，見漢謚帝爲「孝」慕之，故皆爲「若鞮」。皇后曰閼氏，皇子曰屠耆，公主曰居次，太子曰左屠耆王，亦曰左賢王。單于下置左右賢王，左右谷蠡王，左右大將，左右大都尉，左右大當戶，左右骨都侯。左右賢王以下至當戶，大者萬騎，小者數千，凡二十四長，立號曰萬騎。而左右賢王左右谷蠡王最爲大國，左右骨都侯，輔政。諸二十四長亦各自置千長，百長，什長，裨小王，相，將，都尉，當戶，且渠之屬。諸大臣皆世襲封爵，小官則否。按柯昌濟金文分域編所載匈奴印章甚夥，其名亦因是而得見。

匈奴呼律居訾成羣印　待時軒印譜。民國丙寅河曲出土。

晉河東匈奴護軍印　罄室印存。晉河東郡治，安邑。

漢匈奴呼盧訾尸逐印　印雋。民國己巳年榆林出土。

休屠長印　集古官印考証。

休屠胡佰長印　罄室印存。

匈奴相邦玉璽　觀堂集林，王靜安先生有跋甚詳。

右賢王印　十鐘山房印舉。漢書匈奴傳置左右賢王。

俎居侯印　凝清室印存，漢書匈奴傳諸二十四長亦各置相都尉當戶且渠之屬。

四角胡王印　集古官印致証。

部落王章　金石索，皆匈奴印。

漢匈奴惡適姑夕且渠印　漢印分韻。

漢匈奴惡適尸逐王印　日本藤井氏藏。

漢匈奴呼律居訾成群印　印雋。

漢匈奴呼盧訾尸逐印　仝上。

漢匈奴姑塗畢台耆印。

匈奴破虜長印 碧葭精舍印存。

匈奴歸義親漢君印 日本藤井氏藏。

丁零仟長印 印僞，案史丁零在匈奴北，亦今外蒙古地也。

晉匈奴率善佰長印 稽古齋印譜。

晉匈奴率善邑長 十鐘山房印舉。

晉匈奴率善邑長 仝上。

晉率善胡秋長印 漢印分韵。

漢書匈奴傳，宣帝甘露三年，呼韓邪單于朝天子於甘泉宮，賜黃金璽盭綬；王莽建國元年遣五威將王駿多齎金帛易單于故印文曰「匈奴單于璽」，莽更曰「匈奴單于章」。大抵匈奴自呼韓邪臣服漢後，每一代單于更迭，必得漢所賜璽綬，以爲「撑犂孤塗」之寶，亦猶中國之傳國寶也。以上列舉二十二印大抵多歸義後物，故其渠帥並著漢字也。

丙　文字與文學

史記匈奴傳「毋文書，以言語爲約束」，則匈奴似未有文字也。然傳中屢載單于遺漢書牘，又似匈奴有文字者。其所書究爲漢文，抑西方文，抑匈奴文雖不可攷，然以漢文之說近理。蓋匈奴本無文字，故司馬遷云以言語爲約束；嗣得漢之降人，乃用漢字。如燕人中行說以不滿於漢庭而投匈奴，教單于疏記，以計課其人衆畜物。漢遺單于書牘尺一寸；說教單于遺漢書以尺二寸牘，及印封皆令廣大長。自南匈奴以至劉淵石勒及稽胡，史未嘗云有匈奴字，其所用則皆漢字也。如稽胡北史云「言語夷狄，因譯乃通」，又云「其渠師頗知文字」。此所指「文字」蓋爲漢文無疑，無怪乎吾人今日所及見之匈奴印章爲漢字也。惟匈奴自西遷歐洲後，別創一種文字。據洪文卿元史譯文証補卷二十七上云：匈王阿提拉與西國使命往來，壇坫稱盛，有詩詞歌詠皆古時匈奴文字。羅馬有通匈奴文者，匈奴亦有通臘丁文者，惜後世無傳焉。

匈奴不但通漢文，而又別創國書，且有地圖詩歌文學諸端。據後漢書南匈奴傳，日逐王比遣漢人郭衡奉匈奴地圖求內附，則匈奴並有地圖矣。伊稚斜單于時代，失祁連焉支二山，乃歌曰：

亡我祁連山，使我六畜不蕃息；
失我焉支山，使我婦女無顏色。

韋爾士H. G. Wells 在其所著世界史綱 Outline of History

12

（梁思成等譯本上卷頁四一八）云阿提拉設汗庭於多腦河，東西羅馬使臣來貢。宴會時拉丁語，哥德語，匈奴語，或歌詩，或演劇，錯雜大觀。今引其原文如下：

阿提拉之都城不啻一大營堡而非城鎮，石建築祗有一所，是爲仿羅馬式的浴所。人民居於茅屋或蓬帳中，阿提拉及其主要人物與羣妻及從者住於一木宮中，在一大堡內，掠奪所得極夥。然阿提拉仍守遊牧者簡樸之風，用木碗及木盤，工作甚力。宮門前庭場常開，時出騎射。邏守雅利安人及蒙古人在所中宴會的原始舊習，飲酒極多。詩人吟咏詩歌於阿提拉之前，以頌祝阿提拉之神武與勝利。廳中肅靜異常，來賓凝神恭聽。糾糾武士，豪氣時流露於眉目間，狀若不能復耐。老者泫然泣下，以不能再執干戈，爭榮於沙場，表示失望。斯可謂訓練軍事道德之演講。繼此歌唱者則有喜劇，一變嚴肅之態爲和樂之戲。摩爾人與塞種人扮演丑脚，以光怪陸離之衣飾及姿勢雜用拉丁語，哥德語，匈奴語，以博座客之歡心。全廳笑聲大作，耳爲之震。當此縱樂之際，阿提拉獨面不改容，固持其沉靜不移之態度。

大抵韋爾斯採自吉本之羅馬衰亡史 Gibbon, History of decline and fall of the Roman Empire，而吉木又採自 Priscus 之「出使匈王阿提拉汗庭記行」也。

匈奴西遷與西域諸國混雜，故其文化帶伊蘭希臘羅馬之氣味；其南遷者則完全漢化。趙翼廿二史劄記卷八云：

晉載記諸僭僞之君雖非中國人，亦多有文學。劉淵少好學，習毛詩，京氏易，馬氏尚書，尤好左氏春秋，孫吳兵法，史漢諸子無不綜覽。嘗鄙隋陸無武，絳灌無文。一物不知，以爲君子所恥。其子劉和亦好學，習毛詩左氏春秋，鄭氏易。和弟宣師事孫炎，沈精積思，不舍晝夜。嘗讀漢書至蕭何鄧禹傳，未嘗不反覆詠之。劉聰幼而聰悟，博士朱紀大奇之。年十四，究通經史，兼綜百家之言。工草隸，善屬文，著述懷詩百餘篇，賦頌五十餘篇。劉曜讀書志於廣覽，不精思章句，亦善屬文，工草隸。小時避難，從崔岳質通疑滯。既即位，立太學於長樂宮，立小學於未央宮，簡民間俊秀千五百人，選朝廷宿儒敎之。

以凶暴之劉淵輩能詩善賦，博覽羣籍，且發爲文章，著書立說，又立太學小學，獎勵後進，一變前漢時代遊牧之風，其受漢化之深可以知矣。

總之：匈奴最初之文化爲純 Siberian 式，亦爲其本質之文化。其後受秦漢之影響，而加入中國文化。西破月氏，臣屬西域諸國，而加入 Scythian 文化。據今之東西學者謂公元一世紀前，當中國青銅時代，歐洲黑海北 R. Dnapier 流域亦產生一種青銅器的文化，歷史學家謂之 Scythian Culture。此文化隨匈奴之武力而流佈於西伯利亞及蒙古，與中國文化成南北對峙之局。其後匈奴分裂，南匈奴徙居中國內地，完全漢化，北匈奴西遷歐

13

洲，亦投入希臘羅馬文化圈內。概括言之：匈奴頗少其獨特之文化，實包歐亞兩大陸之文化，謂之為 Eurasia 式，誠至當之詞。往年牙茨 Yetts就匈奴文化而為「沽代中國與西方之聯繫」Links between ancient China and the West 一文，實為大有興趣之貢献也。

14

燕秦西漢與東北

王伊同 1

一　肅愼

遠古東北土著爲何族，今不詳。典籍所載，則有肅愼。史記夏本紀「鳥夷皮服」集解云：

「鄭玄曰：鳥夷，東北之民博食鳥獸者。孔安國曰：服其皮，明水害除」。（史記會注攷證，卷二，夏本紀，葉八）

正義云：

「括地志云：靺鞨國，古肅愼也。在京東北萬里已下。東及北各抵大海。其國南有山，鳥獸草木皆白。其人處山川間。土氣極寒，常爲穴居，以深爲貴，至接九梯。養豕食肉，衣其皮，冬以豬膏塗身，厚數分，以禦風寒。貴臭穢不潔，作厠於中，圜之而居。多勇力，善射，弓長四尺如弩。矢用楛，長一尺八寸，靑石爲鏃。葬則交木作椁，殺豬積椁上，富者至數百，貧者數十，以爲死人之糧。以土上覆之，以繩繫於椁；頭出土上，以酒灌酹，繩腐而正，無時祭祀也」。（仝上）

按鳥夷即島夷，古島作鳥。肅愼之地望不可知，更莫知其所自。魏志東夷傳云：

「挹婁在夫餘東北千餘里，濱大海，南與北沃沮接，未知其北所極。……其弓長四尺，力如弩，矢用楛，長尺八寸，靑石爲鏃，古之肅愼氏之國也。……自漢以來，臣屬夫餘。夫餘責其租賦重，以黃初中叛之」。（三國志，魏志，三十，東夷傳）

是肅愼者，即漢魏之挹婁，亦即唐之靺鞨也。括地志稱其地有白山，魏志謂在夫餘東北千餘里，則似當在今吉林之東北部。然其地無島，不識何故曰島夷，或不免與他國相混矣。史記五帝本紀正義云：

「括地志云：百濟國西南海中有大島十五所，亦置邑有人居，屬百濟。又倭國西南大海中島居，凡百餘小國，在京南萬三千五百里。案武后改倭國爲日本國」。（史記會注攷証，卷一，五帝本紀，葉五十九至六〇）

大抵肅愼，島夷，皆古人所謂之東北夷，因相混淆，史記正義遂以肅愼當島夷。虞舜之世，相傳肅愼來服。大戴禮記云：

「昔虞舜以天德嗣堯。……民明教通於四海。海外肅愼，北發，渠搜氐羌來服」。（大戴禮記，雅雨堂叢書本，卷十一，少閒篇，葉六下）

說苑亦云：

「禹陂九澤，通九道，定九州，各以其職來貢，不失厥宜，方五千里，至於荒服，南撫交趾，大發；西析支渠搜氐羌，北至山戎肅愼，東至長夷島夷，四海之內，皆戴帝舜之功」。（說苑，涵芬樓鉛印本，卷十九，修文篇葉六上）

魏志東夷傳云：

「自虞暨周，西戎有白環之獻，東夷有肅愼之貢；皆曠世而至，其遐遠也如此」。（三國志：三十，東夷傳）

儒者歌頌帝舜，遂張大其功，以爲四夷來朝，其言固未可全信。然說苑以島夷當東方，以肅愼當北方，則殊近情理。

肅愼，一作息愼，蓋肅息音相轉。史記五帝本紀「北，山戎，發息愼；東，長，鳥夷」集解云：

「鄭玄曰：息愼，或謂之肅愼，東北夷」。（史記會注考証，卷一，五帝本紀，葉五十九）

大戴禮記亦云：

「其（重華）言不惑，其德不慝，舉賢而天下平。南撫交阯，大敎鮮支渠度氐羌；北山戎，發，息愼；東長、鳥夷，羽民」。（大戴禮記，雅雨堂叢書本，卷七，五帝德，葉三）

蓋息愼即肅愼之音轉，而與我之關係，發生極早。易言之，遠古之時，東北與內地間，已深相給合矣。

二　燕趙齊與胡貊

蠻貊，亦東北之民族也，然戰國之際，尙在燕之北疆。史記燕世家云：

「燕北迫蠻貊，內措齊晉，最爲弱小；幾滅者數矣」。（史記會注攷證，卷三十四，燕世家太史公曰，葉二四，二五）

燕患其迫。齊桓修伯業，乃爲之伐山戎，次於孤竹。史記秦本紀云：

「齊桓公伐山戎，次于孤竹」（史記會注攷証，卷五，秦本紀，葉二）

正義云：

「括地志云：孤竹故城，在平州盧龍縣十二里，殷時諸侯竹國也」。（仝上）

國語齊語云：

「【桓公】北伐山戎，剚令支，斬孤竹而南歸」。（國語六，齊語，四部叢刊本）

孤竹，令支，皆山戎之與國。據國語注令支爲縣屬，遼西有孤竹之城。春秋經莊三十三年齊人伐山戎，穀梁傳云：

「齊人者，齊侯也。其曰人何也？愛齊侯乎山戎也。其愛之何也？桓內無因國，外無從諸侯，而越千里之險，北伐山戎，危之也。則非之乎，善之也。何善乎爾？燕，周之分子也，貢職不至，山戎爲之伐矣」。（穀梁傳卷六同治重刊十三經注疏本，葉二十一上至下）

公羊傳云：

「此齊侯也，其稱人何？貶。曷爲貶？子司馬子曰：蓋以操之爲已蹙矣，此蓋戰也。何以不言戰？春秋敵者言戰。桓公之與戎狄，驅之爾」。（公羊傳卷六十三經注疏本葉六上至下）

左氏傳云：

「冬遇於魯濟，謀山戎也，以其病燕故也」。（左氏傳，華川

2

書屋本，卷三，葉三十八下）

山戎未必即貊蠻，然同爲住居東北之民族，則可無疑。燕固苦其侵略，然亦藉互市以牟利，史記貨殖列傳云：

「夫燕亦勃碣之間一都會也。南通齊趙，東北邊胡。上谷至遼東，地踔遠，人民希，數被寇。大與趙代俗相類。而民雕捍少慮，有魚鹽棗栗之饒。北鄰烏桓夫餘，東綰穢貊朝鮮眞番之利」。（史記會注考證，卷一百二十九，貨殖列傳，頁二十一）

國策燕策云：

「蘇秦將爲從，北說燕文侯曰：燕東有朝鮮遼東，北有林胡樓煩，西有雲中九原，南有呼沱易水，地方二千餘里，帶甲數十萬，車七百乘，騎六千匹，粟支十年。南有碣石鴈門之饒，北有棗栗之利。民雖不由田作，棗栗之實，足食於民矣」。（國策，雅雨堂叢書本，燕策一，葉一上）

燕與朝鮮，初頗相安。魏志云：

「昔箕子之後，朝鮮侯見周衰，燕自尊爲王，欲東畧地。朝鮮侯亦自稱爲王，欲興兵逆擊燕，以尊周室。其大人禮諫之，乃止。使禮西說，燕止之不攻」。（三國志，三十，東夷傳注引魏畧）

及燕昭王時，秦開爲將，拓土二千餘里，以滿潘汗爲東方界，自造陽至襄平，置五郡，築長城，以拒胡。於是朝鮮弱而燕强。是亦民族開拓史上一大事矣。

「後（箕氏）子孫稍驕虐，燕乃遣將秦開攻其西方，取地二千餘里，至滿潘汗爲界，朝鮮遂弱」。（仝上）

史記匈奴傳亦云：

「其後燕有賢將秦開爲質於胡，胡甚信之。歸而襲破走東胡。東胡卻千餘里。……燕亦築長城，自造陽至襄平，置上谷漁陽右北平遼西遼東郡以拒胡，當是之時，冠帶戰國七，而三國邊於匈奴」。（史記，卷一一〇，匈奴傳）

胡貊，趙之北境，亦復有之，蓋其舊或在今山西河北境，然後過燕以去東北者。史記匈奴傳「後百有餘年，趙襄子踰句注」集解云：

「駰案：音鈎，山名，在鴈門，而破幷代以臨胡貉」。（史記，一一〇，匈奴傳）

肅侯時，築長城以防北狄。史記趙世家云：

「肅侯……十七年……築長城」（史記會注攷證，卷四十三，趙世家，頁四十四，四十五）

正義云：

「劉伯莊云：從雲中以北至代。按趙長城，從蔚州北西至嵐州，北盡趙界」。（仝上）

至趙武靈王更變服騎射築長城。史記匈奴傳云：

「而趙武靈王亦變俗胡服，習騎射，北破林胡樓煩，築長城。自代並陰山，下至高闕爲塞，而置雲中鴈門代郡」。（史記，一一〇，匈奴傳）

正義云：

3

「……案水經云：百道長城北山上有長垣若頹毀焉，沿溪亙嶺，東西無極，蓋趙靈王所築也。自代並陰山，下至高闕爲塞，而置雲中鴈門代郡」（仝上）

於是牛贊胡服入狄，辟地千里，蓋亦民族之英雄，而其事更早於秦開也。戰國策云：

「牛贊……遂胡服率服入胡，出於遺遺之門，踰九限之固，絕五俓之險，至榆中，辟地千里」。（戰國策、雅雨堂叢書本，卷十九，趙策二，葉十四上）

予疑胡貉本在代趙，見逐於牛贊，乃東至燕；復見逐於秦開，則東遷。其先固非東北之土著耳。

三　秦長城東盡朝鮮

秦昭王時，始築長城以備胡。史記匈奴傳云：

「秦昭王時，義渠戎王與宣太后亂，有二子。宣太后詐而殺義渠王於甘泉，遂起兵伐殘義渠，於是秦有隴西北地，上郡築長城以拒胡」。（史記，卷一一〇，匈奴傳）

及始皇帝二十二年滅燕，即其舊地以置漁陽，右北平，上谷，遼東，遼西諸郡。水經注云：

「鮑丘水又東南逕漁陽故城南，漁陽郡治也，秦始皇二十二年置」。（水經注，四部叢刊本，卷十四，葉七下）

「燕水……出北山，東流屈而南逕無終縣故城東。故城、無終子國也。春秋襄公四年，無終子嘉父使孟樂如晉，因魏降納虎豹之皮請和諸戎是也。故燕地矣。秦始皇二十二年，滅燕，置右北平郡」。（仝上，葉十四上）

「聖水出上谷，……故燕地，秦始皇二十三年，置上谷郡」。（仝上，卷十二，葉一上）

「遼西郡，……先謙案：濡水注：地理風俗記云：陽樂故燕地遼西郡治；秦始皇二十二年置」。（前漢書補註，卷二十八，地理志，葉五十一下）

「大遼水……逕襄平縣故城西，秦始皇二十二年滅燕置遼東郡，治此」。（水經注，四部叢刊本，卷十四，葉二十四上）

始皇帝三十三年，既一天下，使蒙恬斥逐匈奴，奪河南地。三十四年，築長城，西起乎臨洮。史記始皇本紀云：

「三十三年，發諸嘗逋亡人贅婿賈人略取陸梁地，爲桂林象郡南海，以適遣戍。西北斥逐匈奴。自榆中並河以東，屬之陰山，以爲三十四縣，城河上爲塞。又使蒙恬渡河取高闕，陶山，北假中，築亭障，以逐戎人，謫徙實之，初縣」。（史記，卷六，始皇帝本紀）

「三十四年適治獄吏不直者，築長城及南越地」。（仝上）

東則相傳至遼東，共長萬餘里，以爲北界。史記匈奴傳云：

「後秦滅六國，而始皇帝使蒙恬將十萬之衆北擊胡，悉收河南地，因河爲塞，築四十四縣城，臨河，徙適戍以充之。而通直道自九原至雲陽，因邊山險塹谿可繕者治之，起臨洮至遼東，萬餘里，又度河據陽【陶】山北假中」（史記，一一〇，匈奴傳）

秦之遼東郡，當今遼寧東南及錦州東北境。考秦之疆域，東至平海，以及朝鮮；而其長城亦實達樂浪郡之遂城縣。蓋秦長城西起臨洮，東至朝鮮境內，蜒蜿起伏，長萬有餘里，以資警衛，而胡人遂不敢南下。世謂東盡遼東者，誤矣。史記始皇本紀云：

「地東至海暨朝鮮」（史記會注攷證，卷六，始皇本紀，頁二十九）

是為秦地及朝鮮之證。史記夏本紀索隱云：

「太康地理志云：樂浪遂城縣有碣石山，長城所起」。（仝上，卷二，夏本紀，頁八）

此又為秦長城盡於碣石之證矣。

四　秦漢間王滿据朝鮮

初箕氏王朝鮮。及戰國之世，與燕戰不勝，國遂弱。王滿者，故燕人也，始全燕時，嘗略屬眞番。史記朝鮮傳索隱云：

「始全燕時，謂六國燕方全盛之時，常略二國以屬已也。應劭云：元菟本眞番。徐氏云，遼東有番汗縣者，據地理志而知也」。（史記，卷一一五，朝鮮傳）

按漢書卷九十五朝鮮傳云：「朝鮮王滿，燕人，自始燕時，嘗略屬眞番朝鮮」。按全燕時，王滿尚不能略屬朝鮮，漢書似非。

秦滅燕，屬遼東外徼。漢興，以地遠難守，復脩遼東故塞，至浿水為界，屬燕。初，臧荼為燕王，都薊。故燕王韓廣徙王遼東，廣不聽，臧荼攻殺之無終。後盧綰為燕王。高祖十二年，綰反。漢書高祖本紀云：

「十二年，……春三月，使樊噲周勃將兵擊綰。詔曰：燕王綰與吾有故，受之如子。聞與陳豨有謀，吾以為亡有，故使人迎綰。綰稱疾不來，謀反明矣。燕民非有罪也，賜其吏六百石以上爵各一級。與綰居去來歸者赦之」。（漢書，卷一，高祖本紀）

周勃樊噲擊平之，漢書云：

「破綰軍上蘭陵，後擊綰軍沮陽，追至長城，定上谷十二縣，右北平上六縣，遼東二十九縣，漁陽二十二縣」。（漢書，四十，周勃傳）

「後燕王盧綰反，噲以相國擊綰，破其丞相抵薊南。定燕縣十八，鄉邑五十一」。（同上，四十一，樊噲傳）

盧綰與數千人居塞下，候伺，幸高祖疾愈自入謝。夏四月，帝崩。盧綰聞之，遂逃入匈奴。王滿亦亡命聚黨千餘人，魋結蠻夷服而東走出塞，渡浿水（即淏水）居秦故空地上下鄣，詣朝鮮王箕準以降。魏志東夷傳云：

「東渡淏水詣準降。說準，求居西界，致中國亡命為朝鮮藩屏。準信寵之，拜以博士，賜以圭，封之百里，令守西邊」。（三國志，三〇，東夷傳注引魏畧）

滿稍役屬眞番朝鮮蠻夷及故燕齊亡者王之。黨衆稍多，

5

「乃詐遣人告準，言漢兵十道至，求入宿衞，遂還攻準，準與滿戰不敵也」（仝上）。準亡入三韓，而滿「得以兵威財物侵降其旁小邑眞番臨屯，皆來服屬，方數千里」（漢書九十五朝鮮傳）。史記朝鮮傳正義云：

「括地志云：朝鮮高驪貊東沃沮五國之地，國東西千三百里，南北二千里，在京師東。東至大海四百里，北至營州界九百二十里，南至新羅國六百里，北至靺鞨國千四百里」。（史記，一一五，朝鮮傳）

都王險城。史記朝鮮傳云：

「集解　徐廣曰：昌黎有險瀆縣也。索隱　韋昭云：古邑名。樂劭注地理志云：遼東有險瀆縣，朝鮮王舊都。瓚云：王險城在樂浪縣浿水之東也」。（仝上）

而始皇本紀正義則云：

「括地志云：高驪治平壤城，本漢樂浪郡王險城，卽古朝鮮也」。（史記會注考証，卷六，始皇本記，頁二十九）

方是時，孝惠高后臨天下，國內粗定，未遑征討。及滿傳至孫右渠，所誘漢亡人滋多，又未嘗入見。眞番，辰韓國欲上書見天子，又雍閼弗佘通。及孝武元封元年，更害殺漢遼東都尉。漢書云：

「元封元年，……拜（讖）何爲遼東東部都尉，朝鮮……發兵襲殺何。天子募罪人擊朝鮮。其秋，遣樓船將軍楊僕從齊浮勃海，兵五萬。大將軍荀彘出遼東，誅右渠」。（漢書九十五，朝鮮傳）

於是東征之師遂起。

五　漢初西討匈奴東置蒼海郡

自秦幷六國，築長城以與匈奴界，於是漠南爲漢民族所有。然長城之北，西自月氏，東至穢貉，則皆不我屬。冒頓旣弒父自立，西破月氏，東敗東胡，而漠北萬餘里間，胡騎縱橫，成一大國，其武功或反出漢上。史記匈奴傳云：

「諸左方王將居東方，直上谷以往者，東接穢貉朝鮮。右方王將居西方，直上郡，以西接月氏氐羌。而單于之庭，直代雲中，各有分地，逐水草移徙」。（史記，卷一一〇，匈奴傳）

故以高祖之威武，乃爲圍之白登。呂后時，更有嫚書之辱。文景之世，烽火及乎甘泉。匈奴日以驕，歲入邊寇鈔，殺略人民甚衆。雲中遼東最甚。武帝時，更入殺遼西太守。漢書云：

「元朔元年，……秋，匈奴入遼西，殺太守」。（漢書，六，武帝本記）

史記匈奴傳亦云：

「自馬邑軍後五年，……其明年秋，匈奴二萬騎入漢，殺遼西太守，略二千餘人。胡又入敗漁陽太守軍千餘人，圍漢將軍安國」。（史記，一一〇，匈奴傳）

6

於是漢師出伐匈奴。漢書云：

「元朔元年，……遣將軍衞靑出鴈門，將軍李息出代，獲首虜數千級」。（漢書，六，武帝本紀）

其明年，復出師。史記云：

「其明年，衞靑復出雲中以西，至隴西，擊胡之樓煩白羊王於河南，得胡首虜數千，牛羊百餘萬。於是漢遂取河南地。築朔方。復繕故秦時蒙恬所爲塞，因河爲固。漢亦棄上谷之什辟縣造陽地以予胡。是歲漢之元朔二年也」。（史記，一一〇，匈奴傳）

漢之討伐匈奴也，西開河南地，置四郡，通西域，以斷胡之右臂。更東定朝鮮，以斷其左臂。故平朝鮮者，所以事匈奴，令不得相濟助也。漢書云：

「孝武皇帝……乃遣大將軍，驃騎，伏波，樓船之屬南滅百粵，起七郡，北攘匈奴，降昆邪十萬之衆，置五屬國。起朔方以奪其肥饒之地。東伐朝鮮，起玄菟樂浪，以斷匈奴之左臂。西伐大宛，幷三十六國。結烏孫起敦煌酒泉張掖以鬲婼羌，裂匈奴之右肩。單于孤特遠遁於幕北。四垂無事，斥地遠境，起十餘郡。」

（漢書，七十三，韋玄成傳）

然征討之議，興於文帝之世。其時海內粗定，戶口散亡，財政未裕，論者方務黃老之治，以寧靜爲政，議未得行。史記云：

「歷至孝文卽位，將軍陳武等議曰：南越朝鮮，自全秦時內屬爲臣子，復且擁兵阻阸，選蠕觀望。高祖時，天下新定，人民小安，未可復興兵。今陛下仁惠撫百姓，恩澤加海內，宜及士民樂用，征討逆黨，以一封疆。孝文曰：朕能任衣冠，念不到此。會呂氏之亂，功臣宗室，共不羞恥，誤居正位，常戰戰慄慄，恐事之不可終。且兵凶器，雖克所願，動亦耗病，謂百姓遠方何？又先帝知勞民不可煩，故不以爲意；朕豈自謂能。今匈奴內侵，軍吏無功，邊民父子，荷兵日久，朕常爲動心傷痛，無日忘之。今無能銷距，願且堅邊設候，結和通使，休寧北陲，爲功多矣，且無議軍。」（史記會注攷証，卷二十五，律書，頁七至八）

終文帝之世，以休養之餘，國富大增，民力得復。史記云：

「故百姓無內外之繇，得息肩於田畝。天下殷富，粟至十餘錢。鳴鷄吠狗，煙火萬里，可謂和樂者乎。」（仝上）

孝武乃藉其力，以事外夷，漢書云：

「至孝武皇帝元狩六年，太倉之粟，紅腐而不可食；都內之錢，貫朽而不可校。迺探平城之事，錄冒頓以來數爲邊害，籍兵厲馬，因富民以攘服之。西連諸國，至于安息。東過碣石，以玄菟樂浪郡，北郤匈奴萬里，更起營塞，制南海以爲八□。」（漢書，六十四，賈捐之傳）

按孝武元狩無六年。漢書云云，皆元封末年，四夷已平後之事。狩或封之譌。至所云國富之一般情形，當係事實，故採之。

史記亦云：

「今欲招南夷，朝夜郎，降羌僰，略濊州，建城邑，深入匈奴，燔其龍城，議者美之，此人臣之利也，非天下之長策也。」（史記，一一二，主父偃傳）

孝武之經營朝鮮，實始於蒼海郡之設置。時爲元朔元年，是年匈奴殺遼西太守，漢方大舉伐之。而同時復置斯郡。漢書云：

「元朔元年……東夷薉君南閭等口二十八萬人降，爲蒼海郡。」（漢書，六，武帝本紀）

後漢書亦云：

「濊北與高句驪沃沮，南與辰韓接。東窮大海，西至樂浪。濊及沃沮句驪本皆朝鮮之地也。……元朔元年，濊君南閭等畔右渠，率二十八萬口詣遼東內屬，武帝以爲蒼海郡。」（後漢書一一五，東夷傳）

自蒼海之郡設，於是燕齊之間，大獲貿易之利。史記云：

「彭吳賈滅朝鮮，置滄海之郡，則燕齊之間，靡然發動。考證：王念孫曰：賈當依漢志作穿。錢大昕曰，滅字當濊字之訛。」（史記會注攷証，三十，平準書，頁八）

漢書亦云：

「武帝……卽位數年，……彭吳穿穢貊朝鮮，置滄海郡。（師古曰：彭吳，人姓名也。本皆荒梗，始開通之也；故言穿也。）則燕齊之間，靡然發動。」（漢書，四下，食貨志）

至元朔三年，蒼海郡卽罷去。漢書云：

「元朔三年，春，罷蒼海郡。…秋，罷西南夷。城朔方城」。（漢書，六，武帝本紀）

蒼海郡前後僅立三年，其故不詳。漢書食貨志有云：「東置滄海郡，人徒之費，擬於南夷」。然則孝武同罷西南夷蒼海者，或以「人徒」過費而然。

元封元年，孝武東巡海上，至碣石。自遼西歷北邊九原，歸於甘泉。（按漢書郊祀志，武紀；史記封禪書，孝武紀，並書此事。）時南越已平，拜涉何爲遼東東部都尉。史記云。

「拜（涉）何爲遼東東部鄁尉。（正義：地理志云：遼東郡，武次縣，東部都尉所理也）」。（史記，一一五，朝鮮傳）

朝鮮怨何，發兵襲攻殺之。於是孝武師出有名。史記云：

「元封二年，…天子募罪人擊朝鮮。其秋，遣樓船將軍楊僕，從齊浮渤海，兵五萬人；左將軍荀彘出遼東討右渠」。（仝上）

「是時旣滅南越，……其明年伐朝鮮」。（仝上，十二，孝武本紀）

按史記主父偃傳云：「及至秦王……一海內之政，……乃使蒙恬將兵以北攻胡，辟地進境，戍於北河。蜚芻輓粟，以隨其後。又使尉陀屠睢將樓船之士南攻百越。使監祿鑿渠運糧，深入越，越人遁逃，曠日持久，糧食乏絕，越人擊之，秦兵大敗；秦乃使尉陀將卒以戍越」。是秦皇之事四夷，先匈奴而次百越也。武帝元光中通西南夷，討匈奴；元狩中，通滇國；元鼎中，討平南越；

至元封中乃事朝鮮。蓋雄圖奮發之主，其經營域外，略有相類者矣。

六　漢武滅朝鮮

漢武帝元封二年，募天下罪人擊朝鮮。其秋，遣樓船將軍楊僕，從齊浮渤海，兵五萬；左將軍荀彘出遼東，誅討右渠。（漢書武紀，朝鮮傳此事均在元封元年。按朝鮮之平在元封三年，出師在前歲，則當從史記繫之二年）。左將軍破浿水上軍，乃至城下，圍其西北。樓船亦往會居城南。右渠堅守城，數月未能下。已而兩將軍又爭功不相能，史記云：

「右渠嘗持和節，左將軍急擊之，朝鮮大臣乃陰間使人私約降樓船。往來言尚未肯決。……左將軍使人求間郤降下朝鮮，朝鮮不肯，心附樓船，此故兩將不相能」。（史記，一一五，朝鮮傳）

初，荀彘進軍，兵卒多敗走，樓船先將兵七千圍王險，右渠欺其少，出擊之。樓船失其衆，遁山中十餘日，聚集逃亡，得復成軍。天子爲兩將未有利，乃使衛山因兵威往諭右渠。史記云：

「天子爲兩將未有利，乃使衛山因兵威往諭右渠。右渠見使者頓首謝，願降。恐兩將詐殺臣，今見信節，請服降。遣太子入謝。獻馬五千匹，及饋軍糧人衆萬餘。持兵方渡浿水，使者及左將軍疑其爲變，謂太子，已服降，宜命人毋持兵。太子亦疑使者左將軍詐殺之，遂不渡浿水，復引歸。山還報天子，天子誅山」。（仝上）

及城合圍，兩將又爲右渠所間。天子使濟南太守公孫遂往征之。遂至，左將軍譖樓船，遂信之，乃以節召樓船入左將軍營計事，即命左將軍麾下執捕之，并其軍，以報天子；天子誅遂。左將軍既併兩軍，急擊朝鮮。元封三年夏，尼谿相參，乃使人弒朝鮮王來降。王險城未下，故右渠之大臣成已返，不欲降。相路人之子最，告諭其民，誅成已。遂定朝鮮爲四郡。自出師至是，近一載。

左將軍徵還，以捕樓船將軍，坐法棄市（史記三本傳，漢書五十五本傳。史記朝鮮傳同）。樓船亦坐兵至列口；當待左將軍；擅先縱亡失多，當誅，贖爲庶人；後病死（史記朝鮮傳，漢書九十本傳）。朝鮮相路人以漢兵至，首先降，封其子最湼陽侯（在南陽）。右渠子長，以漢兵圍朝鮮降，封幾侯（在河東）。尼谿相參以殺右渠來降，封澅淸侯（在齊）。韓陰封荻苴侯（在渤海）。封峽爲平州侯（在梁父），食邑千四百八十戶。

孝武伐朝鮮，自是民族開拓史上一大事。故史漢廣書。史記封禪書云：

「其明年，伐朝鮮。夏旱。考證：王先謙曰：據漢武紀，元封二年伐朝鮮，三年平之。此繫初平朝鮮之年」。（史記會注攷證，卷二十八、封禪書，頁八一）

天官書云：

「朝鮮之拔，星茀于河戒。索隱：茀音佩，即孛星也。案天文志，武帝元封之中，星孛于河戒。其占曰：南戒爲越門，北戒爲胡門。其後漢兵擊朝鮮，爲樂浪玄菟郡，朝鮮在海中，越之象，居北方，胡之域也。其河戒，即南河北河也」。（仝上，卷二十七，頁九十二。按戒，漢書作戍。）

漢書五行志云：

「元封六年，秋，蝗。先是兩將軍征朝鮮，開三郡。師古曰：武紀云：以其地爲樂浪臨屯玄菟眞番郡，是四郡也，而此云三，蓋傳寫志者誤」。（漢書，五行志第七中之下）

天文志云：

「元封中，星孛於河戍。……其後漢兵擊拔朝鮮，以爲樂浪玄菟郡」。（漢書天文志六）

漢書卷一百敘曰：「爰洎朝鮮，燕之外區。漢興柔遠，與爾剗符。皆恃其岨，乍臣乍驕。孝武行師，誅滅海隅」。蓋自燕秦之後；漢官威儀不能踰浿水，至孝武而一舉平之，置爲郡縣，處之若內地，其功休烈，故史臣美之。

七　漢武置四郡

自孝武平朝鮮，置四郡，而匈奴益弱。史記云：

「是時漢東拔穢貊朝鮮，以爲郡（正義：即玄菟樂浪二郡）。而西置酒泉郡，以鬲絕胡與羌通之路。漢又西通月氏大夏，又以公主妻烏孫王，以分匈奴西方之援國。又北益廣田至眩雷爲塞，而匈奴終不敢以爲言」。（史記，一一〇，匈奴傳）

是孝武若干年東西之經營，欲以削弱匈奴者，已見其效。所謂朝鮮四郡，蓋指樂浪臨屯玄菟眞番郡而言。漢書云：

「（元封）三年，……夏，朝鮮斬其王右渠降，以其地爲樂浪臨屯玄菟眞番郡。」（漢書，六，武帝本紀）

四郡本皆朝鮮之地，既設縣治，胡漢始稍相別。魏志云：

「濊南與辰韓，北與高句麗沃沮接。東窮大海，今朝鮮之東，皆其地也。戶二萬。……漢武帝伐滅朝鮮，分其地爲四郡。自是之後，胡漢稍別」。（魏志，三〇，東夷傳）

蓋漁陽右北平遼西遼東以及朝鮮諸郡，地理上自成一系統。燕齊亡人，以此爲歸，遂不易與土著相別。漢書云：

「燕地尾箕分壄也。……東有漁陽，右北平，遼西，遼東；……樂浪玄菟，亦宜屬焉。……上谷至遼東，地廣民希，數被胡寇，俗與趙代相類。……北隙烏丸夫餘，東賈眞番之利。玄菟樂浪，武帝時置，皆朝鮮濊貉句驪蠻夷。殷道衰，箕子去之朝鮮，教其民以禮義，田蠶，織作。樂浪朝鮮民犯禁八條。……然東夷天性柔順，……故孔子悼道不行，設浮於海，欲居九夷，有以也」。（漢書，地理志，第八下）

諸郡官制，當同內地。後漢書卷三十八百官志云：「每屬國置都尉一人，比二千石丞一人。注曰：凡郡國皆掌治民，進賢勸功，決訟檢姦，常以春行所主縣，勸民農桑，救乏絕；秋冬案訊諸囚，平其罪法，論課殿最，歲盡遣吏上計，並舉孝廉：郡口二十萬一人，典兵，禁備盜賊。景帝更名都尉。……中興建武六年，省諸郡都尉並職」，据此，都尉所掌，多與太守相類。建武省並職，並職者，一事兩官也。未詳邊郡亦有此制否？據魏志東夷傳：則樂浪固有東部都尉也。魏志三十沃沮傳云「沃沮諸邑落渠帥，皆自稱三老；則故縣國之制也」。是知郡縣卿官，亦有三老，與內郡同。又後書百官制云：「邊郡有障塞尉。注曰：掌禁備羌夷犯塞」。按史記朝鮮傳云：「居秦故空地上下鄣。索隱云：案地理志：樂浪有雲鄣」，予疑雲鄣卽障塞之類，未必地名。且地理志亦不見雲鄣之名也。

八　樂浪玄菟眞番臨屯

漢書地理志云：

「樂浪郡，戶六萬二千八百一十二，口四十萬六千七百四十八。縣二十五，朝鮮，䛁邯，浿水，食資，黏蟬，遂城，增地，帶方，駟望，海冥，列口，長岑，屯有，昭明，鏤方，提奚，渾彌，吞列，東暆，不而，蠶台，華麗，邪頭昧，前莫，夫租」（漢書地理志第八下）

按夫租當係沃沮之訛。華麗應入玄菟郡。（說見後）後漢書郡國志樂浪郡屬縣十八。前漢書吞列以下八縣，後書併無。而後書之樂都縣，前書亦無之。前書之長岑黏蟬二縣，當即後書之占蟬長唐，蓋傳寫者小譌所致。東暆縣，漢書注以爲臨屯郡治，而地理志歸之樂浪郡。且地志不書臨屯眞番郡，而樂浪郡屬縣乃多至二十餘。此必非元封置郡時之舊。昭帝始元五年，罷眞番臨屯兩郡，則知漢書地志所書，乃兩郡既罷後之情況耳。東暆爲臨屯治所，而地志歸之樂浪；是之証樂浪之併有臨屯郡。霅縣爲眞番治所，而地志各郡皆不書，未得其故。

樂浪郡以朝鮮縣爲治所，浿水出焉。水經注云：

「十三州志曰：浿水縣在樂浪東北；鏤方縣在郡東，蓋出其縣，南逕鏤方也。……其地今高句麗之國治。余訪蕃使言：城在浿水之陽，其水西流；逕故樂浪朝鮮縣，即樂浪郡治，漢武帝置而西北流」。（水經注，四部叢刊本，卷十四，浿水，葉二十八下至二十九上）

史記朝鮮傳正義云：

「地理志云：浿水出遼東塞外，西南至樂浪縣西入海；浿，普大反」。（史記，一一，五朝鮮傳）

自樂浪置郡，韓亦來歸，四時朝謁。魏志云：

「韓在帶方之南，東西以海爲限，南與倭接，方可四千里。有

三種：一曰馬韓，二曰辰朝，三曰弁韓。……漢時屬樂浪，四時朝謁」。（魏志，三十，東夷傳）

漢書志玄菟郡云：

「玄菟郡　戶四萬五千六，口二十二萬一千八百四十五。縣三　高句驪（注：遼山遼水所出，西南至遼隊八大遼水。又有南蘇水，西北經塞外。應劭曰：故句驪胡）　上殷台　西蓋馬」（漢書地理志第八下）

後漢書郡國志多高顯，候城，遼陽三城，皆自遼東分來者。而西蓋馬，馬作烏，諒譌。竊謂樂浪郡之華麗城，應屬玄菟。後漢書云：

「安帝……元初五年，復與濊貊寇玄菟，攻華麗城」。（後漢書，一一五，高句麗傳）

是華麗屬玄菟之證。注謂華麗屬樂浪郡者，非也。然則玄菟連前共得四城矣。

武帝滅朝鮮，以沃沮爲玄菟郡治。而漢書地理志以夫租（卽沃沮之譌）歸之樂浪郡，自是昭帝以後事，非孝武時之舊。沃沮後見侵於夷貊，乃徙郡於高句麗西北，更以沃沮爲縣，屬樂浪北部都尉（据後漢書一一五）。魏志云：

「東沃沮在高句驪蓋馬大山之東，濱大海而居。其地形東北狄，（按狄當爲狹字）西南長可千里，北與挹婁，夫餘；南與濊貊接。……漢武元封二年伐朝鮮，殺（衞）滿孫右渠，分其地爲四郡，以沃沮爲玄菟郡。後爲夷貊所侵，徙郡句麗西北，今所謂玄菟府故是也。沃沮還屬樂浪」。（魏志，三十，東夷傳）

高句麗縣有遼山，小遼水所出。水經注以爲當元封之時，郡治已移於此，則失考矣（四部叢刊本，卷十四，葉二十七下至二十八上）。玄菟郡有高句麗城，其南後有高句麗國，名同物異，未可相混也。魏志云：

「高句驪在遼東之東千里，南與濊貊，東與沃沮，北與夫餘接。都於丸都之下，方可二千里，戶三萬。……漢時賜鼓吹技人，常從玄菟郡受朝服衣幘」。（魏志三十東夷傳）

夫餘在玄菟之北，本亦屬治玄菟，至漢末屬遼東。魏志云：

「夫餘在長城之北，去玄菟千里；南與高句驪，東與挹婁，西與鮮卑接。……夫餘本屬玄菟，漢末公度孫雄張東威服外夷，夫餘王尉仇台更屬遼東」。（仝上）

挹婁則更屬夫餘。魏志云：

「挹婁在夫餘東北千餘里，濱大海，南與北沃沮接，未知其所極。……其弓長四尺，力如弩，弓用楛，長尺八寸，青石爲鏃，古之肅愼氏之國也。……自漢以來，臣屬夫餘。夫餘責其租賦重，以黃初中叛之」。（仝上）

昭帝始元中，罷臨屯眞番郡，元鳳中，更內徙玄菟城於遼東。漢書云：

「（元鳳）六年，春正月，募郡國徒築遼東玄菟城」。（漢書七，昭帝本紀）

12

「元鳳……六年，正月，築遼東玄菟城。二月，度遼將軍擊烏桓還」。（漢書天文志）

按漢書云「元鳳五年，夏六月，發三輔及郡國惡少年，吏有告劾亡者，屯遼東」（漢書昭紀）。則爲翌年築新城計也。至玄菟之所以內徙，或正以烏桓犯塞故耳。眞番臨屯，本皆東夷小國，後以爲郡（史記朝鮮傳索隱）。漢書地志不載，蓋孟堅修史，兩郡已他併，故未及書。漢書注臣瓚曰：

「茂陵書：臨屯郡治東暆縣，去長安六千一百三十八里，十五縣。眞番郡治霅縣，去長安七千六百四十里，十五縣。」（漢書六，武帝紀）

是眞番臨屯兩郡，各有十五縣。眞番以霅縣爲首邑，臨屯以東暆爲首邑。臨屯屬邑，諸史不書，建安中，公孫度據遼東，分屯有縣以南荒地爲帶方郡，郡統七縣；屯有則樂浪郡所轄者也。晉書云：

「帶方郡（公孫度置，統縣七，戶四千九百）帶方，列口，南新，長岑，提奚，含資，海冥」（晉書，十四，地理志）

或以爲帶方郡七縣，即舊臨屯郡所治，然其餘八縣又何若？魏志云：

「建安中，公孫康分屯有縣以南荒地爲帶方郡，……是後倭韓遂屬帶方。景初中，明帝密遣帶方太守劉昕，樂浪太守鮮于嗣越海定二郡，……部從事吳林以樂浪本統韓國，分割辰韓八國以與樂浪，吏譯轉有異同，臣智激韓忿攻帶方郡崎離營。時太守弓遵，樂浪太守劉茂興兵伐之，遵戰死。二郡遂滅。」（魏志，三〇，韓傳）

吾師馮伯平先生據此以爲分轄辰韓之八國，即舊臨屯郡所治。臨屯舊屬，在樂浪之南，而辰韓八國，正當其地，則以之當臨屯舊屬，宜若可信。眞番亦有十五縣，今莫知其名。首邑霅縣，亦無可攷。魏志有云：

「沃沮還屬樂浪。漢以土地廣遠，在單單大領之東，分治東部都尉，治不耐城，別主領七縣。時沃沮亦爲縣，漢光武六年，省邊郡都尉，由是罷。其皆以其中渠帥爲縣侯。不耐華麗沃沮諸縣皆爲侯國。夷狄更相攻伐，唯不耐濊侯至今猶置功曹主簿。諸曹皆濊民作之，沃沮諸邑落之帥，皆自稱三老，故縣國之制也。」（魏志，三〇，東沃沮傳）

按眞番郡在樂浪之東，正當東部都尉之地，其所統七縣，疑即眞番之舊屬。後漢書云：

「至昭帝始元五年，罷臨屯眞番，以并樂浪玄菟。玄菟復徙居句驪。自單單大領已東，沃沮濊貊，悉屬樂浪，後以境土廣遠，復分領東七縣，置樂浪東部都尉。」（後漢書，一一五，東夷傳）

是東部都尉之置，以樂浪玄菟既併兩郡，境土遙遠，不能統治，遂爾分屬。臨屯在樂浪之南，與東部都尉當無涉；而眞番在樂浪東，併郡而後，正當以東部都尉統之也。魏志後書云云，似可爲吾說之證。（然華麗城應屬玄菟，而魏志與不耐沃沮同書，一若皆爲樂浪所統者，則未得其解。）

自四郡之置，倭亦來服，漢書云：

「夫樂浪海中有倭人，分爲百餘國，以歲時來獻見云。」（漢書地理志第八下）

後漢書亦云：

「倭在韓東南大海中，依山島爲居。自武帝滅朝鮮，使驛通於漢者三十餘國，國皆稱王，世世傳統。」（後漢書，一百十五，倭國傳）

漢之聲教，藉此遠播海外。後世食其惠，頗有稱美之辭。漢書云：

「宣帝初卽位，……詔……曰……惟念孝武皇帝躬仁誼，厲威武，北征匈奴，單于遠遁。南平氐、羌，昆明、甌駱，兩越，東定薉、貊、朝鮮。廓地斥境，立郡縣，百蠻率服，欵塞自至。」（漢書，七十五，夏侯勝傳）

揚雄校獵賦云；

「是以旃裘之王，胡貉之長，移珍來享，抗手稱臣。」（仝上，八十七揚雄傳）

哀帝建平中，雄又上書云：

「建平三五年，哀帝被疾，……可且勿許單于使；辭去未發。黃門郎揚雄上書諫曰：……往時嘗屠大宛之城，蹈烏桓之壘，探姑繒之壁，籍蕩姐之場。艾朝鮮之旃，拔兩越之旗，近不遇旬月之役，遠不離二時之勞。固已犂其庭，掃其閭，郡縣而置之。」（仝上，九十四下，匈奴傳）

蓋西京初，唯以匈奴爲大患。及武帝奮發鷹揚，毅然討伐，西定大宛、通三十六國；東平朝鮮，置四郡；於是匈奴折右肩而斷左臂。復繼以諸單于之爭立，日即於弱，不復與漢爭衡，而漢之北邊，亦無外患。逮孝宣時，呼韓邪來朝；孝元時，陳湯誅斬郅支，則匈奴以強弩之末，衰微已極。然則孝武之事朝鮮，就本身言之，固未能長有其功業，然於匈奴，則已喪與國而斷強脅。東北之足以左右盛衰者如此，可不懼哉。

九　孝武以後東漢以前之東北

孝武元封三年初置四郡，後二十七年爲昭帝始元五年，而眞番臨屯兩郡即見併，漢書云：

「（始元）五年，罷儋耳眞番郡」（漢書，卷七，昭帝紀）

此僅言眞番而不及臨屯，後漢書則云：

「至昭帝始元五年，罷臨屯眞番以幷樂浪玄菟。」（後漢書，一百十五，東夷傳）

其所以幷之者，則以夷貊侵鈔故。魏志云：

「漢武元封二年伐朝鮮，……以沃沮爲玄菟郡；後爲夷貊所侵，徙郡句麗西北。」（魏志，三十，東沃沮傳）

後漢書亦云：

「武帝滅朝鮮，以沃沮地爲玄菟郡；後爲夷貊所侵，徙郡於高句驪西北」。（後漢書，一一五，東夷傳）。

蓋其地貊濊與燕齊亡人雜居，胡漢本不甚分，脫有風塵之變，胡人多起而謀亂矣。魏志云：

「漢武帝滅朝鮮，分其地爲四郡，自是之後，胡漢稍別」。（魏志，三十，濊傳）

自兩郡見併，漢以地大難治，分置樂浪東部都尉統七縣，後書云：

「自單單大領已東，沃沮濊貊悉屬樂浪。後以境土廣遠，復分領東七縣，置樂浪東部都尉，自內屬已後，風俗稍薄，法禁亦侵多，至有六十餘條」。（後漢書，一一五，東夷傳）

其民則濊人也（見魏志）。王莽時，聲教尙及是邦。漢書云：

「莽策命曰：普天之下，迄于四表，靡所不至。其東出者，至玄菟樂浪高句驪夫餘」。（前漢書九十九王莽傳中）

莽欲討匈奴，迫高句驪發兵，不可。邊釁遂啓。漢書云：

「先是莽發高句驪兵，當伐胡，不欲行。郡強迫之，皆亡出塞，因犯法爲寇。遼東大尹田譚追擊之，爲所殺。州郡歸咎於高句驪侯騶，……莽不尉安，穢貉遂反」。（仝上）

莽以嚴尤爲討穢將軍，陽俊爲誅貉將軍，以征之。漢書云：

「尤擊之。尤誘高句驪侯騶而斬焉，傳首長安。莽大說，下書曰：……其更名高句驪爲下句驪。……於是貊人愈犯邊，東北與西南夷皆亂云」。（仝上）

至東京光武建武六年，更罷郡國都尉官。後書云：

「建武六年，……初樂浪人王調據郡不服，秋，遣樂浪太守王遵擊之，郡吏殺調降。……九月，庚子，赦樂浪謀反大逆殊死已下。……是歲初罷郡國都尉官」。（後漢書，一下，光武本紀）

於是封其渠師爲縣侯。後漢書云：

「建武六年，省都尉官，遂棄領東地，悉封其渠帥爲縣侯，皆歲時朝賀」。（後漢書，一一五，東夷傳）

魏志亦云：

「漢光武六年，省邊郡都尉，由是罷。其後皆以其中渠帥爲縣侯。不耐華麗沃沮諸縣皆爲侯國」。（魏志，三十，東夷傳）

由是漢人勢力益超弱小，蓋又進入一階級矣。

十三世紀前期的蒙鮮關係

李詠林 1

一

十三世紀蒙古人的西征，在世界史上應當佔據很多的篇幅，已爲人所公認的事實。不錯，蒙古人的軍威是令人欽佩的，蒙古人的精神是值得景仰的；憑着他們的種種長處，不僅止發動了一次（一二一九至一二二五年成吉思汗的西征）再次（一二三七至一二四二年拔都的西征）三次（一二五三至一二五九年旭烈兀的西征）的西征，降服了回教諸國，而且破夏（一二二七年）滅金（一二三四年），攻陷西遼（一二一八年），進略中原與江南諸地，建立了歷史上空前的大帝國。不過還有一個問題，值得我們的注意：四大汗時代蒙古的聲勢雖然如此囂張，統有遠跨歐亞兩洲大部的領土，而對於近鄰的高麗，一個勢力霄壤懸殊的小國，竟無法長久控制，仿佛是很可驚異的。可是仔細忖度一番，則不難發現其中的原因。原因是什麼？要而言之，不外下列數點。

第一，蒙古對高麗所採行的是『遠攻近交』的政策。蒙古最大的敵人，是回教國和金宋等邦，爲着應付這些國家，乃將其全部兵力調駐在西方和南方。北方是他們的策源地，以廣袤的荒原作其天然的屏障，東方的日本，天水相隔，難以進略，高麗本屬小國，也不值得顧慮。而且當時遼東一帶，常有變亂，即以鎮懾亂禍來說，也實有和高麗互相修好的必要，這就是所謂『遠攻近交』政策。那知高麗的態度，完全是虛僞的，有機可乘的時候，便想擴張本國的領土，和蒙古發生衝突，一旦失利了，又極其恭遜阿諛的能事，向蒙古哀語求情，以緩和她頗危不定的局勢。惇厚的蒙古人，總是一味的寬遇她，想不到反而被她所愚弄了。

第二，高麗的地勢優良，一面近陸，三面環水，近陸的一面，又隔着形如緩衝地帶的遼東，單靠陸軍的征討，頗不容易，勢須仰賴於海軍。可是蒙古的海軍，是不長於作戰的，甚至可以說根本沒有海軍，眞到必要的時候，只好用陸軍來代替，作起戰來，也難獲勝利。像屢次的攻伐日本，都落個慘敗的結果，便是明例。因此，她每次對於高麗的戰爭，都用陸軍，雖說打了不少的勝仗，但調兵遣將，輸餉運糧，就蒙古本身說，並沒得到實在的利益，乃至和歐戰勝利的協約國一樣地得不償失。高麗也許看穿了這一點，才敢於一再叛離。

第三，蒙古對於高麗的政制設施，沒有一定的縝密的計劃。今天在高麗設了許多的『達魯花赤』，明天局勢轉變了，又廢除『達魯花赤』的名目，另設一個最高的行政長官，授以全權來處理高麗的一切事宜。朝令夕改，自討糾煩，遂使高麗沒有一天寧靜的日子。而且蒙古還有一個麤忽的大錯，就是不以蒙古人自己的力量直接來統治高麗，却把高麗的叛臣逆將拉來，戴上最高行政長官的貴冠，下面一切掾屬嘍囉們，其職位的等差，也完全由他分配。表面上高麗是蒙古的領土，骨子裏則形成淸一色的高麗的『第三政權』。這種政權的樹立，對於蒙古是離心的，背馳的，而高麗最大多數的愛國民衆，也認爲它是喪心叛國的組織，時時和它處在對立的形勢，企圖把它推倒，重規自己的祖國。如此看來，直接既使當地的統治者不安，間接且令蒙古感到倉皇無策，『山雨欲來風滿樓』，當蒙古施展無計的時候，又只好臨以軍威，迫高麗暫時的屈服罷了。

第四，歷史所給的教訓，前面曾經說過，除去少數無恥的奸佞之外，最大多數的高麗民衆，都懷有熱烈的民族國家觀念。就過去的歷史講，高麗已經深深體驗過亡國的滋味，感覺到壓迫的痛苦。爲着民族的存在，爲着國家的生命，爲着個人身家性命的安全，他們絕不甘受鋃鐺鐐銬的桎梏，而陸續地發動了多次民族解放的戰爭。

二

遠當原始氏族社會時代，高麗本爲通古斯族的一支夷貊所居之地。周時殷朝的遺民箕子前往避難，從而代替了夷貊的勢力。至戰國之後，秦破燕國，燕人衞滿收聚無數流民，擊破箕子後人箕準，而自稱高麗國王。秦時高麗約爲外臣。迨漢武帝當國，復滅衞氏，就其地改建眞番，樂浪，臨屯，玄菟四郡。其後四郡的名目和範圍，屢有廢易。及東漢靈帝時代，公孫度爲遼東太守，據高麗爲已有，三傳至公孫淵，又亡於魏。晉武帝統一中國，裁撤各地軍備，夷貊復乘機進襲，高麗淪陷，西晉末年，高麗的美川王雄才大略，攻取各地，高麗復振。後魏周齊時代，則日漸強盛。隋文帝時，王諒帥兵征討，無功。煬帝雖三度親征，而高麗並不畏懼。唐貞觀

2

中，太宗又御駕親征，無何大功。高宗的時候，復派李勣往討，破了高麗的都城，並將其地分爲許多郡縣。唐朝末年，中原多事，高麗繼叛，自主君長。後唐同光天成的時候，其主高氏，累奉職貢。明宗長興元年，權知國事王建又代高氏而立，遣使朝貢，被封爲高麗國王。宋初，高麗稱臣於宋，太宗淳化五年，因爲契丹的寇境，復受制於契丹。契丹亡後，高麗臣事於金。蒙古興起，正値高麗王瞮在位，高麗和蒙古的關係，便自此始。

三

當王瞮在位的時候，高麗本是一個諸侯跋扈，權臣柄政的國家，國內戰亂頻仍，王權日漸衰微，『國必自亂而後人亂之』，事實如此，怎能阻止外患接踵的入侵呢？

最初侵入高麗的，是契丹人金山和祿格（六哥或留哥）。他們爲着解脫蒙古的束縛，獨自樹立政權起見，於太祖成吉思汗即位大汗的十一年（西曆一二一六年，卽王瞮卽位的第三年），領着數萬大兵，渡過鴨綠江，竄入高麗。次年（一二九一年）九月，進寇安，義，龜三州，並佔據了高麗的江東城，自稱大遼。

這時候，金宣撫使蒲鮮萬奴（布希萬奴）已領有遼東，僭稱天王，國號大眞。十一年冬十月，蒲鮮萬奴降，遣其子帖哥入侍蒙古主。不久，又殺遼東行省左承耶律捏兒哥，二次叛離，帥衆十餘萬人，逃往海島上去，其後又由海島轉入女眞故地，自稱東夏國，並攻陷了高麗的大夫營。

這兩種不同的種族，差不多前後同時的侵入高麗，據我的測想，彼此不會沒有關係的。可是當雙方兵力還沒有聚合的時候，又來了一批聲勢浩蕩的蒙古大軍，痛極他們背叛的行爲，轉與高麗結好，同力戡此大亂。太祖十三年（一二一八年），大汗遣哈眞（哈齊濟或哈只吉）和札剌亦兒台（札拉或劄剌）領兵南下，高麗人洪大宣迎降，與哈眞等合敗祿格諸人，其元帥趙忠見勢孤力弱，乃親自投降。次年（一二一九年）春天，高麗王瞮親奉牛酒，出迎蒙古軍，並遣大將趙冲金汝礪領兵與哈眞等相會，進圍江東城，討滅祿格諸人。札剌和趙冲且約爲兄弟。冲問每年應納多少貢賦，札剌答道：『你國離此太遠，往來非常困難，每年可派十人携帶貢品前來。』從此以後，蒙古和高麗的關係，日漸親密。在高麗方面，以爲藉蒙古的幫助，息滅了自己的外患，實在應該感恩不盡，因而年年向蒙古進貢；在蒙古方面，則覺得西征南討的事體重大，不願再於東方發生戰爭，分散自己的軍力，今旣得高麗的合作，共鎭東方，而且每年還有貢品的收入，已經心滿意足。

自從太祖十四年（一二一九年）兩國結好之後，使者的報聘和方物的進獻，連年未曾斷絕。博囉岱（蒲里岱完。太祖十四年），靑托果斯（太祖十四年），堪恭古（太祖十五年），扎古雅（著古與，太祖十五年，十六年，十七年，十九年）舒蘇布哈（太祖十六年），沙卜珠丹（太祖十八年）等均先後使往高麗，一則傳達蒙古的詔旨，一則催繳紬布，金銀器，水獺皮，錦帛，歲幣等貢物。所以說，高麗雖然免去了遼金的餘禍，實際上確是『換湯不換藥』，高麗反而作蒙古的屬國了。『久近成仇』，這是千古不易的道理。蒙古和高麗的關係，便是如此。因爲雙方名分的爭執和利害的衝突，過了不久，彼此之間的感情，漸漸發生裂隙。博囉岱到了高麗，要強逼王瞮親自出迎，已屬無禮，扎古雅到了高麗，甚且盛氣凌人地將以前高麗所進貢的粗細布棄在地上，尤其失了使者的體統。他們僅知道方物珍品的可愛，不顧對方能力的大小，總是一味的勒索，這種苦楚，大概只有高麗人可體會。起初，高麗對於這些侮辱和剝削，尙能容忍，在可能範圍之內，竭力壓制自己的憤懣，雖知雙方的關係，一天一天地惡化起來，到了忍無可忍的時候。適逢蒙古使者扎古雅歸抵鴨綠江畔爲盜賊所殺（一二二二年），由上文的推斷，這或是高麗當局的主使。蒙古和高麗的關係，也就從此隔絕，七年未通信使。

太宗窩闊台汗即位大汗的第三年（一二三一年），因想報復使者扎古雅被害的宿仇，又遣扎剌亦兒台（撒禮塔或薩里台）征高麗。扎剌兵到之後，洪大宣的兒子福源領編民一千五百戶來降，旁近州郡，因廹於大勢而前來歸服的，也不在少數。扎剌因與福源同攻未附州郡，咸新鎭，鐵州等地，相繼陷落，扎剌乃自稱權皇帝，痛責王瞮的使臣道：『你們能守就守，能戰就戰，能降就降，怎樣適宜，快點取決。』使者回國，將此意告訴王瞮，王瞮乃命固守西京，別謀轉圜的計策。蒙古軍進圍西京，兩月不下，也很焦慮，因使阿爾圖和洪福源往見王瞮，勸他舉國投降。瞮以大勢已去，無可奈何，乃派其弟淮安公王侹請和，並朝献金銀財貨與蒙古汗將，奉表稱臣。高麗既降，蒙古即於該處設置京府州郡『達魯花赤』七十二人，分別監視諸地，下令班師。

太宗四年（一二三二年），高麗權臣崔瑀當國，脅迫王瞮遷都江華島，並遣宦者尹復昌到北邊諸城，逐殺蒙古所置的『達魯花赤』。洪福源素與蒙古有交，反對王瞮崔瑀的行爲，見蒙古所置的『達魯花赤』被難，便統領一部嫡軍，等候蒙古大軍的到來。是年八月，扎剌亦兒台率兵進攻處仁城，不幸誤中流矢，斷送了性命，別將特爾格乃代領餘兵而歸。至於所有已降的人民，則由洪福源暫爲統治。

高麗的逐殺蒙古『達魯花赤』，就民族國家的立場說，實在是謀領土完整和主權自主的必要手段，有着深遠而偉大的意義。蒙古始則想以重兵威服，派扎剌前來征討，誰知扎剌戰死，竟致兵威失效；繼則改施懷柔的方法，於太宗五年（一二三三年）又詔諭王瞮悔過來朝，並且宣布高麗五大罪狀道：『自平契丹賊，殺扎剌之後，未嘗遣一介赴闕，罪一也。命使賫訓言省諭，輙敢射回，罪二也。爾等謀害扎古雅，乃稱萬奴民戶殺之，罪三也。命汝進軍，仍命汝弼入朝，爾乃抗拒，竄諸海島，罪四也。汝等民戶，不拘集見數，輙敢妄奏，罪五也。』按王瞮的本意，決不會惑於這洋洋的詔文的，甚且收復已附西京等處的降民，遷居東京，並將叛逆洪源福的家室，洗刼一空。可是以雙方兵力較量一下，實在衆寡不敵，當太宗十年（一二三八年）蒙古大兵迫到東京，終致一籌莫展的時候，不得已乃遣其將軍金寶鼎和御史宋彥琦前往乞和。後蒙古詔徵王瞮親自入朝，瞮託故母喪未從，只派盧演和金謙二臣前往。蒙古認爲不滿，再次詔徵，瞮又遣新安公王侹入朝。太宗十三年（一二四一年）秋天，進退維谷的王瞮，終於將族子王綧當做自己的兒子入質了。自己不能振作起來，就該受這些侮蔑和痛苦，亡國所給與我們的教訓，也正是如此！

常定宗貴由汗和憲宗蒙古汗的時候，高麗不復入貢。所以從定宗二年到憲宗八年，曾經四次征討高麗，攻拔了十餘個城市。現在茲就其要點，分述於下：

第一次：定宗二年（一二四七年），蒙古元帥阿母侃舉兵侵入高麗的鹽州。

第二次，憲宗二年（一二五二年），蒙古主苛責高麗王㬚對其使臣多可等沒有禮貌，委也古（也窟或也苦）爲大元帥，領兵伐高麗。也古遣人傳詔於王㬚，指責他種種的錯誤，王㬚覺得寃屈的很，回信答辨道：『小邦臣服上國以來，一心無二，竭力供職，庶蒙庇蔭，不意天兵奄臨敝邑，舉國驚惕，罔知其由，惟大王哀憐之也。』信由崔東植呈於也古，隨後又遣大將高悅入朝，但也古爲探明王㬚不親自入朝的原因，拘留高麗的使臣，堅主出兵討伐，並威脅王㬚速把江東城牆墮毀，允置『達魯花赤』。王㬚明知蒙古的態度轉變了，將傾全力來逼迫高麗的投降，自己既然沒有挽救危亡的辦法，便致書於也古，表白自己歷來的哀痛，冀望也古的寬允。書云：『前者僕射金寶鼎還，大王諭以若能出迎使者，即當回軍，竊惟出迎使者，近無其例，況値天寒風勁，以老病之軀，豈能涉海？然大王之教，不敢違也，祇率臣僚出迎使者，意謂大王不違舊約，即日班師。今承明教，有留兵一萬置「達魯花赤」之語，若果如此，安得保無後患？請寢此事，以惠東民。又小邦俗不露居，兼防海賊鹵掠，是以未即墮毀城垣，後當如命。』可是也古的主意已定，並不顧惜王㬚的困難，終致王㬚無法周措，把王位傳於太子王倎。

第三次，憲宗四年（一二五四年），蒙古將札剌台豁兒赤與諸王也孫格忽剌出帥洪福源等分攻高麗。拔光州，安城，中州，玄鳳，珍原，甲向，玉果等城。大軍所過，俘男女二十餘萬人，死者不可勝計，高麗的郡縣，全被煨燼，損失異常重大。

第四次，憲宗八年（一二五八年），是年三月，命洪茶丘（洪福源之子）從札剌台征高麗，諸王也孫格屯古和州，節制諸軍，並於其地設總管府，以降將趙暉爲總管，卓靑爲萬戶。七月，大兵入靑松，安嶽，豐海諸州。

太子倎即位之後，經此屢次的失利，乃聽王綧的勸告，親自奉表入朝，希望蒙古罷兵。旋王㬚死，大臣金仁俊以倎既入朝，主政無人，乃戎服率甲士奉大孫王諶入宮，權監國事，遣朴天植來告哀。憲宗聞知，大爲震怒，因賜詔王諶道：『每年爾以出島爲言，依爾所奏，居於陸地，已降宣諭。訖爾自違原奏，屢發狂詞，將不恤生靈之命，今崔令公（崔誼）已行殺，訖爾未降時，凡歸附之高麗人，令爾管領，或不令爾管領，臨時朕自裁焉。』不料蒙古不幸，當大汗蒙哥將兵圍攻四川合州的時候，竟遭殞命，遂使高麗得暫安一時。

憲宗蒙哥汗死後，其弟忽必烈即位，王倎乃自潼關，六盤山南驅襄陽謁見，請許他歸國，忽必烈答應了他，發兵護送，册封他爲高麗國王。從此以後，設州置府，建立行省，使高麗的政制逐漸進步，完全變爲蒙古的屬國了。

參考書：

（一）元史卷二〇八外夷傳，卷一太祖本紀，卷二太宗本紀，卷三憲宗本紀，卷一五四洪福源傳。

（二）馮承鈞譯多桑蒙古史卷一第九章，卷二第二章，第五章，第七章，卷三第一章。

（三）屠寄蒙兀兒史記卷三成吉思可汗本紀二下，卷四斡歌歹可汗本紀三，卷六蒙格可汗本紀。

（四）柯紹忞新元史卷二四九外國傳。

（五）馬端臨文獻通考卷三二四四裔攷一。

（六）馮家昇東北史地講義。

7

燕京大學歷史學系出版物

史學年報

第二卷第三期（總數八期）
廿五年十二月一日出版

慧遠大師年譜………………………陳統遺稿夏史三論……………………………顧頡剛，童書業斬輔治河始末…………………………侯仁之元魏的階級制度………………………蒙思明三國郡守考……………………………貝琪汪梅村先生年譜………………………趙宗復補郪瀚明季遺聞………………………姚家積五季兵禍輯錄…………………………王伊同新唐書劉宴傳箋註……………………陳晉英國史書目舉要………………………齊思和爾漢禮學源流考………………………洪業

價目：每册定價七角（宣紙一元）國內郵費五分，掛號在外。

發行：北平燕大歷史學會

代售處：二卷一期，北平來薰閣；二三兩期，全國開明書店代售。

史學消息

創刊於廿五年十月廿五日
歷史學系史學消息社出版

第一卷一至五期要目

本刊的內容……………………………劉選民俄國漢學家帕雷狄阿斯之生平及著作概略…劉選民現代東洋史學家的介紹（一，二）……劉選民現代蘇聯邦的東方學文獻……………馮家昇章太炎學術的一個看法………………錢穆俄國漢學家華西里夫之生平及著作概署…劉選民日人研究中國學術的機關……………劉選民俄國漢學家伯西飛撒特之生平及著述概略…羅芸貞譯俄國漢學家雅撒撒特之生平及著述概略…湯瑞琳譯記盛京吉林黑龍江等處標注戰蹟與圖…文選譯西洋漢學論文提要及史學論文提要書報評介及史學界消息

各國關於漢學新刊書目—歐美方面一九三三至一九三五歐美漢學研究文獻目錄（一，二）……青木富太耶輯本社譯

價目：每册八分，半年連郵三角五分，全年連郵七角，國外加倍

發行處：禹貢學會發行部，北平成府蔣家胡同三號

曾紀澤對朝鮮問題的主張記聞

吳相湘

1

民國廿五年三月三十日，予得瞿兌之先生之介，往訪吳興吳漁川先生於其平寓。先生蓋曾惠敏公紀澤之女婿也，自光緒十四年後即隨惠敏公居，故其知惠敏事甚悉。先生爲予言：「惠敏自光緒十二年交卸駐英使臣任務後，即回京入値總理衙門，極爲當道所倚任；惟與同僚徐用儀極不相得，遇事水火，惠敏每有何計劃，即遭徐之阻難。……如惠敏對朝鮮問題，以爲不能任其自主獨立，吾華必須管轄之，或更郡縣之，但此議爲徐所阻，未得行！」

今按漁川先生所云，蓋均可信。如其言惠敏與徐氏水火事，凌霄一士隨筆中亦同時述及之。見諸國聞周報十三卷八期。與先生言不約而同；至言朝鮮一節，雖筆者尙未獲得中文史料以證實之，但西籍中却有可見惠敏對朝鮮之主張者，固可爲吳先生言作註脚也。

英文馬格里傳（The Life of Sir Halliday Macartney, by D. C. Boulger）中載有惠敏公西曆一八八九年（光緒十五年）三月廿日自北京寄馬氏函一件。其中有關於朝鮮事者，茲譯錄於左：

「關於高麗問題，天津傳去消息所云，俄國與高麗已簽訂密約，俄國負保護高麗國之一切責任。——誠如君之判斷，此事毫無根據，其謠言或由邊境通商條欵而訛傳。

「吾人亦如君所感覺，於中國在高麗之地位常懷隱憂，君對此事之意見恰合我心：無論如何高麗必須妥爲保衛；否則遇有危急，吾人將無法以應付。我國家之安全，實寄於此，非僅一宗主權無可否認已也！吾人必須對該國表示負責任。當該國上奏我皇帝謂，將派遣代表至西洋各國之奏章到京時，余曾極力要求我當局：將高麗須依賴中國生存之事實，正式宣諸公報傳達全球，但此議未蒙採納！

「余同意君所云：如未得北京政府之認可，高麗不得再派遣使臣往各國或與各國簽訂條約。

「西伯利亞鐵道之完成，由俄國得迅速集中其軍隊於高麗北境之結果，將直接予高麗以危險，遑論我中國！ 吾人亦如日本已注意此鐵道之企圖。余希望吾人能盡量準備一切，必要時得以應付裕如。 雖然論中日關係，吾人受李伊條約束縛，但倘使高麗北境受侵略時，余無疑以爲中日兩國惟有訂一親善條欵，以進於誠實互助之諒解(P. 442)。

「關於高麗，余將更提及一大隱患，即在於高麗國王之傾向於俄國較之向中國爲多也。過去數年間，加諸此王國之影響，恰如君所知者，全爲親媚俄國，親乎中國駐日公使黎庶昌於東京爲慶祝皇帝大婚而舉行歡宴日本皇子及政府要人與各國外交官員時，席間偶然所發生之事情，可以明人事之轉變矣。——此次與宴者，事前均曾通知請着大禮服出席。屆時除高麗駐日公使一人外，餘均如命到會；且酒酣興熱之時，高麗公使突稱病先退。此二事雖小，然足以暗示高麗非復昔日之謙恭與卑順矣！君知其疾，然問題在何藥足以治之也！」(P. 444)

此函主旨與漁川先生所云「不能任其自主獨立」正相符合，惟「郡縣」之說不可見；但此議固非惠敏所創。——當光緒十二年中俄因英國占領朝鮮南海中巨文島而起交涉時，京師即有多數清議對朝鮮主張郡縣之，或派大員監國。俄惑於此議，竟要求中國於照會中保證「朝鮮與中國及朝鮮與各國之交際，永無更變」。清廷不願將此文字列於照會，以爲「俄不侵韓，乃其本分應爾，安能與我爲上國者相提幷論？設牽就立約，無論郡縣監國本不欲辦，亦辦不到。恐如此責問之欵亦做不到矣。得巨文一時虛名，失全韓日後之通局。」李鴻章乃與俄使交涉，最後決定不著文字，照會訂約均作罷論。

當時李鴻章曾有一函致醇親王申述其不贊成派監國之意，彼以爲「元朝曾屢派員往監國政，卒釀禍變而止。其時尚無各國通商之事，今則牽制更多。俄固不願，猶可以口舌爭，日初與立約，即認朝鮮爲自主獨立之國，明係不讓他人干預。蓋日韓中隔小海，交界最近。元初三道出師征倭，一大軍由韓取道渡對馬島而入，倭幾受創。玆明知我屬而認爲自主，一防我掠地侵逼，一利韓貧弱爲他日併吞地步，意極狠惡。若遽派員監國，無論韓君臣觀望反側，操縱輕重之間，難得妥洽；日人必先決裂，陰嗾各國連合阻撓，恐有進退維谷之時。」「目下時局艱難，須先自治而後治人，韓雖可慮，有俄在旁，日斷不遽生心。我意一意聯絡俄人，使不侵占韓地，則日亦必縮手，似祗有練兵儲餉，見症治症，未便輕舉妄動，以致一發難收。」

鴻章此義，蓋以俄制日之策也。此政策鴻章終生持之不變；前引曾紀澤光緒十五年給馬格里信中之主張則與此反是。——倘使俄侵及高麗北境時，則「中日兩國惟有訂一親善條欵以進於誠實互助之諒解。」此以日制俄，蓋曾氏所持之主張也。

曾氏主張親日之詳細理論，惜吾人未得見，惟當光緒五年氏任駐英公使時，其日記中載是年三月十四日與日本駐英公使之談話，有云：「歐羅巴諸國幅員皆不甚廣，所以能強盛者，同心一志以禦外侮，得古人合從之義。中華與日本，皆在亞細亞洲，輔車相依，唇齒毗連，中華之富庶，日本之自強，皆歐人之所敬畏也！是宜官民輯睦，沆瀣一氣，中華財產足以沾潤於東鄰，日本兵力足以屏蔽於東海；邦交既固，外患可泯，蓋不獨通商之利而已！」同時又論高麗琉球諸國事，曾氏言：「西洋各國以公法自相維制，保全小國附庸，俾皆有自立之權，此息兵安民之法。蓋國之大小強弱與時遷變，本無定局。大國不存吞噬之心，則六合長安，干戈可戢，吾亞細亞諸國大小相介，強弱相錯，亦宜以公法相持，俾弱小之邦足以自立，則強大者亦自暗受其利，不可恃兵力以陵人也！」

當談話之時，日人固已將我琉球吞併，改為冲繩縣矣。故此節只能謂為外交辭令！至曾氏當光緒十四五年時，對朝鮮問題主張「將高麗須依賴中國生存之事實，正式宣諸公報，傳達全球。」以今觀察，當時如能行之，則彼時日人決不致藉口中韓關係不明而行其陰謀也。至以日制俄之主張與李鴻章之以俄制日政策，其優劣如何，要不過五十步與百步耳。因聞吳漁川先生言，故略摭所見如此，以見當時我國外交家對朝鮮問題主張之一斑也！

廿五年十二月廿九日，草稿。

3

燕京大學哈佛燕京學社北平辦公處出版書籍

古籀餘論孫詒讓著　刻本二册　實價大洋一元五角
尚書駢枝孫詒讓著　刻本一册　實價大洋八角
張氏吉金貞石錄張塤著　刻本二册　實價大洋一元八角
馬哥孛羅游記第一册張星烺譯　鉛字本一册　定價三元
歷代石經考張國淦著　鉛字本三册　實價大洋四元
王荆公年譜考略蔡上翔著附年譜推論熙豐知遇錄楊希閔著　鉛字本六册　實價大洋五元
碑傳集補閔爾昌纂錄　鉛字本二十四册　定價二十元
殷契卜辭（附釋文及文編）容庚，瞿潤緡同著　廿二年六月出版　珂羅版本三册一函　定價每部大洋十元
武英殿彝器圖錄容庚著　廿三年二月出版　珂羅版二册一函　定價二十二元
甲骨文編孫海波著　二十三年十月出版　石印本五册一函　定價十四元
善齋彝器圖錄容庚著　二十五年五月出版　夾連紙三册　定價二十元
尚書通檢顧頡剛著　二十五年十二月出版　甲種定價二元　乙種定價一元
Aids by L. C. Porter Published June 1934 Price One doller
華文衛氏字典美衛三畏廉士甫編譯　華北公理會委辦重訂　宣統元年出版　定價八元
三字典引得聶士芬著　二十五年七月出版　鉛字本一册　甲種定價二元二角伍分　乙種定價一元七角伍分
燕京學報現已出至二十期　（一至四期售闕）五至十二期每期定價五角　十三至十九期每期八角　廿期特大號二元
中國明器（燕京學報專號之一）鄭德坤，沈維鈞合著　二十二年一月出版　鉛字本一册定價一元
唐代長安與西域文明（燕京學報專號之二）向達著　鉛字本一册二十二年十月出版　定價二元
明史纂修考（燕京學報專號之三）李晉華著　二十二年十二月出版　鉛字本一册　定價二元
嘉靖禦倭江浙主客軍考（燕京學報專號之四）黎光明著　二十二年十二月出版　鉛字本一册　定價二元五角
遼史源流考與遼史初校（燕京學報專號之五）馮家昇著　二十二年十二月出版　鉛字本一册　定價二元五角
明代倭寇考略（燕京學報專號之六）陳懋恒著　二十三年六月出版　鉛字本一册　定價二元八角
明史佛郎機呂宋和蘭意大里亞四傳注釋（燕京學報專號之七）張維華著　二十三年六月出版　鉛字本一册　定價二元五角
三皇考（燕京學報專號之八）顧頡剛　楊向奎合著　二十五年一月出版　鉛字本一册　定價四元
宋元南戲百一錄（燕京學報專號之九）錢南揚著　二十三年十二月出版　鉛字本一册　定價三元
吳愙齋先生年譜（燕京學報專號之十）顧廷龍著　二十四年三月出版　鉛字本一册　定價六元
國策勘研（燕京學報專號之十一）鍾鳳年著　二十三年十月出版　定價三元
中國參考書目解題（燕京學報專號之十二英文本）鄧嗣禹，畢乃德合編　二十五年六月出版　鉛字本一册　定價三元
南戲拾遺（燕京學報專號之十三）陸侃如，馮沅君合著　二十五年十二月出版　鉛字本一册　定價二元
Yenching Journal of Chinese Studies (Supplement No. 1) Price One dollar
簡體字典容庚著　二十五年十月出版　定價二角

總代售處：北平隆福寺街文奎堂

河北省行政督察專員之設置及其區域之劃分 1

于鶴年

河北省最初設置行政督察專員在民國二十一年。當塘沽協定簽字之後，戰區各縣陸續接收完竣，地方情形特殊，尚未完全恢復戰前狀態，需有專員指導，以便早日就緒。乃由主持華北政務之北平政務整理委員會委員長黃郛商得河北省政府主席于學忠之同意，設置行政督察專員，辦理戰區整理善後事宜。專員公署辦事細則由省政府擬定，呈請行政院修正備案，於九月三十日公布施行。計設灤榆，薊密兩區。灤榆區管轄灤縣，昌黎，樂亭，豐潤，遷安，盧龍，撫寧，都山設治局，臨榆等九縣局。薊密區管轄薊縣，遵化，玉田，三河，平谷，興隆，懷柔，密雲，順義，通縣等縣。專員由省政府呈請北平政務整理委員會委派。其職務爲督察所轄各縣之行政事項，通常涉外事項，協助地方救濟事項，督促各縣清鄉事項，省政府及廳飭辦事項。有指揮節制區內駐防之保安隊及地方警團之權。在行政系統上專員屬於省政府，然有重要政務則可與北平政務整理委員會直接發生關係。灤榆區行政督察專員公署設於唐山，薊密區行政督察專員公署設於通縣。民國二十四年北平政務整理委員會結束，行政院電令河北省政府主席商震將專員改爲直接由省政府委派，並由省政府修正辦事細則，呈請行政院備案，於十一月二十二日公布。不久冀東變起，遂由行政院將兩區行政督察專員撤銷。

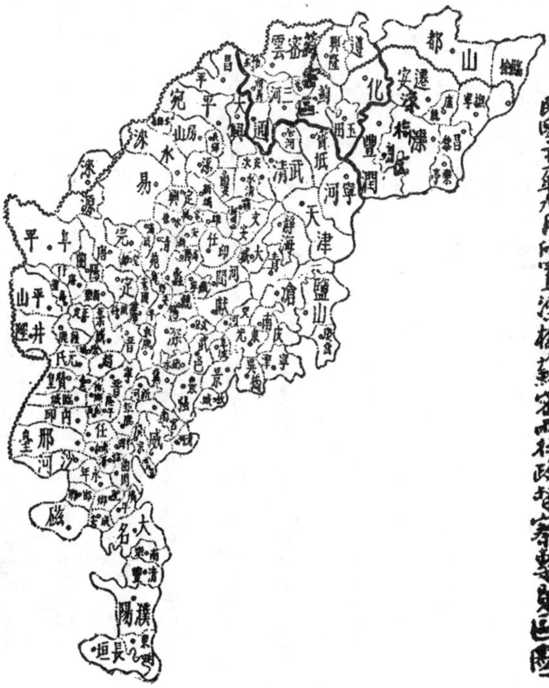

民國廿一年九月所置灤榆薊密兩行政督察專員區圖

至民國二十五年，河北省政府主席宋哲元爲求剿匪之便利，復行逐漸設置行政專員（但名行政專員，與以前之行政督察專員不同），然其後即無匪之區亦行設置。專員以區內縣長之一充之，仍兼此縣縣長。專員對於所轄各縣一切行政事宜有監督指揮糾正改進之權，於必要時，對轄境各縣團警有調遣指揮之權，對於所轄各縣縣長有呈請

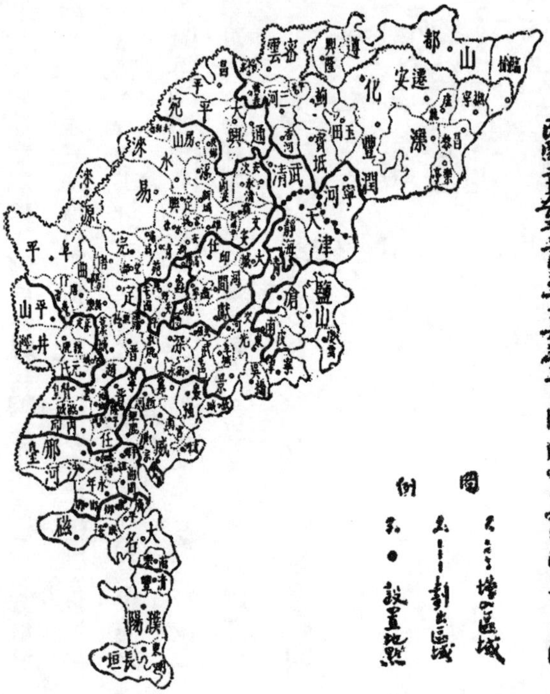

民國二十五年三月至二十六年二月間所置各行政專員之區域圖

獎懲之權，於緊急時得先委員代理之。是年三月設置堯山區行政專員，管轄堯山，內丘，隆平，任縣等四縣，以堯山縣縣長充之。旋又設置南宮區行政專員，管轄南宮，清河，鉅鹿，廣宗，新河，冀縣，棗強，故城，威縣等九縣，以南宮縣縣長充之。至五月，設置大名區行政專員，管轄大名，南樂，清豐，濮陽，肥鄉，廣平，成安，磁縣，東明，長垣等十縣，以大名縣縣長充之。又設置博野區行政專員，管轄博野，蠡縣，安國，安平等四縣，以博野縣縣長充之。八月設置滄縣區行政專員，管轄滄縣，鹽山，慶雲，南皮等四縣，以滄縣縣長充之。九月析大名區之濮陽，清豐，東明，長垣等四縣，設置濮陽區行政專員，以濮陽縣縣長充之。又以天津靜海兩縣設置天津區行政專員，以天津縣縣長充之。寧晉縣加入堯山區內，新設之新海設治局加入滄縣區內。十二月河北省政府主席馮治安奉冀察政務委員會委員長宋哲元令，設置宛平區行政專員，管轄宛平，大興，通縣，昌平等四縣，以宛平縣縣長充之。將武清，寧河二縣加入天津區，此二區內關於剿匪，外交，交通三項，各專員直接受北平天津兩市長之管轄指揮。二十六年二月，設置河間區行政專員，管轄河間，高陽，任邱，大城，肅寧，饒陽，獻縣等七縣，以河間縣縣長充之。又設置獲鹿區行政專員，管轄獲鹿，井陘，正定，欒城，

2

元氏，平山，石門警察局等七縣局，以獲鹿縣縣長充之。茲將已設各區專員詳細情形列表於下： 3

河北省各區行政專員一覽表

名稱	轄區	設署地點	經費數目	委派日期	備註
堯山區	堯山 內邱 隆平 任縣 寧晉	堯山	三百元	二十五年三月九日	二十五年九月一日加入寧晉縣
南宮區	南宮 清河 鉅鹿 廣宗 新河 冀縣 棗強 故城 威縣	南宮	八百元	二十五年三月廿六日	
大名區	大名 南樂 清豐 濮陽 肥鄉 廣平 成安 磁縣 東明 長垣	大名	八百元	二十五年五月十一日	二十五年九月二十八日析出濮陽清豐東明長垣四縣另設濮陽區
博野區	博野 蠡縣 安國 安平	博野	五百元	二十五年五月廿八日	
滄縣區	滄縣 鹽山 慶雲 南皮 新海設治局	滄縣	五百元	二十五年八月九日	二十五年九月二十九日加入新海設治局
濮陽區	濮陽 清豐 東明 長垣	濮陽	五百元	二十五年九月廿八日	自大名區析出
天津區	天津 靜海 武清 寧河	天津	五百元	二十五年九月廿八日	二十五年十二月二十七日加入武清寧河二縣並令關於剿匪外交交通三項政務直接受天津市市長管轄指揮
宛平區	宛平 大興 通縣 昌平	宛平	五百元	二十五年十二月二十七日	關於剿匪外交交通三項政務直接受北平市市長管轄指揮
河間區	河間 高陽 任邱 大城 肅寧 饒陽 獻縣	河間	八百元	二十六年二月二十日	
獲鹿區	獲鹿 井陘 正定 欒城 元氏 平山 石門警察局	獲鹿	六百元	二十六年二月二十日	

民國二十六年三月重定各行政督察專員區圖

迄於民國二十六年三月，河北省共設置行政專員十區。至是擬再增設涿縣，清苑，邢臺，安次，武邑，景縣六區專員，並擬將滄縣，博野，堯山，獲鹿，南宮，大名六區轄境加以增減。旋因現行組織與中央頒布之規定不合之點甚多，乃通盤籌劃，就其關係形式方面者重行規定，期與法令相符，至於事實方面則悉仍舊貫。三月二十日公布新定方案，改行政專員爲行政督察專員，全省劃分十七專員區，廢除舊稱，以次第爲名，就所轄之縣多少分爲甲乙丙三等以爲規定經費數目之標準。玆再將新定各區行政督察專員列表於下，以供參考。

新定河北省各區行政督察專員一覽表

名稱	管轄區域	設署地點	等第	經費	備考
第一區	清苑 安新 徐水 滿城 唐縣 完縣 望都等七縣	清苑	乙等	八百元	新設
第二區	涿縣 房山 良鄉 淶水 易縣 淶源 定興 容城 新城等九縣	涿縣	甲等	一千元	新設
第三區	宛平 大興 通縣 昌平等四縣	宛平	丙等	六百元	舊設
第四區	天津 靜海 武清 寧河等四縣	天津	丙等	六百元	舊設
第五區	安次 固安 永清 雄縣 霸縣 新鎮 文安等七縣	安次	乙等	八百元	新設

4

第六區	河間 高陽 任邱 大城 肅寧 饒陽 獻縣等七縣	河間	乙等	八百元	舊設
第七區	滄縣 鹽山 慶雲 南皮 青縣 新海設治局等六縣局	滄縣	乙等	八百元	舊設新加入青縣
第八區	景縣 故城 阜城 東光 寧津 吳橋 交河等七縣	景縣	乙等	八百元	新設故城自南宮區析出加入
第九區	深縣 衡水 武邑 武強 束鹿等五縣	深縣	丙等	六百元	新設
第十區	博野 蠡縣 安國 安平 無極 深澤 晉縣等七縣	博野	乙等	八百元	舊設新加入無極深澤晉縣三縣
第十一區	定縣 曲陽 新樂 行唐 阜平 靈壽等六縣	定縣	乙等	八百元	新設惟尚未派人
第十二區	獲鹿 井陘 正定 欒城 元氏 平山 贊皇 藁城 石門警察局等九縣局	獲鹿	甲等	一千元	舊設新加入贊皇藁城二縣
第十三區	堯山 內邱 隆平 任縣 寧晉 趙縣 高邑 臨城 柏鄉等九縣	堯山	甲等	一千元	舊設新加入趙縣高邑臨城柏鄉四縣
第十四區	南宮 冀縣 棗強 新河 清河 鉅鹿 廣宗 威縣 平鄉等九縣	南宮	甲等	一千元	舊設析故城入南宮區新加入平鄉縣
第十五區	邢台 南和 沙河 鷄澤 永年 邯鄲 等六縣	邢台	乙等	八百元	新設
第十六區	大名 南樂 肥鄉 廣平 磁縣 成安 曲周等七縣	大名	乙等	八百元	舊設新加入曲周縣
第十七區	濮陽 清豐 長垣 東明等四縣	濮陽	丙等	六百元	舊設

民國二十六年，四月八日。

國史與地方史

瞿兌之

1

方志是一種地方史，打開某省某縣的志書來看，應該可以明瞭這一省一縣政治社會文化種種之變遷源流，使人對於這一個地方有一個澈底的歷史的了解。

然而方志能彀滿足這個願望麼？許多方志並沒有整個歷史敍述，其所暴露者，不過是疆域之沿革，兵事之經過，建置之廢興，以及簿錄式之人物傳略而已。其最佳者，亦不過能於此外作通紀一篇—編年敍事，頗能提綱挈領。至於從政治社會文化各方面融會貫通述以爲史者，在近古方志裏好像竟找不着。

爲什麼方志裏面不能有地方史呢？固然因襲的志例足以妨礙創作。其最大的原因，還是由於我國地方區域歷代變更太大，許多省與許多縣，其隸屬疆土朝更夕改，實在不容易有確定之範圍，以爲敍述之標準。例如江蘇一省，在明代便與安徽不能分割，在南宋還是兩國，在唐代更分屬三四箇節鎮，南與浙江交錯，北與山東交錯。就中南京蘇州揚州徐州四箇地方，在今日同隸江蘇一省，而在古代這四個地方箇箇獨立，各有其地方風氣，各有其歷史背景，斷不能併爲一談的。所以假定要作一篇江蘇省的省史，便很難着筆。

各省之中，比較自成系統，不甚受疆域分合影響的，只是四川湖南廣東廣西等省而已。這些省如果要作省史，倒不甚難。華陽國志便是晉以前的蜀史。這部書敍述蜀地政治之興衰，人文之升降，綱舉目張，詳而有法，的確可以稱地方史之目，然而可惜竟無繼起而作此種書者。

中國是幾個文化區域結構起來的，這種文化區域之疆界，不一定隨行政區域之疆界而變遷。從春秋時代，這種區域之分布已經定有相當規模。自茲以後，逐步自行發展，以成幾個系統。大抵因緣山川水土之殊，而生性情風俗之異，所謂廣谷大川異制，民生其間者異俗。久而久之，各成其文化，各具其歷史，可說是數千年來天然的力量與人爲的力量相摶埦，相榨迫，相旋斡，相映發，決非偶然的。要希望切實了解中國民族性，非從了解各地方文化歷史入手不可。中國問題所以始終沒有解答，而且近來日趨糾結迷惑者，正由於我們專從文化的全體上著眼，而不曾剖析到文化的個體上去，所以往往表面是進步，而內容未曾動，動的輪齒各部也不能相應合。

我們現在固然需要一部極好的國史，尤其先要有幾部極好的地方史。將全國分爲幾個文化區，每一區的政治沿革如何，戰爭變亂經過如何，文化進展程度如何，所產生的人物如何，他們的影響如何，民生狀況之變遷如何，要有詳確的紀述。比如大概潼關以西爲一區，蜀滇黔爲一區，晉綏爲一區，太行以東至海爲一區，榆關以北爲一區，齊魯爲一區，河洛汴宋爲一區，荆襄南陽爲一區，淮西爲一區，淮南爲一區，太湖爲一區，岳鄂湖南江西爲一區，贛南與廣東爲一區，廣西爲一區，甌閩爲一區。簡略一點，則一區自成一史。詳細一點，則一區之中可以再分幾組各成一史。

這種地方史修成之後，各省縣可以采用爲本地學校教材，希望以後每一個中國人，除了熟悉國史之外，還要熟悉各人本地的歷史，治亂興亡之大綱以及鄉先哲之言行風烈等等。假如他是湖南人，他就應該特別知道屈原賈誼的忠愛精神，諷誦他們的遺文，瞻拜他們的遺迹，應該知道漢末以來長沙諸郡之重要，晉以後湖州之建置，流民土著之爭鬥，以及宋以後蠻區之逐漸開化，周朱張之講學，明末張獻忠之屠戮，清初遺民之抗拒，吳三桂與清師之交爭，王船山學術影響與湘軍之自衛組織，時務學堂之與革命影響，凡遇這種史的筋節，都應將地方史與國史融成一片。這與促進國民統一心理啟發民族自信力量極有關係。如果中學歷史采用這種教法，必然遠勝從前籠統廣闊的國史大綱。

這種地方史修成以後，各省縣修志的只須注意於史料之存錄與現狀之敘述，而舊志中如疆域沿革兵事通紀以及鈔襲之人物傳等均可從删削，在修志的人既可省去無謂的重複工作，而志的體例也更可釐然不紊。

2

纂修「河北通志」聞見錄(三)

于鶴年

修志始末

余於民國二十年十二月受友人之約，參加河北省通志館修志工作。其時館中所定修志辦法，甚爲簡略，僅就預定通志目錄中所列各項，就其性質的異同，分爲六組，由館中同人自行選擇擔任，至於孰先孰後，孰急孰緩，則漫無規定，一任自由。余所任者爲沿革一門。同時擔任沿革者尚有陳鐵卿，張承謨二君。余等對於修志毫無經驗，然從常識上觀之，以爲沿革宜首先着手。其主要原因共有二種。

(一)爲資料容易調集。續修志書之重要目的在於新資料之增入，新資料之來源由於正確的調查。通志館創設未久，準備不完，當經費充裕時代，主持者未能爲事謀人，迨經費縮減，人力財力更感不足，一切進行困難尤甚，雖有調查，亦不過規定簡單格式項目，轉請省政府通令各縣塡報，對於地方實際情形，究竟隔膜，不能知其眞象。勉強成書固無不可，然而殊非吾儕參加修志之本意。況當時館中情勢實在風雨飄搖之中，究能延至何時，無敢斷言。爲目前之計，先就資料易於調集者着手，或可有一部分得以完成。地理沿革變動轉少，所資以參考者不過古今省縣各種地志，佐以正史政書，已足敷用。館存圖書雖不完備，然就私人蒐羅所及，亦屬應有盡有，不感困難。

(二)爲關係較爲重要。無論省志縣志，既以地方爲對象，必有一定之界限。此種界限多出人爲。自古迄今，朝代迭更，政制屢變，行政區域時有綜錯分合，不能始終一致。古之某地未必即等於今之某地，同一地名，在各時代實有不同的疆域。編纂方志，若於沿革一門未有詳盡的考訂，則其他各門之資料難爲適當之採擇與安排。故方志之有沿革，猶人身之骨幹，人身之骨幹具，而後五官百體始得不失常位，方志之沿革明，而後山川人物始得就其端緒。有此二因，遂決定先編沿革。畿輔通志沿革凡五卷，有表有說。首爲清代各道府州廳縣廢置分合之沿革，次爲統部表三。上表以全省爲單位，分列各朝代之行政區劃，中下兩表分著各府轄境在各朝所屬之州郡府路，再次為各府州廳沿革表，分著所轄各縣轄境在各朝所屬之縣。皆始於秦漢，終於元明。最後為說，摘錄各正史地理志有關本省之文，釋以今地，以備與表相參證。按沿革列表，以簡御繁，後附史文，著明根據，編錄翻檢，俱感便利。惟民國制度大異於清，府州與廳均已廢除，原來表式難以適用；又原表所列，稍患簡略，於廢置分合，不能窮源竟委，備載無遺；至於疆域考訂，亦有失誤，不加糾正，難期完美；乃決意改絃更張，重起爐竈。預定沿革分為總說與各縣沿革表二部分：總說就全省着眼，而縷述其在各朝所設之州郡府縣，及其廢置分合暨今地所在；各縣沿革表則以一縣為單位，而著其在朝代之地名，嬗變，及其所屬之州郡府路。說舉其總，表列其分；互相參照，其用乃全。為求事實上之便利，先編各縣沿革表，以從小處做起，考定易於精詳。然後就其結果，彙為總說，根據既然正確，違失庶可避免。每縣各為一表，名稱，廢置分合（以上二者又合稱縣地）治所隸屬四項為經，朝代為緯（始於前漢，終於民國），而以附注附焉。當未列表之前，先規定沿革之系統，凡在現在縣境之內有治所之古縣均列入此縣沿革系統之內；其無治所之古縣，無論此縣有其若干轄境，均不列入。蓋如此則條理整飭，不致有互相混殺之弊。然後依系列表，將列入系統內各縣之名稱填注名稱欄內，其廢置分合之概略填注廢置分合欄內，古城治所在今何處填注於治所欄內，其所隸屬之郡國州府及其廢置分合填注於隸屬欄內，至於遇有應申述之事而為表中所不能填者，則記入附注欄內。並為求簡便起見，於名稱隸屬二欄內附加若干種符號，以助說明。茲舉一例於下：

南皮縣沿革表（表中符號說明：◎表示更名，△表示改隸。）

朝代	前漢	後漢	魏	晉	北魏（齊周附）	隋	唐
縣名稱	南皮縣（莽曰迎河亭） 高樂縣（莽曰為鄉）	南皮縣	南皮縣	南皮縣	南皮縣	南皮縣	南皮縣

地 廢置分合	治所	隸屬	朝代	縣名稱
	南皮故城在縣東北八里 高樂故城在縣東南四十里	勃海郡	五代	南皮縣
高樂縣省		勃海郡 治南皮縣	宋（遼金附）	南皮縣 （金）南皮縣
		勃海郡 治南皮縣	元	南皮縣
			明	南皮縣
		勃海國 治南皮縣◎◎◎勃海郡 咸寧三年爲郡 △△△清河國 太康十年改隸 太安元年還隸 勃海郡	清	南皮縣
	東魏徙今治	渤海郡 治南皮縣◎◎◎滄水郡 太武初渤海郡改名滄水郡太和二十一年復名渤海郡太安四年徙治東光縣	民國附注	南皮縣
		渤海郡△冀州△ 開皇三年改隸△滄州△ 開皇中改隸◎◎◎渤海郡 大業三年罷州爲渤海郡		
		景州 武德四年置隸△滄州△ 貞觀元年改隸◎◎◎景城郡 天寶元年改郡至德二載復爲滄州△景州△ 長慶二年改隸大和四年州廢還隸滄州景福元年復改隸景州		

3

地 廢置分合	治所	隸屬
		△景州△滄州 周顯德二年改隸
熙寧六年臨津縣省入為臨津鎮 （金）析臨津鎮置臨津縣（以上均互見寧津縣）		滄州 （金）滄州
		滄州
		滄州
		△滄州△天津府 雍正九年置改隸
		渤海道 民國二年置隸 ○○○津海道 民國三年渤海道改名 民國十七年廢道直隸於省

此為最後確定之形式，初著手時尚較單簡，迨後史實逐漸考明，乃隨時改變，凡經數易，始合於用。至於史實考證頭緒繁多，治所隸屬兩項為費事。為求澈底明瞭起見，不特關於本省沿革之參考資料廣為蒐羅，悉心考量，即鄰省接境各縣之沿革亦一律加以研究。余等分區進行，以期便捷，遇有困難，隨時討論，必待人盡首肯，始行定稿。自二十一年二月起首纂輯，除各人職務上必要之工作外，出全力以赴之，即星期假日亦不輟止，至是年六月蕆事。表既完成，乃繼續做補充工作。漢代以前，兩晉之間（即五胡十六國時代），以及唐代藩鎮，均因列表不便，乃別作專篇，以彌其闕。同時商之館中當局，先將成稿排印。按此表僅為沿革之一部分，不能單成一書，加以參考不足，研討未盡，條理粗立，隙漏猶多，以此問世，無乃可笑。然就彼時環境而言，亦只可如此做去。因修訂志書與私人著述不同：第一，主持者為行政機關。現在政治未上軌道，此種基礎工作向不

4

受人重視，即偶然引起有力者之注意，亦僅認爲邀名之具，甚至以之應酬地方紳士，閒散名流。機關旣立，大事即定，至於進行之方針，工作之目的，均不足以爲掛慮也。第二，負責者多屬外行，非達官，即鉅紳，惟目前之功名利祿是求，復何暇及於應盡之職責，間有迫不得已，勉強從事於此，亦不過潦草塞責，不計工拙，雖遺笑大方不顧也。第三，執筆之士每有成見，出主入奴，莫衷一是，光陰荏苒，殺青無期；迨至時移勢變，人事更迭，雖悔噬臍亦無及矣。故此一志之成，實爲不易。余等旣幸而得參加此種艱鉅工作，又幸而得完成其一部分，是以極欲趁此印行，庶得早有接受社會批評之機會。旋得負責者准允，許以館中節餘之欵先印此表，余等遂於逐日繼續做補充工作之外抽暇校刊稿樣，每頁均校六次，以期完善。至九月印成，凡一百三十一頁（一百三十縣及都山設治局），又目錄及說明一頁，訂爲一册。河北省政府旋即改組，館中幹部亦有變更，余等仍以餘力整理關於各縣沿革表中治所之考證，編爲古城考。至二十二年之春，古城考大致編完，沿革中之困難問題多已解決。時館中奄奄一息，致力無從，而職務增繁，難期兼顧，遂將此工作暫行結束，俟有良機再來刊忙。此後陳君獨立纂成總說，以河北省行政區劃沿革新考爲標題刊於河北月刊第二卷第一期至第三卷第十二期，並繪成河北省沿革圖稿一册行世，是皆以前未竟之工作也。余等參加纂修河北通志爲時一年有餘，若連館外工作計算在內，將及二年，共成總說（即河北省行政區劃沿革新考），各縣沿革表，沿革圖，以及古城考之未定稿，凡四部分。沿革一門大致完備，惟以陸續編成，隨時刊印，或者流傳未廣，或者晦而不彰，迄未得以全般面目與世人相見。近聞館中已聘通家另行編撰，則鄙作與河北通志已屬絕緣。他日能得良機，將已印未印各稿彙集一處，校正失誤，整齊條理，删其重複，補其隙漏，編成河北省沿革志，是所馨香祝禱者矣。

禹貢學會邊疆叢書甲集

西域遺聞　清陳克繩撰　一册定價六角

是書分十一門：西藏事蹟，疆域，佛氏，政教，風俗，物產，屬番，輿國，鄰番，裏巴二塘，建昌道統轄土司事蹟。所載準噶納兵始末，大兵進藏等事，皆岳鍾琪語，蓋當時身參戎幕，故特詳于他書。政教所釋衛藏之義，縱噶之義，均爲他書所未詳。又屬番所載桑駱駝海產白鹽，藏民資之以食，至爲重要，而是書獨載產鹽之區，爲他書所未及者。各門紀述，均極翔實，著者身歷之途，目擊之事，允爲研究邊事之要籍也。

陳克繩字希范，浙江湖州人，雍正七年己酉舉人，十一年癸丑進士。官保縣知縣，擢茂州，特題補打箭鑪同知，出守嘉定，分巡川東。

哈密志五十一卷　清鍾方撰　二册定價二元五角

哈密地處極邊，古之匈奴所屬回鶻之地，舊時雖遣兵戍守，不過羈縻鎮戍而已。迨清乾隆二十三年平定準噶爾部落，將所屬回部悉皆歸入版圖，始有常官專責，營制兵額。

道光二十四年鍾方爲哈密領隊大臣，數月之間，兵民醇厚，公務簡約，爰命各房吏書揀數十年案牘，分類編次，具得事理之本末，而山川景物風土人情逐日諮求，或公餘踏勘，徵于目覩；或廣爲搜羅，補所未備，遂輯爲此志。成書以後，未經刊行，鈔本亦不多覯。

鍾方字午亭，漢軍正黃旗人。道光二十二年以正紅旗副都統爲駐藏幫辦大臣，二十六年改任哈密。其駐藏時曾著有入藏須知，番僧源流考，駐藏程棧，西竺輯錄，小桃園記等書。

科布多政務總册　清富俊撰　一册定價壹元

科布多在外蒙古境內，烏里雅蘇台之西。東北界唐努烏梁海，東南界札薩二圖汗部，西南爲新疆省，西北爲俄境。部二，爲旗十有八，分爲二盟，一曰賽濟音雅哈圖盟，二曰青色特起勒圖盟。又有不設盟之部五，旗十有一。清因其舊藩，重加封爵，設參贊大臣以統轄之。其地處邊徼之區，故素少志乘之作。

嘉慶元年富俊來守此土，采錄檔册，排比成篇。仿新疆事宜一書，分爲十目，曰：城池，官職，外藩，事宜，庫倉，軍台，卡倫，屯田，游牧，牧廠，等門。所載翔實，無異方志。

富俊字松巖，卓特氏蒙古正黃旗人。繙譯進士，授禮部主事，歷陞至內閣學士、兼副都統。嘉慶元年擢兵部侍郎，充科布多參贊大臣。四年授烏魯木齊都統。

西藏日記二卷　清果親王允禮撰　一册定價一元

是書爲果親王于雍正十二年甲寅入藏往返紀程之作。王此行往泰甯爲經理達賴喇嘛回藏，並閱直隸，山西，陝西，四川四省之兵。先是準噶爾時謀侵藏，故雍正七年移達賴喇嘛于西裏塘之惠遠廟以避之。八年復遷于泰甯，護以兵千。至是年準噶爾始請和，遂詔王偕章呼土克圖送達賴由泰甯歸藏，蓋慮藏番爲準噶爾所誘，故遣親貴以示特恩。

書凡二卷，始自甲寅冬十月，終乙卯夏四月，自燕晉以歷秦蜀往返一萬二千里。詳紀山川風土古今名跡，考證翔實，詞旨雅潔，可供研究邊事者之參攷。

王爲聖祖第十七子，博學多聞，妙嫻翰墨。著有春和堂集，靜遠齋集，奉使紀行詩。別著有西藏志一書，流傳殊罕，此日記二卷，則未經刊行者也。

晉蜀掘骨記

楊鍾健 1

山西的大部，四川的一部分，以前曾去過。廿五年因特殊的原故，又使我有再去的機會。而且所去的地方，有些固爲舊遊，但大半却是新的經歷。同行除所偕技工外，有由南非來華的美國加里福尼亞大學甘頗先生。原來自從我研究袁希淵先生在新疆所採化石一部分報告發表以後，很引起外國許多人士的注意。那就是新疆的獸形類化石，此等化石爲動物進化史上最重要的一個關鍵。在全球以南非爲最好，其他各地每有此等化石發見，大家對之莫不異常注意。新疆所發見者，保存既完好，而又與南非各種，特別相近。故於古生物學，古地理學上均有特殊關係。甘頗研究爬行動物化石多年，去年休假，得一機會，先到歐洲參觀各大陳列館，隨到南非作實地採集，又由南非來中國，意在看看袁君的採集品，順便看看中國中生代的地層。在我們一方面呢，覺得既然新疆有這樣好的化石羣，豈不更好。甘頗既來，正可藉此和他一同看看，也可收他山切磋之益。因山西三疊紀中脊椎化石，除前者德日進和我在石樓縣所找的一塊外，至今未見過。這一回我們想到山西東南三疊紀地層最發育的地方，看看究竟有沒發見的希望，這是我們要到山西去的原因。

至於我們何以又要到四川去，却爲要找白堊紀恐龍化石。原來四川白堊紀恐龍化石，在十多年以前，有位美國人在榮縣採了些，直到前二三年，才由甘頗研究發表。雖然材料十分破碎，但在發見的意義上，却十分重要，因爲在長江流域還算第一次呢。我們得到這消息以後，就有到四川榮縣一去的意思。恰好研究這項化石的甘頗來中國，所以我便慫恿一同前去。因爲往山西找三疊紀，他因前未發見過，把握很少，而四川却明明有一地點待我們開發，好在翁詠霓先生對此事十分熱心，他說不妨兩個地方全去。我說怕時間來不及，他說不妨坐飛機，以便省時間。這樣我決定了計劃，先往山西，後往四川。

（一）山西的探尋

1. 陽泉

我們這一回在山西要去的地方，爲東南部遼縣榆社一帶。因爲這一帶爲一大三疊紀的盆地，沿邊又有二疊紀地層很規矩的露出，在探尋獸類形化石上，可以說是一個絕好的地方。我們由北平出發，石家莊過一夜，乘正太車西行，到陽泉下車，第一回把一個不曾到過中國內地的美國人，帶到一個地道的中國小店中。可惜我於心理學莫有研究，不能測他這時候感想如何。但大致看起來，似乎莫有什麼驚奇。一回兒我又同他吃午飯，無疑的他是第一回吃眞正的平民化的中國飯，是不是他和吃一回東興樓一樣的感想呢，也不得而知，不過他的飯量，到是很好的。

我們到陽泉不過十一點多，吃飯也不過一點左右，本可以起程南行的，但一來雇騾子也有相當費事，二來也想看看陽泉附近的地質，所以決次日再動身，時日光正烈，熱氣逼人，便在店內休息，以待下午出去。我們正在半睡的狀態中，忽然一陣搬行李聲音，把我們驚起，原來我們的行李，掛次一回車來的，這時才到。同時袁希淵先生，也是進了我們的小店。原來我由平起身時，他就有同來之說，後因旅費問題未定，不果成行。在此找見歡談之下，才知他已由清華弄到旅費。袁先生在新疆工作多年，又親身發見重要的三疊紀化石，於此當然十分內行。因此我們對此次的旅行，不禁增加了無限勇氣。

晚上我們一同到陽泉鎭以西山溝中一去，西行可六七里後沿鐵道回寓。所看多爲二疊紀地層，三疊紀僅見其底，因時間來不及折回。許多時不作野外工作，第一天格外覺得興奮新鮮，雖無何發見，然這樣一個楔子，亦覺得是滿足的。

在店中把騾子雇好，計共三騾四驢，因二驢便等於一騾，所以可說有五個騾子的馱量。次日一早收拾好行李，即南行，也可算一個小小的隊，雖然這一段路，爲我第一次旅行，而山西的一切，究竟有他的若干特殊公同之點使人感到已到山西的外縣了。但擴而充之，中國各地，雖不同，亦有若干共同之點。無論在遼寧也好，在廣州也好，在迪化也好，也令人感覺中國的特色。

我們由陽泉南行的路，爲由陽泉經和順到遼縣的大道，並已有汽車路，離陽泉十五里，到平定縣，爲一大縣城。陽泉不過平定縣的一鎭，但因交通及煤鐵礦關係，在交通上，竟較平定爲衝要。我們過平定未停，僅在附郊城關，賞鑑若干舊日建築之美。再前到鎖簧打尖，一小店吃飯，甚感困難，幸携有糖牛奶肉罐頭等，可少救急。

由陽泉一路行來，大半沿二疊紀走向南行，有時三疊紀亦可看到，較古之岩石，則在大路以西，沿途隨處可見，煤礦或鐵礦有的已中止，有的尙在進行，均係土法開採。煤鐵在山西爲最著名之出產，但究有多少，尙無可靠統計，而統制開採，也還未曾着手。

下午行二十里左右到昔陽縣城，城在一小山上，因山坡爲城，形勢甚佳。我們寓街前附近一店中，尙爲整潔，入店不久，即有狀似巡警者前來查詢，照例要名片，因無要事，未找縣長。第一日的騾上旅行，是特別感覺疲倦的，一會兒即忽忽入睡了。

次日由昔陽南行，所修之汽車路，大部分均尙好，可以行汽車，只是沿河或近河的地方，已衝毀不少，大凡近來各地新建設的公路，只注意修路而忽略護路及補路的工作。加以北方黃土分布地域，冲毀尤易，所以如沒有整個的長久計劃，一條路不會長保存的。中午在一小地方打尖，附近尙有一規模較大之鐵礦在山後，隨即上山，山尖紅土及黃土尙有殘存者，但沿山坡則大半爲童山濯濯，不但樹木稀少，即草亦不繁茂。眞爲北方山地特色，可發一嘆。晚上因趕不到和順縣，所以在李陽鎭住宿。此地因已深入鄉村，所以本地人對於外國人也就加倍的予以注意。

我們所雇的騾驢，本來約定一直送我們到沁縣汽車站，但自出發以後，一再有不願前去的表示。其理由是往南的東西貴，又兼他們一天一天離家遠，恐回家不易。其實據我們沿途所見，差不多往北去的騾驢均載吃食，可見以南生活貴的話，不甚可靠；至嫌離家遠，當係實情。可是我們爲便利計，當以不換爲好，因不但收拾行李麻煩，且在小地方也不易一下就雇得許多騾子，因之我們只有對付騾夫等，到和順再說。第二日到和順，果然雇騾子不易，乃託縣府幫忙代雇。

下午我們往城西山中考查，希望可得若干骨化石。因自李陽到和順，經過若干地方，露頭甚好，岩石性質亦佳，此等地層即在縣西山暴露。我們三人，分途前行，意在擴大觀察區域。由山脚至山頂，又左右盤繞，十分留心。但結果除若干植物化石外，仍一無所獲。由此北折沿山脊走去：至一山凹松柏叢鬱，林木稀處，有房屋及台亭三五，風景佳秀。乃信步沿山坡而下至山腰探視，乃爲一龍王廟，附近台亭乃近年補修者。據看廟者云，此廟無和尙，亦無道士，廟常爲各地人祈雨之所，此姑不論，而其爲和順附近一遊覽之區，則無疑義。

回店後即打聽雇驢事，據云已雇好，但至次日早起身時，却不見來，令人焦急無已，只有重與舊驟夫商定，許以較優條件，始得成行。這一天起身太晚，晚只到一小地名下其只住宿，共行五十五里，地在河旁山坡，已爲奧陶紀石灰岩。又次日前行三十五里，到遼縣，沿途多沿石炭紀及奧陶紀邊緣而行，所以更無找得骨化石的希望。計出發五天，一無所獲，不免十分失望。

我本打算到遼縣店中打尖即西行，到縣城附近，在城東牆外有一大建築，詢之爲教堂且爲美人主持。甘頗因之頗想同鄉。我因他數日吃不合口味飯食，如能藉此換換口味也好，遂贊成。入內有一對美籍教士，誠意招待，並帶我們參觀他們的醫院和學校的設備。後又一同入城，在城門洞見有許多石版，云自以西附近山中運來。此石版厚二寸許，爲紅砂岩，上有各種條紋，看去極適宜保存骨化石，或足印等，但我們看了許多塊，仍是什麼也沒有看到。可是我若西行，當有看見此層的機會，如能往採掘地一去，當更好，不幸打聽了半天，竟得不到相當結果。

回校後，即在其寓所共進午飯，其一種喜歡朋友的神情，殊爲我國多數人所不及。他並告訴我東邊可望見那洞的情形，惜此次爲事實所限，未能一去。飯後少休，即起身西行。某君又騎自行車送我們。離城不遠，即過河，不遠又過一河，沿河前行十五里，到一村鎭名石匣，兩邊皆山，露頭甚好，乃決在此住下，我們並利用時候，在西南山坡沿河詳細看了看，地層多紅土及砂層。據甘頗言，與南非之水龍獸層，完全一樣，但我們找了半天，未見一點有骨的痕跡，同來的某君因晚要趕回縣，即別去。我們沿山看了看，即入村投店，技工已安排妥帖，店甚大而潔淨，若附近有大發見，足可爲久住之所。

2. 第一塊骨化石

第二天上午，我們又在附近山坡河谷，仔細探查了半天。我們四個人，均不同路，除技工與袁君往河西外，我與廿在以東沿一溝前行。層次甚清，砂岩之交層坡紋雨點，幷均甚清，而未見有化石痕跡。爲不延悞時間計，即午回寓，即收拾起身西行，以穿此三疊紀地層。前行不遠，捨一大河谷而沿一小谷西進，不時我們也在附近趁機會看看。過某村後，光在河旁硬岩上，見一小骨片，喜出望外。因在硬石上，頗不易取下，工作了半天，才取下來，惜破碎不完全，說不出是什麼東西。但旣爲骨化石，千眞萬眞，所以可證此間被視爲無骨化石的三疊紀地層，是有化石的，而且也似乎表示未來很有希望，令我們可不必灰心。這一天晚，到魏家莊，即投宿於此，附近露頭亦不少。入店後，因爲時尙早，乃即出外上山，我們全到紅土多的地層去，不料竟無所獲。

第二天由魏家莊起身，西行沿途仍仔細看，午間至一小地名叫紅崖頭打尖，爲我們出發以來最簡陋之一地點，幾至連火都找不到。因開店者均爲農人，時正農忙，全在野外工作。幸費了許多力氣，始克找到。但所作食品，又髒汚不堪，草草一飯，即行起身沿一河谷走，因兩邊露頭甚多，在由紅崖頭起身西行一段，我們竟連找了好幾塊骨化石，中有一塊特別大，至少可以磨成薄片，以供研究。 5

由此再西行，山勢稍陡，隨即經過最高處之分水嶺而入楡社水系，仍沿一河西行。至地層却無何變化，仍是三疊紀砂層。沿途在好幾個地方，見有若干植物化石，其於年代的鑑定上，或也有些用處。

再前往不遠，河谷漸寬闊，無何出山地，土狀堆積亦漸發育。但吾人前所謂楡社系之地層，至少自外表視之，並不十分發達，眞正之楡社系盆地，尙在楡社縣西南一帶。將近縣城，已爲一小平原，全爲冲積層，此地前次來時，曾來過一次，不過是從北邊來。這一回我們自東來，又到了以前所訪的地方，自然有一番感觸。我們本想在此住下，但一因城內有機關，外無店可住，二因以南十里之潭村，爲上次採骨化石地方，今爲時尙早，正可一往，所以即起身南行。兩次過楡社縣，均未入城，可見此城於我眞是無緣了。

由榆社往南，即沿漳河東岸南行，以西山谷中之新生代後期堆積尚遙遙可辨。以東山溝中，雖有但似不甚發育，而黃土又覆蓋甚多。十里到潭村附近之小鎮，有店二三家，我們即到以前曾住過之一家，並住同一屋中。方佈置完畢，忽有自縣城趕來二警察，作種種盤詰。其結果仍是要了幾張名片方去。

第二天清早，即去訪此地有名之龍骨商某。上次來時，伊住一普通之民房，今則大興土木，房舍十分宏偉，還未完全竣工，可見販龍骨之結果。以比研究龍骨者之碌碌，不禁喟然有感。入院一視，所存化石甚多，最要者爲象類之門齒臼齒三趾馬頭骨，熊，虎，狼，狐，猪，鹿等，凡應有之化石，無不盡備。有若干且十分完好，無論陳列研究，均爲不可多得之珍品。乃一打聽價目，其昂貴有不可以理喩者，如一象之門牙，索洋二百元。其他項骨每個即數十元，我就研究用之有疑點選了十多塊，保存並不見佳，竟亦要五十元。甘頗挑了幾十個零牙，據云要五塊洋一斤，其結果也非二三十元不可，大概我們去了三人，各代表一方面，各自講價，也或許是價特別高的一個原因，其結果我們一個未買，悻悻回店。按我國各地骨化石之被一般無知人民摧殘與損毀，爲時甚早，每年珍貴之科學材料，因而付之東流者，不可以數計。化石在我們中國，除受自然侵蝕力量銷毀外，又多一人力，可謂倒霉之至了。

由潭村南行，仍沿此河谷，午到某小地打尖，天氣酷熱不想吃什麼東西，只草草渴了些水，其一種異味，也令人不易下咽。因武鄉稍偏東，我們往沁縣去，可無須經此，乃直取往段村的那一條路。過河曲折走了許多時候，在下關附近路旁，甘頗在一塊石上，看到一塊骨，喜出望外，乃即起下，共計自石匣西來，連此已至少有三地方有化石了。惜此石塊爲孤石，來源不明，但其塊甚大，又表示其距原來地方當不遠。晚抵段村，已入暮。地爲一大鎮，甚爲繁盛，但店却一點也不乾净。

次日由段村起身西行，附近因在平坦區域，田禾甚旺盛，居民亦較富庶。再前所過地方，又爲前多年所經的一條路。越一小山脊，岩層幾全由變動較烈之後第三紀地層造成。在數處曾經流連，亦未見有化石。按榆社系中化石之多在國內幾無其他地方可與比擬，但忽忽一過，亦不見得就會發見，可見其他不經見之化石，更不易有求必應了。想到這裏，殊覺我們自遼縣西行以來，未免把山地走的太快，而有些耐性不足。

過了幾個村莊，平平無足可記。由段村到沁縣，只四十里，所以正午即到。爲方便計，寓於汽車站之旅店中，比沿途所經小店，當然少微乾淨，講究些。

照這一帶三叠紀地層分布的廣大，和我們已得了一些骨塊講，我們實有在此區一帶再詳細考查的必要。無如甘頤還要往四川去，他又有一定的期限，須到上海趕船，所以事實上我們竟不能在此久留，只有決定次日即換汽車往榆次，再乘火車回平，然後再作南下計劃。可是此等辦法終覺於心不甘，於是我乃決定令技工王存義由此往東北穿漳河西之三叠紀山地到壽陽，袁甘和我三人由此直回北平。以後證明此計劃，爲我們一大成功，因王在這一帶工作十餘日，曾在石壁一帶，發見三地點有較佳之化石。尤以石壁附近一地點，最爲有興味，計得一完全之上臂骨及大腿骨又有脊椎及坐骨若干，爲獸形類一類骨骸，可證明不但山西之三叠紀有骨化石，而且有保存優良有興趣之獸形類化石，在古生物學，實可爲新園地，有待未來之耕耘。

7

沁縣爲太原潞城汽車路的重要站，這條汽車路在山西也算幹路之一，爲通東南各縣的一條動脉，每天有客車來往。我們一打聽，次日雖照例有車，但不一定有坐位，因在半途又無法預定。到次日果過去一車裝滿客人，無法可想。不久又來一車，旅客雖不多，而車箱中裝滿脂油，據說爲自某地特別運的，且貨主有勁，非搭客車不可，我們殊不解何以客車與貨車不分？後交涉再三，始允把上層的油簍取下，可令我們三人搭車。但因當間地方，均全爲油所佔，所以必須盤膝而坐，不能放腿與脚，實一苦事。我不解汽車方面，何以不顧旅客舒適如此，且一有危險，其危險程度，比未裝貨只裝人之車甚大。甘頤迭謂見所未見，令人眞不知如何回答才好。近年來各地公路甚爲發達，誠爲一好現象。但有許多地方，如不加以改良，眞有莫大的危險。在沁縣看看報，即有一新聞述汾陽附近汽車肇禍事，謂司機因貪看旅客中之一女性，而車覆死二人，傷多人，即此一例，已可見行旅難之一般了。

由沁縣東南行，仍穿許多三叠紀地層，雖有許多地方想去看，但一上汽車，即失自由，只有聽其推動。出山後即至汾河平原，在太谷以南附近，即見新修之同蒲鐵道，爲山西近年偉大建設之一。下午六時始抵榆次，一日苦行始告終。投宿車站附近一店中，夜間同至一大飯莊公食，蓋野外多日，未嘗大嚼，今又重新得汽水啤酒等物，宛若又進了若干世紀。

汽車路與正太無相當聯運，故非在榆次縣住一宿不可。次日到石家莊也須住一宿，始能北上，在新式的交通結構已有規模的地方，似不至有此等不方便，有莫大的時間的損失，實爲可嘆！

（二）榮縣掘骨記

1. 西安至成都

照我們計劃回平即籌備往四川，但廿和我們均有許多冗煩的事情，直到一期後始得成行。廿搭特別快南行，並想看看鄭州，我因想藉機回家一省母親，所以先一日夜車南行。陝西近年來的交通，總算比前方便的多了，兩天即到華縣，下車在縣少停，即回家省母。吾母於廿三年九月再度來平小住，廿四年七月初又偕芝芬等回縣，在家主持一切，勞苦非常，我在外每慮及，心甚不安，今藉西行之便，抽暇回里一視。時吾鄉新麥方收，正晒杏乾，遇母於堡北場地，見母正在勞苦工作中，一見之下，幾欲淚奪眶出。草草在家一宿，尤覺任母一人在家之非計，但又無法請其即時又來北平。次日忍痛辭行，到站上車，即遇廿頗，同到西安下車，錫齡及芝芬瑞英等均在站迎候。爲方便計，先看定西京招待所之房間，後又到三叔處，晚間又會了幾位舊友。

在西安共住了一天兩夜，時間倉卒，未能把想見的人都看到，故西安近來的建設事業也不及一看，所以一切也就不說了。我的總感想還是和去年時差不多，可是此次在西安雖爲時甚暫，關於我本行的東西得了些新知識。劉依仁君春間，在華岳廟購得骨化石若干，據稱自永濟匼河得來，曾抽暇約爲一觀，如象，牛，鹿等化石，有許多與周口店猿人地點相似之處，但在地層爲湖相，所以特有意思。

由西安到成都的飛機票，我們在北平已預購好，票價計二百二十五元，地位當然已預定，所以在西安無何特別手續。午離招待所，三叔及許多親友送到機場，行李照例須過磅，我們以最簡單的行李，竟也過了五公斤許，補費十餘元。廿有照相機在外邊，據站上人云，不許帶，出言不甚客氣；去年我由蘭州飛西安時，同行即有像機，何以並無困難？與之相商之下，而該員竟有一種令人難堪態度，且云即放在箱中亦不能帶，此直可謂無理之至，此等人在西北視西北人民往往爲被征服者，我因說話改爲陝音，故有此怪劇，即此已可見西北目下情態之一般。後來站上人一聞此機爲西人所有，竟亦無事放行，尤覺令人替他們難受！

午後兩點由西安起飛，坐飛機的經驗雖爲第二次，但由蘭州到西安及由西安到成都，均爲國內航程中最有意思的部分，所以對此次航行甚感興奮。天氣又清和，過山當不至爲雲霧所阻看不到山色。起行後不久即折向西南，秦嶺北坡宛在眼底，隨即過嶺，依時間之，當在由太白山以東穿過。在機上下望，全山盡爲林木，已無人家耕地，可見其森林之多，此後固當利用，然亦須保護。甘謂曾見某君著中國遊記，謂中國無林，此等說法適形所見之小。時天氣晴朗，機響映地面上，甚覺有意思。因機行速不知爲多少，又因無明確之地圖可尋，又不知機所過路線究爲何地，所以過秦嶺即不能清晰辨別地方。據甘云美國營業飛機上，例有一女招待，旅客有病可以看護，平時並講解所過地方情形，旅客甚便。我們此次所搭機爲歐亞巨型機，可坐十四人，地位寬敞，比去年由蘭所搭機好的多，所以也有一男役，照料一切，但他對地形也是茫然，竟還問我，『到了什麼地方了？』

此機係由上海飛來，由西安起身時，東來旅客只有二人，連我們共四人，就營業上講，未免太不合算了。二人中一爲法籍某軍官，將過昆明赴安南，一爲燕大吳文藻，相見甚歡。

雖然不能詳細的看地形，但大致是可以了解的。過秦嶺爲一盆地區，過大巴山脉以後，即入四川盆地，以地圖猜計，當在廣元劍閣間。地方河流蜿蜒如帶，城市民居，清白可辨，地上行人却不易看得清白，其高度當有可觀。四川分布極廣的紅色地層，亦逐漸可以看到，其邱陵狀之地形，在飛機上看，尤爲清楚。一會兒至低的平原，河流縱橫，知抵成都近郊。果然飛機即逐漸下落，到成都北飛機場停。乘客的坐位，因在飛機後部，向前不能看，因降落時未廻繞，所以並未在飛機上望見成都。下機後無人來接，郤有成都法領事貝柵來接同機之法軍官。此軍爲德日進好友，前在香港曾相遇，而我們此來又有德特別介紹，他即約我們全住在那裏，我正想莫有地方，當即應允。其地點在北門外張家巷，其住宅佔地很大，並有一化學研究室，園中花木均帶南方性。一切布置就緒後，入城到四川大學，得知任叔永在家，驅車至其寓所，除吳君在埸外，又遇李濟之等。

我們一共在成都只住了兩天，還有許多事情要辦，所以對於這美麗的成都，竟無時間一遊，事後想來殊爲遺憾。成都位川西大平原中，街市整齊，有如北平，不但爲一政治中心，商業亦相當繁榮。今姑將我們在成都兩天的經歷擇要記述一下：

我們曾先要接洽的當然爲我們調查事宜，先到建設廳，適廳長盧作孚未在，半天不能與負責的人一談，等了半天，才得一位某君聲稱未接公事，大有不允招待之意，遂不得要領而至省府，也得着同樣答覆。我們以携有護照。決非冒充，公事或因郵寄稍遲，當即請求，仍予所欲去縣分保護以利進行。幸蒙見我們的某秘書應允次日前去取公文，因公文尚須由我們帶上自投，此等辦法，對於調查不甚妥當，然既如此，亦是無法。所去各機關全是人員很多，但辦事頭緒紛繁，難得要領，一人不能當一人用。

在成都第二個印象深的事，爲兩次訪問華西大學。成都一共有兩個大學，一爲四川大學，任叔永爲校長，在城內，近力圖整頓。任曾約我們去參加他們去年度的歡送畢業同學大會，在會場上會到了好幾位知名而未見過面的朋友，甚爲快慰。其他一個爲華西大學，係加拿大教會所辦。我們第一次去，未得會着主要的人，第二次去，始得有機會一參觀。華西大學的博物院，其中最精彩的一部分當爲歷史及民族部，尤其關於西藏及苗夷各民族之衣飾物品搜集甚多，歷史的及藝術的亦不少。我們所特感興會的，爲其前幾年在西康發見的石器及骨骸，惟因地層尚多待考，所以關於年代也不易遽下判語，可是無論如何，當不至如華北周口店，甚至眞正黃土期文化之古。此外見有一堆碎骨，據云採自川南珙縣，雖破碎而可認出有象土猿藏熊等之牙齒，其性質與我們在四川萬縣，雲南富民，廣西興安等地所見者十分相似。華西大學在城南佔地甚大，進內一視，幾疑身在北平之清華或燕京，有此陳列館，足爲本地生色。可見西人足跡所至之地，富於搜求精神。蓋此等標本，在四川搜求，並不甚難，但開其端而具有規模，終須讓外人着先鞭，眞令人愧死！

我有一近同鄉同如蘭君，在軍政部之無線電台服務，乃即抽暇一晤，相見甚歡。同君又招待一切，且諸多幫忙。又有聞名而未見過之友人周曉和君，亦習地質，對我們在成都各方接洽，尤多盡力。周君因學校已放假，欲乘機會與我們同行，我因地方生疎，又可得周君幫助，可解旅途煩悶，當然十分歡迎，所以盡兩日內，把一切預備就緒，打算即日起身。

照我們原來計劃，想由成都搭汽車到樂都，再由樂都起旱到榮縣，待工作畢東歸時，離榮東行至蓉渝汽車路，因如此可以多看榮縣以西及嘉定成都間。但一經打聽成都樂都間的汽車路，時常出事，聞在一月之內，竟有八次被刼，旅客亦多受傷者。在此等情形下，我只有聽周君勸告，放棄原來計劃。決由成都到資中，再折往榮縣。

一切稍定，即與同周兩君，畧一遊覽街市，並到一公園小坐。市內茶棹甚發達，公園尤甚。據周君云，許多重要交易，私人往來交涉，均有茶肆辦理，無形關係甚大，故如此發達。我因爲時太匆促，未能詳遊，幸以後川陝交通比前方便，或者還有重來的一天。

11

2. 成都到樂城

我們在成都三夜，每夜間全有大雨，但次日即天晴。起身的前夜雨尤多，天明時雨幸稍止，票已購好，當然起身。幸貝君仍令汽車送我們往，殊爲省事。在貝君處數日，諸多招待，尤其兩三日凡出外均用他的汽車，對我們誠爲省時間，然殊覺令人過意不去。在這樣的情緒下，我們離了張家巷。上長途汽車的地方在牛頭市，尚須穿城而過。到站旅客已甚多，須有過行李等手續，不一會周君也來了。雖說六點開，直到七點才有車開行，我們因到八點多才上了一車。站由出發，雨仍未止，汽車路半爲泥水所蓋，殊不易走。地勢在平坦中略有低阜，多爲紅色黏土，亦即土壤家所謂成都土，間亦見有礫石，但汽車上看地質，竟是走馬看花，其彼此關係，殊不易定。卅餘里到龍泉驛，始捨成都土所蓋之小低阜式山，而上白堊紀地層所成之山地，亦即爲我們此次調查最注意的地層，所以更聚全神向外注視。岩層多爲紅色砂岩，沿途露頭甚好，惜不能下車一視。午到某地午飯，車上遇一在重慶開業的醫生，爲美國人，與廿認同鄉，因一塊吃飯。彼在川已多年，講四川話甚流利。飯後繼行，大約沿沱江兩岸南行，計一七七公里，到資中我們即下車。依周君意，恐住小店不便，擬往城內中學，因其校長爲周君之老同學，遂即把行李候到後，即離站進城。資中城在沱江東北岸，車站在西岸，故須過江，沱江在資中已有相當的寬大，惟時江水尚未漲，過去甚易。過江進城，即直到中學，與校中當局會見，相談甚歡。

但爲時尚早，所以還可以在城內及附近一遊。城內街市整齊而清潔，爲我在國內所僅見，所有街道全用砂岩舖成，兩旁並植有樹木，聞此等建設亦近年事。出城遊某寺，爲一古跡，石像甚多，後過公共體育塲返校，所經多風景佳麗之區，令人戀戀不忍遽去，因此等邱陵式之山與蜿蜒之江，又裝飾以天然易生之樹木，再加以人工之培修，自然到處可成勝境，非如北方各省之荒枯。

在校寓一教室中，範圍廣大，承校中當局好意，約我們對學生作一講演，義不能却，遂即從命。首由廿先講述，大意爲鼓勵青年求實學，用國貨，抗強敵，由余節要爲中文。以一利害不相關之美人，對我國青年作此中肯語，深可感動聽衆。我則就青年目下最應注意者數點約爲申述。周君所言，亦多勉勵青年之詞。

我們爲明瞭附近地質起見，決在資中住一天。是日出城，由汽車站沿汽車路南行，沿途慢慢的看地層之剖面。所露出者多爲砂岩頁岩及紅土等，如硬的岩即造成邱陵式之山阜，而較鬆之岩則爲低地。二十五里到蓮池舖，少休又十五里到金子舖。依譚李兩次之四川西康地質圖，此等地方地層全爲所謂白堊紀之自流井系爲榮縣相同，所以也當有發見爬行動物可能。但我們沿途仔細找了許多次，均未發見任何遺跡，不禁悵然。歸途過蓮池舖後，取一小道到沱江岸之唐明渡過河，據云係因唐明皇曾由此過江，故得名。過江，沿途風景尤佳，返抵城內，時已是萬家燈火。

由資中到榮縣約一百七十里，爲二日程。最方便的走法爲履花桿。我們三人因有行李共履了四乘，廿因巨大係三人外，餘均二人一抬。次日由資中起身，校中當局率學生全體，送至江岸，遂與此印象甚佳之資中作別。過江時適江水大漲，幸波濤尙平，得以迅速渡過。過後，沿汽車道走數步，即取往西南一小道前行。四川鄉村小道，均爲用石砌成者，平整可行，但遇坡處，全用階梯式，所以只於行人方便，其他車輛全不易行，所以路雖好而自行車不能利用。此路大半很窄，平均寬不過一尺許，所以一離汽車路即看到舊四川的交通。沿途所經均零星住戶，而無如北方之偉大村落。此蓋爲地勢所限，且因到處可取水，因之無須聚集一起。前行四十里，過蔡家場，爲一鎭。道經一黑色砂岩區，當爲侏羅紀物，樹木亦不少。再過雙河鄉，附近見石灰岩，即爲著名之自流井石灰岩，亦有魚鱗等化石。沿灰岩下層紅土曝露甚多，我們找了半天，僅得兩骨塊，然破而不易鑑定，又因爲時不早，只得起行。這天共走了一百里，到威遠縣，縣城不如資中之大，街道亦仍爲舊日面目。爲方便計，周君又導我等到縣署，縣長未在，其秘書李君爲周君老友，招待甚誠，一見如故。

我們的花桿，僅雇至威遠，所以第二日又換了一批。但不如昨所有之能力。我坐的那一乘出西門行不遠，其桿即壞而不能用，可是周君與我換坐換行，由資中到威遠。大致方向爲自東北往西南，由威遠往榮縣則幾爲東西。北方一淸白之山脊，當爲侏羅紀硬砂岩所造成，而我們沿途所經，則全爲自流井層，自然也是一種邱陵式的地形。午過一鎭，名鎭西場，全場之馬路，修的十分整齊，當亦爲新建設之一。在此另補雇一花桿，繼續西行，再前到高山舖爲榮縣東廿里一大鎭，位石灰岩山頂上，在此稍休息即西行過高山舖。經許多建築壯麗之石碑坊，其式樣與北方習有者不大一樣。薄暮入榮縣城，縣城市面長，甚繁榮，一如威遠，似爲舊面目，若與資中比，自覺較差。沿街家家戶戶全有軍隊，一經打聽，始知爲中央軍自西康東部開來，調往貴州道經此地者。又不禁爲最近時局增若干杞憂。爲方便計，仍暫住縣署，縣長不在，由秘書某君招待。到縣府不久，我們由北平派來榮之技工杜林春即來相晤，因我們由平起身時，預計派杜先運行李由漢口重慶西來，先在附近探採，我們則由飛機相晤以便節省時間。據杜云已在縣城附近十餘里內跑了許多次，曾在三四個地點見有骨化石遺跡，甘與我聞聽之下，均甚欣慰，俟一切布置決定後，即前往調查。

3. 榮縣近郊的遊探

我們由資中起身的第一天，天氣很涼爽。第二天便特別熱，當夜住在縣府，地點較小，又未帶蚊帳。既苦於熱，又苦於咬。好容易到了天明，又遇着更熱的天氣，我們因要在榮縣久住，所以要找一比較清靜的地方，該縣當局帮忙，找到本縣的中學。此時中學已放假，當然地方是有的。不過據校中當局云，放假後茶水與火食均不方便，經多方交涉，由我們出錢購煤燒水，火食則由附近一飯舖包送。一切定妥後，即於上午由縣府移至中學。我們住在新修的大樓之一巨大教室中，以北窗外即為城垣，以南為一大廣場，遠望城北之小山，亦歷歷入目，所以我們對這地方，算是十分滿意。本來部署就緒後，下午即可出去調查，無如烈日當空，酷熱異常，即在室內，亦汗不能乾。我詢甘是否可外出，伊頗有難色，並云凡初到一地方，最忌立刻出去作辛苦工作，否則易生意外；我一想也有道理，遂決定休息半天，次日再乘涼出發。

在未出外調查榮縣附近以前，我這裏可把榮縣城大致的介紹一下。自威遠到榮縣一帶，所有中生代後期地層，大致均向南傾斜，以北最高可望見之山，即為侏羅紀黑灰色砂岩，其上為整合之白堊紀岩層。照譚李之圖，最顯著之自流井石灰岩即在城北不遠。其上之地層在附近一帶為較軟之頁岩，與較硬之砂岩相間，硬者往往成為東西方向排列之小山，此等邱陵式地形，在四川紅色盆地中，隨處皆是，不過此地尤為有規律。榮縣縣城即在東西排的許多邱陵山脊之間一河旁，河自城北由侏羅紀山地來，由城東穿過，西折而向南流去，雖此等小河，亦與四川各大河之情形相同，即在岩質較軟之地，成為闊谷而與之走向平行，一遇較硬之岩層，即直為穿割，而成一種峽之地形。

第二天決乘早涼出發，但因吃飯，等了許久，飯才送來，以致出發時已八點多。紅日肆威，熱氣逼人。由校起行後經正街東行，過縣署大門至東大街出東門，沿街商舖櫛比，行人衆多，又兼尚有後來的過軍，顯得熱鬧。我們一出東門，即折北行。低地全為稻田，山坡多為包殼。沿路上一砂岩構成之山，即到一小山名馬鞍山。因兩脊一凹有如馬鞍，故有此名。技工導我們至其所見化石之地點，計有兩處，一處只大骨一塊，惜已掘毀，一處有若干小骨，又有鱷魚牙齒等。我們自掘了許久，也得到若干化石。但細視骨塊，均甚破碎，且其損毀之處，均已磨蝕，可証在堆積以前，早已毀損。如果如此，則無整齊標本，找完整之標本的希望似乎甚少。時天氣熱不可耐，周君由附近一民家借來清茶少許，止渴後即前行，看第二有化石之地點。過河東北行，河水尙大，但有巨石可涉度。河旁有自動水車，可以灌田。法即以木竹做成巨輪，有如大齒輪，每齒部有一竹筒，筒之方向與流水之方向相同，每筒旁繫一板，將水引到近岸，使入一窄渠，即以大輪浸水中。此輪即因水力而衝動，木板旋轉，同時竹筒中即載水而上，每筒經過低處，即成盛水之筒到上部，傾入作成之木渠中成爲空筒，而連續不已，木渠即成細流流入欲灌之地。此法有時可灌高到二十公尺左右之地，必要時可用兩輪，即完全爲用齒輪原理巨型之輪，有大有小，沿河甚多，誠爲一水利利器。

我們東北行，穿過許多稻田與稻田之間，僅有窄約五六寸之土梁，而梁邊又種豆類或高粱等植物，穿行至爲困難。我農民對有寸土可以利用之地，無不盡量利用，可令人感嘆。前行即上又一砂岩構成之山脊，再北即爲石灰岩，蓋已到自流井石灰岩露出之地。此地之石灰岩中，亦有魚鱗遺跡，我們並得一極佳之魚標本，與資中威遠途中所見者，正爲一層。沿山坡曲折前行，沿途中見婦女擔之可七八十斤之木柴，擔向城中求售。蓋以城內有軍隊，又有銷路暢旺之場。此等婦女，均爲天足，固可勝任，但如此勤苦之婦女，比前在廣西所見，不在以下，可令人起敬。惟有年齡甚輕或甚老之婦人，荷如此重担也未免有些太過。無怪甘頗對我說：如此賣力氣的女人，他從未看見過。

我們在一小廟旁，少爲休息，究竟此地樹木多，隨處可以找到陰凉地方。爲了不多躭誤時間起見，仍前行。過石灰山區後，地勢少迂緩，石灰岩下仍爲紅色砂岩及紅土等。該處道旁有一小店，時已正午，饑渴交迫，乃即停足求食。店中主人，全爲女性，飲料已完正在由山下往上送。吃的東西除麻花及零星糖菓外，無其他。無已，只有候茶來了，大吃其茶。此茶並不要錢，爲施布性質，尤有古風。由此折向東行，上一小坡，即到產化石地點，在烈日下我們找了許久，果有不少的骨頭，且較第一地點所見者爲豐富。似有許多也是零星散佈，沒有彼此接頭地方可尋，究竟有無發見整架的希望，似乎不易確判。不過此地全爲較鬆之紅土，若果有的話，發掘時當十分省事。由此以東，爲一河溝，溝東又爲山地，其構造與這邊完全相同，所以也似有骨化石的希望。本來打算前去一視，一因據技工云，曾去過沒有見骨化石，二因天氣太熱，甘不願去，只有待以後再定。於是我們乃沿一小道南行，過陳姓民家，依周君意少休，並請代備午飯。其家大小初有難色，答以什麼都沒有，嗣經周君解說，遂慨允。我們在竹陰下乘涼，一會兒請入內吃飯，除新做之麵餅外，尚有許多素菜，如泡菜等，多爲辣味，雖簡陋，但並不難吃。

飯後再南行，蓋我去時，沿山西一條道，今則沿山東小道而南。過石灰岩後，即偏西向縣城方面行，蓋所走最遠地點，距城已有七八里之遙。將到縣城東關以北，沿河以東有一小山，本地人名叫西爪山，即爲又一有化石之地點。甘因往河中遊泳，我們先到，見有化石露出之處一部，經與甘商談再三，覺得可以由上向下作一小規模之採掘。於是乃打聽地主姓名，擬求其諒解，遂即由此沿南行，即到東關。由此西行有很長的一條街，始抵東門，合計東關連城內之東西大街以至我們住的學校，約三四里之長，以奇形異服的我們，過這樣的街道，當然爲人人所注意，所以我們一來不久，即轟動了榮縣全城了。

西爪山地主爲鍾姓，地戶丁姓，即在產化石地點以北不遠。附近有一巨樹，可資歇陰，所以在採掘上，十分便利。我們託郵政局長龍尊三君介紹，得向鍾姓說明我們的意思。聞鍾姓原爲一家，近分三支，而對此地皮，似均有主權。但幸他們均表示無何異議，當即決定，次日即行工作。我們雇了四個工人，三個爲石工，一爲小工，即地戶丁姓之子。由技工領導前往工作，甘與我清早亦去。我們爲明瞭附近地質及多探化石地點計，於指定工作之後，即離此擬向城南探查。蓋產化石地點，在一小道之東，爲一高約十五六尺之崖，崖上有一微坡之平地，再東始爲小山之西崖。照我們的決定，打算由上邊平地，沿此崖長約八公尺，寬約三公尺，向下掘，其最高處距發見化石之地點，尚約有五公尺厚，所以在開工兩三天內，純爲掘土石工作，沒有什麼可以特別注意的。

甘頤與我沿東關東端南行，路東山崖之巨石像近在咫尺，特別清楚。聞附近尚有廟宇，有石雕刻，一如資中城郊，但我們却未前往。時天陰欲雨而較涼爽，比昨日尚舒適，所以繼續工作。我們這一天主要目的，在尋找甘前記述之骨化石的原來地層，依魯德巴之報告，當在自流井石灰岩之上約一千二百英尺。但昨天我們所看的那幾個有化石地點，最北的一個，在自流石灰岩底下，西爪山和馬鞍山兩地點，雖在其上，但依其向南傾斜之坡度（約十五六度）計，至多也不過五百英尺。因此我們敢斷定以前所找之恐龍，與我們此次所找者，絕不是一層，就岩石性質來推判，也是如此。所以所們往南找的目的，即在能發見二十年前所發見之恐龍地點。因魯甘最近之報告雖新近出版，但尚未接到，所以對其實在詳細地點，竟不明悉。過河到河西，再沿河南跑了二三里，山坡全仔細看過，竟毫無有化石蹤跡。午到一民家討吃些新煮之玉蜀黍，味甘而可口，即飲所煮過之湯解渴，一餐午飯，即算如此解決。在川西一帶居民，全零星散布，除場鎮外，無大規模之村莊，此因隨處易取水，並爲耕田便利之故。我們休息後由此越山，即過溝渠，向西南行。過了好幾個山脊和山谷，在這些地方，兩山脊間的地，完全用作農田，稻畝縱橫，又時當稻田旺盛之季，小道全爲農作物所掩蓋，不易尋找。所以看對過之山坡，雖似很近，然步行前去，經許多直角的曲折之道，好久才能達到。最後我們到一山坡，比較最高，其上之坡地，全爲耕田。但每塊田之四圍，圍以青草，其田內作許多與坡向垂直之斷斷續續小溝。每斷處與相隣之溝之連處相間。如此水道自坡上部流下，不致過多，亦不致過急，故不但作物不能被毀，田中有肥料，亦不致被冲去。此等辦法，我在西北各省，從未見過。在附近找了一塊大魚鱗，此外均一無所獲。依層位推算，早已在魯氏所採地方之上，因天已不早，乃尋進城之路北返。走了一點多鐘到城西南角，乃由南門入城返寓。後來我回平，按魯甘報告，始知含骨化石地點，在由榮往自流井大道旁，也就是由榮往高山舖大道，距縣城約之里之以北。至於該地究否尚有希望，至今還不能確知，實爲一遺憾。

4. 西爪山掘龍記

自我們決定在西爪山開工掘恐龍化石，即於七月二日正式開工，至七月十六日完全掘完，共整開了半月之久。後來因裝箱及料運等事又停了四天，才正式離開榮縣。這一個期間的生活爲我這次旅行最精彩的一段。雖然說老在一個地方，却也有不少可記。今免去日記式的麻煩，且把印象最深的追記一下：

開工的頭一天，即有許多人到西爪山來看，至少也有三四十人。因工作簡單，所以我們對觀衆並未限制。只要不妨害工作，隨處全可以參觀。一會兒地主鍾姓來見，並對我們的開掘，表示敬慕與歡迎。我們因要往北鄉一帶，所以即離該地他去，晚間技工回來言稱下午看的人很多，這樣看起來，有請縣署派人維持秩序之必要，於是乃商請縣署派二縣警到場維持。工作兩天以後，即有數肋骨露出，因而來看的人更多。所派縣警，因本地人的關係，對參觀人亦不能負責阻止，無可奈何中，將工作區劃出，四圍圈以繩。爲愼重計，夜間仍請縣警看守。即如此謹愼，次日一早，竟有一坑露出之骨不翼而飛，設法追尋，亦無效果，因此我們又不能不加倍的小心。

工作的地方種的是玉蜀黍及豆子等，堬下爲一家，歸租戶丁姓。堬上又爲一家。我們開工前即聲明，損毀之田禾，決負責賠償損失。不過逐漸來看的人太多，除南北兩端不計外，工作上部之山崖下，也都站滿了人，甚至山頂及山之半壁也有許多人看，最多的一天，來來往往，不下數千人，因此田禾的損失，大出乎預計之外。人最多的時候，有許多自以爲是了不得的特殊人物，往往強要入場觀看，但又無介紹，若一令入內，其他人亦要相率效尤，我們三人交換拚命制止均無大效，因此不免有許多人對我們很不滿意。又因我們中有一外國人，於是遂生出一種謠言，說是所採標本，要運到外國去，又有人因被制止入內，竟破口大罵，我不大懂四川話，據周君所聽到的，很醜咒語和很刻薄俏皮的譏笑話全有。有一天我前去制止，幾位狀似學生打伴之女學生，與一位老婦人入內，她竟說中國人何以不讓走中國地。我聞此等大前提，不免替她所受的教育傷心。她當悻悻離開之頃，尙罵我爲漢奸，爲亡國奴，我想我要龍骨十餘年，當自認所業至少爲於己有利，與人無害之事業，不料也居然得到這等徽號，你說做人難也不難！

後來縣府恐事態擴大，要出意外，於是把縣警改爲穿灰色兵衣的保安隊，他們比縣警特別負責任，也許因爲有槍的原故。不過竟有十名左右，實覺太多，而且有時也妨害工作。但爲作工作可以進行計，也只有如此。保安隊連續來了四天，大著成效，也沒人公開的罵我們了。

至於榮縣當局與地方士紳，却特別對我們工作幫忙。縣長張鏡蓉，廣東人，但在四川生長，並服務，實際已完全四川化。聞其夫人爲陝西朝邑人，一談之下，彷彿更表示親熱，他對一切，不爲衆意左右，對我們工作，甚感興趣，也十分幫忙。此外民衆教育館館長楊元度。與郵政局長龍尊三，均因本地人關係，極力贊助，並對本地人細爲解釋，所以我很感激他們。開工第四天，也有幾條肋骨與其他骨一挖出，縣長及許多地方士紳，前來參觀。張縣長初一視，即說係是樹根，並名之『泥把』，於是對參觀民衆，作一簡單之演說，說明此等材料，並非什麽商業價値，亦非至實。此蓋針對一般人以爲我們來是盜寶的觀念而發。骨頭之所以被稱，也是由於有人以爲此骨可以壓邪的傳說而來。龍先生也有一簡單說明，後並照了一像，以作紀念。楊君及縣當局又見我們在烈日下工作甚苦，又發啟搭一席棚，以避酷熱，同時也可使守夜的人比較舒服一點。

當我們初開工的時候，鍾姓地主，表示無異議，讓我們採掘。但工作數日，參觀的無慮千百，尤其是早上和薄暮由縣城至西爪山道上，行人蹤跡相接，當然轟動了榮縣。不但城裏來看，聽說還有由七八十里路來，特爲看掘龍骨的。過了四天，又居然出了骨頭，在我們爲一種試探的成功，當然十分高興，但却無何特別神秘之可言。不料在他們看來，眞正一種不可解的神秘。怎末以三位從來沒有到過榮縣的人，居然到榮縣一天，即便指定了西爪山某地有龍骨。又居然一掘，即有許多骨頭發見，豈非奇而又奇？在他們大多數人心理中，必以爲我們有盜寶之本領，而此寶又必十分有價値可知。我們把此等化石叫作恐龍，乃是根據日本人的譯名，在中國亦十分通用；但這個「龍」字，在他們竟視爲中國古書上及傳說上的「龍」。龍在一般傳說上，爲奇世之珍，今又得其骨，其寶貴可知。無怪乎地主鍾先生，視其地土中之產此，認爲奇貨，以爲「龍爲國瑞」（鍾來信中語），乃來信有所要求。他們第一次來信，是寫給甘頗的，他們的心理，總是把外人看的重；把中國人看的輕，信中措辭甚和婉，大要不外要「名」（作報告陳列須列其地主之名，並設法轉請政府褒揚），要利（採掘之地，須要作價賠償）。關於後者雖未說明若干，但正因未說明，所以更覺意不在小。他的信是中文的，甘當然看不懂，由我說明大意，甘當然表示不負責任；但甘爲鄭重計，也回了他們一信。後來甘去後，他們又向我直來一信，大意與前同，不過把龍的價值，格外抬的高些，指爲中國雄飛世界之兆。恐龍果有如此功效，我很想竭一生精力發掘恐龍。我對他要報告及陳列說明地主姓名一項完全接受，至褒揚及地價二事，委出我個人權力之外，所以請他們呈縣轉省，咨南京實業部請求。因不但照事實當如此辦，且可以不妨害我們工作的進行。

現在讓我把採掘的情形，有系統的簡單講一講。上邊已經說過，開掘後四天，已露出許多骨頭。原來我們採掘的地方並不大，每天有五六個人工作，又兼所掘的土質爲一種灰綠色砂岩，層理很清，又大受風化，所以除少數部分十分堅硬外，大半都是容易起的。這裏的石工，每人用一長約一尺半之石鏨，和一鐵錘，以鏨鑿欲起下之部，而用錘擊之，一塊一塊，即可起下，看去雖甚簡單，但工作尚不遲慢。所以三四天工作，由一面向下掘，已約有六七尺深到前發見有骨之處。此地地層和其他附近地方一樣，向南作十五六度之傾斜，在有化石的地方，有極清楚的水成交錯層。乍看似乎傾斜特陡，其實爲水成交錯層，所成者並非眞正的層面。所以恐龍的骨骸，可說是埋在這急水的交層層中的。

露出的骨頭，作深褐色，有時靑黑，無怪乎一看，以爲是樹根。有時雖也有很硬部分，但因風化的原故，大多全是易破碎的，非加膠水再用心膠糊不可。但我們出發時，因火酒不易帶，所以也未帶石來克，今爲補救，特在城內打聽有樹膠可買。於是買了四塊錢的樹膠，用水熬成，再和以清水，即可用。以塗於骨上，使之徐徐滲入，乾後骨即較硬。如此一次不足，可以連續多次，至骨頭變硬而後已。我們把膠水熬好，注入一大磁罐中，令技工帶到西爪山。但一刻想不到塗抹和兌稀膠的傢具；後來我情急智生，在筆舖購了兩枝大筆，在磁器店買了一個中等夜壺。當我們買夜壺的時候，店主似尙不大驚奇。但我們携此穿過榮縣最繁盛的街市，幾於人人無不注目，其實此東西以之作如此用，有許多方便，口小不易溢出，外邊塵沙也不易進去，又可免烈日下多蒸發。但當我們初買之筆向內進醮膠水時，也不由得自己發笑，覺得有些遭蹋聖人！

經過五六天的工作，骨頭已露出來不少，最先露出的，爲東西方向的幾個肋骨，後來也找見幾個南北的，共有六七個，與之成不規則的錯交。這是在開掘的較北部發見，以南有一大堆骨頭，因爲蓋的土尙不少，還不易斷定是什麽部。依大體形態推之，或者是跨骨部分。再南連續露出許多彼此相連接的脊椎骨約有十二三個之多。這一排脊椎的東邊，除此肋骨外，尙有兩塊大骨頭，以東尙有一塊似大腿，又似前腿的大骨，十分完整，以南有細長之骨，似爲後腿之下部腿骨，其西邊也有幾塊骨頭。就當時露出的情形來，十分有希望，我們自己也十分高興，不過不如一般觀衆之神秘罷了。大體看來，似乎這條恐龍的跨骨部分，大半保存，但竟未見有頭部骨頭。就各骨分布的情形看，似乎須當在西北方。而西北恰已爲凹地，早爲耕田，如眞有的話，當早已損毁了。但我們還希望在東南方，所以開工七八天之後，決定把東部分擴大，在以南多掘五公尺，一直伸入到東約有十公尺，如此可與前之區成一匕形。如果東南有骨，而東邊有再掘的必要，當然再由東邊向下掘。

這些骨頭露出之後，當然把鬆碎地方先用膠水變硬，經試辦之後，成績甚好；以後的問題就是如何把這些骨頭由地下起下來。就原則上講，採掘恐龍乃至其他一切脊椎動物化石，最忌把塊分的大小，必要時可以採很大的巨塊。聞美國採恐龍化石，一塊常有一噸以上的重量，他們在某地採化石，因有一段不通汽車道，甚至臨時修汽車路以爲運恐龍化石之用。但此等辦法，在交通不便利的我國內地，實不易辦。當時我還打算把所採標本，由郵政運平，所以更有採取小塊之必要，但一分爲小塊，即不免要損毁。甘頗的意思想把當間大塊糊在一起，再用鋸鋸成小塊，這法子在外國也實用過，但一時找不到相當的鋸子，即找下是否能保險不弄壞尙是問題。想了又想，還是由四邊逐漸一塊一塊起向，下較爲穩妥。

一塊骨頭起下來，實在不是一件容易的事。等用膠把骨變硬以後，先在上邊糊上棉紙，再用粗布，或麻布浸以麪水糊上，兩者以麻布爲最好，不得已時用粗布也可以。麻在榮縣買三四毛錢一幅，每幅可撕長約一公尺半，寬約二寸之布條，約八九條。每一塊骨頭均在露出部分纏繞兩端，尤當注意纏繞之法，因標本形狀而異。但其目的要堅固，不使標本微有移動。等糊好乾後，須小心反過來，其他一面，亦須如前法包好，然後等乾後，即在標本上成一堅硬之殼，不但可以保護標本，不易損毀，且於轉運上亦十分便利。我們在榮縣把已發見的各骨，均如此包纏，當然用布麻布和麪粉很多。參觀的人，我們把龍骨如此貴重的包裝，當然更證實了他們以龍爲寶的理論了。

這裏的地層向南傾斜，骨亦隨之，所以愈向南，骨愈低下，甚至比地面低，以東南如再有骨，便非掘深坑不可。工作七八日之後，廿因要趕已在上海定好之船期，必須即動身東下，如再多留二三日，即非搭飛機不可，又恐悞事；且此回單純之採掘工作，亦無彼在此必要，於是乃決定即日東行。周君亦急欲歸成都，因廿不會中國話，路途不便，乃特煩周伴廿君到內江稗木鎮。幸周君慨允，可省我許多麻煩。在這一清和的暉曦中，他們雇好了三乘花桿，握別東行，雖然數日之聚首，臨別亦不勝悽然。自此以後，在榮縣掘龍的，只留我與技工了。

上邊所述在東南部續掘之面積，經多日之工作，已有相當的深。東南角始終無骨化石遺跡，且岩質甚硬，似無希望，故下掘三四尺後，即停止工作，專在以南掘。至與比地面低二三尺，約與有骨地層爲一層之處發見類似頸脊椎之骨若干塊，再以東以南，掘了許多，均無骨可見。以大勢推之，如尚有骨，伸向東南，則適在上述之硬砂岩之下，非大規模掘採不能成功，如伸向西南則已過路，當早已損毀，無何希望再找。因此，我們決中止擴大採掘工作。但我們爲愼重計，以北以南，沿蝓均還把浮土除了，再向內掘一尺左右，看看有無骨頭，結果一無所獲。在原先骨頭陸續露出時，不知究還有多少，所以無法預計日期；現在新出之骨，均已露出，只要天氣清爽無雨，有六七日，亦即可完。我們每天總糊就三四塊，也陸續移回寓所，多移回一塊，心中

22

也多放心一些。因放在野外，終是不放心。一般人對我們如此之注意，而此時地方正苦旱無雨，曾數次祈雨無效。在他們的意思，或許以為因為我們把龍掘去，所以天氣亢旱了。這樣一想，又想到地方有不少人因參觀不滿而去的忿恨，和有些人以龍骨為至寶的心理，很有發生意外的可能，不由得不令人生戒心。

又經過六七天，露出的骨頭，一天少似一天，一概陸續移回來了。有許多塊終因事實關係，不能太小，有的須三四個人或五六個人方可抬回。每抬骨經過大街時，大家莫不予以新奇的注意，就是我們走過時，也隱隱可聽見『打寶的來了！』或『打龍的……』的呼聲。

5. 榮縣到重慶

自在西爪山開工半月之後，把已露出的骨，全已掘完。依我們的觀察，似乎全已掘出，在該地不大再有希望。我們所得的並不完全，計為跨骨之大半分，若干脊椎骨和腿骨肋骨等，約為一恐龍四分之一強。最可惜的，莫有找見頭，否則可算十分充滿，因跨骨為除頭骨外最重要之部分，所以也十分重要。但外邊所傳，却與此不同，以為為一整架龍，並云在世界所見甚少，為稀世之珍。此等浮言，我且不計。如今總算把應採的可採的，全採得來。其次的問題，便是如何裝箱，如何運回北平。

所採標本，大小不同，所以須按大小定作木箱。經幾度斟酌，一方面作箱，一方面裝，費了兩三天的工夫，共裝了二十四箱化石。有十幾個小的，意思為要交郵收寄的，有十幾個大些最重的，一個竟有三百三十斤，輕者亦有百餘斤。原計議郵局不能寄時，設法自運，廿四箱總共重為兩千三百餘斤。經與郵政局長龍君面商，不但大的不能交郵運平，即小的也成問題。據說照郵章不通機運之處，照原價四倍半收費；譬如普通十公斤收洋一元，此則收洋四元半，如此則許多標本，非大宗運費不可。籌思至再，反正大的不能交郵，小的也不妨一併起運，好在多受麻煩有限。決定之後，即設法雇人運送。由木匠介紹一攬脚人，言明或抬或挑，將各標本運到稗木鎮汽車站共約九十元，大約須三十餘人。小的一人可挑兩件，大者少則二人，多則五六人抬，最重的歸一件須六個人抬。起身的先一天，一切全設備好，只待次日出發。至於我們，則雇花桿起身，可不必跟他們。由攬主負全責。而且我們兩天到，他們也許得三天。因在榮採掘用費不足，原擬同地方當局借若干，幸所中旅費，恰於一切預備之前一日兌來，所以即定次日起身東行。

計來榮縣已三周有餘，今一旦起身，却也不勝戀戀。依榮縣地層情形，含脊椎化石當甚多。雖云到處農田草木，不易尋得，然得的希望，究非沒有。且如一般人之知識提高，亦不難有發見之可能。倘一切事均入軌道，若干年後，安知榮縣不爲產恐龍化石之聖地？今忽忽一來，雖非全無所獲，但究去理想之成功尙遠，此爲我內心之感想。然在一般人看去，以爲我們大發洋財去了，我們箱子起運時，道旁人競喊道：『打寶貝的走了，打的寶貝走了！』我坐在滑杆上，還聽到：『打龍的走了，打寶的走了！』在他們心目，或許以爲眞是發洋財的，比刮地皮的貪官還幸運，其實這才是無地可訴的寃枉呢！

動身以前，均與地方當局及士紳數位作別，又承他們招待，而今匆匆遠去，也不過在人生中，留下些看不見的爪痕罷了。由榮縣東行，仍沿來時的大道，過高山舖直到威遠縣。後來回平，始知原來發見恐龍之地，在榮縣高山舖道上，惜當時不知道，未能一去。在威遠少休息，因有一乘滑竿不好，又換了一乘。出威遠南門東南行，始爲以前未經之地，出城即過河，雖路未經過，然邱陵的風景，却是千篇一律；不過以北侏羅紀的山地，漸走漸遠，以南地勢，究竟比較北平坦些。斯夜到龍會鎭住下，共走了一百里。我們所投宿的爲一店，建築甚佳麗，房間亦整齊，此爲我在四川所投鄉鎭店之第一次。前聞四川旅店甚整齊，訖今始爲證實。不過說到乾凈，還是談不到。入店以後，一些人知道我們由榮縣來，向我打聽，聽說榮縣發見一條金龍的消息。我一聞聽之下，甚爲駭然，傳說之烈，乃至如此！幾塊石骨頭，經十九天的展轉傳聞，竟成了金的了。無怪乎顧頡剛先生對於歷史的傳說，有深刻的懷疑。

次日一早，由龍會鎭起身南行，沿途見挑鹽者甚多，蓋已距流井不遠。我們不久，採一偏東之道，四十里過張家塲，又過三十里到白馬廟。在此地少休起身即街頭，大動修路工程，蓋由內江到此之汽車路，正在動工。前行過一小嶺，即到河邊，上船下駛，至關鷄渡。

岸上題字已殘，當爲一有名古渡。前行不遠，又上高坡，有較古之礫石，沿途階梯地形亦頗明顯。計由白馬廟到椑木鎮三十里，薄暮即到。寓汽車站對過一旅店中。

椑木鎮歸內江縣，爲沿重慶到成都一大站。由重慶往成都的車，在內江過夜。由成都開重慶的車，則在椑木鎮過夜，所以我們趕到此間，也爲的是上車便利。我們住的旅店，正在江邊，開窗即可見江流，對過爲沙灘，地勢甚坦平，時正大水，江流甚湧，涼風由江心撲窗吹來，曠人心曲。時天氣尚早，即出外一遊。主要街市，作馬路式，甚廣闊，亦有相當繁華。先到郵局投龍君所付之介紹信，即信步前行，到街市盡處。汽車道在此有一岔道開江邊，以便過江。附近地層剖面甚好，流連片刻，無所得而返。旋郵政局長來談及運輸事，仍以爲非照加一二倍不可。所言我不甚解，因歷年在各地寄標本均無所謂加價之說，獨在四川，有此困難，或因特殊情形所限之故？只得仍由汽車運到重慶再說。不過運費，恐將有可觀。

此日起，即大雨。到次日，天雨未止，我們的箱子，自然還在中途，當然受濕，不禁令人担心。然一念居然下了大雨，至少似可向人證明天旱並非因龍被掘去，減我之責任，反爲之一慰。這一天雨時大時小，到下午雨似住，而天仍未放晴。幸到下午各箱陸續均到，即在車站過磅共一千三百八十公斤，照章按一噸半起運，共洋一百元零四角，尙是特別優待。

第二日由椑木鎮起身時，仍是大雨。若在北方，必不能起身。但究因道路較好之故，車輛尙照常開行。惟一入車內，座位上全是水，無法就坐。車甚簡陋，窗口時飛雨水，其苦比走路爲甚。然爲趕路，且捨此無他法，只得忍苦就座。幸開行不久雨漸小，兩邊山坡多紅色岩層。到隆昌縣少休即東行，以北有一大山脊，即爲侏羅紀地層所成。到榮昌縣午飯，旋即起行。兩邊時見凸出之山，均爲侏羅紀。惟汽車道避免穿山，故多沿走向或較遠處遶過。蓋此帶之地層走向爲東北西南，成爲若干背斜與向斜。侏羅紀，往往爲背斜之脊，而向斜中地層則爲較新之白堊紀，即威遠榮縣以北之侏羅紀山亦不外此等構造。過來鳳驛山東行，始橫穿一背斜層。中心之三叠紀地，可以看見。再東到白市驛等，又一背斜層，三疊紀且多露出，由盤繞上山又轉下山，不但風景佳麗，在汽車路工程上亦可稱巨觀，爲成渝汽車路最精彩之一段。聞以前修此路，所費甚鉅，較修鐵路過無不及，希望此後多加保護，勿令損毀，方不負以前苦工。下午到重慶，寓靑年會。

我們的化石箱到下午也來了，現在惟一的問題，就是如何轉運。打聽了許多，重慶也沒有可以運到北平的轉運公司，寄郵當然是可以的，不過報關的麻煩，和自運是一樣的。打聽了好幾家，均無辦法。次日訪民生公司，承該公司特別幫忙，幷代辦報關手續。初有許多麻煩，幾乎趕不上第二天要開的輪船，後訪何北衡，他向海關打了一電話，竟已無事可行。中國事說難便難，說易就易，這眞是一個好實例。當天晚上，把箱子由汽車站運到碼頭，當然又免不了一番麻煩。

我本人本也可附輪東下，但北碚草街子那一帶前雖去過，惟所得化石，仍嫌不足；又因在此遇見西部科學院羅君新由京來渝，約一同前往，遂決定再訪舊遊。

6. 溫泉舊遊及歸途

重慶在二十年本來去過一回的，當時德巴西去，我往溫泉。這一回由川西東來，到重慶市，以前的樣子還記得些。當時已拆民房正修馬路的情景，不大看見了，自然市政外表比以前好像進步些。我上次來時，還在中央軍來川以前，川東川北均不大靖，這一回來，當然比以前好些。不過在許多地方，常看到人多的了不得，一如成都所見。我國人一個人不能不當一個人用，幾乎各地皆然，無可諱言；但在四川，我的感想特別深。

從千厮門再往航嘉陵下游的小輪上駛，景物如故，無可記述。午到北碚上岸，午飯後即到。中國西部科學院上次來時，此新房尙在建築中，今已完，比即參觀各部分。在此地方有此組織，亦自不易。聽說近來因經費困難，一切事不能照所計劃者完全推進，亦殊可惜。後李羅二君先後示以若干標本，中有一恐龍骨，得自以東石柱縣，甚可珍貴，惜已殘破。惟可證恐龍化石。不限於川西各地，如能努力探求，必更有偉大的發見無疑。下午即分途出發，我探視北碚以南各地層，直行到將與侏羅紀地層部始返，惜無所獲。次日又往西北方探視，午到金鋼碑，少休。此地距溫泉只有三四里，一方感疲乏，一方急於洗澡，乃放棄重回北碚之計劃，即步行到温泉，仍在上次住居之數帆樓，尋一小室居留。此地本爲舊遊，眞有江山如故之感。

我們一共在温泉住了四天，除在附近找化石外，並往以西約二十里之縉雲寺一遊。竭數日之力，仍只在草街子一帶有化石。其他層位相當之層中，均未能尋見，殊出意料。但在草街子得一鱷魚頭之前部，較爲完整，亦可謂一重要收獲，此外如鱷魚牙及魚鱗尙不少，亦可補前次所得之不足。縉雲寺在以西一高峯，下爲一古寺，我與羅君履花桿前往，以前曾有由温泉修一汽車道到縉雲寺之計劃，我沿此未完成之路行十多里，始尋一小道而上。四邊山坡均爲茂林叢草，由林木疏處，可望見低處江流及邱陵起伏之低地，眞有使人心曠神怡之樂。到縉雲寺附近風景尤佳。南望北碚諸村鎮，歷歷如在脚底。縉雲寺之僧人，頗受新潮流影響，寺中對僧徒採用學校式，並有圖書館遊泳池等組織，亦奉中山先生遺像，可謂廟寺中之改良派，殊可爲其他各地取法。寺中招待我們午飯，亦清潔可口。參觀完後，到寺前散步，又採一地休息，涼風襲人，頓忘酷暑，而林木中之風聲，在此清幽之奇景中尤爲快人心神。但園地雖好，不能久留，留連片刻，即仍尋原路下山返抵温泉。

温泉遊完後，即計劃仍返巴，擬乘二日東開之民風。早由温泉碼頭上船，下流較速，十一點許即到，仍住靑年會，即收拾行李，預備次日上船。上船以前，又遇李羅二君。蓋前半月由京往川西考查之鄭厚懷君等一行，相晤甚歡，我們則冒雨到磨兒石碼頭上岸。因上游大雨，江水暴漲數十尺，以前碼頭邊之房屋道路，全被淹沒，道旁拆來之房板及運來之什物山積，我們上囤船亦須坐一小船方可到。此等大水，爲多年所未見，奔流而下，在宜昌東或有潰决之虞。在磨兒石上小輪，轉施家河，在重慶對過江南岸到後即上船。北望重慶江北兩城峙立江岸，兩江水均狂漲，波濤洶湧。時夕陽欲墜，過江上船者不絕，而我則憑欄觀此長江流域形勝之重慶，若不勝其依依之別情者。我去年遊甘肅，曾有句云『江山於我如故舊，別後何日再相逢？』實不啻爲我此時之心境寫照。

照預定船，於次日淸晨即須開行，然一覺醒來，船仍在施家河，裝貨之勢，依然不絕，後經打聽，始知貨未裝完。蓋因其他船來在此，停三四日始東行，而民生公司輪則隨到隨行，最爲匆忙，遂不免有悞，而大水或亦爲一因。然至正午後，機輪即動，奔波而下，晚停泊某地。次早九點到萬縣，下午兩點又開行，過夔府即入峽，又飽看此間無二之勝境。夜泊巫山，時正爲上弦月，枯坐船尾，對月忘懷。再次日早，即到宜昌，因江水漲，幾令不識初次所見之宜昌。下午一點即又開行，因江水大，過沙市後，在夜間仍停泊，因而於次日傍晚才到漢口。上岸辦理轉運標本竣事後，即北上。計此次由平出發，過西安，到成都，在榮縣工作後，過重慶返平，共計四十二日。所以如此，實受交通便利之賜。而我因特殊目的，僅注意於骨化之尋找及採掘，未能對其他方面多所留意，故雖走筆以記所經，恐究不能厭一般人之所期望，只有付之遺憾罷了。

北平市回教概況

王夢揚 1

北平爲吾國七百年來之國都，人口繁庶，回民甚多。數年前官方發表統計，全市回民人口共計十七萬餘，居全市人口十分之一強，略爲全國回民人數與全國人口總數比例的縮影而稍弱。以其人口之多，聚居之密，歷史之悠久，在全國回教層中，頗佔重要位置。惟因時間關係，未能作一精詳之調查。茲就所知，分述如下。

(一)北平回民分佈概況

北平回民既擁有如許之人口，除業舖商者散居全市外，城郊各處聚族而居者，可得下列六處。

1.牛街區　在廣安門內，居全城之西南部，包括牛街教子胡同糖房胡同三大縱巷，及廠刀胡同壽劉胡同輸入胡同王老師胡同沙欄胡同羊肉胡同吳家橋頭條（共計四條）老君地等十數橫巷，佔地方廣逾一平方里而強。居民約計三千戶左右。牛街舊名柳河村崗兒上，以其地高阜故名。後改今名。又有稱爲榴街，傳本地人多喜種榴樹，故名。早年自老君地而西，直至棗林街，均爲回民住區，清咸豐間，紅羊之亂，南北阻絕，京市衰落，居民流離致老君地至棗林街一帶廬舍盡爲丘墟。否則，尚不止今日之數也。有清眞寺二，一居牛街中間，稱曰西寺，一居教子胡同中間，稱曰東寺。皆規模宏大，歷史悠久。西寺建於北宋，尤擅名勝。女寺一，居於壽劉胡同中間，以備回民女子沐浴講經之處。本名女學，後改今名，係民國後所建。居民多勤勞質樸。歷史之久，人口之衆，教育之盛，爲各回民區冠。

2.崇東區　在崇文門外，花市東部左右，如唐刀胡同堂子胡同雷家胡同羊市口小市口珠營，崇外頭條等巷，居住回民甚多。惟非如牛街一帶之純爲回民居住，間有漢人雜居。類多中產。建有清眞寺三，一居花市中部，殿宇閎闊，與牛街西寺相埒。一居唐刀胡同，一居堂子胡同，規模較小，女寺一，居雷家胡同，規模略同牛街女寺。

3.朝外區　居朝陽門外南中街一帶，俗稱上坡下坡，居民千餘戶。在清代，運河輸運漕糧，朝陽門外一帶，倉廒甚多，運輸經理，多爲回民，故曾形成相當繁盛。入民國，漕粮折銀，不再北運倉廢，該區回民經濟遂形中落，非復從前富庶。然以回民能吃苦善經營，固無凍餒之虞也。建有清眞寺二，一居上坡，一居下坡，規模形式相彷彿。女寺一，居朝外觀音寺街。

4.朝內區　該區包括豆芽菜胡同，及大街南祿米倉一帶。經濟情形，與朝外區具同樣之基礎及運命。建有清眞寺二，一居豆芽菜胡同，一居祿米倉，規模相彷。

5.德外區　該區又分大關及馬甸二區，馬甸區又有馬甸西村之別。回民之多，不下牛街。多業馬行，羊行，建有清眞寺二，一居大關，一居馬甸，規模雖不及牛街西寺，而建築宏麗。就中尤以馬甸禮拜寺，穹窿高聳，松柏蔭森，頗擅幽勝。

6.三里河區　阜外三里河，雖係鄉村，然以距城旣近，又爲城內回民墓壟所在，故頗佔重要位置。居民約三百戶。附近塚墓纍纍，延袤數里，均爲回民坟地。每逢春秋佳日，回民遊坟者不絕於途，長跽荒郊而作祈禱者相望。建有清眞寺一，規模宏敞，女寺一，在男寺之東。

此外城內如廊房二條茶兒胡同及天橋等各處，城外如東八里莊海甸安和橋清河等處，聚居亦多或多爲商業區，或純爲農村區，茲不贅述。

(二)北平禮拜寺調查

凡回民聚居較多之處，莫不設有禮拜寺，以爲沐浴，朝眞，講經，教學之需。千餘年來，中國回民，得能維持信仰於不墜，幷漸促其發達，厥賴禮拜寺之設立。北平一市，禮拜寺尤多。寺內組織，規模較大者，設阿衡一員，以任講學，說教，領拜之責。設掌教三員，內有「以嗎目」一員，任教寺中政務，及領拜之責；「海推布」一員，任禮拜司儀之職；「模安津」一員，任宣讚之職。「海里凡」自數員至數十員不等，「海里凡」訓爲「代位者」，實則爲求學之學員。阿衡及海里凡，均由寺中供給生活費。大寺幷有散班經師，專應回民之聘，負誦經、說教等責。掌教由寺內略有供給，教師無給，均仰恃回民「乜帖」(卽捐施)。寺中出納財政，庶務保管各事項，由教民公推管事鄉老——亦名理事——若干員負責。阿衡任期一年或三年，期滿得續聘，管事鄉老

2

如之。寺中經費，概特回教商民等捐助。至於回教婦女，本不宜聚禮，特以爲沐浴及求學方便，故近年來北平各處多設女寺，或名女學，以應環境需要。北平一市，計有男女禮拜寺四十六處，茲表列概況如下：

北平市郊清眞寺調查表（建築年代係依照金吉堂氏調查）

名稱	地址	教長姓名	建築年代	備考
禮拜寺	宣武門外牛街	王子馨	據閩兒誌所載建於北宋今存大殿奠基實宣德二年	
清眞寺	東四牌樓	謝晉卿	元代建明正統十四年重修	
普壽寺	阜成門內錦什坊街	楊福兆	仝上	
法明寺	安定門內二條胡同	滿博文	仝上	
永壽寺	宣武門外教子胡同	馬松亭	清康熙初	
清眞寺	前門外笤帚胡同	楊鏡軒	明代	
仝	天橋福長街	冶金銘	民國十五年	
仝	崇文門外花市	馬善亭	明初	
仝	崇文門外堂子胡同	馬懿民	清道光初	
仝	崇文門外上唐刀胡同	米煥章	清光緒八年	
仝	崇文門內蘇州胡同	萬國光	約在清嘉慶	
仝	朝陽門內祿米倉	馬少齋	清初	
仝	朝陽門內豆芽菜胡同	王慶林	清嘉慶	
仝	王府井大街	楊華榮	清光緒初	
仝	朝陽門外南中街	馬春廷	清康熙初	
仝	朝陽門外下坡	李潤三	仝上	
仝	中剪子巷	谷懷清	清同治	
仝	東直門內南小街	陳元祥	道光	
仝	鼓樓後	石敬一	民國初年	
仝	什刹海	李從德	清初	
仝	南苑西紅門	張巨蘭	明初	
仝	朝陽外八里莊	末聘定	清乾隆	
仝	東直門外二里莊	山子餘	元代	
仝	永定門外大關	夏桂芳	嘉慶	
仝	德勝門外大關	張文彬	清康熙	
仝	德勝門外馬甸	王寶珍	仝	
仝	西直門外南關	李興仁	清乾隆	
仝	西直門內溝沿	李玉文	清道光	
仝	西四牌樓粉子胡同	景霖甫	清道光	

仝	西單牌樓	李雲亭	清光緒	
仝	宣武門內手帕胡同	馬範五	清道光	
仝	宣武門內牛肉灣	楊明遠	清光緒	
普寧寺	和平門內回回營	馬錦堂	清乾隆二十九年	
清眞寺	阜成門外大關	麻子榮	清乾隆五十八年	
仝	阜成門外三里河	張瀛仙	明初	
仝	西郊海甸	黑奉一	清康熙	
仝	西郊四王府	楊　春	康熙	
仝	西郊藍靛廠	丁善堂	康熙	
仝	西郊安和橋	楊建貴	康熙	
仝	西郊樹村	李貴行	康熙	
仝	北郊清河	錢子良	康熙	
清眞女寺	宣武門外牛街壽劉胡同	黑阿衡	民國十二年	
仝	崇文門外雷家胡同			
仝	阜成門外三里河			
仝	德勝門外西村			
仝	朝陽門外觀音寺			

三　北平回民經濟概況

北平回民經濟情形，於遜清以前，頗臻繁榮，民國以來，漸有遜色。致此之由，亦自有因。茲就各區回民職業，作一概括敘述，俾便尋繹其消長之因。

牛街及崇東一帶回民，多操珠玉業，俗有識寶回回之稱。蓋初期阿拉伯波斯回民來自海道，與中國交易，即多以珠寶。而白玉多出于新疆和闐，經營者尤多回民。如前門廊房頭條二條一帶，及崇東玉市，多爲回民經營。珠玉行又分「金珠」「玉器」「古玩」等之別。清代服制冠帶，動須珠寶，且經濟充裕，聲色之好，無所不至，多樂購古玩珠寶，以示豪富，故珠玉業盛行一時，回民業此致富者，數見不尠。俗有「早晨沒飯吃，晚上有車坐」之諺，蓋喻其發達之速也。降至民國，服制既改，珠玉不需，且自遷都後，豪富顯宦，率多離去，於是珠玉業漸形中落。惟近年以外國醉心中國玉器古玩，每年輸出，爲數不貲。外國遊歷團之來平者，亦均樂于購置，故尙能維持於不敝耳。

除珠玉業外，回民多經營居間業。計有數種，均操于回民手中，爲回民經濟之主要事業，茲分述之。

1.靑菜牙行　北平西南郊一帶，地勢窪下，水源

4

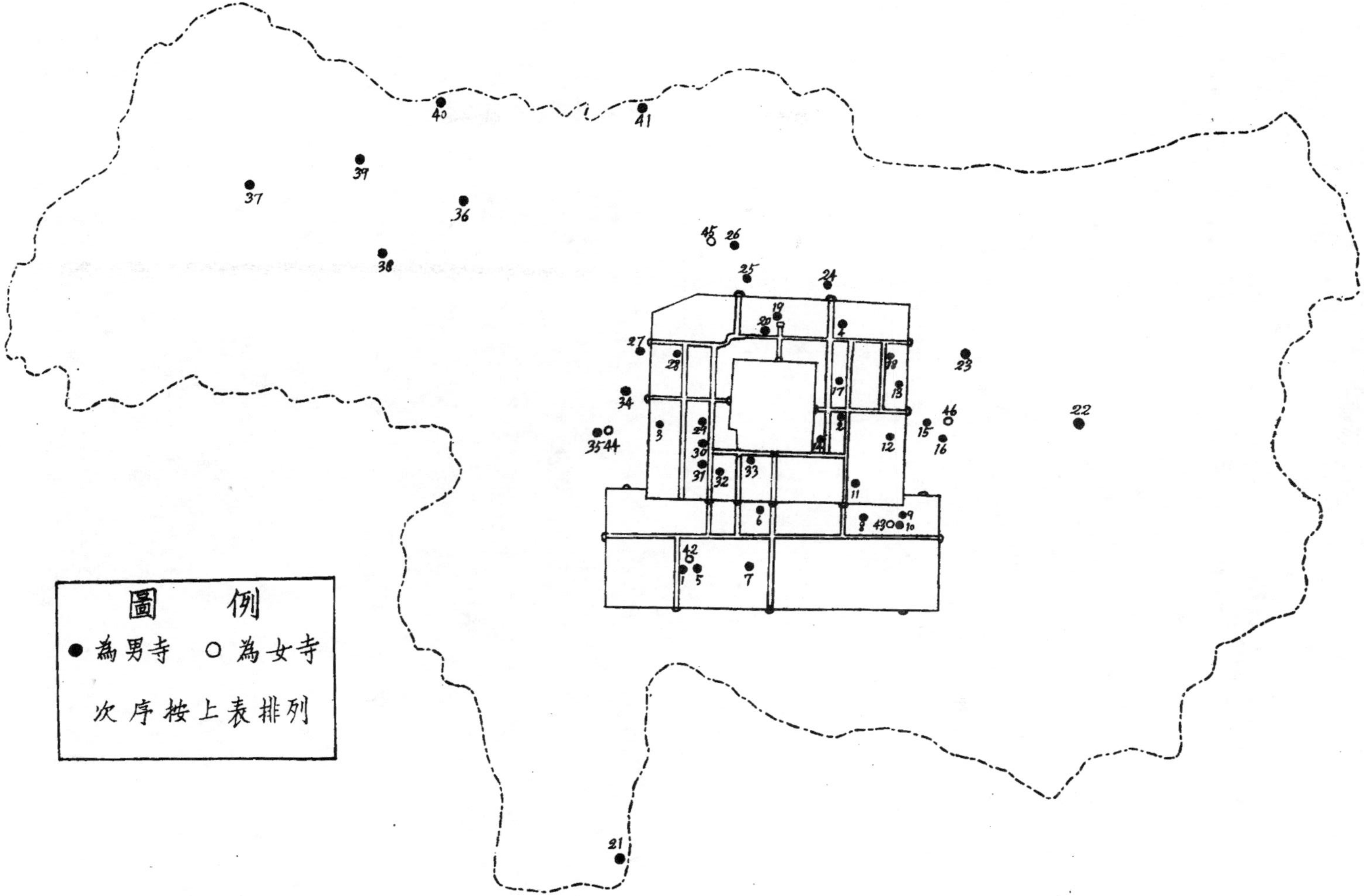
圖　例
●為男寺　○為女寺
次序按上表排列

富足，土地肥沃，種植青菜，品質之美，種數之繁，冠於全市，因之菜市口一帶，菜商麕集明成祖遷都北平，即設有牙行，由回民經管，清季修築馬路乃設立廣安市場，以為販賣轉運機關。此外如阜成門天橋等處，亦均設有市場。所有牙行經紀，多為回民掌理。至廣安市場牙商十五戶，概為回民。因而牛街一帶回民，可無需資本，赴市取菜，然後下街叫賣，晚間牙行派人取值。以是獲一家溫飽者甚衆。數年前有人擬辦包稅，欲以制牙商之死命，旋經激烈反對乃息。

2.騾馬行　騾馬市，城外設於德外大關，城內設前門外半壁街一帶。業此者各有數十家。多由塞北各處，收買馬匹，以待善價，居間與販賣兼營。早年交通不便，城郊往來，貨物運輸，概恃牲畜，故騾馬曾相當繁盛。近年以來，汽車暢興，公路修建，人力車脚踏車相繼發明，碾米磨麥，多用電磨，從而騾馬行業，驟形衰落。惟自近年各軍大量收買騾馬，故頗有中興之勢。

3.牛羊行　回民食肉，專用牛羊，故全市之牛羊屠業概由回民經營，行販店商，普及全市。統計全市之牛羊肉舖不下數百家之多。至於牛羊轉運販賣，亦多操於回民之手。屠牛鍋房，多設於牛街。羊行商店，則多設於馬甸。近年廣安門外，亦有設立。遜清之季，每年入城羊隻，逾十三萬頭。民國以來，一般經濟情形低落，每年入口，不過三萬餘隻。近年以來，羊業漸盛，每年又增至五六萬隻以上矣。

4.駝行　駝行多設於牛街阜外三里河，東直門外二里莊之回民亦多業之者。多往來張家口綏包古北口一帶，販運居間，或業轉輸。早年亦頗繁盛，坐致厚利者甚多。民國以還，外蒙不通：熱河失陷後，多倫一帶亦告斷絕，而平包通車，內地公路修築，載重汽車增加，均予駝業以極大之影響。曩昔張家口一處，駱駝逾三萬餘隻，今不過三千餘隻，故駝業，亦較衰落。然自外蒙駱駝斷絕，來源既少，價目隨增，故業駝者雖較少，而獲利尚不薄也。

此外如鮮果牙行，紅果——山查——牙行，乾果牙行，炭牙行，草牙行，灰牙行，珠寶玉石牙行均多操於回民之手。惟其規模，除果行外，或範圍較小，或事業中落，茲不贅述。

北平回民經營普通商業，多為飯館，澡堂，煙錢

5

舖，點心舖，燒餅舖，電料行……等。行商小販，爲數尤多。如售糯米切糕，白薯，果品零食等亦多，資本無多，獲利甚易。多數回民，恃以爲生。回民業醫者亦多，內科醫生固所在多有，而外科醫生，自丁慶三懸壺，治瘰外科，每著奇效，傳授弟子亦多，今以此名家者頗不乏人。

總觀北平回民經濟情形，因受環境影響，致原有經濟勢力，漸形搖動。惟自教育大興，一般子弟，尙有入學機會，故前途尙不甚悲觀。然仍須對於舊業設法繼續保持，對於新興事業，設法創設開發，是則有待於回民本身之努力耳。

四　北平回民教育情形

回民教育，可分宗教教育及普通教育二方面。宗教教育以研究回教文化爲目的，預備將來担任教師職務。普通教育則於一般課程之外，加以教義之灌輸，及教律之訓練，預備作信仰宗教之普通人材。關於宗教教育，北平各禮拜寺，皆附設大學，收容成年讀經之士，專門研究教義，每寺多至二三十名，少亦三四名。又多附設中學。所謂中學，係爲年紀較長或成年人稍有經文根柢者而言，多在夜間，亦無畢業年限，定全爲實用及補習性質。此外尙多設有小學，收容相當小學學齡兒童，教授阿文，教義，俾樹立其宗教信仰之根柢。千年來回教教統，賴以不墜，此其要因。惟清眞寺附設之大，中，小學，其研究對象，專限阿文及回教教義，對於普通學科，則非所問。甚至有認讀漢字書能減輕信仰者。職是雖學校林立，而對於時代知識，毫無灌輸，以致形成回民文化落伍之現象。輓近以來，雖教育漸趨普及，而回民受其賜者殊尠。推原其故，厥有三因：1.即上述一般家長，多抱傳統觀念，認爲讀書可以叛教。2.回民多數淸寒，普通學校，費用過鉅，因之多裹足不前。3.回民子弟，因信仰關係，風俗習慣，每與漢人歧異，一般普通學校，易爲外教人所歧視，甚至揶揄諷刺，時至引起爭端。回民學生人數過少，常致受辱，從而對於普通學校，多所忌憚。有上述諸端，因之各學校收容回民子弟學額，絕不能與整個人口作成正比，此回民教育問題，所以成爲回民有志之士一般注意之對象也。至體驗結果，率認爲非回民自辦學校，不足以廣收容而宏造就。於是近年來，北平回民教育，始呈勃興之現象。

當清光緒末季，牛街王浩然教長率其高足馬君德寶，赴阿拉伯朝覲，并至土耳其遊歷，考查教育，覲見土皇。經土皇派經師二人，來華施教。王君歸國後，一方藉異域之材，辦理宗教宗育，對于阿文讀法多所糾正，對于教義多所闡發，教師方面，精神爲之一振，從而抱有推進宗教教育之志者，頗不乏人，如辦理成達師範學校之馬松亭阿衡即其一也。王氏復糾集同志，醵募基金，於牛街西寺後院，辦理清眞兩等小學堂，於普通課程之外，加授阿文教義，并於教子胡同清眞寺花市清眞寺三里河清眞寺設立分校。一般教民，以辦學教學者均爲教民，校址又多在清眞寺，并附授宗教課程，於是改易從前疑慮態度，紛紛使子弟就學。回民子弟得受時代教育之數目驟增，如現在致力於回教教育之孫燕翼趙振武諸氏，均當時之英才也。惟該校迄於民國，國體旣更，經費來源中斷，乃商由前督學局接辦，改爲公立第三十一小學，其後復改爲第二十小學校，現爲牛街小學。當接辦時，該校所有校具，均不收値，校舍亦不收租費，故官方亦以三事見允：

1.校長須用洽于輿情之回民。

2.自二年級起，每週授阿文教義一小時。

3.每逢星期五，爲回教聚禮日，下午放假半日。

直至現在，尚如約履行。加以該校回民子弟，約佔全學額十分之九，故仍不失「回民學校」之意味。

由民元至民十七，十數年中，回教教育無若何大量之發展。計德勝門外馬甸有丁子瑜氏所辦之廣育小學，至今尚存。惟學額不多，對于教義課程，亦未顧及。民十三年，有定希程氏創辦之清眞中學頗具規模，惜未及三載，即以停辦聞。民國十七年，由王夢揚及劉伯餘等人，在牛街創辦中才小學，收容學生達二百餘人，并加授教義，頗得一般回民之重視與輔助，并附設有趙淑賢女士遺匳捐助之淑賢圖書館，開回民自辦圖書館之先聲，蓬蓬勃勃，頗具新的氣象。翌年，革命軍北伐成功，北方空氣，爲之一變，而回教教育之新時代於以確立。至民國二十年，與西北公學合併，改稱西北公學小學第一部，中才小學遂成歷史上之名詞矣。

民十七年，北平市回民公會成立，回教界如白健生馬雲亭馬振武孫燕翼諸氏，羣集故都，慨然於回民教育爲當務之急，因擬成立清眞中學，爲回民教育進一步之建設，公推孫燕翼氏爲校長，校址設於牛街。經負責諸公及教民一致之努力，清眞中學於焉成立。翌年，復設附屬小學。十九年呈准國府，易名西北公學，下設中學，小學各部，由國府每月補助一千二百元，復又增至二千四百元。以是未及十載，突飛猛晉，勝況空前。茲將該校中小學各部概況，列表於左：

部別	班數	人數	地址
中學部	初高六班	二八〇	牛街
小學一部	初高十二班	六三〇	牛街
小學二部	初高六班	二五〇	崇外手帕胡同
小學三部	初高六班	二二〇	阜外三里河
小學四部	初高四班	一五〇	德外馬甸
西北公學主辦清河鎮小學	初級一班	四〇	平北清河鎮
總計	三十五班	一五七〇	

該校課程，純按部定，加授阿文教義。中學畢業三班，除升學或任職平市及內地外，多赴西北各省服務，茲將畢業學生概況列左：

西北公學中學部畢業生服務及升學統計表

項別	人數	備攷
回民教育機關	二十七	
普通教育機關	四	
交通界	二	
政界	二	
文化界	一	
國立大學	七	
私立大學	三	
高級師範	二	
未詳	四	
總計	五二	

普通教育，除西北公學中小學各部外，尙有牛街駝業公會自辦之振育小學，成立約計六載，共設四班，收容學生一百餘人。此外尙有南苑西紅門小學，平南薛家營小學，先曾隸屬西北，旋以故停辦，刻在設法恢復中。

民國十年，羊行公會曾於東四牌樓清眞寺，成立育德小學一處，收容學生四十餘名，其後成達師範學校遷平，改稱成達師範學校附屬小學，并經在社會局立案，增設至三班，其後成達本校擴充班次，校舍不敷，亦歸停辦。

回民女子教育，尤形落後。十年以前，平市小學亦罕收女生。至十五年以後，各中小學始多兼收女生。中才西北相繼成立，回民女生入學漸多。惟小學畢業後，以經濟及環境關係，多陷失學之境，民國二十四年，由馬松亭楊新民趙振武陳志澄及王夢揚五人在牛街創辦新月女學，聘馬雲亭夫人書城女士爲董事長，孫燕翼爲副董事長，預備舉辦普通中學，幼稚師範，職業班三科。後以立案關係，改稱新月女子中學。刻設初中一二兩班，有學生六十餘人，回籍學生佔全數之半強，課程純依部定，加授回文，精神指導等科。惟以經費關係，未遑發展。然回教女子教育，此實爲其嚆矢，亟宜設法繼續擴充也。

關於宗教教育，各清眞寺之海里凡，仍因其舊。民國十七年，濟南成達師範學校遷平，開時代宗教教育之新紀元。該校係唐柯三馬松亭諸氏創辦，以造就健全師資，發揚回教正義爲宗旨。惟因環境之需要，所謂健全師資，實即訓練健全宗教服務之人才，期望在校畢業後，再進一步，可以任阿衡之職；同時有小學教育知識，又可兼充回民小學教師。該校課程，并設有法制，公民課目，又可充任社會服務人員。總期養成深受宗教陶冶，具有普通及師範學識之人才，爲回教界服務。更設有研究部，專收容已在舊式清眞寺大學肄業，阿文具有根柢之學員，加以深造并授以普通學識，使成爲時代之教師。師範部已畢業二班，研究部畢業一班，現設有師範部三班。畢業各生除分發西北及內地服務外，并資送第一班五名，赴埃及愛資哈大學深造，冀能精研阿文，以備發揚回教之文化。二十一年馬松亭赴埃，蒙埃當局派遣埃籍教授二員，來華施教。客歲馬氏二度赴埃，埃王并允私費供給中國回教學生二十名，赴埃及求學。埃及爲現代回教文化權威國家，將來中阿文化溝通，此實其先聲也。

茲將成達師範學校畢業生概況列后：

成達師範學校畢業生服務及升學統計表

項別	人數	備攷
西北回民教育界	十四	

內地回民教育界	九	內有二人曾在埃及留學三年
教長	七	
政界	一	係在南京蒙藏委員會蒙藏月報社回文編譯科服務
埃及留學	三	
普通教育機關	一	
未詳	四	
總計	三九	

去年我國當局，普遍推行義務教育，於各省市遍設短期小學，收容學齡較長之兒童，肄業一年。蒙社會局長雷嗣尙氏，允於北平市回民聚居處設立短期小學二十處，并特予訓練回教師資二十名，又得視環境之需要，加授回教教義。北平回民方面，即成立回民短期義務小學協進委員會，秉承社會局意旨，主持回民短期義務小學事項。該會成立，即選派師資，由社會局加以訓練，着手設立，未逾二月，已完全開學。共計單設班十六處，附設班五處，收容回漢學生一四五五名，茲表列如后：

短期義務小學調查表

校名	學生人數 回	學生人數 漢	校址
清河鎮短期小學	40	40	北郊清河清眞寺內
安定門二條短期小學	16	46	安內二條清眞寺內
德外馬甸短期小學	44	20	德外馬甸二十五號
西直門外南關短期小學	12	69	西直門外南關清眞寺內
朝外下坡短期小學	85	0	朝外下坡清眞寺內
西紅門短期小學	41	39	南苑西紅門中間
樹村短期小學	24	56	北郊樹村後街二十八號
教子胡同短期小學	82	0	宣外教子胡同清眞寺內
糖房胡同短期小學	25	17	廣安門內糖房胡同振育小學
牛街清眞寺短期小學	63	17	牛街清眞寺內
東直門外大街短期小學	34	48	東直門二里莊清眞寺內
前外福長街短期小學	40	0	天橋清眞寺內
德外西村短期小學	69	11	德外黑寺後倉
安和橋短期小學	54	26	北郊萬壽山後安和橋清眞寺內
雷家胡同短期小學甲乙班	44	42	崇外雷家胡同清眞女寺內

10

校名			地址
海淀清眞寺短期小學	34	31	西郊海淀清眞寺內
丁家胡同短期小學	31	7	宣外牛街西北第一小學
德外大關短期小學	80	0	德外大關清眞寺內
老君地短期小學	46	36	宣外老君地
朝內祿米倉短期小學	24	62	朝內祿米倉清眞寺內

關于宗教教育，尙有牛街淸眞寺阿文大學，主辦者爲王子馨阿衡及孫燕翼氏，成立於民國十六年，收容學員約二十名，除教義課程外，加授國文及普通學科。學生成績，亦頗可觀。惟仍無畢業年限，故學生流動性頗大，無精確之統計。

去年七月，有粉子胡同淸眞寺海里凡洪紹庭等，鑒於本身無時代知識，不足以應付現代社會，乃商得李雲亭景長龍管華亭諸阿衡之同意，聘北平回教教育界多人，成立「海里弗中文補習班」，參加學員計有牛肉灣淸眞寺，西單牌樓淸眞寺，粉子胡同淸眞寺，錦什坊街淸眞寺，溝沿淸眞寺，西直門外淸眞寺等學員二十餘人。校址即設於西單牌樓淸眞寺，所有教師純盡義務。所授學科，有國文，歷史，地理，理科，法學通論，算術，講演學等。惟以各寺人事屢有變遷，至本年寒假後，尙未開學，刻正設法恢復中。

五　北平回民組織及社會活動概況

北平回民之有組織，實始於民元中國回教俱進會。是會應國體之變更而產生，主持者多社會知名之士，故對于社會服務，頗著成效。其後復於全國各省，設立支部，風氣所播，實爲回民自覺之一大楔機。繼起者有穆友社，爲牛街一般青年組織。伊斯蘭學友會，後更名回族青年會，爲一般曾受高等教育之回藉青年所組織。追求學會，爲研究教義之組織。陝甘寧新旅平回教同鄉會，爲西北各省旅平回民之慈善義助組織。丁嘤學社，爲小數人研究教義之組織。以上各會均經相當之努力，惟近來以來，人事變遷，或全歸停頓，或徒存名義，或規模較小，活動不力，深足致慨。民國十七年，北伐成功，革命空氣傳播所至，空氣爲之一變，時如白健生馬雲亭等軍政要人，馬天英王月波馬松亭劉思慶李廷弼吳建勛張兆理馬賦衣王夢揚等諸青年同志，羣集北平，於周旋晤談之餘，知必須集中力量，重整組織，乃着手組織北平市回民公會，舉凡軍界，政界，教育界，學界，商界……莫不踴躍參加，成立之頃，盛况空前。惟翌年白健生氏返桂，會中主要份子，亦多離平。未及數載，又陷停滯。幸自成達師範學校遷平，西北公學成立，回教中同志，又多聚集，對于會務，雖形式未有若何之舉動，而實際方面頗多努力；如對于回漢糾紛之解決，慈善義舉之倡辦，均有相當之成績。茲就最近由該會及俱進會主辦之事務，逐一敘述之。

1.舉行教義廣播講演：客歲夏季，世界日報教案發生後，教民感於宣傳之重要，迺由唐宗正氏商得北平市廣播無線電台主任沈宗漢氏之同意，於每隔一週之星期三日下午四時至四時半，舉行廣播講演一次，對外宣傳，殊獲效益。茲將歷次講演題目及人員列后：

北平回民公會廣播無線電敎義播音講題一覽表

次數	日期	講題	講演員	備考
一	二五，五，七	伊斯蘭的信仰	馬松亭阿衡	
二	五，二〇	回敎的淸潔	馬善亭阿衡	
三	六，三	至聖穆罕默德的生平	趙振武先生	
四	六，一七	回教在中國的源流	金吉堂先生	
五	七，一	古蘭經概說	管華亭阿衡	由尹伯清先生播音
六	七，一五	回教的經濟制度	王夢揚先生	
七	七，二九		馬善亭阿衡	
八	八，一二	穆聖的使命	山子餘阿衡	
九	八，二六	朝覲	趙振武先生	
一〇	九，九	對于回教應有的認識及回民本身應有的努力	孫燕翼先生	
一一	九，二三	回教的精神	馬善亭阿衡	
一二	十，七	古蘭經要義	山子餘阿衡	
一三	十，二一	回教的倫理道德	李美之阿衡	
一四	一一，四	回教的起源及其聖人	山子餘阿衡	
一五	一一，一八	齋戒	馬善亭阿衡	
一六	一二，二	齋戒折疑	楊子團先生	
一七	一二，一六	開齋節	趙振武先生	
一八	一二，三〇	回教與人生	王夢揚先生	
一九	二六，一，一三	回教與人生	王夢揚先生	
二〇	一，二七	古蘭經首章釋義	馬善亭阿衡	
二一	二，一〇	古蘭經首章釋義	馬善亭阿衡	
二二	二，二四	回教與學術	山子餘阿衡	
二三	三，一〇	古蘭經疉信章釋義	馬善亭阿衡	
二四	三，二四	古蘭經第一〇三章釋義	馬善亭阿衡	第一〇三章即阿素雷章
二五	四，七	古蘭要略	李美三阿衡	

2.組織北平市回民食品營業審查委員會，回民飲食，為教律所限，與漢人多不相同，故所有食品營業，概由回民自辦。回民雖不能食用外教食品，外教人對于回教食品，却可取用。故常有一般漁利之徒，偽造回教食品生意，謂之賣二面錢——意即回漢兩方面。——惟其作法，多不合于教規，因之回民往往於誤行購食之餘，時起紛糾。客歲十二月，由回教俱進會回民公會，

教師研究會，合組北平市回民食品營業審查委員會，制定標準食品營業標識，分發各審查合格之回教舖商。刻已發之標識，計已達三千餘號矣。

3.成立婦女教義講習會：牛街回民不下三千戶，一般成年婦女，多鮮研究教義機會。客歲暑期，成立婦女教義講習會，會址借用新月女學教室及西北公學禮堂，由成達畢業生李德俊主講，王子馨安靜軒馬松亭孫燕翼，及著者助成之。計自去歲暑假迄今，講演已逾六十餘次，頗著成效。

此外如短期小學協進會，均爲回民公會及回教俱進會所主辦至於各地偶發事項之解決，爲數更多，未遑例舉。

至於行業團體，爲數亦多，類皆以謀行業本身之福利，兼有以餘力致力於教務者。惟菜業公會有少數外教會員，而果業中回民營業•不過居全會員五分之一而已。

會名	成立年月	會址	附設事業	備考
北平市羊肉業同業公會	民國四年	粉子胡同清眞寺	曾辦育德小學校	
駝業公會	民國二十一年	牛街	辦理振育小學	
騾馬同業公會	民國八年	德外大關		
菜行公會	民國四年	廣安市場		
珠寶玉石同業公會	民國二十五年	廊房二條		該會原名玉行商會，成立於宣統元年，嗣由回教同業改組此會。
乾鮮果業公會	民國三年	果子市		
大車夫公會		朝陽門內		

北平回教界出版刊物，亦盛於他處，惟多旋興旋仆，現在繼續出版者，不過數種而已，表示如下：

（依據趙振武氏調查）

名稱		備考
清眞學理譯著	五年	只出一期
清眞週刊	十年	已停刊
穆聲週報	十三年	已停刊
穆友月刊	十五年	已停刊
震宗報	十六年	曾停刊現已復刊
穆光半月刊	十八年	
月華	十八年	十日一冊

成達學生會月刊	十九年	已停刊
北平伊斯蘭	二十年	已停刊
正道雜誌	二十年	已停刊
勵進	二十年	已停刊
穆聲	二十一年	復刊後旋即停版
回族青年	二十二年	已停刊
西北	二十二年	現改西北週報
小警鐘	二十三年	西北三小主辦五期後停刊
成師月刊	二十三年	成達師範學校主辦現改名校刊
西北一小校刊	二十五年	已出三期
西北二小校刊	二十五年	仝
西北週刊	二十五年	西北公學主辦

回民殯禮，例用土葬。教律規定，須摒絕縟飾，務取簡樸。舁櫬人夫，宜用親友自任。因之回民亦有自營槓房，以備專用者。惟是舁役，多教外人，清潔教規，兩不相合，且動需多金，清寒者流，力多不逮。近年以來，各區回民，多自辦「抬埋會」，由教民若干戶組織而成，備有合於教制之喪輿，凡會員中遇有死亡，則輪任抬埋，手續既簡，費用亦微，需款若干，俱由會員分担，少者一分，多者五分不等。苟遇赤貧，謂之「疑難買體」，完全由會中担任，便利貧民，合於教規，用意甚善。現共設有七處，表著如下：

會名	地址	每次會費	創辦年度	備攷
喪葬義助會	牛街清眞寺	三大枚	二十一年	
喪葬互助會	教子胡同清眞寺		二十五年	
抬埋會	王府井大街清眞寺	五分	二十年	
仝	前外簪帚胡同清眞寺	五分		該會與王府井大街抬埋會合組
喪葬義助會	崇文門外			該會包括崇東一帶
抬埋會	德勝門外馬甸清眞寺		二十五年	
仝	阜城門外關廂清眞寺			

總觀北平回民，以人口歷史環境的關係，經三十年來之努力，舉凡文化教育各方面，均有顯著之成績，隱然關係於全國教務之興替。北平素稱文化區，所望北平回民亦能做到回民文化之區域耳。

14

國內地理界消息

公路狀況（民二五，九，二五——二六，一，二四）

葛啟揚 欒植新 輯

蘇省公路

蘇錫公路完成

不久可通車

【無錫通信】蘇錫公路工程已告完成。現由蘇錫士紳李根元，劉正康，毛木君，吳觀蠡等集資十八萬元，創立蘇錫長途汽車公司，與建廳訂立通車專利合同三十年，協欵約八九萬元。全路自蘇之普人橋至錫之北門，長約四十四公里，設大小站十三，本週內即可簽訂草約，一俟籌備就緒，期望廢曆年內通車以便行旅云。（廿一日）

（二五，一二，二四，大公報）

蘇公路建設有長足進展

全省公路線已達七千餘公里

決定開放路權招商投資興築

【鎮江通訊】蘇省公路事業，自民十六年以來，經政府當局之努力推進，及民間之協力經營，截至目前止，統計通行汽車公路：江南約一千七百六十二公里，江北三千六百六十三公里，崇明九十五公里餘，淮北濱海一帶之鹽區約四百二十公里，及橋樑涵洞未完成者約一千一百○三公里。上列已通未通公路，共約七千○四十三公里。已行駛長途汽車之里程，江南一千四百七十一公里，江北一千二百○三公里，共計二千七百七十四公里；其中公營者，一千三百八十四公里餘，民營者共一千三百八十九公里餘。民營長途汽車，實行通車者，共十九公司，及一辦事處，其中江南十四公司及一辦事處，江北五公司。公營民營長途汽車及汽車行，在本省登記之汽車，截至二十五年秋季止，計公共車一百九十一輛，運貨車七十輛，小包車六百六十九輛。汽車行在江南者十五家，在江北者七十四家。茲將蘇省公路事業之過去現在與將來情形詳述如次：

檢討過去　本省公路建築，始自民國初年，迄十六年止，共計築路長四百五十一公里餘。惟各路之路基路面，以及橋涵等建築標準，既不一律，設備亦多簡陋，迨國府奠定東南後，蘇省成立建設廳，內設路局，主持全省公路工程之規劃，及實施事宜，十七年冬，決定全省公路網計劃。自十七年至十九年止，計築路長九百○三公里餘。民二十二年，蘇省水災，公路建設幾告中輟，自二十年至二十四年止，築路長二千一百九十七公里餘。依據統計，總共築成幹線九百九十餘公里，支線一千五百七十餘公里，縣道九百七十餘公里。關於公營民營長途汽車概況，籌備最早者，推鎮揚汽車公司，民七間即開始籌備，至十二年通車；上南，滬大，滬閔，上川等公司，亦於此數年內先後開業。至二十五年底止，共計民營者有新大，曾益，利靖，江南，錫澄，上松，揚品，靖泰，協成，鎮丹，金溧，三益，武宜，錫滬，蘇福等公司；及建廳經辦之鎮句，京蕪，蘇嘉，揚清，鎮澄，京建，清漣，清宿，溧武，蘇裵，揚浦，如新，高淳支線等各路線。其中揚品，新大，靖泰，利靖等公司，及公營之如新線，均因故先後停辦。二十二年冬，公路管理處成立後，所有公營之線，均歸該處接辦，關於公營業收入，二十三年份爲四十三萬四千餘元，二十四年份爲七十七萬五千餘元。

現在情形　蘇省公路網之設計，最初擬定省道十八線，江南江北各居其半。共長約二千九百餘公里，各縣縣道共應築長約一萬公里。嗣因環境變遷，省道路線，因之增減。迨豫鄂皖贛蘇浙湘七省公路會議於漢口，議決各省建設公路之重要問題，情勢爲之一變，經本省當局召集建設局所主管會議，爰將全省公路網，依據七省公路會議議決案，幷參酌本省交通需要情形，重加釐定。江北以揚州爲中心，江南以鎭江爲中心，各建設若干放射式之路線，向外發展，以收聯絡之效；各縣縣道，均可接通幹支各線，俾邊陲之區，可於短時間內直抵省會，幷與隣省重要市城聯絡，以謀聲氣相通。當經決定，全省幹線八線，支線三十七線，共長約四千公里。現江南幹支各線工程，業已次第完成，幷已實行通車。而江北公路，爲財力所限，遠遜江南，但歷年由省縣修築者，爲數亦不少；土路居多，即淮北一帶，鹽務稽核所，在鹽區內修築公路，亦不下四百餘公里。玆爲明瞭全省可通汽車公路，根據歷年築路成績表，及去年六月江北各縣塡送之可通汽車公路調查表，統計江南可通汽車之公路，約一千七百六十二公里，江北約三千六百六十三公里，連淮北鹽區公路約四百二十公里，崇明九十五公里；共計約五千九百四十公里。橋樑涵洞，未完成者約一千一百〇三公里，惟東海灌雲贛楡各縣，濱海一帶，近年由鹽務稽核分所建圯委員會興築者尙難明瞭。本省公路歷年興築成績已如上述，惟政府爲謀發展全省交通起見，決定開放路權，招商投資築路，或承辦行車，藉收官民合作之効；爰於上年成立招商投資築路行車招標委員會，辦理招標事宜。投資築路者，分協款與借欵。投資承辦行車者，須繳補償工程費，均可取得路線之專營權。

將來計劃　近數年建築公路與行車事業，情形已如上述，關於將來之展望，玆略探誌如次。關於工程者：一，本年度內完成蘇錫等路全部工程；二，完成烏浦等路土路工程。在計劃中者：一，江北各路大半土路，行車困難，此後擬相機督促各縣，同時幷招商投資，興築各路，路成之後，予以行車專營權，俾完成全省公路網，藉收官民合作之實效；二，擬接通六合至淮陰之路，而減少揚清路行車之危險，擬接通口岸至東臺之線，幷鋪設路面。關於運輸者：本年度內，一，籌設鎭揚江靖間汽車輪渡；二，籌設公路專用電話；三，籌設蘇州修車廠，幷擴充鎭江修車廠。此外擬逐漸開放未通車公路之路權，招商投資專營。對於客運，力謀改善，務使舒適便利，積極發展江北運輸事業。蓋新運河工程，正在計劃進行，將來工程實施，勢必賴工區以內交通之便利，而交通工具，厥惟公路。將來墾區計劃完成，公路運輸之發達，自屬意中之事云。

（二六，一，二四，中央日報）

蘇錫公路通車

【無錫】蘇錫公路行駛長途汽車，建設廳決定歸省公路管理處經營，俟辦有成績，再招商承辦。其通車日期，原定本月二十五日，現因籌備不及，決定展期，至二月一日正式售票通車。預定每日蘇錫對開五次。蘇州段經過之車站，爲善人橋，通安橋，望亭橋等處。該路總站原擬設在蘇州，嗣因車輛不能直達，故改設在本邑火車站路云。

（二六，一，二四，中央日報）

籌築司家蕩公路

【東海】蘇第八區專員公署第三次行政會議時，沭陽縣長曾提議與修毗連本邑之司家蕩公路，當經照案通過。玆悉本邑縣府頃奉專署令飭，會同沭陽擬具上項建築實施辦法，本邑縣府幷派第二區長李守桐，前往沭陽，會同該邑縣府派定之第四區長項厚軒，會商辦法具報云。

（二六，一，二四，中央日報）

皖省公路

皖各縣道加緊修築

安蕪間明年四月可通車

江北各公路正鋪墊路面

【蕪湖快訊】皖省公路建設，今已由中南部移至西北部，逐步測修，以米平均發展；然以經費維艱，工程進行不免稍緩。至各縣縣道之修築，在江南岸有宣涇，南繁，蕪繁，蕪青等路；其中蕪湖至青陽一段，關係最爲重要，全長約一百餘公里，經過繁昌銅陵等數縣。目前正在徵工趕修，約於明年四月間全部完成。將來可由蕪湖乘汽車至青陽，經殷屯路而達安慶對江。安蕪間相距一百八十餘公里，數小時即可到達。在江北岸有和蕪，和合，和全等六公路，土基早告完竣，迭經建廳令飭加鋪路面，以便通車；當以石子缺乏，遷延至今。嗣由和縣縣政府以每方二元代價，在該縣及馬鞍山等處收買石子數十萬方。刻各路已由齊松記，邢起路，李梓晴等，以十八萬餘元承包。除省方補助七萬元外，其不足之數，均由和縣担任。規定八十個晴天完工。並爲使運輸便利計，已由各承包者自南京租來卡車三四十輛。近日方從事拖運石子工作，約本月杪即可正式興工。又烏巢合巢兩公路，巢縣境內鋪築工程，前經該縣府令飭經過各區署，徵集民夫分段興修，并在附近各山炸取石料，加鑿運至路面。業由各區署催促趕築，並限於本月底前一律告竣，故連日該路已各增夫鋪墊，工作頗爲緊張。至該縣第二區擔築地段，計自夏閣西面次迄柘皋鎮一帶，前次因在歪樹附近沙石崗所取石子，經工程師勘驗不能適用，當改在相距十餘里之蔣家山等處，從速採取石料，現亦將其趕運至路，全線工程進展甚速，預料當可依限鋪築完成云。

（二五，一二，二七，中央日報）

正六段公路限期完成

【正陽關】京汴公路，係南京至開封之要道，全路長約千餘公里。自河南省之歸德起，由宋顏集入皖境，經過亳縣，太和，阜陽，六十里舖，潁上，正陽關，六安，合肥，巢縣，含山，全椒至滁縣。所有工程事宜，進展極爲迅速，路基均已完竣。正陽關以上，路面正鋪墊石子，民夫頗爲忙碌，完成在即。惟正六段，玆已變更原定路線，由正陽關經過壽縣，而至六安；省府以此路爲國道，關係運輸重大，特限令於十五日內完成。本埠區署，五日下午三時，假商會召集士紳和商號，討論徵工辦法，俾及早興工，至四鄉農民被派工夫，現已紛紛赴集工作地段動工修築，其數額已達千餘名。

（二六，一，一，中央日報）

修築蚌亳公路

【懷遠通訊】蚌（埠）亳（縣）公路，全線計長一百九十餘公里。由蚌埠經懷遠蒙城渦陽直達亳縣，爲皖北一大幹線。前由省路局工程人員將全線路基勘測完畢後，玆聞蒙城境內之一段，已徵工興築，其他各段，將待舊歷年後開工，因路基甚寬，且須加鋪路面，是以工程頗鉅，沿途佔用民地甚夥，本縣南門一帶商號，尚須拆除云。（六日）

（二六，一，一〇，大公報）

浙省公路

浙省興建邊境公路

需欵三百五十萬，建廳呈中央補助

【衢州通信】浙省冬令國民勞動服務公路部份，定本月內開始。經費規定爲三萬二千餘元。應徵壯丁服役人數共十五萬七千六百人。興築之公路，計爲一，平（陽）泰（順）路；二，雲（和）景（寧）路；三，龍（泉）慶（元）路；四，臨（海）仙（居）路；五，臨白段；六，紹（興）諸（暨）路；七，三門灣支線；八，樂清大荊；九，瑞安陶山；十，平陽樊山；十一，平陽鄭樓；十二，南雁湯；十三，虞百路；十四，龍遂路溪界段等十四線。現永瑞平土方，早築完成，開山橋樑涵洞工程，已在招商承包。經費共需四十萬元，除中央允撥補助十萬元，其餘三十萬元，則自行籌劃。平泰，龍慶，南景等三路土方工程，均由勞動服役徵集壯丁辦理；惟因沿途崇山峻嶺，施工極難，所需工程經費，亦殊巨大，總計永瑞平，平泰，龍慶，雲景，壽龍，龍遂等應予積極趕築完成之公路，經費共需三百五十萬元。建廳以省欵支絀，無法籌維，決即呈請中央補助，不敷之數，再向銀行界商借，以公路財產營業作爲

擔保。（十二月十九日）

（二五，一二，二三，大公報）

豫省公路

豫省去年建設回顧

公路交通發達突飛猛進

【鄭州快訊】豫省地居中原，北接燕冀，南連江漢，東接海徐，西通秦晉，近年來經省政當局之勵精圖治，各縣政治，早上軌道，而建設事業，亦有長足之進展，在公路方面，全省境內之國道省道所有路基土方，大部均已先後完成，成績斐然。茲將過去一年來之河南公路建設，略誌如後：

公路關係于交通以及工商業至鉅，以故過去一年間，豫省建設即以修築公路爲最要工作。本省國道，所有路基土方，大部均于上年先後完成。去年新修土路，計有開鄭（開封至鄭州），開永（開封至永城），洛博（洛陽至博愛）等線，均係徵工修築者。其餘大部工作，即爲各路橋涵水管之修築，計有洛臨，臨葉，洛潼，許南，南荊，潢三，商碭，商亳等路線。共計大小橋樑三百四十五座，涵洞七百廿一座，水管五百七十六道，經建設廳招商承辦，現已全部告竣，其開鄭，開永各路之橋涵工程，亦已籌劃進行修築中。此外如洛潼，許南，商亳各路，因關係重要，且舖修石子路面，預計不久必可告成。即今視之，是省縣公路，雖未能如砥如矢，而規模業已粗具，交通往來漸可履險如夷矣。

（二六，一，一〇，中央日報）

豫西四路

改爲工賑修築

【開封十二日下午六時發專電】豫西洛（陽）葉，洛（陽）鞏（縣），洛（陽）孟（津），偃（師）登（封）四路，經十二日省府會議決改爲工賑修築，另由借款四百萬元內挪撥急賑二十萬元辦理。

（二六，一，一三，大公報）

豫省當局積極修築公路

洛潼路鋪修石子路面，開永等五路擬鋪石子

【開封十五日下午八時專電】豫建設近年邁進甚速。前年由洛陽起，沿洛河北岸闢洛潼公路，中經宜陽，洛寧，熊耳山至潼關，全線長三百公里，費款百八十萬，始完成土路。近奉令將洛潼公路鋪修爲石子路面，半爲徵工，半爲包工；每公里平坦者出款三百元，險峻者七百元，全線規定經費三十五萬，本月底全部完成。又許昌南陽間公路長三百公里，今開始加修石子路，預算費規定十萬，限月底完成。又南陽至紫荊關，客歲開闢之公路，全線長四百餘公里，中經峽口，老鸛河，水流甚急，建廳今擬建一大橋，刻已派地質調查所鑽探隊赴該流鑽探土質鬆硬，以便施工，一二日內即出發。橋工建築費定爲十五萬。又開永，鄭登，偃登，洛鞏，洛博五公路，均擬鋪爲石子路，需款正在籌劃中。

（二六，一，一六，益世報）

豫省府派員驗收洛潼等公路

省委常志箴等將親出發

【開封通信】豫省公路，逐漸完成，近經建設廳興修之洛潼路（洛陽至潼關），洛臨路（洛陽至臨汝），臨南路（臨汝至南陽），信南路（信陽至南陽），南荊路（南陽至紫荊關），均已告竣。特呈請省府派員驗收，當經派定龍慶忠驗收洛潼路；趙煜驗收洛臨．臨南路；陳士璽驗收信南，南荊路；行將出發。惟豫省紳民以各路關係全省交通至鉅，不容忽視，當函豫籍省委，常志箴，郭仲隗，齊眞如等切實注意；常等遂於日前提出省府會議，聞已決議由常郭齊督促認眞驗收。渠等以事關工程，將要同專家前往云。

（二六，一，一七，大公報）

4

豫周潢公路

沙河橋面加鋪石子

【開封通訊】豫周潢公路，沙河橋，自二十三年六月一日舉行開工典禮，至二十五年十二月十日，始行告竣。費時二年又六個月，全長一一七•五公尺，厚有一一•五公分，路面五•五公尺。該橋係用鋼筋凝骨異常堅固。茲以橋面初竣，誠恐有損，擬加鋪石子路面，以護橋基，而利車行。是則此後由潢川經周口而到汴，儘可通行無阻，無涉水渡河之苦矣。（十五日星）

（二六，一，一八，北平晨報）

豫省公路

修築情形一斑

【開封通訊】本省公路，近三年來，突飛猛進，成績卓著，早誌報端，茲將建廳負責對記者談，本省修築公路近況如下：

洛潢公路　洛陽至潼關全線長三百餘公里，前年修築，需欵一百八十萬元，橋樑涵洞在內，二十五年完成土路。沿澩河河北岸經伊陽洛寧熊耳山，全線長三百公里，二十六年開始鋪修石子路面，規定欵三十五萬，一半徵工，一半包工，包工每公里距石子近處給二百元，遠處爲七百元，本月底可全線告成。

許南公路　許昌至南陽，全線長三百餘公里，現正加鋪石子路面，規定欵爲十萬元，本月底可完成。

信南公路　信陽至南陽全線長三百餘公里，現正修築橋涵，下月卽可完成。

南荊公路　南陽至紫荊關，全線長四百餘公里，路基係前年完成，因西峽石老鸛四水流甚急，建廳刻擬具計劃，由該河修一大橋。特派地質調查所鑽探隊，赴該地鑽探鬆硬，以便施工，一二日即可出發，橋工規定欵十五萬元。

開永公路　開封至永城，現正計劃修築石子路面。其他如鄭登公路，偃登公路，洛罕公路，洛博等公路，正設計加鋪路面。（十七日星）

（二六，一，二〇，大公報）

晉省公路

聞喜東橫汽路竣工

元旦通車客商稱便

【聞喜通訊】本縣二區橫水鎮，地處縣境東隅，爲垣曲絳縣所產棉麥及外來貨物之總集散地。唯因同蒲鐵路，以地勢關係，未能通過，是故所有貨物，均須從東鎮搭車。遂使東橫之間，有如山陰道上；一年四季，不分春冬，來往大車，絡繹不絕。本年因絳垣各縣，棉麥收成較佳，消費遂因之加大，遂使東橫之間、大車運輸益感不便。本省建廳有鑒及此，特修東橫汽路。茲悉此項工程，現已全部竣事，並於本月一日正式通車，來往客商，莫不稱便云。（鳴內）

（二六，一，九，晉陽日報）

方嵐公路現已通車

興岢興臨線年底可竣工

方山縣縣長李茂唐，奉令調撥民夫，修築公路。即委科長孟維藩主持其事。經該科長勘測後，即與民衆事先申述利害規定辦法，親赴工地，往來指導。七日內卽將五十五里之公路完成。嗣因通車在卽，奉令修築峪口至嵐縣界一百五十里公路內之橋樑三十餘處，溝渠四十餘處。該科長不辭勞苦，嚴冬督工，四日內卽行告竣。刻下該縣汽車已運行無阻。

興縣來人談，該縣奉令修築興臨興岢兩公路以來，卽由防共保衛團第二團尙學勳部，負責修築後，因該團部曾操事忙，改由沿途村莊撥工赴修。興岢路已達界河口一帶，年前定可通車。所有興臨綫，現已修達慶寧鎮南端，若加工赶修，臉歷年底全線卽能竣工云。（毬丙）

（二五，一二，一八，晉陽日報）

今年人民服役擬修築公路萬里

各縣奉令正勘查路線

本省公路臨時督修處，計畫今年山西人民服役，擬修公路萬里。惟因路線太長，測量不易，特擬具變通辦法。按本省十七個衞戍區，責成各衞戍區屬縣分所駐部隊會同各縣政府，就各防區，根據軍事政治社會經濟各種價值，擬定路經若干，每縣以能四通八達爲上，極少限度，亦須能鄰接二縣。路線寧多無缺，選線時可分爲最要線，次要線　補助線。繪具草圖，並於圖上將經過村鎮，詳爲標示。已由本省臨時公路督修處，分電各衞戍區屬縣分所駐部隊，會同各縣政府，遵照詳確勘查。近日各縣所駐部隊已奉到該電，紛紛會同縣政府，根據軍事政治經濟遵照所示雙方詳確勘查。並繪具圖說，註明經村里數，及各種路線。約於二週內，卽可將本省各縣公路勘查完竣，會報該處。一俟山西人民服役期屆，即可開工修築此萬里公路云。（清甲）

（二六，一，一五，晉陽日報）

魯省公路

魯汽車管理局增購汽車百輛

共價卅萬餘元，省務會議照准

【濟南通訊】山東全省汽車路局，以該局前購之載重車二百輛，壽命已減損過半，該局爲便利運輸起見，特造具預算，呈請添購載重長途汽車一百輛。經韓主席批示後，即與濟南仁德公司接洽購置福特載重汽車一百輛，言明在濟南交貨，每輛價洋三千零六十元六角，共洋三十萬零六千一百六十元，欵由該路局二十五年度節餘攤提，及二十六年度攤提項下撥支。建設廳據呈已提交省府政務會議議決照准云。

（二六，一，一二，益世報）

魯將修築泰石公路

分泰沂沂石兩段興修

【濟南通信】魯省公路，經邇年來之興修，及去年春季徵工服役之修築，已次第完成。惟泰安至石臼所之泰石路尙未動工，該路自泰安起經新泰，萊蕪，蒙陰，沂水，莒縣，日照，止於石臼所海口。該路經過泰山沂山之南，蒙山之北，與益臨路交於沂水，與台濰路交於莒縣，乃魯南重要東西幹線。沿線生產最富，礦藏尤豐，以交通不便，運輸遲滯，出口困難，故農村經濟之復興，實有賴於該路之修築。且蒙泰沂各山之間，向爲土匪區域，每有邪說會匪，均由此起亂，尤賴該路早日完成，平其巢穴，遏其萌芽。該路西接津浦鐵路，中與益臨台濰相交，東接海口，關係重要。現擬分兩段修築：一爲泰沂段，一爲沂石段。路基土方石方均徵工修築，橋梁涵洞籌欵興修。國民經濟建設運動會山東分會專員胡學㒈已擬具提案，提經大會議決通過。將來此路築成，於交通運輸剿匪國防均有極大之利益。（二日）

（二六，一，四，大公報）

滇，黔省公路

西南交通史上之重要一頁

滇黔公路試車告成

全程六百公里於四日內可到達

再與他路銜接可直達國內各省

【昆明通訊】滇黔公路，全長約六百公里，全路現已竣工。行營公路處秘書丘傳孟等奉派試車，分乘公共汽車二輛，於十二日由筑出發，十四日午後七時，安全抵達昆明。六百公里之途徑，在昔步行，約需時二十日，今於四日內安全到達，俟舖路完成，全路暢行無阻，約兩日可到達。卽日由昆至盤，次日由盤到筑，且通黔以後，更可由湘黔路至湘，以及於全國各省。實爲西南交通史上之重要一頁也。茲將詳情分誌如下：

滇省昆明與黔省貴陽，相距十八站，在昔交通不便，行約需二十日始可到達。龍主席主滇以後，以建設要政，首重交通，當即決定以全力建築全省公路。初步計劃，全省興築四幹道八分區道。由昆明至平彝勝境關一路，全長二百二十九公里，爲滇東主要幹道；其中除昆明至大板橋一段，長十七公里，係民十五年華洋義賑會辦理工賑時，修築之土路外，其餘當於民十八年一月開始測量，同時分段動工，興修土路，至二十年，通車至揚林，二十一年通車至曲靖，二十二年通車至平彝。全路工程艱鉅，土路係徵用民工。尺五以上橋樑，涵洞及特派工程，由省欵修建；尺五以下橋樑，由地方修建。其中如馬過河，白石江，響水橋等橋樑工程，興修殊屬不易。計省欵興修之工程，需費達二百萬以上，土方徵工及地方修建之橋樑涵洞，尤不可以數計。全路路基，頗爲鞏固，鋪路完畢，可通過載重十五噸以上之貨車。而全綫坡度，未大於百分之八，曲度半徑，未小於四十八尺，通車頗爲安全。即將來敷設鐵道，略事修理，即可應用。現昆明至嵩明境一段，鋪路工程，已告完竣，由嵩明至平彝，正分段進行中，年底可以全部竣工。

黔省境內，由平彝至盤縣一段，全長六十公里。去歲奉蔣委員長命令，由滇省負責興修，中央補助國幣十五萬元。自去歲六月開始測量，積極興工，已於前月完成，共用去國幣二十萬元。貴陽至盤縣一段，其中貴陽至黃菓樹一段，約長百餘公里，在周西成主黔時代，即已竣工，然未盡完善；由黃菓樹至盤縣一段，長二百零六公里，行營公路處，去歲奉令興修。並整理貴陽至黃菓樹一段，當於去歲九月十一日開始測量興工，由許名杰，鄒岳生兩工程師分段主持，至本年九月十日竣工。各路需費，約達國幣百萬。半關坡特別工程，刻尙在進行中，然已無碍直達通車。

滇黔公路告成後，行營公路處特派員試車，於本月十一日由筑出發，滇省府及路局準備招待，並由路局張秘書主任，李段兩技監等，於十四日下午二時許，分乘汽車二輛，至大板橋歡迎。至午後六時，黔省來車已安然到達。試車來滇人員，計有行營公路處秘書丘傳孟，工程主任許名杰，鄒岳生，行營督修專員尹皓月，行營技士任永叙，駐黔綏靖公署參議曾劍剛，中央社記者蕭蔚民等十一人。均由路局招待，下榻

得意春。此路通車後，不惟滇黔兩省交通愈增便利，即與中央及沿江各省，亦可取得連繫。蓋由湘黔路直達湘省長沙以及於贛，皖，鄂，蘇，浙，閩，粵等省。由昆明至杭，約需十日即可到達。此其有裨於西南各省之交通文化，國防，曷可勝計也。（廿二日）

（二五，九，二五，申報）

滇省令公路局趕辦路工

限一月內完成

【昆明六日中央社電】省府五日電令公路局及昆平段各縣長，嚴飭趕辦鋪路工程，略謂：舊歷年後遊覽團即將來滇，各處公路限本年一月內完全竣工，漏夜趕辦，不得再誤。並將沿途整理清楚，務期通車無礙；否則，依照貽誤要公從嚴論罪。

（二六，一，七，北平晨報）

川，湘，桂省公路

川湘公路

長九百公里，本月十日通車

【長沙特訊】鐵部前有修築湘川鐵路之計劃，但短期間不易實現。現將告完功之湘川公路，實可提早溝通兩省交通。該路自川境綦江起，經南川，涪陵，黔江，酉陽，以至秀山，是爲川段；湘段則由沅陵縣起，經瀘溪，耶里，永綏至湘川邊境之茶洞，銜接川段。全路長九百公里強。沿線工程，均極艱鉅，如川境內之濯河壩，箱子崖，土塘壩，黑水壩等處；湘境如矮寨等處，均突出地面兩三千公尺以上。兩省當局，奉令遵限完成，如征工服役，兵工築路，無不用盡方法，以赴事功。現川段土路，已經完工，惟趕鋪砂石。湘段用費，約二百餘萬。各項工事均竣，已定于本年一月十日舉行通車典禮，即售票營業。從此湘川交通，當有一番新開展云。（模）

（二六，一，六，北平晨報）

7

湘邊四段公路，何鍵限四月完成

【長沙五日中央社電】何鍵令建廳修築湘邊四段公路：計瀏陽至長壽，瀏陽至醴陵，浣溪墟至酃縣，酃縣至寧且。限四個月完成，以便湘贛邊境綏靖工作。又湘築路經費附加三角，仍擬繼續征收兩年。（二六，一，六，北平晨報）

湘桂公路

定聯運辦法

【長沙六日中央社電】湘桂兩省公路局，訂定聯運辦法，在黃沙河設立聯絡車站，即日實行。（二六，一，七，北平晨報）

湘桂通車

訂立公路聯運辦法

【長沙七日下午十一時發專電】湘桂公路局訂立客貨車聯運辦法：長沙桂林對開車在黃沙河站換車接運，湘路局即於此建聯絡車站。聯運客車，現每日各開可坐二十人之大車一輛。黃沙河貨倉未建設前，貨運每日亦以一車爲限。（二六，一，八，大公報）

湘公路輪渡

省令限期完成

【長沙十日中央社電】京滇公路週覽湘省公路沿線，建廳令公路局完成輪渡，以利交通。現該處設總務，交通，招待，宣傳各組，積極進行。（二六，一，一一，北平晨報）

川湘公路

川境各段完成，定後日行通車典禮

【重慶十二日下午七時發專電】川湘公路川境各段均完成，公路局定十五日舉行通車典禮。按川湘路自二十四年底測量完畢後，二十五年一月全線開工，長六九八公里，由綦江起經南川，酉，秀，黔，彭而達川湘交界之茶洞鎮。此路不僅溝通川湘兩省，亦川鄂之唯一幹道。工程極艱險，用款五百餘萬，徵民工義務興修，費時十月。鐵部派工程師王溶中率測量隊二十五人乘輪抵渝，即轉隆昌開始測量隆昌貴陽鐵道線。據王談：擬由隆昌經瀘縣合江赤水到貴陽，預計在本年六月前測完。（二六，一，一三，大公報）

川湘公路全線通車

自綦江起至長沙止，川境段長約七百里

【重慶十六日下午七時發專電】據綦江南川電，川湘公路十五日午在綦江起行全線分段通車典禮，主持典禮團爲行營川公路局及當地縣府等組成，十五日晚宿南川。該段通車禮十六日晨舉行，路線自綦江縣屬雷祖廟起，經南川，涪陵，彭水，黔江，酉陽，秀山而與湘境公路啣接，直達長沙。川境段共長六百九十八公里，建築時間一年零三個月，動員民工二千數百餘單位，用款五百餘萬元。爲川省近年唯一偉大工程。路基安穩，路面寬九公尺。今後西南陸路交通將有新的開展，傳黔江因有頑民不滿於路政，集衆騷擾。（二六，一，一七，大公報）

川湘公路

舉行通車典禮

【重慶航信】興築年餘之川湘公路，已定於十五日起至二十日止，在沿線各縣分段舉行通車典禮。四川公路局特派車務處長楊德仁前往參加。楊於昨(十三)日抵渝，定今晨轉赴綦江。渝中各報社，多派記者隨行觀禮。茲將該路經過，略誌如次：查川湘公路路線，自綦江東行，經過南川，涪陵，彭水，酉陽，黔江，秀山等縣與湖南沅陵交接。在川境者共長六百九十八公里，合華里一千三百九十餘里。綦南以東各縣，適

當南嶺山脈之餘支，大都崇山峻嶺，怪石奇岩。其中工程，異常困苦，尤以滘陽之茅峯岩，豹岩，菊家溝，彭水之三道拐，滑石子，木梯子，峽門口，筧家岩，大岩脚，埡口岩，斷頭岩，牛岩石，斬子岩，羅家沱，老虎岩，韮菜樑，梯子坎等處爲尤甚。其鑿岩工程，多由十公尺至五十二公尺，且多係石灰質，堅硬異常，總計全路工程數量，土方約一千萬公尺，石方二百六十萬公尺，橋樑二百〇八重，洞溝三千四百六十九道，保坎一十七萬公方，渡船八處。經費預算五百五十九萬元。至於工程組織，共設有總工程段二所，縣工程段七所；縣段下每十里設一區，層層督促。石工方面，最多時間有二萬餘人，民工方面最多時間有五萬餘人云。（十四日）

（二六，一，一七，大公報）

閩，粵，贛省公路

龍峯公路今日通車

【中央社廈門廿日電】龍巖至峯市公路，定廿一日成立聯峯公司，並正式通車。該路爲閩粵交通孔道。惟上杭至鼎嶺公路在修築中。

（二六，一，二一，中央日報）

粵建廳趕築各公路

【中央社廣州二十日電】粵東南兩公路，迄未完成，建設廳廿日飭南路公路各專員趕工建築，並委林鈞爲督理東路公路專員，飭卽馳赴各地督工。又令主管人員，將全路未完成之橋樑，限期建築啣接。建設廳長劉維熾，定二十三日出發視察博羅，惠陽，汕頭各縣施工情形。

（二六，一，二一，中央日報）

閩粵閩贛兩公路

未完各段開工修築

【中央社廣州九日電】閩粵閩贛兩公路興築後，除閩粵五線已次第完成大半外，其閩贛及閩粵未完成幹線，本月內卽可將未完成各段公路，利用冬季國民勞役法開展。工料所需款項，經向中央中國交通三行商借三十萬元，支用開工。

（二六，一，一〇，中央日報）

粵閩公路三幹線

三月底可完成

【中央社廣州十七日電】粵閩公路先後開築幹線三條，除蕉嶺至武平一段已通車外，餘於三月底，亦可完成通車。

（二六，一，一八，中央日報）

冀，綏，新省公路

津鹽長途汽車增開兩路

【中央社天津六日電】冀察公路管理局，開駛津保津鹽長途汽車以來，營業頗爲發達。茲擬于本月內，增開津捱，及津至白溝河兩路，現已開始。

（二六，一，七，綏遠日報）

新綏汽車蘭哈線恢復

惟尙未售客票

【本市消息】新綏長途汽車公司，頃以邊地交通至關重要，現已擬定二十六年度發展業務計劃。第一步決以中央補助費十二萬元酌予增添新式客貨車，然後計劃另闢邊陲支線。昨據該公司負責人談，新疆至綏遠之交通刻已恢復常態，過去每月係由綏遠至哈密，對開四次，現仍照常，將來並擬增加次數。蘭哈線已自新年後恢復通車，貨運及郵件至爲擁擠，惟仍不售客票。現本公司共有汽車八十餘輛，現擬卽行增加車輛。中央核准之補助費十二萬元，業已具領一部。

（二六，一，五，大公報）

經委會派員赴綏督修公路

【南京十九日中央社電】經濟委員會爲協助綏省修築公路，頃特派定公路處督察工程司楊梓齋，赴綏督促。

（二六，一，二〇：益世報）

附錄

經委會公路處汽車機務訓練班招生

訓練兩年，畢業後分發任用

近年公路日增，各省市公路機關，需要汽車機務人才甚多，經委會公路處曾與全國公路委員會合辦汽車機務人員訓練所，培植此項人才。先後招生兩屆，畢業者約百餘人，均爲各省市公路機關及商司延用，成績甚佳。頃因鑒於公路營運日趨發展，需要機務人才較前尤切，復續辦汽車機務人員訓練所招收新生，訓練期間定爲兩年，並將課程儘量充實，以宏造就，玆探明內容分誌如下：

訓練目的　造就汽車機務人材，具有左列各項資格：一，須明瞭運輸需要情形及車輛調度之方法；二，須明瞭所使用汽車機械之特點及其能力與如何保養，以維持其最高使用效率；三，須明瞭修車廠之組織與設備及其分配工作之方法；四，須明瞭各種紀錄之重要性及此紀錄之分析研究方法；五，須有指揮管理工匠之能力；六，須有親身動手修理之能力；七，須有耐勞之體格與合作之精神。

入學資格　入所訓練學生，分爲兩種，一，由各省市公路機關保送現任機務職員，曾經高中畢業任職在一年以上者二十名；二，招收高中畢業學生五十名。前項兩種學生，其年齡均以十八歲以上而不滿二十六歲者爲限，須有健全體格，其體高在一。六五公尺以上，體重在六十公斤以上者。

訓練期限　訓練期限定爲兩年，分學科講授及實習兩項；學科講授計十五個月，在本所舉行，實習工作計七個月，注重實際修理工作，分發各公路機關見習。並利用暑假時期，舉行參觀考察。

訓練科目　授課時間按六十三星期支配：一，機械原理，共計一二六小時，包括靜力學，動力學，材料力學等原理，及各種機械設計暨實例等；二，應用材料學，共計六十三小時，包括與汽車有關材料之選擇與管理，簡單金工學及焠火方法，暨皮胎修理方法；三，機械圖，共計二九四小時，包括機械圖原理及縮製各種模型解剖；四，熱力學，共計六十三小時，包括熱力學各重要原理，內燃機原理及構造動作等；五，汽車電氣設備，共計六十三小時，包括電磁原理及汽車內所有一切電氣機件之構造動作修理等；六，汽車學，共計二三一小時，包括汽油車柴油車煤氣車之構造及運用原理，並就在各省市使用較普遍之數種車牌號及式樣詳加說明；七，運輸管理，共計一〇五小時，包括普通運輸原理客貨業務會計制度，一切實用章則圖表之研討及研究汽車與公路各種情形之有關問題；八，統計學，共六十三小時，包括淺易統計原理圖表報告紀錄之編製及其分析研究方法；九，車身構造，共八十四小時，包括車身構造之要素及其設計與淺易繪圖方法；十，機務管理，共計一〇五小時，包括淺易工廠管理法修車廠建築佈置與機械設備及汽車保養與修理管理；十一，汽車燃料及潤料，共計八十四小時，包括各種柴油汽油木炭等燃料之試驗，內燃引擎與燃料之關係，潤料之應用原理及試驗；十二，公路工程，共計一二六小時，包括道路測量各種路面之建築方法與橋涵路面之保養；十三，應用文牘，共計六十三小時，包括公文程式及各種報告；十四，軍事訓練，每日二小時，共七五六小時，注重精神與紀律，鍛鍊身體，分操場教練與軍事講演，並將軍事運輸組織及設備等加以研究；十五，汽車修理實習，共計七五六小時，包括實際修理工作及使用修車廠各種工作報告單表方法，並研究各種工具之使用；十六，汽車駕駛，共計二五二小時，包括駕駛方法及實地駕駛。

學生費用　一，學費免收；二，授課時之書籍及繪圖儀器概由學生自備；三，受課或實習所用之講義試驗材料等費，由學生每人繳納一百元，分兩期繳納之；四，制服膳雜各費，由學生自理，宿舍由訓練所供給；五，學員參觀或實習川旅費，由學生自備。

畢業出路　一，保送學生返原機關服務酌予提升；二，招收學生照各省市公路機關需要派往，以機務員任用；三，派充交通兵團中下級汽車軍官。上項畢業生任用月薪，至少以五十元爲度。

（二六，一，一二，中央日報）

通訊一束

一四九

頡剛我師：

日前趙肖甫兄來函：謂前期禹貢所發表之蒙文通先生『赤狄白狄東侵考』主『墨學爲本之異族之化』，詢問吾人持墨學爲宋學者有何意見。竊謂蒙先生此文大致精善，惟此點則業決不能同意，駁辨如下：

蒙先生云：『孤竹之後入居宋魯之間，故墨翟爲魯人，亦爲宋人，介居宋魯之間，自昔山戎長狄之所在也。孤竹之裔隨山戎以入魯，則墨學爲本之異族之化可知也』。案，墨翟爲魯人，又爲宋人，此乃傳說之兩歧，非墨翟『介居宋魯之間』也。夫糅合兩種傳說，加以彌縫，齊不同以爲同，乃漢儒說經之慣技，不意蒙先生一時失檢，亦犯此病。楊朱據舊說亦或爲宋人，或爲秦人（並見莊子疏），豈楊朱亦介居宋秦之間乎？其說必不可通矣！至孤竹之裔隨山戎以入魯，則全屬想像，並無明證。何況山戎入魯之說亦屬一種可能性極少之假定乎！（另有辨証）

蒙先生又云，『韓非子言，「哀公儒而削，代君墨而亡」。代之有墨，猶魯之有儒。……故在戰國，代爲墨學之根據地，猶魯爲儒學之根據地』。案，代亡於趙襄子元年（魯哀公二十年），尚在春秋之末。墨子及見鄭繻公之弒（周安王二年），又及見田和與齊康公之立（周威烈王二十一二年），上距趙襄子六年，約有七八十年左右，墨子縱老壽，計代亡時，墨子至多不過十歲左右，或尙未出世也。然則安得有所謂『代君墨而亡』之事乎？此爲戰國秦漢間策士杜撰之言，其非儒墨者，斷斷無疑，蒙先生借而據之，誤矣！又中山國亦行儒學與墨學，蓋儒墨爲當時顯學，故通行於半夷狄之邦。不然，中山行儒學，豈儒學亦『本之異族之化』乎？吾師亦信墨學爲宋學者，閱業之駁辨，以爲然否？

1

又老子近業亦疑爲宋人。老子之學卑謙柔弱自持，正合亡殷兔宋之俗。考宋有老氏，成公十五年左傳，『老佐爲司馬』，杜注，『老佐，戴公五世孫。老子蓋老氏之後也。漢書藝文志道家載『老成子十八篇』，姓氏急就篇明引世本氏姓篇，『宋有大夫老成方』。老成方蓋亦老氏之後也（又僞列子書記列子師老商氏，『老』下加『商』字，亦可注意）。又論語孔子云，『竊比於我老彭』，老彭舊作商人，然實當爲宋人，『述而不作，信而好古』，殷代有何學之可述，何古之可好乎？商宋互稱，如國語魯語『闕爲深溝通於商魯之間』，『商魯』即『宋魯』。老彭爲孔子所羨慕者，傳說中孔子之師老子，蓋即由此傳譌耳。又傳說老子師商容，管子小匡篇云，『商容處宋』，是商容亦爲宋人。再莊子亦宋之蒙人，莊老學近，並可証老子亦宋人也。（江瑔又有老子非姓『老』說，不久亦擬爲文辨之。）

至老子爲楚人之說蓋從老萊子爲楚人而傳誤。老子與老萊子當爲二人（據路史說萊即賴，楚邑也，加『老』，壽之也。至李耳本無其人，錢賓四先生以爲堯舜師之續耳由『聃』字化來（說文，『聃，耳曼也』。『曼，長也』。『續』字正有引長之義），而『離耳續耳爲堯舜師，後化而爲孔子師李耳』（老子雜辨），其說甚是！蓋老聃姓氏老，名聃，爲戰國時之宋人（或謂老聃並無其人，其說恐非）。老萊，李耳，皆本與老聃不相干也（太史儋之問題尚待詳考）。戰國三大學派皆出於宋，孔墨老莊皆本爲宋人，楊朱亦或爲墨人，殷商文化之源遠流長，於此可徵矣！

昨又讀禹貢回教專號，見附錄中有金永同君致吾師談中國回教史一函，據云金君曾著所謂『墨子爲回教徒考』，此說新奇，頗足解頤。夫回教成立於七世紀，時當中國隋唐間，上去墨子卒年，約近千歲，墨子竟能下降千歲而爲 Mohemmed 之信徒，眞不能不謂爲古史上之大發明！據云此文載於考古大家兼古史大家（？）衞君聚賢之古史研究二集中，惜吾人未曾拜讀，不知其中有若干之妙論也。又近讀東方雜誌所載衞君『中國文化起原於東南發達於西北的探討』一文，據云，『殷人本爲南方黑色的蠻族，北上後因受日光旁射而皮膚色淡，由黑而赤，故稱赤狄』。赤狄卽殷人，亦古史上一發明。中國古代尙有黑種人及紅種人，眞足以訂左馬之闕已！又彼時又有所謂白狄者，殆西方白種人之來華者乎？惜長狄則不可考矣（或爲印度人之來華者，亦未可知）。

近日南方之古史學界妙論紛披，極一時之盛，我師古史辨眞可謂『已成過去時代之史學』（？）。可嘆，可嘆！

草此，恭請道安！

生耆業拜上。四月二十一日。

一五〇

頡剛先生：

昨日晤面，因先生有事未及請敎。生所作「土司之研究」其大綱內容已呈請先生改正。其內容略有變更，分制度，沿革及現狀，改土歸流，結論五篇。起源述土司制度之來源，制度則述明清兩朝土司之情形及其統計，沿革有個別土司世系情地管民糧稅等之叙述，附帶論及今日存在土司之統計及現狀；改土歸流述明清及民國之改流官，結論中首先討論今日各省之對策，再討論各種已爲官方提出之改革方法，末則爲建議。生之意見，土司宜廢除，但其方法分爲兩類，第一從根本着手，一，須開展交通，打破其閉關封建之局面；二，須移殖漢民於土司駐在地，使漢土同化。西康清末改土歸流，至今日土司，仍有實力者，因因交通不便，漢民太少之故。而明正，冷磧，沈邊各土司歸流之得以成功者，亦因交通較便漢民移居者多之故也。此爲根本永遠消滅土司之方法。但目前各土司在邊地有其相當勢力，驟然改流恐引起糾紛，改革之法：第一廢除在事實上（如四川，西康，青海）及在法律上（如雲南）土司承襲之制；第二取締土司領土兵權；第三以各土司依地方自治之法規改爲鄉，鎭村區長，受現行地方自治法規之約束；第四設立設治局，作爲籌備立縣之準備，至於其他敎育，使土司土舍受時代政治訓練等等。此爲生研究土司制度之建議，特報告先生，尙乞加以指正。近日整理在西康所得其他材料，如趙爾豐治康史料輯要等，整理後當寄與新亞細亞學會。生以爲開發中國邊境首先應移民，移民之結果，不但以內地失業羣衆得以安居，且邊地風習之改良，政治組織之改革，國防之鞏固，富源之開發等等皆賴於此。故前日於報見先生主持西北移墾促進會，私心甚爲欽佩及興奮。生自九一八入大學以來即願致力研究邊疆問題，今日身處北方，益覺有効力邊地之必要。因此，生願追隨先生繼續研究邊疆問題。未知禹貢學會是否需人出外考查？先生何日有暇，生當拜謁請示。

專此，順頌大安。

生佘貽澤叩上。四月廿八日。

一五一

月如先生賜鑒：啓者，頃奉惠函，敬聆壹是。猥以敝族祖石洲公年譜備承注念，并悉燕大敎授馮伯平先生允爲修改舊譜，從事補輯。當今舊學頽靡，鄉邦文獻誰復致意？今馮君具此熱忱，閣下又篤念鄉賢遺著，開信之下，感佩何極！譜後注有不准翻印字樣等，係印時故套，絕無關係，儘可取消。至譜之經過，先父在日，原係編爲『先敎習石州公事輯』，係比照先石州公編『泗州公（石州公之大父）事輯』體例。稿脫之後，正値寶熙學使按臨山西，爾時先父在交城學署任內，當即呈正學使。意者或可借重使力付梓印行，不料事隔數年，政局變革，此事遂寢，原編稿本從此亦失落矣。後經蔡同人先生搜求遺稿，舍間僅存殘缺副本，當不完備，同人先生重事整理，改爲年譜，倉猝付印，遺誤實多。今幸馮君再爲參訂，當可補正一切，俾成完璧。鄙人尙有數事奉商，隨後錄出，即行寄上。惟望早日蔵事，樂觀厥成，不勝馨香祈禱之至。專此奉復，順候文祺。伯平先生不及另箋，希致意爲感。鄉小弟張世澤頓首。

一五二

禹貢學會諸位先生大鑒：敬啓者，弟忝承不棄，允附驥尾，荏苒經年，感幸奚似！惟恨學殖荒疏，迄少建白與貢獻，良深慚怍！茲値應繳會費之期，敢再匯奉國幣陸元，如承俯允忝列會員，即請登錄，藉充會費。再者前呈上黃縣日照博平三志，已邀鑒及賜覆，茲再另封寄上東阿縣志及河南正陽縣志各一部，即希核收存備參攷。東阿縣志中有蟲蛀及缺葉，特自敝縣張梯青君處借得原書抄配補齊，惟第十九卷中之第二十七葉，張君藏本亦屬缺如，以致無從抄補。張君爲本縣生物學名家，於鄉土生物，研究綦詳，著作亦富；而其平生所尤嗜者，厥爲搜藏本省方志，計其所藏，本省各縣志書及府州志書率半搜羅列架。此次弟借彼之東阿志照抄，曾就弟本所有，抄補其中缺葉，惟於第十九卷中之第二十七葉，因兩本俱無，致未能同時補齊，兩成全本，頗引爲憾事。會中果以原書不全，能向平地藏家借鈔補時，未悉能否多鈔一葉寄下，以便轉致張君，藉答假予鈔補之雅意。區區愚忱，還希亮詧！肅此布達，敬請撰安。

附東阿縣志．正陽縣志各一部（另封付郵）。匯票一紙。

弟杜明甫拜上。三月二日。

一五三

執事先生台鑒：敬啓者，厲來牟平已有五月，古蹟之地有聞，惜未能遍賞。城東二里之東牟山傳云爲牟平得名之由來。地上有秋望亭，瞻望郊野，田禾豐收與否歷歷在目。農者手足胼胝，勞苦景象宛在觀者目中，使人觸起生活難而知奮作之心理。但山水環抱，北距海十里上下，尙慰遊者悲心。碑有五六古者，字蹟模糊，輓近人士所樹之牟台東望碑字體偉而有力，足見此地之景也。暇時當還購近志寄奉，藉資有志趣者閱覽。此外牟平原爲三等縣，前改爲二等，近以第七專署設此，有改一等之意。地區平謐。專此敬頌公祺。張肯厲敬啓。四月十三日。

一五四

編者先生：

讀禹貢第六卷第十二期康藏專號傅振倫「西藏銀幣攷」一文，甚覺興趣。傅先生謂其文可作爲中國銀幣小史觀，淸於此項專門史素雖未加研究，但就所見「鳳麓小志」第一册材料，與傅文對照而讀，知傅氏並未提及光緒二十三年江南銀元制錢局所鑄銀幣，不知其他關於此題專史，書中有否提及？「鳳麓小志」係江寗陳作霖著，光緒二十五年木刻本，凡十二卷，第一册卷首附有木刻圖數幅，頗精細，江南銀元制錢局卽其中一幅，據云，該機器購自英國博明敦廠。凡此云云，皆足參攷，因恐治「中國銀幣史」者未曾注意，故略爲提出如上。

此請文安！

薛澄清。

一五五

頡剛先生道席：前書計達。庸莘遺篋止有奉使俄羅斯行程錄一册：使朝鮮行程錄未見，殆未曾叙及。使俄行程錄謹寄奉，乞卽登收爲幸。廿日，生槃頓。

頡剛案：李晉華先生遽爾逝世，同人至爲傷悼。日前由馮家昇先生提議，本刊於本卷內爲出一「追悼專號」，除紀念李先生個人文字外，專收明代地理文字，俾李先生精研明史之功可以不沒。務望同人早日將此類文字見賜是幸。

禹貢紀念號要目

北寧鐵路簡明行車時刻表

中華民國廿六年二月一日重訂

1次 特快 平瀋 各等 膳臥	41次 客車 普通 各等 中膳	71次 客貨 平津 慢車 三等	305次 特快 平浦 各等 膳臥	21次 快車 各等 膳車	23次 快車 平唐 各等 膳車	5次 特快 平津 各等 膳車	301次 特快 平滬 各等 膳臥	401次 客貨 平津 通貨 平滬	3次 特快 平瀋 各等 膳臥	73次 客貨 津唐 慢車 三等	75次 客貨 唐榆 慢車 三等	43次 慢車 唐榆 各等	下行車	站名	上行車	22次 快車 各等 膳車	6次 特快 津平 各等 膳車	302次 特快 滬平 各等 膳臥	72次 客貨 津平 慢車 三等	42次 客車 普通 各等 中膳	4次 特快 瀋平 各等 膳臥	24次 快車 唐平 各等 膳車	306次 特快 浦平 各等 膳臥	2次 特快 瀋平 各等 膳臥	402次 客貨 津平 通貨 滬平	74次 客貨 唐津 慢車 三等
6.00	6.30	6.45	8.00	10.00	13.00	16.00	18.00	20.15	21.00				開	北平前門	到	9.50	11.30	13.55	16.46	17.30	18.30	21.12	23.00	23.20	2.40	
	6.48	7.27			13.16			21.28					開	永定門	開	9.35			16.13	17.13	18.15				2.13	
6.23	7.03	8.40	8.26	10.26	13.32		18.25	23.00	21.26				開	豐台	開	9.22		13.31	15.35	17.00	18.00	20.44	22.35	22.58	1.35	
	7.26	9.46			13.50			24.00	21.45				開	黃村	開	9.03			13.51	16.33	17.41				0.08	
	8.16	12.40	9.20	11.25	14.39			1.35	22.33				開	廊坊	開	8.16			10.40	15.41	17.06	19.49	21.36		22.28	
	8.35	13.34			14.55			2.28	22.50				開	落垡	開	8.01			9.36	15.21	16.43	19.32			20.48	
	9.03	14.58	9.59	12.05	15.23			3.37	23.12				開	楊村	開	7.39			8.10	14.53	16.21	19.07			19.53	
8.02	9.39	16.46	10.24	12.32	15.57	17.53	20.16	4.53	23.38				開	天津總站	開	7.12	9.38	11.40	6.15	14.20	15.56	18.41	20.39	21.15	18.10	
8.10	9.48	17.03	10.32	12.40	16.05	18.00	20.25	5.10	23.47				到	天津東站	開	7.00	9.30	11.30	5.40	14.05	15.45	18.30	20.30	21.05	17.10	停
8.20	10.00	停	11.05	12.55	16.20	停	20.50		24.00	7.10			開	天津東站	到	6.45		11.00		13.55	15.30	18.18	20.00	20.55		12.12
9.14	10.03		開	13.58	17.28		開		1.04	10.00			開	塘沽	開	5.44		由		12.52	14.36	17.20	由	20.04		10.35
10.07	12.09		往	15.06	18.33		往		2.09	12.52			開	蘆台	開	4.41		上		11.42	13.41	16.12	浦	19.09		7.55
	12.59		浦	15.50	19.26		上		2.57	15.17			開	胥各莊	開	3.45		海		10.48	12.57	15.15	口			6.05
10.59	13.12		口	16.03	19.40		海		3.10	15.40			到	唐山	開	3.30		開		10.30	12.43	15.00	開	18.15		5.00
11.02	13.17			16.08	停				3.15	停	5.30	7.30	開	唐山	到	3.25		來		10.25	12.38		來	18.12		
11.13	13.31			16.19							6.10	7.45	開	開平	開					10.12	12.27			18.02		
11.37	14.04			16.44					4.02		7.20	8.14	開	古冶	開	2.49				9.45	12.07			17.45		
12.09	14.56			17.18					4.53		9.45	9.07	開	灤縣	開	1.52				8.45	11.20			17.04		
12.50	15.58			18.07					5.58		12.58	10.10	開	昌黎	開	0.51				7.40	10.30			16.23		
	16.21			18.26					6.23		13.51	10.34	開	留守營	開	0.21				7.12	10.05					
13.23	16.41			18.44					6.46		14.38	10.54	開	北戴河	開	0.02				6.54	9.50			15.53		
13.42	17.08			19.07					7.16		15.48	11.23	開	秦皇島	開	23.29				6.25	9.23			15.30		
14.00	17.30			19.25					7.40		16.25	11.45	到	山海關	開	23.00				6.00	9.00			15.10		
14.35									8.20				開	山海關	到						8.15			14.30		
21.40									15.35				到	瀋陽南滿	開						23.10			7.20		

北戴河海濱支線

85次	87次	91次	93次	95次	下行	站名	上行	86次	88次	92次	94次	96次
7.00	9.50	13.30	16.00	18.50	開	北戴河	到	6.35	9.30	13.10	15.35	18.35
7.20	10.10	13.50	16.20	19.10	到	北戴河海濱	開	6.15	9.10	12.50	15.15	18.15

通縣支綫

501次 輕油車	503次 輕油車	81次 客貨車	505次 輕油車	507次 輕油車	53次 客車	509次 輕油車	55次 客車	511次 輕油車	513次 輕油車	83次 客貨車	下行	站名	上行	502次 輕油車	504次 輕油車	82次 客貨車	506次 輕油車	503次 輕油車	54次 客車	510次 輕油車	56次 客車	512次 輕油車	514次 輕油車	84次 客貨車
7.30	8.30	9.30	10.45	11.15	12.50	14.00	15.30	16.30	17.50	18.40	開	北平前門	到	9.15	10.25	12.10	12.40	13.40	14.48	15.29	17.20	18.37	20.05	21.25
7.35	8.35	9.38	10.50	11.20	12.56	14.05	15.36	16.35	17.55	18.48	到	東便門	開	9.10	10.20	12.02	12.35	13.35	14.42	15.24	17.14	18.32	20.00	21.17
7.36	8.36	9.40	10.51	11.21	12.57	14.06	15.39	16.36	17.56	18.50	開	東便門	到	9.09	10.18	12.00	12.34	13.33	14.40	15.23	17.12	18.30	19.58	21.15
7.52	8.52	9.59	11.07	11.37	13.14	14.22	15.56	16.53	18.12	19.09	到	雙橋	開	8.53	10.02	11.41	12.18	13.17	14.23	15.07	16.55	18.13	19.42	20.56
7.53	8.53	10.02	11.08	11.40	13.17	14.23	15.57	16.55	18.13	19.11	開	雙橋	到	8.51	10.01	11.39	12.16	13.16	14.20	15.06	16.54	18.11	19.41	20.54
8.03	9.03	10.16	11.18	11.50	13.30	14.33	16.09	17.05	18.23	19.25	到	通縣南	開	8.41	9.51	11.25	12.06	13.06	14.07	14.06	16.42	18.01	19.31	20.40
8.05	9.05	10.23	11.20	11.52	13.32	14.35	16.10	17.07	18.25	19.33	開	通縣南	到	8.40	9.50	11.17	12.05	13.05	14.06	14.55	16.41	18.00	19.30	20.32
8.10	9.10	10.30	11.25	11.57	13.38	14.40	16.16	17.12	18.30	19.40	到	通縣東	開	8.35	9.45	11.10	12.00	13.00	14.00	14.50	16.35	17.55	19.25	20.25

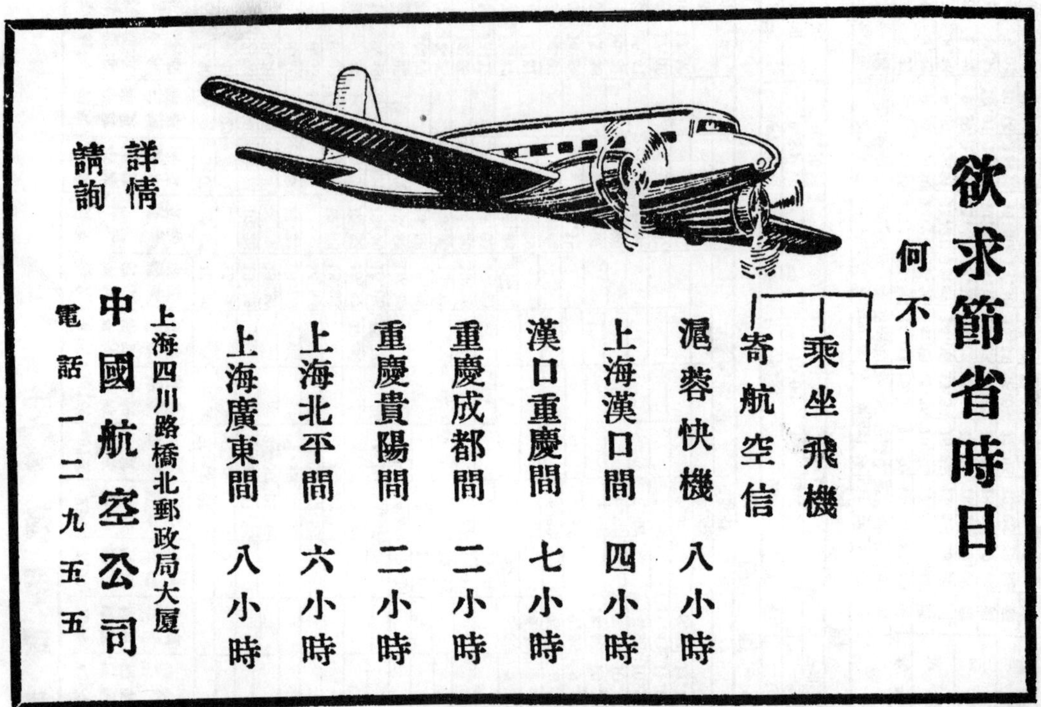
欲求節省時日
何不
乘坐飛機
寄航空信
滬蓉快機 八小時
上海漢口間 四小時
漢口重慶間 七小時
重慶成都間 二小時
重慶貴陽間 二小時
上海北平間 六小時
上海廣東間 八小時
上海四川路橋北郵政局大厦
中國航空公司
電話 一二九五五
詳情請詢

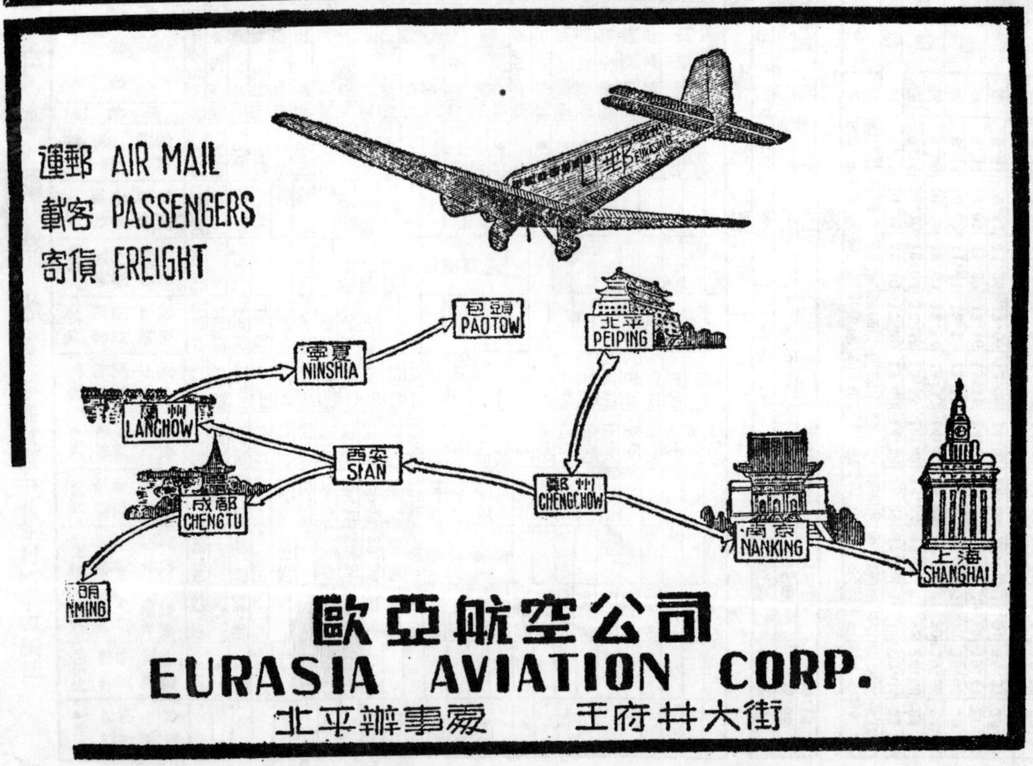
運郵 AIR MAIL
載客 PASSENGERS
寄貨 FREIGHT
包頭 PAOTOW
寧夏 NINSHIA
北平 PEIPING
蘭州 LANCHOW
西安 SIAN
成都 CHENGTU
鄭州 CHENGCHOW
南京 NANKING
上海 SHANGHAI
歐亞航空公司
EURASIA AVIATION CORP.
北平辦事處 王府井大街